西盟佤族自治县志

（1978—2008）

西盟佤族自治县地方志编纂委员会　编

方志出版社
Publishing House of Local Records

图书在版编目（CIP）数据

西盟佤族自治县志．1978—2008 / 西盟佤族自治县地方志编纂委员会编．-- 北京：方志出版社，2017.12

ISBN 978-7-5144-2646-5

Ⅰ．①西… Ⅱ．①西… Ⅲ．①西盟佤族自治县—地方志—1978-2008 Ⅳ．① K297.42

中国版本图书馆 CIP 数据核字（2017）第 273600 号

西盟佤族自治县志（1978—2008）

编　　者：西盟佤族自治县地方志编纂委员会
责任编辑：顾　洁

出 版 人：冀祥德
出 版 者：方志出版社
地址　北京市朝阳区潘家园东里 9 号（国家方志馆 4 层）
邮编　100021
网址　http://www.fzph.org
发　　行：方志出版社图书经销中心
电话　（010）67110500
经　　销：各地新华书店
排　　版：北京纺印图文设计制作有限公司
印　　刷：北京中科印刷有限公司

开　　本：889 × 1194　　1/16
印　　张：48.75
字　　数：1521 千字
版　　次：2017 年 12 月第 1 版　2017 年 12 月第 1 次印刷

ISBN 978-7-5144-2646-5　　定价：498.00 元

序

当前，在以习近平同志为核心的党中央的坚强领导下，全国各族人民正在全面建成小康社会的决胜阶段奋勇向前、阔步迈进。全面建成小康社会，最艰巨最繁重的任务是在革命老区、民族地区、边疆地区、贫困地区。消除贫困、改善民生、实现共同富裕，是中国特色社会主义的本质要求，是中国共产党的重要使命。为了全面实现小康，党中央高度重视扶贫开发工作，全力推进脱贫攻坚工程，实施精准扶贫、精准脱贫。习近平总书记明确提出，全面实现小康，一个民族也不能少，不能落下一个贫困家庭，丢下一个贫困群众。扶贫开发是个系统工程，发展是第一要务，只有发展，因地制宜找准路子，才能最终实现精准扶贫、精准脱贫。“治贫”必先“治愚”，在加强经济和基础设施建设、提高教育水平等方面的同时，扶贫开发还要注重文化扶贫，特别是通过挖掘革命老区、民族地区、边疆地区、贫困地区的文化内涵、历史底蕴、地情资源，让广大干部群众了解地情、了解历史、了解本地区的优势和劣势，在思想上脱贫，尤为关键。

赓续不断地编修地方志是我国独有的优秀文化传统，绵延千年而不断。党中央、国务院高度重视地方志工作，近几年来，习近平总书记、李克强总理、刘延东副总理作出了一系列的重要指示。2015 年 8 月，国务院办公厅印发《全国地方志事业发展规划纲要（2015—2020 年）》（以下简称《规划纲要》），明确要求到 2020 年必须全面完成第二轮修志规划任务，这是全国地方志工作在全面建成小康社会进程中的硬性任务，也是全国地方志系统为全面建成小康社会的献礼。届时，将同步实现省省有省志、市市有市志、县县有县志，这不仅在中国文化发展史上是绝无仅有的，在世界文化发展史上也是罕见的。从目前来看，要实现这一目标任务，还存在不少困难和问题，特别是民族地区与贫困地区，面临着缺乏人才、资金等诸多困难。实现到 2020 年必须全面完成第二轮修志规划任务，一个省、一个市、一个县都不能少。自 2015 年 8 月，经中国地方志指导小组批准，中国地方志指导小组办公室启动民族地区与贫困地区志书出版资助工程（以下简称“资助工程”），对经国务院扶贫开发领导小组办公室认定的国家级贫困县（区、旗、县级市），中西部地区、少数民族边疆地区、经济欠发达地区存在出版经费困难的省市县三级综合志书进行出版资助。截至目前，已经确定资助两批 20 多部志书。2016 年 4 月，该工程成功入选国家新闻出版广电总局实施的“十三五”国家重点图书、音像、电子出版物出版规划项目。当前正处于全面推进扶贫开发工程的攻坚阶段，深入推进资助工程，是全国地方志系统配合推进精准扶贫、精准脱贫的重要工作，必须引起高度重视。

资助工程是地方志系统的政治工程。革命老区、民族地区、边疆地区、贫困地区蕴含着极为丰富的文化内容，编纂出版志书，对于继承和发扬优秀传统文化、民族文化、革命文化，加强民族团结、促进当地经济社会建设意义重大。革命老区、民族地区、边疆地区、贫困地区的志书是充分展示在中国共产党领导下这些地区经济社会建设取得的巨大成就、各族人民生活幸福安定的历史依据。特别是边疆地区的志书，是历代王朝、社会主义新中国对该地区行使主权的文化宣示，是真实记录边疆地区与祖国一脉相承、荣辱与共的重要载体。《规划纲要》明确要求到2020年全面完成第二轮修志规划任务，是党中央、国务院对各级政府和地方志工作机构的政治要求，必须不打折扣坚决完成，革命老区、民族地区、边疆地区、贫困地区也不能例外。资助工程既是全国地方志系统的文化扶贫工程，又是确保到2020年全面完成第二轮修志规划任务的推进工程，具有重要的政治意义。

资助工程是促进民族地区与贫困地区文化建设的基础工程。地方志书是全面系统地记述本行政区域自然、政治、经济、文化和社会的历史与现状的资料性文献，记述内容包罗万象，记述对象丰富多彩，是对一个地方的文化普查和历史资料的全面梳理。一个地方的经济社会建设，离不开文化支持。发展是硬道理，只有真正实现全面、协调、可持续发展，才能最终实现小康。与此同时，发展也必须是有序的而不是盲目的，必须是实事求是的而不是凭空设想的，必须是因地制宜的而不是照搬照抄的。实践证明，脱离当地的自然条件、历史基础、文化传承、人文习俗等搞所谓的建设，要么是盲人摸象、坐井观天，要么是揠苗助长、掩耳盗铃，要么是削足适履、画蛇添足，最终会落得个水土不服、无疾而终。对于民族地区与贫困地区来说，立足本地的资源、市场、人文旅游等优势，因地制宜找准发展路子，是确保科学发展的首要任务。民族地区与贫困地区，尤其是那些自古以来还没有编修过志书的地区，开展志书编纂既是对当地自然、政治、经济、文化、社会、生态等方面的发展历史、发展脉络、发展规律的全面摸底和调查，又是总结历史经验、汲取历史教训、挖掘历史智慧的全面梳理和探求。通过学习、利用地方志书，让各级领导干部、广大人民群众了解当地的历史、了解实实在在的地情，从历史中汲取营养和智慧为现实提供借鉴和服务，是确保民族地区与贫困地区发展不走弯路、不走冤枉路的有效手段。

资助工程是全国地方志事业协调发展的促进工程。第五届中国地方志指导小组成立以来，一直把走基层、探实情作为一项重要任务，截至目前，已经到30个省（自治区、直辖市）开展了调研。通过座谈、实地考察等多种形式，充分了解了当前全国地方志事业发展面临的主要困难和问题。其中，区域发展不平衡，中西部地区特别是边疆少数民族地区地方志工作与东部地区相比还存在不少差距，是制约全国地方志事业实现全面、协调、可持续发展的瓶颈所在。有的地方甚至出现了花费了大量的人力、物力，经过十余年的艰辛努力编纂出志书，因为缺乏出版经费迟迟未能出版的状况。正是基于以上了解到的情况，中国地方志指导小组及其办公室才下定决心启动资助工程。到2020年全面建成小康社会时，地方志事业区域发展不平衡问题必须得到妥善解决，这也是深入贯彻《规划纲要》的应有之义。而作为主业的修志编鉴，到2020年全面完成第二轮修志规划任务、实现综合年鉴编纂全覆盖的“两全目标”，是中西部地区特别是边疆少数民族地区地方志工作发展的重中之重。从现实意义来说，资助工程对于实现全国地方志事业全面、协调、可持续发展具有重要的促进作用。

在党中央、国务院的高度重视下，全国地方志事业发展迎来重大战略机遇。越是发展的关键时期，越要有大局观，越要从全国一盘棋的角度考虑问题。《规划纲要》作为顶层设计，确定的各项目标任务都要落到实处，而作为“两全目标”之一的到2020年全面完成第二轮修志规划任务，实现省、市、县一个都不能少的目标，是关键中的关键。希望借助资助工程的深入推进，进一步引起全国地方志系统对实现“两全目标”的重视，确保按期保质完成，用志书客观而忠实地记述中国共产党人带领全国各族人民全面建成小康社会的光荣与曲折历程，为全面建成小康社会贡献“志”礼。

是为序。

中国社会科学院院长、党组书记　王伟光
中国地方志指导小组组长

2016年10月于北京

民族地区与贫困地区志书出版资助工程领导小组

组　　长：王伟光　中国社会科学院院长、中国地方志指导小组组长

常务副组长：李培林　中国社会科学院副院长、中国地方志指导小组常务副组长

副 组 长：冀祥德　中国地方志指导小组秘书长，中指办党组书记、主任

成　　员：刘玉宏　中国地方志指导小组办公室副主任

邱新立　中国地方志指导小组办公室副主任

民族地区与贫困地区志书出版资助工程领导小组办公室

主　任：冀祥德　中国地方志指导小组秘书长，中指办党组书记、主任

副主任：邱新立　中国地方志指导小组办公室副主任

成　员：于伟平　方志出版社总编辑

陈　旭　中国地方志指导小组办公室方志处处长

李　沛　方志出版社首席编辑、省志编辑部主任

徐　宏　方志出版社地方史编辑部副主任

王丹林　中国地方志指导小组办公室方志处副处长

◎ 老县城

老县城

◎新县城

新县城

◎领导调研

2015 年 5 月 17 日，省委书记李纪恒（中）到西盟调研农村安居工程

2015 年 7 月 30 日，省长陈豪（左三）到西盟参加全省农村危房改造和抗震安居工程启动仪式

2017 年 8 月 26 日，省长阮成发（左一）在市委书记卫星和县长曹鸿迎的陪同下到西盟县勐梭镇王莫村调研

2015 年 4 月 10 日，普洱市委书记卫星（中）在西盟县勐梭镇秧落村八组调研群众生活并慰问

2015 年 6 月 17 日，普洱市市长杨照辉（右二）到翁嘎科镇调研

2011 年 5 月 24 日，县委书记杨宇（中）到博航调研民族文化村建设

2016 年 5 月 7 日，县长曹鸿迎（左一）到勐梭镇调研农村安居工程建设

◎重要会议

1980 年 12 月 19 日，在工人俱乐部召开第三届人民代表大会第一次会议代表留影

1986 年 3 月 5 日，在工人俱乐部召开第四届人民代表大会第三次会议代表留影

1987 年 3 月 15 日，在工人俱乐部召开第五届人民代表大会第一次会议代表留影

1990 年 2 月 11 日，在工人俱乐部召开第六届人民代表大会第一次会议代表留影

1993 年 2 月 11 日，在工人俱乐部召开第七届人民代表大会第一次会议代表合影

1998 年 3 月 2 日，在工人俱乐部召开第八届人民代表大会第一次会议代表合影

2004 年 2 月 24 日，在新县城会堂召开第九届人民代表大会第二次会议

2008 年 1 月 11 日，在新县城会堂召开第十届人民代表大会第一次会议

◎重大活动

1	2
3	4
5	6

1. 1995 年 3 月 5 日，举办庆祝西盟佤族自治县成立 30 周年大会
2. 1996 年 3 月 5 日，新县城搬迁奠基
3. 2003 年 4 月 10 日，首届云南西盟佤族木鼓节
4. 2004 年 4 月 10 日，第二届中国佤族木鼓节
5. 2005 年 4 月 10 日，第三届中国佤族木鼓节
6. 2008 年 4 月 10 日，第四届中国佤族木鼓节

2011 年 4 月 12 日，第十一届中国普洱茶叶节闭幕式暨 2011 年中国佤族木鼓节狂欢

2015 年 4 月 10 日，西盟佤族自治县成立 50 周年暨第五届中国佤族木鼓节

2012 年 6 月 19 日晚，由普洱市、广西电影集团联合摄制的云南少数民族题材电影《阿佤山》首映式在北京全国政协礼堂举行

2012 年 7 月 21 日，爱奇艺到西盟拍摄《阿布》

2015 年 7 月 30 日，全省农村危房改造和抗震安居工程启动仪式在西盟举行

2007 年 11 月 24 日，拉祜族葫芦节商烟街集市

◎生态西盟

幽深的木依吉神谷

1	
2	3
4	

1. 佤山云海
2. 勐梭龙潭野荷
3. 藤索桥
4. 佤山天池（城子水库）

野生古茶树

橡胶林

红卫水库

◎宜居西盟

广场活动

党政综合楼

勐卡路

木鼓路夜景

1 | 3
2 |
 | 5
4 | 6
7 | 8

1. 供电公司大楼
2. 县人民法院
3. 县医院医技楼
4. 广电大楼
5. 住建局住宿区
6. 政府住宿区
7. 司岗里大酒店
8. 龙潭大酒店

1	
2	4
3	4
5	6
5	7

1. 龙潭公园栈道
2. 水景观
3. 博航民族文化特色村
4. 佤山秘境酒店一角
5. 南亢村富倮村民小组
6. 班母佤族寨
7. 国门第一寨娜妥坝口岸

◎美味西盟

佤族风味

佤王宴

龙潭菜

芭蕉苞

苦子果

羊奶果

蚂蚁蛋

小红尾巴鱼

蜂蛹

竹虫

米荞茶

薏仁

佤王纯酒

米荞酒

水酒

米荞

野笋干

香酥肉

佤山土蜂蜜

◎佤山歌舞

甩发舞（一）

甩发舞（二）

木鼓舞

竹筒舞

木拉舞

独行琴舞

刀舞

敬酒舞

拉祜芦笙舞

傣族孔雀舞

纺线舞

2014 年 8 月 26 日，歌舞《佤部落》在国家大剧院演出剧照

◎阿佤文化

佤族博物馆

岳宋乡永老寨

寨门

木鼓制作

木鼓房

大木鼓

翁嘎科乡头饰

翁嘎科乡服饰

岳宋乡、新厂乡等地服饰

传承司岗里

《阿佤人民唱新歌》创作者杨正仁与佤族群众联欢

看鸡卦

镖牛

舂米

佤族织布

盖新房

新婚夫妇共饮同心酒

拉木鼓

拴线祈福

佤族艺人

◎特色标志

阿佤山

佤部落

西盟公约

三佛祖遗址

西盟区人民政府遗址

世界佤文化保护区

佤山抗日自卫总队活动地

老县城街心花园雕塑

国家级水利风景碑

拉勐纪念碑

◎沿边开放

大黑山通道检查站

岳宋 183 通道

娜妥坝国界碑

中缅边界 183 界河边民互市

出入境办证厅

边境安保巡逻

佤邦勐冒县纳盘粮食实验示范基地

罂粟替代种植技术培训

佤邦向西盟县政府赠送锦旗

佤邦龙潭区政府与西盟县政府就替代发展项目签字

中国在佤邦援建的医院

中国在佤邦援建的学校

◎三农经济

稻谷

米荞

土豆

玉米

大棚蔬菜

咖啡

甘蔗

生态茶

蛋鸡

鸭

黄牛

冬瓜猪

养蚕

◎工业基础

昌裕糖业有限责任公司

冬瓜猪加工厂

力所石厂

云祐酒厂

砖贸有限公司

锅斗金矿

制胶厂

莫美电站

南亢彩云茶场

南康河二级电站

商烟街茶场

◎教育事业

西盟首届科技创新大赛

"普九"会议

岳宋乡边境学校

国门娜妥坝小学

西盟第一中学

民族中学

县一中学生运动会

周恩来亲属到佤山看望周恩来班师生

县民族小学文艺队

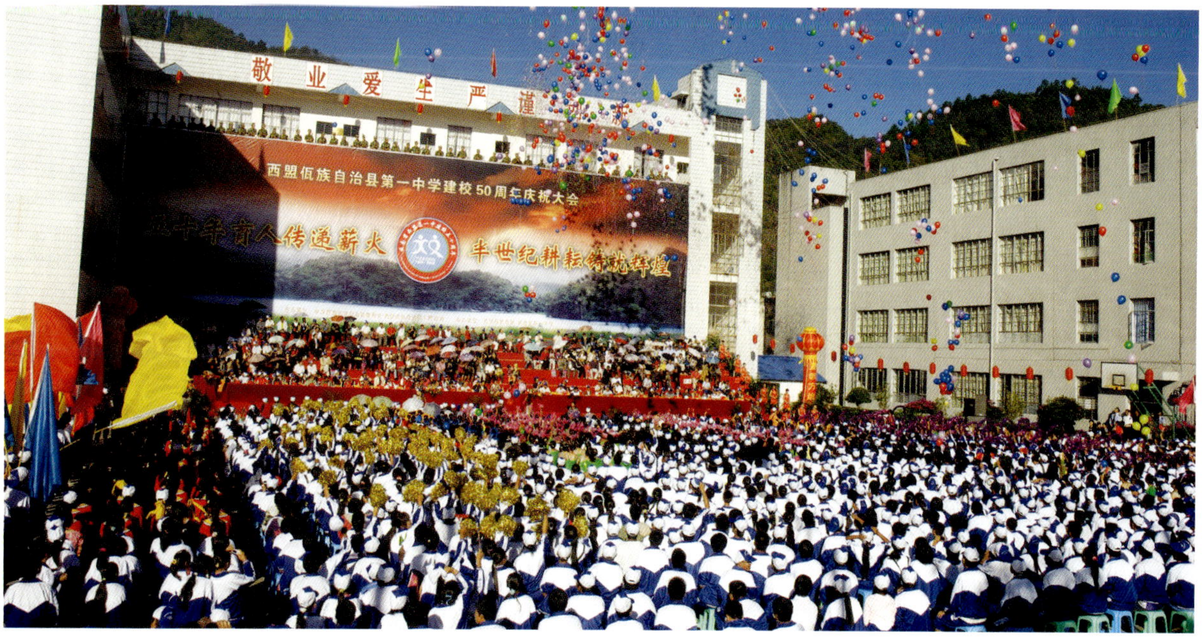

西盟县第一中学建校 50 周年庆祝大会

《西盟佤族自治县志（1978—2008）》评审工作会议

《西盟佤族自治县志（1978—2008）》编纂人员

《西盟佤族自治县志（1978—2008）》编纂委员会

2013年11月—2016年3月

顾　　问：杨　宇　魏岩斋

主　　任：魏文生

副 主 任：张鸿新　李美芳　魏贵成　苏其宁

委　　员：岩克姆　苏　然　陶仕平　钟　磊　汤保凤　李文亮
孙志维　宋正娴　李群昌　岩　京　梁新琼　苏　荣
聂　团　文清风

2016年3月—2017年10月

顾　　问：杨　宇　魏岩斋　岩　东

主　　任：曹鸿迎

副 主 任：杨国华　李世华　肖会军　江　磊　苏其宁　张正立　王宗俊

委　　员：李士昌　文　铭　岩　龙　田维荣　周　宇　汤保凤　钟　磊
汪　华　张晓娟　刘庆华　叶　翠　罗忠强　张晓东　黄丽萍
罗　迪　杨正祥　苏　然　张学周　文清风　邵建波　李群昌
王　位

《西盟佤族自治县志（1978—2008）》
编撰人员

2009 年 2 月—2011 年 11 月

主　　编：李士昌

副 主 编：杨廷明（返聘）　陈建华

编　　辑：陈艾林（2011 年 3 月—）

郝玉朝（返聘，2009 年 7 月—2010 年 12 月）

张学明（返聘，2009 年 7 月—2010 年 9 月）

李　霞（志愿者，2009 年 6 月—2010 年 1 月）

杨　剑（志愿者，2009 年 6 月—2010 年 7 月）

罗云锦（志愿者，2010 年 12 月—2011 年 8 月）

李　强（志愿者，2011 年 7 月—2011 年 9 月）

2011 年 11 月—2013 年 11 月

主　　编：邵建波

副 主 编：杨廷明（返聘）

编　　辑：陈建华　陈艾林

2013 年 11 月—2016 年 3 月

主　　编：苏　然

副 主 编：杨廷明（返聘）

编　　辑：陈建华　陈艾林

2016年3月—2017年10月

主　　编：张学周

副 主 编：杨廷明（返聘）

编　　辑：陈建华　陈艾林

校　　对：张学周　杨廷明　陈建华　陈艾林

《西盟佤族自治县志（1978—2008）》图片提供单位和人员

图片征集：县地方志编纂委员会办公室

图片摄影：张学周　李士昌　高立旗　岩　胆　李春华　陈艾林　杨廷明　陈建华

图片编辑：张学周　杨廷明　陈艾林　陈建华

《西盟佤族自治县志（1978—2008）》审稿人员

特约审稿：张岩松　李士昌　邵建波　苏　然　郭树成　李文学　白绍祥　文清风　陶明冶　刀学清　杨廷明

县级领导：张正立　李美芳　王建华

部门领导：李士昌　岩　龙　李春元　文清风　钟　磊　杨正祥　岩　果　张　基　邵建波　王　位　苏　然　李　明

《西盟佤族自治县志（1978—2008）》审核单位、终审人员

审核单位： 西盟佤族自治县地方志编纂委员会办公室

审议单位： 西盟佤族自治县地方志编纂委员会

审验单位： 普洱市地方志编纂委员会办公室

终审人员： 付旭东（普洱市地方志编纂委员会办公室主任）

李　丽（普洱市地方志编纂委员会办公室副主任）

施约峰（普洱市地方志编纂委员会办公室副调研员）

龙　麟（普洱市地方志编纂委员会办公室业务科长）

《西盟佤族自治县志（1978—2008）》撰（供）稿人员

（排名不分先后）

李士昌　邵建波　苏　然　张学周　杨廷明　陈建华　陈艾林　冯永军
吴跃刚　刘丽蓉　岩佰勒　娜　思　熊　飞　雷灿艳　黄建芳　罗岩祖
岩　驹　龙　江　凌　春　和继灵　罗建红　查丕达　李　俊　白荣祥
梁　婷　杨　飞　李志祥　刀学清　李　明　张建华　李俊莹　张亚琼
黄文华　吴永坤　自建雄　谢　文　杨华蓝　赵　程　张克胜　李春元
杨正宏　张　警　刘　江　岩　对　李　娜　冯世春　李云玲　罗忠华
陈　刚　程　东　蒋　平　熊　芳　苏　艳　魏志荣　李怀生　余　兵
孙志维　杨　志　李燕燕　陶明冶　魏　春　李　瑛　李　萍　王　黎
肖　玉　高立旗　扎　努　娜　荣　岩　散　李　庆　文清风　娜　海
白绍祥　丁成兰　杨　艳　雷忠松　李长坤　杨永华　查正义　师云锋
张　波　刘明光　朱蓓蓉　杨子莹　罗　源　李　军　卢宗新　罗庆峰
马玉桦　黄宗明　冯　军　李春华　李玫燕　罗　瑾　陶　红　乔光莉
李秀萍　郭　春　魏新来　陈锐刚　周剑锋　岩　嘎　岩　文　张　平
杨明辉　蒋学平　杨　寻　张美芳　杨发兴　魏　明　彭先麟　李伟思
罗　睿　吴晓平　钟　晓

序　一

值此政通人和、百业俱兴之盛世,《西盟佤族自治县志（1978—2008）》历经8个春秋，终于付梓问世。这是西盟县精神文明建设的一项重大成果，也是西盟佤族自治县地方志编纂委员会办公室向全县9万多人献上的一份厚礼。

西盟是久负盛名的木鼓之乡，是《阿佤人民唱新歌》的诞生地。在党的民族政策光辉照耀下，西盟县历届县委、县政府带领全县各族人民团结一致，在艰难曲折中前进、在开拓创新中拼搏、在改革浪潮中奋进，创造了无愧于时代、无愧于人民的文明史。纵观全志，体例规范，门类齐全，内容翔实，资料丰富，是一部集西盟自然、政治、经济、文化、人文的工具书，正文分21编、412节、116万字。志书字里行间蕴含着几代人顽强拼搏、奋发图强、开拓创新的进取精神，成为激励全县各族人民继往开来，勇攀高峰的宝贵精神财富。同时，也为外界了解西盟、研究西盟、开发西盟提供了翔实的、权威的历史资料。

修志是一项系统而繁杂的历史文化建设工程,《西盟佤族自治县志（1978—2008）》一书，揽三十年于一瞬，记历史之更替，熔百业为一炉，叙事物之兴衰，略古详今，尽显西盟特色，探本溯源，明白晓畅，突出时代新风。可谓是一部惠及子孙后代的乡土教材，既为前人创业者树立丰碑，又为当今建设者提供借鉴，也为后继探索者留下史料，足以起到“资政、教化、存史”的重要作用。这部志书的编纂出版，是与中共西盟县委、县人民政府的正确领导和大力支持，省、市志办各行业专家、学者和县内外修志同仁的热情帮助分不开的。是县志办全体人员精诚团结和艰苦劳动的结晶。借此，谨向所有此书的编纂人员和关心支持修志工作的县内外社会各界人士深表谢意！

修志之意，旨在励当代、启后世、惠子孙。让历史告诉未来，必将在加快西盟县脱贫致富奔小康和构建和谐社会的进程中做出新的贡献。

中共西盟佤族自治县委书记

2017年6月

序　二

国有史，县有志，修志是中华民族的传统。县志作为一方之百科全书，全面记述了西盟县历史沿革、地理变迁、经济盛衰、政治得失、文化发展、民俗风情等。1997年出版的《西盟佤族自治县志》为西盟自新中国成立以来的第一部志书，重点记述了西盟县成立之初经济建设和社会发展成就。如今，时隔多年，全县面貌变化之大、经济社会发展之快前所未有，续修县志势在必行。为此，中共西盟县委、县人民政府决定进行第二轮修志。

时值全县认真贯彻落实党的十八大和十八届历次全会精神、深入实施“十三五”规划、各族干部群众全面向脱贫攻坚宣战之际，《西盟佤族自治县志（1978—2008）》几经寒暑，终于付梓出版，此乃西盟县文化建设领域的一大盛事，可喜可贺！

《西盟佤族自治县志（1978—2008）》系统地记述了西盟改革开放30年来这一历史发展过程，全方位展示了西盟在30年间艰苦奋斗、努力进取的成果。真实客观地记述了全县经济发展、政治稳定、文化繁荣、社会进步、民族团结、边疆稳固的历史经验。全书上自天文，下至地理，从自然到社会，从政治到经济，从历史到现实，从人物到风貌，一应俱全，使人“读一志而知全貌”。

修志是承上启下、继往开来，服务当代、有益后代的重要事业。《西盟佤族自治县志（1978—2008）》涉及内容广泛，记述客观、全面，是一部惠及子孙后代的可贵的精神财富。第二轮修志工作涉及面广、时间跨度大，修志时间相对较短，工作任务十分繁重，从筹备到出版，县志办得到省、市地方志办公室领导及方志界专家、学者的精心帮助，得到长期在西盟工作的离退休老同志的关心和支持。县志办艰辛编修，伏案笔耕，历时8年，数易其稿，最终出版，真正做到使志书起到“存史、资政、育人”的作用。在此，谨向所有关心、支持、从事县志编修工作的同志，表示崇高敬意与衷心感谢！

盛世创辉煌，史志惠千秋，《西盟佤族自治县志（1978—2008）》的编纂出版，将激励全县各族人民继承先辈之壮志，发扬拼搏之精神，把各项事业不断向前推进，续写西盟发展的新篇章。

西盟佤族自治县人民政府县长

2017年7月

凡 例

一、《西盟佤族自治县志（1978—2008）》（以下简称本志）以马克思列宁主义、毛泽东思想、邓小平理论、“三个代表”重要思想、科学发展观、习近平新时代中国特色社会主义思想为指导，坚持辩证唯物主义和历史唯物主义的立场、观点和方法，按照《地方志工作条例》实事求是、客观真实地记述西盟自然和社会的历史与现状，反映物质文明、政治文明、精神文明建设情况，突出时代性、民族性、科学性、资料性和地方性。

二、本志以现代社会分工和科学分类为依据，统编历史、横排竖写，以篇、章、节、目结构记述史实。

三、本志志名定为《西盟佤族自治县志（1978—2008）》，为1997年版《西盟佤族自治县志》续修志，是西盟建县以来的第二部县志，其上限为1978年1月，下限为2008年12月，部分内容适当上溯或下延。

四、本志采用述、记、志、传、图、表、录7种体裁记述，大事记采用编年体。

五、本志历史纪年、数字、标点符号、计量单位等用法均遵照志书编纂有关规定要求。

六、本志采用语体文记述，力求做到文字简洁，表意准确，言语生动，内容充实。

七、人物收录分人物传、人物简介、先进人物名录和专业技术职称人物名录四部分。人物传，以生年先后为序，记录在本县历史上影响较大的各方面人物，前志已收录的此志不再重复收录；人物简介，收录曾在西盟工作过，调任后任副厅级以上职务的干部、在西盟任正处级职务退休的干部、民主人士、农村致富带头人及科技、卫生、文艺、公安等方面做出贡献的人物；先进人物名录，收录西盟县1978—2008年各行各业受省厅级以上部门表彰的人物；专业技术职称人物名录，收录副高级职称的专业人员。收录单位领导，收至正科级以上（含正科级支部书记）。

八、入志资料主要来源于县档案局、史书和县属承编单位报送的文字档案资料，兼用各界知情人士提供和调查采访所得资料，部分来源于报刊书籍及口碑资料，对口碑资料，经过考证鉴别后入志，一般不标明出处。统计数据以县统计局《国民经济综合统计资料》为准，统计局没有统计的，则用主管部门的统计数据。

九、政区、机关及会议等名称，均系当时名称，如全称过长又多次使用，少量用全称外，均用简称。本志书中地名以西盟县民政局提供的地名为准，地名除必要时使用历史名称外，均用现行标准地名。

十、2000年3月4日前志书中的“县城”为老县城；3月5日起志书中的“县城”为新县城。

十一、数字用法、标点符号、计量单位分别执行国家标准《出版物上数字用法》（GB/T 15835—2011）、《标点符号用法》（GB/T 15834—2011）、《国际单位制及其应用》（GB 3100—1993）和《有关量、单位、符号的一般原则》（GB 3101—1993）。历史上使用的计量单位，如斗、石、里、尺、磅、华氏度等，在引文时可照录。考虑到社会使用习惯，全书中亩不统一换算，1公顷＝15亩。

目 录

第三编　体制改革

第四编 农牧业

第五编 林 业

第六编　水　利

第七编　城乡建设　环境保护

第八编 交通 信息

第九编 工业 商贸

第十编 旅游 节庆

第十一编 财政 金融

第十二编　综合经济管理

第十三编　扶贫开发

第十四编　中共地方组织　群众团体

第十五编 政权 政协

第十六编 军 事

第十七编 政 法

第十八编 教育 科技

第十九编 文化 体育

第二十编　卫生　医药

第二十一编　人事　民政

第二十二编 人物

概　述

一

西盟佤族自治县是云南省佤族人民聚居的边境县、全国两个佤族自治县之一、久负盛名的佤族木鼓之乡、《阿佤人民唱新歌》的诞生地。“西盟”一词源于拉祜族“西密”之音译。拉祜族称金子为“西”，称地方为“密”，“西密”意为产金子的地方。傣族人称西盟为“勐坎”，傣语中地方为“勐”，金子为“坎”，“勐坎”意亦为产金子的地方。西盟位于普洱市西部、云南省西南部，地处北纬22°25′~22°57′，东经99°18′~99°43′。东、东北、东南环接澜沧县，南与孟连县接壤，西、西北与缅甸毗邻，国境线长89.33千米。2000年3月5日，西盟县城从西盟镇搬迁到海拔1150米的勐梭镇勐梭龙潭湖畔，距省会昆明市654千米，距市政府驻地思茅区260千米。

西盟地处怒山山脉南段，属中高山峡谷地带。主要有西盟山脉、拉斯龙山脉、盘龙山脉，均为南北走向。全县总面积1353.57平方千米，可耕地72.5万亩。除勐梭镇勐梭村有一块3000余亩的河谷川坝外，其余均为山区。县域内重峦叠嶂，沟壑纵横，东西横距40千米，南北纵距60千米，最高海拔2458.9米，最低海拔590米，相对高差1868.9米。境内河流交叉分布，属怒江水系，有大小河流98条，呈树枝状由北向南注入南卡江，总长146.45千米。2008年，水资源总量约22.76亿立方米，水能理论蕴藏量11.96万千瓦，可开发利用8.35万千瓦，已开发利用1.25万千瓦。

西盟受西南暖湿气流影响，属亚热带季风气候。立体气候明显，降水量丰富，年均降水量2736.44毫米，居云南省之冠，最高年（1991年）3466.7毫米。夏秋季节雨量集中，降水量占全年的90.1%，冬春季节雨量偏少，占9.9%。年平均气温19.3℃，年日照时数2020.59小时，辐射量130.8千卡/平方厘米。风速年平均2.5米/秒。雨量充沛，气候温和，光照适中，适于亚热带各类作物的生长。

西盟独具特色的地理环境形成丰富多样的自然资源，从总体上看，各类资源的地区分布不均、数量较小，但挖掘开发的潜力较大。土壤类型有红壤、赤红壤、黄棕壤；非地带性土类有石灰土、水稻土、紫色土、冲积土。全县土壤偏酸，有机质含量高，由于气温较低，有机质分解较慢，缺磷、少钾，适宜橡胶、茶叶（野生古茶）、板栗、核桃、木瓜、竹子、沉香木、桉树、桑树等生长。

西盟林地面积85.16万亩，占土地面积64.86%。森林覆盖率37%，活立木蓄积量298.21万立方米。植被复杂多样，主要有季雨林、季风常绿阔叶林。后期发展了杉木林、橡胶林、思茅松林、竹林等。树种类有40多科、100多种，以壳斗科树种为主，其他还有山茶科、楝科、榆科、太戟科等。其中，草药399种，蕴藏量约123万千克。还有苔藓类1种、蕨类植物16种、裸子植物2种、被子植物380种。有猴、虎、熊、豹等数十种兽类，有孔雀、白鹤、山鸡、鹦鹉、画眉、猫头鹰等近百种鸟类，有白鱼、青鱼、甲鱼等数十种水生类动物。

西盟地质构造复杂，成矿条件优越，是云南省矿产资源较为丰富的县之一，全省列居全国前十位的金属矿种在县内均有发现。境内主要有锡矿、富银铅锌矿、钨矿、金矿、锰矿、萤石矿、大理石、绿柱石、黄玉等金属矿和非金属矿。已开采的有锡矿、金矿、铅锌矿、萤石矿、大理石、石灰石等。1986 年，国际矿物协会和矿物命名委员会对在西盟境内发现的一种磷和铋六方晶系矿物定名为“西盟石”。

2008 年，西盟佤族自治县辖新厂乡、中课乡、岳宋乡、力所拉祜族乡、翁嘎科乡、勐梭镇和勐卡镇，36 个村民委员会、2 个社区居民委员会、362 个村民小组。全县有佤族、拉祜族、汉族、傣族等 24 个民族，总人口 88810 人，人口密度 66 人 / 平方千米，比 1978 年的 57960 人增加 30850 人。其中，佤族 61931 人，占 69.73%。

二

1978 年中共十一届三中全会以后，在中国共产党的领导下，历届中共西盟县委、县人民政府认真贯彻落实党的路线、方针、政策，以马克思列宁主义、毛泽东思想、邓小平理论、“三个代表”重要思想和科学发展观为指导。贯彻落实习近平总书记系列重要讲话精神和治国理政新理念新思想新战略，坚持解放思想、实事求是、与时俱进、开拓创新的思想路线，以经济建设为中心，全面落实农村各项经济政策，推进农业生产经营体制改革，建立家庭联产承包责任制，把生产自主权交给农民。引导统购统销的计划经济向宏观调控的市场经济转变，形成以市场调节为主、国家指导为辅的价格体制。实行财政包干及分税制的财税管理体制，通过放开搞活，促进个体、私营等非公有制经济蓬勃发展，多种所有制经济共同发展的格局在全县基本形成。贯彻执行干部人事制度和机构改革政策，行政机关推行国家公务员制度，按照“公开、平等、竞争、择优”原则招录干部，事业单位人员实行聘任制，对县、乡（镇）两级部门，按照精减、统一、效能的原则，执行、监督相协调的要求，推进机构改革，转变政府职能，进一步提高政府的决策能力和服务水平。调整教育布局，集中力量办学，先后完成普及六年义务教育和九年义务教育。深化集体林权制度改革，实现“山有其主、主有其权、权有其责、责有其利”的目标，建立“产权归属清晰、经营主体到位、责权划分明确、利益保障严格、流转顺畅规范、监督服务有效”的现代产权制度。此外，金融、投资、流通、住房、社会保障、科技、医疗卫生等方面的改革顺利推进，各项改革已成为推进全县经济建设和各项工作的根本动力。坚持“走出去，请进来”，加强和发展与县外发达地区、境外地区经济技术合作与交流，采取一系列的优惠政策，吸引县外投资者参与西盟的开发和建设，加快非公有制经济建设步伐。实施境外替代罂粟种植项目，为铲除罂粟、禁绝毒源做出了贡献。《阿佤人民唱新歌》的所在地、江三木落的故乡——西盟呈现出经济繁荣、社会安定、民生和谐的美好景象。

2008 年，全县生产总值（GDP）34153 万元，比 1978 年增长 70.56 倍，年均递增 15.2%；工业总产值 8320 万元，比 1978 年增长 105.32 倍，年均递增 15.1%；农业总产值 17747 万元，比 1978 年增长 15.99 倍，年均递增 9.7%；地方财政收入 1629 万元，比 1978 年增长 66.88 倍，年均递增 15.1%；全社会固定资产投资完成 23256 万元，比 1978 年增长 199.48 倍，年均递增 10.3%；社会消费品零售 9628 万元，比 1978 年增长 23.54 倍，年均递增 11.1%；全县一、二、三产业的比由 1978 年的 71.9 : 12.6 : 15.5 调整为 30.2 : 19.5 : 50.3。

农业基础。1990 年，全县耕地面积 280772 亩，其中水田 34371 亩，有效灌溉程度 12.2%。1995 年，以中课乡为片区，开始实施扶贫攻坚农田水利基本建设。1996 年，全县先后实施“八七”扶贫攻坚农田水利基本建设项目，农田水利基础设施建设进入新的一页。2008 年，全县有耕地面积 177171 亩，有水田 56401 亩，有灌溉沟渠 1291 条、1716.92 千米，灌溉面积 57864 亩，其中，建成“三面光”渠道 203.62 千米，“三面光”程度 11.86%；有节水灌溉面积 35611 亩，有效灌溉程度 32.66%。建成以灌溉为主的水库 4 座，库容总量 460.5 万立方米；农村自来水普及率 81.1%，水资源综合利用的水利工程服务体系初具规模。2008 年，全县种植橡胶 20.15 万亩，开割 5.06 万亩，产量 2018 吨，产值 3406 万元；茶叶 5 万亩，可采茶叶 2.03 万亩，产值 1088 万元；竹子 39790.5 亩，每年竹笋销售收入 100 余万元；桑园 1.33 万亩，产值 181 万元；沉香木 500 亩；西盟米荞 2.88 万亩，产值 366 万元。

交通建设。1956 年 10 月 1 日，募西公路通车，全长 100 千米，其中，通过西盟县境内 65 千米。1978 年，全县有公路 29 条，全长 153 千米。2008 年，全县有不同等级的公路 219 条，全长 1223.8 千米，其中，省道 77 千米，县道 244.6 千米，乡道 546.2 千米，村道 356 千米。有沥青路 89 千米，弹石路 87.8 千米，砂石路和土路 1047 千米。全县 258 个自然村已全部通公路，形成覆盖全县的公路网络。全县有汽车 1108 辆，其中，载货汽车 868 辆，公共交通车辆 115 辆，其他汽车 125 辆。摩托车 5040 辆，拖拉机 916 辆。机动车驾驶员 8236 人，其中，汽车驾驶员 3942 人。全年完成客运量 32.5 万人次，旅客周转量 1545 万人次 / 千米；货运量 75 万吨，是 1978 年的 15 倍，货运周转量 1970 万吨 / 千米，是 1978 年的 19.7 倍。全县客运运营路线总长 2568 千米，客流量 34 万人次。

通信建设。30 年来，西盟通信事业从最初的邮政局到改革后的电信局、移动公司、联通公司，从拍电报到座机电话，从手机为奢侈品到日常必需品。1978 年，县内邮路有 30 条，全长 563 千米。1990 年，全县有乡邮路 23 条，全长 383 千米。全县 36 个行政村，有 34 个村通电话，并将市话交换设备改装为日本 C23 型 800 线纵横式自动设备。1992 年，县委、县人民政府出台“八五”和“八九”邮电通信事业建设规划，县城安装了 3000 线纵横电话交换设备，实现市内电话自动化。1996 年，在力所乡首次安装开通国产 ZXJ-10 型 32 线集成器。1998 年，实现县以上电话交换程控化。1999 年，实现乡乡通程控和光缆。2000 年，实现各乡（镇）电话程控化、传输数字化，全县各乡、村均通电话。2002 年，实现宽带移动多媒体通信。2008 年，完成邮政业务总量 191 万元；年末，固定电话 8976 户，移动电话 1.4 万人，互联网用户 2094 户。

电力建设。1978 年前，全县运行的电站仅有 1973 年建成投产的新厂河电站，由于设备老化，破损严重，所以经常停电，就连县城居民也基本是靠点马灯过日子，农村就更谈不上用电了。1996 年年底，西盟接通从澜沧县竹塘乡至西盟的 28 千米、35 千伏输电线，为西盟与外来电源并网打下基础，确保当时电站技术改造的供电。1997 年年底，启动“村村通电”工程。1999 年，启动“农网改造”工程，使全县电网得到快速发展，电压等级由 10 千伏升为 35 千伏。2008 年，全县有 35 千伏变电站 4 座，总变装容量 10150 千伏安。全县已全部通电，乡（镇）通电率 100%，自然村通电率 92.2%，户通电率 95.22%。

城镇建设。1995 年，国务院下发批准西盟佤族自治县县城和党政机关从原驻地西盟镇搬迁到勐梭乡的批复。2000 年，西盟实现顺利搬迁。2008 年，县城搬迁总体工程建设完成并通过省级验收。县城绿化、亮化、美化和排污畅通明显改观，城市绿化率 30%。县城总体规划修编工作稳步推进，城乡面貌从建设民族特色县城和改善农村面貌入手，不断改善人居环境。全县城镇人口从 1970 年的 0.35 万人增加到 2008 年的 1.8 万人。创建成为省“乙级卫生县城”和市级“文明县城”，勐梭镇被省委、省政府命名为“文明小城镇”。完成 4 个乡镇数字化地形图测量，完成 2 个乡镇和 5 个村庄的建设规划编制工作。

商品贸易。1978 年前，西盟县只有一个 1964 年 4 月成立的“西盟国营食堂”。1984 年，当地人兴办“佤山小吃”。同时，外地人开办“玉溪小吃店”“四海饭店”。在改革开放的进程中，西盟坚持对外开放与对内搞活，不断改善投资环境，完成商业民贸总公司等国有企业产权制度的改革。2008

年，全县商品贸易零售总额9628万元，是1978年409万元的23.54倍；全县非公经济户有1160户，从业人员6423人，注册资金11129万元，非公经济增加值11492万元，上缴税收1279万元，占全县税收总额的4.65%。

文化旅游。阿佤山有秀美的山水自然景观和独具特色的人文景观，有多彩的民族文化和古老的习俗信仰。这些宝贵的自然景观和民族文化遗产，并没有被悠悠岁月所湮灭，反而在改革开放的背景下更加发扬光大，深入人心。从2003年起，县委、县人民政府把旅游产业作为一项重要产业，对其加大扶持力度，提出“阿佤文化兴县”发展战略，对旅游资源分级保护，按照科学规划、适度开发、分步实施的原则，2003年—2007年，共投入资金790万元，初步打造出“司岗里佤族村庄”“勐梭龙潭”“阿佤人民唱新歌标志性建筑”“里坎瀑布”“木依吉神谷”等一批独具特色的自然景观和具有丰富民族文化内涵的旅游景点。连续举办3届中国佤族木鼓节及有关佤族文化学术研讨会和采风活动，着力打造普洱“绿三角”旅游环线，打响阿佤文化旅游品牌，把西盟推向全省、全国乃至全世界。开发边境旅游，与佤邦政府签订边境旅游合作意向性协议。共接待国内外游客37.27万人，年均增长20%；实现旅游业综合收入3453.87万元，年均增长19.8%。

扶贫开发。历届中共西盟县委、县人民政府从解决农民最基本的生产生活问题入手，与全县各族干部群众一道，克服“等、靠、要”的旧观念，变“干、引、争”的新思想，树立“苦熬不如苦干，饿死不如累死”的精神，激励全县各族人民群众改变贫困落后面貌的信心和决心。2003年，一场称之为“第三次革命”的茅草房改造工程在佤山村寨开始实施。面对农村民房建设这一千载难逢的大好机遇，县委、县政府认真总结历年民房改造的经验，把4000户民房建设任务分解到乡、村和各项目点，各乡镇、各单位、各部门积极投入，各项目点群众积极参与，举全县之力，打响一场声势浩大、消灭茅草房的“人民战争”。从此，西盟佤山大部分农民告别世代居住的狭窄、低矮、潮湿、人畜混居的茅草房，住进安全、宽敞、明亮、人畜分居的砖瓦房，多年来期盼安居乐业的梦想变成现实。2002年—2007年，西盟先后实施“兴边富民”、安居工程、上海对口帮扶、世行、扶贫贴息贷款等一批扶贫项目，实现全县村村通电、通路、通水、通广播电视。通过开展一轮又一轮的扶贫攻坚战，达到实施一村、脱贫一村、巩固一村的扶贫攻坚目标，全县呈现出经济发展和社会进步的良好局面。

社会保障。1978年，全县城镇职工有2000人，年工资总额146万元，职工年均工资730元，农民人均纯收入66元。2008年，全县职工工资9017万元，职工人均年工资24800元，比1978年人均增长33倍。农民人均纯收入1326元，比1978年增长20倍。全县人民生活实现由贫困到温饱，再到小康生活的历史性跨越。丰衣足食梦、上学梦、手机梦、楼房梦、汽车梦、医保梦，这些佤山人民祖祖辈辈苦苦追寻的梦想，正在变成西盟人现代生活中不可缺的部分。各族人民学有所教、劳有所得、住有所居、病有所医、老有所养，佤山处处呈现和谐、稳定、繁荣、发展的新气象。这些以前佤山人民想都不敢想的事情已经变成了现实。

教育事业。1954年，西盟创办第一所小学，结束西盟没有学校的历史。1957年，开始举办扫盲班、识字班。1959年，创办西盟中学。1972年9月，西盟中学设立高中部。2000年，全县普及六年义务教育。2003年，全县基本扫除青壮年文盲。2008年，全县普及九年义务教育和“两基”工作顺利通过省级检查验收。全县共有各级各类学校56所，有专任教师969人，在校学生14588人，学龄儿童入学率99.27%，普通初中升学率45.06%。学校总占地面积484506平方米，校舍总建筑面积108376平方米，是1990年的2.09倍。

文化事业。民族文化在保护中得到继承与发展，西盟人创造出了一批具有佤族特色的舞蹈和歌曲，这些成果多次荣获市级、省级、国家级奖励，其中,《木鼓舞》被国家列入“中华民族21世纪经典舞蹈”。2003年—2008年，先后成功举办三届中国佤族木鼓节，在国内外产生极大的反响，木鼓节渐趋成为重要的民族文化品牌。《佤山》杂志坚持以“弘扬佤族文化，彰显佤山魅力，传承生态文明，培养文艺新人”为宗旨，刊发大量具有民族特色和时代特点的作品，为宣传推介民族文化发挥重要的作用。出版党史资料2部、部门志3部、地情书6部、文史资料1部。县图书馆图书拥有量从1980年的1.12万册攀升至2008年的5.1万册，县档案馆档案存储量从1990年的6616卷发展到2008年的14621卷。民间织布、木雕、绘画等传统工艺绚丽多彩，经久不衰。“佤族木鼓舞之乡”“岳宋村永老寨佤族传统文化保护区”被列入云南省第一批非物质文化遗产保护名录；勐梭龙潭成功申报为“国家级水利风景区”。西盟建立全国第一个佤族博物馆，通过评定省级民间艺人与民族民间文化传承人，成立“阿佤文化传承小组”。2006年，成功承办思茅市首届少数民族传统体育运动会。深入开展以“讲文明、树新风”为主要内容的公民素质教育和群众性精神文明创建活动。至2008年年末，全县共有省级文明单位8个、市级文明单位16个、县级文明单位67个、城乡“十星级”文明户2867户。深入开展文化、卫生、科技“三下乡”活动，“千里边疆文化长廊”建设项目取得实效。挖掘整理出以佤族为主，具有浓郁民族特色的民歌97首、乐曲53曲、民间舞蹈254个，丰富了广大山区群众的精神文化生活。

广电事业。2002年，投资420万元的西盟广播电视中心综合楼建成投入使用，投资25万元建成全市最先进的750MHz-HFC可寻址双向有线广播电视综合网，县城内可以收看到32套高质量电视节目，可以收听到3套调频立体声广播。2005年年初，各乡镇开通有线电视。同时，对电视信号传输线路实施光纤化升级改造。2008年，有线电视传输节目增至39套，收视用户2769户，共完成20户以上自然村“村村通”广播电视站、网建设78个。广播、电视覆盖率分别达到95%、96%。

卫生事业。新中国成立前，西盟的医疗卫生工作是空白的，设备仅有听诊器、体温表、注射器，只能诊治一般疾病，处理小伤口包扎。1953年11月，西盟民族武装工作队设立卫生组。1955年，卫生组改称卫生所。1977年，全县有卫生机构12个，医务人员192人。20世纪80年代后，县医疗设备不断完善，技术逐渐进步，能开展心电监护、急诊开胸、内科心血管意外诊断、外科重型颅脑损伤等技术性较强的手术。1981年，县委、县人民政府结合西盟实际，先后出台《关于进一步做好计划生育工作的通知》《西盟佤族自治县关于计划生育奖惩暂行规定》等文件，人口自然增长率从1978年的26.41‰下降至2008年的3.8‰。2007年，西盟县被纳入新型农村合作医疗试点县之一，全县有64810人参加新农合，占全县农业人口的89.3%。2008年，全县有医疗卫生机构11个，医院和乡镇卫生院床位总数181张，每千人有床位2.15张，卫生技术人员187人，每千人拥有卫生技术人员2.11人。

党建工作。中共十一届三中全会后，县委以加强党的执政能力建设和先进性教育为主线，全面推进党的思想建设、组织建设、制度建设和反腐倡廉建设，相继开展社会主义教育、“三讲”教育、“三个代表”重要思想教育、边疆党建长廊建设和“云岭先锋”等活动。各基层党组织的凝聚力和战斗力不断增强，成为全县经济建设和社会发展的坚实力量。党员队伍不断壮大，党的组织逐年增加。2008年，全县已发展到11个党委、9个党总支、146个党支部、3873名党员。

民族政策。在牢固树立“汉族离不开少数民族、少数民族离不开汉族、各少数民族之间相互离不开”的“三个离不开”思想的同时，县委、县政府牢牢把握各民族“共同团结奋斗、共同繁荣发展”的民族工作主题，全面贯彻党的民族宗教政策，各民族更加团结和睦，西盟佤山呈现出民族团结、宗教和顺、社会和谐、边疆稳定的良好局面。2008年，全县有乡科级以上干部381人，其中，少数民族干部244人，占干部总数的64%。

大事记

1978 年

1 月 13 日，县委举办第一批落实政策学习班，揭批江青反革命集团，辨别路线是非，提高思想认识，进一步落实党的各项政策。

1 月，组建西盟县边境工作站，隶属思茅地区公安处，后迁驻傈傈，改为傈傈边境工作站。

2 月，恢复县委统战部和县纪律检查委员会。

2 月 25 日，县委作出《关于深入开展党的基本路线教育的安排意见》。

4 月，县公安局边防股成立，下设莫窝、岳宋、中课、傈傈、翁嘎科、新厂 6 个边防派出所和南康河二线检查站。

6 月 9 日，县委批转统战部《关于恢复民族上层人士生活补助的意见》。

6 月 10 日，县委召开全县落实政策、审干工作会议。

8 月 12 日，县委授予县粮油加工厂"学大庆、学大寨"先进称号。

12 月，西盟县开展揭批江青反革命集团，并对县和公社两级领导班子进行调整。

同年，县政府实行减免公余粮，社员粮食分配由"基本口粮加工分粮"改为"按工分分配"。

同年，县政府调整生产队规模，全县由 231 个队调整为 361 个队。

1979 年

4 月 14 日，县委批准恢复县政府党组和政法党组。

4 月，昆明军区驻西盟县边防第四团调防。

5 月，云南省军区在西盟县组建公安边防团第四团，隶属于思茅军分区建制。

6 月，县委召开全县水利会议，总结交流水浇地增产经验，讨论扩建水浇地计划，号召全县各族人民努力完成"(兴建)百池(灌溉)万亩"计划。

7 月，思茅地委在西盟县召开全区水浇地建设现场会。

11 月，恢复西盟县人民武装部党委。

同年，县种子站用高山红缨做父本、当地小黄玉米做母本，成功配制"西杂一号"。"西杂一号"推广种植后，比常规玉米单产增 2 倍。

同年，云南省地质局区调队在新厂阿莫发现锡矿，通过探槽施工揭露。向县政府提交普查评价报告。

同年，县委根据中央有关农业的文件精神，进一步放宽农业政策，允许社员扩大自留地、私养大牲畜。

同年，县委纠正“文化大革命”中的冤假错案，落实500余名职工群众的政策；对历次在政治运动中被错划为“右派分子”的干部，经复查予以纠正。

1980年

1月1日，县委撤销县公安局边防股，成立中国人民武装警察部队西盟边防大队。6个边防派出所和二线检查站的干警改为现役军人，划归武警西盟边防大队。

1月，贯彻中央“调整、改革、整顿、提高”的方针，在农村和城镇进行经济管理体制改革。县委和县革委会提出“林矿并举、粮食自给、长短结合、多种经营、全面发展”的建设方针。

5月12日，思茅地委转发云南省委的批复：同意在墨江、西盟、孟连、江城四县设立民族事务委员会。

6月4日—8日，县委召开全县三级干部会议，传达学习《邓小平同志关于编制长期规划的意见（摘录）》及省、地的贯彻意见。

6月，西盟县暴发黏虫灾害，危害农作物6.05万亩，防治5.95万亩。

10月25日—29日，县第三次党代会在县城召开。

12月，各公社分别召开人民代表大会，公社革委会改称公社管理委员会。把东方红、忠东、卫东、红旗、前哨、庆九大、向阳恢复为原地名中课、勐梭、翁嘎科、岳宋、新厂、莫窝、傈傈。

12月20日—22日，县政协第二届委员会第一次会议在县城召开。

12月19日—23日，县第三届人民代表大会第一次会议在县城召开。撤销县革委会，恢复人民代表大会制度，设立自治县人民代表大会常务委员会，恢复自治县人民政府。

同年，省委、地委批准西盟县免征公粮、免购余粮。

同年，西盟县落实“各尽所能，按劳分配”原则。

1981年

1月，县政府地名普查领导小组成立，从各单位抽调人员组成地名普查工作队，进行地名普查，全县新增、更改地名189条。

3月15日，西盟县地方国营锡矿厂成立。

5月18日，县委批准县人大常务委员会、县人民检察院和县人民法院党组成立。

5月，县政法委员会成立。

6月9日，西盟县锡矿厂把第一车锡矿石（原矿）3.62吨，运往个旧云锡公司冶炼。

11月28日，县人大常委会作《勐梭龙潭、西盟城子水库、马散水库及其径流森林环境划为自然保护区》的决定，并由县政府发布告执行。

11月，县锡矿厂日处理10吨矿石的土法选厂建成投产。

同年，县农业部门进行农作物品种资源调查，全县有陆稻品种120个、水稻品种12个。

同年，地区卫生防疫站和县卫生防疫站对西盟县病毒性肝炎进行联合调查，全县农村乙肝病源携带率25.54%、城镇24.64%。

同年，西盟县进行农村实行经济体制改革，361个生产队均建立家庭联产承包责任制。

1982年

1月14日—18日，县第三届人民代表大会第二次会议在县城召开。

7月1日，西盟县进行第三次人口普查，全县总人口64784人，其中，男32439人，女32345人。

11月，县委把“贫下中农协会”改称为“农民委员会”。

同年，西盟县开展土壤普查，查明全县总面积202.5万亩，耕地72.65万亩。

同年，县人民政府制定《西盟佤族自治县五保户（保吃、保穿、保住、保医、保葬）供养办法》。

1983年

1月，撤销公安边防团建制，岳宋、新厂2个连队及三营营部移交武警思茅支队。同时，组建岳宋、新厂边防站。

1月15日，翁嘎科边防站成立。

2月23日—27日，县第三届人民代表大会第三次会议在县城召开。

6月1日，县武警边防大队与原公安边防团三营营部合并。

6日—9月，西盟县开展“两山一地”（责任山、自留山、轮歇地）到户工作，向农户颁发自留山使用证1.2万本；集体林由1100户农户承包，承包面积22.27万亩。

12月，县级机构改革，调整县政府工作机构。

同年，锡矿厂全年实现利润39万元，首次上缴工商税10万元。

同年，县政府将橡胶种植列入经济发展的骨干项目。

同年，县文化馆对馆存文物清理登记。有新石器时代的箭镞、石器、骨器，明代的铜器、铁器39件，清代的铜铸佛像4件、三佛祖官印3件、兵器2件。

同年，省委书记安平生到西盟县考察。

1984年

1月，县委恢复农村工作部。

1月，县畜牧兽医站普查畜禽寄生虫。

2月10日至3月31日，西盟县进行农村体制改革。

2月，根据云南省人民政府1982年12月批准，在县城所在地正式设立西盟镇（区级镇），原西盟大队改称西盟村办事处。

5月25日—29日，县委、县政府召开第一次教育三干会议。

6月5日—12日，县政协第三届一次会议在县城召开。

6月6日—12日，县第四届人民代表大会第一次会议在县城召开。

6月18日，西盟县电视转播台建成开机。

9月2日，西盟县科学技术协会成立，并召开首次代表大会。

10月25日—29日，县第四次党代会在县城召开。通过“林矿并举、粮食自给、多种经营、全面发展”的国民经济发展方针。

11月29日，县四届人大常委会第四次会议决定：每年农历八月十四日至十六日为全县佤族、拉祜族新米节，全县工作人员放假3天。

同年，草场资源普查结束。西盟县有草场86.58万亩（有效面积65.56万亩），其中，山地草丛类4.2万亩，林间草丛类2.31万亩，树林地草丛类0.69万亩。年产鲜草5亿余千克，理论载畜量4.04万头黄牛。

同年，在思茅地区文化局和澜沧拉祜族自治县文物管理所协助下，县文化馆对县文物进行普查登记，共登记流散文物64件，征集收回石斧4件。

1985年

2月27日至3月2日，县第四届人民代表大会第二次会议在县城召开。

3月3日—6日，西盟佤族自治县成立20周年庆祝大会召开。

3月8日—21日，根据《中缅边界议定书》的规定，中缅边界第一次联合检查组到西盟检查边界工作。修复、重竖被损坏的国界桩5棵，增设方位物8个，修建保护堤93.5米。

5月，县商业局分设县供销社、县联社，各乡中心商店改称供销社，隶属于县联社。

5月31日，县四届人大常委会第八次会议决定：每年6月6日—12日，为西盟县全民“义务植树周”。

7月20日，县民警中队和岳宋、新厂、傈傈、翁嘎科4个边防站，划归武警西盟边防大队建制。

9月10日，县委、县政府举行首届教师节庆祝活动，表彰县级优秀教职工42名，为27名在西盟工作20年以上的教职工颁发荣誉证书，数百名师生员工参加庆祝游行。

12月3日，西盟县锡矿厂与瑞典萨拉公司在昆明签订合同，引进日处理100吨矿石移动式选矿设备。

12月，西盟县开展整党工作，对党员进行理想、信念、宗旨和党的路线、方针、政策教育。

同年，经云南省政府批准，在城子水库坝埂下侧建一座容量500立方米的自来水厂，投资75万元。

同年，县文化馆将铜佛像、三佛祖官印等5件文物，送到云南省博物馆参加展览。

1986年

3月5日—9日，县第四届人民代表大会第三次会议在县城召开。

3月，西盟县开展第一次森林资源二类调查。

6月11日，中国人民解放军西盟县人民武装部改属地方建制，隶属于县政府工作部门，机构级格为副县级。县委、县政府在县城召开大会，颁发云南省西盟佤族自治县人民武装部印章。

8月25日，县委向地委上报《关于否定“‘文革’期间西盟划分阶级成分”的请示》，提出恢复直接过渡地区的政策。在划分阶级成分中被查抄财物，落实政策时折合人民币现金退还原主。

8月，西盟县贯彻云南省民族教育会议“巩固高中，稳定初中，普及初等教育”精神，对不具备办学条件的小学进行“停、转、并、改”，一次性撤并小学34所。

9日—11月，县教育局举办民族语文（佤文、拉祜文、傣文）师资培训班。结束后，在乡村小学推广“双语教学”，并用少数民族文字扫除文盲。

11月，县委贯彻中办发《关于加强地方各级法院、检察院干部配备的通知》，将县人民法院、县人民检察院升格为副县级单位。

同年，县政府颁发《西盟佤族自治县城区规划建设管理暂行条例》，对规划范围内土地，实行统一征用，统一管理，统筹安排。

同年，西盟县开展中草药资源普查，基本查实全县有野生中草药419种，其中，植物药材399种，动物药材20种。蕴藏量约7249吨。

同年，国际矿物协会和矿物命名委员会将西盟1983年发现的磷和铋六方晶体系矿物定名为“西盟石”。

1987年

3月14日—21日，县政协第四届委员会第一次会议在县城召开。

3月15日—21日，县第五届人民代表大会第一次会议在县城召开。

3月30日凌晨6时25分，翁嘎科区龙坎乡戈斗村岩某，饭后未熄火，入睡后引起火灾，烧毁全村房屋53幢，毁粮2万余千克，物资损失折价2万余元。

4月，县联社并回商业局，基层供销社保留名称，隶属于商业局。

5月28日，国务院批准云南省人民政府将带由歧视少数民族的地名西盟“卡佤山”，改为“阿佤山”。

6月，工人俱乐部上侧出现滑坡，危及单位住房等建筑物24幢，混凝石台路受损120米。

7月1日，县锡矿厂自瑞典萨拉公司引进的日处理100吨矿石移动式选矿设备，经过安装调试正式投入生产，投入资金337万元。

8月17日—21日，县第五次党代会在县城召开。

10月21日，县第五届人民代表大会第二次会议在县城召开。

10月，省政府派有关单位专家组成西盟工人俱乐部滑坡评审小组进行实地考察。

12月，西盟县进行区、乡体制改革。

1988年

2月9日，区、乡体制改革结束，把原来的区改为乡，乡改为行政村，全县划为7个乡（1个拉祜族乡）、1个镇、35个行政村。

2月19日21时许，勐梭乡他朗村永埃社村民用火不慎，引起火灾，烧毁全社26户房屋及物资，毁粮3500千克，损失猪13头、鸡47只。直接经济损失1.42万元。

2月，库杏河电站破土动工，设计装机容量2×1250千瓦。

2月，在新厂乡、傈僳乡进行“财政包干”试点，实行收支包干，超收全留，结余归己，超支不补的管理体制；对其他 5 个乡实行收支考核，超收留用。

3 月 5 日，组织治理工人俱乐部滑坡地带。

5 月 28 日，县锡矿厂和瑞典萨拉公司在县政府签订日处理 100 吨矿石移动式重选厂验收证书。

6 月 3 日，工人俱乐部滑坡地带治理工程竣工，浇灌 200 # 钢筋混凝土抗滑坡锚固桩 10 棵，总方量 1224.96 立方米，共投资 48.05 万元。

6 月 27 日，《西盟佤族自治县志》编纂委员会成立。

10 月，县委农村工作部改称为县委农村政策调研室。

11 月 24 日，中共西盟县直属机关工作委员会成立。

12 月，县财政首次出现赤字 154 万元。

同年，西盟县对民族民间舞蹈进行普查。收集整理民族舞蹈254个，编写《西盟佤族民间舞蹈集成》。

1989 年

1 月 1 日，武警西盟边防部队大黑山边防站成立，隶属于武警西盟边防大队。

1 月 9 日—10 日，省委常委、省政法委书记、省纪律检查委员会书记兼省高级人民法院院长邱创教到西盟县调研。

2 月 23 日，县五届人民代表大会第四次会议讨论通过《西盟佤族自治县自治条例》。

7 月 15 日，《西盟佤族自治县自治条例》经云南省第七届人大常务委员会第六次会议批准，于 11 月 1 日起在全县施行。

9 月，县锡矿矿长王振雄到北京出席全国劳动模范表彰会，国务院授予其“全国劳动模范”称号。

10 月，县政协党组成立。

12 月 12 日，县教育局党委成立。

同年，县土地局对县、乡机关、厂矿及 389 户居民的 412 宗土地使用情况进行申报登记，并立案归档。

同年，县政府作出恢复征收公粮的决定，按年末人口每人 5 千克原粮计征，3 年不变。

同年，西盟县推广杂交水稻 4500 亩、杂交玉米 3629 亩；施用化肥 2 万亩；化学除草 8.2 万亩。

1990 年

2 月 11 日—17 日，县第六届人民代表大会第一次会议和县政协第五届委员会第一次会议在县城召开。

3 月 2 日—6 日，县第六次党代会在县城召开。

3 月 20 日，县城“佤山农贸市场”建成开业。

5 月 20 日，县委颁布《关于机关干部参加集体生产劳动的规定（试行）》。

6 月 1 日，县委批转实施组织部《关于建立民主评议党员制度的规定（试行）》。

6 月 15 日—17 日，西盟县第一届残疾人代表大会召开。

7 月 1 日，西盟县开展第四次人口普查。全县总人口 79915 人，其中，男 40899 人，女 39016 人；佤族 56706 人，拉祜族 13450 人，傣族 2600 人，汉族 5750 人，其他民族 1409 人。

7 月，副伤寒从缅甸传入莫窝乡马散村，发病 204 人，死亡 10 人。

9月18日至12月19日，县委在7个乡、1个镇开设党校。

同年，西盟县城子水库自来水厂建成使用。

1991年

3月，省委书记普朝柱到乡（镇）企业、县锡矿厂等考察。

3月，县长岩秒出席在北京召开的第七届全国人民代表大会第一次会议，受到国务院总理李鹏的接见，并合影。

3月下旬，县委、县政府集中全县80名妇女，在中课乡班箐村举办佤族挎包编制培训班。

5月，县委、县政府定编乡（镇）、村工作人员编制。乡（镇）工作人员定编按照乡（镇）规模大小、经济状况、所处位置、管辖面积、人口和村公所数的多少，把乡（镇）划分为小乡、中乡、大乡、特大乡，分等级核定编制，民族乡增加1名编制。

7月1日，县委召开纪念建党70周年大会。

9月4日—16日，西盟县、沧源县在昆明联合举办"佤族新米节"。

9月，西盟县开展土地小调整工作，调整在"两山一地"工作时，农田水利用地规划不周密，农户所承包的土地在水资源分布及开发利用不合理的部分土地。解决有的农户可开发面积小而劳动力过剩，有的农户可开发面积大但劳动力少，阻碍固定耕地、推广科技、提高单产的问题。

10月15日，县委开展全县农村社会主义思想教育活动。

11月3日，县委提出"大力兴开水田、台地，坚持十年实现固定耕地人均一亩的目标"。

12月17日，西盟县爆发烈性牛气肿疽病，县乡畜牧部门进行全力救治。

12月20日，西盟人民广播电台开设佤语播音栏目，用汉语、佤语两种语言播音。

1992年

1月，县委、县政府分别与全县7个乡、1个镇签订年度《农田建设目标管理责任书》。

1月19日，娜妥坝村中缅两国界桥建成对接，并验收通车。

1月24日，县委开展全县农村社会主义思想教育活动。

1月27日，县政府作出关于兑现1991年大春粮食生产奖励的决定。

1月，副县长魏红当选为中国共产党第十四届党代表。

3月19日，新厂乡人民法庭正式挂牌成立。

3月20日，西盟县牛气肿疽病共发病319头，死亡172头，投入资金20400元进行防治。

5月19日，娜妥坝村办事处成立，属县政府派驻的办事机构。

5月21日，县政府作出《关于撤出西盟县公安局勐梭河联合检查站的决定》。

6月30日，县委制定出台《关于勤俭节约，反对浪费的有关规定》。

7月3日，县委印发《关于选派中青年干部到基层挂职锻炼的通知》。

8月4日，县委作出除公、检、法等一些部门外，党政机关、人民团体和科技、事业单位工作人员按干部管理权限批准后，以调动、借用、辞职、停薪留职等形式，到经济建设第一线工作的若干规定。

10月4日，县政府制定出台《西盟佤族自治县文化市场管理暂行规定》。

10月20日，县政府作出《关于成立电力公司的决定》，隶属于县水电局，属全民所有制企业。

10 月，副县长魏红出席在北京召开的中国共产党第十四届全国代表大会。

11 月 14 日—18 日，县委、县政府召开农村经济工作会，副县长魏红传达中国共产党第十四届党代会精神；县委副书记、县长岩秒作《坚持不懈抓好农田水利建设，拓宽思路促进农村经济全面发展》的报告。

11 月 18 日，县委、县政府召开全县邮电通信建设会议。

12 月 10 日—12 日，共青团西盟县委员会第五次代表大会在县城召开。

1993 年

1 月至 4 月 30 日，县内共发生火灾 8 起，烧毁粮食 27641.5 千克，造成经济损失 59582 元，受灾 39 户 116 人、死亡 1 人、重伤 1 人、轻伤 7 人。

2 月 5 日—9 日，县政协第六届委员会第一次会议在县城召开。

2 月 11 日—17 日，县第七届人民代表大会第一次会议在县城召开。

3 月 2 日—6 日，县第七次党代会在县城召开。

3 月 22 日，县政府印发《关于粮油购销体制改革有关问题的通知》，决定从 1993 年 4 月 1 日起，粮油购销体制和价格实行“一步到位，全面放开”。

3 月 27 日，县委、县政府召开会议，专题研究县锡矿四号区矿体纠纷事件。

4 月 17 日，县委、县政府组织验收王莫村公所电话线路，至此，西盟县每个村公所都通电话。

4 月 29 日，县委决定在全县干部中开展论绩评功活动。

4 月 29 日，县纪委和县监察局机关合署办公，县纪委书记的级格为副处级，纪委副书记、监察局局长的级格为正科级。

6 月 30 日，县应急处理突发事件指挥部成立。

10 月 7 日—9 日，县委召开常委扩大会议，传达党中央和省委关于开展反腐败工作的决定，研究部署贯彻落实方案。

10 月，西盟县开展大牲畜第三产业普查工作。

11 月 10 日—14 日，县委召开全县三级干部会议，会议着重研究“8542221”工程。

11 月 17，县委作出《关于开展中缅边界第二次联合检查工作的决定》。决定从 1993 年 11 月下旬至 1994 年 1 月 1 日，开展中缅边界南段 9 号—20 号界桩的联合检查。西盟县为中华人民共和国和缅甸联邦第二次边界联合检查第 16 联检小组，负责对所辖 89.33 千米的边界进行联检。

12 月，县教育局与上海市杨浦区教育局结为对口支援协作单位。

1994 年

3 月 5 日，勐梭乡他朗村大寨不慎失火，全寨 3 个社 105 户，有 97 户房屋全部烧毁，528 人受灾。县委、县政府采取有力措施，号召全县党政军民捐粮、捐款、捐物救助灾民，组织干部和民兵帮助灾民重建家园。

4 月 26 日，县委决定老干部局与组织部合署办公，实行“一个机构、两块牌子”。保留县委老干部局编制。

6 月，西盟县大牲畜第三产业普查工作结束。

8 月 14 日，县政府同意出版《西盟土壤》一书。

8 月 23—24 日，省长和志强考察县锡矿、库杏河电站、县城部分滑坡点、娜妥坝村。并对锡矿厂题词“办好西盟锡矿，促进经济发展”。

8 月 28 日，副省长杨健强到县锡矿厂调研。

10 月 8 日，县委、县政府向思茅地区行政公署提出搬迁县城的报告。

10 月 17 日，县委、县政府聘请云南省扶贫基金会会长梁林为县政府顾问，聘请南庚集团总裁杨代昌为县政府副县长。

12 月 5 日，县委、县政府颁布《西盟佤族自治县有偿出让荒山荒地使用权实施办法（试行）》。把国有、集体的荒山荒地和农户调整出来的自留山、责任山、轮歇地使用权按照 30 年～70 年的限期有偿出让给以当地农户为主要对象的荒山荒地造林绿化者。

1995 年

1 月 2 日，县委、县政府把省、地、县三级抽调出来的 60 名干部，派往西盟县 20 个“小康示范村”驻村帮扶。

1 月,《旱地改制》一书获得省政府授予的科技进步三等奖。

1 月 6 日，副省长牛绍尧到西盟县考察，并对库杏河电站、公路建设、县城搬迁作重要指示。

3 月 5 日，县委、县政府举办庆祝西盟佤族自治县成立 30 周年庆典活动。

3 月 15 日，副省长戴光禄一行到西盟县考察。

3 月 23 日，县委同意创办《西盟报》。

5 月 17 日，县委书记赵平云、县长魏红当选为中共云南省第六次代表大会代表。

5 月，中国社会科学院佤族研究专家罗之基副研究员带领中国少数民族现状与发展调查组到西盟县调研。

7 月 20 日，县委、县政府决定开展“95 科学技术普及年活动”。

10 月 7 日，第一批省、地“村建”工作队完成任务后返回原单位工作。

10 月 13 日,《西盟报》编委会成立。

11 月 3 日，国务院办公厅《国务院办公厅关于云南省西盟佤族自治县人民政府住地迁移问题的复函》批准西盟佤族自治县党政机关住地由西盟镇搬迁到勐梭乡，决定由中央财政补助 1000 万元建设资金。

11 月 9 日，经云南省人民政府批准,“傈僳拉祜族乡”更名为“力所拉祜族乡”。

11 月 22 日，县委作出对首批“村建”工作先进集体、先进个人进行表彰的决定，表彰先进工作组 4 个、先进个人 52 人。

12 月 21 日，娜妥坝经济贸易区工作委员会成立，撤销中共西盟县娜妥坝办事处支部委员会。

1996 年

1 月 1 日，娜妥坝经济贸易区挂牌成立。同时，撤销原娜妥坝办事处。

2 月 6 日，县工商业联合会（商会）成立，并召开第一次会员大会。

3 月 5 日，新县城开工奠基庆典大会在勐梭龙潭湖畔举行。省委、省政府祝贺代表团领导致辞祝贺，省、地、县党政军领导为开工奠基剪彩、培土，县长魏红发布西盟佤族自治县人民政府令（第1号），禁止在新县城总体规划区内私自建房、伐木、狩猎、捕鱼等。

3月6日，县委第七届委员会第七次全会在县城召开。

3月9日凌晨5时，中课乡班箐村发生重大火灾，烧毁房屋87间，有24户、95人受灾，损毁粮食1.48万千克、生活用具821件、生产用具250件。折合经济损失15万元。

3月12日—14日，县第七届人民代表大会第四次会议在县城召开。

3月12日—17日，云南《支部生活》杂志第四次摄影创作研讨会在西盟县召开。

3月14日，县委、县政府对完成1995年度农田水利建设项目的乡（镇）进行奖励。奖励措施实行用化肥和籽种等物资等价兑付的办法。

3月19日，省委常委、省纪委书记孙淦到西盟县考察，向西盟佤山“希望工程”捐款2000元，资助贫困儿童上学。

3月21日，邓颖超原秘书、全国政协提案委员会副主任赵炜，周恩来总理原秘书赵茂峰，周恩来侄孙、北京数理天地杂志社社长周国镇等一行到西盟县考察，并向西盟佤山“周恩来班”授匾及捐款，设立奖学基金。

3月29日，县委、县政府在烈士陵园举行革命传统教育基地揭幕式和革命传统报告会，党、政、军和中小学师生共1000余人参加。

4月1日，县人民武装部改归军队建制。

4月10—11日，副省长黄炳生到西盟县考察新县城、库杏河电站、农田水利建设情况。通过实地调研，责成省农业厅、水利水电厅、农业开发银行等部门对西盟县采取特殊政策，专门列出特殊发展项目资金扶持。

5月14日，县委常委召开会议，研究制订西盟县党政机构改革方案，全县县级机构改革工作全面展开。

5月29日，西盟县直通孟连县的第一条公路勐（梭）至景（信）公路通车。

6月25—26日，由省人大常委会副主任白佐光率省有关部门领导组成的“7·12”地震灾区视察组视察西盟县抗震救灾、重建家园情况。

7月26日，县委召开县级党政机关副科级以上领导干部会议，传达地委关于西盟县县级党政机构改革方案的批复。

8月11日—12日，省委副书记令狐安带领省有关部门主要领导到西盟县调研民族教育情况。

9月3日，县委、县政府批准出版《西盟佤族自治县志》。

10月3日—4日，县委、县政府召开农田水利建设誓师大会。

10月4日—14日，县委、县政府领导及县民族歌舞团到北京大兴县、中央党校进行演出。

10月8日，县委、县政府从基层党政机关、企事业单位、人民团体中抽调105名干部组成西盟县首批农田水利基本建设工作队，驻村一年抓农田水利基本建设。

11月7日—8日，副省长戴光禄到西盟县考察新县城建设情况。

11月，西盟县荣获省政府1995年度“农业登上新台阶”三等奖。

是月，县政府印发《关于加强计划生育工作实现“三为主”规划》。

1997 年

1 月 6 日，西盟县白糖厂建设初步设计方案在省轻纺工业厅和行署经贸委的共同组织下，顺利通过评审。

1 月 28 日—30 日，县委第七届委员会第八次全体扩大会议在县城召开。

2 月 28 日，县委召开常委扩大会议，研究安排缅怀、悼念邓小平活动的有关事项。

3 月 5 日，西盟县白糖厂举行奠基典礼。

3 月 6 日—8 日，县政协第六届委员会第五次会议在县城召开。

4 月 11 日,《西盟土壤》一书正式出版发行。

4 月 24 日，上海电视台和云南电视台联合组织的“手拉手”文化支边演出团在西盟县开展扶贫义演。

4 月 30 日，县委、县政府批转执行西盟县《推行国家公务员制度实施意见》和《推行国家公务员制度实施方案》。

5月6日中午12时，勐梭乡王莫村王莫大寨一农户由于用火不慎，引起特大火灾，烧毁民房67间。

5 月 10 日,《西盟土壤》一书，荣获思茅地区农业局 1996 年度科技成果二等奖。

5 月 29 日，西盟县公安局 110 报警服务台成立。

6 月 5 日，县委、县政府召开推行国家公务员制度动员大会，县属国家机关及参照执行管理单位的干部职工参加会议。

6月12日，县人大常委会办公室编纂的《西盟佤族自治县人民代表大会志》一书，正式出版发行。

7 月 1 日，县委、县政府发布厉行节约、制止奢侈浪费的规定。

7 月 1 日，县委、县政府举行纪念中国共产党建党 76 周年报告会和迎接香港回归文艺晚会。

7 月，县委在全县党组织中开展以“学理论、学党章；讲政治、讲大局、讲党性、讲团结、讲正气”为内容的“双学五讲”活动。

9 月 12 日—18 日，县长魏红出席在北京召开的中国共产党第十五届全国代表大会。

9 月 25 日，县政府印发《关于西盟佤族自治县县属国家机关、事业单位工作人员差旅费开支规定》。

9 月 26 日，县委召开常委会议，听取十五大党代表、县长魏红传达中共十五大精神和省委、地委的部署。

10 月 5 日，西盟县党史部门机构更名为党史研究室，单列为正科级，为财政全额拨款事业单位。

10 月 6 日，县委、县政府在邮电局举行“村村通”电话庆祝活动和表彰会议，宣告全县 36 个村公所（办事处）实现水泥电杆程控电话。

10 月 21 日，县长魏红被人事部授予“人民满意的公务员”荣誉称号。省委办公厅、省政府办公厅发出通知，号召全省人民向魏红学习。

11 月 4 日—6 日，省委副书记王天玺到西盟县考察新县城、糖厂、橡胶加工厂建设情况，并到岳宋边防站看望官兵。

11 月 11 日—13 日，县第七届人民代表大会第六次会议在县城召开。

11 月 18 日—23 日，县长魏红率西盟县党、政干部考察团到上海市杨浦区考察学习，并洽谈对口帮扶与援建西盟项目事宜，双方草签有关协议。

11 月,《西盟佤族自治县志》由云南人民出版社出版发行。

12 月 10 日，县委、县政府作出《关于开展向“优秀交通警察”李会宾同志学习的决定》。

12 月 19 日，县委、县政府召开李会宾事迹报告会，授予李会宾“优秀人民警察”称号，并给予嘉奖。

12 月 26 日，县委、县政府召开向获得人事部授予“人民满意的公务员”荣誉称号的魏红学习的报告会。

1998 年

2 月 9 日—13 日，县第八次党代会在县城召开。

2 月 16 日—20 日，县政协第七届委员会第一次会议在县城召开。

3 月 2 日—7 日，县第八届人民代表大会第一次会议在县城召开。

5 月 11 日—14 日，县委召开党建工作会议。

5 月 15 日，县委决定：在全县各级领导干部中贯彻执行云南省各级领导干部“五不准”，在此基础上执行西盟佤族自治县各级领导干部“七不准”。

5 月，县委、县政府决定加快发展甘蔗生产，制定关于甘蔗生产基地、搞好“责任田”建设、甘蔗收购实行保护价，甘蔗交售奖励制度等一系列机制和措施。

6 月 19 日，西盟团县委副书记赵娅书，在北京参加共青团第十四次全国代表大会时，受到中共中央总书记、国家主席江泽民接见。

7 月 1 日，县委在庆祝中国共产党诞辰 77 周年纪念活动大会上，宣布“农村党员基金会”成立。党员基金首批捐款额 29.59 万元，对 61 岁以上的 121 名农村贫困党员按月定额补助生活费。

8 月 19 日，县委颁发《关于严禁正副科局级领导干部驾车的规定》。

8 月 19 日，县委、县政府召开新县城建设工作会议，确定 2000 年 3 月 5 日为“县城搬迁日”。

8 月 28 日—30 日，国家民委副主任图道多吉到西盟县调研民族政策与民族团结的贯彻落实和少数民族与民族地区的发展问题。

8 月，经思茅行署和杨浦区人民政府同意，西盟县在上海设立工作处。

9 月，县委、县政府在岳宋乡推行恢复农业生产合作社试点。试点实行统一安排生产、互助、集中学习，统筹安排公益事业。

10 月 13 日，县委、县政府抽调 337 名干部到行政村、组抓扶贫攻坚工作。

11 月 3 日，县委、县政府收到省广播电视厅机关和直属单位干部、职工捐献 103345 元及 6781 件衣物。

11 月 13 日，岳宋乡收到省政府领导和省政府办公厅干部、职工捐赠给贫困学生 2.5 万元，衣物 6865 件、铅笔 2 箱。

11 月 13 日，佛殿山三佛祖遗址被云南省人民政府批准为省级文物保护单位。

11 月，省委常委、省军区政委陈培忠到西盟县考察，触景生情，为龙潭即兴赋诗：“鸳鸯潭嵌奇峰间，月点波心始正圆。龙自有灵山不孤，祖偕孙儿泪成泉。”后雕刻在龙潭边石壁上。

12 月 16 日—18 日，县委、县政府召开中共十一届三中全会 20 周年纪念大会。

1999 年

1 月 1 日，西盟县设立县委书记接待日，接待时间为每月 10 日、20 日、30 日，遇到节假日时往后顺延 1 天。

1 月 8 日，西盟佤族自治县勐梭龙潭自然保护区管理局成立。

1 月,《西盟佤族自治县边境及边境贸易收费管理办法》出台，自 2 月 1 日起施行。

4 月 25 日，县政府印发《西盟佤族自治县农村集体土地承包顺延 30 年不变实施办法》，延长农村集体土地承包期，耕地按照“增人不增地，减人不减地”的原则，在原承包基础上将承包期延长 30 年（从 1999 年 3 月 1 日至 2029 年 3 月 1 日）。自留地、责任山承包期可以放宽到 50 年。

5 月 3 日，西盟依法治县领导小组成立。

5 月 10 日，县委、县政府举行“县城搬迁 300 天倒计时”动员大会。

5 月 10 日，县委紧急召开县五套班子领导和驻西盟军、警部队首长联席会议。传达中共中央办公厅、国务院办公厅《关于强烈谴责以美国为首的北约对我国驻南使馆进行导弹袭击的通报》等。县城城区千余名各族干部和群众在街心花园集会，向在以美国为首的北约袭击中牺牲的烈士致哀，强烈谴责北约侵犯主权、践踏人权的霸权主义暴行。

6 月 8 日—9 日，县委、县政府召开首次个体、私营经济工作会议，并表彰奖励 8 户个体工商户。

6 月 10 日，西盟县法律培训中心在县委党校成立。

6 月 11 日，县委在国有企业县锡矿厂召开国有企业党建工作会议。

7 月 20 日—21 日，云南省艺术学院青年教师和学生组成的“三下乡”服务团到西盟县进行慰问演出。县委、县政府向服务团赠送一面绣有“艺术之花开边寨，云艺佤山心连心”字样的锦旗。

7 月 28 日，县政协第七届七次常委会议召开，声讨邪教组织。

8 月，经省扶贫办、上海对口帮扶云南联络工作组审批的温饱试点村项目在岳宋乡班帅村六组、翁嘎科乡英侯村小寨、莫窝乡永帮村五组和力所乡力所村拉巴二组启动。

9 月 14 日—15 日，县委第八届三次全委会议在县城召开。

9 月 30 日，县委、县政府举行庆祝中华人民共和国成立 50 周年报告会。

10 月 25 日，县委、县政府颁发《关于严禁正副科局级领导干部驾车的规定的补充规定》。从 11 月 10 日起执行。

10 月 28 日，县委、县政府决定清理乡（镇）、村不良债务。

10 月 28 日，县城乡企业局党委成立。

11 月 19 日，县委、县政府召开糖业生产会议。制定甘蔗收购最低保护价，通过“三个不动摇”（建成支柱目标不动摇、生产上要吃饱开足不动摇、依靠科技提高单产不动摇）。

12 月 1 日，县委党风廉政建设责任制工作领导小组成立。

12 月 4 日，县委、县政府在中课乡召开全县冬季农业开发暨农田建设现场会议。

12 月 8 日—9 日，省人大常委会副主任吴光范带领九届全国人大代表、省九届人大代表视察组，视察西盟县经济社会发展、第二轮土地顺延承包及经济贸易情况，并对农田水利建设、新县城总体规划等提出建议。

12 月 25 日，勐梭乡撤乡改镇庆典大会在勐梭镇举行，会议宣读《云南省人民政府关于西盟佤族自治县勐梭乡撤乡建镇的批复》，宣布中共勐梭镇党委和镇人大、镇政府班子组成人员名单以及有关领导任职决定。

12 月 25 日，西盟县青年志愿者协会成立，提出“保护母亲湖、美化新县城”是协会的长期主体活动。

同年，西盟县开展第二次森林资源二类调查。

同年，西盟县开展以整治社会治安为主要内容的“严打”和“专项”斗争，规范“中华养身益智功”活动，扫除黄、赌、毒等社会丑恶现象。

同年，西盟县 1228 名党员干部与 11416 户贫困农户结对帮扶。

2000 年

1 月 20 日，以佤邦对外关系部部长兼佤邦贸易公司总经理赵岩纳为团长的春节拜年访问团到西盟县拜年，并就边境管理、边境贸易等问题与县领导磋商。

1 月 26 日，西盟县委以及所属各部门按照预定计划，率先搬迁到新县城挂牌上班。

2 月 26 日，勐梭河通往新县城的公路通过验收，全长 12 千米，工程总造价 3445.63 万元。

2 月 28 日，县委下发《关于鼓励我县干部职工离岗带薪从事甘蔗种植开发有关政策的通知》。

2 月 28 日，县委成立“三讲”（讲学习、讲政治、讲正气）领导小组，并在副县级党员干部中开展党性、党风和党纪教育。

2 月 29 日，举行勐梭河通往新县城公路通车典礼。

3 月 5 日，县委、县政府在新县城举行西盟佤族自治县建政 35 周年暨县城搬迁庆典活动。

3 月 13 日，县委第八届委员会第四次全委扩大会议召开。

3 月 14 日—16 日，县第八届人民代表大会第三次会议在县城召开。

3 月 14 日—16 日，县政协第七届委员会第三次会议在县城召开。

3 月 21 日，县委常委会决定，并报经思茅地委批准，原县委、县政府及有关单位所在地老县城住址，划为西盟佤族自治县经济贸易区，设党的工作委员会和管理委员会，为县委、县政府的派出机构。县经济贸易区辖老县城区域和原娜妥坝经济贸易区。娜妥坝经济贸易区改为娜妥坝办事处，机构级格为副科级。

3 月 24 日，县委召开县“四班子”（县委、县人大、县政府、县政协）、“六部门”（县纪委、县委组织部、县委宣传部、县公安局、县人民检察院、县人民法院）班子成员会议，要求以整风精神搞好“三讲”教育工作。

3 月，思茅地区民宗局长会议在西盟县召开。

4 月 15 日至 6 月 20 日，县委在县级领导班子和领导干部中开展历时两个月的“三讲”教育活动。活动分四个阶段进行：一是发动思想，提高学习；二是自我剖析，听取意见；三是交流思想，开展批评；四是认真整改，巩固成果。

5 月 4 日—5 日，省委派驻思茅督导组组长张馥到西盟县指导“三讲”教育工作。

5 月 17 日，县委召开县级领导班子和领导干部“三讲”教育第二阶段“民主评议，民主测评”动员大会。

6 月 20 日，县人大常委会公布云南省第九届人大常委会第十六次会议批准的《云南省西盟佤族自治县勐梭龙潭保护区管理条例》。于 7 月 1 日起执行。

7 月 6 日，县委号召全县共产党员努力学习和实践“三个代表”重要思想。

7 月 10 日，西盟佤族自治县经济贸易区在西盟镇举行挂牌仪式。

7 月，西盟县在勐梭镇开展“十星级”文明户创建评选试点活动。按宣传发动、组织申报、评选审批三个阶段进行，共评选出六星以上文明户 289 户。

8 月 3 日—4 日，县委第八届委员会第五次全委扩大会议在县城召开。

8 月 4 日，县委号召在全县范围内学习中课乡嘎娄村“苦熬不如苦干、饿死不如累死”的精神；“三个统一”“三个到位”的基本做法、“开发、巩固、提高、增效并重，以增效为目的”的成功经验。

8 月 15 日，县委在莫窝乡举行村级体制改革、村党支部换届培训会。

9月12日—13日，在成都军区举行的成都军区2000年度民兵预备役部队刊授教育经验交流表彰大会上，西盟县人武部受到成都军区政治部的通报表彰。

9月16日，西盟县普及六年制义务教育工作通过地级检查验收。

9月22日，西盟县第五次人口普查工作会议召开。

9月26日，县委颁发《关于鼓励县乡机关干部到农村基层工作的政策规定（试行）》。

9月27日，西盟县甘蔗生产工作会议召开，会议要求举全县之力巩固糖业生产，确保农民增收、财政增收。

10月19日，县委召开会议，传达贯彻中共十五届五中全会精神。

10月31日，县委召开第37次常委会议，研究决定扶贫挂钩方案。

11月1日，西盟县开展第五次全国人口普查。

2001年

1月1日，县委下发《关于在农村开展“三个代表”重要思想学习教育活动的实施方案》，决定从1月中旬至8月，在全县各部门、乡镇、村领导班子和基层干部中分三批开展“三个代表”重要思想学习教育活动。

2月1日，县委在县属机关、企事业单位、人民团体和中央、省、地直属单位中开展“三个代表”重要思想学习教育活动。

2月20日—21日，县委第八届六次全委扩大会议召开。

3月7日—9日，云南省春荒救济、城市居民最低生活保障制度工作座谈会暨救灾理论研讨会在西盟县召开。

4月10日，澜沧、孟连、西盟三县在澜沧召开建立行政接边地区联合调解组联席会议。

4月11日，省政协副主席孟继尧一行到西盟县调研。

6月11日，西盟佤族自治县边防委员会成立。

7月30日，县委下发《关于进一步做好我县中青年干部及少数民族干部选拔使用的意见》，提出“先进后出”“到内地交流锻炼”等意见和建议。

7月30日，县委常委会研究决定，撤销西盟佤族自治县人民政府城乡建设环境保护局，分设为县人民政府环境保护局和县人民政府城乡建设局，均为正科级单位。勐梭龙潭自然保护区管理局隶属环境保护局，实行“一个机构、两块牌子”。

9月15日，昆明空军基地齐海田在省委副书记王学仁的陪同下到西盟县考察。

9月16日，中央组织部副部长、人事部部长张学忠到西盟县考察，并为岳宋乡班帅村小学捐款50万元建盖校舍。

9月24日—25日，全省陆稻科技扶贫工程项目总结会议在西盟县召开。

11月5日，省检察院检察长李春林一行到西盟县考察。

12月13日，县委、县政府制定出台《西盟佤山民族文化特色县建设总体规划》。

12月24日—25日，县委、县政府与云南省农垦总局、云南省农垦集团公司思茅分公司就西盟县橡胶公司产权转让一事进行洽谈，并达成协议。

同年，西盟县政府划定6万余亩勐梭龙潭保护区。

2002年

1月6日，云南农垦集团有限责任公司收并西盟县橡胶公司，成立以“公司＋农户＋市场”模式发展的农业企业。

3月6日，西盟县“三个代表”重要思想学习教育活动工作会议召开，标志着全县村级“三个代表”学习教育活动全面展开。

3月7日—9日，县政协第七届委员会第五次会议在县城召开。

3月7日—10日，县人大八届五次全会在县城召开。

3月9日—10日，副省长黄炳生到西盟县调研，并在翁嘎科乡召开现场办公会，确定英腊水库选址，决定拨款1500万元修建水库，拨款80万元用于乡村及学校饮水建设。

3月21日，县政府印发《西盟佤族自治县人民政府关于县属国家机关、事业单位工作人员差旅费开支的补充规定》，补充规定工作人员出差的交通费、住宿费、伙食补助费开支实行基数包干、因公到乡镇出差的伙食补助标准。其余的仍然按1997年的文件执行。

4月2日，县委、县政府在勐梭镇秧落村戈约村民小组召开民族文化建设试点村现场办公会议，着重部署《佤山民族文化特色县建设总体规划》。

4月10日，国家民委主任李德洙为西盟“司岗里佤族村庄”题词。

4月16日，县委、县政府在里拉新村召开异地扶贫试点项目建设现场动员会议。

4月25日，县政府印发《西盟县人民政府机构改革后部门编制方案》。

4月30日，云南省委常委、省军分区政委陶昌廉到西盟县检查县人民武装部工作。

4月，云南省政协主席杨崇汇到西盟县考察。

5月21日—26日，中央电视台党委书记南玉敏、央视社教中心党委书记杨箐及《读书时间》栏目制片人、编导等人到西盟县开展文化扶贫活动。

6月5日，县政府作出《关于加快农村能源建设步伐的决定》。

6月10日至8月10日，西盟县开展“团结干事”思想教育活动。

6月，岳宋乡性细菌性痢疾合并甲型副伤寒。县委、县政府迅速组织医疗队进驻疫区治疗，并下拨资金1.25万元，运送大米3000千克、衣物20袋。

7月17日，英腊水库项目建设前期准备工作会在翁嘎科乡召开。

7月24日，县人大常委会决定自2003年起，每年4月10日—12日，为“云南西盟佤族木鼓节”（简称“木鼓节”），全县工作人员放假3天。

8月9日，县委表彰全县农村“三个代表”重要思想学习教育活动先进集体和先进个人。

10月25日，中国人民解放军空军昆明基地将军齐海田参加西盟县勐梭镇他朗村小学“蓝天希望教学楼”落成典礼。该教学楼由中国人民解放军空军昆明基地全体官兵捐资50万元建成。

10月26日，西盟县在全县范围内开展吸毒人员集中收戒统一行动。

10月28日，在云南省第六次双拥模范城（县）命名表彰大会上，西盟县被省委、省政府、省军区授予“双拥模范县”荣誉称号。

11月16日，县八届人民代表大会第六次会议，选举吕萍（女，拉祜族）、杨崇龙（省分配名额）、岩采（佤族），为云南省第十届人民代表大会代表。

11月20日，县委八届八次全体会议召开。

11月25日，西盟县人民政府把《阿佤人民唱新歌》定为西盟佤族自治县县歌。

12月2日，县政府作出关于《严格控制中小学生流失的若干规定》。

同年，在西盟镇佛殿山周围发现2.8万亩古茶树。

2003年

1月9日—12日，国家民委经济发展司司长赵显仁到西盟县调研。把西盟县农村群众贫困现状概括为“两缺、三低、四难”（“两缺”：农村群众缺粮、缺衣被。“三低”：群众生活质量低、生产技能低、收入水平低。“四难”：住房难、看病难、读书难、增收难）。

2月21日—24日，县第九次党代会在县城召开。提出实现基本解决温饱的“七有”目标：有饭（肉）吃、有砖木结构石棉瓦房住、有衣被、有水喝、有电用、适龄儿童有学上、有病能就医。

2月26日至3月1日，县政协八届一次会议在县城召开。

2月27日至3月3日，县九届人大一次会议在县城召开。

3月6日，县政府印发《云南省西盟佤族自治县勐梭龙潭保护区管理条例》。

3月26日，县政府印发《西盟县行政机关、事业单位职工工伤医疗保险暂行办法》和《西盟县行政机关、事业单位职工生育保险暂行办法》。

4月10日—12日，首届云南西盟佤族木鼓节在西盟县城举行。

4月20日—21日，云南省政协主席杨崇汇到西盟县调研。

4月25日，县委、县政府召开全县非典型肺炎防治工作动员大会。

5月31日至6月1日，云南省委副书记丹增到西盟县考察，并与县民族小学师生欢度六一儿童节。

8月4日起，县委、县政府在部分行政村、组推行统一品种、统一栽插节令、统一技术措施、统一互助协作的“四统一”家庭经营形式。

8月，西盟县开展农村税费改革试点工作。

9月10日，县政府特聘请《阿佤人民唱新歌》作者杨正仁为阿佤文化顾问，聘期五年（2003年9月至2008年8月）。

10月10日，县委、县政府召开控辍保学工作会议。

10月16日，由教育部、财政部、国家发改委、国务院西部开发办组成调研组，在孟连县召开云南省思茅地区“两基”攻坚工作汇报会，专题研究澜沧、孟连、西盟三县的教育状况。

10月29日，县委、县政府决定，并报经地委和行署同意，西盟糖厂由孟连糖厂租赁经营。

11月12日，县第一中学获得中华孤儿基金会的助学帮扶。

11月27日，县委、县政府印发《关于进一步加强农村卫生工作的通知》。

12月1日，云南省委常委、省军区政委陶昌廉到西盟县调研。

2004年

1月1日，中共西盟县委公众信息网开通。

1月7日—8日，思茅地区扶贫开发工作会议在西盟县召开。

1月25日，县人防办首次在县城进行防空警报试鸣活动。

2月3日—7日，省委副书记丹增率《佤山》剧组采风团到西盟县体验生活。

2月11日，县党代会召开，会议选举出席中共思茅市第一次代表大会党代表17名。

2月18日，县人大常委会将“云南西盟佤族木鼓节”变更为中国佤族木鼓节，举办时间由每年的 4 月 10 日—12 日变更为每年的 4 月 11 日—13 日，全县放假 3 天。

2 月 23 日—25 日，县政协八届二次全会在县城召开。

2 月 24 日—27 日，县九届人大二次会议在县城召开。

3 月 18 日，副省长吴晓青到西盟县调研教育和卫生工作。

3 月 18 日—19 日，省纪委副书记董志红到西盟县调研。

3 月 22 日，“走进佤山，走进司岗里”中国西盟民风民俗摄影作品展在云南省博物馆揭幕，来自省内外的 128 名摄影家的 104 幅作品集中展示。

4 月 7 日，西盟县税费改革工作通过思茅市农村税费改革验收组验收。税改后，全县农业税核定额 95.3 万元，农民负担由税改前的户均 204.41 元减少到 105.23 元，人均负担 14.22 元，减负率 51%。

4 月 11 日—13 日，西盟县举办“第二届中国佤族木鼓节”。

4 月 14 日，国家发改委地区司司长郭培章考察西盟县国债易地扶贫项目实施情况。

4 月 19 日，省政协副主席李明德到西盟县考察边境口岸建设情况。

5 月 12 日，上海新闻采访团到西盟县进行采访。主要采访西盟县经济社会发展、自然资源、旅游资源开发及与上海经济合作项目和重点开展实施的教育、卫生、安居扶贫工作等。

5 月 24 日至 6 月 2 日，西盟县在全县开展收戒吸毒人员专项行动。抽调公安民警和乡（镇）、村干部 243 人次，收戒吸毒人员 91 人。

6 月 3 日，云南省军分区司令员黄光汉到西盟县检查指导县人民武装部工作。

6 月 9 日，县委启动实施“云岭先锋”工程，要求全县基层党组织和共产党员真正做到“五好五带头”。

6 月 14 日，因存在山体滑坡隐患，莫窝乡党政机关住址临时搬迁到老县城原交通局办公区办公，干部职工住宿区搬到原农业局。

6 月 30 日，县政府印发《关于在全县范围内开展保险费由地方税务机关统一征收的通知》。

7 月 17 日，县安全生产监督管理局成立。

8 月 20 日，县政府印发《西盟佤族自治县城市管理办法》。

9 月 6 日，在县城以南的勐梭镇境内发现新生代动植物化石群落。

9 月 7 日，日本友人照井千乡助学佤山儿童。

10 月 21 日—22 日，省市退耕还林督查考核组到西盟县督查考核退耕还林工作。

10 月 22 日，在西盟镇设立贫困孤寡老人福利院。福利院以民政救助为主，入住的城乡孤寡老人每人每月发给 130 元生活救济金，医疗费用由国家财政包干。

10 月，西盟县首次在数十名待业青年中试行面试旁听制。考生面试时，邀请招考单位领导、新闻记者和考生家长入场旁听。

11 月 1 日，西盟县各乡（镇）卫生院人、财、物管理权限上划县卫生局。上划后，各卫生院原定的行政级别、人员基数、岗位业务、职责等不变，乡（镇）人民政府对所辖卫生院的领导关系和监督权不变。

11 月 27 日，西盟县整村综合扶贫开发动员暨工作队员培训会召开。

12 月 1 日，县委召开县属机关全面推进“云岭先锋”工程动员大会，县属机关党委、总支、支部书记参加会议。

12 月 22 日—24 日，纪念邓小平 100 周年诞辰理论研讨会暨云南省哲学学会 2004 年度学术年会在西盟县城召开。

12 月，西盟县发放农村特困户救助证 1730 户、4200 人，给 11144 户、22789 人最低生活保障对象发放救助金 159.79 万元。

同年,《西盟佤族自治县文史资料(第一辑)》在内部发行。

同年，西盟县采取农村工作“五挂钩”措施，即：一名县委常委挂钩一个乡镇、一名副科级以上干部挂钩一个村民小组、一名下派包村干部挂钩三户科技示范户、一名乡镇干部挂钩三户贫困农户、一名村干部挂钩三名入党积极分子。

2005年

1月1日—12日，西盟县开展基层无邪教乡镇(单位、社区)创建活动[用1年的时间，使全县95%以上的乡(镇)、村委会(社区)、单位达到创建标准]。

1月7日，县委九届四次全委(扩大)会议召开。

1月31日至2月2日，县政协第八届委员会第三次会议在县城召开。

2月1日—4日，县第九届人民代表大会第三次会议在县城召开。

2月5日，西盟县保持共产党员先进性教育活动动员大会召开。

2月27日，国家发改委地方经济发展司司长郭培章一行到西盟县调研基础设施建设、税源培植、财政金融、固定资产投资、扶贫攻坚、社会事业、以工代赈、多种所有制经济和落实科学发展观进行全面调研，着重了解西盟经济社会发展过程中存在的主要问题和制约因素。

3月16日，县政府出台《关于西盟河沙、碎石、毛石等建筑材料资源税缴管理办法》。

3月28日，县政府出台《关于西盟县国有企业改革工作管理暂行办法》。

3月31日，县委、县政府作出《关于加速林业发展的决定》。

4月11日—13日，西盟佤族自治县40周年县庆暨第三届中国佤族木鼓节在县城举行。

3月—4月，县委、县政府在全县6个乡、2个镇、36个村民委员会、362个村民小组开展科技“春风”活动。集中农村劳动力，开展以种植业、养殖业为主要内容的农业技术培训。

5月2日—6日，省委常委、省政法委书记李明朝到西盟县考察创建“平安西盟”工作。

5月18日—19日，省委常委、省委秘书长杨应楠到西盟县考察。

5月31日至6月1日，省委副书记丹增到西盟县考察。

6月4日，县纪委颁发《关于加强上缴礼品、礼金、有价证券、支付凭证管理的通知》。

6月17日—18日，省长徐荣凯在思茅市委书记李元书陪同下到西盟县考察，并对落实“七有”目标，提高群众素质、做好“山”字文章、加大对外交往、抓好禁毒防艾工作提出意见。

6月30日，县委举行纪念中国共产党成立84周年庆祝大会，并表彰25个先进基层党组织、16名优秀党务工作者、52名优秀共产党员。

6月，撤销县经济贸易局与乡(镇)企业局，组建西盟县经济和商务局。

6月，县公安局与佤邦签署以共同惩治毒品犯罪活动、遵守边境出入境秩序、加强边民经济活动和交流、尊重国家主权、维护双边边境稳定等协议。

上半年，县委、县政府制订“兴边富民工程”行动计划，涉及基础设施、社会事业、培植特色产业、农村扶贫建设，兼顾小流域治理、环境整治等20类、72项。

上半年，县外事办在岳宋乡和大黑山设立难民收容点，在西盟镇设立一个物资储存点，防备境外难民涌入县境。

7月7日，全县第二批保持共产党员先进性教育活动启动大会召开，参加教育活动的对象有乡(镇)、县属学校、医院、社区、企业党员，共41个基层党组织、773名党员。

8月31日，县委追授在抗洪斗争中遇难的莫窝乡班哲村委会副主任孔寿益为“优秀共产党员”

荣誉称号，并号召全县人民向孔寿益学习。

10月9日，县委决定县人大常委会增设农业和环境资源工作委员会。

10月12日，应佤邦龙潭特区的邀请，县委、县政府派代表到龙潭特区进行禁毒合作会晤，就禁毒合作、惩治跨国刑事犯罪、加强边境治安管理、边境贸易等问题进行交流与商榷，并达成六项共识。

10月17日，县电力体制改革资产重组划转工作全面完成，将县供电有限责任公司拥有的49%的股权及债权、债务和所有者权益无偿划转云南电网公司。西盟供电有限责任公司成立。

10月27日—28日，省省委副书记、常务副省长秦光荣到西盟县考察异地扶贫搬迁项目、民族文化生态旅游开发及勐梭小城镇建设工作。

11月23日，日本友人照井千乡向莫窝乡小学提供援助。

12月23日，"平安西盟"创建工作通过省级考核验收。

12月25日—28日，思茅市第三届少数民族门球运动会在西盟县举行，全市9县、1区、20支代表队参加。

12月27日，省委常委、省委宣传部部长晏友琼到西盟县调研。

12月，引进桑苗在勐梭镇班母村八一排、力所乡南亢村下老寨、莫窝乡莫窝村、中课乡嘎娄村试种1000亩。

12月，省委、省政府、省军区授予西盟县"双拥模范县"称号。

12月，县委把实现"七有"目标，全面解决温饱问题，推进社会主义新农村建设确立为"十一五"期间工作重点。把社会主义新农村建设确定为"脱贫—温饱—小康"三个层次，采取"先行试点、逐步推广、扎实稳步推进"的工作方针。

同年，西盟县开展第三次森林资源二类调查。

同年，西盟县实现"普六"，4个乡镇实现"普九"，九年义务教育普及率81.5%，青壮年文盲率2%，人均受教育年限5年。

同年，西盟县推行农村独生子女"奖、优、免、补"政策。

2006年

1月13日，西盟镇与莫窝乡撤销，合并成立勐卡镇。

1月16日—18日，县政协第八届委员会第四次全体会议在县城召开。

1月17日—20日，县第九届人民代表大会第四次会议在县城召开。

1月29日23时25分，县供销联合社勐卡镇出租门面发生火灾，12间出租房共432平方米被烧毁，受灾10户、31人，受灾单位1个，造成经济损失55.76万元。

2月13日，西盟县第二代身份证换发工作启动。

2月15日—16日，全市农村税费改革试点工作座谈会在西盟县召开。

2月17日，西盟县第二次全国农业普查工作全面启动。

2月22日—23日，省高级人民法院院长赵仕杰到西盟县调研。

3月9日，县政府印发《关于西盟佤族自治县商品林采伐管理办法》《西盟佤族自治县征占用林地管理暂行规定》和《云南省西盟佤族自治县三佛祖自然保护区管理办法》。

3月13日，省人大常委会副主任黄炳生一行到西盟县考察。

3月，岳宋乡引进外资开发联营橡胶种植1.5万亩。

4月6日—7日，副省长李汉柏率工作组到西盟县考察。

4月10日—14日，思茅市首届少数民族传统体育运动会在西盟县举行，来自全市的11个代表队700余人参加比赛。

4月17日，西盟县“树新风、强作风、兴思茅”学习教育活动动员大会召开。

4月24日—26日，思茅市综治委在西盟县委党校举办综治专干培训班。西盟、孟连、澜沧三县的综治办主任、稳定办主任和乡（镇）专抓综治维稳副职、综治专干等80人参加培训。

4月，西盟县深化集体林权制度改革试点工作在勐梭镇启动。

6月1日，世界银行和英国国际发展农村社区项目检查团到西盟县检查项目实施和参与式工作开展情况。项目总投资4849万元，覆盖全县5个乡（镇）、20个村委会、163个自然村、13209户、43400人。

6月6日，市保持共产党员先进性教育活动先进事迹报告团首场报告在西盟县举行。

6月24日—26日，县第十次党代会在县城召开。

8月9日—13日，首届中国佤族文化学术研讨会在西盟县召开，来自北京、上海、山东、福建等地70位佤文化专家和多家知名媒体记者聚集西盟研讨佤族文化。

8月15日，西盟召开县文学艺术界联合会第一次代表大会，县文联正式挂牌成立。

8月，勐梭龙潭成功申报为“国家水利风景区”。

9月5日，学习贯彻云南省境外罂粟替代种植发展动员会在西盟召开。

10月3日，首届云南省佤族研究会会员代表大会在西盟县召开。

10月18日—19日，省验收组考核验收勐梭镇创建省级“文明小城镇”建设情况。

10月26日，周恩来总理亲属到岳宋乡小看望“周恩来班”师生。

11月4日，勐梭龙潭、里坎瀑布、木依吉神谷三个旅游景点规划通过省级专家评审。

12月5日—6日，省委副书记李纪恒到西盟县调研。

12月7日，西盟县新型农村合作医疗工作和第五轮全球基金疟疾项目全面启动。

12月22日，西盟、澜沧、孟连三县联防联调工作第六次联席会议在西盟县召开。

12月25日—30日，全县各乡（镇）集体林权制度改革工作相继启动。

12月26日，县委、县政府召开全县民族工作暨民族团结表彰大会，表彰14个模范集体、56名模范个人。

12月28日，县政府印发《西盟佤族自治县国民经济和社会发展第十一个五年规划纲要》。

12月，西盟县启动新型农村合作医疗，全县有64810人参加。

12月，英安航空公司派技术专家到西盟县就拟建旅游直升机场建设进行选址。

2007年

1月23日—24日，县委第十届委员会第三次全委会在县城召开。

1月26日—28日，县政协第八届委员会第五次会议在县城召开。

1月26日—30日，县第九届人民代表大会第五次会议召开，会议通过《云南省西盟佤族自治县自治条例（修订）》。

2月12日—13日，副省长高峰率省政府调研组对西盟县社会事业发展情况进行调研。

2月，佤邦政府代表团到西盟县慰问，感谢县委、县政府在替代种植和发展援助上给予的支持。

2月，中宣部、中央文明办、国家广电总局联合开展“电视进万家”活动，并赠送给西盟县520

台电视机。

4月6日，县政府印发关于《西盟佤族自治县茶叶产业发展奖励暂行办法》《西盟佤族自治县蚕桑产业发展奖励暂行办法》《西盟佤族自治县米荞产业发展奖励暂行办法》。

4月10日，西盟县《佤族传统烤茶》荣获第四届全国民族茶艺道表演大赛银奖。

4月11日，中国佤族木鼓节活动暨勐卡镇挂牌仪式在勐卡镇举行。

5月9日晚，西盟县强制戒毒所10名收戒吸毒人员因误食自制酒剂发生中毒事件，3名重症病人因抢救无效死亡，其余7人经救治康复。

5月15日，县民政局双扶茶厂以总价250万元成功拍卖。

7月，“兴边富民”云南电网公司对口帮扶西盟县“110千伏”输变电工程竣工投产。

8月23日，省委副书李纪恒一行到西盟县调研“兴边富民”工作。

8月27日，副省长刘平一行到西盟县调研。

9月，西盟县开始实施“数字乡村”工程。

11月，富母乃水库工程动工建设，预算投资4000万元。

11月，翁嘎科乡英腊茶厂以总价125万元成功拍卖。

11月，西盟县首次实施能繁母猪保险工作，全县共投保母猪4769头。

12月30日，西盟县地方财政一般预算收入1278万元，首次突破千万元大关。

2008年

1月9日—14日，县政协第九届委员会第一次全体会议在县城召开。

1月11日—15日，县第十届人民代表大会第一次会议在县城召开。

2月14日—15日，云南省武警边防总队少将苏少军到西盟县慰问。

3月4日，在会堂广场举行“迎奥运、讲文明、树新风”行动动员大会，县属单位干部、职工、师生、社会各界人士5000余人参加活动。

4月2日，中国黄金集团云南云天股份有限公司，在新厂乡阿莫村三组与农户兑现所征占用土地补偿金85.85万元。

4月10日，县政府印发《西盟佤族自治县人民政府部门及乡（镇）行政负责人问责暂行办法》及《关于在全县行政机关试行服务承诺制、首问责任制、限时办结制的决定》。

4月10日—12日，西盟县举行2008年中国佤族木鼓节系列民俗文化活动。

4月28日，全县“解放思想、深化改革、扩大开放、科学发展”大讨论活动动员大会召开。

4月，西盟县政府与佤邦勐冒县政府签订《境外替代种植发展示范基地建设项目协议》。

4月，县政府出台扶持种桑养蚕户和扶持种茶户的补助政策。

4月，西盟县农民享受国家补贴购农机。

6月26日，县糖厂以2586万元，拍卖给孟连昌裕糖业有限责任公司。

6月30日，县委在会堂召开庆祝中国共产党成立87周年暨“云岭先锋”工程表彰大会。

7月15日，县政府公告《西盟佤族自治县木材及林产品交易市场管理办法》《西盟佤族自治县商品材采伐管理和木材生产计划分配办法（试行）》《西盟佤族自治县森林林木林地流转管理办法（试行）》《西盟佤族自治县木材经营加工管理办法（试行）》，并于7月27日起执行。

7月24日，县政府印发《关于西盟县深化集体林权制度改革配套改革有关暂行办法》。

8月7日23时50分，翁嘎科乡英腊村神糯村民小组一农户由于用火不慎，引起火灾，烧毁民房

1 间，破损 1 间，死亡 1 人，造成财产损失 1 万余元。

9 月 2 日，西盟县民族中学举行挂牌庆典仪式，新校园规划用地 124.2 亩，概算投资 4850 万元。

9 月，澜沧县至西盟县二级公路正式开工建设，公路全长 54.35 千米，整个工程预算投资 3.45 亿元。

9 月，西盟县启动党代会常任制试点工作。

10 月 14 日—15 日，省高级人民法院院长许前飞到西盟专题调研少数民族地区委托培养大学法律人才及法官人才断层情况。

第一编　建置　地理

第一章 建 置

第一节 位置境域

西盟佤族自治县位于云南省西南部，普洱市西部，地处北纬22° 25′ ~ 22° 57′，东经99° 18′ ~ 99° 43′。东、东南、东北环接澜沧县，南与孟连县接壤，西、西北与缅甸毗邻。国境线长89.33千米。县境内东西横距约40千米，南北纵距约60千米，总面积1353.57平方千米。县城位于勐梭镇勐梭龙潭湖畔（海拔1150米），距省会昆明市654千米，距普洱市政府驻地思茅区260千米。

第二节 建置沿革

西盟佤族自治县境，西汉时属哀牢地。东汉、蜀汉、两晋时均为永昌郡地。唐南诏时为银生节度地。宋大理国兴起时为倮黑部地。元至元十三年（1276），属镇康路。泰定三年（1326），改属木连路。泰定五年（1328），改属顺宁府。明万历十三年（1585），属孟连长官司。清康熙十四年（1675），属孟连宣抚司。光绪十四年（1888），改属镇边直隶厅。

民国2年（1913），镇边直隶厅改称镇边县，属镇边县辖。民国4年（1915年），镇边县又更名为澜沧县。民国18年（1929），设西盟区。民国19年（1930），设西盟县佐。民国22年（1933），西盟区治所驻芒东，隶属澜沧县。民国28年（1939），改称西盟乡，治所驻拉巴，隶属澜沧县。

中华人民共和国成立后，于1950年设立西盟区政府，治所驻拉巴，隶属澜沧县。1951年1月，原西盟区分设西盟、拉巴两个区，西盟区政府驻西盟老寨，隶属澜沧县。

1956年6月17日，经国务院批准，西盟区从澜沧拉祜族自治县划出，西盟佤族自治县筹备委员会成立，隶属思茅专区。1957年10月，澜沧县的里拉、勐梭两个乡及营盘乡扒戞、扒街等26个自然村共157平方千米的面积划归西盟。此后，县境内无更大变动。

1965年3月5日，召开西盟佤族自治县第一届人民代表大会第一次会议。西盟佤族自治县人民委员会（人民政府）成立，隶属思茅专区（地区）。

1988年2月9日，倮倮区改名为倮倮拉祜族乡。1995年11月9日，经省人民政府同批准，倮倮拉祜族乡更名为力所拉祜族乡。1999年9月12日，经省人民政府批准，撤销勐梭乡，设立勐梭镇，并于12月25日举行撤乡设镇庆典。

2003年3月26日，思茅地区撤地设市，西盟佤族自治县隶属思茅市管辖。2006年1月13日，西盟镇与莫窝乡撤销，合并成立勐卡镇。2007年4月8日，思茅市更名为普洱市，西盟佤族自治县隶属普洱市管辖。

第三节 行政区划

1978年，全县辖7个公社、34个大队、234个生产队。1984年3月，公社改称区，大队改称乡。1987年12月至1988年2月9日，区、乡体制改革，区改为乡，乡改为行政村，全县设7、乡1镇、35个村。1990年，全县设7乡、1镇、35个行政村和1个村级办事处。1993年，村级娜妥坝办事处升格为乡级娜妥坝办事处。1995年12月，娜妥坝办事处改称娜妥坝经济贸易区。1999年12月25日，勐梭乡撤乡改镇，更名为勐梭镇。2000年8月，进行村改委，将35个村公所改为村民委员会。2001年10月，按照村级体制改革的有关规定，把西盟村办事处改为西盟村民委员会，乡级娜妥坝经济贸易区改为村级娜妥坝办事处。2002年12月，勐梭社区居民委员会成立。2003年1月9日，西盟镇社区居民委员会成立。2006年1月13日，撤销莫窝乡建制，将莫窝乡和西盟镇合并，更名为勐卡镇。同时，西盟镇社区居民委员会更名为勐卡镇社区居民委员会。2008年，全县辖中课、新厂、力所、翁嘎科、岳宋5个乡和勐梭、勐卡2个镇，36个村民委员会、1个办事处和勐卡、勐梭2个社区居民委员会。

第二章 地 理

第一节 地貌 山脉

一、地貌

西盟地处横断山系纵谷区的南段，为怒山余脉所属的地带，山脉（地）被高原切割而成，上部保留有和缓的平坦地面，由于山地多由石灰岩组成，顶部形成岩溶地貌。县境内地形东北高西南低，山脉为南北走向，山河相间，纵列分布。最高海拔 2458.9 米，是澜沧县与西盟县界山大黑山（木戛八节）的主峰。最低海拔是 590 米，为各弄秧河与南卡江汇合处相对高度差 1868.9 米。

二、山脉

（一）盘龙山山脉

地处县境东北部，是中课、勐梭、翁嘎科乡与澜沧县和孟连县交界处。主要山峰有：冈窝少山（2126.8 米）、梭么底科山（1594.7 米）、龙潭西山（1738.2 米）、哦闷的科山（2236.2 米）、大黑山（木戛八节）（2458.9 米）、哈朵柯山（2182.7 米）、磨楷山（2041 米）、考底山（2087.9 米）、兑本山（2079 米）、波拉锡山（2247 米）、班母梁子（山）（1480 米）、邦松梁子（山）（2117 米）、大黑山（2158 米）、大黄山（2099.5 米）、火烧山（1568.5 米）、班弄梁子（山）（1502.3 米）、盘龙梁子（山）（1654.7 米）。

（二）拉斯龙山脉

地处县境南部，主要山峰有：土邦美山（2078 米）、考翁山（2147.3 米）、宾来劳山（1567.7 米）、土昂洛山（1820 米）、土丫考山（2108 米）、土朋伐山（2123 米）、宾伐山（2114.9 米）、土克压（广山）（2220.1 米）、三棵树山（2064.4 米）、拉斯陇梁子（山）（1912.4 米）。构成县内库杏河与新厂河、南康河的分水岭，前四山峰与缅甸接壤。属栎林丛草植被。

（三）西盟山山脉

地处县境西部，俗称西盟山，主要山峰有：永东山（1887 米）、土埂堵山（2142 米）、土龙弄山（2120 米）、大马散后山（2140.6 米）、大黑山（2130 米）、佛殿山（2132.9 米）、商烟街山（1976.6 米）、莫哈贺山（睡大佛）（1906 米）、倮铁科山（野牛山）（2191.3 米）、南堆山（1968.4 米）。构成新厂河、南康河与南弄河、南锡河的分水岭。属栎林丛草植被。

第二节 水 系

境内河流交叉纵横，主干流依山势由北向南汇流注入南卡江。境内可分为主流域、次流域和外流域，主流域包括库杏河流域（含勐梭河流域）、新厂河流域和南康河流域，简称南康河主流域，流域总面积991.57平方千米；次流域包括南弄河流域、南锡河流域和南卡江流域，简称南锡河次流域，流域总面积349.97平方千米；县境内面积属外流域的面积12.03平方千米。主干流以库杏河、勐梭河、南卡镐河（民间统一俗称新厂河）、格浪埂堵河、各弄格那河（民间统一俗称新厂河）、新厂河、南康河、格浪各磊河、南弄河、南锡河和南卡江等为主，主干流河道总长160.16千米，其中，以河为国界69.82千米。2008年，水利普查，县境内主要有7条河流。

一、库杏河

发源于中缅边界土多考山、土帮美山和境内冈窝少山、哦闷的科山、大黑山山谷中，由北向东南再往西，流经永布落、永古、中课，汇合螺蛳河，流经班箐，再汇合勐梭河后到三河电站，流入南康河。较大支流有永布落河、永古河、永埂河、窝阿河、丁格列河、翁布老河、翁拐河、贺永邦箐、螺蛳河、班箐小河、里拉小河。较小支流有23条，全长35.14千米，流域面积487.08平方千米（含勐梭河流域153.82平方千米），河床平均宽21.3米。

二、勐梭河

发源于班母梁子周围山谷中，由东南向西北，流经勐梭、南规、里坎、东波，流入库杏河。较大支流有东梭河、东朗河、东规河、秧落河。较小支流有5条，全长8.07千米，流域面积153.82平方千米，河床平均宽15米。

三、新厂河

发源于宾来劳山、土昂洛山、土丫考山、土朋伐山、考翁山、窝莫弄山、弄豆斯山山谷中。由西北向东南，流经永光、代格拉、新厂、阿莫、永邦、永业、莫窝、班哲、莫美，汇合库杏河注入南康河。较大支流上游有格浪弄河（境外）、格浪宋拍列斯河、丁斯龙河（境外）、土来勒姆河、代格拉河、戈龙亮河（境外），汇流形成的南卡镐河（国界河长11.81千米，7条小支流）与格浪埂堵河（国界河长8.13千米，8条小支流）汇流而成各弄格那河（长2.69千米），再与广林河汇合后注入新厂河；中下游有窝羊河、根底河、永龙河、永邦河、永哈拉河、阿拉松大箐、杨阿箐、哈密箐、班哲河、莫美河。较小支流有15条，全长32.86千米，流域面积254.56平方千米，河床平均宽25米。

四、南康河

从库杏河、新厂河交汇点起，由北向南转西，流经水文站、橡胶加工厂、他朗、王雅、王博龙、王拱、南约、班弄、班同，汇合南锡河流入南卡江（南卡江起点）。较大支流有三岔河、果角河、永哈大箐、王亢箐、南布河、南约河、竹鲁河。较小支流有7条，全长26.09千米，流域面积249.93平方千米，河床平均宽25米。

五、南弄河（国际界河）

发源于境外土木道布山、土额朗昂、窝莫弄山和境内土埂堵山、大马散后山（土龙弄山）、大黑山、佛殿山和曼亨梁子中，由东向西北，流经岳宋乡注入南锡河。较大支流上游有各弄公海河（5条小支流）、各弄亮河（7条小支流）、汇合格浪各磊河（国界河长5.14千米，3条小支流）注入南弄河；中下游有格浪间河（境外）、格浪来莫河、格浪哦布河（境外）。较小支流有8条，全长10.29千米，境内流域面积64.51平方千米，河床平均宽20米。

六、南锡河（国际界河）

主要发源于境外缅甸（大部分河段属缅甸），国界段由西北向东南，汇合南康河流入南卡江（南卡江起点），流经岳宋、班帅、图地，国界段较大支流有南弄河（国界河）、格浪何浪河（境外）、南锡卡河、格浪莫木各拉河（境外）、南洼坝河、八戛底河（境外）、格浪阿浪河、格浪涂地河、格浪波河（境外）、宋乃翁箐、格浪西河（境外）。较小支流14条，国界段全长21.27千米，流域面积118.10平方千米，河床平均宽21.4米。

七、南卡江（国际界河）

国界段由北向西南转东南，流入孟连县国界河段，流经翁嘎科班弄、龙坎。较大支流有南康河、南锡河、南丙河、格浪秧河（县界河）。较小支流有8条，国界段全长12.25千米，境内流域面积167.36平方千米，河床平均宽27.3米。

第三节　土　壤

据1985年—1986年土壤普查，依据成土条件、成土过程和土壤属性，全县土壤按地带性和非地带性划分，全县土壤有5个土类、11个亚类、26个土属。

一、地带性土壤

（一）砖红壤

分布在南康河两岸，海拔800米以下的底热河谷地区，面积9.66万亩，占全县总面积4.76%。植被为热带雨林，次生植被为常绿阔叶灌木林等，成土母岩为石英片岩、云母片岩、片麻岩、砂页岩，土层深厚，地黏重，结构为核块状，心土紧密，土呈棕色，适宜发展热带水果、经济林木、双季稻等作物。

（二）赤红壤

分布于海拔800米～1400米地带，面积102.38万亩，占全县总面积的50.42%。植被为亚热带雨林，成土母岩为片岩、砂岩、页岩、土层较厚，黏重粒状，适宜种植水稻、陆稻、亚热带作物，是县内主要耕地分布区。

（三）红壤

分布于海拔1400米～1800米地带，面积49.08万亩，占全县总面积的24.17%，植被以乔木、常绿阔叶林为主，有少量针叶林，成土母岩为片岩、花岗岩、砂岩、结晶岩、石英岩、角闪岩、石灰岩、大理岩、白英岩、片麻岩，土层较厚，表土黄暗棕色，粒状，土壤疏松适宜发展茶叶和畜牧业。

（四）黄棕壤

主要分布于海拔1800米以上的地带，面积19.32万亩，占全县总面积的9.52%，植被为常绿阔叶林草本植物，成土母岩有变粒岩、角闪岩、花岗岩、片岩、砂页岩，土层较厚，表土棕色质地重壤至中壤，基本无耕地，雾多，湿度大，适宜发展大牲畜。

二、非地带性土壤

（一）石灰土

各乡镇均有分布，在低海拔红壤和赤红壤交错区分布较多，高海拔分布较少，有黑色石灰土、红色石灰土、黄色石灰土三种，植被为多年生的草本和灌木，成土母岩为石灰岩。

（二）水稻土

分布于低海拔河谷地区，有灌育型、淹育型、潜育型三个亚类，面积3.41万亩，占全县总面积的1.68%。

（三）冲积土

主要分布在勐梭镇的东梭河、南规河、东朗河和勐梭河两岸。据土壤普查400多个样品分析，全县土壤偏酸，有机质含量较高，但由于气温较低，有机质分解较慢，加之山高坡陡，雨水多而集中，土壤质地差，砂性重等，土壤养分流失严重，缺磷，少钾。

西盟县土壤分类统计表

表1-1　　单位：万亩

土类	名称	面积	占总土地面积（%）	占土壤面积（%）	亚类	面积	占总土地面积（%）	占土壤面积（%）
地带性	砖红壤	9.66	4.76	5.25	红色砖红壤 黄色砖红壤	1.75 7.91	0.86 3.90	0.95 4.30
	赤红壤	102.38	50.42	55.69	红色赤红壤 黄色赤红壤 紫色赤红壤	1.40 85.30 15.68	0.69 42.01 7.72	0.76 46.40 8.53
	红壤	49.08	24.17	26.70	红壤 黄色赤红壤	10.23 38.85	5.04 19.13	5.56 21.13
	黄棕壤	19.32	9.52	10.51	黄棕壤	19.32	9.52	10.51
地域性土壤	水稻土	3.41	1.68	1.85	淹育型水稻土 潴育型水稻土 潜育型水稻土	1.36 1.86 0.19	0.67 0.92 0.09	0.74 1.01 0.10
合　计		183.85	90.55	100.00	—	183.85	90.55	100.00

第四节　气　候

西盟县夏秋5月—10月主要受来自印度洋孟加拉湾的西南暖湿气流控制，偶受台风边缘影响，降水量丰富。冬春11月至次年4月主要受流经伊朗、巴基斯坦、印度等内陆和沙漠地区的偏西干暖气流控制，降水偏少。气候受纬度、地形、季风综合影响，四季温差不大，干湿季分明，垂直差异突出。气候类型多样，可划分为海拔800米以下为亚热带湿润河谷区，海拔800米～1500米为南亚热带湿润半山区，1500米以上为中亚热带湿润山区三个气候类型。

一、降水

（一）年降水量

大体随山势自北向南递减，西南面多于东南面，南北差异在1000毫米以上，高海拔山区的西南面比东南面年降水量偏多500余毫米，海拔每升高100米，年降水量增加86.1毫米，最大降水高度多数出现在海拔 1900 米左右的西南面。1978 年—1999 年，年平均降水量 2736.44 毫米，最少年降水量 2038.2 毫米（1978 年），最多年降水量 3466.7 毫米（1991 年）。2000 年—2008 年，平均降水量 1855.12 毫米，最少年降水量 1584.9 毫米（2003 年），最多年降水量 1982 毫米（2008 年）。

（二）季节分布

随着大气环流的季节更换，气候变化十分明显，具有“夏雨冬干”的季风气候特点，夏秋半年雨量高度集中，占年降水量的 90%，降水量最多为 7 月，历年平均为 412.2 毫米（新站址）。冬春半年雨量较少，占年降水量的 10%，降水量最少为 12 月，历年平均为 12.8 毫米（新站址）。

（三）雨季期

雨季（5 月—10 月）开始的时间与西南暖湿气流入侵的早晚有关，历年雨季开始期为 5 月 22 日，历年雨季结束期为 10 月底。

1978—2008 年西盟县年降水量统计表

表 1-2　　单位：毫米

月份 / 年份	1月	2月	3月	4月	5月	6月	7月	8月	9月	10月	11月	12月	合计
1978	43.1	15.7	4.5	109.7	232.0	372.9	448.0	481.7	283.5	41.8	2.6	2.7	2038.2
1979	0.0	9.7	9.4	15.7	76.2	442.5	551.3	700.8	343.0	251.0	37.5	54.6	2491.7
1980	0.0	0.0	6.3	30.3	171.3	598.3	540.7	501.8	293.7	158.1	18.8	33.0	2352.3
1981	8.0	34.0	80.1	70.6	431.2	759.2	570.0	364.9	211.6	223.2	250.4	107.3	3110.5
1982	14.3	17.6	5.1	192.2	162.5	486.2	612.4	465.0	219.5	214.0	169.8	11.3	2569.9
1983	0.0	54.0	43.3	70.5	173.8	537.1	799.9	695.8	460.6	107.8	265.7	70.1	3278.6
1984	1.4	7.9	0.0	24.8	262.2	641.1	1033.5	348.8	294.7	347.8	18.5	15.9	2996.6
1985	0.0	15.2	3.5	124.2	183.1	618.7	764.9	385.0	398.2	107.7	214.4	9.4	2824.3
1986	1.6	4.6	16.0	140.0	67.9	458.5	920.5	399.0	260.1	372.4	51.5	40.2	2732.3
1987	32.9	62.7	46.1	112.6	49.7	459.9	901.2	469.5	434.0	100.0	157.8	8.3	2834.7
1988	1.6	21.0	0.2	102.3	241.5	317.1	451.0	811.2	278.8	220.8	97.8	0.0	2543.3
1989	0.0	0.5	74.9	118.1	160.0	421.9	513.6	509.0	394.9	252.8	39.0	56.5	2541.2
1990	0.0	39.8	47.0	53.9	355.7	621.9	727.1	189.3	209.0	174.6	120.0	19.0	2557.3
1991	3.2	1.6	0.0	145.3	207.3	598.1	728.0	441.8	710.1	348.5	231.5	51.3	3466.7
1992	36.2	50.2	0.1	23.4	155.9	313.0	540.7	401.4	228.7	353.4	113.0	19.2	2235.2
1993	6.6	35.9	12.6	53.3	255.4	353.9	756.7	759.5	243.6	356.5	8.8	5.1	2847.9
1994	1.1	34.2	76.5	54.8	225.9	699.2	518.8	450.2	225.1	89.7	75.9	83.0	2534.4
1995	2.5	18.5	1.3	25.1	209.6	621.1	669.5	586.4	393.3	182.4	196.8	1.6	2908.1
1996	0.0	35.3	88.4	84.2	263.5	617.1	843.1	479.2	184.6	206.6	90.3	34.6	2926.9
1997	5.3	2.4	47.0	93.0	92.8	353.4	792.6	509.7	323.9	82.4	25.4	33.8	2361.7
1998	10.2	20.2	25.3	117.5	158.1	616.2	1018.5	815.7	194.8	141.5	22.1	3.5	3143.6
1999	48.7	0.0	21.7	105.4	289.3	442.3	661.9	648.4	403.3	170.6	99.0	15.7	2906.3
2000	31.5	49.4	28.1	100.5	151.3	354.9	435.5	436.9	209.0	115.6	36.0	0.5	1949.2
2001	0.0	11.1	38.8	1.3	328.4	385.7	436.8	226.8	251.4	182.3	53.8	6.4	1922.8

续表 1-2

年份＼月份	1月	2月	3月	4月	5月	6月	7月	8月	9月	10月	11月	12月	合计
2002	33.3	0.7	23.7	48.9	284.6	329.7	539.4	365.0	75.2	108.4	98.3	22.5	1929.7
2003	36.3	23.7	12.4	18.5	100.1	334.1	315.6	253.8	177.0	313.3	0.1	0.0	1584.9
2004	17.5	0.1	7.0	202.3	231.1	257.1	359.5	316.9	284.0	193.6	24.9	0.0	1894.0
2005	3.2	0.0	34.1	75.8	43.2	360.7	498.3	520.4	148.3	202.4	18.2	59.1	1963.7
2006	无	2.0	8.3	61.3	245.8	229.8	433.1	296.0	161.9	304.9	3.1	7.3	1753.5
2007	3.6	81.2	无	60.5	214.6	213.4	361.9	378.9	251.5	128.7	21.9	0.1	1716.3
2008	24.8	21.7	40.4	135.6	170.8	335.6	329.3	407.2	287.6	140.2	69.3	19.5	1982.0
多年平均	11.84	21.64	25.87	82.95	199.83	456.47	615.27	471.48	285.00	199.77	84.91	25.53	2480.56

二、温度

（一）气温空间分布

气温一般随海拔升高而降低。海拔在600米～2200米高度范围内，年平均气温在12.8℃～21.3℃，≥10℃的年积温4295℃～7816℃；≥18℃积温在300℃～6252℃；海拔每升高100米，年平均气温降低0.53℃；海拔600米～1400米，平均降低0.38℃；海拔1400米～2200米，平均降低0.69℃。气温的垂直差异明显，是全县立体气候的特点。

（二）气温的时间分布

冬无严寒，夏无酷热，年温差小，是县内气候的又一重要特征。按全国四季划分标准，平均气温＜10℃为冬季，＞22℃为夏季，10℃～22℃为春秋季，＞30℃为酷热，＜0℃为严寒。海拔1900米以上的地区，每年12月中旬至次年1月下旬有半个月以上的间歇性冬季。海拔600米～1200米地区，4月—10月中旬，有35天～197天的夏季。多数地区四季没有明显差异。最热期为6月，月平均气温22.7℃（新站址），最冷期为1月，日平均气温14.3℃（新站址），温差8.4℃。日温差不大，历年平均最高气温25.7℃，最低气温15.6℃，相差10.1℃。历年极端最高气温33.5℃（2005年5月29日），极端最低气温5.1℃（2001年1月11日），相差28.4℃。

1978年—2008年西盟县年平均气温统计表

表1-3　　单位：℃

年份＼月份	1月	2月	3月	4月	5月	6月	7月	8月	9月	10月	11月	12月	年平均
1978	10.0	12.3	15.7	17.6	17.2	17.9	17.6	18.5	17.1	16.2	13.5	11.6	15.4
1979	11.7	13.7	16.5	19.1	19.8	18.2	17.8	17.8	17.2	15.1	13.2	10.1	15.9
1980	10.7	12.9	16.4	19.4	18.4	18.1	18.0	17.9	17.8	15.6	13.2	11.7	15.8
1981	10.8	13.0	15.3	16.8	17.2	17.8	17.8	18	17.8	16.8	13.6	10.7	15.5
1982	10.3	12.1	16.5	15.3	18.5	17.9	17.8	17.6	17.9	16.2	12.6	9.3	15.2
1983	9.3	10.9	14.2	17.4	18.4	18.1	18.1	18	17.8	16.9	12.6	9.8	15.1
1984	10.5	14.0	16.5	19.0	17.0	17.6	16.9	17.8	17.2	15.6	13.6	11.7	15.6
1985	11.3	12.1	17.0	17.5	18.0	17.9	17.1	18.1	17.2	15.8	12.8	10.6	15.5
1986	10.6	13	14.5	17.5	18.5	18.5	17.4	18.4	17.1	15.3	13.4	11.1	15.4

续表 1-3

年份＼月份	1月	2月	3月	4月	5月	6月	7月	8月	9月	10月	11月	12月	年平均
1987	11.3	12.4	14.4	17.2	19.3	18.2	17.4	17.8	17.4	16.7	14.8	9.9	15.6
1988	11.3	14.1	16.7	18.0	17.9	17.7	17.9	17.5	17.6	16.7	13.3	11.3	15.8
1989	11.2	13.1	15.9	18.1	19.0	17.9	17.8	18.0	17.8	16.3	13.4	9.7	15.7
1990	11.9	12.1	13.6	17.1	17.6	17.8	17.1	18.8	17.8	16.3	14.6	10.9	15.5
1991	11.9	13.5	17.6	18.1	17.8	17.8	17.6	18.2	18.0	16.4	13.4	10.4	15.9
1992	9.2	10.1	16.3	18.6	18.5	18.6	17.2	18.5	17.9	14.6	12.4	9.9	15.2
1993	10.0	12.1	15.5	17.6	17.4	17.7	18.0	17.3	17.9	15.9	13.6	11.7	15.4
1994	13.2	13.4	15.8	18.2	19.1	17.9	18.0	18.0	18.3	15.6	13.1	10.8	16.0
1995	12.0	12.5	17	19.4	18.7	18.1	17.7	18.1	17.6	17.4	13.8	10.6	16.1
1996	11.1	12.3	15.8	17.3	18.1	17.5	17.3	17.7	18.2	16.4	14.2	11.9	15.7
1997	10.2	12.2	15.8	15.3	18.5	17.9	17.8	18.2	16.7	16.3	13.7	12.6	15.4
1998	11.9	13.1	16.4	17.6	18.9	18.4	17.4	18.1	18.5	17.6	14.8	12.5	16.3
1999	12.4	16.3	17.6	19.7	17.3	18.2	18.1	17.4	17.9	16.6	13.6	9.9	16.3
2000	14.4	15.8	18.1	20.9	21.2	22.3	22.0	22.2	21.3	20.7	16.5	15.1	19.2
2001	14.1	16.7	19.3	22.8	21.3	22.1	21.9	23.3	22.4	20.5	16.3	14.8	19.6
2002	14.0	16.4	19.2	21.4	21.4	23.1	22.1	22.2	22.3	20.4	17.6	14.9	19.6
2003	14.1	15.7	18.6	22.1	22.4	22.5	23.0	23.2	22.3	21.3	17.0	15.3	19.8
2004	14.2	16.4	19.4	20.6	22.3	22.7	22.3	22.9	21.5	20.0	17.5	13.5	19.4
2005	14.7	17.4	19.0	22.1	23.2	23.6	22.8	22.6	22.7	20.9	17.9	15.2	20.2
2006	14.5	17.1	20.0	21.6	21.6	22.7	22.9	22.8	22.1	20.8	17.6	14.4	19.8
2007	14.2	14.1	18.7	20.8	22.4	23.3	22.5	22.6	21.7	20.5	17.4	14.6	19.4
2008	14.3	15.4	18.1	21.5	21.9	22.1	22.1	22.1	22.0	21.0	16.9	14.1	19.3
多年平均	11.98	13.75	16.82	18.89	19.32	19.36	19.01	19.34	18.94	17.50	14.58	11.95	16.79

三、日照

（一）日照时空分布

西盟县年平均日照时数 2020.6 小时，日平均日照时数 5.5 小时。雨季，多雨寡照，年平均日照时数 660.1 小时，日平均日照时数 3.6 小时。其中，6 月—8 月，日平均日照时数 2.4 小时；7 月，日平均日照时数 1.8 小时。干季，风和日暖，日照丰富，有 1360.2 小时，占年总量的 67%，平均每天日照 7.5 小时。

（二）太阳辐射能量

西盟县地处低纬，一年中太阳直射点两次通过天顶，太阳高度角的变化终年较小。全年太阳辐射量为 131.8 千卡 / 每平方厘米，比同高度的昆明、沾益分别多 19.0 千卡和 1.8 千卡，属太阳辐射资源丰富的地区之一（太阳辐射的年中分布与季节和天空状态有关。3 月—5 月最强，为 8.3 千卡 / 平方厘米 ~ 12.2 千卡 / 平方厘米；6 月—8 月最弱，为 7.9 千卡 / 平方厘米 ~ 9.0 千卡 / 平方厘米）。

1978 年—2008 年西盟县年日照时数统计表

表 1-4 单位：小时

年份＼月份	1月	2月	3月	4月	5月	6月	7月	8月	9月	10月	11月	12月	年合计
1978	265.1	247.2	288.0	240.7	155.2	72.5	65.0	106.6	110.0	181.9	205.0	262.4	2199.6
1979	301.7	270.1	257.0	240.8	238.1	92.3	70.6	84.9	83.8	162.4	186.3	210.8	2198.8
1980	291.5	261.8	261.5	241.8	209.2	77.2	71.3	62.1	104.6	127.8	236.2	225.9	2170.9
1981	258.7	253.9	253.9	224.5	85.9	21.4	33.3	39.2	77.5	119.9	89.3	171.1	1628.6
1982	250.0	230.4	269.6	161.5	227.2	84.9	60.2	80.2	163.3	141.7	181.0	216.9	2066.9
1983	243.0	170.8	233.5	260.5	241.4	69.2	60.2	94.8	128.1	170.8	120.7	242.9	2035.9
1984	245.4	278.7	305.7	215.4	111.8	39.9	22.7	57.2	113.4	85.2	148.6	185.9	1809.9
1985	281.7	253.3	249.2	211.8	153.7	49.5	43.3	51.8	101.5	136.6	133.0	218.7	1884.1
1986	218.8	258.0	263.7	232.6	198.6	82.0	40.1	125.9	121.4	140.5	162.3	199.0	2042.9
1987	216.1	228.8	265.4	235.2	297.6	82.1	24.6	73.4	54.7	210.9	181.6	190.5	2060.9
1988	267.0	271.0	281.3	214.0	136.2	78.0	65.2	31.3	70.3	131.1	121.0	208.4	1874.8
1989	290.3	250.8	224.4	214.5	193.1	74.0	68.7	109.1	96.6	108.7	221.2	220.4	2071.8
1990	279.2	195.6	187.5	216.5	109.6	43.5	45.4	124.4	103.3	139.0	135.0	185.2	1764.2
1991	261.0	262.2	260.7	212.7	129.8	46.9	31.5	101.7	70.6	79.8	110.2	171.2	1738.3
1992	172.2	167.4	275.7	235.8	182.1	102.9	12.7	69.7	69.7	60.7	137.5	214.1	1700.5
1993	200.7	176.5	263.5	245.4	144.7	32.9	29.2	11.5	84.2	31.2	163.5	171.3	1554.6
1994	280.5	243.1	230.3	257.6	207.0	36.7	46.2	39.8	75.0	142.7	155.1	188.3	1902.3
1995	254.1	216.1	297.3	267.5	180.1	30.6	57.8	73.9	153.9	187.6	154.4	262.0	2135.3
1996	282.0	219.1	264.4	256.6	238.3	111.6	31.5	92.5	177.9	167.3	190.9	191.2	2223.3
1997	275.2	267.0	274.8	241.4	242.8	131.6	47.6	123.7	104.4	197.8	195.5	220.4	2322.2
1998	275.4	231.0	270.4	233.1	185.8	80.0	22.2	78.4	167.1	185.4	233.8	249.8	2212.4
1999	249.1	284.6	291.1	261.9	129.5	105.7	75.7	54.7	138.3	157.9	206.1	249.2	2203.8
2000	245.2	226.4	217.2	230.4	127.7	94.2	91.0	105.1	125.5	170.8	213.0	226.8	2073.3
2001	269.4	243.3	232.5	251.9	138.9	98.3	74.2	172.5	146.1	111.5	188.6	229.5	2156.7
2002	230.0	250.9	254.3	248.6	144.4	130.4	46.5	143.4	197.4	204.2	155.9	202.2	2208.2
2003	239.0	237.9	265.1	243.3	156.3	91.3	124.8	122.3	132.3	155.8	249.6	190.4	2208.1
2004	242.6	240.8	250.3	220.8	197.9	123.6	106.6	96.3	67.9	179.4	195.6	198.5	2120.3
2005	246.9	250.6	226.1	233.3	236.8	103.2	92.8	72.1	152.3	161.0	208.6	190.4	2174.1
2006	262.4	240.2	250.4	206.2	174.8	113.2	91.3	137.0	96.8	151.7	207.3	192.3	2123.6
2007	216.3	186.7	256.0	205.2	157.2	140.3	53.2	105.0	119.9	143.9	161.8	225.3	1970.8
2008	249.1	231.4	188.7	203.6	143.6	69.7	46.4	75.7	148.0	115.7	182.2	147.5	1801.0
多年平均	253.54	236.95	255.15	231.13	176.61	80.95	56.50	87.62	114.70	143.90	175.19	208.34	2020.58

四、风力

（一）老站址（老县城）

全年以西风为主，其次为静风，年平均风速 2.5 米 / 秒，干季风速大，平均 2.7 米 / 秒。夜间风速小于白天风速。大风天气一般每年出现 3 次 ~ 4 次，伴随雷阵雨天气而来，常夹带冰雹，持续时间较短。每年 5 月前后，有 1 次 ~ 2 次飓风天气出现，风速可达 22 米 / 秒。

（二）新站址（新县城）

全年以静风为主，其次西风，年平均风速 0.8 米 / 秒，干季风速大，平均 0.9 米 / 秒。夜间风速小于白天风速。

1978 年—2008 年西盟县各月平均风速统计表

表 1-5 单位：米 / 秒

年份＼月份	1月	2月	3月	4月	5月	6月	7月	8月	9月	10月	11月	12月
1978	3.3	3.2	3.2	2.9	2.4	2.5	2.1	2.0	1.9	1.6	2.6	2.5
1979	3.1	3.4	3.7	3.2	3.3	2.3	2.8	2.4	1.7	1.7	1.8	2.0
1980	3.4	3.6	3.6	3.0	2.4	2.0	2.6	2.2	1.7	1.9	1.6	2.4
1981	2.8	3.5	3.1	3.0	2.4	2.4	2.5	2.4	1.6	1.7	1.9	2.1
1982	2.3	3.1	2.7	2.6	2.8	2.5	2.7	2.2	1.8	1.4	1.7	2.1
1983	2.3	3.1	3.0	3.1	2.6	2.5	2.9	1.9	1.7	1.6	1.4	2.0
1984	3.1	3.3	3.2	3.4	3.0	2.7	2.6	2.4	1.6	1.4	1.6	2.7
1985	2.7	3.4	3.2	2.4	2.3	2.9	2.3	1.8	1.7	1.6	1.6	2.2
1986	2.2	3.1	2.6	2.8	2.6	2.9	2.7	1.6	1.9	1.8	2.0	1.9
1987	2.2	2.6	2.8	2.9	2.9	2.8	3.3	2.8	1.5	2.3	2.1	1.6
1988	2.5	3.4	3.5	2.9	2.7	2.8	2.3	2.3	2.2	1.7	1.5	1.7
1989	3.4	3.9	3.1	3.3	2.7	2.8	1.8	2.0	2.0	2.0	1.8	2.1
1990	3.4	3.1	2.9	3.4	2.5	3.1	2.9	2.4	1.7	1.6	2.0	2.0
1991	3.2	3.2	2.9	2.7	2.8	2.7	3.2	2.1	1.5	1.6	1.8	2.2
1992	2.7	3.4	3.7	3.0	3.0	2.9	2.5	1.5	1.3	1.8	2.0	2.1
1993	3.1	3.1	3.2	2.9	3.1	3.0	3.0	2.3	1.5	1.4	1.8	1.7
1994	3.1	3.6	2.9	2.8	2.5	2.4	2.4	2.1	1.5	1.9	1.3	2.0
1995	3.2	3.7	3.2	2.7	3.2	2.8	2.7	2.0	1.4	1.6	1.9	2.0
1996	3.5	3.0	3.9	3.1	3.2	2.6	2.9	2.1	2.0	1.6	1.8	2.5
1997	3.2	3.6	3.3	3.1	3.1	3.0	2.9	2.6	1.7	1.8	2.5	3.1
1998	3.7	3.3	4.0	3.1	2.6	2.7	3.5	2.4	1.7	1.5	1.9	2.3
1999	2.7	3.0	3.7	3.0	2.7	2.8	2.7	2.1	1.3	1.7	2.0	1.9
2000	1.3	1.6	1.4	1.5	1.2	1.0	0.6	0.8	0.7	0.9	0.9	1.1
2001	1.3	1.5	1.7	1.4	1.1	1.2	0.9	1.1	0.9	0.9	0.9	0.9
2002	1.0	1.4	1.7	1.5	1.1	1.0	0.6	0.7	1.1	0.7	0.7	0.9
2003	0.8	1.3	1.3	1.2	1.0	0.8	0.9	0.7	0.6	0.6	0.6	0.6
2004	0.8	1.2	1.2	0.9	0.8	0.8	0.8	0.6	0.5	0.5	0.5	0.7
2005	0.6	1.0	1.1	1.0	0.9	0.7	0.6	0.5	0.5	0.3	0.5	0.8

续表 1-5

年份＼月份	1月	2月	3月	4月	5月	6月	7月	8月	9月	10月	11月	12月
2006	0.7	0.9	0.9	1.0	0.9	0.4	0.6	0.5	0.4	0.4	0.4	0.6
2007	0.7	0.8	0.7	0.9	0.7	0.5	0.4	0.3	0.3	0.5	0.5	0.6
2008	0.5	0.7	0.7	0.8	0.5	0.3	0.4	0.3	0.4	0.3	0.4	0.3
历年各月平均风速	2.3	2.7	2.6	2.4	2.2	2.1	2.1	1.7	1.4	1.4	1.5	1.7

第五节　自然资源

一、土地资源

县域内土地面积1353.57平方千米，属全省土地面积较小的县之一。除勐梭村有3000余亩的河谷区较平的土地外（2006年，县民族中学征用200余亩），其余全部是山地。坡度在8度以下的山地有5.92万亩，8度～15度的山地有36.55万亩，15度～25度的山地有103.98万亩，25度以上的山地有37.4万亩。全县可利用土地占90.55%。

二、水利资源

西盟县境内共有大小河流98条，属西南诸河流域。2008年，水资源总量约22.76亿立方米，产水模数133万立方米/平方千米·年，外来径流量2.6亿立方米（澜沧入县水量0.7亿立方米，缅甸入县水量1.9亿立方米）。地表水资源（径流）量16.65亿立方米，比常年增7.4%，年径流深1330.9毫米，人均地表水资源量18020立方米；地下水资源量6.11亿立方米，比常年增12.9%，人均水资源占有量25256立方米。水能理论蕴藏量11.96万千瓦，可开发利用水资源量8亿立方米，8.35万千瓦。多年平均可利用水资源量4.6亿立方米，水资源开发利用率1.9%。年河道外用水量3086万立方米（生产用水量2810万立方米、生活用水量235万立方米、生态用水量37万立方米）。已开发利用1.25万千瓦。年河道内供水（发电用水）量3033万立方米。

三、植物资源

（一）森林

2005年第三次森林资源二类调查，全县树种有100余种，其中，民间常用药材树种有红椿、白椿、黄杞、楮栲、楮栎、毛栲、杨梅栎、八宝树、木荷、安楠士、桦桃、旱冬瓜、桦杉等。被国家列为一、二、三级保护植物有红豆杉、红椿、云南石梓、滇树菠萝、千果榄仁、番龙眼、柚木、沉香木9种。新引进的有思茅松、云南松、杉木、柳杉、楣杉、池杉、马尾松、华山松、云南石梓、蓝桉、赤桉、细叶桉、柠檬桉、大叶桉14种。

（二）天然饲草

据1984年草场资源调查，各类草场总面积86.58万亩（有效面积65.51万亩），年产鲜草量5亿余千克。面积分布最广的是山地草丛草场79.35万亩，占全县草场面积的91.6%。饲草种类较多，以禾本科为主，主要有白茅、岗秀竹、野古草、五节芒、山稗子、心叶草、金茅草、棕叶芦、大管草、香毛草、飞机草、含羞草、灯芯草、马蹄草、枪杆草、芦苇草、狗尾草、四棱草、针尖草、野古草、牛毛草、铁欠草、回心草、大黑草等。

（三）野生药用植物

据 1986 年中药资源调查，西盟县有中草药 399 种，蕴藏量约 123 万千克，其中，苔藓类 1 种，蕨类植物 16 种，裸子植物 2 种，被子植物 380 种。药材中，国家和省通过重点普查的 395 个品种中，西盟有 93 种。中药品种主要有麦冬、土茯苓、木瓜、苡仁米、千张纸、天门冬、青箱子、虫草、夜明砂、龙胆草、草决明、郁金、百部、女贞子、黄精、钩藤、苦楝子、木贼、稀莶草、乌梅、姜黄、金银花、千年健、砂仁、虎杖、白头翁、白芨、伸筋草、苏木、葛根、苍耳子、马尾黄连、海金沙、翻白叶、南五味、三台花、玉子兰、狗闹花等。

民间常用草药品种有灯台树、粽粑叶、红岩七、真金叶、大叶紫珠、山红稗、小黄散、大麻药、马蹄香、羊奶果、锅铲叶、红草解、多花野牡丹、血满草、鸡矢藤、金花果、荷包山桂花、老贯藤、黑皮跌打、小红参、叶子兰、三台花、金线吊葫芦等。

（四）观赏植物

西盟县主要观赏林木有鹅掌楸、柏木、木樨、四季桂、白缅桂女贞、细叶女贞、雪松扁柏、台湾相思、罗汉松、中国梧桐、法国梧桐、棕榈、桃、李、樱桃、龙柏、刺柏、山丁香、垂柳、黑荆树、树蕨、香樟、洋金花、一品红、石榴、山茶树、紫薇树、银桦、泡桐、黄杨木、白桦等。观赏花木主要有山茶花、夜来香、四季桂、缅桂花、夏杜娟、玉兰花、竹叶海棠、大灯笼、小灯笼、吊兰、刺海棠、樱桃红、火炮花、喇叭、海棠、凤仙、鸡冠、百合、姜苗、绣球、刺桐、攀枝花、玫瑰、凤凰、芦苇花、春兰、冬兰、金子兰、虎头兰等。

四、动物资源

（一）哺乳类

主要有懒猴、青猴、黄猴、猕猴、蜂猴、虎、黑熊、穿山甲、豺、鼠、豪猪、野猪、果子狸、野猫、麂子、野兔、山狸、山驴、豺狗、水豹等。

（二）鸟类

主要有白鹭、中白鹭、豆雁、白额雁、小白额雁、灰雁、绿头鸭、鸳鸯、白鹇、红鹇、红腹锦鸡、杜鹃、普通夜鹰、燕子、翠鸟、啄木鸟、黄鹂、八哥、喜鹊、乌鸦、画眉、相思鸟、山雀、鹌鹑、猫头鹰、鹧鸪、过山鸟、鹦哥、麻雀、荒地雀等。

（三）爬行类

主要有蟒蛇、王锦蛇、玉斑锦蛇、棕黑锦蛇、黑眉锦蛇、滑鼠蛇、乌梢蛇、眼镜蛇、银环蛇、蝮蛇、水蛇、四脚蛇、花被单蛇、脆蛇等。

（四）无脊椎动物

主要有天牛、蝴蝶、瓢虫、蝗虫、蜻蜓、蟋蟀、螳螂、蜈蚣、蜘蛛、蚂蚁、臭虫、蟑螂、竹虫、蚜虫、蛟虫、壁虎、蚊子、黄蚂蚁、黑蚂蚁、臭蚂蚁等。

（五）鱼类

主要有白鱼、青鱼、甲鱼、鲇鱼、面瓜鱼、大头鱼、刺角鱼、红尾巴鱼、细鳞鱼、豹子鱼、蛇鱼、鳝鱼、鲫鱼、鲤鱼、草鱼、棒头鱼、罗非鱼、白鳞鱼、石蚌、青蛙、螃蟹、泥鳅、螺蛳、蝌蚪、虾等。

（六）蜂类

主要有大黑蜂、小黄蜂、细米蜂、中华野蜂、黄土蜂、猪屎蜂、葫芦蜂、麻盆蜂、竹节蜂、七里蜂、锅盖蜂、大黄蜂、叶蜂、熊蜂等。

五、矿产资源

县内矿产资源，据目前资料，有锡矿、富银铅锌矿、钨矿、金矿、锰矿、萤石矿、大理石、稀土矿、绿柱石（铍矿）、黄玉、西盟石等。

（一）锡矿

原生锡矿分布范围，北起阿莫，南至永龙、永帮、永给、力所一带。该矿床于晚元古纪西盟群帕可组二云片岩、黑云片岩及变粒岩中，矿体程似层状，脉状产出，上下围岩界线清楚，锡石在矿石中呈不规则粒状，粒度一般在0.5毫米～2毫米，最大30毫米，微至细粒者居多，构成工业价值有Ⅰ、Ⅲ、Ⅳ、Ⅴ、Ⅱ矿体及班哲、永帮矿体。其他矿脉（点）尚多，分布较广。1985年以来，大部分被群众开采。

砂锡矿按成因类型分为残坡积和洪冲积，分布在Ⅰ、Ⅲ号矿体附近和根底河下游及两侧坡地，该矿区成不规则带状，东西长800余米，宽200米，面积约4.16平方千米。呈不规则粒状，团块分布其中，砂锡直接为Ⅰ、Ⅲ号矿体风化、剥蚀，经短途搬运或就地残积而成，矿层主要赋存在含砾的砂、泥物质中。

（二）银铅锌矿

新厂富银铅锌矿床位于西盟县城北方。矿体赋存晚元古纪西盟群允沟组白云质灰岩，结晶灰岩和砂卡岩中，该矿曾几度有过开采史，遗留有开采、冶炼遗迹；崞洛哨铅矿点位于西盟县城东北方，矿体产于晚元古纪西盟群帕可组的白云石英片岩中，矿体周围岩产状一致，主要矿物为铅矿，其次闪锌矿。另外，窝羊、富倮、南下嘎、中课等地有铅锌矿及大量铅渣（冶炼后的炉渣）分布。

（三）金矿

县境内金矿分脉金矿、砂金矿两种。脉金矿主要分布在翁嘎科乡的英侯、英力、新寨、英乐、戈斗、火烧山等30余处，这些矿体大致构成北西和北东方向的两个矿化带，矿石主要为毒砂石英脉型，常与石英、臭锪石英镶嵌，部分自然金表面被褐铁矿薄膜覆盖，募西公路61千米～62千米之间和窝笼村北西1千米处发现的金矿点，金矿化蚀变岩石生矿物以黄铁矿、毒砂、臭葱石为主，伴有少量金红石、锆石、褐铁矿、自然金、银金矿、重晶石、绿泥石等。砂金主要分布在窝羊河和南锡河畔。窝羊河几条流向西的箐沟中均有砂金，沿箐沟向上砂金趋于增多，至山岭逐渐消失。南锡河畔班帅以下，图地以上留有千余个采金遗迹。

（四）萤石矿

位于募西公路88千米附近下方，产于老街子组地层中，矿层为老街子组斜长黑云片岩，底板是角闪绿泥石岩，矿体呈薄层状，风化后呈松散沙状，结晶程度中等，部分呈半透明状，走向南北向东倾斜，倾角甚小，近于水平。

（五）大理石矿

分布于力所、岳宋、马散黑山、莫美、窝笼等地，产于晚元古纪西盟群帕可组永龙段、永帮段，尤为永龙段者质优，白色、灰白色、玫瑰红色、黑白相间条带、黑色、浅棕色皆有，呈厚层状、中厚层状构造，致密块状结构，储量丰富。

第六节 自然灾害

一、震灾

1988年11月6日21时3分15秒，北纬22°50′，东经99°43′，澜沧县发生里氏7.6级地震，波及西盟全县，房屋、公路、水渠等建筑物受损；重伤2人，轻伤20人。造成经济损失5700余万元。

1992年4月23日22时18分和23时32分，西盟县与缅甸边境外分别发生里氏6.7级、6.9级地震，波及西盟县，全县（含乡镇）房屋受损571幢、损坏14427间，其中民房倒塌609间，半倒塌4064间，水利设施、公路、桥梁、涵洞受到严重毁坏，死亡3人，重伤3人，轻伤12人。造成经济损失4034.8万元。

1995年7月10日—12日，孟连县与缅甸交界分别发生里氏6.2级、7.3级地震，强烈波及西盟，导致公路多处塌方，桥梁错位，涵洞下陷，房屋倒塌等，全县18907户8万余人受灾，死亡2人，受伤11人。造成经济损失11663万元。

2001年3月12日16时57分，澜沧县境内发生里氏5.0级强烈地震，县境内有震感，乡（镇）、村受灾较为严重，民房、通信路线、电力线路和公路等均不同程度地受到破坏。造成经济损失1766万元。

2005年1月26日24时30分36秒，翠云区龙潭乡发生里氏5.0级地震，波及西盟县内民房、基础设施、公路等出现不同程度的损毁。造成经济损失1452.15万元。

2007年6月3日5时34分，宁洱县宁洱镇发生里氏6.4级地震，西盟县5个乡、2个镇均有强烈震感，无人员伤亡。经核查统计，截至6月4日10时，造成经济损失1719万元。

2007年6月23日16时17分20秒和16时27分48秒，缅甸孟帕亚与景栋之间分别发生里氏5.9级和5.8级地震，西盟县离震中较近（129千米），全县受地震强烈波及。经核查统计，灾情在“6·3”地震受灾的基础上进一步加重，但无人员伤亡。

二、旱灾

1978年—2008年这30年中，历年平均11月至次年5月出现旱情，重旱发生在12月，极端干旱发生在1月—4月，平均每年蒸发量1189毫米，干旱指数0.48。有23年出现不同程度的旱灾。出现在2月的有14年，3月的有16年，4月的有12年。严重干旱的年份是1961年、1979年、1994年、1999年、2001年、2005年。

1994年3月21日至4月20日，西盟县发生严重的旱灾。民房（油毛毡）烤焦502户，成灾120户580人；农作物全县受灾面积123919亩。造成经济损失112.80万元。

至2001年4月30日，县内大部分水田因干旱无法栽种，农作物受旱灾8060公顷，经济作物受灾59400亩。造成经济损失750万元。

2005年，冬春初夏（2004年12月至2005年5月）连旱，5月中下旬，最高气温和高温持续时间突破西盟县历史极值，由于持续的高温、少雨、强光照，土壤水分蒸发量大，形成西盟县近50年来最为严重的一次旱灾。

2006年1月—4月，西盟发生旱灾，全县5个乡、2个镇、36个村民委员会、51200余人不同程度受灾。造成经济损失1027.3万元。

三、洪涝灾

西盟县雨量集中，大雨、暴雨比较频繁，降水连续时间长。老站址：历年平均有暴雨（≥50毫米）日数8.8天，年一日最大降雨量150.2毫米（1984年7月22日）；新站址：历年平均有暴雨（≥50毫米）日数4天，年一日最大降雨量107.9毫米（2008年9月27日）。

1978年，中课乡发生洪灾，淹死女青年1人。

1979年，中课乡发生洪灾，淹死小孩2人。同年9月底，山洪暴发，新厂河桥被冲垮。

1981年6月，西盟县连续降暴雨，中课乡境内公路的大部分桥涵被洪水冲毁，农田受灾1300余亩。

1983 年，西盟县下暴雨 13 次，全县农田受灾 700 多亩，乡村公路塌方 3.8 万立方米，通信电杆倒伏 7 棵，新厂河电站水渠开裂 150 米。造成 5 月、8 月—9 月停电。

1988 年 8 月 4 日，东梭河、东朗河洪水泛滥，勐梭乡部分职工和村民住房被淹，冲毁供销社酒厂，冲倒照明和通信电杆，稻田受灾 742 亩，损失粮食 40.89 万千克，泥沙冲压菜地和鱼塘，造成经济损失 23.89 万元。

1991 年 6 月 27 日 19 时，西盟县城下暴雨，县城计划生育服务站发生大面积土方下滑，面积 2788 平方米。造成经济损失 34 万元。

1991 年 10 月 4 日 2 时—6 时县内出现强降雨，县建筑公司后的公路沟堤决口，冲垮房屋 2 幢，有 13 户、28 人受灾，造成经济损失 2 万元。一个 3 岁女孩被洪水冲走，因及时发现，经抢救后脱险。同时，莫窝乡班哲村九社，被洪水冲毁 15 亩水田，冲走电线杆 5 棵，电线丢失 250 米，2 处公路涵洞被冲毁。造成经济损失 20500 元。

1995 年 8 月 15 日，县内遭受严重的暴风雨袭击，山洪暴发，县城山体滑坡，冲毁县城公路 18 处，县城自来水主管道断裂，新厂河电站水渠坍塌，县城停水停电。农作物受灾 1655 亩，损失粮食 54.4 万千克，耕牛死亡 4 条，损坏城乡公路 2 条。造成经济损失 151.4 万元。

1996 年 7 月 26 日，县内普降大暴雨，雨量 135 毫米，县民族小学、县车队出现险情，有下滑移动现象，全县公路全部中断，新厂河电站沟渠阻塞，停电 69 个小时。造成经济损失 2000 万元。

1998 年 6 月，全县普降大雨，持续时间长，许多地区山洪暴发，山体滑坡，田地被淹没、冲毁，部分乡镇交通中断，民房受损。造成经济损失 1356 万元。

2001 年 1 月 29 日夜晚至 30 日中午，县内出现强降雨和冰雹天气，降雨 25 毫米，降冰雹 4 次，最大冰雹直径 15 毫米，部分地区下冰雹厚度 4 厘米 ~ 5 厘米。蔬菜、粮食、橡胶受灾，房屋损毁等。造成经济损失 646 万元。

2003 年 8 月 6 日 3 时，西盟镇、莫窝乡、岳宋乡、勐梭镇等地遭受特大暴风雨雷电袭击，多处山体塌方，道路、通信和城市供水设施中断，受灾 1250 户、5300 余人，死亡 1 人。造成经济损失 360 万元。

2003 年 8 月 26 日，县内强降大暴雨，局部山体滑坡，房屋损坏，公路中断，全县 36 个村民委员会 11508 人不同程度受灾。造成经济损失 995.06 万元。

2003 年 11 月 18 日—21 日，县内大范围下暴雨，造成山体坍塌及勐梭镇东梭河、东朗河突发洪水，河道两侧的水田、菜地、鱼塘被冲毁及南规、小寨等 60 户、285 人受灾。造成经济损失 36.6 万元。

2004 年 7 月 31 日，翁嘎科乡班岳村坡永组因下大雨发生泥石流滑坡，2 人死亡，3 人重伤，2 人轻伤。

2005 年 5 月 14 日夜晚，勐梭镇部分村遭受长达 10 余个小时强降雨，勐梭村、王莫村部分农作物严重受灾，淹埋水田 235 亩，鱼塘 8 亩，菜地 68 亩。造成经济损失 185280 元。

2005 年 8 月 22 日—27 日，县内连降大暴雨，5 天内累计降雨 219.7 毫米。民房、校舍、卫生院等 4000 多间房屋受损，农田毁坏 925.4 亩，橡胶、茶叶等经济林木损毁 5863.9 亩，冲走大牲畜 23 头、猪 125 头，毁坏鱼塘 89 亩，新厂河电站、三河电站、永业电站 3 座电站渠道多处坍塌、断流。9432 户、36786 人不同程度受灾，受伤 256 人，失踪 2 人，死亡 2 人。造成经济损失 7350.97 万元。

2006 年 10 月 6 日，县内连续普降大雨，部分地区发生洪涝、泥石流，山体滑坡，坍塌等自然灾害，全县 3665 户、13821 人受灾。造成经济损失 876.91 万元。

2007 年 7 月 18 日 20 时至 20 日 20 时，全县累计降雨 119.3 毫米（18 日 20 时至 19 日 21 时降雨 71.5 毫米，勐卡镇 134 毫米），洪涝灾害严重，民房、农田水利、交通等基础设施不同程度受损。20

日23时，因受洪涝灾害，死亡1人（勐卡镇莫窝村4组60多岁的妇女娜某）。造成经济损失325.3万元。

2008年8月17日—18日，县内出现强降雨，造成256户、921人的民房、农田水利、交通等基础设施不同程度的受损。造成经济损失86.3万元；9月26日—27日，县内出现强降雨，其中，县城97毫米，勐卡镇210毫米，中课乡111.6毫米，岳宋乡241.8毫米，力所乡174.5毫米，翁嘎科乡112毫米，新厂乡大暴雨。造成民房、农田水利、交通、通信等毁坏。造成经济损失799.81万元。

四、冰雹灾

1979年10月27日，全县5个公社和西盟大队降冰雹9分钟，最大直径6毫米，冰雹密集，雹线贯穿35千米~40千米。30个生产队受灾，水稻受灾4569.5亩，损失粮食81.4万千克。

1981年3月27日，县内连续降冰雹4次，最大冰雹直径4毫米，铺地厚2厘米，县城周围和中课区受灾最重。小春粮豆作物受灾2453亩，减产14.76万千克；经济作物受灾879亩，减产5.78万千克；房屋受损430间、5713平方米。

1989年3月31日，连续降冰雹2次，冰雹约鸡蛋大小。全县普遍受灾，西盟镇、翁嘎科乡最为严重。房屋受灾1824户，打死黄牛11头，鸡100余只，小春作物受灾3146亩，蔬菜、茶叶等经济作物也受到损失。

1990年8月4日，中课乡中课村丁格列老寨附近出现1次罕见的降雹（在西盟雨季中没有降雹的记录），粮食作物、民房受损，少量大牲畜被打死打伤。

1998年3月2日，县城下冰雹，部分房屋毁坏，庄稼受损严重。

2000年1月29日，西盟县内连续降冰雹4次，最大冰雹直径10毫米。160间民房受损，茶叶、蔬菜、油菜等损失较重。造成经济损失746万元。

2004年4月13日，县内出现暴风、冰雹、雷电、暴雨。农作物、经济作物受灾，部分通信、供电和饮水中断，校舍损坏，学校被迫停课。造成经济损失576万元。

五、鼠害

1988年，西盟县鼠类危害严重，减产150余万千克。

1998年，西盟县鼠类危害面积3.12万余亩，成灾0.94万余亩。

2005年，西盟县鼠类危害面积1.55万余亩，成灾0.42万余亩。

2008年，西盟县鼠类危害面积1.12万余亩，成灾0.51万余亩。

六、其他灾害

（一）低温霜冻

1986年3月3日，西盟发生百年不遇的降雪，雪深3厘米，当天极端最低气温-0.3℃。造成152头大牲畜死亡，小春粮豆和经济作物受损。

1999年10月，西盟发生低温，作物被冻死。造成经济损失94万元；12月，出现严重霜冻，最低气温0.1度，地面最低气温-1.3℃，冻死黑山羊100多只，蔬菜受灾2793亩，油菜受灾5039亩，橡胶受灾4.7万亩，茶叶受灾5115亩。造成经济损失2773.9万元。

（二）风灾

1990年4月21日，县内遭受8级~9级大风袭击，持续42分钟，7个乡、1个镇、36个自然村受灾，房屋受损9000余幢14万平方米。造成经济损失45万元。

1991年4月17日13时30分至14时20分，西盟县发生8级~11级强风暴雨，持续时间50分钟，全县受灾农户共15174户、70656人，死亡1人；房屋受损15174间；小麦受灾200亩，损失产量7500千克；油菜受灾150亩，损失产量1750千克；毁坏高压电线路2250米。造成经济损失45.5万元。

1992年9月9日18时—19时，娜妥坝遭受9.9级风灾。造成房屋和实物损失40万元。

1996年4月13日下午4时30分，西盟发生7级～8级大风，风力每秒18米，并降暴雨和冰雹，持续时间30分钟。全县共有5654户、25092人受灾，损坏民房6675间，严重损坏2280间。造成经济损失56万元。

1998年3月30日—31日，翁嘎科乡遭受大风袭击，损坏民房1000间，伤2人，电杆吹倒8棵。

2001年5月2日16时40分，县内发生特大风暴，风力8级，风速24米/秒，致使全县遭受不同程度的风暴灾害，民房、校舍、橡胶、电杆等受灾。造成经济损失653万元。

2006年8月19日，中课乡大部分村组遭受暴风袭击，部分民房和农作物遭受不同程度的损坏。

2008年4月14日，全县均不同程度遭受大风侵袭，最大风速23米/秒，为9级大风。造成经济损失282.6万元。

（三）雷击

1989年3月，翁嘎科乡班弄村拉祜寨一名16岁男青年，遭雷击死亡。同年4月，岳宋乡班帅村因雷击，引起火灾。

2005年9月，西盟玉溪石油公司老县城加油站因雷击毁坏2台汽油加油机、1台柴油加油机、电话线和电源线路及照明设施，停业维修一星期。造成经济损失15万元。

2008年2月20日凌晨3时，翁嘎科乡龙坎村靠来组发生雷击灾害事故。造成2人死亡，7人受轻伤，电力资产损失15.1万元，农户电器、通信设备、村寨电网等损失10万元；8月，县内多处遭受雷电袭击，娜妥坝因雷击损坏电视6台、电话1个、VCD机1台；西盟村因雷击损坏电视5台；勐卡镇社区因雷击损坏电视40台。

第三章 乡 镇

1978年，全县辖7个公社。1982年12月，云南省人民政府重新批准设立西盟镇（区级镇），但未划分区域和设立办事机构。1984年3月，把公社改为区，全县辖7个区、1个镇。1988年2月9日，把区改为乡，全县辖7个乡、1个镇。1999年12月25日，撤销勐梭乡，成立勐梭镇。2006年1月13日，撤销莫窝乡，与西盟镇合并，成立勐卡镇。2008年，全县辖5个乡、2个镇。

第一节 勐梭镇

一、自然地理

勐梭镇位于县城所在地，介于北纬22° 33′ ~ 22° 43′，东经99° 30′ ~ 99° 43′之间。东南与澜沧县相邻，西南与力所乡、翁嘎科乡相接，北部与中课乡相连。土地面积251.87平方千米，海拔在803米~ 1955米之间。

1999年12月25日，举行勐梭乡撤乡改镇庆典。镇政府驻地勐梭大寨，距县城2千米。勐梭镇富有森林、水、热区资源和傣族、佤族文化资源。镇内交通便利、区位优势明显。全镇林业用地14.42万亩，森林覆盖率38.17%。有耕地面积46853亩（固定耕地21572亩），其中，水田面积11323亩，旱地面积35530亩，农村人均耕地3.66亩。

勐梭镇辖勐梭、班母、秧洛、里拉、他朗、王莫6个村民委员会和勐梭社区居民委员会。2008年，全镇有5940户，总人口21003人（新县城2387户、5834人），比1978年9499人增加11504人。其中，男性11531人，女性9472人；少数民族17638人，占总人口的83.98%；农业人口12789人，劳动力6760人；非农业人口8214人；人口自然增长率4.39‰。

二、经济建设

1990年，勐梭乡农村总收入3244427元，人均纯收入196元，人均有粮206千克。

1997年起，每年投入扶贫农田水利建设资金50万元，加强农田水利基础设施建设。

2000年后，勐梭镇以县城为中心向周边辐射，重点突出民居特色，积极发展第三产业，成为县城的农副产品供应站。加大资金投入，实施以工代赈项目，连片综合开发，异地扶贫搬迁，上海对口帮扶7+8工程，人畜饮水工程，农村安居工程，村村通路、通电工程建设，水土流失治理工程等项目建设。农民人均纯收入505元，人均有粮382千克。

2005年，全镇工业企业有48个，产值115万元；退耕还林5052.4亩，防护林1000亩，封山育林6000亩；沼气建设104户；实现生产总值3707.85万元，完成地方财政收入13.073万元；完成民房建设 180 户。至 2007 年，共投入民房建设资金 75 万元。

2008 年，勐梭镇企业收入 1898 万元，农村经济纯收入 2395 万元，农民人均纯收入 1411 元，全镇居民储蓄存款余额 989 万元；粮食总产量 642.3 万千克，人均有粮 429 千克，比 1990 年增长 1.6 倍；甘蔗种植 12787 亩，总产量 25279 吨，产值 606.7 万元；蔬菜种植 1356 亩，产量 1516 吨，产值 1515 万元；水果 1000 亩，产值 220 万元；人工造林 14733 亩，退耕还林 2800 亩，经济林木 3150 亩；橡胶 7441 亩；竹林 1342 亩；养鱼 80 亩；生猪存栏 6042 头，出栏 9022 头；大牲畜存栏 3098 头，出栏 1394 头；山羊存栏 365 只，出栏 272 只；家禽存栏 40889 只，出栏 22351 只；肉类产量 678 吨；畜牧总产值 606.7 万元。组织实施各种项目 6 个，涉及道路、人畜饮水，总投资 80 万元。全镇有 74 个村民小组实现通公路，通路率 100%，综合好路率 62%。有 72 个村民小组通电，通电率 97.3%，农村家庭有电视 1462 台，广播电视覆盖率 88%。

三、社会事业

1999 年，开始进行扫盲，共扫除文盲 3135 人，文盲率下降到 3.3%。2000 年，勐梭镇完成普六义务教育。2005 年，全镇有 9 个校点，教职工 124 人，有教学班级 56 个，在校生 1628 人，入学率 98.5%，巩固率 99.6%。各村建立文化室和卫生室，农村领取独生子女证 164 户。

2008 年，全镇共有 8 所学校，教职员工 109 人，51 个班级，在校生 1371 人，适龄儿童入学率 99.54%，巩固率 99.98%；农村领取独生子女光荣证 686 户，城镇医疗保险覆盖率 100%；养老金、失业金的社会发放率和城镇低保覆盖率 100%。全镇共创建“文明村组”40 个、“安全文明社区”78 个、“十星级文明户”2793 户。在创建“平安勐梭”“平安里拉”“平安戈约”的工作中取得较好的成绩。勐梭镇申报“省级文明小城镇”通过考评验收。

四、机构

历任勐梭公社革命委员会书记：李文忠（1978 年 1 月至 1979 年 5 月）、陶乔云（1979 年 5 月至 1980 年 12 月）、朱立泉（副书记主持工作，1981 年 1 月至 1983 年 12 月）。历任勐梭区委员会书记：岩秒（佤族，1984 年 2 月至 1985 年 4 月）、魏岩广（佤族，1985 年 9 月至 1987 年 4 月）、李庭芳（1987 年 5 月至 1988 年 2 月）。历任勐梭乡委员会书记：李庭芳（1988 年 2 月至 1992 年 10 月）、季忠宏（1993 年 2 月至 1995 年 7 月）、杨岩来（佤族，1995 年 7 月至 1998 年 4 月）、周勇（哈尼族，1998 年 11 月至 1999 年 12 月）。历任勐梭镇委员会书记：周勇（哈尼族，1999 年 12 月至 2001 年 9 月）、张华（2001 年 9 月至 2004 年 7 月）、朱如虎（2004 年 7 月至 2006 年 1 月）、李鹏程（拉祜族，2006 年 1 月至 2008 年 12 月）。

历任勐梭乡人大主席：李扎倮（拉祜族，1988 年 2 月至 1996 年 1 月）、李扎拉（拉祜族，1996 年 1 月至 1999 年 12 月）。历任勐梭镇人大主席：安娥（傣族，2000 年 1 月至 2005 年 12 月）、岩龙（佤族，2006 年 1 月至 2008 年 12 月）。

历任勐梭公社革命委员会主任：李文忠（1978 年 1 月至 1979 年 5 月）、陶乔云（1979 年 5 月至 1980 年 12 月）。历任勐梭公社管理委员会主任：刀富祥（傣族，1981 年 2 月至 1984 年 2 月）。历任勐梭区公所区长：刀富祥（1984 年 2 月至 1987 年 3 月）、王以忠（傣族，1987 年 5 月至 1988 年 2 月）。历任勐梭乡乡长：王以忠（1988 年 2 月至 1994 年 3 月）、罗军（佤族，1994 年 3 月至 1998 年 9 月）、杨岩来（佤族，1998 年 10 月至 1999 年 12 月）。历任勐梭镇镇长：杨岩来（1999 年 12 月至 2003 年 5 月）、岩格朗（佤族，2003 年 5 月至 2006 年 2 月）、袁建强（2006 年 2 月至 2007 年 9 月）、岩京（佤族，2007 年 9 月至 2008 年 11 月）、岩帅相（傣族，2008 年 11 月至 2008 年 12 月）。

第二节 勐卡镇

一、自然地理

勐卡镇位于县境西北面，介于北纬22° 44′ ~ 22° 50′，东经99° 24′ ~ 22° 34′之间。东与中课乡交接，南与力所乡相连，西与岳宋乡接壤、以格浪各磊河为界、与缅甸佤联邦隔河相望，国境线长7.9千米，北与新厂乡毗邻。土地面积159.16平方千米，海拔1950米。海拔在800米 ~ 2140米之间。

勐卡镇有山城之称，有清朝时期留下的三佛祖佛房和白塔遗址等文化古迹，有佤山天池、马散水库、娜妥坝口岸等旅游胜地。属热带亚热带季风气候，垂直气候特点明显，境内地形起伏较大，山高坡陡、谷深，是典型的山区农业乡镇。有锡、银、铅、锌矿、萤石矿、大理石等。

2006年1月13日，撤销莫窝乡和西盟镇，合并成立勐卡镇。镇政府驻地在老县城原县委办公楼，距县城42千米。

勐卡镇辖莫窝、班哲、莫美、永业、永帮、马散、西盟7个村民委员会，勐卡社区居民委员会和娜妥坝办事处；有42个自然村、55个村民小组。2008年，全镇有5219户，总人口16975人，其中，女性8180人。有农业户3415户，占65.43%；农业人口11873人，占69.94%；有劳动力7615人；有佤族、拉祜族、傣族、汉族、哈尼族等民族14759人，占总人口的86.95%；人口自然增长率2.16‰。

二、经济建设

勐卡镇宜种水稻、陆稻、玉米、小麦、油菜、水果、茶叶、甘蔗、花生、小红米、西盟米荞、豆类、橡胶等。有林地12.7万亩，森林覆盖率53.20%。有固定耕地面积16447亩，农业人口人均1.39亩，有灌溉农田9488亩，占耕地的57.69%。

2006年来，按照“增加总量，提高质量，突出特色，择优发展”的方针，以增加群众收入为目标，以生猪养殖为重点，以品种改良为突破口，加强疾病防治，提高科学饲养技术，大力推广畜禽良种。

2008年，全镇实现生产总值4683万元，固定资产投资2350万元。农民人均纯收入1120元；居民储蓄存款余额1583万元。粮食总产量489.7万千克，人均有粮358千克；蚕桑2842亩，产量2.1万千克，产值39万元；西盟米荞8000亩，产量80万千克，产值240万元；为打造“佤山生态茶”“佛殿山普洱茶”等品牌，建设高产、稳产、优质的茶叶基地（采取“公司 + 基地 + 农户”方式进行开发）9101亩，采摘4548亩，年均茶叶总产量181吨，产值361万元；橡胶4131亩，开割183亩，年收入13万元；核桃400亩，年收入0.5万元；板栗130亩，年收入0.25万元；竹子16670亩，年收入2.5万元。生猪存栏9145头，出栏6451头；大牲畜存栏3750头，出栏679头；山羊存栏951头，出栏301头；禽类存栏27106只，出栏17182只。畜牧业总产值623.9万元。实施马散村翁波水沟、班哲村“农丢”水沟建设，新建“三面”光水沟6.8千米，灌溉面积450亩，总投资140万元。全镇村组已通电，农户通电率91.7%。通油路27千米，弹石路28千米，砂石路21千米。有机动车辆334辆，固定电话1211部，移动电话1532部，卫星地面接收器210座，电视机2691台，洗衣机317台，冰箱34台。

2006年—2008年，实施各种项目22项，总投资1084万元，其中，整村推进项目6项，涉及道路、文化室、人畜饮水、猪舍、沼气池等建设和产业培植，共投资104万元；上海“白玉兰”项目11项，涉及民房、卫生室建设、桑蚕、茶叶、蔬菜种植等，共投资277万元；“兴边富民”行动项目1项，涉及民房、水沟、农田、电路建设及易地扶贫搬迁工程等，共投资557万元；边疆少数民族专项资金项目 3 项，共投资 37 万元，其中，市级补助资金 25 万元，群众自筹资金 12 万元；西盟米荞良种繁育基地建设 1000 亩，共投资 15 万元；民房恢复重建项目 1 个，共投资 144 万元。

三、社会事业

2006 年，全镇有学生 1784 人（中学 517 人）。勐卡镇中心卫生院有医务人员 23 人，占地面积 8800 平方米，房屋面积 1861 平方米；村级有卫生医务人员 13 人，病床 83 张，农村公厕 50 个。

2008 年，全镇适龄儿童入学率 99.5%，初中入学率 96.1%；有文化站 1 个，面积 500 平方米；有文化广场 1 个，面积 2100 平方米；有村组水泥篮球场 14 个；修建文化室 16 幢、960 平方米；有业余文艺队 6 支，演员 120 人；有卫生院 1 所，占地面积 8800 平方米，病床 20 张，医务人员 23 人；有村级卫生室 6 幢 710 平方米，病床 8 张，有医务人员 13 人；有 12335 人参加农村新型农村合作医疗，参合率 96%；发放独生子女父母光荣证 388 户；发放城镇居民最低生活保障金 1830 户 20975 人次，金额 424.53 万元；享受农村低保 10974 人，金额 476.45 万元；农村五保户 455 人，金额 32.3 万元；发放革命伤残人员和部分军队退役人员生活补助 17 人，金额 3 万元；新建福利院（敬老院）1 所，赡养老人 15 人；基本养老保险参保人数 385 人；为农村居民发放惠民补助资金 480 万元。

至 2008 年，全镇创建“省级文明村”（社区）1 个、“市级文明村”（社区）2 个。

四、机构

历任中共勐卡镇委员会书记：赵文荣（2006 年 1 月至 2006 年 7 月）、李萍（女，2006 年 7 月至 2008 年 12 月）。

历任勐卡镇人大主席：岩夸（佤族，2006 年 1 月至 2007 年 8 月）、岩东昌（佤族，2007 年 9 月至 2007 年 12 月代理、2008 年 1 月至 2008 年 12 月）。

历任勐卡镇镇长：石兆学（2006 年 1 月至 2007 年 8 月）、赵志宏（2007 年 9 月至 2007 年 12 月代理、2008 年 1 月至 2008 年 12 月）。

第三节　西盟镇

一、自然地理

西盟镇位于县境西北部，介于北纬 22° 42′ ~ 22° 50′，东经 99° 24′ ~ 99° 34′ 之间。东北与莫窝乡接壤，南与力所乡、西与岳宋乡相连。总面积 22.07 平方千米，海拔 1950 米，年平均降雨量 3143.6 毫米，最大降雨量 3462 毫米，为全省之最。夏秋季节雨量高度集中，占全年的 90.1%；冬春季节雨量偏少，占全年的 9.9%。年平均气温 14.5℃，1 月最低气温 2.3℃，7 月最高气温 20.9℃。全年无霜期 357 天，年平均日照时数 2158.8 小时。

1980 年，西盟大队划归莫窝公社。1982 年 12 月，省政府批准重新设立西盟镇（区级镇）。1984 年 3 月，正式设立西盟镇，镇政府驻地西盟新寨。西盟镇辖西盟村办事处及城镇居民片区，有佤族、汉族、拉祜族等居民杂居。2001 年 10 月，村改委后，把西盟村办事处改为西盟村民委员会。2005 年，全镇有 1996 户，总人口 6065 人，其中，农业人口 1736 人，非农业人口 4329 人；少数民族 4490 人，占 74.03%。人口自然增长率 3.05‰。

2006 年 1 月 13 日，撤销莫窝乡和西盟镇，合并成立勐卡镇。

二、经济建设

西盟镇宜种植水稻、陆稻、玉米、小麦、油菜、水果、茶叶、花生、小红米，西盟米荞、豆类等。境内有锡、银、铅、锌矿、萤石矿、大理石等。有林地 2.82 万亩，森林覆盖率 68.7%。有固定耕地面积 1056 亩，农民人均有耕地 0.61 亩，有灌溉农田 665 亩，占耕地总面积的 62.97%。

2005 年，全镇实现生产总值 1356 万元，其中，农村经济总收入 224 万元，企业、个体工商户 357 户，从业人员 941 人，营业收入及劳资补助 1132 万元。完成固定资产投资 1265 万元；居民储蓄存款余额 1521 万元；农民人均纯收入 1044 元；粮食总产量 23.3 万千克，人均有粮 196 千克；种植蔬菜 156 亩，其中，大棚蔬菜 90 亩，总产量 7.65 万千克，总产值 15.3 万元；种植茶叶 3742 亩，已采摘 2022 亩，总产量 7.9 万千克，总产值 276.5 万元；种植核桃 400 亩；实施猪厩改造项目建设 416 户，户均 20 平方米，扶贫养殖生猪 315 头，生猪存栏 1750 头，出栏 2872 头；大畜存栏 552 头，出栏 278 头；山羊存栏 719 头，出栏 441 头；禽类存栏 7560 只，出栏 19441 只。畜牧业总产值 376.92 万元。

至 2005 年，全镇共开挖水田 321 亩、台地 305 亩；完成 4 个村民小组电网改造，农户通电率 100%；建设人畜饮水工程 4 件，解决 267 户、574 人、341 头大牲畜的饮水；城镇有机动车辆 175 辆，其中，客运 13 辆，货运 12 辆，拖拉机 3 辆，摩托车 147 辆。有固定电话 913 部、移动电话 356 部，有卫星地面接收器 43 座，农民家庭有彩电 1162 台、洗衣机 535 台、冰箱 58 台。

三、社会事业

2000 年，全镇有学校 3 所（中学、小学、幼儿园各 1 所）。有村级卫生室 1 所。

2005 年，全镇有学校 3 所（镇小学、镇幼儿园和县二中），共有在校学生 1677 人，教职员工 136 人。有文化站 1 个，职工 2 人。有中心卫生院 1 所，医务人员 12 人，病床 9 张。有环卫站 1 个，环卫车 1 辆，职工 9 人。有辐射新厂、岳宋、力所等乡的农村信用合作社、邮政所、电信、移动通信、供销社、广播电视转播台等单位。

四、机构

历任中共西盟镇委员会书记：徐体雄（1984 年 2 月至 1987 年 5 月）、张正福（哈尼族，1987 年 5 月至 1991 年 5 月）、李有唐（1992 年 3 月至 1993 年 2 月）、柴天向（哈尼族，1993 年 2 月至 1995 年 12 月）、欧阳建宏（1995 年 12 月至 2001 年 3 月）、肖会军（2001 年 3 月至 2003 年 12 月）、赵文荣（2003 年 12 月至 2006 年 1 月）。

历任西盟镇人大主席：李兴忠（1988 年 4 月至 1995 年 12 月）、岩刁（佤族，1995 年 12 月至 2000 年 10 月）、岩成（佤族，2000 年 12 月至 2006 年 1 月）。

历任西盟镇镇长：张跃武（1984 年 4 月至 1987 年 2 月）、陈沧江（拉祜族，1987 年 2 月至 1992 年 3 月）、魏岩松（佤族，1993 年 1 月至 1995 年 8 月）、陈瑞荣（佤族，1995 年 8 月至 1997 年 8 月）、赵岩再（佤族，代理 1997 年 8 月至 1998 年 2 月、1998 年 3 月至 2001 年 10 月）、徐应成（代理 2001 年 10 月至 2002 年 2 月、2002 年 2 月至 2005 年 4 月）、石兆学（2005 年 4 月至 2006 年 1 月）。

第四节　中课乡

一、自然地理

中课乡位于县境北面，介于北纬 22° 41′ ~ 22° 56′，东经 99° 31′ ~ 99° 43′ 之间。东北与澜沧县的竹塘、雪林、木嘎三个乡毗邻，南与勐梭镇相连，西与新厂乡、勐卡镇接壤，西北以土考山、土邦美山为界与缅甸接壤，北与缅甸接壤。国境线长 4.8 千米，土地面积 312.49 平方千米。境内中山、低山、河谷纵横交错，地势东北高、西南低，海拔 700 米 ~ 2458.9 米之间。

1989 年 3 月，中课乡政府搬迁到乡街道旁，乡政府驻地中课大寨，距县城 28 千米。

中课乡辖中课、班箐、窝笼、嘎娄、永布落 5 个村民委员会、51 个村民小组。居住着佤族、拉祜族、汉族、哈尼族、彝族、回族等民族。2008 年年末，全乡有 3103 户，总人口 10554 人，其中，女性4833人，占45.79%。非农业人口443人，占4.2%；少数民族10351人，占98.08%；佤族9627人，占 91.22%。人口自然增长率 3.33‰。

二、经济建设

1978 年，中课公社有固定耕地 17509 亩，其中，水田 7985 亩，台地 9524 亩，人均耕地 1.7 亩。有大牲畜 532 头。

2002 年 10 月，中课乡集贸市场建成，并定于每周星期日为街天。2007 年，全乡生猪存栏 5150 头，出栏 3496 头。

2008 年，全乡农村经济总收入 1931.29 万元，同上年相比增长 26.84%；农民人均纯收入 1090 元，同上年相比增长 14.74%；粮食总产量 533.07 万千克，人均有粮 434 千克，同上年相比增长 0.46%。争取兴边富民项目 47 万元，建成集贸交易市场 1 幢、576 平方米，延伸主街道水泥路 146 米。引进个体工商 15 户，开发商业用地 6 亩，其中，外资 4 户，资金 450 万元（建茶厂 3 个，宾馆、石厂各 1 个）。有固定耕地 17509 亩，其中，水田 7985 亩，台地 9524 亩。人均固定耕地面积 1.73 亩。大牲畜存栏 2897 头；生猪存栏 6983 头，能繁母猪存栏 1369 头，仔猪出栏 1286 头；山羊存栏 369 只；家禽存栏 19982 只。活立木蓄积量 145.025 万立方米，森林覆盖率 69.06%；种植桉树、刺竹、灯台树、膏筒、花椒等经济林木 13199.32 亩。甘蔗种植 7292.8 亩，面积比 2002 年增加 2409.8 亩，产量 6951.899 吨，经济收入 316.6 万元，是 2002 年的 3.6 倍；橡胶 10050 亩，开割 5622 亩，其中，民营 7554 亩，开割 519 亩；茶叶 1768.7 亩，茶树林 2794 亩；养蚕 397 张，产量 1052.7 千克，实现产值 20.05 万元。

2008 年，完成县乡公路二期改扩建工程和弹石路面铺设；完成乡政府至小寨 1.5 千米和乡政府延长至大寨 0.6 千米的水泥路示范建设；完成窝笼、嘎娄至新厂乡拉斯龙梁子公路 56 千米；完成中课至澜沧雪林公路；建成乡客运站；完成全长 13.69 千米，可灌溉 1544 亩的七件“三面光”重点沟渠建设；完成人畜饮水 22 件，解决 22 个组、650 户、4358 人和大牲畜的饮水，水利灌溉率提高到 24.5%，人畜饮水困难人口由 2002 年的 7300 人减少到 2043 人；完成全乡 5 个行政村、49 个村民小组（除窝笼 11 组）全部通电；完成县乡、乡村主线路的农网改造工程；发展能源替代项目建设，共建沼气池 346 口。

三、社会事业

1978 年，中课公社文化站成立，有 1 名专职工作人员。

2007 年，中课乡中学恢复，全乡中小学在校生 1128 人，入学率 99.2%，有教职员工 282 人（公办教职工 270 人，代课 12 人），同年，全乡“普九”通过市级验收。

2008 年，全乡有 5 个校点，其中，乡完小 1 所，村级 4 所。有 37 个教学班、1119 名学生，学龄儿童 1128 人，入学率 99.2%；有综合文化站 1 个，人员 2 人，文化室 27 间，图书 2000 余册；有文艺队 5 支，创作人员 10 人；有篮球场 47 个（水泥球场 32 个）；有电视地面接收装置 376 台（有 9 个频道的乡机关及大、小寨有线电视 187 户），电视覆盖率 93%，广播覆盖率 92%；有乡卫生院 1 所，固定资产 57 万元，医务人员 11 人，床位 8 张；有村级卫生室 5 所，医生 10 人；新农合参合率 87%；计划生育率 96.15%，综合节育率 85.09%，长效节育率 78.98%，绝育率 25.9%，避孕及时率 76.15%；享受城镇低保有 77 户、100 人，农村低保 2214 户、3334 人，五保户救助 37 户。

四、机构

历任中共中课公社委员会书记：刀健康（傣族，1978 年 1 月至 1978 年 1 月）、岩孔（佤族，1978 年 1 月至 1984 年 2 月）。历任中共中课区委员会书记：熊正清（哈尼族，1984 年 2 月至 1988 年 2 月）。历任中共中课乡委员会书记：熊正清（哈尼族，1988 年 2 月至 1989 年 2 月）、罗正义（哈尼族，1989 年 2 月至 1993 年 2 月）、陈孝华（拉祜族，1993 年 2 月至 1994 年 12 月）、蒋思明（1994 年 12 月至 2001 年 3 月）、胡良波（2001 年 3 月至 2003 年 3 月）、杨绍武（哈尼族，2003 年 3 月至 2005 年 4 月）、岩东（佤族，2005 年 4 月至 2006 年 1 月）、季忠云（2006 年 1 月至 2008 年 11 月）、魏贵成（佤族，2008 年 11 月至 2008 年 12 月）。

历任中课乡人大主席：魏正明（佤族，1988 年 2 月至 1993 年 1 月）、陈孝华（1993 年 1 月至 1994 年 12 月）、岩刁（佤族，1994 年 12 月至 1995 年 12 月）、水况（佤族，1995 年 12 月至 2003 年 12 月）、李伟锋（佤族，2006 年 1 月至 2008 年 12 月）。

历任中课公社革命委员会主任：刀健康（1978 年 1 月至 1978 年 1 月）、岩孔（1978 年 1 月至 1980 年 12 月）。历任中课公社管理委员会主任：岩松（佤族，1981 年 1 月至 1984 年 2 月）。历任中课区公所区长：岩孔（1984 年 2 月至 1987 年 5 月）、魏正明（佤族，1987 年 5 月至 1988 年 2 月）。历任中课乡乡长：刘承新（佤族，1988 年 2 月至 1989 年 12 月）、陈德毅（佤族，1990 年 1 月至 1994 年 12 月）、水况（1994 年 12 月至 1995 年 12 月）、陈异罡（佤族，1995 年 12 月至 2001 年 10 月）、岩东（代理 2001 年 10 月至 2002 年 2 月、2002 年 2 月至 2005 年 4 月）、岩克姆（佤族，2005 年 4 月至 2008 年 4 月）、魏贵成（佤族，2008 年 4 月至 2008 年 12 月）。

第五节　新厂乡

一、自然地理

新厂乡位于县境西北部，介于北纬 22° 47′ ~ 22° 57′，东经 99° 25′ ~ 22° 33′ 之间。东和南与中课乡、勐卡镇相连，西和北毗邻缅甸佤联邦龙潭区和昆马区，国境线长 35 千米。土地面积 128.89 平方千米。海拔 880 米 ~ 2220.1 米之间。平均气温 18.9℃，年降雨量 2180 毫米。乡政府驻地永阿朗，距县城 78 千米。

新厂乡辖新厂、阿莫、窝羊、代格拉、永广 5 个村民委员会、28 个自然村、35 个村民小组。2008 年年底，全乡有 3207 户，总人口 11630 人，其中，女性 5429 人。非农业人口 1014 人。居住着佤族、汉族、拉祜族、哈尼族、彝族等 8 个民族。少数民族 11327 人，占 97.39%，比 1978 年增加 3953 人，年平均增加 131.77 人。佤族 11266 人，占 96.87%。人口自然增长率 3.08‰。

二、经济建设

1978 年，新厂公社粮食总产量 101.7 万千克，固定耕地 4834 亩，大牲畜存栏 1549 头，生猪存栏 7505 头，山羊存栏 628 只，生产总值 7.98 万元。

1981 年，建成从募西公路 93 千米处路口到新厂弹石路面。

1989 年，挖通永广村到缅甸界河公路 3 千米。

2004 年，挖通窝羊村到中课乡嘎娄村 8 千米，代格拉村到中课乡嘎娄村 14 千米。架通全乡村组电线路。

2006 年，全乡财政收入 3.24 万元。2007 年，全乡财政收入 7.71 万元。

2008 年，全乡固定耕地有 15636 亩（水田 9429 亩，台地 6207 亩），人均固定耕地 1.34 亩，总产量 338.5 万千克，比 1978 年增加 3.3 倍，人均有粮 291 千克。全乡有大小水沟 162 条，全长 102.5 千米，灌溉面积 9424 亩；生产总值 1868 万元，比 1978 年增加 1860.02 万元，平均每年递增 62 万元；国民收入 1870.5 万元，平均每年递增 62.35 万元；人均纯收入 1092 元，比 1978 年增 1056.93 元，平均每年递增 35.23 元；大牲畜存栏 4311 头，生猪存栏 5112 头，山羊存栏 897 只，家禽存栏 22807 只；森林面积 54703.7 亩，森林覆盖率 26.29%，退耕还林 2902.7 亩，封山育林 2 万亩，天然林资源保护公益林 6801 亩，荒山造林 2.5 万亩；全乡公路里程 69 千米；有汽车 24 辆、中型拖拉机 24 辆、手扶拖拉机 19 台、摩托车 604 辆；有个体工商户 67 户，从业人员 280 人，其中，运输业 36 户，工商业 4 户，批发零售 4 户，住宿和餐饮业 3 户，其他 20 户。

1978 年—2008 年，共争取到 2000 多万元的整村推进扶贫开发项目，其中，上海帮扶资金 98.5 万元，项目涉及 5 个村民委员会、36 个村民小组，项目通过“公司 + 农户”的发展模式，带动 8000 多贫困人口发展经济。人均居住面积 18.3 平方米，比 1978 年人均增加 6.9 平方米；完成民房重建 1751 户（砖木结构房 1712 户，砖混结构平顶房 39 户）。

三、社会事业

1978 年，新厂公社卫生所有职工 8 人，固定资产 9000 元。

1988 年，新厂乡电视站成立，设立卫星地面收转站，电视节目由原 2 套增加到 15 套。

1998 年，全乡安装电话 17 部。

2005 年，全乡有学校 10 所，在校生 1676 人，教职员工 135 人，有村级卫生室 4 个，发放低保金 126700 元。2006 年 11 月 15 日，“普九”工作通过县级验收；29 日，通过市级验收。

2008 年，全乡有学校（含教学点）6 所（中学 1 所，完全小学 5 所），在校生 1415 人，其中，初中 9 个教学班、403 人，小学 33 个教学班、1012 人，校舍面积 9609 平方米，图书 24162 册；有卫生院 1 所，医务人员 6 人；全乡有 5 支业余文艺队，演员 126 人，“小红米”文艺队被邀请到普洱市、孟连县等地演出，在 2008 年中国佤族木鼓节中自编、自导、自演的《当归山的传说》《牛角魂》舞蹈荣获一等奖，《啊哈》《叶欢》荣获二等奖。

至 2008 年，全乡安装坐式电话 1218 部，手机 3000 余部，有电视机 1717 台，有线电视用户 67 户。有广播设备 1 套，高音喇叭 36 套，广播电视覆盖率 100%。

四、机构

历任中共新厂公社委员会书记：李兴仁（1978 年 1 月至 1980 年 12 月）、岩门来（佤族，1980 年 12 月至 1984 年 1 月）。历任中共新厂区委员会书记：杨培兴（1984 年 2 月至 1988 年 2 月）。历任中共新厂乡委员会书记：杨培兴（1988 年 2 月至 1991 年 3 月）、陈瑞荣（佤族，1991 年 4 月至 1993

年6月）、鲁斌（1993年8月至1995年12月）、赵华（佤族，1995年12月至2001年9月）、罗忠华（彝族，2001年9月至2004年10月）、赵有平（2004年11月至2008年11月）、岩晓丹（佤族，2008年11月至2008年12月）。

历任新厂乡人大主席：岩门来（1988年2月至1990年1月）、魏里（佤族，1990年1月至1996年2月）、岩景所（佤族，1996年2月至1999年1月）、聂团（佤族，1999年1月至2007年9月）、岩清（佤族，2007年9月至2008年12月）。

历任新厂公社革命委员会主任：李兴仁（1978年1月至1980年12月）。历任新厂公社管理委员会主任：岩三门（佤族，1981年1月至1984年2月）。历任新厂区公所区长：魏岩吓（佤族，1984年2月至1986年12月）、岩嘎来（佤族，1987年5月至1988年2月）。历任新厂乡乡长：岩嘎来（1988年2月至1990年1月）、陈瑞荣（1990年1月至1993年1月）、岩嘎来（1993年1月至1996年1月）、李华新（佤族，1996年1月至2003年5月）、潘永明（佤族，代理2003年5月至2004年1月、2004年1月至2007年9月）、岩晓丹（2007年9月至2008年11月）、伍贤元（2008年11月至2008年12月）。

第六节　莫窝乡

一、自然地理

莫窝乡位于县境西北部，介于北纬22° 43′ ～ 22° 50′，东经99° 24′ ～ 99° 34′之间。东与中课乡交接，南与力所乡和西盟镇接壤，西与缅甸佤联邦和娜妥坝相连，北面与新厂毗邻，国境线长5.9千米。土地面积137.09平方千米，海拔800米～1974米之间。年平均降雨量3146毫米，最大降雨量为3466毫米，年平均气温14.5℃。乡政府驻地永阿柳，距县城53千米。

莫窝乡宜种各种水稻、陆稻、玉米、小麦、油菜、水果、茶叶、甘蔗、花生、小红米、西盟米荞、豆类、橡胶等。莫窝乡有开发价值的野生茶群落和刺竹等；有锡、银、铅、锌、萤石矿、大理石等。森林面积84671亩，覆盖率40.46%；固定耕地16371亩，人均1.62亩。

莫窝乡辖莫窝、班哲、莫美、永业、永带、马散6个村民委员会、50个村民小组。2005年，全乡有2888户，总人口10515人，其中，农业户2727户、人口10125人，女性4688人，有劳动力6173人。人口自然增长率3.79‰。少数民族占总人口的96.3%。

2006年1月13日，莫窝乡与西盟镇合并，改称勐卡镇。

二、经济建设

2000年，莫窝乡粮食作物种植27325亩；大牲畜存栏4019头，生猪存栏4644头，山羊存栏610只，家禽存栏20301只，出栏9098只；造林2595亩；茶叶种植908亩，总产量21525千克。

2005年，全乡生产总值1424万元，其中，农村经济总收入712万元，企业、个体工商户营业收入及劳动补助134万元。完成固定资产投资457万元；农民人均纯收入700元；粮食总产量463.6万千克，人均有粮338千克；全乡种植米荞5050亩，总产量36万千克，产值108万元；种植橡胶1905亩（已开割50亩）；蚕桑种植103亩，总产值17万元。实施猪厩改造项目建设2136户，户均20平方米，扶贫养殖生猪1245头，生猪存栏6054头，出栏2862头；大牲畜存栏3469头，出栏1344头；山羊存栏424头，出栏166头；禽类存栏19910只，出栏13478只。畜牧总产值225万元。共开挖水田9946亩，开挖台地3640亩，农田有效灌溉占耕地面积的32.6%；人畜饮水工程31件，解决2186户、10711人和3124头大牲畜的安全饮水问题；实施以工代赈，基本农田地、水沟、道路等建设项目，总投资445万元；整村推进项目总投资30万元。

至2005年，全乡已村村通电，只有2个村民小组没有通电，农户通电率82.83%。全乡村民小组全部通路，全长88千米（弹石路4.2千米）。全乡共有客运车辆5辆，货车2辆，农用车辆7辆，农用拖拉机（手扶、方向式）36辆，摩托车21辆。

三、社会事业

2005年，全乡有15个校点，其中，完全小学6所（含中学），初级小学5所，一师一校4所，63个教学班级（含中学），小学在校生1677人，小学适龄儿童入学率99.5%，初中入学率96.1%。全乡用于农村人员文化娱乐及教育消费人均支出43元。有乡卫生院1所，病床12张，医务人员9人。有村级卫生室6幢、360平方米。

四、机构

历任中共莫窝公社委员会书记：岩农（佤族，1978年1月至1979年4月）、岩顶（佤族，1979年5月至1980年11月）、张正福（哈尼族，1980年12月至1984年1月）。历任中共莫窝区委员会书记：张正福（1984年2月至1987年4月）、张岩堆（佤族，1987年5月至1988年2月）。历任中共莫窝乡委员会书记：张岩堆（佤族，1988年2月至1990年5月）、周荣清（1990年5月至1995年3月）、王福生（哈尼族，1995年3月至1998年12月）、张华（1998年12月至2001年9月）、刀云川（哈尼族，2001年9月至2003年10月）、李文亮（2003年10月至2006年1月）。

历任莫窝乡人大主席：岩撒（佤族，1988年2月至1990年1月、1996年1月至2002年2月）、岩成（佤族，1990年1月至1996年1月）、小岩夸（佤族，2002年2月至2006年1月）。

历任莫窝公社革命委员会主任：岩农（佤族，1978年1月至1979年4月）、岩顶（1979年5月至1980年12月）。历任莫窝公社管理委员会主任：岩顶（佤族，1981年1月至1984年1月）。历任莫窝区公所区长：岩撒（佤族，1984年2月至1988年2月）。历任莫窝乡乡长：岩成（佤族，1988年2月至1990年1月、1996年1月至1999年12月）、岩撒（1990年1月至1996年1月）、魏岩斋（佤族，代理1999年12月至2000年3月、2000年3月至2003年3月）、李鹏程（拉祜族，代理2003年3月至2003年12月、2003年12月至2006年1月）。

第七节　力所拉祜族乡

一、自然地理

力所拉祜族乡位于县境西部，介于北纬22° 35′ ~ 22° 43′，东经99° 21′ ~ 99° 33′之间。东接勐梭镇，南邻翁嘎科乡，西与缅甸佤邦云盘区隔河相望，北连岳宋乡与勐卡镇，国境线长10千米。总面积185.5平方千米，海拔590米 ~ 2191.3米之间。年均降雨量2739毫米，年平均气温15.3℃。乡政府驻地力所寨，距县城48千米。

力所拉祜族乡辖力所、南亢、王雅、图地、佐扩5个村民委员会、36个自然村、52个村民小组。2008年，全乡有3148户，总人口11175人，其中，女性5475人，占48.83%；农业人口10747人，占96.2%。主要居住着拉祜族、佤族、傈僳族、傣族等9个民族。少数民族10800人，占96.64%，其中，拉祜族5445人，占48.72%。

二、经济建设

2008年，全乡农村经济总收入1658万元，农民人均纯收入1254元，人均有粮410千克，社会总产值3143万元。有固定耕地15066亩，其中，水田7872亩，旱地7194亩。粮食总产量519.9万千克。大牲畜存栏2420头，出栏500头；生猪存栏9909头，出栏3895头；家禽存栏13951只，出栏11033只；山羊存栏124头，出栏110只。畜牧总产值627.95万元。绿化造林6043.7亩，其中，西南桦、水冬瓜963亩，膏桐900亩，其他林木4180.7亩。有橡胶19466亩（民营15310亩），产量11吨。茶叶11559亩，已采摘3770亩，产量120190千克，产值360万元；蚕桑2454亩，养蚕534.25张，产量1.66万千克，产值31.4万元。各项扶贫资金887.8万元，其中，农村民居地震安全工程项目建设140户、210万元，重点扶持4个村、10个项目、150万元，土地整治项目投资402万元。改建、扩建、新建乡村土石、沙石公路5条、34千米。有个体工商户78户，从业人员314人，私营企业8户，从业人员836人。

三、社会事业

1978年，傈傈公社有学校21所，45个教学班级，学生1298人。

1998年，全乡“普六”工作完成。

2006年，全乡开始实行农村新型合作医疗。

2008年，全乡有学校5所，其中，中学1所，村级小学4所，共48个教学班级、1147名学生。校园占地面积42705平方米，校舍建筑面积10767平方米，“普九”工作通过市、省级验收。有乡文化站1个，建筑面积469平方米，图书阅览室1间，有图书3271册；有村文化室9个，有农村业余文化宣传队3支50人。有“十星文明户”100户。全乡5个村民委员会、52个村民小组户户通电、通电话和卫星电视。乡卫生院有固定资产65万元，有医务人员7人，床位8张；新型农村合作医疗参合率85.39%；人口自然增长率3.78‰；计划生育率95.4%；综合节育率85.04%；农业人口领取独生子女父母光荣证巩固率99.5%；新领证12户，自愿率100%。全乡享受农村低保3305人、城市低保94人，五保户补助51人，学生救济粮2549人，发放各类救助资金198.366万元。

四、机构

历任中共傈傈公社委员会书记：胥绍祥（1978年1月至1981年4月）、孙有华（1981年4月至1984年2月）。历任中共傈傈区委员会书记：孙有华（1984年2月至1986年7月）、李有唐（1986年7月至1988年1月）、李绍光（1988年1月至1988年2月）。历任傈傈（力所）乡委员会书记：李绍光（1988年2月至1993年1月）、岩票（佤族，1993年3月至1995年12月）、杨德生（哈尼族，1995年12月至2000年9月）、罗军（佤族，2000年9月至2004年8月）、周云（拉祜族，2004年9月至2008年3月）、周昆（2008年3月至2008年12月）。

历任傈傈（力所）乡人大主席：岩票（佤族，1988年2月至2001年12月）、罗军（2002年2月至2006年2月）、岩歪（佤族，2006年2月至2008年12月）。

历任傈傈公社革命委员会主任：胥绍祥（1978年1月至1980年12月）；历任傈傈公社管理委员会主任：李兴忠（1981年1月至1984年2月）。历任傈傈区公所区长：李建国（拉祜族，1984年2月至1988年2月）。历任傈傈（力所）乡乡长：李建国（拉祜族，1988年2月至1993年1月）、张扎朵（拉祜族，1993年1月至1995年12月）、李扎约（拉祜族，1996年1月至1998年11月）、李扎克（拉祜族，1998年11月至2001年10月）、左永祥（拉祜族，代理2001年9月至2002年2月、2002年2月至2003年12月）、李娜追（女、拉祜族，2004年10月至2007年9月）、陈云芝（女、拉祜族，2007 年 9 月至 2008 年 12 月）。

第八节　翁嘎科乡

一、自然地理

翁嘎科乡位于县境西南部，介于北纬 22° 27′ ~ 22° 36′，东经 99° 21′ ~ 99° 34′之间。东邻澜沧县，南接孟连县，西南以南卡江为界与缅甸隔河相望，北连力所乡，东北接勐梭镇，国境线长 13.5 千米。土地面积 222.44 平方千米，海拔 590 米 ~ 2400 米之间。乡政府驻地英力大寨，距县城 60 千米。

翁嘎科乡是典型的佤族乡，民族文化底蕴深厚、民族风情原始古朴，特别是服饰、歌舞、饮食文化独具特色，有较好的旅游开发价值。有金、铜、铁、锰等丰富的矿藏资源。

翁嘎科乡辖英腊、英侯、龙坎、班弄、班岳 5 个村民委员会、28 个自然村、56 个村民小组。2008 年，全乡有 2704 户，总人口 10336 人，比 1978 年的 6718 人增加 3618 人。农业人口 2603 户、9938 人，占 96.15%。居住着佤族、拉祜族等民族，其中，佤族 8718 人，占 84.35%。人口自然增长率 3.19‰。

二、经济建设

2005 年，全乡经济收入 966 万元，年均增长 22.74%；粮食总产量 511 万千克，年均增长 0.7%；乡财政收入 3.8 万元，完成下达任务数的 126.79%；农民人均收入 728 元，年均增长 13.86%；完成民房建设改造 867 户；完成乡机关和 191 户、671 人农村电网改造；全乡种植橡胶 45162 亩；有茶地 2521 亩；建设人畜饮水工程 35 件；开挖水沟 153 条，全长 198 千米；实施 5600 亩的速生耕林和 2300 亩防护林建设。

2008 年，有固定耕地 15045 亩，农民人均 1.46 亩。森林 151996.5 亩，森林覆盖率 45.55%。全乡农村经济总收入 1477 万元，比 1978 年的 3.33 万元，增加 1473.67 万元。有个体私营业主 53 户，从业人员 2000 余人，营业年收入 300 万元；粮食总产量 513.3 万千克，人均有粮 516 千克。英落河经乡政府至橡胶加工厂岔路已改扩建为沥青路基，各村公路均铺设为砂石路面，公路等级为四级。建有客运站，每日按时按点发车 4 班次，物运车辆每日达 10 车次。全乡 5 个行政村、56 个村民小组全部通电。

至 2008 年，全乡桑树种植 2132 亩，产值 43.99 万元；橡胶种植 66175 亩（民营 11210 亩），已开割 3200 亩，生产干胶 103 吨，产值 87.55 万元；茶叶种植 4527 亩，已采摘 1540 亩，产量 36642 千克，产值 183.21 万元；西盟米荞种植 3023 亩，产量 21.16 万千克，产值 105.8 万元；大牲畜存栏 2718 头，出栏 377 头；生猪存栏 5859 头，出栏 1756 头，能繁母猪 1323 头，仔猪出栏 620 头；山羊存栏 108 只；家禽存栏 13832 只。畜牧总产值 390 万元。乡内建成小（一）型水库一座（英腊水库），总投资 2048.38 万元，总库容 180 万立方米，灌溉面积 1500 亩；建成中型流量水沟 3 条，全长 22.1 千米，灌溉面积 3278 亩；建成水土保持综合治理项目 1 件，面积 750 亩；建成自流小型引水沟渠 201 条，长度 132 千米，灌溉面积 4521 亩；全乡中小型水沟实施三面光长度为 45 千米，解决 56 个村民小组及乡机关共 10507 人的饮水困难（水质均已达标）问题。实施每亩 10 元供水水价改革、班弄水沟每亩 2 元 ~ 5 元供水水价改革、完成 43 个村民小组人饮安全项目改革、7650 人的生产生活用水实行收费管理（标准为乡机关 0.7 元 / 立方米水 ，农村 0.2 元 / 立方米水）。完成土地整治项目 1 件，面积 5000 亩，总投资 800 余万元。

三、社会事业

2003年，全乡实现基本扫除青壮年文盲。2005年，普九工作通过市级验收，人口自然增长率7.08‰。

2008年，全乡有学校8所41个教学班级，在校生1686人（初中372人，小学815人，在县属、各乡镇及外县就读的中小学生499人），教职工112人，适龄儿童入学率99.14%，巩固率98.51%。有文化站1所，人员3人，有图书6000册。有文艺队2支，文艺创作人员12人，先后参加各类文艺调演、会演360场次，参加人数有3000余人次，参加1～3届中国佤族木鼓节的各项活动。民间传统歌舞“搬杯”，经老、中、青三代民间艺人不断挖掘、整理、发扬，已成为翁嘎科乡一大文化特色。全乡共有接收及小型收转站827座，辐射全乡5个行政村，有电视机1663台。有卫生院1所，医务人员10人，固定资产79.5万元，有7张床位。全乡实施计划生育“奖、优、免、补”政策来，计生手术率75%，计生政策群众知晓率95%。

至2008年，全乡有“十星级文明户”532户，共创建“县级文明单位”（村、村民小组)11个、“市级文明单位”（村）1个。

四、机构

历任中共翁嘎科公社委员会书记：罗志平（1978年1月至1978年1月）、张汝能（1978年1月至1982年11月）、赵岩松（佤族，1982年11月至1984年2月）。历任中共翁嘎科区委员会书记：赵岩松（佤族，1984年2月至1988年2月）。历任中共翁嘎乡委员会书记：赵岩松（佤族，1988年2月至1993年2月）、张岩龙（佤族，1993年2月至1994年12月）、赵振华（佤族，1994年12月至1998年11月）、苏勇（1998年11月至2001年9月）、唐耀（2001年9月至2003年3月）、陈岩刀（佤族，2003年3月至2004年5月）、杨国华（2004年10月至2006年1月）、李士昌（2006年1月至2008年4月）、吴长斌（2008年4月至2008年12月）、罗彪（2008年12月至2008年12月）。

历任翁嘎科乡人大主席：魏岩双（佤族，1988年1月至1993年1月、2002年2月至2005年10月）、赵岩松（佤族，1993年1月至2002年2月）、杨树平（佤族，2006年1月至2007年12月）、岩果（佤族，2008年1月至2008年12月）。

历任翁嘎科公社革命委员会主任：张汝能（1978年1月至1980年12月）。历任翁嘎科公社管理委员会主任：张岩龙（佤族，1981年1月至1984年2月）。历任翁嘎科区公所区长：赛二林（佤族，1984年2月至1987年5月）、张岩龙（佤族，1987年5月至1988年2月）。历任翁嘎科乡乡长：张岩龙（佤族，1988年2月至1993年1月）、魏岩双（佤族，1993年1月至1995年8月）、魏志明（佤族，1995年8月至2001年2月）、陈岩刀（佤族，代理2001年2月至2001年3月、2001年3月至2003年3月）、杨国华（代理2003年3月至2004年1月、2004年1月至2004年9月）、艾嘎（佤族，代理2004年9月至2005年1月、2005年1月至2007年9月）、岩嘎（佤族，代理2007年9月至2008年1月、2008年1月至2008年12月）。

第九节　岳宋乡

一、自然地理

岳宋乡位于县境西北部，介于北纬22° 39′～22° 47′，东经99° 19′～99° 26′之间。东与勐卡镇相连，南与力所拉祜族乡接壤，西和北与南弄河和南锡河为界与缅甸相望。国境线长26.3千米，土

地面积93.22平方千米，海拔680米～1900米之间。乡政府驻地翁浓，距县城52千米，

乡境内有锡、锌、铀、大理石等矿产资源。佤族文化旅游资源丰富，有独树成林，民族特色浓郁的村寨。

岳宋乡辖岳宋、曼亨和班帅3个村民委员会、41个村民小组、7个橡胶专业队。2006年，永老寨被列为云南省第一批非物质文化保护名录。2008年，全乡有佤族、拉祜族等7个民族，有2015户，总人口7137人，其中，农业人口1840户6770人，占94.86%。人口自然增长率为3.65‰。

二、经济建设

2008年，全乡有耕地1.36万亩；有林业用地8.97万亩，占土地总面积的64.16%，非林业用地4.96万亩，占土地总面积的35.84%，有林地7.93万亩，森林覆盖率56.72%。

2008年，全乡国民生产总值753万元，人均纯收入913元；完成全社会固定资产投资220万元，粮食总产量230.2万千克，人均有粮316千克；有经济作物59932亩，其中，茶叶7171亩，橡胶50000亩，米荞2761亩。生猪存栏2486头，出栏1426头；大牲畜存栏1003头，出栏172头；禽类存栏9589只，出栏4022只。实现畜牧产值239.48万元。全乡已村村通水、通电、通公路，全乡公路里程有86千米，有边境通道1条（183通道），为弹石路面；有灌溉沟渠71条，全长39.9千米，人畜饮水主管道17.5千米；实施“兴边富民”“整村推进”等项目，完成民房建设和改造1560户，建设地震民居安居工程35户。

三、社会事业

2008年，全乡有学校4所，在校学生707人，入学率99.4%，巩固率98.7%；有村组文化室31个；有篮球场36个；广播电视覆盖率95%；有乡卫生院1所，医务人员7人，村级卫生室3所，每村均有村医2人；新型农村合作医疗参合率95%。

四、机构

历任中共岳宋公社委员会书记：熊正武（1978年1月至1980年4月）、蒋朝良（1980年12月至1984年2月）。历任中共岳宋区委员会书记：岩排（佤族，1984年2月至1986年9月）、魏岩本（佤族，1986年9月至1988年2月）。历任中共岳宋乡委员会书记：魏岩本（佤族，1988年2月至1989年12月）、丁成富（1990年2月至1992年10月）、岩孔（佤族，1993年2月至1995年12月）、李扎拉（拉祜族，1995年12月至2000年6月）、李文学（2000年6月至2004年8月）、岩生（佤族，2004年10月至2007年8月）、段江平（拉祜族，2007年9月至2008年3月）、张晓东（2008年3月至2008年12月）。

历任岳宋乡人大主席：岩排（佤族，1988年2月至1997年12月）、岩布龙（佤族，1997年12月至2000年6月）、岩红（2000年7月至2008年7月）、岩雄（佤族，2008年7月至2008年12月）。历任岳宋公社革命委员会主任：熊正武（1978年1月至1980年4月）；历任岳宋公社管理委员会主任：岩排（1981年1月至1984年2月）。历任岳宋区公所区长：岩生（佤族，1984年2月至1987年5月）、岩孔（佤族，1987年5月至1988年1月）。历任岳宋乡乡长：岩孔（佤族，1988年2月至1994年12月）、赵华（佤族，1994年12月至1995年12月）、魏艺红（女，佤族，1996年1月至1998年2月）、岩拉（佤族，代理1998年2月至1998年2月、1998年2月至2003年4月）、岩生（佤族，代理2003年4月至2004年2月、2004年2月至2004年10月）、段江平（拉祜族，2004年11月至2008年1月）、岩东（佤族，2008年1月至2008年12月）。

第二编　人口　民族　宗教

第一章 人口与计划生育

第一节 人口发展

一、人口变动

1978年，全县总人口57960人，人口自然增长率18.62‰。随着人民生活水平的提高，医疗卫生保健的改善，优生优育知识普及和意识的不断提高，人口自然增长率逐年下降。1991年，全县总人口78413人，人口自然增长率8.93‰。2001年，全县人口自然增长率1.86‰。2008年，全县总人口88810人，比1978年增加30850人，增长53.23%，年平均增长1.77%。

1978年—2008年西盟县人口自然变动情况表

表2-1　　　　单位：人

年份＼名称	总人口	出生	死亡	自然增长率（%）
1978	57960	1632	568	18.62
1979	59373	1794	681	18.97
1980	61284	1602	584	16.90
1981	63123	2055	834	19.34
1982	65527	2307	839	22.80
1983	67417	2127	852	19.18
1984	68772	2286	989	19.04
1985	70248	1953	908	15.03
1986	72060	2029	936	15.36
1987	73065	2192	928	17.41
1988	74407	2124	807	17.86
1989	75927	1914	914	13.30
1990	77646	2004	805	15.62
1991	78413	1602	905	8.93
1992	79354	1522	871	8.30
1993	79932	1377	861	6.48
1994	80016	1363	848	6.44

续表 2-1

名称 年份	总人口	出生	死亡	自然增长率（%）
1995	80479	1260	817	5.52
1996	80615	1089	668	5.23
1997	80757	1089	871	2.70
1998	81204	1151	713	5.41
1999	81596	1117	732	4.73
2000	81339	1011	683	4.03
2001	81004	953	802	1.86
2002	81282	786	478	3.80
2003	82929	1010	510	6.09
2004	83098	674	366	3.71
2005	84004	726	403	3.87
2006	87428	747	454	3.42
2007	87911	758	432	3.72
2008	88810	722	466	2.90

二、人口流动

1990 年，第四次人口普查统计，按户口登记状况分，常住西盟县并已登记的常住户口 77810 人；在西盟县常住 1 年以上，常住户口在外地 1676 人；在西盟县居住不满 1 年，且已离开常住户口登记地 1 年以上的 46 人；普查时暂住在西盟县，常住户口待定 383 人。

2000 年，第五次人口普查统计，按户口登记状况分，常住在西盟县并已登记常住户口的 78848 人；已在西盟县常住半年以上，常住户口在外地的 5521 人；在西盟县居住不满半年，且已离开常住户口登记地半年以上的 545 人；普查时住在西盟县，常住户口待定的 689 人；原住西盟县，普查时在国外工作学习，暂无户口的 995 人。

2008 年，据县统计部门统计，全县迁入 1503 人，迁出 530 人。

三、人口分布与密度

（一）人口分布

西盟佤族、拉祜族村寨大部分坐落在山区，且山高坡陡，一般以数十户人家为一寨，傣族村寨坐落在勐梭坝子，村寨大而集中，户数较多，人口在万人以上的乡（镇）有勐梭镇、勐卡镇、中课乡、新厂乡、力所乡、翁嘎科乡。

1978 年，县境内有佤族人口 41692 人，占全县总人口的 71.93%；拉祜族 9668 人，占 16.68%；傣族 2052 人，占 3.54%；汉族 3806 人，占 6.57%。

据 1990 年第四次人口普查，佤族人口 56706 人，占总人口的 70.96%，主要分布在莫窝乡、新厂乡、中课乡、翁嘎科乡、力所乡、岳宋乡，其次是勐梭乡；拉祜族 13450 人，占总人口的 16.83%，主要聚居在力所乡，零星分布于勐梭乡、翁嘎科乡、中课乡、西盟镇和岳宋乡；傣族 2600 人，占总人口的 3.25%，主要聚居在勐梭乡勐梭村；汉族和其他民族 7159 人，占总人口的 8.96%，主要聚居在西盟镇，零星分布全县。

据2000年第五次人口普查，佤族人口58532人，主要分布在新厂乡、莫窝乡、中课乡、翁嘎科乡、勐梭乡；拉祜族14466人，主要分布在力所乡、勐梭乡、翁嘎科乡、西盟镇和岳宋乡；傣族2823人，主要分布在勐梭镇；汉族和其他民族4094人，主要分布在勐梭乡和西盟镇。

2008年，县境内有佤族人口61931人，占全县总人口数的69.73%；拉祜族14712人，占16.57%；傣族3240人，占3.65%；汉族6673人，占7.51%；其他民族2254人，占2.54%。

（二）人口密度

1978年年末，全县有57960人，人口密度42.82人/平方千米。1990年年末，全县有77646人，人口密度为57.36人/平方千米。2008年年末，全县有88810人，人口密度65.61人/平方千米。从1990年、2008年各乡（镇）人口密度看，人口密度最大为勐卡镇，人口密度106.65人/平方千米；最低是中课乡，人口密度33.77人/平方千米。

2008年西盟县各乡（镇）人口分布情况表

表2-2 单位：人

名称 乡镇	总人口	佤族	拉祜族	傣族	汉族	彝族	哈尼族	其他民族
勐梭镇	21003	7428	5593	3147	3379	557	493	406
勐卡镇	16975	13014	1078	66	2216	259	255	87
中课乡	10554	9628	704	2	203	3	14	0
新厂乡	11630	11266	28	8	303	21	2	2
力所乡	11175	5355	5445	8	254	20	17	76
翁嘎科乡	10336	8718	1472	3	122	11	10	—
岳宋乡	7137	6522	392	6	196	10	11	—
合 计	88810	61931	14712	3240	6673	881	802	571

1990年、2008年西盟县各乡（镇）人口分布情况表

表2-3 单位：人

名称 乡镇	属地面积（平方千米）	1990年		2008年	
		人口数	人口密度（人/平方千米）	人口数	人口密度（人/平方千米）
西盟镇	22.07	6129	277.71	—	—
勐梭镇	251.87	12809	50.85	21003	83.39
勐卡镇	159.86	—	—	16975	106.65
莫窝乡	139.51	11171	81.49	—	—
新厂乡	128.89	10349	80.29	11630	90.23
翁嘎科乡	222.44	9598	43.15	10336	46.47
岳宋乡	93.22	6525	70.00	7137	76.56
力所乡	185.50	10828	58.37	11175	60.24
中课乡	312.49	10237	32.76	10554	33.77
合 计	1353.57	77646	57.36	88810	65.61

第二节　人口结构

一、民族结构

西盟是一个以佤族为主、多民族聚居的自治县，除佤族、拉祜族、傣族三个世居民族外，县境内还有彝族、白族、哈尼族、壮族、苗族、傈僳族、回族、纳西族、景颇族、瑶族、藏族、布朗族、蒙古族、水族、满族、布依族、汉族等21个民族，汉族与各少数民族和谐共处，安居乐业，团结协作，经济保持稳定增长，少数民族人口在逐年增长。

1978年，全县有少数民族人口54154人，占93.43%。1990年，全县有少数民族人口73424人，占94.56%。2008年，全县有少数民族人口82137人，占92.49%，比1978年的少数民族人口增加27983人，增长51.67%。

1978年—2008年西盟县少数民族人口情况表

表2-4　　单位：人

名称/年份	合计	佤族		拉祜族	傣族	彝族	哈尼族	白族	其他民族
		人口数	占比（%）						
1978	57960	41692	71.93	9668	2052	141	171	20	4216
1979	59373	43039	72.49	10046	2100	102	187	17	3882
1980	61284	44368	72.39	10383	2101	112	208	12	4100
1981	63123	45652	72.32	10567	2187	191	228	34	4264
1982	65527	46828	71.46	11299	2255	253	258	39	4595
1983	67417	48569	72.05	11544	2302	227	296	43	4436
1984	68772	49828	72.45	11756	2334	307	287	56	4204
1985	70248	50928	72.50	12055	2370	322	331	50	4192
1986	72060	52347	72.64	12428	2409	422	322	56	4076
1987	73065	53050	72.61	12409	2490	374	368	57	4317
1988	74407	53951	72.51	12928	2518	368	388	58	4196
1989	75927	55045	72.50	13028	2556	395	433	61	4409
1990	77646	56125	72.28	13418	2569	513	534	80	4407
1991	78413	56660	72.26	13485	2552	449	444	80	4743
1992	79354	57210	72.09	13883	2614	511	499	85	4552
1993	79932	57612	72.08	13749	2673	577	621	86	4614
1994	80016	57380	71.71	13843	2708	609	661	87	4728
1995	80479	57583	71.55	14125	2692	558	642	94	4785
1996	80615	57756	71.64	14184	2714	562	554	101	4744
1997	80757	57759	71.52	14406	2741	638	570	91	4552
1998	81204	58094	71.54	14450	2712	625	577	97	4649
1999	81596	58163	71.28	14622	2746	651	674	96	4644
2000	81339	57845	71.12	14662	2729	644	601	103	4755

续表 2-4

年份 \ 名称	合计	佤族		拉祜族	傣族	彝族	哈尼族	白族	其他民族
		人口数	占比（%）						
2001	81004	57480	70.96	14706	2810	657	621	93	4637
2002	81282	57900	71.23	14183	2819	748	685	113	4834
2003	82929	58631	70.70	14696	2857	803	720	116	5106
2004	83098	58823	70.79	15331	2689	465	1347	89	4354
2005	84004	59420	70.73	14694	2998	723	768	105	5296
2006	87428	60183	68.84	14518	3814	695	706	108	7404
2007	87911	61916	70.43	14531	3116	872	772	108	6596
2008	88810	61931	69.73	14712	3240	881	802	98	7146

二、性别结构

1978 年—1987 年，在年末人口统计中，女性人口多于男性人口。

1988 年—2008 年，男性人口多于女性人口。

据 1990 年第四次人口普查统计，全县 14 岁以下有 30748 人，男 15667 人，女 15081 人；15 岁 ~ 59 岁有 46077 人，男 23698 人，女 22379 人；60 岁以上有 3090 人，男 1534 人，女 1556 人；80 岁 ~ 99 岁有 154 人，男 77 人，女 77 人；100 岁 ~ 105 岁，男女各 1 人。

据 2000 年第五次人口普查统计，14 岁以下有 26519 人，男 13669 人，女 12850 人；15 岁 ~ 59 岁有 55558 人，男 30253 人，女 25305 人；60 岁以上有 4521 人，男 2243 人，女 2278 人；80 ~ 99 岁有 214 人，男 94 人，女 120 人；100 岁 ~ 105 岁，男女各 2 人。

2008 年，全县总人口 88810 人，男 47233 人，占 53.18%；女 41577 人，占 46.82%。

1978 年—2008 年西盟县人口性别情况表

表 2-5　　单位：人

年份 \ 名称	总人口	性别			
		男性人数	男性占比（%）	女性人数	女性占比（%）
1978	57960	28497	49.17	29463	50.83
1979	59373	29079	48.98	30294	51.02
1980	61284	29818	48.66	31466	51.34
1981	63123	31247	49.50	31876	50.50
1982	65527	32659	49.84	32868	50.16
1983	67417	33608	49.85	33809	50.15
1984	68772	34315	49.90	34457	50.10
1985	70248	34935	49.75	35313	50.25
1986	72060	35956	49.90	36104	50.10
1987	73065	36349	49.75	36716	50.25
1988	74407	37364	50.22	37043	49.78
1989	75927	38272	50.41	37655	49.59

续表 2-5

年份＼名称	总人口	性别			
		男性人数	男性占比（%）	女性人数	女性占比（%）
1990	77646	39305	50.62	38341	49.38
1991	78413	39777	50.72	38636	49.28
1992	79354	40430	50.94	38924	49.06
1993	79932	40794	51.04	39138	48.96
1994	80016	40994	51.23	39022	48.77
1995	80479	41114	51.08	39022	48.92
1996	80615	41183	51.09	39432	48.91
1997	80757	41570	51.48	39187	48.52
1998	81204	41847	51.53	39357	48.47
1999	81596	42177	51.69	39419	48.31
2000	81339	42171	51.85	39168	48.15
2001	81004	42247	52.15	38757	47.85
2002	81282	42433	52.20	38849	47.80
2003	82929	43037	51.90	39892	48.10
2004	83098	43181	51.96	39917	48.04
2005	84004	44916	53.47	39089	46.53
2006	87428	45150	51.64	42278	48.36
2007	87911	45558	51.82	42353	48.18
2008	88810	47233	53.18	41577	46.82

三、年龄结构

据1990年，人口普查统计，全县总人口79915人，0岁～14岁有30748人，占38.48%；15岁～49岁有41572人，占52.02%；50岁以上有7595人，占9.50%。

据2000年，人口普查统计，全县总人口86598人，0岁～14岁有26519人，占30.62%；15岁～49岁有49329人，占56.96%；50岁以上有10750人，占12.41%。

按照国际规定：一个国家65岁以上老年人口占总人口的4%以下为“青年人口”；占4%～6%为“壮年人口”；占7%以上为“老年人口”。西盟县1990年65岁以上老年人口有1695人，占2.12%，属“青年人口”。2000年，65岁以上老年人口有2394人，占2.76%，属“青年人口”。2008年，65岁以上老年人口有5811人，占6.54%，属“老年人口”。

四、文化结构

据第四次、第五次人口普查统计，1990年，6岁及6岁以上各种文化程度人口66051人，其中，本科31人，专科134人，中专740人，高中1344人，初中4773人，小学21579人，识字不多或文盲37450人。2000年，6岁及6岁以上各种文化程度人口77819人，其中，本科55人，专科553人，中专1884人，高中1790人，初中8017人，小学39704人，识字不多或文盲25816人。

1982 年、1990 年、2000 年西盟县人口普查文化结构情况表

表 2-6　　单位：人

文化程度＼名称	1982 年		1990 年		2000 年	
	人数	占比（%）	人数	占比（%）	人数	占比（%）
总人数	53335	—	66051	—	77819	—
大学	57	0.1	165	0.2	608	0.8
高中、中专	1155	2.1	2084	3.2	3674	4.7
初中	3017	5.7	4773	7.2	8017	10.3
小学	11400	21.4	21579	32.7	39704	51.0
半文盲、文盲	37706	70.7	37450	56.7	25816	33.2

五、职业结构

1990 年，全县在业人口 45125 人，男性 23486 人，女性 21639 人，其中，各类专业技术人员 1477 人（女 662 人），占 3.27%；国家机关、党群组织、企事业单位负责人 350 人（女 24 人），占 0.78%；办事人员 665 人（女 118 人），占 1.47%；商业人员 397 人（女 223 人），占 0.88%；服务业人员 400 人（女 323 人），占 0.89%；农林牧劳动者 39787 人（女 19938 人），占 88.17%；生产、运输工人和有关人员 2049 人（女 351 人），占 4.54%。

2000 年，全县总人口 10% 的在业人口 5312 人（男 2942 人，女 2370 人），其中，各类专业技术人员 189 人（女 89 人），占 3.56%；国家机关、党群组织、企事业单位负责人 66 人（女 9 人），占 1.24%；办事人员 69 人（女 24 人），占 1.30%；商业人员 180 人（女 113 人），占 3.39%；农林牧劳动者 4558 人，（女 2099 人），占 85.81%；生产、运输工人和有关人员 250 人（女 36 人），占 4.71%。

1982 年、1990 年、2000 年西盟县在业人口行业构成情况表

表 2-7　　单位：人

分类＼名称	1982 年第三次人口普查		1990 年第四次人口普查		2000 年第五次人口普查	
	从业人数	占比（%）	从业人数	占比（%）	从业人数	占比（%）
农、林、牧、渔、水利	31418	89.94	39943（女 16443）	88.52	4567（女 2102）	85.98
工业	802	2.30	861（女 309）	1.91	115（女 31）	2.16
建筑业	371	1.06	1010（女 127）	2.24	111（女 4）	2.09
交通运输、邮政通信	231	0.66	309（女 78）	0.68	42（女 8）	0.79
商业、饮食、物资供销和仓储	434	1.24	677（女 346）	1.50	153（女 91）	2.88
国家机关、党政和群众团体	722	2.07	1102（女 231）	2.44	127（女 39）	2.39
教育、文化艺术和广播电视业	582	1.67	758（女 343）	1.68	118（女 51）	2.22
公用事业、居民服务和咨询服务	14	0.04	118（女 68）	—	33（女 19）	0.62
卫生、体育和社会福利事业	224	0.64	202（女 112）	0.45	32（女 20）	0.60
金融保险	119	0.34	138（女 45）	0.31	10（女 4）	0.19
科学研究和综合服务	9	0.03	7（女 3）	0.01	1	0.02
其他行业	6	0.01	—	—	3	0.06

第三节　家庭　婚姻

一、家庭

1978 年，全县有家庭户 12141 户，家庭人口数 57960 人，家庭户平均 4.77 人。

1990 年第四次人口普查，全县有家庭户 17027 户，每户平均 4.58 人。5 人户 3583 户，占 21%；4 人户 3427 户，占 20.1%；3 人户 2597 户，占 15.3%；2 人以下及 6 人以上的 7420 户，占 43.6%。

2000 年第五次人口普查，全县有家庭户 22282 户，每户平均 3.78 人。5 人户 4516 户，占 20.2%；4 人户 5413 户，占 24.3%；3 人户 4357 户，占 19.6%；2 人以下及 6 人以上的 7996 户，占 35.9%。

二、婚姻

1982 年，第三次人口普查，全县 15 岁以上人口有 37561 人，其中，未婚 9553 人，已婚 24965 人，丧偶 2734 人，离婚 309 人。生育第一胎 239 人，生育第二胎 172 人。

1990 年，第四次人口普查，初婚 319 人，其中，晚婚 108 人，晚婚率占 33.86%。晚婚人数比 1989 年增加 50 人。

2000 年，第五次人口普查，初婚 533 人，早婚 71 人，早婚率 13.32%。

2008 年，西盟县女性初婚人数中，早婚的有 351 人，早婚率 20.23%。

第四节　计划生育

一、政策实施

1973 年—1980 年，西盟县在非农业人口中宣传、贯彻执行中央的计划生育政策。

1980 年，中共中央发出《致全国全体共产党员和共青团员的公开信》以后，组织全县党团员、干部职工学习，并制订控制计划生育计划。

1982 年，西盟县把计划生育纳入全国同步轨道，严格控制人口过快增长。

1983 年，县人大常委会明文规定：城镇非农业人口，一对夫妻只生一个孩子；农业人口，一对夫妻只生两个孩子。

1984 年，根据中央文件“内地高寒山区和边疆少数民族地区可生三胎”的规定，同年 8 月，执行新的规定，非农业人口，可生二胎；农业人口，可以生三胎。

1991 年 4 月规定：可生二胎的农村人口，一胎与二胎的可间隔期必须达到 4 年以上；农业人口已婚育龄夫妻领取生育证，由乡镇人民政府计划生育委员会核准签发；非农业人口及农业人口中的特殊情况，符合再生育孩子的育龄夫妻领取生育证，由县计划生育委员会核批签发，并且张板公布。已婚育龄夫妻，应当按照计划生育的要求，实施避孕节育措施。

2002 年 9 月后，按照新修订的《云南省计划生育条例》执行，放宽少数民族中独龙族、德昂族、阿昌族、怒族、布朗族农业人口生育第三个孩子，生育间隔期缩短为 3 年。

二、政策宣传

1978 年，西盟县广泛宣传实行计划生育政策，着重宣传人口理论和晚婚晚育及少生优生的政策，使各族干部群众认识计划生育的重要性和紧迫性，逐步改变了“多子多福、发早财不如生早子”的旧观念。

1980 年，在开展宣传教育的同时，帮助自愿节育者落实避孕节育措施。1981 年，农村实行家庭联产承包责任制后，放松计划生育宣传教育工作，节育的人数减少。

1982 年，人口自然增长率又回升。1983 年年初，根据县委、县政府的要求，各乡镇在年初和年底开展两次宣传月活动。全县各部门、各公社均成立计划生育宣传月领导小组，共培训宣传骨干 8254 人。

1988 年起，县计生委在广播电视上加大对计划生育政策、人口发展理论以及在计划生育工作中涌现的好人好事进行宣传。

1991 年起，县计生委组成工作组，把宣传工作重点放在农村，向群众开展人口与粮食、人口与耕地、人口与经济发展的对比宣传教育，经过宣传教育，要求节育的人数逐渐增多，人口自然增长率逐年下降。进入新世纪后，依然把宣传工作放在首位，每出台一项计划生育方针、政策、法律法规，全县各级都要组织开展宣传活动，以散发宣传单、召开群众会或利用广播、电视、自编通俗易懂的词曲等形式，开展形式多样的宣传。

三、计划外生育控制

1992 年，西盟县开始设置人口和计划生育统计报表，当年全县计划外生育 212 人，占出生的 14.16%。1998 年—2005 年，全县计划外生育人数呈逐年下降。2006 年，全县计划外生育 13 人，占出生的 1.53%。2008 年，全县计划外生育 20 人，占出生的 2.93%。

1992 年—2008 年，全县共出生 18645 人，计划外生育 1601 人，占出生人数的 8.50%。

1992 年—2008 年西盟县出生及计划外出生情况表

表 2-8　　单位：人

名称 年份	出生人数	计划外生育数	占比（%）	名称 年份	出生人数	计划外生育数	占比（%）
1992	1497	212	14.16	2001	1089	57	5.23
1993	1449	159	10.97	2002	1037	43	4.15
1994	1384	180	13.01	2003	977	41	4.20
1995	1359	165	12.14	2004	803	29	3.61
1996	1389	252	18.14	2005	766	14	1.83
1997	1242	157	12.64	2006	848	13	1.53
1998	1262	130	10.30	2007	722	17	2.35
1999	1107	68	6.14	2008	683	20	2.93
2000	1031	44	4.27	合计	18645	1601	8.50

四、计划生育服务

1978 年后，西盟县加大国家计划生育政策执行力度，积极为已婚妇女提供避孕节育、优生优育、生殖健康等方面的服务。2008 年，县计划生育服务站有业务用房 1250 平方米。配有台式 B 超、尿液分析仪、电子阴道镜、心电图、红外线乳腺诊断等相应的医疗服务设备和计生流动服务车 1 辆。

五、计划生育管理

（一）责任目标管理

1991 年，中共中央下发《关于加强计划生育工作严格控制人口增长的决定》，各级党政领导进一步加强对计划生育工作的领导，实行党政领导一把手亲自负责。县委、县政府把人口计划纳入国民经济社会发展计划。实行“双项”目标管理责任制，即县政府对乡（镇）政府，计划生育局对乡（镇）计生办、计生站（所）。于每年年初召开的县委全会、“三干会”、县人代会和县政协会上，将人口与计划生育工作作为一项重要内容进行安排部署。县人大、县政协专题听取县政府人口与计划生育工作的执行情况汇报，并对乡镇计划生育工作的开展进行考察、调研。

1998 年 3 月 2 日，在人代会、政协会议期间，县委召开基本国策工作座谈会，县委明确提出：县委书记、县长，乡（镇）党委书记、乡（镇）长和村主任是计划生育工作的第一责任人。

1998 年—2007 年，县委、县政府安排计划生育事业费 472.5 万元。

2008 年，县政府投入计划生育事业费 105.5 万元，人均 11.2 元，主要用于手术补助、村宣传员补助、“奖优免补”、流动人口计划生育管理、优质服务和独生子女保健费等。

（二）计划生育“三为主”

1996 年 12 月，根据《云南省政府关于加强计划生育工作，实现“三为主”规划的通知》精神，按照分步实施的原则，县政府下发关于加强计划生育工作，实现“三为主”（宣传为主、避孕为主、经常性工作为主）规划和《关于成立西盟县计划生育工作“三为主”领导小组的决定》。按照云南省计划生育工作实现“三为主”规划考核办法，从统计台账、宣传教育、依法生育、制度上墙、立卷归档等方面实行规范化管理。1999 年 12 月，顺利通过省政府的考评验收。

（三）计划生育“三结合”

1997 年，西盟县政府开始实施计划生育工作“三结合”（与发展经济相结合、与帮助农民勤劳致富奔小康相结合、与建设文明幸福家庭相结合），对计生贫困户实施对口挂钩、政策倾斜、资金扶持、项目优先等帮扶措施。

（四）实施计划生育措施

1997 年起，西盟县委、县政府把开展“三结合”工作作为一次发展契机，把计划生育工作纳入经济社会发展战略和总体规划，把人口计划生育工作与经济工作同规划、同部署、同考核、同奖惩。增加资金投入，针对群众缺少启动资金的实际困难，多渠道筹集资金，建立计划生育“三结合”项目基金，把有限的资金投向农村实行计划生育的家庭，帮助其发展生产、经营项目。在农业银行设立专项贷款，为计划生育“三结合”项目提供资金扶持。对实行计划生育的家庭给予“三优”（优先、优惠、优待）政策。在经营税收上，优先办理参与“三结合”项目的企业经营执照，同时，在一定期限内适当减免其税收。在选择计划生育“三结合”项目时，因地制宜，允许开办除法律、法规明文禁止以外的一切项目，并在就业、招工方面优先录用有一定文化、经济比较困难的育龄妇女。帮助计划生育群众学科技用科技，引导农民走科技致富之路。完善计划生育社会保障体系，推出独生子女保险、独生子女户的养老保险、“三结合”项目保险等多种保险。

（五）计划生育服务机构

1999 年 10 月，西盟县婚育新风进万家活动协调领导小组成立，并设置日常办事机构负责活动的组织实施。同时，加强基层服务机构建设。至 2008 年，全县共建设乡级计划生育服务所 8 个，配备 8 个服务所宣传教育工作专职人员，建立乡村婚育学校 44 个，婚育学校中设立人口学校、计生协会会员之家，配齐桌凳、书报、杂志，设置宣传栏，配备村计生宣传员和各单位及村民小组计划生育信息员。

（六）农业人口独生子女"奖优免补"

2004年6月1日起，县政府贯彻省政府印发《云南农业人口独生子女家庭奖励规定的通知》，加大对农业人口独生子女家庭的奖励，即：农业人口自愿放弃生育二孩，终身只生育一个孩子，依法领取独生子女证，落实长效避孕措施，并与乡（镇）政府签订终身生育一个孩子合同的农业人口夫妻及其独生子女给予"奖优免补"的奖励。"奖"是一次性奖给独生子女父母奖金1000元。"优"是独生子女小学毕业升县内初中时，在未"普九"的地方，加20分优先录取；初中毕业报考市级中学的子女，加10分优先录取，报考县内高中的，加20分优先录取；高中毕业报考省内高等院校的子女，加20分优先录取。"免"是免除独生子女义务教育阶段的课本费、杂费、文具费，简称"教育三免费"，并将农业人口独生子女义务教育三免费调整为农业人口独生子女义务教育奖学金，小学生每人每学年奖160元，初中学生每人每学年奖260元。独生子女16周岁前，免除其父母所承担的村一事一议的筹资、筹劳。"补"是年满60周岁以后直至其亡故，独生子的父母每人每年发给600元，独生女的父母每人每年发给700元，依法生育的子女死亡，现无子女的夫妻，每人每年发给750元养老生活补助。

（七）流动人口生育管理

2004年起，为加强对外来流动人口的计划生育管理，县计划生育部门加强与相关部门和单位合作，把流动人口计划生育管理工作融入西盟县人口和计划生育综合管理。与各单位、房屋出租人、个体业主签订流动人口计划生育管理协议书，落实"谁出租谁负责、谁经营谁负责"责任，建立流动人口长效服务管理机制，将流动人口纳入常住人口计划生育服务管理范畴，同宣传、同服务、同管理、同考核；规范流出人口服务管理，对育龄妇女流出前，办理一份流动人口婚育证明，签订一份外出人员计划生育管理合同书，落实一项有效节育措施，督促每季度到现居住地接受一次生殖健康服务。加强流动人口计划生育宣传，保证流动人口实行计划生育的知情权。依法为流动人口免费发放避孕药具、国家规定的其他基本项目的计划生育技术服务的检查内容。建立区域协作信息通报制度，加强与流出地联系，确保流动信息畅通，及时掌握婚育变动情况，防止政策外生育。

第五节　机　构

一、人口与计划生育局

1981年1月1日，西盟县计划生育领导小组成立，分管计生工作的副县长任组长，计生办主任任副组长，下设办公室（专职3人，主任、副主任各1人）。1987年3月，改称西盟县计划生育委员会。2003年5月，改称西盟县计划生育局，编制14人，实有14人。2005年6月，改称西盟县人口和计划生育局。2008年，县计生局设办公室、计划统计股、政策法规宣传股、流动人口管理股、科技管理股。领导职数1正2副，有职工14人。

历任县计划生育委员会办公室主任：娜喊太（女，佤族，1984年4月至1987年3月）。

历任县计划生育委员会主任：娥喊（女，佤族，1988年12月至1995年12月）、杨光辉（1995年12月至1997年8月）、毛连英（女，佤族，1997年8月至1998年3月）、杨冬梅（女，1998年3月至1999年4月）、李伟思（哈尼族，2001年3月至2002年5月）。

历任县计划生育局局长：李伟思（哈尼族，2002年5月至2003年4月）、李华新（佤族，2003年5月至2004年11月）、李美芳（女，拉祜族，2004年11月至2005年6月）。

历任县人口和计划生育局局长：李美芳（女，拉祜族，2005年6月至2007年12月）、李娜迫（女，拉祜族，2008年4月至2008年12月）。

二、县计划生育服务站

1987 年，县计划生育指导站成立，有专职技术人员 1 人。1990 年，改称县计划生育服务站。2000 年 10 月，服务站综合楼建成并投入使用。2002 年，有编制 12 人。2008 年，县计生服务站有医务、工勤人员 12 人。内设医技科、功能护理科。有 B 超、电子阴道镜、心电监护仪红外线光普治疗仪等设备。

三、乡镇计划生育服务所

1987 年 7 月，7 个乡、1 个镇均设专职计划生育干事 1 人。2006 年 1 月 13 日，莫窝乡与西盟镇合并，2 个乡镇计划生育服务所随之合并。至 2008 年，西盟县有 7 个乡镇计划生育服务所，有专业技术人员 23 人。

四、县计划生育协会

1989 年，县计划生育协会成立，有编制 1 人，负责处理日常工作。1990 年，全县有会员 1049 人，分布于全县各行政村及城区居民小组。1998 年，县计划生育协会有编制 3 人，实有 2 人。

第二章 民 族

第一节 民 族

一、族源

（一）佤族

佤族是一个历史悠久的古老民族，其族源可追溯到遥远的佤族创世神话“司岗”时代，据1997年出版的《西盟佤族自治县志》载：“佤族的起源，在佤族中广泛流传着‘司岗里’的传说，佤语‘司岗’是石洞，‘里’是出来，意为人是从石洞里出来的”。2006年8月8日—14日，在首届中国佤族文化学术研讨会上，经有关专家研讨，认同佤族是从“司岗里”（巴格叠永相）出来的这一传说。

2007年，中央民族大学博士研究生导师、教授赵富荣研究撰写的《佤族木鼓起源与祭祀活动之我见》载：“佤族源于汉朝时期滇濮。春秋战国时期，佤族曾在滇中、滇南部地区有分布。唐朝初期，佤族先民分布广阔，上到铁桥（今中甸一带），下到开南（今景东一带）都有佤族先民的部落。公元13世纪至17世纪中叶，佤族势力发展，南以车里，北以麓川平缅为中心逐渐强盛起来。到清朝中叶，佤族在小黑江以外不断迁徙”。经过长期的迁徙和自然民族融合，佤族大部分留在思茅、临沧、西双版纳，一部分自北云集（西盟）佤山。

（二）拉祜族

拉祜族是古代氐羌部落的一支。清同治十三年（1874），澜沧拉祜族政治宗教首领三佛祖朱阿霞，从澜沧率拉祜族和部分汉族1000余人，以武力和宣传佛教相结合的方式进入西盟山区。同时，又从孟连、双江、沧源、耿马及缅甸的勐卯一带招来1000余户拉祜族和近100户傈僳族，从娜妥坝至南约，莫窝至木古坝300余平方千米地带安营扎寨，开荒种地，建立勐坎佛房，实行“政教合一”的统治，为当时澜沧的五佛地之一。清光绪二十九年（1901）后，因天灾人祸，大部分拉祜族和傈僳族迁离西盟，有的迁回澜沧、孟连、双江、耿马、沧源等地，大部分迁至缅甸萨尔温江流域，经过清朝和民国年间的不断迁徙，西盟县境内主要分布于力所、勐梭、翁嘎科等地。

（三）傣族

据傣文史籍记载，傣历600年（1238），勐卯（今瑞丽）土司卒，其子争夺王位，发生内乱，元朝派兵镇压，导致勐卯傣族大规模南迁。一支由王子罕把法率领的家臣、百姓沿怒江南下，进入阿佤山区，辗转至西盟马散部落。罕把法向马散王达垒求亲，娶其女儿连木垒为妻。举行婚礼时，傣族宰象，佤族剽牛，订立盟约。傣族将象牙砍成数节，佤族将牛角砍成几段，分发给部落首领，表示象牙、牛角不烂，傣佤永不分离。婚后，王子赠送给佤族黄牛、水牛各100头，衣服筒裙100套，向达垒要求定居。佤族回赠100根绳子给傣族拴大象，并划一些地方给傣族开发。傣族在木鼓坝（今岳宋乡木古坝）开田垦荒，定居下来。数年后罕把法的家臣兼海、兼冒发现孟连坝子，找到新领地，将王子罕把法接到孟连，罕把法当了孟连的第一代土司。至1956年，孟连的历代土司每年都向马散部落头人送一头牛及槟榔、红糖等礼物。历史上，傣族曾在中课、永业、莫美、班箐等河谷地带居住过，清至民国时期逐步迁至孟连县等地。现居住在西盟境内的傣族，据勐梭大寨傣文经书记载，是200多年前从景栋（今缅甸）迁来的，清乾隆二十九年（傣历1126，公历1764），景栋地区的勐艮一带傣族王子争权，造成内乱，发生战争，王子召丙带领1000户傣族进入西双版纳，到贺岛后，分成两路，一路800户进入西双版纳勐遮一带，另一路200户因走错路，经勐阿、勐马进入孟连。在孟连土司指引下，又分两路迁徙，其中，100户迁入勐核（今澜沧佛房谦六一带），另100户经孟连的景冒迁入勐梭（今勐梭大寨、南规、里坎）定居，自称"傣老"。后景冒（今孟连县的景冒）有7户26人傣族也随同迁来勐梭居住，傣语称"芒糯寨"（今勐梭上、下寨），自称"傣良"。

（四）汉族

明朝灭亡后，清顺治十五年（1658），李定国率部败走缅甸，途径阿佤山区时，散落人员融合于佤族中生息。清嘉庆年间（1796年—1820年），茂隆银矿被封后，大批汉族转到西盟的新厂永广一带开银矿，矿工带家眷开田种地，对当地佤族的社会生产发展起到促进作用。随着社会变迁，停厂后部分矿工与当地佤族结婚定居。清同治十三年（1874），三佛祖朱阿霞进入佤山时，部分汉族进入西盟佤山，如舒志清、李鸿宾等。舒娶班箐佤族姑娘为妻，定居西盟，被封为长爷，为西盟四大角码头人之一。舒死后，四子舒秉忠继任，称舒四长爷，分管西盟角码。清至民国年间，随着鸦片交易，汉族与佤族、拉祜族发生更为频繁的交往，部分汉族在西盟定居。20世纪30年代至40年代，部分国民党官兵因对国民党的腐败统治不满，逃离部队到佤山避难，也有的因家乡受灾或被抓兵派款，生活所迫而逃进佤山谋生。1952年，中国人民解放军进驻西盟后，为开辟西盟工作，建设佤山，军队部分干部战士转业地方，人民政府从内地陆续调入大批汉族干部、工人支援边疆建设。1956年以后汉族人口增加较快。1978年，汉族人口3806人，占全县总人口的6.57%。2008年，汉族人口6673人，占全县总人口的7.51%。

（五）其他民族

除佤族、拉祜族、傣族、汉族四个世居民族外，县境内还有彝族、白族、哈尼族、壮族、苗族、傈僳族、回族、纳西族、景颇族、瑶族、藏族、布朗族、蒙古族、水族、满族、布依族等其他21个民族成分的少数民族，2008年，其他少数民族人口2254人，占全县总人口的2.54%（系外来西盟工作的人员及家属，也有因婚姻而迁来西盟的），分布在县内党政机关、企事业单位和部分村社。

二、族称

（一）佤族

历史上，佤族的称谓是基本相同的，因佤族支系不同，加上受区域方言土语的影响，称谓略有不同，西盟佤族自称"阿佤""阿卧""阿佤莱""龚佤""勒佤卧""勒佤"，意为佤族很早以前就是山居民族。与镇康称"佤"，耿马、双江称"布饶克""巴饶克""巴敖克""巴劳克"相一致。其他民族对佤族也有许多称谓，新中国成立后，本着各民族一律平等的原则，根据本民族意愿，报经国务院批准，1963年4月，正式定名为"佤族"。

（二）拉祜族

在近代文献中有"郭搓""锅锉""苦聪""果聪""郭抽"等不同读音，所指的都是拉祜族。清代至民国统称"倮黑"。1953年4月，在澜沧县首届各族各界代表大会上宣布取消"倮黑"称呼，按照本民族的意愿，正式定名为"拉祜族"。拉祜，意为猎虎的民族，后引申为"拉"，即大家拉起手来，代表团结，"祜"即幸福的意思。

（三）傣族

傣族自称“傣”，唐以来史称“黑齿”“金齿”等，又称“芒蛮”或“白衣”。清以来则多称作“摆夷”。中华人民共和国成立后，1953 年，按傣族人民的意愿，正式定名为“傣族”。

第二节 生活习俗

一、饮食

境内各民族主食以大米为主，其次是玉米、小红米、荞子、小麦、豆类、薯类，辅以山薯等。肉类有猪、牛、羊、狗、鸡、鸭、鹅、鱼等。蔬菜有人工种植的各种蔬菜和山里野菜及可食用的动物。随着山区群众生活水平的提高和国家对野生动物的保护，猎食野生动物的现象明显减少。成年男女喜欢吸烟、喝茶、饮酒，佤族、拉祜族成年男女少部分喜欢嚼槟榔。县内少数民族餐具和汉族相似，尤其是建设新农村以来，多数家庭设有厨房，富裕的已使用液化灶、电饭煲、电磁炉、冰箱，一般家庭还在火塘上支铁三脚，用锣锅、铝锅煮饭做菜，多为一日三餐。

（一）佤族

佤族人的主食以大米为主，其次是小红米、米荞、小豆、玉米、小麦等。喜欢把菜、盐、米、肉一锅煮成较稠的烂饭，有时也煮干饭。最具有风味特点是鸡肉稀饭、牛苦肠稀饭、狗香肠，是招待贵宾的佳肴。

佤族人的肉食主要来源于饲养的猪、牛、羊、狗、鸡、鸭等，也有捕食山鼠和昆虫的习惯。蔬菜有人工种植的蔬菜和山里野菜，随着扶贫开发资金的投入，推广种植大棚蔬菜，有些村寨能吃上各类时令新鲜蔬菜。主要种植姜、蒜、大小芫荽、韭菜、香茅草等。

佤族人喜食酸辣，凡煮粥和烹饪肉类、蔬菜，都辅以酸辣调料，很少食油。佤族人饮食范围很广，除有特殊日子需求外，很少有饮食禁忌。

在传统习俗中，做饭没有专门的厨房，住房主间的主火塘是做饭的地方，火塘上置石三脚架或铁三脚架，用铁锅、铜锅、铝锅、土锅等做饭。传统使用的碗筷是用竹木自制的，木碗很有特色，佤语称为“木拉”，使用时不烫手。在传统习惯中，佤族吃饭很少使用筷子，绝大多数人用手抓食。随着各类扶贫项目的实施和新农村建设的推进，多数村寨盖起了新房，有了独立的厨房，经济条件好的村寨已用上了节能灶、电磁炉、电饭煲、电冰箱等家用电器。

佤族有“无酒不成礼”之说，宗教活动、婚丧嫁娶、起房盖屋，接待宾客等，水酒是必备之物，是佤族传统的饮料，深受佤族群众的喜爱。佤族酿制水酒的历史悠久，主要用小红米酿制，也可以用小红米和其他谷物一起混合酿制。泡水酒也很有讲究，数量根据人数而定，两人以上才能泡水酒。喝水酒的礼数也不少，一起喝酒的人统一使用一个竹筒，第一杯水酒主人先喝，喝之前，主人先滴三滴，表示敬天、敬地、敬祖宗，而后，主人左手拿酒杯，右手掌心朝上对长者和职位最高的客人说“阿哈”（“阿哈”的意思是敬人或请人喝第二杯水酒），同时，客人用同样的手势对着主人做好迎接第二杯水酒的准备，表示接受第二杯水酒。然后主人对着客人先把第一杯水酒喝完，并用手轻轻擦干杯口，把竹杯倒过来表示自己的水酒已经喝完，表明杯中没有放毒、做鬼等，请尊敬的客人放心喝第二杯水酒。依次类推，按照长幼辈分的顺序依次敬酒。

除饮酒之外，佤族人爱喝烤茶。佤族人煮苦茶，要用一口砂罐，若无砂罐也可用大茶缸。茶叶一般用粗制绿茶或自制的大叶茶。制作过程是先把茶叶放在锅里炒干，烤出清香味，取出后倒入茶罐里，在火塘上像煮菜一样慢慢地煮，直至把茶叶煮透。香苦味浓的烤茶清凉解毒、提神。

佤族人喜欢嚼槟榔。在茶余饭后，劳动休闲之余，人们相聚在一起，嘴里经常嚼着槟榔。槟榔用麻栗树叶、石灰、少量烟叶熬制而成，具有护齿健牙的作用。

（二）拉祜族

拉祜族人的主食同佤族人的主食相似。古时忌食狗肉，现大部分人已食用。餐具和汉族的相似，经济好的家庭设厨房使用电饭煲、电磁炉、液化灶、冰箱等，一般的在火塘上支铁三脚，用锣锅、铝锅做饭。

（三）傣族

傣族人喜食糯米饭，并善于用糯米制作粑粑，蔬菜有青白菜、萝卜、竹笋、豆类、瓜类、辣椒等。他们特别喜食鱼、虾、蟹、螺、蚌及河中苔藓。最具特色的饮食是牛撒别，是节庆佳日和招待贵宾的必上菜肴。嗜好酸辣、苦味菜肴。

二、居住

（一）佤族

佤族寨子绝大多数坐落在较为平缓的山顶或者半山腰。各村寨大小不一，每寨约九十户至上百户，佤族传统民居为茅草房，依山而建，错落有致。历史上，为预防外部落武装偷袭，佤族人在寨子周围筑有防护沟，沿沟两岸栽满荆棘，沟底布满竹签，并用结实的竹木建制寨门，通过大门进入寨内，寨中盖有木鼓房，放置一对木鼓，这是佤族村寨的特征。新中国成立后，佤族人摒弃相互械斗之恶习，拆除各个寨子的通道大门、防护围栏，填平了防护沟。

佤族传统茅草房是干栏式建筑，楼上住人，楼下喂养牲畜和堆放柴火。住房有正门、火门和客门三道门，房内有两个火塘，即主火塘和附火塘，主火塘主要用于煮饭，附火塘供取暖和煮猪食用。正门是主人和客人经常出入之门，正门外搭有一个竹栈楼，供主人晾晒衣物和谷物。正门进屋是客间，设有附火塘，进门的左右两侧墙角设有简单的客铺，旁边摆放水竹筒、器皿和农具，横梁上放一些长竹筒储存粮食。火门是主人经常出入喂养牲畜、家禽、舂米、织布、抱柴火方便之门，火门的左侧是主人的房间，设有主火塘。主火塘上面吊一块烘烤台，平时可以烘干粮食，烘烤肉食，也可以放置碗筷。火塘一边是主人的床铺。客门很少有人出入，主要是主人下菜园地的方便之门。

佤族盖大房子的佤语为“优捏挺”“捏达布”“捏挺阿满”。时间在佤历耐月（1月—2月），在“拉木鼓”“接新水”之前不准盖新房。1月盖民房，2月盖大房子。只有窝朗、头人、大“珠米”有权盖大房子，盖大房子要经过本人申请，头人会议批准，每寨每年只能盖1户，如寨子很大，申请的人多，最多也只能盖4户，而且必须在两个月内盖完。按习惯，必须是主祭过几次大的宗教活动，镖过牛的人家才能取得盖大房子的资格。大房子和一般民房不同，楼板和墙壁必须是木板，房脊上安放手持梭镖和飞燕木雕的人作为标志，屋门是厚实的木板，雕有男性人像或牛头像，屋内板壁有飞檐走壁等画像。一般民房不允许有上述装饰，而且楼板和墙壁多用竹笆。

除了建盖居住的茅草房外，绝大多数佤族人家还要建盖粮食储存库房。一般建盖在村周围或者树林之中，但距离自己的房子要近一些。

进入21世纪，国家投入大量资金进行民房改造，佤族群众自力更生、艰苦奋斗，居住条件得到很大的改善，告别了祖祖辈辈居住的茅草房，搬进了整齐规划、错落有致、宽敞明亮的砖木结构、砖混结构的新房子。仅有些村寨保留了少部分的茅草房，供人们参观、留念，研究佤族民居文化之用。

（二）拉祜族

拉祜族人素居山区，村落分布在靠近水源的山腰。村民用竹笕槽引入山泉水入寨内饮用。房子周围篱笆围起园圃，栽种草菸、甘蔗、芭蕉、蔬菜等。村寨规模小至十几户，大到百余户。寨里有广场，逢年过节，男女老少欢聚一堂，载歌载舞。

拉祜族传统房屋建筑形式为草竹木架空楼房，楼上住人，楼下喂养牲畜或堆放柴火。1978年以后，部分拉祜族村寨逐步盖起了铁片房、石棉瓦房。20 世纪 90 年代后，随着经济发展和茅草房改造工程的实施，大部分拉祜族盖起了砖木结构的瓦房，挂墙茅草房已经没有，村民居住条件逐步改善。

（三）傣族

西盟傣族集中居住在勐梭河谷地带，自然环境优越，房屋为干栏式建筑，楼上住人，楼下喂养禽畜和堆放柴火、农具等。住房设外间和内间，外间有火塘，右侧有客铺；内间为主人卧室，忌外人入内。20 世纪 80 年代后，勐梭傣族人民生活有了显著改善，各家各户住房已从传统的竹楼改为挂瓦木板楼房。进入 21 世纪，经济条件越来越好的傣家开始修建砖混结构 2 层 ~ 3 层平顶房，但房屋样式仍然保留着干栏式建筑的特点。

三、服饰

（一）佤族

佤族人崇尚红色和黑色，服饰多数为黑色，装饰为红色，基本上还保留着古老的山地民族特色。佤族服饰有地区差异，西盟佤族男子一般穿黑色、深蓝色的无领短款上衣，下着黑色或青色的大裆宽筒裤，衣服一般绣有星星、月亮、牛头等图案。多数成年男子习惯缠布包头，除了遮风避雨外，还用于包东西和背小孩，颜色有黑、红、绿、黄四种，黑色较为普遍，缠红色包头者多为窝朗、头人、巴猜、歌手等，包头正上方留布头处打结成牛角形，称英雄结。佤族人喜欢戴手镯、项圈和彩珠，肩背挎包，腰佩长刀。有些男子习惯剪短发，但在头顶处要留一小撮头发，俗称为魂发，随着时代和思想观念的变化，留魂发者很少。

西盟佤族女子的服饰因为生活的地域部落民族支系不同，而产生较明显的区别，可以从“勒佤”“布饶克”“佤”方言区的女性服饰中看出来。

“勒佤”方言区主要分布于莫窝、岳宋、新厂、中课等地，该地区的佤族女性穿披肩或无领短衣，无领无袖短紧身褂，露脐，下系折叠开口长裙或短裙。留披肩长发，系银质、锡质或篾制头箍，戴耳环，颈戴项圈和若干串彩色珠子，腰系多道黑漆涂制的藤篾腰箍和数串彩色珠子，手臂戴手箍，手腕戴手镯，膝下脚腕戴黑色藤制脚箍，小腿裹布套。

“布饶克”方言区主要分布于图地、打洛、阿佤来、永布落等地，该地区的佤族女性缠黑包头，戴耳塞或耳环，颈戴项圈和多串珠子，上穿长袖紧身衣，下系开口长裙。

“佤”方言区主要分布于翁嘎科、班同、永哈、王莫等地，该地区的佤族女性头戴锥形银泡珠帽，耳戴大耳坠，颈戴项圈，腰部系数十条珠子串，上着长袖短衣。

佤族服饰简洁、粗犷，色泽明快大方，能够充分体现人体的自然美，尤其是岳宋乡的佤族服饰深受佤族广大女性喜爱。

西盟佤族衣服，多为佤族妇女自己纺织的棉、麻布做成。有衣、裤、裙、毯子、挎包、槟榔袋、包头等，也有跟外民族购买的布匹、衣服和棉毯等。装饰品有银、锡制作而成的头箍、手箍项圈、耳环、手镯，还有用竹、藤制作而成的腰箍、脚箍和成串的红、白、蓝等各色珠子串。搭配穿戴，形成西盟佤族独特的服饰文化。

随着社会的发展，时代的变化和商品的流通，佤族的服饰在材料、款式等方面也在逐渐地演变，在吸取传统服饰精髓的基础上发展了佤族现代装。佤族现代装美观大方，女装有三角领、圆领、方形领短袖、长袖、对襟等，下配超短、中短筒裙、长筒裙、裤裙等，样式丰富，美观方便、舒适，既可作为舞台展演服饰，又可作为出席重要活动、日常上班、家居之服饰，还可作为民间艺术珍品，具有收藏欣赏的价值，深受广大男女老少的喜爱。

为继承和弘扬佤族传统优秀文化，提倡少数民族干部和群众要穿戴自己本民族的服装服饰，以体现民族文化的传承和宣传。2003 年 7 月，西盟县第一家佤山服饰有限公司 awayi 成立。公司以西盟佤族腰织面料手工生产服饰和家纺两大类，集时尚和民族特色于一体，成功走上商品化的道路。

（二）拉祜族

男子头缠黑布包，身穿无领对襟短衣，裤裆宽大，裤脚有长有短。离家外出时，身配挎包和长刀。挎包多用于装葫芦笙和槟榔、草菸等。妇女头裹一丈多长的黑布包头巾，身穿开衩很高的长袍，高领，岔口两边和衣领周围镶有彩色几何纹布条，沿衣领嵌银扣，缀以彩色斑斓的图案。内穿裤筒宽大的长裤，颜色多为黑色。20 世纪 80 年代后，拉祜族男女青年既喜爱本民族的传统服装，又喜欢各种流行服装。现要缝制一件标准的拉祜族女式衣服，需花人民币上千元。妇女佩戴项圈、耳环、手镯等饰物。肩背挎包，多用于装针线、手机等。

（三）傣族

男子缠白布包头巾，上穿无领对襟衣，下穿青布裤，大裤脚。现代青壮年多与汉族服饰相同。妇女穿无领紧身内衣，外穿大襟圆领窄袖短衫，腰身瘦窄，下摆宽大。下穿褐色或黑色筒裙，长至脚面，裙脚边嵌有若干彩色条纹，近代少女多穿艳丽筒裙。傣族妇女讲究服饰打扮，束发于头顶，发上插梳子、鲜花或缠白花头巾，多饰以银质耳环、手镯、项圈、项链，腰缠彩色布带或银带。历史上男性习惯文身，男女均染牙和镶牙，故有“黑齿”“金齿”“银齿”之称。

四、节日

（一）佤族

西盟佤族的传统节日与原始宗教信仰以及各类宗教祭祀活动有着密切的关系，许多传统节日都是从原始宗教信仰和宗教祭祀活动中派生出来的。

新水节　又称“迎新水”，佤语叫“优格拉阿龙”“妥阿龙”“扩阿龙”。时间在佤历格瑞月（12 月），全寨忌农事活动为 3 天。

新火节　称“接新火”，佤语叫“优俄士老”。时间在佤历气艾月（5 月），全寨忌农事活动为 3 天。

新米节　佤语称“朋奥”“朋挺”“士列埂奥”。时间在佤历的阿代依月（9 月），为迎“金谷满仓，新米飘香”的好年景，各户根据自家粮食成熟情况选一天吉日过“新米节”，一般都选在父母或祖母去世的属相日，意为请祖先在天之灵回来和子孙后代共尝新米，保佑家人平安幸福。为统一全县佤族、拉祜族、傣族新米节的时间，1984 年 11 月 29 日，县四届人大常委会第四次会议作出决定，每年农历八月十四日至十六日为西盟佤族自治县佤族、拉祜族新米节，节日期间全县放假 3 天。

木鼓节　西盟的佤族自古以来就有拉木鼓、祭木鼓的习俗。2002 年，县人大常委会研究决定，每年 1 月 10 日—12 日为“西盟佤族木鼓节”。2 月 24 日，县八届人大常委会第 38 次会议审议通过《县人民政府关于把“西盟佤族木鼓节”改为“云南佤族木鼓节”和举办时间改为每年 4 月 10 日—12 日及全县机关单位、农村放假 3 天的决定》。把“西盟佤族木鼓节”改为“云南西盟佤族木鼓节”。2003 年 4 月 10 日—12 日，在县城举办首届云南西盟佤族木鼓节，节日期间举行大型文艺展演，进行摔跤、射弩、舂米等传统体育比赛，举行盛大的剽牛、祭木鼓、司岗里佤族村庄民风民俗表演、民族大联欢和篝火晚会等。2004 年 2 月 18 日，县九届人大常委会第 7 次会议审议通过《西盟佤族自治县人民政府关于请求对中国木鼓节有关事宜进行审议的方案》，作出《关于变更“云南西盟佤族木鼓节”的决定》。“云南西盟佤族木鼓节”更名为中国佤族木鼓节，举办时间定为每年的 4 月 10 日—12 日。至 2008 年，已举办三届中国佤族木鼓节。

（二）拉祜族

春节　拉祜族语称“扩咋”，和汉族的“春节”相同，每年农历正月初一至初五过“大年”，初十五至十六过“小年”，庆祝形式和汉族的春节相似。新中国成立后，拉祜族人民为感谢中国共产党和人民政府，每年正月初三，县城附近各村寨拉祜族群众都要聚集到县人民政府拜年。

新米节　拉祜语称为“窄事咋”，意为尝新米。每年农历八月，新谷成熟，拉祜族群众便各家选择吉日过“新米节”。主人到地里采回新谷穗舂新米煮饭，杀鸡备酒，邀请舅、叔、伯长辈，全家团圆共尝新米。主人还特意先给狗喂新米饭，与人共享收成。

赕佛节　是拉祜族最隆重的宗教节日。每年农历正月初九，各村寨拉祜族群众自发的吹起芦笙、敲锣打鼓，带上各种礼物，集中到勐坎佛房“赕佛”。由佛家主持祭祀仪式后，成千“赕佛”者在佛房前跳舞欢庆，把所带的礼物献给佛家。第二天，“赕佛”者在佛家门前排队讨福。佛家按顺序给每个讨福者手腕拴一根白线以示祝福。拴线结束后，在佛家房前跳芦笙舞直至天明。1958 年后，正常的佛教活动逐渐消失。1978 年后，赕佛节主要集中在每年农历正月初九，以拉祜族为主，其他民族也参加。正月初九一早拜佛的人群，带着香烛、糍粑、钱文、芦笙，从四面八方赶来，聚居在三佛祖遗址，点香烛、供糍粑、献钱文，虔诚祭祀。祭祀过后，吹响芦笙，人们围成里三层外三层的大圈，跳起欢快的芦笙舞，热闹非凡。这一拜佛习俗活动至今仍在流传。

赕白马　其名称也有几种说法，有的称“三月街”，也称“商烟街”。据说是由大理“三月街”演变而来，拉祜族称“恨麻赕”（赕白马），街址在力所南下嘎梁子。古时每年农历十月十五日，拉祜族村寨男女老少身着盛装，自发带上糯米粑粑和甘蔗等物，吹着芦笙，集会祭拜。由佛家主持，杀鸡、猪在石马前摆上祭品，烧香点烛，献饭磕头，祈求“厄莎”保佑。祭礼结束，跳芦笙舞，欢度节日至太阳落山。现除拉祜族外，其他民族也集聚该地，开展商品贸易，该地成为既是会友又是百货销售的集散地，于 1958 年取消，1990 年恢复，并开展正常的祭拜活动。最多的时候有 3000 人～4000 人。商烟街不再是一个单纯举行祭拜活动和交换商品的地方，更是各民族一年一度的大聚会地。

（三）傣族

泼水节　傣历 6 月 15 日（公历 4 月 15 日）。泼水节又是傣历新年，傣语称“豪桑哈”“豪桑哈比迈”“京比迈”，宗教称“赕桑哈”。这一天，傣族男女老幼沐浴更衣，青年们在早晨上山采摘鲜花，用树枝做成花房，全村男女老少携带花房、贡品到佛寺赕佛，聆听佛爷诵经。将一尊佛像抬到院中滴水洗尘，用洗佛像水浇花。接着青年们便泼水相戏，男女老幼逢人就泼。晚上放“高升”“火花”。傣语称“奔费”或“奔费萨裸”，连续点燃发射，浓烟火光冲向天空。同时，表演孔雀舞、马鹿舞、大人舞等，全场欢呼雀跃，歌声、掌声、锣声、象脚鼓声响成一片，人们沉醉在欢乐之中。

进斋节（关门节）　傣历 9 月 15 日（农历六月十五日），公历 7 月中旬，祭竜山，傣语称“豪瓦桑”。关门节那天，傣家村寨充满节日的气氛。一大早，家家户户都在忙着蒸彩色糯米饭和制作糕点，赕佛或馈赠亲友，备办酒席会餐。从关门节至开门节的三个月期间，傣家人不举行婚礼，不建盖新房，不出远门，要集中精力搞生产，定期到佛寺拜佛、赕佛，虔诚信佛的长者，自觉戒斋，穿白衣服，包白布头巾，有的还到寺内住宿，每隔七天举行一次拜佛活动，届时，信众们带上食物、蜡条供祭佛祖，聆听寺内高僧诵经，讲解教规、戒律、佛经故事。

出斋节（开门节）　傣历 12 月 15 日（农历九月十五日），公历 10 月中旬。开门节，傣语称“翁瓦桑”。傣族群众像参加关门节庆祝活动一样，带上纸花、蜡条、花树、食物、钱币到佛寺，举行隆重的赕佛和诵经活动。也像关门节一样的热闹与欢乐，庆祝安居斋戒期结束，表示已从关门期进入开门期。这个夜晚之后，傣家村寨又恢复往日的多情浪漫的生活，僧侣们即可以走出佛门，信众可以出远门，傣家可以盖新房，小伙子们可以串姑娘，恋人可以举行婚礼。

新米节　傣历的 1 月 6 日（农历十月六日）。傣语称“京豪迈”“京贺豪”，为迎“金谷满仓，新米飘香”的好年景，全村各户根据自家条件情况选取吉日过“新米节”，过新米节之前，首先寻找好树叶（傣语称：“东岛”“东果”）、河中的鱼（傣语称：“巴干”“巴内”），主人在到田里采回新谷穗，舂好新米煮好饭后，要先到寺庙献饭，如果父母或祖父母去世的要作滴水活动，意为请祖先在天之灵也回来和子女或孙子女后代共尝新米，保护家人平安幸福。而后，方可杀鸡备酒，邀请舅、叔、长辈（特别是村寨的长辈）到家里一起团圆共尝新米。

五、婚姻家庭

（一）佤族

佤族是一夫一妻制。过去，“窝朗”“珠米”等富裕者存在一夫多妻的现象，大小老婆有着同等的社会和家庭地位，丈夫对其有同等的权利和义务。其他男子，若妻子不能生育可以再娶一个妻子生儿育女。佤族倡导自由恋爱，传统习俗中，男性18岁以上、女性15岁以上可以开始谈恋爱，男女青年三五一群相约在某地谈恋爱，称为“串姑娘”。待双方确定恋爱关系后，要择日“订婚”，从此，男女婚姻关系就受到“阿佤理”的保护，双方不能再参加“串姑娘”。确定结婚吉日后，要准时举行婚礼。严禁同姓人通婚，但存在姑舅表亲侄婚的特殊婚姻制度，指舅父之子有优先娶姑妈之女为妻的权力。因为佤族结婚时，男方必须向女方父母付聘礼（称“买姑娘钱”或“奶母钱”），不少男子结婚时无力支付，只有生了女儿之后，优先将女儿嫁给其舅父家儿子为妻，以抵偿其父亲娶母亲时所欠下的“奶母钱”。

历史上，佤族还存在转房制，指兄死弟娶寡嫂或者弟死兄纳弟媳，但在双方自愿的前提下才能促成，不能勉强，而且是极少数的现象。如果转房夫之兄或弟（包括堂兄弟），新夫不需要再付礼金，也不需要举行订婚、结婚仪式。若另嫁新夫，新夫就必须偿还原夫结婚时的彩礼和礼金，为原夫之兄弟所得。

婚后感情破裂，双方都可提出离婚。经头人、老人劝说调解无效，即可离婚。在赡养老人和继承财产方面，所有子女均有赡养老人的义务，但只有儿子有继承遗产权，留在父母身边的儿子有优先权。若无子嗣，可以买养子，也和亲生儿子一样有继承权。

中华人民共和国成立后，随着《中华人民共和国婚姻法》的普及，革除历史上同性不婚、姑舅表婚、转房制等旧习惯，统一执行国家的婚姻法。

（二）拉祜族

拉祜族是一夫一妻制。女性15岁，男性17岁开始结婚。根据自由恋爱和结婚，包办婚姻很少。从恋爱到结婚要经过“串婚”“订婚”“结婚”三个过程。拉祜族的婚俗多为上门（入赘），男方到女方家落户3年后方可返回男家，不愿回去者可另立门户，也可在女家继续住下，享有财产继承权。夫妻感情破裂，可以自由离婚。

中华人民共和国成立后，经过宣传贯彻《中华人民共和国婚姻法》，拉祜族逐步革除历史上近亲结婚和早婚习俗。

（三）傣族

傣族实行一夫一妻制。家庭一般有父母和子女二代，也有祖孙三代或岳婿外孙三代同堂的。子女婚后分居另立门户，父母一般与长子同住，家庭财产由长子继承并负责赡养老人。

男女青年自由恋爱，赶街、赕佛、过节聚会是青年男女进行社交恋爱的好机会。恋爱成熟后，男方要请媒人到女方家说亲，订婚，付聘礼。订婚后，男方要买数十斤棉花或纱线给女方纺织垫褥被盖嫁妆，双方老人择定吉日结婚。婚后多为妻到夫家，也有因女家无儿子而招女婿上门的。夫妻感情破裂，可以离婚，孩子归女方。

六、礼仪及禁忌

（一）佤族

佤族人性格豪爽，喜宾好客，邻里和睦相处，互相帮助。在漫长的历史进程中，佤族人形成诸多属于自己的礼仪习俗，并得以代代相传。有敬酒礼仪、敬老礼仪、敬舅礼仪、妇女礼仪、拜年礼仪、做客礼仪、待客礼仪、敬水礼仪、歌舞狂欢礼仪、谅解礼仪、祝福礼仪等。

西盟佤族人生产生活中的许多禁忌都产生于原始社会，有些禁忌已成为人们的行为规范准则，具有一定的约束力。如维护社会伦理道德、维护公共利益和社会秩序等方面：宗教节日举行祭祀期间禁忌农事活动；禁忌砍伐村寨周围的“神林”或“鬼林”；禁忌外人进入木鼓房敲木鼓；禁忌将别人遗失在路上的任何东西捡回自己家里使用；禁忌偷盗和抢劫；禁忌在公共场所随意大小便；头和耳部忌别人触摸；主火塘前，主妇坐的凳子忌客人坐；禁忌伤燕子，要保护好鸟、虫、兽；禁忌将辣椒、鸡毛、火药、火炭等物送给别人。饮食方面：吃饭时，分菜分肉人人有份；泡出来的水酒，若长辈没有喝，小辈不能喝；小辈不能抢鸡头吃；吃饭时饭粒掉在地上，要捡起来，不能用脚踩踏；从粮食仓库里拿谷子，不能全部取完；打谷子时，不能让谷子洒到地上。生产、生活方面：种瓜菜时，不能抽烟；打制铁具时，不要在地支属虎的日子；禁忌在父母去世的纪念日出远门、办大事；禁忌建盖新房子用的柱子，树砍倒时不能压在树根上；禁忌饲养的猪、狗生崽都是公的或者都是母的，否则都不能要；小鸡孵化、母猪生崽、家添人口之喜，忌客人进屋；酿制水酒时，禁忌外人进家来；“窝朗”播种当天，禁忌其家人不能做任何事情；出远门时听到“木丙林”（一种小鸟）在右后方叫，禁忌出门上路，要择日再出门；地支属鸡的日子禁忌杀鸡、卖鸡；月亮最圆的那天禁忌办大事、出远门。接人待客方面：在接待客人时不能用白鸡；决定送给别人的东西不能留着自己用；泡水酒请客人喝时，忌不讲礼仪将水酒筒直接递送到客人手上。家庭婚姻方面：结婚未满月的男女以及双方老人，不能到盖新房的人家祝贺新房，不能到刚死人的人家；结婚迎送队伍途中，忌讳狗、猪、鸡以及外人横穿中间；孕妇忌食蛇肉、猴子肉；孕妇及丈夫忌食祭过鬼神的食物；同性不能通婚；孕妇的衣物忌外人触动。

（二）拉祜族

拉祜族有尊老爱幼、礼貌待客的传统。人们认为“路是老人先走出来的，粮食是老人先种出来的”。节日喜庆，小辈要给老人磕头拜年，抬洗脚水，送茶、送柴。老人要给小辈拴白线，表示赐福。对亲朋好友装烟递茶，热情接待。杀鸡待客时鸡头敬客人，客人不能谦让。外出狩猎时如遇野兽伤人，生死相助。建盖房屋，婚丧嫁娶，全寨相助。在家庭生活和社会生活中妇女受到尊重。

拉祜族的民间禁忌很多，涉及生产生活的各方面，常见的有饮食禁忌、住房禁忌、服饰禁忌、丧葬禁忌、婚姻禁忌、生养禁忌、生产禁忌、节日禁忌等。随着时代的变迁，特别是传统信仰的变化，禁忌所赖以依存的“神”的权威性日渐削弱，禁忌也慢慢丧失其权威性。有许多禁忌在实际生活中已不为人们所遵守。

（三）傣族

傣族有尊老爱幼的传统，谦虚好客的美德，吃饭时要让老人、客人先吃。在老人和客人面前不说不礼貌的话。妇女从长辈和客人面前走过时，收拢筒裙、弯腰而过。傣族说话轻声细语，不与别人大声吵闹。分居子女有好吃的酒菜，先送给父母品尝。最受尊重的是头人、医生、老师、佛爷和寨子里的长辈。客人进屋要脱鞋，客人食宿期间东西遗失，如查找不到，主人负责赔偿。

傣族人在生产生活和宗教活动中，也有很多的禁忌。傣族人新建的“新房”要先请和尚进入念经祈愿后，再由和尚带领主人家携带各种农作物的“种子”“家产”进入，才算自己的家，人进屋内要脱鞋。

年满四十五周岁以上的傣族老人，无论男、女一年一次都要到寺庙里就座听和尚念经。在这一天一律不能吃鸡蛋或其他蛋类的东西，不能杀生；在缅寺念经时点香上香，撒一次米花，下午听完念经再撒一次米花才能回家。

七、丧葬

（一）佤族

佤族人通行土葬。历史上由于砍人头祭祀习俗，为防止外寨人偷走死人头，就把死者埋在自家的竹楼下或园圃地里；有的村寨有公共墓地，墓地又以姓氏严格划分。1958 年，革除“供人头”的习俗后，大部分村寨都将死者送到寨外的墓地埋葬。

佤族最歧视自杀的人，认为自杀是最大的耻辱，所以轻生而死的人很少。

（二）拉祜族

拉祜族人注重葬礼，人死要向亲友邻居报丧，全寨停止生产一天，大家到死者家里帮忙。死者家属用蒿枝棍当筷子吃饭，表示对死者的悼念。正常死亡的成年人，死后一般在家中停柩 1 天 ~ 2 天，举行吊丧活动。请魔八唱挽歌，歌颂死者生前的事迹，夫妻的恩爱，处世的美德，以表示家庭和寨人对死者的缅怀。主人杀猪、鸡，煮饭接待客人，表示感谢。

拉祜族人实行火葬。每个村寨都有固定的火葬场地，火葬场内各姓氏又有自己的焚尸塘，焚尸前以丢鸡蛋的方法确定墓地。焚尸时，男性架八层柴，女性架九层柴，尸体头东脚西。焚尸后的第二天，用小木棺材将骨灰按从脚到头的顺序放入棺材后，挖坑下葬垒坟为志，有的不垒坟。殉葬品有死者生前的用具、器皿、弩、挎包等。

对非正常死亡者，不报丧，不举行吊丧活动，也不得葬入集体墓地，不焚尸，抬到山上挖坑埋葬。对 12 岁以前夭折的小孩、婴儿，不行火葬，行土葬而不垒坟。

（三）傣族

傣族葬俗有火葬、水葬和土葬三种。成年人和老年人病故用火葬，死后由家人和亲友抬至楼中住处更衣梳洗，并往死者口中放入金、银器。若是女性则戴上生前的耳环，手镯等饰物。白布裹尸和铺棺底，尸体入棺后再覆以白布，封棺加钉。停柩期间，全村停止生产，亲戚邻里参与吊丧，请佛爷念经一两个昼夜。出殡时由儿子、亲友抬至墓地火化。火化后将骨灰装入土锅或瓦缸就地入葬，不垒坟，以后家属亲友不再去扫墓祭拜。死者生前使用的器皿与尸同焚。

对 10 岁以前夭折的小孩及非正常死亡者，不举行吊丧仪式，简便葬入水中或抬到山上挖坑埋葬。

逢农历十五日死者，一律不能在寨中举行吊丧仪式，必须抬到寨外，遇月食死人，认为是触犯了天神，全寨人搬到寨外住 7 天。

八、歌舞

（一）佤族

佤族不仅是一个勤劳、剽悍、豪放的民族，而且是一个能歌善舞的民族。

早在远古时代，伴随着生产劳动和祭祀活动，佤族民歌就产生了。佤族虽然没有文字，民歌通过口耳相传，一代一代流传下来，不断得到丰富和发展。由于民歌和人民的生产、生活息息相关，因而有着牢固的群众基础，具有强大的生命力。

勇敢剽悍的佤族人民素以能歌善舞著称，其民歌也以其质朴的音调和粗犷的风格而独具特色。在漫长的原始社会里，民歌是佤族人民抒发感情和寄托精神的主要形式之一，从而与佤族人的生产劳动和生活习俗紧密相连，并伴随着生产和生活的发展而不断得到丰富，所以佤族民歌既是佤族人民劳动和智慧的结晶，也是佤族历史和社会发展的写照。

西盟佤族的民歌多为羽调式和徵调式，旋律常用 la、do、re 或 so、do、re 为骨干音，音区偏低，音域较窄。终止式以同音反复为特色。节奏以较规整的二拍子为主。结构多为上下句对应式的单乐段或两对上下句构成的复乐段，并在此基础作小有变化的反复；有的则在曲首加一句甩腔或曲尾加一句衬腔。演唱形式主要是独唱或一领众和，其中，领部的即兴性较强，和部则相对的固定。凡是喜庆和娱乐时就配以简单的舞蹈动作和打击乐伴奏。唱词喜欢用比兴手法而不喜欢平铺直叙，例如，父亲把心爱的儿子比作自己佩带在身的小刀；妻子把丈夫比作针，自己比作线；老人们把青年男女比作铺在房顶上的茅草和夹茅草的竹条，等等。另外，还有一些既相对稳定又连接成句的衬词也常出现在有些歌的首尾，例如“跟左啊三保，江三木罗”等。这些衬词往往还包含有独特的内容，显得别有风趣。

西盟佤族民歌从内容上看可分为：

祭祀歌（颂歌），如歌颂木依吉、利吉神、利安神、达梅、达莫（造天造地，创造万物的鬼神）的歌，歌唱《司岗里》，追述人类起源的歌，做各种大鬼的歌，歌唱新生活的歌等；

劳动歌（生产农事歌），如《出工歌》《山歌》《薅草歌》《收割歌》《背柴歌》等；

叙事歌，如《江三木罗》《盖新房》《剽牛歌》《孤儿歌》《马鹿吃小豆》等；

情歌，如《求爱歌》《结婚歌》《白花开》《美丽的长发》等；

娱乐歌，如《采白花》《帅罗哭》《蚂蚱歌》《歌舞调》《美丽的姑娘》等；

讽刺歌，如《懒人岩孔》等；

儿歌，如《羞老三》《牛尾巴歌》《黑牛吃稗子草》《岩追的爸爸》《上学歌》等；

悼歌，如《悼念歌》《哀悼歌》《送葬调》等。

如果仅从歌词的内容上区别，还可分出新民歌一类。此类民歌是用老曲调填进新歌词，如《幸福来自共产党》《阿佤生活多快乐》等。

此外，还有反映佤族传统习俗的歌，如《砍人头歌》《砍牛尾巴歌》《剽牛歌》《拉木鼓歌》《盖房子歌》《舂碓歌》等。

西盟佤族的民歌是丰富多彩的，同时，也是千变万化的，既具有比较统一的风格特征，同一个歌种在不同的村寨也常常会有不同的唱法和不同的曲调。有的佤族民歌还因吸收、融汇了邻近地区傣族的音调而别具一格。另外，由于该地区是从原始社会末期直接跨世纪的飞跃到社会主义社会，因此，不少民歌中还保留着古老社会的风貌以及一些原始宗教的痕迹，这无论是对于认识一个民族的音乐文化发展还是了解一个民族的历史都具有一定的价值。

佤族是一个能歌善舞的民族，佤族民间舞蹈的内容丰富，形式多样，风格各异，分布和流传面广，这些舞蹈都保持着佤族独特的原始风貌，古朴、奔放、粗犷有力。

歌舞产生和根植于人们辛勤劳动和生活之中，世代相传，经久不衰。佤族以歌传情，以舞抒怀。佤族民间歌和舞是密不可分的，每歌必舞，每舞必歌。流传于西盟的佤族民间歌舞种类繁多，题材广泛，风格独特。据不完全的收集和统计，佤族民歌常见的有叙事歌、劳动歌、时政歌、风俗歌、情歌、儿歌和祭祀歌等，佤族舞蹈有 21 个种类、207 个套路。

歌舞在佤族的社会生活中占有非常重要的位置。说古论今、生产劳动、谈情说爱、结婚办喜、故去办丧、祭祀活动、休闲娱乐等都有歌舞伴随。特别是在传统节日和宗教祭祀活动时，更是歌舞的盛会，阿佤群众围着篝火、喝着水酒，男女老幼拉手围圈，举寨欢歌，通宵达旦，数日不止。

佤族民间乐器有木鼓、大鼓、象脚鼓、铜鼓、铓锣、独弦琴、竹琴、摆、德、乌、葫芦笙等。

以表演形式划分，有鼓舞、杵舞、刀舞、羽舞、笙舞、手绢舞、弦琴舞、铓锣舞、笛子舞等。这些民间舞蹈的风格特点是粗犷纯朴、轻捷豪爽、热情奔放、刚劲大方，既有激昂炽热的欢腾，又有抒情优美的雅意。

木鼓舞，动作稳重、扎实、古朴、粗犷、风格浓郁，独具特色。充分表现了佤族人民彪悍的气质和团结一心、齐心合力的无比力量。

铓锣舞，有佤族独特的单跺脚、双跺脚、双足蹲跳、转身扭股等。动作、队形多变，舞蹈粗犷、朴实而优美，具有很高的艺术价值。

竹竿舞，过去是有福分的老人死后跳的一种舞蹈，现已成为一种娱乐性的舞蹈。舞蹈动作为模仿蚂蚁、斑鸠、豹子、画眉等动物形态起跳，活泼欢快。

佤族民间歌舞真实、形象、生动地反映客观事物，再现佤族的历史风俗文化，同时，也折射出佤族的心理、性格和审美意识，并贯穿于民族演变、发展的全过程。

脍炙人口的《阿佤人民唱新歌》，唱遍了全世界；原始野性、粗犷古朴的《甩发舞》《木鼓舞》荣获国家、省级优秀节目奖，表演者曾多次应邀到全国各地巡回演出和走出国门交流，《甩发舞》《木鼓舞》被誉为“佤族舞魂”“东方的斗牛舞”，深受国内外观众的喜爱和好评，久演不衰。

在节日里，除常见的“圆圈舞”外，各种宗教活动还有其固定的专一的舞蹈表演。如在“接新水”时，跳《雪管朵》；“拉木鼓”时表演《拉木鼓》《跳木鼓房》《敲木鼓》等；盖大房子时跳《头人盖房歌》《贺新房》《拉槽梯》《芦笙舞》《佤笛舞》等；“祭人头”时跳《砍头刀舞》《迎头舞》《供头舞》《送头舞》等；“砍牛尾巴”时跳《剽牛舞》《打镲舞》《数家谱》《小黄牛尾巴歌》《舂碓舞》等。

（二）拉祜族

歌舞是拉祜族生活中的最大乐趣，婚丧嫁娶、喜庆寿诞、宗教祭祀、农事活动乃至客人相访，都以歌舞表达感情。歌曲有祖祖辈辈相传下来的古歌，也有见景生情、随口编吟的新歌。舞蹈除芦笙舞外，还有反映生产、生活或模拟各种动物动作的三步舞、六步舞，男女老少人人会跳。常见的乐器有芦笙、巴乌和口弦。

拉祜族人民能歌善舞，民间传统舞蹈极为丰富，特别是以《芦笙舞》为代表的反映生产劳动的舞蹈，至今仍保留着二十四套动作。舞蹈动作生动、形象，再现刀耕火种、栽种五谷的全过程。除此以外，流传在拉祜族中的民间舞蹈还有《祈祷舞》《穿花舞》《荡秋千》《相帮舞》《串姑娘》《抢包头舞》等。这些民间舞蹈源于生活，保持原始风貌，动作优美，风格独特，朴实奔放。他既是文化娱乐的一种好形式，又是生产程序、技术的传授和教育。

拉祜族男子酷爱芦笙，女子喜欢口弦、响篾，乐器已成为拉祜男女谈情说爱的媒介。

（三）傣族

傣族民歌曲调节奏灵活优美抒情。

傣族的音乐是通过赞哈演唱的形式表现出来的。赞哈唱的调子一般是“12356”5个音阶，通常称为“赞哈调”。傣族的乐器主要是类似笛子的“筚”、类似二胡的“锭”，以及锣锣、铙钹、象脚鼓、长鼓、大鼓等。

傣族的舞蹈比起音乐来更为丰富多彩，其特点是膝部起伏柔美，身体和手臂呈三道弯造型，动作柔中带刚，小腿运用敏捷，加上提气、收腹、挺胸和头部、眼神的巧妙配合，使其具有浓郁而独特的民族风格。

舞蹈种类很多，动作及内容主要模拟当地常见动物的活动，在此基础上加以拟人化。如孔雀舞既来源于孔雀优美的动作，也来源于傣族美丽动人的传说。

傣族民间舞蹈主要有：“象脚鼓舞”“孔雀舞”“巨人舞”“马鹿舞”“龙舞”“鱼舞”“猴子舞”“小马舞”“黄牛舞”“水牛舞等”。这些民间舞蹈在西盟傣族聚居的勐梭村广泛流行，并且深受各族人民的喜爱。

傣族民间舞蹈从表演的形式上可以分为两种：一是自娱性的广场群舞，男女老幼均可参加跳的自我表演、共同娱乐的舞蹈，如“象脚鼓舞”“长鼓舞”等；二是表演性舞蹈，即一人或多人表演，大家观看、欣赏取乐，增加节日气氛的舞蹈，如“孔雀舞”“巨人舞”“猴子舞”“小马舞”“龙舞”“鱼舞”等。

以上傣族民间舞蹈均无音乐，皆用击打象脚鼓、敲锣、打镲伴奏。

第三节 语言文字

一、佤族

佤语属南亚语系孟高棉语族佤德昂语支。西盟佤族，各部落有不同的方言土语，按发音和词汇的差异，大致可划分为三种方言。第一是以马散部落为代表的“马散”方言，又称“勒佤”方言，是整个阿佤山中心区有代表性的语言，分布于莫窝、中课、新厂、岳宋和勐梭的他朗、秧落等村寨。第二是以阿佤莱部落为代表的“布饶克”方言，又称“岩帅”方言，分布力所乡的图地、打洛、阿佤莱和中课乡的永布落等村寨。第三是以翁嘎科部落为代表的“佤”方言，分布于翁嘎科乡和勐梭镇的永哈、王莫，力所乡的班同寨等一带。

佤族有着悠久的历史和自己的民族语言，但是没有自己的文字。佤族人相互间沟通表情达意和计事计数时，主要以刻木、结绳和以物传情的方式来代替。比如送牛表示平等友好，送牛腿表示下级部落对上级部落的尊敬，送牛肋骨象征长刀，意为相互之间要修通一条道路；送甘蔗、红糖、大米、水酒、草烟、槟榔等表示友好；送辣椒表示要教训对方；送火药、子弹和弩箭表示要打仗，没有调和的余地；送火灰表示要把对方打得粉身碎骨，烧毁房屋，把寨子化为灰烬。一般的来往通信，是用一片较大的树叶包扎寄出实物，以包扎绳上结的疙瘩为标记。疙瘩结在正中间表示友好，请对方一定要来，主人在等候。如果对方有事不能来，就以同类的礼物回敬；疙瘩结在边上，表示请对方协商，如果不愿接受对方邀请，则将原物退回，并把疙瘩移至原来的背面。

佤族社会也很重视机密和绝密的运用，佤族人以木刻的大小、长短来区别机密、绝密内容。机密的木刻只有手指甲大，刻好后包在草烟或槟榔里不易发现；绝密木刻更微小，每道刻口细如眉毛，除带信人和收信者外，别人不易发现。这种机密和绝密符号只在杀人或者处于战争状态时使用。

19 世纪初，基督教传入西盟，传教士为了能够更快地在佤族地区广泛传播，创制了一套拉丁字母拼写的撒拉文。但这套文字只有牧师和部分教徒懂，没有在佤族的布饶克方言区广泛使用。

中华人民共和国成立后，根据中国共产党的民族平等政策和应佤族人民的要求，1954 年，党和政府派出少数民族语言工作者配合佤族干部一起对佤语进行初步调查。1956 年 5 月，对佤族语言做全面、深入的普查。确定人口较多，语言势力较广泛的沧源、澜沧、耿马等地布饶克方言为基础方言，以沧源岩帅话语音为标准音，拟制以拉丁字母为基础的《卡佤文字案（草案）》。1957 年 3 月，在昆明召开云南省少数民族语言科学讨论会；同年 6 月，经上级批准，在澜沧和沧源的布饶克方言区试行。1958 年，云南省少数民族语言指导工作委员会和中国科学院对《卡佤文字案（草案）》进行修改。1964 年，进行重新修订。1958 年，西盟试行推广，后因发生武装叛乱停止试行。1986 年，县教育局进行佤文师资培训，并试行推广。1990 年秋，停止试行推广。

二、拉祜族

拉祜语是拉祜族使用的语言，属汉藏语系藏缅语族彝语支，西盟拉祜族使用拉祜西方言。历史上没有本民族文字，三佛祖在西盟建立佛堂用的是汉字经书，但只有少数教徒掌握。1957 年，国家为拉祜族创造了拉丁字母拼音文字，少数干部曾到澜沧县民族干部文化班及云南民族学院学习拉祜文。1986 年，县教育局举办拉祜文师资培训班，在部分小学开展“双语”教学。1990 年秋，停止试行推广。

三、傣族

傣语是傣族使用的语言，属汉藏语系壮侗语族壮傣语支。西盟勐梭傣族操德宏方言，使用的傣文称为傣那文，已有悠久的历史，来源于巴利文，是全省流行的三种傣文中的一种。

第四节　姓氏称谓

一、姓氏

（一）佤族

佤族的姓氏与"司岗里"、与佤族的长期迁徙、与佤族长期的社会实践和生产活动有着密切的联系。有的以自己的一个杰出祖先为姓，有的以迁徙过程中的一个重要地名为姓，有的以历史上祖先的某个重要情节中的一个动作为姓，有的以某种动植物为姓。

随着佤族与汉族关系的交往和发展，部分佤族的姓氏汉化了。西盟佤族由于受自然条件的限制、信息闭塞，较迟接受汉文化，因此，采用汉字姓氏相对其他地区的佤族要晚，主要有张、赵、魏、鲍、李、陈、刘、毛等。中华人民共和国成立后，一些佤族群众认为汉族姓氏比较方便和实用，就采用汉字赠送、自选等方式采用汉族姓氏。

佤族在取人名时并不带姓氏，以性格分开取名，习惯用排行带属相、排行带时间、排行带自然物、排行带生性取名。

男性 8 个排行：岩、尼、隋、写、赛、散木、俄、额。

女性 8 个排行：叶、欧、安木、奥、尾、欧布、尾其、牙得。

以排行带属相的，如"岩门"，"岩"是老大，"门"是属兔，是兔日生的；以排行带时间的，如"尼可士"，尼是排行老二，"可士"是冒出来的意思，此人是陆稻刚出稻时生的；排行带自然物的，如"欧布帅""欧布"是女性排行老六，"帅"是银链，父母很爱她，把她比为银链一样的宝贝；排行带生性的，如"叶松"，"叶"是女性排行老大，"松"是苦的意思，孩子生下后经常生病哭闹，父母认为这孩子命苦，故取名"叶松"。

此外，佤族人名的第二个字还常取汉族与其他民族的字音，男子常用的有：生、江、东、林、永、强、松、忠、春、华、明等。女子常用的有：英、美、兰、花、红、珍、琴、萍、玲、莉等。尤其是 20 世纪 60 年代以来的佤族青年，由于受汉族姓氏文化的影响，其父母喜欢借汉语字音取其子女的名字。

佤族有一种特殊的连名制度，即"父子连名"，实行"逆推反连"（从儿子到父亲）。如"岩朗戛"，"岩朗"是本人名字，"戛"是父名的最后一个字。

因为佤族在与各兄弟民族的交错居住和密切交往中，相互影响、相互促进，故佤族人名存在多元性，除了有佤族名字外，还有取拉祜族和傣族名字的。

（二）拉祜族

历史上拉祜族没有姓氏，男性冠以"扎"，女性冠以"娜"，"扎"和"娜"不是姓氏，而是男性和女性的区别称呼。取名时在"扎"和"娜"的后面加上排行、出生时辰或属相日为名。如：以排行取名的扎儿、娜儿，"儿"为老大。以时辰取名的扎戈、娜戈，"戈"是半夜子时生的；扎体、娜体，"体"是天亮寅时生的；以属相日取名的扎丕、娜丕，"丕"是属狗日生的；扎努、娜努，拉祜族称黄牛为"努"，是属牛日生的。拉祜族冠以李、罗、张、王等汉姓取名是近百年才开始的。据说，历史上拉祜族曾进行过多次反对清政府的民族压迫起义，屡遭失败，有一次一个姓李名豪的汉族大官，征服了拉祜族后，赐给拉祜族李姓，从此拉祜族开始用汉姓氏，所以在拉祜族中姓李的比较多。随着历史的发展，拉祜族与汉族交错杂居、通婚等，汉姓随之增多。

（三）傣族

勐梭傣族姓刀，只有一户姓艾（属外来杂姓）。傣族取名不冠以姓氏，只有入学或参加工作才取学名，冠以姓氏。一般取名以排行为前一个字，后面带自然物或某种动植物名。

男性8个排行：艾、义、散、赛、俄、倮、黑、软。

女性8个排行：哎、玉、安、外、饿、窝、欧、软。

例：艾赕，“艾”是男性排行老大，“赕”是一种行为，即赕佛，施舍的意思。义相，“义”是男性排行老二，“相”是宝石。玉喊木，“玉”是女性排行老二，“喊木”是金子。安辇，“安”是女性排行老三，“辇”是银子。

傣族多以美好、幸福、宝贵为自己名字的象征。

二、称谓

（一）佤族

佤族对亲戚朋友和家庭成员，不直呼其名，更不呼其姓，而按官衔、辈分或排行名互称。同一姓氏称兄、弟、姐、妹，异姓称表兄、表弟、表姐、表妹或称“亲家”。如对方是已有孩子的父母，一般都在前面加上孩子的名，如称“埂泰”，“埂”是父或叔，“泰”是被呼者的子女的名，译为汉语就是“泰他爹”。小辈对长辈只能以辈分称谓，如“牙”（奶奶）、“达”（爷爷）、“默”（婶婶）、“埂”（叔叔）……长辈对小辈一般只呼排行，而不呼其名，如“岩”“尼”“隋”“写”“叶”“依”“安木”等。直呼对方的姓名被认为是对朋友的不尊，特别是小辈对长辈直呼其名，被认为是缺少家教的人。

亲属称谓，各部落方言区称呼不尽相同，但差异不大，以大马散寨称谓为例：

称谓译音	佤文	所指亲属
能	neeing	父
妈	max	母
艾其	aig	兄、姐夫
跑	poux	弟、妹夫
奥	ao	嫂、姐
阿年	a nian	妹、表妹
挺	ting	伯、伯母、婆母、姑母（比父亲大）、姨母（比母亲大）
默	mea	婶母、岳母、姨母（比母亲小），又是已婚女性的通称
保	baox	舅父、姨父、岳父、姑父、公公
埂	geeing	叔叔
达	dax	祖父、外公、又有祖先和老人的意思
牙	yax	祖母、外婆、祖母辈的老人
阿每	a meix	丈夫、又通称男性
管阿每	gon a meix	儿子
管阿崩	gon a boun	女儿
管	gon	侄子、侄女、外甥，也是对孩子的通称
管赛	gon saix	孙子、孙女、外孙、外孙女
阿么温	a muing	妻子

（二）拉祜族

拉祜族有尊老爱幼的美德，在社会交往中，一般不直呼其名，亲属称谓如下：

父—阿爸，母—阿依，祖父—阿布么，祖母—阿比，伯父—阿布，伯母—阿布妈，叔父—阿怕八，叔母—阿怕妈，姨父—俄乃八，姨妈—俄乃妈，舅舅—俄翁八，舅母—俄怕妈，兄、表兄—阿尾八，嫂、表嫂—阿尾妈，弟、表弟—俄尼八，妹、表妹—俄尼妈，丈夫—俄坡么，妻子—俄迷妈，儿子—丫八，女儿—丫米，孙子—俄怀八，孙女—俄怀妈。

（三）傣族

班辈之间以辈分称呼，不直呼其名，对已有孩子的成年人，依孩子称呼，如波艾相，"波"是父亲，意为艾相他爹。夫妻之间，未生孩子前互相说囫囵话，有了孩子以后，就以"孩子他爹"或"孩子他妈"称呼。

亲属称谓如下：父、岳父—波，母、岳母—咪，叔—奥，叔妈—阿白，伯父—波弄，伯母—咪弄，爷—布，奶—咪奥，公—波陶，婆—乃，祖父—布快，祖母—乃快，儿子—路宰，儿媳—路白，女儿—路引，姑爷—路惠，夫—破，妻—米。

第三章 民族宗教事务

第一节 民族事务

一、民族区域自治

1982年，西盟县开始制定《西盟佤族自治县自治条例》。1984年8月—10月，组织党员、团员、各级干部、各族人民群众学习《中华人民共和国民族区域自治法》。

1989年7月15日，云南省第七届人大常委会第六次会议批准《云南省西盟佤族自治县自治条例》（以下简称“条例”），并正式公布实施。《条例》明确规定“自治县的自治机关保障各民族公民在法律面前一律平等，依法保障各民族公民有宗教信仰自由，自治县县长由佤族担任”等。当年，在全县三级干部会上组织学习，会后对《条例》进行宣传。

2007年1月30日，县第九届人民代表大会第五次会议通过《云南省西盟佤族自治县自治条例（修订）》；3月30日，云南省第十届人大常委会第二十八次会议批准该条例；于7月1日起实施。

2008年，全县共有乡科级以上干部381人，其中，少数民族干部244人，占干部总数的64.04%。处级干部28人，其中，少数民族干部18人，占处级干部的64.29%。

1978年—2008年，历届县委、县人大、县政府认真贯彻落实《中华人民共和国民族区域自治法》《云南省西盟佤族自治县自治条例》，在每一届县委、县人大、县政府新任命的正、副科级干部中，少数民族干部分别为53.8%、61.3%，在推荐处级领导干部中少数民族占54%。

二、佤族文化研究

2006年10月3日，首届云南省佤族研究会会员代表大会在西盟召开。会议对长期以来说法不一的问题进行广泛讨论后达成共识：1. 佤族的起源；2. 佤族信仰什么；3. 从古至今是什么传承佤族的原始宗教文化，在佤族生产生活中起到什么作用；4. 佤族在不同部落、不同地域各有什么称谓；5. 佤族应启用自己的姓氏；6. 木鼓是佤族的通天神器，代表母亲的召唤，没有“公”“母”之分等。

三、民族书籍出版

1985年5月，民族出版社出版《西盟佤族自治县概况》。1997年11月，云南人民出版社出版《西盟佤族自治县县志》。2005年1月，云南民族出版社出版《本色佤山》。2008年3月，民族出版社出版修订版《西盟佤族自治县概况》等。

四、民族地区发展扶持

民族教育　1981年，县委、县政府把“民族团结、稳定进步、全面发展”作为工作中心。1998

年—2008年，共投入发展教育资金1245万元。2001年—2004年，落实民族教育“两免一补”（三免）经费522.77万元，其中，2001年68.61万元；2002年150万元；2003年135.5万元；2004年168.66万元。全县有10078名中小学生享受“两免一补”政策。2005年—2008年，为贫困学生减免费用1299万元。

民族传统体育　2005年，全县共建有体育场地314块，人均有体育场地面积2.2平方米，其中，标准篮球场139个，一般篮球场167个，8×200米标准田径场地1个，陀螺场2个，门球场5个。2006年4月10日—14日，思茅市首届少数民族传统体育运动会在西盟召开，西盟获得10金8银2铜的好成绩，金牌总数名列前茅。至2008年，多次组织参加国家、省、市少数民族传统体育运动会的表演和比赛，在全国第三、四届少数民族运动会上,《木鼓舞》分别获金、银奖;《啊朋啊龙尼》《佤孟格》《抢钥匙》获金奖;《竹竿舞》《赛木鼓》获银奖等。

兴边富民项目　2004年—2006年，争取省、市民委下达西盟实施“兴边富民”项目42项，资金902万元，其中，2004年13项，资金300万元；2005年11项，资金300万元；2006年18项，资金302万元。项目有种植、养殖业、科技培训、人畜饮水、架设电路、温饱示范村、集贸市场建设、橡胶开发、民族团结示范点、村组公路建设等。覆盖41445人。2008年7月25日起，全县开展“兴边富民送温暖活动”，此次活动有“一五六四四”显著特点，即:“一个机制、五个到位、六个显著成效、四个工作特点、四个工作亮点”。全县组织副科级以上领导干部175人（副处级22人，正副科级153人）下到乡（镇）进村入组开展工作，与群众同吃、同住、同劳动，帮助群众解决生产、生活困难，理清发展思路，收集民情民意，化解各种矛盾。全年共实施8个兴边富民示范村建设，总投资200万元。“特困试点村”1个，投资50万元。至2008年，共投资375万元，为群众创办经济实体4个（建茶厂），总面积1500亩，每年为群众增收10万元；基础设施37项，共投资378万元。

民族团结示范　1983年8月29日，县民族事务委员会被授予“云南省第四次民族团结进步先进集体”称号。1996年以来，在调查评估的基础上，把翁嘎科乡龙坎村、勐梭镇他朗村、中课乡班箐村、新厂乡永广村、力所乡南亢村、岳宋乡岳宋村等作为“民族团结示范乡村”。2002年，力所边防工作站，被国家民族事务委员会授予“民族团结进步模范单位”称号。2005年，翁嘎科乡被评为“全省民族团结进步模范集体”。2006年12月26日，县委、县政府召开全县民族团结表彰大会，表彰先进集体13个、先进个人56人。

第二节　宗教事务

一、宗教信仰

（一）原始宗教

西盟佤族信仰万物有灵的自然宗教，相信万物有灵，认为所有山川、河流和一切不理解的自然现象都有精灵，会给人们带来祸福。佤族最崇拜的是人类最高主宰“莫伟其”，又称“木依吉”，其五个儿子是分别掌管开天、辟地、打雷、地震的神和佤族的祖先。除此之外，还有各种各样的水鬼、树鬼等等。通过与附近其他少数民族交际往来，一部分佤族曾信仰过汉传佛教。

（二）佛教

拉祜族　18世纪初，明朝遗老杨和尚（杨德渊）从大理鸡足山到拉祜族地区传播大乘佛教，佛教逐步成为拉祜族的宗教信仰之一。

清同治十三年（1874），澜沧拉祜族广明佛掌门人三佛祖进入西盟佤山后，在西盟山（今称佛殿山）创立了勐坎佛房，广纳信徒，宣传佛教。三佛祖把“释迦牟尼”解释为“厄莎”，使佛教与原始宗教相结合，被拉祜族所接受。拉祜族把“厄莎”视为具有万能的神祇，主宰万事万物，执掌着人间的凶吉祸福。三佛祖则把自己宣扬为“厄莎”的使者，以维护自己的统治。

清光绪二十七年（1901），扎谢代办执政后，重教轻佛，佛爷及和尚无人管教，佛爷死的死，走的走，和尚自行还俗，加之佛房遭火灾，经书、佛像等物几乎被烧尽，佛教逐渐衰落。至1949年中华人民共和国成立前夕，只有李通明的二女儿李四兰看守佛房、换佛水，主持宗教活动。1958年后，佛教活动逐步消失。1990年，修复三佛祖遗址，并开展正常的祭拜活动。

傣族　傣族信仰巴利语佛教。“文化大革命”期间，傣族佛教受到严重冲击而停止佛事。中共十一届三中全会以后，落实宗教政策，又恢复正常的佛教活动。西盟县勐梭镇勐梭村有5个傣族自然村、12个村民小组，至2008年，勐梭村大寨、上寨、下寨、南规、里坎有佛寺，有教职人员7人，信教群众2400人。

佤族　清乾隆五十五年（1790），今力所乡图地村的佤族，由今缅甸的允恩部落迁入西盟，语言受傣族的影响，信仰巴利语佛教。1948年，打洛、图地、阿佤莱寨子建有佛寺。1956年，佛教活动消失。

（三）小乘佛教

清乾隆四十八年（1783年）传入西盟，主要分布于勐梭镇勐梭村5个傣族村民小组。至2008年，有活动场所5个，有教职人员7人，信教群众2400人，信教仅限于傣族。

（四）基督教

1997年，中课乡永布落村委会达碟村民小组村民扎倮在澜沧县哈仆马村教堂受洗信奉基督教后，在小组进行传教，最初发展教徒12人。1998年1月，县民宗局在调查了解时已经发展有27名信徒。同年，县民宗局给予中课乡永布落村达碟村民小组教堂登记为合法的、正式的基督教活动场所。在县内的组织体系是教堂的负责人带领群众举行各种宗教活动和仪式。至2008年，有教员6人，信教拉祜族群众76人。

二、宗教活动

佤族宗教活动异常频繁，每年除经常性的祭祀活动外，全寨性的宗教活动有“祭木鼓”“剽牛”“做老母猪鬼”等

祭木鼓　佤语称“格龙克罗”。木鼓是佤族的最高崇拜物，是通天神器，代表母亲的召唤。每个村寨都有一间木鼓房，房里支放一对木鼓，主要是增强合音，在人们的意识中，“莫伟其”神平时住在天上，只有当她听到木鼓声才来到人间，祭拜木鼓也就是祭拜“莫伟其”神。

剽牛　佤语称“耍嘎拉”或“耍梅”。每逢大的宗教活动都要剽牛，牛毛色要光亮，角形要好，一是作为祭品，人选定牛并念经后，方可镖牛；二是用于招待客人。佤族剽牛可以看出吉利和不吉利之说：“牛倒向右边，刀口朝下则为不吉，刀口向上，牛倒向左边视为大吉大利”。剽牛不剥皮，大部分连皮带肉分送给来客，右前腿送给哥哥，右后腿送给弟弟，左两腿和脖子送给姐妹，牛身一破两半，一半招待客人，另一半分送所有来客，主人只剩牛头和脚。

做老母猪鬼　是祭祀“家神”（勒依儿）的宗教活动，意义是传授本姓人的家史。时间为三天，第一天主人杀一头公猪和一只公鸡祭献“勒依儿”神，把做“老母猪鬼”的事禀告祖先；第二天通知本姓近亲休息一天，做好准备；第三天施祭，清早主人抬一个石头栽在门外牛角叉处，拉一头母猪捆放在屋后，请巴猜念咒语。祭祀仪式结束后，将母猪宰杀为食。

三、宗教活动场所

勐梭大寨佛寺　始建于清乾隆四十八年（1783），后分别于清嘉庆五年（1800），傣历1162年1

月 20 日重修；公历 1979 年再次重修。建筑面积 1734 平方米。1983 年，组织以“民办公助”的方法先后修复和重建勐梭傣族佛寺教堂，并派人到孟连抄回经书。

勐梭大寨白塔　始建于清道光二十六年（1846），傣历 1208 年。1968 年，“文化大革命”时期，因破“四旧”不允许进行宗教活动，白塔被红卫兵炸毁。1987 年 10 月 25 日重建。1988 年 4 月 15 日竣工。并列为县级文物保护单位。

勐梭南规佛寺　始建于民国四年（1915），建筑面积 309.6 平方米。1987 年，南规佛寺被列为县级文物保护单位。

勐梭里坎佛寺　始建于清光绪元年（1875），傣历 1237 年 4 月 15 日建成。1982 年 2 月重修，建筑面积 1250 平方米。

勐梭上寨佛寺　始建于清宣统二年（1910），傣历 1272 年 3 月 15 日建成。1981 年重修，建筑面积 1600 平方米。

勐梭下寨佛寺　始建于清光绪二十八年（1902），傣历 1264 年 1 月 25 日建成。1981 年 4 月重修，建筑面积 1500 平方米。

达碟基督教活动场所　达碟教堂位于中课乡永布落村六组（达碟组）。2003 年建，木板结构，占地面积 70 平方米，场所属六组集体所有。

第三节　机　构

1981 年，县民族事务委员会成立，属县政府主管民族工作职能部门。1996 年 8 月，县级党政机构改革时，改称民族宗教事务局，有干部职工 11 人。2008 年，内设办公室、文化教育宗教股。设局长、副局长、纪检组长各 1 人，有干部职工 11 人。

历任县民族事务委员会主任：刀学良（傣族，1987 年 10 月至 1991 年 8 月）、罗岩祖（佤族，1991 年 8 月至 1996 年 7 月）。

历任县民族宗教事务局局长：罗岩祖（佤族，1996 年 7 月至 2002 年 2 月）、毛莲英（女、佤族，2002 年 2 月至 2006 年 1 月）、杨岩来（佤族，2006 年 1 月至 2008 年 12 月）。

第三编　体制改革

第一章　政治体制改革

第一节　县乡村（社区）机构改革

一、县级机关机构改革

（一）1978年—1990年机构改革

1. 中共西盟县委

1978年，内设办公室、组织部、宣传部、统战部、监委、保密委。1979年，县委党校成立。1980年，县纪律检查委员会成立。1981年，县政法委员会成立。1983年，县委党史办成立。1984年，县委农工部和老干局成立。1987年，县委机关工委成立。

2. 县人大常委会

1980年12月，选举产生县人民代表大会常务委员会，为县人民代表大会常设机构，下设办公室。1985年4月，增设民族科、法制经济科、教科文卫科。1990年2月，3科改为工作委员会，即：民族法制工作委员会、教科文卫工作委员会、经济工作委员会。

3. 县人民政府

1980年12月，恢复县人民政府，将县革委会各委、办、局改为县人民政府各委、办、局。

1990年12月，县政府职能机构有：政府办公室、民政局、劳动人事局、财政局、农牧局、城乡建设环境保护局、文化局、卫生局、教育局、粮食局、公安局、水电局、交通局、工业局、商业局、统计局、税务局、物资局、工商局、外贸局、乡镇企业局、档案局、司法局、物价局、林业局、审计局、监察局、地震局、保密局、土地局、外事办公室、计经委、科委、计生委、体委、民委、编委、体改委、边贸办公室、县志办公室、扶贫办公室。

4. 县政协

1979年，恢复县政协。1988年2月，设立政协办公室。1990年7月，提案联络工作委员会成立。

5. 县人民法院

1978年，内设办公室、刑事庭、民事庭，相继成立经济审判庭、民事审判庭，增设新厂人民法院。

6. 县人民检察院

1978年3月，恢复检察院。1979年12月20日，正式挂牌办公，各科室逐步恢复成立。1990年，内设批捕科、起诉科、法纪检察科、经济检察科、控告申诉检察科、反贪污贿赂局、税务检察室、办公室、来信来访接待室。

7. 人民团体

1978年—1990年，设县总工会、共青团西盟县委员会、县妇女联合会。

（二）1996 年—1997 年机构改革

1996 年，县党政机构改革的基本思路：党政机构精干化、专业部门实体化、后勤服务社会化、群团组织群众化。改革后，县级党政机构由原来 54 个减少到 42 个，精减 22.22%。

1. 中共西盟县委

1996 年，内设办公室、组织部、宣传部、统战部、政法委员会、纪律检查委员会。

2. 县人大常委会

1996 年，内设办公室、民族法制工作委员会、教科文卫工作委员会，经济工作委员会改称财经工作委员会；增设选举联络工作委员会。

3. 县人民政府

1996 年 8 月，县政府的工作机构进行调整，司法局与政法委合署办公，实行“一个机构、两块牌子”；撤销计经委、统计局、物价局、工业交通局，分别组建计划统计物价委员会（保留统计局、物价局牌子）、经济贸易委员会、交通局；撤销教育局、体委和科学技术委员会，组建教育与科学技术委员会（加挂体育运动委员会牌子）；撤销农业局、畜牧局，组建农牧局（保留畜牧局牌子）；撤销卫生局、计划生育委员会、爱卫会办公室，组建卫生与计划生育委员会；撤销土地管理局、城乡建设环境保护局，组建土地管理与城乡建设环境保护局（保留城乡建设环境保护局）；撤销民族事务委员会、宗教科，组建民族宗教事务局；行政科、信访局、外事办公室并入政府办公室（保留外事办公室牌子）；经济体制改革办公室、边贸办、矿管办、糖办并入经济贸易委员会；供销社退出政府行政机构系列；财政局加挂国有资产管理局牌子；粮食局行政职能划归经济社会发展计划局（保留牌子）；商业局转为经济实体；文化局与广播电视局合并（保留牌子，政府授权承担一定的行政职能）；档案局与档案馆实行“一个机构、两块牌子”；地震局改为事业单位；县扶贫开发领导小组办公室改为正科级单位，隶属关系不变；县编制委员会办公室挂靠劳动人事局。

4. 县政协

1996 年 7 月，取消文史资料委员会，内设办公室、提案联络工作委员会、教科文卫体工作委员会。

（三）2001 年—2002 年机构改革

1. 中共西盟县委

2002 年，内设纪律检查委员会、办公室、组织部、宣传部、统战部、政法委、直属机关党委；老干部局归组织部管理。

2. 县人大常委会

2002 年，县人大常委会设 1 室 4 委。

3. 县人民政府

2002 年，县政府设职能工作部门：政府办公室、发展和改革局、经济和商务局、交通局、建设局、人事和劳动社会保障局、教育局、民族宗教事务局、公安局、监察局、民政局、司法局、财政局、国土资源局、水务局、农业局、科学技术局、林业局、卫生局、人口计划生育局、审计局、统计局和议事协调办事机构贫开发领导小组办公室。

4. 县政协

2002 年，县政协设 1 室 3 委。

5. 人民团体

2002 年，设科协、妇联、共青团、总工会、工商联、残联、文联、红十字会。

6. 事业单位

2002 年，设广播电视局、档案局、文化体育局、旅游局、地震局、环保局、党校、党史研究室、甘蔗推广中心。

二、乡（镇）机构改革

1997年4月30日，县委、县政府批转执行《西盟县乡（镇）机构改革实施意见》，乡（镇）党政机构改革工作随即在全县开展，到年底结束。改革紧紧围绕发展农村经济建设这个中心，按照“精减、统一、效能”的原则，理顺事权关系，合理设置机构，建立适应社会主义市场经济发展的管理运行机制，改变因人设事的做法。全县7乡1镇，共设编制人员194人，其中，新厂、力所、莫窝、翁嘎科、勐梭、中课乡分别设编制人员25人；西盟镇、岳宋乡分别设编制人员22人。

2005年，为贯彻落实全省农村综合改革工作会议精神，全面推进农村综合改革工作，促进社会主义新农村建设。以转变乡镇政府职能为重点，创新乡镇事业站所运行机制，精简机构和人员，5年内乡镇机构编制只减不增，妥善安置分流人员，确保社会稳定，顺利完成乡镇机构的改革。

2006年1月13日，根据《关于适度撤并乡镇后事业单位机构设置和机关事业单位人员分流若干政策的意见》，结合西盟县实际，撤并莫窝乡和西盟镇，称为勐卡镇。全县由原来的6个乡、2个镇改为5个乡、2个镇，设编制人员194人，其中，一类乡（镇）勐卡、勐梭、翁嘎科、中课、力所、新厂分别设编制人员28人；二类乡为岳宋乡，设编制人员26人。

三、村级体制改革

1978年，全县有34个大队。1984年3月，村级体制改革，把大队改为乡。同时，新设班哲乡、嘎娄乡、左扩拉祜族乡。全县有35个乡、1个村级办事处。1988年2月，把乡改为村，全县有35个行政村公所、1个村级办事处。2000年8月，根据思茅地委、行署村级体制改革工作的安排部署，进行农村体制改革，改为36个村民委员会、1个办事处。即：新厂、窝羊、阿莫、代格拉、永广、莫窝、永业、永帮、班哲、莫美、马散、西盟、岳宋、曼亨、班帅、力所、图地、佐扩、南亢、王雅、英腊、班弄、班岳、龙坎、英侯、勐梭、他朗、王莫、里拉、秧洛、班母、中课、班箐、窝笼、嘎娄、永布落村民委员会，娜妥坝办事处。2008年，全县有36个村民委员会、1个办事处。

四、社区居民委员会

2002年12月，勐梭镇社区居民委员会成立。2003年1月9日，西盟镇社区居民委员会成立。2006年1月13日，西盟镇社区居民委员会改为勐卡镇社区居民委员会。2009年5月5日，娜妥坝社区居民委员会成立。

第二节　干部人事工资制度改革

一、推行国家公务员制度

1997年4月30日，全县推行国家公务员制度，全县各级机关共有干部582人，根据《国家公务员暂行条例》及省、地《关于推行国家公务员制度实施意见》的规定，完成党政机构改革“三定”（定机构、编制、人员），制订《西盟县推行国家公务员制度实施意见》，并报经地区推公领导小组审核批准，由县委批准执行。推公工作分为准备、实施、检查验收三个阶段。在实施过程中，根据《西盟县推行国家公务员制度实施意见》，在432名干部中，符合过渡国家公务员资格条件的有430人，其中，自然过渡领导干部，县处级12人；乡科级90人；过渡为主任科员98人；副主任科员132人；科员76人；办事员22人。通过检查验收，全县6个乡、2个镇、县级部门（含办事员）均验收合格，并下发验收合格通知和过渡人员名单，明确规定从 1997 年 11 月 1 日起，国家公务员制度正式在全县入轨运行。

二、事业单位人事制度改革

2002 年 12 月,《西盟县事业单位人事制度改革实施意见》通过地区事业单位人事制度改革工作领导小组审核，县政府以文件形式印发各乡镇、各部门组织实施。同时，全县事业单位人事制度改革工作按照“脱钩、分类、放权、搞活”的工作思路，召开全县事业单位人事制度改革动员大会，经过准备、实施、验收三个阶段，历经 5 个月，经地区事业单位人事制度改革工作领导组验收合格。西盟县事业单位人事管理全员聘用制度于 2003 年 1 月 1 日起施行。事业单位人事制度改革，全县共涉及 17 个系统（部门）、149 个单位、1855 人，其中，管理人员 95 人，专业技术人员 1499 人，工勤人员 261 人。全县事业编制 2440 个，按岗位划分：管理人员岗位 366 个，占 15%；专业技术人员岗位 1832 个，占 75%；工勤人员岗位 242 个，占 10%。按照经费来源划分：全额拨款岗位 128 个，占 86%；差额拨款岗位 17 个，占 11%；自收自支岗位 4 个，占 3%。通过双向选择、竞争上岗，全县有 1737 人签订聘用合同，办理退休 116 人，辞职 2 人。

三、工资制度改革

1978 年，西盟县国家机关、企事业单位工作人员，实行 1965 年制定的以级别为主的结构工资制，工资类区属三类区，人均年工资 518 元。

1985 年，按照中共中央、国务院《关于国家机关和事业单位工作人员工资制度改革问题的通知》精神，在全县实施工资制度改革。当年，机关事业单位工作人员按照现行工资标准加上副食品价格补贴，行政经费节支奖金（5 元）套入本职务标准，低于新工资（基础工资、职务工资之和）所任职务最低一级职务工资等级的进入本人职务的最低工资等级；高于所任职务新工资（基础工资、职务工资之和）最高一级职务工资等级的，照发原工资，不实行新工资标准。全县进行工资改革的国家机关、事业单位干部职工 1501 人，企业职工 852 人，在职不在编的村干部（原大队干部）143 人进行工资套改。

1986 年，按照国务院工资制度改革小组、劳动人事部《关于 1986 年解决国家机关和事业单位部分工作人员工资问题的通知》意见，符合规定提高工资的干部职工有 296 人，其中，县处级干部 4 人，一般干部、工人 292 人。月增资 2014 元，人均月增资 6.8 元。

1987 年，根据思茅地区行政公署劳动人事处《转发省工改小组、劳动人事厅〈关于高等院校、中等专业学校、中小学校教职工工资制度改革问题的通知〉》和思茅行署劳动人事处、行署卫生局《关于医疗卫生事业行政管理人员进行工资制度改革的通知》规定，为全县中小学校长、教导主任、副主任、幼儿园园长等职务办理提高工资手续 27 人，月增资 229 元；对全县事业单位行政管理人员职务工资进行调整，按站长、副站长、正副主任等职务调整，办理职务工资手续 4 人，月增资 24 元。1988 年，全县干部职工每人月边补增至 20 元。

1993 年 10 月，根据国务院《关于机关和事业单位工作人员工资制度改革问题的通知》及《关于工资制度改革三个实施办法的通知》精神，为全县在职职工 2178 人套改增资，月增资 247200 元，人均月增资 122 元，其中，机关 755 人，月增资 70215 元，人均月增资 93 元；事业单位 1279 人，月增资 172665 元，人均月增资 135 元；村干部 144 人，月增资 4320 元，人均月增资 30 元。

2005 年，对全县机关事业单位津贴、补贴进行清理规范，为改革公务员工资制度、规范公务员收入分配打下良好基础。

第二章 经济体制改革

第一节 土地使用制度改革

一、家庭联产承包责任制改革

1980年起，全县农村耕地逐步实行家庭联产承包责任制，在坚持土地公有制的同时，分散承包给社员经营，实行“包交提留、包产到户”政策。当年，有340个生产队实行家庭联产承包责任制，尚有21个生产队仍实行小段包工、定额管理、评工记分、统一分配。1981年，全县361个生产队全部实行家庭联产承包责任制。

至2008年，宅基地、自留地、水田、旱地、林地一直实行所有权与使用权相分离的土地使用权合理分流。

二、非农业用地使用制度改革

1988年8月，县土地管理局根据深圳土地使用改革的做法，报经县政府批准，将位于县城民胜街中心花园以东16米、商业局百货公司门市部以北9米、距新华书店南边墙1.6米的328平方米临时房基地使用权，以协议方式出让给玉溪市黄官办事处养猪专业户吴某某建“溪盟餐厅”，出让金额4.92万元（分三年付清），年限20年。这是云南省首次出让土地使用权，被载入《云南省土地志》。

1991年1月，将位于前哨路水电局门口一块48.18平方米的临时用地以7227元出让给弥渡县第八建筑公司，年限20年。依照1993年3月，云南省人民政府颁发《云南省城镇国有土地使用权出让和转让实施办法》的规定，把原出让的“溪盟餐厅”用地，于7月转让给西盟县建设银行，转让金72万元（连同设施），并代收土地增值费1.2万元。

1994年10月，在全省土地使用制度改革会议上，把用出让方式提供建设用地占国家、集体两项建设用地的比例作为土地管理目标责任中的一项重要考核指标，并实行土地使用权出让“五统一”（统一征地、统一规划、统一开发、统一划拨、统一管理）要求，推行在小城镇（含乡镇政府所在地和交通要道）开展小宗地出让，把“两小”出让同样列作土地管理目标责任之一。根据土地使用制度的改革精神，县内逐步开始国有土地有偿出让工作。10月25日，在莫窝乡莫窝村、永帮村进行“两荒”出让试点，在试点取得经验的基础上，于12月5日，发出《西盟佤族自治县出让荒山荒地使用权实施办法（试行）》（以下简称《实施办法》）。《实施办法》规定，有偿出让荒山荒地使用权的范围是国家和集体所有的荒山荒地（县境内只有“两荒”），包括“两山一地”到户的自留山、责任山已变为轮歇地的。出让方式有协议出让、招标出让和拍卖出让三种。出让价格根据地块的地理区位、土壤质量、交通、开发条件和出让年限确定，根据自治县的经济状况，每亩5元～100元，出让年限30年～70年。《实施办法》规定，出让的地块须在两年内开发完，对有偿出让荒山荒地使用权的对象、受让对象、办理出让的程序、审批权限、开发项目、出让合同的订立，以及出让和受让方的职责、出让金的收取使用等作了具体规定。

1995 年，全县出让小宗地 9 宗，面积 5.34 亩，收取出让金 4.22 万元。

1996 年 7 月，西盟县土地隐形市场清理结束，全县有 45 个单位出租房屋、出租土地，共收取年租金 59.6 万元，按规定收归政府土地收益金 11.9 万元，有的单位按规定办理有关手续。

1996 年年末，全县共出让荒山荒地 331 宗，面积 2510.13 亩，主要用于开发种植杉木、茶叶、水果等项目。

2000 年—2008 年，出让土地 138 宗，面积 154.78 亩，收取出让金 904.6 万元。

2008 年，实行退耕还林政策，全县没有出让荒山荒地，荒山荒地主要种植杉木、茶叶、水果、橡胶等林种。

第二节　农村税费改革

2003 年 8 月，西盟县农村税费改革领导小组成立，领导小组下设办公室，同时，抽调有关部门的工作人员，开展全县税费改革工作；10 月，全县农村税费改革全面启动；11 月，各工作小组进村入户，组织实施税改工作。

2004 年 1 月，全县农村税费改革工作结束，税费改革取消农业特产税和三提五统，农民负担由税改前的户均 204.41 元减少到 109.61 元，减负率 46.38%。全县农村实现“村村减负、户户受益”的目标，调整、规范、理顺国家、集体和农民利益的分配关系，减轻农民负担。

第三节　农村金融体制改革

1996 年，根据《国务院关于农村金融体制改革的决定》精神和省、地的安排部署，西盟县农村金融体制改革领导小组成立，负责改革的整个工作和处理日常业务。同年 10 月，在中国人民银行西盟支行举行西盟县农村信用社与中国农业银行西盟县支行脱离行政隶属关系，并举行人、财、物交接签字仪式。

2002 年，撤销新厂、娜妥坝、岳宋、力所、莫窝、翁嘎科、中课信用社，设西盟镇、勐梭镇信用社营业网点。2007 年 7 月 17 日，县农村信用合作联社成立，受当地人民银行和银行业监管部门监督的地方金融机构。2008 年 12 月，县信用社共有勐梭镇、勐卡镇及县联社营业部 3 个营业网点。

第四节　财政管理体制改革

1978 年—1984 年，西盟县实行“定收定支、差额补助、超支自理、超收分成、正常结余留用”的管理体制。

1987 年起，乡镇财政划转预算关系，实行“定收定支、收支挂钩、核定基数、支出下拨、超收全留、超支不补”的管理办法，把农业税、农业特产税、耕地占用税作为乡财政固定收入，缺口由县财政补。1991 年，宣传贯彻财政部修订的《乡镇财政管理办法》。

2000 年，乡镇财政实行“零户统管”（乡镇一级在保持单位资金使用权和自主权不变的情况下，取消银行账户，由乡镇财政统一管理会计人员、资金结算工作，融合会计服务和监督管理为一体的财务管理体制）。2005年，贯彻云南省财政厅《2005年云南省财政缓解县乡财政困难奖励办法》，实施“三奖两补”奖励约束机制，县乡财政困难得以解决。

第五节　税收管理体制改革

1982年，西盟县实行集中统一的税收管理体制。1985年—1993年，实行“划分税种、核定收支、分级包干”的管理体制。随着改革的深入发展，税收征管手段通过不断探索，征管模式由原来的“划片包干、各税统管”逐步过渡到“征”“管”“查”分离的模式。1996年，经过试点探索出一套“集中征收、重点稽查”的征管模式，引入计算机管理，提高电算化程度，公开推行办税服务承诺制度，为纳税人提供高效、快捷、优质服务。2000年起，实施“以票控税”，加强四小票审核管理及车辆购置税征收管理，严格执行车辆购置税“一条龙”管理，对纳税人申报资料均进行“一户式”装档，征收税款严格执行按日存款、当日化解制度。

第六节　企业体制改革

一、供销企业体制改制

2000年，根据中央、省《关于国有企业改革和发展若干重大问题的决定》，县政府作出《关于西盟佤族自治县商业民贸总公司改革总体方案》的批复，启动企业产权制度改革。企业改革、改制工作，按照“以产权制度改革为突破口，以退促进，以放促活”的要求，采取“卖、并、关、改”等形式，用现有资产优先安置职工，之后偿还金融及其他债务。

2001年，西盟县商业民贸总公司所属国有商业、供销企业共19户企业，其中，商业企业11户，供销企业8户。年末，启动产权制度改革工作，改革涉及人员共324人，其中，企业在职职工148人，企业退休职工150人，企业离休人员2人，行政人员3人，事业6人，行政事业退休4人，企业落实政策及供养遗属11人。企业账面总资产1953.5万元，负债1347.5万元（金融债务628.9万元），所有者权益606.1万元，累计亏损560.7万元。根据县情和企业实际，改革中的资产评估由县国有资产处置领导小组办公室确认的形式办理，各独立核算企业改革方案及资产处置由总公司审批，报县企改办和财政备案，按国企改革有关规定操作。依据《关于对劳动合同解除或终止给予经济补偿金、生活补助和安置问题的处理意见》，结合企业资产实际，确定职工的经济补偿金标准（每个工龄最低850元，最高1500元），就业启动金一次性兑现给事业人员（1986年9月30日前工作的每人3000元；10月1日以后工作的每人2000元）。按国企改革政策对女职工47岁以上不满50岁、男职工52岁以上不满55岁的提前办理退休。

2004年7月底，完成西盟县商业民贸总公司所属国有商业、供销企业共19户企业职工人员的安置，解除劳动合同自谋职业128人，县政府安置5人，办理退休20人。减半征收规定办理158名退休职工进入医保，尚未落实政策及供养遗属7人与企业脱钩。改革成本投入341.3万元（上级财政和地方财政补助40万元），其中，现金置换支出208万元，实物置换（折合现金）133.3万元。

二、粮食流通体制改革

1998 年 12 月，西盟县粮食流通体制改革，撤销西盟县粮油贸易总公司，粮食局内设办公室、综合股、财会股、管理粮食储运公司和粮油加工厂。同年，根据《思茅地区行政公署关于进一步深化粮食流通体制改革实施意见的通知》及《思茅地区粮食企业收储业务与附营业务分离实施意见的通知》文件精神，县粮食企业收储业务与附营业务分离，行政与企业分开。分离出来的储运公司，勐梭和力所粮油分公司合并组建县粮油收储公司，附营业务和粮油加工业务。饲料加工厂组建县粮油工贸有限责任公司，隶属粮食局管理，实行独立核算，政企分开，实现行政管理职能与企业经营行为分离，在人、财、物等方面彻底脱钩，不参与企业粮食经营，不干预企业自主经营行为。

2003 年 12 月，根据思茅行署《关于加快国有粮食企业改革和发展的意见》，粮食企业改革改制，国有资产整体退出，企业职工进行身份置换，对严重亏损资不抵债的粮油工贸有限责任公司实行全员置换，解除劳动关系，兑现经济补偿金，进行依法申请破产。撤销 6 个乡、2 个镇粮管所和 1 个粮店（南亢粮店），更名为粮食管理站；撤销的力所、莫窝、岳宋粮管所和南亢粮店的业务，由西盟镇粮食管理站进行管理；中课粮食管理站为一个购销点，由勐梭粮食管理站进行管理；撤销 6 个乡、2 个镇的门市部，保留新县城门市部。年底，全县粮食系统，共有干部职工 144 人，其中，在职 13 人，离退休 71 人，身份置换 60 人。

2006 年 1 月，按省粮改实施意见，重新组建粮食购销公司，返聘职工 6 人，设立勐卡、勐梭 2 个粮食购销点。2007 年，根据西盟县的实际情况和管理状况，撤销勐卡镇粮食购销点。

三、乡镇企业改革

1991 年，乡镇企业工作由县城乡集体企业管理局管理。1998 年，根据农业部《关于当前深化乡镇改革有关问题的通知》精神，对原有茶厂进行整顿改制。

2001 年 12 月 25 日，县委、县政府与云南省农垦总局、农垦集团公司思茅分公司就西盟县橡胶公司产权转让一事进行洽谈，并达成协议：胶地分布在南康河和南锡河流域 4 乡、1 镇行政区域内的，收并县橡胶公司产权后，由云南农垦集团有限责任公司成立以“公司 + 基地 + 市场”的一个非独立核算的分公司。2007 年，乡镇企业工作由经济和商务局管理。

至 2008 年，西盟县私营茶厂建厂早、经济效益较好的茶厂有力所、南亢、浩源、岳宋、绿洲等厂，从业人员 596 人，比上年增加产值 124 万元，总收入 591 万元，上缴税金 6 万元，支付劳动报酬 357 万元，支付其他 11 万元，利润 117 万元。

四、厂矿企业改制

1991 年—2002 年，县木器厂、县伐木厂、县陶器厂、县民族服装厂、县农具厂、县运输车队、县招待所、县建筑公司、县红砖厂、县竹筷厂，由于外来产品剧增，加工资金、技术、人才匮乏，又无市场竞争力等原因，先后关闭停产。固定资产经清产核资后变卖处理。除陶器厂因无资金交社保统筹金，使已到退休年龄的职工，未能按时办理退休手续和领取退休工资外，其他厂退休职工由社保局统筹工资。

2004 年，退休职工因退休金低，由县城乡集体企业管理局统一申报城镇居民最低生活保障金。退休及未退休的职工均参加职工医疗保险和城镇低保生活。

2006 年以前，西盟县的厂矿企业由西盟县乡镇集体企业管理局管理，以后由县经济和商务局管理。这些企业除县砖厂外，其他厂矿企业因资源及技术问题，先后被淘汰。

（一）西盟县木器厂

1981年以后，由于外来家具产品进入西盟市场越来越多，款式越来越新。1988年5月，县木器厂与个旧云锡公司卡房选厂联营采选锡矿。1992年10月停产，有退休职工2人，未退休职工29人。至2008年，有退休职工6人，未退休职工18人。

（二）西盟县伐木厂（西盟县锡二矿厂）

1986年，因木材资源紧缺，转厂开采锡矿，更名为西盟县锡二矿厂。1992年，因锡矿资源减少而停厂，有退休职工3人，未退休职工41人。至2008年，有退休职工2人，未退休职工34人（发放城市居民低保生活费）。

（三）西盟县陶器厂

1991年—1998年，县陶器厂有4名职工承包经营，由于内地坛瓷类器皿逐渐进入西盟市场增多。1999年停产，有退休职工10人。

（四）西盟县民族服装厂

1990年，有退休职工18人，在职职工13人。由于设备老化，加之外来个体服装加工户及个体服装成品商户越来越多，服装厂只能靠出租房屋及银行存款利息发放退休人员的工资。于1998年年底停厂。

2000年，变卖了固定资产。2002年12月，县服装厂进行破产改制，有退休职工19人，已参加社保统筹，未参加医疗保险；未退休职工4人，未参加社保统筹和医疗保险。资产总额30万元（银行存款），因无力继续经营，用29万元一次性安置职工，剩余1万元存放于（县乡镇企业局财务）县经济和商务局财务，用于丧葬慰问。2004年，因退休金低，19名退休职工集体申请到城市居民低保金。

（五）西盟县农具厂

1956年—1958年，西盟县人民政府从江川县、通海县、牟定县、澜沧县等县招收会打铁的10多人到西盟，分配到县国营商业部门从事生产锯镰、长刀、锄头、斧头、犁头等生产生活用具。商业局成立铁业生产组，生产的农具在县内供销。

1959年1月1日，西盟工交局从商业局分出，铁业生产组隶属工交局，西盟县农机厂正式成立，有职工48人，建设厂房200平方米（厂房属杈杈毛草房），人员工资和办公经费，由财政统一拨款，生产产品统一由商业局收购，统一销售。

1963年，西盟县农具厂改为集体所有制企业，隶属手管局。1964年，有职工22人，固定资产1.44万元，收入2.81万元，上缴利税0.06万元。

1973年，县农具厂恢复原地方国营企业性质，木器社从农具厂分出，改名为西盟县农业机械修造厂。省、地农机部门及县财政拨款建盖砖瓦结构厂房和职工宿舍2幢，共410平方米。购置空气锤、电焊机、车库、钻床、刨床等设备15台。主要生产小铁农具、犁头、脚踏稻麦脱粒机、玉米脱粒朵、插秧机、铁皮水桶及风柜等产品，并承担着全县的拖拉机、电动机的修理。

1980年，有职工51人，固定资产17.8万元，收入9.3万元，资金周转2.9次，利税0.9万元，企业留利0.2万元，人均年工资679元。

1981年，商业部门对地方工业产品由原来的包购包销改为合同订购，加之外来商品增多，导致产品滞销，生产任务不足，经济效益日趋困难。曾以挖萤石、加工大理石、开锡矿石作补充；同年12月，县财政对县农机厂实行自负盈亏，亏损部分由县财政弥补。1989年10月，在县工业局的支持下，生产钢门、钢窗。

1990年，经工业局同意，县农具厂向工商银行申请贷款10万，用于钢门、钢窗生产，当年经济效益较好。有职工236人，生产小铁农具0.3万件，固定资产36.1万元，收入17.6万元，利税1.8万元，企业保留 0.8 万元，人均年工资 2007 元。

1991 年 7 月，在县工业局的支持下，向财政局申请贷款，拟从浙江引进木制品技术机器和技术，以扩大生产经营渠道，但因各种原因，不但机器没有引进，贷款就在往返的路程中作为车费、生活费、住宿费支付了。

1996 年 6 月，已还贷款 4 万元，欠贷款 6 万元。

1997 年，县农具厂生产产品销路滞销，加之负债多，生产任务由厂部统一安排改为个人自行生产。

2008 年，县农具厂有职工 26 人，其中，退休 8 人。未退休职工的养老金全部由个人自行缴纳。有房屋 5 幢，有车床 1 台，钻床 1 台，空气锤 1 台，电焊机 2 台，冲床 1 台。

2015 年 10 月，勐卡镇在厂房上方建盖廉租房。2016 年 9 月，勐卡镇拆除厂房建盖幼儿园，工人无生产车间，生产设备放在临时建盖的简易棚子里，并以书面的形式上报有关部门，申请破产。

（六）西盟县运输车队

1. 县车队

1970 年 1 月，西盟县汽车运输队成立，有“解放牌”汽车 7 辆，当年培训当地少数民族驾驶员和修理员 16 人。1973 年，有汽车 13 辆。1975 年，新增加当地少数民族驾驶员、修理员 2 人。1980 年，西盟县车队有车 18 辆，职工 49 人，具有一、二、三级修理能力。1983 年，县车队搬迁到部队运输队。1984 年，县车队购进第一辆东风客车。

1990 年，县车队购进一辆大客车。1998 年，西盟县客运服务中心成立，由个体户黄国宝承包经营。

1999 年，县客运服务中心（县车队）划归思茅交通运输集团西盟分公司，车队财产归公司所有，有人员 26 人，负债 157.381 万元，其中，欠养老保险费 77.381 万元，欠农业银行贷款 80 万元。改革后，公司为职工缴纳欠付的养老保险金，除 1 人改行调入计生办外，其余的人员根据国家有关规定先后办理退休手续，工资由县人社局发放。欠农业银行的贷款，公司逐年用所获利润偿还。

1970 年—1999 年，张志华、杨程、徐波、许光强、吴道辉、岩孔、付华先后任西盟县汽车队队长。

2. 县粮食局车队

1978 年，西盟县粮食局车队成立，有车辆 3 辆（“解放”牌 2 辆，“跃进”牌车辆 1 辆）。1994 年，经粮食局研究决定，撤销车队，驾驶员及车队管理人员归属粮食局管理，撤销时，有车辆 4 辆，全部出售给佤邦个体户。

3. 县商业局车队

1964 年，西盟县民贸公司购买“解放”牌汽车 1 辆（西盟县内第一辆货车），有驾驶员 1 人。

1977 年，西盟县商业局车队成立，共有 4 辆车（解放牌、东风牌各 2 辆），并从思茅总站招收驾驶员 3 名、县内 1 名，共有驾驶员 5 名。主要承担由昆明、思茅等地运输百货、杂货等物品到西盟县城和把货物运送到各公社供销社的任务。

1986 年，西盟县商业局车队有车辆 6 辆，由于车辆和运输任务的增加，车队设置了汽车修理厂，车队共有人员 18 人，其中，驾驶员 8 人，修理工 8 人，管理人员 2 人。

1991 年—1992 年，随着经济体制的改革，车队先后把 4 辆车出售给澜沧县、佤邦和县内个体户，剩余 2 辆车被承包。

1993 年 3 月，西盟县商业局进行体制改制，车队撤销，现有 2 辆车出售给个体户。车队的职工有 4 人被分到行政事业单位开车，14 人自谋职业，并按国家政策交纳养老保险金。

4. 锡矿厂车队

1981 年 3 月，西盟县锡矿厂建厂，建厂后因矿业生产逐年增长，为了及时把开采出来的锡矿运到选矿车间加工和把矿石运到个旧销售。1984 年 6 月，锡矿厂成立车队，购买车辆 11 辆，分为矿石运输组、精矿半成品运输组、油料供应组和防尘消防组。其中，矿石运输组有进口五十铃自卸车、进口“尼桑”自卸车、国产“东风”牌自卸车各 2 辆和国产“黄河”牌自卸车 1 辆；精矿半成品运输组有国产“东风”牌平板车2辆；油料供应组有国产“东风”牌油罐车1辆；防尘消防组有国产“东风”牌消防车 1 辆；还专门配有生活服务车辆和接送职工来回县城（1 辆 40 座位）的客车。车队成立后，锡矿厂任命车队管理人员和组建财务核算组、调度组和机修组。

1990 年后，随着采矿由露天转入地下开采，废土矿石改为铁轨矿车运输，加之锡矿存储量减少，为降低生产成本，提高经济效益，遵循企业改革的原则。

1997 年 4 月，锡矿厂车队撤销，所有车辆通过公开拍卖，变卖给个体户，全部拍卖经费用于生产周转资金。

（七）西盟县招待所

20 世纪 60 年代，西盟县人民政府招待所建成，位于县政府大楼前右侧，砖木结构瓦房顶，住房和餐厅分开建造。招待所是县政府的后勤服务部门，隶属县政府办公室直属管理，职工属事业编制人员。主要承担县委、县政府、县属各部门召开会议、上级领导到西盟检查指导工作、乡镇机关工作人员以及外地到西盟出差、办事等接待任务。

1988 年 11 月 6 日大地震后，房屋受损严重。1989 年，县政府在大楼后（原县车队）建盖县政府招待所。招待所于 1990 年 10 月建成，属钢筋水泥平顶房，为三合院。正面一栋有 3 层，属客房，共 120 间；左侧一栋有 3 层，底层在地下，为锅炉烧煤洗澡室，二层为餐厅、伙房，餐厅可摆设 100 桌，三层为县政府会议室；右侧一栋有 2 层，属客房，共 7 间，房间配有卫生间、电视、太阳能热水器等设施，是西盟最早建设的标准客房。可以承办生日、婚礼、节庆等宴席。

1997 年，根据县劳动人事局西劳人字〔1997〕36 号和县编委西编字〔1997〕07 号文件规定，招待所为县政府系统企业化管理的事业单位，属股所级别，自负盈亏，享受企业的各项自主权。

1998 年 6 月 26 日，县招待所一次性缴纳 21651.80 元职工基本养老保障费，失业保障金未缴纳，职工医疗保障未启动。

2000 年，县招待所未随县城搬迁，接待和宴席逐年减少，经营逐渐陷入困境，职工工资也难以足额按时发放，招待所已处于半停业状态。

2006 年 2 月 21 日，西盟县人民政府企业产权制度改革领导小组办公室签发西企改办发〔2006〕1 号关于审批《西盟县招待所改制实施方案》的请示，并启动改革工作。2 月 27 日，西盟佤族自治县人民政府文件西政复〔2006〕2 号，对县企业产权制度改革领导小组办公室关于审批西盟县招待所改革实施方案请示作批复：为 2 名职工按事业工人待遇办理退休，由财政供养；其余人员待单位办理事业转企业后，享受国有企业改革待遇；县招待所固定资产、房屋及土地资产移交交通局，其余资产公开出售；房屋及土地资产补偿 30 万元，其余资产变现收入及单位银行存款 15 万元，共计 45 万元，专项用于职工经济补偿和缴纳职工社会保险。改制时，无负债，共有资产 704216.52 元，其中，货币资金 133011.91 元，固定资产折价 571204.61 元。有在职职工 12 人，退休人员 3 人。

（八）西盟县国营食堂

1964 年 4 月，西盟县国营食堂成立，有负责人、会计、出纳、保管。主要承担外地到西盟乡下县城等人员的食宿。70 年代初，增设勐梭河饭店，主要承担出差的干部职工及旅客的就餐。

1985 年，国营食堂实行职工在店承包。1987 年 10 月，将国营食堂出租给禄劝个体户经营，年租金2万元。1988年10月，收回食堂出租权，转租给民贸公司，改做日用百货批零商店，年租金1万元，给职工发放基本生活费，职工自谋职业。

1991 年 11 月 25 日，国营食堂改名为“勐坎饭店”，有建筑面积 2300 平方米。

2003 年，勐坎饭店卖给个人，当时资产原值 44 万元，出售价格 40 万元。

（九）西盟县建筑公司

1993 年，实行联营，西盟县建筑工程队改为西盟佤族自治县建筑工程公司，持四级施工资质。

2002 年，与原西盟昌贵建筑有限公司、佤山实业公司合并，改为西盟佤族自治县建筑工程公司，经云南省建设厅审批为施工总承包（暂定）三级企业。11 月 5 日—8 日，公司第一次职代会召开，出席会议代表 29 人，领导 11 人。会议审议通过公司《西盟佤族自治县建筑公司章程》和《西盟佤族自治县建筑公司条例》。

2004 年 3 月 10 日，公司第二次职代会召开，出席会议代表 27 人，领导 13 人。会议审议通过公司 2003 年工作总结和工会工作报告。

2005 年 4 月 28 日，公司第三次职代会召开，出席会议代表 29 人，领导 11 人。会议审议通过公司工作总结和工会工作报告，表彰 9 名先进职工。8 月 9 日，公司第四次职代会召开，出席会议代表 17 人，根据《关于县建筑公司段自明经理〈辞职报告〉的批复》，会议同意段自明辞去公司经理职务；选举公司经理、法定代表人、工会主席；会议审议通过公司工作总结和工会工作报告。公司在西盟县城搬迁中完成的主要施工项目有：政府综合楼、建设局办公楼、电力公司综合楼、政府宿舍 1 号楼、县委宿舍 1 号楼、教育局 3 号宿舍楼、法院宿舍楼、一中学生食堂、民委职工宿舍楼、老干局综合楼、企业局综合楼、水务局职工宿舍楼、集贸市场等工程和澜沧县糯扎渡电站移民搬迁竹塘片区土地治理工程、孟连县巩固退耕还林成果土地治理工程，中低产田改造等工程项目的施工。承建的西盟县第一中学教学楼工程荣获云南省 2005 年度优质工程三等奖。

2002 年—2006 年，公司被西盟县人民政府连续 5 年评为‘守合同，重信用’先进企业；被普洱市工商行政管理局连续 3 年公示为“守合同、重信用”企业。

2008 年 10 月，经云南省建设厅审批晋级为施工总承包三级企业。公司有职工 103 人，其中，工程师 6 人，助理工程师 15 人，二级建造师 14 人，建造员 2 人，助理会计师，助理经济师 3 人，中级施工员 6 人，专职质检员 6 人，安全员 17 人，造价员 1 人，各工种持证人员 33 人。

1978 年—1992 年，杨凡、黄成汉、张树来、陈福安、陈大有、段自明，先后任县建筑工程队队长。1993 年—2008 年，段自明、李奇昌先后任县建筑工程公司经理。

（十）勐梭乡竹筷厂

1994 年 5 月，开始筹建勐梭乡竹筷厂，厂址建在勐梭乡政府至红砖厂路右下方，厂房属原勐梭乡基建队。在修建厂房的同时，选派 2 人到思茅竹筷厂学习制作竹筷技术。同年 10 月，正式生产，当时有职工 17 人，职工来自勐梭乡各村社农民，属勐梭乡乡镇企业。建厂初期，由思茅地区农校教师柴天发（地区下派到勐梭乡任乡长助理）兼任厂长。

1995 年，柴天发调回思茅农校，由副乡长付发荣兼任厂长，具体制作、销售由岩俄班负责组织实施。竹筷原料主要在勐梭乡购买，少部分到力所乡南亢村购买。整个制作过程全采用机器生产，生产的竹筷产品已注册过商标，每袋 100 双，每袋销售 5 元，产品主要销售到西盟县内的饭店和学校食堂等。同时，也生产水酒桶、茶桶、烟灰桶、笔筒、饭盒等工艺产品销售到县外。

1996 年 7 月，因无资金购买原材料和扩大生产所需的机器，就此停厂。原有机器设备由县乡镇企业局进行处理，工人各自自谋出路或回家务农，厂房归还勐梭乡政府。

第三章 教育卫生体制改革

第一节 教育体制改革

一、乡镇教育管理体制改革

1978 年，撤销学校革命委员会，恢复以公社为单位的校区负责制，设立中心校领导班子，成员由县文教科考察、推荐，由县政府任命，各公社配备 1 名扫盲专干编入学校领导班子，实行党支部领导下的校长负责制。

1982 年，建立工会组织，工会主席参与学校班子的管理工作。1984 年，在区中心校设教育视导专干。

1987 年 10 月，根据《西盟县关于分级办学分级管理的决定（试行）》，对基础教育实行县、区、乡三级管理体制，县级由教育局行使政府职能。区（镇）教育管理委员会成立，成员由区党委、区政府、学校等领导组成，设主任、副主任、委员 5 名～ 7 名。

1989 年，乡扫盲专干改称扫盲督导专干，除抓扫盲工作外，还肩负监督、指导、检查学校工作的责任，发挥着“教育宪兵”的作用。

1990 年，中小学校内部管理实行党支部领导下的校长负责制，逐步确立校长在学校中的法人地位。

1991 年—1998 年，乡（镇）中心校校长由教育局推荐，县人事局任命。

1999 年—2002 年，乡（镇）学校其他班子成员由乡（镇）校长推荐，乡教办任命，教育局备案；村级学校负责人由乡中心校校长推荐，乡教办任命。从 2000 年起，乡（镇）校长实行全员持证上岗制。

2003 年 1 月，取消乡（镇）教办和教育副乡长负责制，由乡长直接负责辖区内政府应当履行的教育管理职能；人事、编制上交教育局；教职工工资上交县财政局管理；财务上交教育局管理；中学校长由教育局考核任命［当年 9 月，教育局从县属学校任命下派到乡（镇）校长 6 人］；中心学校校长负责全乡（镇）的教育教学管理；村级学校负责人由中心校校长推荐，乡党委、乡政府任命。

二、课程改革

（一）小学

1980 年 9 月起，公社中心校以上小学开始使用国家统编 5 年制教材，其他小学仍使用省编 5 年制教材，恢复设置地理、历史、政治课程。1981 年 9 月，政治改称“思想品德”，常识改称“自然”。

1985 年 9 月，西盟县小、西盟镇小一年级开始使用国家统编 6 年制教材，其他小学仍然使用国编 5 年制教材，设置语文、数学、思想品德、历史、地理、音乐、体育、美术等课程；村社小学由于师资条件限制，设语文、数学、思品、体育课程。

1987 年 9 月，半寄宿制高小班级使用国编 6 年制教材（7 册～ 12 册）；初小和普通 5 年制班级仍使用 5 年制教材，新开设自然、劳动技能课程。

1990 年，县教育工作会议决定：从 1991 年起，一年级一律使用全国统编 6 年制教材。同年秋季，在全县一年级实施九义教材。

1992 年，提出“中小学教材要在统一基础要求的前提下实行多样化”，小学开设语文、数学、自然、思想品德、历史、地理、音乐、体育、美术等课程。

2002 年秋季，在县小学开始试用国家义务教育课程标准，开设语文、数学、自然、英语、社会、劳动技能、音乐、体育、美术等课程。

（二）初中

1985 年—1990 年，初一设政治、语文、英语、代数、植物、历史、地理、体育、音乐、美术课程；初二不设植物课程，增设平面几何、物理、动物课程；初三不设动物课程，增设化学、生理卫生课程。

1991 年—2005 年，初一设语文、英语、代数、政治、生物、历史、地理、体育、音乐、美术课程；初二增设平面几何、物理课程；初三不设生物、地理课程，增设化学、生理卫生课程。

三、学制改革

（一）小学

1978 年—1980 年，根据“学制要缩短，教育要革命”的指示精神，学制改为“五年一贯制”。

1981 年 9 月，县民族小学，实行 6 年“三三”（初小 3 年，高小 3 年）分段制。

1984 年 9 月，各区中心校招收“三三”分段制班级；县小学有 5 年制和 6 年制两种学制。

1985 年 9 月，西盟县小、西盟镇小新招收的一年级，开始实行 6 年“四二”（初小 4 年，高小 2 年）分段制。

1990 年，各乡中心小学开始由“三三”分段制向“四二”分段制过渡，除县民族小学招收 2 个“三三”分段制班级 90 名学生外，其余各乡中心小学招收“四二”分段制班级。

1991 年 9 月，全县有 63 个校点由“三三”制改为“四二”制。1992 年，全县完成 32 个转改校点。

1998 年 9 月，县民族小学恢复“三三”制招生，从全县三年级学生中招收录取学生 80 人。

2003 年，全县小学学制全部改为六年制。

（二）初中

1978 年 9 月，根据教育部规定，中学学制为 3 年，也有少数小学附设初中实行 2 年学制。1981 年，教育部颁布《全日制重点中学教学计划（试行草案）》，规定全日制重点中学学制为 3 年。同年 9 月起，全县中学学制实行 3 年制。

第二节　卫生体制改革

一、公费医疗改革

1986 年前，公医由县卫生局统管。1987 年，改为单位包干。1988 年起，实行“医疗承包代管、县乡两级包干”。县级由县医院管理，乡级由乡卫生院管理。经费按公医人数拨到管理单位，实行超支不补，结余留用的原则。

1989 年—1990 年，由县医院承包代管。在做好公医人员的医务保健工作的同时，进一步照顾曾为西盟做出贡献的老、弱、病、残的干部及人员。

1994年，支付公医经费487091.01元，享受公医人员2348人（县级1467人，乡级881人），其中，离退休56人，在职2292人。

1995年，全县公费医疗包干总额45万元，实际拨款38万元，特殊病种财政追拨9.9万元，享受人员2549人（县级1640人，乡级909人）。

1996年，拨款41万元，特殊病种财政追拨28.03万元，支出69.03万元，享受人员2532人（县级1597人，乡级935人）。

2002年，西盟县公费医疗制度结束。

二、新型农村合作医疗改革

2006年11月28日，西盟县新型农村合作医疗管理委员会成立，办公室设在卫生局。

2007年1月1日，正式启动新农合工作，全县共有64810人参加合作医疗，占全县农业人口的90.99%。筹资标准每人每年50元（每人自筹10元），中央、省财政对参合者每人补助20元，筹资总额324.05万元，其中，参合者59.10万元；民政救助5.71万元；中央财政129.62万元；省财政129.62万元。住院费起付线分别为乡（镇）80元、30元，县级120元、50元，县以上300元、100元；住院费补偿比例分别为乡（镇）50%、70%，县级40%、65%，县级以上30%、45%。2007年，住院封顶线每人费用补偿4000元。参合孕产妇住院分娩属正常顺产补偿为，在乡（镇）卫生院分娩的每例一次性补偿200元；在县级医疗保健机构分娩的每例一次性补偿300元。

2008年，全县有62615人参加合作医疗，占全县农业人口的86.31%。筹资标准为每人90元。其中，参合者每人自筹10元，中央、省财政对参合者每人补助40元，筹资总额563.54万元（参合者57.59万元，民政救助5.03万元，中央财政250.46万元，省财政250.46万元）。封顶线分2类，参合人员患慢性肾衰竭、恶性肿瘤、器官移植治疗、系统性红斑狼疮、再生障碍性贫血“特殊疾病”之一的全年累计住院补助最高限额2万元，参合人员患其他疾病的全年累计住院补助最高限额1.5万元。在乡（镇）卫生院正常单胎住院分娩的每例一次性补偿400元；在县级医疗保健机构正常单胎住院分娩的每例一次性补偿400元；并对住院分娩总费用进行限价管理，乡（镇）级定点医疗机构不得超过400元，县级医院每例收费不得超过600元。实施“降消”项目期间，在“降消”项目资金中安排补偿参合孕产妇住院分娩乡（镇）每例100元；县级每例200元。难产、剖宫产者按住院补偿比例进行减免。精神病患者到市精神病医院住院治疗，按县级住院补助65%给予补助，到省精神病医院住院治疗，按县以上住院补助比例45%的给予补助，住院封顶线为第二类，金额1.5万元。

第四章　林业、水利体制改革

第一节　林业体制改革

一、林业“三定”

1981年12月，按照省委、省政府《关于开展林业“三定”工作的通知》要求，划定自留山，确定国有林和集体林的界线，建立林业生产责任制。1983年6月15日至7月26日，在勐梭区开展林业“三定”（国有林、集体林、个人林）试点。8月10日，在全县铺开林业“三定”工作；9月26日，县政府统一给林农发放集体林承包合同书、自留山使用证、轮歇地使用证、国有林代管合同书。

二、确定“两山一地”

1983年6月，按照省委、省政府《关于自留山、责任山若干问题的规定》，全县组成858人的“两山一地”（自留山、责任山、轮歇地）工作队，进行山林权属的划分工作。确定国有林19.18万亩；集体林30.93万亩；轮歇地27.22万亩；自留山5.59万亩；牧区草场17.99万亩；未划荒山13.95万亩；其他地类72.15万亩。

三、林权制度改革

（一）集体林权制度改革

2006年4月，在勐梭镇进行深化集体林权制度改革试点工作。12月，在全县推行改革。林改中，全县应确权的集体林地面积817201.8亩，实际确权面积792777.1亩，确权率97%，其中，自留山61275.3亩，责任山14736.6亩，均山到户108344.2亩，其他方式承包林地340906亩，集体统一经营的商品林267515亩。通过林改，集体林均山到户面积748410.2亩，到户率91.58%；公益林248879亩，其中，自留山12166.3亩，责任山13564.6亩，签订管护责任书面积223148.1亩，到户率100%；商品林568322.8亩，到户面积499531.2亩，到户率87.89%。并签订完成承包合同和管护合同。对排查出县内的74起林权纠纷（涉及面积27488亩），已全部调处，调处率100%。登记集体林地22189宗，发证宗地21649宗，发证率97.57%；勘测合格率98.43%；累计发放林权证11966本，发证率100%；群众对林改的满意率96%；签订管护责任的公益林22.31万亩、责任书9594户。

至2008年12月，共完成18978户、72547人、817201.8亩集体林改革工作，并顺利通过省、市验收。实现“山有其主、主有其权、权有其责、责有其利”和“还山于民、还权于民、还利于民”的总体目标。

（二）经济林权改革

2006年12月26日，西盟县经济林权改革，与全县集体林权改革同步开展调研摸底工作。

至2008年12月，全县有橡胶202951.1亩，已投产59399.37亩，其中，公司面积148162.2亩，已投产59125.77亩（国有林地15829.8亩，投产11354.8亩；集体林地109587.6亩，投产37639.4亩；农户林地22744.8亩，投产10131.57亩），个人经营面积54788.9亩，投产273.6亩。

第二节 水利体制改革

一、水利工程管理体制

2003年3月，根据《云南省水利工程管理体制改革工作领导小组关于印发〈云南省水利工程管理体制改革实施方案〉的通知》要求，成立由分管的副县长为组长，水利局、财政局、国土资源局、审计局、统计局、监察局、发展计划局、各乡（镇）主要领导为成员的水利工程管理体制改革工作领导小组，下设办公室，办公室设在水利局，副局长任办公室主任，成员由水利局抽调各股、所、站负责人组成，具体负责改革的日常工作。同月3日，报经县政府批准《西盟佤族自治县水利工程管理体制改革实施方案》。同时，县政府下发《水管体制改革实施方案》。

二、建立用水户协会

2007年3月，根据思茅地区行政公署办公室印发《思茅地区水利工程管理体制改革实施方案》的通知精神，县政府成立领导机构，及时下发《西盟佤族自治县人民政府办公室关于印发西盟佤族自治县水利工程管理体制改革实施方案的通知》文件，要求各乡镇成立用水户协会。全县5乡、2镇"水利工程用水户协会（总会）"成立。2008年，各总会先后共建立26个分会（2007年建立17个，2008年建立9个）。全县实施有偿用水水利工程44件，其中，灌溉工程14件，饮水工程30件。勐卡镇和中课乡机关饮水工程分别已转让50年经营权。勐梭镇机关饮水工程已竞拍到30年经营权。

三、水务管理体制

2006年8月，根据国务院、省政府水利体制改革有关精神和省水利厅《关于开展水务体制改革试点工作的通知》及市水务局召开的"全市水政水资源和水土保持工作会议"的要求。水务局正式启动水务体制改革工作，并向县政府上报《关于撤销西盟佤族自治县人民政府水利局成立西盟佤族自治县人民政府水务局的请示》；10月25日，县编委作出《西盟佤族自治县编制委员会关于西盟佤族自治县水利局更名为西盟佤族自治县人民政府水务局的批复》，水务局职能职责、人员编制、内设机构以《西盟佤族自治县编制委员会关于重新核定事业单位编制的通知》为准。

第五章 住房、社会保障制度改革

第一节 城镇住房制度改革

1993 年 11 月，县政府出台《西盟县城镇住房制度改革实施方案》，标志着全县住房制度改革工作正式启动。同年，出台《西盟县公有住房租金和租赁保证金暂行规定》《西盟县公有住房出售暂行规定》《西盟县关于违反房改政策处罚暂行规定》《西盟县房地产信贷部管理暂行规定》《西盟县城镇私有房屋管理暂行规定》《西盟县房屋拆迁管理暂行规定》《西盟县房地产交易管理暂行规定》等一系列配套政策。此次住房制度改革共参加房改单位有 67 个 1266 户，总建筑面积 66272.16 平方米，房改中每户产权份额占 54%，单位占 46%。

1995 年，为建立以社会主义市场经济体制相适应的新的城镇住房制度，实行住房商品化、社会化，加快住房建设，改善城镇居民不断增长的住房需求。县政府出台《西盟佤族自治县人民政府关于深化城镇住房制度改革实施方案 》《西盟佤族自治县公有住房出售实施办法》《西盟佤族自治县住房公积金管理实施办法》《西盟佤族自治县住房租金和租赁保证改革实施办法》相关配套政策。2000 年后，部分单位房屋产权工作过渡结束。

第二节 社会保障制度改革

一、基本养老保险改革

1988 年 2 月，成立，隶属劳动人事局，负责国营、企业离退休费和社会统筹工作。

1990 年 2 月，县劳动保险事业管理所更名为社会保险事业管理局。

至 2001 年，开展社会保险的险种为：企业基本养老保险及失业保险。共征缴企业基本养老保险 160.31 万元，支出养老保险金 196.41 万元。2004 年，全县参加基本养老保险有 1101 人。

2008 年，西盟参加基本养老保险有 1736 人，农村养老保险 659 人。基金征收基本养老保险费从 2003 年的 112 万元，增到 360 万元。5 年共征收养老保险费 1670 万元，共发放 1239 万元，结余 647 万元。

二、失业保险制度改革

1984 年 9 月，县劳动服务公司成立，隶属劳动人事局，管理城镇待业人员就业前培训和合同制工人的管理等。1990 年 2 月，县劳动服务公司更名为劳动就业服务管理局。至 2001 年，开展社会保险的险种为：企业基本养老保险及失业保险。共参加失业保险人数 717 人，参保金额 5.8 万元，支出

1.9 万元。

2004 年—2008 年，共发放再就业优惠证 613 人，新增就业岗位 2174 个，开发公益性岗位 68 个。城镇新增就业 1366 人，下岗失业人员实现再就业 719 人，特殊困难群众就业 184 人。培训下岗失业人员 248 人，农村劳动力转移就业 2514 人。保持零就业家庭动态清零，城镇失业登记率控制在 4.5% 以内。

2008 年，失业保险参保人数从 2004 年的 700 人，增到 2589 人，结余 18.2 万元。

三、工伤保险制度改革

2006 年，开展企业工伤险，参加工伤保险 2057 人，征缴工伤保险费 2.5 万元。2008 年，工伤保险参加人数 3060 人，征收工伤保险 69.2 万元，支出 39 万元，结余 47.2 万元。

四、女职工生育保险制度改革

2008 年，机关事业单位女职工生育保险参保人数从 2004 年的 1744 人，增到 2597 人。

2004 年—2008 年，5 年共征收机关事业单位生育保险费 34 万元，发放 14 万元，结余 20 万元。

五、基本医疗保险制度改革

2002 年 1 月，县医保中心成立，为股所级，人员编制 8 人。

2004 年—2007 年，社会保障制度基本健全完善。

2008 年，全面启动城镇居民基本医疗保险，职工基本医疗保险从 3424 人增到 5053 人；基本医疗保险费从 472 万元增到 919 万元；居民基本医疗保险 4850 人。

2004 年—2008 年，共征收职工医疗保险 3476 万元，支出 1656 万元，结余 1820 万元；共征缴居民医疗保险 26.4 万元，结余 24.7 万元。

第四编　农牧业

第一章 农 业

第一节 基础建设

一、耕地

1978 年—2008 年西盟县耕地面积情况表

表 4-1 单位：亩

名称 年份	耕地面积	水田				旱地			
	总合计	合计	保水田	二水田	雷响田	合计	水浇地	固定旱地	轮歇地
1980	217787	25174	9629	9005	6540	109375	1171	36211	71993
1982	239807	23874	9387	7448	7039	199610	991	41944	156675
1983	244793	24878	9526	8099	7253	219465	812	54596	164057
1984	222163	24211	9788	7247	7176	197935	2206	37329	158400
1985	214365	25597	9917	7795	7885	188768	325	33290	155153
1986	229234	27301	10220	8708	8373	201920	214	38496	163210
1987	245023	28863	10050	9527	9056	216157	131	36169	179857
1990	280772	34377	11553	12627	10197	246386	131	40926	205329
1991	264048	37419	13185	10622	11612	252722	—	44213	208309
1992	291360	43365	15457	16424	15658	247995	131	41993	205871
1993	279197	46940	15388	19763	11789	232257	172	44668	187417
1994	266254	51094	16314	22656	12124	215160	172	42308	172680
1995	264486	54517	17280	23845	13292	209969	172	35772	174025
2001	217004	58639	21276	12048	25315	158365	325	48070	109970
2002	201477	60484	22084	11902	26498	48488	274	48214	—
2003	195000	60695	22131	11522	27042	51204	274	50930	—
2004	191142	59720	21782	11339	26599	52306	80	52226	—
2005	187517	59303	21962	11042	26299	52907	—	52907	—
2006	182822	58502	21649	10593	26118	52015	—	52015	—
2007	179064	57352	21865	10623	24864	52017	—	52017	—
2008	177171	56401	21989	8939	25473	51672	—	51672	—

西盟县农村集体土地第二轮顺延承包情况表（一）

表 4-2 单位：户、人、个、亩

名称 单位	户数	人口	劳动力	承包土地面积	其中							合作社
					水田		旱地		两山承包地		其他茶果	
					保水田	雷响田	台地	轮种地	责任山	自留山		
勐梭镇	2784	12586	6807	60016.6	3889.9	5274.2	1517.2	39084	—	10251.3	—	70
西盟镇	184	691	299	2225.9	—	546.9	183.7	536.4	—	959	—	9
中课乡	2513	10082	5958	39092.4	1631.4	3813.7	4985.4	36.6	1358.4	24266.9	—	58
新厂乡	2504	10420	6295	33377	688	6959	4517.5	—	355.1	20857.4	—	35
莫窝乡	2644	10779	5774	38584	2357	6260.2	3157.3	18938.5	504.3	7309.2	57.5	50
力所乡	2221	9459	4153	37430.6	2769	3254.3	5291.2	8239.4	754.9	16244.2	877.1	60
翁嘎科	1919	8355	4141	25851.9	617	5470.3	3573.1	8209.8	—	7547.9	428.8	65
岳宋乡	1447	5643	2853	19458.6	481	2726.6	2626.5	54.8	3481	10088.8	—	36
合计	16216	68015	36280	256037.5	15433.8	34305.2	25851.9	75109.5	6453.7	97524.7	1363.4	383

西盟县农村集体土地第二轮顺延承包耕地经营项目情况表（二）

表 4-3 单位：亩

名称 乡镇	合计	粮食作物	油料	甘蔗	其他		
	面积	面积	面积	面积	鱼塘	菜地	其他
勐梭镇	56940.5	48151	61	8589	—	—	140
西盟镇	1277.9	1146.1	—	—	11	121	—
中课乡	29175.1	19450.4	—	9725	—	—	—
新厂乡	12164.5	12164.5	—	—	—	—	—
莫窝乡	32536.6	29526.5	—	3010	—	—	—
力所乡	19534.4	18683.3	—	847.8	3.3	—	—
翁嘎科乡	18313.6	17875.2	—	438.4	—	—	—
岳宋乡	15012.9	15012.9	—	—	—	—	—
合计	184956	162011	61	22610	14.3	121	140

二、农田水利建设

1990 年，全县有耕地面积 280772 亩，其中，有水田 34371 亩，有效灌溉程度 12.2%。

1995 年，以中课乡为片区，实施扶贫攻坚农田水利基本建设。

1996 年，全县乡镇先后实施“八七”扶贫攻坚农田水利基本建设项目。

1999 年，全县有耕地面积 263775 亩，其中，有水田 52935 亩；有灌溉渠道 2044 条 2418 千米，建成三面光渠道 72.7 千米，三面光程度 3.0%，节水灌溉面积 2.3 万亩，有效灌溉程度 20.07%。

2008 年，全县有耕地面积 177171 亩，其中，有水田 56401 亩。有灌溉沟渠 1291 条，总长 1716.92 千米，总灌溉面积 57864 亩，建成三面光渠道 203.62 千米，三面光程度 11.86%，节水灌溉面积 35554 亩，有效灌溉程度 31.83%。

三、农业人口与劳动力

1978年—2008年西盟县农业人口与劳动力结构情况表

表4-4 单位：人、亩

名称 年份	人口	其中 农业人口	耕地面积			农业劳动力		
			合计	水田	旱地	人口	人均水田	人均旱地
1980	61245	56087	217787	25174	109375	30848	0.82	3.55
1982	65527	59596	239807	23874	199610	31585	0.76	6.30
1983	67414	61351	244793	24878	219465	32516	0.76	6.70
1984	68772	62779	222163	24211	197935	33272	0.73	5.95
1985	70158	63563	214365	25597	188768	33688	0.76	5.60
1986	72060	65050	229234	27301	201920	34476	0.79	5.86
1987	73065	66144	245023	28863	216157	35056	0.82	6.17
1988	67342	—	—	—	—	33460	—	—
1989	68657	—	—	—	—	35173	—	—
1990	72447	70129	280772	34377	246386	35150	0.98	7.00
1991	73639	70418	264048	37419	252722	35341	1.06	7.15
1992	80446	70888	291360	43365	247995	36960	1.17	6.71
1993	73295	70859	279197	46940	232257	35885	1.31	6.47
1994	73396	70940	266254	51094	215160	36195	1.41	5.94
1995	73695	71344	264486	54517	209969	36022	1.51	5.83
2001	75254	70384	217004	58639	158365	39316	1.49	4.03
2002	81282	69740	108972	60484	48488	35204	1.72	1.38
2003	75612	72617	111899	60695	51204	36490	1.66	1.40
2004	80490	73019	112026	59720	52306	37416	1.60	1.40
2005	84004	71224	112210	59303	52907	34014	1.74	1.56
2006	87428	72547	110517	58502	52015	38104	1.54	1.37
2007	87911	72823	109369	57352	52017	38785	1.48	1.34
2008	88810	72844	108073	56401	51672	40355	1.40	1.28

四、农业机械

耕地机械　1983年，农机推广站购进手扶拖拉机及小型耕耙机在勐梭、傈僳等地试耕，试耙成功。1984年起，农户购买机械耕地逐渐增多。2007年，实施国家农机购置补贴政策，按照省、市、县相关文件实施方案，每购置一台手扶拖拉机及小型耕耙机按购置金额的30%补贴，农户自付70%。手扶拖拉机及小型耕耙机普遍使用，勐梭使用耕耙机作业比其他乡镇较多。

2008年，全县有小型耕耙机362台，其中，勐梭镇74台，中课乡18台，新厂乡5台，岳宋乡3台，勐卡镇13台，力所乡110台，翁嘎科乡139台。当年，新购进并兑现农机补贴的91台，补贴资金20.01万元，自筹44.68万元。

2007年西盟县购农机补贴执行情况表

表4-5

单位：台（套）、万元

名称 乡（镇）	小型耕整机	手扶拖拉机	联合收割机	自筹资金	补贴资金
勐梭镇	19	14	2	20.27	7.05
力所乡	20	—	—	5.58	1.05
翁嘎科乡	11	—	—	3.01	2.01
合计	50	14	2	28.86	10.11

2008年西盟县购农机补贴执行情况表

表4-6

单位：台（套）、万元

名称 乡（镇）	小型耕整机	手扶拖拉机	大中型拖拉机	联合收割机	深松犁	旋耕机	自筹资金	补贴资金
勐梭镇	26	10	1	1	1	1	19.14	8.37
勐卡镇	4	—	1	—	—	—	11.34	4.91
中课乡	4	—	—	—	—	—	1.35	0.65
新厂乡	2	—	—	—	—	—	0.72	0.34
力所乡	22	2	—	—	—	—	7.42	3.42
翁嘎科乡	16	—	—	—	—	—	4.71	2.33
合计	74	12	2	1	1	1	44.68	20.02

收获机械　1990年，全县有脚踏打谷机78台，电动脱粒机因供电不正常而失修报废。2007年，根据财政部、农业部《关于农业机械购置补贴专项资金使用管理暂行办法》精神，勐梭村上寨（岩甩、岩真）购进中型联合收割机2台，在勐梭上寨推广试割成功。由于型号和体积大，而勐梭的田块小而不适宜，最后转跨到外县、市开展作业。

植保机械　1985年，县内普遍推广化学除草，农民购买使用喷雾器的积极性较高，全县有喷雾（粉）器3705部。1990年，全县有喷雾（粉）器4609部。2000年，全县有喷雾（粉）器4683部。2008年，全县有喷雾（粉）器6836部。

加工机械　1990年，全县有柴油机119台、电动机146台、碾米机208台、面粉机15台、粉碎机25台。2000年，全县有柴油机241台、电动机272台、碾米机437台、面粉机21台、粉碎机423台。2008年，全县有柴油机116台、电动机3955台、碾米机4565台、面粉机23台、粉碎机4432台。

运输机械　1990年，全县农村有大中型拖拉机18台31.88万瓦特；手扶拖拉机158台174.2万瓦特；胶轮手推车337部。2000年，全县有大中型拖拉机52台109.39万瓦特；手扶拖拉机406台363.25万瓦特。2008年，全县有大中型拖拉机259台457.83万瓦特；手扶拖拉机588台648.27万瓦特。

第二节　农业项目建设

一、基本农田建设

1980年后，县政府不断加大农田建设投入，经检查验收合格后，每开1亩水田补助30元～50元，每开1亩台地补助15元～25元。

1990年，全县水田面积有3.44万亩、台地0.66万亩。1995年来，全县在抓好调整优化农作物种植结构的同时，进一步加大农田水利基础设施建设的力度，采取一系列措施整治中低产田改造。

2006年—2007年，根据县政府“十一五”规划，积极申报项目，争取省、市扶持专项资金262万元，整治完成中低产田地改造4.89万亩，其中，水田3.67万亩、台地1.22万亩。建成高稳产农田地4.12万亩，人均0.57亩；建成坡改梯、旱改水12.71万亩，其中，水田3.67万亩、台地0.45万亩。

二、无公害蔬菜

2006年，在勐梭镇勐梭村南规村民小组推广试种5亩温式蔬菜拱棚示范成功，平均亩产331.21千克。2007年，县委、县政府高度重视菜篮子工程，鼓励农户加大种植面积，改进种植方法，扶持建盖温式蔬菜拱棚520亩。2008年，全县种植蔬菜面积7996亩，产量734.7万千克，产值440.83万元。

三、农业技术推广项目

水稻　1983年，在勐梭大寨试种“汕优3号”22亩，平均亩产415千克，最高亩产612.5千克。1984年，推广良种946亩，平均亩产379千克。1985年，推广良种1975.51亩，平均亩产425千克。1986年，推广良种3761.7亩，占全县水稻面积的14.2%，平均亩产390千克。1987年，推广良种3226.5亩，平均亩产275千克。1988年，推广良种3259亩，平均亩产275千克。1989年，推广良种4140亩，平均亩产371.32千克。1990年，推广良种6710.8亩，平均亩产376千克。2008年，推广“优质杂交稻”4100亩（中课永布落村1600亩，勐梭镇里拉村200亩，勐卡镇班哲村1500亩、永业村800亩），平均亩产480千克，最高550千克。

陆稻　2008年，建立陆稻“二元”种植技术推广2000亩（翁嘎科英候村1000亩，新厂阿莫村1000亩），平均亩产305千克，最高亩产450千克。

玉米　1983年，种子站用澜沧高山红缨做父本，傈僳小黄玉米做母本，配制成“西杂一号”，具有抗大小斑病、抗虫、耐旱、包叶长而紧、早熟、高产、品质好等特点。五年推广1600亩，平均亩产300千克，最高亩产488.5千克。1984年，从湖北引进“郧单1号”试种950亩，平均亩产144.55千克。1985年，推广“杂交玉米”2074.8亩，平均亩产190千克。1986年，推广“73单交1号”728.4亩，平均亩产300千克。1987年，推广良种3769.7亩，平均亩产185千克。1989年，推广2830.2亩，平均亩产253千克。1990年，推广3615亩，平均亩产174.9千克。2008年，推广4000亩（新厂阿莫村2000亩，勐卡镇永业村2000亩），平均亩产380千克，最高亩产450千克。

花生　1983年，从孟连县引进“红仁花生”品种，推广面积109亩，平均亩产108千克。1984年，引进“辐山21号”，推广面积684亩，平均亩产37千克。

四、冬季农业开发项目

玉米　2008年，推广种植玉米套种小豆10000亩（中课乡2000亩，新厂乡1000亩，勐卡镇2000亩，力所乡1000亩，翁嘎科乡1500亩，岳宋乡500亩，勐梭镇2000亩），平均亩产261千克。建立玉米高产示范样板2000亩（中课乡中课村1000亩，勐卡镇莫美村1000亩），平均亩产350千克。

五、种粮补贴项目

2007年起，按照中央、省《关于切实做好财政直接补贴资金“一折通”发放有关问题的通知》精神、《普洱市财政局普洱市农业局关于下达2008年第二批中央水稻良种补贴资金的通知》等相关要求。水稻良种补贴资金标准：早稻每亩补助资金10元；中稻每亩补助资金15元；晚稻每亩补助资金15元。县政府按照农作物种植执行“种粮补贴、购良种补贴”的决定，成立由县财政局和县农业局为牵头的领导小组，按中央、省、市文件精神，及时把补贴发放到农户手中。

2008 年，全县粮豆作物种植面积 19.14 万亩，总产量 3263.9 万千克。

2007 年西盟县乡（镇）“两杂”良种应补资金情况表

表 4-7

名称 乡镇	“两杂”用量（千克）	“两杂”应补面积（亩）	亩补贴金额（元/亩）	应补资金（元）
勐梭镇	16656	11104.00	10.00	111040.00
勐卡镇	13473	8982.00	10.00	89820.00
中课乡	16084	10722.67	10.00	107226.70
新厂乡	6267	4178.00	10.00	41780.00
力所乡	7561	5040.67	10.00	50406.70
翁嘎科乡	9372	6248.00	10.00	62480.00
岳宋乡	5444	3629.33	10.00	36293.30
合　计	74857	49904.67	10.00	499046.70

2008 年西盟县种粮农民补贴资金情况表

表 4-8

名称 乡镇	旱　稻			中　稻			玉　米			补贴金额合计（万元）
	补贴面积（万亩）	补贴标准（元/亩）	补贴金额（万元）	补贴面积（万亩）	补贴标准（元/亩）	补贴金额（万元）	补贴面积（万亩）	补贴标准（元/亩）	补贴金额（万元）	
勐梭镇	0.22	10	2.21	2.60	15.00	39.00	0.22	10	2.20	43.41
勐卡镇	—	—	—	1.40	15.00	21.10	0.12	10	1.20	22.20
中课乡	0.01	10	0.07	1.10	15.00	16.50	0.17	10	1.70	18.70
新厂乡	—	—	—	1.80	15.00	27.06	0.069	10	0.69	27.69
力所乡	0.03	10	0.30	1.85	15.00	27.75	0.069	10	0.69	28.74
翁嘎科乡	—	—	—	2.14	15.00	32.10	0.019	10	0.19	32.29
岳宋乡	—	—	—	0.98	15.00	14.70	0.17	10	1.70	16.40
合　计	0.26	10	2.58	11.87	15.00	178.11	0.84	10	8.37	189.40

六、电脑农业项目

2000 年—2005 年期间，共推广电脑农业专家系统 9.15 万亩，总产量 1892 万千克，实现经济效益 2350 万元，节约成本 63 万元，增收节支 733 万元，项目覆盖 6 个乡、2 个镇、54 个村民小组、3400 户；组织培训 62 期、38967 人次，发放材料 29827 份。

第三节　主要农作物

一、陆稻

1980 年—2008 年，西盟县各乡镇均有陆稻种植，种植面积 7.39 万亩 ~ 3.37 万亩之间。种植面积最大的是 1990 年，共 15.5 万亩，面积最小的是 2008 年，共 3.37 万亩；产量最高是 1990 年，共 1179.8 万千克，产量最低是 2008 年，共 492.2 万千克。

二、水稻

1980年—2008年，先后引进杂交稻“威优6号、64号”“汕优3号、8号”“汕优桂32号”“D优2号、3号、63号”组合等品种。种植面积保持在2.94万亩~5万亩之间，种植面积最大是1998年，有6万亩，面积最小是1980年，共2.94万亩；产量最高是2002年，共1463.4万千克，产量最低是1980年，共338.8万千克。

三、玉米

1980年—2008年，种植面积5.84万亩~6万亩之间，面积最大是1980年，共5.95万亩，面积最小是1985年，共2.31万亩；产量最高是2008年，共1059万千克，产量最低是1985年，共134.2万千克。

四、小麦

1980年—2008年，种植面积最大是1980年，共3.46万亩，面积最小是2005年，共0.56万亩；产量最高是1980年，共137万千克，产量最低是2001年，共8.6万千克。2008年，种植0.65万亩，产量51.37万千克，居粮食作物种植面积和产量的第4位。

五、其他粮食作物

1980年—2008年，西盟县种植的豆类有大豆、小豆、蚕豆、豌豆等；薯类有白薯、木薯、芋头、芭蕉芋、马铃薯等；杂粮有小红米、小米、荞子、高粱、薏仁等。

1980年—2008年部分年份西盟县粮豆作物播种面积、产量情况表（一）

表4-9　　单位：亩、万千克

名称 年份	全年粮豆		旱稻		水稻		玉米		大豆	
	面积	产量	面积	产量	面积	产量	面积	产量	面积	产量
1980	250839	1585.1	73933	588	29350	338.8	59553	350.6	765	1.30
1985	207848	1759.6	119801	987.2	24454	430.7	23106	134.2	1935	7.20
1990	299894	2363.4	155041	1179.8	34588	615.5	46782	252.4	2329	3.20
1998	227616	3005.7	100507	1018.8	60354	1351.7	35949	385.6	—	—
1999	199357	3033.2	78580	928.9	57090	1384.2	36797	470.8	—	—
2000	184219	2920.4	69166	938.4	54653	1330.5	35458	429.6	984	6.76
2001	167462	2879.9	62963	793.9	54654	1441.5	27729	376	1257	4.68
2002	170036	2758.3	54271	537.6	56180	1463.4	28961	472	581	1.99
2003	174149	3013.7	47789	671.9	57540	1413.7	36559	627.7	687	3.43
2004	178388	3038.5	43754	591.7	55579	1386.3	38919	712.8	1288	4.65
2005	180245	3062.9	38630	524.3	54785	1356.5	52800	888.4	1193	4.22
2006	177850	3114.1	36553	499.3	52271	1355.9	55340	973.1	1510	7.03
2007	181343	3130.8	38113	515.1	51554	1335.2	54643	983.5	1615	10.80
2008	187154	3159.6	33682	492.2	50025	1296.7	58437	1059	2186	11.10

1980 年—2008 年部分年份西盟县粮豆作物播种面积、产量情况表（二）

表 4-10　　单位：亩、万千克

年份＼名称	薯类		杂粮		小麦		蚕豆		豌豆	
	面积	产量	面积	产量	面积	产量	面积	产量	面积	产量
1980	4917	23.70	46736	143.00	34635	137.00	87	0.20	863	2.50
1985	130	0.50	31115	161.90	6703	36.50	260	0.60	344	0.80
1990	1596	8.70	42734	217.90	14465	82.60	850	1.70	1509	1.60
1998	740	8.12	18492	147.95	10121	88.18	546	1.87	907	3.46
1999	636	5.34	12976	157.50	10222	80.42	633	1.45	2423	4.65
2000	715	12.16	12745	148.72	8209	54.52	723	3.02	1566	6.70
2001	1489	31.00	15477	210.68	1334	8.60	602	3.27	1957	10.32
2002	1191	19.50	15512	185.22	9131	63.07	2233	6.51	1976	8.99
2003	774	6.84	19815	216.49	8405	62.61	763	2.93	1817	8.05
2004	755	11.50	29562	281.24	6700	43.12	972	3.51	859	3.65
2005	669	15.00	25298	232.13	5625	35.49	594	2.88	651	4.04
2006	683	12.00	23138	209.94	6536	46.33	743	3.98	1076	6.50
2007	760	9.44	26534	216.99	6615	51.81	602	3.42	907	4.59
2008	633	8.92	33316	228.52	6510	51.37	789	4.36	1578	7.41

六、油料作物

（一）油菜籽

1982 年—2008 年，全县种植面积 0.28 万亩 ~ 0.68 万亩之间，种植面积最大是 1990 年，共 0.72 万亩，面积最小是 2001 年，共 0.05 万亩；产量最高是 2006 年，共 27.45 万千克，产量最低是 1999 年，共 1.62 万千克。2008 年，播种面积 2800 亩，产量 11.11 万千克。

（二）花生

1982 年—2008 年，全县种植面积 0.01 万亩 ~ 0.17 万亩之间，种植面积最大是 2008 年，共 0.17 万亩，面积最小是 1983 年，共 0.01 万亩；产量最高是 2008 年，共 7.94 万千克，产量最低是 1983 年，共 0.18 万千克。

（三）芝麻、苏子

1981 年，产量 2.35 万千克。1990 年，产量 0.34 万千克。2000 年，产量 0.12 万千克。2005 年，产量 0.04 万千克。随后种植面积及产量逐年减少。

1977 年—2008 年部分年份西盟县油料作物种植情况表

表 4-11　　单位：亩、万千克

年份＼名称	合计		油菜		花生		芝麻	
	面积	产量	面积	产量	面积	产量	面积	产量
1977	6684	13.20	2791	4.05	3893	9.15	—	—
1982	7535	16.72	6872	14.31	122	0.33	541	2.08
1983	7731	19.39	7100	17.40	108	0.18	523	1.81
1989	2419	6.28	1614	2.27	783	3.67	22	0.34
1990	8219	11.54	7240	8.40	971	2.80	8	0.34

续表 4-11

名称 年份	合计		油菜		花生		芝麻	
	面积	产量	面积	产量	面积	产量	面积	产量
1998	1670	6.50	716	2.63	954	3.48	—	0.39
1999	1425	4.96	590	1.62	835	3.13	—	0.21
2000	4000	15.69	2950	11.31	1050	4.26	—	0.12
2001	1730	8.43	510	4.30	1220	4.13	—	—
2002	2627	12.18	1585	8.81	1042	3.34	—	0.03
2003	2901	11.31	1782	7.32	1119	3.96	—	0.03
2004	3170	9.45	1900	3.34	1270	6.11	—	—
2005	2749	16.45	1780	12.31	969	4.10	—	0.04
2006	3466	32.13	2240	27.45	1226	4.68	—	—
2007	3454	25.29	2131	18.57	1323	6.72	—	—
2008	4513	19.05	2800	11.11	1713	7.94	—	—

七、经济作物

（一）西盟米荞

西盟米荞属蓼科荞麦属米荞种。科学普及出版社于 1986 年 10 月出版《农业生产实用技术小丛书·荞麦》一书，由陆大彪、王天云、史锁达专家编著，书中把“西盟米荞”定为一个种，并定为种名，从此，“西盟米荞”在荞麦属中占有一席之地。“西盟米荞”属苦荞种的一个特有品种，“西盟米荞”的茎、叶、花都具有苦荞的特点，但果实的三棱锋明显，锋间还有沟槽。经过自然选育和人工选育，改变了“西盟米荞”的味道，“西盟米荞”虽属苦荞类，但仔粒光滑，易于分离，味微苦凉，可蒸煮成饭食，适口性好，是优良的填闲补种作物和密源作物，也是西盟独特的小杂粮作物之一。主要品种有黄米荞（可脱壳加工成米，出米率 60% ~ 85% 之间）、黑米荞（较难脱壳，出米率 30% ~ 50%）、甜荞（只能加工荞粉）三个品种。

“西盟米荞”原产于海拔 1500 米 ~ 2000 米的阿佤山区中心地带，是西盟佤族自治县（《阿佤人民唱新歌》的故乡）所独有的荞麦品种，“佤山”牌西盟米荞其生态环境优异，属纯天然食品，无任何污染，营养丰富。经农业部农产品检测中心昆明分中心采用凯氏定氮法检测：“西盟米荞”含蛋白质 7.92%。ICP-AES 法检测：“西盟米荞”含硫 0.1%、磷 0.37%、钾 0.3%、镁 0.18%、钙 204 毫克 / 千克、铁 19.9 毫克 / 千克、锌 23 毫克 / 千克、铜 5.72 毫克 / 千克、锰 9.86 毫克 / 千克。适应在海拔 1000 米 ~ 1700 米，土壤有机物含量在 3.61%，速效氮含量为 127PPM，速效钾含量 118PPM，年降雨量 2758.3 毫米，平均气温 15.3℃的山区地带；生育期一般在 90 天 ~ 100 天；对磷钾肥比较敏感，适当施用草木灰能促进生长旺盛，一般每亩施用农家肥 500 千克 ~ 1000 千克，磷肥 30 千克，草木灰 500 千克 ~ 600 千克；播种时间 8 月下旬至 9 月下旬，12 月可陆续收割；一般亩产 60 千克 ~ 70 千克，最高不超过 150 千克。

2000 年，全县种植面积 350 亩（莫窝乡 150 亩，新厂乡 100 亩，岳宋乡 100 亩），产量 1.36 万千克，平均亩产 38.98 千克。

2001 年来，县委、县政府和县农业部门把“西盟米荞”列为西盟的特色品牌、订单农业，并加大投入，扩大种植规模，进行深加工，广销县内外。

2002 年，全县推广种植 1000 亩（莫窝乡 500 亩，新厂乡 300 亩，岳宋乡 200 亩），产量 5 万千克，平均亩产 50 千克。

2006年，省级配套资金30万元，建设“西盟米荞”种植示范基地17400亩（勐卡镇9000亩，中课乡5000亩，新厂乡3400亩），产量139万千克，产值600万元。其中，推广高产示范样板5000亩，最高亩产150千克，平均亩产80千克；建立良种繁育基地2000亩，最高亩产105千克，平均亩产50千克；生产良种10万千克，纯度90%；其他种植10400亩，产量520万千克。项目区人均增收103.1元。

2007年4月6日，县政府制定印发《西盟佤族自治县西盟米荞产业发展奖励暂行办法》。连片种植米荞50亩～100亩，平均亩产90千克，纯度90%以上的，每亩追加补助钙镁磷肥料5千克、一次性奖励技术员1.5元；连片种植米荞100亩以上的，平均亩产90千克，纯度90%以上的，每亩追加补助钙镁磷肥料10千克、一次性奖励技术员3元。按标准完成县委、县政府下达的种植任务，验收合格后，每亩一次性奖励乡（镇）2元。米荞收购实行最低保护价。该办法从2007年4月1日起执行，试行3年。

2008年，全县种植2.85万亩，产量154.8万千克，平均亩产54.32千克，销售收入619.2万元。

（二）小红米

又称䅟子、鸭足稗、鸡爪谷等，为禾本科䅟属的特色物种，为禾本科䅟属的一个栽培种，喜温暖湿润气候，耐涝性强，也耐干旱，在酸性贫瘠的土壤上能生长，且枝叶茂密，根系发达，可以有效地保持土壤水分，减少蒸发，改善土壤结构。据分析测定种植一年后的土壤PH降低0.5～1.0，含盐量降低0.05%～0.21%；土壤的空隙结构趋于合理，有机质含量大大增加，花期鲜草含粗蛋白质8.42%，粗脂肪1.09%，粗纤维23.40%，无氮浸出物44.13%，粗灰分8.89%，磷0.49%，钙1.64%。子核含粗蛋白质10.45%，粗脂肪0.89%，粗纤维2.59%，无氮浸出物74%，磷0.34%，钙0.55%。一般在4月中旬栽种，最晚的是12月份成熟，亩产100千克～150千克。是佤族自酿水酒的主要原料，可当粮食用，也可做猪、牛、鸡的饲料，大部分属零星套种，产量虽低，但价格高。1995年，全县种植173亩，产量3.55万千克。2000年，全县种植4278亩，产量101.61万千克。2008年，全县种植4848亩，产量73.72万千克。

（三）薯类

木薯、甘薯（又名：白薯、山药、红薯）、洋芋等，可食用、可加工酒精或做猪饲料，种植时间已久。2000年，全县种植薯类715亩，产量12.16万千克。2008年，全县种植薯类633亩，产量8.9万千克，其中，红薯549亩，产量8.45万千克；马铃薯84亩，产量0.46万千克。

（四）甘蔗

1972年，为供应县国营糖厂原料，从上允、勐遮一带购进遮种，分发到农业生产队集体种植。1973年，全县种植面积1800亩，产量102万千克。1984年，糖厂停办后，种植面积下降至200亩，产量2.57万千克。1990年，全县种植面积900亩，产量3.51万千克。1993年—1997年，全县新种植甘蔗2.95万亩。2001年，西盟县甘蔗良种种植示范项目被列为“云南省民族地区科技试验示范”项目，试种新台糖10号、16号、20号、22号，陇6号，桂糖17号等良种320吨，种植面积680亩。2003年，全县新植甘蔗5042亩。2008年，全县新植甘蔗0.44万亩。

（五）茶叶

西盟县最早茶叶种植属云南大叶种茶。适宜在海拔1400米～2000米，年降雨量2657毫米，平均气温15.3℃，种植时间为7月10—30日。3年～5年可采，主要为机械加工成散茶、袋装及筒装茶，品牌有“云海雪峰”“螺茶”“佤山青毫”“佤山云雾”“佛隆精品茶”等系列，内含成分丰富，汤色翠绿，香高味爽，回味甘甜。

1978年，县委、县人民政府按照“用好政策，依靠科技，突出重点，狠抓优势产业，注重经济、社会、生态效益”的方针，始终坚持走可持续发展之路。至1980年，全县有12个大队（村）建立茶厂，面积 3075 亩。

1981 年，农村实行家庭联产承包责任制后，部分集体茶园分散到户经营。同时，通过发展资金、无息贷款、农行扶贫资金、低息贷款和民政“双扶”资金的投入，恢复和发展了一批茶厂。

1990 年后，逐步推广无性系茶，其品种为“雪芽白毫”“云抗 10 号”“佛香 3 号 ~ 4 号”“紫娟”。全县茶园面积 1.25 万亩，产量 77.5 吨，其中，19 个茶场面积 1.05 万亩，产量 50 吨，从业人员 917 人。有加工厂房 15 幢、3500 平方米，机械 45 台。

2002 年，全县茶叶面积 1.26 万亩，可采面积 0.84 万亩，产量 184.7 吨。2006 年，全县茶叶种植覆盖 5 个乡（镇）、19 个村委会，面积 3.5 万亩，建有茶初制所 19 个，产量 265 吨，产值 797 万元。

2007 年 4 月 6 日，县政府制定印发《西盟佤族自治县茶叶产业发展奖励暂行办法》。凡按标准连片种植茶树，验收合格后，按每亩种植 1800 株计算，每株补助 0.12 元种苗款；种植 200 亩以上的，每亩一次性奖励种植户 5 元；种植 500 亩以上的，每亩一次性奖励种植户 10 元及 2 袋磷肥；达不到要求的，不享受补助；按标准完成下达任务的，验收合格后，每亩一次性奖励茶办、乡（镇）各 1 元和技术人员 2 元，试行 3 年。全县累计种植面积 3.95 万亩，产量 546 吨，产值 2475 万元。

2008 年，全县新种植茶叶 1.05 万亩，累计面积 5 万亩。有茶厂 19 个，机械 65 台，从业人员 3000 余人（含茶农），产量 653 吨，产值 1305 万元。

1. 力所茶厂

西盟县力所乡茶厂位于力所村，距力所乡政府 2 千米，距县城 46 千米。海拔在 1500 米以上的云雾山中，年平均温度 21.3℃，最冷月均温 14.9℃，最热月均温 25.6℃，年平均日照数 2194.8 小时，年日照百分率 50%，年平均降雨量 2739 毫米。

1964 年，倮倮乡茶厂开挖种植，属倮倮乡办茶厂，当年，共开挖种植 250 亩，取名叫“倮倮乡茶厂”。1969 年 4 月，“倮倮乡茶厂”改名为“倮倮大队茶厂”。

1974 年，茶厂正式成立，起名叫“倮倮乡茶厂”。1977 年，建盖房屋 150 平方米。1988 年 2 月，改名叫“倮倮村茶厂”。

1988 年 8 月 1 日，倮倮茶厂为西盟县农村党员基金会捐资 1000 元，被中共西盟佤族自治县农村党员基金会评为“先进集体”。

1989 年 10 月，茶厂归倮倮乡人民政府管理，属倮倮乡办企业，茶农由乡政府从全乡各村抽调人员组成，并任命岩金为厂长。茶厂当年建盖砖体石棉瓦房 200 平方米，购买茶叶加工机器一套和架设电器设备。

2002 年 4 月，茶农娜鲁在建团 80 周年“康达标”青年歌曲比赛中，荣获优秀奖。2003 年 1 月，厂长岩太被西盟县委、县政府评为“2002 年度先进私营企业主”。

2005 年，茶厂改制，茶厂转让给力所村王拱社岩金承包，转让承包时间 50 年（2005 年 1 月至 2055 年 1 月），并负责赔还乡政府银行贷款 27.4 万元。承包后，组织茶农新开挖茶地 150 余亩，共有 400 余亩；投入 150 万元对厂房、茶园地进行了改造；投入 30 万元，重新购买茶叶加工设备。

2008 年，有茶农 47 户 157 人，产茶 20 吨，户均年收入 2 万元 ~ 3 万元。茶厂设党支部、工会、妇委会等组织。有汽车、摩托车各 1 辆。加工设备齐全，并着手开始生态茶园建设，以提高和提升茶叶生产，建立现代茶园管理运行作机制。

2. 彩云茶厂

位于力所乡南亢村，距力所乡政府 8 千米，距县城 33 千米，厂址距募西公路 50 米。海拔在 1600 米以上的云雾山中，茶园四季如春，环境优美，土壤肥沃，气候潮显，气候条件属南亚热、中亚热带北风湿润季风气候。年平均温度 21.3℃，最冷月均温 14.9℃，最热月均温 25.6℃，年平均日照数 2194.8 小时，年日照百分率 50%，年平均降雨量 2739 毫米。

1965 年，西盟县彩云茶叶农民专业合作社茶园基地开挖种植，属傈傈区办茶厂，开挖茶园时，把开挖任务分配给南亢乡所辖 7 个生产队进行开挖种植，共开挖面积 1000 亩。

1971 年，茶叶已可采摘，并从所属 7 个生产队调集人员采摘。同时，茶厂正式成立，起名叫“西盟南亢茶厂”，厂长由扎法担任。建盖茅草房 400 多平方米。

1990 年，党支部成立，有党员 10 人。建盖砖木结构石棉瓦房 1800 平方米，投入经费 100 余万元，购置茶叶加工机器一套。是西盟县最早建茶叶加工厂之一。

2005 年，西盟南亢茶厂因改制分为两个茶厂，一个茶厂叫“南亢茶厂”；另一个茶厂叫“彩云茶厂”。南亢茶厂分得茶地 220 亩，彩云茶厂分得茶地 780 亩。彩云茶厂分开后，成立理事会（理事长由扎法担任）、工会、妇委会和安全保卫等组织，有工会会员 80 人。是西盟茶产业成立理事会最早的茶企业。

2007 年，取得 QS 认证，注册商标为保抬科茶。

2009 年，彩云茶叶农民专业合作社成立，把厂名改为“西盟县彩云茶叶农民专业合作社”。

3. 绿洲茶厂

西盟县绿洲茶厂位于西盟县勐卡镇莫窝村，距勐卡镇政府 8 千米，距县城 51 千米。每拔在 1500 米以上的云雾山中，年平均温度 21.3℃，最冷月均温 14.9℃，最热月均温 25.6℃，年均日照 2194.8 小时，年日照百分率 50%，年平均降雨量 2739 毫米。基地一年之中有 10 个月在云雾笼罩中，故美其名为“云雾茶”。

1968 年，西盟县莫窝乡茶厂开始开挖种植，开挖和种植时有莫窝乡 6 个生产队分任务开挖，共开挖 80 亩。

1971 年，莫窝大队从所辖 6 个生产队抽调 15 户 60 多人管理茶园，起名叫“莫窝大队茶厂”，属莫窝大队企业。是西盟县成立较早的茶企业之一。

1989 年 11 月，茶厂划归乡政府，改名叫“莫窝乡茶厂”，有茶地 250 亩，茶厂从全乡各村抽调 30 户 87 人茶农来管理茶叶生产。同时，乡政府给原茶户每户补助 1000 元。

1998 年 12 月，经过改制后，成为私营企业，由外贸局职工车立洲承包，承包时间 50 年（1999 年 1 月 13 日至 2049 年 1 月 13 日），改名叫“西盟县绿洲茶厂”。绿洲茶厂一次性交清茶厂欠银行贷款 42 万元。转让后，茶厂新开挖茶地 500 多亩。主要种植品种有云南群体种、云抗 10 号。并先后投资 180 多万元，建盖砖体钢架房子 1000 多平方米和添置加工设备。2007 年，取得 QS 认证。

4. 商烟街茶厂

西盟县商烟街茶厂位于西盟县力所乡南亢村、募西公路 77 千米上方。海拔 1500 米，年平均气温 21.3℃，最冷月均温 14.9℃，最热月均温 25℃，年均日照数 2194.8 小时，年日照百分率 50%，年平均降水量 2739 毫米。茶园一年之中长达 10 个月在云雾的笼罩中，土壤肥沃，气温四季变化不大，垂直差异明显，太阳辐射强，日照时数多，光质好，雨量充沛。

1986 年，力所区人民政府为了发展茶叶生产，推广种植茶叶技术，增加农民的经济收入，在南亢商烟街开发种植茶叶 800 多亩，厂名叫“力所南亢商烟街茶厂”，属力所区人民政府的区办企业。茶园地属南亢农民所有，茶厂按照国家有关政策征用 50 年，并把征用地的 22 户农户 94 名人员招入茶厂。区政府出资建盖职工住宿，房屋为茅草房、油毛毡房。1988 年 3 月，厂名改为“力所乡南亢村商烟街茶厂”。

1991 年，随着经济体制不断改革和改革开放的深化，力所乡政府把茶厂转让给周金贵经营，把集体经营改为私营经营，周金贵任厂长，厂名改为“西盟县商烟街茶厂”，也叫“周金贵茶厂”。建盖职工住房 220 平方米、厕所 34 平方米，架设 2.5 千米的人畜饮水工程和修建水池。

1992 年—1994 年，茶厂利用茶园优势转变为经济优势，科学地进行规划，制定各项规章制度，并在荒山荒地上开发种植生态高产茶园 332 亩。同时，还在茶园中道路上种植杉木、水冬瓜树、板栗、果木树等。当时由于本厂无加工设备，茶叶加工运到南亢茶厂、力所茶厂、马散茶厂、岳宋茶厂、八十三道班初制所加工。

1995 年，为了解决加工运输成本高和鲜叶得不到及时加工质量差等问题，申请贷款，在乡镇企业局的支持下，建立茶叶初制加工车间和 2.5 千米的输电线路。同时，合理协商解决茶厂和南亢村帕科一、二社土地使用的问题，从此，商烟街茶厂实现生产、加工、销售一条龙服务的生产管理方式与工资挂钩和实行奖惩的科学管理方法。

2008 年 4 月 22 日，西盟佤族自治县市场监督管理局审核批准变更法人为周扎克，经营范围为茶的生产、加工、销售及日用百货烟、酒、副食品零售。同年，投资 100 多万元，建职工住宿 700 平方米，厂房 500 平方米的水泥平房。产茶 38 吨，产值 113 多万元。有 43 户 200 名茶工，已成为西盟县茶厂业骨干企业和示范性茶园。

5. 双扶茶厂

西盟县双扶茶厂位于岳宋乡岳宋村，距乡政府 1.5 千米，距县城 53 千米。1986 年 6 月，西盟县民政局为了扶持残疾人和退伍军人发展经济，在省、地民政部门的支持下，县民政局在岳宋区岳宋乡九队的土地上开发 180 亩种植茶叶，并在茶地中适量种植黄果、菠萝等水果，取名叫“西盟县双扶茶厂”，也叫“岳宋茶果厂”。建厂时，岳宋边防派出所地址在开发的茶园中，经县政府协调，派出所搬迁新建，房屋归给双扶茶厂，有砖木结构瓦房 240 平方米。职工主要来源于全县退伍军人、军属和岳宋区的部分残疾人员，共有职工 32 人。

1990 年，有茶地面积 457 亩，并开始采茶，购买揉捻机、茶青机、烘干机等设备，建盖加工房 120 平方米。加工后的茶叶统一由民政局出售，职工工资由民政局统一发放。2003 年 5 月，因体制改革，茶厂拍卖给岩巴拉，厂名不变。

2008 年，双扶茶厂共有茶地 457 亩，有职工 64 人，有加工房 160 平方米，有职工宿舍 1600 平方米，有一套现代化的茶叶加工设备。

6. 云天高山有机茶厂

西盟云天高山有机茶厂位于西盟县勐卡镇募西公路 96 千米上方。最高海拔 2020 米，平均海拔 1800 米，年平均气温 18.9℃，年平均降雨量 1032 毫米 ~ 1302 毫米。周围森林覆盖率 80%。

2004 年，西盟县锡矿厂为了解决下岗职工的就业和扩大下岗职工的就业渠道，在募西公路 96 千米上方开发 800 多亩茶叶基地，厂名叫“西盟县锡矿厂茶厂”。当年，从台湾引进乌龙茶（软技和金萱）品种种植。

2007 年，西盟县锡矿厂进行改制，实施政等性破产后。西盟县锡矿厂被中国黄金集团科技有限公司西盟云天矿业有限公司收购，厂名改叫“西盟县云天高山有机茶厂”。茶叶种植后，因资金投入不足等方面的原因，茶园丢荒近 10 年，茶叶基本属于自然生长状况。

7. 浩源茶叶开发有限公司

西盟县浩源茶叶开发有限公司位于募西路 98 千米处右下方，距勐卡镇政府 15 千米，距娜妥坝社区 2 千米，距县城 59 千米。茶园平均海拔 1700 米，年平均气温 18.9%，年平均降雨量 1032.5 毫米 ~ 1302.23 毫米。

1987 年 3 月，西盟县农业局为了发展全县的茶叶生产、推广茶叶生产技术，为全县茶产业的发展起一个示范作用，筹措经费，抽调农业局技术人员，在募西路 98 千米右下方开发茶园基地。开挖茶园时，请当地群众和外来施工队进行开挖，农业局支付开挖工钱，共开挖 300 多亩。同时，农业局建盖砖体石棉瓦房 300 多平方米，取名叫“农业局大黑山茶厂”。当年 6 月种植，并先后建盖加工厂房，购买加工茶叶机器等设备，修通茶园道路，架通加工用电和生活用电。在开发期间得到思茅地区茶科所技术人员的指导，聘请西盟县内当地群众为茶地管理人员，并把茶地分片承包给管理人员。

2005 年 4 月，西盟县农业局把茶园卖给缅甸籍人李浩武，卖段时间为 2006 年 11 月 6 日至 2056 年 11 月 6 日，取名为“西盟县浩源茶叶开发有限公司”，经营范围有茶叶、水果、茶叶加工、销售、畜牧业等。2008 年，改名叫“西盟县佤山部落农牧业开发有限公司”。

（六）蚕桑

2005年，西盟县在4个乡（镇）、5个村、8个组、367户试种桑树700亩。主要品种“女桑系列”“农桑 12 号、14 号”，适宜海拔在 1500 米以下，种植时间为每年 11 月至次年 1 月，嫁接时间为立春前后 20 天之间。养蚕品种属“青松 × 皓月”，其时间需要 25 天 ~ 30 天，可收蚕茧。2006 年，全县种植桑树面积 320 亩，养蚕 119.5 张，鲜茧产量 5605.35 千克，产值 10.48 万元，平均张产量 46.91 千克，张产值 876.99 元，亩产值 327.5 元。2007 年 4 月 6 日，县政府制定印发《西盟佤族自治县蚕桑产业发展奖励暂行办法》。按标准新植桑树，验收合格后，每亩补助 150 元；年养蚕 5 张以上（含 5 张），每亩一次性奖励 200 元；年养蚕 15 张以上（含 15 张），验收合格后，每亩一次性奖励 500 元；按标准完成下达任务的，验收合格后，每亩一次性奖励县茶办 1 元、乡（镇）3 元。蚕茧收购实行最低保护价，随行就市统一收购，试行 3 年。当年，全县种植 5002 亩，累计种植面积 5700 亩，养蚕 1233 张，鲜茧产量 47067.8 千克，产值 88 万元。2008 年，全县种植桑树农户 3466 户 6932 人，新种 0.76 万亩，累计种植 1.33 万亩。养蚕农户 1590 户、1650 人，蚕房 350 间，养蚕 3625 张，产量 94118 千克，产值 181 万元。

（七）咖啡

2006 年，在力所乡南亢村次米竹组试种咖啡 300 亩。

（八）烟草

1991 年 2 月，县委、县政府烟草领导小组成立，办公室设在商业局，归属商业局管理，并从墨江县引进 1 名烟草专业技术员，办公室有人员 3 人。1992 年 3 月初，在县职业中学举办烟草骨干培训班 1 期，参培学员 45 名；3 月中旬，先后在全县 7 乡 1 镇举办烟草培训班，共计参培学员 400 人；5 月，全县开始种植，种植面积 1 万余亩，建烤烟房 78 座。至 1993 年年底，全县共产烤烟 500 余吨。因为西盟县雨量过多，湿度较大，加之种植技术和管理等方面的原因，烟叶颜色乌黑，达不到等级，价格偏低，所以，全县烟草种植至 1994 年年初停止种植。

八、果蔬

（一）水果

1980 年，全县果园面积 135 亩，产量 8775 千克。农村经营体制改革后，广大农户种植果树积极性高，优良果苗需求增大，有关部门先后从外地引进芒果、木瓜、牛肚子果、荔枝、柑橘、大枣、香蕉、菠萝、葡萄等果苗供应农户，果园面积不断增加。2000 年，全县果园面积 2402 亩，产量 21.1 万千克。2008 年，全县有果园面积 1164 亩，产量 48.8 万千克。

（二）蔬菜

1978 年，西盟县蔬菜品种单一，传统的蔬菜品种有青菜、白菜、姜、辣子、黄瓜、南瓜、玉米菜等。多数与粮食作物套种或者间种，自种自食，极少上市场交易。1980 年，各类蔬菜品种约 50 余种。1990 年，全县种植蔬菜 0.68 万亩，产量 183 万千克。2000 年，全县种植蔬菜 0.57 万亩，产量 180.67 万千克，年均亩产 319.43 千克。2006 年，在勐梭镇勐梭村南规村民小组推广试种 5 亩温式蔬菜拱棚示范成功，平均亩产 331.21 千克。2007 年，县委、县政府高度重视菜篮子工程，鼓励农户加大种植基地，改进种植方法，扶持建盖温式蔬菜拱棚 520 亩。2008 年，全县种植蔬菜 7996 亩，产量 734.7 万千克，产值 440.83 万元。

第四节　植保与植检

一、植物保护

1980 年后，旱地化学除草技术在全县普遍推广使用。1986 年 8 月，农作物病害普查，县内病害有 39 种，虫害有 129 种，草害有 119 种。1987 年，籽种站增设籽种检疫机构，逐步抑制农作物病害的发生和蔓延。

1990 年，全县化学除草面积 9 万余亩。1998 年，全县危害面积 3.12 万余亩，成灾 0.94 万余亩。2005 年，全县危害面积 1.55 万余亩，成灾 0.42 万余亩。

2008 年，全县危害面积 1.12 万余亩，成灾 0.51 万余亩；全县发生草害 3.12 万余亩，防治 5.77 万亩次，挽回粮食损失 86.55 万千克。全县设重大病虫害监测点 7 个，发布大春和小春病虫情报、防治简报 6 期、300 份，举办各种培训 120 期、1.1 万人次，印发材料 1500 份，发放宣传挂图 50 份。

二、植物检疫

1983 年起，开展植物检疫工作，其主要工作分为 3 个部分，基础调查、对内检疫和对外检疫。同年，按照国务院颁发《植物检疫条例》规定，组织专职人员业务培训，并对薯类癌肿病、柑橘黄龙病、香蕉束顶病及水稻细菌性条斑病进行调查，明确县内分地区进行产地检疫。对外省、市引进的种子、苗木、要事先办理相关手续，未经审批不准进出。

2008 年，共派出宣传人员 25 人次，宣传 15 场次，受训 1200 人，印发宣传资料 100 份。同年，县内水稻细菌性条斑病发生有所上升，发生面积 800 亩，“十字花科根肿”病 230 亩，蔬菜“斑潜蝇”病 2000 亩。为控制病害，制定防治方案下发到疫情区，并指定专人负责防控。并对农药经营者和农户进行培训，全年培训 35 期、1250 人次，发放资料 500 份。

第五节　水产及蜂养殖

一、渔业管理

2002 年 6 月，根据《中华人民共和国渔业法》《云南省实施〈渔业法〉办法》及《西盟佤族自治县自治条例》的规定，制定《西盟佤族自治县渔业资源保护暂行规定》(以下简称《规定》)，规定每年 1 月 1 日至 5 月 31 日，为全县禁渔期，划分从南康河桥头至西盟糖厂河边；勐梭河桥头至东梭河与东朗河交叉处，两段总长 19 千米，为全县天然渔业资源自然繁殖重点保护区，即禁渔区。《规定》自 2003 年 1 月 1 日起，实行长期封河禁渔，采取增殖和放养措施，增加水产资源。

二、渔业发展

2000 年以来，随着惠民政策深入农村，科技普及力度加大，专用渔业池塘面积增加，由原来的粗放养殖模式逐步向精养模式迈进；由单养改变为混养，实行“80 : 20”模式；由集体养殖改变为个体专业户养殖，水产渔政管理站负责技术指导。至 2008 年，全县水产养殖面积 3170 亩，其中，稻田养鱼 1507 亩，稻鱼工程 400 亩，池塘养殖 720 亩，水库 543 亩。投放鱼苗 118 万尾，总产量 240 吨，渔业总产值 384.8 万元，比 2000 年养殖面积净增 2670 亩，产量净增 180 吨。

三、养蜂

1990年，全县养蜂1308箱，产蜜4000千克。2000年，全县养蜂1501箱，产蜜4135千克。2008年，全县养蜂1310箱，产蜜3668千克。

第六节 农业技术推广

一、推广使用肥料

20世纪80年代，开始从种植小豆绿肥逐步向使用化肥过渡。1980年，全县农作物使用化肥73.4吨，其中，氮肥66.2吨，磷肥7.2吨。1987年，全县农作物使用化肥309.7吨，其中，氮肥113.9吨，磷肥195.8吨。1990年，全县农作物使用化肥908吨，其中，氮肥364.4吨，磷肥543.6吨。2000年，全县农作物使用化肥1083.17吨，其中，氮肥678.45吨，磷肥404.72吨。2008年，全县农作物使用化肥754.41吨，其中，氮肥487.92吨，磷肥266.49吨。

西盟县肥料利用率统计表

表4-12

项目 名称	氮肥利用率（%）			磷肥利用率（%）			钾肥利用率（%）		
	平均值	最大值	最小值	平均值	最大值	最小值	平均值	最大值	最小值
水稻	30.36	38.83	19.04	33.27	52.66	8.25	19.89	46.90	1.07
玉米	41.15	58.62	27.33	60.09	91.97	21.32	31.32	76.91	9.03

西盟县肥料贡献率统计表

表4-13

项目 名称	氮肥利用率（%）			磷肥利用率（%）			钾肥利用率（%）		
	平均值	最大值	最小值	平均值	最大值	最小值	平均值	最大值	最小值
水稻	44.71	56.23	39.27	16.39	27.40	3.64	5.42	20.84	0.11
玉米	39.09	51.57	20.92	21.51	38.91	0.17	10.93	25.14	0.60

西盟县土壤养分丰缺指标统计表

表4-14

项目 名称	等级 养分	1级	2级	3级	4级	5级
		缺	低	中	高	丰
玉米	碱解氮（毫克/千克）	≤80	80～130	131～200	201～250	＞250
水稻		≤60	61～100	101～160	161～250	＞250
玉米	有效磷（毫克/千克）	≤5	5.0～10	10.1～20	20.1～30	＞30
水稻		≤5	5.0～10	10.1～20	20.1～30	＞30
玉米	速效钾（毫克/千克）	≤50	51～100	101～150	151～250	＞250
水稻		≤50	51～90	91～130	131～200	＞200

西盟县主要农作物施肥标准表

表 4-15

作物名称	土壤检测值与施肥量								
	N		P		K		有机质		施肥方法
	碱解 N-（毫克/千克）	施 N-（千克/公顷）	有效 P-（毫克/千克）	P2O5-（毫克/公顷）	速效 K-（毫克/千克）	K2O-（千克/公顷）	有机质（克/千克）	有机肥（千克/公顷）	
玉米	≤ 80	300	≤ 5.0	90	≤ 50	75	≤ 10	15000	农、磷肥全部，钾肥 50%，氮肥 40% 作底肥，氮肥 20% 作苗肥施用；氮肥 40%、钾肥 50% 作穗肥在大喇叭口期施用
	81 ～ 130	270	5.1 ～ 10	75	51 ～ 100	60	10.1 ～ 20	12000	
	131 ～ 200	240	10.1 ～ 20	60	101 ～ 150	45	20.1 ～ 30	10500	
	201 ～ 250	210	20.1 ～ 30	45	151 ～ 250	30	30.1 ～ 40	9000	
	＞ 250	180	＞ 30	30	＞ 250	15	＞ 40	7500	
水稻	≤ 60	180	≤ 5.0	90	≤ 50	75	≤ 10	15000	农、磷肥全部，钾肥 50%，氮肥 50% 作底肥；氮肥 30% ～ 40%、钾肥 50% 作分蘖肥与化除一起施用；氮肥 10% ～ 20% 作拔节肥施用
	61 ～ 100	165	5.1 ～ 10	75	51 ～ 90	60	10.1 ～ 20	12000	
	101 ～ 160	150	10.1 ～ 20	60	91 ～ 130	45	20.1 ～ 30	10500	
	161 ～ 250	135	20.1 ～ 30	45	131 ～ 200	30	30.1 ～ 40	9000	
	＞ 250	120	＞ 30	30	＞ 200	15	＞ 40	7500	

二、科技培训

1978 年，西盟县农业局为推广科学种田技术，分别为公社、大队、生产队分期培训一批民族科技员。1980 年，全县有农技站、农科站 7 个，有科技人员 175 人。

2005 年，启动新型农民科技培训、劳动力转移培训及农村实用科技培训；举办生猪养殖、米荞、蚕桑、茶叶、两杂高产栽培等培训，共计培训 1000 人。2006 年，培训 1500 人。2007 年，培训 2500 人。2008 年，各种科技培训 571 场次、30000 人次（劳动力转移培训 5000 人次、农村实用技术培训 25000 人次）；印发资料 3000 份。

2005 年—2008 年西盟县农业各种科技培训情况表

表 4-16　　单位：人

年份＼名称	农村实用技术	劳动力转移	农作高产栽培	生猪养殖	米荞	蚕桑	茶叶	甘蔗	橡胶	机耕机耙	合计
2005	100	100	100	100	50	100	150	150	100	50	1000
2006	400	100	300	100	100	100	300	50	50	—	1500
2007	500	500	500	100	100	100	300	100	200	100	2500
2008	25000	5000	5000	3000	500	500	3500	300	200	200	43200
合计	26000	5700	5900	3300	750	800	4250	600	550	350	48200

三、科技种植

1978 年，随着旱地的逐步固定，除轮歇地撒播外，比较平缓的坡地和台地均采用条播和点播法。多数旱地实行套种、间种和复种，以提高旱地的利用率。水田除种水稻外，也有少量复种蔬菜、土豆、瓜类等。1990 年后，按照国家惠农政策“坡改梯、旱改水”的要求，在确保粮食自给的前提下，改种经济作物和经济林木等。

四、农广校

1984 年 11 月，西盟县农业广播电视学校成立，有 1 名兼职教师（中专学历）。1984 年，招乡村经济管理专业学员 42 人（到 1987 年，毕业 8 人）。1986 年，招财会专业学员 35 人（到 1989 年，毕业 12 人）；1995 年，招财会专业学员 25 人（到 1998 年，毕业 19 人）。1998 年，招财会专业学员 54 人（到 2001 年，毕业 47 人）。

2000 年—2007 年，共招现代乡村综合管理专业，学员 207 人，毕业 190 人。至 2007 年，中专共招生 380 人，毕业 276 人（含农经站挂靠办学招生 17 人）。

五、农业技术推广体系建设

2000 年，为进一步落实《国务院关于深化改革加强基层农业技术推广体系建设的意见》和《中共中央关于推进农村改革发展若干重大问题的决定》精神，农业局组织各中心、站所股室组成调研组，对全县各乡（镇）农业技术推广机构体系建设情况进行调研。

2003 年，机构改革后，乡镇农技推广机构的隶属关系由原来的县管或县乡双重管理改为乡（镇）管理，人、财、物下放到乡（镇）政府，农技推广体系断层，管理体制不健全，经费不足，培训工作不能如期进行，推广技术困难。针对基层农业技术推广体系建设存在的问题，对乡（镇）农科站实行县乡共管、县管为主的管理体制；落实人员的工资、福利、社会保障等待遇，将基层农技推广人员的工作经费列入各级财政预算，并随财政经常性收入的增长而同步增长；出台政策，鼓励支持发展经营性农技服务组织和发展农业龙头企业，扶持和发展社会化的农技推广组织、经营服务实体、农产品行业协会、农民专业合作社、涉农企业及其他中介服务机构，与基层农技推广机构建立定点联系制度，开展各类农技推广服务活动，加快多形式、多元化、多渠道的农技推广格局，为普及推广先进实用技术提供科技支持；加强技术培训，多形式、多渠道提高农技推广队伍及农民素质，建立农技推广人员定期培训制度，把教育学习的成果作为考核晋升的重要依据，把农技推广人员的培训经费，统一纳入财政预算，每年对基层农技推广人员进行定期培训和选送部分技术骨干进修。

六、农业科技推广成果

1997 年，县农业技术推广中心参与思茅地区水稻旱育稀植技术推广 37 万亩，增产稻谷 2000 万千克，县农业技术推广中心荣获思茅地区“水稻旱育稀植”一等奖。1998 年，全县推广 30.3 万亩，稻谷产量 2699 万千克，县农业技术推广中心荣获地区“陆稻科技”扶贫工程项目一等奖。2001 年，县农业技术推广中心荣获云南省贫困山区“陆稻”科技扶贫配套工程技术推广三等奖。2003 年，县农业技术推广中心荣获云南省“西盟米荞”产业化种植三等奖。2008 年，县农业技术推广中心荣获云南省边境山区 10 万亩“陆稻二元”种植推广二等奖。

第七节 农业行政执法

2005 年起，加大农资打假力度，在每年春秋农忙季节，开展农资打假行动，针对农资批发市场和门市部，对挂靠、承包、代理、分销单位或个人按照国家有关规定进行检查。

2005 年—2008 年，共派出农业执法人员 263 人次，检查农资生产经营单位、摊点 115 个；整顿农资市场8个；查获各类假冒伪劣农资产品1366千克，涉货值2.52万元；挽回经济损失2.52万元；承办信件（事）正确率99.5%。

第八节 基础设施

2000年，县农业局搬迁到新县城，占地1620.8平方米（办公大楼900平方米，简易房272平方米，住宅区3幢288.8平方米），活动场地160平方米，总资金1047.93万元，其中，办公楼投资439万元，住宅楼投资608.93万元。有车辆7辆，折合资金102.68万元。有办公设备27.98万元，其中，办公桌8.29万元；电脑29台，19.69万元。

第九节 机 构

一、县农业局

1978年7月，县农林局成立。1981年5月，农牧局与林业局分设，改称县农牧业局。1987年8月，改称县农牧局。1997年，农牧局改称农业局。2008年7月，畜牧兽医分设，改称县农业局，属事业单位。内设办公室、会计室、执法大队、农业技术推广中心、农经站、籽种站、农机服务中心、水产渔政管理站。有职工79人，领导职数1正2副。

历任县农林局局长：龙兴（1978年7月—1981年5月）。

历任县农牧业局局长：龙兴（1981年5月—1983年1月）、蔡忠礼（1984年1月—1984年11月）、罗岩祖（佤族，1984年11月—1989年9月）、魏岩本（佤族，1990年2月—1993年2月）、沈继华（1993年2月—1995年12月）、刘桂铭（1995年12月—1997年8月）。

历任县农业局局长：刘桂铭（1997年8月—2003年10月）、刀云川（哈尼族，2003年10月—2004年10月）、陈异罡（佤族，2004年10月—2006年8月）、罗军（佤族，2006年9月—2008年12月）。

二、各中心、站

农业技术推广中心　1981年5月，与林业分设。1995年3月6日，县编制委员会《关于成立西盟县农牧局农技推广中心》的批复，为二级局。内设办公室、农技站、经作站、植保植检站、土肥站、培训站（科教股）。2008年，有职工27人（专业技术人员10人）。

农机管理服务中心　1978年2月，改称县农机局。1984年1月，农机局撤销，隶属工业局，主要业务是农机监理、农机操作员的培训、农机技术推广、农机管理。1990年，有职工12人，乡（镇）农机管理员8人。1995年3月，工业局撤销，并经济贸易委员会。2002年7月，从经贸局转并农业局，改为农机管理服务中心。2008年，有职工8人（助理工程师7人），乡（镇）农机管理员11人。每年培训拖拉机驾驶员及其他机械操作员40人~50人。

种子站　1978年7月，籽种站成立，有职工3人。1983年，改为种子站，有职工5人（专业技术员2人）。1992年3月，改为种子公司。2006年10月，改为种子管理站。2008年，有职工12人，其中，专业技术员4人（农艺师3人，助理农艺师1人）。

农经站　1985年3月，改称农村合作经济管理站。1990年，有职工22人［县站6人，乡（镇）16人］，其中，助理经济师1人，专业技术员10人。2008年，有职工15人（助理经济师1人，专业技术员 4 人）。

水产渔政管理站　1994 年 3 月，水产技术推广站成立。1995 年，有兼职水产员 1 人。2002 年 5 月，增设挂牌渔政执法大队，编制 3 人。2008 年，有职工 5 人（执法合法渔业证专业 2 人）。

农业综合执法大队　2005 年，农资执法大队成立，有职工 2 人。2008 年，有职工 5 人（执法合法资格专业 3 人）。

三、乡（镇）农科站

1978 年，全县 7 个公社农科站相继成立，各站编制 3 人～6 人（含农技、兽医、农经、茶叶技术员）。1990 年，有职工 63 人，其中，农科员 23 人（已评职称 8 人）；兽医员 31 人（已评职称 3 人）；农经员 9 人（已评职称 1 人）。2008 年 7 月，畜牧兽医分设后，乡（镇）农科站改称为农业工作站，有职工 55 人，其中，农业技术员 30 人，农经员 7 人，勤务员（工人）18 人；在职不在编农科员 36 人。

四、县茶桑办

2006 年 10 月前，全县茶产业属农业部门管理。同年 11 月，县茶叶生物资源办公室成立，属县政府下设的正科级事业单位，核定编制 15 人，实有 15 人，领导职数 3 人。内设办公室、茶叶办、蚕桑办。

历任茶叶生物资源办公室主任：杨德生（2006 年 11 月—2008 年 12 月）。

第二章　畜牧业

第一节　养殖业

一、牛

1980 年，全县牛存栏 1 万头。1981 年，农村实行家庭联产承包责任制，集体牛折价卖给社员饲养，在国家发展资金和扶贫资金的扶持下，农户买牛增多。1983 年，全县牛存栏 2 万多头。1984 年，禁止宰杀大牲畜的决定废除，激发广大群众养牛的积极性。1985 年，县农牧局引进黑白花奶牛 8 头，以扶贫的方式放到西盟镇办事处二社农户家饲养，年平均产奶期 150 天，日平均产奶量 10 千克～ 15 千克。主要供应县城。1986 年，县农牧局在大黑山建养牛场，主要养殖商品牛，引进外地黄牛 30 头，发展存栏 120 头，年均出栏 15 头。

2004 年，县畜牧兽医局从外地引进 3 头黑白花奶牛饲养，年平均产奶期 180 天，日平均产奶量 15 千克～ 20 千克，供应县城鲜奶。2006 年，因饲养成本高，经济效益不明显，奶牛转卖。

2007 年，大黑山养牛场转让给个体户王乔有养殖。

2008 年，全县牛存栏 20238 头，其中，黄牛 11440 头，占 56.53%；水牛 8798 头，占 43.47%，出栏 4053 头。比 1978 年增加 1.6 倍和 21.79 倍。

二、骡马、毛驴

1990 年，全县骡马存栏 28 匹。1998 年—2008 年，全县饲养骡马年均存栏不足 20 匹，据调查，新中国成立以来至 2008 年期间，骡马存栏没突破 100 匹；毛驴也较少，其存栏未到 120 匹。主要饲养地是勐卡镇西盟村和班哲村一带。

三、山羊

1978 年—1996 年，山羊品种均为本地品种，年平均存栏 500 只～ 600 只。1997 年，从景东县引种山羊 3000 只，投放扶持农户饲养扩繁。1999 年，全县存栏 6670 只。2004 年，引进良种波尔山羊改良，提高了出栏率和个体产肉量。2007 年，全县出栏 2170 只。2008 年，全县存栏 3024 只、出栏 1300 只。至 2008 年，全县共出栏 15781 只，收入 473 万元。

四、猪

西盟县猪品种主要以滇南小耳猪（冬瓜猪）为主，其次引进的良种主要有杜洛克、汉普夏、长白、内江、大约克等品种。滇南小耳猪品种毛色为黑、黑黄、灰等。杂交品种猪毛色为黑、黑黄、白、灰白、黑华、白华、黄、黄黑、黄白等。滇南小耳猪一般平均年产仔猪 1.5 窝，窝产仔数 7

头～8头。通过杂交改良后，母猪年产仔猪两窝，窝产仔猪10头以上。个体体重50千克以上。

西盟冬瓜猪是西盟县人民群众在长期的生产养殖过程中，有部分猪与原始森林里的野猪自然交配，在特定的自然环境下，由民族村寨群众闭锁饲养与繁育，体形有大、中、小（微型）之分，每一类型的头型、耳型、体形外貌、毛色都很一致。毛皮纯黑、皮薄毛稀、头小清秀、颈短、肥厚、耳小直立、户胛开阔、背腰平直、腹大不垂、四肢直立、蹄小坚实、乳头5对、腿肌丰满、臀部丰圆，有“老鼠头、冬瓜身、骡子臀”之称。肉质细嫩，口感好，肥而不腻，是西盟人民招待亲朋好友的养生食品。在西盟县传统养殖中，一般公母猪6月龄达到性成熟，母猪年产仔1.3窝，窝产仔猪5头～7头，60日龄断奶仔猪个体重6千克～8.5千克，断奶窝重49千克～59.5千克。在西盟冬瓜猪养殖过程中，主要饲喂米糠、玉米、小红米、红薯、芭蕉芋、芋杆、芭蕉杆等为主的纯天然饲料，饲养周期为1年～1.5年，成年猪体长150厘米～180厘米、高50厘米～80厘米，成年猪体重50千克～60千克，屠宰率60%，瘦肉率占屠宰率的30%。

1978年，全县存栏28450头、出栏7702头。1985年起，畜牧兽医站引进外地优良品种在县内进行猪品种改良。1988年，县政府允许机关人员饲养猪。

1991年，建立第一个公猪供精站，开始生猪品种改良和人工授精技术推广。1992年，推广配合饲料及科学养猪技术。为提高生猪存出栏、满足市场猪肉供应，县委、县政府鼓励机关工作人员养猪。1994年，生猪出栏数量能满足市场的需求，结束吃冻猪肉的历史。

至2000年，机关工作人员养猪，全县年增加肥猪出栏7000头～8000头。养殖技术由城镇机关逐渐向城镇周围或城郊铺开，并推广到农村。

2006年，县委、县政府把发展冬瓜猪作为一项产业来抓。同年2月，对全县冬瓜猪品种资源进行了调查，全年生猪存栏34166头，其中，冬瓜猪存栏15707头（翁嘎科2129头、岳宋乡378头、新厂乡849头、中课乡1864头、力所乡3832头、勐卡镇4390头、勐梭镇2265头），占全县生猪总存栏数的45.97%，出栏3780头，产值415万元。

2007年7月，县畜牧局向省农业厅申报《生猪标准化规模养殖场（小区）建设项目》，省农业厅批准扩建一个生猪标准化规模养殖场，改扩建三个生猪标准化规模养殖小区建设，共投资41.6万元，在养殖场中，饲养冬瓜猪种猪15头，当年培育仔猪210头。全县冬瓜猪存栏14670头，出栏3452头，产值414万元。

2008年，全县冬瓜猪存栏15610头、出栏4452头，产值534万元；全县生猪存栏44149头、出栏29724头，比1978年分别增加1.5倍和3.86倍。肉类总产量2267吨，人均肉食量31.1千克。比1978年346吨、人均14千克分别增加6.6倍和2.2倍。畜牧业产值占农业总产值比重20.3%，比1978年提高11个百分点。

五、禽类

1985年前，西盟县大部分饲养当地品种鸡、鹅、鸭量较少。1985年后，引进良种杂交鸡进行推广。1996年，全县鸡、鹅、鸭存栏9.97万只、出栏5.39万只，存出栏鸡占85%，鹅、鸭占15%。2008年，全县鸡、鹅、鸭存栏14.64万只、出栏13.18万只，存出栏鸡、鹅、鸭分别占85%、15%。比1996年分别增加1.5和2.3倍。

1978 年—2008 年西盟县畜禽存、出栏情况表

表 4-17 单位：头、只

名称/年份	牛		生猪		山羊		禽类		马属类	
	存栏	出栏	存栏	出栏	存栏	出栏	存栏	出栏	存栏	出栏
1978	12304	186	28450	7702	2154	121	—	—	99	—
1979	12160	284	24945	8633	2290	—	—	—	85	—
1980	12333	835	23429	5881	1519	620	—	—	73	1
1981	13965	667	26859	6711	435	—	—	—	68	—
1982	17922	575	26353	4945	281	—	—	—	43	3
1983	22482	791	31348	6070	242	—	—	—	50	—
1984	25020	954	28944	6090	312	—	—	—	42	24
1985	26109	1463	29588	7426	438	—	—	—	39	4
1986	26369	1975	29758	7392	380	—	—	—	39	—
1987	25445	2225	29790	7928	335	—	—	—	23	—
1988	24965	2012	30903	8007	356	—	—	—	23	—
1989	23513	2083	33080	10601	310	—	—	—	23	1
1990	23753	1496	35029	11302	495	—	—	—	28	2
1991	23740	985	35703	7149	—	—	—	—	27	—
1992	25132	1182	35525	10752	—	—	—	—	30	—
1993	24411	1543	37155	12151	—	—	—	—	37	4
1994	24954	1787	27207	12578	—	—	—	—	33	9
1995	25477	1886	37150	13453	1281	322	—	57692	49	5
1996	25743	1982	37358	13477	2464	263	99744	53904	57	8
1997	26474	2171	36536	12597	4257	477	94553	44437	54	1
1998	26142	1797	33520	13421	6315	878	131459	89394	67	6
1999	25971	2161	33009	15059	6670	1142	120354	59102	58	17
2000	24786	1925	31793	12141	4911	1111	125870	65012	62	8
2001	24780	1907	30582	15427	4653	1867	95054	66177	68	7
2002	23967	2608	30690	14440	3701	1848	94030	58038	68	11
2003	23975	2638	33440	15070	2333	1192	104237	79718	67	19
2004	23486	3181	36700	17392	2905	1110	111598	81036	57	23
2005	22465	3916	36759	20114	2658	1239	114002	86123	39	17
2006	22660	3998	38728	21157	2763	1184	125443	107759	38	1
2007	22163	4749	40207	23365	3157	2170	145630	113343	28	1
2008	20238	4053	44149	29724	3024	1300	146380	121818	23	4

第二节　草场　饲料

一、草场

1983年，草场资源调查，县内各类草场总面积76.12万亩，可利用面积65.47万亩，年产鲜草38.8万吨。按草场分类的原则，西盟县草山分为4类。山地草丛类：具有山地地形特征，植被以草丛为主，灌木覆盖率在10%以下，土地利用以牧为主或农牧兼用，共55.65万亩；疏林草丛类：植被主要由乔木、灌木和草丛组成，其中，乔木占总面积的10%～30%，土地利用林为主，林牧兼用，共2.24万亩；林间草丛类：草场相对稳定的森林环境，乔木占30%以上，此类草场虽属林业经营性质，但林间草本植物生长旺盛，草质优良，不失为一种较好的林间牧场，共2.3万亩；农隙地草丛类：境内此类草场面积不大，属分散和零星的草地。山地草丛类是西盟县主要牧场，占总面积的91%。草山植被以禾本科牧草为主，有茅草、野枯草、狗尾草、稗子等54个品种，其中，优良牧草27个品种，占50%。20世纪80年代至90年代，草山面积75.25万亩，载畜量83611个羊单位，平均亩产鲜草764.7千克。2008年，草山面积65.47万亩，载畜量72744个单位，平均亩产鲜草420千克。

二、饲料

精饲料主要有玉米、荞、小麦、小红米、黄豆、小豆、白薯、红薯等；副产物有米糠、麦麸、酒糟、豆渣、菜籽饼等；青饲料有蔬菜、白薯藤、水草及人工种植牧草等；块根茎果饲料有南瓜、洋丝瓜、大木瓜等；粗饲料有稻草、玉米秆、芭蕉秆、稻谷糠等；添加饲料主要从外地调入，如畜禽生长素、饲料添加剂、多种维生素、人工盐、硫酸铜、硫酸亚铁、硫酸锌、赖氨酸、蛋氨酸等。

配合饲料推广　1984年前，大部分养殖户仍采用传统的饲养方法。1985年起，从外地调入鱼粉、骨粉（贝壳粉）、饲料添加剂、畜禽生长素、多种维生素等饲料原料引进配制混合饲料（配合饲料）饲养畜禽。1991年，开始调进猪浓缩饲料、预混料配制配合饲料进行推广应用。1991年，推广配合饲料2吨。1995年，推广配合饲料65吨。2000年，推广配合饲料180吨。2005年，推广配合饲料385吨。2008年，推广配合饲料1466吨。

饲料加工　1978年—1993年，全县没有一家注册过的饲料加工厂，饲料加工大部分由县粮食局粮油加工厂加工销售，加工的饲料主要有玉米、米糠、碎米、麦麸、菜籽饼等。1993年，县畜牧兽医站向省市争取到项目配套小型饲料加工厂建设项目，项目建成后，饲料加工厂从外地调入鱼粉、骨粉、豆粕、饲料添加剂等饲料原料加工，生产出了西盟“秀山”牌猪浓缩饲料。主要供应单位猪场使用，部分销往各乡（镇）畜牧兽医站猪场使用。1995年，由于饲料加工设备不完备，生产的饲料质量达不到标准，加之大部分饲料原料都得从外地调入，成本较高，缺乏市场竞争力。混合饲料加工厂停止加工。

三、饲养

1985年前，西盟农村的饲养基本属于放养，“牛无栏、猪无厩”，饲喂无规律，一日两餐，不管饥饱，随便饲喂。1985年起，开始推广养猪“八改”技术，即：一改厩，改放养为厩养；二改熟喂为生喂；三改养本地品种为优良品种，推广猪人工授精技术；四改无规则饲喂为定时、定量、定点饲喂；五改吊架子育肥为直线育肥；六改适时驱虫；七改春秋两防为推广免疫程序；八改适时出栏。随着畜牧兽医技术力量的加强，通过国家扶持和畜牧兽医技术培训与推广应用，全县农村开始推广科学养殖技术，养殖户有了猪圈、牛厩、羊厩，部分养殖户的养殖条件得到改善，饲养方式从传统逐渐转变为科学饲养。

第三节　畜牧扶贫

一、项目建设

1994 年—1996 年，在勐梭乡实施科学养猪综示区项目。

1996 年—2002 年，在中课乡、新厂乡、岳宋乡、莫窝乡、翁嘎科乡、力所乡实施《良种猪推广示范区》《“三高”母猪综示区》《畜牧扶贫工程示范项目》等科技推广项目 715 户。

2003 年—2004 年，在全县 6 个乡、2 个镇实施边四县三年行动计划畜牧扶贫项目 1560 户。

2005 年—2008 年，实施生猪标准化养殖场（小区）建设项目 11 个，巩固退耕还林养殖建设等项目 1010 户。

二、基础设施

1983 年前，县、乡（镇）畜牧兽医站住房和办公在一起，既是住房又是办公场所，均为砖木结构的瓦房。1984 年，县畜牧兽医站建第一幢二层砖混结构的平顶房，面积 560 平方米，一层为职工宿舍，二层为办公室。

1991 年，县畜牧兽医站建办公楼。1992 年起，先后在各乡（镇）建设办公室和职工住房。

2000 年，县城搬迁后，县畜牧兽医局有办公用房 256 平方米；有动物病原学和免疫效果监测化验室 200 平方米（投资 52 万元）；建立小型疫苗冷藏库 1 间；有防疫车 1 辆；有化验设备 13 台（套），投资 112 万元。各乡（镇）及各村均配备冷藏疫苗用的冰箱或冰柜，投资 5.8 万元。

三、能繁母猪补贴

2007 年，国家出台能繁母猪补贴政策，补贴标准 50 元 / 头。2008 年，补贴标准 100 元 / 头。至 2008 年，全县共补贴 9976 头，发放补贴资金 81.91 万元。

四、能繁母猪保险

2007 年—2008 年，全县共有 10195 户、18468 头能繁母猪投保，保费 60 元 / 头，每头保险费国家承担 80%，养殖户承担 20%，理赔能繁母猪死亡 1155 头、保险金 115.5 万元。

第四节　家畜疫病防治

一、疫情

1978 年后，西盟县严重危害家畜、家禽疫病主要有口蹄疫、牛气肿疽病、牛巴氏杆菌、猪瘟、猪传染性胃肠炎、猪巴氏杆菌、猪肺疫、鸡新城疫（又名鸡瘟）、禽霍乱、猪囊病等。

牲畜口蹄疫病　1978 年，全县发病疫点 17 个，发病 267 头，死亡 43 头。最后一年发生在 2002 年，发病疫点 1 个，发病 4 头，全部扑杀。

牛气肿疽病　1992 年，全县发病 57 头，死亡 8 头。

牛巴氏杆菌　2006 年，全县发病疫点 11 个，发病黄牛 24 头，死亡 8 头。

猪传染性胃肠炎　1990 年，全县发病 357 头，死亡 54 头。

猪瘟　1998 年，全县发病疫点 3 个，发病 213 头，死亡 213 头。

猪巴氏杆菌　1998 年，全县发病 112 头，死亡 56 头。

猪囊虫病　20世纪80年代之前，西盟县猪囊虫病发病概率高，生猪寄生有囊虫40%～50%。进入20世纪90年代以后，随着科学养猪技术的推广和驱虫，猪囊虫病逐渐减少。

鸡新城疫　1987年，全县发病疫点30余个自然村，发病鸡3000余只，死亡3000余只。

禽霍乱　1985年，全县发病疫点25个自然村，发病鸡2700余只，死亡2500余只。

畜禽驱虫　1988年—1992年，全县畜禽驱虫率60%。1993年—2008年，全县畜禽年驱虫率90%以上。

二、免疫接种

1978年，采取投服硫酸铜口服液的方式预防牲畜口蹄疫。1982年，开始使用口服猪链球菌苗预防。

1984年，口蹄疫防治指挥部成立，在边境一线建立5个检疫站，边境一线村寨设情报员，掌握疫情动向，开始以气雾免疫方式进行防疫。同年，对鸡新城疫的防治，由每年春秋两季预防改为成年鸡每季度注射一次Ⅰ级疫苗，雏鸡用Ⅱ系苗进行两次滴鼻。

1985年，开始推广猪免疫程序，并开展猪巴氏杆菌、猪链球菌、仔猪副伤寒、牛巴氏杆菌、牛气肿疽、羊四防、羊快疫、鸡新城疫、禽霍乱、鸡支气管炎、鸡法氏囊、狂犬病的接种免疫。

2003年后，通过采取“分片包干、集中免疫、整村推进”的免疫接种方法，牲畜口蹄疫、猪瘟、高致性猪蓝耳病、鸡新城疫、高致病性禽流感项防疫密度100%。

2008年，全年完成牲畜口蹄疫免疫1.29万头，免疫密度100%；猪瘟免疫8.0473万头；蓝耳病免疫8.44万头次；禽流感免疫23.39万羽；鸡疫免疫13.42万羽，免疫密度100%；完成牛巴氏杆菌、猪巴氏杆菌、猪链球菌、仔猪副伤寒、禽霍乱、支气管炎、鸡法氏囊等常规免疫23万（头、只）。牛死亡率控制在1.5%以内；羊死亡率控制在2%以内；猪死亡率控制在3%以内；禽死亡率控制在6%以内。

三、活畜检疫

1988年，开展上市、流通动物及产品检疫工作。至1990年，共检疫销售牛、猪1950头，其中，检出病畜9头，检疫调出县外活畜1705头，查出病畜3头。2002年，开始产地检疫。2008年，产地检疫乡（镇）级100%、村级50%；屠宰检疫100%。

四、肉食检验

1985年，县畜牧兽医站在县城及部分乡（镇）农贸市场对出售的猪肉、牛肉等肉食品进行检验。至1999年，年平均肉食品检验白条猪9126头，牛肉1095头。

2000年，建立新县城屠宰场，实行生猪定点屠宰，集中检疫、统一纳税、分散经营。同年，肉食品检验白条猪1.83万头，牛肉1825头。

2008年，县畜牧兽医站产地检疫猪16136头，牛2670头，禽类检疫51531羽。屠宰检疫猪13311头，牛2249头。上市持证率100%。

五、防治

1978年—2008年，动物疾病防治采取“以防为主，治疗为辅”的原则。重大动物疾病采取强制免疫措施，全部实施预防接种，三类病结合实际进行预防，普通病及时诊断治疗。

1978年—2008西盟县肉、蛋产量情况表

表4-18

名称 年份	产量（吨）						畜牧总产值（万元）	占农业总产值比重（%）	肉类总产量（吨）	人均占有量（千克）
	牛肉	猪肉	羊肉	鸡鹅鸭肉	马骡驴肉	禽蛋				
1978	13	318	5	—	—	—	—	—	336	—
1979	17	264	—	—	—	—	—	—	281	—
1980	58	285	12	—	0.1	—	—	—	355	—
1981	40	200	—	—	—	—	—	—	240	—
1982	35	140	—	—	0.2	—	—	—	175	—
1983	50	180	—	—	—	—	—	—	230	—
1984	55	105	—	—	1.7	—	—	—	162	—
1985	90	225	—	—	0.3	—	—	—	315	—
1986	119	222	—	—	—	—	—	—	341	—
1987	134	238	—	—	—	—	—	—	372	—
1988	121	240	—	—	—	—	—	—	361	—
1989	125	372	—	—	0.1	—	—	—	497	—
1990	97	447	—	—	0.1	—	—	—	544	—
1991	74	457	—	—	—	—	—	—	531	—
1992	83	517	—	—	—	—	—	—	600	—
1993	108	629	—	—	—	—	—	—	737	—
1994	107	648	—	—	—	—	—	—	755	—
1995	113	626	6	60	0.4	14	—	—	805	—
1996	119	691	5.3	56	0.6	14	—	—	872	—
1997	130	752	10	40	0.1	—	—	—	932	—
1998	112	755	14.1	82	0.4	—	—	—	964	14
1999	153	979	27	59	1.2	15	—	—	1219	16.8
2000	150	688	21	49	0.6	19	1132	—	908	13.5
2001	123	882	34	53	0.4	20	1124	—	1092	15.6
2002	170	817	29	52	0.6	17	1222	17.9	1069	15
2003	177	806	23	71	1.3	12	1246	17.5	1078	14.9
2004	217	1036	23	73	1.5	10	1404	14.6	1351	19.1
2005	277	1205	25	78	1.2	12	1739	15.4	1586	22.3
2006	288	1282	27	106	0.1	14	2274	18	1703	23.5
2007	338	1411	47	112	0.1	18	3603	23	1908	26.2
2008	300	1789	39	129	0.3	14	4256	39	2257	32
合计	3993	19206	333.4	1020	11.3	179	18000	—	24576	—

第五节 机 构

一、县畜牧局

1978年至1981年5月，设畜牧兽医站，隶属县农林局。1982年6月至1997年，隶属农牧局。1998年1月，畜牧局（二级局）成立，行政挂靠农业局，下设动物防检站（内设兽药监察所、饲料监察所）、畜禽改良站。人员编制53人，其中，县级22人，乡（镇）31人。2008年7月，畜牧兽医局成立，升格为一级局。内设办公室、综合股、党支部。辖西盟县动物卫生监督所、西盟县动物疫病预防控制中心、西盟县畜牧工作站。人员编制52人，实有54人，其中，县级29人，乡（镇)25人。

二、县乡（镇）畜牧兽医站

1978年—1998年，县级为畜牧兽医站，乡（镇）称农科站（农技、农经、畜牧兽医综合站），全县有9个站，属县级派出机构。1998年1月，畜牧局成立后，下设兽医防检站（内设兽药监察所、饲料监察所），畜禽改良站；乡（镇）为畜牧兽医工作站，并于当年撤销乡（镇）畜牧兽医工作站，为县级派出机构，把三权（财权、人事权、站务）下放到乡（镇）政府管理。2007年，乡（镇）撤并，莫窝乡畜牧兽医站并入勐卡畜牧兽医站，乡（镇）畜牧兽医站由原8个站，减为7个站。2008年，全县有乡（镇）畜牧兽医站7个。

第五编　林　业

第一章 森林资源

第一节 森林面积、蓄积

一、林业用地

据 1986 年、1999 年、2005 年第一、二、三次森林资源调查，全县林业用地面积分别为 81.21 万亩、85.16 万亩、130.19 万亩，分别占全县总面积 39.95%、41.9%、64.13%，其中，分别有林地 38.82 万亩、71.85 万亩、114.63 万亩；分别有疏林地 1.89 万亩、0.59 万亩、0.14 万亩；分别有灌木林地 20.43 万亩、1.56 万亩、3.97 万亩；分别有未成造林地 0.67 万亩、2.42 万亩、3.64 万亩；分别有宜林荒山荒地 19.38 万亩、8.43 万亩、6.6 万亩；分别有苗圃地 120 万亩、269 万亩、207 万亩；分别有用材林 26.29 万亩、5.41 万亩、41.67 万亩；分别有防护林 10.47 万亩、42.29 万亩、34.51 万亩；分别有经济林 0.55 万亩、9.31 万亩、17.86 万亩；分别有薪炭林 1.29 万亩、3.77 万亩、5.74 万亩；分别有特种用途林 0.22 万亩、10.47 万亩、13.01 万亩。森林覆盖率分别为 29.15%、36.2%、57.93%。

二、林木蓄积

1986 年，第一次森林资源调查。全县活立木总蓄积量 379.93 万立方米，其中，用材林蓄积量 251.71 万立方米，防护林蓄积量 97.19 万立方米，薪炭林蓄积量 9.99 万立方米，特种用途林蓄积量 2.81 万立方米，其他零星林木蓄积量 18.23 万立方米。在现有林地中，幼龄林 5.6 万亩，蓄积量 41.55 万立方米；中龄林 11.29 万亩，蓄积量 105.14 万立方米；近熟林 6.28 万亩，蓄积量 59.32 万立方米；成熟林蓄积量 43.39 万立方米；过成熟林蓄积量 2.33 万立方米。

1999 年，第二次森林资源调查。全县活立木总蓄积量 298.21 万立方米，其中，商品林（用材林、薪炭林、经济林）蓄积量 32.36 万立方米；公益林蓄积量（防护林、特种用途林）250.67 万立方米；其他零星林蓄积量 15.18 万立方米。在现有林地中，幼龄林 27.04 万亩，蓄积量 76.01 万立方米；中龄林 20.15 万亩，蓄积量 105.01 万立方米；近熟林 3.13 万亩，蓄积量 19.41 万立方米；成熟林 9.56 万亩，蓄积量 67.5 万立方米；过成熟林 2.05 万亩，蓄积量 15.12 万立方米。

2005 年，第三次森林资源调查，全县森林覆盖率 57.93%，其中，有林地覆盖率 56.46%。活立木总蓄积量 464.91 万立方米。在林业用地中，有林地面积 114.63 万亩，蓄积量 461.72 万立方米，占 88.04%；疏林地面积 0.14 万亩，蓄积量 0.10 万立方米，占 0.18%；灌木林地面积 3.97 万亩，占 3.05%；未成林造林地面积 3.64 万亩，占 2.80%；苗圃地面积 0.021 万亩，占 0.02%；无立木林地面积 1.20 万亩，占 0.92%；宜林地面积 6.60 万亩，占 5.07%；散生木蓄积量 0.86 万立方米，占 0.19%；四旁树蓄积量 2.23 万立方米，占 0.48%。

三、资源消耗

1978 年—1985 年，县内年均消耗量 8.98 万立方米，占年均生长量 12.99 万立方米的 69.13%，其中，农村用材 8.11 万立方米，占 90.31%；商品用材 0.23 万立方米，占 2.56%；其他用材 0.64 万立方米，占 7.13%。

1986 年—1999 年，县内年均消耗量 12.53 万立方米，占年均生长量 14.48 万立方米的 86.53%，其中，农村用材 11.94 万立方米，占 95.29%；商品用材 0.24 万立方米，占 1.92%；其他用材 0.35 万立方米，占 2.79%。

2000 年—2005 年，县内年均消耗量 14.53 万立方米，占森林资源年均生长量 22.55 万立方米的 64.43%，其中，农村用材 12.94 万立方米，占 89.06%；商品用材 1.59 万立方米，占 10.94%。

第二节　林　种

一、用材林

2005 年，第三次森林资源二类调查统计，西盟县用材林面积 41.67 万亩，蓄积量 165.71 万立方米。

西盟县用材林民间常用树木种有红椿、白椿、黄杞、槠栲、槠栎、毛栲、杨梅栎、八宝树、木荷、安楠士、西南桦、旱冬瓜、桦杉等。新引进的有思茅松、云南松、杉木、柳杉、榈杉、池杉、马尾松、华山松、云南石梓、蓝桉、赤桉、细叶桉、柠檬桉、大叶桉等。

二、经济林

2005 年，第三次森林资源二类调查统计，西盟县经济林面积 17.86 万亩，蓄积量 16.17 万立方米。

西盟县经济林主要有黄果、柑橘、柚子、菠萝蜜、芒果、梨果、缅石榴、木瓜、板栗、柿子、核桃、油茶、茶叶、橡胶、咖啡、花椒、山苍子、杜仲、花红等。

三、防护林

2005 年，第三次森林资源二类调查统计，西盟县防护林面积 34.51 万亩，蓄积量 180.99 万立方米，占林地蓄积量的 39.2%。

西盟县防护林植被类型较多，有针叶林、阔叶林、针阔混交林、竹林等，以栎类为主的阔叶林较多。

四、薪炭林

2005 年，全县薪炭林面积 5.74 万亩，蓄积量 20.45 万立方米。

西盟县薪炭林储量较多，凡壳科树种均作薪炭，以旱冬瓜树最为普遍，该树种容易栽培，自然飞子成林，繁殖较快。

五、特种用途林

2005 年，第三次森林资源二类调查统计，西盟县特种用途林面积 13.01 万亩，蓄积量 78.50 万立方米。

第三节 植 被

一、北热带雨林

分布在海拔 1100 米以下的南卡江、南康河流域两岸低河谷及沟谷边沿地带。主要代表树种有绒毛番龙眼、红椿、红果葱臭木、箭毒木、滇树菠萝、垂叶榕、千果榄仁、老挝天料木、红光树、锈枝木莲、黄心树、合果木、网脉肉托果、糖胶树、滇木花生、蒙自蕈树浆果乌桕等。

次生植被有次生阔叶、思茅松林、竹林、野芭蕉林、灌丛、灌草丛、藤本群落等。

二、北热带季雨林

分布在海拔 1100 米以下的库杏河、勐梭河等岸边的山坡向阳面，土壤比较干燥的地带。主要代表树种有高山榕、毛麻楝、八宝树、铁刀木、苦梓、柴叶琼楠、三棱栎、榲树、合欢、翅果刺桐、茎直刺桐、家麻树、四数木、小花龙血树等。

次生植被有思茅松林、次生阔叶林、灌丛、灌草丛等。

三、南亚热带阔叶林

分布在海拔 800 米 ~ 1400 米的低中山地、丘陵和沟谷地带。主要代表树种有刺栲、印栲、杯状栲、小叶栲、截果石栎、小果石栎、白穗石栎、思茅表风冈、红木荷、红楣、普文楠、景东楠、滇南木莲、思茅木莲等。

次生植被有思茅松林、针阔混交林、次生阔叶林、灌丛、灌草丛等。

四、中亚热带阔叶林

分布在海拔1400米 ~ 1800米的中山山地。主要代表树种有元江栲、高山栲、青冈、杯斗清石栎、山玉兰、滇油杉、云南松、思茅松、山樱桃、长柄紫弹树等。

次生植被有松、杉等针叶林、针阔混交林、次生阔叶林、灌丛及灌草丛等。

五、北亚热带阔叶林

分布在海拔 1800 米以上的中山山岭。主要代表树种有云南榕、斗石栎、滇石栎、刺斗石栎、槲栎、短刺栲、白穗石栎、银木荷、红木莲、山杜英、勐海槭、吴茱萸、大果五加、贵州木瓜红、马蹄荷等。

六、灌木林

主要代表树种有算盘子、水锦棉、柃木、中平树、野牡丹、黄牛木、密花树、余甘子、乌饭、南烛、千斤拔、厚皮香、水红木、川梨、山麻黄等。

七、草本植物

主要代表树种有紫茎泽兰、飞机草、蕨类、蒿草、白茅、野古草、金发草、旱毛、斑茅、芒萁、蔓生莠竹、莎草、荩草等。

八、人工用材林

主要代表树种有杉木、思茅松、西南桦、水冬瓜等。

第四节　绿化造林

一、荒山造林

1991 年—2008 年，西盟持续进行荒山造林（一般造林），总面积 14.76 万亩，总投资 540 余万元。其中，以工代赈项目 2.74 万亩；速生丰产林 6.01 万亩；实施绿色扶贫项目 1.66 万亩；实施竹藤及珍贵用材林项目 0.95 万亩；澜沧江防护林项目 3.4 万亩。

二、退耕还林

（一）项目实施及分布

2002 年，西盟县开始实施退耕还林项目。至 2008 年，共完成造林 12.1 万亩，其中，退耕地还林 2.4 万亩，荒山荒地造林 9.7 万亩。涉及 5 个乡、2 个镇、30 个行政村、210 个小组、3627 户农户。

（二）造林树种

2002 年—2008 年，西盟县造林树种有：橡胶 3.76 万亩，西南桦 1.57 万亩，旱冬瓜 0.61 万亩，思茅松 0.23 万亩，桉树 2.16 万亩，杉木 0.85 万亩，茶树 2.1 万亩，核桃、铁刀木、柑橘、麻竹等树种 0.82 万亩。共计造林 12.1 万亩。

2002 年—2008 年西盟县退耕还林情况表

表 5-1

单位：万亩

名称 年份	合计	西南桦	桉树	旱冬瓜	橡胶	杉木	思茅松	茶树	其他
2002	2.390	0.96	—	0.20	0.20	0.71	—	0.14	0.18
2003	1.990	0.22	—	0.19	0.86	0.06	0.21	0.21	0.24
2004	2.500	—	1.91	—	0.54	—	—	—	0.05
2005	1.200	0.04	0.02	0.02	0.84	0.02	0.02	0.04	0.20
2006	—	—	—	—	—	—	—	—	—
2007	3.002	—	0.23	0.002	1.29	—	—	1.46	0.02
2008	1.020	0.35	—	0.20	0.03	0.06	—	0.25	0.13
合计	12.102	1.57	2.16	0.612	3.76	0.85	0.23	2.10	0.82

（三）退耕还林政策

2002 年，国务院《关于进一步完善退耕还林政策、措施的若干意见》和《退耕还林条例》，退耕地还林每年补助 150 千克原粮 / 亩；教育医疗补助每年 20 元 / 亩；原粮调运费 0.2 元 / 千克。2004 年起，原粮补助改为现金补助，每年粮食折合现金 210 元 / 亩；粮食调运费每年 30 元 / 亩；教育医疗补助每年 20 元 / 亩。共计 260 元 / 亩。至 2007 年，退耕还林（荒山、荒地），种苗一次性补助 50 元 / 亩。2008 年起，种苗一次性补助 100 元 / 亩。

三、义务植树

1978 年，西盟县委、县人民政府组织全民开展义务植树造林活动，县属各单位建立义务植树基地，县委在大黑山建立“党员植树基地”。1986 年 5 月，西盟县第四届人民代表大会第八次会议通过了每年 6 月 6—12 日，为“义务植树周”的决定。1991—2008 年，全县累计义务植树 346.48 万株，参加人数 39.09 万人次。

1991—2008 年西盟县义务植树情况表

表 5-2　　单位：万株、万人

名称 年份	植树数	参加人数	名称 年份	植树数	参加人数
1991	20.32	1.76	2000	17.93	3.59
1992	43.99	3.09	2001	20.95	4.30
1993	31.22	2.98	2002	9.80	0.48
1994	53	5.20	2003	11.20	1.74
1995	14.86	2	2004	12.42	2.48
1996	16.02	2.22	2005	11.17	2.67
1997	15.71	3.06	2006	11.85	1.98
1998	24.27	3.19	2007	4.13	1.07
1999	18.49	2.44	2008	9.15	4.34

四、封山育林

2003年起，西盟县开始实施封山育林项目，累计完成4.6万亩，其中，澜沧江防护林工程项目1.6万亩，退耕还林项目 3 万亩（2005 年实施 2 万亩，2008 年实施 1 万亩）。

第五节　纸浆原料林基地建设

2003 年 1 月 8 日，西盟县政府与金光纸业（中国）投资有限公司进行友好协商，签订金光纸业（中国）投资有限公司在西盟县投资建设 15 万亩纸浆原料林基地的协议，项目分 3 年实施。经县、乡、村共同组织实施，共完成造林 37447 亩，其中，2004 年，完成造林面积 31525 亩（扣除箐沟、陡坡、岩裸地等不可利用面积），完成任务数 5 万亩的 63%。项目分别在 7 个乡（镇）9 个村实施，有包商 7 人（内包 1 人），成活率 91.5%。用工 18.09 万个，其中，当地民工 15.76 万个，共支付工资 272.67 万元，平均每人每天 17.3 元。增加项目区（村）农民人均纯收入 135.65 元，工程税款 13 万元，个人所得税 1.5 万元，新修公路 21 千米。2005 年，完成造林面积 5922 亩，完成任务数 4 万亩的 14.8%，总投资 121.8 万元；支付 2004 年造林地抚管投资 212.3 万元，用工 2.85 万个，平均每人每天 18 元；增加项目区（村）农民人均纯收入 106 元。2006 年，计划完成 3.06 万亩，12 月 24 日双方交接地面积 6.79 万亩，未组织实施造林。同时，单位组织实施造林和纸浆原料基地建设项目也到此结束。

第六节　森林保护

一、防火队伍

1984年，县森林防火指挥部成立，下设办公室。同时，7乡、1镇森林防火指挥所成立。1989年，调整充实县森林防火指挥部，下设办公室，编制3人。

2004年，全县建立健全森林防火机构45个，成员545人，其中，县级指挥部1个，成员21人；乡（镇）指挥所8个，成员416人；村级领导小组36个，成员108人。

2008年，县森林防火办公室有专职人员4人，有半专业扑火队1支32人；中课乡成立半专业扑火队1支40人；组建以森林防火成员单位为主的义务扑火队伍9支202人；组建以乡（镇）、村（办事处）民兵为主的义务扑火队伍38支1666人。

二、森林火情

1980年—1995年，县内因延续着刀耕火种的生产方式，不时引发森林火灾，共发生森林火灾25次，受灾面积0.9万亩。

1997年，发生火警12次，受灾面积16.5亩，烧毁幼林3000珠，出动车辆300多辆次，出动人员2200多人次。

1999年—2005年，全县共发生森林火灾10起，其中，重大森林火灾8起，一般森林火灾2起。火场总面积7666.65亩，受灾面积647.1亩，出动扑救人员5495人次，车辆139辆，投入扑火经费97715元。

2006年—2008年，全县未发生森林火灾。

三、林政管理

（一）木材采伐管理

1978—2008年，县内采伐国有、集体和个人所有的林木，均需办理木材采伐许可证（农村居民采伐自留地和房前屋后个人所有的零星林木除外）；机关、社会团体、部队、学校采伐林木，必须向县林业局提出申请；公路的护路林更新采伐，必须向上级主管部门依照有关规定提出申请，交同级林业主管部门备案；农村集体经济组织采伐自留山或个人承包集体所有的林木，必须先向当地乡（镇）政府提出申请，再报县林业局审批，报批时须凭证齐全。

（二）木材经营管理

1987年11月起，县资源林政、执法部门对县内从事木材经营加工的单位、个人进行清查整顿，凡不符合经营木材规定的持证单位和个人，一律吊销其经营执照，木材销售由木材公司统一经营。1999年，国家天然林资源保护工程实施，县内一切商品木材禁伐，林业从采伐转为森林资源进行管护，木材运输管理由县木材检查站依法检查过境车辆，所有木材经营、运输行为根据《中华人民共和国森林法》和相关政策执行。

第七节　森林病虫害防治

一、病虫防疫机构

1997年，西盟县森林病虫防治检疫站成立。2007年，更名为西盟县林业有害生物防治检疫站。

2008 年 11 月 17 日，经普洱市人事局批复成为参照公务员管理单位，编制 8 人（含行政工人 1 人），专职检疫员 3 人。全县林业工作站各设兼职检疫员 1 人。

二、病虫害种类

1978—2008 年，森林病害有杉木细菌性叶橘病、橡胶白粉病、竹黑痣病及各种苗木病害等；森林虫害有天牛、潜叶蛾、地老虎、金龟子、蟋蟀等。

杉木细菌性叶枯病：主要危害杉木生新叶和嫩梢，引起枝梢或针叶枯死，树势生长衰弱甚至整株枯死。至 2008 年，全县共发生危害 1 万亩，其中，轻度危害 0.7 万亩，中度以上危害 0.3 万亩。主要发生在勐卡镇和新厂乡。

天牛危害：天牛幼虫蛀食树干，使树势生长衰弱、材质下降、经济价值降低。主要危害树种为桤木、西南桦等用材树种。至 2008 年，天牛在全县范围内均有分布，共发生危害 3.76 万亩，其中，轻度危害 3.56 万亩，中度危害 0.2 万亩。重点发生在力所乡、新厂乡和翁嘎科乡。

三、防治

（一）杉木细菌性叶枯病

主要采取人工防治，病源清理，林地卫生清理及综合防治，营造混交林，更新树种。

（二）天牛危害防治

主要是人工防治，虫源清理，捕杀成虫，化学防治幼虫及生物防治，保护利用天敌，综合防治，营造混交林。

第八节 农村能源建设

1984 年，县农村能源站成立，隶属县计划经济委员会，称节能办，编制 1 人。2001 年，节能办划归县林业局，并更名为农村能源站，编制 1 人，有农民技术员 7 人。2002 年，增加编制 5 人。

2008 年，编制 5 人，实有 6 人，在各乡（镇）持有国家认证资质的农民技术服务人员有 40 人。

1991 年—2008 年，共完成沼气、节柴改灶、太阳能、煤炭、电炊、液化气等代柴 9.14 万立方米，其中，建沼气池 1901 口，每口年均节柴 4 立方米，累计节柴 7604 立方米；节柴改灶 3238 眼，每眼灶每年节柴 1.5 立方米，累计节柴 4857 立方米；太阳能建设 7200 平方米，每平方米年均节柴 1 立方米，累计节柴 7200 立方米；煤炭代柴节柴 47820 立方米；电炊代柴 5500 台，每台年均节柴 3.4 立方米，累计节柴 18700 立方米；完成液化气代柴 1300 台，每台年均节柴 4 立方米，累计节柴 5200 立方米。

1991—2008 年西盟县农村能源建设项目情况表

表 5-3 单位：立方米

名称/年份	户用沼气池		节柴改灶		太阳能		煤炭代柴		电炊代柴		液化气代柴	
	口	代柴	眼	代柴	平方米	代柴	吨	代柴	台	代柴	台	代柴
1991	2	8	883	1325	80	80	3000	3600	5040	17136	—	—
1992	2	8	395	592	22	22	3000	3600	444	1510	—	—
1993	4	16	550	825	24	24	3000	3600	—	—	—	—
1994	1	4	10	15	—	—	3000	3600	—	—	—	—

续表 5-3

名称 年份	户用沼气池		节柴改灶		太阳能		煤炭代柴		电炊代柴		液化气代柴	
	口	代柴	眼	代柴	平方米	代柴	吨	代柴	台	代柴	台	代柴
1995	2	8	100	150	—	—	3000	3600	—	—	350	1400
1996	2	8	—	—	—	—	3000	3600	—	—	50	200
1997	4	16	—	—	—	—	1350	1620	—	—	50	200
1998	4	16	—	—	50	50	1350	1620	—	—	50	200
1999	12	48	100	150	50	50	1350	1620	—	—	—	—
2000	—	—	—	—	324	324	1350	1620	16	54	100	400
2001	20	80	—	—	100	100	1350	1620	—	—	—	—
2002	200	800	—	—	100	100	3500	4200	—	—	400	1600
2003	353	1412	400	600	1000	1000	3500	4200	—	—	—	—
2004	413	1652	500	750	1000	1000	1350	1620	—	—	200	800
2005	500	2000	—	—	550	550	1350	1620	—	—	—	—
2006	102	408	—	—	500	500	1800	2160	—	—	50	200
2007	180	720	200	300	1000	1000	1800	2160	—	—	50	200
2008	100	400	100	150	2400	2400	1800	2160	—	—	—	—
合计	1901	7604	3238	4857	7200	7200	39850	47820	5500	18700	1300	5200

第九节　林产业开发

一、木材加工

1978 年后，随着交通运输条件的改善和电力工业的发展，市场需求的不断扩大，全县的木材生产从单一木材生产发展到木材加工、木工艺品的制作等。

20 世纪 80 年代有 2 家小规模个体木材加工厂。至 2008 年，全县有 13 家木材经营加工企业，其中，企业木材加工 9 家，固定资产 170 万元，总产值 2750 万元，利润 825 万元；国有经营木材加工厂 2 家，锯材 2 家，锯材及木材制成品、半成品 2 家；铅笔杆 1 家；根雕厂 2 家；木材经营 4 户，从业人数 43 人。

二、竹产业及加工

2005 年，西盟县二类资源调查统计，县境内自然分布的竹类品种有 9 个（属 20 个种），竹林面积 43790.5 亩，其中，龙竹有 22155 亩，巨龙竹、黄笋竹、缅甸方竹有 17635.5 亩，甜龙竹、苦龙竹有 4000 余亩。至 2008 年，全县散生竹有 46.39 万株。

2008 年，西盟县有 2 个竹筷加工厂，年消耗竹子 2 万棵 ~ 2.5 万棵，平均每棵竹子 6 元 ~ 8 元，销售收入 25 万元。每年外销干笋 80 余吨，销售收入 100 余万元。

三、人工育竹

1993 年—1994 年，县内有人工培育竹子苗试验苗圃 3 块、76 亩。其中，南亢 1 块，面积 6 亩；东波 1 块，面积 20 亩；班箐 1 块，面积 50 亩。出苗数 5.8 万余株。县内有培育竹子基地 2 块、2800 亩，其中，岳宋乡曼亨村丫口1块，种植面积800亩，共种植1.76万株，竹树种有苦竹、甜竹，受益农户165户，年收入2.5万元；班箐螺蛳河1块，种植面积2000亩，共种植4.4万株，竹树种有苦竹、甜竹，受益农户243户，年收入6万元。2007年，岳宋乡曼亨村丫口1块承包给个体户经营。

四、西盟国有林场

1980年，西盟县国有林场成立，为全额拨款事业单位，县编制委员会核定编制14名，实有职工12人，驻地在县城客运站旁（募西路83千米处），有砖混平顶房1幢，建筑面积250平方米，有办公、居住砖混结构两层平顶房1幢，建筑面积441平方米。2000年3月，县城搬迁后，与林业局一起办公。至2008年，西盟林场共种植人工杉木林1000亩，蓄积5000立方米，覆盖率60%，全部为近熟林。

第十节 机 构

一、县林业局

1978年7月，设县农林局。1981年5月，撤销农林局，农牧业局和林业局分别成立。1984年5月，西盟林业局成立，编制10人。1990年，县林业局内设营林股、林政资源股、人事秘书股、森林公安股、会计室、绿化护林办公室。2008年，县林业局编制79人，其中，局机关52人（含保护区管理局、林场），乡（镇）27人。内设办公室、防火办、资源林政股。下设保护区管理局（二级局，下设勐梭龙潭和三佛祖两个自然保护区管理所）、林业技术推广站、森林资源监测站、农村能源站、林业管理服务中心、林业局有害生物防治检疫站、县林场。有专业技术人员29人，其中，工程师3人，占10.34%；助理工程师17人，占58.62%。

历任农林局局长：龙兴（1978年7月—1981年5月）。

历任林业局局长：丁成鹏（1984年5月—1990年2月）、刘仕清（1990年2月—1995年12月）、陈德毅（佤族，1996年1月—2000年7月）、李扎拉（拉祜族，2000年7月—2008年3月）、段卫平（2008年4月—2008年12月）。

历任林业局党支部书记（正科）：陈岩刀（佤族，2004年6月—2007年9月）、段卫平（2007年9月—2008年4月）、王勇（2008年4月—2008年12月）。

二、乡（镇）林业站

1983年4月，省林业厅从大理剑川森工局调整45名人员到西盟县工作，并成立7乡1镇林业站。2005年，全县乡镇林业站，有职工40人（退休18人），其中，男24人、女16人；大专学历5人，占12.5%，中专学历23人，占57.5%，其他12人，占30%；助理工程师13人，技术员10人，其他17人。2008年，全县有乡镇林业站7个（全部加挂林业科技推广站牌子），分别为翁嘎科、中课、力所、新厂、岳宋、勐梭、勐卡，有职工32人，其中，大专以上学历12人，中专学历12人，高中以下8人；专业技术人员10人，助理工程师11人，初级职称11人；林业科技推广员（护林员）39人。

第二章　森林管理

第一节　设施建设

2007 年 10 月，西盟县森林公安局升格为正科级单位后，人员配备、各项装备逐步得到加强，共投入设备资金 20.9 万元。至 2008 年，有车辆 2 辆、计算机 4 台、扫描仪 1 台、电话机 2 部、传真机 1 部、侦查箱 1 个、数码相机 1 台、录音笔 1 支。完成公安金盾网接入和网络升级改造，并建有专用网站。

第二节　森林行政执法

2005—2007 年，西盟县森林公安局按照国家林业局、公安部《关于森林案件管辖范围及森林刑事案件立案标准的规定》及《中华人民共和国森林法》，各类森林行政案件立案 111 起，其中，刑事案件 4 起，林政案件 107 起，查破率 100%，处罚违法人员 115 人。上缴处罚金 80 余万元，为国家挽回经济损失 120 余万元。

2008 年，西盟县森林公安局在各类森林案件执法中，立案 48 起，破案 48 起，其中，刑事案件 1 起，林政案件 47 起，查破率 100%。收缴野生动物制品 4 只，处罚违法人员 48 人。

第三节　机　构

1984 年 11 月，西盟佤族自治县林业公安股成立，编制 3 人。1992 年 4 月，更名为西盟县公安局林业公安科。2002 年 1 月 16 日，改称思茅地区森林公安局西盟分局，编制 3 人，实有 4 人。2005 年 3 月，编制 10 人，实有 7 人，级格为二级局，参照公务员管理。2007 年 8 月，更名为普洱市森林公安局西盟分局；10 月，升格为正科级，内设办公室、刑事侦查大队、法制科，领导职数 3 人（局长、政委、副局长各 1 人）。同年，过渡政法专项编制 6 人。2008 年 12 月，全局共有 7 位民警过渡为政法专项编制，已晋升一级警督 3 人。

历任森林公安局局长：岩新（佤族，2002 年 1 月—2005 年 5 月）、张石军（拉祜族，2005 年 5 月—2008 年 12 月）。

第三章 橡胶生产管理

第一节 橡胶生产

一、生产营销

1983年，西盟县政府将橡胶种植列入经济发展项目，并请景洪热作研究所进行区划，当年，在南康河水文站种植橡胶167亩。至1990年，全县种植橡胶11298亩，其中，中课乡班箐村609亩；傈僳乡南亢村594亩、王雅村1249亩、左扩村813亩、拉槽组1582亩、傈僳村1205亩、图地村837亩；岳宋乡班帅村2030亩；个体定植2379亩。

1991年—2001年，全县种植橡胶4.37万亩，其中，个体种植0.24万亩。

至2008年，全县种植橡胶20.15万亩，开割5.06万亩，总产量2018吨，总产值20390.42万元，其中，云胶西盟分公司有橡胶10.81万亩，开割3.1万亩，总产量1464吨，产值14792.65万元；乡（镇）种植橡胶9.35万亩，开割1.96万亩，总产量554吨，产值5597.77万元。

2002—2008年西盟县橡胶生产情况表

表5-4

单位：亩、吨

名称 年份	云胶西盟分公司				乡 镇			
	累计	新植	开割	产量	累计	新植	开割	产量
2002	3085	146	1048	1070	1817	137	—	—
2003	4626	1560	2400	1266	980	766	125	58.52
2004	84078	3327	—	1306	26853	11388	21572	1306
2005	96432	12344	—	—	49728	11437	29295	1530
2006	106673	4230	28300	1648	63139	18201	3687	76
2007	106673	4230	35191	2091	79798	16735	4573	264
2008	108069	1396	31000	1464	93454	13656	19594	554

二、基础建设

1994年10月，西盟县橡胶厂投资512万元，建成南康河橡胶加工厂，日处理标准胶6吨，建厂3年，完成收入370万元，上缴税金18万元。

2004年—2005年，云胶西盟分公司先后投资571万元，收购和装潢位于县城的办公、宾馆、商场为一体的县供销合作社综合楼1幢，总面积6280平方米。

至2008年，购置办公设备投资30余万元；有公务用车4辆，总价100余万元；投入345万元，开挖、新修、扩修、维修林间道路 86 千米，铺垫沙石路 23 千米；维修和建设 17 个职工点 8000 平方米的住房。形成“队与队互通，山与山相连，岗位与岗位对接”的林间道路网。并结合县乡公路和乡村公路网建设，实施从加工厂到生产队、生产队到乡、生产队到县的道路建设。

第二节 效 益

2002 年—2008 年，西盟县橡胶厂职工（私人）种植橡胶 500 余户，共有橡胶地 2.01 万亩，户均 40.2 亩，100 亩以上有 15 户，最多的有 200 亩。2008 年，西盟分公司非公经济橡胶种植户有 882 户，从业人员 1085 人，产值 1206 万元，纯收入 317.5 万元，户均收入 3599.9 元，人均收入 2926 元。产值增加 43 万元，户均增加 166.52 元，人均增收 360 元。

第三节 管 理

一、管理措施

2002 年后，云胶西盟分公司按照普洱农垦分局关于加快非公经济发展的政策和文件要求，结合分公司实际，因地制宜地开展非公经济工作。成立以党委书记为组长的非公经济发展领导小组，下设办公室。并指定 1 名班子成员负责抓非公经济发展工作。同时，各生产队成立以支部书记为组长的非公经济发展协会。分公司建立和健全财务制度，加强固定资产、成本费用、利润分配、劳动用工、安全生产管理。并从自给自食向商品经营型转变；从隐蔽型向开放性转变；从“一队一业、一队一项、一产一品”的粗放、松散型向“多队一业、多队一项、多产一品”的产业化、市场化、商品化发展；从单一型向多样型转变，涌现出了一批种植业、养殖业、交通运输业、商业服务业等非公经济人才，并确保人人有事做、有钱用、有饭吃。同时，鼓励员工、闲置人员种植橡胶。此外，通过购买、联营、租赁、承包等多种形式，整合境外的土地资源发展橡胶。

二、党组织建设

1986 年，西盟县橡胶厂党支部成立。2002 年，改设为思茅鑫元工贸有限公司西盟分公司党总支。2003 年，公司党总支下设党支部 3 个，有党员 73 名。2006 年 9 月 15 日，云胶西盟分公司党委成立。党委实施“云岭先锋”工程，创建“五好五带头”，开展“六讲五心”（讲团结、讲纪律、讲学习、讲服务、讲礼貌、讲奉献；接待顾客热心、解释提问耐心、工作细心、服务诚心、让顾客放心）和开展“创建型企业，争做知识型职工”等活动。

2008 年，公司党委下设党支部 13 个，有党员 110 人，预备党员 5 人。其中，有女党员 17 人，少数民族党员 93 人。党员中大学本科 3 人，大专 6 人。

三、职工保障

1986 年 10 月，西盟县橡胶公司工会成立，下设队工会 15 个，有会员 865 人。2002 年，改设为思茅鑫元工贸有限公司西盟分公司工会，有会员 1040 人。

2008 年，思茅鑫元工贸有限公司西盟分公司工会第一次职工代表大会召开，参会代表 121 人。已参加社会保险 156 人，行业统筹养老保险 31 人，企业养老保险 125 人，农村养老保险 178 人，签订劳动合同 106 人。

第四节 机 构

1986 年 10 月 17 日，西盟县橡胶厂成立。1990 年，西盟县橡胶厂有橡胶种植专业队 8 个，从业人员 431 人。1994 年，橡胶厂隶属西盟县乡镇企业局，有员工 1356 人，内设办公室、财务室、生产科、计划生育科。2001 年 5 月，改称思茅鑫元工贸有限公司西盟分公司，属国有企业，有员工 1416 人，内设办公室、财务室、生产科、保卫科。2002 年 1 月 6 日，经县委、县政府同意，云垦西盟橡胶公司收并西盟县橡胶公司，隶属于云南农垦集团公司，并成立经营模式为“公司＋基地＋农户＋市场”的分公司，是以橡胶种植和初加工为主营业的农业企业。2008 年，公司设党委、纪委、工会、政工部、生产科、计划投资部、人力资源部、综合管理部、财务部、行政办公室、民族科。公司管辖橡胶生产队 30 个（20 个割胶队、10 个幼林抚育管理队），制胶厂 2 个。有管理干部 38 人，生产队级管理人员 93 人，制胶工 40 人，割胶工 1124 人，林管工 1980 人。共计 3275 人。

历任西盟县橡胶厂厂长：黄嘉林（1986 年 10 月—1994 年 5 月）、罗文超（1994 年 5 月—1997 年 9 月）、凌春（1997 年 9 月—2001 年 5 月）。

历任思茅鑫元工贸有限公司西盟分公司经理：凌春（2001 年 5 月—2001 年 9 月）、季忠云（2001 年 9 月—2001 年 12 月）、童勇（2002 年 1 月—2004 年 8 月）。

历任云南天然橡胶产业股份有限公司西盟分公司经理：龙继文（2004 年 8 月—2005 年 7 月）。

历任云南农垦集团有限公司西盟橡胶有限责任公司西盟分公司经理：童勇（2005 年 7 月至 2008 年 12 月）。

历任思茅鑫元工贸有限公司西盟分公司党总支书记：童勇（2002 年 1 月—2004 年 8 月）。

历任云南天然橡胶产业股份有限公司西盟分公司党总支书记：曹刚云（2004 年 8 月—2005 年 7 月）。

历任云南农垦集团有限公司西盟橡胶有限责任公司西盟分公司党总支书记：曹刚云（2005 年 7 月—2006 年 9 月）。

历任云南农垦集团有限公司西盟橡胶有限责任公司西盟分公司党委书记：曹刚云（2006 年 9 月—2008 年 12 月）。

第六编　水　利

第一章 水利工程

第一节 蓄水工程

一、湖泊（勐梭龙潭）

勐梭龙潭，纯天然淡水湖泊，近临县城南面，径流面积 4.67 平方千米，湖面海拔 1150 米，水域南北长 1100 米，东西宽 740 米，水域面积 580 亩，年平均水温 23 度，最深处 33 米，平均水深 17 米，蓄水量约 500 万立方米，形成于侏罗纪第三系，属断层陷落湖泊。湖西、南两岸较陡，东岸平缓，湖水来源于地表积水和湖泊底部地下水。龙潭环境幽雅，资源丰富，为越冬鸟类提供了优越的条件，有野鸭、鸬鹚、猴子、白鹇、水獭、鱼和蛇类等野生动物。龙潭周围山峦叠翠，湖中波光粼粼，青山碧水，天水相映，湖光山色融为一体，景色迷人。植物种类为龙脑香科、橄榄科、红树科及其他科的热带树，并有一种俗称“龙潭菜”野菜可食用。

1999 年，勐梭龙潭自然保护区成立，属保护区管理局管理。2006 年 8 月 16 日，水利部以《水利部公布关于第六批国家水利风景区的通知》文件，授予西盟县勐梭龙潭为“国家级水利风景区”称号。2007 年 7 月，县水利局在勐梭龙潭正门口左侧立一块石碑，碑上刻有“国家级水利风景区”字样。

二、水库

（一）城子水库

地处北纬 22° 16′，东经 99° 46′，又名佤山天池，位于募西公路 84 千米左上方，勐卡镇佛殿山（老县城山顶），属南康河支流。

于 1958 年，初步建成，坝高 15 米，径流面积 0.5 平方千米，库容 18.5 万立方米，设计灌溉面积 800 亩。

1983 年，对水库进行除险加固，提升坝高 3 米。1985 年完工，主坝高 18 米、长 76.5 米、顶宽 4.1 米；副坝高 1.5 米、长 60 米、顶宽 4 米。均质土坝，径流面积 0.5 平方千米，总库容 36 万立方米，兴利库容 32 万立方米，设计灌溉 800 亩，实际灌溉 100 亩。5 月，城子水库管理所成立，隶属县水利局管理，股所级事业单位，编制 9 人。

2004 年 3 月，以招商引资方式，转让给西盟县天池自来水有限责任公司，转让经营权 50 年，转让金 46 万元，原水库管理人员全部归还水利局。按照《西盟县水利工程供水价格的批复》，农业灌溉水价每年每亩 12 元，因经营权转让，未启动农业灌溉水价。生活用水每立方米 0.8 元～ 1.5 元。

（二）马散水库

地处北纬 22° 27′，东经 99° 44′，原名“红卫水库”，位于募西公路 91 千米左下侧，距勐卡镇政府驻地西北部11千米处（大黑山原马散街），属南锡河支流。

1970年12月动工，1980年12月，初步建成。由于经费有限，施工期较长，建成时溢洪道、输水干渠和渡槽部分工程未完成。1981年3月，马散水库管理所成立，隶属县水利局管理，股所级事业单位，编制4人。按照《西盟县水利工程供水价格的批复》，农业灌溉水价10元／年·亩。由于西盟县社会经济基础薄弱，受益地区群众经济收入偏低，加之县财政困难，无力对水库左、右干渠完全瘫痪的十几个地段进行除险、修复、加固，干渠不能正常运行，未启动水价。1983年后，逐年投入资金进行修复、加固。1989年，正式投入使用。1994年，对大坝帷幕进行灌浆。

2008年，对大坝帷幕灌浆和改建输水洞、溢洪道进行加固，主坝高29.5米、长168米、顶宽4米。有副坝3座，1号副坝，坝高14米、顶长97.6米、顶宽5米；2号副坝，坝高8米、顶长98.6米、顶宽6米；3号副坝，坝高4.1米、顶长87米、顶宽3.4米。均质土坝，径流面积1.79平方千米，库容总量171.6万立方米，兴利库容157.8万立方米，设计灌溉面积4900亩，实际灌溉2000亩。

（三）英腊水库

地处北纬22°31′，东经99°28′，位于翁嘎科乡政府驻地英腊村英立小河，属南卡江支流。

2002年开工。2004年完工。主坝高38.9米、长160米、顶宽6米；副坝高39米、长65米、顶宽6米。黏土心墙石渣坝，径流面积8.8平方千米，库容总量210万立方米，兴利库容129.59万立方米，设计灌溉7100亩，实际灌溉4500亩。

2005年11月，英腊水库管理所成立，属翁嘎科乡人民政府股所级单位，编制2人，农业灌溉水价10元／年亩。2008年11月，开始征收水价。

（四）永光水库

地处北纬22°35′，东经99°50′，位于新厂乡永光村“178”国界桩附近，属新厂河支流。

1991年开工。1995年完工。主坝高12米、长65米、顶宽4米；副坝高4.7米、长20米、顶宽2米。均质土坝，集水面积0.5平方千米，库容总量18万立方米，兴利库容11.5万立方米，设计灌溉2000亩。隶属新厂乡人民政府，由乡政府水利站管理。

三、坝塘

（一）曼亨水坝

位于岳宋乡各弄斯嘎河，属南弄河支流。为提高原岳宋小水电站引水渠水位，增加农田灌溉修建。设计坝高28米、底宽30米、顶宽3米。1972年动工，投资45万元，投劳17.5万个，支砌石坝埂1200立方米，建成混凝土管道200米。1980年，因地质复杂，工程停工。1987年，因管理不善等原因，工程报废。

（二）莫窝坝塘

位于勐卡镇莫窝村1组，属新厂河支流。

1977年建成，蓄水量0.1万立方米，灌溉面积30亩（兼养鱼）。1985年，因管理不善等原因，坝塘报废。

（三）班母小坝塘

位于勐梭镇班母村勐景公路7千米右上方，属勐梭河支流。

2007年开工，2008年完工。坝高12米、坝长65米、坝顶宽4米，总库容2.1万立方米，兴利库容1.8万立方米。蓄水面积0.23平方千米，均质土坝。投资90万元。

四、在建蓄水工程（小一型富母乃水库）

位于县城以南，勐景公路6千米右方1800米处，属勐梭镇班母村富母乃组，距县城10千米，属勐梭河支流。

1999年起，在县政府的统一安排下，居住在库区周围的群众开始搬迁到西盟至孟连公路6千米上方居住。2007年11月开工建设。该项目批准预算总投资3970万元。坝高50米、长258米、顶宽5米，均质土坝，径流面积3.96平方千米，库容总量235.9万立方米，兴利库容186.4万立方米，设计灌溉面积5016亩。属城镇供水、防洪和灌溉为一体的综合性水库。

2008年11月，完成一标段隧道及溢洪道，土石方开挖20645立方米，钢筋制安103.2吨，浆砌石790.16立方米，混凝土浇筑1875.15立方米，总投资489.97万元；完成二标段拦河大坝及附属工程，大坝清基14.36万立方米，反滤料回填8349.17立方米，棱体砌石13.36万立方米，混凝土浇筑1446.25立方米，帷幕灌浆3129.24米，大坝土料回填63.05万立方米，总回填量66.07万立方米，完成投资2201.03万元。

第二节 引水工程

1990年，全县有灌溉沟渠1525条，总长1028千米，灌溉面积3.44万亩，水利化程度12.2%。灌溉面积在600亩以上的干渠有翁嘎科乡英腊大沟、翁嘎科乡班弄大沟、新厂乡新厂大沟、莫窝乡马散水库左右干渠、勐梭乡松毛地大沟、傈僳乡扎尼嘎大沟。

截至2008年，全县有灌溉沟渠1291条，总长1716.92千米，建成“三面光”渠道203.62千米，“三面光”程度11.86%，总灌溉面积57864亩，节水灌溉面积35611亩，有效灌溉程度32.66%；引水流量在0.3立方米/秒及以上的沟渠有17件，其余均在0.3立方米/秒以下。

2008年西盟县0.3立方米/秒及以上水沟流量灌溉工程情况表

表6-1

工程＼名称	所在乡（镇）、村	流量（立方米/秒）		灌溉面积（亩）		总长度（米）	三面光长度（米）
		设计	实际	设计	实际		
岗东水沟	勐梭镇勐梭村	0.3	0.3	650	650	3800	1600
东波水沟	勐梭镇里拉村	0.3	0.2	435	435	3600	580
里拉水沟	勐梭镇里拉村	0.3	0.3	780	780	4700	2400
戈约水沟	勐梭镇勐梭村	0.3	0.3	5000	2500	7800	5200
大寨水沟	中课乡中课村	0.3	0.3	450	450	3700	2850
永埂水沟	中课乡永布落村	0.3	0.3	1210	1210	4600	2800
班箐水沟	中课乡班箐村	0.3	0.3	850	850	3200	3200
瀑布水沟	中课乡嘎娄村	0.3	0.2	440	450	3300	3300
新厂大沟	新厂乡新厂村	0.3	0.3	1500	1500	4100	3640
广灵大沟	新厂乡新厂村	0.3	0.3	850	850	3500	2860
永帮水沟	勐卡镇永邦村	0.3	0.2	550	550	2900	420
班哲水沟	勐卡镇班哲村	0.3	0.2	650	650	3600	500
龙天水沟	勐卡镇永邦村	0.3	0.2	380	380	2700	550
班哲5组水沟	勐卡镇班哲村	0.3	0.2	770	560	3500	500
安同水沟	力所乡力所村	0.3	0.2	650	650	3800	560

续表 6-1

名称 / 工程	所在乡（镇）、村	流量（立方米 / 秒）		灌溉面积（亩）		总长度（米）	三面光长度（米）
		设计	实际	设计	实际		
英腊水沟	翁嘎科乡英腊村	0.3	0.3	4500	2000	5800	4250
班弄大沟	翁嘎科乡班弄村	0.3	0.3	2000	2000	6000	5860
合　计	—	—	—	21665	16465	70600	41070

2008 年西盟县 0.3 立方米 / 秒以下沟渠流量灌溉工程情况表

表 6-2

名称 / 乡（镇）	灌溉工程				灌溉面积（亩）
	流量（立方米 / 秒）	件数（件）	总长度（米）	三面光长度（米）	
勐梭镇	0.05 ~ 0.29	107	121800	20097.0	13085.70
中课乡	0.05 ~ 0.29	176	191246	31555.6	11101
新厂乡	0.05 ~ 0.29	162	129690	21398.9	6494.23
勐卡镇	0.05 ~ 0.29	138	184899	30508.3	10097
岳宋乡	0.05 ~ 0.29	46	60450	9974.3	1621.40
力所乡	0.05 ~ 0.29	71	241193	39787.9	2616
翁嘎科乡	0.05 ~ 0.29	41	55922	9227.1	3746
合计	—	741	985200	162549.1	48761.33

第三节　人畜饮水工程

1979 年前，仅有少量人畜饮水工程，人畜饮水主要靠肩挑人扛，从箐沟中取用、竹槽接水和土渠引水。

1985 年—1990 年，投资 75 万元，建成县城自来水厂，解决 5000 余人居民的生活用水。

1991 年—1998 年，投资 112.3 万元，建成乡（镇）供水和农村饮水解困工程 24 件，解决 22925 人、4458 头大牲畜饮用水。

1999 年—2004 年，投资 627.22 万元，建成乡（镇）供水和农村饮水解困工程 109 件，解决 26527 人、13890 头大牲畜饮用水。

2005 年—2008 年，投资 914.96 万元，建成农村饮水解困工程 98 件，解决 21433 人、12429 头大牲畜饮用水。

一、城市供水

（一）老县城自来水厂

位于城子水库坝脚，地处北纬 22° 05′，东经 99° 25′。1985 年，报批建设，取用城子水库蓄水。建成反应处理池 1 座，处理能力 60 立方米 / 秒，设计日反应处理能力为 1440 立方米；快滤池 1 座，处理能力 80 立方米 / 秒，设计日过滤能力 1920 立方米；总蓄水池 1 座 500 立方米、分蓄水池 3 座 230 立方米（100 立方米、80 立方米、50 立方米各 1 座）。

1990 年投产，实际日反映处理量 500 立方米，现状供水 5000 人，年供水量 12 万立方米。

2004 年 4 月，经县政府招商引资，将城子水库和自来水厂 50 年经营权转让给西盟县天池自来水有限责任公司。

（二）新县城自来水厂

自来水厂供水水源点位于县城西南侧怒江流域的王莫小河上游，属南康河西盟保护区，距县城水厂6.1千米，取水高程1230米，输水管道DN400无缝钢管，原水通过输水管重力自流至水厂，进水口高程1185米。自来水厂址位于勐梭龙潭东面，距勐梭龙潭约1千米，距县政府2千米。

1996年7月报建；11月批准建设。1997年3月动工。1998年5月建成，总投资1700万元。架（埋）设管道总长2.8万米，其中，主管6100米，供水管网22000米；建成原水反应处理池2座，设计日反应处理原水6000立方米；蓄水池2座2000立方米；提水泵站1座2台110千瓦；高位分水池1座100立方米。解决县城及勐梭镇政府机关1万人的饮水。在县城建设初期，供水主要以施工用水为主，供水价格为0.5元／立方米。

2006年11月16日，召开县城供水价格调整听证会，县城供水价格调整为居民用水2.00元／立方米；工业用水2.40元／立方米；商业和施工用水2.60元／立方米。2008年，供水人口0.58万人，年供水量64万立方米。

（三）金鑫自来水厂

2004年，由于春夏高温少雨，城区自来水供应紧张，同年7月，西盟县金鑫自来水有限公司报建。2005年10月投产，投资65.4万元，架（埋）设管道总长14700米，其中，输水管网7700米，供水管网7000米。建成原水反应处理池1座，设计日反应处理220立方米，建成蓄水池200立方米1座、100立方米1座，现状日反应处理能力200立方米／日，管理人员3人。供应城区周边1100人的生活用水。

二、乡（镇）供水工程

2008年，全县乡镇供水工程有7件，供水规模1315立方米／日，供水人口14123人。勐卡镇、中课乡、勐梭镇自来水厂已转让经营，并能正常运行。

2008年西盟县集镇供水工程情况表

表6-3

供水工程 ＼ 名称	供水规模（立方米／日）	供水人口（人）	人均日供水规模（立方米／日·人）	管理权属单位
勐梭镇集镇供水工程	210	2620	0.08	西盟县自来水公司
中课乡集镇供水工程	30	380	0.08	新发塑料工贸有限公司
新厂乡集镇供水工程	95	1200	0.08	新厂乡人民政府
勐卡镇集镇供水工程	500	5000	0.10	西盟天池自来水公司
岳宋乡集镇供水工程	380	3683	0.10	岳宋乡人民政府
力所乡集镇供水工程	70	860	0.08	力所乡人民政府
翁嘎科乡集镇供水工程	30	380	0.08	翁嘎科乡人民政府
合计	1315	14123	0.60	—

三、村组供水工程

据1984年，农村饮水调查，全县394个农业生产合作社中，缺水人口4.95万人。

1986年—1990年，共投资136万元（群众自筹18.6万元），架（埋）设引水管道448千米（钢管152千米，塑料管296千米），解决0.86万户、3.4万人、0.32万头大牲畜饮用水，占缺水人口的68.7%。

1991年—1995年，投资66.9万元（群众自筹5.8万元），架（埋）设引水管道3.72千米（钢管0.8千米，塑料管2.92千米），建成19个村民小组和农场居民点的供水设施，解决0.26万户、1.75万人、0.28万头大牲畜的饮用水，占农村总人口的23.4%。

1996年—2008年，投资1587.6万元（群众自筹46.73万元），架（埋）设引水管道207.7千米（钢管8.56千米，塑料管199.14千米），建成212个村民小组和农场居民点的供水设施，解决1.5万户、5.34万人、2.8万头大牲畜的饮用水，占农村总人口的71.6%。

截至2008年，全县农村饮水安全人数37730人，占农村总人口74594人的50.58%。全县362个村民小组，有295个村民小组和农场居民点有供水设施，供水人口52592人，占农村总人口的70.5%，自来水普及率81.5%。乡（镇）供水工程以当地政府水利管理站管理为主；农村饮水工程以当地村民委员会、村民小组管理为主。

第四节　河道治理与水土保持工程

一、河道治理

1988年，勐梭东朗河、东梭河发生百年不遇特大洪灾，洪水流量246立方米/秒，平均水深2米，部分民房、输电线路、通信线路、公路桥涵损毁，农田、鱼塘被淹，猪、鸡等被冲走。造成经济损失23.98万元。灾害发生后，上级拨专款23万元治理东梭河。至1990年，砌筑右岸河堤4500米、挡墙60米。

2000年，东朗河、东梭河及南归河雨季均发生洪涝灾害，经济损失在100万元以上。2002年，初步完成勐梭镇易涝河道治理规划。2004年，初步完成国界河治理规划。2006年，因县二中搬迁到勐梭，计划建设南规河堤防工程517米。2007年12月26日开工，因资金紧缺，南规河堤防工程实际建设长度407米，投资80万元，最大过流量提高到83.7立方米/秒。

二、水土保持

2001年，对东朗河小流域水土进行综合治理，面积12.1平方千米，完成坡改梯1114亩，保土耕作1834亩，种植经济果林3243亩，水保林4806亩，封建治理7003亩。建成综合治理示范果园1个，种植台湾青枣枇杷坚果100亩，建成排灌沟渠1条2千米、水平截水沟1.2千米。

2004年，云南省土壤侵蚀遥感调查报告显示，县土壤侵蚀面积310.8平方千米，其中，轻度侵蚀面积168.2平方千米，多分布于8°以下耕地及疏幼林区；中度侵蚀面积133.86平方千米，多分布于8°以上的坡耕地；强度侵蚀面积8.74平方千米，多分布于陡坡地开发建设项目区及河流两侧。

2008年，报批翁嘎科新地谷小流域坡耕地水土流失综合整治项目，计划治理面积0.5平方千米。

第五节　农田水利建设工程

1985年，全县耕地面积214365亩、灌溉（水田）面积24936亩，有效灌溉程度11.6%。

1989年，全县耕地面积260154亩、灌溉（水田）面积32129亩，有效灌溉程度12.3%。

1990年，全县有耕地面积280772亩，有水田34371亩，有效灌溉程度12.2%。

1995年，以中课乡为片区，开始实施扶贫攻坚农田水利基本建设。

1996年，全县乡镇先后实施“八七”扶贫攻坚农田水利基本建设项目。

1999年，全县有耕地面积263775亩，有水田52935亩，有灌溉渠道2044件、2418千米，建成

“三面光”渠道72.7千米，“三面光”程度3.0%，节水灌溉面积2.3万亩，有效灌溉程度20.07%。

2008年，全县有耕地面积177171亩，有水田56401亩；有灌溉沟渠1291条，总长1716.92千米，总灌溉面积57864亩；建成三面光渠道203.62千米，三面光程度11.86%；节水灌溉面积35611亩，有效灌溉程度32.66%。

第二章　防旱与防洪

第一节　防　旱

西盟县多年平均蒸发量 1185 毫米，干旱指数 0.43。历年平均 11 月至次年 5 月出现旱情，重旱发生在 12 月，极端干旱发生在 1 月—4 月。

1985 年 5 月，西盟县抗旱防汛指挥部成立，办公室设在县水电局，负责抗旱防汛日常工作。1999 年，建立健全西盟县抗旱防汛应急预案，确保在出现旱情时及时启动预案，切实把各项抗旱措施落到实处。

2005 年，全县农作物受旱面积 152702 亩，农村 24600 多人、14160 多头大牲畜临时饮水困难，造成经济损失 2141.79 万元。全县投入抗旱资金 94.15 万元，发动干部群众 21911 人参加抗旱。

2006 年以后，县政府加强蓄水工程和自来水厂供水管理，实施合理调节用水，协调实时进行人工增雨，采取“五小水利”和“旱地龙”等节水增效抗旱措施。

第二节　防　洪

西盟县多年平均雨季于 5 月 14 日前后开始，10 月 23 日前后结束。汛期降水量占年降水总量的 91% 左右，主汛期在 6 月—9 月，雨量高度集中，降水连绵不断，森林植被严重被破坏，洪涝、滑坡、塌陷、泥石流等灾害十分严重，每年造成损失都在 600 万元以上。

1987 年起，县委、县政府及水利部门重视防洪防汛工作，牢固树立“以人为本、立足于防”的理念，宁可十防九空，也不能万一失防。同时，认真做好年度各行业防洪安全检查和抢险物资准备工作。

1998 年，西盟县境内发生较大洪涝灾害，因灾死亡 1 人，直接经济损失 2568.54 万元。县委、县政府紧急启动防汛抢险预案，投入资金 22.3 万元，发动干部群众 6559 人参加抗洪抢险。

2004 年，全县共造成直接经济损失 1778.32 万元。其中，“7・31”山洪灾害造成翁嘎科乡班岳村坡永村民小组 2 人死亡、3 人重伤、2 人轻伤；“8・8”地质灾害紧急转移 2 个村民小组 28 户 122 人及 163 头大牲畜。投入抗洪抢险资金 11.2 万元，发动干部群众 2688 人参加抗洪抢险。

2005 年，全县遭受历史以来最为严重的洪涝、地质灾害。因灾受伤 256 人、失踪 3 人、死亡 3 人，县内民房、道路、通信、电力、农田水利、人畜饮水等基础设施毁坏严重，共造成直接经济损失 8956.88 万元。8 月 23 日—31 日，造成直接经济损失 8258.82 万元，占汛期灾害造成损失的 92.2%。8 月 24 日，中共党员、时任莫窝乡班哲村委会副主任孔寿益，在排查工程安全情况时不慎堕河殉职。

同日，因灾失踪2人、死亡2人。县委、县政府及时组织抢险救灾工作，投入应急资金55.83万元，发动干部群众48921人参加抢险，妥善安置受灾群众，并发动群众恢复重建，开展生产自救。同时，督促建设、交通、国土、教育、旅游等部门建设好防汛基础设施；加强山洪、泥石流和滑坡等山地自然灾害的防御和治理工作；加大防灾减灾抗灾救灾宣传，教育和引导群众树立现代减灾意识，鼓励群众和企业参加商业保险，以减少灾害造成的财产损失。

第三章 水利管理

第一节 工程管理

从2000年起，在工程建设管理上，对中央、省、市、县级投资列入项目的重点工程，由县统一安排组织实施，受益乡（镇）配合，确保工程质量；资金专款专用，大的投资项目实行项目资金专题审计。每年安排各乡（镇）的小型水利工程资金，凡国家投资5万元以上项目，由县水利局、县财政局组织验收；国家投资5万元以下项目，由乡镇组织工程技术人员、乡水管站、财政所组织验收。在运行调度上，坚持保证工程安全充分发挥工程效益相结合的原则，正确处理好安全度汛与蓄水的关系，在防洪期间，对小（一）型以上水库进行排水，河段除险实行县、乡（镇）结合，以县为主，统一调度指挥，平时按分级管理原则办理。

第二节 水政水资源管理

一、宣传培训

1998年—2000年，主要以县城为主要宣传范围，宣传内容以取水行政许可为主。2000年后，逐步增加宣传投资和加大宣传范围，每年"世界水日""中国水周"及部门相关法律法规颁布施行时，充分利用电视媒体播放专题宣传纪录片、宣传标语；通过电信、移动、联通等网络通信平台群发宣传短信；收集整理节约用水、保护水资源、水土保持小常识编印成宣传单、宣传册进行宣传；与团县委、环保等部门密切配合，组织城区中小学师生及单位干部职工，开展"保护母亲湖"志愿行动；利用宣传车深入乡镇村、学校、机关、企事业单位及交通主干线，宣传《中华人民共和国水法》、新《中华人民共和国水土保持法》《中华人民共和国防洪法》《取水许可和水资源费征收管理条例》；利用悬挂宣传布标、粘贴宣传画、宣传单、宣传小标语、涂写交通主干线永久性宣传标语等，宣传水资源的有偿使用、水资源的可持续利用及水资源的节约保护等知识，提倡全民"节约水、珍惜水、爱护水"，调动全社会参与节水型社会建设的积极性，提高全民珍惜水土资源、保护水环境的意识。每2年举办一期县级水行政执法培训，邀请市水政监察支队领导和县法制部门领导授课，以《依法行政与行政执法规范》《水行政执法程序》《云南省水行政处罚自由裁量权实施标准（试行）》及涉水法律法规为主要培训内容，以局机关执法人员、局属企业工作人员、水库管理单位工作人员和乡镇水利管理站工作人员为主要培训对象，每期参训人数29人～32人。

二、水资源管理

1998 年，开始实行取水许可管理。至 2000 年，共审批、发放取水许可证 61 户，许可年取水量 324.72 万立方米，其中，生活 273.77 万立方米，工业 47.97 万立方米，其他 2.98 万立方米。2008 年，在册 25 户，许可年取水量 45942.98 万立方米，其中，生活 100.77 万立方米，工业 206.5 万立方米，发电 45500 万立方米，农业及其他 135.71 万立方米。

三、河道采砂管理

1991 年以前，河道采砂主要靠人工作业。1992 年后，逐渐采用柴油机抽砂采砂。2005 年，编制《西盟县河道采砂管理办法》，并报县法制办，但未批复。2007 年，开始对河道执行采砂制度。

2008 年 4 月，县水务局上报县人民政府，要求把河道采砂列入自治县地方性法规施行；11 月 20 日，西盟县政府以西政发〔2008〕130 号文件印发市政府法制办公室登记备案的普政规登准〔2008〕23 号批复（2009 年 1 月 1 日起执行）。全县有许可河道采砂 35 户，从业人员 100 人。有采砂机 1 套、柴油抽砂机 45 台，年许可采砂量 24630 立方米，年产值 74 万元。至年末，从未征收河道采砂管理费。

四、水政执法

1997 年，西盟县水利局对河道生物资源进行管理。2002 年，河道生物资源管理权移交县农业局渔政。累计收缴各类违法捕鱼设备、工具 220 余套。在水政执法中，贯彻执行《中华人民共和国水法》《中华人民共和国防洪法》《中华人民共和国水土保持法》《中华人民共和国河道管理条例》和《取水许可制度实施办法》等水利法规。加大河道违章建筑的查处力度，定期或不定期对河道采砂进行巡查，严厉惩处危害河道河岸及河道泄洪安全的行为。每年结合安全生产月，由局安全生产领导小组牵头，水政监察大队、抗旱防汛指挥部办公室、建设股等部门组成安全生产执法大检查领导小组，对蓄水工程安全度汛、在建水利工程安全建设和汛期河道行洪安全开展专项执法检查。

2005 年—2008 年西盟县水事纠纷、违法案件调（查）处情况表

表 6-4

时间＼项目	水事纠纷、违法案件	调（查）处情况
2005 年 12 月	岩某、杨某等取用水资源纠纷	已调处
2006 年 9 月 19 日	张某某与冶炼厂用水纠纷	已调处
2007 年 5 月	班母村民与张某茶厂取用水资源纠纷	已调处
2007 年 9 月 5 日	李某某与李某某取用水资源纠纷	已调处
2008 年 11 月 7 日	铁矿与橡胶加工厂水质污染纠纷	企业自行调处

第三节 机 构

一、县水务局

1956年，西盟佤族自治县筹委会建设科有水利技术人员2人。1961年，水工队成立，隶属农水科。1978 年 7 月，县水利电力局成立，内设秘书股、管理股（含水政、渔政管理股和马散水库、城子水库管理所）、水工队、施工股、水电股。1985 年，设西盟县抗旱防汛指挥部，办公室设在水电局，编

制1人。1994年，设水土保持工作站。1996年，水利电力局更名为水利水电局。1998年5月，县水土保持委员会成立。同年，水利水电局更名为水利局，电力职能划转，内设行政秘书股、水工队、水政水资源管理股（含渔政）、水土保持工作站、马散水库管理所、城子水库管理所和自来水厂。2002年12月，水土保持生态环境监督中队成立。2006年10月，实行水务一体化管理改革，水利局更名为水务局，县编制委员会下发《关于水利局更名水务局的批复》，内设建设股、抗旱防汛办公室、水保站、水政水资源管理股、马散水库管理所。编制31人（行政7人、事业24人），实有37人（公务员5人、专业人员16人、事业工人16人）。领导职数1正2副（书记1人）。工程师1人，助理工程师11人，技术员4人，其他职称12人。大专以上学历26人，中专及高中学历4人，其他7人。2008年10月17日，《西盟佤族自治县人民政府对县水务局将西盟县新县城自来水公司职能划转水务局管理的批复》，同意将自来水公司从城建部门划转水务局管理。有人员37人，领导职数1正3副，书记1人，纪检组组长1人（5月到任，12月回到纪工委），工程师7人，助理工程师5人，技术员4人，其他职称及人员15人。大专以上学历27人，中专及高中学历3人，其他7人。

历任水电局局长：陈元（1978年7月—1983年12月）、朱学义（佤族，1984年1月—1993年4月）、李开雄（彝族，1993年4月—1996年8月）。

历任水利水电局局长：李开雄（彝族，1996年8月—1998年5月）。

历任水利局局长：李开雄（彝族，1998年5月—2002年4月）、张鸟（佤族，2002年4月—2006年4月）、陈云峰（佤族，2006年8月—2006年10月）。

历任水务局局长：陈云峰（佤族，2006年10月—2008年12月）。

历任党支部书记（正科）：董进平（2006年8月—2008年12月）。

二、乡镇水管站

1978年，7个公社相继成立水管站，每站编制1～2人，编制属公社，共计编制19人。2008年，5个乡、2个镇水管站，实有人数11人（不在编1人），其中，助理工程师5人，其他6人。

第四章 水文站

第一节 建站及位置

1979 年 1 月 1 日，西盟县南康河水文站由云南省水文总站设立，地处北纬 22° 42′，东经 99° 31′，河名“南康河”，募西公路 59 千米处，河段中央有西盟至澜沧公路石拱桥（南康河桥）一座，基本断面位于该桥下游 50 米处，河床为夹砂卵石组成，属非经常性冲於河段，命名为“南康河水文站”，属省级重要水文站。1995 年前，属县水利局管理。1995 年，职能划转云南省水文局。2001 年 1 月 1 日起，实用“1985 国家高程基准”，与原基面换算常数为 679.252M。

第二节 水文特征

1979 年—2008 年西盟县重要水文特征情况表

表 6-5

名称 项目	历年最高		历年最低		多年平均
	数值	时间	数值	时间	
水位（米）	686.36	1986.7.26	682.54	1998.5.17	683.15
流量（平方米 / 秒）	530	1986.7.26	3.40	1993.5.21	38.80
年径流量（米）	15	1983	8.61	1992	12.20
本站年降水量（毫米）	2265.3	1981	1370.30	1980	1826.50
涨水历时（小时）	5.7 ～ 12		—		0.2 ～ 0.7
警戒水位	—		保证水位		—

第七编　城乡建设　环境保护

第一章 城乡建设

第一节 县城搬迁

一、县城搬迁项目申报

西盟县城因地处滑坡地带，县城建筑密集，无发展建设用地，加之气候恶劣，生产、生活、环境、条件差，制约着城区经济和各项事业的发展。根据逐年呈现的滑坡地质灾害及自然条件等。1994年年初，县委、县政府向省地反映后。1994年8月23日—24日，省长和志强带领省、地有关领导到西盟县考察，听取县委、县政府领导关于要求县城搬迁的汇报后，肯定了老县城地质灾害等原因和必须搬迁的事实，并指示尽快抓紧搞好逐级上报请示搬迁的相关资料；10月8日，县五套班子领导审定并通过《西盟佤族自治县人民政府关于请求搬迁县城的报告》，并形成《西盟佤族自治县人民政府关于请求搬迁县城的报告》，上报思茅地区行政公署；10月13日，思茅地委、行署根据西盟县政府的搬迁报告，形成《思茅地区行政公署关于转报西盟县政府请求搬迁县城报告的请示》，上报云南省人民政府；11月20日，省人民政府形成《关于请求将西盟佤族自治县县城由西盟镇迁移至勐梭乡的请示》，上报国务院。

1995年11月3日，国务院以《国务院办公厅关于云南省西盟佤族自治县人民政府驻地迁移问题的复函》，批复云南省人民政府："同意西盟佤族自治县人民政府驻地由西盟镇迁至勐梭乡"。

二、县城搬迁项目实施

组织领导　1994年2月15日，县委发出《西盟佤族自治县关于成立县城搬迁领导小组的通知》，由县委书记赵平云任组长，县长魏红、县人大常委会主任魏岩刀、县政协主席张岩松、常务副县长胡连贵任副组长，成员由分管副县长及有关部门主要领导组成。领导小组下设办公室，副县长徐敬思、史永林先后兼办公室主任，成员由办公室负责抽调人员组成。1997年，为加强县城搬迁的组织领导，集中力量加快新县城建设，县委下发《西盟佤族自治县关于调整县城搬迁领导小组的通知》，领导小组负责指导县城搬迁建设的全面工作，办公室具体负责县城搬迁建设的日常工作。

工程实施　1994年，县城搬迁建设工程开始进行前期筹备工作，并由昆明市测绘局测绘单位组织实施，完成了新县城建设区1.06平方千米1 ∶ 5000的地形测量图和4.56平方千米1 ∶ 2000的地形测量，及50平方千米的1∶10000放编图。1995年6月底，由云南省第二勘察设计院设计单位组织实施，完成新县城建设区的工程地质勘查工作、《城市建设总体规划》和《中心片区修建性详细规划》，做到水通、电通、路通、通信联络通，基本具备了开工建设的条件。1996年3月5日，县委、县政府在新县城建设区举行隆重的建设开工奠基仪式，拉开了新县城开建的序幕；10月，新县城建设正式破土动工，由成都军区工程局昆明分局施工。1998年6月，基本完成工程用地场地平整和基础设施市政工程；7 月起，开始进行新县城规划建设。2000 年 3 月 5 日，县级五套领导班子在新县城正式挂牌上班。2002 年 12 月，县级机关和干部职工的搬迁工作基本结束。

三、县城搬迁项目验收

2000 年 3 月，县城搬迁建设项目工程基本建成完工，概算总投资 38773.1 万元。完成市政基础设施工程混凝土、沥青道路 7029 米（道路总面积 11.74 万平方米）；绿化工程 9.5 万平方米；灯光工程 386 盏；城市排水管网 15 千米；输水管线 6.1 千米；市政供水管网 9 千米，日处理 6000 立方自来水厂 1 个；完成房屋工程 118 幢，总面积 208251 平方米。

2004 年 8 月 15 日—19 日，思茅市建设工程质量监督站与县搬迁建设指挥部、县建设局及县质监站的有关人员对县城建设项目工程进行全面的检查验评。根据《建筑安装工程质量检验评定统一标准》（GBJ300—88）和《建筑工程质量检验评定标准》（GBJ301—88）对新县城搬迁建设项目的各单位工程质量进行核定，核定单位工程质量合格率 100%，优良率 27.1%；县城搬迁建设项目工程质量评定为合格。

第二节　城区规划

一、总体规划修编

（一）原县城规划

1985 年，县政府成立县城规划领导小组，由城乡建设环境保护局协调有关部门组成规划工作机构。根据山地特点和已形成的城区现状，总体布局采用“一城两区”的发展方向。

规划范围　东起西盟镇新寨茶地；西至城子水库上侧佛殿山；南起西盟镇蔬菜新村；北至县农业中学。总面积 6.5 平方千米。

规划期限　近期 1986 年—1990 年；远期 1991 年—2000 年。

人口规模　现状人口 5221 人（城镇人口 4683 人，农业人口 695 人）。按自然增长率和机械增长率综合估算，近期人口 6400 人；远期 10000 人。

用地规模　现状 72 公顷，人均 137.9 平方米；估算近期用地 89.6 公顷，人均 140 平方米；远期用地 130 公顷，人均 130 平方米。

1987 年 11 月，完成城区总体规划。同年 12 月，经县人大常务委员会批准实施。

1986 年—2000 年西盟县原城区建筑用地情况表

表 7-1　　单位：公顷

名称 用地项目	现状	近期	远期
工业用地	3.45	4.48	15.00
仓库用地	10.00	10.00	15.00
交通用地	0.72	2.00	3.50
共建用地	1.90	7.68	13.00
住宅用地	28.06	33.28	60.00
其他用地	30.77	32.16	23.60
合　计	74.90	89.60	130.10

（二）新县城规划

1995 年 11 月 3 日，按照国务院批准西盟县城驻地迁移和新县城建设的复函。确定县城驻地中心片区在勐梭乡政府北面，距勐梭 3 千米，面积 30.2 公顷。地形属丘陵地带，北面坡度平缓，南面是天然的勐梭湖，县城中心片区依山傍水。

规划范围　以勐梭村所辖区域为规划区范围，面积 27.65 平方千米，南规河上游王莫箐作为城市饮用水源，建成后划定并进行保护。搬迁期规划建设用地 0.54 平方千米；远期规划建设用地 1.12 平方千米；远景规划城市范围 27.65 平方千米。

规划期限　搬迁 1995 年—1998 年；远期 1999 年—2015 年；远景期 2016 年—2023 年。

人口规模　搬迁期 5100 人；远期 1.15 万人；远景期控制 2 万人。

总体布局　城市采用单中心、轴线密集发展的结构形式，用地采用集中紧凑的方式，按照集中、方便、合理、舒适的原则，结合地形环境进行功能分区，工业、仓储、对外交通设施相对独立，其他设施合理组合，方便居民生活。

二、行业规划

道路、广场规划　按照县城搬迁建设的总体要求，结合地形及土地面积的实际，规划近期城市道路广场用地面积 15 万平方米，道路系统采用环状加方格网的布局形式，道路分为主次两级道路，主干道红线宽度 32 米、24 米，采用两块板、一块板的道路横断面形式。次干道红线宽度 12 米 ~ 16 米，采用一块板的道路横断面形式。城市主次干道交叉口采用平交形式，宽 32 米、24 米的主干道横贯东西、南北向十字交叉，形成城市道路主骨架，与宽 16 米的次干道组成完整的城市内部交通。中心片区以外道路顺应地形，形成自由式布局，体现山城特色；过境公路作为城市外环与内部路网相衔接，并在城市东南主要出入口附近设置一个长途汽车客运站及相应配套设施和场地；在主干道交叉口结合文化娱乐用地设置市民休憩广场，在商业繁华人流较多处和城市出口地段设置停车场；大型公建、人流集中的公建、道路红线应后退 2 米 ~ 3.5 米。

供水规划　城市供水主要以生活用水和生产用水、公建绿化用水及消防用水组成。生活用水量以日 180 升 / 人计算，生产用水按生活用水量 50% 计算。规划城市总用水量规模为：搬迁期 3000 立方米 / 日，远期 6000 立方米 / 日。净水厂规划：远期规模 6000 立方米 / 日；为了近远期管理上的配合，水处理构筑物分为二组：搬迁期造建 3000 立方米 / 日的一组，远期供水规模增加再建另一组形成规模。供水管网布置采用环状网布置，提高供水安全性。

排水规划　为达到环保要求，规划中心片区排水体制大部分山区采用雨、污分流制排水，局部区域由于地形原因采用合流制排水。污水量按城市最大日供水量的 80% 计算，远期日最大污水量为 4800 立方米，其中，排水一区（分流制）污水量为 3200 立方米；排水二区（合流制）污水量为 1600 立方米。污水管道用 d300 ~ d400HPDE 管沿城市道路网状道路坡向排放；分流制排水区域的污水管沿宽 28 米的主干道的排污干管排入北端低洼处污水处理厂，最终排入勐梭河。远期规划建设规模 6000 立方米 / 日污水处理厂 1 座。合流制排水区域污水沿宽 32 米主干道东端合流总管排入勐梭河。城市雨水经过雨水口及雨水管网收集，汇入 28 米路上的雨水主干道，水管采用 HPDE 管，最大管径 d1600，最小管径 d400。

供电规划　规划区内用电负荷以市政生活用电为主进行计算，搬迁初期最大负荷 3475 千瓦，远期 5600 千瓦，供电电压 10 千伏三相四线制供电，供电方式从新建 35 千伏安变电站采用放射状供电，三路 10 千伏出线分别供给城区三所配电房。采用放射式与树干式相结合的配电方式供电，高低压线敷设方式主要采用铝线架空电线，跨越宽 32 米和 24 米主干道时，考虑城市景观采用部分埋地电缆。

电信规划　规划新县城新建一座电信大楼，作为全县通信枢纽，程控电话装机容量，搬迁期

5000门；远期10000门；远景期12000门。城市通信线路在宽32米和24米主干道采用埋地电缆，其他一般街道采用架空电缆。建有线电视网，搬迁期规模1500户。

园林绿化规划　县城的公共绿地面积25.96公顷，人均22.57平方米。城区绿郁的山体绿地可作为城市公共绿地的补充，公共绿地分为公园、行道绿地、湖滨绿带和山林观景开放绿地三部分。公园规划在县城东郊，利用自然山体组织小游园，为居民提供游憩场所；行道绿化规划宽16米次干道一侧预留的15米宽的绿化带，留出步行行道，配以亭榭作为市民的休息活动场地；滨河绿带规划建设地点为勐梭湖边100米范围内，作为绿地隔离带，配合周围不适宜建设的山体，作为观山观景的最佳景点。结合公园、行道、绿地、勐梭湖水，形成城市景观主体控制骨架。

三、城乡测绘

2000年4月，委托思茅地区测绘技术咨询服务所完成力所乡、中课乡的地形测绘工作。2006年4月，委托昆明市勘察测绘研究院完成县城及勐梭镇的地形测绘工作；10月，完成岳宋乡、新厂乡、勐卡镇的地形测绘工作。至2008年，全县各乡（镇）均完成地形测绘工作。

2006年西盟县各乡（镇）测绘重要数据情况表

表7-2

名称 乡（镇）	测绘面积（平方米）	比例尺	日期	测绘
勐卡镇	1704881	1:1000	2006.10	昆明市勘察测绘研究院
新厂乡	600217	1:1000	2006.10	昆明市勘察测绘研究院
岳宋乡	701074	1:1000	2006.10	昆明市勘察测绘研究院
力所乡	544746	1:2500	2000.4	思茅地区测绘技术服务部
翁嘎科乡	611120	1:1000	2006.10	昆明市勘察测绘研究院
中课乡	508873	1:1000	2006.10	昆明市勘察测绘研究院

四、规划管理

县建设局规划管理股，主要负责县城规划管理工作，审检和核发建设用地选址意见书、建设用地规划许可证、建设工程规划许可证，核发广告牌、布标等许可证，查处违章建筑，发放临时用地规划许可证和城市道路占用和城市道路挖掘许可证，负责经营性临时雨篷、小集镇建设规划管理、新开车辆通道管理、测量、测绘资质年检管理、液化气、灶具管理等工作。

1998年—2008年西盟县建设用地规划、工程规划许可证发放情况表

表7-3　　单位：户、平方米

名称 年份	户数	用地面积	建筑规模
1998	61	127946.48	143900.67
1999	30	59410.20	44480.52
2000	28	42682.69	15505.52
2001	31	93343.05	6792.55
2002	45	51513.75	6924.55
2003	76	77584.93	16246.79

续表 7-3

年份＼名称	户数	用地面积	建筑规模
2004	21	27771.82	10569.40
2005	49	43407.16	8583.85
2006	45	409186.49	6586.11
2007	72	11299.70	6464.36
2008	74	205194.87	28003.80

第三节　市政建设与管理

一、公共建筑

广播电视　1991 年，西盟人民广播电台建台成立，在中央和省广播电视部门的支持下，投资 100 万元，建设广播房屋 330 平方米。2002 年，投资 420 万元，在新县城建成 1977 平方米的广播电视中心综合楼。

文化馆、图书馆　老县城时，位于民胜街（团结路起点），占地面积 1720 平方米；县城搬迁后，经多方筹集资金，新建文化馆、图书馆，建筑面积 2392.96 平方米，投资 295.28 万元。

电影院　1982 年，建盖西盟县电影院，占地面积 2500 平方米，建筑面积 1240.9 平方米，座位 1047 个（楼厅 120 个）。1990 年，全县有电影院 5 座（县城 1 座、乡镇 4 座）。2000 年，在新县城建成电影院 1 座（西盟会堂），占地面积 1240.9 平方米，建筑面积 3112.69 平方米，投资 420 万元。位于勐卡路中段。

工人俱乐部　位于老县城东城区中心，占地面积 2350 平方米。县城搬迁后废置。

文化宫、青少年活动中心　1982 年，建成活动场地 1 块，占地面积 1.15 万平方米。县城搬迁后废置。

公厕　20 世纪 80 年代，先后在县城建公厕 6 座，分布在街心花园、勐坎饭店、防疫站、电影院、环卫站、街道建筑队附近。1999 年，在新县城建设公厕 3 座（分布在农贸市场、会堂和幼儿园大门前）。2008 年，县城有公厕 2 座（农贸市场和会堂各 1 座）。

二、道路建设

（一）老县城

民胜街　长 906 米，宽 16 米，其中，606 米为混凝土路面，300 米为弹石路面。

团结路　长 1700 米，宽 8 米，弹石路面。

前哨路　长 814 米，宽 10 米，弹石路面。

德化路　长 893 米，宽 5 米，弹石路、土路。

政教路　长 250 米，宽 3.5 米，混凝土石台阶路面。

环卫路　长 190 米，宽 6.5 米，混凝土路面。

西镇路　长 500 米，宽 4 米，土路。

陵园路　长 350 米，宽 2.7 米，弹石台阶坡路。

建设巷　长 180 米，宽 6 米，混凝土路面。

新安巷　长 170 米，宽 6 米，弹石路面。

荣兴巷　长 500 米，宽 5 米，弹石路面。

民生巷　长 200 米，宽 5 米，土路。

（二）新县城

在县城搬迁总体规划中，县城的道路总长度 9951.8 米，总面积 144854 平方米。至 2000 年，已建成主干道路 2 条，道路总长度 1824 米，其中，32 米红线宽度 1 条（勐卡路）、24 米红线宽度 1 条（木鼓路）；次干道路 5 条（云海路、龙潭路、兴盟路、疆宁路、建盟路），红线宽 12 米，道路总长 3391 米。县城搬迁结束后，建成小区沥青路、水泥路 13 条，路宽 6 米，总长 1814 米；建成人行道 83 条，铺砖面积 121883 平方米。

2008 年西盟新县城主要街道情况表

表 7-4

单位：米

街道＼名称	走向	路面结构	长度	宽度			
				人行道	车行道	绿化	合计
勐卡路	东西向	混凝土	1311	6	18	8	32
木鼓路	南北向	混凝土	502	6	14	4	24
云海路	南北向	混凝土	339.2	6	7	3	16
兴盟路	环城	混凝土	1013.3	6	7	3	16
龙潭路	东西向	混凝土	1101	6	7	3	16
疆宁路	南北向	混凝土	363	6	7	3	16
建盟路	东西向	混凝土	172.5	6	7	3	16
龙须路	东西向	混凝土	193	5	0	1	6
利民巷	东西向	沥青路面	191	6	0	0	6
园丁巷	东西向	沥青路面	255.8	6	0	0	6
文化路	东西向	沥青路面	252	6	0	0	6
邮通巷	南北向	沥青路面	216.7	6	0	0	6
农广巷	东西向	沥青路面	279	6	0	0	6
文星巷	南北向	沥青路面	260	6	0	0	6

（三）路灯建设

2001 年，县城中心片区安装路灯 286 盏。至 2008 年，县城安装路灯 613 盏。

三、廉租房建设

2000 年年底，根据国务院《关于解决城市低收入家庭住房困难的若干意见》、财政部关于印发《中央廉租住房保障专项补助资金实施办法》的通知、《云南省人民政府贯彻国务院关于解决城市低收入家庭住房困难若干意见实施意见》的有关要求，结合西盟县经济发展、居民住房和地方财政支付的实际情况。

2008 年，县政府制订了《西盟佤族自治县 2008 年—2010 年廉租住房建设工作方案》。同时，廉租住房保障工作正式启动，当年，在县城丰华加油站对面建盖了 40 套廉租住房，建筑面积 2000 平方米，投资 236.48 万元（中央补助 80 万元，地方配套 156.48 万元）。

四、市政管理

1999年，县城建监察队成立，有人员4人。2008年，有城建监察人员6人，城市协管员5人。县城建监察队主要对违反社会治安、交通秩序者视情况进行批评教育和罚款；对损坏花木、人行道树木予以罚款；对借酒发疯，有意损坏公共设施，砍伐行道树，情节严重者交司法机关依法处置；查处违章建筑和临时建筑；负责街道、公共设施和市容市貌的管理。县城建监察大队成立以来，对市容、绿化、卫生交通方面，进行宣传，说服教育，制止违章300多起，作出行政处罚决定50余次，取缔临时建筑30余件。

第四节　城区供排水与供气

一、水厂建设

1985年，为解决县城吃水难问题，县政府向省政府报请后批准，在西盟城子水库坝埂下方150米处，建设一座库容500立方米的自来水厂，日供水1440立方米，能满足5000人生活用水。1986年，开工建设。1990年，建成供水。

1997年8月，西盟新县城净水厂破土动工。1998年1月，建成供水。建设规模为日供水2×3000立方米，建成的主要设施有：2×120立方米/小时穿孔旋流反应斜管沉淀池、2×120立方米/小时重力式无阀滤池、2×1000立方米钢筋砼清水池；建成办公业务用房140平方米，生活用房72平方米。

二、供水管网建设

1978年前，县城虽居山头，但地下水源丰富，生活在县城周围的居民和机关工作人员，均用竹子做成水槽，引山泉溪水使用，由于水沟露在地面，常被牲畜踩踏，粪便及污水污物易渗入水中，饮用很不卫生。随着改革开放的深入，国家逐渐加大对少数民族地区水利设施建设投入，城乡开始兴修水利，重点解决人畜饮用水，钢管引水代替了竹槽引水，特别是城子水库水厂的建成，确保了县城生产生活用水。

1997年，新县城供水管网建设，按照规划环状管网供水的要求，共安装输水管线总长6100米，管材选用DN400无缝钢管经技术处理后架设，架设供水主干管管径DN150～DN400；法兰连接铸铁管，管道长度9000米，消防栓36个；居住区供水管8600米，总投资561.98万元。由于自来水厂厂址低，供水高程1185米，新县城中心片区局部地块的五层房屋高于水厂供水高程，无法满足供水压力要求，故对该地块进行电力提升二次供水。建成的主要设施有：两座加压泵房建筑面积181平方米；一座250立方米高位水池；DN250供水管道280米；二组提升水泵系统和二组恒压变频供水系统；总投资107.34万元。

三、供排水管理

2006年11月16日，县政府召开县城供水价格调整会后，为确保城区居民生活用水和施工用水等，县供水公司加强水源地的保护，改进水处理工艺，制定清水池的安全防范措施，严格按照有关规定进行消毒，对生产运行关键岗位实行24小时值班制度，加大对城市供水水质的监测力度和检测频率，对常规指标出厂水，每日检测不少于2次，联合县卫生监督所，每月对出厂水、管网水、未消毒水等进行检测不少于2次。

四、液化气供应

2002年以前，西盟县仅有一个液化气经营点，液化气从思茅运来。2002年11月1日，西盟县恒丰液化气储备站动工建设。2003年2月竣工，离县城3千米，占地面积4039.6平方米，建筑面积229.79平方米，有储备量30立方米、10立方米储罐各1个。2008年，恒丰液化气储备站供应液化气720立方米，有1个液化气储备站和2个液化气经营部，日用气量2立方米，县内用气普及率6%。

第五节　园林与绿化

一、园林建设

司岗里城标　1985年，县财政投资8万元，修建街心花园，位于前哨路与民胜街相接处，邮电局、新华书店、工商银行、百货大楼的中心。花园为圆形，直径8米，钢管围栏，中间有水池、假山、喷泉，围栏与水池间为花圃。1993年，填平水池、假山，改建为"司岗里"城标，占地46平方米，城标高6.2米，三棵扁形混凝柱顶端安放着佤族服饰的一男二女塑像（一男左肩举托着一个女孩；一女手托一小孩；另一女手捧水酒杯）。三面嵌有牛头图案。

城子水库公园　1986年，县财政投资8万余元，在城子水库公园建六角亭一个、四角亭一个，两亭风格各异，与山水交相辉映。六角亭，位于烈士陵园下方，坐西向东，高10.6米，属钢混结构；入亭走道长8.1米，宽1.9米，亭子内顶绘有八仙图，名为"八仙贺寿永葆青春"；六柱上内护板绘有荷花图，亭顶外板上绘马、牛、羊、龙、凤、麒麟图；琉璃彩瓦盖顶，顶正中设一陶瓷葫芦，亭顶六个飞檐角上塑有六大走兽，体态威严。四角亭，位于公路下方，坐东向西，高10.6米，属钢混结构；入亭走道长13.4米，宽1.8米，走道扶手上有象、虎、狮雕塑；进亭门对联为"悠悠天池绿水染透佤山春，浩浩云海青波翻腾远陲志"；亭内顶绘有一个笑眯眯的弥勒佛像，名为"南无阿弥陀佛"；琉璃彩瓦盖顶，顶正中设一陶瓷葫芦，亭顶四个飞檐角上塑四大走兽，形态生动。

龙潭公园大门　2004年，建县城龙潭公园大门，其大门为一字形下似椭圆，钢筋混凝土平顶房，两门边为售票间，大门交接间连体有高出大门6米的牌柱一棵，顶端分桩为二，高7米，两桩间安放大型白色玻璃钢水牛头一个，较为醒目；牌柱身前后，嵌有古铜色佤族传统敲木鼓、甩发舞、荷花等浮雕，别具特色；大门前有长型彩色灯光喷泉一个，泉边刻有行书"龙潭公园"及占地近300平方米活动场一块；门后有长型大理石围栏观景台和下到龙潭边大理石台阶人行两道。

阿佤人民唱新歌纪念碑　2004年2月8日，在小龙潭上方永克罗景点建"阿佤人民唱新歌"纪念碑。纪念碑占地成圆形，直径18.75米，纪念碑高18.8米，形如佤族寨心桩；碑正面刻有"阿佤人民唱新歌"；后面为"阿佤人民唱新歌诞生地——西盟"，由该歌曲创作者杨正仁先生题写；左右两面各画着4个牛头；纪念碑圆体上画有男子敲木鼓、女子甩发和白鹇鸟；顶部为六方扇形，碑顶有葫芦和用镀铅金属制作竖穿圆体的避雷针；碑身浮雕为传统木鼓舞、甩发舞。总投资200万元。

二、城区绿化建设

2000年，县城搬迁后，先后共投资100余万元进行城区绿化。共栽行道树1300多棵，树种有大王棕、细叶榕、樟树和天竺桂；培植绿篱2.4万平方米，品种有沉香、黄金叶和三角梅。

至2008年，县城的公共绿地25.96公顷，人均22.57平方米，城市绿化覆盖率49.1%，绿地率30%。

2005 年—2008 年，本着突出地方特色的原则，对县城主要街道的行道树进行改造，移栽西盟特有的七叶树近 700 棵（营养袋苗 317 株）、本地榕树 40 棵、大叶枇杷树 90 棵；栽沉香木营养袋苗 102 株；在龙潭新村小区路栽菠萝蜜营养袋苗 200 株；补植香樟行道树 50 棵。

第六节　市容管理

一、环境卫生管理

1983 年以前，全县无专门的环境卫生机构和专职人员，县城街道环境，由临近单位分段负责清扫。1984 年 2 月，县环境卫生管理站成立，设管理干部 1 人，清洁工 3 人，隶属县卫生局。1985 年 1 月，划归城建局，为事业单位。该站成立初期，只有扫帚、粪箕等工具。

1990 年，有人员 12 人，承担城区主要街道 1.75 万平方米的清扫工作，环卫工具增置小翻斗车、小型粪罐车各 1 辆。城区设固定垃圾坑 6 个，每天清除垃圾 2.5 吨。

1998 年 1 月，县绿化环卫站成立，有职工 30 人，隶属县建设局，是公益性服务型单位。全站职工实行岗位责任制，担负着新县城 12 万平方米的保洁工作，实行分段保洁和清扫。每天早上、下午各全面清扫一次，中午期间属保洁，要求做到在自己范围内无污染垃圾、无垃圾乱堆乱放现象。清扫保洁人员实行“定岗、定任务、定质量、定奖惩”的管理方法。机关、团体、学校、出租门面实行门前“五包”（包卫生、包绿化、包公共设施的完好、包店外无摊点、包秩序）的责任制管理。日清垃圾 10 吨，垃圾清运做到日产日清，城市保洁为二级保洁。

2008 年，有垃圾车、洒水车、吸粪车各 1 辆，有垃圾填埋场 1 个、垃圾临时堆放点 19 个。

二、市容市貌管理

1999 年，县城建监察队成立，负责县城市容市貌的管理。

2000 年 5 月，由县政府抽调工商局、卫生局、建设局、公安局等相关部门人员成立了联合执法组，与城建监察大队共同治理城区市容市貌。

2004 年，创建市级文明县城。

2006 年，通过市级考核验收，评定为“市级文明卫生县城”。

至 2008 年，共发放限期拆除（整改）通知 500 份，拆除不符合规定的临时建筑物 180 间。

第七节　乡村建设

一、集镇建设

勐梭镇　1998 年，建成占地 1715.25 平方米的农贸市场 1 个。2004 年，勐梭镇环卫站成立，配备 2 名专职人员。投资 15 万元，购置垃圾车 1 辆和垃圾桶 7 个。2006 年，投资 1.8 万元，安装路灯 4 盏。2008 年，勐梭镇申报“省级文明小城镇”并通过考评验收。

勐卡镇　1988 年，投资 192.5 万元，建成 2146.75 平方米的农贸市场 1 个。2002 年，投资 51.72 万元，改造修缮主街道 60 米。2005 年—2008 年，投资 300 余万元，建面积 2100 平方米文化广场 1 个及配套设施。

中课乡　1998 年，投资 33 万元，建成 600 米的街道水泥路。2002 年，投资 50 万元，建成 576 平方米的农贸市场 1 个。2007 年，投资 7 万元，安装路灯 12 盏。

新厂乡　1992年，投资6.7万元，建成电影院1座。2004年，投资25万元，建成全长800米的街道水泥路。2005年，投资7万元，建成80平方米的农贸市场1个。

力所乡　1998年，投资20万元，建成长500米的街道水泥路。1999年，投资800余万元，建成变电站1个。

翁嘎科乡　1999年，投资21万元，建成长600米的街道水泥路及部分弹石路。2000年，投资5万元，建成125平方米的农贸市场1个。2006年，投资70余万元，建成占地2140平方米的农村客运站1个。2007年，投资5万元，建成老年人门球场、陀螺场各1个。2008年，投资50万元，建成420平方米农贸市场1个。

岳宋乡　1997年，投资3万元，建成98平方米的农贸市场1个。1998年，投资25万元，建成长800米的街道水泥路。

二、农村房屋建设

1978年后，随着农村经济的发展和农民生活水平的提高，县内新建民房，由砖瓦房、水泥平房逐步代替茅草房、杈杈房，且建筑风格及款式更加体现民族特色。西盟县农村房屋多为干栏式、砖木结构，少数富裕农户建盖钢筋混凝土结构1层～3层楼房。至1990年，全县农村建房总面积72.49万平方米，人均10.5平方米。

2003年后，省、市相继安排实施安居工程、少数民族发展项目、温饱试点村项目、易地扶贫开发等项目。其中，2003年，实施安居工程4000户；2004年，实施安居工程1100户；2005年，实施安居工程1726户，每户补助4000元。

1990年—2007年，农村建房总面积156.61万平方米。

2008年，实施安居工程250户，人均住房面积21.50平方米。

第八节　建设管理

一、土地征用

1986年，县人民政府颁发的《西盟佤族自治县城区规划建设管理暂行条例》中规定："西盟县城规划范围内所有土地属国家和集体所有，国家建设需要时可以依照法律规定实行统一征用。各项建设用地由城建局统一管理，统筹安排，严格控制用地规模"。对建筑用地一律实行先申请，后勘察丈量，经审批后才能施工；凡在规划区内的用地，必须经过规划部门批准。同年，将街心花园附近328平方米国有土地以每平方米150元，划给玉溪专业户吴家寿建盖玉溪饭店，使用期为20年，收取土地使用费4.92万元。这是西盟县国有土地有偿有期使用制度改革的首次尝试。

1989年，根据国家有关规定，对县、乡两级机关、厂矿及389户居民的412宗，面积509.13平方米土地使用情况，进行申报登记，查明权属、界址，绘制用地平面图1031件，有关资料立卷归档。对农民住宅用地，除西盟镇人民政府制定《关于农民住宅用地审批问题的规定》外，各乡农民住宅用地尚未实行土地使用管理。

二、县城房屋建设

1978年后，建筑业从传统的土、砖木结构迅速向混合结构多层次楼房发展。至1990年，形成6.5平方千米、6000余人口规模的小城镇。城区房屋建筑面积21. 87万平方米。其中，钢混框架结构0.23万平方米，占1.5%；砖混结构14.34万平方米，占65.57%；砖木结构6.23万平方米，占28.49%；其他结构 1.07 万平方米，占 4.89%。

2000 年—2008 年，县城党政机关、企事业单位在新县城新建办公楼、住宅楼 102 幢，建筑总面积 216890.62 平方米，总投资 24105.71 万元。

1998 年—2008 年西盟县新县城主要建设工程情况表

表 7-5 单位：平方米、万元

名称 单位	房屋	建筑面积	投资	地点
县委、县人大、县政府、县政协	综合楼、宿舍楼	28307	2231	兴盟路、龙潭路
县发展和改革局	办公楼、宿舍楼	2751	370	勐卡路、兴盟路
县经济和商务局	宿舍楼	3200	416	兴盟路
县教育局	宿舍楼	8484	619	勐卡路
县民宗局	办公楼、宿舍楼	2811	262	勐卡路
县监察局	宿舍楼	868	75.5	龙潭路
县民政局	办公楼、宿舍楼	3997	272	勐卡路
县财政局	办公楼、宿舍楼	5330	678	勐卡路
县国土资源局	办公楼、宿舍楼	2175	250	兴盟路
县人事局	办公楼、宿舍楼	1727.70	161.82	勐卡路、龙潭路
县建设局	办公楼、宿舍楼	5809	754	云海路、龙潭路
县交通局	办公楼、宿舍楼	3337	279	勐卡路
县水务局	办公楼、宿舍楼	3778	408	勐卡路、云海路
县农业局	办公楼、宿舍楼	9996	1511	勐卡路
县林业局	办公楼、宿舍楼	3890.06	311	勐卡路、龙潭路
县卫生局	办公楼、宿舍楼	369.42	—	兴盟路
县计划生育局	宿舍楼	1471.64	162	兴盟路
县广播电视局	综合楼、宿舍楼	4440.55	462	兴盟路
县文体局	办公楼、宿舍楼	2392	295	司岗理村庄上方
县粮食局	办公楼、宿舍楼	3210.50	441	勐卡路
县公安局	办公楼、宿舍楼	7408	759	木鼓路
县法院	综合楼、宿舍楼	4641.25	574.87	木鼓路、云海路
县检察院	办公楼、宿舍楼	4680	468	兴盟路、龙潭路
县交警大队	办公楼、宿舍楼	1394	101	勐梭路
县医院	综合楼、宿舍楼	11559	1067	兴盟路、勐卡路
县疾控中心	办公楼、宿舍楼	3561.02	376	兴盟路、利民巷
县地税局	综合楼、宿舍楼	4352	398	木鼓路、兴盟路
县国税局	综合楼、宿舍楼	4953	689	勐卡路
工商局	综合楼、宿舍楼	3893.57	300	木鼓路
县人行	综合楼、宿舍楼	3620	621	勐卡路
县农行	综合楼、宿舍楼	7492	1297	勐卡路

续表 7-5

名称 单位	房屋	建筑面积	投资	地点
县审计局	宿舍楼	1056	104	龙潭路
县档案局	宿舍楼	864	86	龙潭路
县司法局	宿舍楼	864.90	104	龙潭路
县残联	综合楼	438.92	57	龙须路
县一中	教学楼、宿舍楼	4686	851	兴盟路、云海路
县民族小学	教学楼、宿舍楼	3373	320	兴盟路
县幼儿园	教学楼、宿舍楼	2356	304	兴盟路、勐卡路
县农村信用社	综合楼、宿舍楼	1066	139	勐卡路
保险公司会	综合楼、宿舍楼	736	79	龙潭路、兴盟路
气象局	办公楼、宿舍楼	907.16	112	龙潭路、兴盟路
运政管理所	综合楼、宿舍楼	1081	187	勐卡路
移动公司	综合楼、宿舍楼	852	99	勐卡路
电信西盟分公司	综合楼、宿舍楼	9622	1370	勐卡路
邮政局	综合楼、宿舍楼	4515	727	勐卡路
质量技术监督局	综合楼、宿舍楼	556	68	龙潭路、兴盟路
县电力公司	综合楼、宿舍楼	5245.80	495.52	勐卡路
县食药监局	综合楼、宿舍楼	1730	164	龙潭路
烟草专卖局	综合楼、宿舍楼	4328	280	龙潭路
云胶公司	综合楼、宿舍楼	6280	571	勐卡路
新华书店	综合楼、宿舍楼	748.50	36	勐卡路
人武部	综合楼、宿舍楼	4546	630	勐卡路
边防大队	综合楼、宿舍楼	2058.89	393	兴盟路
县中队	综合楼、宿舍楼	1131.34	160	勐梭路
消防大队	综合楼、宿舍楼	1949.40	160	龙须路
合计	—	216890.62	24105.71	—

三、建筑管理

招投标管理　1999 年，县招投标管理办公室成立，在招投标监管及服务工作中，认真按照《中华人民共和国建筑法》和《中华人民共和国招标投标法》等相关法律法规。按照 2004 年《云南省房屋建筑和市政基础设施工程施工招标工程量清单评标（暂行）办法》及《思茅市房屋建筑与市政基础设施工程项目招标投标管理实施办法》的要求，加强建设工程招标投标管理，规范建筑市场交易行为，提高建设工程质量和投资效益，保护招标投标者的合法权益方面。2004 年起，凡在西盟县辖区内建筑工程投资规模在 30 万元以上（含 30 万元）的工程项目必须严格按照工程招标手续办理，严禁任何形式的违规招标。凡私人投资建盖规模在 30 万元以上（含 30 万元）的涉及公共安全、公众利益的酒店、写字楼、出租房、厂房、商品房、医院、商场、农贸市场、食堂、车站、教育、交通、水电、市政等基础设施建设必须办理工程招标手续。至 2008 年，县招投标管理办公室共受理 40 项建设工程的招投标工作。

2004 年—2008 年西盟县招投标情况表

表 7-6

年份＼名称	招标项目（个）	建设规模（万平方米）	拦标价（万元）	中标价（万元）
2004	2	0.14	110	100.30
2005	3	0.44	278	271.66
2006	7	1.06	886	877.66
2007	13	1.53	—	1291.63
2008	15	1.53	1928.32	1885.27
合计	40	4.70	3202.32	4426.52

质量监督　1986 年，县工程质量监督站成立，开始对全县建筑工程施工进行规范化管理。1984 年—2000 年，共进行工程质量监督 233 项，受理面积 778654.56 万平方米，总投资 3.9 亿元。从 2001 年起，对工程质量进行监督。2005 年，开始清理建设领域拖欠工程款。2007 年，县质监站进行竣工备案 55 项，备案率 50%，发出停工通知与复工通知各 261 份。2008 年，进行工程质量监督 108 项，受理面积 267856.07 万平方米，总投资 2.1 亿元。建筑工程受监率从 1984 年的 80%，提升到 2008 年的 96%。共网上清理 1800 万元。县质监站获地（市）级优良工程 2 项，建筑面积 1.4 万平方米；获县级优良工程 16 项，建筑面积 3.5 万平方米。

四、建筑企业

（一）县建筑工程公司

1956 年 10 月，西盟佤族自治县营建委员会成立（以下简称建委会）。

1964 年，体制改革为集体企业，隶属西盟县基建办公室领导。

1969 年，建委会改称建筑工程队，粮食局基建队和商业局基建队并入该队。

1974 年、1980 年，分别招收一批当地少数民族工人和待业青年，充实到西盟县建筑工程队。

1990 年，全队有职工 135 人，其中，助理工程师 2 人，技术员 5 人。有固定资产 52 万元。

1993 年，改名为西盟佤族自治县建筑工程公司，实行联营制，持四级施工资质。

2002 年，西盟县昌贵建筑有限公司、佤山实业公司合并，改称为西盟佤族自治县建筑工程公司，属集体企业，新老公司实行“一个机构、两块牌子”，财务各自独立核算。老公司有职工 89 人，其中，在职 45 人，退休 44 人。职工靠政府发放的城镇最低生活保障金或自找门路维持生活。新公司设党支部、工会、办公室、技术科、安检科、财务科、工程处。有职工 76 人，其中，工程师 9 人，会计师 1 人，初级职称 47 人。有机械设备 150 台。

至 2008 年，已完成县政府综合办公楼、民宗局办公楼、人行办公楼、糖办办公室楼和宿舍楼、农贸市场等 137 项工程，建筑面积 9.6 万平方米，总投资 51610 万元。

（二）街道建筑队

1975 年，西盟县派往孟连修建南段公路民工 25 人回县，将其安排在工程队街道建设组。

1976 年 3 月，从工程队分出，单独成立街道建筑队，隶属县手工业管理局。

1985 年，改称西盟县城建筑队，隶属县城乡建设环境保护局，主要担负县城道路维修及建设，职工工资属自负盈亏。

1990 年，有工人 30 人，其中，6 级以上技工有 18 人。有固定资产 11.95 万元。

2008 年，有职工 11 人，其中，退休 6 人，在职 5 人。在县城有一块 900 多平方米的土地及 12 间车库，具有建设街道的生产工具和维修街道的技术能力。

（三）粮食局基建队

1957 年，思茅行政专员公署粮食局建仓队派一批工人到西盟建盖城关粮管所仓库，工程结束后，部分工人留在西盟并入建委会。

1965 年，从建委会分出，单独成立县粮食局基建队，有工人 30 人，主要承担全县粮食系统的建筑和维修工程。1969 年，又并回工程队。

1980 年，因工人提出落实国营企业待遇，又从工程队分出，恢复粮食局基建队，有工人 28 人。

1985 年，报经县政府批准宣布撤销基建队，撤销后人员归属粮食局。

（四）商业局基建队

1963 年，县商业局从通海等地招来部分合同工，配合建委会突击建盖县人民政府办公楼。

1964 年，单独成立商业局基建队，有工人 70 人，主要承担商业系统的建筑和维修工程。1969 年，并入县建筑工程队。

1976 年，因工人要求回国营单位，又从县建筑工程队分出，恢复商业局基建队。

1988 年撤销，工人由商业局安置。

（五）教育局基建队

1980 年 4 月，教育局用上级分配的招工指标，将原用的 7 名合同制基建工人转为正式工，成立基建组，人员隶属县教育局，后改称教育局基建队。初建立时主要是建盖教育局机关和学校房屋。同时，负责维修学校破损的房屋和修理、加工课桌椅。加工课桌椅的木料由各乡（镇）负责砍伐后，拖运到基建队。1990 年，有工人 7 人。

2000 年，教育局机关搬迁到新县城，基建队没有随教育局机关搬迁。2005 年 5 月，经县教育局研究决定，撤销教育局基建队，5 名工人分别安置到西盟镇幼儿园、县幼儿园和教育局机关。厂房拆迁后可用材料运到乡下建盖学校，机器进行拍卖。

（六）公社基建队

1965 年，县委、县政府在莫窝区搞建设社会主义新农村试点，建立第一个农村基建队（当时称手工业队）。

1980 年，7 个公社基建队有工人 201 人，办砖厂 7 个、瓦厂 3 个、石灰厂 3 个、伐木厂 4 个，完成建房面积 1.01 万平方米。公社基建队的性质为集体企业，实行统一经营，自负盈亏，亦工亦农。所得收入除公社、大队提取少量集体积累外，其余全作为工资付给工人。工人工资的 80% 交回本人所在生产队，列为集体副业收入，参加评工分，统一分配。1980 年以后，外地建筑队大批拥入西盟，在建筑市场的激烈竞争中，公社基建队逐步淘汰。

（七）外来施工队

1970 年，卫生部门首次引进玉溪贾井大队副业队 10 人建盖勐梭制药厂。同时，由县基建管理部门引进弥渡县副业队统一安排工程。之后陆续有上允、普洱、祥云、大理、石屏、泸西、宣威、湖南、四川等施工队进入西盟。

1989 年，全县有外来施工队有 17 个 1480 人。

1990 年，经过整顿保留 12 个队 733 人。

1990 年后，先后引进弥渡第八建筑工程公司、洱源建筑工程公司、澜沧兴达建筑工程公司常驻西盟。

五、房地产开发

2007 年 5 月 9 日，西盟司岗里房地产开发有限责任公司成立，驻县疆宁路与龙潭路交叉口。公司有房地产高级策划师、中级职业经理人、高级工程师、注册一级建造师、注册二级建造师、注册监理工程师、造价师、会计师、工程师、技师等 10 余名专业技术人员，有员工 116 人。有配料机、挖机、装载机、运输车辆等施工专业配套机械。资产总额 1.2 亿元，年均纳税总额 80 万元 ~ 90 万元。

2008 年，公司投资 270 万元，在边境乡镇翁嘎科兴建一个准公益性建设项目——翁嘎科边境集贸市场。房地产开发中，司岗里大酒店、司岗里集贸市场、翁嘎科边境集贸市场解决了 100 余人的劳动就业，两个集贸市场的营运吸纳了外地商家、厂家、个体户入驻西盟，带动了地方市场经济的发展。外来商家、个体户又相继解决 400 余人的劳动就业。同时，公司积极支援市政建设、村镇建设，希望工程赞助。

至 2008 年，完成第一期开发，建成司岗里商住楼，建筑面积 4200 平方米，投资额 1060 万元，司岗里商住楼第一期销售楼盘全部销售完毕。建成准公益性建设——司岗里集贸市场，建筑面积 12260 平方米，投资额 2680 万元；新建司岗里大酒店，建筑面积 6268 平方米，投资额 4620 万元。第二期开发项目主要是别墅区和商品房，在县城统一规划后启动。

2001 年、2002 年，公司被县政府评为“重合同守信用企业”；2005 年、2006 年，公司被县委、县政府评为“先进纳税企业”；2007 年，公司被县政府评为“守合同重信用单位”。

第九节 住房公积金管理

一、房产管理

1984 年，在城乡建设环境保护局设房地产管理股，配专职干部 1 人，宣传和实施房地产管理法规。1985 年，根据国家关于房地产普查的部署，对城区房地产进行全面普查，查清房屋产权、建筑面积、建造年代、房屋质量、房屋用途、土地使用情况，建立房地产档案。县城房屋建筑使用土地面积 240329 平方米，建房面积 141334 平方米，价值 1960 万元。普查结束，发产权证 205 户。县城住户 1354 户 4561 人，房产面积 46290 平方米，人均 10.15 平方米。居住面积 30896 平方米，人均 6.77 平方米。

1999 年—2008 年，全县换发新房屋所有权证共办理初始登记 3688 件，共完成房屋审查、测量、绘图、核发所有权证 3688 件，占应发证户的 85.1%；核发共有权 6210 件，总建筑面积 258160 平方米，核发房屋抵押权证 3075 件，建筑面积 315250 平方米。居民人均住房建筑面积从 1985 年的 9.16 平方米升至 2008 年的 24.3 平方米。建立产权变更登记管理制度和公、私房档案。所涉私房交易，严格执行审批制度、严禁非法交易。如进行私房交易必须提出申请，经审查同意交易后，由房管部门发给买卖契约，经法律机关公证确定房屋产权后，买卖双方向税务机关办理纳税手续，最后由房管和土地部门颁发房屋所有证和土地使用证。县城的公房除县政府机关、学校房屋外，各企事业单位的房产及所属铺面均由各单位自行使用和管理。

二、住房公积金缴贷

2000 年后，全县停止住房实物分配。2008 年 10 月，为稳步推进住房投资体制、生产体制、供应体制、管理体制的改革和住房商品化、社会化发展进程，新出台《西盟佤族自治县人民政府深化城镇住房制度改革加快住房建设的实施方案》和《西盟佤族自治县县级机关事业单位职工住房补贴支付办法（暂行）》，为建立和完善住房补贴制度，逐步实行住房货币化分配和发展住房金融，培育和规范住房交易市场提供了政策支持。

2003 年—2008 年，全县按规定共收缴住房公积金 3382 万元，缴存人数 3787 人，公积金贷款 3121 万元，贷款人数 1086 人。

2003 年—2008 年西盟县住房公积金缴存、贷款情况表

表 7-7

年份\名称	公积金缴存（万元）	缴存人数（人）	公积金贷款 （万元）	贷款人数（人）
2003	442	1890	644	213
2004	921	3100	916	388
2005	1230	3112	1195	552
2006	2000	3210	1870	790
2007	2413	3100	2355	926
2008	3382	3787	3121	1086

第十节 机 构

一、县建设局

1956 年，西盟佤族自治县筹备委员会下设建设科。1964 年，设基建办公室，有职工 4 人，主管房屋建筑。1969 年—1976 年，基建办公室先后归属工交组、计建组、计委。1977 年，恢复基建办公室。1983 年 12 月，西盟县城乡建设环境保护局成立。1984 年，县工程质量监督站、县环境卫生管理站成立。1996 年 8 月，与土地管理局合并，组建土地管理与城乡建设环境保护局。1997 年 8 月，两个局分设，恢复城乡建设环境保护局。1999 年，县城建监察队成立。2001 年 8 月，城乡建设与环境保护分开，西盟县城乡建设局成立。2003 年 12 月，西盟县城乡建设局更名为西盟县建设局，级格为一级局，核定编制 33 人（行政 9 人，事业 24 人），局领导 1 正 2 副，内设办公室、规划股、建管股、定额站、房产股、房改办、城建监察大队、质监站、招标办。下属单位：绿化环卫站、城建队、建筑公司。2008 年，有干部职工 25 人，其中，行政人员 8 人，事业人员 17 人（工程师 3 人，助理工程师 4 人，管理人员 3 人，工人 7 人）。

历任县基建办公室主任：杨凡（1981 年 5 月—1981 年 7 月）。

历任县城乡建设环境保护局局长：孙有华（1986 年 7 月—1988 年 1 月）、杨学章（1988 年 1 月—1992 年 9 月）、龚尔文（1994 年 12 月—1996 年 7 月）、季忠宏（1997 年 8 月—2001 年 8 月）。

历任县土地管理与城乡建设环境保护局局长：季忠宏（1996 年 8 月—1997 年 8 月）。

历任县城乡建设局局长：季忠宏（2001 年 8 月—2003 年 12 月）。

历任县建设局局长：季忠宏（2003 年 12 月 —2005 年 5 月）、李云峰（彝族，2005 年 5 月—2008 年 12 月）。

历任县建设局党支部书记（正科）：左永祥（拉祜族，2008 年 4 月—2008 年 12 月）。

二、县住房公积金管理中心

2002 年前，普洱市住房公积金管理中心西盟管理部属于城建局的一个科室。2002 年，思茅地区

编制办下达西盟管理部的定编及职数 3 名。2003 年 6 月，西盟县住房公积金中心上划普洱市住房公积金管理中心西盟管理部，属事业单位，自收自支。2008 年，西盟县管理部，有人员 3 人，设领导职数 1 人。

历任住房公积金管理中心主任：腾云（2003 年 1 月—2008 年 12 月）。

第二章　环境保护

第一节　环境监测

一、水环境质量监测

1986 年，主要对勐梭河、库杏河、新厂河、南康河四条河及勐梭龙潭、城子水库、马散水库和英腊水库水体进行色度、嗅和味、浑浊度、肉眼可见物、pH 等 30 种项目进行监测。结果表明勐梭河、库杏河水质较好，达到国家地表水环境质量标准Ⅰ类标准；新厂河、南康河水质稍差，达Ⅲ类标准，四个水体的周围植被良好，没有污染源。勐梭龙潭水质达到国家地表水环境质量标准的Ⅰ类标准。

2000 年—2008 年，对城子水库流域和王莫小河流域进行监测，城子水库流域水质达到国家地表水环境质量标准的Ⅱ类标准，经县防疫站检验达到生活饮用水卫生标准。王莫小河上游流域距县城 8 千米，是县城及勐梭镇居民的生活饮用水源，水质达到国家地表水环境质量标准的Ⅰ类标准和生活饮用水卫生标准。

二、大气环境监测

2003 年起，每年对涉及二氧化硫排放的昌裕糖业进行监测。2007 年起，每年对云南天然橡胶产业股份有限公司、砖贸建材有限责任公司进行监测。三个公司的二氧化硫排放量很低，对空气质量影响较小，空气质量达到国家环境空气质量标准的 1 级标准。

三、城市环境监测

2008 年以前，西盟县没有实施过城市环境监测。2008 年，对县城饮用水质监测，监测结果表明达到国家地表水环境质量标准的Ⅰ类标准，生活饮用水达到卫生标准；空气中二氧化硫含量未检出，总吸入颗粒平均为 0.002，空气质量达到环境空气质量标准Ⅰ类标准；噪声采用网格式监测，达到噪声环境质量标准的Ⅱ类标准。

四、监测成果应用

1986 年起，开展监测工作，监测范围逐年扩大，监测项目和监测数据也逐年增加。至 2008 年，共获得有效数据 1840 个。

1986 年—2008 年西盟县环境监测情况表

表 7-8

年份＼名称	监测对象	监测内容	监测次数	监测结果
1986—2003	县锡矿厂	水质	每年 1 次	达标
1998—2008	糖厂	水质、噪声	每年 1 次	达标
1996—2008	橡胶厂	水质	每年 1 次	达标
1999	勐梭龙潭	水质	1	Ⅰ类
2000	新县城生活污水	水质	1	达标
2000	新县城	噪声、大气	1	一类一级
2003	勐梭河、库杏河、王莫河	水质	1	Ⅰ类
2003	新厂河	水质	2	Ⅲ类
2005	王莫河	水质	1	Ⅰ类
2005	新喜冶炼厂	水气	1	达标
2008	新县城	大气	1	Ⅰ类
2008	新县城水源（王莫河）	水质	1	Ⅰ类
2008	勐卡镇水源	水质	1	Ⅱ类

第二节 环境污染与防治

一、环境污染

1978 年—2008 年，西盟县环境质量较好，从没有发生过环境污染事故，也没有实施过环境治理的项目。

2000 年—2008 年部分年份西盟县污染减排控制目标情况表

表 7-9　　单位：吨

年份＼项目	二氧化硫	化学需氧量	氨氮	烟尘
2000	261	667	4.26	180
2005	250	400	50	250
2008	100	320	无	无

二、环境监理

1986 年，县环境监理站成立，有职工 3 人。1986 年—2008 年，出动环境监督车 828 次、人员 1225 人，登记排污企业 2 家，并对 2 家企业进行了现场调查，对需要治理的地方提出整改建议书。

1999 年—2008 年，共征收排污费 80.87 万元，完成县财政下达的排污费征收指标。

1999 年—2008 年西盟县排污费征收情况表

表 7-10　　单位：万元

名称＼年份	1999	2000	2001	2002	2003	2004	2005	2006	2007	2008
排污费	4.32	2.25	2.0	2.94	3.58	12.3	14.2	13.6	15.4	10.3

2000 年—2008 年部分年份西盟县污染减排控制目标情况表

表 7-11

单位：吨

名称 年份	二氧化硫	化学需氧量	氨氮	烟尘
2000	261	667	4.26	180
2005	250	400	50	250
2008	100	320	无	无

三、环保专项行动

2003 年以来，县环境保护局按照上级部署，针对工业企业和涉污染行业开展“惩治违法排污企业、保障群众健康”环保专项行动。根据市环境保护局开展专项行动主题，结合西盟县实际制订专项行动方案，上报县人民政府批准实施。专项行动针对辖区内污染源行业进行现场监督检查，多个部门联合执法，对存在问题现场点评，提出整改意见和建议，确保污染企业达标排放，保障生态环境安全。

2002 年—2008 年西盟县重点工业污染物排放情况表

表 7-12

单位：吨

年份 污染物		2002	2003	2004	2005	2006	2007	2008
全县废水		86.5	166.2	89.50	146.20	152	131	151
糖厂废气		4350	9460	15080	13260	11200	11602	11571
县橡胶厂	废水	1.3	1.5	1.41	2.19	1.4	3.6	3.4
	废气	46	54	111	91	87	131	189

四、重点减排工程

2008 年 11 月 7 日，在中课乡班箐村建设西盟县昌裕糖业有限责任公司开工建设糖蜜酒精废醪液 PSB 光合菌菌剂（液态肥）工程，工程设计日处理废醪液 200 立方米，流程为酒精废醪液降温，可溶化池初曝气，加入光合菌菌种生物氧代池再曝气微氧储池装罐农灌。12 月 8 日，土建竣工并进行保养，12 月 31 日完工。工程总投资 203.7 万元。

五、环境影响评价

2002 年 10 月 28 日，中华人民共和国第九届全国人民代表大会常务委员会第十次会议通过《中华人民共和国环境影响评价法》。2003 年 9 月 1 日，正式施行。2005 年，西盟县正式开展环境影响评价工作。截至 2008 年，西盟县尚未收到办理审批环境影响报告书，收到报告表 4 件、登记表 112 件。

六、环境执法设备

2006 年，配备公务用车 1 辆。2007 年，配备电脑和打印机各 1 台。2008 年，配备摄像机和照相机各 1 台。

第三节 环境宣传与环境保护

一、环境宣传

“6·5”世界环境日 1972年6月10日，第二十七届联合国大会通过决议，规定每年的6月5日为“世界环境日”，联合国系统组织和各国政府要求在每年的这一天开展活动，提醒全世界注意全球环境状况和人类活动对环境的危害，强调保护和改善人类环境的重要性。从1997年开始，西盟县每年在6月5日开展宣传活动。

1997年—2008年西盟县“6·5”世界环境日宣传活动情况表

表7-13

名称 年份	宣传主题	宣传内容	宣传方式
1997	为了地球上的生命	环境保护	标语
1998	为了地球上的生命——拯救我们的海洋	环境保护	标语
1999	拯救地球就是拯救未来	环境保护	横幅、标语
2000	2000环境千年——行动起来吧	环境保护	征文、集会游行、打扫卫生
2001	世界万物 生命之网	环保法律	标语
2002	让地球充满生机	环保法律	宣传车、横幅、宣传单
2003	水——二十亿生命之所系	环保法律	广播、电视、宣传品
2004	海洋存亡 匹夫有责	环保法律	标语、横幅、宣传品
2005	中国主题：人人参与 创建绿色家	环境保护	征文、废物回收利用作品
2006	中国主题：生态安全与环境友好型社会	环境保护	标语、横幅、宣传品
2007	中国主题：污染减排与环境友好型社会	环境保护	标语、横幅、宣传品
2008	中国主题：绿色奥运与环境友好型社会	环境保护	标语、横幅、宣传品

环保世纪行 1993年开始，进行中华环保世纪行宣传活动，是由全国人大环资委会同中宣部、财政部、国土资源部、水利部、农业部、国家环保总局、国家广电总局、国家林业局、国家海洋局、全国总工会、共青团中央、全国妇联、中国科协14个部门共同组织、《人民日报》、新华社、中央电视台、《中国绿色时报》等28家中央和行业新闻媒体共同参加的一项大型环保宣传活。其宗旨是：大力宣传我国环境与资源保护方面的法律法规，结合中国的实际情况，以法律为武器，宣扬执法好典型，批评违法行为，推动地方政府加强有关法律法规的贯彻执行和促进解决重大环境问题，提高广大人民群众特别是各级领导干部的法律意识和环境资源意识。1999年，由县人大常委会牵头，团县委启动西盟县“保护勐梭龙潭，保护母亲湖”行动。2004年，勐梭镇小学被县政府命名为县级绿色学校；新厂乡小学校被普洱市环保局命名为市级绿色学校。2008年，西盟县一中被普洱市环保局命名为市级绿色学。

1999年—2008年西盟县“中华环保世纪行”宣传活动情况表

表7-14

名称 年份	宣传主题	宣传内容	宣传方式
1999	爱我黄河	环保法律法规、规章制度	执法检查
2000	西部开发生态行	环保法律法规、规章制度	执法检查
2001	保护长江生命河	环保法律法规、规章制度	执法检查
2002	珍惜资源 保护环境 促进可持续发展	环保法律法规、规章制度	执法检查
2003	推进林业建设 在造秀美山川	环保法律法规、规章制度	执法检查
2004	珍惜每一寸土地	环保法律法规、规章制度	执法检查
2005	让人民群众喝上干净的水	环保法律法规、规章制度	执法检查
2006	推进节约型社会建设	环保法律法规、规章制度	执法检查
2007	推动节能减排 促进人于自然和谐	环保法律法规、规章制度	执法检查
2008	节约资源 保护环境	环保法律法规、规章制度	执法检查

二、保护区环境保护

勐梭龙潭自然保护区　始建于1998年，级别为县级保护区。2000年6月，西盟佤族自治县人民代表大会制定《云南省西盟佤族自治县勐梭龙潭自然保护区管理条例》，并经云南省第九届人民代表大会常务委员会第十六次会议批准于7月1日施行。条例规定龙潭保护区以龙潭为中心，东至南磨山分水岭、南规河、勐梭河；西至糯扩山分水岭；南至富母乃后山分水岭；北至羊窝箐。划定之初保护区面积63000亩。2007年，随着集体林权制度改革的不断深入，出现勐梭镇勐梭村群众无集体林和自留山的问题，为解决这一实际问题，县人大重新调整勐梭龙潭自然保护区的范围和四至界限。保护区的面积由原来的63000亩减少到55093.3亩，其中，43760亩纳入国家级公益林管护区。保护区类型为森林生态保护区，边界范围是：北纬22° 34′ ~ 22° 38′，东经99° 33′ ~ 99° 36′之间，以龙潭为中心，东至南磨山分水岭、南规河、勐梭河；西至糯扩山分水岭；南至富母乃后山分水岭；北至羊窝箐。保护区内有一个天然湖泊勐梭龙潭，中心地理位置北纬22° 38′，东经99° 35′之间，南北长1100米，南北宽740米，面积580亩，平均水深11.5米。实验区范围是龙潭水源的水源汇集区域，其他面积为核心区。保护区内森林面积占90.88% ，耕地面积占0.95%，荒山荒地占4.4%，水域占1.1%，新县城区占2.7%。保护区类型为森林生态保护区，保护区内有珍贵的保护植物桫椤、三棱栎、云南红豆、合果木、千果榄仁、野生古茶树等。野生动物有穿山甲、猕猴、蜂猴、蟒蛇、野猪、麂子、白鹏等。

三佛祖自然保护区　1995年9月27日，经省第八届人民代表大会常务委员会十六次会议批准设立。2005年，更名为三佛祖自然保护区，总面积20625亩（国有林面积17776亩，集体林面积2849亩；规划核心区面积15540亩，实验区面积5085亩），其中，17360亩纳入国家级公益林管护区。保护区类型为森林生态保护区，边界范围是北纬22° 44′ ~ 22° 49′，东经99° 26′ ~ 99° 29′之间。四至界线：东至哈密箐，南至老寨丫口，西至小马散山脊，北至1968高程点。保护区内有土沉香、千果榄仁、三棱栎、三野生古茶树、桫椤、石斛、豆腐渣果、马尾黄连、重楼、山桂花、蕨类等珍贵植物；有蜂猴、虎、豹、穿山甲、黑熊、白鹇、凹甲陆龟等野生动物。

第三节 机 构

1984 年 1 月，西盟县城乡建设环境保护局成立。1984 年 2 月，县环境卫生管理站成立，隶属县卫生局。1986 年，环境监理站成立，隶属于西盟县城乡建设环境保护局。1999 年 3 月 8 日，勐梭龙潭自然保护区管理局成立，属城乡建设环境保护局下设的二级局。2001 年 8 月，城乡建设局和环境保护局分开，环境保护局成立，勐梭龙潭自然保护区管理局隶属环境保护局。2005 年，西盟县环境监理站改称为西盟县环境监察大队，隶属于西盟县环保局。2005 年 10 月，经西盟县人大、县政府研究决定，把西盟佤族自治县人民政府勐梭龙潭保护区管理局更名为西盟佤族自治县人民政府保护区管理局，隶属西盟佤族自治县人民政府林业局，辖勐梭龙潭自然保护区和三佛祖自然保护区，勐梭龙潭管理所和三佛祖保护区管理所成立。2008 年，县环境保护局内设办公室、环境监察大队、环境宣传股、生态股、污控股。有干部职工 7 人。

历任县环境保护局局长：周勇（哈尼族，2001 年 9 月—2008 年 2 月）、段江平（拉祜族，2008 年 3 月—2008 年 12 月）。

第八编　交通　信息

第一章 交 通

第一节 公 路

一、省道

募西公路起点澜沧县竹塘乡募乃村国道214线岔道口，至西盟县娜妥坝，全长100千米，技术等级为四级。从K34+000处进入西盟县境内，经里拉、王雅、勐卡镇至娜妥坝，全长66千米。1992年，第一次进行弹石路面建设。1997年，第二次进行弹石路面建设。2002年、2004年、2008年分别进行沥青路面建设。其中，K0+000（募乃）至K50+000（勐梭河）路面宽度6米；K50+000至K100+000（娜妥坝）路面宽度7米。

二、县道

（一）新县城公路

起点省道募西公路K50+000处（勐梭河），经新县城至勐梭镇（西孟公路K00+000处）。1996年，开工建设。1998年，建成通车，全长11.63千米，技术等级为三级，路面宽度7米~8米。是县城搬迁配套项目工程之一，也是西盟县修建的第一条油路。2004年11月，移交沧盟公路养护段管养，属省管县道公路。

（二）勐梭公路

起点募西公路K49+000处（中课路口），经东波、里坎、勐梭镇至新县城公路K11+63处（西孟公路K0+000处），全长12.48千米。1967年4月，建成通车。1984年，进行砂石路面改造，技术等级四级。

（三）西孟公路（原勐景公路）

起点新县城公路K11+63处，经西盟县爬街、澜沧县拉巴乡、孟连县景信乡至县医院，全长52千米。1990年，建成通车，技术等级四级。其中，西盟县境内10.83千米，是西盟县通往内地的第二条通道。1999年，利用“以工代赈”项目进行弹石路面改造。2004年，进行路基改扩建和沥青路面建设，技术等级三级。

（四）富翁公路（翁嘎科公路）

起点孟连县勐阿公路K7+980处，经孟连县富岩乡政府、英哥村、格浪秧河，进入西盟县的英落组、翁嘎科乡政府、大班弄村、王雅橡胶队至南康河橡胶加工厂（募西公路K60+000处），全长111.47千米（县内长52千米）。其中，翁嘎科乡政府至南通桥路段1983年11月建成通车。1987年，利用“以工代赈”项目进行路基改造。1989年，南通桥至南康河橡胶加工厂路段毛路建成通车，投资40万元。2003年，格浪秧河至翁嘎科乡政府路段建成通车，投资65万元。1997年，全线进行路基扩建改造。1998 年竣工，投资 200 万元。2009 年年初，实施了通乡油路 52 千米，投资 3743 万元，技术等级四级。

（五）南南公路

起点南亢村（募西公路 K74+550 处），经力所村、阿佤来、拉槽至南通桥（富翁公路 K93+776 处），全长 25 千米，1976 年 4 月，建成通车。其中，力所路段长 8 千米，拉槽路段长 17 千米。2004 年，进行弹石路改造，技术等级四级。

（六）南锡公路

起点南南公路 K21+400 处，经三级电站、南锡橡胶加工厂至岳宋公路 K23+000 处，全长 56.1 千米，2000 年通车。其中，起点至南锡橡胶加工厂 27 千米于 2007 年实施砂石路面改造，其余为土路面。

（七）岳宋公路

起点募西公路 K81 ＋ 000 处，经曼亨丫口、岳宋边防检查站、岳宋村、小新寨至中缅边境“183”界桩（桥），全长 26.3 千米。起点至乡政府路段长 12 千米，于 1979 年 5 月通车。乡政府至边界“183”界桩路段于 1992 年通车，并修建“183”大桥。2004 年，进行全线弹石路面改造，投资 462 万元，技术等级四级。是西盟通往缅甸的通道之一。

（八）西莫公路（莫窝公路）

起点勐卡镇卫生院，至原莫窝乡粮管所，全长 16 千米（含连接线）。1982 年 2 月，建成通车。1992 年，进行路基改造，投资 112 万元。2002 年，进行弹石路面改造 12 千米，技术等级四级。

（九）娜妥坝公路

起点募西公路 K100+000 处，至娜妥坝口岸（大黑山边防检查站），全长 1.22 千米，是省道募西公路的延长线。1989 年，建成通车。1998 年，进行弹石路面改造，技术等级四级。

（十）新厂公路

起点募西公路 K93+200 处，经阿莫村九组、锡矿厂、新厂乡政府至边防连，全长 24.5 千米。1976 年，建成通车。1984 年，实施“以工代赈”项目进行改扩建和桥涵修建。2003 年，进行弹石路面改造，技术等级四级。

（十一）勐中公路（中课公路）

起点募西公路 K49+000 处（勐梭公路起点处），经班箐、螺蛳河至中课乡政府，全长 18.3 千米。1975 年，建成通车。1985 年，实施“以工代赈”项目进行改扩建和桥涵修建。2004 年，进行弹石路面改造，技术等级四级。

（十二）岳宋连接线

起点岳宋公路 K11+700 处，经乡政府、乡小学、岳宋茶厂至岳宋公路 K11+910 处，全长 1.47 千米。1992 年 3 月，建成通车。

三、乡道

1978 年后，国家各项惠民政策先后出台，相继实施“以工代赈”“扩大内需”等项目。至 2008 年，全县乡道公路有 51 条，全长 553.58 千米。

2008年西盟县乡（镇）公路情况表

表8-1

乡（镇）公路	名称	起止地点	里程（千米）	技术等级	路面结构	建成时间（年）
勐梭镇	王莫	南归路口至王莫村	11.360	等外	土路	1998
	里拉	戈药村路K2+000至里拉村	8.540	等外	土路	1987
	班母	西孟路K8.520至班母村	6.850	4	砂石路	1998
	他朗	募西公路K58.8至他朗村	17.310	4	砂石路	1990
	秧落	红砖厂至秧落村	18.973	4	砂石路	16
	勐梭	勐梭村至班母村	11.120	等外	土路	1970
	里坎	新县城路K5.200至里坎组	2.720	4	砂石路	2004
	班里	班箐橡胶1队至里拉新村	10.880	等外	土路	—
	勐班	勐梭村至班母村	8.670	等外	土路	—
勐卡镇	永业	莫窝村至永业村	15.590	4	砂石路	1998
	班哲	西莫公路K5+000至南康河桥	18.140	4	土路	1990
	莫窝	原乡政府街至村委会	4.000	4	砂石路	1982
	镇办事处	茶场至蔬菜队	3.910	等外	土路	—
	永帮	莫窝村至永帮村	13.960	4	砂石路	1983
	马散（新路）	募西公路K89+000至大马散	9.770	4	弹石路	1982
	马散（老路）	城子水库至马散村学校	6.340	等外	土路	1990
	莫美（老路）	班哲村至莫美村	18.000	等外	土路	1987
	莫美（新路）	新厂河电站至莫美村	11.650	4	砂石路	1999
新厂乡	歹格拉	驻军营房至歹格拉村	4.090	4	砂石路	1986
	永广	歹格拉村至永广村	15.090	4	砂石路	1986
	窝羊	新厂三组至窝羊村	10.390	4	砂石路	1986
	阿莫	新厂路K7+900至阿莫村	1.650	4	土路	1976
中课乡	窝笼	募西公路K58+100至窝笼村	5.520	4	砂石路	1986
	嘎娄	永布落路K10.260至嘎娄村	13.160	等外	砂石路	1998
	永布落	中课客运站至永布落村	14.970	4	砂石路	1998
	班箐	勐中公路K4+320至班箐村委会	0.160	4	砂石路	1976
	班中	班箐四组至中课客运站	15.140	4	土路	1997
	中课	集贸市场至村委会	0.370	4	砂石路	—
	中雪	永布落村至雪林地界	9.380	4	土路	—
	台地	嘎娄公路至永布落公路	2.720	4	土路	—
	瀑布	永布落公路至瀑布	1.470	4	土路	—
	窝班	窝龙村至班箐村	7.700	等外	土路	1976

续表 8-1

乡（镇）＼名称 公路		起止地点	里程（千米）	技术等级	路面结构	建成时间（年）
力所乡	左扩	力所乡至左扩村	12.360	等外	砂石路	1998
	南约	左扩桥至橄榄老寨	11.310	等外	土路	—
	他左	他朗公路至左扩公路	11.040	等外	土路	1998
	南亢	南亢村至 62 农场	12.990	等外	土路	1956
	图地	阿佤来至南锡公路	19.010	4	砂石路	1979
	王雅	募西路 K56.800 至王雅村	1.010	4	水泥路	1971
	力所	力所村至南娃坝	10.490	等外	土路	1979
翁嘎科乡	英侯	乡政府至永广组	7.830	4	砂石路	1982
	龙坎	英侯大寨至锅斗学校	8.750	4	砂石路	1982
	班岳	班弄田至班岳村委会	16.900	4	砂石路	1988
	英腊（务龙）	乡政府至务龙上寨	11.300	等外	土路	1983
	班弄	村委会至南莫组	0.880	4	土路	1983
	橡胶厂	富翁支线岔口至橡胶 8 队	17.640	等外	土路	—
	拉边	班弄茶场至拉边组	12.140	4	砂石路	—
	班橄	班岳村委会至橄榄组	9.680	4	土路	—
	富翁支线	富翁路至格浪秧河入南卡江处	14.000	4	土路	—
岳宋乡	曼亨	岳宋乡政府至曼亨村	2.950	4	砂石路	1985
	木古坝	岳宋公路 K12+050 至木古坝	10.940	4	土路	—
	班帅（老路）	岳宋乡至班帅村	17.850	4	砂石路	1998
	班帅（新路）	募西路 K80 + 200 至班帅村	14.920	等外	土路	2000

四、村道

2006 年，全国公路调查，全县共有村道公路 155 条，全长 390.04 千米，其中，中课乡 29 条，全长 80.19 千米；翁嘎科乡 21 条，全长 68.68 千米；力所乡 18 条，全长 59.84 千米；岳宋乡 15 条，全长 30.62 千米；新厂乡 12 条，全长 22.94 千米；勐卡镇 27 条，全长 63.29 千米；勐梭镇 33 条，全长 64.48 千米。

第二节 桥　梁

一、驿道桥

（一）南约吊桥

位于力所乡至左扩村的南康河中游。全长 42 米，宽 2 米，投资 2 万元，1985 年建成。2006 年 9 月，被左扩平板钢混大桥代替。

（二）永业吊桥

位于莫窝乡至永业村、窝羊村的新厂河中游。全长 18 米 ，宽 2 米，投资 1.5 万元，1990 年建成。1995 年 4 月，被永业公路桥代替。

（三）永布落吊桥

位于中课乡至永布落村的库杏河上游。全长 16 米，宽 2 米，投资 1.5 万元，1990 年建成。2001

年4月，被永布落石拱桥代替。

二、公路桥

（一）公路钢混桥（35座）

1. 南规河一桥

位于原龙潭公路K0+850处（勐梭镇卫生院旁），跨南规河下游。1984年5月竣工通车，一孔，简支平板结构，跨径总长8米，全长19米，桥面净宽4.6米，荷载量10吨/辆。

2. 南规河二桥

位于新县城至勐梭公路K10+852处（民族中学旁），跨南规河中游。1999年6月竣工通车，一孔，T形钢筋混凝平板梁结构，跨径总长16米，全长29.9米，桥面净宽6米，投资45万元，荷载量20吨/辆。

3. 南规桥

位于南规公路K0+500处（勐梭镇政府至勐梭镇卫生院），跨勐梭河上游。1984年3月竣工通车，一孔，简支平板结构，跨径总长5米，全长8米，桥面净宽4.6米，荷载量10吨/辆。

4. 勐梭镇桥

位于勐梭公路K12+480处，跨勐梭河上游。1994年3月竣工通车，一孔，T形钢筋混凝平板梁结构，跨径总长40米，全长54米，宽6米，投资40万元，荷载量20吨/辆。

5. 勐梭河新桥

位于勐梭河至新县城公路K0+652处，跨勐梭河下游。1999年6月竣工通车，一孔，T形钢筋混凝平板梁结构，跨径总长20米，全长33.3米，桥面净宽6米，投资60万元，荷载量20吨/辆。

6. 把卡河桥

位于里坎公路K0+581处（垃圾处理场旁边），跨把卡河中游。1979年5月竣工通车，一孔，简支平板结构，跨径总长5米，全长9.5米，桥面净宽4.6米，荷载量10吨/辆。

7. 南来河桥

位于里坎公路K2+222处（里坎瀑布景点停车场下方），跨南来河上游（勐梭河中游）。1979年5月竣工通车，一孔，简支平板结构，跨径总长6米，全长10米，桥面净宽4.6米，荷载量10吨/辆。

8. 里坎桥

位于勐梭公路K7+653处（里坎寨子下方），跨南货河（秧落河下游）。1979年5月竣工通车，一孔，简支平板结构，跨径总长8米，全长10米，宽4.6米，荷载量10吨/辆。

9. 英力河桥

位于富翁公路K74+365处，跨英力河下游。1985年3月竣工通车，一孔，简支平板结构，跨径总长6米，全长12米，桥面净宽5米，荷载量10吨/辆。

10. 班岳河桥

位于富翁公路K76+045处，跨班岳河下游。1985年3月竣工通车，一孔，简支平板结构，跨径总长6米，全长12米，桥面净宽5米，荷载量10吨/辆。

11. 南约河桥

位于南约公路K1+000处，跨南约河下游。2005年12月竣工通车，一孔，钢筋混凝平板梁结构，跨径总长8米，全长10米，桥面净宽6米，荷载量10吨/辆。

12. 左扩桥

位于左扩村公路K9+592处，跨南康河中游，由县交通局和鑫元橡胶公司共同出资修建。2006年9月竣工通车，一孔，钢筋混凝平板梁结构，跨径总长25米，全长30米，桥面净宽6米，总投资143万元，荷载量10吨/辆。

13. 王亢河桥

位于他左公路 K10+019 处，跨王亢河下游。2005 年 3 月竣工通车，一孔，简支板结构，跨径总长 5 米，全长 8 米，桥面净宽 4 米，荷载量 10 吨 / 辆。

14. 果国河一桥

位于募西公路 K62+150 处，跨果国河中游。2006 年重建，一孔，简支板结构，跨径总长 6 米，全长 10 米，桥面净宽 5 米，荷载量 10 吨 / 辆。

15. 曼亨河桥

位于班帅公路老路 K6+924 处，跨曼亨河下游。1994 年 6 月竣工通车，一孔简支板梁结构，跨径总长 5 米，全长 12 米，桥面净宽 4 米，荷载量 10 吨 / 辆。

16. 翁格龙河桥

位于永业村公路 K3+547 处，跨翁格龙河。2003 年 3 月竣工通车，一孔，简支平板结构，跨径总长 16 米，全长 31 米，桥面净宽 5 米，投资 45 万元，荷载量 10 吨 / 辆。

17. 永业桥

位于永业村公路 K5+683 处，跨新厂河中游。1995 年 4 月竣工通车，一孔，T 形钢筋混凝平板梁结构，跨径总长 17.8 米，全长 20 米，桥面净宽 3.5 米，荷载量 10 吨 / 辆。

18. 娜妥坝河桥（“100 公里”桥）

位于西国公路 K1+200 处，跨娜妥坝河上游（中缅界河）。1990 年 11 月竣工通车，一孔，简支板梁结构，跨径总长 6 米，全长 12 米，宽 6 米，荷载量 10 吨 / 辆。

19. 永广河桥

位于永广村公路 K5+729 处，跨永广河。2008 年 3 月竣工通车，一孔，钢筋混凝平板梁结构，跨径总长 10 米，全长 25 米，桥面净宽 6 米，投资 38 万元，荷载量 10 吨 / 辆。

20. 窝养河桥

位于窝养村公路 K4+760 处，跨窝养河下游。1995 年 4 月竣工通车，一孔，钢筋混凝平板梁结构，跨径总长 5 米，全长 11 米，桥面净宽 4 米，投资 38 万元，荷载量 10 吨 / 辆。

21. 螺蛳河桥

位于中课公路 K8+180 处，跨螺蛳河下游。1987 年 2 月竣工通车，一孔，简支平板结构，跨径总长 12 米，全长 19 米，桥面净宽 5 米，投资 10 万元，荷载量 10 吨 / 辆。

22. 翁拐河桥

位于中课公路 K11+400 处，跨翁拐河。2008 年重建，一孔，简支平板结构，跨径总长 8 米，全长 18 米，桥面净宽 6 米，荷载量 10 吨 / 辆。

23. 翁不老河桥

位于中课公路 K17+250 处（乡政府旁边），跨翁不老河。1987 年 3 月竣工通车，一孔，简支平板结构，跨径总长 8 米，全长 12 米，桥面净宽 5 米，荷载量 10 吨 / 辆。

24. 班箐桥

位于班中公路 K0+167 处，跨库杏河中游（班箐四组旁）。2001 年 4 月竣工通车，一孔，钢筋混凝平板梁结构，跨径总长 20 米，全长 40 米，桥面净宽 6 米，投资 31 万元，荷载量 20 吨 / 辆。

25. 班箐上寨桥

位于班中公路 K9+591 处，跨班箐上寨河。2001 年 4 月竣工通车，一孔，简支平板结构，跨径总长 10 米，全长 14 米，桥面净宽 4 米，荷载量 10 吨 / 辆。

26. 天生桥

位于班中公路 K14+356 处，跨库杏河上游。2001 年 4 月竣工通车，一孔，简支平板结构，跨径总长 14 米，全长 17 米，桥面净宽 6 米，荷载量 10 吨 / 辆。

27. 库杏河一桥

位于永布落公路 K1+442 处，跨库杏河上游。1998 年 4 月竣工通车，一孔，毛石混凝平板结构，跨径总长 8 米，全长 10 米，桥面净宽 4 米，荷载量 10 吨 / 辆。

28. 丁格列河桥

位于永布落公路 K3+785 处，跨丁格列河。2001 年 4 月竣工通车，简支平板结构，跨径总长 8 米，全长 11 米，宽 6 米，荷载量 10 吨 / 辆。

29. 永古河桥

位于永布落公路 K11+438 处，跨永古河。2001 年 4 月竣工通车，跨径总长 6 米，全长 9 米，桥面净宽 5 米，荷载重 10 吨 / 辆。

30. 永布落河一桥

位于永布落公路 K12+961 处（永布落村委会下方），跨永布落河中上游。1998 年 3 月竣工通车，一孔，简支平板结构，跨径总长 10 米，全长 16 米，桥面净宽 6 米，荷载量 10 吨 / 辆。

31. 永布落河二桥

位于中雪公路 K1+095 处（中课乡永布落至澜沧雪林乡连接公路），跨永布落河上游。1998 年 3 月竣工通车，一孔，简支平板结构，跨径总长 10 米，全长 16 米，桥面净宽 6 米，荷载量 10 吨 / 辆。

32. 思勒河桥

位于班里公路 K7+491 处，跨思勒河上游（里拉新村左前方 4 千米处）。2002 年 5 月竣工通车，一孔，简支平板结构，跨径总长 8 米，全长 10 米，桥面净宽 4 米，荷载量 10 吨 / 辆。

33. 班箐河桥

位于班箐十四组公路 K0+584 处，跨班箐河下游（班箐二组下方）。1998 年 4 月竣工通车，一孔，简支平板结构，跨径总长 5 米，全长 11 米，桥面净宽 4 米，荷载量 10 吨 / 辆。

34. 新厂河电站桥

位于募西公路 K56+000 处（窝笼十组公路起点），跨库杏河下游。1979 年 6 月竣工通车，双孔，简支平板结构，跨径总长 16 米，全长 18.5 米，宽 4.6 米，荷载量 10 吨 / 辆。

35. 新厂河电站小桥

位于新厂河电站专用公路 K2+509 处（发电厂旁），跨莫美小河下游。1992 年 10 月竣工通车，一孔简支平板结构，跨径长 5 米，全长 11 米，桥面净宽 5 米，荷载量 10 吨 / 辆。

（二）公路石拱桥（20 座）

1. 秧落河桥

位于秧落村公路 K8+238 处，跨秧落河上游。1998 年 3 月竣工通车，一孔石拱结构，跨径总长 12 米，全长 23 米，桥面净宽 4 米，荷载量 10 吨 / 辆。

2. 橄榄河桥

位于富翁公路 K84+818 处，跨橄榄河中游。1987 年 3 月竣工通车，一孔石拱结构，跨径总长 5 米，全长 15 米，桥面净宽 4 米，荷载量 10 吨 / 辆。

3. 南通桥

位于富翁公路 K93+776 处，跨南康河下游。1983 年 4 月竣工通车，双曲石拱结构，跨径总长 26 米，全长 47 米，桥面净宽 7 米，投资 20 万元，荷载量 15 吨 / 辆。

4. 南布河桥

位于富翁公路 K95+756 处，跨南布河。1994 年 7 月竣工通车，一孔石拱结构，跨径总长 7 米，全长 11 米，桥面净宽 6 米，荷载量 10 吨 / 辆。

5. 王拱河桥

位于富翁公路 K97+691 处，跨王拱河。1994 年 7 月竣工通车，一孔石拱结构，跨径总长 7 米，全长 11 米，桥面净宽 6 米，荷载量 10 吨 / 辆。

6. 王布龙河桥

位于富翁公路 K103+351 处。1994 年 3 月竣工通车，一孔石拱结构，跨径总长 5 米，全长 8 米，桥面净宽 6 米，荷载量 10 吨 / 辆。

7. 王雅河桥

位于富翁公路 K105+363 处，跨王雅河。1994 年 7 月竣工通车，一孔石拱结构，跨径总长 5 米，全长 8 米，桥面净宽 6 米，荷载量 10 吨 / 辆。

8. 果国河二桥

位于富翁公路 K110+508 处（鑫元橡胶加工厂旁），跨果国河下游。1994 年 6 月竣工通车，一孔石拱结构，跨径总长 8 米，全长 14 米，桥面净宽 6 米，荷载量 10 吨 / 辆。

9. 竹路河桥

位于南锡公路 K24+620 处，跨竹路河下游。2003 年 3 月竣工通车，一孔石拱结构，跨径总长 8 米，全长 8 米，桥面净宽 6 米，荷载量 10 吨 / 辆。

10. 班同河桥

位于南锡公路 K31+967 处，跨班同河下游。2003 年 3 月竣工通车，一孔石拱结构，跨径总长 8 米，全长 14 米，桥面净宽 6 米，荷载量 10 吨 / 辆。

11. 图地河桥

位于南锡公路 K33+963 处，跨图地河下游。2003 年 3 月竣工通车，一孔石拱结构，跨径总长 8 米，全长 8 米，桥面净宽 6 米，荷载量 10 吨 / 辆。

12. 打洛河桥

位于南锡公路 K37+472 处，跨打洛河下游。2003 年 3 月竣工通车，一孔石拱结构，跨径总长 8 米，全长 8 米，桥面净宽 6 米，荷载量 10 吨 / 辆。

13. 岳宋小桥

位于岳宋公路 K8+012 处（曼亨老道班房旁边），跨五社小河。1992 年 11 月竣工通车，一孔石拱结构，跨径总长 5 米，全长 8 米，桥面净宽 4 米，荷载量 10 吨 / 辆。

14. “183” 大桥（南锡河桥）

位于岳宋公路 K26+300 处，跨南锡河上游（中缅界河）。1993 年 6 月竣工通车，一孔石拱结构，跨径总长 20 米，全长 37.7 米，桥面净宽 6 米，投资 70 万元，由中缅（佤邦）双方投资建设，荷载量 20 吨 / 辆。

15. 新厂桥

位于新厂公路 K17+554 处，跨新厂河上游。1981 年 2 月竣工通车，一孔石拱结构，跨径总长 20 米，全长 23 米，桥面净宽 5.7 米，投资 20 万元，荷载量 15 吨 / 辆。

16. 歹格拉桥

位于歹格拉村公路 K1+847 处，跨歹格拉河。1992 年 6 月竣工通车，一孔石拱结构，跨径总长 8 米，全长 15 米，桥面净宽 6 米，荷载量 10 吨 / 辆。

17. 莫窝大箐桥

位于莫窝公路 K6+429 处，跨莫窝大箐。1994 年 5 月竣工通车，一孔石拱结构，跨径总长 5 米，全长 8 米，桥面净宽 5 米，荷载重 10 吨 / 辆。

18.“48”河桥

位于中课公路 K0+800 处，跨“48”河下游（里拉新村称上游为思勒河）。1985 年 6 月竣工通车，一孔石拱结构，跨径总长 8 米，全长 10 米，桥面净宽 5.6 米，荷载量 10 吨 / 辆。

19. 努美河桥

位于中课公路 K15+100 处，跨努美河下游。2000 年 3 月竣工通车，一孔石拱结构，跨径总长 5 米，全长 8 米，桥面净宽 6 米，荷载量 10 吨 / 辆。

20. 库杏河二桥（双河电站发电厂旁）

位于窝笼村公路 K0+035 处（募西公路 K58+100 处），跨库杏河下游（与新厂河汇合处）。1996 年 4 月竣工通车，一孔石拱结构，跨径总长 25 米，全长 37.2 米，桥面净宽 6.5 米，投资 54 万元，荷载量 20 吨 / 辆。

三、涵洞

至 2008 年，全县共有 2 米 ~ 5 米（跨径）的涵洞 17 个，其中，秧洛公路 1 个；西孟公路 2 个；富翁公路 2 个；英力公路 1 个；务龙公路 1 个；南锡公路 2 个；岳宋公路 1 个；新厂公路 1 个；中课公路 6 个。

第三节 公路管理养护

一、省管公路养护

1986 年起，省道养护管理实行公路远近搭配承包管理责任制，由职工个人承包养护，遇有大工程或坍方，管理段另拨资金专项解决。2005 年后，沧盟公路管理段在西盟县境内设立里拉、勐梭河、王雅新寨、西盟镇 4 个养护站，有养护工 17 人（管理人员 2 人），属省属事业编制，管养省道公路。共有 2 条省管公路养护里程 77.633 千米。

二、地管公路养护

（一）公路执法管理

1996 年，对全县公路进行路产界定，省道 2 条，界定路产面积 275.56 万平方米（4133.38 亩）；县道 10 条、123.1 千米，界定路产面积 318.08 万平方米（4771.18 亩）；颁发公路土地使用证 11 个。

（二）公路管理养护

1978 年—1984 年，地方公路管理养护为一体，实行固定工及农村生产合作养护两种办法，工交局按月检查验收后，将养路费拨发给各公社（区）政府，再由公社（区）政府分发到生产队。

1985 年，实行固定工家庭及农民工承包养护，与工交局承包者签订合同，公交局并定期检查验收，按质量计发养路费。

1986 年—1990 年，县城通往各乡的公路改建和扩建后，实行专业养护工人与群众相结合的承包责任制，对公路进行养护。共设 9 个道班（班箐、中课、莫窝、新厂、曼亨、力所、拉槽、罗阳社、里坎），有养路工 50 人（固定工 23 人），有推土机 2 台，翻斗车 1 辆，小型柴油翻斗车 4 辆，碎石机 2 台，小型发电机 3 台。承包的个人及大班组按“年公里养护费 200 元，砂石运买费 230 元，超资不补，节约归己，好路奖，差路惩”的原则，与工交局公路股签订合同，按季度检查，年终评定，兑现养路费。

2008 年，全国推行农村公路管理养护体制改革，由原来的七分建、三分养，改为三分建、七分养，国家加大对农村公路养护投资力度。实行管理和养护分离，公路养护走向市场化，目的是提高农村公路养护质量，确保畅通、安全，更好的服务“三农”。按照改革要求，各乡镇设立公路管理所，村委会设公路协管员。县、乡、村三级公路管理机构经费均纳入财政预算，其中，县、乡两级管理机构为财政全额拨款事业单位，村级协管员财政每月核拨 60 元的管理补助。

三、公路养护方式

2008 年，西盟县按照“县道县管、乡道乡管、村道村管”的管养原则。一级抓一级，层层抓落实。重点公路、经济干线和交通量大的公路，签订养护承包合同，将公路养护权承包给沿线有能力的农民进行养护，确保运输畅通，解决农民就业和增收。县道公路由地方管理段与养护工签订养护协议。乡道公路由乡镇管理所与养护工签订养护协议，每季度通过检查后兑现养护补助。村道公路由村、组组织当地群众季节性维护管理，每年维修 2 次。交通量少、使用率低的公路，采取定期或不定期组织人员进行季节性养护。管理和养护体制改革后，实行家庭承包养护，养护综合好路率为 65% 以上。根据农村公路管理养护体制改革精神，交通运输部门将组建专业性的公路养护企业，主要从事地方公路养护业务。

第四节　公路运输

一、客运

1980 年，西盟县至思茅客运每两日一班，途中住宿勐遮或勐海。同年，县车队改装 1 辆解放牌货车为县内客运班车，来往于县城至通路的公社驻地。1984 年，县车队购进 1 辆东风客车。

1986 年，思澜公路通车后，西盟至思茅单行程 287 千米，客运班次改为每日一班，当日到达。同年，县车队出售改装的东风牌客车，县内城乡客运中断，来往城乡人员靠搭乘部门车辆及货车、拖拉机。

1990 年，县车队购进 1 辆大客车。1998 年，客运服务中心成立，由个体户承包经营，开通县内、县外、跨境外缅甸龙潭特区客运班线、班次，乡乡通客运，日发白班来回。

1999 年，思茅交通运输集团公司兼并西盟县车队，金孔雀运输集团有限责任公司西盟分公司成立。

2000 年，开通西盟县至昆明的夜班车。2006 年，组建城乡微型车客运车辆协会，挂靠金孔雀运输集团有限责任公司西盟分公司，主要从事乡、村客运。

2008 年，按照国家政策规定，客运车辆协会解散，所有城乡微型车客运车辆挂靠金孔雀运输集团有限责任公司西盟分公司。西盟籍中巴客运车辆 18 辆，微型客运车辆 68 辆，出租车 17 辆。

二、客运线路及班次

2008 年，西盟县客运班线以县城为中心、募西公路为主干线、县乡班线为支线，连接辐射县内、县外、跨县、跨市区及昆明夜班车共 27 条线路、98 个班次。

2008 年经营：西盟—普洱、西盟—澜沧、西盟—孟连；勐卡镇—普洱；普洱—勐卡镇、普洱—西盟；勐卡镇—澜沧、勐卡镇—孟连 8 条县际客运班线、线路。县内线路有：西盟—勐卡镇、西盟—中课乡、西盟—力所乡、西盟—里拉村、西盟—橡胶厂、西盟—翁嘎科；莫美村—西盟、窝笼村—西盟、他郎村—西盟、秧洛村—西盟、班母村—西盟、勐卡镇—西盟、力所乡—西盟、橡胶厂—西盟、翁嘎科乡—西盟；岳宋乡—勐卡镇、新厂乡—勐卡镇、莫窝村—勐卡镇；勐卡镇—娜妥坝 19 条乡村客运班线、线路。

2008年，客车从西盟县发往昆明夜班车每日1班、普洱每日白班6班、孟连3班、澜沧4班、翁嘎科2班、新厂1班、娜妥坝1班；微型车每日均有发往县内中课乡、力所乡、岳宋乡、勐卡镇等地的班次。

三、公共交通

2004年10月，建立城市出租汽车客运市场；同年12月，组建"西盟名豪出租汽车有限责任公司"。2005年1月，县政府同意授权经营，投放夏利出租车17辆。2008年，有出租车17辆。

四、货运

1980年，西盟县有解放牌、昆明牌货运汽车18辆。1983年，县汽车队、商业局车队、锡矿车队、粮食局车队相继成立，共有各种运输车辆34辆，个体运输车辆也随之增加。1986年，全县有货运车71辆，年货运周转量237.13吨/千米。

1990年，有货车120辆（个体户43辆），其他机动车26辆，大中型拖拉机18台（个体），手扶拖拉机230台（个体180台）。

2008年，全县载货汽车870辆，其中，大型货车241辆，中型190辆，小型439辆，其他机动车125辆。货运量75万吨，货运周转量1970万吨/千米，有货车经营户834户。

第五节　运输管理

一、运政管理

2005年，核发营运机动车辆、搬运装卸经营许可证（西盟运输分公司、名豪出租汽车有限责任公司）和营运证各2个（志方托运部、长江托运部）。

二、客运站点建设

1978年—1999年，全县仅有西盟汽车站。2000年，县城搬迁至新县城，客运站于2001年建成投入使用，占地面积3478平方米，总投资280万元。

2005年—2008年，先后有6个乡镇建成农村客运站，其中，翁嘎科客运站，建于2005年10月25日，占地面积2140平方米，总投资89万元，2007年12月运营；中课乡客运站，建于2006年12月20日，占地面积1650平方米，总投资89万元，2008年运营；勐卡镇客运站，建于2006年（在原佤山宾馆的基础上扩建），占地面积2679平方米，总投资60万元，2008年运营；岳宋乡客运站，建于2006年（在原岳宋乡农村信用社改建），占地面积880平方米，总投资50万元，2008年运营。力所乡客运站，建于2007年，占地面积1280平方米，总投资65万元，2008年运营；新厂乡客运站，建于2007年，占地面积1436平方米，总投资60多万元，2008年运营。

2008年，全县有7个汽车客运站（二级2个，四级3个，五级2个），其中，国营5个，个体私营2个。

三、车辆修理

1991年前，汽车维修主要有县车队和县商业局进行维修，大修需到思茅大修厂。1991年后，开始有个体修理厂。2008年，县内共有汽车维修企业54家，其中，二类汽车3家；三类汽车27家；摩托车维修24家。

四、公路养征费管理

1982 年—2005 年，共征收运管费 254.72 万元，养路费 1639.91 万元，客运附加费 409.88 万元，车辆购置税 26.58 万元。

第六节　机　构

一、县交通局

1978 年，县工交局内设人事秘书、会统、农机三个股，有职工 33 人。1990 年 8 月，工业与交通分设，交通局设人事秘书、公路、交通、财务 4 个股，有职工 31 人。1999 年，编制 38 人。2003 年，机构改革，编制 39 人。2007 年，党支部定格为正科级。2008 年，有职工 42 人，领导职数 1 正 1 副，党支部书记 1 人。县交通局先后被省级表彰 3 次、市级表彰 6 次、县级表彰 18 次。

历任县工业交通局局长：李惠明（民）（男，1978 年 1 月至 1980 年 11 月）、徐敬思（男，1987 年 4 月至 1988 年 8 月）、史永林（男，拉祜族，1988 年 9 月至 1990 年 7 月）。

历任县交通局局长：史永林（拉祜族，1990 年 7 月至 1991 年 8 月）、熊正清（哈呢族，1991 年 8 月至 1996 年 8 月）、周一（拉祜族，1996 年 8 月至 2004 年 4 月）、魏志明（佤族，2004 年 8 月至 2008 年 12 月）。

历任党支部书记（正科）：魏新来（佤族，2007 年 1 月至 2008 年 12 月）。

二、所队机构

（一）地方公路管理段

1997 年，西盟县地方公路管理站成立，事业单位。2008 年，西盟县地方公路管理段和乡镇公路管理所成立，人员编制 33 人，其中，地方公路管理段 16 人，各乡镇 17 人。

（二）路政大队

1997 年，西盟县地方公路路政大队成立，事业编制 3 人，隶属县交通局。

（二）运政管理所

1979 年，民运站改为西盟汽车运输市场管理站，事业单位，隶属工交局。1982 年，改为县交通运输管理站。1987 年 2 月，改为县交通运政管理所，隶属普洱市交通运政管理处，有干部职工 6 人。2008 年，运政管理所升格为副科级，隶属普洱市交通运政管理处。

（三）规费征收稽查所

1986 年 3 月，交通监理站成立，隶属于云南省交通厅稽查处，股所级事业单位，有职工 3 人，负责征收汽车养路费。1987 年 7 月，公路养路费征收稽查站成立，隶属云南省交通厅稽查处，负责全县汽车、摩托车、拖拉机养路费征收工作。

1996 年，交通收费“三合一”（车购费、养路费、公路建设费），交通规费征收稽查所成立，有干部职工 4 人。

2006 年，规费征收稽查所升格为副科级事业单位，隶属云南省稽查所。

2008 年 12 月 31 日，按照国家关于税费改革政策，撤销西盟县交通规费征收稽查所，取消汽车养路费征收业务。

第二章 信 息

第一节 邮 政

一、邮路

（一）干线邮路

1987 年 12 月，思澜公路通车后，开通思茅至澜沧、西盟、孟连自办汽车邮路，3 日往返。

1992 年 5 月，停止思茅直达西盟邮路，改为澜沧至西盟，逐日发班。

2002 年 12 月，对邮路作相应调整，改为澜沧至西盟县城。

2004 年 2 月，停止澜沧至西盟邮路，改为孟连至西盟，逐日发班。

2006 年 6 月，恢复思茅至澜沧至孟连至西盟自办汽车邮路，逐日发班，邮车途经澜沧、孟连直达西盟，次日由西盟经孟连、澜沧返回思茅，直至 2008 年。

1978 年—2008 年西盟县邮政局干线邮路一览表

表 8-2

名称 起讫地点	途经地	距离（千米）	邮运方式	班期（日）	全程（千米）	时间
思茅—西盟（勐卡）	景洪、澜沧	450	自办汽车	6	900	1978 年 7 月至 1987 年 12 月
思茅—西盟（勐卡）	澜沧、募乃	287	自办汽车	4	574	1988 年 1 月至 1992 年 5 月
澜沧—西盟（勐卡）	募乃、老厂	113	自办汽车	2	226	1992 年 5 月至 2002 年 12 月
澜沧—西盟（勐梭）	募乃、老厂	90	自办汽车	2	180	2003 年 1 月至 2004 年 2 月
孟连—西盟（勐梭）	景信、拉巴	52	自办汽车	2	104	2004 年 3 月至 2006 年 6 月
思茅（普洱）—西盟（勐梭）	澜沧、孟连	291	自办汽车	2	582	2006 年 6 月至 2008 年 12 月

（二）县内邮路

1. 邮运邮路

1978 年，县内邮路有 7 条，由县城通往各个公社所在地，主要以步班邮路为主，邮路总里程 200 余千米。

1980 年，县内第一条自办汽车邮路开通（西盟—力所邮路），全长 18 千米，为 2 日班。

1995 年，县内邮路调整为 8 条，其中，自办汽车邮路 2 条（西盟—力所和西盟—翁嘎科），全长 60 千米；委办汽车邮路 1 条（西盟—锡矿），全长 25 千米；步班邮路 5 条。

1998 年，邮电分营时，县内 8 条邮路中有 7 条均改为委办汽车邮路，锡矿至新厂邮路仍为步班邮路。

2008年，县内邮路全长242千米，其中，自办汽车邮路47千米，委办汽车邮路195千米。以县城为中心，辐射各个乡镇的县内邮路网络格局基本形成。

2. 投递邮路

1980年，全县农村投递邮路有19条，全长121千米，均为步班邮路，班期由每周1班至6班不等。

2000年3月，县城搬迁后，随着行政区域改革，把农村邮路调整为45条，长度减至99千米，沿途共有45个村组、48个投递站点。

2005年后，实行“以乡镇为中心，联结各个行政村”为主要框架的农村投递邮路构建体系。

2007年，新增一条专门投递特快专递、代收贷款及电视报等邮件报刊的综合投递段道，全长10千米。

2008年，农村邮路调整为36条，全长108千米。

二、邮政业务

（一）邮务类

1. 函件

1988年5月，开办国内快件业务，满足用户的需求，业务收入逐渐增长，但邮资费未作调整，制约和影响着快件业务的发展。

1990年，作4次邮资调整，国内互寄平信本埠由0.04元调到0.8元；外埠由0.08元调为1.2元；给据函件加收3元挂号费；明信片由0.04元调到0.8元；印刷品每百克由0.03元调为0.2元和0.4元。

1991年，首次发行贺年（有奖）明信片，函件业务量和收入有了增长。1992年后，出口函件业务量持续增长。

2001年，函件量21.1万件，收入9.4万元。

2002年—2007年，随着电话、手机、互联网等现代通信技术的普及，传统的函件业务受到巨大的冲击，每年的业务量均有不同程度的减少。

2008年，出口函件业务量3.3万件，收入6万元，比最高时的2001年减少17.8万件。

2. 包裹

进入20世纪80年代，商品经济的持续发展给邮政包裹业务带来新的机遇。西盟县盛产的茶叶、木耳、笋丝、魔芋等土特产品通过邮政渠道寄往内地，而省外沿海一带发达地区的工业品（日用百货、服装）源源不断寄来县内，县内出口、进口包裹大幅增长。

1980年，县内出口包裹为5102件，收入2.6万元。

1989年—1992年，由于个体运输户开始增多，加之实行一些优惠政策招揽生意，外地到县内采购物品的商人包车（驾车）直达，致使邮寄包裹量下降。

1993年—1998年，主动与客户联系，上门为客户服务，提供包装纸箱，免费封装、搬运，包裹业务量有所回升。到邮电分营时，包裹业务量1万余件，收入2.9万元。

2008年，包裹业务量4362件，收入14.6万元。

3. 报刊

1982年，《人民日报》、《云南日报》、《思茅报》（后改为《普洱日报》）、《红旗》（后改为《求是》）杂志报纸等发行量逐年增长。

1998年—2008年，重视投递服务质量，完善服务网点，重点解决好城乡报刊投递时限问题，狠抓缺报短刊现象，最大限度满足订户需求，全县报纸杂志期发份数累计94.1万份，报刊流转额80.4万元。

4. 集邮

1986年，开办集邮业务。1989年，集邮协会成立。至1998年，销售集邮品42.5万枚，收入

38799元。进入21世纪，受诸多因素影响，业务量急剧下滑，采取有力措施，重点做好集邮年册和新邮预订工作，销售的集邮品主要是纪念邮票、特种邮票、首日封、邮资封、集邮册以及各种集邮用具等。2008年，销售集邮品1770枚，收入24183元。

（二）邮政金融

1. 邮政储蓄

1988年，开办邮政储蓄业务，储蓄余额90.5万元，收入3.2万元。1993年，增设勐梭手工邮储网点。

1994年，增设锡矿手工邮储网点，全县有3个邮政储蓄网点，储蓄余额405.4万元，收入10.4万元。1997年，县局储蓄网点由手工转为微机化操作，提高了效率，方便了用户，储蓄余额有较大增长。1998年，加大了邮政储蓄业务的投入，硬件设施得到了改善，储蓄余额1229.9万元，收入30.4万元。

2000年，撤销锡矿和勐梭两个手工网点，新县城邮政储蓄为电子化网点，老县城网点改为西盟镇邮政支局储蓄网点，形成新县城、西盟镇两个电子化网点。2004年，储蓄余额突破2000万元，收入45.1万元，占邮政业务收入的54.8%。2007年，储蓄余额突破3000万元，收入65.8万元，占邮政业务收入的44.5%。

2008年，储蓄余额3742.6万元，收入92万元，占邮政业务收入的48.1%。

2. 汇兑

1981年6月起，普通汇款限额放宽到每笔最高5000元。

1998年，开发汇票1.3万张，收入8.8万元。2002年，开发汇票1.5万张，收入4.4万元，占邮政业务收入的6.7%。2006年，开发汇票3097张，收入3.6元，占邮政业务收入的2.5%。2008年，开发汇票8476张，收入5.5万元。

1980年—2008年部分年份西盟县邮政业务量情况表

表8-3

名称 年份	业务总量（万元）	函件（万件）	包件（万件）	汇票（万件）	订销报纸（万份）	订销杂志（万份）	储蓄余额（万元）	集邮（万枚）
1980	—	10.9	0.5	—	60.8	3.1	—	
1985	—	10.6	0.3	—	50.9	5.4	—	—
1990	—	8.4	0.3	1.1	49.2	6.6	26.7	1.8
1998	59.2	13.6	1.0	1.3	32.7	3.7	1229.9	42.5
2000	67.3	13.9	2.7	1.2	52.7	5.6	920.2	2.6
2002	126.7	16.1	1.2	1.5	36.9	3.9	1378.2	5.1
2004	100.6	3.8	0.5	0.7	52.3	3.1	2132.0	0.8
2006	132.3	1.6	3.4	0.3	26.3	3.0	2927.4	0.1
2008	210.0	3.3	4.3	0.8	54.5	3.3	3742.6	0.2

（三）速递物流业务

1984年11月1日，中国邮政正式开通国内速递业务（邮政EMS业务），邮电局同年开办邮政特快专递服务。1998年，出口业务量164件，收入5790元。2004年，开办功能性物流配送业务，收入1298元，同时，还开办了农资、教材、烟草配送业务。2008年，物流业务收入6.61万元；出口业务量2万余件，收入36.6万元。

第二节 通 信

一、中国电信

（一）电信网络建设

1979 年，把县城至公社的木杆换成水泥杆，交换机总量 250 门（使用 93 门）、用户 148 户；市话交换机实用 83 门、用户 70 户。

1988 年，为适应改革发展的需要，增置长途报话电路 4 条；载波电路增至 6 路；自备电源设备 2 组、整流器 1 台、200 门长市自动交换总机；出局线 420 对（实用 350 对）；市话用户 182 户（住宅 11 部）。1989 年，架县城电缆路 2 杆千米、2.22 皮长千米。

1990 年，农村电话线有 186 杆千米、370 对千米；水泥电杆路有 165 千米，占总杆路的 88.71%；全县 36 个行政村，除新分设的班哲、左扩外都通了电话，每 100 平方千米有电话机 21.5 部，每千人中有 3.7 部；电缆路有 2.2 杆千米、2.4 皮长千米；并把市话交换设备改装为日本 C23 型 800 线纵横式自动机。

1993 年 12 月 19 日，在县委、县人民政府及上级邮电部门的大力支持下，县邮电局开始安装国产 HJD04 型 3000 线数字程控交换机，并投入使用，电话号码由 5 位升至 6 位，出局电缆增至 1600 线。

1996 年 8 月，在力所乡首家安装开通国产 ZXJ-10 型 32 线集成线器。

1999 年 10 月，完成县、乡（镇）继传输光缆工程，实现县乡全数字化传输。

2001 年 4 月，县城开通无线市话。2003 年 6 月，实现 7 乡 1 镇信号覆盖。

2007 年 4 月，开通 5 个村无线固定接入致富通基站，完成全县村村通电话工程，县区域电信信号覆盖率达到 99%。

至 2008 年，设备总资产 3000 万元，全县交换机 10200 线；宽带端口容量 5400 个（能为用户提供速率 100M 的带宽）；电信移动基站 24 个（县境内 18 个，境外 6 个），境内覆盖率 70% 以上；5 个 450D"致富通" 基站，覆盖率 99%；主干电缆 76.89 皮长千米、7102.26 对千米；配线电缆 38.74 千米、2820.45 对千米；光缆 645 皮长千米，5220 芯千米；手机用户净增 1073 户。

（二）电信业务

1. 电报　传真

1978 年，电报业务有防空、天气、军政、新闻、业务、水情、公益、汇款等。年内有出口电报 5276 份，电报收入 3256 元。

1983 年 12 月，邮电部对电报价格进行调整。军政、公益、银行汇款等电报，每字由 0.03 元调到 0.07 元，特级、加级倍增；新闻每字原 0.01 元增倍；电汇款原每笔 0.5 元增倍；电报挂号由每年 10 元调整 30 元。

1985 年，电报主要分为国际、国内两大类。国内业务主要有：普通电报（电汇）、特级电报、加级电报、邮送电报。1989 年，7 个乡（镇）邮电所开办电报话传业务。

1990 年，发出电报 14957 份，收入 27997 元。1992 年，公众传真业务推广使用，12 月，对电报价格再次调整，国内公众电报基础资费由每字 0.07 元调为 0.13 元；译电费每字 0.005 元调为 0.01 元；公众传真电报，每发 1 页收费 3 元，每收 1 页收费 2 元。

2000 年起，使用自备传真通过自己的电话线向外发送传真，根据接首地区的区位、区间的长途费率进行计价收费。

2. 电话

1978 年，西盟县增办代号电话和特种电话。

1979 年，恢复以 3 分钟一次收费及传呼附加费，夜间及节日仍然按减半收费。

1988 年 7 月，取消夜间及节日仍按减半收费的规定。

1990 年，随着社会经济的发展，社会团体及私人装置电话量不断增加。年内，有长话市话 18355 张，收入 126542 元（市话收入 35057 元）；农村电话 52019 张，收入 21245 元。

1992 年 8 月 13 日，邮电局投资 30 万元，安装日本产 C23 型 800 门纵横制自动交换机开通使用，并与国产 JDD-16 Ⅱ型长途对端设备配套进入全国自动电话网，开办国内国际长途直拨业务，出局电缆增至 900 线，电话业务开始步入百姓家庭。年末，在网固话电话用户 612 户。

1994 年 9 月 25 日，澜沧至西盟长途电信线路改造工程完成，水泥电杆代替老式的槽杆，加挂 4 芯光缆，县以上长途电信通道全部使用光缆，实现数字传输，进入光纤数字通信时代。

2000 年 12 月，成功开通新县城西门子 EWSD6000 门数字程控电话，业务收入 392 万元，同比增长 9.21%。2002 年 9 月，投资 23.96 万元，开通 32 线新县城华为 MA5100 型 ADSL 宽带接入设备。

2008 年 12 月 31 日，全县拥有电话 10557 户，其中，传统固话 7529 户，致富通 3028 户；宽带 3340 户；IPTV 用户 175 户。业务收入 556 万元，与 2000 年相比，增长 41.84%。

3. 无线寻呼业务

1993 年 12 月，西盟县城开通无线寻呼业务，当年无线寻呼用户 56 户，业务收入 0.87 万元。1996 年，邮电局首次在勐梭建立无线寻呼基站，用户 354 户，业务收入 15 万元。1997 年，在莫窝、力所建立无线寻呼基站，用户 634 户，业务收入 23 万元。

1998 年，新增无线寻呼基站 4 个，全县无线寻呼机站总数增至 7 个，覆盖全县乡镇所在地，全县无线寻呼用户 2453 户，业务收入 64.7 万元；12 月 1 日，无线寻呼业务并入中国联通公司。

二、中国移动通信

（一）收费网点建设

2002 年前，全县只有一个营业部。2007 年，全县增加到 7 个营业网点，即：勐卡、勐梭、新厂、中课、翁嘎科、岳宋、力所。全县网点都已接入电脑收费和办理各种业务，完成营运收入 554 万元。

2008 年，城区有 1 个沟通 100 服务厅、1 个外包厅、5 个指定专营店、8 家城区特约代理点，有乡镇村级服务站 36 个，有企业服务站 3 个。营业收入 705 万元。

（二）移动用户

1999 年，全县移动客户 470 户。2000 年—2003 年，全县移动客户 4500 户。2004 年—2006 年，全县移动客户 9050 户。2007 年—2008 年，全县移动客户 1.5 万户。

（三）移动业务项目

1999 年，县内移动业务比较单一，仅是语音通话业务。

2000 年，推出“全球通”信息点播业务，实现“双向寻呼”功能。2002 年，推出“移动梦网”“GPRS”“彩信 MMS”新业务。

2003 年—2008 年，推出动感地带、神州行套餐、手机上网（移动数据套餐）、彩信体验包、来电提醒、手机导航（经典版）、移动气象站、手机视频、手机报、无线音乐高级会员、飞信、驾驶宝、手机证券、全曲下载、主叫回执、短信转转赢、139 邮箱（5 元版）/（20 元版）、12580 其他前向产品、号簿管家、新版手机导航、“12580”《生活播报》、信息管家、G+ 游戏包、WLAN 无线宽带上网套餐 30 元包月 /WLAN 无线宽带上网套餐 50 元包月、手机阅读。

（四）基站建设

2001 年 5 月，有 1 个基站，设在县邮电局内，总投资 120 万元。2002 年，总投资 890 万元，建成基站 8 个：勐梭（自维站）、交警大队、中课、力所、岳宋、娜妥坝、翁嘎科和新厂。2005 年，总投资 305 万元，建成基站 3 个：移动公司（自维站）、橡胶公司和白糖厂。2006 年，总投资 275 万元，建成基站 5 个：莫窝村、里拉新村、班帅、班弄和南亢。2007 年，总投资 567 万元，建成基站 9 个：县自来水厂、戈约、八一小学、西孟路 5 千米、永光、勐卡镇老部队、南亢、莫美、县政府综合楼后山。2008 年，总投资 379 万元，建成基站 7 个：老县城水库、大黑山、南康河电站、橄榄、嘎娄、班岳、莫美。

三、中国联通

1999 年 11 月，中国联通西盟营业部成立。年末，全县有 8 个乡镇开通了联通无线寻呼，通信、寻呼信号覆盖率 85%。为满足用户要求，公司先后在翁嘎科乡、新厂乡、西盟镇、勐梭镇等乡（镇）安装及开通无线寻呼发射机。

2001 年 1 月起，建联通 GSM 机站 7 个，开通“131”、“186”、2G、3G 用户。2003 年 8 月，中国联通西盟营业部更名为中国联通西盟分公司。为拓展新领域，公司全面加快长途光缆建设进程，新建光缆路线 200 余千米。至 2008 年 12 月，开通“131”、“186”、2G、3G 用户 2000 余户，营业部年收入 100 余万元；建成联通 GSM 站 12 个，总投资 390 万元，营业部设备投资 35 万元。

第三节　大众传媒

一、广播

（一）广播站（台）建设

1986 年，全县仅有 40 个自然村通有线广播。1988 年，全县广播覆盖率 28%。1989 年，在中央和省广播部门的关心支持下，筹建西盟县人民广播电台。

1991 年 12 月 20 日，投资 100 万元，总面积 330 平方米的广播电台正式成立，属二级局。是全国首家使用佤语播音的广播电台。

1997 年—2000 年，新安装乡级调频广播发射机 4 台和乡村有线广播收扩机 9 套。1998 年，广播电视局分别在新老县城配置 50 瓦、100 瓦的调频广播发射机。从此，西盟县广播事业成为中波广播、有线广播、调频广播合一的转播传播网络。

2002 年，投资 420 万元，在县城建成 1977 平方米的广播电视中心综合楼。至 2008 年，全县广播覆盖率 95%。

（二）广播宣传

1978 年，县广播站以转播中央台新闻为主，开办汉语自办节目。1979 年，用汉语和佤语开播自办节目。

1985 年后，先后开办《西盟新闻》《佤山走廊》《法制园地》《科技生活》《星星草》《空中乐园》《每周一歌》《金曲选送》《天气预报》《司岗里》等自办栏目。

1996 年 3 月，县广播电台被云南省广播电视厅和省人事厅授予“八五期间全省广播电视系统先进集体”。

2008 年，保留的固定自办栏目有《西盟新闻》《佤山走廊》《司岗里》《天气预报》；每天一组的《西盟新闻》（汉、佤语播音）、《天气预报》；两天一组的汉语综合服务类《佤山走廊》、佤语综合服务节目《司岗里》《音乐风铃》。另外，结合县委、县政府及部门的需要开设专题节目。西盟县人民广播电台自办节目，在早上 7：00—8：00、中午 11：40—12：30、下午 18：00—19：00、晚上 20：00—20：30 四个时段播出，每天播出时间为 3 小时 20 分。自办栏目突出边疆少数民族地区的特点，形成集新闻、教育、服务、娱乐性为一体的具有西盟民族文化特色的城乡综合性节目。电台选送的

《西盟佤族妇女传统手工业正在兴起》等26件作品荣获省、市级新闻奖。

1991年—2008年西盟县获国家、省、市表彰广播新闻作品情况表

表8-4

名称 作品	类别	表彰类型	作者及相关成员
《我县佤族妇女传统手工业正在兴起》	广播节目	1991年度思茅地区优秀广播节目二等奖、云南省优秀广播节目二等奖；云南省好新闻三等奖	作者：李万怀
《赞新官上任三瓢水》	广播节目	1991年度思茅地区优秀广播节目一等奖、云南省优秀广播节目三等奖	作者：李万怀
《从俭办婚事值得提倡》	广播节目	1991年度思茅地区优秀广播节目三等奖	—
《阿佤致富女能手》	广播新闻	1991年度思茅地区广播新闻一等奖、云南省广播节目三等奖	作者：李万怀
《一个佤族老头的梦》	广播节目	1994年度云南省广播节目三等奖	作者：李万怀
《阿佤山的女当家》	广播节目	1995年度思茅地区广播节目一等奖、云南省广播节目二等奖	作者：李万怀
《县民族歌舞团抓精品，闯市场，搞创收，促下乡》	广播新闻	1996年度第十二届云南新闻奖一等奖	作者：赵亮铧
《个体户王平安资助一千二百名穷孩子上学》	广播新闻	1996年度第十二届云南新闻奖二等奖	作者：李万怀
《用真情托起佤山人民致富的希望》	广播节目	1997年度思茅地区广播奖二等奖	—
《省长的心愿》	广播节目	1998年度思茅地区广播奖三等奖	作者：李秀萍
《佤山走廊、本县新闻》	播音与主持	1998年度思茅广播电视政府奖三等奖	播音：刘今春
《紧握毛主席的钢枪》	播音与主持	1998年云南省播音类奖三等奖	播音：何艳
《“希望之星”在我县结硕果》	播音与主持	1999年度思茅地区广播节目奖三等奖	播音：何艳
《从茅草房走出来的阿佤女老板》	长消息	2001年度思茅地区广播电视奖广播三等奖	作者、编辑：盘晓青 播音：何艳
《一首歌和一个民族的希望》	短消息	2002年度省政府、思茅地区广播电视奖广播三等奖	作者：盘晓青、师云江 编辑：盘晓青 播音：杨丹
《佤山第一村领头雁安木吓》	民语专题	2002年思茅地区广播电视奖广播三等奖	作者：张亮 编辑、播音：娜代
《过年杀猪——我县佤族群众的新生活方式》	短消息	2003年思茅地区广播电视奖广播三等奖	作者、编辑：刘英 播音：何艳
《阿佤文化大餐 风味独特 游客云集 共品木鼓神韵》	长消息	2003年思茅地区广播电视奖广播三等奖	作者、编辑：刘英 播音：何艳
《走出民间并非民族文化的最终归宿》	评论	2004年思茅地区广播电视奖广播三等奖	作者：刘英、盘晓青 编辑：刘英 播音：何艳
《班弄人变了，家也变了》	长消息	2004年思茅地区广播电视奖广播三等奖	作者、编辑：李秀萍 播音：周晓
《防治疟疾没有人比我们自己做得更好》	民语专题	2004年思茅地区广播电视奖广播二等奖	作者、播音：娜代 编辑：刘英
《一个佤山老汉的奥运梦》	短消息	2005年思茅市广播电视奖广播三等奖	作者：刘英、盘晓青、杨睿
《佤山敲响世纪木鼓》	长消息	2005年思茅市广播电视奖广播三等奖	作者：李秀萍

续表 8-4

名称 作品	类别	表彰类型	作者及相关成员
《佤山人民的好儿子——孔寿益》	民语专题	2005 年思茅市广播电视奖广播三等奖	作者、播音：娜代 编辑：刘英
《小小蚕桑乐蚕农》	短消息	2006 年思茅市广播电视奖广播一等奖	作者：刘英、谢昌艺 编辑：刘英、盘晓青
《阿佤文化吸引中外记者走进阿佤山》	消息	2006 年思茅市广播电视奖广播三等奖	作者：刘英 编辑：刘英、盘晓青
《山林作证》	民语专题	2006 年思茅市广播电视奖广播民语专题二等奖	作者：李秀萍、娜代 播音：娜代
《晚情暖人间》	专题	2006 年云南省政府广播电视三等奖	作者：盘晓青、闫爽
《十元钱给佤山看病带来实惠》	广播长消息	2007 年普洱市广播电视奖广播长消息专题二等奖	作者：盘晓青、刘英 播音：杨欧
《我县 21000 农村特困户享受低保》	广播短消息	2007 年普洱市广播电视奖广播短消息专题三等奖	作者：岩改 播音：杨欧
《党的光辉暖民心》	民语节目	2007 年普洱市广播电视奖广播民语节目三等奖	作者：李秀萍、娜代
《防治疟疾我们做得更好》	民语播音主持	2007 年云南省广播电视首届民族播音主持类一等奖	作者：娜代、刘英 播音：娜代
《司岗里神韵》	民语播音主持	2007 年云南省广播电视奖广播三等奖	作者：岩敏 播音：岩敏
《佤族母亲—安木拐的传说》	民语播音主持	2008 年普洱市广播电视奖广播与主持节目一等奖	作者、播音：娜代 编辑：刘英
《佤族民歌唱进世界“乐坛”》	广播长消息	2008 年普洱市广播电视奖广播长消息专题二等奖	作者：岩改、纳面、高彩仙 编辑：刘英、赵伟 播音：杨欧
《37 岁阿佤汉子成为一年级学生》	广播社教	2008 年普洱市广播电视奖广播社教二等奖	作者：盘晓青、刘英、岩理 编辑：刘英、赵伟 播音：杨欧
《三十年变化之百姓生活》	广播系列报道	2008 年普洱市广播电视奖广播系列报道三等奖	作者：岩改、岩敏、邹伟奇 编辑：刘英、赵伟 播音：杨欧
《司岗里神韵》	民语专题	2008 年普洱市广播电视奖广播专题三等奖	作者、编辑、播音：岩敏
《声音故事》	播音主持	2008 年普洱市广播电视奖广播与主持节目三等奖	作者、编辑、播音：杨欧

（三）中波转播台

1991 年 5 月 13 日，建成“国家广播、电影、电视”3 频共塔的中波试验台（位于老县城佛殿山，海拔 1960 米），并开始试播。转播中央台 1 套（846 千赫兹、1 千瓦）、云南台 1 套（1200 千赫兹、100 瓦）和自办节目（1485 千赫兹、1000 瓦）。

2001 年 1 月，中波台上划省广播电视局直接管理。2002 年，中波转播台更换了两部 1 千瓦中波发射机，分别转播中央台 1 套（846 千赫兹、1 千瓦）、云南台 1 套（1200 千赫兹、1 千瓦），覆盖率 85%。2008 年，有职工 11 人。

二、电视

（一）电视转播台

1984 年 6 月 18 日，电视转播台建成并开播。转播台接收思茅大尖山 4 频道信号，转播省电视台 1 套节目，发射机功率为 100 瓦，信号覆盖新厂、莫窝、力所、勐梭四个区和县城范围。

1986年12月25日，建成6米县城卫星电视地面接收站，先后增加50瓦和100瓦的电视转播设施，分别转播中央电视台1套、2套和省电视台节目。1989年2月，实现广播、电视节目的卫星转发。

1990年1月22日，实施“331”广播电视工程，受到省广播电视厅的表彰。1992年，启动实施“211”广播电视工程项目。

1996年9月30日，老县城550兆赫邻频双向有线广播电视网建成开通，使辖区用户可收看到17套高质量的电视节目和收听到3套调频立体声广播节目。1998年，电视转播台更名为西盟电视台，属二级局。同年，建起28座“211”站，提高广播、电视信号在农村的覆盖率。1999年，对“211”工程升级改造，基本实现行政村“村村通”广播电视。

2000年，建设“村村通”收转站45个，完成了村村通广播电视工程升级改造，并通过省、地验收，被国家广播电影电视总局、国家计委表彰为“村村通工程建设先进集体”。

2002年5月，投资250万元，建成全市最先进的750MHz-HFC可寻址双向有线广播电视综合网，新县城网内用户可收看到32套高质量电视节目和收听到3套调频立体声广播。

2004年，完成各乡镇有线电视网络建设，使各乡镇政府所在地及附近用户收看到有线电视节目。2005年年初，开通各乡镇有线电视。

2006年，实现50户以上自然村“村村通”广播电视，收转站已发展到66个，电视覆盖率95%。

2007年6月，在县城和勐卡镇实施中央农村无线覆盖工程。同时，把中央1、7和少儿频道电视节目，及1套广播节目转播设备更新为300瓦全固态广播电视发射机。

至2008年，完成20户以上自然村“村村通”广播电视78个站（网）的建设，覆盖率96%。增置非线性编辑3套、摄像机5台、提词机1台。

（二）电视支公司

2005年1月，云南广播电视信息传输网络股份有限公司西盟支公司成立，公司实行一级法人制，隶属省广播电视信息传输有限公司。新县城有线电视网络交由支公司经营管理，使用由四川成都康特生产的750MHz-HFC双向可寻址有线广播电视系统一套，传输32套电视节目。

2006年3月1日，顺利完成四权移交，广播电视局为股东单位，拥有106万元股份，支公司在省总公司的领导和普洱分公司的指导下，负责辖区内的有线电视发展、管理、增值业务推广及网络维护经营工作，公司实行经理负责制，有职工6人。

2007年4月前，内设办公室、财务室、技术部和网络运营维护部；4月，经省总公司批准改设行政管理部和运营维护部，有线电视用户1556户，收入31万元，公司负债50万元。

2008年，有线电视用户2769户，收入51万元，传输电视节目39套。

（三）电视宣传

1993年，广播电视局由县财政拨款7万元，省广播电视厅补助20万元，购置一套电视摄录编设备。1998年7月，开办《西盟新闻》栏目。

2005年12月1日，对《西盟新闻》进行改版，由每周1组改为每周3组，主要包括时政、经济和社会新闻。自办的节目中，注重特色的民风民俗宣传，每天坚持在《西盟新闻》后，选播1组佤山自然风光片和佤族歌曲。同时，开设社会教育类宣传栏目和广告等。加强对外宣传工作，积极向中央、省、市台选送节目，并配合中央、省、市及其他电视台拍摄制作反映西盟县情、民族文化等专题片。

至2008年《佤山学童情系奥运》等27件新闻作品和专题先后获国家、省、市级新闻奖。先后拍摄制作《西盟佤族自治县情况反映》《西盟县城滑坡纪实》和《神秘的佤山——西盟》等电视专题和资料片。

1997 年—2008 年西盟县获国家、省、市表彰电视新闻作品情况表

表 8-5

名称 作品	题材	表彰类型	作者及相关成员
《用真情托起佤山人民致富的希望》	通讯	1997 年度思茅地区电视节目二等奖	作者：周艳；编辑：晓青、周艳 播音：何艳 岩望
《佤山娃娃学电脑》	消息	1998 年度思茅地区天壁杯新闻二等奖	作者、摄像：张亮
《被拐女童圆了读书梦》	消息	1999 年度思茅地区电视三等奖	作者：张亮；播音：何艳； 摄像：张亮、李冬春
《被拐女童圆了读书梦》	消息	1999 年度思茅地区天壁杯新闻二等奖	作者：张亮 播音：何艳；摄像：张亮
《绿色圆梦》	新闻专题	1999 获全国 DV 影像新闻专题类、节目评析铜牌节目	作者：周艳 岩理；播音：唐洁莹 摄像、编辑：周艳、赵伟
《傣家妇女咪 A 班破旧立新走致富路》	消息	2000 年度思茅地区电视新闻三等奖	作者、播音：周艳 摄像：张亮
《一首歌激励几代人》	消息	获 2002 年度思茅地区广播电视新闻三等奖	作者、摄像：张红 编辑：张亮； 播音：杨梅
《“佤山第一村”领头雁安木吓》	消息	2002 年度思茅广播电视新闻二等奖	作者：张亮、周晓 编辑：张亮；播音：杨丹
《山区扶贫出新招》	消息	2003 年度思茅地区广播电视奖电视三等奖	作者、摄像：杨丹、张亮 编辑：张亮； 播音：杨丹
《科技先锋—伍光》	消息	2004 年度思茅市广播电视奖电视三等奖	作者、摄像：蓝柯 编辑：周艳、魏强；播音：邹文君
《佤山服饰出国门》	消息	2004 年度思茅市广播电视奖电视三等奖	作者：周艳；编辑：张亮、周艳、 摄像：杨丹、周艳、张亮；播音：杨丹
《小小佤山热起来》	消息	2004 年度思茅市广播电视奖电视二等奖	作者：周艳、邵建波；编辑：周艳 摄像： 邵建波；播音：周晓
《走近仙人寨》	专题	2005 年度思茅市首次电视异地采访评奖二等奖	作者：李秀萍、周艳、周晓 编辑、摄像：周艳、李秀萍 播音：杨丹
《时代的先锋干部的楷模》	电视社教	2005 年度思茅市广播电视奖电视二等奖	作者、摄像：张亮、杨丹 编辑：张亮、赵伟；播音：杨丹
《党旗下的誓言》	消息	2005 年度思茅市广播电视奖电视三等奖	作者：张亮、杨丹；编辑：张亮 摄像、播音：杨丹
《童心七色梦爱筑彩虹桥》	专题	2006 年度思茅市广播电视奖电视一等奖	作者：邵建波、周艳 编辑：周艳； 播音：闫爽 摄像：周艳、邵建波
《大山深处的远古文明》	系列报道	2006 年度思茅市广播电视奖电视一等奖	作者、摄像：张亮、邵建波 编辑：张亮； 播音：杨欧
《童心七色梦爱筑彩虹桥》	新闻专题	2006 年获全国 DV 影像新闻专题类节目评析银牌节目	作者：邵建波；播音：闫爽 摄像：邵建波、周艳；编辑：周艳
《小小蚕桑乐蚕农》	短消息	2006 年度思茅广播电视政府奖二等奖	作者：谢昌艺；编辑：赵伟 摄像：谢昌艺、邹伟琦 播音：唐洁莹
《思茅市捐赠百吨大米支援缅甸禁种罂粟》	长消息	2006 年度思茅广播电视政府奖二等奖	作者：邹伟琦；编辑：赵伟 摄像：邹伟琦、岩理；播音：杨欧
《最是那执手的幸福》	社教专题	2006 年度思茅广播电视政府奖二等奖	作者：谢昌艺、盘晓青； 摄像：谢昌艺 邹伟琦 编辑：赵伟；播音：唐洁莹

续表 8-5

名称 作品	题材	表彰类型	作者及相关成员
《只出十元钱 阿佤笑开颜》	消息	2007 年度普洱市广播电视奖电视三等奖	作者：邵建波、岩理、何绍明 编辑：周艳、邵建波 摄像：邵建波；播音：唐洁莹
《凝聚党旗下 共创致富路》	专题	2007 年度普洱市广播电视奖电视一等奖	作者：邵建波、周艳、何绍明 编辑：周艳、邵建波 摄像：邵建波、岩敏；播音：闫爽
《西盟两万多农村特困 户享受低保》	短消息	2007 年度普洱市广播电视政府奖三等奖	作者：谢昌艺、唐洁莹、何绍明 编辑：周艳；摄像：谢昌艺 播音：唐洁莹
《神医诈骗》	电视专题	2008 年度普洱市广播电视政府奖二等奖	作者：周艳、邵建波、岩理 编辑：周艳 赵伟 摄像：邹伟琦；播音：唐洁莹
《云雨 群山 阿佤人》	MTV	云南省广播电视奖 2008 年度电视文艺奖二等奖	作者、编辑：邵建波 赵伟 摄像：邹伟琦、岩理 其他：邵建波、周艳
《37 岁的小学生》	民语电视	云南省广播电视奖 2008 年度民语电视二等奖	作者、摄像：邵建波、岩理 编辑：周艳、赵伟；播音：娜黛
《佤山神韵》	民语电视播音	云南省广播电视奖 2008 年度民语电视 播音主持奖三等奖	播音：娜黛
《神医诈骗》	播音与主持	2008 年度普洱市广播电视奖播音与主持 节目三等奖	播音：唐洁莹
《37 岁的小学生》	电视社教	2008 年度普洱市广播电视奖电视三等奖	作者、摄像：邵建波、岩理 编辑：编辑：邵建波、陶阳 播音：唐洁莹
《改革开放 30 年之 百姓故事》	系列报道	2008 年度普洱市广播电视奖电视三等奖	作者：邹伟琦、邵建波 摄像：黄显玲、高彩仙 编辑：赵伟、陶阳； 播音：杨欧、唐洁莹
《37 岁的小学生 ——岩高》	电视社教	2008 年度云南省广播电视奖电视一等奖	作者：杨建钢、邵建波 编辑：张红、谢群；播音：刘峥 摄像：刘江辉、岩理
《“神医”诈骗（佤语）》	民语电视 播音	2008 年度云南省广播电视民语电视播音 主持奖二等奖	作者：岩敏

第四节　机　构

一、县邮政局

1978 年—1998 年，县邮电局统一管理全县邮政、电信业务，设邮政科及电信科。1998 年 10 月 28 日，邮电体制改革，实行邮政、电信分营，撤销西盟县邮电局，西盟县邮政局成立，属正科级单位，划分邮政局职工 28 人（离退休 14 人），领导职数 1 正 1 副，下设综合办、经营服务部（后改为市场经营部）。邮政经营体制改革，中国邮政储蓄银行成立，实行专业化经营，根据邮政集团公司统一部署，县级成立支行，不再设副局长一职。全县各乡镇邮政所和西盟镇邮政支局成立。2001 年，邮政局搬迁到新县城。2006 年 1 月，西盟镇邮政支局改为勐卡镇邮政支局。36 个行政村实现村村通邮。2008 年 6 月 5 日，中国邮政储蓄银行普洱市西盟县勐梭支行成立；8 月，在市场经营部增设专门负责速递物流业务的速递物流组。全局有职工 46 人，其中，在职 22 人（含邮政储蓄银行勐梭支行 2 人），劳务工12人，离退休12人。

历任县邮电局局长：陈先培（1978年1月至1984年4月）、李树春（哈尼族，1985年6月至1988年8月）、李世学（1988年8月至1996年12月）、赛暖（佤族，1998年11月至1998年12月）。

历任县邮政局局长：赛暖（佤族，1999年1月至2002年10月）、罗斌（佤族，2002年10月至2008年12月）。

二、县电信局

1998年10月28日，西盟县邮电局分设县电信局；11月，县电信局正式挂牌营业；12月1日，无线寻呼业务与电信分离，开始独立运作。1999年8月，电信、移动分设。2000年10月18日，西盟县电信分公司成立，新建办公楼、职工住房5280平方米，总投资1600万元。2003年2月，被思茅地区文明委命名为"文明单位"。2004年1月，被省文明委命名为"文明单位"。2004年7月，改称为云南省电信有限公司西盟县分公司。2008年1月，改为中国电信股份有限公司西盟分公司（简称"中国电信西盟分公司"），隶属中国电信股份有限公司普洱分公司，统一使用"中国电信"服务商标。年末，有员工27人，其中，在职员工23人，劳务合同工4人。

历任县电信局局长：魏明（1998年11月至2001年3月）、文加才（2001年3月至2003年12月）；

历任云南省电信有限公司西盟县分公司经理：文加才（2004年1月至2007年7月）、普文荣（彝族，2007年8月至2008年12月）。

三、县移动公司

1999年8月，县电信体制改革，移动通信独立运营，设西盟佤族自治县移动通信运营部，有职工6人，其中，行政人员2人，工作人员4人。2007年1月，中国移动通信集团云南有限公司西盟分公司实施"四级经理管理制度"，设经理1人，下设综合部、财务部、集团客户部、渠道部、品牌信息部、网络部和沟通100服务厅，有职工22人。2008年，有职工22人。

历任移动通信公司总经理：赵红明（1999年9月至2005年10月）、周剑锋（2005年10月至2008年12月）。

四、县联通公司

1999年11月，中国联通西盟营业部成立，设办公室，有员工2人。2003年8月，中国联通西盟营业部更名为中国联通西盟分公司，设办公室，有员工4人。

历任联通西盟分公司负责人：芮林美（1999年11月至2008年12月）。

五、县广播电视局

1984年1月，县文化广播电视局成立，设局长1名，副局长2名，内设办公室。1991年12月，划分广播电视局。1996年7月，广播电视局与文化局合并，称文化广播电视局。2002年3月，县机构改革，广播电视与文化划分，改称为广播电视局。2008年，内设办公室、事业股、技术股、总编室。领导职数1正2副，有职工38人，其中，局机关工12人，广播电台15人，电视台11人。

历任县文化广播电视局局长：张正文（佤族，1984年1月至1991年10月）。

历任县广播电视局局长：古云川（1991年10月至1996年7月）。

历任县文化广播电视局局长：古云川（1996年8月至2002年3月）。

历任县广播电视局局长：古云川（2002年3月至2008年12月）。

历任党支部书记（正科）：岩相义（傣族，2005年1月至2008年3月）。

第九编　工业　商贸

第一章 工业生产

第一节 矿产开发

一、锡矿

（一）西盟县锡矿厂

西盟县锡矿厂位于新厂乡阿莫村。1981年3月15日建厂，由县工交局组织15名干部职工进入矿区采矿石3.6吨；6月9日，首次运至个旧云锡公司冶炼，获精锡1.8吨，收入2.7万元；8月，购进250×400碎矿机、3×6球磨机、进口凿岩机、推土机各1台，矿车1辆；建水池1个、搅沟2条、人工洗矿槽4条；开通2号矿体专用公路3千米；建混泥平顶房2幢、简易住房5幢；初步形成日处理10吨矿石的小选厂。至1982年，累计固定资产66万元。

1983年3月，在省冶金厅及云锡公司大屯选厂帮助下，投资17.6万元，增设3×6球磨机1台、摇床6张、砂槽4条。扩建为日处理矿石30吨规模；9月投产，实际日处理能力36吨。

1984年7月，在思茅地区工业局及个旧市有色金属公司的帮助下，对原采选工艺进行改造和填平补齐。购进120马力挖掘机和75型推土机各1台，东风平板车2辆，驾设10千伏高压线路13千米。日选矿能力50吨。

1985年12月3日，经省级有关部门推荐，报经省计委批准，引进瑞典国际萨拉公司日处理矿石100吨移动式选矿设备，包括配套设施，共投资834万元。1987年1月，开始安装；6月29日验收投产。

1990年，增设浮选车间，对经过重选的锡精矿，再作除硫除砷处理，以提高冶炼回收率，日选矿能力由1981年的10吨提高到258吨，年采矿能力由1984年的1.2万吨提高到9万吨。年末，有职工389人，其中，专科以上学历3人，中专（高中）45人，初中144人；佤族108人，拉祜族25人，傣族2人；工程师1人，助理工程师5人，专业技术人员11人。有生产车8辆（载重45吨），有运输车8辆（载重46吨），有生活车7辆，有机械设备34台。矿部机构设总务、油料、供应、生产技术、经营、财务、保卫、办公、设备、企业管理、建设、人事等科（室）。矿区占地4平方千米，房屋建筑面积1.43万平方米（宿舍0.54万平方米），固定资产原值1347万元。

至1990年，共开采矿40万吨，入选23万吨，产锡精矿含锡1862.04吨，送昆明、个旧冶炼共产精锡814.64吨，销售收入4829.5万元，利税1600万元，盈利548万元，支付工资350万元。县国营锡矿厂是思茅地区40户重点企业之一，是云南省出口创汇的先进单位，也是县财政收入的支柱产业之一。

1990年后，由于经营不善，技术缺乏，企业处于长期亏损状态。2007年，进行改制，县锡矿厂实施政策性破产。改革后由普洱市政府引进中国黄金集团科技有限公司，组建西盟云天矿业有限公司，因受市场、政策等多种因素的制约，至2008年，未投入生产。

1981年—2006年部分年份西盟县锡矿厂主要经济指标完成情况表

表9-1

单位：万元、吨

名称 年份	销售收入	利税总额	利润总额	锡精矿产量
1981	2.70	—	—	1.80
1983	102	50	50	56
1986	148	118	118	54
1990	715	377	377	210
2000	405.65	—	—	305
2001	549.20	—	-111.3	333.19
2002	424.43	—	-239.2	355.35
2003	595	—	-184	313
2004	840.10	—	-15.8	189.20
2005	730.80	—	-356.5	200
2006	513.90	—	-524.6	149.50

（二）云天矿业有限公司锡矿厂

西盟县云天矿业有限公司锡矿区位于新厂乡阿莫村，与缅甸佤帮仅一山之隔，地理坐标：北纬22° 8'30″ ~ 22° 50'30″，东经99° 27'24″ ~ 99° 29'2″ 。距新厂镇公路5千米，距县城65千米。采矿权面积360000平方米。

2007年9月13日，西盟云天矿业有限公司收购原西盟县锡矿厂后正式注册成立，并获得采矿权，采矿许可证号（C5300002008073120000911），公司注册3000万元，属于国有独资企业。公司坚持以“诚信求实、自主创新、和谐发展、科技兴企”为宗旨；以“团结、奋斗、创新、发展”为企业精神。公司有员工61人（包括临时工），其中，有职工54人（女职工9人）。有工程技术人员15人（大专以上学历12人）。公司下属矿区有：新厂银铅锌矿区、新厂永土铅锌矿区、翁嘎科金矿区。经昆明理工大学资源储量核实，普洱市国土资源局于2008年1月10日以普洱国土资源备字〔2008〕5号文评审备案，截至2007年12月底，西盟锡矿区采矿许可证范围内保有资源量（121B+122B+123B）：原生锡矿矿石2552586、锡金属量2904.72t，平均品位SN1.14%，此外，有共生表内钨矿1646t，平均品位0.38%，矿区共探获原生锡矿体（脉）5个（编号为Ⅰ、Ⅱ、Ⅲ、Ⅳ、Ⅴ号）矿体。

2008年9月26日，公司按规定缴纳采矿权有偿使用费203.33万元。

2010年11月18日，缴纳矿产资源补偿费和采矿权使用费0.55万元。2013年11月，缴纳采矿权价款保证金401万元。2014年，缴纳资源补偿费1万元。

二、金矿（锅斗金矿）

西盟县锅斗金矿位于翁嘎科乡龙坎锅斗组。地理坐标：北纬22° 31'48″ ~ 22° 32'14″，东经99° 23'16″ ~ 99° 23'33″ 。距县城60千米。矿区占地面积360000平方米。

2003年—2006年，由西盟县锡矿下设的黄金开发有限公司开采，厂名叫“西盟县翁嘎科金矿厂”。属地表剥离开采，使用推土机及人工相结合开采，因开采技术不高，成本过大，效益较低而停产。2007年9月13日，锅斗金矿被中国集团科技有限公司西盟县锡矿云天矿业公司收购，并获得采矿权，进行地下深层机械及人工探矿，有专业技术人员20余人。许可证号（C5300002008741200009l5），采矿期8年（2007年9月13日至2015年8月13日），属国有独资企业。

2007年，经云南省南方地勘工程有限公司核实和普洱市国土资源局于2008年1月8日以普国土资储备字〔2008〕2号文评审备案，探明矿区共发现三条金矿体，编号为GV5-2、GV-3。

2008年9月26日，公司缴纳采矿权有偿使用费26.60万元。至2008年12月，初步探明部分矿点的含量，但尚未正式开采。

三、银锌矿

（一）新厂银铅锌矿厂

新厂银铅锌矿区位于新厂乡政府北西2千米的代格拉河一带，地域属新厂乡代格拉村管辖。地理坐标：北纬22° 51'30″ ~ 22° 53'15″，东经99° 27'15″ ~ 90° 28'30″。开采矿山面积260100平方米，矿区距新厂乡政府4千米，距县城65千米。

1958年5月，西盟县工交局在新厂区新厂乡银铅锌老矿洞建厂，取名叫“五一铅厂”，有职工40人，建土炉一座，以木炭为燃料，手拉风箱作鼓风，用人力挖掘，当年炼粗矿37吨。同年，思茅军分区也派人到新厂老矿洞冶炼铅75吨。

1959年，因缺乏冶炼生矿技术，加之矿资源离表层较深，人工开采费工费力，生产成本高，停止开采。

1970年，新厂公社社队企业队组织人员进行开采炼铅（属新厂公社企业）。

1984年，新厂区组织社队企业队在新厂老矿洞开采铅矿，因含银品位较高，又称富银铅锌矿，生产的粗矿，主要售给耿马县勐撒冶炼厂。

1990年—1993年，新厂乡政府把银铅锌厂老矿洞先后承包给澜沧县、新平县矿业公司开采，两公司共开采矿石74吨，运至内地冶炼。1994年5月，新厂铅锌厂转给个体私营户浮万黎承包开采。

1996年5月，因治理整顿矿山，为了保护矿产资源，西盟县矿产资源管理委员会进行查实后，注销了个体私营户浮万黎的开采权，并把采矿权收回；5月20日，西盟县锡矿厂接收新厂银铅锌厂，并按照有关规定，办理经营新厂铅锌厂的采矿权，取名叫“西盟县锡矿新厂铅锌分厂”（简称新厂分矿，属矿部下属车间）。设分矿长、副矿长各1人，有机械操作及机修工25人，硫化矿坑口15人，氧化矿坑口15人，共计57人。同时，临时请新厂村4组农民工30人和外来施工队10人为劳务人员。有东风75推土机2L30装载机、东风汽车和生活车各1辆；有空压机2台、变压器1台、高压线3500米和煤石灯40盏等设备。投资50万元（矿山10万元，选厂40万元）建设选矿厂和矿洞修复。制订1996年下半年和1997年生产计划；5月27日，矿区修复工作开始；10月1日正式投产。直接以原矿出售到昆明、个旧、思茅等地；铅锌矿、锌精矿出售到澜沧铅矿、昆冶、思茅电锌等厂。

2004年1月1日，西盟县锡矿新厂铅锌分厂把开采权承包给个体私营户计浩（承包年限至2006年12月31日）。

2005年5月，挖掘基道3500米，出售矿石700吨，每吨出售价300元，共计21万元，上缴承包费40万元，上缴税费30619.65万元，共有职工165人；5月12日，因严重亏损，西盟县有色金属公司发出书面通知停业整顿。

2006年2月8日，西盟县有色金属有限公司西有色请字〔2006〕4号文件《关于请求协调相关职能部门配合协助公司封停新厂矿山坑道采矿区工作的请示》上报县企改办；2月15日，西盟县有色金属有限公司正式批准将单方采取提前终止新厂铅锌矿山承包合同；2月23日，公司与矿山承包方负责人计浩洽谈成功，公司支付承包方经济补偿费929600元；6月，因锡矿厂政策性破产，西盟县锡矿新厂铅锌分厂停厂。

2007 年 9 月 13 日，西盟县云天矿业有限公司收购了新厂铅锌厂，取名称叫“西盟云天矿业有限公司新厂银铅矿”，矿山编号为：5308290018，采证许可证为（5300002008073220000909，采矿权面积 260000 平方米，采矿期到 2014 年 12 月 10 日止）；12 月，公司委托云南省南方地勘工程有限公司编制,《云南省西盟佤族自治县新厂铅锌矿资源储量核实报告》，普洱市国土资源局于 2008 年 1 月 8 日以“普国土资储备〔2008〕3 号”文许审备案，矿区共发现两条铅锌体，编号为 V4、V5。

2008 年 9 月 26 日，公司缴纳采矿权有偿使用费 175.85 万元。2010 年 11 月 18 日，缴纳矿厂资源补偿费和采矿权使用费 0.55 万元。2012 年，缴纳采矿权价款保证金 92 万元。2014 年，缴纳资源补偿费 1 万元。在采矿权有效期间，公司从未进行过矿权出租、抵押和转让等，也从未获得过矿产资源节约与综合利用专项资金支持，期间公司主要靠自筹资金治理矿区山体滑坡、环境保护和修路及购买各种设备来扩大发展生产。

（二）永土银锌矿厂

永土铅锌矿区位于西盟县新厂乡代格拉村、组。地理坐标：北纬 22° 51'30″ ~ 22° 53'15″，东经 99° 27'15″ ~ 99° 28'30″。距新厂镇政府北西 2 千米的代格拉河一带，距县城 65 千米。矿区占地面积 9001000 平方米。工程控制矿体长 162 米，斜深 40 米，控制最高标高 1258 米，最低标高 1186 米，矿体单工程厚度 3.18 米 ~ 5.97 米，平均厚度 4.82 米。

2007 年 9 月 13 日，永土铅锌矿被中国集团科技有限公司西盟云天矿业公司收购，并获得采矿权，许可证号为（C5300002008714120000915），采矿期 8 年（2007 年 9 月 13 日至 2015 年 8 月 13 日），属国有独资企业。同年，经云南南方地勘工程总公司核实，矿区共发现一条铅锌矿体，编号为 V1。普洱市国土资源局于 2008 年 1 月 8 日以普国土资储备字〔2008〕4 号文许审备案。

2008 年 9 月 26 日，公司缴纳采矿权有偿使用费 37.97 万元。

四、萤石矿

西盟县萤石矿位于募西公路 88 千米右下方。1986 年，由西盟县萤矿厂开采，有职工 14 人，人均月工资 900 元，价格每吨 30 元 ~ 100 元。主要销往小勐养、凤庆县水泥厂（其萤矿能增强炉温易融化石灰石提高水泥产量，同时，也能达到降温效果）。至 1996 年，年均开采 2000 余吨，因矿源开完而停产。

五、锰矿（小新寨锰矿）

西盟县鑫海矿业发展有限公司岳宋乡小新寨锰矿位于岳宋乡岳宋村小新寨。距岳宋乡政府 4 千米，距县城 56 千米。矿山占地面积 1.7329 平方米。探明地质储量 30.30 万吨。其可利用储量 8.98 万吨。

2000 年 7 月，西盟县鑫海矿业发展有限公司获得采矿权，厂名叫“岳宋小新寨锰矿”。由云南省国土资源厅颁发采矿证，证号（5327300110014），采矿有效期 8 年（2000 年 7 月至 2008 年 7 月），公司法人代表翁幸福，属私营企业。2008 年，已停止开采。

第二节　建材生产

一、砖瓦（县砖贸建材责任有限公司）

1978 年后，随着农村经济的发展，勐梭的傣族学会用土窑烧制挂瓦，并已在全村推广使用。

1985 年，砖厂建在“五七干校”（勐梭）。1986 年，砖厂搬迁到“五七干校”上方 500 米处建厂。

1987 年 9 月，正式建成生产；10 月，东波砖厂工人合并到该厂。

1988 年 3 月，为保护森林资源，县计经委及乡镇企业局，从孟连引进以煤代柴烧砖瓦技术工 1 人，新建烧煤土窑 2 座。同时，购进小型制砖机 1 组，变手工制坯为机械制坯。原东坡瓦厂改名为县机制砖厂，厂址位于里坎坡头；11 月，从下关引进地沟轮窑技术，投资 10 万元，建地沟窑 2 座，日产砖能力 1 万块；11 月 6 日，澜沧、耿马大地震波及西盟，大批房屋受损，为重建家园，省抗震办公室、建材局及乡镇企业管理局无偿拨款 60.8 万元，安排扶贫低息贷款 60 万元，变地沟轮窑为地面正规轮窑 1 座 18 门，年计划产砖 600 万块～800 万块，由昆明建材厂承建。1989 年 10 月动工。1990 年 1 月投产，通过检测，砖质量合格，每平方厘米抗压力 84.5 千克、抗折力 24 千克。

1990 年，机制砖厂有职工 89 人（含轮换工 58 人），产红砖 481 万块，收入 58.3 万元，利税 14.7 万元，留利 2 万元，工资 17.5 万元，人均 2080 元，固定资产 76 万元。全县有轮窑 1 座，小土窑 10 座，产砖 553 万块、瓦 45 万片。

2001 年 3 月，县红砖厂进行改制，由企业职工控股，更名为西盟县砖贸建材有限责任公司，仍属乡镇企业。

2008 年，产砖 1100 万块，产值 303 万元，销售收入 305 万元，销售利润 2.1 万元，利税 30 万元。固定资产 484 万元。有职工 91 人，其中，有固定职工 14 人，有退休职工 14 人，其他为临时工。

1992 年—2008 年部分年份西盟县红砖厂主要经济指标情况表

表 9-2 单位：万块、万元

年份＼名称	红砖产量	销售收入	利税总额	利润总额	资产总额
1992	439	54.1	2.7	−1.3	125.1
1994	260	41.8	3.3	0.5	123
1996	306	50.5	6.3	2.5	306.9
1998	1771	351.3	24.3	10.9	423.6
2000	1168	251.8	25.1	5.2	207.4
2001	861	159	3	−14	385
2002	987	157	16.4	2.1	391
2003	953	184	20	3.4	395
2004	1075	166	17.5	2.5	398
2005	950	146	26.8	3.6	480
2006	935	212	22.2	3.1	485
2007	968	254	25.4	2.5	489
2008	1100	305	29.6	2.1	484

二、石灰、石料、沙料

（一）石灰

1979 年，生产石灰 88 吨。1990 年，生产石灰 665 吨，其中，村办企业 645 吨，个体户 20 吨。1991 年后，石灰已逐渐停产。

（二）石料

20 世纪 80 年代，随着砖混结构房屋的普及，在王雅、帕可、曼亨、募西公路 95 千米等处开办碎石场。1990 年，县城有专业毛石场、碎石场各 2 个，从业人员 19 人，开采毛石 7681 立方米、碎石 3500 立方米。1991 年以后，县内毛石、碎石开采根据需要，时停时开。至 2008 年，县内共生产毛石 98750 立方米、碎石 130453 立方米。

（三）沙料

西盟县内建筑房屋和工程，所用沙料主要有山沙和河沙，砌石砌砖所用的山沙均可就地取材，随着 1978 年改革开放，县内砖混结构建筑物增多，建房所需河沙由施工队到勐梭河、南康河捞取。1980 年后，为照顾当地农民，县政府将捞沙归他朗村农民经营，以手工采沙，用沙单位向农民购买。进入 90 年代后，用沙量越来越大，县内的采沙改为机器采沙，采沙范围扩大到县内各条河道。

三、大理石

1980 年，县计经委和农机厂派人到大理参观考察后，投资 10 万元购置切边机 1 台、磨石机 2 台、恒温箱 1 个。在县农机厂附设大理石加工车间，试产试销，手工开采石料，机器加工。产品有地板、墙板、桌面、墓碑、研臼等，板材曾畅销县外。但由于工艺水平低，生产成本高，外销运距远等原因，未作批量生产。1998 年—2008 年，仅有独家个体户在做桌面、墓碑等工艺性产品生产。

四、木材

1978 年—1986 年，西盟县国家机关单位及人员住宿的房屋所需木材，都是统一由县伐木厂砍伐，把木材按需分配到各个施工部门，如不够，即从当地村寨或到外地购买；农村所用木材由村寨集体林地获得批准后自采自用。

1980 年，县伐木厂贷款 5 万元，购置 35 型拖拉机 1 台，载重汽车 1 辆，有带锯一套，有职工 53 人，固定资产 9.1 万元，伐圆木 745 立方米，加工锯材 446 立方米，收入 3.3 万元，利税 1.3 万元，利润 1.1 万元。

1986 年 5 月，划分责任山、自留山、轮歇地之后，分给伐木厂采伐的山林，经多年采伐，余材极少而停伐、停厂，伐木厂工人转至新厂区阿莫乡开采 2 号锡矿体。

第三节　食品加工

一、粮油加工

（一）农村粮食加工

1981 年后，农村实行联产承包责任制，集体加工机械转为农户承包经营，部分农户亦开始购置粮食加工机械从事经营，但仍有许多农户使用传统的手工工具加工粮食。

1990 年，全县农村有小型碾米机 208 台、磨面机 15 台。2008 年，全县农村有小型碾米机 1080 台、磨面机 350 台。

（二）乡镇粮所加工

1978 年—1982 年，全县 7 个公社粮管所，在未通电之前，县粮食局都给粮管所配备柴油机为动力的粮食加工机械，主要是加工供应机关人员、部队以及临时实施建设项目工程的人员等，但不对外供应。1983 年，县粮食局为全县粮管所配备电动粮食加工机械，并建盖加工厂房。

1993 年—1994 年，投资 26 万元，为全县粮油公司购置“15 型”碾米机 7 台（1993 年 5 台，1994 年 2 台），解决粮食迂回倒调、往返运输的费用，保障乡镇粮油供应。

2003 年，企业改革，“15 型”碾米机出售 6 台，留下 1 台给粮食公司购销使用。

（三）县粮油加工

1979年，县粮食局粮油加工厂有碾米机3台、小型磨面机2台、“95型”榨油机1台、小型粉碎机1台，固定资产9.7万元。当年，加工大米170吨、面粉202吨、面条72吨、食用植物油32吨。

1981年，投资0.8万元，购入紫外线龟板84块，用作烘烤面条，每块耗电2000瓦，因电力供应不足而停止使用。1983年，为搞活企业，曾一度增加糕点、豆腐加工。同时，利用碎米及粗糠酿酒。1984年，加工厂更新“30型”碾米机，日加工成品大米21吨。

1987年，县财政无偿拨款2万元，贷款6万元，自筹1万元，改造面条车间，向四川自贡市购入“7×24型”面条加工自动流水线1套。1988年，完成粮油加工厂面粉、面条、大米、榨油、饲料车间的技术改造，年产面条253吨，创历史最高纪录。

1989年，又向自贡市引进1名技术员任厂长，将原计时工资制改为淡季计时、旺季计件，将代粮管所加工改为本企业直接购销经营。同时，购入鱼粉、骨粉与自产的麦麸、米糠配制混合饲料出售。

1990年，县粮食局粮油加工厂有职工28人，固定资产45万元，收入94.8万元，资金周转13次，利润15.5万元，企业留利5.9万元，工资7.33万元，人均年工资2500元，比1982年增2.1倍。同年，在省、地、县粮食及财政部门的支持下，投资63万元，改造面粉车间，建砖混结构厂房1幢468平方米，设置立式洗麦机、吸式弃石机、立式打麦机各1台，350型磨粉机4台，高平方筛2台，形成流水作业，日产面粉12.5吨，并能分出特级和一、二、三级面粉。

1991年后，随着改革开放和市场经济的深入发展，县粮油加工厂加工业逐渐减少。1993年，县粮油加工厂被县委、县政府评为“精神文明单位”。1994年，县粮油加工厂被省粮食局评为“先进企业”、被县政府授予“重合同守信用先进企业”称号。

2003年6月，企业改革，加工厂停产，机器留下一台给粮食购销公司外，其余的机器设备、厂房全部出售。

（四）植物油加工

2001年，县科技推广中心建立植物油、西盟米荞加工厂。2008年，共加工食用植物油11.6吨、西盟米荞271.6吨，共计收入407.4万元。

二、糖果糕点加工

1987年—1988年，县商业局糖果糕点厂向县财政局发展资金办公室借款9.5万元，用作扩建厂房，购置桃酥饼干两用机1套，形成饼干生产流水线，因供电不足，不能正常生产而停用。

1988年以后，玉溪、通海及省外个体糖果糕点生产户进入西盟，国营商业部门不再统购包销县糕点厂产品。

1989年，思茅地区商办工业优质产品评比会上，县糖果糕点厂送评28个品种全部合格，其中，麻花产品获“优质产品”证书。

1990年，有职工20人，固定资产31万元，产糖果25吨，糕点56吨，收入28万元，资金周转11.5次，利税2.8万元，留利0.4万元，人均年工资2218元。

至1990年，共生产糖果糕点1357吨，年均65吨，盈利18年，亏损2年。

1995年，因糖果糕点受外来产品的冲击，市场竞争激烈，致使糖果糕点生产停产。

三、酿酒

（一）水酒

酿制水酒是佤族传统的独特工艺，以小红米为原料（也可掺入部分稻、麦、玉米、荞子之类），煮熟冷却后拌入酒曲发酵，再装入罐中存放1个月以后即可陆续取出，冷水浸泡一小时左右，用竹管吸出饮用。水酒含酒精25°左右，其味浓郁香甜，是佤族待客的必需品，素有“无酒不成礼，万事酒领先”之说。农家都会制作，自用为主，少量上市。1980年后，随着人们的商品意识增强，县内各种大型活动及庆典时有增加，尤其是2003年—2008年来，县委、县政府成功举办各届中国佤族木鼓节，水酒已成为迎宾和佤山狂欢不可缺少的特色饮品，市场需求量不断增加，经济效益日渐显现。

（二）白酒

1978年来，拉祜族、汉族中少数农户季节性酿酒出售。以玉米或稻谷等为原料，煮熟冷却拌酒曲发酵，再装入罐中1～3个月后，用铜锅蒸馏而成，含酒精50°～53°为正常饮用酒。县内力所、翁嘎科、勐梭等均有农户自烤铜锅白酒，浓郁香醇，驰名县内外，人们通称“西盟小茅台”。

1979年，将县国营西盟农场及30名职工转为商业综合厂，以生产白酒为主，兼养猪、种菜、种茶、独立核算，隶属商业局。

1980年，除生产玉米白酒68吨外，还收购芭蕉芋片为原料，生产代用酒411吨。1984年，先后购置0.2吨和1吨蒸气锅炉各1台，改烧柴为烧煤，新增厂房设备，出酒率由原来的45%，上升为50%。同时，勾兑重升酒。

1988年，白酒产量362吨，但因受外来质次价廉酒的冲击，销量日趋下降。为增强企业活力，增加传统小甑铜锅酒工艺，生产纯玉米瓶装酒，经省级产标部门核准注册，定名为“佤山香”。

1990年，有职工22人，固定资产29.3万元，产酒290吨，收入70.3万元，资金周转3.9次，利税12.4万元，人均年工资2200元。此后生产过“佤秀酒”和引入外资生产的“木鼓酒”“水金木鼓酒”，均因销路不畅而停产。

2008年，县内白酒生产，来自各乡镇部分村农户的传统小甑铜锅自烤酒，质高及销量较好，供不应求，大量用酒须提前预订。

第四节　糖业生产

一、红糖

1972年，在募西公路60千米处，兴办西盟红糖厂，隶属县公交局。1973年，建成投产，生产红糖8吨，亏损0.5万元，由县财政弥补。1976年起，利用蔗渣、糖沫生产代用酒。由于原料供应不足，产品质量低，出糖率低等原因而导致生产成本高，连年亏损。至1977年，亏损总额31万元。

1981年后，外地红糖进入西盟市场，且质优价廉，为避免更大的亏损。1984年6月停办，当时有固定资产15万元，固定职工17人，轧机由思茅地区工业局调给孟连使用，职工安排到县农机厂、锡矿厂等单位。

1995年6月，西盟县在勐梭乡建红糖厂，厂址建在勐梭陶器厂的一块土地上，房屋建设费及机器购买费由县政府拨款。1996年2月建成，系西盟县乡镇企业局下设企业，属集体性质，厂名叫“西盟县勐梭红糖厂”，由县乡镇企业局一名副局长兼任厂长，有3名正式员工，其他人员为临时工（榨季时有30多人）。甘蔗主要来源于勐梭乡里拉村、秧洛村、勐梭村、班母村。红糖厂建成当年就开始榨甘蔗，生产出的红糖大部分在县内销售，少部分销售到外地。1997年，勐梭红糖厂开始承包给私人经营，经营者对机器设备进行改造，糖业生产及红糖质量有所提高。

至2002年，先后由李云正、陈尚书承包经营，由于外来产品的冲击，加之购买甘蔗成本提高和年欠蔗农款增多，蔗农不愿把甘蔗销售给红糖厂，同年底，红糖厂停厂。小件机器设备由承包人拉到外地处理，大件未能搬动的机器设备由县政府拍卖，厂房厂址也随之出售，按有关政策规定，县政府对勐梭红糖厂进行破产改制。

二、白糖

1997年1月6日，西盟县建设白糖加工厂实施方案通过省政府批准。1997年3月5日，西盟县委、县政府抽调相关单位骨干人员和引进技术人员组建西盟白糖厂，厂址选在中课乡班箐村，并举行奠基典礼。1998年1月，建成日处理甘蔗1000吨，日产酒精1.2万升的生产线。

2003年10月起，建厂开榨后，由于负债沉重，加上经营管理不善，导致连年亏损。由孟连县昌裕糖业有限责任公司租赁。

2008年，西盟白糖厂实施政策性破产，以2586万元拍卖给孟连县昌裕糖业有限责任公司，重组为西盟昌裕糖业有限责任公司。同年，入榨甘蔗10万吨，产白砂糖12655吨，产酒精958吨，实现销售收入3972万元。

2001年—2008年西盟县糖厂主要经济指标完成情况表

表9-3 单位：万元、吨

名称 \ 年份		2001	2002	2003	2004	2005	2006	2007	2008
销售收入		617.80	507.2	893.80	2209.6	2361	3900	3690	3972
利税总额		—	—	—	—	—	—	622.1	-9
利润总额		-667.10	-904.6	-976.10	215.1	657.2	1632	362.3	-227.9
产品产量	白砂糖	1953.50	2307	4836.90	9397.2	8776	10383	11029	12655
	酒精	217.52	2951	606.66	993.7	1074	938.5	1039	958.6

第五节 电 力

一、电力建设

从20世纪70年代起，西盟县曾先后建成小水电站19座，装机容量256.8千瓦。建成后交由农村集体管理使用，因技术及管理不到位，至1990年，仅有岳宋乡水电站（55千瓦）能正常发电，其他18座均损坏停止发电。为培植水电产业，县委、县人民政府多方争取资金，先后进行技改及建设。至2008年，相继建成三河、永业水电站，并对莫美、新厂河电站进行技改。全县比较大的水电发电企业共有4户，即：新厂河电站、三河电站、莫美电站、永业电站。电站建设分布于南康河、库杏河、新厂河一带。

（一）新厂河水电站

位于莫美村下侧。1969年年底开工建设。1973年1月1日，开始发电。1997年，进行技术改造，总投资400万元。机组装机由原2000千瓦，改为2500千瓦，技改后机组各项参数均达到标准。引水渠长3.6千米，水头61.5米，流量5.2立方米/秒，属径流式电站。

1990年—2008年，累计发电20518.92万千瓦，营业总收入6965.48万元，其中，2008年，发电

1805 万千瓦，营业总收入 1674 万元，上缴税费 124 万元，利润 6 万元。

（二）三河水电站

位于新厂河与库杏河汇合处。1987 年，报经云南省水利厅批准，投资 880 万元。1988 年 10 月，由思茅地区水电局负责设计，并承包施工。设计流量 9.3 立方米 / 秒，落差 35 米，装机容量 2500 千瓦，引水渠长 12 千米（新厂河水电站水尾水渠长 2.9 千米，勐梭河拦水坝水渠长 9.1 千米），35 千伏输电线 8 千米，变电站 1 座。1991 年竣工，并投入使用，有职工 25 人，起名叫库杏河电站。该电站建成投入发电不到 1 年，因雨水冲垮沟基，就此停产。

2002 年 6 月 4 日，县委、县政府以招商引资的方式，由县国有资产管理局与外商黄文土签订三河水电站恢复建设经营权转让合同，转让使用年限 50 年，并更名为“三河水电站”。2003 年 12 月，电站恢复竣工投入运行，总投资 800 万元。2004 年、2005 年、2006 年、2007 年、2008 年，发电量为 1638 万千瓦、902 万千瓦、1347 万千瓦、1420 万千瓦、1642 万千瓦。营业收入 293 万元。

（三）莫美水电站

位于新厂河流域。2000 年，西盟云思永业发电有限责任公司与西盟供电公司签订《新厂河电站水工设施技改扩建协议》。2004 年，开始建设。2005 年 12 月 25 日竣工，并完成技改投入运行，技改总投资 800 余万元，装机增加至 2500 千瓦，引水渠长 3.6 千米，流量扩大到 11 立方米 / 秒。2006 年，并网发电。

2006 年—2008 年，累计发电 2125.4 万千瓦，营业总收入 366.4 万元。2008 年，发电 732.9 万千瓦，营业总收入 147 万元，上缴税费 12.2 万元，利润 35.2 万元。

（四）永业水电站

位于新厂河流域。隶属西盟云思永业发电有限责任公司（招商引资项目）。2004 年 4 月 13 日，以实施西部大开发战略为契机，公司与县政府签订《西盟佤族自治县新厂河上游水利资源开发协议》。2004 年 10 月，开工建设，征用土地 4.53 公顷。2006 年 6 月 6 日竣工。2007 年 7 月 1 日，正式并网发电。属引水式径流，装机容量 5000 千瓦，引用流量 9.3 立方米 / 秒，引水渠长 3.56 千米，水头长 81.35 米，投资 2910.99 万元（企业自筹 600 万元，银行贷款 2310.99 万元），年平均发电量 3757 万千瓦。2008 年，发电 2935 万千瓦，营业总收入 579 万元，上缴税费 48.8 万元，利润 140.8 万元。

1990 年—2008 年西盟县电力生产经营情况表

表 9-4　　单位：万元、万千瓦时

名称/年份	新厂河电站			三河水电站			莫美水电站			永业水电站		
	收入	利税	发电	收入	利税	发电	收入	利税	发电	收入	利税	发电
1990	64.4	—	745	—	—	—	—	—	—	—	—	—
1991	48.5	—	676	—	—	—	—	—	—	—	—	—
1992	63.8	—	785	—	—	—	—	—	—	—	—	—
1993	71.9	11.6	744	—	—	—	—	—	—	—	—	—
1994	87.5	22	555	—	—	—	—	—	—	—	—	—
1995	112	23.9	641	—	—	—	—	—	—	—	—	—
1996	151	28	740	—	—	—	—	—	—	—	—	—
1997	185	35.8	533	—	—	—	—	—	—	—	—	—
1998	266	16.8	907	—	—	—	—	—	—	—	—	—
1999	330	72.6	1004	—	—	—	—	—	—	—	—	—

续表 9-4

名称/年份	新厂河电站			三河水电站			莫美水电站			永业水电站		
	收入	利税	发电	收入	利税	发电	收入	利税	发电	收入	利税	发电
2000	330	61.8	1096	—	—	—	—	—	—	—	—	—
2001	366	14.5	1224	—	—	—	—	—	—	—	—	—
2002	383	57.9	1257	—	—	—	—	—	—	—	—	—
2003	421	-49	1743	3.3	—	20	—	—	—	—	—	—
2004	489	11	1798	191	—	1638	—	—	—	—	—	—
2005	574	-169	917	177	—	902	—	—	—	—	—	—
2006	631	25	1493	227	—	1347	135	9	839	—	—	—
2007	724	19	1730	245	—	1420	86.7	5.7	554	204	13.3	1045
2008	1674	124	1805	293	—	1642	147	12.2	732.9	579	48.8	2935

二、电网建设

1984 年—1990 年，架通阿莫锡矿、县城东城区、娜妥坝 3 条线路。

1990 年，架通库杏河电站（未竣工）至县城降压站主线路 8 千米。全县有主线路 10 条，总长 122.5 千米，导线规格 50 平方毫米 ~ 95 平方毫米。

2004 年起，云南电网公司相继投入 9400 余万元，帮扶西盟县实施城农网改造工程，累计改造 1.1 万户，解决 122 个自然村 5400 户 20600 人用电问题。

2005 年—2008 年，电网建设资金投入 1.37 亿元，完成建设改造 110 千伏输电线路 1 条，长 49.43 千米。

2008 年，实现全县行政村、自然村通电，通电率 100%；城市供电可靠率 99.86%，农村供电可靠率 98.48%。

三、电力发展

2008 年，西盟县供电公司有固定资产 1863 万元，比 1978 年的 300 万元增加 6.21 倍。有水电站 4 座，总装机容量 12500 千瓦，其中，新厂河水电站 2500 千瓦（由公司控股）；莫美水电站 2500 千瓦；永业水电站 5000 千瓦；三河水电站 2500 千瓦（属个体控股）。有 110 千伏变电站 1 座，变电容量 31500 千伏安；有 35 千伏变电站 4 座，变电容量 18000 千伏安；有 35 千伏输电线路 148.64 千米，10 千伏配电线路 585 千米，0.4 千伏线路 363.62 千米，0.22 千伏线路 16856.8 千米；装机 10 千伏配变 397 台，装机容量 2.68 万千伏安，其中，公用配电变压器 305 台，装机 19235 千伏，专用配变 92 台，装机容量 7605 千伏安。全县有管理到户的城乡居民用电户 24368 户，占全县城乡居民总户数的 98%（上属资产不含用户专用电力资产）。

四、电力管理

1990 年起，西盟县供电公司严格按《云南省发展和改革委员会关于调整云南省电网居民生活用电价格的通知》及国家的有关政策执行电价、电费问题，全面推行“五统一”（统一电价、统一发票、统一抄表、统一核算、统一复核）、“三公开”（公开电价、公开电费、公开电量）和“四到户”（抄表到户、销售到户、收费到户、服务到户）管理。规范农村供用电市场，初减部分农村电工，消除层层转供电、乱加价等中间环节和“三电”现象的发生。

2000 年开始，对农网改造农户全部执行 0.6 元 / 千瓦时的过渡电价。

2006 年—2008 年，对已完成一户一表改造的农户全部实行城乡用电同网同价，执行 0.48 元 / 千瓦时的目录电价，与1998年相比，全县减轻农民电费600余万元，平均为每户农户每年减负70元。

截至2008年，实现公司上划后连续安全生产1544天。并相继投入400万元，实施捐资助学工程。

第六节　经济效益

1978年，全县工业总产值79万元，其中，全民所有制55万元，集体所有制24万元。1990年，全县完成工业总产值（现价）1517万元，实现销售收入1619万元，实现利税544万元。全县发电量751万度，产锡精矿524吨。2008年，全县实现工业总产值8320万元，实现销售收入5645.3万元，实现利税155.2万元，实现利润总额21.9万元。发电量7058万度，产白砂糖12655吨，产酒精958.6吨，自来水供应量85万吨，产机制红砖1080万块，工业总产值比1978年增加104倍。

1990年—2008年西盟县工业主要指标完成情况表

表9-5

名称 年份	工业总产值（现价）（万元）	工业增加值（万元）	销售收入（万元）	利税总额（万元）	利润总额（万元）	产品产量							
						发电量（万千瓦时）	供水量（万立方米）	白砂糖（吨）	酒精	机制砖（万块）	锡精矿（吨）	铅精矿（吨）	锌精矿（吨）
1990	1517	—	1619	544	—	751	—	—	—	—	524	—	—
1991	1546	—	1246	335	—	683	—	—	—	—	—	—	—
1992	1624	461	1355	359	—	792	—	—	—	—	—	—	—
1993	1985	733	1472	285	—	748	—	—	—	—	—	—	—
1994	1700	569	1256	135	—	664	—	—	—	—	—	—	—
1995	1879	643	1352	104	—	656	—	—	—	—	—	—	—
1996	2064	668	1511	145	—	764	—	—	—	—	—	—	—
1997	1937	1136	1735	167	—	536	—	—	—	—	—	—	—
1998	2875	321	1644	-449	—	907	—	2201	—	—	—	—	—
1999	3704	403	2180	-1367	—	1002	—	4387	—	—	—	—	—
2000	3861.8	1176.7	3090.3	261.7	-522	1096	164	4615	725	—	305	136	447
2001	2646.3	476	2027.6	-579.5	-812.5	1223.8	27.2	1953.5	217.5	924	333.2	108.1	641.4
2002	2589.6	160	1361.9	-1085	-1135	1257	27.4	2307	295.1	1067	355.4	69.9	558.3
2003	3612.8	975.9	1941.3	-1123	-1257	1897	50	4836.9	606.7	1091	313	32	210.1
2004	5581	1666.5	3561	447.5	157.3	3428	73	9397.2	993.7	1330	189.2	80	206
2005	5289.6	1537.7	3534.7	349.1	44	1820	80.1	8776.3	1074.1	1170	200	30	179
2006	6345.5	1948	5259.5	1411	1006	3730	79	10383	938.5	1039	149.5	—	240
2007	6730	1738.8	4414.5	791.5	294.8	4994	76.3	11029	1038.5	1216	—	—	35
2008	8320	2336.4	5645.3	115.2	-221.9	7058	85	12655	958.6	1080	—	236	23

第七节　产业结构

1980年来，随着改革开放的不断深入，西盟县各项事业蓬勃发展，一、二、三产业所占比重也发生了相应的变化，第一产业从1980年的61%降至1985的54%、1990年的30%、2008年的29.33%；第二产业从1980年的20%升至1985年的22%、1990年的32%、2008年的20.19%；第三产业从1980年的19%升至1985年的24%、1990年的38%、2008年的50.41%。

1990年—2008年西盟县国民生产总值结构情况表

表9-6 单位：万元

年份＼名称	第一产业		第二产业		第三产业	
	产值	比重（%）	产值	比重（%）	产值	比重（%）
1990	1127	29.33	1242	32.33	1473	38.34
1991	2118	43.51	1095	22.46	1661	34.03
1992	2313	40.89	1207	21.34	2136	37.77
1993	2286	37.88	1436	23.8	2698	38.32
1994	2322	38.05	1250	20.48	2531	41.47
1995	2365	36.47	1486	22.91	2624	40.62
1996	2438	33.93	1656	23.04	3092	43.03
1997	2487	30.50	2105	25.82	3562	43.68
1998	2831	29.10	2715	27.91	4182	42.99
1999	3032	27.92	3058	28.16	4770	43.92
2000	3039	27.26	2558	22.94	5552	49.8
2001	3041	25.32	2686	22.37	6281	52.31
2002	3399	22.88	2882	19.40	8577	57.72
2003	3985	20.64	4775	24.73	10549	54.63
2004	6279	29.66	4198	19.83	10691	50.51
2005	6731	28.37	4234	22.78	12187	48.85
2006	7713	28.43	4840	18.39	14206	53.18
2007	9861	30.78	5224	17.07	16324	52.15
2008	10852	29.40	6999	20.19	18039	50.41

第八节 机 构

一、县经济和商务局

1988年9月，县边境贸易办公室成立。1990年3月，县经济体制改革委员会成立，主任由县长兼任。1996年8月，县经济贸易委员会成立，内设秘书股、技改综合股、商业贸易股、矿产资源管理股。人员编制25人，领导职数5名人（主任1人，副主任4人）。2002年5月，中共西盟县经济贸易委员会成立，设书记、副书记各1人；8月，更名为县经济贸易局，有干部职工21人（行政19人，事业2人），其中，领导职数1正3副。2005年6月，撤销经济贸易局，与乡镇企业局组建西盟县经济和商务局。2008年，县经济和商务局内设办公室、边贸办（含口岸办）、贸易市场股、企业股、非公办、乡镇企业股。有人员15人（行政14人，事业1人），领导职数1正4副。

历任县边境贸易办公室主任：魏秀华（女、佤族，1988年9月至1991年7月）、苏勇（1993年11月至1996年7月）。

历任县经济贸易委员会主任：苏勇（1996年8月至1998年11月）、赵振华（佤族，1998年11月至1999年8月）、谢纯英（女，1999年12月至2002年3月）、刘祥（2002年3月至2002年5月）。

历任县经济贸易局局长：刘祥（2002年5月至2005年6月）。

历任县经济和商务局局长：刘祥（2005年6月至2008年4月）、赵文娟（女，2008年4月至2008年12月）。

历任经济贸易委员会党委书记：刘祥（2002年5月至2006年1月）、朱如虎（2006年1月至2008年12月）。

历任经济和商务局党总支书记：赵华（佤族，2002年6月至2008年12月）。

二、县电力公司

1978年，县供电所成立，隶属县水电局。1993年5月，从水电局分离，西盟佤族自治县电力公司成立。1998年，公司由思茅供电局代管。2000年，电力公司随县城搬迁到勐梭，投资393.2万元，新建办公楼及住宿楼2647.5平方米。2003年4月10日，电力体制改革，西盟佤族自治县供电有限责任公司成立，由两个股东控股。其中，西盟县政府占49%股份，云南省电力集团有限公司占51%股份。2005年11月1日，根据农电体制改革意见，按照县政府批复《县财政局关于无偿上划县电力资产股权的请示》，公司资产全部上划，西盟县供电有限公司成立，正式上划成为云南电网公司的全资子公司。2008年，公司内设营销部、输电部、人教部、生技部、发电部、办公室、安监室、财务室、调度室、后勤物资中心。其中，营销部下设勐卡、新厂、力所供电所和翁嘎科供电服务站。调度室分管勐卡、力所、新厂、勐梭35千伏变电站。有职工135人，其中，在岗93人，内退16人，退休26人。在岗大专24人，中专、中技32人，其他37人。

历任县电力公司经理：陈文标（1993年5月至2003年3月）。

历任县供电有限公司总经理：陈文标（2003年4月至2004年3月）、刘荣（2004年5月至2007年1月）、刘松（2007年1月至2008年12月）。

第二章　商　贸

第一节　国营商业

一、商业系统

1985 年 5 月，供销社和县联社从商业系统分出，区级中心商店改称为供销社，隶属县联社，1987 年 4 月后，因固定资产和门市的分配争执较大，进货及批发环节又发生矛盾，县联社并回商业局。

1990 年，全县商业系统有职工 323 人，分 19 个商业经营单位，固定资产原质 359.6 万元。当年，纯购进总值 359 万元，比 1980 年增加 1.9 倍；纯销售额 1645 万元，比 1980 年增加 2.5 倍；年末，库存值 715 万元，比 1980 年增加 2.8 倍；流动资金占总额 970.8 万元；销售税金 47.4 万元；利润额 50.4 万元。

2000 年，按照县委、县政府《关于西盟佤族自治县商业民贸总公司改革总体方案》的批复，启动企业产权制度改革。2004 年，公司完成产权制度改革。办理应改制职工 132 人的劳动关系，办理企业退休职工进入医疗保险 159 人，解决 2 个企业伤残人员的安抚。

二、外贸

1985 年，西盟县外贸局收购的商品有茶叶、山苍仔油、皮张、木耳、魔芋角等，以茶叶和山苍仔油为骨干商品。

1985 年—1989 年，经县政府批准，经营锡精矿 38 吨。

1990 年，县外贸局有流动资金 1.16 万元，流动资金平均占用额 16.2 万元，费用总额 5.42 万元，税金 2.53 万元。1991 年 1 月，外贸体制改为自主经营、自负盈亏的独立法人实体。1996 年 8 月，县级党政机构改革后，外贸局转为经济实体，经营项目以茶叶、土特产品、农副产品为主。2001 年后，西盟县外贸公司停业。

三、物资经营

1979 年 4 月至 1987 年，物资经营，长期执行“以收抵支、收支平衡”的原则，不纳税，也基本不盈利。

1981 年 6 月，改为“合理计费、合理盈利”，利润与财政分成。1983 年，“利改税”以后，核定所得税的利润用于税前还贷或留归企业。1985 年，实现利润 13.5 万元，上缴所得税 2.76 万元，还贷 6 万元，企业留 4.74 万元。物资价格受上级物资部门和同级物价部门监督控制。1988 年，推行经济承包责任制，物资局内部分设金属材料公司、化轻建材公司，连同矿业公司，共分 3 个二级核算单位。1989 年 3 月，增设物资商号，参与边境贸易。

1990 年，工资总额 6 万元，公司设财务、业务、仓储、办公室，分机电、化轻建材、矿业、商号 4 个二级核算单位，固定资产净质 126 万元，销售额 831 万元。

1994 年开始，县内商贸企业执行“四放开”（经营、用工、分配、价格）政策，县内物资经营逐渐放开，随行就市敞开供应，由于市场竞争日益激烈，县物资局主营的钢材、水泥等物资逐年下滑，资产负债逐年增大。1997 年，公司进行股份制改革，改制成股份合作企业。

2001 年，因经营困难、亏损严重，公司主体经营活动基本停业。

四、农具农机经销

1990 年，农机公司专营农机、农机配件、手推车、脚踏脱粒机、手摇风柜等。有职工 9 人，销售总额 49.45 万元，流通费 2.4 万元，流动资金占用额 15.5 万元，利润 1.7 万元，工资总额 1.08 万元，固定资产原值 8.28 万元。有营业门市 112 平方米，仓库 240 平方米，职工宿舍 330 平方米。1991 年后，由于市场流通活跃，行业竞争日益激烈，公司经营逐年亏损。至 2005 年，公司经营活动基本停业。退休人员按政策每月领取退休金，达不到退休的职工转岗或者自行谋生。

五、贸易发展

（一）加油站

1995 年，全县有 3 个加油站，其中，中石化 1 个，县车队 1 个，社会 1 个。全县成品油销售 1140 吨。2000 年，全县成品油销售 2099 吨。2005 年，全县成品油销售 2676 吨。全县有 6 个加油站，其中，中石化 3 个，社会 3 个（县车队加油站转让给个人经营）。2008 年，全县有 5 个加油站，其中，中石化 2 个（因安全等原因，取消勐梭河加油站），社会 3 个。全县成品油销售 4096 吨，其中，汽油 1587 吨，柴油 2509 吨。有汽油罐 10 个 238 立方米，有柴油罐 7 个 184 立方米，合计储存量最高 422 立方米；加油站有员工 18 人（专业技术人员 11 人）。

（二）再生资源

至 2008 年，全县有再生资源回收个体工商户 16 户，其中，对有一定经营规模的 8 户进行备案登记。注册资金 5 万元～10 万元 1 户，5 万元以下 7 户；回收量 500 吨以上 1 户，500 吨以下 6 户。从业人员 30 人。

（三）商业节能减排

2008 年，全县开始推广商业企业安装使用高效节能灯具，完成试点企业 2 户，共安装使用 T8、T5 高效节能灯 1380 只；商业企业安装节能灯 5229 只。

六、内贸流通

（一）商品市场运行监测分析

2000 年—2008 年，为确保商品市场供给稳定和食品安全，每年均定时或不定时开展对集贸市场、屠宰厂、超市、批发零售商店、加油站、农资公司等单位的城市生活必需品和重要生产资料价格、购入、销售、库存等数据的统计及监测分析。同时，对中石化新县城加油站、屠宰厂、德兴批发部和农贸市场进行监测。

（二）边境农村农贸市场建设

1990 年前，乡（镇）无农村农贸市场，农产品、农副产品交易以路为市，晴天灰，雨天泥，脏、乱、差问题突出。1990 后，各乡（镇）结合实际，建盖简易的小型农贸市场，基本规范经销商经营行为。2007 年 11 月，在市商务局的支持下，改造勐卡镇民族集贸市场，新建勐梭镇司岗里农贸市场和翁嘎科乡边境农村农贸市场，3 个农贸市场占地面积 34911 平方米，建筑面积 16401 平方米，总投资 1703 万元。

（三）万村千乡市场工程

自 2007 年起，全县实施“万村千乡市场工程”以来，在每个乡（镇）、村建设 1 个开放式经营的农家店。至 2008 年，共完成建设乡（镇）、村、厂矿企业 16 个日用品农家店和 1 个农资农家店。农家店乡（镇）级覆盖率 85.7%，村级覆盖率 22.2%；农资店乡（镇）级覆盖率 14.3%，无村级农资店。

（四）酒类流通

2008 年，完成全县酒类经营户 230 户的备案登记工作，对县城较大的 5 户酒类批发企业开展酒类流通随附单使用及建立溯源制度工作。

（五）屠宰、检疫

2001 年，县政府采取招商引资的方式，新建县城和西盟镇屠宰厂，两个屠宰厂有员工 11 人。无屠宰厂的乡（镇）、村、厂矿企业，实行屠工制度，肉品经乡（镇）畜牧人员检验检疫后，合格肉食品方能上市销售。县城生猪、牛定点屠宰率 100%；乡（镇）生猪、牛进点屠宰率 95%；检验检疫率 100%；病害肉无害化处理 100%。羊、狗、鸡、鸭、鹅等无专门屠宰厂，属销售者自宰上市，但须经得市场检疫员检疫合格，方可销售。

第二节　个体经营

至 1979 年，国营商业一直统揽城乡购销，全县没有个体工商户和私营企业户。

1980 年后，全县注册私营企业户 2 户，从业人员 2 人。1985 年，全县注册私营企业 7 户，从业人员 7 人。

1990 年，全县注册私营企业 401 户，从业人员 544 人，注册资金 87 万元。

1994 年，全县注册私营企业 631 户，从业人员 803 人。私营企业户中主要是从事服装销售、日用杂货批发零售和农副土特产品收购，在个体经营户中 75% 的系浙江、湖南、四川等外地人，本地的占 25%。

1999 年 6 月，县委、县人民政府首次召开全县个体私营经济工作会议。

2000 年，全县注册私营企业 1058 户，从业人员 1948 人，注册资金 727 万元，分别比 1990 年增长 62%、72%、88%。个体私营经济上缴税金 118 万元。

至 2008 年，全县有私营企业 70 户，从业人员 3117 人，注册资金 7629 万元。全县有个体工商户 1091 户，从业人员 3306 人，注册资金 3600 万元。

第三节　供　销

一、收购

（一）农副产品收购

1985 年，西盟县供销社按照为农业、农村、农民服务的宗旨，本着收得进来、卖得出去的原则开展农副产品购销工作。主要收购的品种有野生动物皮、茶叶、桐籽、蓖麻籽、蜂蜡、紫胶、棕片、木耳、笋丝等。划分为一、二、三类，实行不同的价格收购政策。1995 年，因个体户增多，停止收购。

1985 年—1994 年西盟县供销社农副产品收购情况表

表 9-7　　单位：千克、张

名称 年份	蜂蜡	紫胶	野生油	蓖麻籽	魔芋角	茶叶	木耳	干笋	牛皮	野生皮	麂皮
1985	17	175	933	1024	29761	13047	8032	17956	279	77	79
1986	12	1250	951	25580	11994	17292	7913	18576	262	87	92
1987	20	4682	4403	14859	2898	15624	8313	15728	17	110	234
1988	21	2729	2430	10138	6576	4564	5437	10316	12	35	76
1989	28	921	1076	8564	8632	8758	8280	132	10	23	37
1990	15	125	396	7611	12141	10121	3944	127	—	—	—
1991	11	208	1195	4030	11906	9979	1905	854	—	—	—
1992	11	41	—	3277	13982	2570	3047	1762	—	—	—
1993	9	22	—	2891	15241	3778	3211	774	—	—	—
1994	6	—	—	1755	9642	1900	2059	963	—	—	—

（二）废旧物资收购

1989 年前，县供销社废旧物资收购的品种有杂铜、废铝、废钢、废铁、废纸、废塑料等。

1990 年—1994 年，因为越来越多的个体户参与收购，县供销社废旧物资收购数量逐年减少。1995 年年末，县供销社废旧物资收购停止。

1985 年—1994 年西盟县供销社废旧物资收购情况表

表 9-8　　单位：千克

名称 年份	杂铜	废铝	废铅锡	废钢铁	废纸	废塑料
1985	375	655	174	3778	2043	489
1986	562	741	255	4849	2429	663
1987	478	486	296	8862	1881	902
1988	246	661	3	10976	1792	1213
1989	149	520	—	4466	1146	1053
1990	100	201	73	239	607	123
1991	173	230	64623	755	507	19
1992	36	163	5	1071	322	—
1993	22	102	—	655	257	—
1994	—	57	—	1241	177	—

二、经营

（一）农业生产资料

1985 年 1 月起，县供销社开始经营小铁农具、竹木农具、化肥、农药等。1988 年，根据云南省人民政府《关于化肥、农药、农膜由各级供销社农资公司和基层供销社实行专营，其他任何部门和个人都不准插手经营的决定》实施后，化肥、农药、农膜由农资公司统一购进，调拨至基层供销社专营。

1993 年，省政府转发国务院《关于加强化肥、农药、农膜经营管理的通知》规定：供销社农资公司是农资经营的主渠道，农业植保站、土肥站、农业技术推广站（中心）（以下简称农业三站），开展技术推广时，可经办其用于有偿技术服务配套所需的化肥、农药、农膜，其他任何单位和个人不得经营化肥、农药、农膜。

1994 年，因为生产化肥所需原油、天然气原料价格调整，所以导致化肥价格上涨，流通渠道再次出现混乱。国家采取加强对农资的宏观管理，规范流通渠道，国务院、省政府分别发出《关于改革化肥等农业生产资料流通体制的通知》及实施意见，再次明确规定：化肥、农药、农膜经营渠道调整为一个主渠道和两个辅渠道经营，即：供销社农资公司是主渠道，农业三站、生产企业自销是辅渠道，其他任何单位和个人一律不得经营。通知还将省级调拨化肥由三级批发，一级零售改为一级批发，一级零售，即省级批发、县、乡两级供销社批发零售结合，推行代销制的专营方式。

1998 年，省政府《关于 1999 年化肥流通体制改革的通知》规定：化肥流通管理，由政府直接计划管理为主，改为间接管理为主；化肥流通由供销社农资公司、农业三站、生产企业经营；健全化肥储备制度，边远贫困地区实行淡储旺销。西盟县被列为边远贫困地区，享受省储备化肥供应县后，供应的尿素由省政府下达的计划内储备化肥（平价）和计划外购进的（议价）两种。磷肥、农药、农膜省政府不再纳入计划安排，由经营单位按市场供求情况购销。

至 2008 年，尿素专营政策和边疆贫困补贴不变。

1985 年—2008 年西盟县供销社农业生产资料择年销售情况表

表 9-9

名称 年份	销售总额（万元）	化肥（吨）	农药（千克）	农膜（千克）	农具（件）	农药架（件）
1985	24	121	30244	12310	16033	487
1986	27	149	28891	11253	16490	563
1987	38	770	34481	11901	19652	677
1988	57	1270	34860	8530	21787	1024
1989	72	1194	22048	10660	27544	769
1990	81	926	48888	7706	31613	1280
1991	70	2924	69596	6838	11977	993
1992	96	1702	108700	7620	14472	665
1995	158	2020	76505	5302	19762	776
1996	191	2100	52333	3302	17690	559
1997	312	2231	59919	3130	622	543
1998	357	2901	58120	3987	688	521
2000	428	3720	22000	2700	760	420
2005	512	3240	30000	3800	300	158
2007	607	2697	58000	9000	2800	88
2008	630	2918	70000	7900	2400	70

（二）生活资料

1985 年—2000 年，县供销社经营的生活资料主要有棉花、棉纱、纺织品、针织品、大小百货、文化文具用品、五金、建材、交电、化工、日用铁具、陶瓷器具及杂品、糖、烟、酒、副食果品、茶叶、石油、柴油及煤油等大类。

（三）食盐专营

1978年—1986年，食盐由国营商业经营（西盟商业系统）。

1987年，思茅行署计划经济委员会《关于食盐划归供销社统一经营的通知》起，由县供销社经营。

1988年前，超过最高限价的部分由供销社负担或由国家补贴；11月25日，最高限价0.7元/千克，要求做到保证供应，微利经营。

1996年，省政府根据国务院颁发的《食盐专营办法》，授权省盐务管理局负责全省食盐专营工作，并在各地、州、市、县设立管理机构和经营机构。县供销社是省盐务管理局、磨黑盐务管理处设立的食盐专营机构。经营的食盐，严格执行国家规定的价格政策。

2000年前，食盐还供应缅甸佤邦居民。2000年后，由盐化公司直接按出口盐供应缅甸佤联邦。至2008年，食盐专营政策仍继续执行。

1985年—2008年西盟县供销社食盐购销存情况表

表9-10 单位：千克

名称 / 年份	购进	销售	储存
1985	9736	127461	6976
1986	9880	150591	85431
1987	919500	926843	112259
1988	1162080	1206743	75721
1989	805439	748627	263031
1990	759960	740750	245675
1991	26473	449991	117708
1992	727460	482531	173074
1993	11400	576245	132406
1994	617000	549776	8872
1995	1040800	970879	76349
1996	996175	1113205	54645
1997	1173810	1065795	181810
1998	1091316	1099413	135386
1999	766750	84566	37133
2000	576409	616647	57211
2001	500000	508103	199549
2002	500000	514202	185347
2003	500000	570000	115347
2004	600000	590000	125347
2005	650000	600000	175347
2006	550000	550000	175347
2007	400000	500000	75347
2008	500000	480000	95347

（四）烟花爆竹专营

从1987年起，根据云南省公安厅和有关部门联发《关于加强烟花、爆竹安全管理的规定》明确全省烟花、爆竹经销归口省供销社管理。县供销社指定为烟花、爆竹经销归属管理机构和经营机构。1993年、1994年、1997年，省政府、省公安厅、省供销社相继发文强调落实烟花、爆竹归属管理的各项措施。至2008年，烟花爆竹归属管理经营规定仍继续执行。

（五）化肥、农药

化肥 1980年前，化肥属于计划供应物资，被列为国家管理的二类物资。由县供销社根据农业部门所需农药量，向地区、省供销社上报供应。1994年，基数偏低，一次性补助化肥取消。1999年，计划内化肥取消。2000年—2005年，省供销社分配给西盟县边贫肥（尿素）每年2000吨。2006年，减为1500吨。

农药 1980年前，农药属于计划供应物资，被列为国家管理的二类物资，由县供销社根据农业部门所需农药量，向地区、省供销社上报供应。1980年，农药不再统管分配。1987年，农药价格开放，但差率按物价部门规定的差率运作，严格执行假冒伪劣农药或过期农药入仓和销售。

（六）农药器械

1980年前，销售执行全国统一零售价。1981年，开始执行浮动价。1987年，价格开放，经营业随之扩大。

（七）农用塑料薄膜

1984年前，大部分塑料薄膜被充当雨具使用。从1985年起，首先用塑料薄膜进行育秧，再运用到大棚蔬菜种植。1998年，取消农用塑料薄膜统一分配计划和统一零售价格。

三、基础设施建设

2006年4月，投资10万元，改造勐卡镇民族集贸市场，新增摊位55个。2008年1月15日，省补助经费50万元和自筹一部分，对勐卡镇集贸市场进行改造提升，同时，县供销社新县城综合楼建设开工；同月，县供销社为中课乡永埂组建盖220平方米蚕桑房，为该组38户农户建蚕桑房，共计投资10万元。

四、财产

2001年9月，县工商局脱钩市场管理，转购西盟镇民族集贸市场，购买价99.4万元。2005年9月，拍卖佤山百货大楼，拍卖金额75万元。2006年，为盘活有效资产，对民贸公司沉积的191万元，共千余个品种的最后一批呆、坏、滞零星商品进行处理，共收入16万元，全部上缴县财政。2007年7月21日，拍卖勐卡镇荣兴巷商贸招待所，拍卖金额130万元和民族街医药仓库、日杂仓库两栋房子，拍卖金额31万元。

第四节 粮食贸易

一、粮油市场管理

1985年1月，取消粮食统购统销政策，改为粮食“合同定购”。其方法是农户未完成政府的“合同定购”粮任务以前，粮油不得上市交易，不允许任何单位或个人到农村收购粮食；完成合同定购以外的粮食，需持粮食部门的证明上市销售，但在入库期间价格不得高于合同定购价，不准哄抬粮价。粮食运销外地，必须向工商管理部门申报办证和持有粮食局出具的证明，手续完备，方可外运。

1994 年 9 月，根据省政府关于加强市场管理电视电话会议精神，县粮油市场管理领导小组成立，并以工商、税务部门密切配合，开展对粮食市场清理整顿。取缔无证经营粮食的单位和个人，并批准申请符合经营的单位和个人办理合法的证照。

1998 年—1999 年，为贯彻落实国务院《关于进一步深化粮食流通体制改革的决定》《粮食收购条例》的文件精神及规定，保证市场供应稳定。粮食部门配合工商部门，印发《粮食收购条例》，到各乡镇、集市、收购点粘贴宣传，对擅自从事粮食收购，无证照经营者进行取缔没收。

2004 年 5 月，根据国务院《粮食流通管理条例》及云南省《粮食流通管理条例》实施办法，严格开展收购资格证以及粮食经营许可照的核发年检工作，并与工商、公安、质监等部门协作，开展粮食市场监督检查活动，到各乡（镇）集贸市场各涉粮食经营门店，检查粮食经营者是否持有合法证照、粮源和粮食质量等情况。

二、粮食购销

（一）收购

1978 年—1988 年，实行“一定十年不变”的粮食购销政策。

1985 年起，开始征购公粮，公粮以户为单位，按人头收，每人征收 5 千克。同年，国家实行改革农产品统派购制度，改粮食统购为“合同定购”，粮食流通实行“双轨制”，即：取消粮食统购，改为合同定购，合同定购以外的粮食，由市场调节供求，实行议购议销。由于受自然灾害的影响，全年征购、议购粮食 199.89 万千克。

1993 年 4 月，粮食销售价格放开后，继续执行粮食合同定购政策，县委、县政府高度重视粮食生产，支持粮食部门发放预购定金，粮食部门增设服务网点，积极组织收购，解决市场供求粮源，完成公粮入库 40 万千克，定购粮 42 万千克。

1994 年，为调动农民种粮积极性，国家提高粮食的收购价格。省政府决定调整定购粮食价格，定购粮收购价每 50 千克籼稻 50 元、粳稻 54 元、玉米 46 元。定购粮价外补贴每 50 千克籼稻 3 元、粳稻 4 元、玉米 4 元。西盟县设三个价格区间收购：一价区为县城粮食购销粮点；二价区为非主干线的 5 个粮点；三价区为非主干线（包括临时设收购点）的 5 个粮点。价区差每千克籼稻、玉米，一价区与二价区相同；一、二价区与三价区差 0.02 元。县政府出台向国家交售议价粮的粮农实行奖励政策，即：农户交售议价粮（按原粮计算），卖粮 2500 千克以下（含 2500 千克），奖励 0.1 元 / 千克；2500 千克 ~ 5000 千克（不含 5000 千克），奖励 0.15 元 / 千克；5000 千克以上（含 5000 千克），奖励 0.20 元 / 千克。

1995 年起，折征收钱。1998 年，按保护价放开收农民余粮，做到“不限收、不拒收、不打白条和不压级压价”，临时增设 3 个收购点，同时，上门预约收购。

2002 年 4 月，实行“一取消，三放开”（取消定购粮，放开粮食收购、放开粮食市场、放开粮食价格）政策。取消国家定购任务，农业税（公粮）征购额度不变，可采取征收实物或征收现金。各级政府需要的储备粮、军供粮、退耕还林补助粮、灾民救济粮等，采取订单的形式，主要在区内收购筹集，以保护粮农的利益。

2005 年 1 月，省政府决定取消农业税（公粮），西盟县的公粮停征。

1978 年—1998 年西盟县平价粮食管理情况表

表 9-11

单价：万千克

名称 年份	征购	调入（县内）	销售		调出（县外）	加工	年末存粮
			合计	其中：农业人口			
1978	4448	16421	15327	—	8985	4004	—
1979	529	—	—	—	—	—	—
1980	3144	14214	14874	7772	—	4947	15184
1981	8334	1534	8615	1651	283	4296	14903
1982	4940	1297	8821	730	2944	5953	11841
1983	15410	591	8117	306	12695	16931	13021
1984	13276	3587	11033	504	2866	9746	12153
1985	6078	2643	12911	3051	208	5261	7265
1986	10531	3471	14461	3301	365	5224	6475
1987	1320	691	11175	3559	2093	5584	6131
1988	1353	2686	10801	5000	—	10604	8952
1989	1447	2549	9426	3446	—	8592	10675
1990	1465	9098	20878	7791	—	8251	17578
1991	1667	4134	11757	3726	—	9564	14272
1992	422	1888	7513	1576	—	5326	10261
1993	—	—	—	—	—	1104	4100
1994	—	—	—	—	—	—	4125
1995	—	—	—	—	—	—	4125
1996	1386	—	445	—	—	—	6386
1997	1385	—	345	—	—	342	7551
1998	475	—	275	—	—	—	7912

（二）销售

1. 军粮供应

1978 年—1992 年，军粮供应执行原政策不变。1993 年，放开粮油销售价格，军供粮油销售按军粮供应管理办法执行。

2005 年 1 月，西盟县军粮供应站（事业单位）成立，由粮食局管理，按军粮供应政策，保障军队粮油供应。

2. 市镇统销

1978 年起，实行主粮（大米）与杂粮（玉米、面粉）各半的搭配供应，搭配杂粮最多时为 70%，全县供应人口 5078 人，月定量供应 8.25 万千克。

1983 年，取消主粮（大米）与杂粮（玉米、面粉）搭配供应，实行自由选购，全县供应人口 5835 人，月定量供应 8.5 万千克。

1988 年，全县供应人口 6058 人，月定量供应 8.9 万千克。1990 年，取消对市镇居民定量供应。

1993 年 4 月，粮食销售价格放开，市镇居民的购粮证暂存档保留，全国粮票和地方粮票停止使用，但非农业人口迁入需办理的粮转关系手续仍继续办理。

2001 年 5 月，取消实行 40 余年的非农业人口粮籍关系。

3. 农村返销粮

1978 年后，农村实行返销粮政策，全县年均在 68 万千克 ~ 72 万千克。1982 年，农村联产责任制后，粮食生产逐年增收，农村返销粮供应量逐年减少。1993 年，农村返销粮一律按市场价格供应。

4. 奖售粮

1978 年—1992 年，国家对收购肥猪实行粮食奖售政策，奖售标准常有变动。

5. 退耕还林补粮

2002 年—2003 年，按照国家、省、地退耕还林的政策，配合林业局落实供应计划、测算粮源，严格把住供粮质量关，按规定程序供应到退耕农户手中。全县退耕还林面积 2 万亩，每亩补助原粮 150 千克，两年共销售退耕还林补助粮 300 万千克。2004 年后，退耕还林补助粮改为现金直补。

6. 牲畜饲料供应

20 世纪 70 年代至 80 年代末，对全县商业、粮食、公交等运输的役畜马、骡子等给予饲料（玉米）定量供应。1978 年，全县定量饲料供应役畜 172 头，月定量 7695 千克。1988 年，全县定量饲料供应役畜 8 头，月定量 569 千克。1989 年，牲畜饲料供应全部取消。

7. 议销粮

1980 年，县粮食局从省内外购进大米，以保本微利的原则在县城设点议销门市部，平衡市场粮价。1985 年后，议销粮逐年增长。1992 年，全县粮食系统在开展议销的同时，开展多渠道经营，粮食部门由管理型向经营型转变。

1978 年—1998 年西盟县议价粮食管理情况表

表 9-12　　单位：万千克

名称 年份	征购	调入（县内）	销售	调出（县外）	加工	年末存粮
1978	8993	—	—	—	—	—
1979	1058	—	—	—	—	—
1980	1109	—	643	—	—	1236
1981	6348	—	306	256	—	66
1982	1963	—	1151	-	—	13347
1983	1263	—	793	65	—	1105
1984	441	40	5954	—	—	4687
1985	7832	—	6667	—	47	4721
1986	18779	149	9274	445	—	14464
1987	38669	2468	11347	505	53	22692
1988	23198	1032	15370	2268	—	12489
1989	31356	333	15357	—	—	12931
1990	23996	314	11066	—	—	6527
1991	23190	4406	6666	426	—	18232
1992	8882	4222	9677	456	200	21166
1993	2009	743	18926	158	5075	20313
1994	20031	607	16661	5664	9795	12311
1995	30974	7712	23690	3082	17414	23613
1996	18549	732	9885	2539	4943	20542
1997	12401	634	12528	3411	4482	17799
1998	7542	—	15056	753	7413	8758

三、粮油加工

1981年前，粮油加工业由思茅地区粮食局纳入管理。1983年，思茅地区粮食局把粮油加工业下放县粮食局管理。

四、储运

（一）设施

1. 粮仓

1978年后，土木结构的仓库部分已淘汰。1990年后，全县仓库完全改造成密闭熏蒸杀虫仓库。2002年，全县有粮食仓库24幢（西盟镇8幢、新厂乡1幢、翁嘎科乡2幢、中课乡2幢、力所乡5幢、莫窝乡1幢、勐梭乡4幢、岳宋乡1幢）。2003年，粮食流通体制改革时，粮食局把力所乡粮管所2幢房屋折抵给职工扎迫、玉珍各1幢。2004年，企业改革改制，保留乡镇所在地的部分粮食仓库。2005年4月，粮食局把西盟粮仓折抵给岩里1幢、白永胜2幢；中课粮仓折抵给朱晓峰1幢。

2. 油罐

1978年—2004年，各乡（镇）粮管所（点）均用小油桶储油；城关粮管所县城点用2个卧式钢板油罐储油，容量3万千克，常年储油5000千克以上。

3. 粮食储存

1980年，县粮食局建立粮食检验室，有一套较科学的检验设备。

1980年—1990年，各乡镇粮管所，粮点均配备检测稻谷、玉米水分测定仪等检验用具。在粮食储存工作中，开展创建“一符四无”粮仓活动，即：“符合有关规定”，“无虫、无霉变、无鼠雀、无事故”。

1995年，储运公司试点“双低保管”，即：低氧、低药量，在仓库内设置槽管，粮面覆盖塑料薄膜，在全县仓库推行仓库双低储粮活动，有效地防治害虫发生，确保粮食质量。

2008年，全县库存安全粮130万千克，占总存量的100%；实现“四无粮所”8个，占100%；四无粮点8个，占100%。被普洱市粮食局评为“一符四无”粮仓。

（二）调拨

1978年起，西盟县机关人员供应粮食基本是从外地调运进来。1980年—1981年，共调入粮食289366千克，其中，玉米调入占80%。至2002年，县粮食局机构改革后，停止从外地调运粮食。

第五节 烟草专卖

一、烟草种植

1991年2月，西盟县委、县政府烟草领导小组成立，由常务副县长刘文舜任组长，下设烟草办公室，办公室主任由张学明担任，办公室设在商业局，归属商业局管理，并从墨江县引进一名烟草专业技术员，办公室共有人员3人。

1992年3月初，在县职业中学举办烟草骨干培训班一期，参培学员45名；3月中旬，先后在全县7乡、1镇举办烟草培训班，共计参培学员400人；5月，全县开始种植，种植面积1万余亩，建烤烟房78座。至1993年年底，共产烤烟500余吨。

至1994年，因西盟县雨量过多，湿度较大，加之种植技术、管理等方面的原因，烟叶颜色乌黑，达不到标准，价格偏低，全县烟草种植停止。

二、烟草专卖管理

1983年，国务院颁发《中华人民共和国烟草专卖条例》（以下简称《条例》），对烟草行业实行高度集中统一管理，根据《条例》要求和有关文件精神。

1999年—2008年，县烟草专卖局对全县的卷烟销售全面实行专卖管理。县内卷烟销售批发零售业务由县烟草专卖局（分公司）负责，卷烟零售户必须持有卷烟零售许可证，自觉遵守《中华人民共和国烟草专卖法》，接受县烟草专卖局检查，严厉查处假、私、非卷烟制品，禁止其他单位和个人擅自制造和销售卷烟制品、烟丝、卷烟材料、卷烟机械等。加强全县烟草专卖中的政策及法治宣传，规范卷烟批发零售的市场行为，实现电话订货和网络管理，对不服从县烟草专卖局管理的卷烟零售客户，及时进行批评教育或依法取缔。实现销售收入总额22504.75万元，其中，2008年，卷烟销售收入4261.58万元，相比1999年1017万元，增加3244.58万元，增长76.14%。

三、专卖执法

1999年—2008年，县烟草专卖局查处各类涉烟案件262件，结案262件；查处无证运输卷烟27起；查处各类卷烟650.1件（假烟46.76件，走私烟23.24件），价值53.88万元，并收缴进行销毁，罚款12.25万元，罚款全部上缴县财政。按照思茅地区烟草专卖局关于转发国烟专卖关于《烟草专卖品准运证使用管理规定》、云南省烟草专卖局《关于清理换发烟草专卖检查证件的通知》要求，共核发换证1939个，其中，集体32个，个体1907个。共使用标识379万枚。

1999年—2008年西盟县卷烟专卖执法情况表

表9-13

名称 年份	卷烟案件（起）	查处卷烟（件）	价值（万元）	罚款（万元）	无证运输（起）	核查换证（个）	集体换证（户）	个体换证（户）	使用标识（枚）
1999	32	339.20	24.20	5.70	—	321	10	311	0.80
2000	40	31.70	4.58	2.30	—	308	11	297	49
2001	29	39.96	3.10	0.60	—	22	11	11	173.90
2002	35	51.39	3.30	1.60	—	225	—	225	—
2003	9	3.76	0.48	0.03	—	214	—	214	58.20
2004	18	51.50	4.40	0.80	12	212	—	212	84.05
2005	8	36.63	2.80	0.60	3	198	—	198	13.05
2006	40	76.64	6.99	0.01	6	201	—	201	—
2007	15	10.28	1.36	0.60	5	238	—	238	—
2008	36	9.04	2.67	0.01	1	—	—	—	—
合计	262	650.10	53.88	12.25	27	1939	32	1907	379

第六节 招商引资

一、招商工作

（一）优惠政策

2003 年，西盟县开始招商引资工作，其重点是："培植支柱产业、壮大林产业、巩固提升畜牧业、弘扬打造民族文化生态旅游业、提升水电产业、加速发展矿产业"。

2004 年，按照《云南省外来投资促进条例》规定，县委、县政府制定出台《关于加快非公经济发展和引进外来投资的若干实施意见》（以下简称《实施意见》）的通知。

2007 年，进一步修改和完善《实施意见》。县内投资优惠政策主要有：税收、土地使用权、小城镇户籍管理优惠政策及外来投资聘用的高中级管理人员、专业技术人员的子女入园、入学可享受当地城镇居民同等待遇的优惠政策。奖励办法有：引进国际民间组织及县外无偿资金或实物的，按实际到位的引进资金金额（或实物折算）给予 5% 的奖励；引进资金投入生产性项目在 3000 万元以上或引进外来设备投入生产性项目且固定资产投资在 3000 万元以上的，按实际到位的引进资金金额给予 1% 的奖励；固定资产投资在 1000 万元 ~ 2999 万元，按实际到位的引进资金金额给予 0.5% 的奖励；100 万元或 1000 万元的分别给予 0.3%、0.4% 的奖励；引进基础设施建设投资的独资、合资、合作项目按固定资产投资额中外来投资部分给予 0.5% 的奖励等。

（二）方法措施

2003 年—2008 年，组织人员到省、市招商引资部门跟班学习，参加省内外大型招商引资洽谈会，学习和借鉴外面的好经验、好做法；组织人力、拨出经费编辑招商引资项目册 5 期，约合 10 万份，制作多媒体 DVD 宣传片，并在昆交会、广交会上进行宣传，及网上发布项目等方式向外界宣传西盟的地理优势、投资优势、政策优势。县政府每年召开 1 次专题经济分析会，研究部署招商引资工作，与市、县签订招商引资考核目标责任等。

（三）引资成果

2003 年，县委、县政府共引进招商引资项目 15 项，协议资金 2682 万元，实际到位 1000 万元。

2004 年—2007 年，先后引进福建黄文土修复经营三河水电站、金光集团种植林木（桉树）、香港蒋乃钢发展佤山服饰、石家庄朱升涛种植岳宋橡胶、云思开发永业电站、段继洪开发房地产等实力较强的外商共 60 个，项目 70 项。达成协议资金 49611.64 万元，实际到位资金 21756 万元。

2008 年，引进项目 8 项，计划投资 19090 万元，实际到位 7737 万元，占市下达任务 5000 万元的 154.7%；占县下达任务 6400 万元的 120.9%，同比增长 33%

2003 年—2008 年西盟县招商引资完成情况表

表 9-14　　　　单位：个、万元

名称／年份	项目数	协议资金	增长（%）	实到位资金	增长（%）
2003	15	2682	—	1000	—
2004	10	5917.64	220.6	1020	102
2005	6	2436	41.2	2040	200
2006	9	8810	361.7	4140	202.9
2007	22	10676	121.2	5819	140.6
2008	8	19090	178.8	7737	133
合计	70	49611.64	—	21756	—

二、服务工作

2003 年—2008 年，县便民服务中心贯彻落实《云南省外来投资促进条例》和《西盟佤族自治县关于进一步加快非公有制经济发展和引进外来投资的若干实施意见》及有关招商引资政策，以“招得进来，稳得住，能发展”为目标，以“上下一心，通力协作，热情服务”为宗旨。便民服务中心和有关部门加强引进项目的跟踪管理，累计为外来投资企业上门服务 24 次，出动人员 210 人次，解决实际问题 12 项。在服务工作中，倡导“尊重劳动、尊重知识、尊重人才、尊重创造、尊重纳税人”，以构建和谐西盟，促进招商引资的健康发展。

第七节　对外经济合作

一、替代项目企业

2004 年 12 月，国务院下发《关于进一步支持云南省加强禁毒和防止艾滋病工作方案》，要求云南省用 3 年时间有效遏制毒品和艾滋病在云南的蔓延。

2006 年，西盟县委、县政府积极响应国家“境外罂粟替代发展”战略，鼓励和支持企业赴佤邦开展罂粟替代种植、发展替代产业，按照省、市商务部门的要求，积极申报替代项目（企业），在国家政策的引导下，从事罂粟替代种植发展项目的替代企业除 2002 年已注册的西盟对外贸易公司外，新注册登记 3 户（西盟森鸿商贸有限公司、西盟森源商贸有限责任公司、西盟大方外贸有限责任公司，以下简称森鸿、森源、大方公司）。

2008 年，新注册 1 户替代企业（西盟康利商贸有限责任公司，以下简称康利公司），至年末，共有 5 户企业开展境外替代种植。

2006 年—2008 年西盟县替代企业情况表

表 9-15

单位：万元、人

名称 公司	企业地址	企业性质	注册资金	成立时间	员工	项目所在地区
对外贸易公司	西盟县勐卡镇民胜街 18 号	国有	5000	2002.7	16	佤邦
森鸿公司	西盟县环城路司岗里旁	有限责任公司	50	2006.8	15	佤邦
大方公司	西盟县勐梭路 48 号	有限责任公司	70	2006.9	10	佤邦
森源公司	西盟县大黑山茶厂	外资企业	100	2006.11	200	佤邦
康利公司	西盟县勐梭路 82 号	私营	50	2008.9	7	佤邦

二、替代项目实施

2005 年，佤邦政府宣布禁种罂粟。2006 年起，西盟县先后有 5 户企业，相继到佤邦地区与当地政府及企业通过合作、合资等不同形式开展罂粟替代种植发展项目，当年，完成罂粟替代种植 19018 亩。2007 年，种植面积 16701.65 亩。

2008 年，种植面积 28868.24 亩。年末，累计种植面积 64587.89 亩，其中，对外贸易公司在佤邦邦康市永黑村、南抗武区、窝村、邦养、勐冒县王冷乡等地种植橡胶、竹子、茶叶，共计 14989.19 亩，占 23.21%；大方公司在佤邦勐片开发区勐堆、勐波县东弄乡等种植橡胶、核桃，共计 12397.85 亩，占 19.20%；森鸿公司在佤邦勐冒县营盘区、温高县南抗武区等种植橡胶、坚果、经济林，共计16695.95亩，占25.85%；森源公司在佤邦勐冒县营盘区八嘎底村、广马乡班乃村等种植橡胶、茶叶，共计9704.90亩，占15.02%；康利公司在佤邦邦康特区南怕乡、广洪乡等种植橡胶、茶叶，共计10800亩，占16.72%。

至2008年，累计完成橡胶种植48301.75亩，占74.78%；竹子7340亩，占11.37%；核桃6357亩，占9.84%；茶叶2266.14亩，占3.51%；坚果323亩，占0.5%。

2006年—2008年西盟县禁毒境外罂粟替代种植面积情况表

表9-16 单位：亩

公司＼名称	种植品种	合作方式	2006年	2007年	2008年	合计
森鸿公司	橡胶	合作	7405	4867.95	3400	15672.95
	坚果	合作	—	323	—	323
	茶叶	合作	—	—	700	700
	小计	—	7405	5190.95	4100	16695.95
森源公司	橡胶	独资	4422	3145	800	8367
	茶叶	独资	697	640.90	—	1337.90
	小计	—	5119	3785.90	800	9704.90
大方公司	橡胶	合作	3830	2210.85	—	6040.85
	核桃	合作	757	—	5600	6357
	小计	—	4587	2210.85	5600	12397.85
对外贸易公司	橡胶	合作	1907	4250	—	6157
	橡胶	合作	—	1263.95	—	1263.95
	竹子	合作	—	—	7340	7340
	茶叶	合作	—	—	228.24	228.24
	小计	—	1907	5513.95	7568.24	14989.19
康利公司	橡胶	独资	—	—	10800	10800
合计	—	—	19018	16701.65	28868.24	64587.89

三、替代项目示范园区建设

2007年12月，省政府批准启动云南省禁毒境外罂粟替代种植示范基地建设项目，西盟县被列为第一批实施示范项目建设的边境县之一；同年12月30日，森鸿公司与佤邦政府磋商达成一致，缅方同意划拨勐冒县营盘区、岩城区6万亩土地，给森鸿公司作为罂粟替代种植用地，独资开发。

2008年3月，森鸿公司完成项目建设规划及实施方案的编制；4月12日，通过市商务局、市发改委等四部门研究确定森鸿公司为实施示范基地建设项目企业，项目建设时限为五年，投资规模6099万元，其中，企业自筹3599万元，银行贷款1000万元，国家及省级专项资金1500万元；4月26日，经济和商务局与佤邦勐冒县政府签订《关于西盟森鸿商贸有限公司在佤邦勐冒县建设境外罂粟替代种植发展示范基地项目的协议》；7月27日，普洱市政府对《西盟森鸿商贸有限公司在佤邦勐冒县建设境外罂粟替代种植发展示范基地建设规划及实施方案》评审通过；10月8日，西盟县禁毒境外罂粟替代种植示范基地建设项目领导小组成立，负责罂粟替代发展指挥、协调、管理工作，领导小组下设办公室，办公室设在县经济和商务局，负责日常管理工作；10月20日，项目建设工作正式启动，全年资金投入360万元，其中，拨付省级专项资金240万元，企业自筹120万元，完成项目总投资的5.9%，完成年度计划投资654万元的55.04%。主要以种植橡胶、茶叶、粮食为主，兼顾教育、卫生、社会公益事业和道路、水电等基础设施。项目建设地点在佤邦勐冒县营盘区。

四、替代农产品返销

2007年，申报境外罂粟替代种植项目返销国内农产品进口计划850吨，省商务厅分配下达返销指标212吨，实际完成212吨，总价值168万元。主要是橡胶、茶叶、玉米等农产品。2008年，申报境外罂粟替代种植项目返销国内农产品进口计划2865吨，省商务厅分配下达返销指标327吨，实际完成326吨，总计165.36万元。

2007年—2008年西盟县境外罂粟替代种植项目返销国内农产品情况表

表9-17

单位：吨、万元

年份＼名称	返销品种	申报返销数量	分配下达返销数量	实际返销数量	价值
2007	橡胶	850	212	212	168
2008	橡胶	1350	183	182	145.29
	茶叶	15	9	9	1.17
	玉米	1500	135	135	18.90
合计	—	3715	539	538	333.34

五、边境小额贸易

1978年来，按照中央“对外开放，对内搞活”的方针，边民互市及边境小额贸易进出口商品范围及数量不断扩大。1979年，全县进出口贸易额165万元。

1988年，西盟县边境贸易办公室成立。同时，在翁嘎科、力所、岳宋、新厂等分别设边境贸易点。

1989年—1990年，娜妥坝作为经济贸易区进行开发建设，总面积1.9平方千米，完成土地平整31400平方米。开通有线电视、程控电话、移动电话，完善市政基础设施，初步建成集镇街道，边境贸易日趋活跃。

2008年，边境贸易大幅增长，完成进出口贸易总额2140.17万元，其中，进口1805.21万元，出口334.96万元。主要进口货物有：木材、矿产品、橡胶等。主要出口货物有：食盐、啤酒、百货、医疗器皿、建材等。

1979年—2008年部分年份西盟县边境贸易进出口额情况表

表9-18

单位：万元

年份＼名称	进出口总额	进口	出口
1979	165	75	90
1980	90	30	60
1981	89.50	29.50	60
1984	18	18	0
1988	152	121	31
1989	332	254	78
1990	289	206	83
2001	777.62	94.57	683.05

续表9-18

年份＼名称	进出口总额	进口	出口
2002	1163.75	504.85	658.90
2003	1498	247.24	1250.76
2004	1746.39	1248.74	497.65
2005	2180.92	881.75	1299.17
2006	2520	1732	788
2007	1914	910.57	1003.43
2008	2139.17	1805.21	333.96

六、边境通道

（一）大黑山通道

1988年，开通娜妥坝至佤邦龙潭区公路，里程18千米。全年可通行，是开展边境贸易的主要窗口，年通货量占全县进出口总量的80%以上。同时，也是通往佤邦的一条重要出境通道，年均出入境在2万余人次。

（二）岳宋“183”通道

1988年，开通岳宋乡183橡胶队经南锡河至佤邦岩城区、营盘区公路，里程分别为20千米、30千米。旱季车辆可以通行，雨季无法通行。

（三）新厂通道

1988年，开通新厂乡永广村经格浪埂堵河至佤邦王冷公路，里程25千米。旱季车辆可以通行，雨季无法通行。

（四）力所通道

1988年，开通力所乡经打洛橡胶队、南锡河至佤邦营盘区公路，里程30千米。无桥梁连接境外，旱季车辆可以通行，雨季无法通行。

（五）翁嘎科通道

1988年，开通翁嘎科乡龙坎村经南卡江至佤邦营盘区、南抗武公路，里程40千米。旱季车辆可以通行，雨季无法通行。

七、境外投资合作项目

2006年2月23日，西盟自忠矿业开发有限公司登记注册，与缅甸佤邦荣玲龙矿业公司合作开发矿产资源，合同期限2007年—2012年；开采规划，铁矿15万吨、锌矿13万吨。中方自忠矿业公司出资金、设备、技术，缅方荣玲龙矿业公司提供场地、矿山。合同投资中方占70%，缅方占30%。主要在勐冒县龙潭特区和王冷区境内开采。

2006年12月，西盟冠城商贸有限公司登记注册，与缅甸佤邦勐冒县岩城区合作开发铅锌矿，中方冠城公司出资金、设备、技术和管理人员；缅方岩城公司提供场地、矿山。

2007年，投资240余万元，建成日处理矿石150吨浮选厂1个。

2008年，中方企业投资2000余万元，建成日处理150吨浮选厂2个，开采铅锌矿石8万余吨、铁矿石4万余吨，上缴税金150.6万元。

第八节 机 构

一、商业局

1978 年 6 月，撤销商业局革命委员会，改为西盟县商业局。1987 年 10 月至 1996 年 7 月，县商业局行政编制 7 人（实有 3 人），下辖百货五交化公司、糖烟酒公司、商品公司、饮食服务公司、石油公司、综合厂、昆明经营部。各公司（厂、部）实行独立核算，自负盈亏，分户纳税的企业法人实体。1996 年 8 月，机构改革，撤销商业局（保留牌子），商业民族贸易公司成立，并撤销行政编制。公司下设的石油公司上划中国石化集团公司。2002 年 3 月，分设县烟草公司；6 月，在县级机构改革中，商业民族贸易总公司国有资本退出，变为民营企业。

历任县商业局局长：黄定国（1978 年 6 月至 1982 年 1 月）、赵凤阁（1984 年 1 月至 1987 年 4 月、1988 年 5 月至 1990 年 2 月）、张成元（佤族，1987 年 4 月至 1988 年 5 月、1990 年 2 月至 1992 年 2 月）、黄林昌（拉祜族，1992 年 11 月至 1996 年 7 月）。

历任商业民贸公司总经理：黄林昌（1996 年 12 月至 1999 年 8 月）、瞿勇（1999 年 8 月至 2002 年 3 月）、苏其宁（2002 年 3 月至 2003 年 4 月）、晏江鸿（2003 年 4 月至 2003 年 12 月）。

二、外贸局

1979 年 4 月，西盟县外贸局成立，实行“政企合一”体制，隶属于思茅地区外贸局，有职工 14 人。1985 年，改称西盟县外贸公司。1996 年，改为西盟县外贸局；同年 8 月，外贸局转为经济实体，西盟县外贸公司成立。

历任外贸局局长：李自华（1988 年 2 月至 1993 年 2 月）、王福生（哈尼族，1993 年 2 月至 1994 年 3 月）、苏其宁（1994 年 11 月至 1996 年 7 月）。

历任县对外贸易公司经理：苏其宁（1996 年 8 月至 2002 年 2 月）、车立洲（2002 年 2 月至 2008 年 12 月）。

三、物资局

1979 年 4 月，西盟县物资局成立，属“政企合一”，归县计划委员会。1985 年，增加物资公司牌子，实行“一个机构、两块牌子”，有职工 11 人。1986 年，由于经营锡矿的单位和个人增多，税收和管理费流失较大，为增加财政收入，县政府决定在物资局内增设矿业公司，形成“一个机构、三块牌子”模式，内设物资、矿业二个二级局单位。同年，县国营运输马队撤并物资局矿业公司，职工增加 25 人。1996 年 8 月，机构改革，县物资局转为经济实体，改称西盟县物资贸易公司。

历任物资（矿业公司）经理：戴明权（1986 年 4 月至 1987 年 10 月）。

历任县物资局局长：戴明权（1987 年 10 月至 1990 年 2 月）、杨恒兴（1990 年 2 月至 1994 年 3 月）、穆文华（1994 年 3 月至 1996 年 7 月）。

历任县物资贸易公司经理：穆文华（1996 年 8 月至 2008 年 12 月）。

四、农机局

1978 年 2 月，西盟县农机局成立。1984 年 1 月，合并到县工业交通管理局。

历任县农机局局长：谢德万（1978 年 2 月至 1984 年 1 月）。

五、石油公司

1980 年，西盟县石油公司成立，并委托县商业局代管行政。1990 年，职权下放，有职工 15 人，内设经理、会计、出纳、业务、仓管、保卫员。2000 年至 2007 年 4 月，改称中石化云南思茅股份公司西盟加油站。2007 年 4 月，改称中石化云南普洱股份公司西盟加油站。

六、供销社

1984 年 11 月，根据国务院《关于改革农村商品流通体制若干问题的规定》和省政府《关于边疆县恢复建立供销社的意见的通知》，供销合作社领导小组成立，由主管财贸的副县长担任组长，县商业局局长为副组长，思茅地区供销社派工作组协助，进行筹建工作。1985 年 1 月起，县委、县政府同意县联社免缴 3 年所得税，7 个区供销社免缴营业税 3 年、所得税 5 年。并把部分税补充到流动资金和基础设施上。5 月 20 日，第一届社员代表大会召开，选举理事委员会正副主任、委员，县供销合作社成立，同时，把 7 区中心商店改为供销社。成立后的西盟佤族自治县供销社为县联社、集团公司（一个机构、两块牌子）的社企不分的联合社，人员编制 15 人，内设人事秘书股、财会物价股、综合股、统计股。公司下设业务加工股、经济管理股、综合后勤股、农业生产公司、副食品公司、功效综合批发中心以及 7 区供销社和勐梭河饭店。1986 年 10 月 30 日，县供销社老年人协会成立。1987 年 4 月 25 日，县供销合作社与县民族贸易公司合并，称西盟县民族贸易公司。各乡镇供销合作社仍恢复七乡中心商店名称，保留供销合作社牌子，隶属民族贸易公司。1990 年 8 月 15 日，经县联社决定，在县内成立供销商场。2000 年，根据中央、省《关于国有企业改革和发展若干重大问题的决定》，县政府作出《关于西盟佤族自治县商业民贸总公司改革总体方案》的批复，启动企业产权制度改革。2003 年 8 月 19 日，经县编委会同意，恢复县供销合作社事业机构，经费全额纳入财政预算，人员编制 7 人，领导职数 1 正 2 副，内设办公室、财务会计股、经济发展股；12 月 4 日，县供销社再次进行改革，全县有 7 个基层供销社和供销商场等 8 个单位进行改制，应改制 27 人，实际改制 26 人，1 人不参与改制，改制退休 37 人。职工投入置换成本 65.46 万元，其中，现金 22 万元；商品和房产抵补 20 万元，商品和房产优惠、折让 26.15 万元。2004 年 11 月 19 日，组建联丰农资公司，返聘改制人员 10 人，聘用临时工 2 人。公司主要经营农业生产资料、食盐、烟花爆竹等。2005 年，创办发展“两社一会”（农村综合服务社、乡村农资综合服务社），启动创办 3 个乡级农村综合服务社。2006 年 10 月 30 日，县供销社老年人协会成立 20 周年庆典。同年，创办 9 个乡级农资综合服务社。2007 年 12 月 20 日，县供销社举办首届农村女经济人培训班，参培人数共计 30 人。2008 年 11 月 24 日—25 日，举办第二期乡村农产品经济人培训，参培人数共计 50 人。至 2008 年，共创办“两社一会”20 个，其中，农村综合服务社 3 个；乡村农资综合服务社 9 个；烟花爆竹协会 1 个；蚕桑、养猪专业合作社各 1 个；农村小超市 5 个。

历任县供销社主任：荣源成（1985 年 1 月至 1987 年 12 月）、李正良（2004 年 4 月至 2008 年 4 月）、潘永明（佤族，2008 年 4 月至 2008 年 12 月）。

七、粮食局

1978 年，西盟县粮食局下辖 7 个公社粮管所、4 个粮点、1 个直属库（西盟粮库）和 1 个粮油加工厂。有职工 80 人。1994 年，经县政府批准，西盟县粮油贸易总公司成立，保留粮食局行政机构，实行“一个机构、两块牌子”。1997 年 5 月，改称县粮食局，属政企合一的管理体制。1998 年，粮食企业收储业务与附营业务分离，行政与企业分开，有编制 8 人，实有 8 人。同时，各乡镇粮管所撤销，各乡镇粮油公司成立。粮食收储公司有 101 人（退休 46 人），有固定资产 689 万元。粮油工贸有限责任公司有 38 人（退休 11 人），有固定资产 362 万元。2002 年 4 月，机构改革，保留县粮食局牌子，归属发展计划局，人员参照公务员管理。2004 年 12 月，改制后的粮油收储公司变更为粮食购销公司（下设勐梭镇、勐卡镇粮食管理站）。2008 年，县粮食局有职工 7 人，粮食购销公司返聘职工 6 人（军粮供应站 3 人），实行“一个机构、两块牌子”。有离退休干部、职工 66 人。

历任县粮食局局长：余明普（1978 年 1 月至 1987 年 10 月）、陈文凤（女，1987 年 10 月至 1992 年 12 月）、魏忠明（佤族，1993 年 2 月至 1996 年 7 月）。

历任县粮油贸易公司经理：胡贤生（1996 年 7 月至 1997 年 5 月）。

历任县粮食局局长：胡贤生（1997 年 5 月至 2002 年 5 月）、赵有平（2002 年 5 月至 2004 年 10 月）、王位（彝族，2004 年 10 月至 2008 年 4 月）、刘祥（拉祜族，2008 年 4 月至 2008 年 12 月）。

八、烟草专卖局

1978 年—1998 年，县内卷烟由县贸易公司负责销售（包括专卖管理、许可证办理）。1999 年 1 月 27 日，西盟县烟草专卖局（烟草有限责任公司）成立，设局长 1 人，专卖科长 1 人，管理人员 3 人，负责全县的烟草专卖管理和卷烟销售工作。2000 年，有人员 9 人，新增专卖管理人员 4 人。2001 年，增加专卖稽查人员 4 人，共有 13 人。2005 年 3 月，县烟草专卖局稽查服务中心成立，分三个窗口服务（法律法规咨询，案件举报投诉、许可证办理）。2008 年，有职工 19 人 。

历任县烟草专卖局局长：瞿勇（1999 年 1 月至 2005 年 12 月）、熊云奇（2005 年 12 月至 2008 年 12 月）。

九、县便民服务中心

2001 年 3 月 4 日，西盟县便民服务中心成立，挂靠县政府办公室，有政府办 1 名副主任兼任县便民服务中心主任。2002 年，县便民服务中心单设。2003 年 3 月，县便民服务中心独立挂牌办公。2006 年 10 月，县便民服务中心更名为政务服务中心。2008 年，县政务服务中心内设办公室、招商引资股、企业服务股，领导职数 1 正 1 副，有人员 7 人。因县相关业务部门办公点比较集中，所以未设立统一的服务窗口。

历任县便民服务中心主任：杨恒斌（2001 年 4 月至 2003 年 4 月）、杨岩来（佤族，2003 年 5 月至 2006 年 1 月 ）、毛莲英（女，佤族，2006 年 1 月至 2006 年 10 月）。

历任政务服务中心主任：毛莲英（女，佤族，2006 年 10 月至 2008 年 12 月）。

第十编　旅游　节庆

第一章 旅游资源

第一节 旅游资源分类

一、佤族文化

该类旅游资源以西盟佤族生态博物馆、佤族村寨、司岗里佤族部落、新米节、甩发舞、木鼓舞、剽牛、砍牛尾巴、盖新房、佤族茶俗、饮食、服饰等为代表，其文化旅游吸引力具有国际、国内、地方的指向性。除可浏览自然风光外，还可体验民俗、购买特产，开展民俗科考、摄影采风、原始宗教考察、民俗文化、生态环境、民族民间体育竞技等旅游活动。

二、边境风光

西盟县地处祖国西南边疆，以南卡江（南锡河）为界，与佤邦隔江相望，边境一线分布着佤族、拉祜族村寨。由于独特的区位及交通制约，西盟成为外界甚少知晓的神秘之地。同时，在中缅边境一带，江河奔流不息，森林遮天蔽日，是各种野生动物栖息的乐园。该类旅游资源以境外巴格岱司岗里，境内岳宋永老寨、小新寨、库杏河、南亢河、新厂河、南锡河、南卡江、藤索桥、中缅界桩、原始森林为代表。适宜开展江河漂流、森林探险、民族村寨采风、寻找历史足迹等旅游活动。

三、原始生态

西盟县森林覆盖率 57.93%，境内森林生态资源物种丰富、形态壮观。该类旅游资源以勐梭龙潭自然保护区、佛殿山自然保护区、土邦美原始森林、中课永布落原始森林、中缅边境原始森林等为代表。可游览高山森林、奇花异卉、山石洞穴、名山胜景等。

第二节 旅游资源分布

一、勐梭旅游区

范围包括：以县城为中心及周边区域，已进行初次开发的旅游资源主要有：勐梭龙潭、龙摩爷圣地、木依吉神谷、里坎瀑布、佤山榕树王、佤族博物馆（内藏西盟新石器时期的石器，明清时期的金佛像、官印，古老木鼓、原始古朴的生产工具、生活用品）、司岗里佤族部落及待开发完善的戈约佤族民俗文化村、爬街佤族民俗文化村、傣族佛寺等景点。

二、勐卡旅游区

范围包括：勐卡镇、岳宋乡 2 个乡（镇），主要有：尚未开发的马散佤族风情——永俄部落、岳宋永老寨、娜妥坝边境通道、大黑山草甸、佛殿山佛房遗址、烈士陵园、曼亨独树成林、岳宋洞穴、佤山天池、马散水库、南锡河、永东瀑布、高山生态茶园、野生古茶树群落及佤山云海风光等资源，总体特征为边境民俗风情与原始自然景观旅游区。

三、中课旅游区

主要有：尚未开发的永布落瀑布、永布落温泉、螺蛳河、库杏河、天生桥、佤族村庄、原始森林及边境集市贸易等资源，总体特征为自然风光与生态旅游区。

四、新厂旅游区

主要有：尚未开发的新厂河、当归山、永广水库、土朋伐原始森林、代格拉溶洞及佤族传统建筑等资源，总体特征为自然风光与民族风情旅游区。

五、力所旅游区

范围包括力所、翁嘎科 2 个乡。主要有：尚未开发的南卡江、南康河、南约藤索桥、翁嘎科乡格朗央河温泉、原始森林、南卡江峡谷及特色浓郁的传统建筑、民族服饰等资源，总体特征为自然风光与民族风情旅游区。

第二章 旅游景区（点）

2002年来，西盟县紧紧围绕“阿佤文化兴县”发展思路和创建“西盟佤族生态旅游区”的建设目标，先后初步打造“司岗里佤族村庄”“勐梭龙潭”“龙摩爷圣地”“阿佤人民唱新歌纪念碑”“世界佤文化保护区观景台”“里坎瀑布”“木依吉神谷”“永克洛”“佤山榕树王”等一批具有独特自然景观和丰富民族文化内涵的旅游景点，以及戈约、爬街等佤族民俗文化生态特色村。2005年，西盟佤族生态旅游区成功申报为国家AA级景区。

第一节 勐梭龙潭景区

一、勐梭龙潭

勐梭龙潭位于县城南面，是断层陷落、天然形成的热带雨林淡水湖泊，湖面海拔1150米。四周林翠山青，环境清幽，水映山城，景色秀丽。南岸和西岸悬崖峭壁，东岸和北岸地势平缓，水源主要来源于湖泊底部的地下水，以及山涧小溪和地表积水。龙潭因“水盈满而不知去处，虽幽深却难于亲探，疑蛟龙在水，故称‘龙潭’”，又因地处勐梭镇勐梭村所辖而取名“勐梭龙潭”。是国家AA级景区——西盟佤族生态旅游区的重要组成部分，也是勐梭龙潭自然保护区的核心区域。2006年8月16日，勐梭龙潭成功申报为“国家级水利风景区”。景区内有荷花塘、湿地、龙摩爷圣地、圣水、蟒蛇谷、盘须岩、祈雨洼、将军吟、猴子崖、仙石凹、赕佛山、千指树、树包石、相思树、聚友滩、缅寺、观碧亭、王冠蕨18个景观景点。

二、龙摩爷圣地

龙摩爷圣地位于县城西南面，是勐梭龙潭景区中最富有原始古朴、生态神秘气息的人文景观。“龙摩爷”是佤语的音译，“龙”是神山、圣林、圣地之意，“摩”是神灵，“爷”是“全部、所有”的意思，“龙摩爷”意为“众神灵聚集的地方”，即人们向“众神灵”祈福求安的圣灵之地。阿佤人认为所有具有生命的动植物，当生命终止之后，“灵魂”并没有立刻“上天堂”，而是以另一种方式寄托在“龙摩”这一圣地。因此，阿佤人每逢重大事件，或举行重大活动，或是遇到重大自然灾害，难以解决困难的时候，都要举行盛大的祭祀活动，由德高望重的巴猜（祭师）带领部落里的人们，以最圣洁、最虔诚的心灵来到“龙摩爷”圣地，通过举行神圣的祭拜仪式，向众神灵敬献祭祀物品，以祈求众神灵赐予人们幸福、平安，帮助人们化解生产生活中遇到的困难，使人们免遭灾难，为了人畜兴旺、五谷丰登、人民安居乐业。每逢重大节假日，当地百姓都会到此地举行盛大的祭拜龙摩爷仪式，向世人展示阿佤人“万物有灵”的宗教文化。

三、永克洛

位于县城东南面，“永克洛”是佤语，即“木鼓房”或“木鼓寨”之意。2004 年 2—3 月，县政府木鼓办公室和各乡镇在永克洛建造木鼓房 15 间（是集中展示佤族木鼓文化的主题园区），共存放各种规格的木鼓 102 个。按照佤族传统习俗，在木鼓房周边，布置有掌管守护职责的“门神”雕像及牛头桩、剽牛桩、人头桩等传统宗教祭祀器物。2004 年 2 月 8 日，在该景点上方，建有阿佤人民唱新歌纪念碑。2005 年，县木鼓办公室在永克洛制作两个佤族木鼓，长 4.6 米，直径分别为 1.6 米、1.4 米，木鼓为麻老鹰树，产于缅甸营盘。两对鼓棒长分别为 1.56 米、1.1 米，直径分别为 14 厘米、13 厘米。距木鼓房上方 15 米处，设有用纤维材料制作的牛像，牛像两端为牛头，全长 5.5 米，高 3.58 米，宽 5.13 米，两牛头支撑着纤维材料制成象形木鼓，木鼓长 9.6 米，直径 3.14 米。

四、司岗里佤族部落

位于县城东南面，于 2002 年年初建，由 6 个乡、2 个镇分别按照当地佤族部落民居特色而建。大门内左侧建有藤索桥，材料采用结实粗大的藤索，用竹枝倒挂藤索成棚栏，中间横放木头逐一连接而成；右侧是司岗里部落园；距大门 20 米的正面有一块供祭祀、迎宾跳舞活动场，场地下方立着一颗寨心桩和寨心碑，碑上刻着“寨心桩是佤族人民相互依存、和睦相处、同心同德、维护部落利益、与部落共存亡的标志”。2003 年，国家民委主任李德珠到此题词：“司岗里佤族村庄”。司岗里佤族部落风景区是具有浓郁特色和较强代表性的佤族传统民居建筑群。此外，还建有佤族头人窝朗的住所——窝朗房，用于经营佤族特色餐饮服务，是游客感受阿佤风味饮食、领略阿佤传统民俗文化的绝佳去处。整个景区是西盟佤族民居特色的缩影。2008 年，在司岗里佤族部落园内，新建佤族博物馆 1 幢，并已对外开放。

第二节　里坎瀑布景区

位于县城东北面（地处勐梭镇里坎村民小组所在地），距县城 5 千米，“里坎”是傣语的译音，意为“猴子经常玩耍的地方”。景区内主要景观有雄伟壮观的里坎瀑布、惊险刺激的藤索桥、原始古朴的木桥、竹桥、田园风光，极具药用价值的砂仁林等。瀑布由东朗河、东梭河汇流而成，之后在陡峭的山崖层层叠叠、弯弯曲曲飞泻而下。正对瀑布，是里坎傣族寨子。2004 年 9 月，景区内修建游客休憩亭子，在瀑布下方修建一座长 20 米的藤桥，站在藤桥上，抬头可观奔腾而下的瀑布，俯瞰河水疾驰而流。随着新农村建设和旅游业的发展，该景区已修建风格统一的傣族风格楼。

第三节　木依吉神谷景区

位于县城南面（勐梭龙潭景区南侧的密林中），距县城 3 千米。2004 年建成，主要依据佤族传说中最大的神——木依吉神的传说而修建，整个景区依山傍水。木依吉是阿佤人融“自然崇拜、神灵崇拜和祖先崇拜”三位一体的原始宗教聚集地。阿佤人认为，万物是大神木依吉创造的，木依吉创造了生命，掌握着世间万物的生杀大权，对各种动植物赋予不同的功能，拉木鼓、做鬼、供人头、剽牛等祭祀活动都是为供奉木依吉神。若是触怒木依吉神，整个部落会遭灾遭难，粮食会歉收，寨子会被洪水冲毁。人们唱歌跳舞都是为颂扬、赞美无所不能的木依吉。景区内主要有榕树、木依吉神像、岩画、人头桩、五神潭（传说中木依吉有五个儿子，故重建五神潭，分别掌管金、木、雷、电、地震的神）等历史人文景观。

第四节　其他景点、景观

一、佤山榕树王

位于澜沧县至西盟县募西线28千米处，距县城30千米。榕树高约60余米，下垂倒生根20多棵，树冠宽幅均50米，是别具特色的独树成林景观。在佤山，榕树被人们尊为神树，有村寨的地方一般都有榕树，且保护完好。

二、佤山云海

在西盟佤山，一年四季都可以观赏到宛若仙境、如梦如幻的云海，秋冬两季气势蔚为壮观。佤山云海与众不同之处就在于他起伏涌动，似玉带斜挎于山腰。他变化万千，气势雄伟，浩瀚壮阔。云海为佤山增添了更加神秘的色彩，与巍峨的阿佤群山相映成趣。

三、佤山天池

位于勐卡镇西面，距勐卡镇政府3千米，是一个能真正使人们领略到“山有多高水就有多高”的地方，佤山天池景区，空气清新、沁人心脾，古茶成林，令人回味。

四、三佛祖佛房遗址

位于勐卡镇西面，距勐卡镇政府3千米。佛殿山的最高点（佤山天池旁），是原始自然宗教向佛教过渡时期的见证产物。1998年11月13日，该遗址被云南省人民政府公布为“第五批省级文物保护单位”。

五、娜妥坝通道

位于勐卡镇西北面大黑山脚（娜妥坝），距勐卡镇政府17千米，是中缅边境线上的一个边贸小区。通道直通佤邦龙潭特区，由龙潭特区又可通往其他佤邦重镇。在娜妥坝边贸区，可以足不出国，远观异国民俗风情。从娜妥坝通道出去，可以直达传说中与勐梭龙潭结为夫妻的缅甸“绣球龙潭”。

六、岳宋曼亨溶洞

位于岳宋乡曼亨村六米桥附近，是由原思茅地区人大工委副主任张光明自筹资金开发的岩溶景观。据传，该溶洞与境外司岗里相通连，故有“小司岗里”之称。

第五节　旅游特色村

一、戈约民族文化特色村

位于县城东面，属勐梭镇秧洛村第14村民小组，距县城5千米。该组在民族服饰、生活习俗、歌舞文化、宗教活动、生产生活习俗等方面较完整地保留了当地佤族的传统习俗，是西盟县最早开发的民族文化旅游村，戈约村民曾多次参与省内外重大演出活动，与外来游客没有语言、风俗、宗教活动等方面的交流障碍，村民热情、好客，具有较好的乡村旅游发展环境。

二、爬街佤族生态村

位于县城南面，孟西公路（孟连县—西盟县）沿线，是勐梭镇班母村的一个村民小组，距县城16千米。整个村落依山而建，完整地保留了当地佤族的传统民居建筑、服饰、生产生活习俗，村容寨貌民族特征鲜明，周围生态环境保护较好，是西盟县佤族文化保留比较完整的村落之一，素以原始神秘、奇特、古朴而闻名。

三、岳宋永老寨

位于岳宋乡岳宋村委会旁，距县城55千米。永老寨很好地保留了佤族部落传统原始建筑，寨子周边生态环境良好，四周森林茂密、古木参天，是一个依山而建、特色鲜明且阿佤文化保留最为完整的一个自然村（部落）。当地佤族在社会传统习俗、原始宗教信仰等领域都极具代表性，是阿佤文化的“活博物馆”。2005年，永老寨作为中国佤族文化学术研讨会的分会场，受到来自国内外佤文化研究专家的一致好评。2006年5月，岳宋村永老寨佤族传统文化保护区被列入云南省第一批非物质文化遗产保护名录，是追溯阿佤文化历史，挖掘开发原始民俗文化体验型旅游活动之地。

四、博航民族文化特色村

博航是勐梭镇秧洛村所辖第8、9、10三个村民小组，所在地位于县城东面，距县城11千米，是全县佤族特色文化保存较为完好的佤族村寨之一。新建设的澜西二级公路穿村而过，属连接澜沧至西盟的第一个村寨，是西盟县开发乡村旅游的重点之一。

第三章 旅游行业管理

第一节 旅游行业

一、旅游管理

旅行社 2008年7月，西盟县司岗里旅行社有限责任公司成立。年底，全县有旅行社1家（西盟县勐坎司岗里旅游开发有限责任公司）。

酒店 2002年，县城有大小宾馆、酒店9家。2001年12月，龙潭大酒店申报为“二星级酒店”。2006年，龙潭大酒店重新装修，暂停营业。至2008年，县城有宾馆、酒店和招待所29家、357间、679个床位。设施及服务相对较为规范的酒店有龙潭大酒店、江三木罗大酒店、云胶大酒店、木鼓酒店。

二、旅游经济

2000年，西盟县的旅游业开始起步。2002年，西盟县组织中国佤族木鼓节等系列重大节庆和旅游“黄金周”期间的各项活动的开展，旅游经济逐步发展成为县内新的经济增长点。2003年，接待国内外游客4.43万人次，旅游综合收入500万元。2004年，接待国内外游客4.96万人次，旅游总收入600万元。2005年，接待国内外游客8.63万人次，旅游综合收入1824万元。2006年，接待国内外游客9.37万人次，旅游综合收入856.92万元。2007年，接待国内外游客37万人次，旅游综合收入3453万元。2008年，接待国内外游客10.9万人次，旅游综合收入1200万元。分别比2003年增长140%、155%。

第二节 机 构

一、县旅游局

1994年6月，县旅游局成立，挂靠县外事办，实行“一个机构、两块牌子”。2002年，县旅游局开始独立办公，人员编制4人，属事业单位，领导职数1正1副。2004年，增加编制3人，共7人。2008年，内设办公室、规划发展股和行业管理股，有人员6人。

历任县旅游局局长：赵文娟（女，2002年3月至2008年4月）、艾嘎（佤族，2008年4月至2008年12月）。

二、普洱绿三角西盟项目开发办

2006 年 1 月，为贯彻落实市委、市政府打造“普洱绿三角”旅游环线的发展思路，按照整体打造、系统打造、精品打造、共同打造和保护与开发、旅游与文化、旅游与茶产业三个结合的要求。“普洱绿三角”西盟项目开发工作领导小组成立，抽调旅游局、建设局、文化体育局等相关单位的骨干成员组成“普洱绿三角”西盟项目开发工作领导小组办公室（简称“绿三办”）。“绿三办”由一名副处级领导任办公室主任，县旅游局局长任常务副主任。2007 年 9 月 18 日，开始挂牌办公。主要负责做好“普洱绿三角”西盟旅游项目的总体策划、开发及相关工作。

第四章 重大节庆

第一节 中国佤族木鼓节

“木鼓节”不仅是佤族民间传统节日更是阿佤人的重大节日，是由佤族民间古老的拉木鼓、跳木鼓房、祭木鼓、剽牛、祭祀等一系列活动演变而来的。

中国佤族木鼓节是西盟县为弘扬阿佤文化品牌，丰富广大人民群众文化生活，推进民族文化旅游产业发展，提升对外知名度，加快全县政治、经济、文化的协调发展而举办的民族传统活动。中国佤族木鼓节及其系列活动于每年 4 月 10 日—13 日举行，以“民族文化搭台，旅游经济唱戏”为主题；以举办原生态民族歌舞比赛、传统体育竞赛、土特产品展销、招商引资等活动为主要内容。至 2008 年，西盟县人民政府已在县城举办三届大型中国佤族木鼓节。第一届木鼓节叫“云南西盟佤族木鼓节”，第二届改称为“中国佤族木鼓节”。中国佤族木鼓节及其系列活动的成功举办，使各地媒体、游客云集佤山，极大地提高了西盟的知名度，促使越来越多的社会各界人士关注西盟佤山。

一、组织机构

第一届云南西盟佤族木鼓节筹备领导小组，县长岩再为组长；县委常委、县政府常务副县长马恒荣为常务副组长；县委副书记鲁斌，县委副书记、纪委书记金文，县人大常委会副主任周荣清，副县长罗洪波，县政协副主席赵国忠为副组长；有关单位主要领导为成员。下设秘书组、行政组、宣传组、活动组、经贸组、旅游组、城建组、保卫组。大型民族文艺展演总策划：张善强、岩采；总导演：鲁斌、陈异罡。

第二届中国佤族木鼓节筹备领导小组，县长岩再为组长；县委常委、县政府常务副县长马恒荣为常务副组长；县委副书记鲁斌，县委副书记、纪委书记金文，县人大常委会副主任周荣清，副县长罗洪波，县政协副主席赵国忠为副组长；28 个单位主要领导为成员。下设秘书组、行政组、宣传组、活动组、经贸组、旅游组、城建组、保卫组。大型文艺展演总策划：张善强、岩再；总导演：鲁斌、陈异罡。

第三届中国佤族木鼓节组委会，县委书记杨卫东为主任；县长岩再为副主任；县委、人大、政府、政协有关领导为委员。设筹备领导小组，县长岩再为组长；县委副书记鲁斌为常务副组长；县人大常委会副主任周荣清、副县长罗洪波、县政协副主席赵国忠为副组长。下设宣传组、旅游组、商贸组、保卫组、活动组、秘书组、资金筹备组等。大型民族文艺展演总策划：杨卫东、岩再；总导演：陈异罡。

二、木鼓节

首届云南西盟佤族木鼓节　2003年4月9日—12日，“首届云南西盟佤族木鼓节”在县城举行。

至4月9日15时，嘉宾报到；20时，在西盟会堂举行迎宾晚会。

4月10日上午，在小龙潭体育场举行开幕式，县委书记张善强主持会议，县长岩采致辞；大型文艺表演有大刀舞、拉木鼓舞、狩猎舞、镖牛舞等；观众3万余人，嘉宾来自省内外及美国、日本、英国、缅甸等国家。

此届木鼓节期间，举办拉木鼓、镖牛祭拜司岗里、朝拜龙摩爷、民族体育竞技、民风民俗展示、民族歌舞表演、篝火联欢、千人品尝阿佤水酒以及舂米、织布、民族工艺品及农副产品展销等系列活动。

第二届中国佤族木鼓节　2004年4月11日—13日，“第二届中国佤族木鼓节”在县城举行。主题是“情铸司岗里”。宗旨是重点打造和推介“江三木落”及“司岗里”的故乡和“龙摩爷圣地”三个品牌。目的是文化搭台，旅游唱戏，广交天下，振兴佤山。让西盟了解外界，让世界认识西盟，促进西盟的经济、社会各项事业的发展，实现阿佤文化兴县的目标。

至4月11日15时，来宾报到；15时30分，在龙潭大酒店六楼举行记者招待会；20时，在西盟会堂举行“江三木落”歌舞迎宾晚会。

4月12日8时30分，参加木鼓节（队列顺序）节的徽队、县歌舞团、礼仪方队、学生方队、中课乡、新厂乡、力所乡、翁嘎科乡、西盟镇、勐梭镇、岳宋乡、莫窝乡、县属各单位干部职工及青年志愿者方队进入小龙潭会场。县委书记张善强主持开幕式，县长岩再致辞，省、市领导讲话，副县长马恒荣介绍来宾情况，工作人员宣读主要贺电、贺信。文艺表演分为《朝拜司岗里》《情铸司岗里》《腾飞司岗里》《阿佤人民唱新歌》四个乐章。13时—15时，在龙摩爷圣地祭拜；15时—16时，在小龙潭体育场举行镖牛祭祖；16时—17时30分，在司岗里佤族村庄举行民风民俗、佤乐、茶艺表演和射弩、舂米、摔跤等比赛；20时至次日凌晨，在小龙潭体育场举行“木鼓之乡”歌舞狂欢及焰火晚会。

4月13日8时30分至9时30分，在青少年活动中心，举行“走进佤山，走进司岗里”摄影大赛颁奖仪式及摄影作品展；9时30分至11时，在龙潭大酒店六楼举行商贸洽谈会；14时—17时，游览勐梭湖、司岗里佤族村庄、里坎瀑布等景区景点。

此届木鼓节期间，台湾三立电视台和中天电视台在西盟拍摄佤族传统服饰、饮食文化、甩发舞、木鼓舞、砍牛尾巴、狩猎、婚俗等民风习俗。此届木鼓节突出“土”“特”“奇”“美”的特点。展示西盟佤山独特魅力，起到凝聚人心、提升人气、提高知名度、拉动经济发展的多重效果，受到社会各界的好评。达到“文化搭台，旅游唱戏，广交天下，振兴佤山”的目的。国内外多家媒体100多名记者聚集西盟采访报道，提升西盟佤山的知名度，增进与国内外朋友的友谊。招商引资取得明显效果。除周边县市及省内客人外，有北京、上海、香港、台湾等地的游客，还有来自美国、加拿大等国家的外宾。宾馆、饭店高朋满座，宾馆入住率100%。餐饮、商贸、交通、电信等各相关产业的收入成倍增加。经贸交流与合作实现预期效果，共签订外商投资项目4个，合同协议外资额2800多万元，是2003年全年引进外资的2.6倍。

第三届中国佤族木鼓节　2005年4月11日—13日，“第三届中国佤族木鼓节暨西盟佤族自治县成立四十周年”庆典在县城举行。主题是“阿佤人民唱新歌”。宗旨是文化引路，阿佤人民唱新歌，歌颂江三木落英雄，再现阿佤文化好莱坞；旅游唱戏，醉浓郁风情，叹人间仙境，引鸾凤筑巢；展四十年光辉历程，高歌共产党——阿佤心中的红太阳。目的是全面展示四十周年辉煌成就和发展，尽情讴歌党的亲切关怀；坚定阿佤人民紧跟党的决心，高歌共产党——阿佤心中的红太阳；弘扬民族文化，挖掘民间艺术，展示阿佤文化，打造木鼓品牌，突出西盟司岗里——阿佤文化好莱坞，阿佤历史的博物馆，人类发展的活化石；搭建旅游平台，打造旅游景点，推动旅游发展，促进旅游经济；展现浓郁风情，再现神秘佤山；筑巢引凤，创造商机，引入资金，促进发展；凝聚人心，振奋精神，一心一意谋发展，聚精会神搞建设；以节会友，广交天下。让西盟走向世界，让外界了解佤山；让阿佤文化走出司岗里，让世界认识一个民族。

4月11日10时30分，四十周年成就展开展仪式；20时，在西盟会堂举行“木鼓之乡”迎宾晚会。

4月12日8时30分，在小龙潭体育场举行开幕式，县委书记杨卫东主持会议，县长岩再致辞。云南电视台著名主持人刘伟、王娟主持大型文艺表演，并作解说，参加文艺展演的演员计2868人。表演分为《佤山魂》《司岗里传奇》《世纪木鼓》三场及尾声；16时30分，举行发展论坛暨商贸洽谈签字仪式、民族民间体育表演；20时，举行佤乐、茶艺表演及“火热佤山”民族焰火晚会。

4月13日8时30分，在小龙潭举行镖牛活动。14时30分至17时，祭祀龙摩爷及游览景点景区。20时，举行民间文艺会演暨闭幕式及民族大联欢。

此届木鼓节，邀请参加的有国家机关、中央企业和大型企业、省驻市单位、友邻县（市、区）；曾在西盟工作过的副处级以上人员和知名人士、离开西盟的知青代表、老同志代表、曾驻西盟部队官兵代表；新闻媒体；世界相关国家的友好人士；港澳台同胞代表；上海杨浦区代表；佤邦友好人士等800余人。

勐卡镇木鼓节　2007年4月11日，木鼓节活动在西盟县勐卡镇足球场举行，观众近2万余人，240余名农民演员展演大型文艺节目，以《神秘的勐卡》《发展中的勐卡》《和谐的勐卡》3个乐章展现勐卡镇的发展变化。省纪委副书记郭永东、市纪委书记黎素梅及上海市、北京故宫博物院、北京宣武区、沧源佤族自治县、佤邦祝贺团参加开幕式。

第二节　黄金周节庆活动

2005年10月，西盟县“黄金周”假日旅游协会领导小组成立，每逢黄金周期间，县假日旅游部门举办拉木鼓、祭拜龙摩爷圣地、舂米、狩猎体验、篝火歌舞狂欢、民俗风情展示等一系列丰富多彩的民俗文化体验活动，向广大游客展示西盟佤山独具魅力和特色浓郁的阿佤文化。以“突出地方文化特色、展示少数民族风情、丰富群众及游客假日生活”为宗旨。至2008年，举办黄金周假日旅游活动8次，丰富了“黄金周”长假期间的文化娱乐生活。“黄金周”长假已日渐成为外来游客感受和体验西盟独具特色的民族文化的极佳时机，也是宣传西盟民族文化生态旅游业的重要时期。

第三节　建政庆典

一、西盟区人民政府成立

1951年1月中旬，西盟赴京国庆观礼代表回到澜沧，中央边疆民族访问团也随之到达。中共澜（澜沧）宁（宁江）沧（沧源）中心县委认为，这是推进西盟地方政权建设的机会，遂委派解放基干工团政委、澜沧县边工委书记张春雅、组织部部长赵卓率领200余名解放军官兵，西盟赴京参加国庆观礼的民族代表会同中央访问团，用马帮驮着盐巴、布匹等救济物资进西盟。1月21日，在西盟佛殿山垭口草坪上，召开“阿佤山地区各民族团结保家卫国大会”，会议由赵卓主持。3000多名当地头人和民族群众参加大会。大会上，李保、拉勐介绍了首都国庆盛况，讲述其参观天津、上海、南京、重庆、昆明等地的见闻。张春雅宣传党的边疆民族政策之后，宣布西盟区（原西盟区分为西盟、拉巴两区）人民政府成立，任命唐煌为西盟区副区长（主持工作）。西盟区人民政府设在西盟老寨，并按佤族习俗举行镖牛、喝咒水、垒石头（每个民族头人凑1个石头，垒在一起，意为团结友好）盟誓仪式。5月22日，澜沧县西盟各族团结保家卫国委员会成立，唐煌任主任委员。西盟区人民政府正式成立后，解放军回到澜沧竹塘整训，唐煌带领留在区政府的11名工作队员，在佛殿山东侧坡顶上建盖区政府房屋（茅草房），并开展工作。

二、西盟佤族自治县筹备委员会成立

1955年1月13日，经国务院批准，西盟区从澜沧拉祜族自治县辖区内划出，设立西盟佤族自治县。1956年6月17日，西盟佤族自治县筹备委员会正式成立。1956年6月18日，西盟佤族自治县筹备委员会制定的《西盟佤族自治县筹备委员会暂行组织条例（草案）》中明确规定：筹备委员会是在省人民政府和思茅专员公署、澜沧拉祜族自治县人民委员会的领导下筹备组建工作。筹备委员会除筹建人民委员会一切事宜外，在未召开西盟区人民代表会议，选出自治县人民委员会之前，受上级人民委员会之托，负有代行本区行政职务之责。

1956年6月19日—25日，在区政府驻地西盟老寨召开各民族各界代表会议，西盟佤族自治县筹备委员会正式成立，共有代表260人，其中，头人代表131人，群众代表82人，合作社干部代表5人，党政军代表9人，列席33人。讨论通过《西盟佤族自治县筹备委员会暂行组织条例（草案）》《西盟佤族自治县筹备委员会工作纲要（草案）》《西盟各族各界协商委员会组织章程（草案）》；会议选举魏岩景为西盟佤族自治县筹备委员会主任，张光明、岩巩、平富昌、隋嘎、岩坎（新官）为副主任，岩哨、岩顶、岩柯、岩坎（长斧）、岩嘎、张清顺、岩帅为委员；会议选举李炎为政协筹备委员会主席，张光明、岩巩、岩柳、岩坎、岩哨、岩枪、岩柯为副主席，岩坎（新官）、岩草（长斧）、扎也、岩朗、岩顶、岩水、麻哈允、李光保、张清顺、岩兑为委员。至此，西盟佤族自治县筹备工作正式启动。

1956年8月7日，云南省人民委员会上报国务院《关于建立西盟卡瓦族自治县的请示》，请示中提出：为进一步开展西盟山的工作拟以西盟山区为基础，包括澜沧县的翁嘎科及中课的两个卡瓦族聚居地区建立西盟卡瓦族自治县。

1963年9月14日，国务院全体会议第135次会议通过《关于设西盟佤族自治县的决定》："同意设立西盟佤族自治县，以西盟地区西盟佤族自治县的行政区域"。1963年10月23日，云南省人民委员会正式通知西盟佤族自治县筹备委员会："国务院批准设立西盟佤族自治县和西盟佤族自治县设在西盟乡"的决定。1964年12月9日，思茅专署向云南省人民委员会上报《关于西盟建政筹备工作有关问题的请示报告》。1965年1月19日，云南省人民委员会批复思茅专署《关于西盟建政筹备工作有关问题的请示报告》，同意于1965年3月5日，正式成立西盟佤族自治县。

三、西盟佤族自治县成立

1965年3月3日—6日，西盟佤族自治县第一届各族各界人民代表大会在县城召开，到会代表92人。

3月3日—4日，召开代表会议，并正式宣布成立西盟佤族自治县人民委员会（人民政府）。

3月5日，经过酝酿、讨论，选举出22人组成西盟佤族自治县委员会。

3月6日，1万余人参加自治县成立庆祝活动。

四、西盟佤族自治县十周年庆典

1975 年 3 月 5 日，西盟县委、县革委会举行西盟佤族自治县成立十周年庆典，会场设在县委、县革委会篮球场。特邀参加的来宾有云南省委、省革委会，思茅地委、地革委会和省、地及沧源县文艺队、澜沧县男子篮球队随团参加庆典。

3 月 5 日上午，县属各单位干部职工、学校、企业、部队官兵等参加庆典大会。庆典队伍伴随着《阿佤人民唱新歌》的旋律，整齐步入会场，县城红旗招展，锣鼓喧天，人山人海。大会由县委副书记雷鸣主持，宣读了国家民委、省委、地委等部门的贺信、贺电，县委书记魏应昌致辞，省地祝贺团代表作了讲话。庆典期间，举办西盟、澜沧、西盟驻地部队篮球联赛和文艺晚会等。

五、西盟佤族自治县二十周年庆典

1985 年 3 月 3 日—6 日，西盟佤族自治县成立二十周年庆典在县城举行。

3 月 3 日 10 时—17 时，邀请的来宾和各乡镇文艺会演队报到，来宾被安排在县招待所、县城旅馆和各单位招待所居住，乡镇文艺演出队被安排在县属学校食宿；18 时—19 时，在县政府球场举行球赛；20 时，县庆筹备组在县政府会议室召开代表团长会议，县歌舞队在电影院为来宾演出，农村文艺队在县政府球场为群众演出；晚 22 时，县电影队在县政府球场放映电影。

3 月 4 日 8 时—11 时，县委、县政府和筹备小组在县政府大会议室召开来宾代表、各代表团长座谈会。14 时—17 时，来宾在工人俱乐部参观县庆二十周年成果展览。20 时，思茅地区歌舞团在电影院为来宾演出，县属中小学文艺队在县政府球场为群众演出，县电影队在县足球场放映电影，活动结束后，勐梭区代表团在足球场表演孔雀舞、马鹿舞，并燃放火花。

3 月 5 日 8 时—11 时，西盟佤族自治县成立二十周年庆祝大会在足球场举行，各祝贺团、来宾、各乡（镇）文艺队、县属党政军企事业学校等单位人员参加庆祝大会。大会首先为解放西盟、建设西盟而牺牲的烈士默哀；大会秘书长刀健康宣读全国人大民族委员会和国家民委的贺电；县委书记魏应昌主持会议；县长张岩松致辞；国家人大民族事务委员会代表李先烈，省民族事务委员、省民族工作代表李长猛，思茅地委、行署祝贺团副团长李国兴，西双版纳州祝贺团团长李鹤分别讲话；刀健康宣读贺信、贺词；县委领导接受祝贺单位的贺信、锦旗、贺礼。20 时，教育系统的师生和农村文艺队在电影院为来宾演出，县民族歌舞队在足球场为群众表演；22 时，在足球场举行佤族、拉祜族、傣族歌舞篝火晚会；县总工会、县共青团在县政府球场举行交谊舞会。

3 月 6 日上午，祝贺团、来宾离开西盟返程，各区文艺队也同时返回村寨；20 时，在县电影院举行电影晚会。

六、西盟佤族自治县三十周年庆典

1995 年 3 月 5 日上午，西盟佤族自治县成立 30 周年庆典大会在县足球场举行，参加观众 2 万余人，特邀参加的来宾有云南省委、省政府，上海市杨浦区，思茅地委、行署，缅甸佤邦等祝贺团。大会由县委书记赵平云主持；县长魏红致辞；省、地和上海杨浦区祝贺团团长等分别讲话；鸣礼炮 30 门；工、农、商、学等行业的大型彩车及干部职工方队入场；驻西军警部队和民兵表演队列和拳拿；7 个乡、1 个镇、娜妥坝办事处和县属中小学生进行大型民族文艺表演；表演后，举行了镖牛。20 时，县民族歌舞团、各乡镇业余文艺队在电影院进行文艺演出；文艺演出结束后，燃放了烟花。

云南省省长和志强对西盟取得的发展成就，要求总结经验，突出亮点，并在即将印制的《佤山》杂志上题词："西盟佤族自治县建政三十周年成就专集"；思茅地区行署专员潘正杨题词："翻天覆地三十年，木鼓声声震山河，图强改革求发展，阿佤人民唱新歌"；思茅地委副书记魏应昌题词："民族团结出硕果，奋发图强奔小康”。《佤山》杂志专设了县庆特刊，全面宣传西盟30年的发展成果。

七、西盟佤族自治县三十五周年暨县城搬迁庆典

2000年3月4日—6日，西盟佤族自治县三十五周年暨县城搬迁庆典在新县城举行。本次庆祝活动的指导思想是：“团结全县各族人民，高举邓小平理论伟大旗帜，坚持党的基本路线，进一步解放思想，更新观念，励精图治，加快发展，为把西盟建设成为经济更加繁荣、社会更加进步、人民群众的物质生活和精神文化生活质量更加明显提高的社会主义新边疆而努力奋斗”。

3月4日上午8时至下午5时，参加庆祝活动的各代表团、来宾报到；下午6时，进行篮球比赛；晚8时，举行迎宾文艺晚会，放映露天电影，燃放烟花和焰火。

3月5日上午，在西盟会堂广场举行庆祝大会，会议由县委书记刘文舜主持；县长岩再致辞；进行民族文艺展演。下午，进行镖牛、民族歌舞、泼水等活动。晚上，进行佤族、拉祜族、傣族三跺脚民族大联欢。

3月6日，组织来宾游览新县城及勐梭龙潭。

八、西盟佤族自治县四十周年庆典

2005年4月11日—13日，西盟佤族自治县第三届中国佤族木鼓节暨自治县成立四十周年庆典在县城举行（详见第十编第四章第一节）。

第十一编　财政　金融

第一章 财 政

第一节 财政收入

1978年起，西盟县在组织收入上，每年开展收入预算调查，分析税收重点，召开财税工作会议，县政府与承担收入任务的部门签订责任书，贯彻“加强征管、清缴欠税、堵塞漏洞、惩治腐败”的十六字方针。

1986年—1988年，调整矿产资源的管理，把原来乡镇企业及个人开采经营的矿厂统一集中起来，并由持有开采资质的企业及法人进行合理开采，财政收入突破百万元的持续增长。

1991年—1998年，由于实行分税制财政管理体制及省财政对县级财政实行“以奖代补”的新体制，财政收入曾出现下滑。1999年，因县城搬迁、糖厂建成投产和农田水利扶贫攻坚的加大，财政收入有所增长。

2007年，县财政加强非税收入“收支两条线”管理，加大清理非税收入及基础设施建设投入和产业扶持力度，地方财政收入突破千万元，达到1278万元。

2008年，财政总收入29115万元，其中，上级补助收入27486万元，占总收入的94.4%；地方财政一般预算收入1629万元，占总收入的5.6%。总收入约是1978年268万元的108.64倍；一般预算收入是1978年24万元的67.88倍。

1978年—2008年西盟县财政收入情况表

表11-1 单位：万元

名称/年份	收入										
	合计	一般预算收入									上级补助
		小计	工商税	农业税	增值税	营业税	企业所得税	个人所得税	其他税	非税	
1978	268	24	23	11	—	—	—	—	-11	1	244
1979	273	30	26	4	—	—	—	—	-4	4	243
1980	381	25	23	—	—	—	—	—	1	1	356
1981	406	27	30	—	—	—	—	—	-4	1	379
1982	435	43	40	—	—	—	—	—	1	2	392
1983	484	51	45	—	—	—	1	—	—	5	433
1984	613	73	50	—	—	—	16	—	—	7	540
1985	692	86	80	—	—	—	—	—	4	2	606

续表 11-1

年份＼名称	收入										
	合计	一般预算收入									上级补助
		小计	工商税	农业税	增值税	营业税	企业所得税	个人所得税	其他税	非税	
1986	842	138	88	—	—	—	37	—	5	8	704
1987	1124	265	127	—	—	—	114	—	7	17	859
1988	1594	353	191	—	—	—	—	—	142	20	1241
1989	2200	388	326	21	—	—	102	—	-99	38	1812
1990	2043	480	369	1	—	—	—	—	78	32	1563
1991	2379	474	384	2	—	—	121	—	-74	41	1905
1992	2333	483	386	2	—	—	85	—	-26	36	1850
1993	1881	440	396	2	—	—	52	—	-46	36	1441
1994	2320	185	149	9	—	—	21	—	-40	46	2135
1995	2717	157	139	15	—	—	26	—	-61	38	2560
1996	5483	197	161	21	—	—	22	—	-37	30	5286
1997	13941	290	223	80	—	—	20	—	-45	12	13651
1998	13725	412	—	94	51	120	12	64	45	26	13313
1999	5463	568	—	113	52	152	20	129	59	43	4895
2000	6928	623	—	123	58	242	44	59	64	33	6305
2001	8917	716	—	30	42	168	50	341	52	33	8201
2002	9198	565	—	127	47	186	6	54	89	56	8633
2003	9810	759	—	282	42	257	3	20	90	65	9051
2004	11202	553	—	63	63	254	5	20	83	65	10649
2005	14145	629	—	27	88	276	11	18	108	101	13516
2006	16900	919	—	—	126	475	4	27	124	163	15981
2007	22486	1278	—	—	143	705	3	41	168	218	21208
2008	29115	1629	—	—	197	852	4	47	248	281	27486
合计	190298	12860	3256	1027	909	3687	779	820	921	1461	177438

第二节 财政支出

1985 年，西盟县实施财政包干以来，县财政支出面临新的挑战，收支矛盾十分突出，收入满足不了建设支出的需要。县委、县政府采取措施，严格控制一般性支出，确保支出重点，强化预算约束，对会议费实行包干管理办法，加强对会议及经费的审批管理，对公务费等严格按标准执行，业务费控制在预算范围之内。在对预算单位安排支出时，严格按年初批准的预算执行，预算资金不足时，用预算外资金弥补。在预算执行中，加强公用经费的监督检查，加强“人员、车辆、会议、电话”的管理，压减购置费、庆典费、接待费等支出。

2008 年，县财政支出 28813 万元，比 1978 年的 250 万元增支 28563 万元，增长 115.25 倍。

1978年—2008年西盟县财政支出情况表

表 11-2

单位：万元

名称 年份	支出							
	合计	一般预算支出						其他部门
		小计	农林水	文教卫广	行政	科学技术	社会保障和就业	
1978	250	216	65	85	55	—	11	34
1979	269	241	62	105	63	—	11	28
1980	342	271	66	113	75	—	17	71
1981	462	289	49	144	77	—	19	173
1982	415	314	43	161	93	—	17	101
1983	500	386	57	188	126	—	15	114
1984	663	498	81	201	195	—	21	165
1985	714	520	65	242	168	—	45	194
1986	821	572	101	265	175	—	31	249
1987	1104	717	97	320	247	2	51	387
1988	1578	968	166	353	271	8	170	610
1989	2079	1569	120	341	319	3	786	510
1990	2006	1540	147	405	456	—	532	466
1991	2338	1792	255	438	345	8	746	546
1992	2510	1983	307	534	459	3	680	527
1993	2219	1647	416	585	533	1	112	572
1994	2909	2235	450	803	632	1	349	674
1995	3131	2736	526	948	1007	2	253	395
1996	7070	3820	668	1366	1320	8	458	3250
1997	12903	3434	572	1567	1137	9	149	9469
1998	13739	3446	477	1516	1249	27	177	10293
1999	5268	3325	535	1188	1439	21	142	1943
2000	6670	4176	533	2067	1350	34	192	2494
2001	8826	5849	958	2686	1822	39	344	2977
2002	9081	7164	1201	3472	2023	34	434	1917
2003	9669	7643	1087	3978	2062	41	475	2026
2004	11071	8700	1310	4291	2459	71	569	2371
2005	13917	10858	1746	4871	3383	104	754	3059
2006	16885	12641	2211	5543	3983	89	815	4244
2007	22409	18103	2656	6510	6013	91	2833	4306
2008	28813	23425	4200	8247	5886	133	4959	5388
合计	190631	131078	21227	53533	39422	729	16167	59553

第三节 管 理

一、县乡财政管理

（一）县级财政

1978年—1984年，西盟县实行“定收定支、差额补助、超支自理、超收分成、经常性结余留用”的管理体制。

1985年—1993年，实行“划分税种、核定收支、分级包干”的管理体制。

1994年—2008年，实行分税制管理体制。内容为：按照中央与地方政府的事权划分，合理确定各级财政的支出范围。根据事权和财政相结合的原则，将税种统一划分为中央税、地方税和中央地方共享税，并建立中央税收和地方税收体系，分设中央与地方两套税务机构。科学核定地方税收数额，逐步实行比较规范的中央财政对地方财政的税收返还和转移支付制度。建立健全分级核算制度，强化各级预算约束。

（二）乡镇财政

1987年起，乡镇财政划转预算关系，实行“定收定支、收支挂钩、核定基数、支出下拨、超收全留、超支不补”的管理办法，把农业税、农业特产税、耕地占用税作为乡财政固定收入，缺口由县财政补助。1991年，宣传贯彻财政部修订的《乡镇财政管理办法》。

2000年，乡镇财政实行“零户统管”，即乡镇一级在保持单位资金使用权和自主权不变的情况下，取消乡镇各站（所）银行账户，由乡镇财政所统一管理资金结算工作，是融合会计服务和监督管理为一体的财务管理体制。

2003年，实行农村税费改革，实施“四取消”（取消乡统筹、取消专门面向农民征收的行政事业收费各项政府基金、集资，取消屠宰税，逐步取消农村劳动积累工和义务工制度），“三个确保”（确保乡镇机构和村级组织正常运转、确保农村义务教育经费正常需要、确保农民负担减轻不反弹）。

2005年，贯彻云南省财政厅《2005年云南省财政缓解县乡财政困难奖励办法》，实施“三奖两补”（对财政困难的县乡政府增加税收及省市级政府增加财力性转移支付、对乡政府精简机构和人员、对产粮大县；对缓解县乡财政困难的地区粮食、退耕还林等）奖励约束机制。

二、预决算管理

（一）预算编制

1978年后，西盟县编制财政预算要求收入打足，支出打紧，坚持当年预算收支平衡，略有节余，一切财政收支都要通过预算，不打赤字预算。基本程序为：预算先自上而下地下达收支计划，再自下而上地按计划编制预算，预算上报后下达执行。

1985年起，预算编制实行“划分税种，核定收支，分级包干”的财政管理体制，在总量预算编制完成后，经县人大常委会批准执行。

1994年起，全县按照分税制财政管理体制要求编制财政预算。

（二）预算执行

西盟县预算执行以年度财政预算为依据，执行结果是下一年度预算编制的重要参考和依据，预算执行的基本任务是按照已确定（经审核批准）的预算，组织预算收支，进行预算平衡，根据预算执行中出现的变化，及时进行预算调整，努力实现预算收支平衡。西盟县属于边疆民族贫困地区，经济落后，经济结构单一，财政增长缓慢，财政一度出现赤字。1985年，首次赤字93万元。1988年，赤字154万元。1994年，赤字754万元。1995年，赤字180万元，累计赤字1181万元。面对赤字，县财政及时采取增收节支，逐步消化赤字。2008 年，实现财政无赤字。

（三）决算管理

1978 年，支出科目由 5 项增为 20 项，增加城市维护费、文化设施修缮费等 15 项。1979 年，财政体制按照“收支挂钩”的办法结算，超收部分，全部留用不上缴。

1983 年，根据国务院《关于抓紧增收节支确保财政收支基本平衡的紧急通知》要求，西盟县对国家缉私开支资金开征的能源和交通建设资金、卷烟提价收入、建筑税等要求必须完成，并组织专门力量对年终收入进行彻底清理，支持结转比上年减少 8 项。保留企业挖潜改造、支援不发达地区资金等 10 项。预算外收支结算，从当年起，从结算中划出去单独编制。

1985 年，云南省实行“分级包干”的财政体制，年终结算一律按照新体制办理。根据中央规定，从当年起，企业折旧资金不再列入财政收入，城市建设税大于 1985 年前城建资金部分，留给西盟县使用的部分由中央返还。农业税按“倒三七”比例后增加收入，由中央和县对半分成，留给县的部分，省不再参加分成。从同年起，将粮油超购加价，调整肉价补贴，猪油差价补贴由 1985 年前收入退库改为预算支出。

1994 年起，按照分税制改革的相关规定，西盟县地方财政综合平衡及资金调度困难加剧，财政结算仍然坚持按有关部门规定办理，按时编制上报各种报表，为县委、县政府和地区财政部门及时掌握西盟县财政运行状况提供准确可靠的数据。

2001 年，国家、省、县所得税共享比例为 5∶3∶2。2003 年，该比例调整为 15∶6∶4。

至 2008 年，财政决算管理主要采取强化法治观念，推行部门决算管理。完善财政综合包干体系。完善银行账户管理。进一步深化农村综合改革工作，落实“乡财县管乡用”乡（镇）财政预算管理方式，加强转移支付资金使用情况的监管，巩固改革成果。以“金财工程”为依托，在全县各行政事业单位全面实施国库集中收付管理和预算外资金“收支两条线”管理改革。

三、国库管理

1985 年，国务院颁布《中华人民共和国国家金库条例》规定，县设支库，业务实行垂直领导，县国库负责办理国家，西盟县预算收入的收缴、划分、留解和预算支出的拨付。县国库的支配权，按财政体制规定分别属于县财政，一切预算支出一律凭财政机关拨款凭证在财政存款余额内支付。各级预算支出采用实拨资金方式，采用限额管理，财政随限额拨足资金，不再由支行垫付。

1978 年—2008 年，西盟县按国家规定履行相关职责，设立专门机构，办理地方预算收入的收缴，划分、留解、办理库款的支付、退付，并及时向财政机关反映预算收支执行情况，协助财政、税务部门督促有关人员或单位及时缴纳应付款项。在推行国库管理体制过程中，进一步深化农村综合改革工作，落实好“乡财县管乡用”乡（镇）财政预算管理方式，加强转移支付资金使用情况的监管。以“金财工程”为依托，推进财政管理体制改革。实行国库集中收付制度，所有的财政性资金均纳入国库单一账户体系收缴、支付和管理。四是实行“收支两条线”管理改革，加强非税收入管理。

四、国有资产管理

1980 年前，县国有资产管理存在着机构不健全、管理制度不完善、经营行为不规范等现象，对国有资产的管理主要局限于投资建设的资金管理。对部门办公用品进行管理，财政控制审批集团购买力，购置一般用具每件百元以上单位需经财政局批准，专控商品（如照相机、摄像机等 30 多种）需转报地区财政局批准，小汽车需转报省财政厅批准。

1991 年起，县财政局对全县行政事业单位进行固定资产清查。并开始实行固定资产账卡制度，账、卡、实物相对应的管理机制。负责组织清产核资、产权登记、产权界定、资产评估等基础管理工作，对国有资产保值增值状况进行监督检查，并对违法行为依法给予行政处置，在规定的职权范围内会同有关部门协调解决国有资产产权纠纷等方面的管理。

2005年，设立县国有资产经营管理中心，行使国家赋予的国有资产监督管理、固定资产投资、收益和资产处置权。建立健全全县国有资产管理的规章制度，明晰产权关系，保障资产的安全和完整，推动资产的合理配置。明确资产的所有权和使用权进行账务处理和管理。对国有资产进行资产使用、处置、评估、统计报告和监督管理。负责办理全县国有资产清理、调拨、转让、报损、报废等审批手续，负责国有资产的合理配置。监督国有企业经营性和非经营性国有资产的有偿使用和国有资产合资经营，股份制经营收益分配等，实现国有资产保值增值。

五、预算外资金管理

1982年起，开始对预算外资金的管理，管理范围为全县企事业、行政单位的行政事业性收费、主管部门从所属单位集中上缴的资金。2002年，按照“收支两条线、专款专用、收支计划统筹”的管理原则进行管理。

1982年—1988年西盟县地方财政预算外资金收支情况表

表11-3　　单位：万元

名称/年份	收入合计	收入				支出合计	支出															
		地方财政部门	事业行政	国企及部门专项金	县级城镇集体部门		工业	商业	工商	物资	粮食部门	交通邮电	行政	农林水气	社会福利	广播电视	文科卫	修理	城建	奖励金	福利费	其他
1982	154	1	24	108	21	139	11	51	—	—	—	—	—	4	—	—	34	34	4	—	—	1
1983	98	12	26	60	—	102	17	22	—	—	—	—	4	3	—	—	16	10	—	7	3	20
1984	96	1	13	82	—	104	1	27	—	—	—	12	8	7	14	—	2	5	9	6	5	8
1985	281	1	29	251	—	222	119	39	—	—	—	23	8	18	—	1	2	—	—	—	—	12
1986	223	1	43	179	—	211	3	11	—	16	—	11	12	10	—	—	1	—	—	—	—	147
1987	507	—	94	413	—	242	76	61	3	32	19	6	2	10	—	—	24	—	1	—	—	8
1988	780	—	121	659	—	596	328	102	9	15	44	3		10	—	—	63	—	11	—	—	11
小计	2139	16	350	1752	21	1616	555	313	12	63	63	55	34	62	14	1	142	49	25	13	8	207

1989年—2006年西盟县地方财政预算外资金收支情况表

表11-4　　单位：万元

名称/年份	收入合计	收入			支出合计	支出																
		地方财政	行政事业	国营（有）企业		工业	商业粮食	工商	物资	交通邮电	行政	公检法	农林水	广播电视	教育	科文文物	卫生	外贸	国土	技术监察	劳动	其他
1989	679	10	99	570	859	447	271	37	45	11	2	—	—	6	10		14	—	—	—	—	16
1990	791	13	142	636	683	378	136	26	50	17	—	1	—	7	8	1	43	—	—	—	—	16
1991	736	14	126	596	885	587	138	26	75	6	2	1	—	5	11	1	22	—	—	—	—	11

续表 11-4

名称／年份	收入合计	收入：地方财政	收入：行政事业	收入：国营（有）企业	支出合计	支出：工业	支出：商业粮食	支出：工商	支出：物资	支出：交通邮电	支出：行政	支出：公检法	支出：农林水	支出：广播电视	支出：教育	支出：科文文物	支出：卫生	支出：外贸	支出：国土	支出：技术监察	支出：劳动	支出：其他
1992	802	42	137	623	620	295	160	30	13	25	—	4	—	4	17	4	38	—	—	—	—	30
1993	261	4	257	—	237	—	—	34	—	8	15	3	—	—	64	9	64	—	—	—	—	40
1994	210	3	207	—	150	—	—	38	—	8	—	5	—	—	32	5	42	—	—	5	—	15
1995	216	—	216	—	173	—	—	38	—	3	—	6	—	—	66	5	44	—	—	3	—	8
1996	267	15	252	—	166	—	44	—	—	2	—	17	—	17	41	8	20	—	14	—	—	3
1997	229	—	229	—	176	10	—	36	—	—	—	11	—	12	53	3	47	—	1	1	—	2
1998	284	—	284	—	214	—	—	23	—	—	—	5	—	2	50	14	107	—	7	—	1	5
1999	297	—	297	—	220	—	—	6	—	—	12	4	—	35	68	2	35	1	7	1	5	44
2000	158	—	158	—	133	—	—	—	—	—	—	2	—	—	32	4	76	—	—	—	—	19
2001	173	—	173	—	201	—	—	—	—	—	—	1	10	—	46	—	92	—	—	—	—	52
2002	302	—	302	—	284	—	—	—	—	—	—	—	—	—	74	57	126	—	—	—	—	27
2003	262	—	262	—	271	—	—	—	—	—	—	—	—	—	90	—	159	—	—	—	—	22
2004	119	—	119	—	138	—	—	—	—	5	—	—	—	21	92	—	20	—	—	—	—	
2005	176	—	176	—	168	—	—	—	—	—	—	1	—	49	83	—	25	—	—	—	—	10
2006	252	—	252	—	180	—	—	—	—	—	—	1	—	26	111	—	36	—	—	—	—	6
小计	6214	101	3688	2425	5758	1717	749	294	183	85	31	62	10	184	948	113	1010	1	29	10	6	326

2007 年—2008 年西盟县地方财政预算外资金收支情况表

表 11-5

单位：万元

名称／年份	收入合计	收入：事业和行政收费	支出合计	支出：一般公共服务	支出：教育	支出：文化体育与传媒	支出：社会保障和就业	支出：医疗卫生	支出：城乡社区事务	支出：农林水
2007	237	237	306	2	171	65	39	8	21	—
2008	216	216	177	8	97	19	3	10	26	14
小计	453	453	483	10	268	84	42	18	47	14

六、财会管理

（一）企业会计

1978 年—1983 年，按照《国营企业会计工作规则（试行草案）》，实行增减记账法、收付记账法、借贷记账法自行选用制，加强财务会计监督工作。

1984 年—1992 年 10 月，执行《会计人员工作规则》，第一次提出实行会计人员责任制，并对会计核算的各个环节作出明确规定。1992 年 11 月，贯彻落实《中华人民共和国会计法》、财政部发布的《企业会计准则》《企业财务通则》及八大行业划分制定的 13 个会计制度和 10 个财务制度（简称“两则”“两制”）。为使“两则”“两制”顺利实施。

1993 年，县财政局组织全县企业会计参加新旧会计制度培训，协同有关部门举办集体企业、乡镇企业局财会人员培训，使财会人员及时掌握新旧会计制度的衔接办法，并组成工作组，帮助企业进行新旧制度账务处理，推行企业改革，提高经济效益。

1995年12月，财政部发布《会计改革和发展纲要》。

1996年6月，财政部发布《关于印发〈会计基础工作规范〉的通知》。在落实纲要、规范时，县财政局采用多种形式进行广泛宣传，使多数企业达到规范要求。

（二）预算会计

1978年—1979年，西盟县按照财政部颁发的《预算会计工作改革要点》《行政事业单位会计制度》《行政事业单位简易会计制度》和《报销单位财务收支处理办法》，重点提出要加强对单位银行支出未报数的管理，将借贷记账法改为资金收付记账法，将总会计“三栏式”收支明细账改为“多栏式”收支明细表。1980年，西盟县执行《云南省地方财政总预算会计制度》。

1992年，财政部对预算会计进行改革，先后修订发布《事业单位会计准则（试行）》《事业单位会计制度》《行政单位会计制度》和《财政机关总预算会计制度》。西盟县贯彻执行《事业单位会计制度》等制度，重新划分预算会计体系，规定预算核算原则，确定会计要素。预算会计要素划分为资产、负债、净资产、收入和支出共5大类，规定一律采用借贷记账法。预算会计实行收付实现制，事业单位的会计核算一般实行收付实现制，对有成本和费用的事业单位实行权责发生制，设置统一的会计科目，实行预算内外资金统一核算等。

1999年，预算会计实现电算化。2007年8月，县财政局局域网建成后，全部实行微机管理。

（三）管理会计

1989年7月起，加强对管理会计基础工作规范化的管理和业务培训。

1999年，对县内行政事业单位、企业单位、金融系统等部门进行新会计制度及相关业务培训，参加人数256人，合格率98%；对县内行政事业单位和乡镇财务进行清理整顿；对部分单位会计出纳1人兼、单位行政领导兼会计（出纳）和财务制度不健全、固定资产账目不清、会计核算不规范等问题进行纠正；审查会计人员任职资格，规范任免程序；全面实行乡镇财务“零户统管”。

2008年，全县会计从业人员429人，已实现会计电算化核算单位36个，会计基础工作规范化管理合格率80%以上。

七、财政监督

（一）日常监督

1978年—2008年，西盟县对预算执行和财政管理中的重要事项进行日常监控，县财政局业务机构的日常监督检查结合预算编制，对财政资金分配进行事前检查、稽核，对资金拨付、使用进行事中审核、控制，以及对财政资金运行和预算执行中重要环节进行必要的延伸检查、核证、及时进行重点监控和实地检查。

（二）专项检查

1982年，根据国家、省、地安排，开展企业执行财经纪律情况大检查，检查组分别对全县企业进行检查。1985年，县财政局组成检查组对全县各单位专款专用、控购方面情况进行专题检查，对有违纪行为的单位和个人进行严肃处理，对违控购置的物品，实行没收、上缴或拍卖上缴县财政。

1987年—1993年，遵照国务院决定，每年进行一次税收、财务、物价大检查。时间从是年10月开始，至次年1月结束。检查偷税、漏税、截留利润、乱挤乱摊成本费用及滥发奖金、食物和补贴，以及贪污盗窃、行贿受贿等违法乱纪行为。

1995年，按照省、地要求，西盟县开展清理“小金库”工作。

2000年，在县监察、审计、计委等部门配合下，清理整顿全县行政事业性收费项目，纠正不合理收费项目1个。

2001年，对会计信息质量和《中华人民共和国会计法》执法情况进行检查，对查出问题的单位有针对性地进行整改；对县内使用少数民族地区补助、发展资金、民族机动金的16个单位进行检查；对全县各单位在银行多户头开户的情况进行清查。

2004年，对全县各乡镇和县级15个重点单位（2003年6月至2004年6月）的救灾、扶贫、社保、支农、教育、卫生等项目资金进行检查，检查面100%，查出违纪资金25万元；配合县审计部门对行政事业性收费情况进行检查，收缴违纪资金5.6万元。

2008年，对22个重点单位（2004年6月至2008年6月）的财政专项资金管理使用情况进行检查，检查专项资金8854万元，占专项资金总额的81%；对县内245家单位（含乡镇）的账外账、小金库进行检查；对国有粮食购销企业财务进行检查；对职工借款问题进行清理。

八、政府采购

1999年5月，西盟县政府采购办公室成立；7月，出台《西盟县县级国家机关、事业单位政府采购管理暂行办法》。采购方式主要是公开招标、邀请招标、竞争性谈判、询价采购、单一来源采购5种方式。采购形式分为集中采购和分散采购两种形式。集中采购的范围包括：经县委、县政府批准召开的县级会议，各种车辆的购置、保险、燃油供应、办公及专用设备购置（计算机、打印机、传真机、空调机、锅炉、数码产品等及批量价值在5000元以上的办公用品）。

2001年，对办公设备、公务用车等物品实行政府采购，全年政府采购金额136万元。2003年，按照国家颁布的《中华人民共和国政府采购法》，西盟县及时建立政府采购监督机制，县人大、县政协、监察局、财政局、审计局、物价局、工商局等监督部门对政府采购进行严格的监督检查，确保政府采购行为公开、公平和公正。采购过程中，邀请监察、审计等机关进行监督，公开招标并邀请机关其他人员和社会群众参加，增加招标工作的透明度。采取单位资金涉及财政性资金的，对资金来源事先进行审查。采购活动结束后，采购资金由县财政局按照采购办公室与中标单位签订合同确定的金额下达资金，由采购办公室直接向中标单位拨付。2004年，对民房建设物资等实行政府采购，采购金额1336万元，节约率2.6%。2008年，全县政府采购金额796万元，节约率4%。

第四节　机　构

1977年3月，财税与银行分开，财税机关称西盟县财政局。1982年10月，财政、税务分开，设立西盟佤族自治县财政局。1984年，全县7个区相继设立财政所。1987年12月，改称乡财政所。1990年，县财政局内设预算、行财、综合、农税、农财、企业、秘书、监察、办公室，共有职工56人。2008年，设领导1正3副，内设预算、国库、绩效评价、教科文、行政政法、综合、农财、涉外金融、会计、企业、监察、经建、社保、农村综合改革办公室、政府采购办、行政办公室、国有资产经营管理中心和收费票据稽查管理中心。有干部职工38人。2008年，全县5个乡、2个镇均有财政所，共有职工40人。

历任县财政局革命委员会主任：王伟（1978年1月至1979年5月）。

历任县财政局局长：苏维良（1979年5月至1987年4月）、何培兴（1987年4月至1988年11月）、岩再（佤族，1990年2月至1995年12月）、杨斌（1995年12月至2003年4月）、苏其宁（2003年5月至2008年4月）、肖会军（2008年4月至2008年12月）。

历任县财政局党支部书记（正科）：杨树平（佤族，2007年12月至2008年12月）。

第二章 税 收

第一节 统一税收

一、税制改革

1978 年—1982 年，执行 1973 年 1 月起全国改革试点的《中华人民共和国工商税条例（草案）》。1983 年，实施第二步利改税，全县税务机关征收管理的税种由单一的工商税制发展成为多层次、多环节的复合税制。

1984 年，工商税制改革，实施利改税，把企业上缴国家的财政收入改为向国家交税；把工商税划分为产品税、增值税、营业税，开征资源税和国有企业调节税，对国有企业征收所得税；健全涉外税制；恢复和开征房产税、土地使用税、车船使用税和城市建设维护税。

1993 年 12 月 15 日，国务院发布《关于实行分税制财政管理体制的决定》，通过改革，税务机关征收的税种由原来的 32 个减少到 18 个。

二、开征税种

1978 年，西盟县税务机关征收的税种有：工商税、工商所得税、屠宰税、车船使用牌照税、牲畜交易税、集市交易税。

1993 年，西盟县税务局征收的税种有：产品税、增值税、营业税、资源税、国有企业所得税、集体企业所得税、城乡个体工商户所得税、个人收入调节税、国有企业奖金税、集体企业奖金税、事业单位奖金税、城市维护建设税、车船使用税、房产税、城乡土地使用税、屠宰税、印花税、建筑税及能源交通重点建设基金和教育附加。

三、税收征管

1978 年—1993 年，西盟县税务局多措并举，加强税收征管机构建设，加大税收征管宣传力度，建立和健全税收征管制度，不断完善税收征管，严格办理税务登记、建立纳税申报制度、发票管理，做到应收尽收，确保税款及时足额入库。

1978 年—1993 年西盟县税收收入情况表

表 11-6　　单位：万元

名称 年份	总收入	占上年同期 %
1978	23	—

续表 11-6

年份 \ 名称	总收入	占上年同期 %
1979	26	113
1980	23	89
1981	30.10	122
1982	41.26	137
1983	50.30	122
1984	57.30	114
1985	69.58	121
1986	93.47	134
1987	129.39	138
1988	381.32	295
1989	465.61	122
1990	562.62	121
1991	525.08	93
1992	495	94
1993	432.62	87

第二节 国 税

一、税制改革

1999 年 8 月 30 日，第九届全国人民代表大会第十一次会议通过《关于修改〈中华人民共和国个人所得税法〉的决定》；9 月 30 日，国务院发布《对储蓄存款利息所得税征收个人所得税的实施办法》，自 11 月 1 日起施行；11 月 1 日，西盟县国家税务局，开征储蓄存款利息所得个人所得税。

2000 年 10 月 22 日，国务院发布《中华人民共和国车辆购置暂行条例》，自 2001 年 1 月 1 日起施行。2001 年 1 月 1 日至 2008 年 12 月 31 日，车辆购置税由国家税务局征管。

二、开征税种

1982 年，西盟县税务局成立后，征收的税种有：增值税、消费税、企业所得税、车辆购置税、储蓄存款利息所得个人所得税。2008 年，企业所得税税制改革，内资、外商企业适用统一企业所得税法，基本税率 25%。

三、税收征管

1994 年—2008 年，西盟县国家税务局贯彻执行国家税收政策，加强税收征收管理，做到“五坚持”，即坚持服务大局，促进佤山经济社会平稳较快发展；坚持依法治税，促进税收执法规范；坚持依靠信息手段，促进“信息管税”运用及深化；坚持统筹协调，促进税收管理科学化、精细化、专业化水平提升；坚持以人为本和谐理念，促进讲政治、顾大局、守原则、严纪律。实施“三结合”的方式管理增值税收专用发票，即专票管理与日常管理相结合、专票管理与执行政策检查相结合、专票管理与保管措施相结合。

2008 年，西盟县国家税务局担负着全县 5 个乡、2 个镇、95 户工商业企业、931 户个体工商户的征管工作。

1994 年—2008 年西盟县国税局税收收入情况表

表 11-7　　单位：万元

名称 / 年份	总收入	占上年 %	增值税收入
1994	215.94	—	212.27
1995	178.37	83	173.75
1996	189.17	106	183.54
1997	205.74	109	185.66
1998	229.88	112	205.34
1999	274.90	120	230
2000	295	107	234
2001	242	82	192
2002	248	102	210.72
2003	210	84	181.24
2004	286	136	255.56
2005	425	149	364
2006	584	137	517
2007	678	116	571.54
2008	979	144	878

四、基础设施建设

2000 年，县城搬迁，新建综合办公楼、宿舍、办税服务厅等建筑面积 4953 平方米，投资 574 万元，新增固定资产 689 万元。

第三节　地方税收

一、开征税种

（一）营业税

交通运输业、建筑业、邮电通信业、服务业、转让无形资产、文化体育业税率为 3%；销售不动产税率 5%；娱乐业税率 5% ~ 20%。

（二）资源税

对在中国境内开采国有资源的单位和个人，就列举的应税资源课征的一种税。县内征税范围包括黏土、大理石、石灰石、金、锡、铁矿石等。

（三）城建税

以增值税、消费税、营业税为依据计算征收，即纳税人所在地在市区的，税率 7%；纳税人所在地在县城镇的，税率5%；纳税人所在地不在市区、县城或镇的，税率1%。

（四）企业所得税

企业所得税法定税率33%的比例税率；优惠税率，年应纳税所得额在3万元以下可减按18%的税率征收；年应纳税所得额在3万元~10万元的，可减按27%的税率征税。

（五）个人所得税（税征率2%）。

1.工资、薪金所得个人所得税法定工资、薪金所得，以每月收入额减除费用800元后的余额，为应纳所得税额。从1998年起，月扣除额定为人民币1000元后的余额适用5%~45%的九级超额累进税率。

2.个体工商户的生产经营所得和企事业单位的承包经营、承租经营所得实行5%~35%的超额累进税率计算征收。

3.稿酬所得适用20%的比例税率，并按应纳税额减征30%。

4.劳务报酬所得、特许权使用费所得、利息、股息、红利所得、财产租赁所得、财产转让所得、偶然所得和其他所得适用20%的比例税率。

（六）投资方向调节税

2000年1月1日，停征收固定资产投资方向调节税。

（七）房产税

依照房屋原值一次减除30%后的余值计算纳税，税率1.2%；从租纳税的，依照房屋的租金收入计算缴纳，税率12%。

（八）印花税

在印花税的13个税目中，适用0.5‰税率的是“借款合同”1个税目；适用1‰税率的是“财产租赁合同”“仓储保管合同”和“财产保险合同”3个税目；适用3‰税率的是“购销合同”“建筑安装工程承包合同”和“技术合同”3个税目；适用5‰税率的是“加工承揽合同”“建设工程勘察设计合同”“货物运输合同”“产权转移书据”4个税目和“营业账簿”税目中的记载资金的账簿；适用定额税率的为“权利许可证照”1个税目和“营业账簿税”目中的其他账簿部分，税额均为每件5元。

（九）土地使用税

1998年7月6日，根据思茅行署文件批复西盟县城镇土地使用税按每平方米1元征收。2007年1月1日起，按《云南省财政厅 云南省地方税务局关于普洱市城镇土地使用税税额标准的批复》规定的两个等级：一级地段（勐梭镇）每平方米3元；二级地段（勐卡镇）每平方米2元的税额标准执行。

（十）车船使用税

1989年开征，客车5座以下每年征收60元，5座以上15座以下100元、15座以上35座以下120元、35座以上160元；三轮摩托每年征收32元、二轮摩托车24元；载货车每年征收16元/吨。2005年3月18日，下发《西盟佤族自治县地方税务局关于进一步加强和完善车船使用税征管工作的通知》，各部门、单位对职工个人所拥有的纳税车辆，一律由所在单位于每年4月30日前，代扣代缴，县交警大队在车辆年检时把关；同年6月13日，又下发补充通知，把代扣代缴时间变更为每年6月30日。

（十一）屠宰税

1994年4月5日，云南省人民政府发布屠宰税实行定额征收，猪、牛5元/头；马、驴、骡3元/匹；羊1元/只。2003年10月9日，屠宰税停征。

（十二）教育费附加

1988年，教育费附加以产品增值税、营业税计征1%。2005年《云南省地方教育费附加征收管理办法》出台，费率3%。2005年征收0.2万元，2006年征收7万元，2007年征收10万元，2008年征收 14 万元，共计 31.0 万元。

（十三）代征文化事业建设费

1997 年 12 月 11 日，财政部、国家税务总局《关于印发〈文化事业建设费征收管理暂行办法〉的通知》规定，文化事业建设费按缴费人应当缴纳娱乐费、广告业营业税的营业额乘以 3% 计算缴纳。

1997 年—2008 年，文化事业费共计征收 12.18 万元。

（十四）征收旅游宣传促销费

1997 年 12 月 6 日下发《云南省旅游宣传促销费征收管理暂行办法》规定，凡在云南境内从事旅游经营活动的单位和个人按营业额的 5‰计算缴纳。

（十五）农四税

1998 年，农四税划转地方税局征收农业税，即国家向一切从事农业生产、有农业收入的单位征收的一种税。征税对象包括：农业收入、食粮作物、经济作物、薯类作物、园艺作物收入。农业特产税是国家向一切从事农业特产生产，取得农业特产收入的单位和个人征收的一种税。征税对象包括：烟叶收入、园艺收入、水产品收入、林木收入、牲畜收入、食用菌收入、其他农业收入。农特税按税目率表执行，按正税征收 10% 的地方附加。耕地占用税是国家根据税法规定，对占用耕地建房或从事其他非农业建设的单位和个人按规定税额征收的一次性税收。耕地占用税以纳税人实际占用的耕地面积计税。契税是房屋所有权发生转移变动时，就当事人所订契约按产价的一定比例征收的一种税。征税范围包括：国有土地使用权出让、土地使用权转让（不包括农村土地承包经营权的转移）、房屋买卖、房屋赠予、房屋交换。1998 年 5 月 8 日前，税率为 7%，5 月 8 日之后为 3%。

二、税费征管

1994 年，对多行业多税种采取多种有效征管措施和手段。如：对建筑业、交通运输业、房地产税收、边贸税收等实行代扣代缴、委托代征。同年，县政府印发《西盟县人民政府关于建筑安装行业有关征税问题的通知》，把个人所得税实行按投资确定附征率征收，投资额 1 万元以下的 0.5%、1 万元以上到 10 万元以下的 1%、10 万元以上到 50 万元以下的 1.5%、50 万元以上到 100 万元以下的 1.7%、100 万元以上的 2.5%。并明确建筑安装行业各项税款一律由甲方代扣代缴。

1996 年 6 月，为加强税源基础管理，掌握征管户数和户籍，进行大规模的税务登记证换证，共换发税务登记证 435 户，其中，企业 56 户（商号 32 户），个体工商户 379 户；8 月，为积极推进地方税收征管改革，提高自行纳税申报率，举办“三自纳税”业务培训班，对县邮电局、县民族贸易总公司等企业首次进行“三自纳税”的试点征管工作。

1997 年 4 月，为加强个体税收管理，对 387 户个体工商户进行定额核定和清税、清票检查工作，并制定“个体税收征管办法”，将个体税收在月核定定额的基础上，再实行购买发票时征税。如果当月购买发票超出定额，对超出定额部分征税，当月购买数低于定额时不再征收，废除原来定额与购买发票同时征税的办法。个体工商户税收起征点是 600 元 / 月，按次 50 元 / 次，每户都得上税，如不使用发票就其定额部分缴纳，连续 3 个月申报达不到起征点的，取消定额，连续 3 个月申报超过起征点 20% 的，重新核定定额，此办法执行至 2008 年 4 月。

2001 年，为严格依法治税、强化管理、落实“加强征管、堵塞漏洞、惩治腐败、清缴欠税”的十六字方针，申请在城关分局设立“综合办税”大厅，进一步完善“以纳税申报和优化服务为基础，以计算机网络为依托，集中征收，重点稽查”的征收模式。

2002 年 4 月 10 日，地税局印发《西盟县地方税务局关于调整建筑安装行业所得税征收率的通知》，对建筑安装行业所得税征收率作调整：建筑、安装、修缮及其工程作业施工地在县城的按

5.24% 综合税率征收，在县城以外（乡下）的按 5.12% 综合税率征收；装饰、装潢在县城的按 6.24% 综合税率征收，在县城以外（乡下）的按 6.12% 综合税率征收。同年，县医疗保险由社会保障局移交地税局代征，共代征医疗保险费 162.36 万元。

2003 年，根据新修改的《中华人民共和国税收征收管理法》和实施细则及相关税收法律、法规的规定，对有关纳税申报和税款的纳税进行明确的规定。凡发生在县境内的应税收入，必须严格按以下规定在西盟县申报缴纳税：房屋出租的应税收入，以一个月为一期进行纳税申报，次月十日内申报缴纳；临时性发生应税收入，按次进行纳税申报，自发生之日起，十日内申报缴纳；在县内发生建筑安装工程的应税收入，一律以建设单位为扣缴义务人，在拨付工程款时，十日内，申报缴纳；工资薪金个人所得税，一律以支付单位为扣缴义务人，以一个月为一期进行纳税申报，次月十日内缴纳；房产税、土地使用税、车船使用税三个年度税种，必须于每年 4 月 30 日前，申报缴纳。明确规定申报必须真实、准确、完整。以直接申报为主，也可进行邮寄等其他申报方式。规定法律责任：如果纳税人未按规定期限申报缴纳税款的，从税款滞纳之日起按日加收 0.5‰滞纳金。纳税人未按规定期限申报缴纳税款的，由税务机关责令限期改正，并处 2000 以下罚款，情节严重，可处 2000 元以上 1 万元以下的罚款；在规定期限内不缴或少缴税款的，经税务机关责令限期改正，逾期不改正的，罚不缴或少缴税款 50% 以上 5 倍以下的罚款；构成偷税、抗税的，按《中华人民共和国税收征收管理法》第 66、67 条从严处罚。这是新《中华人民共和国税收征收管理法》和《中华人民共和国税收征收管理法实施细则》实施后第一次为基层征收管理机关明确具体地处理规定，9 月 1 日起，西盟县在饮食行业中推行使用有奖定额发票。

2004 年，失业保险费、工作保险费、生育保险费由社会保障局移交地税局代征，实现五险统征的目标。

2005 年 8 月，为加强对外出施工建筑安装所得税的征收管理，减少税款流失，保证及时足额入库，凡在县境内施工的施工队，工程项目投资金额在 4000 万元以下的企业，企业所得税必须在当地地税机关缴纳，回所在地抵扣。为及时发现纠正一般涉税违法行为，推进诚信纳税，尊重和保护纳税人的合法权益，营造和谐的纳税环境。同年，开始推行税收执法责任制，成立领导机构进行评议考核，制定《西盟县地方税务局税收执法及行政管理责任制考核奖惩（暂行）办法》进行考核和奖惩。提高税务人员税收执法的水平和工作质量。12 月 10 日，制定下发《西盟县地方税务局关于进一步重申明确建筑安装行业税收问题的通知》，纳税人所在地在县城的，以工程项目金额为计税依据，按 5.43% 综合税率征收，纳税人所在地在乡下的，按 5.31% 综合税率征收。

2006 年 5 月，开展“征管质量年”活动，成立组织机构及办公室，并制订实施方案、方法步骤等措施，确保征收、管理、服务质量。通过宣传发动、实施和考核，使“征管质量年”活动有计划、有步骤地实施。为完善税收征管体制和税源管理的科学化、精细化的总体要求，掌握纳税户籍、基础税源；8 月，进行第三次换发税务登记证工作，全县共换证 1056 户，其中，企业单位 61 户、个体工商 885 户、行政事业单位 110 户。

2007 年，评选出一批纳税信用程度高的个体工商户，并对 2006 年为当地经济建设做出贡献的 5 户个体工商先进纳税户进行奖励。

2008 年 4 月 1 日，推行“云南地税综合管理信息系统 V2.0”上线，确保征收管理工作的顺利进行，全面的采集税收数据。并对全县范围内行政、企事业单位、个体工商户的税收缴纳和发票使用情况，进行分组分工清理检查，共清查 251 户，清缴税款 95 万元。为确保地方税收收入及时足额征收入库，了解税源底子，摸清漏、征、欠税源情况，年内开展地方税收大检查活动 1 次，查出陈欠税款 341 万元。

三、税费收入

1994 年来，地方税务局把组织收入工作作为中心工作来抓，坚持依法征税，强化税收征管，加快信息化建设，牢固树立税收经济观，把保增长、促发展作为中心任务。

2008 年，西盟县地方税务局征收税收 1520 万元，比 1994 年 138 万元，增长 10.01 倍。规费收入 7480 万元（含社会保险费 7405 万元、残疾人保障金 43 万元、工会费 5 万元、水资源费 27 万元）。

1994 年—2008 年，西盟县地方税务局累计税务收入 16951.38 万元，年平均增长 27.99%，其中，地方税收收入 9428 万元。

1994 年—2008 年西盟县地税局税费收入完成情况表

表 11-8

单位：万元

名称 年份	各项收入								收入合计	比上年同期增减额	比上年同期增减比例（%）
	地方税收	比上年同期增减额	比上年同期增减比例（%）	规费	比上年同期增减额	比上年同期增减比例（%）	文化事业建设费	地方教育附加			
1994	138	—	—	—	—	—	—	—	138	—	—
1995	154	16	11.59	—	—	—	—	—	154	16	11.59
1996	163	9	5.84	—	—	—	—	—	163	9	5.84
1997	234	71	43.56	—	—	—	—	—	234	71	43.56
1998	391	157	67.09	47	—	—	1	—	439	205	87.61
1999	536	145	37.08	115	68	144.68	0.15	—	651.15	212.15	48.33
2000	598	62	11.57	126	11	9.57	0.01	—	724.01	72.86	11.19
2001	697	99	16.56	92	−34	−26.98	0.02	—	789.02	65.01	8.98
2002	774	77	11.05	268	176	191.30	1	—	1043	253.98	32.19
2003	858	84	10.85	645	377	140.67	1	—	1504	461	44.20
2004	624	−234	−27.27	788	143	22.17	1	—	1413	−91	−6.05
2005	654	30	4.81	809	21	2.66	1	0.2	1464.20	51.20	3.62
2006	844	190	29.05	961	152	18.79	1	7	1813	348.80	23.82
2007	1243	399	47.27	1976	1015	105.62	3	10	3232	1419	78.27
2008	1520	277	22.28	1653	−323	−16.35	3	14	3190	−42	−1.30
合计	9428	—	—	7480	—	—	12.18	31.2	16951.38	—	—

四、税务检查

1994 年 7 月—10 月，县地方税务局组织 2 个检查组，开展个体运输业营业税、个人所得税等专项检查工作，检查 56 户，共查补车船使用税 0.38 万元、个人所得税 0.77 万元、营业税 3.77 万元，是 1993 年交通运输行业全年收入 1.6 万元的 3.1 倍。同时，为惩治税收违法行为，整顿税收秩序，规范财务制度，开展机构分设以来的第一次年度税收物价大检查工作，对辖区内 139 户纳税户进行检查，查补税款 11.38 万元。

1995 年，为适应“集中征收、重点稽查”征管模式，完善征、管、查运行机制的合理分工、相互配合、相互制约。

1994年—2000年期间，共检查643户，查补税款98.39万元

2002年9月7日，国务院总理第362号令公布《中华人民共和国税收征收管理法》及《中华人民共和国税收征收管理法实施细则》、国家税务总局《关于稽查局职责问题的通知》和《国家税务总局关于进一步加强税收征管基础工作若干问题的意见》等有关规定，稽查局严格按照“稽查局专司偷税、逃避追缴欠税、骗税、抗税案件的查处”职责。在“十五”期间，共检查131户，查补税款103万元，罚款1.7万元，加收滞纳金0.2万元。

2006年—2008年期间，共检查13户，查补税款31.06万元，罚款2.4万元，加收滞纳金1.97万元。

第四节　机　构

一、县税务局

1978年—1982年，工商各税由县财政局内设的税务机构负责征收管理。1982年，西盟佤族自治县税务局成立。1993年，全局有职工40人，内设办公室、税检室、征管股、会计股、税政一股、二股、三股和政工监察审计股。设城关、傈僳、勐梭、新厂基层税务所。1994年1月1日，县税务局分设为西盟县国家税务局和西盟县地方税务局。

历任西盟县税务局局长：罗大荣（1987年7月至1993年12月）。

二、县国税局

1994年1月1日，按照《国务院关于组建国家税务总局在各地的直属税务机构和地方税务局有关问题的通知》的要求，西盟佤族自治县国家税务局成立，分流到国家税务局干部职工34人，其中，有1名离休干部。1996年，西盟县国家税务局稽查大队成立。1997年，撤销新厂税务所和税务监察室，设立稽查分局。1998年，撤销城关税务所、勐梭税务所、力所税务所，设立城关税务分局和勐梭税务分局。同年，城关税务分局更名为西盟县国家税务局西盟税务分局。2001年5月，稽查大队改名稽查局。2003年，西盟税务分局归并勐梭税务局。2004年，设立信息中心，属事业单位。2008年，有职工30人（退休6人）。内设办公室、综合业务股、政工股、计划征收股、1个直属机构（稽查局）、1个事业单位（信息中心）、1个派出机构（勐梭税务分局）。

历任县国税局局长：罗大荣（1994年1月至1995年10月）、罗国忠（1996年9月至2007年6月）、袁敞祥（傣族，2007年6月至2008年12月）。

三、县地税局

1994年1月1日，因实施新税制，国地税分设；6月24日，西盟佤族自治县地方税务局成立，内设办公室、税政一股、税政二股、征收管理股、计会股、政工股。有职工24人，助征员7人。并按行政区设置7乡1镇及城关税务所。1995年3月，增设税政三股，政工股更名为人事教育监察股。把7乡1镇8个税务分所和城关税务分所精简为1个分局（城关税务分局），3个税务所（新厂、力所、勐梭）。1996年1月，撤销中课乡税务所，稽查分局成立。1998年5月，稽查局成立，增设农税股。2002年3月，机构改革，成立一分局（原城关分局）和二分局（新设分局）。同时，撤销勐梭和力所税务所。2004年7月，设置规费管理股。2005年1月，撤销稽查局，改为思茅市地方税务局稽查局西盟县税务检查室；8月，撤销农税股，设立法规股。同年，第二轮机构改革时，撤销二分局和新厂税务所。2007年4月，改称普洱市地方税务局稽查局西盟县税务检查室。2008年10月，第三轮机构

改革，恢复二分局设置。年底，地税局内设办公室、税政股、征收管理股、计划统计股、人事教育监察股、政策法规股、规费管理股、税务检查室、一分局、二分局、3 个派出机构（3 个基层单位）。有干部职工 27 人。

历任县地税局局长：李正龙（1994 年 7 月至 1999 年 1 月）、董春（1999 年 4 月至 2008 年 3 月）、陈志红（2008 年 3 月至 2008 年 12 月）。

第三章 金 融

第一节 货 币

一、流通人民币及纪念币

（一）人民币

1987年4月27日，中国人民银行发行第四套人民币。第四套人民币共有1角、2角、5角、1元、2元、5元、10元、50元、100元9种面额，其中，1角、5角、1元有纸币、硬币2种；1角、2角、5角、5元、10元只有1980年版1种；2元、50元、100元有1980年版、1990年版2种；1元有1980年、1990年、1996年版3种。与第三套人民币相比，增加了50元、100元大面额人民币。1992年8月20日，为适应反假人民币工作需要，又发行改版后的1990年版50元、100元券，增加了安全线与无色荧光油墨印刷等新技术。

1999年6月30日，国务院发布国务院第268号令："为了适应经济发展的需要，进一步完善我国的货币制度，提高人民币的防伪性能；7月1日，中国人民银行发布《关于发行第五套人民币100元券的公告》，决定从10月1日起，陆续发行第五套人民币。第五套人民币有1角、5角、1元、5元、10元、20元、50元、100元8种面额"。

2000年7月1日，市场上停止第二套人民币流通。

2005年8月30日，中国人民银行召开新闻发布会宣布，经国务院批准，人民银行对第五套人民币（1999年版）的生产工艺、技术进行了改进和提高。改进和提高后的2005年版第五套人民币硬币1角、纸币5元、10元、20元、50元、100元于8月31日发行流通，1999年版第五套人民币同时流通，第四套人民币逐步淡出流通市场。西盟县市场上流通的纸币有1角、2角、5角、1元、2元、5元、10元、20元、50元、100元10种；硬币有1分、2分、5分、1角、5角、1元6种。2000年起，分币逐步退出流通，硬币也逐年减少流通。

（二）纪念币

1979年，发行"建国三十周年"第一套贵金属纪念币，至今已累计发售10余个系列1500多个品种的金银纪念币。题材有重大政治历史事件、杰出历史人物、大熊猫及珍稀动物、十二生肖、中国古典文学名著、古代科技发明发现、中国传统文化、中国名画名家、宗教艺术、体育运动等，内容体现了中华五千年的文明历史和源远流长的中国文化。

1984年10月1日，中国人民银行纪念币分贵金属纪念币和普通金属纪念币2种，普通纪念币与市场上流通的同面额的人民币价值相等，可以同时在市场上流通。发行"建国三十五周年纪念币"，至今已发行68套85种。

（三）纪念钞

1999年9月，为纪念中华人民共和国成立五十周年，中国人民银行发行的“建国50周年纪念钞”，面值50元。2000年11月，为迎接人类新世纪的到来，中国人民银行发行“迎接新世纪纪念钞”，面值100元。2008年7月9日，中国人民银行发行的“奥运纪念钞”，面值10元。

二、现金管理

1979年，西盟县金融机构根据中国人民银行《关于加强现金管理法规制度》和政策规定，加强对现金管理监督，合理控制现金投放，支持县区经济发展，西盟县市场货币流通规律发生变化，即由货币回笼县变成投放县。1980年起，西盟县货币投放逐年增加。1998年，货币净投放9623万元，创西盟县历史新高。2008年，货币净投放1965万元。

1979年—2008年，西盟县货币净投放59439万元，平均每年货币净投放1981.3万元。

1979年—2008年西盟县金融机构现金收支情况表

表11-9

单位：万元

年份＼名称	收入	支出	净投放（+）或净回笼（-）	年份＼名称	收入	支出	净投放（+）或净回笼（-）
1979	470	525	55	1994	8115	9544	1429
1980	462	527	65	1995	10266	12324	2058
1981	569	629	60	1996	12755	16121	3366
1982	581	645	64	1997	16377	24156	7779
1983	617	702	85	1998	23528	33151	9623
1984	622	727	105	1999	39135	45331	6196
1985	1596	1826	230	2000	48253	51169	2916
1986	1905	2195	290	2001	34835	37296	2461
1987	733	911	178	2002	41441	44710	3269
1988	912	1107	195	2003	26207	29331	3124
1989	939	1159	220	2004	29063	34005	4942
1990	3517	4429	912	2005	35360	35406	46
1991	3922	4885	963	2006	68522	69288	766
1992	5123	6762	1639	2007	81673	85817	4144
1993	1828	2149	321	2008	87909	89874	1965

第二节　储蓄存款

1978年，西盟县金融机构各项存款余额364万元。1979年后，国民经济步入健康发展轨道，全县国民经济发展速度加快，金融业蓬勃发展，各项存款迅速增加。

1980年后，存款业务先后由工商银行、农业银行、建设银行、农村信用社、邮政储蓄承办。1988年，西盟县金融机构存款余额首次突破1000万元，此后，各项存款迅猛增长。

1997年，突破1亿元。2003年，突破2亿元。2005年，突破3亿元。2007年，突破4亿元。

至2008年，西盟县金融机构各项存款余额5.18亿元，是1978年的142.3倍。

1978 年—2008 年西盟县金融机构存贷款情况表

表 11-10 单位：万元

年份＼名称	各项存款	各项贷款	储蓄存款	企业存款	财政存款	机关团体存款	农业存款	基建存款	其他存款
1978	364	128	56	35	80	42	60	47	40
1979	355	150	53	16	105	59	40	15	20
1980	524	181	57	50	130	50	18	51	125
1981	618	268	88	103	52	68	18	9	268
1982	519	191	116	63	94	65	35	1	141
1983	353	308	159	31	67	109	24	—	21
1984	478	486	189	48	55	113	22	—	90
1985	510	771	169	43	42	89	39	—	80
1986	820	984	192	53	37	85	84	—	17
1987	943	1320	528	143	21	116	91	—	37
1988	1087	1681	611	95	24	112	100	—	53
1989	2183	2520	716	742	144	106	204	—	195
1990	3465	4149	933	1825	103	246	128	—	182
1991	3647	4674	961	1970	203	164	157	—	192
1992	3234	4988	1128	1418	107	130	236	—	215
1993	2947	5386	1333	960	57	127	177	—	291
1994	4351	6048	1826	1967	79	195	80	—	2
1995	5825	6062	2519	2613	69	157	42	—	15
1996	9068	7488	3460	5078	81	169	32	—	16
1997	14242	14184	4668	9204	101	190	79	—	—
1998	17540	16583	6221	8865	355	—	1489	—	610
1999	17013	20493	8106	7156	425	—	821	—	505
2000	16474	19772	7455	7573	586	—	773	—	87
2001	16835	21071	7989	7058	1017	16	648	—	107
2002	18850	22361	8538	7345	1454	38	703	—	117
2003	20360	23294	9585	7968	1698	79	905	—	123
2004	22972	19862	10805	8964	1620	245	1256	—	82
2005	30285	18204	11991	4584	1591	8792	2771	—	556
2006	38254	20428	15064	6896	1162	11242	3231	—	559
2007	44170	19643	16508	6709	2489	12173	5805	—	483
2008	51797	12394	19065	7082	1823	13891	9264	—	657

第三节 信 贷

1990 年，西盟县金融各项贷款余额 4149 万元，是 1978 年的 32.41 倍。2008 年，西盟县金融机构各项贷款余额 1.2 亿元，是 1978 年的 93.75 倍。

一、工业贷款

1980 年，为促进企业加速资金周转，提高经济效益，对采用异地托收承付结算方式收取货款的手工业供销单位，按照国营工业结算办法发放结算贷款。

1981 年起，按照“区别对待，择优扶植”的原则，金融机构信贷资金的投向转向优先支持符合国家产业政策、产品质量好、适销对路、经营管理好、资金周转快和经济效益好的轻工、森工、建材、冶金、化工、机械、能源、交通运输、食品等骨干企业，重点解决茶叶、蔗糖、木材加工、铅锌、食盐等产品生产和运销的需要，银行贷款不断增加。同年，西盟县被列为“三照顾”县，县内的国营和集体工业企业享受优惠利率政策。

1983 年，西盟县人民银行开始统一管理全县国营企业流动资金，原由财政拨给企业的流动资金仍然留给企业使用，由银行进行管理。1985 年，锡矿的开发为县内增加新的财源，成为信贷资金投放的重点。1987 年，停止对“三照顾”县的工业企业发放优惠利率贷款。

1990 年年末，全县工商信贷余额 2844 万元，其中，工商银行发放 2030 万元，占 71.38%；农业银行发放 669 万元，占 23.52%；县人民银行发放专项技术改造贷款 145 万元，占 5.1%。

1987 年—1990 年，累计发放国营锡矿贷款 115 万元。

2000 年，县工商银行撤销，随着统计指标和口径的变化，工商业贷款不再单独反映。

二、农业贷款

1980 年后，县国营农业企业积极开展多种经营，大力发展橡胶、茶叶等商品生产，实行农业、工业、商业综合经营，亏损局面逐步得到扭转，银行贷款不断增加。

1980 年—1984 年，调整农业关系，农村实行家庭联产承包责任制后，贷款对象由原来的集体为主转向承包户、重点户、专业户。贷款主要用于购买耕牛、籽种和发展养殖。1985 年后，贯彻“区别对待，择优扶持”的信贷原则，贷款转向支持乡镇企业。

1990 年，各项贷款余额 1091.7 万元，其中，扶贫贴息贷款 745.9 万元，占 68.32%；农业贷款 183.9 万元，占 16.85%；乡镇企业贷款 94.4 万元，占 8.65%；信用社贷款 67.5 万元，占 6.18%。

1988 年—1990 年，西盟县农行累计发放扶贫贴息贷款 487.5 万元，其中，橡胶种植 199 万元；茶叶 207 万元；红砖生产 81.5 万元。

1998 年，西盟县农行累计发放贷款 6642.3 万元，其中，支持开发橡胶 5 万亩、建橡胶加工厂 2 座，发放贷款 488.6 万元；支持农民开发茶地 8000 亩、建茶叶精制厂 8 个，发放贷款 398.8 万元；支持全县农民生产资料资金需求，累计发放个体工商户贷款 156 万元，搞活农村商品流通；支持新厂河电站、库杏河电站和全县农网改造工程建设，累计发放贷款 3815.9 万元；累计代理农业发展银行发放中央扶贫贴息贷款 1783 万元。

1999 年—2008 年，县农行发放各项贷款 142915.4 万元。同年，农业银行开办惠农卡业务，发放惠农贷款 222 万元。

1980 年—2008 年西盟县农业银行各项贷款情况表

表 11-11　　单位：万元

名称 年份	农业贷款			工业贷款			商业贷款		
	发放	收回	余额	发放	收回	余额	发放	收回	余额
1980	49	11	38	—	—	—	—	—	—
1981	5.90	11.70	32.20	—	—	—	—	—	—

续表 11-11

年份＼名称	农业贷款			工业贷款			商业贷款		
	发放	收回	余额	发放	收回	余额	发放	收回	余额
1982	20.20	14.40	38	—	—	—	562.10	515.30	46.80
1983	0.10	20.10	18	—	—	—	52.30	51.40	47.70
1984	38.30	13.10	43.20	—	—	—	46	9.70	84
1985	77.60	81	39	—	—	—	246	193.30	136.70
1986	43	23.70	59	66.70	1.70	65	418.40	197.50	257.60
1987	28.07	42	45.17	5.90	1.40	69.5	259.70	305.50	211.80
1988	300.50	46.70	280.97	70.60	5.80	134.3	415.70	282.30	345.20
1989	327.90	48.20	524.67	—	—	134.3	270.20	169.50	445.90
1990	348.30	90.42	782.55	77.50	6.50	205.3	170.50	79.70	536.70
1991	105.70	235	653.25	—	—	205.3	385.30	289	633
1992	391.40	144.60	900.05	3	1	207.3	112	136.60	608.40
1993	469	146.40	1204.65	—	—	207.3	135.40	179.30	564.50
1994	91.20	551.10	744.75	50	50	207.3	333.70	434.70	463.50
1995	341.10	115	970.85	105	100	212.3	235.30	381.90	316.90
1996	420.90	—	1391.75	60	105	167.3	367.40	94.60	589.70
1997	195.33	179.40	1407.68	250	187.60	299.7	1863.48	1225.80	1227.38
1998	440.19	277.90	1569.97	176	92.40	313.3	849	422.60	1653.78
1999	966.78	216.08	2320.67	70	23	360.3	222.21	489.60	1386.38
2000	—	389	1931.67	1.50	159.50	202.3	535.30	850.40	1338.65
2001	1410.50	680.80	2661.37	240	7	435.3	—	310	1028.68
2002	4738.80	3241.20	4158.97	240	7	668.3	300	1010	318.68
2003	2304	2657.70	3805.27	640	240	1068.3	—	—	—
2004	853.40	912.40	3746.27	—	—	—	—	—	—
2005	559	633.90	3671.37	—	—	—	—	—	—
2006	2590.60	2397.10	3864.87	—	—	—	—	—	—
2007	847.50	3644.40	1067.97	—	—	—	—	—	—
2008	481.13	533.10	1016	—	—	—	—	—	—

三、信用社贷款

1978 年—1980 年，西盟县信用社各项贷款 42.1 万元。

1981 年—1990 年，增加社队企业贷款，累计发放贷款 572.2 万元，收回 446.5 万元，占 78%。

1990 年，贷款余额 166.7 万元，其中，社员贷款 148.7 万元，占 89.2%；社队企业贷款 18 万元，占 10.8%。实行家庭联产承包责任制后，信贷结构由原来的社员口粮贷款为主转向购买耕牛、仔种、农业机械、农副产品加工机械、化肥农药和发展养殖业、个体运输、商业服务。

1979 年—1990 年，西盟县信用社发放各种贷款 439.44 万元。

2000 年后，西盟县信用社逐渐成为金融支持“三农”发展的主力军。同年，开办农户小额信用贷款业务。2004 年，县农村信用社开办农户联保贷款业务。2005 年，农业贷款余额 2389 万元。

2008 年 12 月，县农村信用社认购的 1000 万元专项中央银行票据通过人民银行总行和银监会的审核，实现票据兑付，信贷资金重点支持蚕桑、畜牧业养殖、茶、橡胶种植等绿色产业的发展。年末，农业贷款余额 7231 万元，农户贷款面为 50.55%；农户小额信用贷款余额为 2515 万元。种植业贷款发放 2465 户、2592 万元，养殖业贷款发放 1008 户、1531 万元，农业生产资料贷款 10 户、52 万元。

1978 年—2008 年西盟县农村信用合作联社信贷情况表

表 11-12　　单位：万元

名称 年份	各项贷款合计			社员贷款			其他贷款		
	发放	收回	余额	发放	收回	余额	发放	收回	余额
1978	9.30	4.90	24.30	9.30	4.90	24.30	—	—	—
1979	17	6	35.80	17.50	6	35.80	—	—	—
1980	15.80	10.60	41	15.80	10.60	41	—	—	—
1981	22.90	16.30	47.60	22	15.50	47.50	0.90	0.80	0.10
1982	37.60	23.30	61.90	37.20	22.90	61.80	0.40	0.40	0.10
1983	83.90	34.10	111.70	83.50	33.90	111.40	0.40	0.20	0.30
1984	97.30	41.40	167.60	96.30	41.40	166.60	1	0.30	1
1985	48.90	49.60	166.90	48.20	48.10	166.70	0.70	1.50	0.2
1986	31.80	45.60	153.10	31.80	45.40	153.10	—	0.20	—
1987	50.60	55.30	148.40	50.30	55.30	148.10	0.30	—	0.30
1988	89.70	65.40	172.70	82.20	63.10	167.20	7.50	2.30	5.50
1989	62.50	76.70	158.50	37.90	67.30	137.80	24.60	9.40	20.70
1990	47.00	38.80	166.70	46.30	35.40	148.70	0.70	3.40	18.00
1991	35.80	14.50	188	34.30	13.90	169.10	1.50	0.60	18.90
1992	19.02	8.77	198.25	13.48	6.43	176.15	5.54	2.34	22.10
1993	1.06	35.99	183.32	18.63	29.78	165	2.43	6.21	18.32
1994	13.03	44.35	152	12.01	40.01	137	1.02	4.34	15
1995	52	33	171	48	25	160	4	8	11
1996	40	48	163	38	39	159	2	9	4
1997	588	151	600	577	143	593	11	8	7
1998	684	259	1025	572	226	939	112	33	86
1999	801	740	1086	785	713	1011	16	27	75
2000	254	116	1224	232	100	1143	22	16	81
2001	968	557	1635	756	429	1470	212	128	165
2002	1207	784	2058	312	438	1344	895	346	714
2003	2252	1361	2949	1381	824	1901	871	537	1048
2004	2567	1822	3694	1834	1023	2712	733	799	982
2005	3252	2916	4030	2186	2053	2845	1066	863	1185
2006	6737	4318	6449	5003	3080	4768	1734	1238	1681

续表 11-12

年份＼名称	各项贷款合计			社员贷款			其他贷款		
	发放	收回	余额	发放	收回	余额	发放	收回	余额
2007	5915	4404	7960	5295	3681	6382	620	723	1578
2008	9281	5873	11368	7811	3689	9504	1470	1184	1864

第四节 经理国库

2003 年 12 月起，按照财政制度的有关规定和银行的开户管理办法，为县级财政机关开立账户。根据财政机关填发的拨款凭证，及时办理县级财政库款的支拨。对县级财政库款和预算收支进行会计账务核算。按期向上级国库和县级财政、征收机关报送日报、旬报、月报和年度决算报表，定期同财政、征收机关对账，保证了数字准确一致。协助财政、征收机关组织预算收入及时缴库，根据征收机关填发的凭证核收滞纳金，按国家财政制度的规定办理库款的退付。

2005 年 1 月开始，县国库实行单一账户改革，经历试点和全面推行两个阶段。试点阶段：单一账户改革有 6 个部门、16 单位参加，时间从 2005 年 1 月至 2006 年 9 月。全面推行阶段：从 2006 年 9 月开始，全面推行单一账户改革，全县共 190 个预算单位参与单一账户改革，其中，一级预算单位 41 个，基层单位 149 个，全部参与直接支付。参与授权支付的预算单位 72 个、代理银行 2 家（县农行和县农村信用社）。

第五节 机 构

一、县（人行）支行

1979 年 5 月，西盟县人民银行成立。1986 年，有职工 9 人。1990 年，有职工 16 人，其中，会计师 1 人、经济师 1 人、助理经济师 4 人、经济员 5 人、会计员 1 人、其他人员（政工）4 人。内设人事秘书股、会计国库股、计划统计股、金管稽核股、保卫股。1999 年，有职工 22 人，其中，经济师 3 人、助理经济师 5 人、助理政工师 5 人、会计员 2 人、经济员 4 人、政工员 1 人、技工 2 人。2008 年，有职工 14 人，其中，经济师 1 人、助理经济师 4 人、助理政工师 2 人、会计员 2 人、经济员 2 人、政工员 1 人、高级工 1 人、工勤 1 人。内设综合管理股、基础业务股、纪检监察室。

历任县人行行长：杨建福（1979 年 5 月至 1983 年 5 月）、罗志平（1983 年 7 月至 1984 年 9 月）、袁成义（1987 年 10 月至 1988 年 4 月副行长主持工作、1988 年 4 月至 1992 年 2 月）、瞿伟（1994 年 12 月至 2002 年 6 月）、蒲东尉（女，2002 年 6 月至 2004 年 5 月）、许航峰（2004 年 5 月至 2005 年 9 月）、刘晓弟（2005 年 9 月至 2007 年 5 月副行长主持工作、2007 年 6 月至 2008 年 12 月）。

二、县（建行）支行

1979 年 8 月，西盟县建设银行成立。1990 年，有职工 9 人。1998 年 10 月，撤销西盟县建设银行。

历任县建行行长：王伟（1979 年 8 月至 1987 年 2 月）。

历任县建行副行长（主持工作）：赵云盟（1987 年 2 月至 1990 年 9 月）、白永胜（1990 年 9 月至 1997 年 10 月）、赵文云（1997 年 10 月至 1998 年 10 月）。

三、县（农行）支行

1979 年 11 月，从县人行分设县农行。1990 年，有职工 54 人，内设人事股、保卫股、会计股、农企信贷股、信用社合作股、纪检监察室，下辖 7 个乡级营业所。1997 年，力所、莫窝、新厂、翁嘎科、岳宋营业所撤销，存款业务划归信用社。2002 年，勐梭、中课营业所撤销，存款业务划归信用社。2008 年，内设综合股、会计股、信贷股、营业室，有职工 27 人。

历任县农行行长：刘兴发（1979 年 11 月至 1983 年 12 月）、唐祖林（1987 年 3 月至 1988 年 8 月）、李开正（1989 年 8 月至 1997 年 1 月）、许光辉（1997 年 1 月至 2002 年 7 月）、杨云柱（2002 年 7 月至 2004 年 11 月）、李刚（ 2004 年 11 月至 2007 年 12 月）、李勇（2008 年 1 月至 2008 年 12 月）。

四、县（工行）支行

1985 年 3 月，西盟县工商银行从县人民银行分设，内设信贷股、会计股、营业股、储蓄部、安全保卫部、办公室。年末，有职工 35 人。1990 年，有职工 40 人。1999 年，有职工 39 人，其中，会计师 2 人，助理会计师 6 人、会计员 9 人、经济师 2 人、助理经济师 2 人、经济员 18 人。2000 年 9 月，撤销西盟县工商银行。

历任县工行行长：叶德荣（1987 年 10 月至 1987 年 11 月）、杨恒林（1991 年 6 月至 1995 年 8 月）、李学贵（1996 年 2 月至 2000 年 9 月）。

五、县农村信用合作社

1990 年年末，西盟县信用社有职工 26 人，其中，取得专业技术职称的会计 3 人、经济员 15 人。股金总额 5.2 万元。1996 年，县信用社与农业银行脱钩独立核算，直接由县人行管理。2007 年 7 月 17 日，西盟县农村信用合作联社成立，属省直管单位，受当地人民银行和银行业监管部门监督，由云南省农村信用社联合社直接管理的地方金融机构。内设综合部、会计信息部、信贷业务部、审计监察部、联社营业部。信用社主任改名称理事长。全县信用社有营业网点：中课、力所、新厂、翁嘎科、岳宋、莫窝、勐梭、西盟镇、娜妥坝、西盟县信用社。

2008 年 12 月，西盟县信用社有营业网点：勐梭镇、勐卡镇及联社营业部。有职工 31 人，其中，中级职称 2 人，助理级 8 人，员级 1 人。

历任县信用社主任：汪华（2001 年 3 月至 2003 年 2 月）、张坤（2004 年 3 月至 2007 年 6 月）；

历任县信用社理事长：张坤（2007 年 7 月至 2008 年 12 月）。

六、县监管办

2003 年 12 月 23 日，西盟县监管办成立，履行原由中国人民银行履行的审批、监督管理银行、金融资产管理公司、信托投资公司及其他存款类金融机构等的职责及相关职责。县监管办从县人行划转人员 3 人，其中，办事处主任 1 人，监管员 2 人。

第四章 保 险

第一节 财产保险

一、保险种类

1982 年起，开办机动车辆、家财 2 个保险。1984 年，开办家庭财产保险。同年 12 月，开办团体人身意外伤害保险。1985 年，开办农业保险业务，在农业保险中，承保西盟镇骡马、生猪保险。1986 年，开办货物运输保险。1988 年，开办责任保险和保证保险业务。

1990 年，保险种类发展到 3 类、12 种。1993 年，县委、县政府采取储金形式，为全县农户办理为期 5 年的家庭两全保险。同年，开办森林火灾、橡胶树、甘蔗和草烟保险。

1996 年 6 月起，企业财产保险更名为财产综合保险，是公司开办最早、最为传统，承保较为广泛的财产保险之一。

2008 年，保险种类发展到 6 类、20 种。即企业财产、家庭财产、运输工具、货物运输、责任、保证、人身意外伤害综合、农业、母婴安康、养老年金、少儿两全、少儿幸福年金、简易人身、幸福通保、经鼎富贵、一年期人身储金、出境人员意外伤害、学生平安、住房抵押贷款等。

二、财保业务

1982 年—1986 年，保险业务先后由人民银行和工商银行代办，累计投保 1789 户，保金 2487.5 万元，保费收入 12 万元。

1987 年—1990 年，累计投保 27266 户，保金 12124.4 万元，保费收入 87.8 万元。1993 年，保金突破 100 万元。

2008 年，投保 38791 户，保金 10152.5 万元，保费收入 263.8 万元，赔款 175 万元（能繁母猪 24.62 万元，上缴各种税款 150.38 万元）。

1982 年—2008 年西盟县保险业务情况表

表 11-13 单位：万元

年份＼名称	投保户数	总保金额	保费收入	年份＼名称	投保户数	总保金额	保费收入
1982	6	5.8	0.2	1986	284	1476.6	7.9
1983	16	33.4	0.6	1987	13644	1433.5	12.6
1984	39	46	0.7	1988	331	1769	16.2
1985	1444	925.7	2.6	1989	1343	4063.4	24

续表 11-13

年份＼名称	投保户数	总保金额	保费收入	年份＼名称	投保户数	总保金额	保费收入
1990	12948	4858.2	35	2000	—	—	163.6
1991	—	4897.3	33.7	2001	—	9973	114.9
1992	—	—	44.2	2002	—	11604	161.5
1993	—	—	83.7	2003	—	9857	164.6
1994	—	—	93.2	2004	—	9256	173.3
1995	—	—	80.5	2005	—	9442.5	186.6
1996	—	—	95.52	2006	149070	9637.3	194.6
1997	—	—	116.1	2007	4838	9888.7	254.1
1998	—	—	179.8	2008	38791	10152.5	263.8
1999	—	—	158.8				

三、财产理赔

1983 年—2008 年，共赔付保险理赔金额 1592.9 万元。

1983 年—2008 年部分年份西盟县保险赔付情况表

表 11-14

单位：万元

年份＼名称	赔付案件数	赔付金额	赔付占总保额（%）	年份＼名称	赔付案件数	赔付金额	赔付占总保额（%）
1983	2	0.2	0.60	1999	—	102	—
1984	—	—	—	2000	—	81.2	—
1985	22	3.1	0.30	2001	—	56.1	1.78
1986	40	4	1.30	2002	—	65	1.79
1987	75	6.8	0.50	2003	—	83	1.19
1988	99	24.2	1.36	1996	—	17	—
1989	89	5.7	0.14	1997	—	55.2	—
1990	125	11.2	0.23	1998	—	131.9	—
1991	123	10.6	—	2004	—	91	1.02
1992	—	48	—	2005	—	110.5	0.86
1993	—	43	—	2006	196	131.4	0.73
1994	—	60.2	—	2007	215	132.9	0.74
1995	—	143.5	—	2008	306	175	0.58

第二节　人寿保险

一、保险种类

1996 年—2008 年，保险种类主要分为：疾病、意外、养老、投资分红、万能、医疗、子女教育等。其中，疾病类为“康宁终身保险”“康宁定期保险”“康恒重大疾病保险”“国寿关爱女性疾病保险”等；养老类为：“国寿养老年金保险”“国寿养老金还本保险”“国寿松鹤养老金保险”等。投资分红类为“国寿鸿丰两全保险”“国寿瑞丰两全保险”“国寿鸿盈两全保险”等；子女教育类为“国寿鸿星少儿两全保险”“国寿鸿宇两全保险”“国寿鸿运少儿两全保险”等。

二、人保业务

1996年，全县投保181户，总保金额780262万元，保费收入230365万元。2008年，全县投保15050户，总保金额221718572万元，保费收入1510822.1万元。2001年—2008年，理赔总支出2205735.62万元。

1996年—2008年西盟县人寿保险业务情况表

表11-15

年份＼名称	投保户数（户）	总保金额（万元）	保费收入（万元）	年份＼名称	投保户数（户）	总保金额（万元）	保费收入（万元）
1996	181	780262	230365	2003	12107	602528069	980048.79
1997	361	1149551.3	372631	2004	12462	656595117	1130212.30
1998	104	717310	113459.01	2005	9276	95041939	825717.50
1999	391	16568506	302648.1	2006	11223	134498195	762238.13
2000	792	23149167	598856	2007	12040	220998398	1740091.10
2001	696	44101750	424594.07	2008	15050	221718572	1510822.10
2002	328	7059421.4	926362.39	—	—	—	—

2001年—2008年西盟县人寿保险赔付情况表

表11-16

年份＼名称	赔付案件数（件）	赔付金额（万元）	赔付占总保额（%）
2001	32	58844.53	7.50
2002	138	352806.47	0.20
2003	113	130146.39	46.30
2004	216	494868.39	13.27
2005	245	354925.39	2.68
2006	149	155220.01	8.67
2007	130	254885.43	8.67
2008	106	404039.01	5.49

第三节 机 构

一、县财产保险公司

1982年至1986年8月，保险业务由县工商银行代办，累计保费收入7.8万元。1986年9月，西盟县财产保险公司成立，隶属于中国人民财产保险股份有限公司的分支机构。内设经理室、业务部、综合部，有职工10人。1993年，被县委、县政府授予“重合同、守信誉”文明单位。2008年，有职工8人。

历任县财产保险公司经理：刀学昌（1994 年 4 月至 2008 年 12 月）。

二、县人寿保险公司

1996 年，西盟县人寿保险营销服务部成立。2006 年，西盟县人寿保险支公司成立。2008 年，有职工 4 人，设经理 1 人。

历任县人寿保险公司经理：魏芸芸（女，1999 年 11 月至 2007 年 4 月）、陈育东（2007 年 4 月至 2008 年 12 月）。

第十二编　综合经济管理

第一章　经济综述

第一节　国民经济和社会发展计划执行情况

一、“五五”（1976 年—1980 年）、“六五”（1981 年—1985 年）计划完 成情况

1978 年，全县生产总值 484 万元。1980 年，全县生产总值首次突破 1000 万元，达到 1161 万元。其中，第一产业增加 656 万元，年均增长 37.3%；第二产业增加 211 万元，年均增长 85.91%；第三产业增加 294 万元，年均增长 17.44%。1985 年，全县生产总值 1720 万元，五年年均增长 9.94%。其中，第一产业年均增长 7.39%；第二产业年均增长 12.43%；第三产业年均增长 14.64%。

西盟县“五五”“六五”计划生产总值情况表

表 12-1　单位：万元

产业＼年份	1978	1985	年均增长率（%）
生产总值	484	1720	19.9
第一产业	348	937	15.3
第二产业	61	384	23.4
第三产业	75	399	27

说明：按当年现价计算

二、“七五”（1986 年—1990 年）计划完成情况

1990 年，全县生产总值 3842 万元，比 1985 年增长 123.37%，五年年均增长 17.44%。其中，第一产业年均增长 3.76%；第二产业年均增长 36.1%；第三产业年均增长 29.85%。

西盟县“七五”计划生产总值情况表

表 12-2　单位：万元

产业＼年份	1986	1990	年均增长率（%）
生产总值	2052	3842	17.44
第一产业	925	1127	3.76
第二产业	503	1242	36.10
第三产业	624	1473	29.85

说明：按当年现价计算

三、“八五”（1991年—1995年）计划完成情况

1995年，全县生产总值6475万元，比1990年增长68.79%，五年年均增长11.04%。其中，第一产业年均增长15.98%，第二产业年均增长3.65%，第三产业年均增长12.24%。

西盟县“八五”计划生产总值情况表

表12-3 单位：万元

年份 产业	1991	1995	年均增长率（%）
生产总值	4874	6475	11.04
第一产业	2118	2365	15.98
第二产业	1095	1486	3.65
第三产业	1661	2624	12.24

说明：按当年现价计算

四、“九五”（1996年—2000年）计划完成情况

2000年，全县生产总值11149万元，比1996年增长71.92%，五年年均增长11.45%。其中，第一产业年均增长5.14%；第二产业年均增长11.47%；第三产业年均增长16.17%。

西盟县“九五”计划生产总值情况表

表12-4 单位：万元

年份 产业	1996	2000	年均增长率（%）
生产总值	7186	11149	11.45
第一产业	2438	3039	5.14
第二产业	1656	2558	11.47
第三产业	3092	5552	16.17

说明：按当年现价计算

五、“十五”（2001年—2005年）计划完成情况

2005年，全县生产总值23274万元，比2000年增长108.75%，五年年均增长15.86%。其中，第一产业年均增长16.79%，第二产业年均增长10.5%，第三产业年均增长17.54%。

西盟县“十五”计划生产总值情况表

表12-5 单位：万元

年份 产 业	2001	2005	年均增长率（%）
生产总值	12008	23274	15.86
第一产业	3041	6602	16.79
第二产业	2686	4215	10.50
第三产业	6281	12457	17.54

说明：按当年现价计算

六、"十一五"（2005 年—2010 年）规划完成情况

自"十一五"始，国家将国民经济发展由"计划"表述为"规划"。"十一五"期间，国民经济平稳发展。2008 年，全县生产总值 34153 万元。五年年均增长 13.34%，其中，第一产业年均增长 13.49%，第二产业年均增长 16.62%，第三产业年均增长 12.06%。

西盟县"十一五"规划生产总值情况表

表 12-6 单位：万元

产业＼年份	2006	2008	年均增长率（%）
生产总值	26097	34153	10.2
第一产业	7420	10043	6.4
第二产业	4799	6895	27.9
第三产业	13878	17215	6.6

说明：按当年现价计算

第二节 重点项目建设

1978 年起，西盟县重点加强农业基础设施、粮食生产、茶叶、橡胶等商品基地建设。

1984 年—1986 年，全县投入农业基础建设资金 112.1 万元。

1987 年—1989 年，全县重点项目建设投入 382.4 万元，群众投劳力 14 万个工日，新挖大小水沟 291 条，增灌水田 918 亩，粮食逐步实现自给；新定植茶叶 3988 亩；投资 200 万元，种植橡胶 9336.3 亩；投资 100 余万元，完成 5 条县乡公路的改扩建，总长 104 千米。

1990 年—1992 年，全县种植橡胶 1.18 万亩；新植茶叶 1957 亩；工程造林、群众义务植树 2.61 万亩和四旁植树 95 万株。同时，重点做好 1988 年的"11・6"、1992 年的"4・23"两次强烈地震后的恢复重建工作，共投入资金 2939 万元，建设项目 212 个，总建筑面积 8.33 万平方米。

1993 年—1997 年，加大建设电力、交通、通信基础设施建设。同时，抓好新县城搬迁的前期准备工作，（可行性情况及请示上报、地形测绘、地质勘查、总体规划和中心片区修建性详规设计以及"四通一平"等市镇工程），共完成投资 4842.2 万元。

1994 年 10 月，投资 512 万元，建成一个日处理标准胶 6 吨的加工厂。

1995 年 11 月，投资 752 万元，实施锡矿配套工程根底河改造。

1997 年 3 月，总投资 8980 万元，建设日处理 1500 吨甘蔗的西盟糖厂，1998 年 1 月竣工，并进行联动试车 30 天，是年投产。

1998 年—2002 年，新县城建设基本完成，建成项目 22 个，总投资 32033 万元，实现一期搬迁；水利项目完成投资 1226.1 万元，修建水沟 51 件，总长 106 千米；交通项目建成弹石路 98.8 千米，沥青路 12 千米，总投资 3865 万元；农村电网建设和改造投资 1735.8 万元；综合扶贫开发建设投资 2343 万元；改造民房 11005 户 61.97 万平方米。

2004 年，英腊小（一）型水库完工，总投资 1924.82 万元，总库容 210 万立方米，兴利库容 129.59 万立方米，设计灌溉 7100 亩，实际灌溉 4500 亩。

2006 年 11 月至 2008 年 2 月，实施县民族中学新建项目，总投资 4850 万元，建成教学楼 5 幢，水泥球场、足球场等基础设施。

2007年11月，开工建设小（一）型富母乃水库，总库容235.9万立方米，兴利库容186.4万立方米，设计灌溉面积5016亩，并作为县城饮水储备。

至2008年11月，完成富母乃水库一标段隧道及溢洪道，总投资489.97万元。同时，完成二标段拦河大坝及附属工程，投资2201.03万元。

第三节　产业结构

一、产业比重

1978年，全县三个产业的比重为71.9 ∶ 12.6 ∶ 15.5，第二、三产业发展严重滞后。1988年，第三产业首次超过第一产业，第二产业，得到巩固。“十五”计划实施以来，在巩固发展蔗糖、橡胶、茶叶等传统产业的基础上，大力发展旅游业、水电产业、林业、畜牧业等产业，产业结构调整步伐加快。三个产业比重由“九五”期末的27.3 ∶ 22.9 ∶ 49.8调整为28.4 ∶ 18.1 ∶ 53.5，基本实现调优第一产业、巩固第二产业、促进第三产业的发展目标。“十一五”期末，三个产业比重调整为28.5 ∶ 20.9 ∶ 50.6，与1978年相比，第一产业比重下降43.4个百分点，第二产业比重提高8.3个百分点，第三产业比重提高35.1个百分点，实现了农业主导型向服务业主导型转变，基本实现调优第一产业、调强第二产业、调快第三产业的发展目标。

1978年—2008年西盟县三个产业结构情况表

表12-7

单位：万元

名称/年份	生产总值	第一产业		第二产业		第三产业	
		数值	比重（%）	数值	比重（%）	数值	比重（%）
1978	484	348	71.90	61	12.60	75	15.50
1979	674	357	52.97	167	24.78	150	22.26
1980	1071	656	61.25	211	19.70	204	19.05
1981	1159	704	60.74	161	13.89	294	25.37
1982	1338	756	56.50	236	17.64	346	25.86
1983	1458	813	55.76	274	18.79	371	25.45
1984	1538	873	56.76	266	17.30	399	25.94
1985	1720	937	54.48	379	22.03	404	23.49
1986	2052	925	45.08	503	24.51	624	30.41
1987	2206	930	42.16	565	25.61	711	32.23
1988	2821	943	33.43	746	26.44	1132	40.13
1989	3439	1002	29.14	1308	38.03	1129	32.83
1990	3842	1127	29.33	1242	32.33	1473	38.34
1991	4874	2118	43.46	1095	22.47	1661	34.08
1992	6218	2313	37.20	1207	19.47	2698	43.39
1993	6034	2286	37.89	1436	23.80	2312	38.32
1994	6103	2322	38.05	1250	20.48	2531	41.47
1995	6475	2365	36.53	1486	22.95	2624	40.52

续表 12-7

年份＼名称	生产总值	第一产业		第二产业		第三产业	
		数值	比重（%）	数值	比重（%）	数值	比重（%）
1996	7186	2438	33.93	1656	23.04	3092	43.03
1997	8154	2487	30.50	2105	25.82	3562	43.68
1998	9728	2831	29.10	2715	27.91	4182	42.99
1999	10860	3032	27.92	3058	28.16	4770	43.92
2000	11149	3039	27.26	2558	22.94	5552	49.80
2001	12008	3041	25.32	2686	22.37	6281	52.31
2002	14858	3399	22.88	2882	19.40	8577	57.72
2003	19309	3985	20.64	4775	24.73	10549	54.63
2004	21168	6279	29.66	4198	19.83	10691	50.51
2005	23274	6602	28.37	4215	18.11	12457	53.52
2006	26097	7420	28.43	4799	18.39	13878	53.18
2007	30231	9304	30.78	5161	17.07	15766	52.15
2008	34153	10043	29.41	6895	20.19	17215	50.40

二、农业结构

（一）农林牧渔业产值比重

1978 年来，西盟县对农业内部结构进行调整，特别是改革开放后，多种经营和农业产业的逐步发展，推动了农村第三产业发展，农村非农行业总产值从无到有，比重逐年上升。农、林、牧、渔业总产值比重由 1983 年的 84.1∶4.2∶11.6∶0.1 转变为 2008 年的 46.7∶24.5∶24∶1.2∶3.6 。

1978 年—2008 年部分年份西盟县农林牧渔业总产值结构情况表

表 12-8　　单位：万元

年份＼名称	总产值	农业		林业		畜牧业		渔业		农林牧渔业	
		产值	比重（%）	产值	比重（%）	产值	比重（%）	产值	比重（%）	产值	比重（%）
1978	1110	910	81.98	40	3.60	160	14.41	—	—	—	—
1980	1150	940	81.74	30	2.61	180	15.65	—	—	—	—
1983	1297	1092	84.19	54	4.16	151	11.64	—	—	—	—
1985	1351	1095	81.05	63	4.66	192	14.21	—	—	—	—
1990	1592	1217	76.44	64	4.02	310	19.47	1	0.06	—	—
1995	3550	2440	68.73	596	16.79	507	14.28	7	0.20	—	—
2000	6459.6	4230	65.48	1069	16.55	1132	17.52	28.6	0.44	—	—
2003	7117	3917	55.04	1603	22.52	1246	17.51	29	0.41	322	4.52
2005	11371	6272	55.16	2865	25.20	1739	15.29	55	0.48	440	3.87
2006	12618	6642	52.64	3103	24.59	2273	18.01	100	0.79	500	3.96
2007	15650	7462	47.68	3889	24.85	3603	23.02	116	0.74	580	3.71
2008	17747	8289	46.71	4357	24.55	4256	23.98	205	1.16	640	3.61

说明：按当年现价计算

（二）种养产业比重

西盟县种植业长期沿袭传统粮经作物生产结构，随着国家对边境少数民族贫困地区扶持力度加大和对“三农”扶持政策的拓展延伸，不断满足国民经济发展、人口增长和人民生活改善的需求，在稳定粮食生产前提下，为适应种养殖产业发展需要，逐步向粮、经、饲结构转变。

1978 年—2008 年部分年份西盟县农业种植业生产结构情况表

表 12-9 单位：万亩

名称 年份	粮食作物		经济作物						饲料作物	
	面积	比重（%）	面积	比重（%）	油料	甘蔗	蔬菜	烟叶	面积	比重（%）
1978	19.87	97.64	0.84	2.36	0.72	0.12	—	—	—	—
1985	20.80	97.88	0.45	2.12	0.43	0.02	—	—	—	—
1990	29.99	94.97	1.59	5.03	0.82	0.09	0.68	—	—	—
1995	29.16	95.98	1.22	4.02	0.39	0.15	0.68	—	—	—
2000	19.25	83.01	3.94	16.99	0.40	2.86	0.68	—	—	—
2005	18.54	81.82	3.95	17.43	0.27	2.95	0.70	0.03	0.17	0.75
2006	18.36	85.28	3.15	14.63	0.34	2.07	0.72	0.02	0.02	0.09
2007	18.69	84.84	3.14	14.25	0.35	2.02	0.74	0.03	0.20	0.91
2008	19.14	84.32	3.31	14.58	0.45	2.06	0.79	0.01	0.25	1.10

三、工业结构

1978 年，全县工业生产总值 79 万元，轻、重工业产值结构比为 67∶33。1985 年，全县工业总产值 516 万元，比 1978 年增长 6.5 倍，轻、重工业产值结构比为 19∶81。“八五”计划实施以来，通过政府投资和招商引资等渠道，建成自来水厂、白糖厂、三河电站、莫美电站等工业企业。随之，西盟云思永业发电有限责任公司、西盟云天矿业有限责任公司、西盟豫通矿业有限责任公司等工业企业也先后进驻西盟县，推动全县工业的发展。2008 年，全县工业总产值 8320 万元，轻、重工业产值结构比为 57∶43。

1978 年—2008 年部分年份西盟县工业生产总值结构情况表

表 12-10 单位：万元

年份 名称	1978	1980	1985	1990	1995	1999	2005	2008
工业总产值	79	111	518	1517	1879	516	6345.5	8320
1. 轻工业	53	72	97	219	348	97	4179.4	4738.7
比重（%）	67	65	19	14	19	19	66	56.96
2. 重工业	26	39	419	1298	1531	419	2166.1	3581.30
比重（%）	33	35	81	86	81	81	34	43.04

说明：按当年现价计算

四、第三产业结构

1978年后，西盟县把大力发展服务业作为战略性结构调整的重要领域，坚持市场化、产业化和社会化的方向，积极优化服务业发展的政策和体制环境，放宽市场准入条件，鼓励社会资本投入服务业，积极发展城乡社会化综合服务体系，促进消费升级，提高消费在生产总值中的比重，成为推动西盟经济快速增长的主导力量。

2003年，成功举办“首届云南西盟佤族木鼓节”，西盟民族文化生态旅游业吸引外地游客，并成为带动餐饮、住宿等服务业稳步发展的新兴产业。

2008年，第三产业增加17215万元，比1978年的75万元增258倍，年均增长19.6%；接待旅游人数10.9万人次，比2003年增长2.2倍，年均增长14%；旅游总收入1046.4万元，比2003年增长2.5倍，年均增长16.6%；实现社会消费品零售总额9628万元，比1978年增长26.7倍。同时，加快交通运输、邮电通信、金融保险行业的发展步伐，培育和发展信息、咨询和技术服务等产业，大力发展科技、教育、市政公用、卫生、文化、农村综合服务等开放型、多层次、多功能的社会服务体系，超市、连锁经营、物流配送、社区服务、信息服务业等逐步完善，汽车、住房、文化、体育健身等消费健康发展。

第四节　所有制结构

1978年以来，西盟县工业基本形成国有企业为骨干，小型模式、轻型结构的工业体系。至2008年，全县工业企业发展到123户，其中，公有制企业4户，非公有制企业119户；轻工业66户，重工业57户。全县非公经济实现增加值11492万元，占全县GDP的33.6%。

2002年—2008年部分年份西盟县工业总产值（现价）所有制结构情况表

表12-11　　单位：万元

名称 年份	工业总产值				国有经济		非公经济				
	公有制	比重（%）	非公有制	比重（%）	合计	比重（%）	集体	个私	其他	合计	比重（%）
2002	2287	86	359	14	992	20	128	2973	808	3909	80
2004	4615	83	966	17	804	14	—	4229	798	5027	86
2006	4812	76	1533	34	411	6	—	6210	608	6818	94
2007	4661	69	2069	31	493	6	—	7118	680	7798	94
2008	5988	72	2333	28	430	4	—	8028	1171	9199	96

第五节　人民生活

一、收入

1978年—2008年，全县农村居民人均纯收入从53元增加到1326元，增加1273元。农民人均有粮从232千克增加到380千克，增加148千克。30年间，全县职工年均工资总额从781元增加到7419元，增加6638元。

1978 年—2008 年西盟县农民人均纯收入、粮食情况表

表 12-12 单位：元、千克

年份	人均纯收入	人均有粮	年份	人均纯收入	人均有粮	年份	人均纯收入	人均有粮
1978	53	232	1989	150	233	1999	474	339
1979	34	138	1990	152	222	2000	498	343
1980	58	251	1991	213	264	2001	566	346
1981	78	278	1992	306	299	2002	596	349
1982	101	270	1993	311	269	2003	669	388
1983	100	271	1994	363	290	2004	768	391
1984	92	222	1995	390	294	2005	806	366
1985	132	242	1996	421	302	2006	886	370
1986	133	243	1997	444	317	2007	1080	373
1987	142	182	1998	450	333	2008	1326	380
1988	140	207						

二、消费

二十世纪七八十年代，城市居民消费主要以吃、穿等为主。90 年代，城市居民的食品、衣着消费支出比重下降，家用电器、家具等方面支出比重增长。

2001 年后，家用电器、家具支出比重不断下降，手机、电脑等信息产品的普及率快速增长，私人住房、私人汽车等高档消费品拥有率逐年增加。随着人们对教育、健康重视程度的提高，县内教育消费快速增长，保健品、绿色食品、旅游等方面消费也不断上升。农民人均生活消费支出 748 元。2008 年，农民人均生活消费支出 1904 元，人均增加 1156 元。

三、居住

1978 年—1980 年，全县农村、城镇居民居住条件不断改善，人均居住面积不断增加。

1981 年—2008 年，全县农民人均居住面积从 8.25 平方米增加到 15.72 平方米，增长 1.9 倍。随着社会经济的不断发展，砖木结构的瓦房取代了茅草房和杈杈房，有的甚至建盖了钢筋混凝土平顶房。新建职工住宅逐年增加，全县共出售住房 1065 套，售房面积 72875 平方米。所出售住房和自建的私人住宅绝大多数内设卧室、客厅、卫生间、厨房、阳台等，档次越来越高，功能越来越齐全。

1981 年—2008 年西盟县农村人均居住面积情况表

表 12-13 单位：平方米

年份	人均面积	年份	人均面积	年份	人均面积	年份	人均面积
1981	8.25	1988	9.97	1995	10.98	2002	12.51
1982	8.76	1989	9.57	1996	11.00	2003	15.28
1983	8.90	1990	10.50	1997	11.25	2004	14.97
1984	9.25	1991	10.57	1998	11.78	2005	14.60
1985	9.47	1992	10.85	1999	11.83	2006	15.43
1986	9.76	1993	10.89	2000	11.95	2007	15.80
1987	9.35	1994	10.70	2001	12.00	2008	15.72

四、储蓄

1978 年，全县农村居民人均存款余额 1.04 元。2008 年，人均存款余额增加到 1043 元，增长 1002.88 倍。

1978 年—2008 年西盟县农村居民人均储蓄存款情况表

表 12-14 单位：万元

名称/年份	存款余额	名称/年份	存款余额	名称/年份	存款余额	名称/年份	存款余额
1978	1.04	1986	8.69	1994	—	2002	86
1979	1.01	1987	12.39	1995	—	2003	120
1980	1.02	1988	13.02	1996	—	2004	151
1981	1.71	1989	17.57	1997	—	2005	329
1982	2.32	1990	18.67	1998	—	2006	370
1983	2.31	1991	—	1999	—	2007	661
1984	3.17	1992	—	2000	—	2008	1043
1985	6.10	1993	—	2001	80		

第六节 机 构

1978 年 1 月，设西盟县计划委员会。1983 年 12 月，县计经委机构改革，撤销农办、财办，计委合并，改称县计划经济委员会，内设文书、综合、基本建设、物资、农业、工交、财贸、经济技术协作、节约能源、国土区划、发展资金等股室。1996 年 8 月，在机构改革中，县统计局和县物价局，计经委合并，改称西盟县计划统计物价委员会，内设办公室、投资股、工财物价股、农业股、以工代赈办公室、社会股、统计股。1997 年 8 月，县政府部分机构分设，统计局和物价局分出，撤销县计划统计物价委员会，组建县计划委员会，行政编制 15 人，设领导职数 1 正 3 副，内设办公室、投资股、工交财贸股、农业股、以工代赈办公室、社会股。2002 年 3 月，机构改革，撤销县粮食局和县物价局，组建县发展计划局，内设办公室、投资股、工交财贸股、农业股、地方经济发展股（以工代赈办公室）、社会股、国民经济综合股、价格收费管理股、物价检查所、价格认证中心、粮食宏观调控管理股、粮食流通管理股、粮食储运管理股。2005 年 5 月，组建发展计划和改革局。2008 年 11 月，增设项目办，有职工 35 人。

历任县计划委员会主任：张成江（1978 年 1 月至 1981 年 8 月）；

历任县计划经济委员会主任：普效文（1984 年 1 月至 1986 年 9 月）、李钊（1989 年 5 月至 1991 年 2 月）、刘连壮（1991 年 2 月至 1994 年 12 月）、赵文荣（1994 年 12 月至 1996 年 8 月）；

历任县计划统计物价委员会主任：赵文荣（1996 年 8 月至 1997 年 8 月）；

历任县计划委员会主任：赵文荣（1997 年 8 月至 2002 年 3 月）；

历任县发展计划局局长：赵文荣（2002 年 3 月至 2005 年 5 月）；

历任县发展和改革局局长：赵文荣（2005 年 5 月至 2006 年 7 月）、肖会军（2006 年 7 月至 2008 年 4 月）、李正梁（2008 年 4 月至 2008 年 12 月）。

历任县发展和改革局党支部书记（正科）：罗忠华（2007 年 10 月至 2008 年 12 月）。

第二章　价格收费认证管理

第一节　价格管理

1980 年起，价格管理逐渐放宽，浮动价、议价、国家定价、国家指导价、企业定价等形式并存。同时，又以最高价和最低价、保护价作控制度，执行行政事业收费许可制度，企业定价许可制度和提价申报制度，以防止乱涨价、损害消费者的利益。市场物价基本稳定后，有计划地逐步合理调整价格，加强市场管理，促进生产发展，扩大商品流通，安定人民生活，保障社会建设事业顺利进行，加强和改进价格调控监管，提出价格调控的建议，健全价格管理体系，完善监测预警制度，制订应对市场价格异常波动工作预案，做好价格总水平变化情况的跟踪、分析和预测。

1990 年—2008 年，对食品、衣着、家庭设备及用品、医疗保健、车辆、娱乐教育文化、服务项目、工农生产资料等 9 大类、109 个品种进行价格监测，向有关部门科学决策提供价格的依据，做好应对市场价格异常波动的预警应急工作，加强价格调控，严格控制地方出台调整价格措施。规范价格管理，按照新的政策，加强政府定价和政府指导价，规范价格行为，实行价格和收费公示制度，减轻农民群众的负担。

1988 年—2008 年西盟县价格指数及涨幅情况表

表 12-15

名称 年份	指数	涨幅（+-）
1988	124.50	+24.50
1989	116.80	+16.80
1990	97.13	-2.87
1991	102.80	+2.80
1992	107.50	+7.50
1993	113	+13
1994	114	+14
1995	119.47	+19.47
1996	108	+8
1997	99.75	-0.25
1998	99.89	-0.11
1999	104.20	+4.20

续表 12-15

年份＼名称	指数	涨幅（+-）
2000	104.98	+4.98
2001	104.55	+4.55
2002	104.33	+4.33
2003	101.12	+1.12
2004	103.49	+3.49
2005	103.06	+3.06
2006	102.80	+2.80
2007	105.12	+5.12
2008	105.39	+5.39

第二节　收费管理

20 世纪 90 年代以来，党中央、国务院曾三令五申严禁乱收费，价格主管部门通过取消不合法收费项目、降低过高的收费标准，在一定程度上规范收费行为，减轻企业和群众的负担。按照《中共中央、国务院关于治理向企业乱收费、乱罚款和各种摊派等问题的决定》的有关规定，坚决取消向企业乱收费、乱罚款和各种乱摊派。凡属国务院及财政部、国务计委和省、自治区、直辖市人民政府明文规定向企业、收费的项目均一律取消。

1996 年，西盟县物价局共审核 7 个乡（镇）、36 个村民委员会（办事处）和 94 个收费单位的收费公示内容，共制作公示牌（公示栏、公示墙）115 块；取消收费项目 315 项、569 个收费标准；降低收费标准 132 项。减轻企业和农民负担 629 万元。

第三节　价格认证

1998 年起，西盟县物价部门按照“服务司法、服务社会、服务政府、服务系统”的价格认证的要求，以《云南省涉烟物品价格鉴定相关法律法规及案件》为指导，进行刑事、民事、经济案件鉴定，至 2008 年，共受理价格鉴定认证 1147 件，标的金额 954.69 万元。

第四节　价格监督管理

1998 年起，西盟县物价部门按照“强化监管，优化服务，深化改革”的要求，围绕群众普遍关心和社会反映强烈的热点问题，整顿和规范价格秩序。至 2008 年，共查处价格违法案件 88 件，经济制裁金额 72.89 万元，退还用户金额 29.46 万元，没收违法所得金额 31.31 万元，罚款 12.13 万元，上缴财政 43.44 万元，结案率 100%。

第五节 机 构

1981 年，设物价科，隶属县计委。1983 年，在县计经委设物价管理办公室。1984 年，西盟县物价检查所成立，属计经委内设机构。1988 年，县物价局成立，为正科级单位，内设物价管理股、物价检查所。1989 年 9 月，组建职工物价监督站，聘请离退休老干部协助开展物价监督检查工作。1996 年 8 月，县物价局撤并县计统物委，内设物价管理股和物价检查所。1997 年 9 月，县物价局从计统物委分设，内设行政事务办公室、物价检查所、价格收费管理股、价格认证中心，有职工 7 人。2002 年 4 月，撤并县发展计划局，内设价格收费管理股、物价检查所、价格认证中心。

历任县物价局局长：何培兴（1988 年 11 月至 1989 年 1 月）、晏跃庭（1989 年 8 月至 1996 年 7 月）、岩孔（佤族，1997 年 8 月至 2002 年 3 月）。

第三章　工商行政管理

第一节　个体私营经济监督管理

1985 年起，县工商局对个体私营经济的管理，每年查验一次营业执照，四年换发一次营业执照，确定个体私营企业继续经营的资格。验照和换照主要检查登记事项的执行情况，对登记事项执行得好的，给予表彰奖励，发现违章、违法的进行批评教育或处罚。至 2008 年，个体工商户、私营企业共缴纳管理费 120 万元、会费 9 万元；向受灾地区、希望工程等捐款 2 万元。受到省市工商局表彰奖励的先进个体劳动者 7 人、先进工商户和私营企业 7 户。

1985 年—2008 年西盟县个体工商户、私营企业情况表

表 12-16　　单位：户、人、万元

名称 年份	个体工商户			私营企业		
	户数	从业人员	注册资金	户数	从业人员	注册资金
1985	607	682	123.41	—	—	—
1986	547	—	—	—	—	—
1987	423	—	—	—		—
1988	484	574	119.32	—	—	—
1989	456	723	96.68	—	—	—
1990	521	764	211.5	—	—	—
1991	467	671	215.14	—	—	—
1992	451	573	187.67	1	16	34
1993	653	920	307.68	2	27	62
1994	864	1141	286.91	3	33	88
1995	947	262	78	4	41	101
1996	1001	666	244.97	6	121	175
1997	912	171	56	5	118	164
1998	868	1264	583	6	119	172
1999	750	1126	574	7	164	192
2000	1038	1884	712	7	164	192
2001	1060	2058	815	7	150	432

续表 12-16

名称 年份	个体工商户			私营企业		
	户数	从业人员	注册资金	户数	从业人员	注册资金
2002	1021	1926	994	13	169	576
2003	926	2006	962	19	174	694
2004	1080	1920	1845	23	376	2020
2005	1201	2026	1835	31	916	3049
2006	1119	2529	2030	38	2401	378
2007	1229	2831	3868	47	2737	5239
2008	1091	3306	3600	70	3117	7629

1985 年—2008 年西盟县个体工商户按行业划分情况表

表 12-17

单位：户

项目 年份	总数户	工业	运输	建筑	商业	饮食业	服务业	修理业	其他
1985	607	6	7	10	520	27	15	5	17
1986	547	14	12	—	410	46	27	18	20
1987	423	2	3	8	367	20	13	5	5
1988	484	8	6	12	408	26	14	6	4
1989	456	7	6	13	400	13	10	4	3
1990	521	10	13	—	408	41	23	14	12
1991	467	8	6	—	328	62	37	19	7
1992	451	11	9	—	301	58	26	30	16
1993	653	15	20	—	503	46	18	20	31
1994	864	60	21	—	649	72	19	18	25
1995	947	71	19	—	660	108	46	24	19
1996	1001	71	19	—	674	147	47	25	18
1997	912	68	17	—	654	130	26	17	—
1998	868	57	15	—	637	125	20	14	—
1999	750	40	10	—	580	100	10	10	—
2000	1038	75	23	—	780	150	10	—	—
2001	1060	78	26	—	780	150	12	14	—
2002	1021	83	22	—	675	158	57	26	—
2003	926	67	18	—	656	130	28	19	8
2004	1080	72	20	—	770	144	30	30	14
2005	1201	73	19	—	782	132	61	58	76
2006	1119	84	21	—	794	102	67	41	10
2007	1229	90	28	—	803	167	79	50	12
2008	1091	98	95	2	612	188	33	—	63

第二节 企业注册登记管理

一、注册登记

1992 年，根据中共中央、国务院《关于加快改革开放的精神》，允许企业根据自身条件，从事综合性经营和跨行业经营，企业的经营范围除国家法律法规和国务院规定需经营行业归口部门审批的以外，由登记主管机关直接核定，对“老、少、边、穷”地区兴办的集体所有制企业，在登记注册条件方面可以适当放宽，简化登记注册程序，除法律法规规定实行专项审批或许可证的以外，其他部门审批及许可证一律不作为登记的注册条件。

1985 年—2008 年西盟县全民、集体企业总数情况表

表 12-18　　单位：户、人、万元

名称 年份	企业户数	资金总数	人员总数	全 民			集 体		
				企业数	资金	人员	企业数	资金	人员
1985	58	1348	1417	27	—	—	31	—	—
1986	—	—	—	—	—	—	—	—	—
1987	—	—	—	—	—	—	—	—	—
1988	82	1801.24	2698	—	—	—	—	—	—
1989	—	—	—	—	—	—	—	—	—
1990	68	3449	2522	33	2345	1142	35	1104	1380
1991	133	3511	2289	69	2395	1131	64	1116	1158
1992	166	4316	2593	81	2670	1161	85	1646	1432
1993	181	4305	2447	82	2813	1190	99	1492	1257
1994	185	4402	2532	—	—	—	—	—	—
1995	193	4561	2704	—	—	—		—	—
1996	146	2516	—	—	—	—	—	—	—
1997	156	6857	—	—	—	—	—	—	—
1998	126	8522	—	—	—	—	—	—	—
1999	124	8211	—	—	—	—	—	—	—
2000	114	7719	—	—	—	—	—	—	—
2001	110	—	—	—	—	—	—	—	—
2002	112	7823	—	—	—	—	—	—	—
2003	74	5340	—	39	—	—	—	—	—
2004	75	6326	—	—	—	—	—	—	—
2005	78	6725	—	—	—	—	—	—	—
2006	90	6825	—	25	2342	—	65	4483	—
2007	93	16930	—	—	—	—	—	—	—
2008	95	7214	—	27	2533	—	67	4681	—

二、监督管理

1985 年，按照中共中央、国务院《关于进一步清理和整顿公司的通知》精神，对全县的 9 个公司进行清理整顿。其中，有 1 个公司不具备条件。

1990 年，对 14 个商号进行清理整顿，撤销 3 个，保留 11 个。

1993 年，对全县所属工商企业进行规范化管理，逐步实现工商行政管理机关对企业依法独立登记注册，实行以年检为重点的监督管理制度，取消企业登记中一些不必要的限制，放宽企业的经营范围和经营方式。同年，在有关部门的配合下，对全县党政机关所开办的经济实体进行清理整顿，共注销企业 11 家。

1995 年，为规范市场主体资格，规范市场主体行为，维护正常的市场秩序，对企业及其分支机构进行清理，清理出“三无”企业 20 家，应办理注册登记企业 4 家，应办理企业法定代表人变更登记企业 7 家，企业法人设立的分支机构应纳入个体登记管理的企业 15 家。

2001 年—2008 年，年均开展一次监督检查，实检占应检企业数的 93.8%。

第三节　市场监督管理

一、市场管理

1990 年，开展集贸市场规范化管理工作，对农贸市场进行摊位划分，制订《西盟佤族自治县农贸市场管理规范化意见》，市场管理工作向制度化、规范化、标准化的方向发展。

1994 年，配合有关部门在全县范围内开展打假治劣大检查 2 次。

1995 年，在有关部门的配合下，加强农副产品市场的监督管理，杜绝粮食外流，保证秋粮收购任务顺利完成。

1998 年，推广市场巡查制与驻场式管理相结合的管理模式，对市场违法违章行为及时予以处罚，使广大消费者的合法权益免受侵害。同年，与粮食行政主管部门紧密配合，深入 7 乡、1 镇和经贸区进行宣传，清理粮油制品经营户，办理经营手续，核发证照。

2004 年，在食品安全专项整治中，共检查 796 家次，其中，个体工商户 789 家次，企业 7 家次。检查品种 510 种；出动人员 47 人次；出动车辆 24 台次；查获过期变质食品 25 千克；不合格奶粉 4 包。

2005 年，加强对汽车和成品油的监管，检查加油站 5 家；汽车配件销售门店 18 个及汽车维修厂 6 家；出动车辆 8 台次；执法人员 15 人次；查处非法回收拆解报废汽车案件 2 件。配合有关部门开展防控高致病禽流感专项检查，关闭边境集市贸易，禁止禽、蛋及其制品上市交易。

二、查处违章违法

1985 年—2008 年，市场监督管理的主要法律依据是《中华人民共和国公司法》《公司登记管理条例》《企业法人法定代表人登记管理规定》《城乡集体贸易市场管理办法》《工商行政管理机关对走私行为处罚暂行规定》《中华人民共和国反不正当竞争法》《中华人民共和国产品质量法》及 1985 年以来国务院先后发出的《关于严厉打击生产和经营假冒伪劣商品违法活动的通知》等文件规定。其间，共查处各类经济案件 127 件，违章违法案件 513 件，决案 634 件，罚款 37.49 万元；查获违法走私进口摩托车 63 辆；查获紧缺矿产品 91.4 吨；没收假劣饲料添加剂 5000 包、酒精 10727 千克、农药 235 瓶、鼠药 1265 袋、盗版录音带 1257 盘、盗版 VCD 光盘 5507 盘、劣质收音机 2 台、穿山甲 2 只和懒猴 1 只（全部放回森林）；销毁劣质酒 7987 千克、瓶装酒 1355 瓶、劣质饮料 2048 瓶、乳制品 261 袋、过期食品 1291 包、化妆品 6748 瓶、猪肉 45.7 千克和 92 件外国进口的旧服装。

三、创建文明市场

1990年，开展创建文明市场工作，增加案桌32张、床23张、凳子40条、公平秤3台、板称1台，复修货棚 23 个，新建 1 间 60 平方米的饭店，全年共为农贸市场投资 4.95 万元。

1992 年，佤山农贸市场被评为全省“文明集贸市场”。

1994 年，佤山农贸市场在思茅地区集贸市场检查评比中，被评为“全区文明集贸市场”。

第四节　市场建设管理

1988 年—2008 年，先后建设佤山农贸市场、勐梭镇综合农贸市场、新县城农贸市场、中课乡农贸市场、翁嘎科乡农贸市场，市场占地总面积 13374.38 平方米，建筑面积 8684.75 平方米，投资总额 972.66 万元，市场摊位 3200 个，其中，固定摊位 2100 个，临时摊位 1100 个。

1988 年—2006 年部分年份西盟县集贸市场建设情况表

表 12-19　　单位：平方米、万元

名称 / 年份	集市	占地面积	建筑面积	总投资	管理单位
1988	佤山农贸市场	2246.73	2146.75	192.50	县供销社
1998	勐梭综合农贸市场	1715.25	1515	143.16	勐梭乡政府
1999	新县城农贸市场	2888.40	2223	210	月光发展有限公司
		1998	1544	200	县砖贸有限责任公司
2002	中课乡农贸市场	876	576	27	中课乡政府
2006	翁嘎科乡农贸市场	3650	680	200	翁嘎科乡政府

第五节　商标监督管理

2000 年起，西盟县工商局积极宣传《中华人民共和国商标法》，增强企业对商标重要性的认识和保护意识。

2001 年，查处商标侵权案 1 件，没收侵权产品“肤阴洁”205 瓶，价值 2108.8 元。

2003 年，全县已注册商标有 4 个，即“佤秀酒”“佤山生态茶”“生态菜籽油”和“花生仔油”。在使用和营业的有“佤山生态茶”和“生态菜籽油”商标，没有使用和营业的有“佤秀酒”和“花生乳”商标。

2005 年，西盟县农业局注册“佤山”和江三木罗酒店注册“江三木罗”商标。

至 2008 年，申请注册商标的有 9 个商户（申请注册未批使用的 4 个商户）。其中，在有效期内使用的注册商标 6 个，注册商标超过有效期没有申请续办的 1 个，注册商标有效期超过没有续办、被他人已经注册的商标 1 个，查处商标侵权案件 1 件。

第六节　广告监督管理

1997 年，为严防和惩治虚假广告，结合庆“七一”迎香港回归活动，开展以人与自然和谐发展为主题的公益广告宣传活动，在县城主要街道悬挂公益广告横幅。要求县内的 4 个广告经营商户加强行业自律，增强诚信意识，不误导群众，不欺诈消费者，并参与公益广告活动，充分发挥广告在构建社会主义和谐社会中的积极作用。

2004 年，对全县农资广告检查清理中，未发现农资广告和虚假违法广告。2005 年，共清理登记户外虚假违法广告 278 条，其中，新县城 184 条，西盟镇 71 条，勐梭镇 23 条。责令广告发布者撤除不规范广告 7 条。

至 2008 年，县工商局每年都对店堂牌匾广告进行清理登记，拆除残缺破损广告牌匾，清除乱贴乱挂的广告，共核发店堂牌匾登记证 94 个，户外广告登记证 281 个。

第七节　保护消费者权益

1996 年 3 月 15 日，西盟县保护消费者权益委员会成立，统称为“保护消费者权益委员会”，属社团组织。

1997 年，保护消费者权益委员会共受理投诉 5 件。

1999 年，保护消费者权益委员会共受理投诉 10 件。

至 2008 年，保护消费者权益委员会共受理投诉 65 件，为消费者挽回经济损失 5 万余元，投诉解决率 100%。从投诉案件看，属商品质量问题投诉的占 60%，属价格问题投诉的占 10%，属假冒伪劣商品投诉的占 10%，属虚假广告投诉的占 6%，属欺诈骗销投诉的占 4%，其他方面投诉的占 10%。从类别看，属于服务类的投诉占投诉总量的 10%。

第八节　经济合同监督管理

1985 年—2008 年，共签订各类合同 976 份，金额 29572.3 万元。在合同履行当中，共发生合同纠纷 7 起，调解成功率 100%，为企业挽回经济损失 9.31 万元。同时，开展重合同守信用活动，按重合同守信用的 6 条标准，每年检查考评一次。

2008 年，中保财产有限责任公司西盟支公司、县饮食服务公司、县建筑有限公司等 20 家企业，被县人民政府授予“重合同守信用先进单位”称号。

1985 年—2008 年西盟县经济合同调解情况表

表 12-20　　　　单位：万元

名称 年份	鉴证合同		调解仲裁		
	份数	金额	合计	调解	仲裁
1985	49	128.89	2	—	2
1986	51	140.16	—	—	—
1987	63	816.19	—	—	—

续表 12-20

年份＼名称	鉴证合同		调解仲裁		
	份数	金额	合计	调解	仲裁
1988	123	1329.63	—	—	—
1989	124	1307.32	—	—	—
1990	86	916.68	1	—	1
1991	83	892.73	—	—	—
1992	56	752.82	—	—	—
1993	40	713.33	4	4	—
1994	43	1692.68	—	—	—
1995	41	639.00	—	—	—
1996	11	212.90	—	—	—
1997	27	554.80	—	—	—
1998	64	6218.40	—	—	—
1999	22	5555.00	—	—	—
2000	15	919.37	—	—	—
2001	11	830.00	—	—	—
2002	9	791.32	—	—	—
2003	8	813.60	—	—	—
2004	10	862.35	—	—	—
2005	7	802.37	—	—	—
2006	9	879.20	—	—	—
2007	11	876.18	—	—	—
2008	13	927.38	—	—	—

第九节　机　构

1978 年 1 月，西盟县工商行政管理局成立，内设秘书股、市场股、企业股、商标合同股，编制 13 人。1980 年 4 月，设立勐梭区、翁嘎科区工商所。1982 年 1 月，设立城关工商所、岳宋区工商所。1984 年 1 月，增设个体股。1988 年 5 月，经县政府批准，撤销翁嘎科乡、岳宋乡工商所。1990 年 4 月，增设经检股。1996 年 1 月，增设人事教育股、法制股。1999 年 8 月，机构、编制、干部人事、经费和资产全部上划省工商局，实行省垂直管理，市场办管脱钩和经费收支两条线管理。同时，进行机构改革；9 月，县工商局党组成立。2008 年，编制 30 人，其中，行政编制 28 人，事业编制 1 人，技术工 1 人。内设办公室（含人事教育、财务审计）、法制股、企业个体注册登记管理股（含商标、广告）、公平交易股（含消费者权益保护、经检队）、市场监督管理股（含合同）。派出机构：西盟工商分局勐梭工商所（副科级建制）。

历任县工商行政管理局局长：苏宽信（1984 年 1 月至 1987 年 10 月）、刘绍鹏（1987 年 10 月至 1988 年 2 月）、岩佰勒（佤族，1990 年 4 月至 1994 年 12 月）、李清华（佤族，1994 年 12 月至 2004 年 6 月）、王有权（2004 年 6 月至 2008 年 12 月）。

第四章　质量技术监督

第一节　标准化管理

1987 年，县标准计量所开展标准化管理工作。1999 年—2001 年，全县有 10 户企业、11 种产品顺利通过“工业、企业消灭无标准生产工作”考核验收，综合评定为 96.5 分。开展《国家行政机关公文处理办法》和《国家机关公文处理格式》国家标准培训，参训人员 21 人。2002 年 9 月，按照《关于进一步加强食品质量安全监督管理工作的通知》，开始实施食品生产许可工作，为 11 家企业办理食品标签认可证书。

第二节　产品质量监督与计量检定

1994 年 5 月，开展多部门产品质量联检，检查 43 家企业和个体工商户 127 个，合格 116 个，合格率 91.34%；检查各类产（商）品 4060 检次。1995 年 2 月，开展 30 周年县庆产品质量监督检查，检查 163 家企业和个体工商户，监督检查各类食品 4533 检次。

2001 年 2 月，参与县计委开展粮食清仓查库工作，抽检粮食样品 4 个，2 个被判定为陈化粮。

2006 年 2 月—12 月，县食品生产加工业整治工作领导小组成立，负责开展食品生产加工业整治工作，并与乡镇签订《食品安全监管责任状》14 份，5 个乡、2 个镇设立质量监督员 7 人，质量协管员 39 人。

2007 年，完成 59 家企业质量档案普查建档工作，实行动态监管；与 172 家食品生产、加工企业签订《食品质量安全承诺书》；为县内 6 家茶叶生产加工企业，申请食品生产许可证开展技术服务工作，并获得食品生产许可证；配合省、市考核组完成对 1 家企业工业产品生产许可证取证考核工作。8 月—12 月，开展由县政府组织，县农业、质监、工商、卫生、药监、经济和商务负责的产品质量和食品安全专项整治行动，并通过市考核组的检查验收。

2008 年，完成对县内 1 家食品生产企业和 6 个食品生产、加工小作坊的食品添加剂的备案工作及 7 家企业的质量档案的建档工作。

1998 年—2008 年，共开展农资、化肥、建筑材料、食品、成品油等产品质量的监督抽查工作，抽检各类产（商）品 720 个样品，检定各类计量器具 4292 台，合格 3964 台，合格率 92.36%；没收不合格计量器具 328 台，占 7.64%；查处计量违法案件 28 起。

第三节 特种设备安全监察

2000年，增加特种设备安全监察职能。2002年6月12日—17日，开展特种设备安全专项检查，出动执法人员30人次，车辆10台次，对8台锅炉、3735米压力管道、1817个液化气钢瓶、20台机动车辆进行安全监察（补办证4台）。

2008年5月，在县城举办特种设备操作人员培训班1期，有83人参加培训，并取得操作人员资质证书。

2005年—2008年，与特种设备使用单位签订110份《特种设备安全责任状》，实行责任监管。县内有锅炉29台，压力管道2条854米，电梯1部，起重机械16台，厂内机动车辆11台，各类气瓶4000余支。

第四节 行政执法

一、打击假冒伪劣行为

1990年，按照《中华人民共和国标准化法》《中华人民共和国计量法》和《中华人民共和国产品质量法》规定，坚持“质量为中心，标准化、计量为基础”的工作方针，结合技术监督优势，依法保护国家、集体、个人和企业的合法权益，维护正常的社会经济秩序。主要突出重点领域、重点产品和大案要案的行政执法，加大农用物资，建筑材料、絮用制品、饮料、酒类和婴幼儿食品的执法打假力度。

1990年4月—5月，开展治理整顿钢门窗生产。

1991年2月和1992年12月，重点治理整顿白酒生产、销售市场。

1994年5月，没收销毁无碘食盐2584千克，价值1271元；9月，组织开展“查大案、端窝点、整市场”专项执法检查活动，累计检查各类产（商）品6391批次，没收销毁过期、变质产（商）品3672件（袋、瓶），价值9035.99元。

1995年5月，查获劣质白酒4528千克，价值1.4万元，用于勾兑劣质白酒的食用酒精8722千克，价值6.1万元；10月，贯彻“一法一条例”执法检查，没收销毁货值金额6712元的过期、变质、假冒伪劣商品。1998年中秋节前夕，开展月饼专项执法检查，共检查各类产（商）品1845批次，没收销毁过期、变质产（商）品1118件（袋、瓶），劣质絮制品49床，劣质电线600余米，价值1300余元。

1999年4月，开展“查农资、保春耕”专项执法检查，共检查各类粮食籽种108.77吨，农药54.72吨，化肥89吨，农机配件25个品种。

2001年5月、10月，开展絮用制品专项执法检查，查获劣质棉絮、毛毯511床，货值金额0.76万元；8月，查获劣质白酒制假窝点2户，没收销毁劣质白酒205千克，没收用于勾兑劣质白酒的原料1140千克。

2002年2月，依法查处勐梭镇红糖厂假冒标识标注一案，货值金额10万元。5月，配合县属部门开展粮食清仓查库质量、数量大检查，核实全县稻谷库存205.05万千克。

2007年5月，开展钢门窗专项整治，完成对13户钢门窗生产企业的治理整顿工作。

2008年4月，帮助新厂乡永广村一组20个商户索赔购买劣质石棉瓦款6200元，并无偿更换2000片合格的石棉瓦。

二、执法办案

2000 年，办理行政执法案件 45 件。其中，立案查处 32 件，当场处罚 13 件。

2001 年，办理行政执法案件 58 件，没收销毁货值金额 5.4 万元的假冒伪劣商品。

2002 年，办理行政执法案件 88 件。其中，立案查处 27 件，当场处罚 61 件。没收销毁货值金额 3.5 万元的假冒伪劣商品，为消费者挽回经济损失 10 万余元。

2003 年，办理行政执法案件 39 件。

2004 年，办理行政执法案件 97 件。其中，立案查处 37 件，当场处罚 60 件。涉案货值金额 26 万元。

2005 年，办理行政执法案件 17 件。其中，立案查处 8 件，当场处罚 9 件。涉案货值金额 45 万元。

2006 年，办理行政执法案件 19 件。其中，立案查处 11 件，当场处罚 8 件。涉案货值金额 18 万元；3 月，依法处罚县砖贸建材有限公司不合格产品，行政复议案件进行复议答辩，并胜诉。

2007 年，办理行政执法案件 31 件。其中，立案查处 19 件，当场处罚 12 件。为消费者挽回经济损失 20 余万元。

2008 年，办理行政执法案件 28 件。其中，立案查处 18 件，当场处罚 10 件。

三、行政复议

1996 年，依法查封邓某某库存商品涉嫌存在产品质量问题，擅自拆封行政复议案进行复议答辩，并胜诉。

2006 年 3 月，依法处罚县红砖厂建材有限公司不合格产品行政复议案进行复议答辩，并胜诉。

第五节　机构代码年检换证

1993 年，县质量技术监督局开始组织机构代码证管理工作。2001 年，正式与省质量技术监督局联网办证。

2000 年—2008 年西盟县机构代码年检换证情况表

表 12-21　　单位：件

年份＼名称	年检	换证	变更	新办	年份＼名称	年检	换证	变更	新办
2000	30	—	—	—	2005	120	20	—	47
2001	64	—	—	24	2006	106	18	—	45
2002	102	—	—	86	2007	164	16	—	29
2003	98	—	—	11	2008	149	18	16	20
2004	80	—	—	28					

第六节　机　构

1987 年，标准计量所成立，隶属县计划经济委员会。1991 年 7 月，按照云南省技术监督局“三定”

方案（定职、定编、定机构）的要求，西盟县技术监督局成立。1996 年 8 月，实施机构改革，改设技术监督测试检验所，隶属于县经济贸易委员会。2000 年 1 月，西盟县质量技术监督局成立，实行省一级垂直管理，编制 8 人。2008 年，县质量技术监督局，内设办公室、综合股，在职人员 8 人，设正副局长、纪检组长各 1 人。

历任县质量技术监督局局长：娜颇（女，佤族，1993 年 2 月至 1996 年 7 月）、李忠华（2002 年 8 月至 2004 年 5 月）、高谦（2004 年 5 月至 2008 年 12 月）。

第五章 安全生产监督

第一节 安全教育

1978 年，县安全生产职能部门督促全县机关、企事业单位和有机械电器设备、锅炉、粉尘、危险物品、生产辅助设备的工作场所，建立安全生产管理制度，提高全县人民的安全生产和安全工作意识。

1979 年，全县各矿厂企业建立安全生产小组，车间班组配有安全员，对新参加工作人员进行安全知识和安全意识教育培训，经考试合格，方能上岗独立操作。

2000 年，通过落实安全目标管理，对全县客货运输驾驶员和易燃易爆、观众聚场负责人进行安全知识培训。

2004 年，在全县开展《中华人民共和国安全生产法》《中华人民共和国安全生产违法行为行政处罚法》《国务院关于特大安全事故行政责任追究的规定》《安全生产许可证条例》等法律法规宣传活动。

2005 年，开展安全生产宣传教育和培训活动，每年向群众发放安全生产法律法规宣传单，加大安全生产知识及业务培训力度。

2005 年—2008 年，对全县非煤矿山、危险化学品、民爆物品，开展安全生产综合检查 47 次，其中，非煤矿山 32 次，危险化学品、民爆物品 15 次。出动车辆 14 辆次，人员 100 人次，下达现场检查执法文书 28 份，其中，非煤矿山下达现场检查执法文书 11 份，整改指令书 2 份；危险化学品、民爆物品 15 份。提出现场检查意见 46 条。

2005 年—2008 年西盟县安全宣传培训情况表

表 12-22　　单位：次、人次、份

名称/年份	宣传			培训				
	次数	人次	发宣传单	非煤	危化	危化资格	烟花爆竹资格	非煤（电工）
2005	3	3000	1000	—	—	14	2	39
2006	3	5000	3000	4	16	25	2	34
2007	4	10000	5000	3	30	36	3	8
2008	5	30000	12000	10	8	58	6	64

第二节 安全监管

一、责任状管理

2005 年—2008 年，全县有企业 210 户，县安监局分别与 80 户企业签订责任书，其中，2005 年，签订 19 份；2006 年，签订 19 份；2007 年，签订 21 份；2008 年，签订 21 份。每年均在 6 月—8 月进行督促检查，发现问题责令其进行整改，于年底进行量化考核，并兑现奖惩。小型企业和生产经营户由相关部门负责监管，并签订安全生产责任状。

二、应急管理

2005 年、2006 年、2007 年、2008 年，分别监督企业编制 6 个、6 个、10 个、10 个危险化学品事故应急救援预案，并结合应急救援预案每年开展一次演练，提高企业员工应急救援处置能力。

三、生产许可管理

2006 年—2008 年，办理 12 家非煤矿经营户新取（换）证（2006 年 10 家，2008 年 2 家）；办理 8 家危险化学品新取（换）证（家）（2006 年 5 家，2007 年 2 家，2008 年 1 家），其中，有 6 家危险化学品生产经营户，1 家烟花爆竹经营（批发）户，1 家民爆物品经营户。都取得了安全生产经营许可证，持证率 100%。

第三节 伤亡事故

1986 年—1990 年，全县发生交通事故 61 起，死亡 7 人，重伤 26 人，轻伤 8 人。经济损失 11.9 万元。

2005 年，全县发生交通事故 20 起，死亡 1 人，受伤 51 人。经济损失 4.8 万元。

2006 年，全县发生事故 23 起，死亡 5 人，其中，工矿商贸事故 2 起，死亡 1 人；道路交通事故 2 起，死亡 4 人，受伤 41 人。经济损失 90.3 万元。

2007 年，全县发生交通事故 33 起，死亡 3 人，受伤 41 人。经济损失 2.33 万元。

2008 年 3 月 22 日，县城龙潭路 388 号段某某建筑施工工地发生一起安全事故，1 人死亡。段某某赔偿 9.7 万元和行政罚款 9 万元。全县发生交通事故 26 起，死亡 7 人，受伤 63 人，经济损失 3.73 万元。死亡人数比市政府下达的控制指标超 2 人。

第四节 机　构

1978 年—2004 年，县安全生产管理职能部门属县经贸委的一个内设机构。2004 年 7 月 17 日，安全生产监督管理局成立。内设办公室、政策法规股、安全生产委员会办公室、监督管理股，编制 6 人（行政 5 人，事业 1 人），领导职数 1 正 2 副。2005 年 7 月 18 日，县安监局从经贸局分出，独立挂牌办公。2008 年，有职工 11 人（行政 7 人，事业 4 人），内设安委会、办公室、非煤股、危化股、宣教股。

历任县安全监督管理局局长：蒋思明（2004 年 7 月至 2008 年 12 月）。

第六章 重大国情国力调查

第一节 人口普查

一、第四次人口普查

（一）组织机构

1989 年 11 月，为搞好第四次人口普查，县政府发出《关于认真做好第四次人口普查准备工作的通知》，第四次人口普查领导小组成立，下设办公室，负责日常工作，办公室内设宣传、普查、编码、后勤、秘书、户口整顿 6 个组。1989 年 11 月至 1991 年年底，历时两年多，完成第四次人口普查。

（二）普查主要数据

1990 年 7 月 1 日零时（北京时间）为第四次全国人口普查的标准时点，普查登记的范围为具有中华人民共和国国籍并在县内的常住人口。普查区（办事处）级代码 37 个，其中，村民委员会（办事处）级代码 36 个，调查小区级代码 219 个。总人口 79915 人（含户口待定 383 人），男 40899 人，女 39016 人；总户数 17277 户，户均 4.63 人；农业人口 72698 人，非农业人口 6834 人（户口待定 383 人）；集体户 250 户，家庭户 17027 户；出生 3821 人，死亡 1394 人，自然增长率 30.4‰；人口密度 59 人 / 平方千米。

按民族分类：佤族 56706 人，拉祜族 13450 人，汉族 5750 人，傣族 2600 人，哈尼族 479 人，彝族 605 人，白族 101 人，傈僳族 60 人，苗族 43 人，壮族 27 人，布朗族 15 人，布依族 12 人，侗族 6 人，瑶族 3 人，纳西族 3 人，蒙古族 3 人，水族 3 人，景颇族 1 人，其他民族 48 人。

第四次人口普查总人口中，按户口登记状况分，常住在西盟县，并已登记常住户口 77810 人；已在西盟县常住 1 年以上，常住户口在外地的 1676 人；在西盟县居住不满 1 年，但已离开常住户口登记地一年以上的 46 人；普查时住在西盟县，常住户口待定的 383 人。

二、第五次人口普查

（一）组织机构

1999 年 11 月，为搞好全国第五次人口普查，县政府成立第五次人口普查领导小组，领导小组下设办公室，负责日常工作，办公室内设宣传、普查、编码、后勤、秘书、户口整顿 6 个组。1999 年 11 月至 2001 年年底，历时两年多，完成第五次人口普查。

（二）普查主要数据

2000 年 11 月 1 日零时（北京时间）为第五次全国人口普查的标准时点，普查登记的范围为具有中华人民共和国国籍并在县（境）内的常住人口。普查区（办事处）级代码 37 个，其中，村民委员会（办事处）级代码 36 个。总人口 86598 人（户口待定 1684 人），男 46165 人，女 40433 人；总户数 22690 户，户均 3.82 人；农业人口 76303 人，非农业人口 8611 人；集体户 408 户，家庭户 22282 户；出生 1526 人，死亡 802 人，自然增长率 8.4‰；人口密度 64 人 / 平方千米。

按民族分类：佤族 58532 人，拉祜族 14466 人，汉族 8502 人，傣族 2823 人，彝族 907 人，哈尼族 895 人，回族 33 人，苗族 52 人，壮族 41 人，白族 179 人，傈僳族 31 人，布朗族 18 人，布依族 19，侗族 10 人，瑶族 23 人，纳西族 8 人，蒙古族 7 人，水族 5 人，景颇族 3 人，其他民族 44 人。

第五次人口普查总人口中，按户口登记状况分，常住在西盟县，并已登记的常住户口 78848 人；已在西盟县常住半年以上，常住户口在外地的 5521 人；在西盟县居住不满半年，但已离开常住户口登记地半年以上的 545 人；普查时住在西盟县，常住户口待定的 689 人；原住西盟县，普查时在国外工作学习，暂无户口的 995 人。

第二节　农业普查

一、第一次农业普查

1996 年，西盟县进行第一次农业普查。1996 年 12 月 31 日为普查的标准时点。

普查结果：截至 1996 年年末，全县有农业户 16696 户 72700 人。其中，农业生产经营户 15656 户 46923 人。其中，种植业 15614 户、46827 人，林业 1 户、2 人，畜牧业 38 户、89 人，渔业 3 户、5 人。农业生产经营企业 63 个、3523 人。其中，农业 22 个、1699 人，林业 22 个、896 人，牧业 16 个、923 人，渔业 3 个、5 人。农业生产经营单位从业人员文化程度（不包括农业企业中非农业从业人员 56 人），大专及以上 303 人，中专 632 人，高中 683 人，初中 2596 人，小学 16304 人，不识字或识字很少的 29872 人。农业用地面积中，有耕地 622697.2 亩，茶园 15280.4 亩，果园 1067.8 亩，林地 796535.8 亩。农作物种植 245072.6 亩，其中，粮食 229478 亩，油料 2656.3 亩。全年牛存栏 26518 头、出栏 1408 头，山羊存栏 2378 只、出栏 451 只，猪存栏 35258 头、出栏 13752 头，禽类存栏 143148 只、出栏 122433 只。

1999 年，县统计部门将《中国第一次农业普查云南省西盟县资料汇编》编印成册。

二、第二次农业普查

2006 年，西盟县进行第二次农业普查。2006 年 12 月 31 日为普查的标准时点。

普查结果：截至 2006 年年末，全县有农业户 19156 户、72345 人。其中，农业生产经营户 18132 户、44113 人，农业生产经营企业 160 个；农业生产经营户从业人员大专以上 50 人，高中 566 人，初中 4850 人，小学 26579 人，不识字或识字很少的 12068 人。

第三节　工业普查

一、第二次工业普查

1986 年，西盟县进行第二次工业普查，普查对象是全部独立核算工业企业和非独立核算工业生产单位。普查的主要内容是 1985 年 1 月—12 月的工业生产经营基本情况、资金负债状况及结构、生产能力利用及技术装备状况。

普查结果：独立核算工业企业 14 家。其中，国营企业 6 家，城镇集体企业 5 家，区乡企业 3 家。

全县工业总产值 353.9 万元（按现行价计算），实现工业净产值 177.4 万元（按现行价计算）。1985 年，全部工业企业产品销售利润 67.9 万元，上缴税利 10.8 万元。

二、第三次工业普查

1996 年，西盟县进行第三次全国工业普查。普查时间近 2 年，普查的主要内容是 1995 年 1 月—12 月的工业生产经营基本情况、资金负债状况及结构、生产能力利用及技术装备状况。

普查结果：1995 年，全县共有 12 家主营工业企业。其中，国有经济企业 7 家，集体经济企业 5 家。附营工业企业 7 家（国有经济企业 1 家，集体经济企业 6 家）。乡及乡以上独立核算工业企业产、销、存总值及主要财务状况指标为：1995 年生产成品价值为 1556.6 万元，销售成品价值为 1478.4 万元；年末，库存成品价值 236.1 万元；工业总产值（不变价格新规定）为 1213 万元。生产单位主要工业产品产量为：重有色金属矿产品中的铅锌出矿为（按实物量计算）7250 吨，铅金属含量（铅精矿含铅量）900 吨，锌金属含量（锌精矿含锌量）963 吨，锡金属含量（锡精矿含锡量）298 吨，锡精矿实物量 641 吨；木材和竹材采伐产品为 11961 立方米；发电量为 656 万千瓦时；家具 2750 件。

第四节　经济普查

2004 年，西盟县进行第一次经济普查。2004 年 12 月 31 日为普查的标准时点。

普查结果：截至 2004 年年末，全县有个体经营户 2041 个，从业人员 3078 人，营业收入 8769 万元，营业支出 6437 万元，雇员报酬 262 万元，缴纳税额 566 万元，固定资产原产价 4377 万元；全县有法人单位 315 个，从业人员 8760 人。其中，单产业法人单位 282 个，多产业法人单位 33 个。产业活动单位 457 个，多产业法人所属的产业活动单位 175 个。

第五节　基本单位普查

一、第一次基本单位普查

1996 年—1997 年，西盟县进行第一次基本单位普查。1996 年 12 月 31 日为普查的标准时点，普查对象和范围是县辖区内除农户和个体户以外所有从事社会经济活动的法人单位和产业活动单位。

普查结果：按法人单位数、产业活动单位数看，全县共有法人单位 190 个。其中，单产业法人 158 个，多产业法人 32 个。产业活动单位数 147 个。按单位类别划分的法人单位数看，全县共有企业法人单位 62 个；事业法人单位 35 个；机关法人单位 57 个。按三次产业划分，产业活动单位数基本情况为：全县从事第一产业的单位 7 个，从事第二产业的单位 4 个，从事第三产业的单位 136 个。按登记注册类型划分，西盟县 190 个法人单位全部为内资单位。

二、第二次基本单位普查

2001 年—2002 年，西盟县进行第二次基本单位普查。2001 年 12 月 31 日为普查的标准时点，普查对象和范围是县境内法人单位及附属的产业活动单位。

普查结果：按法人单位数、产业活动单位数及从业人数，全县共有法人单位 277 个。其中，单产业法人 223 人，多产业法人 54 人。从业人员 8615 人，其中，女性 3337 人。产业活动单位数 487 个，从业人员 9432 人，其中，女性 3496 人。按单位类别划分的法人单位数及从业人员情况看，全县共有企业法人单位71个，从业人员5301人；事业法人单位83个，从业人员1746人；机关法人单位64个，从业人员1318人。按三次产业划分，产业活动单位数及产业人数基本情况为：全县从事第一产业的单位38个，从事第二产业的单位37个，从事第三产业的单位412个。在各类产业活动单位中，第一产业从业的人员3389人，第二产业从业的人员2243人，第三产业从业的人员3800人。按登记注册类型划分，西盟县277个法人单位全部为内资单位。按登记注册类型划分基本情况为：国有单位92个，集体单位61个。

第六节　第三产业普查

1993年—1994年，西盟县进行第三产业普查。普查年度为1991年和1992年。

普查结果：截至1992年年末，全县有第三产业单位252个，从业人员3502人，其中，企业及实行企业化管理的事业单位67个，从业人员894人；行政事业单位185个，从业人员2608人。第三产业个体户30户，从业人员48人。按经济类型分：全县有第三产业单位97个，其中，国有经济单位42个，从业人员720人；集体经济单位25个，从业人员174人；个体经济单位30个，从业人员48人。按核算形式分：全县有第三产业单位67个（除个体第三产业外），从业人员894人。其中，独立核算单位56个，从业人员788人；单独核算单位11个，从业人员106人。1992年，第三产业企业单位年营业收入1511.7万元，营业成本或费用1253.3万元，营业利润96.9万元；第三产业行政事业单位年收入2991.8万元，支出2818.7万元；第三产业总产出3572.3万元，中间消耗1710万元，增加值1862.3万元。

第七节　人口抽样调查

2005年3月至2006年3月，西盟县进行1%人口抽样调查。2005年11月1日零时为调查标准时点。调查涉及全县6个乡、2个镇、16个调查小区。

调查结果：调查总户数1252户，应登记人数4546人，常住人口数4187人，出生人口数50人，出生率11.94‰，死亡人口数26人，死亡率6.2‰，自然增长率5.73‰。

第八节　统计服务

2002年起，县统计局整理编写1978年—2008年统计资料，编印年度社会经济统计年鉴，收集整理的年度指标值有68项。编印《2002年—2008年西盟佤族自治县统计年鉴》6册；并实施网络防火墙及交换机的购置安装工作，完成统计系统的改造，实现宣传与服务相统一，并在统计信息网设置“统计职能”“统计数据”“统计分析”和“经济动态”等栏目。

第九节　机　构

1978年—1980年，统计工作先后归计建组和计委。1981年2月，恢复统计科。1984年1月，县统计局和农村经济调查队成立。各乡镇统计站成立，均配备1名专职人员。1996年8月，机构改革时，县统计局与计经委、物价局合并，县计划统计物价委员会成立。1997年8月，恢复设置县统计局，内设办公室、法规职教股、农调队、普查办、综合业务股。2002年5月，党政机构改革时，编制11人（行政7人，事业4人）。2008年，有编制14人，实有11人，设领导1正、2副。内设办公室、法规职教股、农调队、普查办、综合业务股。

历任县统计局局长：苏荣（彝族，1984年1月至1988年9月）、马兆强（1990年2月至1996年7月）。

历任县计划统计物价委员会主任：赵文荣（1996年8月至1997年8月）。

历任县统计局局长：刘承新（佤族，1997年8月至1997年12月）、张信卫（1998年1月至2002年2月）、雷云河（拉祜族，2002年3月至2008年4月）、梁新琼（女、彝族，2008年4月至2008年12月）。

第七章 审 计

第一节 国家审计

1984年起，西盟县审计工作紧紧围绕全县的经济发展，坚持“全面审计、突出重点”的工作方针，根据《中华人民共和国审计法》，努力创新审计理念、审计模式和审计方法，不断拓宽审计领域，提升审计质量和水平，审计职能得到充分发挥。

1984年—1997年，共完成审计项目241项，共查出违规金额185.78万元（应上缴财政28.63万元）；应调账处理0.71万元；其他156.44万元。

1998年—2008年，共完成审计项目311项。其中，财政预算执行情况审计57项，干部离任审计27项；专项资金审计70项，固定资产投资审计（工程竣工结算审计）157项。共查出问题金额4378.93万元。其中，违规金额703.17万元，管理不规范金额3675.76万元。审计处理处罚703.17万元。其中，应上缴财政223.69万元，应归还原渠道资金186.79万元，应调账处理10.48万元，其他282.21万元。

2004年10月21日至11月5日，思茅市审计局对县城搬迁新区建设资金使用情况进行审计，搬迁建设资金在审计前到位21534.15万元，共完成投资24426.86万元，缺口资金2892.71万元。经审计，提出《关于西盟县县城搬迁建设资金管理使用情况的审计决定》。

2008年，全县共完成审计项目38项。其中，财政预算执行情况审计7项，干部离任审计3项，专项资金审计7项，固定资产投资审计（工程竣工结算审计）21项。共查出问题金额563万元，其中，违规金额171万元，管理不规范金额392万元。审计处理处罚171万元，其中，应上缴财政53万元，应归还原渠道资金12万元，其他106万元。固定资产投资审计（工程竣工结算审计）送审总额5403万元，核减投资98万元，查出应缴纳税金286万元。

第二节 单位内部审计

2002年—2008年，按照审计机关的要求，财政局、教育局、交通局、农业局、林业局、地税局、人行、农行、农村信用合作联社等单位建立内部审计监督机构，并配备专职或兼职内审人员，履行内部审计工作职责。财政局、教育局对所属基层单位进行定期检查，督促基层单位规范财务管理，减少或杜绝违规违纪行为，其他部门适时开展内部检查督促工作，严防违规违纪行为。

第三节 社会审计

2005 年 11 月 16 日，西盟县委托昆明可宇联合会计师事务所，根据有关法律、法规及规章制度，严格按照客观、公平、公正、公开的原则，对翁嘎科英腊水库工程的相关建设内容进行审计，工程项目决算总投资 1924.82 万元，审计结果无挪用、挤占资金情况，竣工资料基本齐全。

第四节 机 构

1984 年 1 月，西盟佤族自治县审计局成立，编制 5 人，实有 3 人。1990 年，编制 9 人，实有 7 人。2002 年，编制 12 人，实有 12 人。2008 年，编制 13 人，实有 12 人，设领导职数 1 正、2 副，其中，行政干部 11 人，工人 1 人；本科 5 人，专科 6 人，中专 1 人；助理审计师 1 人。内设办公室、经济责任审计股、农业资源环保审计股、基建投资审计股和法规股。

历任县审计局局长：袁成义（1984 年 1 月至 1987 年 1 月）、李光有（1987 年 4 月至 1992 年 9 月）、李庆宏（1994 年 12 月至 2002 年 1 月）、季忠云（2002 年 3 月至 2006 年 1 月）、张建琳（女，2006 年 1 月至 2008 年 12 月）。

第八章　国土资源管理

第一节　土地利用调查

1992年—1995年，县土地部门开展土地利用现状调查（简称土地详查），共勘定乡与乡（镇）行政界15条，全长199.5千米；村（办事处）与村权属界67条，全长287.5千米；签订协议书82份，绘制草图82份；妥善协调处理历史遗留的界线纠纷15起。土地详查勘界核界工作中，涉及西盟县与缅甸接壤的国界线一条，全长89.33千米；涉及与孟连县接壤的县界全长16.6千米，双方县政府已签订协议书；与澜沧县接壤的县界全长96.4千米，其中，有67千米的地段有争议，有29.4千米无争议，未签订协议书和争议缘由书。县土地详查领导小组按照省土地管理局的有关通知，编成《西盟佤族自治县土地利用现状调查报告》。

1995年，完成全县土地利用现状调查，县域内总面积203.03万亩。其中，耕定地72.51万亩（水田3.41万亩，旱地23.87万亩，轮歇地45.11万亩，菜地0.12万亩），林地59.44万亩（灌木林37.33万亩，森林6.57万亩，疏林8.74万亩，幼林6.80万亩），茶园0.64万亩，荒山荒地51.25万亩（宜农9.90万亩，宜牧27.95万亩，宜林13.40万亩），难以利用土地3.02万亩，水域0.99万亩（湖泊0.06万亩，库塘0.02万亩，河流0.91万亩），道路0.35万亩，居住地2.07万亩，沟埂12.76万亩。

第二节　土地管理

一、城镇国有土地申报

1988年12月中旬起，开始城镇国有土地申报工作。至1989年7月底基本结束。全县机关、个人及独立工矿企业、乡镇企业共申报登记389户（个人201户）、用地412宗、申报面积509.14万平方米。在申报数中县城共95个单位（含独立工矿、乡镇企业）113宗用地，面积414.58万平方米；城镇居民45户、45宗用地，面积0.96万平方米；西盟镇农户141户、141宗用地，面积4.43万平方米；乡（镇）所属单位93户、98宗用地，面积89.05万平方米；乡政府所在地个人15户、15宗用地，面积0.12万平方米。在用地单位和个人申报的基础上，县申报办公室进行逐一审查，并经县政府批准，核减申报面积2.95万平方米，实际批准申报登记面积506.19万平方米。其中，商业用地36.97万平方米，工业用地76.46万平方米，仓储用地0.58万平方米，市政公共设施及绿化用地4.3万平方米，公共建筑用地1.93万平方米，住宅用地81.93万平方米，特殊用地20.05万平方米，水域用地25.94万平方米，其他用地258.03万平方米。土地申报结束，县政府对70名工作人员进行表彰奖励，思茅地区申报工作指导组，并对西盟县土地申报工作进行验收，其工作成果列全区第二名。

二、城镇地籍调查

2002 年 12 月起，开展县城和勐梭镇国有土地的地籍调查和测绘工作，调查范围包括县城区和勐梭镇政府所在地的国有土地。此次测绘，全部成图均采用南方公司的 CASS5.1 自动成图软件，共完成权属调查及测绘土地 239 宗，面积 1.71 平方千米。

三、土地登记发证

1993 年—2008 年，对城镇用地登记和颁发土地使用证，共登记土地 2309 宗，颁发土地使用证 2175 宗。其中，集体土地使用证 78 宗，国有土地使用证 958 宗，农业开发使用证 1139 宗。2008 年，对城镇用地登记和颁发土地使用证，共颁发土地使用证 174 宗。其中，集体土地使用证 20 宗，国有土地使用证 151 宗，农业开发使用证 3 宗。

第三节　土地利用规划

1997 年 7 月，县土地利用总体规划编制领导小组成立，各乡（镇）也相继成立以主管土地（农业）的副乡（镇）长为组长的领导小组；12 月，完成《西盟佤族自治县土地利用总体规划》的编制工作和地区评审组评审验收。土地利用总体规划，以 1996 年为基期年；2000 年为中期目标年；2010 年为远期目标年。土地利用现状以 1992 年和 1996 年土地详查变更调查为基础数据。

2000 年，为保证全县粮食生产和经济作物的发展，规划耕地稳定在 2.73 万公顷以上，交通用地发展在 951 公顷。2010 年，规划耕地确保不少于 2.77 万公顷，并逐步建成 5865.5 公顷不同层次的稳产高产农田地，建立蔬菜地 140 公顷、甘蔗等经济作物地 4200 公顷、牧草基地 1230 公顷，坚持开源节流和节约用地，保证城乡建设、交通、能源等基础产业建设用地。规划期间，各项非农建设用地控制在 607 公顷（城镇、村庄及工矿用地总量），城镇、村庄及工矿用地总量控制在 21.82 公顷，交通用地发展到 1360 公顷。为保证全县经济发展和兴修水库、农田水利以及发展水产养殖，逐年扩大水域用地，水域用地增加到 1360 公顷。

一、土地利用划分

（一）西北部中山区

新厂、莫窝、西盟 3 个乡（镇）和娜妥坝经贸区所辖 13 个村公所（办事处），土地总面积 28804.86 公顷（288.05 平方千米），占全县土地总面积的 21.28%，该区以中山山原地貌类型为主，海拔范围 850 米 ~ 2140 米。坚持矿、粮、林并举，依托城镇、矿区的有利条件，多种经营，积极发展第三产业，促进产品流通，体现矿、林、茶的资源优势，切实保护耕地，合理开发，复垦土地，逐步建成矿、粮、林、牧、茶等综合性农业区。

（二）东北部中山河谷区

勐梭、中课 2 个乡所辖 11 个村公所，土地总面积 56435.45 公顷（564.36 平方千米），占全县土地总面积 41.69%。加强土地资源深度开发，以粮、蔗、橡胶、热带水果发展为主，逐步形成集中产区，发展高产、优质、高效农业。

（三）南部中山低热河谷区

翁嘎科、力所、岳宋 3 个乡所辖 13 个村公所，土地总面积 50115.76 公顷（501.16 平方千米），占全县土地总面积的 37.03%。因地制宜，全面规划，综合开发利用与保护热区资源，提高土地生产力。加强农业基础设施建设，固定耕地，切实保护好耕地，提高粮食单产，增加总产，实现粮食自给自足。以市场为导向，扩大橡胶、茶叶、干果等园地种植面积，保护和合理开发利用森林资源，建成粮食、橡胶、茶叶、干果等优质、高效综合农业基础。

1996 年、2000 年、2010 年西盟县乡镇各类用地规划面积情况表

表 12-23

单位：公顷

乡镇＼名称	耕地	园地	林地	牧业用地	城镇村庄工矿用地	交通用地	水域	未利用土地
勐梭乡	7698.1	189.6	12448.5	—	331.1	151.4	206.0	4161.7
	7729.3	323.0	13850.2	300.0	340.7	198.6	207.4	2237.2
	7730.2	323.0	14832.4	300.0	358.3	215.2	221.7	1205.6
西盟镇	190.9	66.2	692.0	19.1	237.6	19.5	12.9	137.8
	288.7	83.4	704.8	19.1	233.0	23.0	13.8	105.3
	175.1	130.0	719.8	19.1	238.9	23.0	13.8	56.4
莫窝乡	5964.7	119.0	4699.6	23.5	283.4	103.4	183.7	2332.1
	5953.7	152.3	5207.6	50.0	308.7	141.9	186.9	1708.3
	5949.6	152.3	5650.0	50.0	331.0	158.1	186.9	1231.5
新厂乡	5594.0	70.8	3873.8	—	260.4	87.8	136.1	2865.8
	5525.1	124.1	4509.3	150.0	268.0	104.6	138.6	2010.0
	5580.5	124.1	4961.3	150.0	282.8	104.6	142.8	1542.6
中课乡	5090.1	378.4	10588.7	—	224.6	130.3	194.0	4400.0
	5128.3	648.2	12237.4	500.0	233.8	158.5	196.4	1903.5
	5115.1	754.9	13692.4	500.0	247.8	200.6	196.4	289.9
力所乡	5234.7	1218.2	8548.5	—	189.6	100.0	251.0	3008.1
	5310.2	1879.3	8935.4	—	197.7	123.8	252.0	1851.7
	5414.1	2083.7	9187.0	—	219.0	161.6	252.0	1232.7
翁嘎科乡	6471.0	276.1	9577.7	—	241.5	74.4	161.0	5442.6
	6610.2	1618.0	10755.2	200.0	250.1	128.7	166.4	2515.7
	6594.6	1876.5	11675.7	200.0	263.2	156.6	170.7	1307.0
岳宋乡	4734.6	459.2	2725.1	—	160.5	44.0	153.2	1045.6
	4728.5	571.7	2652.5	—	166.5	65.5	156.7	980.8
	4724.7	621.7	2610.5	—	183.4	65.5	156.7	959.7
娜妥坝	142.8	62.0	261.7	11.0	20.2	6.4	7.4	219.0
	142.7	62.0	311.7	11.0	40.2	6.4	7.4	149.1
	142.7	62.0	361.7	11.0	57.1	6.4	19.1	70.5
合计	41120.9	2839.5	53415.6	53.6	1948.9	717.3	1305.3	23612.7
	41416.7	5462.0	59164.1	1230.1	2038.7	951.0	1325.6	13461.6
	41426.6	6128.2	63690.8	1230.1	2181.5	1091.6	1360.1	7895.9

二、基本农田地保护

1996 年 7 月，县基本农田保护区规划领导小组成立，各乡（镇）成立基本农田规划领导小组，配合县规划办公室进行本行政区域内的基本农田保护区划定工作。将生产条件好，每公顷产量在 7500 千克（亩产 500 千克）以上的稳产耕地划为一级保护区；将生产条件较好，每公顷产粮在 4500 千克（亩产 300 千克）以上耕地划为二级保护区；未划为基本农田保护区的耕地，作为一般耕地；以河谷区、半山区的良田好地为保护重点。全县基本农田保护区共划定 234 个保护片，730 个保护块，面积 38797.7 亩，占基期耕地面积的 6.19%，其中，一级保护区面积 4751.8 亩，占保护面积的 12.25%；二级保护区面积 34079.1 亩，占保护面积的 87.75%。依据部门规划和用地预测，预留规划期内建设占用耕地 803.6 亩，其中，农业建设 455.5 亩，非农建设 348.2 亩。

1997 年，在开展土地利用总体规划工作中，划定保护区面积 9728.4 公顷（一级保护 1779 公顷，二级保护 7949.4 公顷），保护率由 6.19% 提高到 23.43%。

1996 年—2010 年西盟县基本农田保护区规划表

表 12-24

单位：亩

名称 乡镇	详查耕地面积	基本农田保护区面积			规划建用地	未列入保护区面积
		合计	一级	二级		
勐梭乡	116749.9	11094.5	3560.9	7533.6	771.5	104883.9
西盟镇	4363.8	849.3	—	849.3	—	3514.5
莫窝乡	90663.4	5740.7	—	5740.7	14.0	84908.7
新厂乡	83910.8	5074.3	—	5074.3	—	78836.5
中课乡	76368.0	4717.9	1039.4	3678.5	—	71650.1
力所乡	84097.2	5892.2	151.5	5740.7	14.3	78190.7
翁嘎科乡	97252.4	3964.7	—	3964.7	3.8	93283.9
岳宋乡	71018.8	1497.3	—	1497.3	—	69521.5
娜妥坝	2142.2	—	—	—	—	2142.2
合计	626566.5	38830.9	4751.8	34079.1	803.6	586932.0

第四节　耕地保护

一、农业用地开发

1980 年以后，各级政府不断增加农田建设投入，出台土地开发的优惠政策。

1986 年起，县政府在原有政策的基础上，对土地资源开发的有关政策进一步完善优惠政策，新开水田台地实行补助，并按《西盟县新开水田台地验收标准》验收合格，每亩水田补助 20 元 ~ 30 元，台地补助 10 元 ~ 20 元。

至 1990 年，全县水田面积 3.44 万亩，台地 0.66 万田。

1991 年起，县委、县政府把“固定耕地，依靠科技，提高单产，增加总产”作为从根本上解决吃粮问题的唯一出路。每年新开水田、台地 5000 亩，连续 10 年完成新开水田、台地 5 万亩，加上原有的 3.44 万亩水田，共计 8.44 万亩。同年 11 月，县委作出《关于每年新开水田五千亩，十年实现五万亩目标的决定》，并对农田水利建设实行目标责任制。

1991 年—1996 年，全县新开水田 1.95 万亩，新开台地 0.51 万亩。至 1996 年，全县有水田 5.6 万亩，台地 1.58 万亩。

二、土地开发整理

2002 年起，县委、县政府把土地开发整理作为一项重要工作来抓。

2002 年—2008 年，组织实施翁嘎科乡、勐梭镇两个省级补助土地开发整理项目；新厂乡、翁嘎科乡英侯村两个省级重点土地开发整理项目；力所乡图地村、力所村拉巴组 2 个市级（占补平衡）项目。6 个项目建设规模 1443.57 公顷。其中，开发 402.35 公顷，整理 1041.22 公顷。新增耕地 473.11 公顷，新增耕地率 32.77%。项目计划投资 2770.68 万元，实际完成 2722.12 万元。

2002 年—2008 年西盟县实施土地整治项目基本情况表

表 12-25　　单位：公顷、万元

年份	项目名称	项目类型	资金来源	资金		建设规模						新增耕地	
						计划			实际完成				
				计划	完成	合计	开发	整理	合计	开发	整理	计划	完成
2002	翁嘎科乡土地开发整理	省级补助	省级	160	160	266.70	—	266.70	320.94	28.81	292.13	26.70	53.13
2003	勐梭镇土地整理	省级补助	省级	150	150	139.46	58.93	80.53	139.99	27.83	112.16	62.96	49.76
2004	新厂乡土地整理	土地开发整理	省级	749.03	749.03	320.10	15.60	304.5	320.82	15.60	305.22	45.58	48.32
2006	翁嘎科乡英侯村土地整理	投资土地开发整理	省级	833.02	773.70	375.72	46.27	329.45	378.35	48.90	329.45	—	86.65
2007	力所乡土地开发（占补平衡）	市级投资占补平衡	市级	369.34	412.77	138.30	134.09	4.21	131.53	130.14	1.39	110.54	107.06
2002—2008 合计				2261.39	2245.50	1240.28	254.89	985.39	1291.63	251.28	1040.35	245.78	344.92
2008 入库 2009 实施	力所乡力所村拉巴土地开发（占补平衡）	市级投资占补平衡	市级	509.29	476.62	136.47	135.60	0.87	151.94	151.07	0.87	120.86	128.19
合计				2770.68	2722.12	1376.75	390.49	986.26	1443.57	402.35	1041.22	366.64	473.11

第五节　土地执法监察

1991 年 1 月 7 日，县委发出《关于清理查处干部、职工在城镇建私房问题的意见》，成立清房办公室，由县纪委牵头、监察、土地、城建等部门配合；4 月 5 日至 12 月 21 日，对县城 1983 年以来，在城镇区内私人建房进行清理，共清查 18 户个人建房用地，其中，党政干部 8 户，一般职工 10 户。共清查用地面积 4230.29 平方米，清查结果建房占地在规定面积范围内的有 6 户，超过规定面积范围的 12 户。对超规定面积的用地户，按有关规定征收土地使用费，并给予补办手续。

1995 年起，土地管理局开展创建“三无”乡（镇）活动，把每年地区下达的任务分解落实到乡（镇），作为考核土地管理目标责任制的内容之一，并进行阶段性督促检查。西盟镇创建“三无”乡（镇）并达标。1996 年，力所、新厂创建“三无”乡（镇）并达标。

第六节 矿产管理

一、矿产开发管理

2005年起，加强矿产资源调查、评价、勘察，制发加强矿业管理的措施，建立矿山环境恢复补偿的实施方案，查处不按规定进行矿产资源的储量登记合同工作，处理地质勘查涉及的土地，处理探矿权属纠纷。经开展治理整顿规范后，矿产开发管理有所好转，矿业权人依法规从事矿产资源勘查、开发利用与保护的自觉性不断提高，有效遏制当地群众自发采矿、收购、加工销售矿产品和部分领导未经集体研究和审核，随意批准开采矿产等违法违规行为。查处无证勘查和无证开采行为，责令停业。同时，关闭部分小矿山及季节性零星采矿点。2008年年底，全县有效采矿许可证共14个，采矿权面积总数14.32平方米，共设置探矿权19个，勘查面积716.3平方米。

二、矿山环境治理

2005年起，组织实施地质环境保护、地质灾害防治方法；组织保护具有重要价值的地质景观、地质遗址。加强对矿产资源开发诱发的水质污染、地面沉降、塌陷、滑坡、泥石流等地质问题进行综合治理，矿山生态环境得到改善，环境监督管理得到加强，矿山复垦或植被恢复率在30%以上。

第七节 机 构

1988年1月19日，西盟县土地管理局成立，行政编制5人，领导职数2人（正、副局长各1人）。1995年年底，有职工7人（其中合同制临时工2人），内设办公室、地籍管理股、建设用地股、法规监察股，7个乡、1个镇各配备一名专职土地管理员，负责各行政区域的土地管理。1996年8月，在县级机构改革中，土地管理局与城乡建设环境保护局合并，称为县土地管理与城乡建设环境保护局，有职工29人，其中，行政13人，领导职数4人（一正三副）。内设办公室、规划建设用地股、地籍房产管理股、环保法规监察股、建筑设计室、建筑工程质量监督站。1997年8月，土地管理局与城乡建设环境保护局分设。2002年，不再保留土地管理局，组建国土资源管理局，原经贸委的矿产资源管理职能、计委区划职能划归国土资源管理局。2004年，经县编委批准，增设土地收购储备中心。2008年，有职工18人，其中，行政7人，事业11人，领导职数3人（一正两副）。内设办公室、耕地保护与土地利用规划股、地质环境股、地籍与测绘管理股，执法监察股、矿产开发管理股、国土资源执法监察大队。在5个乡、2个镇设有国土资源管理所。有办公楼1幢1326平方米，公务用车2辆。

历任县土地管理局局长：孙有华（1988年1月至1995年8月）、季忠宏（1995年8月至1996年7月）、魏岩松（佤族，1997年8月至2002年5月）。

历任土地管理与城乡建设环境保护局局长：季忠宏（1996年8月至1997年8月）。

历任国土资源管理局局长：魏岩松（2002年5月至2005年2月）、李怀生（2005年11月至2008年12月）。

第十三编　扶贫开发

第一章 扶贫现状及方式

第一节 扶贫状况

一、“八七”扶贫

1994年—2000年，是西盟县“八七”扶贫攻坚年，工作中创新扶贫方式，由原“输血”单纯扶贫方式向“造血”创新扶贫功能转变。先后组织开展以支援经济不发达地区发展资金、专项扶贫贴息贷款、攻坚乡农田水利基本建设、少数民族特困地区扶贫综合开发、扶贫重点贫困村、农村妇女小额信贷、畜牧扶贫、安居工程、脱贫奔小康试点村、“7+8”温饱试点村、温饱试点村等项目为主的扶贫工作。

1998年10月13日，全县抽调337名干部到行政村，主抓扶贫攻坚工作。其中，县处级干部31名，乡科级干部128名，一般干部178名。

2000年，全县粮食总产量31027万千克，比1993年的27228万千克增长13.95%；财政收入623万元比1993年的440万元增长41.59%；农民人均纯收入498元，比1993年的311元增长60.13%。

二、“九五”扶贫

2001年—2005年，西盟县在扶贫开发工作的实践中，探索出一条“安居+温饱+社区发展=脱贫致富”的扶贫新路子；创造“苦熬不如苦干”的嘎娄精神；总结出“干部包村+社会扶贫+全民参与”的新举措。实施“白玉兰安居温饱工程”等扶贫攻坚项目。县委、县政府把扶贫攻坚作为西盟的主要任务来抓，重点把解决群众温饱、农民增收列为工作的重中之重，并加强基础设施建设。

2001年—2005年，共投入各类扶贫资金4.1亿元，完成基本农田地建设10.68万亩（高稳产4.96万亩），解决18266人的温饱问题；建成水利项目2017件，解决33538人、15694头大牲畜的饮水困难；种植橡胶7.3万亩，开割1.5万亩；种植茶叶1.26万亩；改造民房11005户61.97万平方米。

至2008年，项目覆盖36个村、259个村民小组、17535户、59758人。在此期间，扶持农村猪厩改造5637间、8.5万平方米，投放仔猪26354头；扶持农户种植经济作物4.78万亩，种植林果5.14万亩；建村道路99条，长141千米，村内道路硬化7.58万平方米；建人畜饮水149件（水池140个、1750立方米），铺设管引长度574千米；架输电线路15条、76千米，安装变压器11台；建灌溉沟渠4417件，长4070千米；坡改梯4.79万亩，旱改水1.5万亩，中低产田地改造4.2万亩；建乡村社文化室125间、8750平方米；建篮球场102个、4.8万平方米；建公厕254间、4670平方米；建村级教学楼、宿舍楼、食堂等13间、3705平方米；建村级卫生室36间、2390平方米；新建沼气池1170口、节能灶190口、太阳能494套；实用技术培训1023期、4.5万人。

第二节 扶贫方式

一、社会扶贫

（一）结对帮扶

1. 省市结对帮扶

1995 年—2008 年，到西盟县挂钩结对帮扶的省级单位有省广播电视厅、省农业厅、省卫生厅、云南电网公司等；市级单位有市委统战部、市人民法院、市人事局、市工商联、市委党史研究室。省市共选派干部职工 105 人次到挂钩点指导工作，共投入资金 1110 万元。其中，现金 650 万元，物资折价 460 万元；帮助引进项目 25 个，引进资金 2500 万元；帮助举办各类培训班 2635 期，培训人员 14.8 万人次；帮助输出劳动力 8580 人次；帮助 125 名学生完成学业。

2. 县内对口帮扶

1995 年，西盟县实行挂钩帮扶联系制度，由 86 个县级机关、64 个乡（镇）机关分别与 36 个村公所挂钩联系帮扶。

1999 年，全县有 1228 名党员干部与 11416 户贫困农户结对帮扶，共投入扶贫资金 7.49 万元。

2000 年，县委、县政府进一步调整完善扶贫工作方法，把扶贫工作的重点由面上转移到点上，实行扶贫工作责任制，县五套班子领导分别挂钩 6 个乡、2 个镇，县级机关各部门挂钩 36 个村委会（办事处），党员干部结对帮扶贫困户。党员干部结对帮扶实行正科级领导干部帮扶 2 户，其他干部职工每人结对帮扶 1 户，部分企事业单位职工 2 人帮扶 1 户。并把结对帮扶工作作为机关年度考核的重要内容之一，把党员联系贫困户制度纳入党员干部“双目标”管理范围。

1997 年—2004 年，全县累计有党员干部、教职工 2650 人次，结对帮扶贫困学生 9956 人次。

2005 年—2008 年，全县累计有 1.12 万人次党员干部和职工，结对帮扶 2.24 万户、6.72 万人次。

（二）救济扶贫

1995 年“7・10”“7・12”地震中，西盟县遭受较为严重的损失。全县救济扶贫项目 39 个，单项工程 63 个，总投资 630.9 万元，完成建筑面积 13685 平方米。

1996 年—2003 年，为妥善安排贫困群众的生产生活，共投入各类救灾款 851.9 万元；有 28450 人次享受最低生活保障，金额 157 万元；实施香港福幼基金会“栋梁计划”，助养儿童 100 名，发放助养金 45 万元。

二、信贷扶贫

（一）世界银行贷款

2005 年，县项目领导小组办公室成立，由县扶贫办主任兼任项目办主任，隶属县扶贫办下设办公室。项目区以乡（镇）为单位，项目工作站成立，由乡（镇）长兼任工作站站长。西盟县贫困农村社区发展项目启动实施，计划实施期为 5 年，原计划投资 4849 万元（世行贷款 3394 万元，国内配套 1455 万元）。实施后，根据云南省外资扶贫项目管理中心《项目中期调整的通知》要求，以及美元汇率的降低，将总投资调整 4156 万元，其中，世界银行贷款 2915 万元，国内配套 1241 万元。分项计划投资：农村基础教育 439 万元，占 10.56%；农村卫生 274 万元，占 6.59%；基础设施 2062 万元，占 49.62%；大农业开发 872 万元，占 20.98%；社区能力建设 156 万元，占 3.75%；机构能力建设与项目监测管理 347 万元，占 8.35%；先征费 6 万元，占 0.14%。项目覆盖勐卡镇西盟村、勐梭镇、翁嘎科乡、力所乡、岳宋乡的 20 个村委会、163 个村民小组、1.32 万户 4.34 万人。

2005 年 10 月至 2008 年 12 月 31 日，完成项目投资 3031.5 万元，占总投资的 72.2%。提款报账回补资金 2059.84 万元，占世行贷款 2877.5 万元的 71.58%。

（二）农村小额信贷

1998 年，西盟县小额信贷扶贫工作启动实施，项目分两个阶段实施。

1998 年—2003 年为第一阶段，为农村妇女小额信贷，项目资金来源于农业银行，主要以低息、小额、妇女方式发放，累计发放信贷资金 639 万元。其中，1998 年，发放 200 万元；1999 年，发放 300 万元；2003 年，发放 139 万元。

2006 年—2008 年为第二阶段，为小额到户贷款扶贫贴息项目，由金融部门负责发放贷款，县扶贫办对贷款的贫困农户进行利息补助，补助标准为年率 5%，贷款额为 1 万元 ~ 5 万元，累计发放贷款金额 2100 万元，共兑现贴息资金 105 万元。小额信贷项目覆盖至全县 7 个乡（镇）、36 个村民委员会、366 个村民小组、6575 户、29687 人。在项目实施期农民人均纯收入增加 250 元。

至 2008 年，已收回农村妇女小额信贷本金 586.6 万元，还未收回 52.4 万元。

第二章　扶贫项目及资金

第一节　扶贫项目

一、财政扶贫项目

（一）农田水利基本建设项目

1996年，实施“八七”扶贫攻坚乡农田水利建设，项目到2000年结束，5年共投入扶贫项目资金1792万元。其中，1996年，投入350万元；1997年、1998年、1999年平均每年投入364万元；2000年，投入350万元，完成坡改梯24236亩，旱改水10539亩，中低产田地改造33120亩，建成小水利工程4380个、3989千米。

（二）专项扶贫安居项目

2001年，扶贫安居工程项目启动，实施333户，投资100万元。2003年，实施3262户，投资1304.8万元。2004年，实施1100户，投资440万元。2005年，实施1726户，投资690.4万元。

2006年—2007年，实施700户，投资1050万元。

2008年，实施250户，投资100万元。

（三）交通建设项目

1996年，勐梭河至勐梭镇油路开工建设，全长11.63千米，国家补助50万元/千米，总投资581.5万元。1999年，西孟公路（县内10.83千米）利用“以工代赈”项目进行路基改造。

2002年、2004年、2008年，募乃至西盟娜妥坝油路分三次进行油路建设改造，全长100千米，补助40万元/千米，总投资4000万元。

2000年—2008年，完成乡镇砂石路建设244.27千米，补助投资2442.7万元。

（四）教育专项扶贫

1993年—1997年，西盟县得到社会各界人士资助办学经费143.37万元，捐赠物资4万元，建希望小学4所，帮助贫困儿童31702人次。

2000年起，县党政机关、事业单位和企事业干部职工结对扶贫贫困儿童、适龄儿童、升入大学的贫困家庭，共捐款50万元。

2002年10月，解放军空军昆明基地全体官兵捐款50万元，建他朗小学教学楼，面积823.5平方米，称“西盟佤族蓝天小学”，竣工时，齐海田到校参加竣工典礼，并赠送10台计算机（价值4.5万元）；另外还捐赠3200元助学金和10万元建学校大门。

2002年—2008年，全县共收到省内外各界爱心人士、县内工商界人士、县党政机关、事业单位和国有企业在职干部职工捐款364万元。其中，上海杨浦区教育局专门建立西盟教育基金60万元，利息用于奖励教师，对口帮扶52万元，用20万元新建新厂乡窝羊村小学教学楼和勐卡镇班哲村小学学生宿舍楼；省光彩理事会捐款 23 万元，新建翁嘎科乡英侯村小学学生宿舍楼，解决 120 名学生的住宿问题。

（五）易地扶贫开发项目

2003 年，组织实施勐梭镇里拉新村民房建设项目，总投资 757 万元，新建民房 250 户（搬迁 250 户）、1110 人。

2007 年，按照“易地搬迁，拓城建镇，发展第三产业”的总体思路，建成龙潭新村试点 86 户，投资 510 万元；搬迁岳宋乡曼亨村 1 组、5 组、10 组、11 组 4 个村民小组受灾的 50 户、300 人，到六米桥组，投入资金 150 万元。

2008 年，搬迁勐卡镇西盟村 1 组、72 户、280 人，到路巴连组，投入资金 140 万元。

（六）畜牧扶贫项目

2003 年 5 月起，西盟开始实施畜牧扶贫，共完成 14 个村委会、160 个村民小组、26265 户的猪厩改造，投放生猪 3065 头。其中，商品仔猪 916 户、2759 头，种母猪 203 户、306 头。项目区人均项目收入增加 160 元。

二、上海对口帮扶项目

1996 年 9 月，为使贫困地区能早日摆脱贫困，中央提出发达省市对口帮扶不发达省市贫困县的发展战略，确定西盟县由上海市杨浦区对口帮扶。按照“优势互补、互惠互利、共同发展”的方针，上海市、云南省各级领导、上海驻云南联络处及驻思茅联络处各级领导、联络员多次亲临西盟实地考察、调研，并制定对口帮扶协作纲要。

1997 年，上海对口帮扶项目启动实施。至 2008 年，共投入各项对口帮扶项目资金 3166 万元（小额信贷资金 150 万元）。其中，1997 年，投入 25 万元；1998 年，投入 34 万元；1999 年，投入 469 万元；2000 年，投入 270 万元；2001 年，投入 550 万元；2002 年，投入 75 万元；2003 年，投入 145 万元；2004 年，投入 243 万元；2005 年，投入 325 万元；2006 年，投入 330 万元；2007 年，投入 360 万元；2008 年，投入 340 万元。

项目主要涉及民房改造、基本农田、道路硬化、社会事业（教育、卫生）、产业发展等。项目覆盖 30 个村委会、47 个村民小组、7047 户、28608 人。扶持农民猪厩改造 655 间、9170 平方米，投放仔猪 4117 头；扶持农户种植经济作物 3.47 万亩，种植林果 2.18 万亩；民房改造 5162 户、33.55 万平方米；建村道路 21 条、33 千米；建人畜饮水 18 件，铺设管引长度 47 千米；建水池 18 个、177 立方米；架输电线路 4 条、6.2 千米；坡改梯 1.42 万亩，旱改水 1465 亩；建文化室 44 间、2750 平方米；建球场 8 个、3330 平方米；建公厕 67 间、1028 平方米；建村级教学楼、宿舍楼、食堂等 6 间、1805 平方米，建村级卫生室 24 间、1640 平方米；新建沼气池 186 口；实用技术培训 104 期、9740 人次。

三、香港乐施会项目

1995 年，西盟县香港乐施会项目办成立，项目办挂靠县民族宗教局。

1995 年—1997 年为赈灾项目阶段，主要实施的项目有民房重建、水沟和田地修复、修建桥梁等，共投入资金 54.75 万元。

1995 年—2004 年，共投入资金 580.03 万元。其中，1995 年—1996 年，投入 54.75 万元；1997 年—1998 年，投入 67.39 万元；1999 年，投入 29.68 万元；2000 年，投入 49 万元；2001 年，投入 64.11 万元；2004 年，投入 315.1 万元。架设 10 千伏的高压线路 18.14 千米、400 伏的低压线路 8.34 千米；新建 12 个取水点过滤池，修建 15 个、6 立方米蓄水池，架设管道 2.94 米；修建篮球场 3 个、1632

平方米，并建有护栏；建厕所43间1720平方米；建卫生室10间、560平方米；扶持药品周转金6万元；修建耕作区道路15条、45千米，受益面积600亩；建储粮库1间、100平方米，可储存粮食50吨；建社区综合用房3间、310.7平方米，配套长椅60条、桌子9张、电视功放VCD三套；种植经济林果1850亩；发放杂交稻良种20吨，肥料1500吨，培肥土壤2594亩；扶持30万元，建茶叶加工厂1间；给社区发放50万元的垫金，仅收取利息3万元（用于运作开支及社区公益事业）；开展茶叶种植管理、杂交稻和杂产玉米病虫害预防管理、犁铧铸造、拖拉机驾驶、兽医员、卫生员、果木种植等培训，共培训各类人员1200人。项目覆盖3个乡镇、6个村委会、17个村民小组、952户、3617人。

1998年—2007年年初为综合发展项目阶段，主要实施的项目有粮食增产、生产生活、基础设施建设、经济增收、社区小额信贷等。

2000年6月，项目办与县民族宗教局脱离，单独设立，隶属于县政府的一个临时办公室，项目分为赈灾项目和综合发展项目两个阶段。

2007年11月，因省、市对扶贫业务机构进行调整，解除西盟县香港乐施会项目点。

四、新农村试点村项目建设

（一）2007年新农村试点村项目建设

2007年，省、市两级下达西盟县新农村试点村项目5个，其中，省级村容村貌整治试点2个，市级综合试点3个。项目计划总投资185.1万元，实际完成投资417.3万元，其中，新农村建设资金75万元（省级村容村貌整治试点资金20万元、市级配套省级村容村貌整治试点资金10万元、市级综合试点资金45万元），县级配套资金6.9万元，项目整合资金162万元，群众自筹和献料折资75.7万元，群众投工45659个折资97.7万元。

1. 2007年省级新农村试点村项目建设

勐梭镇勐梭村里坎组　2007年，项目计划投资18.6万元，实际完成投资133.9万元。其中，新农村试点村建设资金15万元，县级配套资金5.6万元（种桑养蚕0.6万元、建大棚蔬菜5万元），整合项目资金41.1万元（重点扶持村资金15万元、“6·3”地震民房修复项目资金20万元、稻田养鱼5万元、种桑养蚕1.1万元）。村容村貌整治建设投资74.7万元，其中，试点村资金15万元，整合资金31.3万元（重点扶持村资金11.3万元、“6·3”地震民房修复20万元）。新建水泥主路长450米、宽4米，人行路长816米、宽2.5米，投入资金17.5万元，其中，整合重点扶持村资金10万元，试点村资金1.5万元。修建排水沟400米，投入资金3万元，其中，整合重点扶持村资金1.3万元。完成民族特色房屋改造30户，投入资金36.2万元，其中，整合“6·3”地震民房修复资金20万元。新建砖混结构两层190平方米文化室，投入资金9.5万元，其中，试点村资金7.5万元折资1万元。建成600平方米篮球场1个，投入资金5.5万元，其中，试点村资金4万元。新建厕所2间，面积各30平方米，投入资金2.5万元，其中，试点村资金1.5万元，群众献料折资0.5万元，群众投工250人、折资0.5万元。建垃圾收集点1个，投入试点村资金0.5万元。产业培植投入资金58.5万元，其中，县级配套资金5.6万元（配套种桑资金0.6万元、大棚蔬菜示范资金5万元），项目整合资金9.1万元（重点扶持村资金3万元、市政府及企业配套种桑资金1.1万元，稻田养鱼项目资金5万元），群众自筹17.3万元，群众投工10356个、折资26.5万元。计划改厩养猪示范30户90头，实际完成改厩38户90头，投入资金6.8万元，其中，重点扶持村资金3万元，群众献料折资1.9万元，群众投工950人、折资1.9万元。新植橡胶620亩（300元/亩），投入资金19.5万元，其中，群众自筹10.2万元，群众投工3100人、折资9.3万元。蚕桑种植113亩（500元/亩），投入资金5.7万元，其中，县级配套资金0.6万元（配套政策资金50元/亩），整合资金1.1万元（市政府及企业配套 100 元 / 亩），群众投工 1356 人、折资 4 万元。建大棚蔬菜种植 28 亩（2000 元 / 亩），投入资金 9.2 万元，其中，县级配套资金 5 万元，群众投工 1400 人、折资 4.2 万元。稻田养鱼 250 亩（200 元 / 亩），投入整合稻田养鱼项目资金 5 万元。茶叶新种植 82 亩（1500 元 / 亩），投入资金 12.3 万元，其中，群众自筹 5.2 万元，群众投工 3550 人、折资 7.1 万元。举办实用科技培训 5 期 466 人次，投入整合重点扶持村资金 0.7 万元。

中课乡嘎娄村嘎娄组 2007 年，计划投资 19.9 万元，实际完成投资 45.1 万元，其中，新农村建设资金 15 万元，整合资金 10.3 万元（“6・3”地震民房修复资金 8 万元，核桃种植 2 万元、科技培训 0.3 万元），群众献料折资 8 万元，群众投工 5900 人、折资 11.8 万元。村容村貌整治投入资金 40.7 万元，其中，试点村资金 15 万元，整合资金 10 万元，群众献料折资 7.5 万元，群众投工 4100 人、折资 8.2 万元。铺设主路长 1400 米、宽 3.5 米和人行路长 900 米、宽 1.2 米，投入资金 19.4 万元，其中，试点村资金 12.7 万元，群众献料折资 3.7 万元，群众投工 1500 人、折资 3 万元。新建公厕 2 间，面积各 20 平方米，投入资金 2 万元，其中，试点村资金 1.5 万元，群众献料折资 0.3 万元，群众投工 100 人、折资 0.2 万元。建垃圾收集点 2 个，容积各 6 立方米，投入资金 0.8 万元。建设 500 平方米篮球场 1 个，投入资金 4.5 万元，其中，整合资金 2 万元，群众献料折资 1.5 万元，群众投工 500 人、折资 1 万元。完成民房修复 40 户，投入资金 14 万元，其中，整合“6・3”地震民房修复资金 8 万元，群众献料折资 2 万元，群众投工 2000 人、折资 4 万元。新种植核桃 360 亩，投入资金 6.1 万元，其中，整合资金 2 万元，群众自筹 0.5 万元，群众投工 1800 人、折资 3.6 万元。举办实用科技培训 5 期 300 人次，投入整合资金 0.3 万元。

2. 2007 年市级新农村试点村项目建设

翁嘎科乡班弄村三组 2007 年，计划投资 37.5 万元，实际完成投资 81.9 万元，其中，新农村建设资金 15 万元，县级扶持蚕桑配套资金 1.3 万元，整合资金 65.6 万元（“6・3”地震民房重建资金 23.1 万元，上海援建整村推进资金 40 万元，市政府和蚕桑企业配套资金 2.5 万元），群众自筹和献料折资 24.6 万元，群众投工 12200 人、折资 24.4 万元。村容村貌整治投资 93 万元，其中，新农村建设资金 15 万元，整合“6・3”地震民房恢复重建资金 23.1 万元，上海援建整村推进资金 34 万元，群众自筹和献料折资 14.8 万元，群众投工 3050 人、折资 6.1 万元。新建水泥主路长 600 米、宽 3.5 米，投入资金 19 万元，其中，新农村建设资金 7 万元，整合上海援建整村推进资金 11 万元，群众投工 500 人、折资 1 万元。新建 450 平方米篮球场 1 个，投入资金 8 万元，其中，新农村建设资金 6.8 万元，群众献料折资 0.5 万元，群众投工 350 人、折资 0.7 万元。架设人畜饮水管道 3 千米，建水池 2 个，容积 10 立方米，安装一户一水龙头 57 户，投入资金 12 万元，其中，整合上海援建整村推进资金 10 万元，群众献料折资 0.5 万元，群众投工 750 人、折资 1.5 万元。新建公厕 2 间，面积 30 平方米，投入资金 3 万元，其中，新农村建设资金 1 万元，整合上海援建整村推进资金 1.5 万元，群众献料折资 0.3 万元，群众投工 100 人、折资 0.2 万元。新建垃圾收集点 1 个，容积 6 立方米，投入资金 0.2 万元。完成民房重建 27 户，每户平均面积 60 平方米，投入资金 50.8 万元，其中，整合“6・3”地震民房恢复重建资金 23.1 万元，整合上海援建整村推进资金 11.5 万元，群众自筹和献料折资 13.5 万元，群众投工 1350 人、折资 2.7 万元。产业建设完成投资 35.9 万元，其中，整合上海援建整村推进资金 4.5 万元，县级扶持蚕桑配套资金 1.3 万元，市政府和蚕桑企业配套资金 2.5 万元，群众自筹 9.3 万元，群众投工 9150 人、折资 18.3 万元。养猪改厩 30 户、120 头，投资 8.4 万元，其中，整合上海援建整村推进资金 4.5 万元，群众自筹和献料折资 3 万元，群众投工 450 人、折资 0.9 万元。新种植茶园 100 亩（1500 元 / 亩），计划投资 15 万元，其中，群众自筹 6.3 万元，群众投工 4350 人、折资 8.7 万元。新种植桑地 250 亩（500 元 / 亩），计划投资 12.5 万元，其中，县优惠政策配套资金 1.3 万元（50 元 / 亩），整合市政府和企业投资 2.5 万元（100 元 / 亩），群众投工 4350 人、折资 8.7 万元。举办实用科技培训 5 期 500 人次，投资 2 万元，其中，整合上海援建整村推进资金 1.5 万元，群众自筹 0.5 万元。

新厂乡阿莫村安克组　2007 年，计划投入资金 66.9 万元，实际完成投资 68.3 万元，其中，新农村建设资金 15 万元，整合项目资金 41 万元（重点扶持村资金 20 万元、农村无电人口项目资金 21 万元），群众献料折资 2 万元，群众投工 5150 人、折资 10.3 万元。村容村貌整治投入资金 60.6 万元，其中，新农村建设资金 15 万元，整合项目资金 35.3 万元，群众献料折资 2 万元，群众投工 4150 人、折资 8.3 万元。新建水泥主路长 400 米、宽 4 米和人行路硬化长 400 米、宽 2 米，投入资金 20 万元，其中，新农村试点资金 12 万元，群众献料折资 2 万元，群众投工 3000 人、折资 6 万元。建砖木结构厕所 3 间，面积各 15 平方米，投入资金 3.3 万元，其中，新农村建设资金 2 万元，整合重点扶持村资金 1 万元，群众投工 150 个折资 0.3 万元。新建垃圾收集点 2 个，容积 12 立方米，投入资金 1 万元。架设 10 千伏线路、0.4 千伏线路 3.65 千米，配变 1 台 50 千伏安，安装一户一表 73 户，投入整合农村无电人口项目资金 21 万元。架通人畜饮水管道 5.5 千米，建水池 2 个、15 立方米，投入资金 9.3 万元，其中，整合重点扶持村资金 8.3 万元，群众投工 500 人、折资 1 万元。新建篮球场 1 个 540 平方米，投入资金 6 万元，其中，整合重点扶持村资金 5 万元，群众投工 500 人、折资 1 万元。新种植水果地 300 亩（枋桃和板栗），投入资金 7 万元，其中，整合重点扶持村资金 5 万元，群众投工 1000 个折资 2 万元。举办实用科技培训 5 期 466 人次，投入整合重点扶持村资金 0.7 万元。

岳宋乡曼亨村木古坝组　2007 年，计划投资 42.2 万元，实际完成投资 39.1 万元，其中，新农村建设资金 15 万元，整合项目资金 4 万元（农业厅对口帮扶培植橡胶产业资金 3 万元，市级、县级和公司配套种桑资金 0.6 万元，科技培训 0.4 万元），群众自筹 8 万元，群众投工 7294 人、折资 12.1 万元。村容村貌整治投入资金 19.4 万元，其中，新农村建设资金 15 万元，群众投工 2194 人、折资 4.4 万元。建水泥路 2 条长 770 米、宽 4 米，投入资金 15.6 万元，其中，新农村建设资金 11.4 万元，群众投工 2108 人、折资 4.2 万元。改厕 1 间面积 30 平方米，投入资金 2.9 万元，其中，新农村建设资金 2.8 万元，群众投工 46 人、折资 0.1 万元。建垃圾收集点 2 个，容积各 6 立方米，投入资金 0.9 万元，其中，新农村建设资金 0.8 万元，群众投工 40 人、折资 0.1 万元。产业培植投入资金 19.3 万元，其中，整合资金 3.6 万元，群众自筹 5.5 万元，群众投工 5100 人、折资 10.2 万元。新种植橡胶地 360 亩，投入资金 10.8 万元，其中，整合农业厅对口帮扶资金 3 万元，群众自筹 2.9 万元，群众投工 2450 人、折资 4.9 万元。新种植茶地 41.8 亩，投入资金 6.3 万元，其中，群众自筹 2.6 万元，群众投工 1850 人、折资 3.7 万元。新种植桑树 43 亩，投入资金 2.2 万元，其中，整合资金 0.6 万元，群众投工 800 人、折资 1.6 万元。举办实用科技培训 11 期 1670 人次，投入整合资金 0.4 万元。

（二）2008 年新农村试点村项目建设

1. 2008 年省、市下达经费和实施项目

2008 年，省、市下达西盟县实施的新农村试点村共 6 个，其中，省级村容村貌整治试点 4 个（勐梭八一排、中课打勒、西盟村一组、岳宋六米桥），市级新农村试点村 2 个（勐梭戈约组、力所王雅二组）。计划总投资 187.3 万元，其中，省级财政投资 40 万元（10 万元 / 个试点村），市级财政投资 40 万元（省级试点村配套资金 5 万元 / 个试点村、市级试点村补助资金 10 万元 / 个试点村）。主要计划实施的项目有村内道路建设主路硬化 6100 米、支路硬化 4500 米，建设公厕 6 间、140 平方米，建设垃圾收集点 8 个、56 立方米，建设篮球场 2 个、1000 平方米，建设文化室 2 间、160 平方米，改造猪厩 35 间，生猪养殖求救 35 户、105 头，种植桑树 150 亩。

2. 6 个新农村试点村项目建设资金

2008 年，6 个试点村应到位财政项目资金 80 万元，市级拨付到各个乡镇财政到位项目资金 80 万

元（县级应配套市级试点村建设资金 10 万元未到）。用于扶贫搬迁、农村民居地震安全工程、整村推进建设项目资金 459.9 万元，占总拨资金 616.7 万元的 74.6%，其中，勐卡镇西盟村一组整合资金 203.9 万元，岳宋乡曼亨村六米桥组整合资金 187 万元，勐梭镇秧洛村戈约组整合资金 30 万元，中课乡中课村打勒组整合资金 24 万元，力所乡王雅村二组整合资金 15 万元。

3. 6 个新农村试点村群众自筹资金和投工情况

6 个新农村试点村建设中，群众自筹资金和投工投劳献料折资 76.8 万元，占总投资 616.7 万元的 12.5%，其中，群众自筹资金 39.2 万元，以物折资 20.6 万元，群众投工 5944 人、折资 17 万元（打勒群众投工献料折资 12 万元，占总投资 23.5%）。

4. 6 个新农村试点村项目建设完成情况

2008 年，西盟县 6 个新农村试点村计划总投资 187.3 万元，实际完成投资 616.7 万元，其中，新农村建设财政资金 80 万元（省级 40 万元、市级 40 万元），整合涉农项目资金 459.9 万元，群众自筹 39.2 万元，以物折资 20.6 万元，群众投工 5944 人、折资 17 万元。6 个新农村试点村建设主要实施了村容村貌整治、产业培植、科技培训等项目，其中，村容村貌整治新农村住房 122 间、7320 平方米、厨房 90 间、1350 平方米；新建主路硬化 3925 米、支路硬化 6467 米，完成计划的 120.5%；实施猪圈改造 70 间；修建垃圾收集点 12 个、72 平方米，完成计划的 150%；新建公厕 12 间、174 平方米、72 个蹲坑，完成计划的 200%；架通输电线路 1100 米、安装配变 2 台和入户线路电表 122 户，解决 2 个组、122 户村民的通电照明；新建文化室 5 间、426 平方米，完成计划的 250%；新建篮球场 4 个、2200 平方米，完成计划的 200%，产业培植实施生猪养殖示范 70 户 210 头，完成计划的 200%；新种植桑园 150 亩，完成计划的 100%；新种植橡胶 903 亩、茶叶 920 亩、蚕桑 198 亩、甘蔗 1227 亩，其中，岳宋乡六米桥培植橡胶 502 亩、茶叶 92 亩；西盟村一组培植茶叶 724 亩、蚕桑 20 亩及蔬菜；中课乡打勒组培植甘蔗 466 亩、蚕桑 52 亩、茶叶 75 亩；勐梭镇八一排组培植甘蔗 308 亩、蚕桑 126 亩、茶叶 10 亩；力所乡王雅二组培植橡胶 397 亩、茶叶 19 亩；勐梭镇戈约组培植甘蔗 453 亩及蔬菜。

第二节　扶贫资金

1995 年—2004 年，争取实施香港乐施会项目，累计投入资金 580.03 万元。

1996 年—2000 年，争取实施扶贫攻坚乡农田水利基本建设项目，累计投入资金 1792 万元。

1997 年—2008 年，争取实施上海对口帮扶项目，累计投入资金 3166 万元。

1998 年—2003 年，争取小额信贷项目，发放贷款本金 639 万元。

2000 年—2008 年，争取实施上级部门项目，中央及省级扶贫累计投入资金 3780 万元。

2001 年—2008 年，争取实施安居工程项目，累计投入资金 2635.2 万元。

2003 年—2008 年，争取实施产业扶贫项目，累计投入扶贫资金 355 万元。

2005 年，争取落实世界银行与英国政府混合贷款项目（PRCDP 项目），计划实施 5 年，总投资 4198.88 万元。至 2008 年，实施完成 3031.5 万元。

2006 年—2008 年，争取实施到户贴息贷款，累计兑现贴息资金 105 万元。

2008 年，累计投入各类扶贫项目资金 16740.73 万元，根据资金来源不同分为：财政扶贫项目资金 9576.2 万元；上海对口帮扶项目资金 3166 万元；世界银行与英国政府混合贷款项目资金 3031.5 万元；香港乐施会项目资金 580.03 万元；其他项目资金 387 万元。

1996 年—2008 年西盟县扶贫资金情况表

表 13-1　　　　单位：万元

名称 年份	项目合计总投资	财政扶贫资金							上海对口帮扶项目	世界银行与英国政府混合贷款项目	香港乐施会	其他
		合计	其他									
			基本农田	重点扶持村	易地扶贫	专项安居工程	小额贷款	其他				
1996	350	350	350	—	—	—	—	—	—	—	—	—
1997	443.75	364	364	—	—	—	—	—	25	—	54.75	—
1998	665.39	564	364	—	—	—	200	—	34	—	67.39	—
1999	1162.68	664	364	—	—	—	300	—	469	—	29.68	—
2000	744	425	350	75	—	—	—	—	270	—	49	—
2001	1036.11	422	—	322	—	100	—	—	550	—	64.11	—
2002	640	558	—	558	—	—	—	—	75	—	—	7
2003	2205.8	1903.8	—	360	—	1304.8	139	100	145	—	—	157
2004	1473.1	830	—	300	—	440	—	90	243	—	315.10	85
2005	1688.4	1240.4	—	550	—	690.4	—	—	325	—	—	123
2006	2739.6	443	—	325	—	—	18	100	330	1966.6	—	—
2007	1064	517	—	350	—	—	47	120	360	172	—	15
2008	2527.9	1295	—	930	140	100	40	85	340	892.9	—	—
合计	16740.73	9576.2	1792	3770	140	2635.2	744	495	3166	3031.5	580.03	387

第三章　扶贫措施及成果

第一节　扶贫措施

1986年和1994年，西盟县先后两次被确定为国家重点扶持贫困县，坚持开发式扶贫方针，以经济建设为中心，支持、鼓励贫困地区干部群众开发当地资源，发展商品生产，改善生产条件，增强发展能力。倡导和鼓励自力更生、艰苦奋斗的精神，克服贫困农户中普遍存在的“等、靠、要”思想。针对贫困地区基础设施薄弱、抵御自然灾害能力较差的实际情况，国家安排必要的财政资金，鼓励、支持贫困农户投工投劳，开展农田、水利、公路等方面的基础设施建设，创造发展生产的物质条件；安排优惠的扶贫专款贴息贷款和制定优惠政策，重点帮助贫困地区、贫困农户以市场为导向，发展种植业、养殖业以及相应的加工业项目，促进增产增收；开展农业先进实用技术培训，提高贫困农户的科技文化素质，增加自我发展能力；扶贫开发与水土保持、环境保护、生态建设相结合，实施可持续发展战略，增加贫困地区、贫困农户的发展后劲。

第二节　扶贫成果

一、经济收入

2008年，农民人均纯收入1326元，人均有粮376千克，其中，在贫困线1196元以下人口59440人，占农业人口72844人的81.6%。人均纯收入、人均有粮比1996分别增加905元、20千克。

二、生产总值收入

2008年，全县实现生产总值35890万元，农林牧渔业实现总产值17747万元，财政总收入29034万元，其中，地方财政一般预算收入1629万元，地方财政一般预算支出28813万元，社会消费品零售总额9628万元，城乡居民储蓄存款余额19065万元，城镇居民人均可支配收入6504元。

三、产业发展

至2008年，全县种植核桃、板栗4926亩，砂仁400亩，茶叶5万亩，橡胶20万亩，桑园1.33万亩，西盟米荞2.85万亩。生猪存栏4.41万头，大牲畜存栏2.03万头，禽类存栏14.6万只，肉类总产量2267吨。

第四章 机 构

1987 年 3 月，西盟佤族自治县人民政府成立贫困地区经济开发领导小组及办公室，下设办公室，简称“扶贫办”。1993 年 10 月，更名为西盟佤族自治县人民政府扶贫开发领导小组办公室，属县政府内设办事机构，机构级别为正科级。2005 年 6 月，财务管理正式单独核算。2008 年，内设综合、项目、信贷、易地、对外联络 5 个股室和外资项目办，领导职数 5 人（主任 1 人，副主任 3 人，党支部书记 1 人），有干部职工 16 人。

历任西盟县扶贫办主任：苏维良（1987 年 3 月至 1990 年 3 月）、张岩堆（佤族，1990 年 4 月至 1993 年 2 月）、付开林（1993 年 3 月至 2006 年 2 月）、杨国华（2006 年 2 月至 2008 年 11 月）、岩京（佤族，2008 年 11 月至 2008 年 12 月）。

历任西盟县扶贫办党支部书记（正科）：付开林（2006 年 2 月至 2007 年 8 月）、李娜迫（女、拉祜族，2007 年 9 月至 2008 年 4 月）、张丽（女，2008 年 4 月至 2008 年 11 月）、岩肖（佤族，2008 年 11 月至 2008 年 12 月）。

第十四编
中共地方组织　群众团体

第一章　中共西盟佤族自治县委员会

第一节　中共西盟佤族自治县党员代表大会

一、中共西盟佤族自治县第三次代表大会

1980年10月25日—29日，中共西盟佤族自治县第三次代表大会在县城召开，出席会议代表203人，代表全县1700名党员。会议听取并审议通过县委书记魏应昌代表第二届县委作的《全党动员，全力以赴，同心同德，为加速西盟社会主义现代化建设而奋斗》和县纪委书记李成镈代表纪委所作的《纪委工作报告》；经过充分酝酿，采取无记名投票方式，大会选举产生中共西盟佤族自治县第三届委员会委员31人，县纪委委员9人。

二、中共西盟佤族自治县第四次代表大会

1984年10月25日—29日，中共西盟佤族自治县第四次代表大会在县城召开，应到会代表242人，实到会代表214人，代表全县1770名党员。会议听取并审议通过了县委书记魏应昌代表第三届县委作的《从实际情况出发，努力开创新局面，沿着十二大确定的目标开拓前进》和县纪委书记李成镈代表纪委作的《端正党风，严肃党纪，为保证我县国民经济翻两番而奋斗》的工作报告；经过充分酝酿，采取无记名投票方式，大会选举产生中共西盟佤族自治县第四届委员会委员27人、候补委员2人，县纪委委员11人。

三、中共西盟佤族自治县第五次代表大会

1987年8月17日—21日，中共西盟佤族自治县第五次代表大会在县城召开，应到会代表209人，实到会代表194人，代表全县1969名党员。会议听取并审议通过了县委书记魏应昌代表第四届县委作的《认清形势，统一认识，夺取新的胜利》和县纪委书记李成镈代表纪委作的《维护党的政治纪律，保证"改革、开放、搞活"方针的贯彻执行》的工作报告；经过充分酝酿，采取无记名投票方式，大会选举产生中共西盟佤族自治县第五届委员会委员28人、候补委员2人，县纪委委员10人。

四、中共西盟佤族自治县第六次代表大会

1990年3月2日—6日，中共西盟佤族自治县第六次代表大会在县城召开，到会代表115人，代表全县2004名党员。会议听取并审议通过了县委书记魏岩广代表第五届县委作的《认清形势，坚定信心，团结一致，为建设稳定繁荣的西盟而奋斗》和县纪委书记李成镈代表纪委作的《严肃执纪，严惩腐败，保证党的各项方针政策的贯彻执行》的工作报告；经过充分酝酿，采取无记名投票方式，大会选举产生中共西盟佤族自治县第六届委员会委员19人，县纪委委员11人。

五、中共西盟佤族自治县第七次代表大会

1993 年 3 月 2 日—6 日，中共西盟佤族自治县第七次代表大会在县城召开，应到会代表 123 人，实到会代表 113 人，代表全县 2099 名党员。会议听取并审议通过了县委副书记赵平云代表第六届县委作的《解放思想，更新观念，加快改革开放和建设步伐，为实现小康而努力奋斗》和县纪委书记李成镈代表纪委作的《坚持党的基本路线，做好党的纪律检查工作》的工作报告；经过充分酝酿，采取无记名投票方式，大会选举产生中共西盟佤族自治县第七届委员会委员 21 人、候补委员 3 人，县纪委委员 13 人 。

六、中共西盟佤族自治县第八次代表大会

1998 年 2 月 9 日—13 日，中共西盟佤族自治县第八次代表大会在县城召开，应到会代表 126 人，实到会代表 117 人，代表全县 2613 名党员。会议听取并审议通过了县委书记赵平云代表第七届县委作的《高举邓小平理论伟大旗帜，加速我县经济社会发展步伐，为脱贫致富奔小康而努力奋斗》和县纪委书记赵国忠代表纪委作的《高举邓小平理论伟大旗帜，一如既往抓好党风廉政建设》的工作报告；经过充分酝酿，采取无记名投票方式，大会选举产生中共西盟佤族自治县第八届委员会委员 22 人、候补委员 3 人，县纪委委员 13 人。

七、中共西盟佤族自治县第九次代表大会

2003 年 2 月 21 日—24 日，中共西盟佤族自治县第九次代表大会在县城召开，应到会代表 145 人，实到会代表 142 人，代表全县 3266 名党员。会议听取并审议通过了县委书记张善强代表第八届县委作的《加快脱贫致富奔小康步伐，为实现西盟经济社会跨越式发展而努力奋斗》和县纪委书记金文代表县纪委作的《加强纪检监察工作，为实现西盟经济社会跨越式发展提供坚强的政治保证》的工作报告，并通过了两个报告的决议；经过充分酝酿，采取无记名投票方式，大会选举产生中共西盟佤族自治县第九届委员会委员 23 人、候补委员 4 人，县纪委委员 15 人 。

2004 年 2 月 11 日，因撤地设市，为选出西盟县出席市党代会代表，中共西盟佤族自治县第九届委员会在县城召开党代表会议，到会代表 122 名。县委书记张善强作了《以加快发展统揽全局，奋力推进西盟经济社会跨越式发展》的动员讲话；大会选举张善强、魏红、岩再等 17 人为西盟县出席中共思茅市第一次党代表大会的代表。

八、中共西盟佤族自治县第十次代表大会

2006 年 6 月 24 日—26 日，中共西盟佤族自治县第十次代表大会在县城召开，到会代表 165 人，代表全县 3679 名党员。会议听取并审议通过了县委书记高建林代表第九届县委作的《承前启后，继往开来，为建设富裕文明和谐的新西盟而努力奋斗》和县纪委书记赵文荣作的《全面履行职责，加大惩防力度，努力推进党风廉政建设和反腐败工作》的工作报告；经过充分酝酿，采取无记名投票方式，大会选举产生中共西盟佤族自治县第十届委员会委员 33 人、候补委员 5 人，县纪委委员 15 人和出席中国共产党思茅市第二次代表大会的代表。

第二节　中共西盟佤族自治县县委全会

1980 年 10 月至 2008 年 12 月，中共西盟佤族自治县委员会历经三、四、五、六、七、八、九、

十届，其中，三、四、五、六、九届任期3年；七、八届任期5年；十届在该志限时内为2年。但因部分资料缺失，所以，仅记录已有资料的全委会。

一、第三届全委会

1980年10月29日上午，县委第三届一次全会召开，会议由县委书记魏应昌主持，到会委员31人。会议选举产生第三届县委常委10人，书记1人，副书记2人；批准县纪律检查委员会第一次全会选举产生的常委，书记、副书记。

1981年8月18日—21日，县委第三届二次全体（扩大）会议召开，到会委员27人，参加会议的还有县属各部、委、办、局的主要负责人，共71人。会议传达贯彻党的十一届六中全会精神；会议决定县和公社要组织力量，深入各大队抓培训党员骨干，争取在9月中旬将全县党员普遍轮训一次；决定抽调21个干部职工，组成7个工作组，由县委常委带队，深入到7个公社，协助公社党委抓好党员骨干的培训。

二、第四届全委会

1984年10月30日上午，县委第四届一次全会召开，会议由县委书记魏应昌主持，到会委员27人，候补委员2人。会议选举产生第四届县委常委7人，书记1人，副书记2人；批准县纪律检查委员会第一次全会选举产生的常委，书记、副书记。

1985年1月21日—22日，县委第四届二次全会召开，会议由县委书记魏应昌主持，到会委员22人，候补委员2人。会议主要贯彻省委工作会议精神，学习中央体制改革的决定；总结1984年的工作及布置1985年的工作任务；讨论《西盟佤族自治县条例（征求意见稿）》。

1985年7月25日，县委第四届三次全会召开，会议由县委书记魏应昌主持，到会委员22人，候补委员2人。会议传达省第四次党代会精神；讨论研究县级单位整党工作意见。

三、第五届全委会

1987年8月23日下午，县委第五届一次全会召开，会议由县委书记魏应昌主持，到会委员28人，候补委员2人。会议选举产生第五届县委常委9人，书记1人，副书记2人；批准县纪律检查委员会第一次全会选举产生的常委，书记、副书记。

四、第六届全委会

1990年3月6日下午，县委第六届一次全会召开，会议由县委书记魏岩广主持，到会委员19人。会议选举产生第六届县委常委10人，书记1人，副书记3人；批准县纪律检查委员会第一次全会选举产生的常委，书记、副书记。

1991年7月24日—28日，县委第六届四次全体（扩大）会议召开，到会委员21人，参加会议的还有县人大、县政府、县政协、县纪委班子的领导干部，县属各党委、党组书记，各部、委、办、局的主要负责人，共134人。会议由县委书记魏岩广传达省委五届二次全体（扩大）会议精神；县委副书记李发云传达《田纪云副总理在云南考察工作时的讲话》和省委书记普朝柱《关于对滇南、滇西南14个县的调查报告》；讨论通过全县每年新开5000亩农田地建设的意见（草案）。

五、第七届全委会

1993年3月6日上午，县委第七届一次全会召开，会议由县委书记赵平云主持，到会委员22人。会议选举产生第七届县委常委7人，书记1人，副书记3人；批准县纪律检查委员会第一次全会选举产生的常委，书记、副书记。

1994 年 7 月 26 日，县委第七届二次全体（扩大）会议召开，到会委员 20 人，参加会议的还有 7 个乡长 1 个镇长，娜妥坝办事处主任、副主任，县人大、县政府、县政协、县纪委班子党员领导干部、县属各党委、党组书记，县各部、委、办、局的主要负责人等。讨论通过县委上半年工作总结及下半年的工作意见；讨论决定西盟县经济骨干项目发展计划；全县荒山荒地的调整和有偿转让使用权规定；加强全县思想政治工作；各乡（镇）党委、县属各党委汇报交流了上半年的工作。

1995 年 10 月 4 日—6 日，县委第七届六次全体（扩大）会议召开，到会委员 21 人，参加会议的还有县纪委委员，县委副县级调研员，副县长、县长助理，县委办副主任、县政府办副主任，农、林、水、交通、边贸、邮政主要负责人和各乡（镇）长等。会议传达了省第六次党代会和高严考察西盟灾情重要讲话精神；讨论通过“八五”计划、“十年”规划和扶贫攻坚计划；各乡（镇）党委汇报上半年的工作；参会人员考察了甘蔗基地、水果基地、乡镇企业等。

1997 年 1 月 28 日—30 日，县委第七届七次全体（扩大）会议召开，到会委员 20 人，共有 146 人参加会议。县委书记赵平云作《艰苦奋斗，扎实工作，开拓前进，打好扶贫攻坚战，促进两个文明建设》的报告；县委副书记张正福作县委 1996 年的工作总结；县委副书记魏岩本传达县委、县政府《关于贯彻落实全省扶贫开发工作会议精神、打好扶贫攻坚战的决定》；县委宣传部部长杨培兴作《中共西盟县委关于贯彻中央十四届六中全会（决议）、加强全省精神文明建设的决议》报告；会议通过了《西盟县社会主义精神文明建设纲要》；表彰了 26 个文明单位、2 个文明村、5 个先进集体和 49 名先进个人。

1997 年 11 月 17 日—19 日，县委第七届九次全体扩大会议召开，参加会议的人员有县委委员，县纪委委员，县人大、县政府、县政协副职党员领导干部，乡镇党委书记、纪委书记，县属各部、委、办、局、人民团体党政正职领导。会议学习传达中共十五大精神；讨论七届县委向八届党代会提交的《工作报告》；决定县第八届党代会代表名额分配方案和县第八届党代会召开的时间。

1998 年 2 月 7 日—8 日，县委第七届十次全体会议召开，参加会议的人员有县委委员和非县委委员的乡镇党委书记，县属各党委、党组、锡矿党组书记，娜妥坝工委副书记。会议通报了第八届党代会筹备情况；提交讨论第八届党代会换届人选。

六、第八届全委会

1998 年 3 月 13 日，县委第八届一次全会召开，会议由县委书记赵平云主持，到会委员 21 人、候补委员 3 人。会议选举产生第八届县委常委 10 人，书记 1 人，副书记 3 人；批准县纪律检查委员会第一次全会选举产生的常委，书记、副书记。

1999 年 3 月 1 日—2 日，县委第八届二次全体会议召开，到会委员 20 人、候补委员 3 人。县属各党委、党组、部、委、办、局、驻西军、警部队和群团组织领导人列席会议。会议传达了党的十五届三中全会、省委六届七次全会和地区三级干部会议精神；重点研究农业、农村和农民问题。

1999 年 9 月 14 日—15 日，县委第八届三次全体会议召开，参加会议的有县委委员、候补委员，县属各党委、党组、部、委、办、局主要领导。会议听取并审议通过了县委书记刘文舜作的《团结拼搏，求真务实，为推进西盟经济社会健康发展，为脱贫致富奔小康而努力奋斗》的报告，并作出决议。

2000 年 3 月 13 日，县委第八届四次全体（扩大）会议召开，参加会议的有县委委员、候补委员，县属各党委、党组、部、委、办、局主要领导。会议听取并审议县委书记刘文舜作《认真贯彻落实地委工作会议精神，加快西盟经济社会发展》的报告，并作出了决议。

2000 年 8 月 3 日—4 日，县委第八届五次全委（扩大）会议召开，参加会议的有县委委员、候补委员，县属各党委、党组、部、委、办、局主要领导。会议讨论通过了“四二四二”发展思路，即：打牢农业、科教、交通、城镇建设四大基础；调整产业、所有制两个结构；突出热区生物资源开发、畜牧业、边境贸易、民族文化旅游四个特点；加强矿业、林业两项产业。

2001年2月20日—21日，县委第八届六次全体（扩大）会议召开，参加会议的有县委委员、候补委员，县纪委委员，各乡（镇）党政、县属各党委、党组、部、委、办、局主要领导。会议传达和贯彻落实党的十五大、十五届五中全会、中央经济工作会议、省委六届十一次、十二次会议及地区三级干部会议精神；讨论县委《关于制定国民经济和社会发展第十个五年规划的建议》；总结“九五”工作，规划“十五”目标。

2001年3月20日—21日，县委第八届七次全会召开，参加会议的有县委委员、候补委员，县纪委委员，各乡镇党政、县属各党委、党组、部、委、办、局主要领导等。会议听取审议通过了县委书记刘文舜作的《抓住机遇、开拓创新、加快发展，实现奋斗目标》和县长岩采作《关于制定国民经济和社会发展第十个五年规划建议（草案）》报告；会议再次讨论了县委《关于制定国民经济和社会发展第十个五年规划建议》；总结“九五”工作，确定未来五年经济社会发展的指导思想和奋斗目标；听取县委2000年度的工作总结和2001年的工作重点。

七、第九届全委会

2003年2月24日上午，县委第九届一次全会召开，会议由县委书记张善强主持，到会委员23人、候补委员4人。会议选举产生第九届县委常委12人，书记1人，副书记4人；批准县纪律检查委员会第一次全会选举产生的常委，书记、副书记。

2003年8月16日—17日，县委第九届二次全体（扩大）会召开，县委书记张善强作《兴起学习贯彻“三个代表”重要思想高潮，努力开创西盟经济社会发展的新局面》的报告；县长岩采作《抓住机遇，求真务实，全面完成今年经济社会各项任务》的报告；会议总结和分析了上半年经济运行情况和安排部署了下半年的工作；县委组织部部长柴天向在闭幕会议上做了讲话；县委委员分别对县委书记张善强、县长岩采作的报告进行了决议。全会提出按照中央、省委、地委和县委的要求和部署，全县分三个阶段，迅速兴起学习贯彻“三个代表”重要思想的新高潮。

2004年2月2日，县委第九届三次全会召开，应参加会议的县委委员、候补委员26人，因有事请假的委员6人、候补委员1人，实到会委员19人（县委委员16人，候补委员3人）。会议讨论确定中国共产党出席思茅市第一届代表大会代表候选人预备人选。经过讨论，确定了20名代表候选人预备人选，其中，各级领导干部13人，占65%；各类专业技术人员4人，占20%；各条战线先进模范人物2人，占10%；其他人员1人，占5%。少数民族18人，占90%；妇女6人，占30%；50岁以上党员20人，占100%。会议决定：定于2004年2月11日，召开中共西盟佤族自治县党代表大会，正式选举产生西盟出席中国共产党思茅市第一次代表大会的代表。

2005年1月7日，县委第九届四次全会召开，参加会议的有县委委员、候补委员，县纪委委员，各乡（镇）党政、县属各党委、党组、部、委、办、局主要领导等。会议听取和审议通过了县委书记杨卫东作《牢固树立和落实科学发展观，实现经济社会发展再上新台阶》、县长岩采作《明确任务，坚定信心，狠抓落实，开创经济社会发展新局面》和县纪委书记金文作的《纪律检查委员会工作报告》。

2005年12月23日—25日，县委第九届五次全会召开，参加会议的有县委委员、候补委员，县纪委委员，各乡（镇）党政、县属各党委、党组、部、委、办、局主要领导等。会议审议通过了县委书记杨卫东作《努力推进社会主义新农村建设，促进经济社会持续快速发展》工作报告和县长岩再作的《中共西盟县委关于制定国民经济和社会发展第十一个五年规划建议（草案）的说明》；会议贯彻落实党的十六届五中全会和省委七届七次全会精神，把建设社会主义新农村列入会议的主题，贯彻落实“生产发展、生活宽裕、乡风文明、村容整洁、管理民主”的社会主义新农村建设整体目标和总体要求。

八、第十届全委会

2006年6月26日上午，县委第十届一次全会召开，会议由县委书记高建林主持，到会委员33人，候补委员5人。会议选举产生第十届县委常委11人，书记1人，副书记3人；批准县纪律检查委员会第一次全会选举产生的常委，书记、副书记。

2007年9月21日，县委第十届四次全体会议召开，会议由县委书记高建林主持，到会委员24人，候补委员4人。会议主要对拟任乡（镇）党委、乡人大、乡政府正职人选进行票决；讨论通过了《中共西盟县委员会关于构建社会主义和谐社会的实施意见》。

1980年—2008年中共西盟县委员会书记、副书记、常委名录表

表14-1

届次	职务	姓名	性别	民族	籍贯	任职时间
第三届（1980.10—1984.10）	书记	魏应昌	男	佤族	云南澜沧	1980.10—1984.10
	副书记	李成镈	男	汉族	云南宁洱	1980.10—1984.10
		张岩松	男	佤族	云南西盟	1980.10—1984.10
		岩　秒	男	佤族	云南西盟	1980.10—1984.10
		李和培	男	汉族	云南崇明	1982.7—1983.12
		张忠德	男	拉祜族	云南澜沧	1983.12—1984.8
		黄优光	男	汉族	广东大埔	1983.12—1984.10
	常委	鲁华堂	男	汉族	云南宁洱	1980.10—1983.12
		陶兴堂	男	汉族	云南景东	1980.10—1982.10
		陈兴武	男	佤族	云南澜沧	1980.10—1983.12
		李树森	男	汉族	云南宁洱	1980.10—1984.10
		魏岩刀	男	佤族	云南西盟	1980.10—1984.10
		陈关厚	男	汉族	云南景东	1983.12—1984.10
		赵国和	男	佤族	云南思茅	1983.12—1984.10
第四届（1984.10—1987.8）	书记	魏应昌	男	佤族	云南澜沧	1984.10—1987.8
	副书记	岩　秒	男	佤族	云南西盟	1984.10—1987.8
		黄优光	男	汉族	广东大埔	1984.10—1987.8
		朱卫民	男	汉族	云南昆明	1986.6—1987.8
		张忠德	男	拉祜族	云南澜沧	1986.6—1987.4
		魏岩广	男	佤族	云南澜沧	1987.4—1987.8
		张才成	男	汉族	云南景东	1987.5—1987.8

续表 14-1

届次	职务	姓名	性别	民族	籍贯	任职时间
第四届（1984.10—1987.8）	常委	张岩松	男	佤族	云南西盟	1984.10—1987.8
		陈关厚	男	汉族	云南景东	1984.10—1987.8
		江宗祝	女	汉族	云南保山	1984.10—1987.8
		胥绍祥	男	汉族	云南景东	1984.10—1987.8
		赵国和	男	汉族族	云南思茅	1984.10—1987.8
		李发云	男	哈尼	云南墨江	1984.10—1987.8
第五届（1987.8—1990.3）	书记	魏应昌	男	佤族	云南澜沧	1987.8—1990.3
	副书记	张岩松	男	佤族	云南西盟	1987.8—1990.3
		魏岩广	男	佤族	云南澜沧	1987.8—1990.3
		张才成	男	汉族	云南景东	1987.8—1990.3
		朱卫民	男	汉族	云南昆明	1987.8—1989.8
	常委	岩　秒	男	佤族	云南西盟	1987.8—1990.3
		赵平云	男	彝族	云南宁洱	1987.8—1990.3
		江宗祝	女	汉族	云南保山	1987.8—1990.3
		瓦祖云	男	白族	云南思茅	1987.8—1990.3
第六届（1990.3—1993.3）	书记	魏岩广	男	佤族	云南澜沧	1990.3—1993.3
	副书记	岩　秒	男	佤族	云南西盟	1990.3—1993.3
		赵平云	男	彝族	云南宁洱	1990.3—1993.3
		李发云	男	哈尼族	云南墨江	1990.3—1993.3
		张正福	男	哈尼族	云南墨江	1992.5—1993.3
	常委	瓦祖云	男	白族	云南思茅	1990.3—1993.3
		江宗祝	女	汉族	云南保山	1990.3—1993.3
		王福生	男	哈尼族	云南墨江	1990.3—1992.10
		张正福	男	哈尼族	云南墨江	1990.3—1992.5
		李成镑	男	汉族	云南宁洱	1990.3—1993.3
		杨培兴	男	汉族	云南思茅	1990.3—1993.3
第七届（1993.3—1998.2）	书记	赵平云	男	彝族	云南宁洱	1993.3—1998.2
	副书记	魏　红	女	佤族	云南西盟	1993.3—1998.2
		张正福	男	哈尼族	云南墨江	1993.3—1998.2
		魏岩本	男	佤族	云南西盟	1993.3—1998.2

续表 14-1

届次	职务	姓名	性别	民族	籍贯	任职时间
第七届（1993.3—1998.2）	常委	杨培兴	男	汉族	云南思茅	1993.3—1994.7 1996.8—1998.2
		罗正义	男	哈尼族	云南江城	1993.3—1996.6
		聂　龙	男	佤族	云南西盟	1993.3—1996.7
		刘文舜	男	汉族	云南墨江	1993.3—1995.8
		李天生	男	汉族	云南宁洱	1995.7—1998.2
		周荣清	男	汉族	云南墨江	1995.3—1996.8
		胡连贵	男	汉族	云南牟定	1995.10—1998.1
		瓦祖云	男	白族	云南思茅	1996.4—1998.2
		鲁　斌	男	汉族	云南宁洱	1996.6—1998.2
第八届（1998.2—2003.2）	书记	赵平云	男	彝族	云南宁洱	1998.2—1999.8
		刘文舜	男	汉族	云南墨江	1999.8—2001.11
		张善强	男	汉族	云南景东	2001.11—2003.2
	副书记	魏岩本	男	佤族	云南西盟	1998.2—2003.2
		魏　红	女	佤族	云南西盟	1998.2—1998.3
		李天生	男	汉族	云南宁洱	1998.2—2001.4
		岩　采	男	佤族	云南西盟	1998.3—2003.2
	常委	杨培兴	男	汉族	云南思茅	1998.2—2002.12
		鲁　斌	男	汉族	云南宁洱	1998.2—2003.2
		柴天向	男	哈尼族	云南墨江	1998.2—2003.2
		魏艺红	女	佤族	云南西盟	1998.2—1999.3
		瓦祖云	男	白族	云南思茅	1998.2—1999.8
		巴建红	男	汉族	云南曲靖	1999.8—2002.7
		金玉品	男	汉族	云南思茅	2000.11—2002.12
		郑向东	男	汉族	内蒙古满洲里	2002.7—2003.2
		岩　再	男	佤族	云南孟连	2002.8—2003.2
		金　文	男	汉族	云南思茅	2002.12—2003.2
第九届（2003.2—2006.6）	书记	张善强	男	汉族	云南景东	2003.2—2004.5
		杨卫东	男	汉族	云南宁洱	2004.5—2006.6
	副书记	岩　采	男	佤族	云南西盟	2003.2—2003.10
		柴天向	男	哈尼族	云南墨江	2003.2—2006.5
		鲁　斌	男	汉族	云南宁洱	2003.2—2006.6
		金　文	男	汉族	云南思茅	2003.2—2006.5
		岩　再	男	佤族	云南孟连	2003.10—2006.6

续表 14-1

届次	职务	姓名	性别	民族	籍贯	任职时间
第九届（2003.2—2006.6）	常委	郑向东	男	汉族	内蒙古满洲里	2003.2—2006.6
		叶 林	女	佤族	云南西盟	2003.2—2006.6
		赵振华	男	佤族	云南西盟	2003.2—2005.2
		魏岩斋	男	佤族	云南西盟	2003.2—2006.6
		胡良波	男	汉族	四川自贡	2003.2—2004.6
		马恒荣	男	彝族	云南景东	2003.10—2004.6
		金 文	男	汉族	云南思茅	2003.2—2006.6
		杨 斌	男	汉族	云南玉溪	2005.2—2006.6
		魏岩松	男	佤族	云南西盟	2005.2—2006.1
第十届（2006.6—2008.12）	书记	高建林	男	汉族	云南景谷	2006.6—2008.12
	副书记	岩 再	男	佤族	云南孟连	2006.6—2007.11
		鲁 斌	男	汉族	云南宁洱	2006.6—2007.2
		沐忠华	男	哈尼族	云南墨江	2007.10—2008.12
		魏艺红	女	佤族	云南西盟	2007.11—2008.12
	常委	郑向东	男	汉族	内蒙古满洲里	2006.6—2007.10
		叶 林	女	佤族	云南西盟	2006.6—2008.12
		魏岩斋	男	佤族	云南西盟	2006.6—2007.6 2007.12—2008.12
		杨 斌	男	汉族	云南玉溪	2006.6—2007.11
		赵文荣	男	汉族	云南景谷	2006.6—2008.12
		杨绍武	男	哈尼族	云南宁洱	2006.6—2008.12
		唐 耀	男	汉族	云南思茅	2006.6—2008.12
		岩 东	男	佤族	云南西盟	2006.6—2008.12
		张丽华	女	傣族	云南澜沧	2007.6—2008.12
		吴开国	男	汉族	贵州遵义	2007.10—2008.5
		王延伟	男	汉族	云南鲁甸	2008.5—2008.12

说明：书记、副书记在常委栏中略

第三节 中共西盟县委常委会及重大决策

一、第三届县委常委

1980 年 11 月 5 日，听取县委常委陈关厚传达地区科技档案会议精神，决定档案工作的机构、人员设置、配备问题及保密工作，研究干部调配及政府班子配备事宜。

1981 年 5 月 18 日，研究批准成立县人大、县政府、县人民法院、县人民检察院党组。

1981 年 12 月 7 日，决定干部编制问题和培养选拔中、青年干部的五年规划。

1982 年 12 月 29 日，讨论 1982 年工作总结，研究 1983 年计划、1985 年规划、1990 年纲要及 2000 年设想。

1983 年 1 月 7 日，讨论县委第三届五次全体（扩大）会议的工作报告；7 月 27 日，听取勐梭公社“两山一地”试点工作总结，研究部署全县“两山一地”工作意见；10 月 20 日，研究县级机构改革有关问题，决定在 11 月底前搞好县级五套班子的改革；12 月底前做好各部、委、办、局的改革及领导干部的调整。

1984 年 7 月 2 日，研究锡矿建设和经济改革问题，并确定领导小组及成员。

二、第四届县委常委

1984 年 11 月 21 日，同意组织部关于对具有大专学历的教师，给予每年每人报销书刊费 20 元的报告，并在教育经费内列支。

1985 年 5 月 4 日，讨论审批县政府及西盟镇党组织成员，研究农转非人员；5 月 11 日，研究农村工作分片包干的责任制，研究《关于国民经济计划五年规划》，研究关于上层头人岩顶等人回归的问题。

1986 年 12 月 5 日，决定对离退休后仍居住在本县的老干部给予每人每月 20 元补贴、居住在外地的给予每人每月 10 元补贴。

三、第五届县委常委

1990 年 2 月 18 日，县组织史资料编纂领导小组编纂的《中国共产党云南省西盟佤族自治县组织史资料·云南省西盟佤族自治县政权、军事、统战群团系统组织史资料》出版发行；5 月 27 日，研究决定：表彰 1991 年度先进基层党组织 13 个、优秀党务工作者 13 人、优秀党员 51 人；5 月 30 日，决定成立金融系统党组；10 月 29 日，研究决定给陈瑞荣等 10 位人员升级奖励。

四、第六届县委常委

1991 年 11 月 3 日，决定按照“统一规划，先易后难，开沟与挖田配套，投入与任务配套，组织领导与工程项目配套”的原则，每年新开水田 5000 亩，新开台地 1000 亩，坚持 10 年，实现固定耕地。

1992 年 3 月 9 日，研究调整常委联系乡（镇）工作，同意县政府党组《关于成立娜妥坝办事处的请示》，隶属县政府派驻机构，行政编制 5 人，为乡级级格，设乡局级领导职数 1 名。

五、第七届县委常委

1993 年 4 月 29 日，决定在全县干部中开展论绩评功活动，并成立领导小组，赵平云任组长，魏红、张正福、刘文舜、尼桑任副组长，同意《关于县纪委、监察局机关合署办公机构设置方案和有关问题的请示》，机构设置为 4 室，人员编制 12 人；10 月 7 日—9 日，传达中央和省委关于开展反腐败工作的决定，并研究部署贯彻落实方案。

1996 年 4 月 17 日，学习《中国共产党地方委员会工作条例（试行）》，并研究布置贯彻意见；4 月 29 日，传达学习地委县（市）处干部会议精神，总结分析全县 1 月—3 月党建工作和经济工作，研究部署贯彻落实措施及工作要点。

1997 年 2 月 28 日，研究安排缅怀、悼念邓小平活动的有关事项；5 月 20 日，研究、部署党建工作，会议决定：要按照党中央讲政治、讲大局、讲党性、讲团结、讲正气的要求，扎扎实实抓好党建工作；7 月 17 日，研究决定表彰西盟县首批优秀公务员；9 月 26 日，听取中共十五大党代表、县长魏红传达十五大精神和省委、地委的部署，并制订学习、贯彻、宣传十五大精神的方法、措施；12 月 23 日，县人大、县政府副县长、县政协、县纪委主要领导参加会议，会议通报了西盟县 1997 年国民经济和社会发展执行情况，分析了经济社会发展形势，提出 1998 年经济工作总体要求和经济工作主要任务及当前一个时期要抓的工作。

六、第八届县委常委

1998 年 5 月 6 日，研究分析 1 月—4 月全县经济运行情况，总结农业和农村工作；5 月 15 日，决定在全县各级领导干部中贯彻执行云南省各级领导干部“五不准”，在此基础上执行西盟县各级领导干部“七不准”：一是不准用公款吃喝娱乐，不准参与用公款吃喝娱乐；二是不准参加用公款支付的营业性歌厅、舞厅等娱乐；三是不准用公款学驾车；四是不准参与或支持色情、吸毒、迷信、赌博活动；五是不准在执行公务中“索、卡、要”；六是不准违反规定乱收费、乱摊派；七是不准在建房或装修住房、买车、购置办公设备中要求下属或企业出钱出力。

1999 年 2 月 9 日，传达贯彻落实全区“三干会”精神，提出贯彻落实措施，部署年度工作；10 月 25 日，决定在执行《关于严禁正副科局级领导干部驾车的规定》的基础上作出如下补充规定：1. 严禁党政机关事业单位行政事业人员驾公车（专职驾驶员除外），一经发现，除按县委文件规定有关条款处罚外，副科级以上领导干部调离原单位；2. 党政机关、事业单位行政人员驾驶公车肇事者（专职驾驶员除外），后果自负，赔偿全部经济损失，并作降职处理。所补充的规定从 11 月 10 日起执行。

2000 年 3 月 21 日，决定并报经思茅地委批准，成立西盟县经济贸易区，辖老县城居民社区和娜妥坝经济贸易区，娜妥坝经济贸易区改设为娜妥坝办事处，机构为副科级；10 月 31 日，决定扶贫挂钩事宜：副科级以上实职领导干部每人挂钩一个村民小组，副县级以上领导干部每人挂钩连片种植甘蔗乡（镇）的村民小组，省、地、县企业，每个单位挂钩一个村民小组，总工会和经贸委挂钩企业单位。

2001 年 7 月 30 日，决定撤销城乡建设环境保护局，分设成为环境保护局和城乡建设局，均为正科级单位，勐梭龙潭自然保护区管理局隶属环境保护局，实行“一个机构、两块牌子”。

2002 年 3 月 20 日，会议听取宣传部部长周荣清关于全县宣传思想政治工作和广播电视局、文体局的情况汇报，决定进一步提高对宣传工作的认识，进一步明确形势和任务。

七、第九届县委常委

2003 年 10 月 10 日，决定并报思茅地委和行署同意，西盟县糖厂由孟连县糖厂租赁经营。

2004 年 6 月 4 日，研究通过《西盟县社会治安综合治理实施方案》《中共西盟县委、县人民政府关于加快阿佤文化旅游业发展的决定》《关于实施“云岭先锋”工程的实施方案》，传达思茅市第一届人民代表大会第一次会议精神；12 月 3 日，讨论决定《西盟佤族自治县矿产资源管理办法》，安排部署龙潭新村建设工作；12 日，决定农村工作采取“五挂钩”措施，即：每名县委常委成员挂钩 1 个乡（镇），每名副科级以上干部挂钩 1 个村民小组，每名下放包村干部挂钩 3 户科技示范户，每名乡镇干部挂钩 3 户贫困户，每名村干部挂钩 3 名入党积极分子。

2005 年 1 月 28 日，听取财政局汇报 2005 年财政收支预算情况，并明确财政资金 10 万元以上的支出由常委会研究决定、10 万元以下由县长办公会或政府党组会研究决定，讨论通过车辆购置及调配、人武部的办公楼建设资金、龙潭酒店和白糖厂拍卖事宜；4 月 20 日，讨论决定成立商务局和安全生产管理局事宜，商务局与经贸局实行“一个机构、两块牌子”，安全生产管理局从经贸局划出，属一级局，设领导 1 正 2 副，编制从经贸局中调出 6 个，行政编制 5 个，事业编制 1 个，研究决定干部人事调整，推荐全国文明单位和精神文明建设工作先进单位，关于违纪违法干部党内处分问题；8 月 16 日，讨论通过县处级后备干部民主推荐方案和乡镇干部考察及任职，同意县政协增设“民族宗教法制委员会”和“港澳台侨委员会”，编制从政协内部调整和“三级联创”先进单位的申报；10 月 9 日，研究决定干部人事调整事宜，同意县人大增设农业和环境资源委员会，为正科级，编制 2 人，领导 1 人，研究决定乡镇撤并工作及第二届城镇社区党组织换届工作和“十一五”规划编制工作。

八、第十届县委常委

2006 年 8 月 21 日，研究龙潭景区司岗里佤族村庄和龙摩爷景点打造和提升；确定旅游局性质为事业单位，人员争取参照公务员管理；同意旅游局购置 1 辆 25 万元以内的公务用车，县政府补助 5 万元，其余资金自筹。研究集体林权制度改革试点工作有关事宜：林改经费按计划核拨 6 万元，不足部分再积极向上争取；勐梭龙潭自然保护区与群众集体林和自留山的争议问题，同意从保护区内调整出一定面积作为大寨、南规、里坎、富母乃组的集体林，纳入林改，承包到无林农户；班母村第 70 号林班国有林和集体林权属不清问题，同意纳入集体林承包；他朗村第 19 号林班国有林和集体林交叉持证问题；同意工商联开发武装部后山土地，但必须严格按照有关规定和程序完备各种手续；同意开发建设思茅柏枝寺西盟干休所以及县二中搬迁事宜。

2007 年 1 月 11 日，研究《中共西盟县委、县人民政府关于进一步加快非公有制经济发展和引进外来投资若干实施意见》；研究同意勐卡镇举办 2007 年“佤族木鼓节”，但不计届数，县财政给予补助活动经费 18 万元，不足部分由勐卡镇自筹；研究《西盟县公务接待暂行办法》。

2008 年 1 月 3 日，研究同意《中共西盟县委、县人民政府关于加快推进和谐社区建设的实施意见（讨论稿）》；研究同意县政协党组提出的政协九届委员会委员人选建议名单；研究同意组织部《关于进一步理顺县直属单位党组织的意见》，成立县直属机关委员会，公安局党委、经济和商务局党委、教育局党委由县委直接领导；研究同意解决 2007 年城镇退役士兵自谋职业补助经费；研究同意县政府党组《关于提请研究调整国家重点公益林的请示》。3 月 17 日，同意召开县直属机关党委第一次会议；同意县政府党组《关于深入城镇住房建设的实施方案》和《县级机关事业单位职工住房补贴支付办法（暂行）的请示》；同意县政府党组《关于蚕房建设扶持办法的请示》。4 月 22 日，研究按照 2003 年《中共云南省委关于加强新时期工会、共青团、妇联工作的意见》，将 3 个单位的专项工作经费纳入财政预算，每年均安排 2 万元，下旬，召开全县工青妇工作会议；决定成立“西盟佤族自治县老干部党校”，与老年大学“一套人员、两块牌子”，不增加人员编制；对部分生活困难的离退休老干部给予适当补助，补助从 2008 年 1 月 1 日起执行；决定成立畜牧兽医局，为正科级，领导 3 人，1 正 2 副，核定编制数由原来的 22 人增至 27 人；决定成立县项目建设领导小组办公室，为正科级，挂靠县政府发展和改革局，事业编制 6 人（增 3 人），领导 2 人（1 正 1 副）；决定城镇职工基本医疗保险基金管理中心机构升格为副科级，编制 8 人，领导 1 人。6 月 26 日，研究同意县委组织部《关于表彰县级先进基层党组织、优秀共产党员和优秀党务工作者的请示》及召开纪念建党八十七周年“云岭先锋工程”会议有关事宜；研究同意党校机构规格为正科级，领导 3 人，校长 1 人（由县委副书记兼任不占编制数），常务副校长 1 人（正科），副校长 1 人（副科），内设综合、教务、理论研究和总务室，事业编制 9 人（6 人纳入参公管理，3 人为事业编制）；同意国土资源局增加 1 个副科级领导职数；研究同意县政府党组《关于提请研究决定城市报警与监控系统建设经费的请示》和《关于深化集体林权制度改革配套政策有关事宜的请示》。9 月 3 日，研究同意县纪委《关于进一步完善纪检监察机关派驻机构统一管理工作的意见》和 14 个纪检组、3 个纪委的 33 人编制中收回管理 22 人。9 月 25 日—26 日，研究同意用土地抵押贷款的形式，积极筹集勐卡镇至娜妥坝、南康河至翁嘎科公路改建工程的配套资金；研究用土地和森林抵押贷款，建设澜沧至西盟二级公路，安排 10 万元工作经费；研究安排 50 万元作为龙潭大酒店修缮设计经费；研究追加 20 万元用于蚕桑种植补助经费；研究安排世行项目配套资金 9.6 万元；研究核拨兑现 2008 年高考成绩奖励经费 23.66 万元。10 月 28 日，原则同意《关于县城中心片区东北方向小山包开发问题调处意见的请示》。12 月 16 日，研究同意《西盟县乡科级干部行为准则》和《西盟县财政资金管理办法》；研究安排西盟会堂修缮经费 25 万元；研究同意执行人民警察岗位津贴（从 2006 年 7 月 1 日补发）。

第四节　机关党组织

一、县级机关党组

（一）县政府党组

1979 年 4 月恢复。至 2008 年 12 月，党组成员由 5 人 ~ 7 人组成，设书记、副书记各 1 人。

（二）县人大常委会党组

1981 年 5 月 18 日成立。至 2008 年 12 月，党组成员由 5 人 ~ 7 人组成，设书记、副书记各 1 人。

（三）县人民法院党组

1981 年 5 月 18 日成立。至 2008 年 12 月，党组成员由 5 人组成，设书记、副书记各 1 人。

（四）县人民检察院党组

1981 年 5 月 18 日成立。至 2008 年 12 月，党组成员由 5 人组成，设书记、副书记各 1 人。

（五）县政协委员会党组

1989 年 10 月成立。至 2008 年 12 月，党组成员由 5 人 ~ 7 人组成，设立书记、副书记各 1 人。

（六）县地税局党组

1994 年 6 月成立。至 2008 年 12 月，党组成员由 3 人组成，设书记 1 人。

（七）县国税局党组

1996 年 8 月成立。至 2008 年 12 月，党组成员由 3 人组成，设书记 1 人。

（八）县工商局党组

1999 年 8 月成立。至 2008 年 12 月，党组成员由 3 人组成，设书记 1 人。

（九）县工商联党组

2005 年成立。至 2008 年 12 月，党组成员由 3 人组成，设书记 1 人。

二、党委

（一）县武装部党委

1978 年 1 月至 2008 年 12 月，党委委员由 5 人 ~ 7 人组成，县委书记兼任武装部党委第一书记，部长或政委任党委书记。

（二）县商业局党委

1978 年 6 月至 1996 年 8 月，党委成员由 5 人组成，设正、副书记各 1 人。1996 年 8 月 2 日，商业民贸总公司党委成立。2002 年 5 月，撤销商业民贸总公司党委，设 1 个党总支，设书记 1 人。

（三）县边防大队党委

1980 年 1 月成立。至 2003 年，党委书记由公安局局长兼任，副书记由大队长担任。2004 年—2008 年，党委书记由大队政委担任。

（四）县公安局党委

1980 年 9 月成立。1986 年 7 月，改为党组。1989 年 2 月，恢复党委。至 2008 年 12 月，党委成员由 5 人 ~ 7 人组成，设正、副书记各 1 人。

（五）县锡矿厂党委

1988 年 11 月 24 日成立。2002 年，撤销锡矿厂党委，设 1 个党总支，设书记 1 人。

（六）县教育局党委

1989年12月12日成立。党委书记由局长兼任，设专职副书记1名，负责党委日常工作。1996年8月2日，撤销教育局党委，成立教育与科技技术委员会党委。1997年8月，教育与科技委员会党委分开。2000年6月，教育局党委成立。2002年，教育与科技委员会党委合并，称科技教育局党委。2004年1月，改称教育局党委。局长不再兼任书记，由县委任命书记负责党委工作。至2008年，设党委正、副书记各1人。

（七）县经济商务局党委

2002年6月，撤销商业局党委和锡矿党委，分设3个党总支，归属商务局党委。至2008年12月，设正、副书记各1人。

（八）乡（镇）党委

1978年1月至1984年1月，设莫窝、傈傈、翁嘎科、勐梭、中课、新厂、岳宋7个公社党委。1984年2月，公社党委改称为区委。同时，增设西盟镇党委。1988年2月，进行区乡体制改革，设7个乡（莫窝、傈傈、翁嘎科、勐梭、中课、新厂、岳宋）、1个镇（西盟）、8个党委。1995年12月，娜妥坝党委成立。2001年6月30日，娜妥坝党委与西盟镇党委合并。2006年1月，莫窝乡与西盟镇合并，勐卡镇党委成立。至2008年12月，设5个乡（新厂、力所、岳宋、翁嘎科、中课）、2个镇（勐梭、勐卡）党委。

第五节　机　构

一、县委机构设置

1988年10月，调整工作机构，县委农村工作部改称为县委农村政策调研室；11月，县委批准中共西盟县委机关工作委员会成立，为县委的派出机构。

1994年1月1日，西盟县党政机构改革，组织部和老干部局合署办公。

1996年10月，县党政机构改革时，根据《中共西盟县委、县人民政府关于转发〈中共思茅地委、思茅地区行政公署关于西盟佤族自治县党政机构改革方案的批复〉的通知》，将保密委、机要局、农村政策调研室并入县委办公室，老干局、机关党委并入县委组织部管理。改革后的县委工作机构有办公室、组织部、宣传部、统战部、政法委。

2002年5月，根据《中共云南省委、云南省人民政府关于云南省地县乡机构改革的实施意见》和《中共思茅地委、思茅地区行政公署关于西盟县机构改革方案的批复》文件精神，结合县委各部门、县人大常委会、县政协委员会、群众团体的实际制定编制数方案。机构改革后县委设7个部门、1个部管局、1个事业单位，有编制78人。其中，行政编制56人，事业编制17人，老干编制5人。

2008年，县委工作机构有县委办公室、组织部、宣传部、统战部、政法委、直属机关党委、老干部局、党史研究室。有编制61人，其中，行政编制47人，事业编制14人。

二、县委办公室

1978年1月，县委机构仅设办公室。1987年，县委办公室内设秘书科、行政科、信息科。1996年10月，党政机构改革时，保密委、政研室、机要局等部门挂靠县委办公室，由县委办公室进行管理。办公室内设秘书科、督查室、行政科、信息科等工作机构。2002年5月，办公室行政编制24人，事业编制5人，实有29人（含乡镇保密人员）。2008年，办公室内设秘书科、督查室、行政科、信息科。行政编制28人，工勤编制7人（含政策研究室、机要局、保密局、关工委）。

历任县委办公室主任：王吉清（1978 年 1 月至 1980 年 3 月）、陶兴唐（1981 年 5 月至 1982 年 10 月）、陈关厚（1984 年 1 月至 1987 年 10 月）、魏岩广（佤族，1988 年 2 月至 1990 年 3 月）、王福生（哈尼族，1990 年 3 月至 1992 年 10 月）、罗正义（哈尼族，1992 年 10 月至 1996 年 6 月）、鲁斌（1996 年 6 月至 2003 年 3 月）、胡良波（2003 年 4 月至 2004 年 7 月）、杨绍武（哈尼族 2005 年 4 月至 2008 年 12 月）。

第二章 纪检 监察

第一节 宣传教育

1978 年—1979 年，县纪委贯彻执行中共十一届三中全会确定的路线、方针、政策，把工作重点从 1978 年前着重抓查处党员违纪案件扩展到维护党纪法规、端正党风上来。围绕这个中心，开展对党组织和党员的党性、党风、党纪教育。1979 年以后，党员培训形成制度，每年同组织部、宣传部等部门，结合贯彻中央的重大方针、政策，抓好党员的培训工作，统一党员的思想认识。

1980 年—1990 年，结合学习《关于党内政治生活的若干准则》，县纪委根据全县党组织和党员存在的实际问题，制定相关规章制度。组织学习《党员必读》《邓小平在全国科技大会上的讲话》《陈云在端正党风经验交流会上的讲话》《中共云南省委关于处理向东升的通告》等，把党纪、党性教育作为端正党风的主要任务来抓。举办领导干部培训班 18 期、1100 人次，通报违纪案件 6 件。

1991 年—2000 年，组织乡科级以上党员干部参加党纪法规考试；组织全县党员干部学习中纪委 8 个规定，省纪委 3 个暂行规定，中纪委二、三、四次全会精神和江泽民总书记在中央全会上的讲话，《邓小平理论》第一、二、三卷及有关市场经济、廉政建设、反腐败等重要论述；组织广大党员干部观看电影《新中国第一案》，录像《纪委书记》《沉钟》《贿赂忧思录》《周恩来在大连》《权利在失去监督的时候》《孔繁森事迹报告会》《生死抉择》；组织全县副科级以上领导参加警示教育大会，通报胡长清、成克杰等重大典型违纪案件。充分利用各种媒体广泛宣传《中国共产党纪律处分条例》《中国共产党党员领导干部廉洁从政若干准则》《中华人民共和国行政监察法》。

2001 年—2008 年，每年开展全县党风廉政教育月活动，其间，组织党员干部参加党性、党风、党纪知识竞赛活动。号召全县干部职工向优秀党员领导干部汪洋湖学习。收看电视教育片《一心为民好书记郑培民》《忠诚卫士》《昆明国土资源管理违反〈云南省公务员八条禁令〉查处情况》《〈党员权利保障条例〉讲座》《人民的贴心人—牛玉儒》。组织各级各部门召开会议，学习贯彻《中共中央关于加强和改进党的作风建设的决定》、中共十六大报告、《中国共产党章程》、《“三个代表”重要思想学习纲要》、《领导干部从政行为规范》、《云南省公务员八条禁令》、中共中央总书记胡锦涛在西柏坡考察时的重要讲话、《中国共产党党内监督条例（试行）》和《中国共产党纪律处分条例》《中华人民共和国行政监察法》《建立健全教育、制度、监督并重的惩治和预防腐败体系实施纲要》《中华人民共和国行政许可法》等。印发《关于西盟县党风廉政建设宣传教育工作安排意见》《西盟县反腐倡廉宣传教育联席会议制度暨成员单位责任分工通知》。开展李嘉廷严重违法违纪典型案件的警示教育，全县副科级以上领导干部撰写心得体会。各党支部召开座谈会，查找领导干部思想作风、生活作风等方面存在的问题，并制定整改措施。县纪委、县监察局组织题为“唱响反腐倡廉正气歌，以廉为荣，以贪为耻”的党风廉政建设大型文艺晚会，有 13 个单位、527 名党员干部参加演出，县级机关 1100 余名党员、干部观看了演出。

2007 年，组织县处级领导干部、乡（镇）党委书记、乡（镇）长到市委党校、普文劳改农场进行警示教育。

第二节　信访与案件查处

一、信访

1984 年—2008 年，县纪检监察机关共受理来信来访 196 件（来信 103 件、来访 93 件），办结 179 件，办结率 91.36%。通过办理信访，为 51 名干部澄清了事实。

1984 年—2008 年部分年份西盟县纪检机关受理来信来访情况表

表 14-2　单位：件

年份＼名称	受理数	其中		办结率（%）	年份＼名称	受理数	其中		办结率（%）
		来信数	来访数				来信数	来访数	
1984	30	15	15	73	2004	9	5	4	100
1987	19	12	7	100	2005	10	6	4	80
1988	14	5	9	100	2006	21	9	12	100
2000	15	10	5	100	2007	17	10	7	52
2001	42	21	21	100	2008	9	5	4	100
2003	10	5	5	100	合计	196	103	93	91.36

二、案件查处

1984 年—2008 年，县纪检监察机关共立案查处违法党纪、政纪的党员干部职工 72 人（件），其中，党纪处分 49 人（开除党籍 12 人）；政纪处分 23 人（开除公职 4 人）。

1984 年—2008 年部分年份西盟县纪检机关查处违纪人员情况表

表 14-3　单位：人

年份＼名称	党纪处分		政纪处分		年份＼名称	党纪处分		政纪处分	
	查处	其中开除党籍	查处	其中开除公职		查处	其中开除党籍	查处	其中开除公职
1984	—	—	3	3	2000	2	—	1	—
1987	5	—	1	—	2001	3	—	6	—
1988	8	2	—	—	2004	2	—	1	—
1992	10	—	—	—	2005	4	2	2	—
1993	6	3	2	—	2006	1	1	1	1
1997	3	—	2	—	2007	1	1	1	—
1998	1	1	—	—	2008	3	2	3	—
1999	—	—	—	—	合计	49	12	23	4

第三节 党风廉政建设

2000 年，西盟县党风廉政建设领导小组成立，制定了《党风廉政建设意见》《西盟县党风廉政建设责任量化考核办法》。同年 5 月 18 日—19 日，县委召开全县党风廉政建设工作会议，并与各乡（镇），县属各部、委、办、局主要领导签订了《廉政合同书》。之后，每年年初，县委、县政府与各乡镇党委、县人民法院、县人民检察院和县机关党委签订《党风廉政建设责任书》，坚持半年开展一次督促检查。年底，严格按照《西盟县党风廉政建设责任量化考核办法》进行考核。

2005 年，县委、县政府与 65 个单位、乡（镇）签订《廉政建设量化考核责任书》。县委组织有关部门组成两个党风廉政建设责任制考核组，于 10 月 19 日—26 日对各乡（镇）、县属单位党委（党组）工委贯彻落实党风廉政建设责任制情况进行考核，考核采取听汇报、查阅资料、座谈走访、量化打分方式进行。被考核乡镇、单位都能认真抓好党风廉政建设责任制的落实，做到党风廉政工作与经济工作和其他工作统一研究、统一部署、统一落实，一级抓一级、层层抓落实。坚持党委统一领导，党政齐抓共管，纪委组织协调，部门各负其责，依靠群众支持和参与的领导体制更加完善，推进了全县党风廉政建设和反腐败斗争的深入开展。

2007 年，党风廉政建设责任制考核单位有 43 个，经过考核，优秀单位 9 个、合格 32 个、基本合格 2 个。

2008 年，对 5 个乡、2 个镇、37 个县属部门进行了考核，优秀单位 8 个、合格 34 个、基本合格 2 个。

第四节 监督检查

1978 年—2008 年期间，县纪委围绕全县中心工作，进一步加强对党的路线、方针、政策和中央、省、市、县“保增长、保民生、保稳定”重大决策部署的监督检查，切实为实施“基础立县、产业强县、开放活县、文化兴县、固边稳县”战略和建设“绿色西盟、生态家园、活力佤山、和谐边陲”做好服务。加强“非典”期间违纪违法行为的监督检查，参与安全责任事故的调查。加大对新增投资项目、信贷、社保、住房、扶贫、强农惠农及民生政策等专项资金管理使用情况的监督检查。严明党的纪律，尤其是政治纪律，保证党的路线、方针、政策的贯彻执行，确保政令畅通。会同有关部门重点对加强和改善宏观调控、价格监管、节能减排、土地管理、生态环境保护、矿产资源开发等重大政策措施落实情况的监督监察。坚决整治歪风邪气，严肃换届工作纪律，营造了风清气正的发展环境。严格执行《中国共产党党内监督条例》《中国共产党纪律处分条例》和《中国共产党党员权利保障条例》等党内重要法规。建立健全民主生活会、述职述廉、诫勉谈话、任前谈话、廉政承诺、党员领导干部报告个人重大事项和纪委书记对下级党政主要领导谈话等制度。开展党政领导干部任期情况检查，加强对县属部门领导班子及其成员的监督。加强农村党风廉政建设，制定并落实《关于全西盟县党务、政务、村务、厂务公开工作协调机制的通知》。推进“阳光政府”工程，综合运用职能、审计、纪律监督手段，切实加强对领导干部的监督。

第五节 行政监察

1987 年—2008 年期间，依据《中华人民共和国行政监察法》，充分发挥行政监察职能作用，加强执法监察、廉政监察和效能监察，会同有关部门加强对扶贫、社保资金、救灾救济等专项资金管理使用的监督检查。推行领导干部问责四项制度。围绕贯彻《中华人民共和国公务员法》《中华人民共和国行政许可法》等法律法规，参与重特大事故调查。依据《行政机关公务员处分条例》《行政监察法实施条例》，严肃查处违反行政纪律的案件，开展行政不作为、作为不到位和乱作为等行为的行政问责，促进政府部门及其工作人员转变作风，依法行政、廉政勤政。加强行政监察，促进依法行政。建设法治政府，严格执行重大投资项目、重大资源开发利用、财政追加预算支出、国有资产处置审批制度，促进依法行政，规范行政审批事项。加强对扩大内需促增长、工程建设领域突出问题专项治理工作和抗旱救灾资金物资管理使用情况的监督检查；加强对全县扶贫项目建设和资金管理使用情况等监督检查；加强对社保、城乡低保、惠农强农资金管理使用情况的监督检查。建设责任政府，加大问责力度，对违纪党员领导干部和国家工作人员实行问责，有力促进了各级各部门转变作风抓落实。建设阳光政府，促进廉洁从政。建立政府及政府部门信息公开网站平台 63 个，共计发布信息 7469 篇（条），59 个单位开通“96128”专线，促进公开透明、廉洁从政，严格执行工程建设廉政合同制。建设效能政府，提高行政效能。推行行政效能管理、行政成本控制、行政行为监督、行政能力提升四项制。加强对四项制度执行情况的监督检查，促进行政行为提升、行政行为规范、控制和降低行政成本，提高行政效能。把纠风治乱作为构建和谐社会的组成部分，充分依靠人民群众持续纠正治理损害群众利益的不正之风，会同有关部门认真开展治理教育乱收费、纠正医药购销和医疗服务中的不正之风、减轻农民负担等工作，继续巩固治理公路“三乱”成果。针对损害群众利益的新情况新问题，专项整治土地征用、资源开发、农民工工资支付、安全生产、环境保护、食品药品安全、社保基金管理等方面群众反映强烈的问题，维护群众的切身利益。

第六节 机 构

1978 年，改称县监察委员会、纪律检查委员会。1980 年，改任命制为选举制，县纪律检查委员会由历次党代会选举产生，并向党代会报告工作。1983 年，机构改革，县纪律检查委员会升格为副县级。1993 年 5 月，县纪委、县监察局合署办公，内设办公室、案件检查室、案件审理室、信访室和党风廉政建设办公室。1996 年，党政机构改革，内设办公室、党纪教育案审室、信访检查室、党风廉政执法监察室。人员编制 9 人，领导职数 4 人。2008 年，内设办公室、干部室、党风廉政建设办、纠风办、宣教室、案件检查室、案件审理室、信访室、执法监察室。有人员 16 人，领导职数 6 人。同年 11 月，设派出第一纪工委、监察分局，第二纪工委、监察分局，第三纪工委、监察分局，第四纪工委、监察分局。有人员 12 人。

1978 年 7 月至 1980 年 9 月，张志清任县纪委书记；胡家彬任县纪委副书记。

1980 年 10 月 25 日—29 日，县纪委第一次会议选举产生纪委领导班子成员 5 人，李成镛当选为县纪委书记；张志清、张岩堆（佤族）当选为副书记。1981 年 6 月，增补段明瑞为县纪委副书记。

1984 年 10 月 25 日—29 日，县纪委第一次会议选举产生纪委领导班子成员 5 人，李成镛当选为县纪委书记；张岩堆、岩板（佤族）当选为县纪委副书记。

1987 年 8 月 17 日—24 日，县纪委第一次会议选举产生纪委领导班子成员 4 人，李成镛当选为县纪委书记；岩板当选为县纪委副书记。

1990 年 3 月 2 日—6 日，县纪委第一次会议选举产生纪委领导班子成员 6 人，李成镈当选为县纪委书记；岩板当选为县纪委副书记。

1993 年 3 月 2 日—6 日，县纪委第一次会议选举产生纪委领导班子成员 5 人，赵国忠当选为县纪委书记；岩板、张岩堆、岩肖（佤族）当选为县纪委副书记。

1998 年 2 月 9 日—13 日，县纪委第一次会议选举产生纪委领导班子成员 7 人，杨培兴当选为县纪委书记；岩板、张岩堆、岩肖当选为县纪委副书记。2000 年 6 月，增补陶明冶为县纪委副书记；2001 年 3 月，增补蒋思明为县纪委副书记。

2003 年 2 月 21 日—24 日，县纪委第一次会议选举产生纪委领导班子成员 9 人，金文当选为县纪委书记；张岩堆、岩肖当选为县纪委副书记。

2005 年 12 月，县纪委第一次会议选举产生纪委领导班子成员 9 人，金文当选为县纪委书记；岩肖、罗彪当选为县纪委副书记。2006 年 1 月，增补张晓东为县纪委副书记。

2006 年 6 月 24 日—26 日，县纪委第一次会议选举产生纪委领导班子成员 9 人，赵文荣当选为县纪委书记；岩肖、罗彪、张晓东当选为县纪委副书记。2007 年 9 月，增补岩嘎（佤族）为县纪委副书记。2008 年，增补季忠云、柳锦春为县纪委副书记。

历任监察局局长：李有唐（1988 年 1 月至 1993 年 3 月）、张岩堆（佤族，1993 年 3 月至 2005 年 12 月）、岩肖（佤族，2005 年 12 月至 2008 年 5 月）、季忠云（2008 年 11 月至 2008 年 12 月）。

第三章 组织建设

第一节 党员教育与管理

一、教育活动

（一）党员教育活动

1985 年 12 月，县委在全县开展整顿党员队伍教育活动，县委成立领导小组和办公室。采取“自上而下、先领导后党员群众、先机关后农村”的方法进行。于 1986 年 12 月结束。评选先进党支部 18 个、模范党员 175 名。

（二）社会主义思想教育

1991 年 10 月至 1992 年 1 月，全县分 2 批进行马克思列宁主义、毛泽东思想、党的基本路线、党的基本知识、爱国主义、社会主义、民主与法制、科学技术等方面的社会主义思想教育。第一批在全县 36 个村公所、340 个自然村、8523 户、25569 人中开展；第二批在乡镇机关、企事业单位中开展。

（三）“三个代表”重要思想学习教育

2001 年 1 月 15 日，县委召开全县“三个代表”重要思想学习教育动员大会，有 1000 余人参加。

2002 年 3 月 6 日，县委召开全县村级“三个代表”重要思想学习教育活动工作会议，抽派 120 名干部组成 13 个指导检查组进村入户开展学教活动。

2002 年 6 月，在县直属部门（驻西单位）、乡镇机关站所、村组分三批，开展“三个代表”重要思想学习教育。全县 70 个县属部门（驻西单位）1036 名干部，8 个乡（镇）61 个乡（镇）机关（站所）397 名干部，36 个村委会 636 名参学人员，共 2069 名学教对象（不包括教师和医生）参加学习教育。教育分学习培训、对照检查、整改提高三个阶段进行。全县共有 2083 名党员干部深入到 3108 户农户家中，走访群众 5180 人次，解决突出问题 150 个，办实事、好事 875 件。

（四）党员先进性教育

2005 年 2 月 5 日至 2006 年 6 月 30 日，分县级党政机关和部分企事业单位、城市基层和乡镇机关、农村和部分党政机关三批，每批历时半年集中开展党员先进性教育。全县 10 个党委、1 个工委、5 个党组、8 个总支、136 个党支部、3494 名党员参加学习教育。以支部为单位，召开民主生活会 560 场次；举办形势报告会 150 场次；开展革命传统教育 250 次；开展“送温暖、献爱心”620 次；为群众办实事、做好事 3686 件，受益群众 35680 人。

（五）党员电化教育

2001 年，县委组织部给 36 个行政村，均配备了 29 寸长虹电视机和步步高影碟机各 1 台。每月给各乡（镇）发放电视教育片，由乡（镇）根据实际把电视教育片发放到各村党支部，村党支部组织党员播放收看。在抓好党员电视教育片发放工作和督促各村党组织播放收看的同时，认真组织摄制乡土专题片。

2002 年，摄制党建专题《小村引路人》，此片荣获思茅地区首届党员电视教育片“观摩评比活动”二等奖。

2003 年 6 月，摄制《七有路上女能人》；12 月，摄制《青山绿树夕阳红》。

2004 年，摄制《科技先锋伍光》，此片荣获全市第二届党员电视教育片“观摩评比活动”一等奖。

2005 年，摄制《佤山一面旗》。

2006 年，摄制《佤山不会忘记》。

2008 年，摄制《窝笼村的变化》，此片荣获全市第四届党员电视教育片“观摩评比活动”一等奖。

（六）党员远程教育

2008 年，进行摸底调查工作，在电信部门的大力支持下，对有条件建设远程教育“电信模式”终端接收站点的 1 个县（设在县委组织部）、7 个乡镇（设在乡镇党委电教室）和 7 个行政村、1 个社区（设在党员电教室），共计 16 台远程教育“电信模式”终端接收站点建设工作；同时，并对播放员进行培训，建立制度，规范设备操作。

二、党员管理

（一）民主评议党员

1989 年，县委首次在全县 113 个党支部，开展民主评议党员和妥善处置不合格党员工作，参加党员 2079 名，占党员总数的 97.9%，其中，评定合格 2055 名，占 98.84%；限期改正错误 15 名，占 0.72%；劝退 7 名，占 0.34%；不合格而除名 1 名，占 0.05%；开除党籍 1 名，占 0.05%。

1994 年—2008 年，每年开展一次民主评议党员。18 年来，共评议党员 43508 人次，其中，合格党员 43421 人次，年均合格率 99.8%；不合格党员 87 名，年均不合格 0.2%。

（二）党员目标管理

1994 年，党员目标管理在全县 7 乡、1 镇和县属 5 个党委进行，全县 111 个基层党支部都开展目标管理，有党员 2185 名。1996 年，县委与 12 个党委、1 个机关党委签订目标管理责任书，各党委与 111 个党支部签订了目标管理责任书，有 2514 名党员推行党员目标管理。经考核，被县委表彰为优秀党务工作者 25 名、优秀党员 36 名。

1997 年—2008 年，县委与各党委，各党委与下级党组织签订了目标管理责任书。经考核，被县委表彰为先进基层党组织 108 个、优秀党务工作者 165 名、优秀党员 393 名。

（三）党组织和党员

1978 年，全县有 1 个机关党委、7 个公社党委、70 个党支部、1718 名党员。其中，正式党员 1706名，占党员总数的99.3%；预备党员 12名，占 0.7%。男党员 1391名，占 80.97%；女党员 327名，占 19.03%。少数民族党员 1407 名，占 81.90%。年龄 25 岁以下党员 84 名，占 4.90%；26 岁 ~ 45 岁党员 769 名，占 44.76%；46 岁 ~ 60 岁党员 865 名，占 50.35%。大学学历党员 15 名，占 0.87%；高中学历党员 61 名，占 3.55%；初中以下学历党员 1642 名，占 95.58%。工业 47 名，占 2.74%；交通、运输、邮电 47 名，占 2.74%；农、林、水、气象 1145 名，占 66.65%；商业 122 名，占 7.1%；教育、卫生 66 名，占 3.84%；机关 291 名，占 16.94%。

1995 年，全县有党委 14 个、党支部 113 个、党员 2350 名，其中，正式党员 2133 名，占党员总数的 90.77%；预备党员 217 名，占 9.23%。男党员 1999 名，占 85.06%；女党员 351 名，占 14.94%；少数民族党员 1955 名，占 83.19%。年龄 25 岁以下党员 84 名，占 3.58%；26 岁 ~ 45 岁党员 1204 名，占 51.23%；46 岁 ~ 60 岁党员 1062 名，占 45.19%。大学学历党员 157 名，占 6.68%；高中学历党员 170 名，占 7.23%；初中以下学历党员 2023 名，占 86.09%。工业 69 名，占 2.94%；交通、运输、

邮电45名，占1.91%；农、林、水、气象1318名，占56.09%；商业77名，占3.28%；教育、卫生198名，占8.43%；机关643名，占27.36%；金融、建筑88人，占3.75%。

2008年，全县有党委11个、党总支9个、党支部146个、党员3873名。其中，正式党员3731名，占党员总数的96.33%；预备党员142名，占3.67%。男党员3064名，占79.11%；女党员809名，占20.89%；少数民族党员3201名，占82.65%。35岁以下的党员1145名，占29.56%；36岁～45岁的党员1094名，占28.25%；46以上的党员1634名，占42.19%。大学学历党员1147名，占29.62%；高中学历党员639名，占16.5%；初中以下学历党员2087名，占53.89%。公务员党员614名，占15.85%；事业党员663名，占17.12%；企业及工人党员182名，占4.7%；退休党员428名，占11.05%；农民党员1775名，占45.83%；其他党员211名，占5.45%。

1978年—2008年西盟县党员情况表

表14-4

单位：人

年份	合计	正式党员	预备党员	男	女	年份	合计	正式党员	预备党员	男	女
1978	1718	1706	12	1391	327	1994	2185	2081	104	1869	316
1979	1669	1642	27	1354	315	1995	2350	2133	217	1999	351
1980	1706	1674	32	1402	304	1996	2514	2282	232	2129	385
1981	1727	1695	32	1521	206	1997	2613	2397	216	2213	400
1982	1739	1707	32	1424	315	1998	2714	2572	142	2285	429
1983	1731	1696	35	1429	302	1999	2865	2636	229	2405	460
1984	1770	1701	69	1483	287	2000	2975	2824	151	2482	493
1985	1912	1771	141	1611	301	2001	3082	2929	153	2554	528
1986	1969	1894	75	1663	306	2002	3165	3007	158	2599	566
1987	2031	1909	122	1716	315	2003	3266	3125	141	2655	611
1988	2052	1980	72	1749	303	2004	3414	3245	169	2744	670
1989	2004	1954	50	1704	300	2005	3544	3404	140	2850	694
1990	2016	1950	66	1708	308	2006	3679	3517	162	2952	727
1991	2058	1963	95	1753	305	2007	3780	3622	158	3015	765
1992	1994	1928	66	1790	309	2008	3873	3731	142	3064	809
1993	2122	2041	81	1807	315						

（四）党员结对帮扶

1997年，县委、县政府在全县开展党员干部与贫困户结对帮扶工作。实行县级四套班子挂钩联系7乡、1镇，县级机关挂钩联系36个村公所（办事处），县级机关党员干部结对帮扶贫困户和困难学生制度。

2005年起，党员结对帮扶执行第九届县委常委会2004年6月12日决定的“五挂钩”措施。

1997年—2008年，全县有2528名党员干部结对扶贫18416户贫困户；1890名党员干部、教师结对扶持3750人次贫困学生。

第二节　干部管理

一、干部选拔任用

1979年—1982年，按照中央、省、地的有关规定和要求，选拔任用文化水平较高的年轻干部。

1983年—1984年，按照干部队伍“革命化、知识化、年轻化、专业化”的方针和德才兼备原则，重点培养选拔少数民族、年轻、妇女、党外四种干部。

1985年后，按照“相对稳定、局部调整、提高素质、完善结构”的指导思想和《干部选拔任用条例》《深化干部人事制度改革纲要》，选拔任用干部。

1993年，县委从“德、能、勤、绩”四个方面考察，选拔干部，重视选拔妇女干部和当地少数民族干部。向思茅地委推荐24名正、副县级干部。其中，妇女干部2名，党外干部2名，当地少数民族干部占推荐人数的65%。通过选举、选拔，补缺乡级正职干部21名，副科级干部56名，配备县属正、副科（局）级干部108名。其中，妇女11名。

2001年，开始实行干部任前公示。2003年，实行县委常委会议对干部任免投票表决制。

1998年—2003年，共选拔乡科级干部214名。其中，少数民族干部136名，妇女干部25名。全县6个乡、2个镇党政班子均配备1名妇女干部，配备村主任助理28名。

2008年，除专业技术较强的岗位外，确保领导班子至少配备1名少数民族干部，每个乡镇配备1名妇女干部或非党干部。全县有乡科级干部336人。其中，少数民族干部216人，妇女干部64人，非党干部42人；35岁以下116人，35岁～45岁178人，46岁以上42人；本科学历127人，专科学历196人，高中（中专）以下13人。

二、干部教育培养

1994年起，县委先后派出7批35名副科级以上年轻干部到上海杨浦区学习、挂职；派15名副科级以上年轻干部到省厅挂职。

2003年10月30日，按照“德才兼备、群众公认、政绩突出、政治理论水平高、党性强”的标准，推荐县处级后备干部24名（年龄以35岁～40岁，不超过45岁，具有本科以上学历）。其中，妇女干部6名，占25%；少数民族干部8名，占33.33%；35岁以下干部8名，占33.33%；非党干部2名，占8.33%。

2006年以来，结合乡（镇）和县级部门科级领导班子成员届中考察工作，开展民主推荐科级后备干部工作，健全完善科级后备干部人才库，推荐后备干部158人；先后选派23名年轻干部到乡（镇）基层锻炼。

2003年—2008年，共选派12名优秀干部到省委党校和其他大专院校参加在职学历教育及脱产学习。其中，有3名取得省委党校研究生学历。

1993年—2008年西盟县行政机关干部情况表

表14-5　　单位：人

名称/年份	女	少数民族	中共党员	学历					年龄					
				研究生	大学本科	大学专科	中专	高中及以上	35岁及以上	36岁～40岁	41岁～45岁	46岁～50岁	51岁～54岁	55岁及以上
1993	586	1153	585	0	25	208	803	956	1315	287	209	93	58	30
1994	579	1204	589	0	25	224	822	944	1341	291	216	96	49	22

续表 14-5

名称 年份	女	少数民族	中共党员	学历					年龄					
				研究生	大学本科	大学专科	中专	高中及以上	35 岁及以上	36 岁~40 岁	41 岁~45 岁	46 岁~50 岁	51 岁~54 岁	55 岁及以上
1995	611	1210	629	0	26	245	850	904	1318	316	213	113	42	23
1996	620	1268	719	0	26	298	885	828	1284	319	224	131	54	25
1997	639	1308	729	0	23	344	946	734	1310	305	241	141	29	21
1998	639	1309	729	0	27	341	946	734	1310	305	241	141	29	22
1999	644	1337	734	0	28	374	1065	616	1323	285	252	172	40	11
2000	721	1347	850	0	40	377	1072	678	1339	437	152	170	48	21
2001	795	1355	838	1	46	472	1170	454	1357	327	238	135	67	19
2002	886	1428	800	1	52	551	1238	383	1334	364	250	149	109	19
2003	885	1430	774	1	52	613	1240	299	1336	371	256	160	72	10
2004	1036	1568	914	1	111	800	1196	249	1403	410	256	204	67	17
2005	1080	1581	1122	5	125	1065	1061	219	1423	418	311	209	89	25
2006	1083	1609	1122	8	304	1242	755	168	1431	412	316	205	86	27
2007	1022	1583	1057	3	423	1321	511	131	1308	386	350	202	111	32
2008	1102	1662	1133	6	528	1522	412	85	1334	519	333	205	112	50

三、干部监督

2001 年 7 月，干部监督科成立，设专职人员 1 名。

2005 年—2008 年，在干部调整中，对新提拔的 241 名乡科级干部进行函询，对 115 名新任用干部实行试用期制。

2006 年—2008 年，对 21 名科级干部进行诫勉谈话。

四、干部档案管理

2006 年，省、市主管部门考核验收人事局和教育局档案管理，已达标。民政局退伍士兵、未就业大专毕业生档案未列入达标考核。县委组织部有干部档案 1743 卷。其中，在职干部档案 505 卷，离退休干部档案 275 卷，村干部档案 80 卷（含在职卷），去世干部档案 859 卷，副本 24 卷（处级干部档案）。

2008 年 3 月，按要求整理完善档案，经省、市主管部门考核验收，达国家一级标准。

1978 年—2008 年，西盟县建立在职干部、离退休人员、退伍士兵、未就业大中专毕业生档案共 7558 卷，按照干部权限分别由组织部、人事局、劳动和社会保障局、教育局、民政局分类管理。

第三节　领导班子建设

1998 年 10 月，县委发出《关于认真贯彻省委六届六次全会精神，按照“领导当楷模、机关作表率、基层树形象”的要求加强各级领导班子建设的通知》。至 1999 年，县委、县政府下派五批“村建”工作队，进一步落实省委的要求。

2000年4月15日至6月20日，西盟县在县委、县人大、县政府、县政协四班子及县纪委、公安局、检察院、法院、组织部、宣传部部门中开展“讲学习、讲政治、讲正气”三讲教育，共有67名领导干部参加。其步骤为思想发动、学习提高，自我剖析、民主测评，交流思想、开展批评，认真整改、巩固成果四个阶段。

2002年6月17日至8月17日，在县委、县人大、县政府、县政协同级非领导职务干部和公安局、检察院、法院中开展团结干事思想教育，有38名县处级领导干部和18名科级领导干部参加。教育活动分交心谈心、征求意见、召开专题民主生活会和认真整改4个阶段。教育活动期间领导班子和领导干部下基层、入农户、察实情、出实招、办实事好事。人均下基层15天，深入56个村社560户农户，走访群众6160人，协调资金87万元，办实事、好事75件。

2004年5月至2008年5月，在全县基层党组织中实施“云岭先锋”工程，其目标要求是基层党组织和党员做到“五好五带头”，“五好”：基层党组织做到领导班子好、队伍素质好、制度建设好、工作业绩好、群众反映好。“五带头”：党员做到带头学习讲政治、带头干事谋发展、带头创新建佳绩、带头服务比奉献、带头自律树形象。深入开展“三培养”，各级党组织将370名党员培养成致富能手，将247名致富能手培养成党员，将454名党员致富能手中的优秀分子选为村、组干部。各级党组织分年度表彰了实施“三级联创”和“云岭先锋”工程中涌现出来的75个先进集体和210名先进个人。

2005年，县畜牧局党支部获全省“基层满意县涉农部门”荣誉称号、中课乡党委获全省“五好乡镇党委”荣誉称号、莫窝乡班哲村党支部获全省“五好村党支部”荣誉称号、勐梭镇卫生院党支部获全省“乡镇满意站所”荣誉称号。

2008年，岳宋乡党委被省委命名为“先进基层党组织”。县委先后命名表彰了一批“五个好”乡镇党委、基层满意涉农部门、群众满意乡（镇）站所和先进基层党组织、优秀党务工作者和优秀共产党员。

第四节　党代会常任制

2008年年初，经市委研究决定，将西盟县列为全市县级党代表大会常任制试点单位，西盟县委成立了试点工作领导小组和县党代会常任制办公室，下发《关于开展县党代表大会常任制试点工作实施意见（试行）》《西盟县党代表大会常任制试点工作实施方案》，并于9月6日召开县党代表大会常任制试点工作动员大会。同时，县委决定将力所拉祜族乡列为全县乡（镇）的党代会常任制试点单位，于9月18日启动。

第五节　机　构

1978年，县委组织部内设办公室、组织科、干部科。有人员8人。1996年8月，县直属机关工作委员会并入组织部，副部长兼任机关工委书记。2002年5月，县级党政机构改革后，机关工委从组织部分出。组织部有人员编制10人，其中，行政9人，事业1人。内设办公室、组织科、干部科、电教科、干部监督科。2008年，有人员11人，设领导1正4副（含人事局长、老干局长）。内设办公室、组织科、干部科、电教科、干部监督科、人才干部教育管理科。

历任县委组织部部长：李成镈（1978年1月至1979年5月）、鲁华堂（1979年5月至1981年4

月)、胥绍祥(1981年4月至1986年8月)、赵平云(彝族,1987年4月至1991年7月)、张正福(哈尼族,1991年7月至1993年3月)、尼桑(佤族,1993年3月至1995年4月)、李天生(1995年7月至1998年2月)、柴天向(哈尼族,1998年2月至2003年3月)、魏岩斋(佤族,2003年3月至2007年6月)、张丽华(女,傣族,2007年6月至2008年12月)。

第四章 宣 传

第一节 理论教育

1979年，县委曾先后5次组织领导班子成员学习中共十一届三中全会公报、《中共中央关于加快农业发展若干问题的决定（草案）》、《农村人民公社工作条例（试行草案）》和叶剑英在国庆三十周年大会上的讲话。开展真理标准问题的学习和讨论。先后召开县委扩大会，三级、四级干部会议，为县、公社、大队培训骨干592人次。培训骨干到基层组织传达学习面95%以上。实现全县工作由“以阶级斗争为纲”转向以经济建设为中心上来，结合开展真理标准问题的学习讨论，总结正反两方面的经验和教训，为提高干部的经济理论，要求自学《陈云文稿选编》《中国社会经济问题研究》《马克思关于再生产的理论》等专著。此外，还组织学习中共十一届六中全会《关于建国以来党的若干历史问题的决议》，正确认识毛泽东的历史地位和评价毛泽东的丰功伟绩。

1983年，举办一期县属机关科、局级以上领导干部及7个公社领导哲学培训班，共167人参加培训。学习《马克思主义哲学基础知识》《实践论》《矛盾论》《新民主主义论》及十二大会议精神，把学习《邓小平文选》作为领导干部的一项重要政治任务。全县干部职工订阅《邓小平文选》（1卷～3卷）2065套，订阅《建设有中国特色社会主义理论学习纲要》1900本。

1984年，举办《政治经济学》培训班一期，股所级以上干部有45人参加；举办《哲学》培训班一期，有69人参加培训。

1984年—1992年，开展干部正规化理论教育。主要学习《马克思主义哲学著作选读》《政治经济学——资本主义部分》《中国社会主义建设》。参学717人次，先后参考526人次，考试合格521人次。

1987年，组织学习《坚持四项基本原则，反对资产阶级自由化》和《建设具有中国特色的社会主义》。

1988年，组织开展生产力标准的大讨论。联系工作实际，深化对县情、乡情的认识，研究对策，采取措施，确立县、乡经济发展战略，确立了以发展粮食、茶叶、橡胶、矿业为主的发展战略。

1989年，学习中共十三届四中全会公报，总书记江泽民在国庆四十周年大会上的讲话和《人民日报》4月26日社论。组织在职干部参加辽宁函授党校学习，并起草了《关于西盟参加辽宁函授党校马克思主义理论学习的管理意见》。

1990年，深入开展坚持四项基本原则，反对资产阶级自由化的教育活动。8月31日至9月7日，在县委党校举办有7乡1镇的人大主席、宣传干事、青年干事、妇女干事、助理员，县属各单位党委、党组的领导、支部书记及厂矿企业党委及政工科的领导共44人的学习培训班。10月—11月，举办两期乡（镇）、村干部培训班，每期10天，共120人。

1991年，在干部中开展学习《马列主义哲学》《社会主义理论》及《江泽民在中国共产党诞生70周年大会上的讲话》。采用中心学习组，集中办班与自学等方式进行学习，用广播、简报、座谈交流学习，参学考试1704人。在企业职工中抓基本路线、基本国情“双基”教育，先后举办两期骨干培训班，培训人员1823人。

1992年3月，在县属机关干部中组织学习党史党建理论，共有48人参加辅导员培训班。全县共订阅《中国共产党七十年》一书1730册。组织乡（镇）、村干部学习邓小平视察南方重要谈话和“三基本”（马克思主义基础知识、党的基本路线、党的基本知识）。在县委党校举办由村支书、村主任、乡镇干事等80人参加的两期读书班。

1993年，学习《建设有中国特色的社会主义理论》、中共十四大、全国人大八届一次会议精神和省委、地委重要文件。县委中心学习组学习讨论后，提出西盟到20世纪末实现“8542221”工程。宣传部起草《关于在全县党员干部职工群众中开展“解放思想、更新观念、奔小康”大讨论的通知》和讨论提纲下发到基层，全县各乡镇、各单位撰写讨论稿28篇；8月24日，宣传部组织讨论会，会上有19人发言，并推荐给地区理论文章4篇，采用1篇；9月10日，在党校开办培训班，有行政事业单位的党支部书记、副书记，各乡镇的组织干事，各村书记，参训人员70人。

1994年—1997年，共举办《邓小平文选》读书班29期，参加人员1688人次。县属机关组织干部学习875次，参加人员46591人次。组织其他干部学习265次，参加人员20619人次。县委中心学习组组织学习39次，参加人员450人次。

1998年，有23个单位写出“邓小平理论与佤山实践”的论文17篇，并在县委党校举行论文研讨会，将5篇推荐给地区，1篇参加全区论文交流，并在10县（市）评比中获二等奖。组织中心组学习原著12天96个小时，参学副县级以上干部596人次。21个基层党委（党组）、工委，共组织学习238天，参学7030人次。

1999年，组织学习《邓小平建设有中国特色社会主义理论》《社会主义市场经济基础知识》等文章。县委中心学习组共组织学习5次、219人次。

2000年，县委下发《关于认真学习和贯彻落实“三个代表”重要思想的通知》的文件，要求各乡（镇）党委、县属各部委办局认真学习贯彻实践“三个代表”重要思想，共集中学习6次，参学人员332人次，写出学习心得体会150篇。县、乡（镇）14个党委，结合各自的实际，在理论学习和培训中制定学习制度和考核办法。

2001年，学习中共十五大及六中全会精神、省委六届十一、十二次全会精神、地区三干会精神、县委八届六次全会精神及“十五”计划的纲要、江泽民总书记在纪念中国共产党成立80周年的重要讲话。订阅《学习辅导》460本、《学习读本》280本、《马克思主义新闻观》读本18本。

2002年，组织学习邓小平理论和“三个代表”重要思想和中共十六大党代会精神。

2003年，县委下发《中共西盟县委关于在全县兴起学习贯彻“三个代表”重要思想新高潮的实施意见》，并对学习提出明确的要求。宣传部征订下发《“三个代表”重要思想学习纲要》165册，供党政干部学习。

2004年，组织学习胡锦涛“七一”讲话。

2005年，学习《保持共产党员先进性教育读本》。

2006年，学习中共十六届五中、六中全会精神、市委二届一次全会和县第十次党代会精神、《中国共产党章程》《中华人民共和国行政许可法》《中华人民共和国公务员法》《社会主义荣辱观》《树新风、强作风、兴思茅教育读本》等。9月，结合“树新风、强作风、兴思茅”教育活动，学习《江泽民文选》，并举办全县科局级干部培训班，参培人员147人。

2007年，开展学习宣传中共十七大精神系列活动，组织宣讲团到各乡（镇）宣讲；县委理论中心组，要求每位干部撰写心得体会，20名领导及退休老干部作交流发言；举办“学习十七大，永远跟党走”文艺晚会；举办学习十七大精神知识竞赛活动；举办学习十七大精神培训班2期142人。

2008年4月，开展解放思想大讨论活动，分为宣传发动、学习提高、查摆问题、整改落实、总结交流五个阶段进行；9月，活动结束。活动期间开设宣传专栏5个，出板报280期；新闻报道230条；编印简报23期；收集信息320条，上报信息76条；组织专题学习2次1980人次；各级各部门召开专题学习会450场次；共开展专题报告会2场2110人次；举办主题演讲比赛1次、知识竞赛2次；培训辅导17场次980人次；发征求意见表520份、“三个一”调查表344份。广泛征求广大党员干部、人民群众、人大代表、政协委员、企业代表和社会各界的意见和建议，全县共收集意见和建议1608条，梳理出具有代表性的意见和建议37条，其中，助于促进全县经济和社会发展的宝贵意见和建议34条。全县开展经验总结交流会4次，交流发言1300多人次。按照县委、县政府的要求，组成工作队，抽调各级领导两批，进驻全县各村组和部分企业。第一批投入各种支农物资20余万元，开展各类农村实用技术培训200多场次，参加培训1万余人次。

第二节　对外宣传

1984年，县委宣传部与县外办在岳宋、新厂、莫窝3个区的9个乡、48个边沿村寨配备了对外宣传员72人，并进行培训2次。

1985年11月至1986年2月，对全县边境宣传工作情况进行调查，撰写出了《西盟县对外宣传工作情况》材料，为县委制订《西盟关于加强边境宣传工作的意见》提供了真实可靠的参考资料。

1986年2月，在龙川召开的全省沿缅边境宣传工作会议上，汇报了西盟县近8年的边境宣传和管理工作情况，并向县委常委会汇报了龙川会议精神。同时，在有关部门、区（镇）、边防检查站等60人参加的宣传工作会议上作了传达。紧接着，6个边境区和与边境接壤的乡成立了对外宣传领导小组。

1988年春节前，为摸清边境盲流人员逐年增多的主要原因及其境外情况，采取“走出去、请进来”的办法，深入到有关单位、部门和乡、村、社调查了解，收集到了大量信息，掌握了盲流人员的情况，形成了《西盟县清理盲流人员的情况反映》和《西盟县沿缅边境动态》两份机密材料，为县委和有关部门提供了如实的情况。

1993年，“国庆节”“新米节”“中秋节”，县委、县政府邀请缅甸佤邦北瓦县、龙潭特区一行88人，到西盟县参加庆祝活动。同年4月，与缅甸北瓦县龙潭特区一起在“娜妥坝”口岸、“183”口岸举行边贸交易会，赶集人数3万余人次，商品成交额20余万元。同时，双方商定5天进行一次集市。利用广播电台对外播放宣传稿件100余篇；发放《神秘的佤山》宣传画500多份、《话说中国》傣文印刷品2500余份、《中国一瞥》3000余份；召开台属会议8次，参加人员157人次；帮助台属写信10封、明信片22张、彩照30余张寄往台湾；参与首届中国普洱茶叶节活动，张贴宣传标语300多条，发出宣传单5000余份，用佤语、拉祜语播出茶节稿件100余篇；参加商品展销24个品种，成品成交额53.3万元，签订经贸交易合同金额330.9万元，达成意向性投资200余万元；向省广播电台撰写风土人情、物产资源等稿件12篇。

1995年3月5日，西盟佤族自治县成立30周年。县委、县政府邀请日本、缅甸朋友，中国香港、台湾同胞、国家民委、云南省民委、上海市杨浦区教育局、云南省14个地、州、市和思茅地区9县（市）的领导以及曾在西盟工作过的离、退休和调出工作的同志，共4000多人，加上7乡（镇）、1个经贸区的祝贺团，共1万余人参加了庆祝活动。《佤山》杂志刊载了自治县成立30周年，各条战线所取得的成绩及远景规划，印发特刊5000册；出版《佤山歌声》上、下集各2400册；制作磁带

5000 盘；拍摄献给自治县成立 30 周年电视剧《神秘的佤山》和县庆大型民族文艺展演纪实片。县庆期间，得到云南日报社、思茅报社、省级和地方电视台等有关新闻单位的支持，并在各类报刊上对县庆活动及发展变化情况进行了宣传报道。

1996 年，县委书记赵平云、县长魏红带领县民族歌舞团到北京大兴县、中央党校进行演出。之后，还到洛阳、郑州、上海、南京等地演出 299 场，观众 53.6 万人次。同年，把《西盟报》送往国家部委、上海、北京、省级有关部委厅局、边境县、地（市）、省领导、地直机关、企事业单位等共 103 份。配合《云南支部生活》杂志社，在西盟举办全省第四次摄影创作研讨会，来自黑龙江、广东、山东及省内 39 名摄影艺术家聚集西盟，摄制的 100 多幅反映佤山风土人情的照片在省内外刊物上发表。特别是《云南日报》《昆明日报》《体育报》《工人日报》《云南支部生活》等媒体，都用了较大的篇幅、版面介绍了西盟的民风民俗、风土人情、经济社会发展等。

1997 年，在《思茅报》上发稿 40 多篇，在思茅电视台上播出新闻 36 条，在思茅广播电台播稿 36 篇，在《人民日报》《新华社信息》《中国体育报》《东陆时报》《农村信息报》上发表文章 9 篇、电视新闻 21 条。并向新华社云南分社、云南电视台、云南日报社、工人日报记者站、香港《大公报》等呈送了西盟县发展变化的文章。充分利用新闻媒体系列报道“上海—云南手拉手”艺术团在西盟县演出活动情况。

1998 年，对外宣传工作坚持“树形象、争人心、求支持、促发展”的方针，树立西盟良好形象，开展边境地区反思想渗透、反毒品渗透宣传教育活动。在宣传、外事、边防武警、公安及沿边境乡（镇）党委、政府的密切合作下，扎实开展边境外宣工作。及时掌握社情；发挥广播电台无屏障传播的优势，大力宣传党和国家方针、政策及全县发展变化和建设成就；把娜妥坝经贸区定为对外宣传杂志《吉祥》的发送点，保证把宣传资料送到境外友好人士的手中；加强友好关系，增进相互理解与友谊，加强领导层与缅甸佤邦上层人物之间的互访。在春节和中秋节（佤族新米节），佤邦高层人士两次率团到西盟县探亲、访友、过节；加快四条外宣线的建设（县城—娜妥坝；县城—新厂—永光；县城—岳宋—“183”；县城—力所—打洛）通道。

1998 年，《西盟报》每期向县外、省外发放 295 份，全年累计发放 7080 份。随时向上级领导、各界朋友传递西盟扶贫攻坚的成就和佤山人民与贫困抗争求致富的信息，使之成为外界了解西盟的窗口。全年共有 263 篇文章被县外宣传媒体采用，向上级新闻单位报送了 123 条新闻，被云南电视台采用 5 条、思茅地区电视台采用 123 条。并在省、地刊物发表了 50 余篇（条）宣传西盟的新闻。

2000 年，按照多措并举加强外宣工作的思路；利用各种通道建设展示佤山的发展变化，宣传社会主义制度的优越性；做好边民的稳定工作，同时，清理境外盲流人员，加强与民间交流和高层接触，互通情况，增进了解，做到互谅、互让，消除隔阂，减少双方的压力，并派县民族歌舞团专程到缅甸佤邦特区演出；注重情报手机，掌握社情动态，主动出击；加大沿边地区的扶贫攻坚力度和强化思想政治工作，确保边境社会稳定。

2001 年，配合、协助中央电视台体育频道完成“佤族木鼓”节目的拍摄。完成《云南日报·海外版》西盟发展概况组编。全年《思茅报·西盟版》共出刊 25 期，每期向外赠阅 240 份，县内发送 1317 份，内容有西锡风采、司法园地、理论与实践、教育园地、科技兴县、云海副刊等栏目。

2002 年 1 月 8 日—11 日，组织县民族歌舞团到景洪参加 CCTV-10《民族欢歌》栏目，春节特别节目《佤族木鼓舞》的拍摄；4 月上旬，邀请省内 10 位著名作家、记者到西盟进行为期一周的采风活动；组织参加“首届中国舞蹈节”筹备工作；5 月 4 日—18 日，配合中央一台“中华民族”栏目，完成《民族鼓韵》、“木鼓敲出佤山寨”专题片的拍摄；协同中央十台“读书时间”栏目，在西盟开展“赠书活动”；10 月 9 日，协助中央电视台 12 套西部频道《魅力 12》摄制组，完成了《阿佤人民唱新歌》专题片的外景拍摄；11 月，协助省电视台，完成了《阿佤人民唱新歌》词曲作者杨正仁“在佤山的日子里”专题片的拍摄。

2003年4月10日—12日，在举办“首届中国西盟佤族木鼓节”时，邀请中央人民广播电台、中央电视台、云南电视台新闻中心、云南人民广播电台、云南电视台、云南日报社等110家新闻媒体，对木鼓节进行宣传报道；并与云南电视台共同完成县歌《阿佤人民唱新歌》MTV的拍摄、《佤山风光》的制作；与《民族风》栏目组到中课小寨拍摄《佤山领头雁——安木吓》专辑；制作播出《在改革中前进的西盟佤山》专辑14组；首次用具有国际先进水平、高清晰电视摄像拍摄，播出西盟县歌《阿佤人民唱新歌》音乐电视和风光片《神秘的佤山——西盟》；6月7日，临沧阿佤文化考察团到西盟县进行考察交流活动。全年在国家级刊物上投稿2篇，省级刊物投稿17篇，地县级报社、电台投稿140篇。

2004年1月，“走进佤山，走进司岗里”摄影活动在西盟举行，有128名摄影家参与拍摄采风；3月，“走进佤山，走进司岗里”西盟民风民俗摄影作品展在昆明举行；4月，举办“第二届中国佤族木鼓节”，有100余家省内外宣传媒体参与宣传报道。国家新闻论坛、上海市新闻采访团及全省各地、州、市台长年会到西盟采访，共拍摄了民风民俗、人文、自然景观等15个专题片。中央电视台、云南电视台、台湾三立电视台到西盟拍摄反映佤族文化的各种专题片；“快乐天堂·吉尼斯”活动组到西盟调研阿佤生态旅游。

2005年，“第三届中国佤族木鼓节”前夕，在昆明举行“第三届中国佤族木鼓节新闻发布会”；展出西盟40年成就图片展；出版《跋涉·辉煌》成就和西盟县旅游画册等；打造了一批具有民族文化内涵的景点景区，为推进“阿佤文化兴县”战略注入了新的活力；签订7个招商引资项目，金额3830万元；吸引美国、英国、缅甸等国人士到西盟旅游观光和中外记者到西盟采访报道。8月，中央电视台《搜寻天下》栏目到西盟拍摄民俗。

2006年4月10日—15日，全市首届民族运动会在西盟县举办，开幕式上，举行了《云海木鼓》大型文艺展演，其间，还举行了民族欢歌大家唱、民族风情展、篝火联欢等活动；8月3日，中央电视台10频道到西盟拍摄民俗片。此外，配合广西电视台《大开眼界》栏目摄制组，拍摄西盟人文、民族文化和思茅电视台制作的《西盟十五回顾及十一五展望》专题节目。《云南日报》专版登载了《西盟十五回顾及十一五展望》。西盟形象广告片在中央电视台7频道播放；8月8日—14日，举办首届中国佤族文化学术研讨会，邀请北京、上海、山东、福建等地70位专家、学者参加研讨会。配合CCTV-10栏目拍摄《木鼓》和《最后一例天花》、云南电视台《今日话题》栏目摄制组拍摄佤山的《云南七娃》专题节目和《快乐大篷车》——西盟之旅宣传系列节目。并分别在《欢腾的西盟》《佤山探秘》《玩转西盟》节目中播出。

2007年1月16日，央视10频道《百科探秘》栏目首播专题片《深山神鼓》；配合CCTV-10栏目摄制组，拍摄《佤山木鼓》纪录片，拍摄“普洱风云录”专题片；2月，CCTV-2直播西盟建设社会主义新农村专题片；3月，配合CCTV-10拍摄揭秘勐梭龙潭《恐怖湖之谜》专题片；4月5日，央视音乐频道“民歌·世界”栏目播出专题片《阿佤人民唱新歌》，9日，配合CCTV-3栏目摄制组，拍摄民风民俗、节庆活动专题片；5月12日，在CCTV-10黄金时段首播；9月18日，配合CCTV-2《美食走四方》栏目，拍摄民族美食专题节目；11月11日，配合河南电视台《完美婚礼》栏目摄制组，拍摄佤族、拉祜族婚礼。

2008年1月18日，配合云南电视台《欢乐民族》栏目摄制组，拍摄“拉木鼓活动”专题片；2月，阿佤文化传承小组参加昆明市2008年春节联欢晚会《希望的田野》的演出；4月，配合刘军、梁荔撰写的《阿佤人·阿佤理》出版发行工作，30日，华东地区画报及新闻媒体48人到西盟采访采风活动；5月，民族歌舞团和阿佤文化传承小组参加普洱市第三届民族艺术节；6月24日，CCTV-4《走遍中国》栏目播放西盟专题片；7月，9省区、45家云南专线主力旅行社和东方航空公司销售部，共 90 人到西盟进行文化旅游景点（区）考察；8 月 25 日,《深圳航空》杂志社李红 3 人到西盟拍摄；10 月 7 日，配合云南卫视《经典人文地理》栏目摄制组，拍摄西盟专题片。

第三节 精神文明创建

1985 年 6 月，县委、县政府首次召开精神文明先进集体和先进个人表彰大会，参会人员 92 人，表彰先进集体 20 个、先进个人 58 人。

1988 年 5 月 18 日，县委、县政府召开第二次“双文明建设”命名表彰大会，命名文明单位 11 个、文明村 3 个；表彰先进集体 28 个、先进个人 72 人。

1994 年 12 月，县委、县政府召开第四次精神文明建设命名表彰大会，命名文明单位 12 个、文明村 2 个；表彰先进集体 36 个、先进个人 83 人；取消县级文明单位 1 个、文明村 1 个。1996 年，县委、县政府命名文明单位 26 个、文明村 2 个；表彰先进集体 5 个、先进个人 39 人、优秀组织者 10 人；取消县级文明村 1 个。

2000 年，共创建省级文明单位 4 个；地级文明单位 15 个、文明村 3 个、文明行业 1 个；县级文明单位 54 个、文明村 10 个、安全文明社区 95 个、青年文明号 28 个、军警民共建示范点 18 个、文明户 289 户。

2003 年，县文明委发出关于在农村开展“十星级文明户”（五爱星、法纪星、致富星、文教星、科技星、卫生星、计生星、团结星、新风星、义务星）创建活动。2004 年，共创建省级文明单位 9 个、文明村 2 个；市级文明单位 6 个、文明村 3 个；县级文明单位 66 个、文明村 42 个、安全文明社区 131 个、文明经营户 6 个、无毒乡 2 个。

至 2005 年，西盟县创建省级文明单位 9 个；市级文明单位 12 个，文明村 18 个；县级文明单位 59 个。已评选六星级以上文明户 4324 户，其中，十星级文明户 1328 户。

2008 年，达到六星级以上文明户 5880 户，其中，十星级文明户 2867 户。共创建省级文明单位 8 个、文明小城镇 1 个、和谐文化村 1 个、文明村 2 个；市级文明单位 16 个、文明村 7 个；县级文明单位 67 个、文明村 43 个、“消费者信得过单位” 3 个、“诚信示范户” 6 户、“百城万店无假货店” 2 个。

第四节 《西盟报》

1995 年 3 月，县委同意批准创办《西盟报》；同年 12 月 31 日，县委、县政府举行《西盟报》首发式，一版为政论新闻，二版为经济版，三版为文艺副刊，四版为综合版。每月出刊 2 期，每期 1500 份，分订阅、赠阅两部分。

1999 年,《西盟报》改为《思茅报·西盟版》，每月出刊 2 期，每期 1000 份，为赠阅，寄至全国各地有关单位、个人 240 份，发全县各单位、个人 760 份。

2004 年,《思茅报·西盟版》改为《佤山要讯》，每月出刊 2 期，每期 1000 份，为内部刊物。

至 2008 年 12 月，共出刊 243 期。经费每年县财政列入预算 3 万元。

第五节 机 构

1978 年，县委宣传部内设办公室、理论宣传教育科。有人员 6 人，领导职数 2 人。1985 年 2 月，县精神文明活动领导小组办公室成立。2002 年，宣传部编制 9 人（行政 7 人，事业 2 人）。内设办公室、外宣办、文明办、报社科。2006 年 11 月前，文明办设主任 1 人由宣传部副部长兼任；12 月，文明办升格为正科级单位，设主任、副主任各 1 人。2008 年，宣传部有人员 12 人，领导职数 6 人，内设办公室、外宣办、文明办。

历任县委宣传部部长：乐鹏寿（1978 年 1 月至 1979 年 5 月）、李树生（1979 年 5 月至 1984 年 11）、江宗祝（女，1984 年 11 月至 1991 年 5 月）、杨培兴（1991 年 5 月至 1994 年 8 月、1996 年 8 月至 1998 年 2 月）、周荣清（1995 年 4 月至 1996 年 8 月、1999 年 3 月至 2003 年 3 月）、魏艺红（女，佤族，1998 年 2 月至 1999 年 2 月）、赵振华（佤族，2003 年 4 月至 2005 年 1 月）、叶林（女，佤族，2005 年 1 月至 2008 年 12 月）。

历任县精神文明办公室主任：江宗祝（女，1985 年 2 月至 1987 年 10 月）、谢丕汉（1987 年 10 月至 1990 年 6 月）、李扎约（拉祜族，1991 年 1 月至 1996 年 8 月、2002 年 6 月至 2006 年 11 月）、解道龙（1996 年 8 月至 1998 年 3 月）、郭树成（1998 年 3 月至 2002 年 5 月、2006 年 12 月至 2008 年 12 月）。

第五章 统一战线

第一节 党外人士培养推荐

一、党外干部培养选拔

1979起，建立党外后备干部档案，将有影响、有能力的党外人士推荐到县人大、县政府、县政协中参政议政和任职。

1992年，全县有副科级以上非党实职领导干部15人。

2000年，全县有副科级以上非党实职领导干部29人。

2003年，全县副科级以上领导干部240人，其中，县处级29人，实职非党领导干部3人，占县处级干部10.34%；科局级211人，实职非党领导干部27人，占12.8%。

2004年年底，全县副科级以上实职非党领导干部32人。其中，县处级3人，正科级4人，副科级25人。

2005年，全县非党领导干部36人。其中，副处级5人，正科级6人，副科级25人。

2008年，全县副科级以上领导干部364人。其中，县处级28人，实职非党领导干部4人，占县处级干部14.29%；正科级123人，实职非党领导干部5人，占4.07%；副科级213人，实职非党领导干部26人，占12.21%。比2003年增加非党处级领导1人。

二、政协委员推荐

1980年9月，提名、推荐、协商二届县政协委员45人，共有7个界别。其中，非党人士30人，占66.67%；少数民族39人，占86.67%；妇女1人，占2.22%。

1984年3月，提名、推荐、协商三届县政协委员80人，共有18个界别。其中，非党人士62人，占77.5%；少数民族56人，占70%；妇女8人，占10%。

1986年12月，提名、推荐、协商四届县政协委员94人，共有17个界别。其中，非党人士78人，占82.98%；少数民族73人，占77.66%；妇女6人，占6.38%。

1989年12月，提名、推荐、协商五届县政协委员111人，共有16个界别。其中，非党人士94人，占84.68%；少数民族95人，占86.49%；妇女11人，占9.91%。

1992年12月，提名、推荐、协商六届县政协委员109人，共有17个界别。其中，非党人士88人，占80.73%；少数民族74人，占67.89%；妇女11人，占10.09%。

1997年12月，提名、推荐、协商七届县政协委员109人，共有15个界别。其中，非党人士93人，占85.32%；少数民族87人，占79.82%；妇女19人，占17.43%。

2002年12月，提名、推荐、协商八届县政协委员125人，共有15个界别。其中，非党人士76

人，占 60.8%；少数民族 96 人，占 76.8%；妇女 33 人，占 26.4%。

2007 年 11 月，提名、推荐、协商九届县政协委员 120 人，共有 16 个界别。其中，非党人士 86 人，占 71.67%；少数民族 91 人，占 75.83%；妇女 44 人，占 36.67%。

第二节 政策落实

1978 年 12 月，恢复统一战线工作后，逐步落实统战政策。至 1985 年，对被打死和被迫致死的 17 人，平反昭雪，恢复名誉，并发给其《平反通知书》。其中，作因公死亡处理 5 人，作因故抚恤处理 12 人；抚养子女 2 人，补被扣发的定期补贴 49 人，对健在的委员，工作重新作了安排，恢复定期补贴 14 人，恢复城镇户口 24 人。根据中共中央有关落实起义投诚人员的文件精神，县委组建落实起义投诚人员政策工作组，进行调查落实，对起义投诚的 324 人，都按照云南省人民政府有关落实起义投诚人员的文件精神，颁发了起义投诚证明书。

2007 年 6 月，根据云南省委统战部文件精神，统战部、组织部、人事局、财政局等相关单位讨论研究，报经县委、县政府同意，从 2006 年 7 月 1 日起，按增加后的标准兑现 7 名党外人士生活费，民族上层人士刀老六，原生活费 620 元 / 月，月增 285 元，增后生活费 905 元 / 月；民族上层人士岩巴拉，原生活费 432 元 / 月，月增 175 元，增后生活费 607 元 / 月；原国民党起义投诚人员岩松克雷、岩地、岩三、岩克乱、岩太蘑，原生活费 432 元 / 月，月增 175 元，增后生活费 607 元 / 月。

第三节 侨务与对台工作

一、侨务工作

1978 年来，侨务工作本着“一视同仁，不得歧视，根据特点，适当照顾”的原则，在做好归侨、侨眷冤、错案进行平反，落实有关政策的同时，加强对归侨、侨眷的联系协调，积极引进华侨人士投资、捐款。

2003 年 4 月（首届木鼓节期间），缅甸佤邦华侨华人岩忠、岩伦为西盟县的教育事业和民房建设分别捐款 5.4 万元和 1.3 万元。岩忠还为首届木鼓节捐献水牛 3 条，折合人民币 9000 元，并在新县城投资建盖汽车修理厂、宾馆，共投资 200 万元。

2005 年 11 月，华侨塞堂为中课乡嘎娄村铺设一个篮球场、建盖厕所一个，共投资 13 万元。

2006 年 1 月，华侨尼东在中课乡中课村开发茶地 380 亩；华侨 A 勇在中课乡建盖宾馆，共投资 100 万元；3 月，华侨塞堂为中课乡班箐村三组铺设篮球场一个，共投资 6 万元；10 月—12 月，侨办协调公安局、外事办等相关单位开展第二次侨情普查，普查情况，归侨侨眷分布在 5 个乡、2 个镇，共 473 户 2960 人，其中，归侨 1607 人，侨眷 1353 人。

2007 年—2008 年，华侨尼桑在新厂乡永广村种植茶叶 2236 亩，投资 246 万元。

二、港台工作

1978 年以来，县委统战部，积极宣传党和国家对香港、澳门回归、实行“一国两制”的构想，为台、港同胞牵线搭桥，接待来信来访，欢迎台、港同胞探亲访友。县内共有台、港属和侨眷 988 人，通过联系，至 1990 年，已有 22 名台湾同胞回西盟探亲。

2001 年，台湾同胞陈瑞作回西盟探亲，4 月 14 日，自行驾驶摩托车时发生车祸，经医院抢救无效，于5月21日13时40分在娜妥坝死亡。县委、县政府拨款2000元人民币作为丧事处理费用。县委办公室主任鲁斌、县政协主席张正福、统战部部长岩翁、公安局等领导12人，组成工作组，于当日到娜妥坝看望；5月22日，县长岩采前往娜妥坝看望死者家属。

2004年4月11日—15日（中国佤族木鼓节期间），统战部配合台湾三立电视台和台湾中天电视台记者13人（包括市委统战部海外联络科和西双版纳台办主任各1人），在西盟进行为期5天的佤山风情拍摄活动。

2005年4月10日，县委、县政府召开台胞座谈会，宣传对台方针政策，介绍西盟县经济社会发展状况和对外开放政策。同时，以李奇昌为团长的县庆台胞祝贺团（5人），赞助西盟县40周年县庆人民币1.3万元，还为班母村完小修缮教室捐助2500元和爬街组人畜饮水工程2.1万元；台胞唐华兴在勐卡镇为台属建盖养鸡场，共投资8万余元。

第四节　民族宗教政策

1978年—2008年期间，县委统战部与民宗局、公安局等部门密切配合，认真宣传执行党的民族政策，正确处理民族问题、宗旨问题。不断改善和巩固新型民族关系，通过宣传引导，在全县广大干部群众中牢固树立“汉族离不开少数民族，少数民族离不开汉族，各民族谁也离不开谁”的思想，一大批少数民族干部得到成长，充分享受和行使民族区域自治权。

第五节　机　构

1978年12月，恢复中共西盟县委统战部。1987年，编制2人，设部长、副部长各1人。2002年，编制3人，设部长、副部长、科员各1人。2003年，内设宗教科、对台科。2008年，西盟县委统战部内设办公室、宗教科、对台科、侨办。有干部职工6人，设部长1人、副部长2人，侨办主任、科员、工勤（驾驶员）各1人。

历任县委统战部部长：鲍学德（佤族，1981年8月至1983年12月）、马二（佤族，1984年1月至1987年3月）、聂龙（佤族，1987年11月至1992年5月）、岩翁（佤族，1992年6月至2003年4月）、史永林（拉祜族，2003年4月至2005年1月）、魏岩松（佤族，2005年2月至2005年3月）、岩东（佤族，2006年1月至2008年12月）。

第六章　政策研究

第一节　县委政策研究

1978 年—1988 年，县内对有关农村工作的调查研究，主要由农村工作部完成。

1989 年—2008 年，农村政策研究室紧紧围绕县委、县政府的中心工作，对事关全县经济社会发展的重大问题和重点工作进行专题调查，形成《西盟县贫困户情况调查报告》《延长土地承包 30 年专题的农村情况调查报告》《西盟县村改委后“两委”班子工作情况调查报告》《西盟县新农村建设情况的报告》《西盟佤族自治县有偿出让荒山荒地使用权的调查报告》《关于深化集体林权制度改革和加快林产业发展问题调研报告》《制约西盟经济社会又好又快发展的主要问题的报告》《对西盟橡胶产业发展的思考》《对西盟茶叶产业发展的思考》等 45 个调研调查报告。

第二节　规划制定

1989 年—2008 年，县委农村工作部、农村政策研究室先后完成《关于鼓励我县干部职工离岗带薪从事甘蔗种植开发的规划》《关于鼓励县乡干部到农村基层工作的规划》《西盟佤山民族文化特色县建设总体规划》《西盟县集体林权制度改革（试点）工作实施方案》《西盟佤族自治县第二批重点扶持村整村综合扶贫开发方案》。

第三节　改革试点

1978 年—1980 年，县委农工部为减轻农民负担，给农民休养生息，进行深入细致的调查研究后，经县委、县政府建议，确定只收农民的超购粮（加价 50%），放宽自留地、自留畜、集市贸易政策。自留地从 1978 年 0.55 万亩，增加到 1979 年的 1.5 万亩，占总耕地面积的 8.08%。把 231 个生产队调整为 361 个生产队。

1980 年，实行家庭联产承包责任制后，改为“交够国家、留足集体、剩余归己”的分配办法。

1989 年 1 月，在傈傈乡进行粮食生产总体承包试点。

1999 年 4 月，西盟县农村集体土地承包期实行顺延 30 年不变，耕地按照“增人不增地，减人不减地”的原则。

1999 年 3 月 1 日至 2029 年 3 月 1 日，西盟县自留山、责任山承包期放宽到 50 年。

2000年6月，进行村级体制改革试点工作。按照公开、公平、公正的原则，公推直选产生36个村党支部委员会和36个村民委员会，当选村干部180名。

2003年8月，西盟县农村税费改革工作按照省税改试点方案，把“四取消、两调整、一改革、一建立”落到实处。通过税费改革取消了农业特产税和三提五统，农民负担由税改前的户均204.41元减少到109.61元，减负率46.38%。全县农村实现了“村村减负、户户受益”的目标，调整、规范、理顺国家、集体和农民利益的分配关系，减轻了农民负担。

2006年4月2日，西盟县集体林权制度改革试点工作在勐梭镇开展，改革的目标是“山有其主、主有其权、权有其责、责有其利”，建立“产权归属清晰，经营主体到位，责权利划分明确，利用保障严格，流转顺畅规范，监督服务有效”的管理制度。至11月30日，勐梭镇林权改革试点工作完成2984户、4929宗、105831亩集体林地，均山到户面积67332.3亩，占应改面积的81.7%。

2008年，县委政策调研室（新农村建设领导小组办公室）按照“生产发展、生活富裕、乡风文明、村容整洁、管理民主”的新农村建设要求，牵头组织实施农村居民地震安居工程建设，项目覆盖7个乡镇、23个村民委员会、83个村民小组，总投资2190.9万元；实施村容村貌整洁6个，投资70万元；年初，共下派新农村工作队员36人（省级7人，市级2人，县级27人），参加新农村建设，帮助做好事75件、实事150件。

第四节　机　构

1978年，西盟县委内设农村工作部，是挂靠县委办管理的正科级党群机关。1983年12月，县农工部成立。1988年11月，改名为县委农村政策调研室。1996年10月，县委农村政策调研室并入县委办公室。2001年，行政体制改革后，农村政策调研室职能由“三农”工作转变为涉及全县政治、经济、社会、文化发展的各个领域和各个方面。2002年12月，在机构改革中，县委农村政策调研室更名为县委政策研究室。2007年3月，县委农村政策研究室机构独立设置，同时，设立新农村建设领导小组办公室，并兼管新农村建设工作队工作，挂靠县委办公室管理。《西盟佤族自治县编制委员会关于明确县委政策研究室与农村工作领导小组办公室（含新农村建设办公室）职能职责和人员编制的通知》文件，核定县委政策研究室（含农办）编制4人（行政编制3人，工勤1人）。

历任县委政策研究室（农办）主任：李群昌（彝族，2007年9月至2008年12月）。

第七章　县直属机关党委

第一节　党员教育

1999 年，在机关党员中普及科学知识，增强共产党员的政治敏锐性和政治鉴别力，对参加邪教组织练习者进行思想转化工作。

2005 年，开展保持共产党员先进性教育活动，县直属机关党委有 73 个党支部、1040 名党员参加。

2008 年，实施“云岭先锋”工程，开展党员培训 17 期、5506 人次。深入学习贯彻中共十七大精神，开展“解放思想、深化改革、扩大开放、科学发展”大讨论知识竞赛，有 38 人获得答题满分。举办演讲比赛和抢答比赛，设个人及组织一、二、三等奖。演讲比赛：力所乡党委杨艳红荣获一等奖、县委机关党总支二支部李燕燕荣获二等奖、四支部李庆荣获三等奖。抢答比赛：国税局党支部荣获一等奖、县委机关党总支第一代表队和地税局党支部荣获二等奖、县委机关党总支第二代表队、县政府党总支二支部、卫生局党总支荣获三等奖。

2003 年—2008 年，县直属机关党委以县委党校为阵地，举办党务干部培训 5 期 350 人次，预备党员培训 6 期、151 人次，入党积极分子培训 6 期、321 人次。组织 1164 名党员学习《中国共产党章程》《邓小平理论》《中共中央关于加强社会主义精神文明建设若干重要问题的决定》《社会主义市场经济理论》《中国共产党纪律处分条例（试行）》和《党和国家机关基层组织工作条例》。

第二节　党员管理

一、党员民主评议

2002 年—2008 年，县直属机关党委开展民主评议党员和妥善处理不合格党员工作（简称“民评妥处”），共有 10 名党员被开除党籍，1 名党员限期改正处理，其中，2002 年的民评妥处中有 1 名党员被开除党籍，1 名党员退党除名；2003 年的民评妥处中有 3 名党员被开除党籍；2005 年的民评妥处中有 3 名党员被开除党籍；2007 年的民评妥处中有 2 名党员被开除党籍；2008 年的民评妥处中有 1 名党员限期 1 年改正。

二、党员目标管理

2004 年—2008 年，进行“双目标”管理，签订《基层党建目标管理责任书》和《党风廉政责任书》。在实施“云岭先锋”工程中，建立“党员先锋岗”“党员责任区”“党员示范岗”“党员示范窗口”20 个，共有 369 名党员挂牌上岗。制作《“云岭先锋”工程展示栏》65 块，实行党员形象公开、党组织基本情况公开、党建制度公开、党费收缴管理和实用公开，以及开展“云岭先锋”活动情况公开。同年，县级表彰先进党组织 20 个、优秀党务工作者 33 名、优秀共产党员 41 名。2008 年，市级表彰先进党组织 2 个、优秀共产党员 2 名，优秀党务工作者 1 名。同年，县级表彰先进党组织 7 个、优秀党务工作者 7 名、优秀共产党员 10 名。

三、党员结对帮扶

2006 年，共有 1164 名党员开展了挂钩帮扶工作，共挂钩贫困户 1164 户；帮助群众解决各种困难和问题 1164 个，办实事 874 件；投入经费 5.1 万元，建立科技示范基地 4 个，建立党员示范基地 13 个。2007 年，投入经费 5.1 万元，支持挂钩贫困户发展生产。

四、党员援助

2008 年 5 月 12 日，四川汶川发生里氏 8.0 级地震，县直属机关党委各基层党员向灾区捐款、捐物。此外，根据中央组织部《关于做好部分党员交纳“特殊党费”用于支援抗震救灾工作的通知》精神和省、市、县委组织部有关文件要求；5 月 22 日，县直机关党委各基层党组织 703 名党员再次自觉缴纳“特殊党费”12 万余元，支援四川抗震救灾。

五、组织建设

1988 年，西盟县直属机关党委有正式党员 600 名（无预备党员）。2003 年，县直属机关党委下辖 3 个党委、7 个党总支、996 名党员。2008 年，县直属机关党委下辖 5 个党总支、67 个党支部、58 个党小组、805 名党员。

2003 年—2008 年西盟县直属机关党委党员情况表

表 14-6　　单位：人

名称 年份	合计	正式党员	预备党员	男	女
1988	600	600	—	503	97
1989	459	453	6	395	64
1990	321	306	15	275	46
1991	448	427	21	383	65
1992	477	463	14	408	69
1993	493	470	23	411	82
1994	518	495	23	434	84
1995	543	515	28	450	93
1996	570	537	33	468	102
1997	610	562	48	495	115
1998	617	576	41	499	118
1999	635	595	40	509	126
2000	660	641	19	528	132
2001	1017	1007	10	788	229
2002	967	945	22	732	235
2003	996	958	38	748	248

表14-6

名称 年份	合计	正式党员	预备党员	男	女
2004	1041	1010	31	768	273
2005	1062	1047	15	783	279
2006	1164	1137	27	858	306
2007	1181	1159	22	870	311
2008	805	787	18	591	214

第三节 机 构

1988年11月24日，中共西盟佤族自治县直属机关工作委员会成立，属县委派出机构。1996年8月，机构改革时，与县委组织部合署办公，由县委组织部一名副部长兼任机关工委书记，保留牌子，级格为正科。2002年6月，机构改革，从县委组织部分出，业务独立，编制5人，其中，行政4人，事业1人。设书记1人，副书记2人。所属党委有：县经贸局党委（下设总支，县经贸局总支，县锡矿总支）、县教育局党委、县公安局党委。所属总支有：县委机关总支、县人民政府总支、县委老干部总支、县卫生局总支、县农村信用社总支。2008年4月，撤销中共西盟佤族自治县直属机关工作委员会，中共西盟佤族自治县直属机关委员会成立，编制4人，设书记、副书记、纪委书记各1人。内设办公室、组织宣传科、电化教育科。至2008年12月，县机关工委辖3个党委、7个总支、76个支部、805名党员，其中，预备党员18名，正式党员787名。

历任县直属机关工作委员会书记：魏志发（佤族，1988年11月至1993年3月）、朱立泉（1993年3月至1996年7月）、柴天向（1996年7月至1998年3月）、魏岩斋（佤族，1998年3月至1999年12月）、郭峰（2002年3月至2008年4月）。

历任县直属机关委员会书记：郭峰（拉祜族，2008年4月至2008年12月）。

历任县委机关总支委员会书记：罗彪（2002年7月至2003年4月）、陶仕平（2003年12月至2006年8月）、陈启文（2006年8月至2008年12月）。

第八章 老干部工作

第一节 老干部管理

1987 年，经理顺和统计，全县符合离休条件的有 22 人，已办理手续的有 20 人。老干部局以管理、服务好离休干部为主要任务，兼顾副县级以上干部和建国初期参加革命工作的退休干部。全县各单位符合条件划归老干部局管理的退休干部有 112 人，管理费由原单位按每人每年 50 元，统一上缴老干部局，统筹管理使用。同时，督促各部门落实离退休干部的政治待遇和经济待遇。

1997 年，为进一步规范老干部工作的各项制度，老干部局与思茅地委签订了《老干部工作目标管理责任书》，做好老干部政治待遇（政治学习制度、组织生活制度、领导干部联系同职级老干部制度、阅读文件制度、通报工作制度、参加重要会议制度、参加考察制度、走访慰问制度）和经济待遇（负责抓好老干部各种经济待遇的落实，积极向老干部宣传各种经济待遇方面的政策，负责解答老干部提出的经济待遇方面的问题；负责抓好全县离休干部医疗费的审查、填报工作，按时、准确地做好汇兑工作；负责做好老干部经济待遇报表的填报工作；负责指导、检查各单位经济待遇落实情况；负责老干部局财务工作，按时上报各种报表）的落实。

2008 年 11 月，组织部、人力资源和社会保障部下发了《关于进一步加强新形势下离退休干部工作的意见》，正式把退休干部列入“老干部”范围。根据文件要求，结合西盟的实际，西盟县离退休干部分为 3 个层次：第一层是离休干部；第二层是副县级以上实职退休干部（兼顾副县级调研员）；第三层是正科、副科级退休干部。全县有离退休干部 524 人，其中，离休干部 10 人，机关、企事业单位退休干部 514 人。

第二节 老干部活动中心建设

1992 年 12 月，西盟县城老干部活动中心开工建设。1993 年 10 月竣工，建筑面积 372.4 平方米，投资 32.8 万元。

2001 年，县委、县政府在新县城划拨土地 3 亩，建设老干部活动中心。2001 年 3 月 8 日，破土动工。2002 年 3 月 15 日竣工，建筑面积 473 平方米，投资 51.28 万元。

第三节　干休所建设

1986年6月15日，为妥善安置长期在边疆工作的部分离退休干部生活，稳定在职干部，县政府向思茅行署递交要求在思茅城区建盖干休所，安置离退休干部的请示。经批准，同意西盟县17万元购买（土地12万元，房屋5万元）位于思茅县柏枝寺面积42.042亩的土地归西盟建干休所使用。1987年10月，动工建设。1992年1月，建成20套1016.1平方米的住房，安置20户离退休干部居住，隶属县委老干部局管理。2005年11月，思茅市人民政府土地管理局，为西盟县办理土地使用证，土地性质为“划拨”。

2006年11月27日，思茅市人民政府同意西盟县柏枝寺干休所以普通商品房进行改扩建。根据市政府的精神要求，西盟县成立以县委副书记鲁斌任组长的干休所改（扩）建工作领导小组，并启动规划、地勘、设计、场地平整、挡土墙建设等前期工程。

2007年5月8日，西盟县干休所改（扩）建领导小组会议决定，老干部局及有关职能部门配合就西盟县驻思茅干休所土地问题进行办理；6月1日，与市国土资源局签订《土地出让协议书》，土地总面积28247.8平方米（折合42.37亩），以总价430万元的40%缴纳出让金172万元，完成了土地由“划拨土地”改为“出让土地”的手续；7月24日，普洱市政府办公室电话通知“干休所改扩建工程停工”，决定将干休所调整到思茅北部区“佳禾小区”建设。

第四节　机　构

1985年，在县委组织部设立老干部管理科，专门负责管理全县的老干部工作。1987年3月，中共西盟县委老干部局成立，为一级局，人员编制3人。2002年5月28日，设立党总支，下辖5个党支部。2006年1月，驻思茅干休所党支部升格为副科级单位，设专职书记1名；8月4日，“西盟佤族自治县老年大学”成立，县委常委研究决定，给老年大学增加事业编制1人，每个班每年保障办学经费1万元。2008年4月22日，“中国共产党西盟佤族自治县老干部党校”成立，承担对离退休干部职工党员的教育和党务工作者的培训任务。老干部局领导指数设正副局长、总支书记各1人，人员编制11人。内设办公室、政治待遇股、经济待遇股。下辖老干部活动中心、驻思茅干休所、老年大学。

历任县委老干部局局长：岩理石（佤族，1987年10月至1992年12月）、朱立泉（1994年12月至1996年7月）、柴天向（1996年7月至1998年2月）、朱如虎（1998年2月至2003年12月）、李文学（2004年11月至2008年12月）。

历任县委老干部总支委员会书记：李定有（2002年5月至2007年9月）、潘永明（佤族，2007年9月至2008年4月）、岩康（佤族，2008年4月至2008年12月）。

历任思茅干休所党支部书记：张思（2006年1月至2008年12月）。

第九章 县委党校

第一节 党校教育

一、短期培训

1978 年—2008 年，县委党校共组织党员、党员领导干部和入党积极分子进行党建知识、马克思列宁主义、毛泽东思想、邓小平理论、“三个代表”重要思想和科学发展观等理论培训 84 期（场），培训人员 5166 人。

1987 年—2008 年，举办各类业务培训班 81 期，培训人员 4050 人。

二、函授教育

1988 年—1994 年，西盟县委党校举办辽宁刊授党校函授班，本着“培训党员、教育党员、普及马克思列宁主义、为四化建设培养人才”的宗旨，共招收马克思主义理论班三届、经济理论班一届。共计学员 55 人。

2003 年—2008 年，设置省委党校函授经济管理大专和公共管理本科教学点。招专科班一届，毕业学员 66 人；本科班四届，毕业学员 204 人。

2004 年—2008 年，与云南财经大学联办经济管理，招收专科班二届，毕业学员 132 人；招本科班一届，毕业学员 39 人。

第二节 教学科研

2000 年起，县委党校教师注重调查和理论研究，每年每人至少撰写 1 篇 ~ 2 篇教学论文或调查报告。2001 年，县委党校教师到乡镇宣讲江泽民总书记“七一”讲话精神。2002 年、2003 年常务副校长郭树成撰写的《认真学习宣传党政领导干部选拔任用工作条例，确保党的干部路线方针政策的贯彻执行》和《西盟解放战争史》文章刊载在市委《学习与实践》刊物中。2004 年，县委党校教师到边防大队、电力公司等单位宣讲中共十六届五中全会精神。2005 年，县委党校教师到大黑山边防站、县中队、橡胶公司、勐梭镇宣讲党史。2006 年，县委党校教师到县委中心学习组、电力公司、县一中、县人大、老干部局等单位宣讲中共十七大精神和党史。2008 年，县委党校教师到县职中、国税局、县一中、县二中、岳宋乡政府等单位宣讲“解放思想大讨论”和党史。张学周和杨志共同撰写的《培育新型农民研究》、张学周撰写的《发展西盟茶产业的几点建议》文章刊载在市委党校《学习与实践》刊物中。至 2008 年，共组织理论宣讲 87 次，参加人员 12138 人次。

第三节 机 构

1953 年 8 月，创办西盟县委党校，校址在老工委会。1959 年 3 月，校址搬迁到县小学。1964 年 4 月，中共西盟县委党校正式挂牌成立。1970 年 1 月，更名为西盟县“五七”干校，校址在勐梭公社（现红砖厂）。1978 年 4 月，校址迁回县城募西公路至娜妥坝 83 千米左上方（县广播电台）。

1979 年 11 月，恢复中共西盟县委党校。1983 年 5 月 10 日，校址搬迁到西盟镇原部队家属房。1985 年 2 月 6 日，校址搬迁到原部队团部卫生队。1988 年 7 月，县委正式决定由 1 名县委常委兼任校长。1991 年 7 月起，校长由县委副书记兼任，党校的日常工作由 1 名副校长或常务副校长主持工作。1993 年，校址搬迁到县委旁。1998 年，共青团西盟县委团校在县委党校挂牌成立。2000 年 8 月，校址搬迁到新县城勐梭龙潭出水口下方原新县城建设指挥部用房（属砖瓦房）。2008 年，县人民政府批复中共西盟县委党校内设西盟县行政学校和西盟县民族干部学校，为正科级单位，人员编制 9 人。内设办公室、教务办、总务处、财务室、理论研究室。

历任县委党校校长：江宗祝（女，1988 年 7 月至 1991 年 7 月）、赵平云（彝族，1991 年 7 月至 1993 年 3 月）、张正福（哈尼族，1993 年 3 月至 1998 年 2 月）、李天生（1998 年 3 月至 2001 年 4 月）、鲁斌（2003 年 5 月至 2007 年 10 月）、沐忠华（哈尼族，2007 年 10 月至 2008 年 12 月）。

历任县委党校副校长：李老成（佤族，1978 年 1 月至 1979 年 11 月）、刀学良（傣族，1979 年 11 月至 1981 年 8 月）、薛怀初（1987 年 10 月至 1992 年 12 月）、左永祥（拉祜族，1992 年 12 月至 1994 年 12 月）、岩孟（佤族，1994 年 12 月至 1996 年 7 月）、解道龙（1996 年 7 月至 1998 年 2 月）、郭树成（1998 年 3 月至 2003 年 4 月）。

历任县委党校常务副校长：郭树成（2003 年 4 月至 2007 年 9 月）、张学周（2007 年 9 月至 2008 年 12 月）。

第十章 保密 机要 关心下一代工作

第一节 保 密

1991年—1995年，“二五”保密普法期间，组织县级机关、乡（镇）干部职工学习《中华人民共和国保守国家秘密法》《中华人民共和国保守国家秘密法实施办法》和中央、省、地关于加强保密工作的文件精神，学习人数562人次；印发《中华人民共和国保守国家秘密法》《中华人民共和国保守国家秘密法实施办法》《云南省实施〈中华人民共和国保守国家秘密法〉细则》和相关学习材料675份；组织观看保密知识录像5场次、观众360人次。

1994年，组织全县副科级以上领导干部和涉密人员进行保密法规知识考试。

1996年—2000年，“三五”保密普法期间，印发《云南省实施〈中华人民共和国保守国家秘密法〉细则》756份；组织保密干部和涉密人员237人参加全国保密法规知识竞赛；发出《领导干部保密工作责任制》学习读本245本，做到副科级以上领导和涉密人员人手1册。

1999年，在县委党校开设保密教育，举办为期3天的保密干部和涉密人员培训班，参加培训人员有45人，培训结束进行了测试，并颁发了省级干部岗位培训证书；组织收看“3·28”窃密案纪实片1次。

2001年—2005年，“四五”保密普法期间，发出《保密警示教育读本》350册，做到副科级以上领导和涉密人员人手1册；组织乡（镇）办公室工作人员、县级机关各部委办局办公室负责人和县委办、县人大办、县政府办、县政协办秘书、县保密委与保密局全体干部职工进行为期2天的保密法规知识培训；每年开展《中华人民共和国保密法》颁布纪念日活动；组织副处级以上领导、保密委、保密局和保密要害部门、单位干部职工观看警示教育片125次；在县委办秘书、机要秘书等涉密人员中通报泄密案情15次；制定了《县委保密委员会工作规则》《计算机信息系统保密管理制度》《印刷复印行业保密制度》《上网信息审批制度》《党政机关会议保密制度》《县委常委会议保密制度》，确保保密工作有章可循；加强对保密要害部门、部位的管理，与保密人员签订《保密责任书》，每年对印刷复印行业、废旧报刊收购点检查1次～2次；对有定密任务的部门进行不定期抽查、指导，规范定密工作；指导各单位文件资料清理、登记、归档和销毁工作。“四五”普法前，检查核对各单位的文件资料25万多件，并指定人员进行销毁。普法期间，文件资料由各单位造册登记，再由县保密局检查核对后统一运送到市上销毁中心进行销毁。

2006年—2008年，“五五”保密普法期间，加强对办公自动化设备使用情况、上网保密审查制度等执行情况进行定期检查，对检查出现问题的单位提出整改措施，并督促定期整改。

2008年，检查核对各单位的文件资料2.5万件，并指定人员进行销毁。

第二节 机 要

2000 年 12 月，开通县到乡（镇）三类传真通信，促进了县委、县政府各个时期各项重要部署和重大决策在基层得到及时、准确的贯彻落实。

1994 年—2000 年，机要传真通信工作连续 7 年被评为“思茅地区党委系统机要工作先进单位”。其间 1996 年、1997 年，被省委办公厅评为全省机要系统“保密、优质、高速、无事故”先进单位。

2003 年—2005 年，连续三年参与木鼓节等大型活动和突发事件的跟随领导现场服务与后勤保障工作。

第三节 关心下一代工作

2003 年 12 月，县关心下一代工作委员会（以下简称关工委）成立后，坚持加强和改进未成年人思想道德建设这一主线，落实两个纲要，即:《爱国主义教育实施纲要》和《公民道德建设实施纲要》。抓住学校、家庭、社会三个教育环节，构建“三位一体”的未成年人思想道德教育网络。重点做好未成年人理想信念教育、道德实践活动、青少年文化建设和未成年人环境优化等四项工作。同时，县关工委配合学校、团县委、司法局等部门，组织团队学习和上法制课 132 次；组织知识竞赛和演讲比赛；到烈士陵园扫墓、讲革命故事、看爱国教育片等活动 200 余次。

2004 年，县关工委和团县委向县内 180 名贫困学生发放助学金 18270 元。同时，配合教育局、各乡（镇）政府、村委会帮助学校解决勤工俭学基地，共有 41 所村完小有了开展勤工俭学的活动基地，养殖收入 34.73 万元，基本上解决了学生的吃肉、吃菜问题。10 月，县小学学生白宇航眼患疾病，县关工委筹集资金 15610.71 元，为白宇航医治。

2005 年 6 月，县关工委协同有关部门帮助里拉村班勒社小学一年级学生扎阿做眼下睫毛里翻手术；7 月，协同县妇联、县工会、县团委等部门筹资 5129 元，帮助患蛔虫肠更阻疾病的 4 岁佤族女童娜迫恢复健康。同年，县关工委被评为全省关心下一代工作“先进集体”。

2006 年 3 月，县关工委五老（老干部、老战士、老专家、老教师、老模范）成员查宗能老师，在县妇联会议室举办“传承中华文化，弘扬书法艺术——西盟县中小学生书法培训班”，首次开班就有 132 名学生参加学习；退休干部罗国祥开办的“伊人爱心书社”，为想看书而又买不起书的学生提供了学习知识、扩展视野的环境，至 2008 年 12 月 12 日，借阅图书的学生 3305 人次；岩兵艺人，曾发明和革新出 48 种佤族、拉祜族乐器，先后到北京、昆明、香港等地及美国等国家演出，并担任“阿佤文化传承小组”的佤乐授课老师，每周上课 8 节。

2007 年 5 月，县关工委成立“365 爱心行动”助学基金会，组织开展捐资助学活动。募捐资金 13298.30 元，资助贫困大学生 9 人，高中生 6 人，筹集物资 620 件，并全部发放到贫困学生中。此外，县关工委的老同志自发筹集资金，建立“夕阳红爱心基金”。并与国家问题研究中心白正梅联系，以每年 1000 元资助莫美小学叶领读书；配合中国心农村工程、云南征途爱心车队开展爱心公益活动，为王莫村小捐款捐物，折合人民币 2 万元；云南矿产资源网为王莫村小学生岩冬兄弟俩提供每月每人 100 元的生活费和每季度 2 套衣物。县关工委被评为普洱市关心下一代工作“先进集体”。

2008 年，县关工委结合西盟实际，从青少年健康成长的需要出发，发挥离、退休老同志的优势和作用，以培养“四有”新人为目标，加强对青少年的思想教育。

第四节 机 构

一、县保密局

1972 年 3 月，中共西盟佤族自治县委保密委员会成立，主任由县委副书记兼任，县内保密工作由县委办公室负责。1989 年，西盟佤族自治县县委保密委员会与国家保密局（以下简称“县保密委与县保密局”）成立，属一级局，实行：“一个机构、两块牌子”，合署办公，编制 7 人，设领导 1 正 1 副（未配，空缺），专干 5 人（其中，县局 3 人、乡镇 2 人），主要负责全县保密工作。随后，各乡（镇）党委和县级各部门先后成立了保密领导小组，明确分管领导。1996 年，机构改革，县保密委与县保密局（属二级局）并入县委办公室，编制 5 人，设副局长 1 人、专干 4 人（县局 2 人、乡镇 2 人）。1997 年 2 月，县保密局恢复为一级局，编制 6 人。2003 年，取消副局长编制，编制 3 人（设局长 1 人、专干 2 人）。

历任县保密委主任：李成镈（兼任，1978 年 1 月至 1984 年 2 月）、陈关厚（1984 年 2 月至 1986 年 8 月）、岩秒（兼任，佤族，1986 年 8 月至 1987 年 6 月）、魏岩广（兼任，佤族，1987 年 6 月至 1991 年 8 月）、王福生（哈尼族，1991 年 8 月至 1993 年 3 月）、罗正义（哈尼族，1993 年 3 月至 1996 年 6 月）、鲁斌（1996 年 6 月至 2003 年 2 月）、胡良波（2003 年 3 月至 2006 年 6 月）、杨绍武（2006 年 6 月至 2008 年 12 月）。

历任县保密局局长：谢德万（1990 年 7 月至 1995 年 8 月）、陈启文（2003 年 8 月至 2007 年 8 月）、聂团（佤族，2007 年 9 月至 2008 年 12 月）。

二、县委机要局

1982 年，西盟县委机要组成立，编制 3 人。1992 年 10 月，设立县委机要局，为二级局。1996 年 10 月，机构改革时，作为县委办公室内设机构，人员和工作并入县委办公室。2002 年，机构改革，人员编制数含在县委办公室。2003 年 5 月，机要局升为正科级单位，改称西盟县机要局。

历任县委机要局局长：岩相义（傣族，2003 年 5 月至 2008 年 12 月）。

三、县关心下一代工作委员会

2003 年 12 月，西盟佤族自治县关心下一代工作委员会成立，设专职人员 1 人。2004 年—2008 年，西盟县关工委主任由历任县委办公室主任兼任，设专职秘书长 1 人，级别为副科级。

历任县关工委执行主任：张岩松（佤族，2004 年 1 月至 2008 年 12 月）。

第十一章　群众团体

第一节　县总工会

一、代表大会

（一）第二次工会会员代表大会

1982 年 5 月 25 日—28 日，在县城召开，出席代表 113 人，其中，佤族代表 37 人，拉祜族代表 6 人，汉族和其他少数民族代表 70 人。选举产生 17 名委员组成县总工会第二届委员会。

（二）第三次工会会员代表大会

1985 年 10 月 16 日—18 日，在县城召开，出席代表 110 人，特邀代表 11 人，列席代表 13 人。选举产生 19 名委员（常委 11 人）组成县总工会第三届委员会。

（三）第四次工会会员代表大会

1989 年 5 月 15 日—17 日，在县城工人俱乐部召开，应出席代表 81 人，实到代表 77 人。选举产生 17 名委员、2 名候补委员（常委 7 名）组成县总工会第四届委员会。

（四）第五次工会会员代表大会

1994 年 4 月 19 日—21 日，在县城召开，出席代表 82 人，其中，少数民族代表 58 人，占 70.73%；妇女代表 29 人，占 35.37%。选举产生 19 名委员（常委 9 人）组成县总工会第五届委员会。

（五）第六次工会会员代表大会

1999 年 7 月 15 日—16 日，在县城工人俱乐部召开，出席代表 100 人，特邀、列席代表 15 人。选举产生 19 名委员（常委 9 人）组成县总工会第六届委员会。

（六）第七次工会会员代表大会

2004 年 8 月 26 日—27 日，在新县城综合楼召开，出席代表 88 人。选举产生 19 名委员（常委 9 人）组成县总工会第七届委员会。

二、工会工作

（一）职工民主管理

1999 年 6 月，西盟县总工会印发《关于在西盟县实行厂务公开制度的实施办法》。是年，有 6 个国有企业、2 个集体企业基本实现厂务公开制度。

2005 年，全县有 30 家企事业单位建立职工代表会议制度，并先后召开职工代表会议。同时，建立职工代表会议制度。按照民主决策程序化的要求，对企事业单位的重大决策、经营方针、计划规划，提交职代会审议通过；涉及职工生活福利、工资待遇、奖惩办法等重大事项，须经职代会讨论决定；对职工代表的提案、合理化建议做到件件有交代、事事有落实。

至2008年年底，全县有56个单位建立职工代表大会制度，并全面推行厂务、政务、校务、院务公开。

（二）维护职工合法权益

1978年—2008年，县总工会紧紧围绕涉及职工切身利益的劳动就业、工资分配和社会保障三个核心问题开展工作。依法维权：组织干部职工学习《中华人民共和国劳动法》《中华人民共和国劳动合同法》《云南省劳动权益保障条例》等法律法规。落实组织：成立劳动争议仲裁委员会，企事业单位成立劳动争议调解委员会。健全制度：指导和帮助职工与企业平等协商签订集体合同制度。

2004年年底，已完成企业签订集体合同的任务，受到省、市总工会的表彰。参与国企改革改制工作：完成企改8家，安置职工440人，实现再就业213人。参与劳动安全执法检查和事故处理，为职工说话办事，排忧解难。协调解决清欠农民工的工资38万元。成立职工物价监督站，先后在老县城、新县城、勐梭镇农贸市场建立监督检查和信息平台，被职工誉为“佤山农贸市场的一杆公平秤，老百姓的保护神”，受到国家、省、市总工会、物价局的多次表彰。协助县政府和有关部门加强对企业工资分配的宏观调控，加大对女职工的业务技能培训。

（三）职工文体活动

1982年—1985年，县总工会每年与教育、体委、文化、企事业等单位联合举办职工篮球、排球、足球，老年人门球和气排球运动会；开展拔河、棋类、环城跑、乒乓球、跳绳、射弩等比赛；举办书法、美术、摄影、花卉、根雕、集邮等展览；组织职工文艺会演、节庆文艺晚会、知识竞赛和职工家庭才艺展演等活动，各基层工会利用业余时间开展各种文体活动。

1986年，因山体滑坡，工人俱乐部活动中断，县总工会筹集资金15万元，进行维修。新建门球场、游艺室、活动广场，开设职工舞厅、卡拉OK厅、图书借阅、报刊阅览和扑克、象棋、围棋、跳棋等项目。被评为“思茅地区先进单位”；被《工人日报》誉为“佤山之巅的民族乐园”。

1994年6月1日，县总工会和文化馆联合组织庆“六一”希望工程文艺义演活动，义演捐款全部献给贫困的失学儿童，使其重返校园学习。

1999年，县总工会坚持走“以文为主，多业助文”“服务—创收—发展—更好地为职工服务”的路子。当年，俱乐部收入2420元。

2001年4月18日和12月4日，分别举行“五一”职工篮球运动会和“澜沧江”杯职工篮球运动会，有45个队450人参赛。

2008年4月16日至5月1日，县乡工会分别组织开展迎奥运、庆“五一”职工运动会，有篮球、陀螺、劳动技能等项目比赛。县级有56个单位、865人参赛，投入活动经费3.44万元。

（四）送温暖活动

1992年春节前，处于半停产状态的县建筑公司80余人在职员工和40多人退休职工的工资和生活费无法落实，县总工会把筹集修缮工人俱乐部的5万元经费先预支给公司发放给职工。

1993年4月，橡胶场班箐2队职工住房发生火灾，25户人家毁于一旦，县总工会下拨救济资金进行慰问。

1995年1月，县总工会协助有关部门落实部分社会养老保险统筹金，为伐木厂、木器社、缝纫社等6个集体企业的118名退休老工人，按时发放退休费。

2002年，县总工会共走访慰问16家企业400名困难职工，共发放慰问金3.1万元。

2003年12月，县总工会成立了困难职工救助服务中心，配合劳动部门，为下岗失业人员举办了摩托车、汽车修理、烹饪、理发、纺织等培训和落实待遇；为全国劳模发放“三金”、省级劳模支付“两金”；为特困职工和困难劳模代交养老统筹金、医疗互助金和住院费；为因工伤残的职工修建房屋、安装太阳能；资助困难职工和农民工子女96人完成学业；帮助257人下岗特困职工与副科级以上干部结对帮扶；帮助385人困难职工申请享受城镇低保及零就业家庭走出困境；开展农民工技术技能培训、职业介绍和法律咨询援助。热情接待群众来信来访，坚持“问一声好、让一个坐、敬一杯茶、暖一个心”的接待制度，把工会办成职工之家。

2006年，县总工会帮助岩苗、岩板两位全国劳模购买新县城龙潭新村廉价房。

2008年春节期间，走访慰问全国、省部级劳模7人，发放慰问金及低收入补助金3.98万元；深入21个基层单位，走访慰问困难职工474户1659人（农民工150人），发放慰问金5.78万元；开展“金秋助学”活动，帮助25人困难职工子女，资助学费2.42万元；救助困难职工12人，发放救助金1.3万元；帮助罗黄妹、娜四林、李岩美三位省级劳模租住廉租房；到省总工会核查落实陈子明省级劳模荣誉称号，并落实待遇。

（五）职工医疗互助

2004年—2008年，全县参加医疗互助职工21752人，累计上缴互助金114.8万元。1期～6期，共有606个职工获住院补助金44.6万元，获得补助最高额5万元。县总工会出资1794元，为县建筑公司、城建队39人收入低、生活困难、久病卧床的职工代交医疗互助金。

至2008年，全县有89个单位参加医疗互助（新增6个），总人数3899人，其中，在职3336人，退休职工563人。共筹集互助金20.33万元。

（六）职工教育

1982年，根据国务院的部署，县总工会与教育局组织青年职工进行初、高中文化补课，采取集中培训辅导的方法，学完课程后，由教育局组织考试，成绩合格者，颁发给证书。

1986年起，配合司法局，在职工中开展普法教育和法律知识学习考试，共有4000余人次参加考试。

1991年，开展“双基”教育学习考核工作，全县21个企业的1810名职工参加“双基”教育学习考试，1798人考试合格，合格率99%。

1996年后，为加强职工思想道德和科学文化建设，开展以为人民服务为核心，创建文明窗口、文明行业、文明班组活动。在企事业单位广泛开展“学一门技术，提一条合理化建议，参加一项技术攻关，参与一项革新发明，传授一项技术技艺”的“五个一”竞赛活动。

（七）评优表彰

1990年—2008年，全县有43个基层工会被评为县级“先进集体”、337户职工家庭被评为“文明家庭”、628名职工被评为“先进工会工作者”或“工会积极分子”、75名工会财务人员被评为“先进财务工作者”、208名女职工被评为“三八红旗手”、69名女职工被评为“致富女能手”。有8个基层工会和34个职工受到国家、省、地（市）总工会的表彰。建立“示范岗”5个、岗位标兵43人。

第二节　共青团县委

一、团员代表大会

（一）共青团西盟县第二次代表大会

1980年5月2日—4日，在县城召开，出席代表203人。选举产生19名委员（含常委9人）组成第二届委员会。

（二）共青团西盟县第三届代表大会

1985 年 10 月 20 日—22 日，在县城召开，出席代表 122 人，特邀 3 人，列席 1 人。选举产生 17 名委员（含常委 9 人）组成第三届委员会。

（三）共青团西盟县第四次代表大会

1989 年 4 月 16 日—20 日，在县城召开，出席代表 76 人，特邀 4 人，列席 6 人。选举产生 15 名委员组成第四届委员会。

（四）共青团西盟县第五次代表大会

1992 年 12 月 10 日—12 日，在县城召开，出席代表 115 人。选举产生 17 名委员组成第五届委员会。

（五）共青团西盟县第六次代表大会

1996 年 10 月 29 日—31 日，在县城召开，出席代表 134 人。选举产生 17 名委员组成第六届委员会。

（六）共青团西盟县第七次代表大会

1999 年 8 月 16 日—18 日，在县城召开，出席代表 120 人，列席 15 人。选举产生 19 名委员组成第七届委员会。

（七）共青团西盟县第八次代表大会

2003 年 8 月 24 日—26 日，在县城党政综合楼召开，应出席代表 80 人，实际出席代表 75 人。选举产生 19 名委员（含常委 9 人）组成第八届委员会。

（八）共青团西盟县第九次代表大会

2006 年 9 月 17 日—19 日，在县城党政综合楼召开，出席代表 89 人。选举产生 19 名委员（含常委 9 名）组成第九届委员会。

二、主要工作

（一）共青团工作

1978 年，进行团组织整顿。

1985 年，开展“争第一，露一手”活动，有 9 个团支部带领 850 余名团员和青年，参加建设思（茅）澜（沧）公路，完成了西盟县承担的路段任务。

1999 年，县共青团推荐 7 名优秀团员加入中国共产党组织。

2001 年 6 月 25 日，共青团西盟县委七届三次全会暨全县党建带团建工作会议，表彰 2000 年度“五四红旗团委”3 个、“五四红旗团支部”5 个、“优秀团员”25 名、“优秀团干部”11 名。

2006 年 9 月 21 日，团县委举办团干部培训班，各乡镇、学校、县属各单位 50 余名团干部参加培训，团市委书记张瑜到会指导；10 月 6 日以来，县境内出现强降雨天气，全县 5 个乡、2 个镇不同程度的遭受洪涝、泥石流、坍方等自然灾害，造成经济损失 876.91 万元。全县各级团组织在当地党委、政府的领导下，800 余名团员、青年组成突击队，参加抗洪抢险工作，安全转移人员 50 余人，抢运物资 107 吨，加固路基 1085 米、沟渠 1220 米、修复人畜饮水管道 3 处共 100 米；10 月 10 日，在全县乡镇启动“双千双万”农村基层团建活动。

2008 年 5 月 12 日，四川汶川发生特大地震后，团县委组织广大团员青年捐款 9423.8 元，捐献灾区。

1978 年—2008 年西盟县团组织及团员发展情况表

表 14-7

单位：人

年份＼名称	团委			团总支		团支部		团员		新发展团员
	乡镇	学校	其他	总数	农村	总数	农村	总数	农村	
1978	7	—	—	4	3	62	46	1849	1365	128
1979	7	—	—	7	6	100	68	1477	1085	74
1980	7	—	—	6	5	71	37	1552	1083	51
1981	7	—	1	5	5	72	35	1561	1009	75
1982	7	—	1	6	4	75	40	1571	1018	100
1983	8	—	1	5	3	81	41	1824	1201	361
1984	8	—	2	5	3	89	47	1931	1257	425
1985	8	—	2	4	3	147	34	2206	1085	401
1986	8	1	2	5	2	98	47	2261	1437	370
1987	8	1	2	5	2	99	46	2300	1443	695
1988	8	1	2	8	5	99	46	2420	1482	520
1989	8	1	2	8	5	99	47	2531	1550	650
1990	8	1	2	7	6	98	46	2496	1686	550
1991	8	1	2	14	10	98	47	2467	1785	560
1992	8	1	2	18	14	112	47	2545	1756	570
1993	8	1	2	18	15	121	46	2637	1878	620
1994	8	1	1	20	15	135	45	2548	1890	722
1995	8	1	1	20	18	146	46	2456	1920	680
1996	8	1	1	24	18	157	46	2375	1963	856
1997	8	1	1	24	19	168	48	2095	1995	753
1998	8	1	1	25	20	178	57	2469	2054	415
1999	8	1	—	38	30	308	68	3869	3438	431
2000	8	1	—	36	30	178	75	2095	1681	414
2001	8	2	—	36	32	234	84	3817	3073	744
2002	8	2	—	38	35	276	95	4316	3815	501
2003	8	2	—	38	35	268	98	4392	3957	435
2004	8	2	—	37	34	266	98	4565	4071	494
2005	8	2	—	38	34	270	120	4683	4156	527
2006	7	2	—	37	33	270	130	4883	4256	627
2007	7	2	—	38	32	271	141	4963	4326	637
2008	7	2	—	37	32	272	143	5142	4620	522

（二）少先队工作

1981 年 7 月，西盟县少年儿童工作协调委员会成立。并开展“中国少年雏鹰行动”“民族精神代代传”“歌唱祖国庆六一”“三独”比赛、广播体操比赛、书画比赛、“校园科技文化月”“学雷锋、树新风”“红领巾广播站”“三生教育”等活动。聘请老教师、公安干警、武警官兵为校外辅导员，司法、公安派出所人员为法制辅导员，对学生进行爱国主义教育、民族团结教育和理想信念教育。

2008年，全县有28个少先队大队，少先队员6013人。

（三）希望工程

1993年，省青少年发展基金会把西盟县列为“希望工程”实施县，西盟县实施希望工程领导小组成立，办公室设在团县委，由团县委书记任办公室主任。团县委和县希望工程办公室联合举办“爱心圆梦大学”“365爱心基金”“慈善演唱会”“扶贫济困　真情救助”“情满佤山　助学圆梦”音乐会等，筹集助学金8.68万元，帮助112个贫困家庭子女就学，建立爱心“1+1”帮扶计划。

1997年—2007年，援建希望小学30所，总投资902.01万元。

至2008年，希望工程受资助学生5433人，支付资助金219.3万元。

（四）青年志愿者行动

1999年12月25日，在新县城召开西盟佤族自治县“青年志愿者”协会成立大会。大会提出：“保护母亲湖，美化新县城”是“青年志愿者”的长期活动。秉承“奉献、友爱、互助、进步”的志愿者精神，拓展志愿服务领域，完善志愿者建设，在全县范围内招募了消防、禁毒、防艾、交通、法治宣传志愿者，发挥志愿者在服务西盟各种大型节庆活动及建设和谐西盟的生力军和突击队作用，展示志愿者服务社会的精神风貌，推进志愿服务制度化、日常化、规范化，在社会中树立志愿者的良好形象。每年以“3・15”消费者权益保护日、“3・22”世界水日、中国水周、“6・26”国际禁毒日、“12・1”世界艾滋病日、“12・4”法治宣传日为契机，广泛宣传相关法律法规。在历届中国佤族木鼓节期间，青年志愿者协会组织青年应急突击队、女子礼仪服务队为节庆服务。

（五）大学生志愿者工作

2005年起，实施西盟县大学生志愿服务西部计划云南省地方项目，办公室设在团县委，生活补助人均每月600元，资金由省、市、县三级财政各承担1/3，参加志愿服务期满考核合格，在考录公务员、事业单位工作人员，可根据考核评定等次给予适当加分照顾。

2005年—2008年，招募两批大学生志愿者共42名，其中，第一批10名，第二批32名。

（六）团队活动

1980年，在团员、青年中开展“学雷锋　树新风”“五讲四美三热爱”等活动，组织为人民服务队60个，参加人员1690人，学雷锋小组180个，做好事2190件。

1985年—1987年，共帮助烈军属、五保户做好事1600余次，参加活动17000余人次。

1988年，实施青少年“绿化工程”，组织发动团员青年种植各种经济林木12万余株，荒山造林911.2亩，“四旁”植树9.3万余株。

1997年5月4日，举行共青团75周年暨“五四”青年节活动。

1998年9月16日，以“献一份爱心，助一臂之力，育一位学子”和人才救助工程为主题，组织青年志愿者“爱心艺术团”在县城电影院义演，有15个党政机关、事业、企业单位捐款2.84万元，资金全部用于人才救助工程。

2005年6月26日，举行禁毒志愿者大队成立仪式暨“6・26”国际禁毒日宣传活动。禁毒志愿者在仪式上宣誓并发放传单，悬挂图片，展览鸦片、冰毒、海洛因等毒品，呼吁人们爱护生命，拒绝毒品。

2006年10月8日，在县城和勐梭镇开展“爱我家园”捡白色垃圾活动。

第三节 妇女联合会

一、妇女代表大会

（一）第二次妇女代表大会

1979 年 11 月 19 日—21 日，在县城召开，到会代表 330 人。会议听取、讨论了县妇联《全县各族妇女团结起来，为加速西盟县四个现代化建设而努力奋斗》的工作报告，并通过决议；选举 33 名委员（含主任、副主任、常委 9 人）组成县妇联第二届执行委员会。

（二）第三次妇女代表大会

1985 年 9 月 21 日—23 日，在县城召开，到会代表 165 人。会议听取、讨论了县妇联《全县各族妇女团结起来，为祖国的四化建设发挥“半边天”作用》的工作报告，并通过决议；成立县法律顾问小组；选举 21 名委员（含主任、副主任、常委）组成县妇联第三届执行委员会。

（三）第四次妇女代表大会

1989 年 4 月 22 日—24 日，在县城召开，到会代表 94 人。会议听取、讨论了县妇联《在新形势下，努力开创妇女工作新局面》的工作报告，并通过决议；选举 21 名委员（含主任、副主任、常委 7 人）组成县妇联第四届执行委员会。

（四）第五次妇女代表大会

1994 年 4 月 19 日—21 日，在县城召开，到会代表 91 人。会议听取、讨论了《县妇联工作报告》，并通过决议；选举 19 名委员（含主任、副主任、常委）组成县妇联第五届执行委员会。

（五）第六次妇女代表大会

1999 年 8 月 15 日—18 日，在县城召开，到会代表 110 人。会议听取、讨论了县妇联《高举邓小平伟大旗帜，团结动员全县各族妇女，自强不息、艰苦奋斗，为实现佤山脱贫致富的宏伟目标而努力奋斗》的工作报告，并通过决议；选举 25 名委员（含主席、副主席、常委）组成县妇联第六届执行委员会。

（六）第七次妇女代表大会

2004 年 8 月 16 日—18 日，在县城召开，到会代表 91 人。会议听取、讨论了县妇联《以“三个代表”重要思想为指导，团结动员全县各族各界妇女，为西盟脱贫致富而努力奋斗》的工作报告，并通过决议；选举 25 名委员（含主席、副主席、常委）组成县妇联第七届执行委员会。

二、主要工作

（一）创先争优及表彰

1979 年—2008 年，开展争创“三八红旗集体”“三八红旗手”“五好文明家庭”“双学双比”“巾帼建功”“五好文明家庭”“三八绿色奖章”“双合格”“科技示范户”等活动。

至 2008 年，全县共表彰“三八红旗集体”27 个，其中，省级 1 个，地（市）级 3 个，县级 23 个；表彰“三八红旗手”177 人，其中，国家级 2 人，省级 11 人，地（市）级 3 人，县级 161 人；表彰“五好家庭”105 户，其中，省级 6 户，地（市）级 7 户，县级 92 户；受国家级表彰的“民族团结进步模范”“十佳春雷女童”各 1 人；受省级表彰的“三八绿色奖章”1 人、“百佳廉内助”1 人；受省地县级表彰“双学双比”先进集体 4 个，女能手 49 人（优秀干部 4 人），其中，省级 7 人，地（市）级 13 人，县级 29 人；受地（市）级表彰的“巾帼建功”集体 1 个、人员 1 人，“巾帼文明示范岗”集体 1 个，“巾帼建功标兵”4 人，“双合格”集体 1 个，“科技示范户”5 户；受县级表彰的“科技示范户”10 户、“优秀妇女”干部 18 人。

（二）维护妇女儿童合法权益及来信来访

1980 年，组织全县妇女干部学习、宣传《中华人民共和国婚姻法》，倡导尊婆爱媳，建立和睦家庭。

1992 年，以知识竞赛、文艺演出等形式，组织开展学习宣传《中华人民共和国妇女权益保障法》活动；培训宣传骨干 8 期 465 人，开展宣传咨询活动 6 场次，咨询群众 1.5 万人次。

1998 年，组织县级妇联干部进行《中华人民共和国妇女权益保障法》、《中华人民共和国婚姻法》、《中华人民共和国母婴保障法》等相关知识考试；组织 465 名职工参加《中华人民共和国权益保障法》知识竞赛活动。

2003 年，组织全县妇联干部学习《中华人民共和国未成年人保护法》和《中华人民共和国婚姻法》，普及妇女儿童法律法规知识，推进《2001 年—2010 年中国妇女发展纲要》和《2001 年—2010 年中国儿童发展纲要》的全面实施。当年共举办培训 21 期 1.6 万人次，在县电视台播放法律知识讲座 11 场次，接待咨询妇女 123 人，发放宣传材料 2350 份，出黑板报 223 期，举办法律知识竞赛 2 次，有 125 名妇女参加比赛。

1990 年—2008 年，接待群众来信来访 2120 人（件），其中，自办、联办、转办、协调处理来访 567 件（次），当场答复、批评教育 897 人次，来信回复 198 人次，办复率 96.78%。

（三）农村妇女实用技术培训

2004 年 2 月 18 至 3 月 17 日，县妇联和县残联在西盟镇举办首期残疾妇女裁缝培训班，参培人数 60 人；10 月 24 日至 11 月 11 日，在西盟镇举办首期妇女民族手工艺品培训班，参培人数 60 人。

至 2008 年，共举办农村实用技术培训 51 期 14754 人次；组织村社妇女主任、女能人到省、市参观 88 名；选派女能手参加省、市举办的养殖技术培训 25 名。经跟踪调查，经培训的妇女 70% 都能掌握一门实用技术。

（四）教育活动

1985 年 9 月 21 日，县第三届妇女代表大会提出妇女要“自尊、自爱、自重、自强”。

1989 年，改为“自尊、自信、自立、自强”。在全县开展以“有理想、有志气、有道德、有知识、有专长、守纪律”为主要内容的教育活动。

2005 年，县妇联举办“四自”精神和婚姻家庭知识讲座，参加讲座的县乡妇女干部职工共 345 人；举办提高妇女素质专题知识讲座；组织县级部门领导及县妇联干部 357 人收看云南省委、省人民政府关于“贯彻男女平等基本国策，推动经济社会和谐发展”电视报告会。

（五）禁止和预防疾病教育

2006 年 3 月 13 日—18 日，县妇联与县疾病预防控制中心到各乡（镇）举办乡村医生传染病防治知识培训班，参培人数 135 人；8 月 15 日—21 日，与县妇幼保健站联合举办妇科常见病知识讲座及妇科病普查普治工作培训，邀请市妇幼保健院副院长、妇产科主任马爱华和主治医师李争春到西盟坐诊，并进行妇女病普查普治和妇女保健知识讲座。

（六）儿童工作

1981 年 7 月，西盟县少年儿童工作委员会成立，办公室设在县妇联。

1990 年 1 月，少儿协会转设团县委。县委、县政府制定了《九十年代西盟儿童发展规划纲要》。

2002 年，县委、县政府制定了《2001 年—2010 年西盟县儿童发展规划》。以科学发展观为指导，坚持“儿童优先”的原则，以促进儿童发展为主题，以提高儿童素质为重点，以保障儿童利益为根本，以思想道德建设为核心，不断深化“双合格”和小公民道德实践活动，每年邀请家庭教育专家在各家长学校、各级中小学校举办“双合格”知识讲座。同时，结合实际与有关单位联合到校举行加强未成年人思想道德建设的讲座及活动。

至2008年，全县共建立家长学校30所，其中，省级示范学校1所。

（七）妇女参政

1987年10月21日，县第五届人民代表大会第二次会议选举娜汉为云南省第七届人民代表大会代表。

1995年5月17日，县长魏红选为云南省第六届党代表。

1997年9月12日—18日，县长魏红出席在北京召开的中国共产党第十五次全国代表大会；11月13日，县第七届人民代表大会第六次会议选举叶春为云南省第九届人民代表大会代表。

2002年11月16日，县八届人民代表大会第六次会议选举吕萍为云南省第十届人民代表大会代表、县第十届人大常务委员会委员；选举叶林为县第十届人大代表，并任县委常委。

2008年，全县有女干部75名，其中，副处级女干部5名，正科级19名，副科级51名。5个乡、2个镇领导班子中均配备1名～2名女干部，配备率100%。在村两委班子中，女支部副书记1名、副主任9名，女支部委员和村委委员分别为14.7%和18.6%。县十届人大代表和县九届政协委员中，女代表和女委员分别占27.8%和35.2%。

（八）开展活动

1987年，召开全县妇女干部和先进妇女工作者“三八”座谈会，共有175人参加会议。

1991年，召开全县妇女干部和先进妇女工作者“三八”表彰会议，表彰了在“双学双比”活动中涌现出的快速养猪先进户、勤劳致富女能手及先进妇女干部，共有60人参加会议。

1993年，举办县第八届“三八”篮球运动会，共有16个队106人参赛。同时，还举行了“三八”文艺晚会。

1994年，在县妇女第五次代表会上，表彰先进工作者4名、“三八”红旗手16名、女能手5名、“五好家庭”7户。

1995年，县妇联与政法委、公安局、电影公司联合在全县巡回放映《斩断黑手》大型“打拐”纪录片，观看8000余人次。

1998年3月8日，县妇联在县政府大会议室举行“四自”“四有”精神座谈会；晚上在电影院举行文艺晚会，演出节目有20个，参加演出演员300余人，观众1000余人。

2001年2月，成立“不让黄赌毒进我家”领导小组，并在会堂广场举行“不让黄赌毒进我家”大型签名活动，县四班子领导、县属各单位、离退休职工及县八届人大代表等1000余人参加了签名。

2003年，在会堂举行“新世纪、新女性”演讲比赛和舞蹈比赛（有14个单位、21个节目）。

2004年2月，召开副科以上女干部“回娘家”座谈会，进行“自尊、自信、自立、自强”教育；举行“家家展风采”比赛，参赛家庭13户。

2005年3月，举行拔河和家庭趣味游园活动，有17个单位200余人26个家庭参加；在职业中学举行《中华人民共和国妇女权益保障法》知识竞赛；7月，在中课乡举行实施湄公河区域反对拐卖项目培训班和实用技术培训班；11月，举办“争做合格父母，培养合格人才”家庭教育知识讲座，邀请云南省家庭教育研究会副会长辛勤老师授课，有800名家长听取讲座。

2006年，组织开展集体签名“助廉”活动，以“树廉洁家风”为主题，举办培训班4期，发放倡议书510份，播放警示教育片3场，参加人数278人。

2007年3月，举办“巾帼文明建平台、妇女健身迎奥运”第四届“巾帼杯”篮球运动会，共有24支代表队参加；举行“迎奥运、庆三八”文艺晚会；组织健身环游龙潭，共有1718名妇女参加。

2008年3月，组织开展“迎奥运、促和谐、百万家庭总动员”系列活动，参加人数1668人（获市级奥运知识竞赛优秀集体奖2个、家庭才艺展示优秀组织奖1个、十佳和谐家庭奖2家、家庭才艺展示优秀作品奖3名、知识竞赛个人优胜奖2名）；9月，在中课村小寨开展“建设新农村·美化新家园·村容整洁大行动”活动启动仪式。

第四节 工商业联合会

一、县工商联会员代表大会

1996年2月3日—6日，县工商联第一次会员代表大会召开。选举第一届执行委员会执委、会长、副会长、秘书长。

2001年2月24日—25日，县工商联第二次会员代表大会召开。选举第二届执行委员会执委、会长、副会长、秘书长。

2006年11月21日—22日，县工商联第三次会员代表大会召开。选举第三届执行委员会执委、会长、副会长、秘书长。

二、主要活动

（一）提出建议

1998年，提出《关于要求对橡胶厂各队在交通、通电、民房、教育、卫生建设方面给予资金扶持》《建议人事部门指导橡胶厂执行养老保险制度》《建议人事部门给予解决胶厂干部编制及待遇问题》的建议。

1999年，提出《关于解决外地户口驻西盟的非公有制经营者交纳税费500元以上者享受本地户口入学杂费》《关于酌情安排南锡公路建设》《关于解决代格拉翁哈拉水沟建设资金》《关于把私营企业和个体户列为正规化统计和管理》的建议。

2000年，提出《关于建立非公有制经济担保资金的建议》《建议政府通电办解决橡胶种植队通电问题》《关于建设南锡加工厂学校》的建议。

2001年，提出《要求扶持种植杉木》《莫窝建盖文化室的建议》《要求给予解决马散二组人畜饮水问题》《要求给予解决橡胶场两个事业编制人员和提高经济待遇》的建议。

2002年，提出《请求重建娜妥坝办事处职工宿舍》《建议县人民政府对橡胶公司扶贫解决民房建设资金投资》《请求解决西盟镇西盟村一、二、老寨生产组人畜饮水》的建议。

2003年，提出《关于帮助解决翁嘎科个体工商户贷款》《关于改善新县城“私营投资片区”城市设施功能》《关于要求县人民政府解决勐梭村集贸市场下水道》《关于尽快解决建筑工程拖欠款》《关于规范西盟县建筑市场管理秩序》《关于要求给予减免税收和兑收缴纳费》的建议。

2004年，提出《关于要求采取有效措施全面清整部门拖欠工程款和农民工工资》《关于开发抢救、整理佤族民间艺术、民族文化旅游资源》和在政协思茅市第一届一次会议上提出《关于要求建设边境综合免疫带》《关于恳求解决异地搬迁、民房改造区人畜饮水项目资金》的建议。

2005年，提出《发展壮大集贸市场、加快小城镇建设、繁荣中课经济》《在商烟街设立拉祜族文化旅游景区》《发展绿色经济、退耕还林项目》的建议。

2006年，提出《发展壮大集贸市场，加快小镇建设，繁荣中课经济》《建议立项翁嘎科神糯文化室、球场厕所等基础设施》的建议。

2007年，提出《茶厂厂房建设要求帮助解决水泥、钢筋》《西盟佤族服饰有限公司缺人力资源》《治理城区为生产加工经营点》的建议。

2008年，提出《西盟县傣族文化促进会关于建盖傣族文化活动中心》《关于给予复议解决小龙潭工商联住宿小区路》《关于建设文明城市规划市场管理》《关于要求在翁嘎科乡英腊茶厂建一个茶园浇灌工程》的建议。

（二）扶贫和光彩事业

2001年5月15日，县工商联和县建筑公司从澜沧购买梨子苗800株，价值3200元，扶贫莫窝村第5村民小组种植；争取水泥19吨，解决该组1000米水沟建设工程（三面光）。

2003年2月12日，县工商联争取救济衣裤2500件，救济挂钩扶贫点永业村小学困难学生30人和孤寡老人、五保户4人；为群众发放生活补助经费5100元。

2004年2月3日，县工商联执委、兼职副会长李奇昌，会员蒋兴早资助王莫村大寨贫困学生岩尚，学费1.5万元，使该生完成了学业。

2005年4月3日，争取水泥12吨，价值2500元，为扶贫点莫窝村6组建水泥球场；7月2日，农工党云南省委沈红，为翁嘎科乡卫生院捐赠药品和医疗卫生用品，价值26万元，并为200余名群众进行免费体检，免费发送给群众1万元的药品。

2006年3月，云南省光彩事业在翁嘎科乡英侯村投资23万元，建成面积240平方米的学生住宿楼1幢，解决村小学生多年住宿紧张的问题；6月1日，县工商联出资1000元，资助挂钩点翁嘎科乡英候村小学特困学生8人；11月5日，兼职副会长、岳宋乡橡胶公司经理朱声涛，捐资1万元，资助岳宋乡班帅村小学特困学生9人。

2007年4月5日，县工商联执委、县力群茶叶有限公司经理易国旗，资助2000元，修复付倮人行小区路；12日，县工商联向县有关职能单位争取2万元资金，帮助英候村英水组建盖文化室；5月4日，工商联向有关单位争取2万元资金，帮助英候村小学改善基础设施建设；5月10日，兼职副会长、阿佤衣责任有限公司经理刘金峰，捐赠给工商联电脑一台，价值5000元；6月1日，县工商联出资1000元，资助挂钩点翁嘎科乡英候村小学特困学生10人。

2008年3月26日，县工商联向县政府争取1万元资金，组织挂钩点英候村重点种植示范户28人到思茅区、景东县等地考察学习茶、胶、蚕的种植管理技术；5月12日，县工商联组织发动全县非公经济人士向四川汶川地震灾区捐助4.8万元，争取各方支持为两个扶贫点（勐卡镇莫美村、翁嘎科乡英候村）解决水泥52吨，篮球架3副，饮水项目2个18万元，衣物1000余件，棉被400余套。

（三）自主创业

1997年2月6日，县工商联在募西路49千米+100米左上拐弯处，建成工商联餐饮服务饭店，面积215.26平方米。后因公路主干线改道，过往车辆较少，加之经营效益不好，于2001年停业。

2002年8月24日，县工商联在县城加油站对面小山包进行土地开发，开挖平整土地40亩（道路设计8.89亩，分配集资户31.01亩）。至2003年12月28日，完成非公园区集资住户规划许可证和土地使用证的手续办理工作，完成“三通一平”。

2006年3月5日，县工商联帮助南亢村茶厂、阿佤衣责任有限公司及部分工商联会员，向县农村信用合作社协调贷款169万元，作为扩大生产发展建设资金。

（四）非公有制经济

1999年6月8日—9日，西盟县首次召开个体、私营经济工作会议，贯彻全省、全区个体私营经济工作会议精神，确立了个体、私营经济在西盟县域经济中的地位。随后1年~2年，召开一次非公有制经济工作会，广泛听取非公经济人士的意见和建议，并结合西盟的实际，在税收、信贷、项目等方面给予优惠，制定落实优惠政策，激励人才投入非公经济领域建设。

2008年，全县非公经济累计完成增加值11492万元，上缴税收1258万元。

第五节 科学技术协会

一、科协代表大会

1984 年 9 月 2 日—4 日，第一届科协代表大会在县政府招待所会议室召开，到会代表 43 人。选举产生 13 名委员组成第一届科协委员会，有会员 303 人。

1990 年 11 月 15 日—17 日，第二届科协代表大会在县政府招待所会议室召开，到会代表 51 人。选举产生 11 名委员组成第二届委员会，有会员 2000 人。

1999 年 8 月 23 日—25 日，第三届科协代表大会在工会俱乐部召开，应到代表 93 人，实到代表 91 人。选举产生 18 名委员组成第三届委员会，有会员 279 人；表彰了"先进科技工作者"。

二、主要工作

（一）科普活动

2000 年，在城区设有科普宣传橱窗 1 个，长 11 米，宽 1.2 米，每年更换科普宣传挂图 6 次 ~ 12 次。

2003 年 12 月至 2008 年 12 月，共发放科普宣传手册、读本 47980 余本（册）；展出挂图 310 余幅；发放药品、药具 1720 盒；发放科普宣传资料 1790 余份；放映科普录像 130 余部；举办科普展览 16 次；观众 2.5 万余人次；举办各种农村实用技术培训 977 期 64590 人次。其中，水稻、蔬菜、玉米、养猪、甘蔗、茶叶、橡胶等专业 28 期、学员 3026 人次；参加科普进校园活动 1165 人次；举办科普讲座 4 次，参加人数 830 人次。每年与科技、文化、卫生、计生、农业、畜牧等单位联合举办以"科技以人为本，全面建设小康""携手共建创新型国家""生态与环境""节能减排""禁毒防艾"等为主题的科普宣传活动。

（二）学会、协会工作

1983 年—1985 年，先后成立县级学会 10 个、农民专业研究会 18 个。

2008 年，经重新清理登记，县级学会有 7 个（农学会、畜牧兽医学会、会计学会、医学会、气象学会、一中数理化学会、计生学会），会员 368 人。农技协会有 2 个（翁嘎科乡英腊村罗阳组科学养猪协会、岳宋乡橡胶种植协会），会员 491 人。

（三）科技教育与竞赛

1984 年以来，县乡各级中小学均开设科技教育和劳技课程教育，在省市青少年科技创新大赛中，共组织参加 3 届，参赛作品 145 件，其中，《水星参观记》《快乐鸟》《寻找宇宙的尽头》《完美世界》4 件作品，获省级三等奖；获地（市）级一等奖 7 件、二等奖 39 件、三等奖 59 件。

（四）科普成果

1995 年 1 月，因县科协编写《旱地改制》，县政府被省政府授予"省级科技进步集体三等奖"。

1996 年 6 月，县政府被思茅地区行政公署授予"科技进步集体一等奖"，主编何品珍被授予"地级科技进步个人一等奖"。

1998 年 10 月，因县科协编写《西盟土壤》，县政府被思茅地区行政公署授予"地级科技进步集体三等奖"，主编何品珍被授予"地级科技进步个人三等奖"。

1999 年，县委、县政府表彰为西盟科技做出贡献的何品珍等 22 名科技工作先进个人，组织编写、出版了《西盟科技第 1 辑 ~ 5 辑》。

2001 年 3 月，因县科协编写《西盟陆稻》出版，县政府被思茅地区行政公署授予"地级科技进步集体三等奖"，主编何品珍、魏红、赵平云、刘文舜、岩采被授予"地级科技进步个人三等奖"。

2005 年，县科协与县科技局共同编印《农村实用技术》手册 2 万册，内容包括：蔬菜、粮食作物、经济林木、甘蔗栽培管理技术和科学养猪技术等。

至 2008 年，县科协共获得 53 项奖项。其中，省级 3 项，市级 24 项，县级 26 项。

第六节　文学艺术界联合会

一、主要工作

（一）文学创作

1981 年，县文化馆创办综合性文艺刊物《佤山》。《佤山》创刊后，西盟县的朱光明（林雨瘦）、郑坚（岩老）、李正新（艾荻）、王文灿、明珠、高立旗、钟成学等作者从《佤山》起步，创作出了西盟民族题材的文艺作品。

1982 年 4 月，郑坚（岩老）的民歌《出工调》在《山茶》发表,《结婚调》等 4 首在《思茅文艺》1982 年第 2 期发表，儿歌 2 首在《思茅文艺》1982 年第 4 期发表；7 月，朱光明（林雨瘦）的小说《我和岩康》在《边疆文艺》发表。李正新（艾荻）的诗歌《佤山情思》等 8 首在《思茅文艺》发表,《彩云》在《思茅文艺》1984 年第 1 期发表，民间文学《勐梭龙潭的故事》在《边陲》1982 年第 1 期发表。王文灿的小说《老边疆的苦恼》、《如愿以偿》，诗歌《蜘蛛》等在《思茅文艺》发表；小说《艾巴拉的苦恼》在《思茅文艺》1984 年第 1 期发表。

2006 年 8 月，文清风的诗歌《布谷声声》在《诗刊》上发表,《安居》《农家乐》在《长白山诗词》上发表,《“剽牛”还是“镖牛”》在 2007 年 12 月 13 日的《云南日报》上发表。

2008 年，文清风的《弘扬佤族文化，彰显佤山魅力》在《云南宣传》《普洱论坛》和《佤族网》上发表。李冬春的《缩身于乡愁的悲悯与风暴》在《诗刊》上发表,《每个村庄都有自己的名字》《你可以像从前那样忘记我》2 首诗入选《中国当代新诗选》,《疼痛》入选《2008 汉诗榜》，另有 8 首诗歌在《滇池》上发表，散文《糯扎渡》荣获 2007 年度边疆文学奖。苏然的诗歌《家园，我在城市的房檐下想你》在 1997 年第 3 期《热风》杂志发表,《现在时刻，凌晨 1 点》在《滇池》2002 年第 6 期发表,《生命长河里的精神旅行》在《西部观察》2005 年第 1 期发表,《苏然诗三首》在《时代风采》2005 年第 5 期发表，长诗《娜妥小学手记》在《云南政协报》2005 年 8 月 27 日发表,《黄昏时分的村庄》在《星星》诗刊 2006 年第 8 期发表,《秋风里的思茅松》等 6 首在《云南日报》发表。李阿之的《花落的声音》《边关云海》获“紫香槐”杯全国网络文学征文三等奖。李群昌的《茶罐里的生活》获“美丽的茶城，可爱的家乡——普洱”有奖征文三等奖。

（二）音乐舞蹈创作

1980 年—1992 年，李云昌创作的歌曲、舞蹈《阿佤人的号角》《人头桩上有支歌》《赛木鼓》《织彩包》等多次获得省地、国家级创作演出表演奖;《织彩包》主旋律在“佤山走廊”节目作前奏曲播放至今。张晓玲等编导的民间舞蹈《舂碓舞》《佤乐》，参加 1992 年云南省文化厅、省民委组织的“跳云南”到北京演出，获得文化部艺术局、中国舞蹈家协会颁发的节目表演一等奖。岩峰、李叶媛、李叶娴编导、表演的《火火的佤山》，荣获全省首届新农村文艺会演获创作和表演一等奖、全国首届新农村文艺会演银穗奖。李萍、郑晓丹创作的《理想放飞的地方》歌曲，在 2006 年云南省教师及学生音乐作品评选活动中，荣获幼教组二等奖。叶春创作的《我是佤山格列花》《湖边金孔雀》歌曲，荣获 2009 年云南省少儿歌曲创作一等奖。陈建华、赵汉荣创作的《阿佤儿童多快乐》《牧童》歌曲，分别获得云南省教师学生音乐创作作品评选二等奖。岩峰编排的《龙摩爷》《佤山韵》《祭・牛尾巴・甩发》等舞蹈，均获得县内外观众好评。李扎俄、杨伟谱写的《江三木落歌》《神奇美丽的阿佤山寨》《拉祜歌唱新生活》歌曲，陈异罡谱写的《我们热爱老师》《花伞》等歌曲，广泛传唱，经久不衰。

改革开放30年中，西盟文艺工作者，走遍村村寨寨，采访了许多民间艺人，挖掘整理出《木鼓舞》《甩发舞》《剽牛舞》《舂米舞》《竹竿舞》《摔跤舞》《狩猎舞》《佤族鼓乐曲》《佤族敬酒交朋友》等一批具有佤族特色的舞蹈和歌曲，其中,《木鼓舞》《甩发舞》《剽牛舞》《狩猎舞》《舂米舞》《佤族鼓乐曲》等舞蹈，多次荣获地（市）级、省级、国家级奖，成为跳遍全国，走向世界的舞蹈。

（三）摄影书画

1980年起，机关单位和社会上摄影爱好者逐步增多，摄影艺术随之普及，每次全县性的摄影展览都有近百幅作品参与展出。其中，钟开天的国画《解放阿佤山》被国家博物馆收藏。郭建平的《佤山生活组画》在《边疆文艺》1982年第10期发表。刘仕清的《县城新貌》《水库晨曦》发表于《云南工作杂志》,《佤山云海》参与云南省《云岭绿荫展》并获奖。高立旗的《阿佤人民唱新歌》组照，发表于《支部生活》杂志。《本色佤山》是理解佤山，认识佤族的摄影文集。钟成学的《别具一格的竹楼》《佤族村寨》《佤族群众用上自来水》发表于《民族画报》(1988年第7期),《褐色阿佤山》8副剧照发表于《大众电影》(1990年第7期)，另有24幅剧照以连环画的形式发表于《中国广播电视画报》(1990年14期)。

2002年12月，何品珍编撰出版《绿色天堂》，收录诗68首、图118幅。

2005年3月，举办“走进佤山，走进司岗里”摄影大赛。程先美的书法“舞”“大江东去”，查宗能的书法“与时俱进、开拓创新”等先后在市级及以上展出。何兴的国画《佤山风情》《过山雨》《流光》等先后发表在县、市刊物上，并获得市级奖励。

（四）文化传承

2005年10月，西盟县承办了滇东南文学笔会闭幕式，来自滇东南各地的文学爱好者，进行了交流。

2006年12月9日，县文联举办中华诗词基础知识讲座。讲座由中华诗词学会会员、县文联主席文清风主讲，主要讲授诗歌的分类、格律诗的句式及平仄规律等内容。

2008年3月6日，县文联特邀《羊城晚报》文艺部主任熊育群、《收获》杂志编辑廖增湖，在县一中举办文学讲座，县文联各协会会员及县一中的部分师生共53人参加了讲座。为鼓励和动员作者“我以我笔写佤山”，进一步繁荣文艺事业，县文联和县总工会在同年3月—8月，开展“迎奥运，促发展，展风采”征文活动，从118件参赛稿件中评出一等奖1名，二等奖3名，三等奖10名，优秀奖16名。县文联编辑出版了《佤山》杂志第四届中国佤族木鼓节特刊，并增加了彩页和篇幅，大力宣传木鼓文化；撰写了旅游宣传册《群山中的原始秘境》，并为电视短片《佤山神韵》撰写了解说词。

（五）关注民生

2008年，按照“兴边富民送温暖”活动的要求，县文联干部职工到中课乡窝笼村了解社情民意，为窝笼村捐款捐物，为部分家庭免费照7英寸“全家福”。在普洱市文联工作目标量化考核中，西盟县文联考核成绩名列前茅。同年9月，经普洱市文联推荐，县文联参加了在昭通市召开的全省基层文联工作经验交流座谈会，县文联工作得到省、市文联的肯定和认可；11月，县文联被县委、县政府授予“文明单位”荣誉称号。

二、协会活动

（一）文学创作协会

2006年—2008年，作协共深入到基层和县外采风5次，举办文学讲座3次，组织培训3次，并先后在勐梭、中课、勐卡、翁嘎科等乡（镇）召开改稿会和理事扩大会。

（二）民间文艺协会

2008 年 5 月，在县委党校举办一期业务知识培训班；8 月，积极配合日本亚洲民族文化学会一行 14 人实地考察西盟佤族文化，特别是“司岗里”神话传说、猎头祭祀、木鼓文化、对歌等，并向日本专家学者介绍佤文化挖掘、整理、保护、继承等工作开展情况。年内，召开理事会议 12 次。

（三）傣族文化促进会

2006 年—2008 年，组织会员到孟连县、勐梭里坎寨、小寨采风 3 次，举行培训 1 次。

（四）音乐舞蹈协会

2006 年—2008 年，坚持每天夜晚在广场组织歌舞娱乐活动，先后举办了民族音乐舞蹈、中老年人健身操、少儿舞蹈、器乐、广场舞蹈等短期培训班；为缅甸佤联邦“2518 团”文工队培训演员 4 名，组织舞蹈协会到佤联邦“468 师”文工队演出；在县委宣传部的支持下，组织阿佤文化传承小组成员，挖掘整理佤族民间原生态器乐、歌曲、舞蹈，排练成《阿佤风韵》节目到北京参加世界音乐理事会举办的“国际音乐论坛会”闭幕式演出，受到中外观众的好评。

（五）美术书法摄影根艺协会

2006 年—2008 年，在协会展览橱窗展出 6 期美术、书法作品，共 150 件，其中，美术 79 件，书法 66 件，篆刻 5 件。

第七节　残疾人联合会

一、残疾人代表大会

1990 年 6 月 15 日—17 日，第一届代表大会在县城召开，出席会议代表 49 人。选举产生第一届县残联主席、副主席、名誉主席和执行理事会理事长。

1993 年 10 月 15 日—17 日，第二届代表大会在县城召开，出席会议代表 56 人。选举产生第二届县残联主席、副主席、名誉主席和执行理事会理事长。

1998 年 7 月 16 日—17 日，第三届代表大会在县城召开，出席会议代表 90 人。选举产生第三届县残联主席、副主席、名誉主席和执行理事会理事长、副理事长。

2003 年 10 月 15 日—17 日，第四届代表大会在县城召开，出席会议代表 92 人。选举产生第四届县残联主席、副主席、名誉主席和执行理事会理事长、副理事长。

2008 年 3 月 25 日—26 日，第五届代表大会在县城召开，出席会议代表 84 人。选举产生第五届县残联主席、副主席、名誉主席和执行理事会理事长、副理事长。

二、主要工作

（一）宣传活动

1990 年—2008 年，县残联在每年的“国际残疾人日”“全国助残日”“爱耳日”“爱眼日”“盲人节”等重大节日时，利用广播、电视媒体宣传残疾人工作。开展红领巾、文化科技、医疗、法律、爱眼日、爱心永恒、树典型、学先进等社会助残活动。

（二）残疾人康复

1990 年—2008 年，县残联与卫生部门协同，实施贫困白内障手术 335 例，复明率 99%，投入资金 45 万元；完成麻风残疾人清创手术 44 人，发放防护鞋 44 双，投入经费 2.5 万元，为残疾人提供发放各类用品用具 49 件（轮椅 29 辆，助行类拐杖 20 对）；安装假肢 4 人。

（三）劳动就业

2004 年 2 月 18 日，县残联与县妇联联合举办首期残疾人妇女缝纫培训班，参加人数 70 人，投入经费 2.5 万元。

2005 年，县残联举办残疾人职业教育培训班，参加人数 50 人，投入经费 1 万元。

2008 年，县残联在勐梭镇举办 2 期残疾人种养殖业培训班，参加人数 120 人，投入经费 1.3 万元。通过培训，并先后安置残疾人就业 32 人，收取劳动就业保障金 94 万元。

（四）扶贫解困

1990 年以来，西盟县共为残疾人减免各种费用 8 万元，慰问贫困残疾人 1900 户，款物 15.6 万元，为 150 户贫困残疾人家庭获得扶贫贷款，发放贷款资金 30 万元。

2008 年，全县贫困残疾人纳入农村最低生活保障 2379 人，为 230 户农村贫困残疾人家庭实施危房改造，投入资金 116 万元。

（五）维护落实残疾人权益

至 2008 年，接受法律咨询的残疾人共 115 人次，接受法律援助 5 人次，办理残疾人证件 1300 本，处理来信 2 件、来访 113 件，落实享受低保 80 户。

（六）残疾人教育

1990 年起，西盟县把残疾少年儿童纳入义务教育。2005 年，开展长江新里程计划和扶助“春雨”行动项目，有 51 名残疾人学生享受助学金 1.7 万元。

至 2008 年，全县有残疾人 4195 人，占总人口的 4.72%。其中，肢体残疾 830 人，听力残疾 819 人，言语残疾 619 人，视力残疾 712 人，精神残疾 159 人，智力残疾 612 人，综合性残疾 444 人。在残疾人总数中，城镇人口 158 人，农村完全丧失劳动能力的五保户 738 人。全县有 135 名残疾少年儿童进入普通学校就读，入学率 60%；有 8 名残疾儿童在普洱市特殊学校就读；有 3 名盲生接受初等教育；有 60 名贫困残疾学生得到社会各界的资助，受助资金 2.26 万元。

（七）残疾人文体活动

2004 年，组织残疾人运动员参加思茅市首届残疾人运动会，中课乡班箐村岩块、岩散分别获得游泳、田径金奖；中课乡班箐村尼左、岩腿，翁嘎科乡班弄村小岩块分别获得游泳、田径银奖。

第八节　机　构

一、县总工会

1978 年，全县有基层工会 65 个，会员 1876 人。1990 年年底，全县有基层工会 83 个，会员 3011 人，全县职工入会率 83.2%。2004 年 10 月起，县总工会主席由县人大常委会副主任兼任，设常务副主席主持工作。2008 年，全县有基层工会 102 个，其中，行政事业单位 78 个，国有企业 5 个，私营企业 13 个，集体企业 2 个，外资企业 4 个。有会员 5125 人，其中，女会员 2275 人，农民工会员 1457 人。全县职工入会率 98%，组建率 100%。县总工会内设办公室、财务室、工会经费审查委员会、女职工委员会、困难职工救助服务中心、职工医疗互助中心代办点。有干部职工 5 人。

历任县总工会主席：吕良忠（1978 年 1 月至 1983 年 12 月）、高立旗（1989 年 5 月至 1999 年 7 月）、左永祥（拉祜族，1999 年 7 月至 2001 年 10 月）、魏志明（佤族，2001 年 10 月至 2003 年 3 月）、罗军（佤族，2003 年 3 月至 2004 年 10 月）、岩孔（佤族，兼，2004 年 10 月至 2008 年 12 月）。

历任县总工会常务副主席：罗军（佤族，2004 年 10 月至 2006 年 8 月）、俄布拉（佤族，2006 年 8 月至 2008 年 12 月）。

二、共青团县委

1978年，共青团西盟县委有行政编制3人，设书记、副书记、干事各1人。1990年，全县有基层团委10个，团总支部7个，团支部98个，团员2496人，占青年总数的12.1%。1993年，增设“希望工程”管理办公室。2005年，内设办公室、少工委办公室、希望工程领导小组办公室，增设青年志愿者协会和大学生志愿服务西部计划项目管理办公室。2008年，有人员编制4人，设书记、副书记各1人，干事2人。下辖9个基层团委、37个团总支、272个团支部；有团干部15人（专职6人）；有团员5142人，团青比例23%，其中，女团员2310人，占团员数的44.92%；少数民族团员4370人，占团员总数的84.99%。

历任团县委书记：岩仕林（佤族，1978年1月至1979年5月，副书记主持工作）、岩帅（佤族，1980年5月至1985年10月）、岩秒（佤族，1985年10月至1987年3月）、鲁斌（1989年4月至1993年7月）、胡良波（1996年10月至2001年3月）、岩生（佤族，2001年3月至2001年7月）、王美华（女，2003年7月至2005年7月）、周萍（女，2005年10月至2006年8月）、魏贵成（佤族，2006年9月至2008年9月）、马玉桦（女，拉祜族，2008年4月至2008年12月，副书记主持工作）。

三、妇女联合会

（一）县妇联

1978年至1999年7月，县妇联设主任。1999年8月，改称县妇联主席。1978年—2008年，县妇联主任（主席）和委员由县委推荐，妇女代表大会选举产生，设主任（主席）、副主任（副主席）。2005年5月，有人员5人，其中，行政3人，事业2人。内设办公室、妇女儿童工作委员会办公室。2008年，有人员6人，其中，主席1人，副主席1人，妇儿工委办公室副主任1人，工作人员3人。

历任县妇联主任：娜喊太（女、佤族，1978年10月至1981年1月）、李香（女、佤族，1987年4月至1988年1月）、江宗祝（女、兼，1989年4月至1991年7月）、魏秀华（女、佤族，1991年7月至1996年7月）、雷三妹（女、拉祜族，1996年8月至1998年3月）、毛莲英（女、佤族，1998年3月至1999年8月）。

历任县妇联主席：毛莲英（女、佤族，1999年8月至2002年2月）、叶林（女、佤族，2002年3月至2005年2月）、李萍（女，2006年8月至2007年7月）、吕萍（女，2007年10月至2008年12月）。

（二）基层妇联

1978年—1984年，各公社设专职妇女干事；各大队妇女委员会成立，由委员会选举产生主任和委员；各生产队成立妇女代表小组，设组长；县属各单位均成立妇女委员会，并设主任。2002年，西盟镇社区和勐梭社区、娜妥坝办事处相继成立妇女委员会。2008年，全县有36个村妇女委员会，368个（生产小组）妇女代表小组；县属有31个妇女委员会，22个妇女代表小组；2个社区和1个办事处妇委会。

四、工商业联合会

1996年2月，西盟佤族自治县工商业联合会（商会）成立，工商联（商会）实行“一个机构、两块牌子”，有人员编制2人，实有2人。2002年，工商联党组成立。2007年，县非公代表担任市人大代表1人、市政协委员1人、县政协常委1人、政协委员6人、工商联执委6人（副主任4人）。2008年，有干部职工6人，设会长1人、副会长6人（含兼职5人），党组书记1人。全县有个体工商户1106户，从业人员2612人，会员280人。

历任县工商联会长（主席）：张学明（哈尼族，1996 年 2 月至 2001 年 12 月）、叶春（女、佤族，兼，2001 年 12 月至 2008 年 3 月）、陈雪樱（女，2008 年 4 月至 2008 年 12 月）。

历任县工商联党组书记：岩翁（佤族，兼，2002 年 6 月至 2003 年 4 月）、李扎克（拉祜族，2006 年 11 月至 2008 年 12 月）。

五、科学技术协会

1984 年 1 月，县科技办公室改称县科学技术委员会（技术协会），县科协与县科委实行“一个机构、两块牌子”，工作机构、人员编制与县科委合并。2002 年 5 月，机构改革后，县科协与县科委分设，编制 3 人，设领导 1 正 2 副。2008 年，有职工 4 人，设办公室和科普学会股。

历任县科技协会主席：张岩松（兼，佤族，1984 年 9 月至 1990 年 11 月）、何品珍（1990 年 11 月至 1995 年 9 月）、段江平（拉祜族，1996 年 8 月至 2003 年 7 月）、李绍光（1995 年 10 月至 1996 年 8 月、2003 年 8 月至 2008 年 12 月）。

六、文学艺术界联合会

1980 年，县文化馆创办《佤山》文学杂志，设小说、散文、诗歌、民间文学、幼芽、评论、歌曲、演唱材料、美术、摄影、书法等栏目。

1994 年 8 月 19 日，西盟县文学艺术界联合会成立，并召开首次代表大会。选举张正文为县文联主席，杨培兴、钟成学、高立旗为副主席，王勤科为秘书长，徐应成、李冬春为副秘书长，常务理事 5 名。下设作家协会、音乐舞蹈协会、美术摄影书法协会。同年 12 月，《佤山》杂志划归县文联。因机构、人员、工作经费没有单设，加之人员变动频繁及退休等原因，《佤山》杂志在出版到第 35 期、36 期合刊后，于 1995 年年底停刊，机构也随之解散。2006 年 2 月，中共西盟县委发出《关于同意成立西盟佤族自治县文学艺术界联合会的通知》，设立县文联专门机构，级格为正科级；8 月 15 日，西盟县文学艺术界联合会第一次代表大会召开，到会代表 51 人，列席、特邀人员 48 人。大会审议通过文清风作的《西盟县文联工作报告》；决定聘任李子贤、杨正仁、杨伟、赵富荣、岩秒、魏红、魏岩刀、隋嘎、张岩松、钟成学为县文联第一届顾问；选举文清风为第一届县文联主席，尼桑（佤族）、李扎俄（拉祜族）、李群昌（彝族）、何品珍、程先美为副主席（兼职），李改良（彝族）为文联秘书长。2008 年，县文联有事业编制 3 人，其中，主席 1 人，秘书长 1 人，工作人员 1 人。内设办公室、文艺股、《佤山》杂志编辑部。下辖文学创作、民间文艺、音乐舞蹈、美术书法摄影根艺、老干部摄影书画诗词、傣族文化促进会六个协会。

历任县文学艺术界联合会主席：张正文（兼，佤族，1994 年 8 月至 1996 年 12 月）、文清风（2006 年 3 月至 2008 年 12 月）。

七、残疾人联合会

1990 年以前，西盟县的残疾人工作，由民政局负责。1990 年 6 月 17 日，西盟佤族自治县残疾人联合会成立，级格为副科级，编制 2 人，由民政局代管。1997 年，县残联独立设置，级格为正科级。1998 年，县残联与民政局分设，编制 3 人。同时，在 6 个乡、1 个镇设立残联基层组织，配备兼职残联干部。尔后，在行政村和居委会成立残疾人协会，形成县、乡、村三级工作网络。2000 年 3 月 5 日，县残联搬迁到新县城。2002 年，县政府无偿划给 1200 平方米建设用地。2003 年 3 月动工，投资 52 万元，建盖 438 平方米“残疾人综合服务中心”，12 月 10 日竣工并投入使用。2008 年，县残联设领导 1 正 1 副，有人员 6 人。内设办公室、财务室、综合服务中心。

历任（兼任）县残疾人联合会主席：魏红（女，佤族，1990 年 6 月至 1993 年 9 月）、胡连贵（1993年10月至1998年7月）、岩孔（佤族，1998年7月至2003年10月）、魏虹（女，佤族，2003年10月至2008年3月）、杨国华（2008年3月至2008年12月）。

历任（兼任）县残疾人联合会名誉主席：魏应昌（佤族，1990年6月至1993年9月）、李成镈（1993年10月至1998年7月）、赵平云（1998年7月至2001年4月）、岩再（佤族，2003年10月至2008年3月）、魏艺红（女，佤族，2008年3月至2008年12月）。

历任县残疾人联合会理事长：岩起（佤族，1990年6月至1998年1月）、李云（彝族，1998年7月至2005年5月）、杨恒斌（2005年5月至2008年9月）、陈忠美（女，佤族，2008年10月至2008年12月）。

第十五编　政权　政协

第一章 地方权力机关

第一节 县人民代表大会

一、第三届人民代表大会

1980 年 12 月 19 日—23 日，县第三届人民代表大会第一次会议在县城召开，应到会代表 145 人，实到会代表 131 人，列席、特邀 79 人。会议听取和审议县革委会关于《加强团结，为实现新时期的总任务而努力奋斗》的工作报告和县人民法院关于《努力做好司法工作，加强社会主义法制，为保卫四化建设服务》的工作报告，并表决通过 2 个报告决议；选举产生县第三届人大常委会委员 13 人（含主任 1 人、副主任 4 人）、县人民政府县长和副县长、县人民法院院长、县人民检察院检察长。

1982 年 1 月 14 日—18 日，县第三届人民代表大会第二次会议在县城召开，到会代表 145 人。会议听取和审议《1981 年县政府工作报告》《1981 年地方财政执行情况报告》《县人大常委会工作报告》《县人民法院工作报告》《县人民检察院工作报告》，并表决通过 5 个报告决议。

1983 年 2 月 23 日—27 日，县第三届人民代表大会第三次会议在县城召开，到会代表 101 人。会议听取和审议县政府《开创新局面，做出新贡献》的工作报告、《1982 年县财政预算执行情况和 1983 年财政预算安排意见报告》《县人大常委会工作报告》《县人民法院工作报告》《县人民检察院工作报告》，并表决通过 5 个报告决议；学习《中华人民共和国宪法》；选举魏岩刀、娜高、张光明为云南省第六届人民代表大会代表，作出罢免 1 名委员的决定。

二、第四届人民代表大会

1984 年 6 月 6 日—12 日，第四届人民代表大会第一次会议在县城召开，应到会代表 156 人，实到会代表 145 人，列席、特邀 56 人。会议听取和审议县政府《为进一步贯彻中共十二大路线，加快我县四化建设》的工作报告、《1983 年地方财政决算和 1984 年地方财政预算报告》、县人大常委会《行使监督权，开创新局面》的工作报告、《县人民法院工作报告》《县人民检察院工作报告》，并表决通过 5 个报告决议；选举产生县第四届人大常委会委员 15 人（含主任 1 人、副主任 3 人）、县人民政府县长和副县长、县人民法院院长、县人民检察院检察长；传达学习第六届全国人民代表大会第二次会议通过的《中华人民共和国民族区域自治法》。

1985 年 2 月 27 日至 3 月 2 日，第四届人民代表大会第二次会议在县城召开，到会代表 139 人，列席、特邀 69 人。会议听取和审议《县人民政府工作报告》《1984 年地方财政决算和 1985 年财政预算报告》《县人大常委会工作报告》《县人民法院工作报告》《县人民检察院工作报告》，并表决通过 5 个报告决议；补选张才成为县政府副县长；传达地区三级干部会议精神。

1986 年 3 月 5 日—9 日，第四届人民代表大会第三次会议在县城召开，到会代表 124 人，列席、特邀 71 人。会议听取和审议《县政府工作报告》《西盟县国民经济第六个五年计划执行情况和第七个五年计划（草案）报告》《1985 年财政决算和 1986 年预算报告》《县人大常委会工作报告》《县人民法院工作报告》《县人民检察院工作报告》《关于用五年时间向全县公民基本普及法律常识报告》，并表决通过 7 个报告决议。

三、第五届人民代表大会

1987 年 3 月 15 日—21 日，第五届人民代表大会第一次会议在县城召开，应到会代表 125 人，实到会代表 118 人，列席、特邀 104 人。会议听取和审议《县政府工作报告》《财政预决算报告》《县人大常委会工作报告》《县人民法院工作报告》《县人民检察院工作报告》，并表决通过 5 个报告决议；选举产生县第五届人大常委会组成人员 13 人（含主任 1 人、副主任 4 人）、县政府人民县长和副县长、县人民法院院长、县人民检察院检察长；传达学习云南省第六届人大五次会议精神及中央文件。

1987 年 10 月 21 日，第五届人民代表大会第二次会议在县城召开，到会代表 107 人，列席 31 人。选举魏岩刀（佤族）、娜汉（女、佤族）、张光明（拉祜族）为出席云南省第七届人民代表大会代表。

1988 年 3 月 11 日—14 日，第五届人民代表大会第三次会议在县城召开，到会代表 115 人，列席、特邀 124 人。会议听取和审议《县政府工作报告》《财政预算和决算报告》《县人大常委会工作报告》《县人民法院工作报告》《县人民检察院工作报告》，并表决通过 5 个报告决议。

1989 年 2 月 19 日—23 日，第五届人民代表大会第四次会议在县城召开，到会代表 105 人，列席、特邀 127 人。会议听取和审议《县政府工作报告》《1988 年财政决算和 1989 年财政预算报告》《县人大常委会工作报告》《县人民法院工作报告》《县人民检察院工作报告》，并表决通过 5 个报告决议；听取、审议、修改、通过了《云南省西盟佤族自治县自治条例（草案）》及决议；表彰了 1988 年度先进工作者。

四、第六届人民代表大会

1990 年 2 月 11 日—17 日，第六届人民代表大会第一次会议在县城召开，应到会代表 148 人，实到会代表 137 人，列席、特邀 123 人。会议听取和审议《县政府工作报告》《1990 年地方财政预算报告》《县人大常委会工作报告》《县人民法院工作报告》《县人民检察院工作报告》，并表决通过 4 个报告决议；选举产生县第六届人大常委会组成人员 12 人（含主任 1 人、副主任 3 人）、县人民政府县长和副县长、县人民法院院长、县人民检察院检察长；兑现 1989 年度粮食增产及新开水田台地奖；签订人口与计划生育责任书。

1991 年 2 月 7 日—11 日，第六届人民代表大会第二次会议在县城召开，到会代表 138 人，列席、特邀 86 人。会议听取和审议《县政府工作报告》《关于国民经济和社会发展第八个五年计划及十年规划（草案）的报告》《1990 年地方财政预算执行和 1991 年地方财政预算（草案）的报告》《县人大常委会工作报告》《县人民法院工作报告》《县人民检察院工作报告》，并表决通过 6 个报告决议；增选 1 名县人大常委会副主任；签订 1991 年计划生育责任书，兑现 1990 年度责任奖惩。

1992 年 2 月 24 日—28 日，第六届人民代表大会第三次会议在县城召开，到会代表 125 人，列席、特邀 97 人。会议听取和审议《县政府工作报告》《1991 年地方财政预算执行和 1992 年地方财政预算（草案）报告》《县人大常委会工作报告》《县人民法院工作报告》《县人民检察院工作报告》，并表决通过 5 个报告决议。传达学习全省人大工作会议精神，兑现 1991 年度大春粮食生产及计划生育合同奖惩，签订 1992 年农田基本建设责任书及计划生育责任书。

五、第七届人民代表大会

1993年2月11日—17日，第七届人民代表大会第一次会议在县城召开，到会代表141人，列席、特邀120人。根据中共西盟佤族自治县委员会的批示，成立了中共西盟佤族自治县第七届人民代表大会第一次会议临时党总支，下设8个党支部。会议听取和审议《县政府工作报告》《1992年国民经济及社会发展计划（草案）报告》《县财政工作报告》《县人大常委会工作报告》《县人民法院工作报告》《县人民检察院工作报告》，并表决通过6个报告决议；选举产生县第七届人大常委会组成人员13人（含主任1名、副主任3名）、县人民政府县长和副县长、人民法院院长、人民检察院检察长；兑现1989年度粮食增产及新开水田、台地奖；签订人口与计划生育责任书。

1994年2月22日—26日，第七届人民代表大会第二次会议在县城召开，到会代表138人，列席102人，特邀8人。会议听取和审议《县政府工作报告》《1993年地方财政预算执行情况和1994年地方财政预算（草案）的报告》《县人大常委会工作报告》《县人民法院工作报告》《县人民检察院工作报告》，并表决通过5个报告决议。

1995年4月2日—5日，第七届人民代表大会第三次会议在县城召开，到会代表142人，列席111人，特邀15人。会议听取和审议《县政府工作报告》《1994年地方财政预算执行情况和1995年地方财政预算（草案）报告》《县人大常委会工作报告》《县人民法院工作报告》《县人民检察院工作报告》，并表决通过5个报告决议；会议听取了关于《云南省西盟佤族自治县矿产资源管理条例（草案）说明》《关于〈云南省西盟佤族自治县林业管理条例（草案）的说明〉》；补选人大常委会副主任和委员各1人；表彰奖励1994年度先进代表小组8个、优秀代表28人。

1996年3月12日—14日，第七届人民代表大会第四次会议在县城召开，到会代表130人，列席118人，特邀7人。会议听取和审议《县政府工作报告》《关于西盟县1995年国民经济社会发展计划执行情况和1996年计划（草案）的报告》《1995年地方财政预算执行情况和1996年地方财政预算（草案）的报告》《县人大常委会工作报告》《县人民法院工作报告》《县人民检察院工作报告》，并表决通过6个报告决议；表彰奖励1995年度先进代表小组8个、优秀代表22人。

1997年3月5日—8日，第七届人民代表大会第五次会议在县城召开，到会代表132人，列席103人，特邀9人。会议听取和审议《县政府工作报告》《关于西盟县1996年国民经济社会发展计划执行情况和1997年计划（草案）的报告》《1996年地方财政预算执行情况和1997年地方财政预算（草案）报告》《县人大常委会工作报告》《县人民法院工作报告》《县人民检察院工作报告》，并表决通过6个报告决议；表彰奖励1996年度先进代表小组8个、优秀代表21人及优秀委、办、主任、科（局长）2人。

1997年11月10日—13日，第七届人民代表大会第六次会议在县城召开，到会代表130人，列席89人。会议听取县委书记赵平云作的《认真贯彻党的十五大精神，切实搞好我县换届选举工作》和人大常委会主任魏岩刀作的《以党的十五大精神为动力依法搞好换届选举工作》的讲话。选举岩采（佤族）、叶春（女、佤族）、吕萍（女、拉祜族）为出席云南省第九届人民代表大会代表。

六、第八届人民代表大会

1998年3月2日—7日，第八届人民代表大会第一次会议在县城召开，应到会代表144人，实到会代表144人，列席、特邀87人。根据中共西盟佤族自治县委员会的批示，成立了中共西盟佤族自治县第八届人民代表大会第一次会议临时党总支，下设9个党支部。会议听取和审议《县政府工作报告》《西盟县1993年—1997年经济社会发展执行情况和1998年—2002年计划（草案）报告》《1997年地方财政预算执行情况和1998年地方财政预算（草案）报告》《县人大常委会工作报告》《县人民法院工作报告》《县人民检察院工作报告》，并表决通过6个报告决议；选举产生县第八届人大常委会组成人员13人（含主任1名、副主任6名）、县人民政府县长和副县长、县人民法院院长、县人民检察院检察长。

1999年3月10日—12日，第八届人民代表大会第二次会议在县城召开，到会代表137人，列席、特邀154人。会议听取和审议《县政府工作报告》《1998年经济社会发展执行情况和1999年计划（草案）的报告》《1998年地方财政预算执行情况和1999年地方财政预算（草案）的报告》《县人大常委会工作报告》《县人民法院工作报告》《县人民检察院工作报告》，并表决通过6个报告决议。

2000年3月14日—16日，第八届人民代表大会第三次会议在县城召开，到会代表136人，列席、特邀118人。会议听取和审议《县政府工作报告》《1999年经济社会发展执行情况和2000年计划（草案）的报告》《1999年地方财政预算执行情况和2000年地方财政预算（草案）的报告》《县人大常委会工作报告》《县人民法院工作报告》《县人民检察院工作报告》，并表决通过6个报告决议；会议听取《关于云南省西盟佤族自治县勐梭龙潭保护区管理条例（草案）》的说明。

2001年2月23日—26日，第八届人民代表大会第四次会议在县城召开，到会代表126人，列席100人，特邀10人。会议听取和审议《县政府工作报告》《2000年经济社会发展执行情况和2001年计划（草案）的报告》《2000年地方财政预算执行情况和2001年地方财政预算（草案）的报告》《县人大常委会工作报告》《县人民法院工作报告》《县人民检察院工作报告》，并表决通过6个报告决议；补选县人民法院院长、县人民检察院检察长。

2002年3月8日—10日，第八届人民代表大会第五次会议在县城召开，到会代表132人，列席118人，特邀8人。会议听取和审议《县政府工作报告》《2001年经济社会发展执行情况和2002年计划（草案）的报告》《2001年地方财政预算执行情况和2002年地方财政预算（草案）的报告》《县人大常委会工作报告》《县人民法院工作报告》《县人民检察院工作报告》，并表决通过6个报告决议。

七、第九届人民代表大会

2003年2月27日至3月3日，第九届人民代表大会第一次会议在县城召开，到会代表144人，列席125人，特邀13人。根据中共西盟佤族自治县委员会的批示，成立了中共西盟佤族自治县第九届人民代表大会第一次会议临时党总支，下设9个党支部。会议听取和审议《县政府工作报告》《关于〈西盟县1998年—2002年国民经济和社会发展计划执行情况与2003年—2007年计划（草案）〉的报告》《2003年地方财政预算执行情况和2004年地方财政预算（草案）的报告》《县人大常委会工作报告》《县人民法院工作报告》《县人民检察院工作报告》，并表决通过6个报告决议；选举产生县第九届人大常委会组成人员15人（含主任1人、副主任6人）、县人民政府县长和副县长、县人民法院院长、县人民检察院检察长。

2004年2月24日—27日，第九届人民代表大会第二次会议在县城召开，到会代表143人，列席138人，特邀16人。会议听取和审议《县政府工作报告》《2003年经济社会发展执行情况和2004年计划（草案）的报告》《2003年地方财政预算执行情况和2004年地方财政预算（草案）的报告》《县人大常委会工作报告》《县人民法院工作报告》《县人民检察院工作报告》，并表决通过6个报告决议。

2005年2月1日—4日，第九届人民代表大会第三次会议在县城召开，到会代表142人，列席129人、特邀19人。会议听取和审议《县政府工作报告》《2004年经济社会发展执行情况和2005年计划（草案）的报告》《2004年地方财政预算执行情况和2005年地方财政预算（草案）的报告》《县人大常委会工作报告》《县人民法院工作报告》《县人民检察院工作报告》，并表决通过6个报告决议；补选县人民法院院长。

2006年1月17日—20日，第九届人民代表大会第四次会议在县城召开，到会代表143人，列席、特邀151人。会议听取和审议《县政府工作报告》《关于西盟佤族族自治县国民经济和社会发展第十一个五年规划纲要（草案）的报告》《2005年经济社会发展执行情况和2006年计划（草案）的报告》《2005年地方财政预算执行情况和2006年地方财政预算（草案）的报告》《县人大常委会工作报告》《县人民法院工作报告》《县人民检察院工作报告》，并表决通过7个报告决议；补选县人民检察院检察长。

2007年1月27日—30日，第九届人民代表大会第五次会议在县城召开，到会代表139人，列席114人，特邀20人。会议听取和审议《县政府工作报告》《2006年经济社会发展执行情况和2007年计划（草案）的报告》《2006年地方财政预算执行情况和2007年地方财政预算（草案）的报告》《县人大常委会工作报告》《县人民法院工作报告》《县人民检察院工作报告》，并表决通过6个报告决议；补选县九届人大常委会主任。

八、第十届人民代表大会

2008年1月11日—15日，第十届人民代表大会第一次会议在县城召开，到会代表139人，列席130人，特邀31人。会议听取和审议《县政府工作报告》《西盟佤族自治县2003年—2007年国民经济和社会发展执行情况与2008年—2012年国民经济和社会发展（草案）报告》《2007年地方财政预算执行情况和2008年地方财政预算（草案）的报告》《县人大常委会工作报告》《县人民法院工作报告》《县人民检察院工作报告》，并表决通过6个报告决议。选举产生县第十届人大常委会组成人员17人（含主任1人，副主任4人）、县人民政府县长和副县长、县人民法院院长、县人民检察院检察长。

第二节 县人民代表大会常务委员会

一、常务委员会

（一）第三届人大常委会

1980年12月23日，县第三届人民代表大会第一次会议召开。选举魏岩刀（佤族）为县人大常委会主任；刀健康（傣族）、魏红（女、佤族）、岩帅（佤族）、李建国（拉祜族）为人大常委会副主任；李朝臣（哈尼族）、蔡忠礼、赵凤阁、李树德、王文灿、李家荣、陈元、刀老六（傣族）为人大常委会委员。

（二）第四届人大常委会

1984年6月12日，县第四届人民代表大会第一次会议召开。选举魏岩刀为人大常委会主任；刀健康、陈云、李学文（拉祜族）、蒋芝慧（女）为人大常委会副主任；刀老六、陈国文、王文灿、杨程（佤族）、史永林（拉祜族）、吕祖英（女）、李炳建（彝族）、周丕勇、陈宗松、娜颇（女、佤族）为人大常委会委员。

（三）第五届人大常委会

1987年3月20日，县第五届人民代表大会第一次会议召开。选举魏岩刀为人大常委会主任；黄优光、李学文、普荣光（彝族）、刀富强（傣族）为人大常委会副主任；史永林、岩忠（佤族）、魏世明（佤族）、李秀林、明一龙 刀老六、鲁萍（女）、全美仙（女）为人大常委会委员。

（四）第六届人大常委会

1990年2月16日，县第六届人民代表大会第一次会议召开。选举魏岩刀为人大常委会主任；刀富强、李学文、黄优光、张正文（佤族）为人大常委会副主任；普荣光、李清华（佤族）、杨勇、岩翁（佤族）、岩忠、叶巴拉（女、佤族）、龙美芬（女）、陶玉龙为人大常委会委员。

（五）第七届人大常委会

1993年2月16日，县第七届人民代表大会第一次会议召开。选举魏岩刀为人大常委会主任；刀富强、李建国、岩忠为人大常委会副主任；黄优光、李学文、李兴文（哈尼族）、苏子能、李有唐、李绍光、龙美芬（女）、叶巴拉、魏虹（女、佤族）为人大常委会委员。1995年4月5日，第三次会议召开，补选苏永跃为人大常委会副主任、陈孝华为人大常委会委员。

（六）第八届人大常委会

1998年2月6日，县第八届人民代表大会第一次会议召开。选举魏岩刀为人大常委会主任；苏永跃、李建国、岩忠、杨美玲（女、佤族）、岩帅（傣族）、雷三妹（女、拉祜族）为人大常委会副主任；王以忠（傣族）、龙美芬（女）、叶春（女、佤族）、李平（拉祜族）、李有唐、陈孝华（拉祜族）为人大常委会委员。

（七）第九届人大常委会

2003年3月3日，县第九届人民代表大会第一次会议召开。选举苏永跃为人大常委会主任；杨美玲、岩忠、岩帅、雷三妹、周荣清、岩孔（佤族）为人大常委会副主任；叶林（女、佤族）、张华、罗彪（彝族）、王以忠、陈开华（女、佤族）、文清风、吕萍（女、拉祜族）、姚正文为人大常委会委员。2007年1月30日上午，第五次会议召开，补选鲁斌为县第九届人大常委会主任。

（八）第十届人大常委会

2008年1月14日，县第十届人民代表大会第一次会议召开。选举鲁斌为人大常委会主任；岩帅、岩孔、李美芳（女、拉祜族）、姚正文为人大常委会副主任；赵文荣、张丽华（女、傣族）、陶仕平、李富强、李云宏（彝族）、周勇（哈尼族）、陈开华 、岩格朗（佤族）、吕萍（女）、夏江萍（女、拉祜族）、岩龙（佤族）、李伟锋（佤族）为人大常委会委员。

二、代表资格审查委员会

（一）第三届人大常委会代表资格审查委员会

刀健康任主任委员；李朝臣、魏红、李家荣、李树德任委员。

（二）第四届人大常委会代表资格审查委员会

陈元任主任委员；李学文、王勤科、魏红、陈国文任委员。

（三）第五届人大常委会代表资格审查委员会

李学文任主任委员；史永林、陈文凤、岩忠、全美仙任委员。

（四）第六届人大常委会代表资格审查委员会

李学文任主任委员；普荣光任副主任委员；李清华、岩忠、叶巴拉任委员。

（五）第七届人大常委会代表资格审查委员会

李学文任主任委员；黄优光、李绍光、李有唐、黄林昌、钟成学任委员。

（六）第八届人大常委会代表资格审查委员会

苏永跃任主任委员；杨美玲任副主任委员；陈开华、陈孝华、唐耀任委员。

（七）第九届人大常委会代表资格审查委员会

苏永跃任主任委员；雷三妹任副主任委员；陈开华、文清风、罗彪任委员。

（八）第十届人大常委会代表资格审查委员会

李美芳任主任委员；唐耀、肖会军任副主任委员；陈开华、罗军、王建华、魏志明任委员。

1980 年—2008 年西盟县人大常委会历届主任、副主任名录表

表 15-1

姓 名	性别	民族	党派	文化程度	籍贯	职务	任职时间
魏岩刀	男	佤族	中共	中专	云南西盟	主 任	1980.12—2003.2
刀健康	男	傣族	中共	初中	云南思茅	副主任	1980.12—1985.9
魏 红	女	佤族	中共	大专	云南西盟	副主任	1980.12—1984.6
岩 帅	男	佤族	中共	小学	云南西盟	副主任	1980.12—1984.6
李建国	男	拉祜族	中共	中专	云南西盟	副主任	1980.12—1984.6 1993.2—2003.2
李学文	男	拉祜族	中共	小学	云南澜沧	副主任	1984.6—1993.2
陈 元	男	汉族	中共	大专	云南昆明	副主任	1984.6—1987.3
蒋芝惠	女	汉族	中共	大专	云南巍山	副主任	1984.6—1986.7
黄优光	男	汉族	中共	本科	广东大埔	副主任	1987.3—1993.2
普荣光	男	彝族	中共	中专	云南宁洱	副主任	1987.3—1990.2
刀富强	男	傣族	中共	中专	云南西盟	副主任	1987.3—1998.2
张正文	男	佤族	中共	本科	云南西盟	副主任	1991.5—1993.2
岩 忠	男	佤族	非党	中专	云南西盟	副主任	1993.2—2003.12
苏永跃	男	汉族	中共	本科	云南景东	副主任	1995.4—2003.2
						主 任	2003.3—2006.7
杨美玲	女	佤族	中共	中专	云南西盟	副主任	1998.3—2008.1
岩 帅	男	傣族	中共	本科	云南西盟	副主任	1998.3—2008.12
雷三妹	女	拉祜族	中共	大专	云南西盟	副主任	1998.3—2008.1
周荣清	男	汉族	中共	大专	云南墨江	副主任	2003.3—2008.1
岩 孔	男	佤族	中共	大专	云南西盟	副主任	2003.3—2008.12
鲁 斌	男	汉族	中共	本科	云南宁洱	主 任	2007.1—2008.12
李美芳	女	拉祜族	中共	大专	云南西盟	副主任	2008.1—2008.12
姚正文	男	汉族	非党	大专	云南景东	副主任	2008.1—2008.12

第三节 贯彻落实民族区域自治方略

1983 年 9 月 24 日，县人大第三届人大常委会第 14 次会议，听取县政法委作的《关于西盟县社会治安状况和打击严重刑事犯罪活动情况的报告》和《西盟佤族自治县人大常委会关于贯彻执行全国人大常委会严厉打击严重刑事犯罪活动的决定》。

1984 年 6 月 20 日，县人大第四届人大常委会第 1 次会议，研究贯彻执行《中华人民共和国民族区域自治法》提出意见。

1985 年 2 月 18 日，听取了县人大常委会主任魏岩刀、副主任刀健康作的关于《西盟佤族自治县自治条例》送审工作情况的汇报。

1987 年 4 月 29 日，县人大第五届人大常委会第 2 次会议，作出《关于西盟县 1987 年普法工作安排的决议》。

1988 年 9 月 14 日，县第五届人大常委会第 16 次会议，作出《关于提请县人民代表大会审议通

过〈云南省西盟佤族自治县自治条例（草案）〉的决议》，并决定将《自治条例（草案）》提请县第五届人民代表大会第四次会议审议；12月27日，常委会第18次会议对《关于〈云南省西盟佤族自治县自治条例（草案）〉的说明》进行了认真的讨论、修改后决定由常委会副主任李学文向县第五届人民代表大会第四次会议作《关于〈云南省西盟佤族自治县自治条例（草案）〉的说明》。

1992年7月25日，县人大第六届人大常委会第21次会议，做好《西盟佤族自治县自治条例》实施细则的制定工作，采取成熟一个、制定一个逐步完善的办法。

1995年11月19日，县人大第七届人大常委会第25次会议，作出《云南省西盟佤族自治县林业管理条例》和《云南省西盟佤族自治县矿产资源管理条例》的实施时间。

1996年11月5日，听取县司法局《关于西盟县第二个五年法制宣传教育规划实施情况》说明，审查《关于在全县公民中开展法制宣传教育的第三个五年规划（草案）》。

2000年6月20日，县人大第八届人大常委会第21次会议，讨论通过《云南省西盟佤族自治县勐梭龙潭保护区管理条例》，并以7月1日起施行。

2003年8月6日，县人大第九届人大常委会第3次会议，听取和审议关于修改《西盟佤族自治县条例》的决定（草案）。

2007年1月30日，经县第九届人民代表大会第五次会议审议通过《西盟佤族自治县条例》。

2008年7月18日，县人大第十届常委会第三次会议，作出《关于制定〈云南省西盟佤族自治县城镇建设管理条例〉的决定》，并明确此单行条例将于2010年11月30日前完成撰写、修改、送审工作，2011年年初，提交县第十届人民代表大会第四次会议表决通过。

第四节　依法履行监督权

1981年，县人大第三届人大常委会第3次会议讨论通过《西盟佤族自治县人大常委会关于加强人大法律监督的决定》，听取和审议法律实施情况报告和工作报告。对法律实施情况和“一府两院”工作情况进行检查和监督。听取和审议关于治理整顿、审计工作、中小学管理、道路交通管理和“决议”执行等议题。

1985年7月30日，县人大第四届人大常委会第9次会议决定：县第四届人大常委会对县劳动人事局调动副乡长一事作了纠正（中课区中课乡副乡长娜某是经乡人民代表大会选举产生的，而县劳动人事局未经区人代会同意就将其调到中课区任计划生育干事；将马散乡副乡长娜某调到莫窝区任宣传委员）。中课乡娜某仍回本乡任副乡长；马散乡的娜某继续留莫窝区委工作，但必须由本人写出辞职报告交马散乡政府，待召开乡人代会议时，由人民代表大会免去其副乡长职务；会议责成县劳动人事局按《中华人民共和国选举法》办妥一切手续。

1987年—1990年，县人大第五届人大常委会组织各级代表和干部学习《西盟佤族自治县条例》，把审议“一府两院”工作报告与实施县自治条例结合起来。听取人民代表的建议、审议通过了县政府《关于贯彻实施民族区域自治法及县自治条例的情况报告》。

1990年，县人大第六届人大常委会听取和审议了有关法律实施的情况报告和工作报告；对普法、法律实施情况和“一府两院”工作进行检察、督促，纠正违法行为；在任免干部中，加强对干部的考察。在第5次会议上听取和审议了水电局《关于县城自来水厂水质问题》和县城建局《关于县城总体规划中心》情况的汇报。在第10次会议上，听取和审议了税务局《关于1991年1月—10月份税收工作》情况汇报、粮食局《关于全县粮食生产和购销中存在的困难和问题》的专题汇报。对“二五”普法、依法治县、打击刑事犯罪和经济犯罪情况、禁毒条例、烟草专卖法等法律法规的实施情况进行了调查和审议。

1993年，县人大第七届人大常委会听取教育、卫生、经济、法制建设汇报，并作出相应的决议。

1994年5月30日，专题听取和审议《关于对县民委投资扶贫经济实体进行专题调查》的情况报告。

1996年9月9日，专题审议县政府《关于恳求审议县城搬迁的报告》的请示，并作出《西盟佤族自治县人大常委会关于县城搬迁的决定》。

1997年12月18日，听取教委关于《翁嘎科、岳宋、力所、莫窝四乡“普六”摸底调查情况汇报》。

1998年11月13日，县人大第八届人大常委会听取和审议县政府《提请对岳宋等四乡“普六”工作情况进行审议的建议》和新县城搬迁指挥部关于《新县城建筑材料的使用和建筑质量情况》的汇报。

2000年9月5日，审议县政府《关于提请对新厂乡和勐梭镇“普六”验收工作情况进行审议的议案》和《关于1999年度财政预算执行情况和其他财政收支的审计工作的报告》及常委会执法组《关于对保障老年人合法权法律法规实施情况进行执法检查的报告》。并作出《关于同意验收全县普及小学六年制义务教育工作的决定》。

2002年5月21日，审议县政府《关于新县城道路命名方案设计（议案）》《关于西盟镇等六乡（镇）青壮年扫盲情况汇报》及《关于“普九”实施工作视察情况的报告》。对关于惩治刑事犯罪和经济犯罪、道路交通管理、文物保护、矿山整顿、依法治县等7个方面的法律实施情况进行了调查和审议。

2003年，县人大第九届人大常委会在沿用八届做法的基础上，增加了代表评议、述职评议和限期县政府、法院、检察院办理县人大常委会审议意见等做法。同年，对工商企业发展、城市建设与管理、实施九年义务教育、水利设施管理等方面的有关法律法规实施情况进行了调查和审议。

2004年度，共审议决定政治、经济、文化、教育等方面的重大事项12项，作出决议3个。

2005年度，通过学习借鉴外地经验做法，拓宽监督渠道，共审议决定重大事项15项，作出决议1个，并对县政府的8个工作报告作出审议意见。对“一府两院”评议试点，组织代表评议工商局工作，对“法、检”两院5名领导干部的述职评议。

2006年度，共听取和审议“一府两院”工作报告15项。其中，经济、科技和旅游方面的8项，普法和依法治县方面的2项，建设工程、水库渔业和公路管理方面的5项，督促“一府两院”改进工作，按决议或决定办事，组织代表对公安干警执法执纪和开展“严打”斗争情况进行检查。

2007年度，听取和审议“一府两院”政治、经济、扶贫、农村医疗卫生等方面工作报告8项，并作出5个审议意见，交“一府两院”实施。

2008年，县人大第十届人大常委会听取和审议“一府两院”工作报告10项，作出审议意见7个，交“一府两院”办理，并要求在两个月内将办理情况向人大常委会报告。年内，共听取办理情况报告10个（含视察、检查提出的建议3个），对教育、民宗、审计局进行工作评议，列民政局、文化局为县政府评议对象，对公检法机关干警执法情况的3项执法检查。对上述执法检查分别在3个检查报告中提出建议，“一府两院”均先后在县人大常委会议上报告了所提建议的办理情况。全年共听取和审议“一府两院”工作报告11项，作出决议1个、审议意见3个，并交“一府两院”办理。

第五节 干部任免与述职评议

一、干部任免

1981年—2008年，根据《中华人民共和国地方各级人民代表大会和地方各级人民政府组织法》第三章第四十四条的有关规定，县人大常委会按照程序和要求任免国家机关工作人员。县人大常委会共任命国家机关工作人员756人（次）。其中，任命处级干部44人（次），县人大常委会各工作部门负责人 89 人（次），县政府组成部门负责人 369 人（次），县人民法院副院长、审判委员会委员、庭长、副庭长、审判员 158 人（次），县人民检察院副检察长、检察委员会委员、检察员 96 人（次）。共免去“一府两院”工作人员和人大常委会各委办主任职务 160 人（次），接受辞去领导职务 6 人（县长 5 人，县人大常委会主任 1 人）。

二、述职评议

1996 年 7 月起，县人大常委会把依法任命的干部述职评议工作作为一项重要制度，当年听取和评议了县人民法院、县人民检察院 6 名干部的述职报告。

2004 年 2 月 17 日，听取和评议了县科技教育局等 3 个部门主要领导的述职报告。

2005 年 10 月 12 日，听取和评议了公安局、司法局、民宗局、经贸局、审计局、人事局 6 位局长的述职报告。

2007 年 6 月 28 日，听取和评议了县政府副县长 1 人、发展和改革局、人口与计划生育局局长的述职报告。同时，还评议了卫生局、水务局的《履职情况报告》和常委会评议调查组《关于县卫生局、水务局进行工作评议的调查报告》。

2008 年 9 月 8 日，听取和评议了教育局、民宗局、审计局 3 位局长的《述职报告》，常委会《领导干部述职评议的调查报告》，民政局、文化局《部门述职评议报告》及常委会《对部门评议的调查报告》，并分别提出了评议意见及评议情况调查报告。

第六节　议案建议办理

1980 年—1983 年，县人大第三届人大常委会，共召开 3 次县人民代表大会会议。代表共提出提案 277 件，列为议案 126 件、建议 151 件，已全部办理。

第四届县人大常委会共召开 3 次人民代表大会会议，第五届县人大常委会共召开 4 次人民代表大会会议，第六届县人大常委会共召开 3 次人民代表大会会议。第四、五、六届代表共提出提案 567 件，列为议案 25 件，办理落实 21 件，办复率 84%；建议、批评和意见 650 件，已办理答复 576 件，办复率 88.62%。

1993 年 2 月至 1998 年 2 月，县人大第七届人大常委会，共召开 5 次县人民代表大会。代表共提出提案 281 件，列为议案 5 件、建议 276 件，已办理答复 275 件，办复率 99.64%。

1998 年 3 月至 2003 年 3 月，县人大第八届人大常委会，共召开 5 次县人民代表大会。代表共提出提案、建议 458 件，已办理答复 374 件，办复率 81.66%。受理群众来信来访 72 件 245 人次。

2003 年 3 月至 2007 年 1 月，县人大第九届人大常委会，共召开 5 次县人民代表大会。代表共提出提案 654 件，列为议案 6 件、建议 548 件，已全部办理答复。

2008 年 1 月 11 日—15 日，县人大第十届人民代表大会第 1 次会议，代表共提出议案 4 件、建议 33 件，已全部办理答复。

第七节　视察、调查、检查

1982 年 4 月 12 日，以人大常委会副主任李建国为组长的县人大代表视察组对勐梭、莫窝、傈僳 3 个公社进行视察。同时，组织委员、代表对全县粮食生产、科技推广、治理整顿等情况进行调查。

通过调查，对县政府提出的“调整产业结构、攻粮稳粮、实现粮食丰收”的工作指导方针给予肯定和支持。

1986 年 9 月，对傈僳区、新厂区农业科技开发及全县护林防火工作情况进行视察。

1988 年 12 月，对勐梭乡农业生产情况进行全面的视察。同时，组织委员、代表对全县的矿业生产、治理整顿等情况进行调查。

1991 年 5 月，对翁嘎科乡班弄水沟、勐梭乡戈约大沟及全县中小学校的管理情况进行视察。同时，组织代表到机关、厂矿、学校、农村，对扫除“六害”，清理整顿文化市场和“扫黄”工作，治理整顿流通领域和市场管理、职业技术教育、计划生育工作、农田水利建设等方面进行 25 项调查，并向“一府两院”及有关职能部门提出了意见和要求。

1992 年 3 月 23 日—26 日，对全县农业生产情况进行视察。视察中，听取了农牧局负责人的汇报后。深入到 4 个乡、1 个办事处、10 个村（社）进行视察；11 月，对傈傈乡、新厂乡卫生院和西盟镇办事处开展农村医疗卫生保健工作情况进行视察。同时，组织代表、邀请有关单位人员参加，对中小学德育教育、文物保护、民族工作、部分工业企业、矿山整顿、国营城镇集体企业经营管理情况进行调查，并向有关职能部门提出 56 条建议和意见。

1993 年 7 月，组织部分县人大代表对全县水利设施管理情况进行视察。在听取县政府汇报的基础上，分三个组到全县各乡（镇）、村和办事处听取汇报，并查阅了有关水利设施管理的档案材料和规章制度，实地察看了水库、坝塘、输水管道、渠道等水利设施的管理情况，走访管理人员、干部群众，听取意见和建议。常委会听取和审议了关于对县内水利设施管理情况的视察报告，会后，县政府和有关部门按照决议要求及时研究逐项落实；10 月，组织县人大代表视察工作组，对勐梭、中课两个乡禁毒工作和公、检、法遵纪守法执法情况进行视察。通过视察对 5 件严重经济案件的处理提出了意见；11 月，组织对县、乡（镇）企业发展情况进行视察，常委会听取和审议了关于乡（镇）企业发展情况的视察，会议针对视察中发现的问题，对县政府提出了 3 条建议。

1994 年 2 月，对农村医疗卫生工作情况进行调查，对县政府贯彻实施地区人大《关于加强农村医疗卫生工作决议》情况进行检查；6 月，对县政府贯彻中央“两会”精神，加强农业和农村工作情况进行检查；8 月，对工商企业发展情况进行调查；9 月，对城市建设和管理进行调查。

1996 年 7 月，对全县粮油市场价格和适时对新县城的地址进行调查；10 月 4 日—7 日，抽调地、县人大代表 20 人组成视察组及有关单位人员，对“繁荣民族文化，加强文化市场管理情况”进行视察，分别到 6 个乡（镇）听取主管领导的汇报，视察乡文化站 4 个、办事处文化室 1 个、歌舞厅 2 个、台球室 2 个、录像室 1 个和电影院的管理和经营情况，并召开小型座谈会，听取干部、群众、教师、学生等各方面的意见，最后形成视察报告；11 月 7 日—11 日，组织对全县市场物价进行调查，形成调查报告后，送省、地人大常委会和县委、县政府。年内，共组织 4 次在招工、招干、招生和选拔培养干部中贯彻自治条例、县政府贯彻县人大常委会关于加强民族教育工作的决议情况进行检查；3 次对开展反腐败斗争、对“二五”普法和依法治县、对贯彻实施农业两法情况进行检查，并分别形成了检查报告。

1998 年 7 月，对“一府两院”上半年工作情况及贯彻实施《中华人民共和国档案法》情况进行检查；8 月下旬，对县政府关于扶贫攻坚工作情况进行调查；9 月中下旬，对全县农业生产情况和县政府办理县第八届人大五次会议议案、建议、批评和意见情况进行调查；10 月上旬，对县政府贯彻县人大常委会在招工、招干、招生和选拔培养干部中贯彻实施自治条例的决议情况进行检查；11 月上旬，对实施《中华人民共和国产品质量法》的执法情况和县政府贯彻县人大常委会关于对《云南省西盟佤族自治县勐梭龙潭保护条例》情况进行检查。

1999 年 3 月下旬，对贯彻执行《中华人民共和国食品卫生法》的情况进行检查；6 月上旬，对公检法机关干警执法情况进行检查；8 月，对开展禁毒专项斗争、贯彻落实《中华人民共和国水土保持法》、工商行政管理局、民政局代表评议后整改情况、贯彻实施《中华人民共和国刑事诉讼法》、宗教工作及旅游业发展情况、县政府贯彻实施《县人大常委会关于依法治县第二个五年规划决议》情况进行检查；9 月，对利用有偿出让荒山使用权发展绿色企业及巩固“两基”落实“两全”的情况进行调查；10 月，对县政府办理县第八届人大一次会议代表议案、建议、批评和意见情况进行检查；11 月上旬，对贯彻执行《中华人民共和国村民委员会组织法（试行）》的情况进行检查。

2001 年，对个体私营经济发展、水电局整改工作、县政府贯彻执行水资源管理办法、《中华人民共和国村民委员会组织法》情况进行检查。

2002 年，对贯彻实施《中华人民共和国产品质量法》《西盟佤族自治县预算外资金管理办法（试行）》的情况进行检查。

2003 年—2008 年，共组织县人大代表 11 次，对“普九”及扫盲工作情况和对“九五”扶贫攻坚、科技兴粮、人民法院开展“审判质量年”和“执行年”工作、县政府开展“二五”和“三五”普法依法治县、文化市场管理、肉类市场管理、农村医疗卫生工作改革、县政府贯彻实施《中华人民共和国土地管理法》《中华人民共和国中小企业促进法》《云南省私营企业管理条例》《云南省个体工商户管理条例》《云南省个体工商户私营企业保护条例》等方面工作及贯彻实施执法情况的检查和调查。同时，对龙潭水资源保护管理、《西盟县民族文化旅游景区景点打造情况》进行了视察。

第八节　行使决定权

1980 年，县人大常委会围绕县委的部署，对事关全县经济发展全局、长远性重大问题和人民群众普遍关心的热点问题，通过视察、调研，选择重大事项，依法作出决议、决定。

1981 年 5 月 16 日，决定建立县民族事务委员会、县司法科和县物价科；文教科、卫生科改为文教局、卫生局；外事科改为外事办公室，农林局分为农业局和林业局；将忠东公社等 7 个革命委员会，改为勐梭等 7 个公社管理委员会；把大队革命委员会改为大队；把西盟镇并入莫窝公社，称莫窝公社西盟大队。11 月 28 日，决定更改《西盟佤族自治县关于变通执行〈中华人民共和国婚姻法〉结婚年龄的规定》《关于勐梭龙潭、西盟水库、马散水库及径流区森林环境划为保护区的决定》。

1982 年 3 月 7 日，作出《关于暂不设立县政府文化科的决定》，文化工作仍由文教局负责，其他职能部门也暂不增设；9 月 26 日，作出《关于批准〈县人民政府 1982 年度议购粮食价格的意见报告〉的决议》《关于批准〈县人民政府关于西盟佤族自治县婚姻登记的若干规定的报告〉的决议》《关于批准〈县人民政府关于财税分设，莫窝公社、县民族干校等单位地址搬迁和当年财政预算调整计划的报告〉的决议》《关于批准〈县人民政府关于贯彻执行中共中央、国务院关于禁绝鸦片毒品的紧急指示的意见的报告〉的决议》《关于批准〈县人民政府解决西盟有关能源问题的报告〉的决议》。

1985 年 5 月 31 日，作出《关于将在农村体制改革中莫窝区班哲乡管辖的玉体村划归力所区南亢拉祜族乡管辖，玉体和班哲的山林、土地以“两山一地”划定的界限为准》的决定。

1988 年 11 月 23 日，作出《关于在全县开展执法检查的决定》《关于防止保护西盟水库水质污染的决定》。

1994 年 1 月 10 日，决定《西盟佤族自治县普及九年义务教育实施规划》。

1996 年 6 月 13 日，决定、批准《西盟县新县城总规和详规设计方案》。

2007 年 10 月 23 日，审议通过县政府关于《勐梭龙潭自然保护区四至界线修边情况的议案》和

《富母乃水库建设占用龙潭自然保护区林地的议案》。

第九节 县人大代表选举

一、第三届人大代表选举

1980 年 9 月 23 日，县选举委员会成立，9 月底开始，12 月 15 日结束。全县共有选民 28839 人，占总人口的 47.06%；被依法剥夺选举权的 5 人，占选民的 0.02%；无法行使选举权的 155 人，占选民的 0.54%。全县划分为 49 个选区进行选举，原定代表名额 159 人，后调整为 145 人，实际参加选举的有 27234 人，占总人口的 44.44%。代表中有女性 39 人；党员 86 人，团员 12 人，群众 44 人，上层爱国人士 3 人；佤族 84 人，拉祜族 22 人，傣族 5 人，汉族 23 人，其他民族 11 人；大学 3 人，中专 8 人，高中 5 人，初中 19 人，小学 69 人，文盲 41 人；干部 25 人，工人 22 人，驻军 5 人，农民 93 人。年龄最大 57 岁，最小 19 岁。

二、第四届人大代表选举

1984 年 1 月，县选举委员会成立，2 月 15 日开始，3 月 27 日结束。县选举委员会由魏岩刀、张忠德、刀健康等 11 人组成，下设秘书、组织、宣传、选举、行政保卫 5 个组。同时，全县 7 个区、1 个镇选举领导小组、32 个乡选举委员会成立。县委组织 8 个工作队 38 人分赴各区镇协调指导工作，先后培训骨干 1687 人。全县分为 57 个选区，共选出代表 156 人（女 55 人），其中，佤族 87 人，拉祜族 21 人，傣族 6 人，汉族 31 人，其他民族 11 人；大学 5 人，中专 13 人，高中 12 人，初中 41 人，小学 62 人，文盲 23 人；党员 82 人。

三、第五届人大代表选举

1986 年 8 月 25 日，县乡选举工作领导小组和选举委员会成立（魏应昌任组长；魏岩刀、陈元任副组长），此届选举工作与区乡农村整党同步进行；10 月 5 日—12 日，县委召开县、区、乡三级干部会议，对整党和换届工作作了布置，培训换届选举、农村整党骨干 104 人；11 月 4 日，选举委员会依法确定县人大代表名额 125 人，全县分为 51 个选区，有选民 38721 人，实际参加选举 35188 人，占选民的 90.88%；12 月 25 日，选出县人大代表 125 人。

1987 年 3 月 15 日，补选代表 1 人，实有代表 126 人，其中，女代表 25 人；党员 80 人，团员 9 人，群众 32 人，上层爱国人士 4 人，宗教界人士 1 人；佤族 69 人，拉祜族 15 人，傣族 5 人，汉族 25 人，其他民族 12 人；大学 6 人，中专 12 人，高中 8 人，初中 51 人，小学 41 人、文盲 8 人；科局级干部 30 人，一般干部 61 人，工人 3 人，驻军 1 人，农民 31 人。年龄最大 72 岁，最小 18 岁。

四、第六届人大代表选举

1989 年 10 月 18 日，县乡换届选举领导小组和选举委员会成立，11 月 6 日，县乡换届选举委员会召开会议，确定 12 月 18 日为全县人大代表选举日，确定县人大代表名额 148 人，全县分为 69 个选区。经依法进行选民登记，有选民 41645 人，占总人口的 54.85%；无法行使选举权的 204 人；剥夺选举权的 5 人；暂时停止行使选举权的 22 人。共选出县人大代表 148 人（女 24 人），其中，党员 108 人，团员 3 人，群众 34 人，上层爱国人士 3 人；佤族 87 人，拉祜族 14 人，傣族 7 人，汉族 33 人，其他民族 7 人；大学 13 人，中专 24 人，高中 15 人，初中 37 人，小学 52 人、文盲 7 人；科局级干部 43 人，一般干部 19 人，工人 5 人，驻军 2 人，农民 79 人。年龄最大 76 岁，最小 20 岁。

五、第七届人大代表选举

1992 年 10 月 10 日，县乡换届选举领导小组成立（魏岩广任组长，岩秒、张正福任副组长）。11 月 6 日，县乡换届选举委员会成立，确定县人大代表名额 149 人，全县分为 71 个选区，培训选举工作骨干 567 人。并依法进行选民登记，全县有选民 45374 人，占总人口的 57.18%。在 18 周岁以上人口中，选民 45150 人，占 99.51%；无法行使选举权 211 人，占 0.47%；暂停行使选举权的 6 人，占 0.01%；被剥夺选举权的 7 人，占 0.02%；12 月 25 日，进行投票选举，有选民 45150 人，实际参加投票选举的选民 43035 人，占 95.32%。共选出人大代表 149 人（女 33 人），其中，党员 101 人，非党 48 人；佤族 87 人，拉祜族 21 人，傣族 6 人，汉族 25 人，其他民族 10 人；大专 17 人，中专 27 人，初中 60 人，小学 41 人，文盲 4 人；干部 58 人，工人 3 人，驻军 2 人，农民 86 人。35 岁以下的 74 人，35 岁 ~ 55 岁的 72 人，56 岁以上的 3 人；连选连任的 59 人。

六、第八届人大代表选举

1997 年 10 月 17 日，县乡换届选举委员会成立，下设办公室和秘书、组织、宣传、资审、联络组；11 月 12 日，召开县、乡、村（办事处）工作队员共 388 人参加的骨干培训会，全县抽调 351 人参加指导各选区选举工作，县抽调 29 人组成联络组巡回指导，全县分为 68 个选区；12 月 25 日—26 日，组织选民登记，共有选民 47229 人，占总人口的 58.48%。

1998 年 1 月 15 日，正式进行选举，参加选举的选民 44025 人，参选率 93.22%。共选出县人大代表 144 人，其中，妇女 18 人；少数民族 116 人；党员 98 人，非党 46 人；农民 83 人，工人 4 人，干部 46 人，科教文卫技术人员 9 人，驻军 2 人；本科 3 人，大专 29 人，中专高中 34 人，初中以下 78 人。

七、第九届人大代表选举

2002 年 10 月 11 日，县换届选举委员会成立（张善强任主任，魏岩刀任副主任）；11 月 27 日—28 日，培训县乡村选举工作骨干 535 人。全县分为 72 个选区，有选民 52843 人，占总人口的 65.01%。在 18 周岁以上人口中，选民 52680 人，占 99.69%；无法行使选举权 235 人，占 0.15%；暂停行使选举权的 3 人，占 0.01%；被剥夺选举权的 2 人，占 0.004%；12 月 30 日，进行选举，实际参加选举的选民 48795 人，占 92.34%。共选出县人大代表 144 人，其中，妇女 38 人，占 26.39%；党员 112 人，占 77.78%，非党 32 人，占 22.22%；佤族 79 人，拉祜族 20 人，傣族 7 人，汉族 26 人，其他民族 12 人；本科 16 人，专科 45 人，中专及高中 38 人，初中以下的 45 人；干部 59 人，工人 2 人，驻军 2 人，农民 81 人。25 岁以下的 50 人，36 岁 ~ 55 岁的 94 人。

八、第十届人大代表选举

2007 年 10 月 12 日，县换届选举委员会成立（高建林任主任，岩再、鲁斌、雷三妹任副主任），下设办公室和秘书、组织、宣传、资审、联络组；11 月 2 日，召开县、乡、办事处干部共 529 人参加的骨干培训会，全县共抽调 419 人参加指导各选区选举工作，县抽调 85 人组成联络组巡回指导。全县分为 264 个选区，共有选民 55111 人，占总人口的 62.69%；12 月 25 日，进行选举，参加投票选民 50914 人，参选率 92.38%，共选出县人大代表 144 人，其中，妇女 40 人；少数民族 117 人；党员 88 人，非党 56 人；农民 68 人，工人 4 人，干部 65 人，爱国人士、侨台属 2 人，驻军 5 人；本科 37 人，大专 36 人，中专、高中 37 人，初中以下 34 人。35 岁以下的 53 人，36 岁 ~ 55 岁的 90 人，56 岁以上的 1 人。

第十节 乡镇人大代表选举

一、第三届区（镇）人大

1984年2月15日起，进行选民登记，全县共有选民29612人，占总人口43.06%；3月23日—27日，全县共选举第三届区（镇）人大代表996人。其中，勐梭区168人，翁嘎科区147人，莫窝区158人，新厂区141人，中课区145人，傈傈区124人，岳宋区93人，西盟镇20人。

二、第四届区（镇）人大

1986年10月5日—12日，县委召开县、区、乡三级干部会议，布置整党和换届工作，培训换届选举、农村整党骨干104人；11月4日，选举委员会依法确定区（镇）人大代表名额895人；12月25日，选出第四届区（镇）人大代表897人。其中，勐梭区122人，翁嘎科区115人，莫窝区113人，新厂区118人，中课区119人，傈傈区114人，岳宋区98人，西盟镇98人。

三、第五届乡（镇）人大

1987年12月，全县选举产生乡（镇）第五届人民代表大会代表共347人。其中，勐梭乡46人，翁嘎科乡44人，莫窝乡43人，新厂乡43人，中课乡42人，傈傈乡43人，岳宋乡37人，西盟镇49人。

四、第六届乡（镇）人大

1991年12月25日—28日，全县选举产生第六届人大代表共432人。其中，勐梭乡58人，莫窝乡56人，新厂、中课、傈傈3乡各55人，翁嘎科乡53人，岳宋乡、西盟镇各50人。

五、第七届乡（镇）人大

1993年12月25日，全县选举产生乡（镇）第七届人大代表共432人。其中，勐梭乡58人，莫窝乡56人，新厂、中课、傈傈3乡各55人，翁嘎科乡53人，岳宋乡、西盟镇各50人。

六、第八届乡（镇）人大

1995年12月25日，全县选举产生乡（镇）第八届人大代表共410人。其中，勐梭乡58人，莫窝乡53人，新厂、中课、傈傈3乡各51人，翁嘎科乡50人，岳宋乡、西盟镇各48人。

七、第九届乡（镇）人大

1998年12月20日—25日，全县选举产生乡（镇）第九届人民代表大会代表共404人。其中，勐梭乡52人，莫窝乡53人，新厂、中课、力所3个乡各51人，翁嘎科乡50人，岳宋乡、西盟镇各48人。

八、第十届乡（镇）人大

2001年12月25日—28日，全县选举产生乡（镇）第十届人民代表大会代表共402人。其中，勐梭镇52人，莫窝、新厂、中课、力所4个乡各51人，翁嘎科乡50人，岳宋乡、西盟镇各48人。

九、第十一届乡（镇）人大

2007 年 12 月 21 日—25 日，全县选举产生乡（镇）第十一届人大代表共 404 人。其中，勐梭镇 54 人，勐卡镇 99 人，新厂、中课、力所 3 个乡各 51 人，翁嘎科乡 50 人，岳宋乡 48 人。

第十一节 机 构

1980 年 12 月，县人大常委会内设办公室。1981 年 5 月 18 日，县人大常委会党组成立。1985 年 4 月，增设民族、法制经济、科教文卫科。1990 年 2 月，改三科为三个工作委员会，即：民族法制工作委员会、科教文卫工作委员会、经济工作委员会。1992 年，内设办公室、民族法制工委、科教文卫工委、经济工委，有人员 15 人。1996 年 11 月 14 日，机构改革，内设办公室、民族法制代表联络工委、经济科教文卫委，行政编制 12 人，设科（局）级领导职数 3 正 3 副。1997 年 12 月 8 日，内设办公室、民族法制工委、财经工委、科教文卫工委、代表联络工委。2008 年 12 月，内设办公室、民族法制委、选联委、农环资委、财经工作委、科教文卫委，行政编制 12 人，设科（局）级领导职数 6 正 1 副。

历任县人大常委会办公室主任：陈关厚（1982 年 5 月至 1984 年 1 月）、普荣光（彝族，1984 年 1 月至 1987 年 4 月）、李兴文（哈尼族，1987 年 4 月至 1993 年 2 月）、李绍光（1993 年 2 月至 1994 年 12 月）、陈孝华（拉祜族，1994 年 12 月至 1998 年 3 月）、唐耀（1998 年 3 月至 2001 年 9 月）、赵岩再（佤族，2001 年 9 月至 2002 年 9 月）、罗彪（彝族，2003 年 5 月至 2005 年 4 月）、徐应成（2005 年 4 月至 2006 年 8 月 ）、陶仕平（ 2006 年 8 月至 2008 年 12 月）。

历任县人大常委会财经工委主任：龙美芬（女，1990 年 2 月至 2003 年 4 月）、姚正文（2003 年 5 月至 2008 年 3 月）、李云宏（彝族，2008 年 4 月至 2008 年 12 月）。

历任县人大常委会科教文卫工委主任：杨新华（1990 年 7 月至 1992 年 11 月）、李兴文（哈尼族，1993 年 2 月至 1995 年 2 月）、王以忠（傣族，1995 年 8 月至 2005 年 5 月）、徐应成（2005 年 5 月至 2008 年 4 月）、周勇（ 2008 年 4 月至 2008 年 12 月）。

历任县人大常委会民族法制工委主任：杨勇（彝族，1990 年 7 月至 1992 年 11 月）、李有唐（1993 年 2 月至 1998 年 3 月）、陈孝华（拉祜族，1998 年 3 月至 2003 年 4 月）、文清风（2003 年 4 月至 2006 年 1 月）、白绍祥（傣族，2006 年 2 月至 2008 年 12 月）。

历任县人大常委会选联工委主任：李学文（拉祜族，兼，1993 年 5 月至 1997 年 12 月）、李建国（拉祜族，兼，1997 年 12 月至 1998 年 3 月）、陈开华（女、佤族，1998 年 3 月至 2008 年 12 月）。

历任县人大常委会农环资工委主任：岩格朗（佤族，2006 年 1 月至 2008 年 12 月）。

第二章 县人民政府

第一节 县人民政府领导班子

1978年，称西盟县革命委员会，为便于历届人代会顺序排列，将“文化大革命”期间召开的工代会和农代会列为第二届人民代表大会，其领导成员列为第二届人民政府成员。

1982年12月，根据第五届全国人民代表大会第二次会议通过的《中华人民共和国地方各级人民政府组织法》，取消革命委员会，恢复县人民政府。

1980年12月19日—23日，西盟县第三届人民代表大会第一次会议选举产生第三届人民政府领导成员5名。其中，县长1名，副县长4名。补选3名副县长。

1984年6月6日—12日，西盟县第四届人民代表大会第一次会议选举产生第四届人民政府领导成员5名。其中，县长1名，副县长4名。补选2名副县长。

1987年3月15日—21日，西盟县第五届人民代表大会第一次会议选举产生第五届人民政府领导成员6名。其中，县长1名，副县长5名。

1990年2月11日—17日，西盟县第六届人民代表大会第一次会议选举产生第六届人民政府领导成员7名。其中，县长1名，副县长6名。补选2名副县长。

1993年2月11日—17日，西盟县第七届人民代表大会第一次会议选举产生第七届人民政府领导成员7名。其中，县长1名，副县长6名。补选11名副县长。

1998年2月2日—7日，西盟县第八届人民代表大会第一次会议选举产生第八届人民政府领导成员8名。其中，县长1名，副县长7名。补选6名副县长。

2003年2月27日至3月3日，西盟县第九届人民代表大会第一次会议选举产生第九届人民政府领导成员7名。其中，县长1名，副县长6名。补选8名副县长。

2008年1月11日—15日，西盟县第十届人民代表大会第一次会议选举产生第十届人民政府领导成员7名。其中，县长1名，副县长6名。补选1名副县长。

1978年—2008年西盟县历任县长、副县长名录表

表15-2

届次	职务	姓名	性别	民族	学历	籍贯	任职时间
县革委会（第二届人民政府）	主任	魏应昌	男	佤族	中专	云南澜沧	1978.1—1980.12
	副主任	雷 鸣	男	汉族	大专	云南石屏	1978.1—1978.12
		隋 嘎	男	佤族	大专	云南西盟	1978.1—1980.12
		乐鹏寿	男	汉族	高中	云南思茅	1978.1—1980.12

续表 15-2

届次	职务	姓名	性别	民族	学历	籍贯	任职时间
第三届人民政府	县 长	隋 嘎	男	佤族	大专	云南西盟	1980.12—1983.12
		张岩松	男	佤族	中专	云南西盟	1983.12—1984.6
	副县长	白玉华	男	壮族	初中	云南文山	1980.12—1983.12
		鲁华堂	男	汉族	初中	云南宁洱	1980.12—1983.12
		李和培	男	汉族	中专	云南嵩明	1980.12—1984.6
		张岩松	男	佤族	中专	云南西盟	1980.12—1983.12
		李树德	男	汉族	大学	云南安宁	1983.12—1984.6
		魏 红	女	佤族	大专	云南西盟	1983.12—1984.6
		段光裕	男	汉族	高中	云南澜沧	1983.12—1984.6
第四届人民政府	县 长	张岩松	男	佤族	中专	云南西盟	1984.6—1987.3
	副县长	李和培	男	汉族	中专	云南嵩明	1984.6—1986.9
		李树德	男	汉族	大学	云南安宁	1984.6—1987.3
		段光裕	男	汉族	高中	云南澜沧	1984.6—1987.3
		魏 红	女	佤族	大专	云南西盟	1984.6—1987.3
		张才成	男	汉族	大学	云南景东	1984.9—1987.3
		普效文	男	彝族	中专	云南弥勒	1986.9—1987.3
第五届人民政府	县 长	张岩松	男	佤族	中专	云南西盟	1987.3—1990.2
	副县长	段光裕	男	汉族	高中	云南澜沧	1987.3—1987.10
		岩 秒	男	佤族	大学	云南西盟	1987.3—1990.2
		普效文	男	彝族	中专	云南弥勒	1987.3—1990.2
		李树德	男	汉族	大学	云南安宁	1987.3—1990.2
		魏 红	女	佤族	大专	云南西盟	1987.3—1990.2
第六届人民政府	县 长	岩 秒	男	佤族	大学	云南西盟	1990.2—1992.11
	代理县长	魏 红	女	佤族	大专	云南西盟	1992.11—1993.2
第六届人民政府	副县长	普效文	男	彝族	中专	云南弥勒	1990.2—1991.2
		魏 红	女	佤族	大专	云南西盟	1990.2—1992.11
		徐敬思	男	汉族	初中	上 海 市	1990.2—1993.2
		杨 李	男	汉族	大学	湖 南	1990.2—1992.5
		周丕勇	男	汉族	大学	云南澜沧	1990.2—1992.3
		刘文舜	男	汉族	中专	云南墨江	1990.2—1993.2
		李 钊	男	汉族	大专	云南华宁	1991.2—1993.2
		殷文才	男	汉族	大专	江 苏	1992.7—1993.2

续表 15-2

届次	职务	姓名	性别	民族	学历	籍贯	任职时间
第七届人民政府	县 长	魏 红	女	佤族	大专	云南西盟	1993.2—1998.2
	副县长	刘文舜	男	汉族	中专	云南墨江	1993.2—1995.8
		徐敬思	男	汉族	初中	上 海 市	1993.2—1995.10
		李 钊	男	汉族	大专	云南华宁	1993.2—1995.8
		殷文才	男	汉族	大专	江 苏	1993.2—1994.9
		张正文	男	佤族	本科	云南西盟	1993.2—1998.2
		胡连贵	男	汉族	大专	云南牟定	1993.2—1998.1
		丁为锋	男	汉族	大专	四 川	1994.5—1997.3
		杨代昌	男	汉族	大专	贵 州	1994.11—1998.3
		史永林	男	拉祜族	大专	云南西盟	1995.10—1998.3
		岩 采	男	佤族	大专	云南西盟	1995.10—1998.1
		沈继华	男	汉族	本科	云南景东	1995.11—1998.1
		饶 琨	男	拉祜族	本科	云南镇沅	1995.11—1996.11
		金玉品	男	汉族	大专	云南思茅	1996.6—1998.3
		赖庆华	男	汉族	本科	四 川	1996.11—1998.3
		刘文舜	男	汉族	中专	云南墨江	1997.8—1998.3
		万 凯	男	汉族	本科	湖 北	1997.8—1998.2
		李 钊	男	汉族	大专	云南华宁	1997.8—1998.2
第八届人民政府	县 长	岩 采	男	佤族	本科	云南西盟	1998.3—2003.3
	副县长	刘文舜	男	汉族	中专	云南墨江	1998.3—1999.8
		张正文	男	佤族	本科	云南西盟	1998.3—2003.3
		史永林	男	拉祜族	大专	云南西盟	1998.3—2000.11
		金玉品	男	汉族	大专	云南思茅	1998.3—2003.1
		赖庆华	男	汉族	本科	四 川	1998.3—1998.8
		万 凯	男	汉族	本科	湖 北	1998.3—1999.8
		岩 孔	男	佤族	大专	云南西盟	1998.3—2000.8
		陆保成	男	壮族	本科	云南广南	1998.8—2003.8
		魏 虹	女	佤族	大专	云南西盟	1999.8—2003.3
		李加才	男	汉族	本科	云南普洱	2000.11—2002.7
		杨 艳	女	汉族	本科	湖南祁阳	2001.7—2003.8
		马恒荣	男	彝族	大专	云南景东	2002.1—2003.2
		岩 再	男	佤族	本科	云南孟连	2002.9—2003.3

续表 15-2

届次	职务	姓名	性别	民族	学历	籍贯	任职时间
第九届人民政府	县 长	岩 采	男	佤族	本科	云南西盟	2003.3—2003.10
		岩 再	男	佤族	本科	云南孟连	2003.12—2007.11
	代理县长	岩 再	男	佤族	本科	云南孟连	2003.10—2003.12
		魏艺红	女	佤族	本科	云南西盟	2007.11—2008.1
	副县长	张正文	男	佤族	本科	云南西盟	2003.3—2005.2
		魏 虹	女	佤族	大专	云南西盟	2003.3—2007.12
		马恒荣	男	彝族	大专	云南景东	2003.3—2004.7
		岩 再	男	佤族	本科	云南孟连	2003.3—2003.10
		杨 斌	男	汉族	本科	云南易门	2003.3—2007.12
		唐 耀	男	汉族	大专	云南思茅	2003.3—2008.1
		罗洪波	男	汉族	本科	云南镇沅	2003.8—2006.10
		刘桂铭	男	汉族	本科	云南景东	2003.10—2007.6
		杨 虹	女	汉族	本科	云南宣威	2003.12—2006.12
		李正洪	男	彝族	本科	云南禄劝	2004.12—2006.12
		赵振华	男	佤族	大专	云南西盟	2005.1—2008.1
		何瑞敏	男	汉族	本科	云南禄劝	2007.1—2008.1
		魏岩斋	男	佤族	本科	云南西盟	2007.6—2007.12
		李其斌	男	汉族	本科	云南镇沅	2007.6—2007.12
第十届人民政府	县 长	魏艺红	女	佤族	本科	云南西盟	2008.1—2009.4
	副县长	唐 耀	男	汉族	本科	云南思茅	2008.1—2008.12
		何瑞敏	男	汉族	本科	云南绿劝	2008.1—2008.11
		赵振华	男	佤族	本科	云南西盟	2008.3—2008.12
		魏岩斋	男	佤族	本科	云南西盟	2008.1—2008.12
		李其斌	男	汉族	本科	云南镇沅	2008.1—2008.12
		苏其宁	男	汉族	本科	云南景东	2008.1—2008.12
		杨国华	男	白族	本科	云南宁洱	2008.1—2008.12

说明：含县革命委员会主任、副主任名录

第二节 基层政权

一、勐梭镇人民政府

1978 年 1 月至 1980 年 12 月，称勐梭人民公社革命委员会。1980 年 12 月，取消公社革命委员会，改称勐梭公社管理委员会。1984 年 3 月，改称勐梭区人民政府。1988 年 2 月，改称勐梭乡人民政府。1999 年 12 月 25 日，改称勐梭镇人民政府。

二、勐卡镇人民政府

2006 年 1 月 13 日，在撤乡并镇中，西盟镇和莫窝乡合并，勐卡镇人民政府成立。

三、西盟镇人民政府

1980 年，称西盟大队，划归莫窝公社。1982 年 12 月，设立西盟镇（区级镇），但未划分区域和设立办事机构。1984 年 4 月 2 日，属县辖乡级镇。2001 年，村改委后，设西盟村民委员会、西盟社区和娜妥坝办事处。2006 年 1 月 13 日，西盟镇与莫窝乡合并，勐卡镇人民政府成立。

四、中课乡人民政府

1978 年 1 月至 1980 年 12 月，称中课人民公社革命委员会。1980 年 12 月，取消公社革命委员会，改称中课公社管理委员会。1984 年 3 月，改称中课区人民政府。1988 年 2 月，改称中课乡人民政府。

五、新厂乡人民政府

1978 年 1 月至 1980 年 12 月，称新厂人民公社革命委员会。1980 年 12 月，取消公社革命委员会，改称新厂公社管理委员会。1984 年 3 月，改称新厂区人民政府。1988 年 2 月，改称新厂乡人民政府。

六、莫窝乡人民政府

1978 年 1 月至 1980 年 12 月，称莫窝人民公社革命委员会。1980 年 12 月，取消公社革命委员会，改称莫窝公社管理委员会。1984 年 3 月，改称莫窝区人民政府。1988 年 2 月，改称莫窝乡人民政府。2006 年 1 月 13 日，莫窝乡与西盟镇合并，勐卡镇人民政府成立。

七、力所乡人民政府

1978 年 1 月至 1980 年 12 月，称傈傈人民公社革命委员会。1980 年 12 月，取消公社革命委员会，改称傈傈公社管理委员会。1984 年 3 月，改称傈傈区人民政府。1988 年 2 月，改称傈傈乡人民政府。1995 年 11 月 19 日，把“傈傈”改为“力所”，改后称力所拉祜族乡人民政府。

八、翁嘎科乡人民政府

1978 年 1 月至 1980 年 12 月，称翁嘎科人民公社革命委员会。1980 年 12 月，取消公社革命委员会，改称翁嘎科公社管理委员会。1984 年 3 月，改称翁嘎科区人民政府。1988 年 2 月，改称翁嘎科乡人民政府。

九、岳宋乡人民政府

1978 年 1 月至 1980 年 12 月，称岳宋人民公社革命委员会。1980 年 12 月，取消公社革命委员会，改称岳宋公社管理委员会。1984 年 3 月，改称岳宋区人民政府。1988 年 2 月，改称岳宋乡人民政府。

第三节 重要决策

1980 年 12 月至 1984 年 6 月，第三届县人民政府在任期内，常务会作出：自 1981 年 12 月起施行的《关于立即制止乱宰杀大牲畜的决定》，要求村干部、社员不准任意乱宰杀大牲畜。如要宰杀大牲畜，必须经过公社管委会审查批准，未经批准，乱宰杀者，按照有关政策规定处理；不准要债、逼债、要牛腿，违者要给予坚决打击；《关于重新规定烧柴育林费标准的决定》《西盟县运输市场管理暂行办法》《西盟佤族自治县五保户（保吃、保穿、保住、保医、保葬）供养办法》的施行。

1984 年 6 月至 1987 年 3 月，第四届县人民政府在任期内，常务会作出：自 1984 年 2 月施行的《关于加强全县县社公路养护的有关规定》。自 1985 年 1 月—11 月起施行《关于西盟县发展民营橡胶五年规划的意见》《关于西盟县萤石产销管理的暂行规定》《关于西盟县征收屠宰税的暂行规定》《关于正式执行过“新米节”的决定》《关于收取矿业管理费的决定》《关于对牲畜试行严加管理防范的决定》《西盟佤族自治县科学技术成果奖励条例（草案）》的决定。根据《云南省矿产资源开发试行管理办法》规定，县政府决定从 1985 年 1 月起，向开发者和中间经营者收取 3% 的矿业管理费。凡经县矿管会批准开采矿石的集体或个人，其产品交售县锡矿者，管理费由开发交售者承担，并由县锡矿代收后转交给县矿管会办公室；县锡矿不收购的矿石，经县矿管会批准卖给县外的，由运出方或买方承担管理费，县锡矿属地方国营企业，不交纳管理费，规定的 10% 的开发费暂不收取。自 1986 年起施行《西盟县计划生育政策实施的有关规定》《关于西盟县锡矿、锡产品管理问题的决定》《关于对西盟县暂住人口管理的暂行规定》。

1987 年 3 月至 1990 年 2 月，第五届县人民政府在任期内，常务会作出：自 1987 年 4 月—10 月起施行《关于对境外边民回归的处理决定》《关于农民新开标准台地给予补助的决定》《西盟县农村五保户供给实施办法的有关规定》《关于大力发展生猪、保障市场猪肉供应有关政策的规定》《关于加强对外来流动人口和暂住户计划生育管理的决定》。自 1988 年 2 月—10 月起施行《关于加强矿产资源及矿产品管理的决定》《西盟佤族自治县开展边贸的实施细则》。1990 年 1 月—12 月起施行《关于征（占）用地各种费的征收及使用的暂行规定》《西盟佤族自治县城镇社会劳动力管理暂行办法》《西盟佤族自治县 1991 年度公医管理办法》。

1990年2月至1993年2月，第六届县人民政府在任期内，常务会作出：自1991年5月起施行《关于调整全民所有制企业职工离退休费用统筹基金征集比例暂行规定》。自 1992 年 6 月—11 月起施行《关于开征水资源费和水费的决定》《关于坚持改革、强化服务、搞活我县国营企业的若干规定》《关于对企业奖金税、工资调节税和投资方向调节税给予优惠的补充规定》《关于成立电力公司的决定》《关于西盟县人事工作若干问题的暂行规定》《水利工程管理办法》。

1993 年 2 月至 1998 年 2 月，第七届县人民政府在任期内，常务会作出：自 1993 年 3 月—12 月起施行《西盟县九三年度公费医疗管理办法》《关于西盟佤族自治县对外开放优惠政策实施办法（试行）》《西盟佤族自治县人民政府关于鼓励发展商品生产基地、创办经济实体的若干规定（试行）》《关于将“南约藤索桥”列为县级文物保护单位的决定》《关于减轻农民负担项目清理审核处理的决定》《关于解放思想、更新观念、强化管理，加快茶叶生产步伐的意见》《关于加快商品基地建设，鼓励集体土地有偿开发的决定》《关于加强行政事业单位小车管理的有关规定》《矿产品管理规定》。自 1994 年 6 月—11 月起施行《关于加强边境经济贸易管理的若干规定》《西盟佤族自治县征兵工作暂行实施办法（试行）》。自 1995 年 3 月—12 月起施行《西盟佤族自治县人民政府关于颁布我县标准地名的决定》《西盟佤族自治县取水许可实施办法（试行）》《西盟佤族自治县人民政府关于加强村卫生组织建设和认真落实乡村医生待遇的决定》《西盟佤族自治县人民政府关于发展甘蔗生产商品基地建设的决定》。自 1996 年 2 月—10 月起施行《西盟县城镇企业职工养老保险社会统筹暂行规定》《西盟县农村养老保险实施办法》《项目资金管理办法实施细则》《关于加强流通市场宏观管理的决定》《扶贫专项资金暂行管理办法》《西盟佤族自治县水利建设项目实施办法》《西盟佤族自治县农田建设项目实施办法》《关于统一收购销售橡胶产品管理的规定》。自 1997 年 5 月—12 月起施行《关于加强自身建设、公文办理、建立会议制度的若干规定》《西盟佤族自治县预算外资金管理办法》

《关于我县开征水土保持防治费及水土保持设施补偿费的征收标准和使用管理暂行办法》《西盟佤族自治县重点水利建设项目验收办法（试行）》《西盟佤族自治县县属国家机关、事业单位工作人员差旅费开支规定》《西盟佤族自治县电力扶贫“村村通电”工程实施细则》。

1998年2月至2003年3月，第八届县人民政府在任期内，常务会作出：自1998年7月—12月起施行《西盟佤族自治县拥军优属工作若干规定》《西盟佤族自治县粮油市场管理办法》《关于预算外资金统筹管理的规定》《西盟县以工代赈暂行管理办法》《西盟县新县城建设土地使用办证办法及有关收费标准的规定》《90年代西盟儿童发展规划》《西盟佤族自治县县级储备粮油管理办法》。自1999年1月—7月起施行《边境及边境贸易收费管理办法》《关于新县城非公有制经济发展用地位置划分及各类地块价出让标准的规定》《西盟佤族自治县暂住人口管理办法》《西盟佤族自治县农村集体土地承包期顺延30年不变实施办法》《西盟佤族自治县城乡居民最低生活保障暂行办法》《西盟佤族自治县1996年—2010年人才资源开发战略规划》《关于进一步改善和加强我县环境卫生管理的规定、新县城市容和环境卫生管理实施办法》《西盟县县级国家机关、事业单位政府采购管理暂行办法》《西盟佤族自治县殡葬管理暂行实施办法》《关于保护勐梭龙潭的暂行规定》。自2000年6月—11月起施行《西盟县县级行政、事业单位财政统发工资管理办法》《西盟县企业职工社会保险费征缴暂行办法》《西盟佤族自治县儿童计划免疫保偿实施办法（试行）》《关于部分退出保护价范围粮食品种收购办法》。自2001年3月—11月起施行《西盟县企业职工工伤、生育保险办法、城镇职工基本医疗保险实施办法》《西盟佤族自治县城镇医药卫生体制改革实施方案》《农村独生子女夫妇和双女结扎夫妇一次性养老保险奖励办法》《县人民政府对新县城（勐梭）路、巷名称予以命名》《西盟佤族自治县计划生育重点帮扶实施细则》《关于核定屠宰收费标准》《西盟佤族自治县人民政府关于县属国家机关、事业单位工作人员差旅费开支的补充规定》。自2002年8月—12月起施行《西盟佤族自治县渔业资源保护暂行规定》《〈阿佤人民唱新歌〉定为县歌》《西盟佤族自治县人民政府关于严格控制中小学生流失的若干规定》《西盟县国债专项资金报账制管理办法》。自2003年3月6日作出施行《勐梭龙潭保护区管理条例（实施细则）》。

2003年3月至2008年3月，第九届县人民政府在任期内，常务会作出：自2003年3月—6月起施行《西盟县行政机关、事业单位职工工伤医疗保险暂行办法》《西盟县行政机关、事业单位职工生育保险暂行办法》《西盟县城市居民最低生活保障制度管理实施细则》《西盟县老龄事业发展“十五”计划实施办法》《西盟县离休干部离休费和医药财政负担保障机制办法》《西盟县离休干部医疗保障管理暂行办法》《西盟县离休干部离休费保障机制暂行办法》。自2004年8月20日起施行《西盟佤族自治县城市管理办法》。自2005年起施行《西盟河沙、碎石、毛石等建筑材料资源税缴管理办法》《西盟县国有企业改革工作管理暂行办法》。自2006年3月—9月起施行《西盟县企业职工生育保险暂行办法》《西盟佤族自治县商品林采伐管理办法》《西盟佤族自治县征占用林地管理暂行规定》《云南省西盟佤族自治县三佛祖自然保护区管理办法》《西盟佤族自治县老龄事业发展“十一五”规划》《西盟佤族自治县茶叶产业发展奖励暂行办法》。自2007年4月起施行《西盟佤族自治县蚕桑产业发展奖励暂行办法》《西盟佤族自治县西盟米荞产业发展奖励暂行办法》《西盟佤族自治县国有企业解除（终止）劳动合同自谋职业人员医疗保险暂行办法》。

2008年3月—12月，第十届县人民政府在任期内，常务会作出：施行《关于印发西盟县深化集体林权制度改革配套改革有关暂行办法》《西盟佤族自治县木材及林产品交易市场管理办法》《西盟佤族自治县商品材采伐管理和木材生产计划分配办法》《西盟佤族自治县森林林木林地流转管理办法（试行）》《西盟佤族自治县木材经营加工管理办法（试行）》《西盟佤族自治县森林资源资产抵押登记管理办法》《西盟县深化城镇住房制度改革加快住房建设实施方案和县级机关事业单位职工住房补贴支付暂行办法》《西盟佤族自治县人民政府深化城镇住房制度改革加快住房建设的实施方案》《关于印发西盟佤族自治县河道采砂管理办法》《关于确定西盟县2008年农村五保供养标准》。

第四节　发展战略实施

1978年—2008年，按照中央提出现代化建设“三步走”的战略和中共西盟县委、县人民代表大会制定的县区经济社会发展目标，坚持发展第一要务，高度重视农业、农村和农民问题，调动一切积极因素，实施科教兴县和可持续发展战略，努力推进全县经济社会事业的发展。经过30年的努力，固定资产投资由1978年的116万元增加到2008年的23256万元，增加23140万元，增长200.48倍；社会总产值由1978年的3054万元增加到2008年17747万元，增加14693万元，增长5.8倍；财政总收入由1978年的268万元增加到2008年的29034万元，增加28766万元，增长108.34倍；财政支出由1978年的250万元增加到2008年的28813万元，增加28563万元，增长115.25倍。

一、第三届县人民政府

1980年—1983年，第三届县人民政府贯彻落实中共十二大和全国六届人大会议精神，坚持党的四项基本原则，把工作重点切实转移到经济建设上来，坚持“以计划经济为主，市场调节为辅”和坚持“调整、改革、整顿、提高”的方针。按照中央《关于当前农村经济政策若干问题》的决定，在农村进行了体制改革。建立和完善农村生产责任制，抓好“林业三定”“农村财务整顿”“两山一地”政策的落实；狠抓粮食生产，连续4年实现增产，逐步解决人民群众的吃饭问题；加大水利建设，投资39984元，建成岳宋曼亨水电站及马散水库溢洪道等工程；投资97436元，进行农村饮水建设；按照“发展经济、保障供给”的总要求，县锡厂，年均产值343200元；水电站年均发电372万度，实现利税44640元；商品销售收入760.8万元，实现利税57.3万元；物资销售收入85.5万元，盈利3.9万元；基本建设总投资616.94万元；全县适龄儿童入学率66.9%，考入大专院校21人。

二、第四届县人民政府

1984年—1987年，第四届县人民政府贯彻落实《中共中央关于经济体制改革的决定》、国务院《关于1986年农村工作的部署》和县第四届人代会精神，按照县委制定的“林矿并举、粮食自给、多种经营、长短结合、全面发展”的总体思路。坚持农业生产大包干，巩固“两山一地”成果，推进农村体制改革，重点抓扶贫和增收致富工作。全县新开水田、台地3042亩；完成城子水库除险整治加坝及其他水利工程建设；共投资300790元，解决了6764人、2189头大牲畜的饮水问题；新建成库杏河水电站，装机容量3千瓦；坚持“民办公助、民工勤建、以工代赈”的交通建设宗旨，完成思澜路5千米、县区道59千米、区乡道37.1千米的开挖建设，修建各种桥梁8座、涵洞26个；投资627.42万元，完成城乡房屋建筑35460平方米；加强农业结构调整，因地制宜地抓好粮食生产，实现农业总收入1203.7万元；新植橡胶2519亩，茶叶1201亩；县国营锡矿产精矿158吨，产值128.8万元，实现利润91.5万元；落实“对外开放、对内搞活”的经济政策，加强市场调解和管理，实现商业销售总产值1216万元，完成社会商品零售总额12213万元；全县适龄儿童入学率83.6%，巩固率80.6%。

三、第五届县人民政府

1987年—1989年，第五届县人民政府贯彻落实《中共中央关于教育体制改革的决定》和《中华人民共和国义务教育法》，并制定下发《关于普及教育的规划》《关于基础教育分级管理办法》

《关于筹措教育经费的决定》。依据中共云南省委、省政府《关于改革区乡体制的通知》和中共思茅地委、行署《关于改革区乡体制的意见》，进行撤区建乡的体制改革。按照县第四次党代会、第四届人代会提出的目标，抓好落实。全县实现国民生产总值 2725 万元，比 1987 增长 6.3%，年均增长 3.1%；工农业总产值 2010.38 万元，比 1986 年增长 23.2%，年均增长 6%；国民收入 2100 万元，年均增长 6%；社会商品零售总额 2520 万元，年均增长 27.6%；乡镇企业总收入 487 万元；工业总产值 565.4 万元，年均增长 26.7%；粮食总产量 2431.49 万千克，基本实现粮食自给；种植茶叶 2739 亩、橡胶 3018 亩、造林 5243 亩；实现农业总收入 1358.46 万元，年均增长 4.1%；实现财政收入 433.3 万元；教育总投入 307.6 万元，群众集资和投工献料折款 21 万元，新建城乡教育砖混结构房 16580 平方米。

四、第六届县人民政府

1990 年—1992 年，第六届县人民政府贯彻落实中共中央《关于进一步治理整顿和深化改革的决定》，坚持“一个中，两个基本点”（以经济建设为中心，坚持四项基本原则、坚持改革开放）。按照县第六次党代会、第六届人代会精神，强化农业基础，大力调整产业结构，以种植业、养殖业、加工业为重点，逐步走入“注重效益、提高质量、协调发展、稳步增长”的轨道。全县实现工农业总产值 5772 万元，年均增长 5.7%，其中，农业产值 4120 万元，年均增长 4%；工业产值 1652 万元，年均增长 9.87%。乡镇企业总收入 654 万元，比 1989 年增长 34.29%；财政收入 654 万元，年均增长 11.46%；完成旱改水 3854.06 亩，坡改梯 1017.66 亩；粮食总产量 2691.3 万千克，年均增长 3%（是西盟县历史以来产粮最高年）；肉类总量 61.9 万千克，增长 22%；种植橡胶 3944 亩，新植茶叶 652.33 亩，人工造林 8687.66 亩；全县边贸进出口总额 989 万元，比 1989 的 309.5 万元增长 219.55%；上缴各种税费 43.06 万元。

五、第七届县人民政府

1993 年—1997 年，第七届县人民政府坚持以经济建设为中心，按照“打基础、建枝柱、调结构”的发展思路，实施“8542221”（建成 8 万亩高稳产农田地、种植 5 万亩竹林、4 万亩杉木、2 万亩橡胶、2 万亩茶叶、2 万亩烤烟、1 万亩水果）工程。1997 年，全县生产总值 7945 万元，比 1992 年增加 2995 万元，年均增长 9.93%；工农业总产值 6828 万元，比 1992 年增加 1056 万元，年均增长 3.4%；农业生产总值 5441.2 万元，比 1992 年增加 1321.2 万元，年均增长 5.72%；工业生产总值 1386 万元，比 1992 年下降 266 万元；财政收入 436 万元，比 1992 年减少 218 万元；实现社会商品零售总额 5407 万元，比 1992 年增加 2391 万元，年均增长 12.3%。投资 1073 万元，完成新厂河电站技改扩容工程；投资 31 万元，实施县城电网改造；投资 595.1 万元，架通全长 82 千米的澜沧竹塘至募西线 48 千米、库杏河至募西线 48 千米再到新县城及班箐糖厂 35 千伏输电线路，翁嘎科、班箐至中课、县城至岳宋 10 千伏 5 条输电线路；投资 630 万元，实施恢复重建和民房建设，完成 63 个单项工程；投资 348 万元，改造民房 3062 户；投资 8980 万元，新建日处理 1500 吨甘蔗的西盟糖厂；投资 512 万元，建成南康河橡胶加工厂；种植甘蔗 2.95 万亩，橡胶 1.5 万亩（累计 3.2 万亩），茶叶 1.05 万亩，竹子 0.89 万亩，木薯 0.54 万亩，核桃 0.63 万亩；宜林荒地造林 2.9 万亩；实施“千里边疆文化长廊建设”和“211”工程；恢复《佤山》刊物；7 乡 1 镇和娜妥坝建成文化站，被国家文化部评为“文化长廊建设先进县”。

六、第八届县人民政府

1998 年—2002 年，第八届县人民政府贯彻落实中共十五大和省委六次、七次全会精神，坚持深化改革，扩大开放，加快发展。按照“河谷创优，山区创特”的思路，完成植树造林11.9万亩，森林覆盖率36.2%；种植橡胶4.15万亩，开割1.5万亩；种茶0.22万亩；种杉木3.65万亩，累计7.86万亩，实现林业总产值5336万；完成县城建设22个项目，投资32033万元；农田项目投资1569.24万元；水利投资1226.1万元，修建水沟51条；人畜饮水建设674.2万元，解决33538人、15694头大牲畜的饮水困难；交通建设总投资3865万元，建成弹石路98.8千米，沥青路12千米；加快农村电网建设和改造，电力建设投资1735.8万元；完成电信农话57杆千米，光缆25千米建设等，投资1736.4万元；改造民房8690户、47.8万平方米，总投资2343万元；科技教育扶贫投资1330.6万元，建设校舍18383万平方米；坚持“平等团结、共同繁荣”的原则，实施民族扶贫项目79项，投资809万元。基本解决了18266人的温饱问题。2002年，全县生产总值11326万元，年均增长8.41%，其中，第一产业增长1.17%，第二产业增长2.33%，第三产业增长18.08%；乡镇企业总产值2679万元，年均增长21.35%；边贸进出口1164万元，年均增长18.5%；累计完成固定资产投资47774万元，比前五年增长70.67%。

七、第九届县人民政府

2003年—2007年，第九届县人民政府以邓小平理论和“三个代表”重要思想为指导，全面落实科学发展，以经济建设为中心，以加快发展为主题，大力实施“基础设施立县、绿色经济富县、改革开放活县、阿佤文化兴县”的发展战略，团结带领全县各族人民，开拓进取，发奋有为，圆满完成了“十五”计划和县九届人代会确定的各项目标任务。全县生产总值30231万元，比2000年增加18905万元，增长37%；全社会固定资产投资完成18100万元，比上年增长23.3%；工业总产值6730万元，比2002年增加3420万元，年均增长23.3%；金融机构各项存款44170万元，比2002年增加25320万元，年均增长18.6%；各项贷款余额19643万元，金融机构盈利66万元。全县共投入各类扶贫资金12083万元，基本解决2.19万人的温饱问题；改造民房6874户，异地搬迁630户3.89万人；解决9538户4.3万人的用电问题；建成人畜饮水71件，解决1.8万人0.7万头大牲畜的饮水安全问题；开展农村实用技术培训2635场次，参加人员14.8万人次，转移农村剩余劳动力8580人，实现劳务收入2539万元；加大企业改制、工业企业职工置换身份331人，累计支付改革成本2305万元；引进各类项目55个，达成协议资金21911万元，实际到位资金14019万元；新植橡胶8万亩，开割4万亩；新植台地茶1.38万亩，采摘1.54万亩；种植桑树1.57万亩，养蚕1233张，产茧47吨，产值87.9万元；种植西盟米荞2.1万亩，产量108.6万千克；民族文化旅游业累计投入资金2100万元，成功举办了一、二、三届中国佤族木鼓节，累计接待国内外游客37万人次，实现旅游业收入3453万元。

八、第十届县人民政府

2008年，第十届县人民政府坚持以科学发展观统领经济社会发展全局，以经济建设为中心，突出在“强基础、强产业、抓扶贫、促增收、增动力、重民生、抓生态、保稳定”上下功夫。全县实现生产总值34153万元，同比增长10.2%；完成全社会固定资产投资22296万元，同比增长23%；财政总收入29034万元，同比增长28.7%，首次结余79万元；金融机构各项存款余额51797万元，同比增长17.3%；农村经济总收入11588万元，同比增长13.4%；农民人均经济收入1326元，同比增长13.4%；启动“兴边富民”工程，争取各类扶贫资金4394万元，实施32个重点扶持村、8个“兴边富民”示范村、5个以工代赈、250户专项安居工程，72户280人易地搬迁工程，1700户农村民居地震安全工程和产业发展等扶贫项目；完成富母乃小（一）型水库建设总投资1116万元；投资4720万元，实施交通基础设施建设项目26项，完成7条、88.1千米通达工程项目建设和募西公路拓宽部分油路面铺筑 14 千米，启动勐卡镇至娜妥坝和翁嘎科油路建设工程；完成农村饮水安全工程建设 29 件；发放小额信贷扶贫资金 977.5 万元；世行项目完成投资 890 万元；上海对口帮扶项目完成投资 340 万元；解决 1167 户 4609 人的用电问题；解决 2470 户 9565 人，6435 头大牲畜的饮水问题，加大"三农"的投入，全县财政支农资金 1219.97 万元，对农民的直接补贴资金 1649.05 万元，解决了 5520 人的温饱问题；落实产业发展优惠政策，兑现茶叶、蚕桑产业发展补助和奖励资金 251.25 万元；新植甘蔗 0.44 万亩，种植面积 2 万亩，入榨 10.9 万吨，产值 3126 万元；新植橡胶 1.5 万亩，累计 20 万亩，开割 5 万亩，产量 2018 吨；新植茶树林 1.99 万亩，累计 4.24 万亩，新植现代茶 1.05 万亩，累计 5 万亩，采摘 2 万亩，产值 1088 万元；累计桑园 1.33 万亩，产值 181 万元；种植西盟米荞 2.85 万亩，产值 366 万元。开发边境旅游，与缅甸掸邦第二特区（佤邦）政府签订边境旅游合作意向性协议。当年，共接待国内外游客 10.9 万人次，同比增长 18.6%；实现旅游收入 1200 万元，同比增长 40%。

第五节　对外事务

一、涉外事务

1999 年 10 月 9 日，为彻底根除毒品，实施国际禁毒方略，解决佤邦北部人多、耕地少及温饱难以解决的实际问题。佤帮政府研究决定：在第三个五年计划中，组织动员居住在高寒山区的居民，向盛产粮食、自然条件好的南面地区搬迁 5 万人。从 11 月 15 日起，不愿"南迁"的农户盲流入西盟（先后有 59 户、218 人），县委、县政府成立清理盲流人员领导小组，开展调查研究，摸清盲流人员的详细情况，进行思想动员工作，妥善与缅方交涉，向缅方通报情况，达成共识，做好盲流人员的遣返工作。

2001 年 4 月 9 日，县外事办和县公安局组成调查组就边民出境及历年来发生的各种涉外事（案）件情况进行调查。至 4 月底，从西盟非法出境务工的人员 3400 余人。

二、边界联检

1984 年 12 月，根据中缅两国政府《关于中缅边界第一次联合检查的议定书》，对中、缅边界进行第一次联合检查工作，在原位再立严重损坏的界桩和附桩：S180（1）、S180（2）、S181（1）、S182（1）、S183（1）界桩，增设方位物 8 个，修建保护堤 93.5 米。1986 年 5 月，顺利完成中缅边界第一次联合检查工作。

1993 年 11 月 17 日，按照中缅两国第二次边界联检和第二次会议纪要及联委会双方首席代表第一次会晤会谈纪要规定。县委作出《关于开展中缅边界第二次联合检查工作的决定》；12 月 3 日，正式上界进行联检工作，对中缅边界南段 9 号 ~ 20 号界桩联合检查，西盟县为中华人民共和国与缅甸佤邦第二次边界联合检查第 16 联检组，负责对所辖 89.33 千米边界进行联检。1994 年 1 月 30 日，联检工作结束，历时 59 天。

2007 年 10 月 18 日至 11 月 22 日，对中缅边界西盟段进行调查，准确掌握了界河改道、界碑及界线标志物或界线模糊等情况。

三、对外活动

1980 年，外事办贯彻执行党中央、国务院的外交政策和各级党委政府的指示精神，配合有关部门勘查国界，参与边境会谈和会晤，处理各类涉外事件，宣传外事政策，接待邻国来宾，办理边境通行手续，发放侨属贷款，扶持发展经济等工作。

1988 年 8 月 7 日，缅共中央书记巴登丁等一行到西盟来访，并与县委、县政府领导在县政府大楼就“鸦片走私及境外人员违反中国法律”有关问题进行会谈。

1989 年 10 月 24 日，日本客人赴西盟县进行佤族风情考察。

1999 年 2 月 21 日，佤邦对外关系部部长兼佤邦贸易公司总经理赵爱纳等一行 7 人友好代表团，到西盟县进行春节慰问；4 月 17 日，西盟县派代表团应邀参加佤邦政府和平建设 10 周年纪念活动。

2003 年 6 月 7 日，西盟、澜沧、孟连 3 县外事办与佤邦对外关系部举行首次“双边四方”外事交流活动，双方在友好、坦诚、求实的气氛中，就共同关心的边民间存在的问题及协作等方面进行了交流与磋商，并达成共识，签署了《中国思茅边三县外办与缅甸第二特区（佤邦）政府对外关系部 2003 年 1 季度外事交流活动会谈纪要》。

2005 年 4 月 15 日，县委、县政府邀请台湾同胞返乡参加西盟佤族自治县 40 周年县庆暨第三届中国佤族木鼓节庆典。台湾同胞李光亮、何开林等人为节庆活动和故乡人畜饮水工程、贫困学生捐款；6 月 6 日，西盟县与佤邦勐冒县、龙潭特区在西盟镇开展边境会晤；8 月 10 日，由市外事办主任为团长，西盟、澜沧、孟连 3 县的外事办主任及有关工作人员为成员的代表团赴缅甸佤邦邦康市与佤邦政府对外关系部举行了中缅第七次对口会晤；10 月 11 日，西盟县禁毒委员会各成员单位的主要领导前往缅甸佤邦龙潭特区参加禁毒工作座谈会；10 月 12 日，应缅甸佤邦第二特区（龙潭特区）邀请，中国（西盟县）禁毒委员会领导到龙潭特区进行禁毒合作会晤。双方就禁毒合作、打击跨国刑事犯罪、加强边境治安管理、边境贸易等问题进行交流与商榷，并达成了 6 项共识。

2006 年 3 月 6 日，西盟县与佤邦勐冒县、龙潭特区在西盟镇举行边境治安会谈会晤。

2008 年 6 月 26 日，西盟县组团参加佤邦勐冒县禁毒纪念活动；11 月下旬，西盟县组团分别赴佤邦勐波县、勐平开发区等地进行替代种植项目考察。

第六节　建议及提案办理

1978 年—1990 年，县人民代表大会制度和政治协商会议制度属恢复和逐渐完善阶段，县人大代表议案和政协委员提案由县人民政府办公室办理。

1990 年 2 月至 1993 年 1 月，县政府共办理人大代表建议 16 件；答复办理政协委员提案 10 件，办复率 100%。

1993 年—1998 年，共办理人大代表建议 27 件，答复办理政协委员提案 31 件，办复率 100%。

1998 年 2 月至 2003 年 3 月，共办理人大代表议案、建议 49 件，办复率 100%；答复办理政协委员提案 62 件，办复率 99.9%。

2008 年 4 月—12 月，办理人大代表建议 33 件；政协委员提案 28 件，办复率 100%。

2003 年—2008 年，共办理人大代表议案、建议 81 件，答复办理政协委员提案 93 件，办复率 100%。

第七节　法治工作

一、行政复议与应诉

1994 年 11 月，对县内的第一起行政复议案件进行裁决，原统战部的岩某，对保密局的一份保密工作通报（红头文件）不服，提出行政复议申请。法制科代县政府受理行政复议申请，并以县政府办公室的文件，作出行政复议决定书，决定书部分变更保密局的通报内容，保密局向申请人作出书面道歉。

1993 年 7 月，对县内的第一起行政诉讼案件进行裁决，原告周某某不服县矿产资源管理委员会 7 月 2 日，对其处予 2000 元罚款的处罚决定；7 月 12 日，周某某向县人民法院提起诉讼，人民法院经审查受理后，依法组成合议庭；8 月 9 日，公开开庭审理本案，形成了行政判决书，其判决是：判决撤销西盟县矿产资源委员会办公室 1993 年 7 月 2 日对周某某所作的处理决定；限矿管会向该判决生效之日起，三日内将罚款 2000 元一次性交法院行政庭，由法院退还原告周某某；诉讼费 90 元，由败诉方西盟县矿管会负担。

1994 年 6 月，原告吴某某不服县矿产资源管理委员会 5 月 30 日行政处罚决定书，向县人民法院提起诉讼，其判决是：撤销西盟县矿产资源管理委员会 5 月 30 日的行政处罚决定书，诉讼费 456 元，由西盟县矿产资源管理委员会负担。

2004 年 5 月，澜沧铅矿不服西盟县人民政府“西行复决字〔2004〕2 号”行政复议决定书，向思茅地区中级人民法院提起诉讼，经协调协商，澜沧铅矿撤回起诉书，原告、被告双方达成谅解协议而息诉。

2007 年 5 月，洪某某不服西盟县国土资源管理局于 2007 年 1 月 16 日作出的“责令停止土地违法行为通知书”，向县人民法院提起诉讼，法院的判决是维持西盟县国土资源管理局作出的“责令停止土地违法行为通知书”。洪某某仍不服，上诉到普洱市中级人民法院，市中级人民法院仍维持西盟县国土资源管理局作出的“责令停止土地违法行为通知书”。

二、审核行政裁决案与处理纠纷

2008 年 11 月 4 日，代县政府草拟《关于云南天然橡胶产业股份有限公司西盟分公司与勐梭镇里拉村娜某橡胶林地权属争议的行政决定》，通过对相关材料的审查，决定撤销娜某所持有的第 2901001651 号林权证；代县政府起草《关于勐梭镇里拉村石岗散 144.6 亩橡胶林所有权确认决定》和《关于勐梭镇里拉村合猪你 275 亩橡胶林所有权确认决定》，通过调查和对相关材料的审查，确认石岗散 144.6 亩、合猪你 275 亩橡胶林所有权不属于行政相对人娜某，而属行政相对人云南天然橡胶股份有限公司西盟分公司。

2008 年，法制部门一直在参与调处县城东北（武装部背后）小山包土地的纠纷。

三、规范性文件处理

2005 年起，严格按照《云南省行政机关规范性文件制定和备案办法》，对规范性文件进行备案审查登记。审查登记备案县属部门规范性文件 22 件；报市政府法制部门审查登记备案并向社会公告的县政府规范性文件 26 件。在规范性文件备案审查登记工作中，对规范性文件制定行为法制监督，依法履行审查、登记、备案等程序，做到有件必备、有备必审，逐步完善。

四、民主与依法决策

2008 年，为进一步规范决策行为，完善科学、民主、依法决策机制，提高政府决策的透明度和公众参与度，使政府决策充分体现人民群众的意志和利益，推行“阳光政府”四项制度建设，根据《云南省人民政府重大决策听证制实施办法》要求，组织“旅游景点、景区门票价格调整”“搞活司岗里集贸市场”等 18 起决策听证会。

第八节 信访工作

一、来信来访处理

1980年，县信访办公室成立后，制定了各项规章制度。1995年10月28日，国务院发布实施《信访条例》，县信访局按照条例修改完善了各项规章制度。

2005年5月1日，国务院重新修订颁布实施了新的《信访条例》，县委、县政府把信访工作纳入工作的重要议事日程，把解决民生、维护社会稳定作为一项长期的重要任务来抓，把信访工作的立足点，放在为人民群众解决实际问题上。

至2008年，县信访局共计受理信访事项5413件次。其中，群众来信1280件次，接待群众来访4133批次；领导接待群众来访369批次，受理上级交办信访件95件。全县没有发生因信访问题引发的群体性事件，也无因信访问题导致群体性越级上访。信访工作经过市委、市政府的考核，均达三等奖以上。

1999年—2008年西盟县信访局来信来访情况表

表15-3

名称 年份	信访总量（件）	来信（件）			接待群众（批次）			领导接待群众（批次）	上级交办信访案件（件）
		总	初信	重信	总	初访	重访		
1999	408	99	99	—	309	307	2	18	12
2000	570	101	98	3	469	469	—	27	3
2001	558	208	205	3	350	347	3	26	—
2002	544	180	180	—	364	364	—	22	8
2003	547	144	136	8	403	403	—	39	17
2004	612	139	139	—	473	473	—	56	17
2005	688	128	125	3	560	554	6	54	16
2006	651	157	157	—	494	491	3	31	—
2007	479	75	75	—	404	404	—	45	10
2008	356	49	49	—	307	305	2	51	12
合计	5413	1280	1263	17	4133	4117	16	369	95

二、领导接待日

2005年，自新的《信访条例》颁布实施以来，确定每月18日为县级领导接待日。从2008年7月开始，每月的10日、25日为县委书记、县长接待日，县四班子其他领导轮流接访，确保每天（除双休日外）均有1名县级领导开展接访工作。同时，开展领导干部下访活动，对分管领域内发生的信访问题，采取“固定接访、重点约访、带案下访”的方式，深入到重点地区、重点部位，排查各类矛盾纠纷，把信访问题解决在基层，化解在萌芽阶段。

第九节 接待工作

2004年6月15日，县委办、县政府办印发《西盟佤族自治县人民政府接待处工作实施细则（试行）》的通知。坚持“统一接待、控制范围、控制标准”的原则，坚持标准与特殊情况相结合，本着“节约、热情、周到、简朴、高效”和定点接待与灵活安排的原则。

2004年，共接待62批、563人次。2005年，共接待375批、7500人次。2006年，共接待423批、10575人次。

2007年1月11日，县委办、县政府办印发《西盟县党政机关公务接待暂行办法》。接待工作坚持热情周到、有利公务、务实节俭、杜绝浪费、合理安排和坚持标准与特殊情况相结合的原则。坚持《接待通知单》制度。《接待通知单》由县五班子（县委、人大、政府、政协、纪委）的办公室主任或分管行政的办公室副主任开具并加盖公章，县接待处按照《接待通知单》的要求，安排好各项接待工作。每月末，县五班子办公室和接待处统一核对接待通知单和接待费用，核准后，由五班子办公室审核签字，报分管副县长、县长审批，县财政按时拨到接待处支付。

2007年，共接待450批、11700人次。2008年，共接待512批、15360人次。

2004年—2008年，共接待1795批、45698人次。其中，国家部委领导58批、570人次，省级462批、9867人次，市级535批、12680人次，县级689批、20072人次，外宾36批、312人次。

2005年和2008年，中国佤族木鼓节大型活动和重要会议接待15批、2197人次。

第十节 政府信息公开

根据2008年5月1日国务院颁布实施的《中华人民共和国政府信息公开条例》，县政府制定出台《西盟佤族自治县人民政府办公室关于印发西盟县政府信息公开有关制度（试行）的通知》。至2008年12月，利用西盟政府信息公开门户网站向社会公开了政府应主动公开的政府信息4500余篇。

第十一节 机 构

1980年12月，恢复西盟佤族自治县人民政府，将县革委会各委、办、局，改称为县政府各委、办、局。

1987年，县政府设办公室、民政局、财政局、公安局、司法局、农业局、文化局、卫生局、计经委、劳动人事局、城乡建设环境保护局、企业局、统计局、民族事务委员会、司法局、水利水电局、教育局、科委、工交局、商业局、林业局、审计局、工商局、侨务办、外事办、粮食局、物资局、地震办。

1990年12月，县政府所属职能机构有：政府办公室、民政局、劳动人事局、财政局、农牧业局、城乡建设环境保护局、文化局、卫生局、教育局、粮食局、公安局、水电局、交通局、工业局、商业局、统计局、税务局、物资局、工商局、外贸局、乡镇企业局、档案局、司法局、物价局、林业局、审计局、监察局、地震局、保密局、土地局、外事办公室、计经委、科委、计生委、体委、民委、编委、体改委、边贸办公室、县志办公室、扶贫办公室。省、地属双重领导企业事业单位有：邮电局、气象局、人民银行、农业银行、工商银行、建设银行、保险公司。

1996年8月，县级党政机构改革时，根据思茅地委、行政公署《关于西盟佤族自治县党政机构改革方案的批复》，对县政府的工作机构作了调整，司法局与县委政法委员会合署办公；撤销计经委、统计局、物价局、工业交通局、教育局、体委和科学技术委员会、农业局、畜牧局、卫生局、计划生育委员会、爱卫会办公室、土地管理局、城乡建设环境保护局、民族事务委员会、宗教科；分别组建计划统计物价委员会、经济贸易委员会、交通局、教育与科学技术委员会、农牧局、卫生与计划生育委员会、土地管理与城乡建设环境保护局、民族宗教事务局；行政科、信访办、外事办公室并入政府办公室；经济体制改革办公室、边贸办、矿管办、糖办并入经济贸易委员会；供销社退出政府行政机构系列；财政局加挂国有资产管理局牌子；粮食局行政职能划归经济社会发展计划局；档案局与档案馆“一个机构、两块牌子”；地震局改为事业单位；县扶贫开发领导小组办公室为正科级单位，隶属关系不变；县编制委员会办公室挂靠劳动人事局。后来根据上级的指示，计经委、统计局、物价局、土地局、城建局、教委、科委等部门又单独设置。

2002年5月，县级党政机构改革时，根据《中共思茅地委思茅地区行政公署关于西盟县机构改革方案的批复》，结合县政府部门的实际，决定将政府工作机关改设：政府办公室、发展计划局、经济贸易局、科技教育局、民族宗教事务局、监察局、民政局、财政局、人事和劳动社会保障局、国土资源局、建设局、交通局、农业局、林业局、卫生计划生育局、水利局、公安局、司法局、审计局。保留扶贫开发领导小组办公室、环境保护局、文化体育局列为事业单位。

2005年6月13日，根据《思茅市人民政府关于西盟佤族自治县人民政府机构改革方案的批复》的文件精神，计划生育局改称为人口和计划生育局；撤销经济贸易局（含乡镇企业局）；组建县经济和商务局；安全生产监督管理局成立；发展计划局改称为发展和改革局。

2008年，县政府工作机构设：政府办公室、发展和改革局、经济贸易商务局、教育局、民宗局、监察局、民政局、财政局、人事局、劳动和社会保障局、国土资源局、建设局、交通局、水务局、农业局、畜牧局、蚕桑办、林业局、卫生局、人口和计划生育局、审计局、广播电视局、安全产生监督管理局、旅游局、扶贫办、科技局、环保局、文体局、统计局、外事办、地震局、便民服务中心、档案局、粮食局、供销社、侨务办公室、接待处、公安局、司法局。

一、办公室

1980年，恢复县政府办公室。1996年，行政科、信访办、外事办并在县政府办公室，保留外事办公室牌子。2001年，县便民服务中心挂靠县政府办。2002年，外事办、信访局、人防办并县政府办，加挂外事办、人防办公室牌子。2008年，县政府办公室主管行政科、政府信息中心、人防办、应急办、驻昆办事处、驻京办事处。编制45人，实有50人，其中，正科级11人，副科级8人，科员11人，工人20人。

历任县政府办公室主任：刀健康（傣族，1979年6月至1981年5月）、魏岩广（佤族，1982年11月至1983年7月）、杨学章（1984年9月至1988年2月）、刘文舜（1988年3月至1990年1月）、苏永跃（1990年8月至1995年3月）、郑颖松（1995年3月至1997年12月）、白绍祥（傣族，副主任主持工作1998年1月至1998年3月、1998年3月至2002年3月）、者成金（瑶族，2002年3月至2006年2月）、俄布拉（佤族，副主任主持工作，2006年2月至2006年8月）、陈异罡（佤族，2006年8月至2007年12月）、岩克姆（佤族，2008年4月至2008年12月）。

二、外事办

1980年6月，外事科改为外事办公室。1996年7月，机构改革，并入县政府办公室（保留外事办公室牌子）。1997年，外事办从县政府办公室划出，为县政府外事、口岸、旅游和侨务工作的职能部门。2003年，机构改革时，又并入县政府办公室。2007年1月17日，县第十届人大常务委员会第五次常委会议决定，外事办公室编制单列，级格为正科。2008年，外事办设领导1正1副，有人员7人。

历任县外事办公室主任：陈贵（1980年6月至1982年10月）、李岩艾（佤族，1990年2月至2005年12月）、岩拉（佤族，2005年12月至2008年12月）。

三、法制局

1991年9月，在县政府办公室内设法制科和行政复议办公室，级格为股所级，编制各2人，合署办公。1993年7月27日，县政府办公室任命法制科科长1人。1994年7月18日，县法制局成立，级格为二级局，由政府办公室管理，编制数在政府办公室编制数内调整使用，领导职数1人；7月28日，任命局长。1997年7月，推公“三定”时，编制5人。2002年，机构改革时，编制5人，实有2人。2002年12月，县法制局被云南省人民政府授予“云南省行政执法检查先进集体”荣誉称号。2007年2月20日，级格升为正科级单位，编制3人，领导职数1正1副。

历任县法制局局长：蒋学平（1994年7月至2008年12月）。

四、信访局

1980年，在县委设信访办公室，级格为股所级。1987年，县委信访办公室成立，级格为副科级单位，由县委办1名副主任兼任负责人，负责处理群众的来信来访工作。1999年3月，县委信访办公室升格为正科级单位。2003年3月，县信访局正式挂牌成立，编制3人，领导职数1人，机构和人员编制挂靠政府办。2008年，设局长、信访干部各1人。

历任县信访办公室主任：杨发兴（1999年3月至2003年3月）。

历任县信访局局长：杨发兴（2003年3月至2008年12月）。

五、接待处

2004年7月10日，西盟县人民政府接待处成立。2008年，有事业编制6人，实有5人，领导职数1正2副。

历任县接待处主任：张丽（女，2004年10月至2008年4月）、张晓娟（女，佤族，2008年4月至2008年12月）。

第三章　县人民政协

第一节　政协西盟全体委员会

一、政协第二届全体委员会

1980年12月19日—22日，第一次会议在县城举行，实有委员45人，实到委员45人。分中共党员、无党派人士、少数民族、宗教、工青妇、起义人员、农林7个界别。其中，中共党员20人，占44.44%；无党派人士25人，占55.56%；少数民族39人，占86.67%；妇女1人，占2.22%。县委、县人大、县政府、县纪委领导出席会议。会议由主席团主持，县委书记魏应昌到会讲话，会议听取和审议了《政协西盟县第一届常委会工作报告》，并表决通过了报告决议；选举15人组成第二届常务委员会；选举李成镩为主席，鲍学德、岩巴拉、小岩老、李扎裸为副主席。

1982年1月14日—18日，第二次会议在县城举行，到会委员41人。县委、县人大、县政府、县纪委领导出席会议，会议听取和审议了《政协西盟县常委会工作报告》；并表决通过了报告决议。

1983年3月25日—27日，第三次会议在县城举行，到会委员43人。县委、县人大、县政府、县纪委领导出席会议。会议听取和审议了《政协西盟县常委会工作报告》，并表决通过了报告决议。

二、政协第三届全体委员会

1984年6月5日—12日，第一次会议在县城举行，实有委员80人，实到委员80人。分中共党员、民族上层、卫生、台侨属、科技、文化、教育、工人、群众团体、商粮工贸、起义人员、农民、财政金融、宗教、个体劳协、军队、农林、政法18个界别。其中，中共党员18人，占22.5%；无党派人士62人，占77.5%。县委、县人大、县政府、县纪委领导出席会议。会议由主席团主持，会议听取和审议了《政协西盟县第二届常委会工作报告》，并表决通过了报告决议；选举19人组成第三届常务委员会；选举隋嘎为主席，许文彬、岩帅、李扎倮、刀老六、小岩老为副主席。

1985年2月27日至3月2日，第二次会议在县城举行，到会委员78人。县委、县人大、县政府、县纪委领导出席会议。会议听取和审议了《政协西盟县常委会工作报告》，并表决通过了报告决议。

1986年3月5日—9日，第三次会议在县城举行，到会委员76人。县委、县人大、县政府、县纪委领导出席会议。会议听取和审议了《政协西盟县常委会工作报告》，并表决通过了报告决议；增选常务委员2人。

三、政协第四届全体委员会

1987年3月14日—21日，第一次会议在县城举行，实有委员94人，实到委员94人。分中共党员、民族上层、卫生、台侨属、科技、文化、教育、工青妇、商粮工贸、起义人员、农民、财政金融、宗教、个体劳协、军队、农林、政法 17 个界别。其中，中共党员 21 人，占 22.34%；无党派民主人士 73 人，占 77.66%；少数民族 73 人，占 77.66%；妇女 6 人，占 6.38%。县委、县人大、县政府、县纪委领导出席会议。会议由主席团主持，会议听取和审议了《政协西盟县第三届常委会工作报告》，并表决通过了报告决议；选举 18 人组成第四届常务委员会；选举隋嘎为主席，岩帅、马二、刀老六、小岩老、李扎裸为副主席。

1988 年 3 月 11 日—14 日，第二次会议在县城举行，到会委员 90 人。县委、县人大、县政府、县纪委领导出席会议。会议听取和审议了《政协西盟县常委会工作报告》，并表决通过了报告决议。

1989 年 2 月 19 日—23 日，第三次会议在县城举行，到会委员 93 人。县委、县人大、县政府、县纪委领导出席会议，会议听取和审议了《政协西盟县常委会工作报告》和《提案工作报告》，并表决通过了报告决议；增选常务委员 2 人。会议期间共收到委员提案 69 件。

四、政协第五届全体委员会

1990 年 2 月 11 日—17 日，第一次会议在县城举行，实有委员 111 人，实到委员 111 人。分中共党员、民族上层、农民、工商、教育、台属、共青团、财政金融、文化、科技、农林、卫生、起义人员、工会、群团 、宗教界 16 个界别。其中，中共党员 39 人，占 35.14%；无党派人士 72 人，占 64.86%；少数民族 95 人，占 85.59%；妇女 11 人，占 9.91%。县委、县人大、县政府、县纪委领导出席会议。会议由主席团主持，会议听取和审议了《政协西盟县第四届常委会工作报告》和《提案工作报告》，并表决通过了报告决议；选举 16 人组成第五届常务委员会；选举张岩松为主席，李树德、岩帅、李扎倮、聂龙、小岩老、刀老六、马二为副主席。会议期间共收到委员提案 26 件。

1991 年 2 月 3 日—5 日，第二次会议在县城举行，到会委员 110 人。县委、县人大、县政府、县纪委领导出席会议。会议听取和审议了《政协西盟县常委会工作报告》和《提案工作报告》，并表决通过了报告决议。会议期间共收到委员提案 53 件。

1992 年 2 月 20 日—22 日，第三次会议在县城举行，到会委员 107 人。县委、县人大、县政府、县纪委领导出席会议。会议听取和审议了《政协西盟县常委会工作报告》和《提案工作报告》，并表决通过了报告决议。会议期间共收到委员提案 36 件。

五、政协第六届全体委员会

1993 年 2 月 5 日—9 日，第一次会议在县城举行，实有委员 109 人，实到委员 109 人。分中共党员、民族上层、农民、商粮工贸、教育、个体、台侨属、政治界、文化、财政金融、军队、宗教、群团、水利、科技、卫生、农林 17 个界别。其中，中共党员 44 人，占 40.37%；无党派人士 65 人，占 59.63%；少数民族 74 人，占 67.88%；妇女 11 人，占 10.09%。县委、县人大、县政府、县纪委领导出席会议。会议由主席团主持，会议听取和审议了《政协西盟县第五届常委会工作报告》和《提案工作报告》，并表决通过了报告决议；学习了《政协章程》和《中共中央关于坚持和完善中国共产党领导的多党合作和政治协商制度的意见》；选举 19 人组成第六届常务委员会；选举张岩松为主席，李树德、杨惠英、小岩老、刀老六为副主席。会议期间共收到委员提案共 49 件。

1994 年 2 月 22 日—26 日，第二次会议在县城举行，到会委员 101 人。县委、县人大、县政府、县纪委领导出席会议。会议听取和审议了《政协西盟县常委会工作报告》和《提案工作报告》，并表决通过了报告决议；增选岩翁为副主席和 1 名常务委员。会议期间共收到委员提案 56 件。

1995 年 4 月 2 日—6 日，第三次会议在县城举行。到会委员 103 人。县委、县人大、县政府、县纪委领导出席会议。会议听取和审议了《政协西盟县常委会工作报告》和《提案工作报告》，并表决通过了报告决议；增选尼桑为副主席。会议期间共收到委员提案 16 件。

1996 年 3 月 12 日—14 日，第四次会议在县城举行，到会委员 101 人。县委、县人大、县政府、县纪委领导出席会议。会议听取和审议了《政协西盟县常委会工作报告》和《提案工作报告》，并表决通过了报告决议；会议期间共收到委员提案 23 件。

1997 年 3 月 6 日—8 日，第五次会议在县城举行，到会委员 96 人。县委、县人大、县政府、县纪委领导出席会议。会议听取和审议了《政协西盟县常委会工作报告》和《提案工作报告》，并表决通过了报告决议。会议期间共收到委员提案 38 件。

六、政协第七届全体委员会

1998 年 2 月 16 日—20 日，第一次会议在县城举行，实有委员 109 人，实到委员 103 人。分中共党员、民族上层、农民、工商、文教、台侨属、政治、财政金融、军队、宗教、群团、水利、科技、卫生、农林 15 个界别。其中，中共党员 50 人，占 45.87%；无党派人士 59 人，占 54.13%；少数民族 87 人，占 79.82%；妇女 19 人，占 17.43%。县委、县人大、县政府、县纪委领导出席会议。会议由主席团主持，会议听取和审议了《政协西盟县第六届常委会工作报告》和《提案工作报告》，并表决通过了报告决议；选举 19 人组成第七届常务委员会；选举张正福为主席，岩翁、尼桑、赵国忠、魏虹、刀老六为副主席。会议期间共收到委员提案 50 件。

1999 年 3 月 2 日—4 日，第二次会议在县城举行，到会委员 103 人。县委、县人大、县政府、县纪委领导出席会议。会议听取和审议了《政协西盟县常委会工作报告》和《提案工作报告》，并表决通过了报告决议；增选常委、秘书长。会议期间共收到委员提案 39 件。

2000 年 3 月 14 日—16 日，第三次会议在新县城举行，到会委员 103 人。县委、县人大、县政府、县纪委领导出席会议。会议听取和审议了《政协西盟县常委会工作报告》和《提案工作报告》，并表决通过了报告决议。会议期间共收到委员提案 57 件。

2001 年 2 月 22 日—25 日，第四次会议在县城举行，到会委员 111 人。县委、县人大、县政府、纪委领导出席会议。会议听取和审议了《政协西盟县常委会工作报告》和《提案工作报告》，并表决通过了报告决议；增选史永林为副主席。会议期间共收到委员提案 55 件。

2002 年 3 月 7 日—9 日，第五次会议在县城举行，到会委员 106 人。县委、县人大、县政府、县纪委领导出席会议。会议听取和审议了《政协西盟县常委会工作报告》和《提案工作报告》，并表决通过了报告决议；表彰先进政协委员、政协小组、承办提案单位。会议期间共收到委员提案 65 件。

七、政协第八届全体委员会

2003 年 2 月 26 日至 3 月 1 日，第一次会议在县城举行，实有委员 125 人，实到委员 125 人。分中共党员、民族上层、农民、工商、文教、台侨属、经济、财政金融、军队、宗教、群团、水利、科技、卫生、农林 15 个界别。其中，中共党员 49 人，占 39.2%；无党派人士 76 人，占 60.8%；少数民族 96 人，占 76.8%；妇女 33 人，占 26.4%。县委、县人大、县政府、县纪委领导出席会议。会议由主席团主持，会议听取和审议了《政协西盟县第七届常委会工作报告》和《提案工作报告》，并表决通过了报告决议；选举 19 人组成第八届常务委员会；选举魏岩本为主席，岩翁、尼桑、赵国忠、史永林、叶春、刘桂铭、刀老六为副主席。会议期间共收到委员提案 79 件。

2004 年 2 月 23 日—25 日，第二次会议在县城举行，到会委员 115 人。县委、县人大、县政府、纪委领导出席会议。会议听取和审议了《政协西盟县常委会工作报告》和《提案工作报告》，并表决通过了报告决议。会议期间共收到委员提案 50 件。

2005年1月31日—2月2日，第三次会议在县城举行，到会委员111人。县委、县人大、县政府、县纪委领导出席会议。会议听取和审议了《政协西盟县常委会工作报告》和《提案工作报告》，并表决通过了报告决议；补选古云川为副主席；改选常委、秘书长、副秘书长各1人；表彰先进政协委员15名、优秀提案先进单位5个。会议期间共收到委员提案104件。

2006年1月16日—18日，第四次会议在县城举行。到会委员116人。县委、县人大、县政府、县纪委领导出席会议。会议听取和审议了《政协西盟县常委会工作报告》和《提案工作报告》，并表决通过了报告决议；会上13位委员作了交流发言。会议期间共收到委员提案65件。

2007年1月26日—28日，第五次会议在县城举行，到会委员119人。县委、县人大、县政府、县纪委领导出席会议，会议听取和审议了《政协西盟县常委会工作报告》和《提案工作报告》，并表决通过了报告决议。会议期间共收到委员提案69件。

八、政协第九届全体委员会

2008年1月10日—13日，第一次会议在县城举行，实有委员125人，实到委员120人。分中共党员、经济、农民、工商、文教、台侨属、少数民族、财政金融、军队、宗教、群团、妇联、水利、科技、卫生、农林16个界别。其中，中共党员50人，占40%；无党派人士75人，占60%；少数民族91人，占72.8%；妇女44人，占35.2%。县委、县人大、县政府、县纪委领导出席会议。会议由主席团主持，会议听取和审议了《政协西盟县常委会工作报告》和《提案工作报告》，并表决通过了报告决议；选举23人组成第九届常务委员会；选举魏岩本为主席，李扎拉、叶春、古云川、陈异罡为副主席；对新当选的委员进行了培训。会议期间共收到委员提案79件。

1980年—2008年政协西盟县委员会历任主席、副主席名录表

表15-4

届　次	职务	姓　名	性别	民族	籍贯	学历	任职时间
第二届委员会（1980.12—1984.6）实有委员45人、常委15人	主席	李成镛	男	汉族	云南宁洱	中专	1980.12—1984.6
	副主席	鲍学德	男	佤族	云南澜沧	小学	1980.12—1984.6
		岩巴拉	男	佤族	云南西盟	小学	1980.12—1984.6
		小岩老	男	佤族	云南西盟	文盲	1980.12—1984.6
		李扎倮	男	拉祜	云南西盟	文盲	1980.12—1984.6
第三届委员会（1984.6—1987.3）实有委员75人、常委19人	主席	隋　嘎	男	佤族	云南西盟	大专	1984.6—1987.3
	副主席	许文彬	男	汉族	云南澜沧	小学	1984.6—1987.3
		岩　帅	男	佤族	云南西盟	小学	1984.6—1987.3
		李扎倮	男	拉祜	云南西盟	文盲	1984.6—1987.3
		刀老六	男	傣族	云南西盟	初中	1984.6—1987.3
		小岩老	男	佤族	云南西盟	文盲	1984.6—1987.3
第四届委员会（1987.3—1990.2）实有委员94人、常委17人	主席	隋　嘎	男	佤族	云南西盟	大专	1987.3—1990.2
	副主席	岩　帅	男	佤族	云南西盟	小学	1987.3—1990.2
		马　二	男	佤族	云南耿马	初中	1987.3—1990.2
		刀老六	男	傣族	云南西盟	初中	1987.3—1990.2
		小岩老	男	佤族	云南西盟	文盲	1987.3—1990.2
		李扎倮	男	拉祜	云南西盟	文盲	1987.3—1990.2

续表 15-4

届 次	职务	姓 名	性别	民族	籍贯	学历	任职时间
第五届委员会（1990.2—1993.2）实有委员 111 人、常委 15 人	主席	张岩松	男	佤族	云南西盟	中专	1990.2—1993.2
	副主席	小岩老	男	佤族	云南西盟	文盲	1990.2—1993.2
		李扎倮	男	拉祜	云南西盟	文盲	1990.2—1993.2
		岩 帅	男	佤族	云南西盟	小学	1990.2—1993.2
		刀老六	男	傣族	云南西盟	初中	1990.2—1993.2
		马 二	男	佤族	云南耿马	初中	1990.2—1993.2
		李树德	男	汉族	云南安宁	本科	1990.2—1993.2
		聂 龙	男	佤族	云南西盟	初中	1990.2—1993.2
第六届委员会（1993.2—1998.2）实有委员 107 人、常委 19 人	主席	张岩松	男	佤族	云南西盟	中专	1993.2—1998.2
	副主席	李树德	男	汉族	云南安宁	本科	1993.2—1998.2
		杨惠英	女	汉族	云南昆明	高中	1993.2—1998.2
		刀老六	男	傣族	云南西盟	初中	1993.2—1998.2
		小岩老	男	佤族	云南西盟	文盲	1993.2—1998.2
		岩 翁	男	佤族	云南西盟	大专	1994.2—1998.2
		尼 桑	男	佤族	云南西盟	大专	1993.7—1998.2
第七届委员会（1998.2—2003.3）实有委员 109 人、常委 19 人	主席	张正福	男	哈尼	云南墨江	大专	1998.2—2003.3
	副主席	刀老六	男	傣族	云南西盟	初中	1998.2—2003.3
		岩 翁	男	佤族	云南西盟	大专	1998.2—2003.3
		赵国忠	男	汉族	云南思茅	大专	1998.2—2003.3
		尼 桑	男	佤族	云南西盟	大专	1998.2—2003.3
		魏 虹	女	佤族	云南澜沧	大学	1998.2—1999.8
		史永林	男	拉祜	云南西盟	大专	2000.11—2003.3
第八届委员会（2003.3—2008.1）实有委员 127 人、常委 19 人	主席	魏岩本	男	佤族	云南西盟	大专	2003.3—2008.1
	副主席	岩 翁	男	佤族	云南西盟	大专	2003.3—2008.1
		史永林	男	拉祜	云南西盟	大专	2003.3—2008.1
		赵国忠	男	汉族	云南思茅	大专	2003.3—2008.1
		尼 桑	男	佤族	云南西盟	大专	2003.3—2008.1
		刘桂铭	男	汉族	云南景东	大学	2003.3—2004.12
		刀老六	男	傣族	云南西盟	初中	2003.3—2008.1
		叶 春	男	佤族	云南西盟	本科	2003.3—2008.1
		古云川	男	汉族	重庆市	大专	2005.1—2008.1
第九届委员会（2008.1—12）实有委员 125 人、常委 19 人	主席	魏岩本	男	佤族	云南西盟	大专	2008.1—2008.12
	副主席	李扎拉	男	拉祜	云南西盟	大学	2008.1—2008.12
		叶 春	女	佤族	云南西盟	本科	2008.1—2008.12
		古云川	男	汉族	重庆市	大专	2008.1—2008.12
		陈异罡	男	佤族	云南西盟	本科	2008.1—2008.12

第二节 常委会及主要会议

自1980年12月起，县政协常委会一般3个月召开一次会议，如遇到换届或县委、县政府有重大问题提交常委会协商，则增加常委会会议次数。至2008年，共召开常委会会议75次，会议在对全县大的方针、政策、远景规划、中期发展计划、五年计划等进行协商外，还进行专题的协商，如《西盟佤族自治县条例》《林业管理条例》《矿业管理条例》等。另外在休会期间讨论研究会务期间的重大问题，听取县委、县政府及其所属部门的报告或说明，提出建议和意见。审查政协内重要的视察、考察、专题调查报告或提案，审议专门委员会工作报告，参与领导述职、民主评议干部，以及县政府内部人事任免等工作。

第三节 重要活动

一、参政议政

1980年起，县政协组织委员开展调研、视察、考察、咨询、论证等方面活动。

1984年，县政协根据西盟县还有麻风病人的实际，提出了“加强麻风病人的管理和防治”的建议案，得到了县政府的重视。在九三学社上海市麻风病院名誉院长李家庚及地、县防疫站的帮助支持下，全部麻风病人得到救治康复。

1989年，与西盟县接壤的境外缅甸政治势力发生内乱，为稳定边境沿线的边民生活和生产，县政协协助县政府做好边境地区边民的安抚工作。

1991年8月，组成调查组，对翁嘎科乡、傈僳乡、岳宋乡进行调查，了解干部群众对每年新开5000亩水田面临的困难和需要解决的问题，形成报告报送县委，并被采纳。

1993年5月，组织委员到缅甸边境重镇腊戌和佤邦的南佤、北佤县、班桑及龙潭特区的资源、交通、经济贸易等情况进行调查。考察中，考察组还会晤了佤邦领导人，双方就西盟与缅甸佤邦的边民往来、民事纠纷和边境贸易等问题交换意见，并达成共识。

1994年后，县政协撰写的《西盟县发展战略调研报告》《关于勐梭龙潭保护工作情况的调研报告》《教育“两免一补”工作调研报告》《关于西盟林产业发展情况的调研报告》《关于对全县水资源开发与保护的调研报告》《关于全县中低产林改造的调研报告》《关于全县农村通达工程建设情况调研报告》《西盟县民族文化生态旅游调研报告》《西盟县人才工作调研报告》《关于西盟县社会治安综合管理工作的视察报告》《关于食品安全的调研》等调研报告，报经县委、县政府决策，被采纳。

至2008年，县政协委员围绕西盟经济社会发展、深化改革和人民群众普遍关心的重大问题，提出提案1038件，审查后转承办单位办理759件。开展调研、视察、咨询、论证等504项（次），提出专题报告和建议案168件。根据云南省政协设立的“云南边疆、山区少数民族教育特别奖的规定”，先后推荐6位优秀教师上报省政协进行表彰。

二、民主监督

1981年—2008年，县政协依照章程开展民主监督，着力完善政协的民主监督机制，畅通民主监督渠道，创新监督形式，做到敢于监督、勤于监督、善于监督，权力运行科学决策、民主管理、依法行政等方面为县委、县政府提供了具有广泛民主基础的监督与支持。先后组织政协委员对新农村建设、“普九”、林改、人才培养、旅游开发、县二中搬迁、富母乃水库建设、产业发展情况等37项工作开展视察和调研。另外，对卫生局、环保局、农业局、科技局、林业局、文体局等部门进行民主评议，并提出评议意见，并把撰写的视察、调研、评议报告上报县委、县政府。县委、县政府每年聘请10名～15名政协委员担任政府部门、纪检司法部门和窗口行业的督导员、监督员。

三、落实政策

1980年来，县政协协助县委做好落实政策工作，先后派出调查组37人，深入到58个村社，为“文化大革命”中非正常死亡的19名政协委员、3名委员家属予以政治上平反，经济上给予适当抚恤；为被查抄没收财物的45名委员，退赔现金5万元；恢复政协委员及其家属子女城镇户口39人，安排子女工作4人；恢复居住县政协机关委员4户8人；为知识分子落实政策13起14人；解决历史遗留5起5人，发放了投诚证明书5份5人。

四、扶贫工作

1997年，县政协帮助龙坎村制定发展规划、措施等，办起农户联办养殖场，户均收入500元，全村开荒种树1000亩。对勐梭村进行宗教扶贫，使宗教协会收入增加2万元。

2003年—2008年，专门对口帮扶力所南亢村，帮助协调解决安居工程236户；建设人畜饮水管网13千米，解决1145人饮水问题，筹建村农贸市场400平方米，建村委会食堂80平方米，协调改造生态茶园5740亩、年产值386万元，发展蚕桑产业，开发桑园572亩，累计收入75万元，精品西瓜种植1800亩，实施畜牧扶贫60户，养猪140头，销售收入0.84万元。此外，每年选派一名副科级以上新农村建设指导员驻村工作。逢年过节都要安排一定的资金到村委会、学校进行慰问，每年都到帮扶村社慰问贫困老党员。累计投入资金和各种物资折款8万元。

第四节　机　构

1979年，恢复县人民政协。1984年6月5日，经县委批准同意，设立县政协办公室和文史委办公室，并配备办公室副主任1人，但尚未配备文史委办公室人员。1993年2月，县政协下设1室1委，未定人员编制。2003年2月，县政协内设办公室、提案委、文史资料委，有人员12人。2008年，内设办公室、提案联络委、教科文卫体委、社会法制民族宗教和港澳台侨外事委、经济和人口资源环境委。有人员28人。

历任政协办公室主任：苏太勇（1988年2月至1990年12月）、袁学康（未报到）、王勤科（1993年7月至1998年11月）、王福生（哈尼族，1998年11月至2004年11月）、罗忠华（2004年11月至2007年10月）、袁建强（拉祜族，2007年11月至2008年12月）。

历任提案联络委主任：陈瑞荣（佤族，1997年9月至2005年4月）、李伟思（2005年4月至2008年12月）。

历任经教科文卫体委主任：王继红（女，佤族，1998年3月至1998年11月）、王勤科（1998年11月至2002年3月）、谢纯英（女，2002年3月至2003年2月）。

历任教科文卫体委主任：谢纯英（女，2003年2月至2008年4月）、彭先麟（2008年4月至2008年12月）。

历任社会法制民族宗教和港澳台侨外事主任：刀爱国（傣族，2004年1月至2008年12月）。

历任经济和人口资源环境委主任：娜布伦（女，佤族，2006年1月至2008年12月）。

第十六编　军　事

第一章 人民武装

第一节 兵役及授衔

一、兵役制度

1984 年 5 月 31 日，第六届全国人大二次会议通过的《中华人民共和国兵役法》规定，实行义务兵役制为主体的义务兵与志愿兵相结合、民兵与预备役相结合的兵役制度。义务兵服役期限陆军 3 年，海军、空军 4 年，自己意愿超期服役者，根据部队需要，经批准可以改为志愿兵，服役 13 年或者适当延长。

1998 年 12 月 29 日，国家颁布《关于修正〈中华人民共和国兵役法〉的决定》，新兵役法取消了义务兵为主体的提法，实行义务兵与志愿兵相结合，民兵与预备役相结合的兵役制度。义务兵服现役期限改为陆、海、空三军一律 2 年，义务兵服役年，一般不超过 30 年，年龄不超过 55 岁。义务兵退役后，按照从哪里来，回哪里去的原则，符合分配安置条件的由地方政府安排工作；服役满 30 年或年龄满 55 岁的，作退休安置，根据地方需要和本人自愿也可以转业安置。义务兵服现役期间，享受优抚政策。士官从现役期期满的义务兵中选取，士官实行分期现役制度，士官现役年限为：第一、二期各 3 年，第三、四期各 4 年，第五期 5 年，第六期 9 年以上。士官分期服现役的批准权限为：第一、二期由团（旅）级单位批准，第三、四期由师（旅）级单位批准，第五、六期由军级单位批准。

二、征兵

1978 年—2008 年，根据《中华人民共和国兵役法》《征兵工作条例》及有关的法律法规和政策规定。在县委、县政府的领导下，坚持新时期军队建设思想和军委关于加强军队建设、搞好征兵工作的重要指示，以保证新兵质量为核心，牢固树立为部队输送合格兵员的指导思想，各级党委、政府和兵役机关本着对国家和军队高度负责的精神，把征兵工作作为政治任务来完成。每年征兵都成立相应的县、乡两级征兵工作领导小组和征兵办公室，领导小组由县委、县政府和武装部等部门的领导组成，组长由县长或副县长担任，副组长由武装部部长、政委担任，组长为征兵工作的第一负责人，对新兵质量负全责。抽调宣传、组织、人事、纪检、监察、教育、民政、卫生、公安、财政、交通、工、青、妇等部门政治思想好、责任心强、作风正派、业务熟悉和有经验的干部组成征兵办公室，下设政审、体检、秘书、后勤保障等工作小组，实行征兵责任制。在政审中，坚持县乡村三级联审制度，做到谁审查、谁签字、谁负责。在体检中加强各级体检站的建设，对体检医务人员进行培训，统一体检方法、标准和要求，实行封闭式体检，做到谁体检、谁签字、谁负责。在审批定兵中，坚持集体定，不搞个人说了算；坚持公开定兵，对初定新兵进行张榜公布，接受群众监督；优先批准政治思想好、身体素质好、文化程度高和有专长的青年入伍。

1978 年—2008 年，全县共应征义务兵 840 名，分别到广西、广州、福建、新疆等地，兵种有步兵、炮兵、武警等。

三、授衔

1997 年 2 月 26 日，在西盟县对 9 名预备役军官举行军衔授衔仪式。之后，现役军官转业在西盟县安置的均转为预备役军官，并授相应的军衔。

第二节　民　兵

一、民兵组织

1981 年—1985 年，历经调整民兵组织，减少普通民兵，加强基干民兵，缩小组建范围，简化层次等改革。

1986 年，按照中央指示，明确“精干的常备军和强大的后备力量相结合，是建设现代化国防的必由之路”的战略思想，按照“减少数量，提高质量，抓好重点，打好基础”的十六字方针，抓好民兵预备役工作，解决了后备力量建设上一系列根本性的重大问题，再次对民兵组织规模进行调整，根据新情况组建了民兵应急分队。

1990 年，根据思茅军分区“积极组建基干民兵快速动员营、连配合边防部队担负警戒作战”的指示，组建西盟县第一期基干民兵快速动员作战营，按照“10 条要求”和“6 个必须做到”重点训练。摸清了适龄青壮年情况和政治表现，进行兵役登记，落实了预征对象核对统计，退伍军人服预备役。全县民兵组织基本达到规模适当、编组科学、布局合理、机构优化、管理有序。

1997 年，县武装部贯彻总参谋部指示，调整民兵组织、改革民兵训练，改善武器装备，加强了战备后勤。通过改革，坚持了党管武装的优良传统、人民战争思想和民兵制度，着力解决制约民兵建设的难点和重点，更好地适应未来军事斗争、市场经济发展、边防巩固和社会稳定的需要。按照《中华人民共和国兵役法》和《民兵工作条例》的规定，把符合民兵条件的人员都编入民兵组织。县武装部以《深化民兵预备役部队改革方案》为依据，“减少数量、合理布局、突出重点、分类建设”的原则，对全县基干民兵队伍进行了编制压缩，增设专业技术分队。完善制度，抓好民兵应急分队和专业技术分队建设，对应急分队单独编组。

二、军事训练

1978 年—2008 年，县人民武装部在民兵军事训练中，坚持以民兵军事训练大纲为依据，以提高战斗力为目标，适应未来“战场”与“市场”需求，结合西盟实际，合理安排训练时间和训练科目，民兵干部和基干民兵，每年训练 2 次。普通民兵每 3 年训练 1 次，训练时间一般为 15 天，专业技术兵训练时间 1 个月以上。民兵干部以提高组织指挥能力为主，武装基干民兵以提高战术为主，普遍进行侦查、警戒、巡逻、堵卡、伏击、搜剿、反小股武装窜扰、爆破、土工作业、埋雷、排雷、射击、投弹、刺杀、打炸敌坦克等科目以及兵器常识、防化学、防原子、防空降、机关室内作业、识图、标图、拟制战斗文书计划、队列等基础训练。专业按实际需要分，在抓好平时骨干训练的基础上，经过严格训练，逐步提高军事素质和通信保障能力，使之较熟练地掌握所装备的武器装备，完成通信联络和作战任务。

三、比赛成绩

1984 年，民兵和武装干部参加思茅军分区组织的全区民兵军事比武，获手榴弹投掷第二名。

1988 年，在思茅军分区武装干部射击比赛中，获射击第一名。

1990年，在思茅军分区民兵、武装干部军事比武中获投弹、射击、单兵战术和团体总分4个第一名。

2008 年 3 月，选送扎老、岩龙、岩仕来参加普洱市军分区组织的“民兵军事三项比武竞赛”，取得团体第二名；扎老获个人全能第一名。受到市委、市政府和市军分区的通报表彰。

四、政治教育

1978 年—2008 年，民兵政治教育以新时期军队建设思想为指导，把思想政治建设摆在民兵各项建设的首位，紧扣“两个适应”，加强和改进民兵思想政治工作。坚持基干民兵每年进行 4 次，普通民兵每年 2 次的政治教育和刊授教育。教育的内容主要是《民兵政治教育读本》《中国民兵》《西南民兵》《中国国防报》《云南国防》《两用人才报》《半月谈》等刊物。乡（镇）武装部负责抓好基层民兵连、排、班、组学习教育；充分利用形势战备、革命英雄主义、依法服兵役、国防教育及民兵训练、征兵、民兵整组等时机加强学习教育，提高民兵的思想政治素质，确保民兵队伍政治合格；发挥青年“民兵之家”的阵地作用，组织民兵开展艰苦奋斗教育和优良传统教育，培养民兵服从意识和大局观念；组织民兵开展“以劳养武”，带头致富活动。

五、国防教育

1990 年，县国防教育领导小组成立，县委宣传部、教育局抽调人员到国防教育办公室工作。至 2008 年，全县乡镇，80 个部、委、办、局、企事业单位和学校成立了国防教育领导小组，并设立办公室，每个单位指定一名领导兼管此项工作，建立工作制度，落实工作人员，把国防教育工作做到了“七个纳入”，即：纳入全面政治教育内容；纳入组织部门对党员干部思想教育的必修课；纳入县、乡（镇）两级人武部的工作指责；纳入共青团的团课教育；纳入妇女工作的“双学双比”活动；纳入各级文化、体育、宣传工作；纳入民政部门开展“双拥”活动。同时，根据不同时期的形势和任务，规定教育内容，开展答题、知识竞赛、考核验收、总结评比等形式，落实教育效果。

六、应急分队

1990 年 6 月，县民兵应急分队成立，制订应急预案，并开展应急训练。

1996 年—2001 年，县、乡（镇）人民武装部，在县委、县政府统一领导下，组织民兵应急分队配合公安部门开展“严打”斗争，出动民兵 33 次、244 人次，抓获贩毒人员 17 人，收缴大烟 450 克、毒资 4 万元；抓获盗窃人员 18 人，收缴被盗精锡 2.19 吨，挽回经济损失 5.72 万元；破获诈骗案 1 起，抓获人犯 4 人，挽回经济损失 20 余万元。

2002 年—2007 年，县、乡（镇）人民武装部组织民兵应急分队，配合公安部门执勤 20 余次，收缴海洛因 700 克、鸦片 6000 多克、手榴弹 4 枚、民用枪支 4 支、子弹 3 发、管制刀具 24 把，抓获犯罪嫌疑人 11 名，制止群众械斗 2 起。

2008 年 8 月，全县乡镇民兵应急分队，在县维稳指挥部的统一指导下，配合公安、武警开展缉毒专项行动，共有 140 多名民兵并肩战斗 17 个昼夜，共抓获犯罪嫌疑人 5 人，吸毒人员 80 人，收缴鸦片 532 克。

七、抢险救灾

1978 年—2008 年，西盟县人民武装部组织民兵参加大小森林灭火 2146 次，保护森林 80957 亩；2 次参加围捕越境盗伐县境内珍贵木材犯罪团伙，抓获外籍不法分子 6 人；扑灭民房火灾 35 起，抢救民房 175 间，抢救粮食 27.6 万千克和其他物资，挽回经济损失 416.7 万元；参加抗洪抢险，抢修水沟 80 千米，搜救伤员 260 人，抢救落水儿童 2 人，打捞尸体 3 具；投入机动车 131 辆次，运输粮食

30 吨、石棉瓦 1.26 万张、衣被 2475 件。

第三节　人民防空

2002 年，县人民防空办公室成立，管理机构挂靠县政府办，成员由县政府办公室、人武部、城建局、交通局、公安局、卫生局、消防大队等部门主要领导组成。人防办公室设在县政府办公室，县政府分管领导兼任人民防空办公室主任，配有工作人员 2 人。

2004 年 5 月 25 日，县人民防空办公室正式挂牌，名为西盟佤族自治县人民政府人民防空办公室。

2008 年，县国防动员委员会成立，县委书记任主任，县长和县武装部长任副主任，下设防空办。为适应新形势需要，加强“两防一体”宣传，防空办参照国家法律、法规及省、地（市）、县出台的相关文件，试编印发《西盟佤族自治县人民政府防空防灾知识宣传手册》，使人民了解掌握应急情况下避免或减轻突袭危害而采取的自我防护方法与措施，避免或减轻突袭危害而采取的集体防保与措施。

第四节　机　构

1978 年，中国人民解放军西盟县人民武装部属上级军事机关派出机构，设政委、副政委、部长、副部长，第一政委由县委书记兼任，其余均为现役军人。县人民武装部内设组训科、政工科、后勤科。1984 年，政治体制改革，设置各区武装部，级别为副区级。1986 年 6 月 11 日，县人民武装部改归地方建制，称云南省西盟佤族自治县人民武装部，为副县级，第一政委由县委书记兼任。内设办公室、军事科、政工科。乡（镇）设人民武装部，为副科级。1988 年 2 月，区改乡后，乡（镇）设武装部长，行政村设武装干事。1996 年 4 月 1 日，根据中共中央、国务院、中央军委通知，将县武装部收归军队建制，实行军队、地方双重领导，属正团级，内设军事科、政工科、后勤科；全县乡镇均设人民武装部。2000 年，在县城搬迁的基础设施建设中，县级财政投资 459 万元，建成设备齐全、具有现代化的新营区。2004 年 10 月，军队又精简整编，编制干部名额作适当减少调整。2006 年 1 月 13 日，勐卡镇人民武装部成立。2008 年，全县乡镇均设人民武装部，行政村设武装干事。

历任县人民武装部部长：陈兴武（佤族，1978 年 9 月至 1981 年 6 月）、李朝臣（哈尼族，1981 年 6 月至 1983 年 5 月）、赵国和（佤族，1983 年 5 月至 1986 年 3 月）、岩翁（佤族，1986 年 6 月至 1993 年 3 月）、瓦祖云（白族，1993 年 3 月至 1996 年 3 月）、白友明（拉祜族，1996 年 3 月至 2000 年 12 月）、魏岩撒（佤族，2000 年 12 月至 2006 年 4 月）、王忠华（佤族，2006 年 4 月至 2008 年 12 月）。

历任县人民武装部副部长：李朝臣（哈尼族，1978 年 1 月至 1981 年 5 月）、郭正昌（佤族，1978 年 1 月至 1982 年 2 月）、聂龙（佤族，1981 年 6 月至 1985 年 12 月）、岩翁（佤族，1986 年 1 月至 1986 年 3 月）、郝玉朝（1993 年 3 月至 1996 年 4 月）、魏岩撒（佤族，1996 年 3 月至 2000 年 11 月）、马崇禄（回族，2000 年 12 月至 2002 年 3 月）、王忠华（佤族，2002 年 3 月至 2006 年 4 月）、邓兆利（2006 年 4 月至 2008 年 4 月）、丁健（2008 年 4 月至 2008 年 12 月）。

历任县人民武装部第二政委：龚明栓（1978 年 1 月至 1981 年 5 月）。

历任县人民武装部政委：张友福（1981 年 8 月至 1983 年 6 月）、李柄建（1983 年 6 月至 1985 年 12 月）、瓦祖云（白族，1986 年 3 月至 1993 年 3 月、1996 年 3 月至 1999 年 3 月）、聂龙（佤族，

1993年3月至1996年4月）、巴建红（1996年4月至2002年3月）、郑向东（2002年3月至2007年3月）、吴开国（2007年3月至2008年3月）、王廷伟（2008年3月至2008年12月）。

历任县人民武装部副政委：段国强（1978年1月至1978年7月）、杨传义（1978年1月至1978年11月）、万常友（1978年1月至1981年5月）、程俊昌（1981年10月至1983年4月）、于汝康（1983年4月至1985年2月）、瓦祖云（白族，1986年1月至1986年3月）。

第二章　武警部队

第一节　边防大队

一、政治工作

2003 年，县边防大队开展“双让”（让党放心，让人民满意）主题教育。

2004 年，县边防大队开展“三尊重”（尊重地方党委政府、尊重公安机关、尊重人民群众）活动。

2005 年—2006 年，县边防大队开展“三访四见”活动，“三访”，即访贫问苦、访疾问难、访外问弱。“四见”，即人民群众对边防民警看见、敢见、愿见、想见。

2006 年，县边防大队开展实施“爱民固边”（关心、爱护和帮助群众，广泛宣传和发动群众，依靠群众，巩固边疆，维护边境稳定，维护边境治安秩序，共同筑牢铜墙铁壁）战略活动。

2007 年，县边防大队开展“讲道德、守法纪、重操守”主题教育活动。

2008 年，县边防大队开展“婚恋观”主题教育活动和反腐倡廉教育活动。

二、爱民固边

（一）服务新农村建设

2000 年—2008 年，县边防大队在服务新农村建设中，开展群防护村创平安、化解纠纷促和谐、技术防范保平安、驻村警务、送法服务“五项活动”，实施文明风尚、健康生活、环境美化、医疗服务、助农帮困“五进村”；帮助村委会制定村规民约 52 份，组建巡防队、护村队、护胶队。在创建服务新农村建设中，共派出警力 180 余人次，协助地方政府进行民房改造，开挖民房地基 79 间。中课派出所在创建爱民固边模范村和服务“兴边富民”工程中，协助中课乡党委、乡政府完成班箐村的茅草房改造。针对班箐村剩余劳动力较多的实际，中课派出所民警积极牵线搭桥，向广州、深圳等地输送劳动力 200 余人。各乡镇、社区民警为辖区引进橡胶、茶叶、养殖技术，引导群众种植橡胶 9023 亩、甘蔗 3122 亩、茶叶 385 亩、桑树 63 亩；辅导群众科学养猪 1325 头、鸡 2626 只、鸭 1978 只，群众经济收入人均增加 500 元。在爱民固边模范村创建过程中，先后推出“佤山夫妻警务室”“优秀民警村干部斯良明‘五帮建’（制度帮建、文化帮建、脱贫帮建、文明帮建、平安帮建）工作法”等先进群众工作经验，被《法制日报》《中广网》《经济日报》等多家国内主流媒体刊载报道。

（二）关爱困难儿童

2005 年—2008 年，县边防大队共资助贫困大学生 4 人、困难中小学生 300 余人，现金 6.85 万元，衣物 800 余件，募集社会和网友捐助衣物 1000 余套。帮扶 10 名贫困小学生上学。

（三）维稳控边

2006 年，县边防大队把治安防控、矛盾纠纷调解、群防巡逻、重点人口排查作为“三基”建设的主业。

2008年，奥运期间，全大队共清理辖区重点场所117家（处），清查暂住人口603人次，清理“三非”人员128人次，遣返缅籍“三非”人员36人；办理户口簿3683本，采集相片5370张，办理二代证5169本；接处警176起、警力176组、573人次，辖区共发生刑事案件24起，治安行政案件27起，查获非法入境人员11人；干警下责任区2157人次，入户调查14764户、54536人次；进行法制、安全宣传及召开治安会议88次，参会群众15682人；治安巡逻274组、1080人次，收缴枪支4支，雷管5枚；查获毒品案件3起，缴获毒品11538克，抓获犯罪嫌疑人2人；查获“呋麻滴鼻液”260千克；排查涉恐人员6人；化解矛盾纠纷15起；奥运安保期间共签订奥运安保责任书150份，开展处突演练48次、160课时。

第二节 县中队

1991年，县中队被武警云南总队批准荣记三等功一次。

1993年12月，县中队被武警云南省总队评为“达标先进队”，并记三等功一次。

1995年—1997年，县中队连续三年被武警云南省总队评为“基层建设中队”，并荣记集体三等功三次。

2001年—2008年，县中队连续八年被云南省总队评为“基层建设先进中队”。

2003年—2008年，西盟县中队党支部连续5年被云南省总队评为“先进党支部”；14名官兵先后荣立个人三等功。

第三节 机 构

一、边防大队

1978年1月，西盟县公安局设边防股，下设莫窝、岳宋、新厂、中课、傈傈、翁嘎科6个边防派出所和南康河二级检查站。1980年1月1日，中国人民武装警察部队西盟县边防大队成立，其6所1站全体公安干警改为现役军人，归属武警西盟边防大队建制。1983年1月1日，武警西盟边防大队与原中国人民解放军边防警卫第四团移交的傈傈营部合并，岳宋连、新厂连归武警部队，翁嘎科站全体官兵从文山调来。1985年3月，南康河二线检查站撤销；7月1日，6个边防派出所移交公安局管辖；20日，武警西盟边防大队接管4个边防站（营级站1个）和县中队。1989年1月1日，6个边防派出所再次移交武警部队，隶属西盟边防大队。同时，大黑山边防站成立。截至1989年年底，西盟边防大队共有13个单位，其中，副团级单位（西盟边防大队）1个；营级单位（岳宋、大黑山边防站）2个；连级单位（县中队，傈傈、翁嘎科、新厂3个边防站和中课、莫窝、新厂、岳宋、傈傈、翁嘎科6个派出所）10个。1993年，县中队交由武警内卫部队管理。1998年，9个连级单位（力所、翁嘎科、新厂边防站和中课、莫窝、新厂、岳宋、力所、翁嘎科派出所）晋升为正营级建制。2003年，边境防务移交，岳宋、翁嘎科、力所、新厂4个边防工作站撤离，边境通道由解放军边防部队接手管理。2005年3月，西盟边防大队案件侦查队成立，为正营级建制。岳宋、力所2个通道再次交由武警西盟边防大队管理。2007年12月，正式组建岳宋、力所两个边境检查站，均为正营级建制。2008年，其下属的基层单位有：案件侦查队、大黑山边防工作站、力所边境检查站、岳宋边境检查站和翁嘎科、力所、岳宋、勐卡、新厂、中课边防派出所，共10个单位。

二、县中队

1979 年 11 月 30 日，西盟县武警民警中队，归属思茅地区人民边防武警支队建制领导。1981 年 7 月，改称人民武装警察西盟县中队，隶属思茅地区武警支队建制。1983 年 1 月，思茅地区人民边防武警支队西盟县中队，改称武警思茅地区支队西盟县中队，属正连级单位。1985 年 7 月 20 日，改属西盟武警边防大队建制。1988 年 9 月 1 日，属武警云南总队编制，编制和后勤供给由边防大队支队代管代供。1993 年 1 月 19 日，思茅等 8 个边境地的支队的边防和内卫分开，县中队划归中国人民武装警察部队思茅地区支队建制，隶属于武警思茅地区支队，受支队和西盟县公安局的双重领导，党组织健全，属正营级单位。2004 年 4 月，改称为思茅市武警支队西盟县中队。2007 年 4 月，改称为普洱市武警支队西盟县中队。

第三章 驻地部队

第一节 建 制

2003年9月10日，部队部分分队进驻西盟县，接替翁嘎科、力所、岳宋、新厂公安边防武警履行中缅边境西盟段边境防务，并与地方政府职能部门和驻地武警建立军警民联防机制。全体官兵恪尽职守，勤奋工作，以强烈的事业心和责任感投入固边防守工作，扎实做好边境控管，反恐维稳工作，树牢“热爱边疆、安心边疆、建设边疆、保卫边疆”思想，践行全心全意为人民服务，参加驻地抢险救灾、助民劳动和军民共建社会主义精神文明建设活动，为地方经济繁荣、民族团结、边防巩固开展好各项工作。

第二节 双拥工作

2003年—2008年，部队驻西盟分队把双拥工作摆在议事日程，作为一项重要的政治任务来抓，并列入工作计划，成立由副营长、副教导员为组长的双拥工作领导小组，层层签订责任书。尽管组织机构、人员变动频繁，但始终做到随缺随补，营领导每逢重大节日组织召开座谈会，邀请地方党委、政府及各界人士到部队观摩，畅叙军民鱼水情，虚心向驻地领导和人民群众学习，增强了军政、军警、军民之间的团结，共慰问驻地群众150人。

第三节 国防教育

2003年—2008年，部队驻西盟分队每逢元旦、春节、“八一”、“十一”等重大节日和国防教育月时，组织开展国防教育活动，并与当地学校结成共建单位，充分利用广播、电视、板报、宣传栏等舆论阵地进行国防教育宣传。至2008年，共进行边防法规政策宣传285次，为学生和当地群众授课15次，累计听课人数1800人次。

第四节　爱民固边

一、扶贫帮困

2003年—2008年，部队驻西盟分队军医共免费为民治病33人次，治病200余人，减免医药费2000余元；为驻地小学生购买辅导书籍及生活用品，捐书486册，捐款8000余元。

二、抢险救灾

2003年—2008年，部队驻西盟分队共出动官兵450人次，车辆13台次，抢修道路5千米，抢险救灾8次，开挖搬运土方110余立方米，参加扑灭山火2000人次。挽回经济损失51万元。

三、兴边富民工程

部队驻西盟分队进驻西盟后，号召全体官兵参与驻地党委、政府组织开展的“治愚、脱贫、致富”活动。与驻地村寨结成扶贫帮困对子，邀请驻地群众参观营部的种养殖基地，并派出技术人员为群众讲解种养殖技术，无偿为贫困户建养殖房，参加地方义务劳动30次。

四、和谐军民

部队驻西盟分队进驻西盟后，每逢重大节日均进行军警民联欢。至2008年，同县、乡（镇）领导慰问和联欢20余次。同时，派出宣传小分队，到村寨宣传计划生育、边防政策法规、艾滋病防治常识和毒品危害50余次，出动人员200余人次。

五、控边固防

部队驻西盟分队进驻西盟后，全体官兵以边防战略执勤为中心，落实巡逻边防工作制度，做到文明执勤、依法执勤，对出入境车辆、人员进行检查和登记。至2008年，共执勤巡逻1220余次，出动兵力7860人次，总行程4.27万千米。

第十七编　政　法

第一章 政法委及综治

第一节 建立责任制

1994 年起，县综治委根据云南省综治委制定下发的《云南省社会治安综合治理委员会部分单位责任制的通知》和“属地管理原则”，每年初与各相关单位签订《西盟县社会治安综合治理责任书》，半年督促检查，年底进行考核，对执行情况较好的单位给予表彰奖励。

2006 年—2008 年，连续 3 年被市委、市政府评为“社会治安综合治理维护稳定工作”一等奖。在依法惩治违法犯罪、维护社会稳定和构建社会主义和谐社会进程中，涌现出 10 位见义勇为的先进个人，其中，县级表彰 2 人、市级表彰 6 人、省级表彰 2 人。

第二节 “严打”整治

一、“严打”斗争

1996 年 6 月 4 日—8 日，县委召开全县政法工作会议，安排部署“严打”工作任务及措施；11 日—12 日，地区人大工委副主任张忠德率工作组到西盟县进行“严打执法监督检查”，要求执法机关集中力量继续侦破一批要案。

1996 年—1999 年，开展“严打”行动，立刑事案件 250 起，侦破 204 起，破案率 81.6%，抓获人犯 304 名；受理治安案件 666 起，查处 624 起，结案率 93.69%；查获鸦片 26.59 千克；收缴非法枪支 3466 支。同时，扫除黄、赌、毒等社会丑恶现象。

2000 年，县委召开“严打”整治领导小组会议，会议传达全区“严打”整治斗争会议精神，部署“严打”整治斗争第三战役。

2004 年 2 月 10 日—11 日，在“严打”行动中，共收缴“79 式”步枪 3 支、子弹 2 发、火药枪 23 支、气枪 4 支、子弹 1 盒、炸药 5.13 千克、导火线 60 米；3 月 10 日，县委确立政法工作“五个突破”“五个确保”“一个目标”。“五个突破”即在社会治安整体联动防范工程上取得新突破；要以惩治毒品渗透为重点，在禁毒斗争上取得新突破；在执法为民，全面加强政法队伍建设上取得新突破；在“严打”整治斗争、案件起诉率、审结率上取得新突破；在创建安全文明社区、无毒社区、文明单位上取得新突破。“五个确保”即认真排查和调处人民内部矛盾纠纷，确保全县社会稳定；通过“严打”整治斗争，确保社会治安形势不反弹；通过开展基层和基础工作，确保人民群众安全感进一步增强；加强党对政法工作的领导，确保政法工作始终沿着正确的方向前进；军、警、民联防，搞好国家安全各项工作，确保国家安全。“一个目标”即达到为全面实现“七有”和“脱贫致富奔小康”

提供长期、和谐的社会环境和公正高效的法制环境的目标。

2005 年，县委、县政府制订下发开展禁毒和防治艾滋病人民战争实施方案，发放《致全县各族人民的公开信》及《关于开展禁毒人民战争的通告》23625 份。

2008 年，刑事案件立案 167 件，破案 115 件，破案率 68.86%，抓获犯罪嫌疑人 115 人。

至 2008 年，共查破毒品违法犯罪案件 137 起，缴获毒品 130.33 千克，抓获犯罪嫌疑人 210 人，强制收戒吸毒人员，巩固“创建‘无毒乡（镇）’先进县”的建设成果。同时，把艾滋病防治工作纳入公共卫生体系建设总体规划。

2004 年—2008 年，坚持“严打”方针，把锋芒直指那些影响大、危害大的杀人、抢劫、盗窃等严重暴力性犯罪，有针对性地组织开展短周期、快节奏的严打专项行动，实现了刑事案件下降、两抢案件下降、可防性案件下降、命案必破的目标。四年内，刑事发案 568 起，共破案件 374 起，破案率 65.84%；命案 15 起，破案 15 起，实现了命案必破的目标。县人民检察院受理公安机关和检察院自侦部门移送审查起诉各类案件 246 件、451 人；县人民法院受理刑事案件 276 件、184 人。

二、打拐行动

1988 年，县政府惩治拐卖妇女儿童办公室成立。从公安、检察、法院、司法、共青团、妇联等部门抽调干部组成“打拐”办案组。派专人到河南、河北、广东等地调查取证，侦破案件 3 起，解救被拐妇女 1 人，抓获人犯 6 人。

1990 年，办案组人员到山东、安徽、江苏、河南等地调查取证，破获案件 16 起，抓获人犯 22 人（判刑 7 人，收审 15 人），解救被拐妇女 8 人，缴获非法所得 0.56 万元。

1991 年后，专项整治工作主要由政法委牵头，结合西盟的实际定期不定期地开展整治工作，不断加大“打拐”办案力度，有力打击了犯罪分子的嚣张气焰。

2008 年，西盟县没有出现拐卖妇女儿童的事件。

三、体系建设

2004 年，县委出台了《中共西盟佤族自治县社会治安综合治理整体联动防范工程建设经费保障办法》，当年，乡镇配备了专抓副职和综治维稳专干，38 个村（居）委会配备了治保委员和调解委员，招收 15 名治安专职联防队员。

2005 年，在全县政法部门中开展“规范执法行为，促进执法公正”专项整改活动，成立专项整改领导小组和办公室，各政法部门结合实际，相应成立了工作机构。县人民法院认真清理超期羁押，超审限案件，加强诉讼指导，强化审判监督，建立人民陪审员制度，任命 6 名人民陪审员，进行检查督促，规范审判秩序，强化制度管理。县人民检察院任命人民监督员 3 名，清理超期羁押，对减刑、假释、保外就医进行专项检查。公安机关从程序上和实体上对行政执法和刑事执法进行大检查，并常设专门的机构，形成长效机制，确保了执法质量。同时，对公安机关直接聘用的治安员进行清理，规范执法主体。司法部门进行法律宣传、法律教育培训工作，提高公民和司法人员的法律素质，在律师队伍和公证人员中开展“集中教育整顿”和“规范公证服务，维护公平竞争”活动，开展调解和矛盾纠纷排查调处工作。

2006年，落实综合治理各项措施、治安防控体系建设。完善治安防控网络，提升技术防范水平。

第三节 “创安”活动

2004 年—2005 年，县属各单位完成创建“无毒社区”工作。

2005年8月5日，县委转发西盟佤族自治县禁毒委员会《关于开展创建“无毒社区”工作的实施意见》，并确定在新厂乡、翁嘎科乡创建“无毒社区”乡（镇）工作。其他乡（镇）应在2005年—2006年度完成“无毒社区”乡（镇）创建工作；9月7日，县综治维稳委转发《思茅市“平安乡镇”“平安社区”“平安村”标准》的通知，在全县范围内正式启动平安创建工作。

2006年，西盟县被省委、省政府授予“平安县”称号；2月15日，思茅市委、市政府授予勐梭镇、勐卡镇、中课乡、新厂乡、力所乡、翁嘎科乡、岳宋乡为“平安乡（镇）”称号；5月26日，县委、县政府下发《关于命名表彰“无邪教”乡镇（单位、社区）的通知》，命名中课乡等5个“无邪教乡镇”、县委办等52个为“无邪教单位”。

2007年，县委制发《西盟县关于进一步加强综治维稳基层基础规范化建设实施方案》，按照“五个规范”的要求规范试点乡（镇）村治保会、调解会工作。

2008年，县政法委按照“防控网络好、安全生产好、社会治安好、社会稳定好、民族团结好、国家安全好、生活环境好”的“七好”目标，全力打造平安和谐环境，实现“平安西盟”建设工作的预定目标，创建“平安乡镇”7个、“平安村（居）委会”38个、“平安单位”52个、“平安村民小组”297个。单位自筹48万元资金，安装11台、85个探头的电子监控设施。10月31日，开通“平安西盟”城市报警和监控系统，并正式投入使用。西盟县被省委、省政府评为“先进平安县”。

第四节 联防联调

2000年，西盟县、澜沧县、孟连县行政接边地区联防联调协调领导小组成立。同时，接边地区的各乡（镇）也建立了联防联调组织，有专兼职工作人员71人。建立联防联调组织以后，形成固定的联席会议制度，分别由西盟县、澜沧县、孟连县轮流主持，定期召开一年一度的边三县联防联调联席工作会议。

至2008年，共召开8届联席会议，各级联防联调组织共调解纠纷27件，调解成功25件，调解率92.59%；防止民间纠纷转为刑事案件1件、30人；制止群众性械斗1件；防止群众性上访2件、32人。

第五节 机 构

1981年5月，中共西盟佤族自治县委政法委员会（简称县政法委）及政法办成立。1985年8月，西盟佤族自治县社会治安综合治理委员会（简称县综治办）成立，设主任、副主任各1人，下设办公室，与政法委办公室合署办公。2000年，西盟佤族自治县维护社会政治稳定领导小组（简称县维稳小组）及维稳办成立。2001年6月，中共西盟佤族自治县委防范和处理邪教问题领导小组以及西盟佤族自治县人民政府防范和处理邪教问题办公室（简称防范办）成立，为正科级。2002年5月，县政法委有编制5人，其中，行政3人，事业2人。2003年，西盟佤族自治县社会治安综合治理委员会和西盟佤族自治县维护社会政治稳定领导小组统一改称为西盟佤族自治县社会治安综合治理维护稳定委员会（简称县综治维稳委），分别设置综治办和维稳办。2005年1月，经县委批准，综治办和维稳办升为正科级，与县政法委合署办公。2006年6月，防范办与县政法委合署办公，县防范办有编制3人，其中，行政1人，事业2人。2008年，县政法委有编制7人，其中，行政5人，事业2人。

历任（兼任）县政法委书记：李成镈（1981年5月至1983年12月）、黄优光（1984年2月至

1987年3月）、张才成（1987年5月至1990年3月）、李发云（1990年3月至1993年3月）、魏岩本（佤族，1993年3月至2003年2月）、柴天向（哈尼族，2003年4月至2006年7月）、唐耀（2006年8月至2008年12月）。

历任（兼任）县政法委副书记：李学文（1981年5月至1984年2月）、张应发（1984年2月至1984年7月）、李发云（1984年2月至1985年8月）、岩孔（1998年2月至2003年3月）、唐耀（2003年3月至2006年8月）、李建军（2004年7月至2007年6月）、李其斌（2006年6月至2008年12月）。

历任县政法委（专职）副书记：陈强寿（1987年4月至1990年7月）、岩采（佤族，1996年8月至1996年12月）、胡连贵（1997年1月至1998年1月）、熊正清（哈尼族，1998年1月至2002年3月）、白绍祥（傣族，2002年3月至2006年1月）、罗廷波（2006年1月至2008年12月）。

历任综治办主任：李仕宏（1990年7月至1992年7月）、杨新华（1992年10月至1994年4月）、熊正清（哈尼族，1996年8月至2002年3月）、罗廷波（2003年4月至2006年8月）、魏永明（佤族，2006年8月至2008年12月）。

历任维稳办主任：白其江（2004年8月至2008年12月）。

历任政法办主任：查正义（2007年10月至2008年12月）。

第二章 公 安

第一节 政治思想工作与队伍建设

一、政治思想工作

1980 年—2008 年，西盟县公安局按照中共中央《关于进一步加强政法干部队伍建设的决定》，树立公安工作为改革开放和经济建设服务的思想，坚持政治建警、从严治警、科技强警和依法治警的方针；坚持“抓班子、带队伍、促工作、保平安”的基本思路。主要以抓政治思想教育、队伍廉政建设和纪律作风教育为重点，明确工作方针、政策，引导干警坚定不移地贯彻党的基本路线。严格执行《人民警察条例》有关规定，并通过正规的军事训练和整纪整风学习。

二、队伍建设

2006 年—2008 年，为提高队伍建设，县公安局派出干警参加省市通信网络改造技术、微机操作技能、刑事技术照相、痕迹检验、指纹分析、电脑绘制案件现场图等业务技术的学习。开展以“抓基层、打基础、苦练基本功”为主要内容的“三基”工程建设。举办执法培训班 7 期，培训基层执法民警 600 余人次；开展“三考”和“法律法规一口清”活动。开展学英雄、争先进、立功创模活动。三年来，受表彰奖励干警 109 人，其中，基层一线干警 100 人，占基层干警总数的 91.74%。

第二节 设施建设

2006 年—2008 年，县公安局完成 8 个派出所外观标识建设任务；为刑侦大队和勐梭派出所各装备一套指纹活体采集仪；刑事科学技术室已达三级；中央政法补助专款配发的 100 套单警装备全部配发到一线实战部门；先后投入 104.94 万元，为派出所公用经费和购买警务装备经费。建立完善市、县、科所队情报信息运行体系和信息采集、研判运用、网上录入、资源共享工作机制。全局有计算机 113 台，每位干警拥有计算机 1.05 台，主干网覆盖率 100%；完成“110”“119”“122”“三台合一”建设；完成全县公安系统三级网络扩容改造。

第三节 惩治犯罪

一、刑事犯罪

1979 年 8 月，贯彻“以防为主，防破并举”的方针，采取专门工作与群众路线相结合的方法，开展以防盗为中心的刑事侦破工作，当年，立案 8 起，破案 7 起，破案率 87.5%。

1983 年 8 月至 1987 年 1 月，与检察院、法院、司法、边防武警部队合作，组织三次“严打战役”。共依法逮捕犯罪分子 178 名；缴获各类枪支 12 支、凶器 20 件、炸药 18.25 千克、雷管 226 枚、手榴弹 5 枚、鸦片 13920 克；赃款、赃物折价 3.19 万元；清除各类违法犯罪团伙 9 个 50 人；查获一批淫秽书刊、图片。同时，加强治安综合治理和边境管理工作。

2001 年，遵照中央提出两年为期，实现社会治安明显进步，刑事案件上升幅度明显下降的总体要求，成立相应的组织机构，制订工作方案，拨出专项经费，部署开展“打恶除黑”为龙头的严打整治斗争一、二、三战役。先后组织开展“治爆缉枪”、“民爆物品专项整治”、“收缴违法枪支弹药爆炸物品”专项行动、“打击盗抢机动车犯罪”统一行动、“打击两抢三盗（抢劫、抢夺，盗窃电力、通信、交通设施）”专项行动、“破案会战”统一行动。

至 2003 年，共破获各类刑事案件 284 起，抓获犯罪嫌疑人 414 人，摧毁犯罪团伙 14 个 47 人，抓获在逃犯 18 人，缴获各类赃物折款及挽回经济损失 64.99 万元。

1979 年—2008 年，共立案 2120 件，破案 1513 件，破案率 71.37%；抓获犯罪嫌疑人 2008 人；缴获各类赃物折款及挽回经济损失 310.14 万元。对大案要案，做到快立快破，大案要案从 1995 年的 32 件降到 2008 年的 3 件，破案率由 68.8% 上升到 100%。

1979 年—2008 年间部分年份西盟县刑事案件立案破获情况表

表 17-1

名称 年份	立案数（件）	破案数（件）	破案率（%）	犯罪嫌疑人（人）	大案要案		
					发案数（件）	破案数（件）	破案率（%）
1979	8	7	87.50	—	1	1	100
1980	26	22	84.62	—	2	2	100
1981	19	18	94.74	50	1	1	100
1982	27	25	92.59	36	—	—	—
1983	41	39	95.12	48	8	8	100
1984	43	40	93.02	53	8	8	100
1986	32	30	93.75	58	10	9	90.00
1987	32	24	75.00	31	7	7	100
1988	31	23	74.19	28	12	12	100
1989	54	45	83.33	50	20	16	80.00
1990	68	47	69.12	—	29	23	79.31
1991	58	45	77.59	67	16	12	75.00
1992	43	31	72.09	61	8	7	87.50

续表 17-1

名称 年份	立案数（件）	破案数（件）	破案率（%）	犯罪嫌疑人（人）	大案要案		
					发案数（件）	破案数（件）	破案率（%）
1993	46	36	78.26	60	18	14	77.78
1994	57	43	75.44	68	19	14	73.68
1995	67	52	77.61	70	32	22	68.75
1996	73	58	79.45	82	32	22	68.75
1997	49	37	75.51	70	24	13	54.17
1998	72	62	86.11	90	31	24	77.42
1999	56	47	83.93	62	33	25	75.76
2000	56	37	66.07	52	39	23	58.97
2001	139	76	54.68	117	15	15	100
2002	189	122	64.55	189	30	29	96.67
2003	145	86	59.31	108	22	19	86.36
2004	127	86	67.72	139	8	8	100
2005	125	87	69.60	112	6	6	100
2006	126	87	69.05	94	7	7	100
2007	144	86	59.72	98	5	5	100
2008	167	115	68.86	115	3	3	100
合计	2120	1513	71.37	2008	446	355	79.60

二、经济犯罪

1998 年，列管内部单位 43 个 1531 人，其中，文化系统单位 16 个 546 人；经保系统单位 15 个 659 人；亏损单位 12 个 326 人。是年，开展内部单位安全大检查 6 次，检查单位 43 次，发现管理内部单位案件 24 件，其中，假币案 6 件，收缴假币 1.9 万元；其他案件 18 件。

1999 年，破获假币案 2 起，缴获假币 400 元；查获偷税案 1 起，追回税款 33 万余元。同时，向社会发出假币案报警宣传卡 96 份，建立协同防范机构 6 个。

2000 年，立破经济犯罪案 6 起，涉及金额 45.34 万元，抓获犯罪嫌疑人 9 人。

2001 年，立破经济犯罪案 5 起，涉及金额 1.7 万元，抓获犯罪嫌疑人 8 人，缴获假币 7040 元。

2002 年，受理经济犯罪案件 2 起，涉及金额分别为 50 万元和 30 万元，抓获犯罪嫌疑人 2 人（逃犯），被骗财物已挥霍殆尽；开展专项检查治理行动 5 次，清查各类场所和部门 28 个。

2005 年，与税务部门开展“打击虚开货物运输发票和制售假发票等涉税违法犯罪专项整治行动”和“打击虚开用于抵扣税款发票的骗取出口退税等涉税违法犯罪斗争”。深入到市场、运输业、矿产业、林业等部门进行检查。与金融、通信部门密切联系，对金融诈骗和网络诈骗作出研究分析和处置预案，走访辖区 6 个乡、2 个镇进行查排，开展整治假货币犯罪，调动各乡（镇）派出所力量，利用其人熟、地熟、情况熟的优势，进行预防和惩治犯罪，共查获假币 2000 元。

2006 年—2008 年，全县未发生假币案件。

第四节　禁毒斗争

一、禁吸毒戒毒

20世纪80年代，西盟县少数边远村寨，还有部分农民种植少量罂粟，加之境外鸦片流入县境内也不断增加，吸毒人员屡禁不止。至1990年，共举办吸毒人员培训班38期，参加戒毒人员3591人。

1992年—1999年，集中1395人吸毒人员参加戒毒，铲除罂粟2207株，铲除大麻22亩。

2001年，开展禁毒宣传，共张贴宣传标语50条；发放《珍爱生命、拒绝毒品》《强制戒毒办法》等宣传资料3200余份，直接接受教育群众2.8万余人；收戒吸毒人员209人；铲除罂粟75株。

2002年，收戒吸毒人员320人，铲除罂粟117株。

2004年，开展国际禁毒合作，通过与境外佤邦4次会议会晤，佤邦分别于两次将28名吸毒人员移交中方（西盟）；深入到机关、学校和重点集镇，进行禁毒知识图片和毒品实物展，散发禁毒知识资料5000余份，受教育群众5万余人；收戒吸毒人员325人。

2005年，全面启动禁毒人民战争，在全县范围内发放《致全县各族人民的公开信》23325份、《关于开展禁毒人民战争的通告》300份；在主街道上悬挂禁毒横标；按照“四个层次”收戒吸毒人员259人。

2006年，强制收戒吸毒人员151人。

2007年，强制收戒吸毒人员109人。

2008年，对798人吸毒人员进行尿检（呈阴性766人，阳性32人）；强制隔离戒毒19人；行政处罚13人。

二、无毒乡（镇）创建

2000年，按照省、市的统一部署，结合西盟县实际，把莫窝乡、新厂乡、岳宋乡，作为全县创建“无毒社区”重点乡，并签订责任书。三个乡共签订责任书450份，在思茅地区创建“无毒社区”量化考核中，被予以肯定。在“6·26”和“10·26”禁毒宣传日时，充分利用广播、新闻等媒介，以实物和挂图等形式，广泛进行禁毒宣传教育活动，参观人数5000余人次，现场解答、咨询840余人次，受教育人数2.5万人次。

2002年，把创建工作着重放在已创建的乡、村、组上，以禁吸戒毒为重点，抓好吸毒人员的帮教活动，出动警力56人次、警车12辆次，散发宣传材料6000余份，粘贴宣传图片100余张。2004年，新厂乡、翁嘎科乡创建为“无毒社区”。

2005年，将条件成熟的42家单位创建为“无毒社区”，到年底，全县共有49个单位创建为“无毒社区”；2个乡（新厂、翁嘎科）为“无毒乡（镇）”；6个行政村（勐梭镇班母村、秧落村，中课乡中课村、窝笼村，岳宋乡岳宋村、曼亨村）为“无毒村”。12月20日，争创“无毒社区先进县”工作，接受省禁毒委的考评，并得以验收。

2006年，由县禁毒委办公室牵头，宣传、教育、广电、妇联、工会、团委等部门，在全县范围内开展5次宣传教育活动。共播放电影6场；发放宣传材料5万份；图片展10次；毒品实物展8次；悬挂横幅5条；受教育人数6万余人次。

三、惩治毒品犯罪

1980年—1990年，共破获贩毒案383起，抓获人犯500余人，缴获鸦片30.68千克、海洛因90克、毒资7300元，铲除罂粟52.7亩、零星苗7.37万株。

1995 年 7 月 15 日，有 4 名缅甸人在联系购买鸦片，通过侦查和部署，于 7 月 22 日 10 时 25 分，在县邮电局招待所抓获 4 人，缴获鸦片 40 千克、苏制“46 式”手榴弹 4 枚，该案是西盟县建县以来第一起特大武装走私贩毒案。

至 2008 年，共破获毒品案件 921 件，缴获海洛因 51.59 千克、鸦片 453.22 千克、冰毒 101.37 千克、制毒配剂 2000 千克、其他毒品 6146.32 千克。处理毒品违法案件 921 件，抓获犯罪嫌疑人 1205 人，收戒毒人员 3307 人次。

第五节 惩治邪教活动

一、惩治“门徒会”

2002 年 12 月，“门徒会”传入西盟境内。

2005 年 10 月 24 日，翁嘎科乡边防派出所根据群众举报，在班弄村拉宾 12 组查获冒用宗教名义进行“门徒会”发展成员活动，并从扰乱社会秩序的罗某某、资某某二人身上查获手抄宣传笔记本 1 本。对参加“门徒会”的 71 名村民进行处罚（行政拘留 2 人，行政警告 28 人，治安罚款 41 人）。

2006 年 11 月，岳宋乡班帅村 1 组、2 组、橡胶 2 队，力所乡南亢村南下嘎新寨、富倮 1 组相继发现有“门徒会”活动，参与人数 40 户、71 人。“门徒会”活动的首传者扎某，被干警当场查获，并处以行政拘留。

2007 年 4 月 20 日，中课边防派出所民警在辖区班箐村进行社区工作时，了解到 2 组村民岩某、5 组村民赛某和澜沧县袁某某、李某某经常在晚上组织不明真相的村民搞“门徒会”活动；4 月 23 日 15时，派出所民警在班箐村4组岩某家中，将组织者袁某某和李某某抓获；24日，公安机关根据《中华人民共和国治安管理处罚法》第二十七条之规定，分别给予袁某某、李某某、赛某、岩某行政拘留 5 日的处罚。2008 年 5 月 18 日 20 时，中课边防派出所干警在班箐村分别发现 5 组村民赛某、岩某及 2 组村民岩某、水某在自己家中进行非法活动；22 日，分别给予赛某、岩某行政拘留 13 日和岩某、赵某某行政拘留 5 日的处罚。

二、取缔“中功”

1994年8月，一位名叫徐某某的人到西盟县开办一个“中功”（中华养生益智功）辅导站；12月，由县教委同意并颁发了“云南省社会力量办学许可证”，由此“中功”传入县内；同月，县国税局职工郭某某负责建起了生命科技分校，并由郭某某任校长。

1995 年 4 月，澜沧县商业局退休职工陈某某到该校任校长，郭某某任名誉校长；8 月 3 日，在西盟县物价局领取“云南省收费许可证”。

1998 年 4 月 7 日，该校改名为“西盟县社会实用技术学校”。经过几年的发展，“中功”活动暴露出其本质，不仅是在传播封建迷信，而且扰乱县内的经济发展和影响人民群众的生产生活，给西盟带来不稳定的因素。

1999 年 7 月 24 日，县委常委扩大会议研究决定：取缔县内“中功”活动；25 日，正式通知其负责人及参与人员进行有关法律、法规的宣传教育，参加活动的人员坚决服从县委、县政府的决定，立即在全县范围内停止练功活动。

第六节 治安管理

一、综合治理

20 世纪 80 年代，青少年违法犯罪率上升，盗窃、奸污、打架斗殴比较频繁，危害社会治安。公安机关会同宣传、教育、共青团、妇联、劳动人事部门，建立青少年帮教机构，动员家长、基层治保组织，共同做好失足青少年的帮助教育。通过办宣传栏、办学习班、上法制课等形式，宣传《中华人民共和国治安管理处罚条例》，增强了青少年的法律意识。

1979 年—1990 年，建立基层帮教小组 50 个，实行社会治安承包责任制，帮助教育失足青少年 587 人次，改好 318 人，停止违法活动 108 人。

二、户籍管理

（一）常住户口管理

1980 年—1983 年，户籍统一归公安机关管理，由派出所对城镇户口的迁入、迁出、出生、死亡、移入、移出、户口变更（简称“七项变动”）以及农村出生、死亡、迁出、迁入进行登记管理。乡（镇）未成立派出所的由乡（镇）政府代管。

1984 年，全县各乡（镇）的户籍管理工作移交各公安派出所管理；4 月，国务院颁布《中华人民共和国居民身份证条例》，决定在全国实行居民身份证制度；6 月，县政府居民身份证办公室成立，抽调 87 名干部，分为 8 个工作组，在全县范围内开展此项工作。

1988 年，完成填发居民身份证 40478 人，占应发证数的 98%。

1989 年—1998 年，按要求办证、制证，依法查验居民身份证，户政管理工作已开始走入轨道。

1999 年，共更换常表 54514 份，换发户口簿 10700 本，办理居民身份证 845 个，临时身份证 312 个，边境通行证 4272 个，开具刻章证明 54 个，发出户口准迁证 38 个。

2004 年，按照“依法有序、便民高效”的原则，全县开展户口登记项目的核对工作，共核对 82949 人，居民身份证重号 321 人，错号纠正 223 人，楼号纠正 480 人，人像采集 10837 人。

2008 年，管理常住人口 28708 户、88810 人（男 47233 人，女 41577 人），完成第二代居民身份证 24997 个，收入有效照片 30200 万个，人口信息升级和二代居民身份证换发工作全面开展。

（二）暂住（流动）户口管理

20 世纪 80 年代中期至 90 年代初，到西盟务工、经商的暂住户口逐年增加。在这些人中，也混杂少数流窜作案和负案在逃的犯罪分子，暂住人口户口管理被列为公安局的一项重要工作，各派出所在做好常住人口的正常管理外，建立完善暂住人口的申报制度，办理发放暂住证，并经常组织检查，对流动人口进行清理整顿，预防和发现暂住（流动）人口的违法犯罪人员。

2000 年—2008 年，办理暂住证 13290 人，办理临时身份证 580 人，列管重点人口 1972 人（吸毒人员、刑释解教人员、危害国家安全嫌疑人、严重刑事犯罪活动嫌疑人等）。

三、特种行业及公共场所管理

1981 年，县公安局和电影院联合颁布《西盟县电影院治安管理条例》。

1986 年，县政府颁布《西盟佤族自治县旅店业安全管理工作实施细则》。

1996 年，指定业主为治安责任人，签订治安责任书，并经常性地进行清理整顿。

2000 年，对全县 25 家修理业和 167 家出租房进行立档管理，并签订安全责任书，完善各项制度。

2001 年，加强旅店业、机动车修理业和出租房的管理，签订治安管理责任书，健全登记、查验制度。查处赌博案 2 起，治安处罚 6 人；查处卖淫嫖娼案 2 起，治安处罚 4 人。

2006 年—2007 年，根据公安部《关于贯彻执行旅馆业治安管理信息系统标准》及《云南省公安厅关于在全省开展旅馆业治安管理信息系统建设工作的通知》等要求，规范旅馆业住宿登记管理，提高公安机关对流动人口中违法犯罪人员的查控能力，及时抓捕逃犯。加强特种行业和公共娱乐场所管理，及时掌握业主和从业人员基本情况，切实管住、管好外来人口，增强阵地控制能力，使公共娱乐场所各类案件、事故大幅度下降。加强机动车辆修理业和废旧金属回收站、点的管理，建立健全管理档案，严格执行《机动车修理业、报废机动车回收业治安管理办法》，全县有机动车修理点 34 家（汽车 22 家，摩托车 12 家），废旧金属回收站点 8 家。开展集中整治废旧金属站点专项行动 1 次，出动警力 64 人次、警车 22 辆次。

2007 年，辖区派出所责任区民警对本责任区出租房屋逐户登记办证，建立档案。与出租房主逐个签订治安责任书，落实治安责任制。全县共有出租房 137 家、502 间，签订责任书 137 份。

2008 年，在废旧金属回收站点的控制中，成功破获一起电缆被盗案件，抓获作案人员 4 人。对所有旅馆业安装了信息系统，与 562 家、841 间出租房主，签订责任书 562 份。

四、危险物品管理

1981 年—1990 年，对枪支、管制刀具和爆炸物品进行清理收缴。

至 1990 年年底，共收缴各类枪支 259 支、子弹 83 发、手榴弹 37 枚、炸药 814 千克、雷管 6473 枚、导火线 231 米、管制刀具 29 把。

1991 年，全县有猎枪 5179 支，已发证 1789 支，待发证 3390 支。

1995 年，开展民用枪支的清理登记和对爆炸物品的配套管理工作，共造册登记民用枪支 5279 支（火药枪 3618 支、气枪 1434 支、猎枪 206 支、其他 21 支），发证 3199 支；收缴手榴弹 4 枚、导火线 4 米、雷管 135 枚、炸药 3.7 千克、“五六式”半自动步枪 1 支。

1996 年，对民用爆炸物品管理部门进行清理和检查，发现隐患 2 处，并对 19 个单位和个人作了整改和停业整顿处理。

1997 年，共清理登记军用枪支 226 支，收缴非法枪支 7 支，登记民用枪支 24189 支。对县内 3 个危险物品储存仓库进行安全检查，及时消除安全隐患。全县有持证爆破员 21 人，有民用炸药 142900 千克、雷管 57360 枚、导火线 57140 米。

1998 年，贯彻《中华人民共和国枪支管理法》，彻底消除枪患问题。查清超配公务用枪 122 支；对爆炸物品的生产、储存、销售、运输使用等单位进行安全大检查 3 次、25 个；取缔烟花爆竹销售点 6 个；培训爆破员 1 次、15 人。

1999 年，对收回的超配公务用枪建立了档案，收缴各种民用枪支 2391 支，对符合现场销毁的 2379 支枪进行当场销毁。同时，理顺了民用爆物品的管理体制，严格购买、运输、储存、使用各环节的管理，并监制了 40 个保险柜配发到各民用爆物品使用点，做到进货渠道单一化、审批严格化、储存管理安全化，保证了民用爆物品销售、管理、使用的安全。

2000 年，开展对民用爆炸物品储存库（点）安全大检查 8 次。

2004 年，开展安全检查 24 人次，查出隐患 4 处，整改 4 处。

2006 年，开展爆破员、保管员、安全员、押运员培训 2 次、10 人；开展危爆物品安全检查 4 次。

2007 年，在全县范围内开展涉爆安全隐患的排查整治，排查涉爆重点人员 1 人，签订具结保证书 7 份，落实监控措施 1 人，检查涉爆从业单位 7 家，签订安全管理责任书 7 份，检查发现安全隐患 3 起，并督促整改。依法严格爆炸物品管理，对爆炸物品的购买、运输、储存、使用环节作出了相应的规范，严格审批制度，按照省公安厅新启用“购买危爆物品呈批表”三证一表的要求，层层把关，审定用量。

2008年，开展治爆缉枪行动3次，派出警力36人次、车辆21辆次；收缴民用枪支4支、各种子弹176发、雷管9枚；开展爆破员、保管员、安全员、押运员培训197人次。

1990年—2008年间部分年份西盟县危险物品收缴情况表

表17-2

名称 年份	各类枪支（支）	炸药（千克）	雷管（枚）	导火线（米）	管制刀具（把）	子弹（发）	手榴弹（枚）	炸弹（枚）
1990	259	814	6473	231	29	83	37	—
1991	20	12	38	15	18	36	10	—
1992	3	7.50	200	—	—	13	1	—
1993	7	342.80	454	504	23	—	1	—
1995	1	3.70	135	4	—	—	4	—
1997	7	—	—	—	—	—		—
1998	1068	—	—	—	—	—	8	—
1999	2391	—	—	—	—	—	—	—
2000	47	—	—	—	—	—	—	—
2001	116	23.20	160	—	—	85	—	—
2002	33	88.80	111	4	—	56	—	—
2003	22	189.12	860	426.2	—	11	—	—
2004	50	38.22	14	—	—	2	—	—
2005	37	46.02	11	—	—	—	1	1
2006	9	640.80	4614	403.8	—	—	—	—
2007	50	—	—	31	—	10	2	2
2008	4	—	9	—	—	176	—	—
合计	4124	2206.16	13079	1619	70	472	64	3

五、查处治安案件及防控体系

1981年—2008年，查办各类治安案件7665起，案件查处6896件，占89.97%，查处违法人员8778人。案件涉及收缴枪支、子弹、雷管、手榴弹、炸药、导火线及淫秽图片、照片、书籍、录像带、违反道路交通、身份证户籍、暂住人口租赁房屋、特行场所管理等。

至2008年，随着城市社区和农村警务战略的推进，共建立警务室22个（社区2个，农村固定2个和流动18个），配置警力30人。城市报警与监控系统建设初步建设完毕，共安装监控探头110个，治保会、保安服务组织和内保组织三支队伍建设得到充实和加强。

1981 年—2008 年间部分年份西盟县治安案件受理查处情况表

表 17-3 单位：件、人

年份＼名称	案件受理	案件查处	查处违法人员	年份＼名称	案件受理	案件查处	查处违法人员
1981	97	97	80	1996	172	137	271
1982	42	42	42	1997	112	108	48
1983	37	37	59	1998	181	178	57
1984	40	40	—	1999	201	201	372
1986	107	106	220	2000	244	225	—
1987	134	128	50	2001	242	138	253
1988	93	93	128	2002	338	236	426
1989	113	110	189	2003	466	341	584
1990	112	98	199	2004	696	644	888
1991	153	130	226	2005	589	543	763
1992	121	103	220	2006	1075	1041	1122
1993	123	93	188	2007	1024	966	1026
1994	140	90	210	2008	904	863	949
1995	109	108	208	合计	7665	6896	8778

六、安全文明建设

1996 年，全县创建“安全小区”14 个、“安全村寨”1 个。

1997 年，全县建立治保组织 255 个、623 人；创建“安全文明村寨”“安全文明小区”15 个；列管内部单位 30 个。

1998 年，对已创建的 28 个“安全文明小区”进行挂牌；对 8 家单位提出创建“安全文明小区”的申请进行审批。

1999 年，强化“创安”工作，全县共有“安全文明小区”66 个。

2000 年，加强群防群治工作，全县共创建“安全文明社区”104 个，其中，城镇 68 个，覆盖率 65.38%；农村 36 个，覆盖率 34.62%。全县有治保会 69 个、511 人，治保小组 41 个、162 人，组织培训 8 次 673 人。

2001 年，全县创建“安全文明社区”106 个，对全县 81 个治保组织、732 人治保人员以乡（镇）为单位进行了分批培训。从 2001 年 6 月起，创安工作由县政法委组织实施。

七、出入境管理

1979 年，国务院决定放宽中国公民因私出境、出国的政策后，西盟县民出入缅甸，缅甸籍公民进出西盟的人数增加。

1984 年，公安机关规定：凡入境边民、外商必须在 24 小时内向公安机关申报登记并按规定的地点食宿，夜间 11 时后，不准私自乱窜；出境者必须申报注销，以防不明身份者非法入境。

1992 年—1997 年，办理出入境证 20852 人次，车辆 891 辆次，外国人出入境证 620 人次，中华人民共和国出入境通行证 1273 份 / 人次，外国人旅行证 22 份 / 人次。清理“三非”人员 51 户 184 人，境外边民停留许可证7份，受理公民出国（境）申请18人。

1998年，管理临时到西盟外国籍人员159人；审批出国（境）申请4件9人；清理遣返“三非”人员3人；清理出“回归”人员48户175人；管理出境人数10882人次，入境19645人次；办理中缅边境地区出入境通行证986份，外国人出入境证77份，境外边民停留许可证126份，境外边民临时居留证5份，入出境通行证39份。

1999年，办理中缅边境出入境证1424份，外国人出入境证135份，清理遣返境外边民非法涌入西盟境内居住59户218人。

2000年—2007年，办理中缅边境出入境证6264份；外国人出入境证910份；入出境通行证275份；境外边民停留许可证12份；境外边民临时居留证245份；管理出入境人员253948人；管理临时入境境外人员815人次，纳入管理临时出入境境外人员329人次。与缅甸佤邦有关部门开展边境会谈会晤4次，警务联系14次，外方移交西盟（中方）违法、犯罪人员30人，西盟遣返移交给对方“三非”人员4人（杀人犯罪嫌疑人1人）。开展与缅甸佤邦警方的联系与合作，共同打击跨国违法犯罪活动，整理上报信息72条，清理“三非”人员536人，接收佤邦抓获的西盟县人员34人，移交西盟县查获的摩托车2辆，查处涉外案事件2起4人。

2008年，受理审批公民因私出国（境）申请170人件，办理境外边民临时居留证143份，外国人出入境证36份。建立遣送“三非”人员工作机制，遣返“三非”人员20人，并对314人老“三非”人员进行登记造册。举办“新一代云南境外人员管理信息系统基层派出所平台”业务培训班；组织全县38家旅店业负责人举办“外国人住宿登记培训班”，确保境外人员信息24小时内准确进入、出入境管理信息系统。

第七节　监所管理

1978年以来，看守所对依法逮捕、拘留、采取强制措施的犯人和被判处有期徒刑1年以下或余刑在1年以下，不便送往劳动改造场所执行的罪犯，由看守所监管。

1990年3月，国务院颁布《中华人民共和国看守所条例》，按照严密警戒看管，与教育相结合的方针，依法严格、科学、文明地管理犯人。对犯人的武装警戒和押解由武警担任，对犯人的教育和监管活动由看守所负责，并配备有看守、管教、医务、财会、炊事员、民警、职工等人员。监管活动接受人民检察院的监督。

2002年7月15日，西盟县新县城看守所竣工验收；28日，正式搬迁投入使用。看守所占地面积25346平方米（38亩），监区平整面积7333平方米，监区建筑面积3000平方米，建有房屋2幢，共10间监室（448.19平方米），办公用房面积276平方米。警戒设施外围墙全长829米，墙高3.5米，高压电网高0.9米—1.2米，墙厚0.26米，为砖混结构。结合“双整治”“三共双达标”活动，对收押人员进行健康状况检查，当年，开展家属规劝154人次，集体教育349人次，个别谈话65人次。

2004年，看守所发挥“犯罪信息库”和惩治犯罪第二战场和职能作用，获取线索12条，其中，提供破毒品案件2条，缴获海洛因380克；提供侦查线索10条，破盗窃案3起。查证线索反馈5条。

2006年，深挖犯罪工作中获取线索14条，其中，查证属实11条，破获盗窃案件8起；涉毒案件3起，追缴赃款、赃物1.5万元。

2008年，开展安全检查31次，狱情分析26次，集体教育813人次，个别谈话696人次，家属规劝34人次，获取线索13条，查证破获案件11起，抓获犯罪嫌疑人2人，追回被盗摩托车5辆，收缴毒品1.5克。

1991年—2008年，看守所共收押犯人1770人。按照“防事故，保安全”的方针，完善和落实各项规章制度，强化安全意识，坚持凭证关押。完善违法犯罪人员“信息库”建设，已形成信息化办公，在押人员收押、管理、出所等监管工作全部能在系统中进行。

第八节 道路交通安全管理

1988年起，贯彻落实《中华人民共和国道路交通安全条例》《云南省道路交通安全条例》等法律法规。

2004年5月1日后，执行《中华人民共和国道路交通安全法》《云南省道路交通安全条例》等法律法规。预防重特大道路交通事故，努力减少人民群众的生命财产损失，开展交通安全宣传，构建社会防控网络，惩治交通违法行为、惩处交通肇事责任人，开展机动车与驾驶人日常管理工作。

2005年—2008年，县交警大队组织驾驶员学习安全行车常识和《云南省道路客运管理规定》，建立车辆临时检验和驾驶员定期审核制度、征用车辆管理制度。与汽车运输公司签订《道路客运交通安全责任合同书》，要求汽车运输公司建立健全车辆的维修保养、车辆出车和收车前后的车辆检验制度，完善交通执勤点，民警在新老县城轮流巡逻执勤，加大干线道路、事故多发路段的巡逻密度，调整监控时间，增加监控网点，减少失管失控面，扼制了重特大交通事故的发生。

1996年—2008年西盟县交通事故情况表

表17-4

名称 年份	一般程序（起）	简易程序（起）	死亡起数（起）	受伤（人）	死亡（人）	直接损失（万元）	挽回损失（万元）
1996	32	1	1	1	1	0.138	0.032
1997	70	1	1	1	1	0.123	0.023
1998	64	6	5	3	17	0.231	0.039
1999	4	10	1	4	1	0.182	0.043
2000	6	11	3	7	5	0.323	0.110
2001	105	20	5	11	5	0.456	0.230
2002	58	12	6	8	8	0.865	0.325
2003	97	13	7	10	7	1.568	0.590
2004	11	7	4	7	4	0.545	0.283
2005	20	73	1	51	—	1.112	0.320
2006	23	68	4	20	4	0.860	0.285
2007	33	72	3	41	3	2.328	0.568
2008	26	108	7	63	7	3.732	0.653
合计	549	402	48	227	63	12.466	3.501

第九节　消防管理

一、基础设施及设备

2000 年，在新县城新建营房，占地面积 1909.9 平方米，综合楼建筑面积 689 平方米，简易房 150 平方米。至 2008 年，有“140”东风水罐消防车 2 辆，行政用车 2 辆，消防员防护设备 6 套，消防水泵 1 台，全县配备 3000 支灭火器。并在县城主要地段、路口安装消防栓 57 个。

二、消防监督

1994 年—2006 年，消防工作深入贯彻“预防为主，防消结合，全民参与”的方针。开展监督检查的单位共 1349 个；提出责令整改意见 365 条；共处罚金 2.4 万元。

2007 年，组织开展 3 次专项治理工作，人员 72 人次，分成 7 个检查组，共检查单位 297 个；查出火险隐患 138 条（责令限期整改 138 条）；下发《当场整改通知书》2 份；《责令限期整改通知书》21 份。

2008 年，组织开展“红盾五号”“奥运安保攻坚战”“红盾六号”“红盾七号”、商场（市场）专项治理等消防安全整治，实行交叉，错时检查，共检查单位 300 家；查出火险隐患 450 条；下发《重大火灾隐患限期整改通知书》2 份；《责令限期整改通知书》58 份；实施“三停”处罚 6 起，罚款 2.1 万元。

1994 年—2008 年西盟县消防监督检查情况表

表 17-5

名称 / 年份	检查单位（个）	责令整改书（份）	处罚金额（元）	三停（起）	临时查封（家）
1994	44	11	1200	—	—
1995	53	21	1000	—	—
1996	68	27	1000	—	2
1997	50	10	1000	—	—
1998	58	17	1800	—	—
1999	69	23	1000	—	2
2000	60	15	1000	—	—
2001	72	23	3400	—	1
2002	77	19	4300	—	—
2003	142	41	2500	—	—
2004	184	62	1000	—	1
2005	209	52	4000	—	—
2006	263	44	800	—	—
2007	297	21	5000	—	—
2008	300	58	21000	6	—

三、宣传教育

1994 年—2008 年，全面贯彻《中华人民共和国消防法》《云南省消防条例》和《机关、团体、企业、事业单位消防安全管理规定》等法律法规和消防常识。开展消防宣传“五进”（社区、企业、农村、学校、家庭）、“六月安全月”、“11·9”消防宣传日等系列消防宣传教育活动，出动消防宣传车 80 辆次，人员 241 人次，签订消防责任书 393 份，消防培训 74 期，发放宣传资料 22320 份。

1978 年—2008 年西盟县消防教育宣传情况表

表 17-6

名称 年份	出动消防宣传车	出动宣传人员（人次）	签订《消防安全责任书》（份）	灭火演练（次）	消防培训（期）	发放宣传资料（份）	受训人数（人）
1978	1	3	2	3	1	200	100
1979	1	3	2	3	1	200	100
1980	1	4	2	3	1	200	80
1981	1	2	8	4	1	200	100
1982	1	3	4	3	3	240	120
1983	1	3	4	3	3	260	90
1984	1	4	3	5	2	300	100
1985	1	4	8	5	5	300	130
1986	1	3	5	5	7	300	130
1987	1	5	7	5	2	350	150
1988	1	5	3	3	4	350	150
1989	1	5	3	3	3	280	220
1990	2	2	7	3	5	280	280
1991	2	6	7	6	2	300	100
1992	3	6	3	9	1	300	190
1993	3	7	8	9	8	310	270
1994	1	3	5	3	1	500	300
1995	1	4	5	3	1	500	300
1996	1	4	5	5	1	500	320
1997	1	4	5	5	1	500	300
1998	2	7	7	7	2	600	350
1999	2	7	7	5	2	650	350
2000	3	9	7	5	2	1000	800
2001	3	7	12	14	2	1200	800
2002	2	5	19	16	1	1500	1000
2003	3	9	26	18	3	2000	1900
2004	4	11	32	20	2	2000	1200
2005	6	20	37	23	1	1600	1000
2006	9	26	42	22	1	1500	1300
2007	10	30	54	26	2	1700	1800
2008	10	30	54	21	3	2200	2500
合计	80	241	393	265	74	22320	16530

四、出警

1994 年—2008 年，出警 1170 次，抢险救援 491 次，火灾 45 起，损失 71.98 万元，实施社会救助 606 人，挽回经济损失 101.8 万元。

1978 年—2008 年西盟县消防出警情况表

表 17-7

年份 \ 名称	出警（次）	火灾（起）	抢险救援（次）	社会救助（人）	火灾损失（万元）	挽回损失（万元）
1978	20	—	7	11	—	—
1979	50	5	5	12	0.11	0.1
1980	34	2	9	9	0.10	0.2
1981	44	—	11	22	—	—
1982	22	3	14	24	0.12	0.1
1983	27	1	22	17	0.11	0.1
1984	41	5	21	12	0.12	0.1
1985	11	—	8	29	—	—
1986	14	—	19	12	—	—
1987	64	2	17	21	0.11	0.1
1988	25	7	23	14	0.12	0.1
1989	23	5	31	24	0.22	0.2
1990	36	1	15	41	0.13	0.1
1991	41	5	11	8	0.11	0.1
1992	22	—	7	19	—	—
1993	31	—	8	24	—	—
1994	20	1	16	10	0.13	0.1
1995	27	3	5	6	0.23	0.2
1996	25	—	29	11	—	—
1997	33	2	17	9	0.12	0.1
1998	29	—	22	9	—	—
1999	23	1	11	14	0.14	0.1
2000	27	—	22	7	—	—
2001	32	—	6	15	—	—
2002	46	—	14	24	—	—
2003	44	1	17	29	0.11	0.1
2004	53	—	11	22	—	—
2005	66	—	20	35	—	—
2006	65	1	11	27	70	100
2007	90	—	28	41	—	—
2008	85	—	34	48	—	—
合计	1170	45	491	606	71.98	101.8

五、灭火演练及预案

1978年—2007年，开展重点单位灭火演练417次、类型预案演练60次、无预案临机处置演练270次。完善战训基础资料和高层建筑、人员密集场所火灾、交通事故救援等496个类型预案；完善辖区消防安全重点单位灭火作战预案663个。

2008年，开展重点单位灭火演练30次、类型预案演练3次、无预案临机处置演练19次。完善战训基础资料、高层建筑、人员密集场所火灾、交通事故救援等7个类型预案；完善辖区消防安全重点单位灭火作战预案42份。

第十节 机 构

一、县公安局

1978年，县公安局内设秘书股、预审股、治安股、政保股，增设边防股。1985年，6个边防派出所移交公安管理（包括人员、粮食、经费、文件资料、武器装备、公用物资、交通工具、通信器材、营房等）。1987年，县公安局内设机构改称为科，即秘书科、政保科（含外管）、内保科、治安科、刑侦科、缉毒科、预审科、边防科（外称边防大队，现役）、消防科（现役）、看守所、行政拘留所、城关派出所、勐梭派出所。并对6个边防派出所实行业务领导。1982年12月，缉毒科成立。1991年，县禁毒领导小组成立，由县长任主任，主管政法的副书记、副县长、公安局长任副主任，成员由检察院、法院、司法局、文化局、教育局、卫生局、总工会、团县委、妇联等19个部委办局领导组成。1994年11月，县戒毒所成立。1997年，缉毒科改称禁毒大队。2002年10月，设7个科、委、室和14个一线实战单位（大队、所、科）。2008年12月，局内设副科级机构11个，即指挥中心（办公室）、国内安全保卫大队、刑事侦查大队、治安管理大队、交通管理大队、禁毒大队、出入境管理大队、看守所、拘留所、勐梭派出所、勐卡派出所。综合管理机构3个，即政工监督室、法制室、警务保障室。全局编制数115人（含交通管理大队15人），实有111人（干警103人、工勤8人），其中，男87人，女24人。平均年龄33.5岁。在职干警中本科学历41人，专科学历54人，中专以下学历16人。派出所8个（公安派出所2个，边防派出所6个），派出所干警104人。

历任县公安局局长：李学文（拉祜族，1981年5月至1984年1月）、李发云（1984年1月至1985年8月、1990年2月至1990年7月）、刘明光（1987年4月至1989年9月）、罗之礼（1990年7月至1994年7月）、李刚（拉祜族，1994年7月至2001年7月）、杨鸿斌（2001年7月至2003年4月）、李建军（2003年6月至2007年5月）、李其斌（2007年5月至2008年12月）。

历任县公安局副局长：李学文（1978年1月至1981年5月）、蒋元跑（1978年1月至1981年5月）、张再鹏（1978年8月至1981年5月）、李发云（1980年11月至1984年1月）、刘明光（1984年1月至1987年4月）、陈云峰（佤族，1984年1月至1984年7月、1986年8月至1987年10月、1994年7月至1997年8月）、廖向阳（1987年4月至1987年10月、1988年10月至1991年7月、2002年3月至2004年12月）、李刚（拉祜族，1990年3月至1994年7月）；尼京（佤族，1993年4月至2001年5月）、付开华（1994年1月至2002年3月）、李承（1998年3月至2003年12月）、赵忠（佤族，2002年3月至2008年12月）、者中伟（2005年4月至2008年12月）、王文斌（2005年4月至2008年12月）。

历任县公安局教导员：李家荣（1978年1月至1978年8月）、廖运宣（1984年1月至1985年6月）。

历任县公安局政委：廖运宣（1985 年 6 月至 1988 年 7 月）、李发云（哈尼族，1988 年 8 月至 1991 年 3 月）、罗之礼（1994 年 7 月至 1996 年 3 月）、白发治（1996 年 3 月至 1997 年 3 月）、聂龙（佤族，1997 年 4 月至 2001 年 8 月）、王聪平（彝族，2001 年 7 月至 2004 年 12 月）、廖向阳（2004 年 12 月至 2008 年 12 月）。

历任县公安局副教导员：李自良（1980 年 11 月至 1981 年 3 月）。

历任县公安局副政委：李自良（1987 年 3 月至 1987 年 4 月）、李仕洪（1987 年 4 月至 1990 年 7 月）、陈强寿（哈尼族，1990 年 7 月至 1996 年 4 月）、聂龙（佤族，1996 年 5 月至 1997 年 3 月）。

二、派出所

1978 年 1 月，除勐梭公社外，西盟县莫窝、新厂、岳宋、傈傈、中课、翁嘎科 6 个公社公安边防派出所和南康河公安边防二线检查站成立，公安特派员与边防派出所并存。勐梭公社设特派员；11 月，城关派出所成立，辖城区（西盟镇）及募西公路沿线 6 个道班。1982 年 4 月，撤销勐梭公社公安特派员，勐梭公社公安派出所成立，全县有 2 个公安派出所、6 个边防派出所。1985 年 3 月，南康河公安边防二线检查站撤销；7 月 1 日，莫窝、新厂、岳宋、傈傈、中课、翁嘎科 6 个边防派出所移交公安管理。

三、县交警大队

1986 年 3 月，交通监理站成立，隶属于思茅交通监理所领导。1988 年 9 月，道路交通管理体制改革后，交通监理站改称西盟县公安局交通警察中队。1990 年 8 月，改称为西盟县公安局交通警察大队，隶属县公安局，内称交通队。1998 年 7 月，上划思茅地区公安局交警支队直属，为正科级单位，内设办公室、秩序科、车管分所。2007 年 11 月，交警大队从普洱市公安局交警支队下划西盟县公安局属地管理，级别不变。内设车管中队、内勤中队、秩序中队、事故中队、勐卡中队，为副科级单位。2008 年，人员为政法专项编制 7 人（实有 8 人），事业编制 3 人。

历任县交警大队大队长：王福（1987 年 10 月至 1998 年 4 月）、罗家真（1998 年 4 月至 2003 年 10 月）、李杰（2003 年 10 月至 2007 年 11 月）、李文华（2008 年 3 月至 2008 年 12 月）。

历任县交警大队教导员：罗家真（1998 年 4 月至 2003 年 3 月）、李文华（2003 年 4 月至 2008 年 3 月）、李会宾（2008 年 3 月至 2008 年 12 月）。

四、县消防大队

1983 年，消防科成立，属公安局内设机构。1994 年，县防火安全委员会成立，后改称为消防大队（正科级），编制 5 人。各乡（镇）也成立专职消防队。至 2008 年 12 月，现役官兵 12 人（大队干部 3 人，中队干部 2 人，士官 3 人，士兵 4 人），合同制消防员 8 人。全县已组建志愿消防队 7 支，义务消防队 36 支，队员 1200 余人。

第三章 检 察

第一节 队伍建设

1979 年，恢复西盟县人民检察院后，在队伍建设中，抓业务培训，要求干警参加业务学习，参加实践技能的锻炼；鼓励干警参加各种电大及网络在职学习，提高学历层次；鼓励和支持干警参加司法考试，晋升法律资格职称。保障干警业务知识、学历晋升、计算机、司法考试等教育培训工作经费。每周组织干警学习不少于 4 小时。

1998 年，在全院进行“理想信念、公正执法、艰苦奋斗”的教育活动。

1999 年，在全院进行思想、作风、纪律和组织的教育整顿活动。

2002 年，县人民检察院被省人民检察院批准为“五好”达标检察院。

2003 年，进行“强化法律监督、维护公平正义”教育活动。

2005 年，开展“规范执法行为、促进执法公正”及“保持共产党员先进性教育活动”。同年 2 月，县人民检察院被思茅市委、市政府命名为思茅市“第一批文明单位”。

2006 年，开展社会主义法治理念及“树新风、强作风、兴思茅”教育活动，县人民检察院被西盟县委、县政府评为“先进单位”。

第二节 设施设备建设

1979 年 4 月 28 日，恢复检察院，办公地点设在县政府招待所，用竹笆隔围，面积有 60 平方米。

1980 年，投资 7.8 万元，建盖 3594.08 平方米的办公室 1 幢和职工宿舍 2 幢。

1985 年，有北京“212”吉普车 1 辆，有办公电话 1 部。

1987 年，县政府拨款 10 万元，建盖 643.86 平方米的职工宿舍。

1991 年 12 月，县抗震办拨款 24 万元，建盖 763.26 平方米的职工宿舍。

2000 年 3 月 5 日，搬迁至新县城，因办公楼尚未建成，全院分别在县综合一楼、气象局和建盖县医院施工队的工棚里办公。

2004 年，用中央国债资金 100 万元、中央财政拨款 100 万元、地方财政拨款 50 万元、自筹 30 万元，共计 280 万元，建盖 1800 平方米的办公大楼。

2006 年，有“猎豹”“三菱越野”“桑塔纳”“通用五棱”“哈飞”微型车各 1 辆。

2008 年 4 月，投资 95 万元，建盖 609 平方米的办案工作区。增加奔腾矫车 1 辆，共有办案用车 6 辆。办公基本实现自动化、网络化，每个干警均有 1 台电脑，每个科室均安装固定电话，增置价值

71110 元远程审讯监控系统（同步录音录像的办案设施）1 套，有数码相机 5 台，摄像机 5 部。

第三节 反贪污贿赂及渎职侵权检察

一、反贪污贿赂工作

1980 年—2008 年，共受理各类经济案件 244 件 283 人。经初查后立案 106 件 119 人；起诉 34 件 35 人；免予起诉 24 件 29 人；撤案 3 件 3 人。为国家挽回经济损失 209.83 万元。

1981 年—2008 年西盟县检察院反贪污贿赂案件立案查处情况表

表 17-8

名称/年份	受理数		立案情况										逮捕		审查结果						挽回经济损失
			立案数		其中										起诉		免诉		撤案		
					贪污		贿赂		偷抗税		大要案										
	（件）	（人）	（件）	（人）	（件）	（人）	（件）	（人）	（件）	（人）	（件）	（人）	（件）	（人）	（件）	（人）	（件）	（人）	（件）	（人）	（万元）
1981	7	16	1	1	—	—	—	—	—	—	—	—	—	—	1	1	—	—	—	—	0.2700
1982	3	3	2	2	—	—	—	—	—	—	—	—	—	—	2	2	—	—	—	—	0.1500
1983	2	2	—	—	—	—	—	—	—	—	—	—	—	—	—	—	—	—	—	—	—
1984	2	3	2	3	—	—	—	—	—	—	—	—	—	—	2	2	1	1	—	—	0.1500
1985	8	10	3	5	—	—	—	—	—	—	—	—	—	—	—	—	—	—	—	—	0.4500
1986	19	26	11	18	—	—	—	—	—	—	—	—	—	—	2	2	3	6	—	—	4.6000
1987	5	5	3	3	—	—	—	—	—	—	—	—	—	—	1	2	2	2	—	—	2.0000
1988	12	14	2	2	—	—	—	—	—	—	—	—	—	—	1	1	—	—	—	—	4.3000
1989	40	50	10	13	—	—	—	—	—	—	—	—	—	—	2	2	4	4	—	—	15.0000
1990	10	21	7	10	—	—	—	—	—	—	—	—	—	—	1	1	2	3	—	—	1.7000
1991	14	15	8	9	—	—	—	—	—	—	—	—	—	—	5	5	3	4	—	—	4.7000
1992	5	5	7	7	—	—	—	—	—	—	—	—	—	—	2	2	5	5	—	—	10.5000
1993	6	6	3	3	1	1	—	—	—	—	—	—	—	—	—	—	—	—	—	—	1.7000
1994	9	10	2	2	—	—	—	—	—	—	—	—	—	—	—	—	—	—	—	—	6
1995	4	4	4	4	—	—	—	—	—	—	—	—	—	—	—	—	—	—	—	—	5
1996	8	8	6	6	2	2	—	—	—	—	—	—	—	—	3	3	1	1	2	2	0.8000
1997	8	8	5	5	1	1	1	1	1	1	—	—	—	—	—	—	1	1	—	—	3.6000
1998	4	4	4	4	1	1	—	—	—	—	—	—	—	—	—	—	—	—	—	—	5.8000
1999	3	3	1	1	—	—	—	—	—	—	—	—	—	—	—	—	—	—	—	—	1.9376
2000	4	4	1	1	—	—	—	—	—	—	—	—	—	—	—	—	—	—	—	—	—
2001	11	12	4	4	—	—	1	1	1	1	—	—	—	—	—	—	2	2	1	1	6.4500
2002	4	4	3	3	—	—	1	1	1	1	—	—	—	—	2	2	—	—	—	—	7.2700
2003	11	11	2	2	1	1	—	—	—	—	—	—	—	—	—	—	—	—	—	—	6

续表 17-8

名称/年份	受理数		立案情况										逮捕		审查结果						挽回经济损失
			立案数		其中										起诉		免诉		撤案		
					贪污		贿赂		偷抗税		大要案										
	(件)	(人)	(件)	(人)	(件)	(人)	(件)	(人)	(件)	(人)	(件)	(人)	(件)	(人)	(件)	(人)	(件)	(人)	(件)	(人)	(万元)
2004	10	10	3	3	—	—	3	3	—	—	—	—	—	—	2	2	—	—	—	—	32
2005	5	5	4	4	—	—	4	4	—	—	—	—	—	—	—	—	—	—	—	—	17.3000
2006	15	15	3	3	—	—	3	3	—	—	3	3	1	1	3	3	—	—	—	—	29.7000
2007	5	5	1	1	—	—	1	1	—	—	1	1	1	1	1	1	—	—	—	—	10.5000
2008	10	4	4	—	—	—	4	4	—	—	4	4	2	2	4	4	—	—	—	—	31.9500
合计	244	283	106	119	6	6	18	18	3	3	8	8	4	4	34	35	24	29	3	3	209.8300

二、渎职侵权检察

1981年—2008年，共受理各类法纪案件81件、94人，立案侦查24件、31人。其中，逮捕11人，起诉19人，免予起诉5人，不起诉2人，转有关部门处理4人。

1981年—2008年间部分年份西盟县检察院反渎职侵权案件立案查处情况表

表 17-9

名称/年份	受理数		立案数		逮捕		审查结果					
							起诉		免诉		不诉	
	(件)	(人)	(件)	(人)	(件)	(人)	(件)	(人)	(件)	(人)	(件)	(人)
1981	4	4	—	—	—	—	—	—	—	—	—	—
1982	8	9	2	2	—	—	—	—	—	—	—	—
1984	8	8	—	—	—	—	—	—	—	—	—	—
1985	11	11	3	3	3	3	3	3	—	—	—	—
1986	11	16	2	4	2	4	2	4	—	—	—	—
1987	7	9	3	4	—	—	1	1	1	2	—	—
1988	5	5	1	1	1	1	1	1	—	—	—	—
1989	8	10	2	3	2	3	2	3	—	—	—	—
1990	5	6	2	2	—	—	—	—	1	1	—	—
1991	3	3	1	2	—	—	—	—	1	2	—	—
1992	3	3	1	1	—	—	—	—	—	—	—	—
2001	2	3	2	3	—	—	1	1	—	—	1	2
2005	1	1	—	—	—	—	—	—	—	—	—	—
2006	1	1	1	1	—	—	1	1	—	—	—	—
2007	1	2	1	2	—	—	1	2	—	—	—	—
2008	3	3	3	3	—	—	3	3	—	—	—	—
合计	81	94	24	31	8	11	15	19	3	5	1	2

第四节 公诉检察

1980年起，审查起诉科工作坚持“专人阅卷，集体讨论，检察长决定，对于重大疑难的案件提请检察委员会研究”的办案制度，做到正确运用法律，严厉惩罚犯罪分子，保证无罪的人不受刑事追究，使有罪之人得到应有惩罚。

1996年，刑事诉讼法修改实行，取消了检察环节的免予起诉，县人民检察院正确行使法律赋予的不起诉权力。

2005年起，上级检察院对下级检察院进行考核，实行“八项预警指标”，即对公诉工作实行无罪率、破坏社会主义市场经济秩序案件相对不诉率、抗诉率、撤回抗诉率、抗诉改判率、普通相对不诉率、自侦案件相对不诉率和撤回起诉率的指标考核。

至2008年，共受理公安和检察院自侦部门移送审查起诉各类刑事案件945件、1330人，经审查决定向同级人民法院依法提起公诉782件、1107人，免予起诉38件、44人，不起诉50件、65人。其余按管辖报上级检察院审查起诉或退侦处理。

1980年—2008年西盟县检察院审判监督情况表

表17-10

名称 年份	受理数		审查结果								出庭公诉	发表公诉词	抗诉	改判
			起诉		免诉		不诉		追诉					
	（件）	（人）	（件）	（人）	（件）	（人）	（件）	（人）	（件）	（人）	（件）	（篇）	（件）	（人）
1980	4	3	4	3	1	1	—	—	—	—	—	—	—	—
1981	6	7	5	6	1	1	—	—	—	—	—	—	—	—
1982	5	5	4	4	1	1	2	2	—	—	—	—	—	—
1983	52	63	43	53	—	—	1	1	—	—	—	—	—	—
1984	35	37	32	34	2	2	—	—	—	—	—	—	—	—
1985	27	31	23	27	3	3	—	—	—	—	—	—	—	—
1986	17	24	14	19	2	4	—	—	—	—	—	—	—	—
1987	21	34	19	30	1	1	—	—	—	—	—	—	—	—
1988	20	25	18	20	1	1	—	—	—	—	—	—	—	—
1989	26	37	22	30	2	4	1	1	—	—	—	—	—	—
1990	21	37	18	34	3	3	—	—	—	—	—	—	—	—
1991	32	43	29	39	3	4	—	—	—	—	—	—	—	—
1992	15	23	14	20	—	—	—	—	—	—	—	—	—	—
1993	18	28	16	26	1	1	—	—	—	—	—	—	—	—
1994	34	44	22	32	6	6	—	—	—	—	—	—	—	—
1995	18	26	14	20	—	—	1	1	—	—	—	—	—	—
1996	26	38	20	32	5	5	1	1	—	—	—	—	—	—
1997	21	28	9	9	5	6	3	3	—	—	—	—	—	—
1998	19	20	16	17	1	1	2	2	—	—	—	—	—	—

续表 17-10

年份＼名称	受理数		审查结果								出庭公诉	发表公诉词	抗诉	改判
			起诉		免诉		不诉		追诉					
	（件）	（人）	（件）	（人）	（件）	（人）	（件）	（人）	（件）	（人）	（件）	（篇）	（件）	（人）
1999	24	27	21	23	—	—	2	2	—	—	—	—	—	—
2000	24	33	17	23	—	—	3	4	—	—	—	—	—	—
2001	37	64	23	34	—	—	5	8	—	—	—	—	—	—
2002	64	25	50	20	—	—	4	7	—	—	—	—	—	—
2003	64	99	47	71	—	—	5	8	—	—	—	—	—	—
2004	49	80	43	74	—	—	4	4	—	—	—	—	—	—
2005	54	96	48	87	—	—	3	3	—	—	—	—	—	—
2006	61	101	57	96	—	—	4	4	—	—	—	—	—	—
2007	58	93	51	81	—	—	5	8	—	—	—	—	—	—
2008	93	159	83	143	—	—	4	6	—	—	—	—	—	—
合计	945	1330	782	1107	38	44	50	65	—	—	—	—	—	—

第五节 批捕检察

1980年起，办理批准逮捕案件，坚持：以事实为根据，以法律为准绳的原则，保证案件质量；重证据、重调查研究，防止冤假错案的发生；做好阅卷笔录，对事实不清，证据不足的，建议及时查实补充。

2001年—2003年，在“严打”工作中，做到快捕快诉，一般的批捕案件在24小时内办结，起诉案件在7日内办结，把办案数量多、办案质量好、办案速度快纳入对干警年终考核；以阅卷审查快、提前介入快、作出批捕起诉快的“三快”，保障“严打”工作正常。

至2008年，侦查监督部门共受理公安和本院自侦部门提前批准逮捕案897件、1422人，经审查批准逮捕831件、1263人，不批准逮捕132人，其余报上级检察院审查批捕或作其他处理，提前介入11件。

1981年—2008年西盟县检察院侦查监督部门案件处理情况表

表 17-11

年份＼名称	受理数		审查结果								公安撤回	提前介入	纠正违法	
			批捕		不批捕		退查		追捕				口头	书面
	（件）	（人）	（件）	（人）	（件）	（人）	（件）	（人）	（件）	（人）	（件）	（件）	（次）	（次）
1981	7	8	6	7	—	—	—	—	—	—	—	—	—	—
1982	11	14	8	10	—	3	—	—	—	—	—	—	—	—
1983	58	69	55	65	—	4	—	—	—	—	—	—	—	—
1984	39	41	38	40	—	1	—	—	—	—	—	—	—	—

续表 17-11

名称 年份	受理数		审查结果								公安撤回	提前介入	纠正违法	
			批捕		不批捕		退查		追捕				口头	书面
	（件）	（人）	（件）	（人）	（件）	（人）	（件）	（人）	（件）	（人）	（件）	（件）	（次）	（次）
1985	21	24	20	23	—	1	—	—	—	—	—	—	—	—
1986	19	28	17	26	—	2	—	—	—	—	—	—	—	—
1987	20	31	18	29	—	2	—	—	—	5	—	—	—	—
1988	22	31	22	29	—	2	—	—	—	—	—	—	—	—
1989	23	28	23	28	—	—	—	—	—	—	—	—	—	—
1990	23	43	21	40	—	3	—	—	—	1	—	—	—	—
1991	32	43	30	38	—	—	—	—	—	4	—	—	—	—
1992	16	24	16	24	—	—	—	—	—	—	—	—	—	—
1993	17	27	17	27	—	—	—	—	—	—	—	—	—	—
1994	24	35	22	32	—	3	—	—	—	—	—	—	—	—
1995	21	28	10	12	—	—	—	—	—	—	—	—	—	—
1996	20	32	20	32	—	—	—	—	—	—	—	—	—	—
1997	20	31	19	30	—	—	—	—	—	—	—	—	—	—
1998	17	18	16	17	—	1	—	—	—	—	—	—	—	—
1999	24	28	23	27	—	—	—	—	—	—	—	—	—	—
2000	28	40	28	38	—	2	—	—	—	—	—	—	—	—
2001	51	83	44	70	—	13	—	—	—	—	—	—	1	1
2002	64	104	60	89	—	15	—	—	—	—	—	—	—	—
2003	52	101	48	92	—	8	—	—	—	—	—	—	—	—
2004	45	80	45	77	—	2	—	—	—	—	—	—	—	—
2005	53	92	52	90	—	2	—	—	—	—	—	—	—	—
2006	43	91	41	69	—	22	—	—	—	3	—	2	—	—
2007	53	91	45	75	8	16	—	—	—	0	—	3	—	—
2008	74	157	67	127	7	30	—	—	—	0	—	6	—	—
合计	897	1422	831	1263	15	132	—	—	—	13	—	11	1	1

第六节　职务犯罪预防检察

2004年10月，西盟县预防职务犯罪领导小组成立，县委副书记为组长，政法委副书记为副组长，相关部门负责人为成员，西盟县预防职务犯罪领导小组成立后。与工商、税务等部门配合，宣讲法律，建立制度，坚持“打防并举、标本兼治”，预防职务犯罪发生以及查办职务犯罪。

2006年7月，县人民检察院到国税局和地方税务局上法制课。

至2008年，共与12个单位建立了预防机制，上法制课14次，受教育600人次。

第七节 控告申诉检察

1979年后，落实《西盟佤族自治县人民检察院控告申诉首办责任制》及《控告申诉案件限制答复制》，做好来信来访受理和分流工作；坚持和完善检察长接待日制；落实每年六月最后一周的举报宣传周活动，利用广播、电视和在人口密集的地段发放宣传资料等形式开展法律知识宣传，办理属于控申部门管辖案件。

2008年，共受理来信来访665件，经审查后按管辖要求进行分流处理，并督促落实反馈。

第八节 民事行政检察

1998年3月，增设县检察院民事行政检察科，任命副科长1人为检察科人员，成立之初未办理民事行政案件。2002年5月，正式任命科长。至2008年，民事行政检察受理7件7人，民事裁判案件立案1件。

第九节 监所检察工作

1983年8月，实行驻所检察。

1984年，防止人犯逃跑6次11人和自杀、串供的情况发生。对在押人犯的家属做好思想工作，进行政策和法律教育，要求人犯家属在会见人犯时，协助看守所对人犯进行思想教育，使人犯服从管教，认罪伏法，争取从宽处理。

1989年，省高级人民法院《关于贪污、受贿、投机倒把等犯罪分子必须在限期内自守坦白的通告》公布后，给在押人犯宣传政策后，有3名人犯主动交代过去没有交代的犯罪事实；有1名人犯检举揭发他人的违法犯罪事实；有48人写了遵守监规，认罪伏法，改恶从善，重新做人的决心书和保证书。

1990年，按照全国检察长工作会议精神，加强监所检察工作的领导，坚持监所检察干部定期或不定期的请示、汇报制度，对监所出现的问题及时研究解决。

1991年，看守所在押人犯和重刑犯多，为确保监所安全，院领导经常到看守所掌握情况，与看守所干警共同研究，及时防止了一起杀人越狱的重大事故的发生。

2001年—2002年，办理缓刑期间罪犯再犯罪案件3件3人。

2007年，办理在押人脱逃案1件1人。

2006年—2008年，驻所检察人员参与清监34次，参加安全防范检查36次。

至2008年，对在押人犯上法制课418次，受教育人犯11455人次，提出检察建议91条，对侦查部门和审判机关违法行为进行纠正31次。

第十节 人民监督员工作

2004年10月，遵照上级人民检察院指示，结合西盟实际，从相关部门选任3名人民监督员，专门对检察院的“三类案件”“五种情况”进行监督。

2005 年，人民监督员对检察院办理的 2 件拟作不起诉的行贿案件依法进行了监督。

2007 年，人民监督员任期届满，检察院重新选 5 名人民监督员履行监督职责，对办理的 2 件拟作不起诉案件依法进行监督。

第十一节 纪检监察

1979 年以来，检察院党组直接抓纪检监察工作，纪检监察工作主要抓好思想、纪律、法规和党规党纪教育，搞好一年一度的执法执纪大检查，严格党规党纪，坚决执行党委和上级检察机关的决定。学习贯彻执行“两个条例”，切实履行纪检监察工作职责，落实检察长与县委、上级检察机关，副检察长与检察长、科室领导与分管副检察长逐层签订党风廉政责任书，抓好党风廉政建设和依法依纪处理。

1991 年，时任检察院正科级检察员的李某某因丢失《一九九一年度工作计划》，单位以过失失密报保密局给予通报处理，当年不得评为先进或作任何表彰，并扣除当月奖金。

1997 年，检察院侦查监督科科长刘某某，因严重违反办案纪律，被责令调离检察机关。

2000 年，专职驾驶员钟某某，因酒后私自驾车肇事，造成严重损失，受到严重警告的纪律处分。

2004 年—2005 年度，检察院的党风廉政建设工作经考核，被县委、县政府评为“一等奖”。

第十二节 机　构

1979 年 4 月 28 日，恢复检察院。1979 年 12 月 20 日，西盟县人民检察院正式挂牌办公，内设批捕科、起诉科、法纪科、接待室、办公室，人员编制 10 人，实有 11 人。1980 年 4 月 28 日，经西盟县委批准县检察院委员会成立。1981 年 1 月，增设经济检察科；3 月 18 日，县检察院党组成立。1984 年 11 月，接待室改为控告申诉检察科。1988 年 10 月，设立经济犯罪举报站（由控告申诉检察科兼管）；11 月，设立税务检察室。1989 年 1 月 1 日，根据上级检察机关的部署和要求，为提高办案质量，加强内部监督和业务部门的合作，并对院内机构设置进行了改革，把经济检察科、法纪检察科合并为“经济、法纪案件侦查科”，简称为法纪科。1991 年 6 月，经济、法纪案件侦查科分开办公，经济检察科更名为反贪污贿赂工作局；侦查监督科与审判监督科合并办公，简称为刑检科。1996 年 7 月，将刑检科分为批捕科和起诉科；经济犯罪举报站更名为举报中心，设在控告申诉检察科内，与法纪科合并办公。1997 年 11 月，撤销税务检查室。1998 年 3 月，增设民事行政检察科。2002 年 5 月，控告申诉检察科（含举报中心）与法纪科分开办公，批捕科和起诉科分别更名为侦查监督科和公诉科；反贪污贿赂工作局更名为反贪污贿赂局；增设刑事赔偿办公室，与举报中心形成“一个机构、三块牌子”；同月，检察院设纪检组，全称为“中共西盟纪律检查委员会派任检察院纪检组”，组长由党组成员兼任。有人员编制 25 人，实有 25 人。2004 年，增设职务犯罪预防科；10 月，增设人民监督员办公室。2006 年 6 月，渎职侵权检察科更名为反渎职侵权局。2008 年，有人员编制 28 人，实有 26 人，其中，副处 1 人，正科 6 人，实职副科 9 人，科员 8 人，工人 2 人。

历任县检察院代检察长：岩浓（佤族，1979 年 4 月至 1980 年 11 月）。

历任县检察院检察长：张应发（拉祜族，1980 年 12 月至 1993 年 2 月）、杨勇（彝族，1993 年 3 月至 1999 年 9 月）、张海荣（傣族，2000 年 6 月至 2005 年 12 月）、杨绍瑜（彝族，2006 年 4 月至 2008 年 12 月）。

历任县检察院副检察长（正科）：张应发（1979 年 5 月至 1980 年 12 月）、刘铣铭（1980 年 11 月至 1981 年 3 月）、黄优光（1981 年 2 月至 1983 年 12 月）、罗之礼（1986 年 5 月至 1990 年 8 月）、魏世明（佤族，1990 年 9 月至 2002 年 4 月）、王应松（1990 年 9 月至 1998 年 12 月）、张扎朵（拉祜族，1998 年 3 月至 2008 年 12 月）、赵志荣（2002 年 3 月至 2005 年 9 月）、额云华（2005 年 10 月至 2006 年 9 月）、尼京（佤族，2006 年 8 月至 2008 年 12 月）、李应明（佤族，2006 年 8 月至 2008 年 12 月）。

历任县检察院纪检组组长（正科）：魏世明（2002 年 5 月至 2005 年 6 月）、张扎朵（2005 年 7 月至 2008 年 5 月）、罗源（2008 年 5 月至 2008 年 12 月）。

历任县检察院反贪污贿赂工作局局长（正科）：李向阳（2003 年 12 月至 2008 年 12 月）。

第四章 法 院

第一节 刑事审判

1978 年—2008 年，县人民法院共受理各类案件 3594 件，审执结 3590 件，占 99.89%；未结执行案 4 件，占 0.11%；执结执行案件 651 件，标的金额 1393.81 万元。

1978 年—2008 年，县人民法院共受理各类刑事案件 776 件，审结 776 件、1024 人，审结率 100%，其中，抢劫案件 33 件，占 4.25%；盗窃案件 224 件，占 28.87%；伤害案件 86 件，占 11.08%；强奸案件 56 件，占 7.22%；贪污案件 21 件，占 2.7%；流氓案件 9 件，占 1.15%；诈骗案件 14 件，占 1.8%；走私、运输、贩卖毒品案件 158 件，占 20.36%；重婚案件 47 件，占 6.05%；杀人案件 14 件，占 1.8%；交通肇事案件 20 件，占 2.58%；拐卖人口案件等其他刑事案件 94 件，占 12.11%。共在判处的 1024 个被告中，判处 5 年以下有期徒刑 526 人，占 51.36%；5 年以上有期徒刑 281 人（无期徒刑 1 人），占 27.44%；缓刑 161 人，占 15.72%；其他处理 56 人，占 5.47%。

1978 年—1990 年西盟县人民法院一审刑事案件受理审结情况表

表 17-12　　单位：件

名称 年度	审理案件数	其中		过失杀人	强奸	过失放火	抢劫	伤害	盗窃	诈骗	贪污	流氓	交通肇事	虐待	重婚	走私	运输毒品	拐卖人口	破坏军婚	过失犯	反革命案	残害耕畜
		公诉	自诉																			
1978	11	11	—	2	1	—	—	—	1	1	1	—	—	—	1	—	1	—	1	1	1	—
1979	4	4	—	—	—	—	—	1	1	—	—	—	—	—	1	—	—	—	1	—	—	—
1980	4	3	1	—	1	—	—	—	—	—	—	—	—	—	1	1	—	—	—	—	1	—
1981	6	6	—	1	—	—	—	1	1	—	1	—	1	—	—	—	1	—	—	—	—	—
1982	7	6	1	—	1	—	—	1	1	—	1	—	—	—	1	—	2	—	—	—	—	—
1983	38	31	7	—	5	—	—	3	6	1	1	1	1	—	7	—	12	—	—	—	—	1
1984	46	40	6	1	5	—	1	3	1	1	1	2	—	1	6	—	24	—	—	—	—	—
1985	25	22	3	—	3	—	1	1	2	—	—	2	—	—	6	—	10	—	—	—	—	—
1986	17	15	2	—	—	—	—	1	2	—	1	1	—	—	4	—	8	—	—	—	—	—
1987	21	19	2	—	2	1	1	1	7	—	2	—	—	—	2	—	5	—	—	—	—	—
1988	29	27	2	1	2	—	1	—	8	—	1	1	1	—	5	—	6	3	—	—	—	—
1989	14	14	—	1	4	1	—	1	4	—	2	—	—	—	—	—	1	—	—	—	—	—
1990	31	29	2	—	8	1	—	1	6	1	2	—	—	—	2	4	4	2	—	—	—	—
合计	253	227	26	6	32	3	4	14	40	4	13	7	3	1	36	5	74	5	2	1	2	1

1991 年—2008 年西盟县人民法院一审刑事案件受理审结情况表

表 17-13　　　　单位：件

年度	审理案件数	其中 公诉	其中 自诉	过失杀人	强奸	抢劫	过失放火	盗窃	诈骗	贪污	挪用公款	收回行贿	流氓	交通肇事	重婚	走私毒品	运输毒品	拐卖人口	投机倒把	电网死亡	故意伤害	奸淫幼女	诬告陷害	骗取进出口	妨害公务	非法持有枪支	破坏通信设施	其他案件
1991	34	34	—	—	8	—	1	6	1	1	—	—	1	—	2	4	4	3	2	—	1	—	—	—	—	—	—	—
1992	18	17	1	1	—	—	—	6	—	1	—	—	—	—	4	—	1	—	1	1	1	2	—	—	—	—	—	—
1993	15	14	1	—	—	—	1	6	1	2	—	—	—	—	2	1	—	—	—	—	1	1	—	—	—	—	—	—
1994	23	23	—	1	2	1	—	4	—		—	—	—	—	1	6	3	—	—	—	3	1	1	—	—	—	—	—
1995	17	17	—	2	2	—	—	5	—	2	—	—	1	1	—	2	—	—	—	—	2	—	—	—	—	—	—	—
1996	24	22	2	1	—	3	—	5	—	—	—	—	—	—	1	3	—	—	—	—	5	5	—	1	—	—	—	—
1997	15	10	5	—	—	—	1	2	—	—	—	1	—	—	—	4	1	—	—	—	5	—	—	—	1	—	—	—
1998	12	12	—	—	—	—	1	4	—	—	—	—	—	—	—	5	—	—	—	—	1	—	—	—	—	1	—	—
1999	20	20	—	1	1	1	—	6	—	—	—	—	—	1	—	1	—	—	—	—	8	—	—	—	—	—	1	—
2000	19	19	—	—	—	1	1	7	—	—	—	1	—	—	—	—	—	—	—	—	6	—	—	—	—	—	—	3
2001	24	23	1	—	1	1	—	9	—	—	—	—	—	1	1	1	—	—	—	—	1	—	—	—	—	1	—	8
2002	56	54	2	1	5	5	—	21	1	—	1	1	—	2	—	5	2	—	—	1	7	—	—	—	—	2	—	2
2003	47	47	—	1	2	5	—	19	1	—	—	—	—	1	—	—	4	—	—	—	6	—	—	—	—	1	—	7
2004	37	37	—	—	—	3	—	18	1	—	—	2	—	4	—	—	1	—	—	—	7	—	—	—	—	—	—	1
2005	36	36	—	—	1	1	1	15	—	—	—	—	—		—	—	11	—	—	—	4	—	—	—	—	—	—	3
2006	43	43	—	—	2	3	—	23	2	—	—	3	—	2	—	5	3	—	—	—		—	—	—	—	—	—	—
2007	40	39	1	—	—	3	—	18	—	2	—	4	—	3	—	—	4	—	—	—	6	—	—	—	—	—	—	—
2008	43	43	—	—	—	2	—	10	3	—	—	4	—	2	—	1	7	—	—	—	8	—	—	—	—	3	—	3
合计	523	510	13	8	24	29	6	184	10	8	1	16	2	17	11	38	41	3	3	2	72	9	1	1	1	8	1	27

1978 年—2008 年西盟县人民法院一审处理刑事案件被告人情况表

表 17-14　　　　单位：人

年度	不满5年	5年以上10年以下	10年以上不满15年	15年以上不满21年	无期徒刑	缓刑	刑拘	管制	免于刑事处罚	无罪	单处罚金	其他处理	小计
1978	6	2	—	1	—	—	—	—	2	—	—	—	11
1979	3	1	—	—	—	1	—	—	—	—	—	—	5
1980	—	—	1	—	—	1	1	—	—	1	—	—	4
1981	5	1	—	—	—	1	—	—	—	—	—	3	10
1982	6	1	—	—	—	1	—	—	—	—	—	3	11
1983	23	16	5	1	—	1	1	—	—	—	—	—	47
1984	28	11	—	—	1	6	1	—	3	2	—	—	52
1985	17	4	2	1	—	4	3	—	—	—	—	—	31
1986	10	2	—	—	—	1	1	—	2	—	—	—	16
1987	16	8	1	—	—	2	1	—	1	2	—	—	31

续表 17-14

名称 年度	不满5年	5年以上10年以下	10年以上不满15年	15年以上不满21年	无期徒刑	缓刑	刑拘	管制	免于刑事处罚	无罪	单处罚金	其他处理	小计
1988	19	7	1	—	—	1	2	—	—	—	—	—	30
1989	11	3	—	1	—	—	3	—	1	—	—	—	19
1990	20	14	2	—	—	—	2	—	1	—	—	—	39
1991	21	11	2	—	—	—	2	—	1	1	—	—	38
1992	13	4	2	—	—	2	2	—	—	1	—	1	25
1993	11	3	—	—	—	1	1	—	—	—	—	—	16
1994	16	16	—	—	—	1	3	—	—	—	—	—	36
1995	9	6	—	—	—	3	—	—	—	—	—	—	18
1996	10	11	2	1	—	2	—	—	—	1	—	—	27
1997	4	7	7	2	—	6	—	—	—	1	—	—	27
1998	3	3	5	—	—	4	—	—	—	—	—	—	15
1999	14	5	2	—	—	6	—	—	—	—	—	—	27
2000	17	4	2	—	—	6	—	—	—	—	—	—	29
2001	10	8	3	—	—	12	1	—	—	—	—	—	34
2002	42	7	9	—	—	30	—	—	—	—	—	—	88
2003	51	17	3	—	—	—	—	—	—	—	—	—	71
2004	18	8	7	—	—	8	—	—	—	—	—	—	41
2005	20	5	5	—	—	9	—	—	—	—	—	—	39
2006	45	4	3	—	—	11	—	2	—	—	—	—	65
2007	47	3	1	—	—	13	—	—	—	—	—	—	64
2008	11	10	6	—	—	28	—	—	3	—	—	—	58
合计	526	202	71	7	1	161	24	2	14	9	0	7	1024

1978年—1990年西盟县人民法院一审刑事案件复查案件情况表

表 17-15　　　　单位：人

复查时间	案发年度	案件性质	案件复查数		维持原判数		改判情况						其他
			（件）	（人）	（件）	（人）	（件）	（人）	改变性质	减轻处罚	免于刑事处罚	无罪	
1978	1977	反革命案件 普通刑事案	1	1	—	—	1	1	—	—	—	1	—
1979.2—1980.6	1965以前至1976	反革命案件 普通刑事案	119	134	74	80	42	50	2	10	3	35	3
1980.7—1981.6	1966—1976	反革命案件 普通刑事案	9	12	—	—	9	12	7	—	5	—	—
1981.7—1986.9	1965以前至1986.9	反革命案件 普通刑事案	90	120	75	105	7	7	2	4	—	1	8
1986.10—1987.6	1965以前至1986.9	反革命案件 普通刑事案	32	36	24	27	8	9	3	3	—	3	—
1987.7—1990.12	1965以前至1990	反革命案件 普通刑事案	17	19	13	15	4	4	2	2	—	—	—
合计			268	322	186	227	71	83	16	19	8	40	11

第二节 民事审判

1978年—2008年，共受理各类民事案件1868件，审结1868件，审结率100%，其中，离婚案件1024件，占54.81%；赔偿案件198件，占10.59%；债务案件124件，占6.63%；赡养案件2件，占0.10%；抚养案件54件，占2.89%；合同纠纷案件213件，占14.03%；交通事故案件28件，占1.49%；名誉权案件11件，占0.58%；相邻纠纷案件3件，占0.16%；民间借贷案件43件，占2.30%；土地权属纠纷案件4件，占0.21%；房屋租赁合同案件3件，占0.16%；申请支付令案件66件，占3.53%；其他纠纷案件80件，占4.28%。在所审理的1868案件中，其中，调解1041件，占55.72%；判决604件，占32.33%；支付令生效66件，占3.53%；裁定157件，占8.40%。其中，裁定准予撤诉136件，驳回起诉9件，终结2件，移送4件。裁定作其他处理6件。诉讼案件标的争议额637万元。

1978年—2008年西盟县人民法院一审民事案件审结情况表

表17-16 单位：万元、件

名称 年度	审理案件																	审理结果							
	标的额	小计	离婚	抚养	合同纠纷	债务纠纷	赔偿纠纷	交通事故	名誉权	相邻	民间借贷	婚姻纠纷	赡养	土地纠纷	房屋买卖	申请支付令	其他纠纷	小计	调节	判决	裁定				
																					撤诉	驳回起诉	终结	移送	其他
1978	—	3	3	—	—	—	—	—	—	—	—	—	—	—	—	—	—	3	—	2	—	—	—	—	1
1979	—	4	3	—	—	—	—	—	—	—	—	—	—	—	—	—	1	4	—	3	1	—	—	—	—
1980	—	15	11	1	—	—	1	—	—	—	—	—	—	—	—	—	2	15	5	9	1	—	—	—	—
1981	—	11	4	1	—	—	4	—	—	—	—	2	—	—	—	—	—	11	4	7	—	—	—	—	—
1982	—	13	12	—	—	—	1	—	—	—	—	—	—	—	—	—	—	13	11	1	—	—	—	—	1
1983	—	3	—	—	—	—	3	—	—	—	—	—	—	—	—	—	—	3	2	1	—	—	—	—	—
1984	—	42	22	1	—	—	3	—	—	—	—	—	—	—			16	42	32	7	3	—	—	—	—
1985	—	49	32	1	—	—	4	—	—	—	—	—	—	—	—	—	12	49	35	9	5	—	—	—	—
1986	—	40	29	2	—	—	3	—	—	—	—	2	—	—	—	—	4	40	32	5	1	—	—	—	2
1987	—	54	45	—	—	—	4	—	—	—	—	3	—	—	—	—	2	54	47	3	4	—	—	—	—
1988	—	33	27	3	—	—	1	—	—	—	—	—	—	—	—	—	2	33	26	5	—	—	—	—	2
1989	—	49	37	—	—	2	8	—	—	—	—	—	—	—	—	—	2	49	37	10	2	—	—	—	—
1990	—	44	33	3	—	—	7	—	—	—	—	—	—	—	—	—	1	44	33	7	4	—	—	—	—
1991	—	43	33	3	—	—	7	—	—	—	—	—	—	—	—	—	—	43	32	7	4	—	—	—	—
1992	—	58	44	2	—	3	4	—	2	—	—	—	—	—	—	—	3	58	49	7	2	—	—	—	—
1993	—	76	49	1	—	14	7	—	1	—	—	—	—	—	—	—	4	76	58	12	4	—	1	1	—
1994	—	76	53	—	—	15	4	—	2	—	—	—	1	—	—	—	1	76	57	17	1	—	1	—	—
1995	—	95	78	3	—	6	5	—	1	—	—	1	1	—	—	—	—	95	57	37	1	—	—	—	—
1996	—	62	50	2	—	4	3	—	—	—	—	—	—	1	—	—	2	62	42	17	3	—	—	—	—
1997	—	76	59	3	—	8	2	—	1	1	—	2	—	—	—	—	—	76	45	25	6	—	—	—	—
1998	35.67	80	67	5	—	3	3	—	—	—	—	—	—	—	1	—	1	80	62	11	6	1	—	—	—

续表 17-16

年度＼名称	审理案件																审理结果							
	标的额	小计	离婚	抚养	合同纠纷	债务纠纷	赔偿纠纷	交通事故	名誉权	相邻	民间借贷	婚姻纠纷	赡养	土地纠纷	房屋买卖	申请支付令	其他纠纷	小计	调节	判决	裁定				
																					撤诉	驳回起诉	终结	移送	其他
1999	13.89	45	36	1	—	4	4	—	—	—	—	—	—	—	—	—	—	45	28	13	3	1	—	—	—
2000	—	74	27	4	—	26	8	—	—	—	—	—	—	1	1	2	5	74	43	22	7	—	—	—	2
2001	—	127	49	—	20	34	15	—	—	—	—	—	—	—	—	5	4	127	47	58	17	—	—	—	5
2002	454.05	167	40	4	58	—	27	8	2	—	10	2	—	—	—	6	10	167	76	83	2	—	—	—	6
2003	—	107	36	—	46	—	11	—	—	—	—	—	—	—	—	10	4	107	40	52	5	—	—	—	10
2004	—	91	21	2	23	—	15	5	—	—	7	2	—	—	—	13	3	91	33	35	10	—	—	—	13
2005	—	100	24	3	19	—	18	6	—	1	9	—	—	2	—	18	—	100	31	40	8	2		1	18
2006	—	59	27	—	10	5	6	4	—	—	3	—	—	—	—	4	—	59	23	27	5	—	—	—	4
2007	120.2	80	30	4	17	—	7	2	1	1	11	1	—	—	—	5	1	80	29	31	12	2	—	1	5
2008	13.19	92	43	5	20	—	13	3	1	—	3	1	—	—	—	3	—	92	25	41	20	2	—	1	3
合计		1868	1024	54	213	124	198	28	11	3	43	16	2	4	2	66	80	1868	1041	604	137	8	2	4	72

第三节　经济审判

1981年—2001年，县人民法院共受理各类经济纠纷案件258件，审结258件，审结率100%，标的金额219.03万元，其中，合同纠纷案件171件，占66.28%；债务纠纷案件18件，占6.98%；赔偿纠纷案件2件，占0.77%；申请支付令案件22件，占8.53%；其他纠纷案件47件，占17.44%。

2001年，县人民法院共受理各类经济纠纷案件45件，其中，判决22件，占48.89%；调解18件，占40%；支付令生效4件，占8.89%；裁定准予撤诉处理1件，占2.22%。

1981年—2002年西盟县人民法院一审经济纠纷案件审结情况表

表 17-17　　单位：万元、件

年度＼名称	审理案件								审理结果								
	标的额	小计	合同纠纷	债务纠纷	赔偿纠纷	货物运输	申请支付令	其他纠纷	小计	调解	判决	支付令生效	裁定				
													撤诉	驳回起诉	终结	移送	其他
1981	—	2	—	—	—	—	—	2	2	2	—	—	—	—	—	—	—
1982	—	0	—	—	—	—	—	—	0	—	—	—	—	—	—	—	—
1983	0.49	4	1	—	—	—	—	3	4	2	2	—	—	—	—	—	—
1984	0.47	3	—	—	—	—	—	3	3	2	—	—	1	—	—	—	—
1985	5.60	6	3	—	—	—	—	3	6	3	1	—	2	—	—	—	—
1986	6.20	10	7	2	—	—	—	1	10	5	2	—	3	—	—	—	—
1987	3.80	7	4	3	—	—	—	—	7	4	1	—	—	—	—	—	2

续表 17-17

名称 / 年度	审理案件								审理结果								
	标的额	小计	合同纠纷	债务纠纷	赔偿纠纷	货物运输	申请支付令	其他纠纷	小计	调解	判决	支付令生效	裁定				
													撤诉	驳回起诉	终结	移送	其他
1988	5.90	7	5	—	—	—	—	2	7	5	1	—	1	—	—	—	—
1989	36.20	12	10	—	1	—	—	1	12	10	1	—	1	—	—	—	—
1990	27.70	9	8	—	—	—	—	1	9	8	—	—	1	—	—	—	—
1991	11.02	9	8	—	—	—	—	1	9	8	—	—	1	—	—	—	—
1992	20.66	14	10	—	—	—	1	3	14	2	11	1	—	—	—	—	—
1993	19.29	10	8	—	—	—	2	—	10	5	—	2	1	—	1	1	—
1994	12.04	22	12	8	—	—	—	2	22	13	6	—	3	—	—	—	—
1995	—	21	12	2	—	—	—	7	21	12	8	—	1	—	—	—	—
1996	18.35	11	5	1	—	—	—	5	11	7	3	—	1	—	—	—	—
1997	—	6	4	—	—	—	2	—	6	3	1	2	—	—	—	—	—
1998	—	7	3	1	—	—	1	2	7	4	2	1	—	—	—	—	—
1999	51.31	22	10	—	—	—	12	—	22	6	3	12	1	—	—	—	—
2000	—	31	21	1	—	—	—	9	31	14	17	—	—	—	—	—	—
2001	—	45	40	—	1	—	4	—	45	18	22	4	1	—	—	—	—
2002	—	0	—	—	—	—	—	—	0	—	—	—	—	—	—	—	—
合计	219.03	258	171	18	2	0	22	45	258	133	81	22	18	0	1	1	2

第四节　行政审判

1991 年—2008 年，县人民法院共受理各类行政案件 18 件，审结 18 件，审结率 100%，其中，治安行政案件 3 件，占 16.67%；国土资源行政案件 4 件，占 22.22%；技术监督行政案件 1 件，占 5.56%；行政非诉案件 8 件，占 44.44%；其他行政案件 2 件，占 11.11%。所审结案件中，判决维持或撤销行政裁决 7 件，裁定 11 件，其中，裁定强制执行 8 件，裁定准予撤诉 3 件。

1991 年—2008 年西盟县人民法院一审行政案件审理情况表

表 17-18　　单位：人

年度	审理案件							审理结果					
	小计	国土资源	技术监督	治安行政	行政非议	其他行政案件	标的额	小计	调解	判决	裁定		
											不予受理	枪支执行	撤诉
1991	1	—	—	1	—	—	2.50	1	—	1	—	—	—
1992	0	—	—	—	—	—	—	0	—	—	—	—	—
1993	3	2	1	—	—	—	3.35	3	—	2	—	—	1

续表 17-18

年度	审理案件							审理结果					
	小计	国土资源	技术监督	治安行政	行政非议	其他行政案件	标的额	小计	调解	判决	裁定		
											不予受理	枪支执行	撤诉
1994	1	1	—	—	—	—	1.11	1	—	1	—	—	—
1995	0	—	—	—	—	—	—	0	—	—	—	—	—
1996	0	—	—	—	—	—	—	0	—	—	—	—	—
1997	0	—	—	—	—	—	—	0	—	—	—	—	—
1998	0	—	—	—	—	—	—	0	—	—	—	—	—
1999	0	—	—	—	—	—	—	0	—	—	—	—	—
2000	1	—	—	1	—	—	—	1	—	—	—	—	1
2001	1	—	—	—	—	1	—	1	—	1	—	—	—
2002	0	—	—	—	—	—	—	0	—	—	—	—	—
2003	1	—	—	1	—	—	—	1	—	—	—	—	1
2004	8	—	—	—	7	1	0.55	8	—	1	—	7	—
2005	0	—	—	—	—	—	—	0	—	—	—	—	—
2006	0	—	—	—	—	—	—	0	—	—	—	—	—
2007	2	1	—	—	1	—	—	2	—	1	—	1	—
2008	0	—	—	—	—	—	—	0	—	—	—	—	—
合计	18	4	1	3	8	2	7.51	18	0	7	0	8	3

第五节　执行案件

1996 年—2008 年，县人民法院共计受理案件 875 件，其中，上年未结案件 220 件，实际受理民事、行政、刑事执行案件 655 件，执结 651 件，执结率 99.39%，未执结 4 件，占 0.61%。执结标的额 1396.96 万元。其中，强制执行 156 件，占 23.96%；自动履行 165 件，占 25.35%；发放债权凭证 216 件，占 33.18%；裁定终结 88 件，占 13.52%；裁定其他处理 26 件，占 3.99%。

1996 年—2008 年西盟县人民法院执行案件执结情况表

表 17-19　　单位：万元、件

名称 年度	执结情况											当年未结案件
	上年旧存	新收申请移交	执结小计	标的额	强制执行	自动履行	和解	发放债权凭证	裁定			
									终止	终结	其他	
1996	—	46	15	6.02	6	8	—	—	—	1	—	31
1997	31	11	11	11.72	2	6	—	—	—	3	—	31
1998	31	9	7	—	2	3	—	—	—	2	—	33
1999	33	16	24	29.07	10	14	—	—	—	—	—	25

续表 17-19

年度＼名称	执结情况											当年未结案件
	上年旧存	新收申请移交	执结小计	标的额	强制执行	自动履行	和解	发放债权凭证	裁定			
									终止	终结	其他	
2000	25	44	57	138.02	2	18	—	—	—	11	26	12
2001	12	108	97	142.64	15	10	—	72	—	—	—	23
2002	23	75	83	185. 08	20	17	—	36	—	10	—	15
2003	15	102	99	205.49	18	16	—	52	—	13	—	18
2004	18	95	104	200.37	27	15	—	42	—	20	—	9
2005	9	54	52	99.89	17	20	—	6	—	9	—	11
2006	11	43	47	327.66	13	15	—	5	—	14	—	7
2007	7	35	37	30.75	19	10	—	3	—	5	—	5
2008	5	17	18	20.25	5	13	—	—	—	—	—	4
合计	220	655	651	1396.96	156	165	0	216	0	88	26	224

第六节 审判监督

1978 年—1990 年，县人民法院先后 6 次对历史老案和“文化大革命”期间所审理的刑事案件进行复查，通过复查，一批冤假错案得到平反，其中最大的是“陈定美蒋特务案”，向全县人民宣布，为陈定平反；恢复工作 1 人，并补发了工资；为受害者家属安排工作 8 人；复查普通刑事案件 268 件 321 人，其中，维持原判 186 件、227 人，改判 71 件、83 人，作其他处理 11 件 11 人。

自 2002 年起，县人民法院每年对刑事、民事、商事、行政、执行案件质量开展评查，评查率 100%。

1991 年—2008 年，共受理案件 19 件，其中，申诉再审理案件 17 件，县人民法院决定提起再审 1 件，上级法院决定再审 1 件。审结 19 件，审结率 100%，其中，维持原判 1 件，改判 3 件，调解 1 件，驳回申诉 11 件。说服息诉 3 件。

1991 年—2008 年西盟县人民法院审判监督案件情况表

表 17-20　　　　单位：万元、件

年度＼名称	受理案件			审结结果						
	小计	申诉再审	上级法院决定再审	小计	标的额	维持原判	改判	调解	说服息诉	驳回申诉
1991	1	1	—	1	—	—	—	—	—	1
1992	3	2	1	3	2.5	—	1	—	—	2
1993	0	—	—	0	—	—	—	—	—	—
1994	0	—	—	0	—	—	—	—	—	—
1995	0	—	—	0	—	—	—	—	—	—
1996	2	2	—	2	—	—	—	—	2	—

续表 17-20

名称 年度	受理案件			审结结果						
	小计	申诉再审	上级法院决定再审	小计	标的额	维持原判	改判	调解	说服息诉	驳回申诉
1997	0	—	—	—	—	—	—	—	—	—
1998	1	1	—	1	—	—	—	1	—	—
1999	0	—	—	0	—	—	—	—	—	—
2000	2	2	—	2	—	—	—	—	—	2
2001	1	1	—	2	—	1	1	—	—	—
2002	4	4	—	4	—	—	—	—	—	4
2003	4	4	—	4	—	—	1	—	1	2
2004	0	—	—	0	—	—	—	—	—	—
2005	0	—	—	0	—	—	—	—	—	—
2006	0	—	—	0	—	—	—	—	—	—
2007	0	—	—	0	—	—	—	—	—	—
2008	0	—	—	0	—	—	—	—	—	—
合计	18	17	1	19	2.5	1	3	1	3	11

第七节 立案工作

1978 年至 1998 年 2 月，县人民法院实行立审合一制度，即自收自立，没有实行立审分开。

1998 年 3 月，实行立案审理分离制度。

1999 年—2008 年，县人民法院立案庭审查立案 1117 件，办理困难当事人诉讼费缓、减、免 178 件，占 15.99%，其中，办理困难当事人诉讼费缓交 103 件，金额 20.35 万元；减交 40 件，金额 12.33 万元；免交诉讼费 35 件，金额 9.8 万元。处理群众来信 1574 件（次），接待来访 2927 人（次）。告诉处理共 1734 件人次，申诉 19 件人次，其他 2748 件人次。

1991 年—2008 年西盟县法院告诉申诉来信来访立案处理情况表

表 17-21　　单位：人次、件

名称 年度	告诉申诉来信来访立案情况															非诉信访处理情况			
	处理来信	处理来访	合计	其中			处理情况（件、人次）									来信	来访	处理情况	
				告诉	申诉	其他	立案	驳回	转处	说服息诉	移送管辖	调处简易纠纷	对下交办	撤诉	其他			解答咨询	转处
1991	57	83	140	52	1	87	53	—	—	—	—	—	—	—	87	—	—	—	—
1992	72	98	170	72	3	95	75	—	—	—	—	—	—	—	95	—	—	—	—
1993	43	155	198	91	—	107	91	—	—	—	—	—	—	—	107	—	—	—	—
1994	49	97	146	99	—	47	99	—	—	—	—	—	—	—	47	—	—	—	—
1995	60	72	132	116	—	16	116	—	—	—	—	—	—	—	16	—	—	—	—

续表 17-21

名称 年度	告诉申诉来信来访立案情况															非诉信访处理情况			
	处理来信	处理来访	合计	其中			处理情况（件、人次）									来信	来访	处理情况	
				告诉	申诉	其他	立案	驳回	转处	说服息诉	移送管辖	调处简易纠纷	对下交办	撤诉	其他			解答咨询	转处
1996	87	289	376	73	2	301	75	—	—	—	—	—	—	—	301	—	—	—	—
1997	123	370	493	82	—	411	82	—	—	—	—	—	—	—	411	—	—	—	—
1998	127	220	347	91	1	255	92	—	—	—	—	—	—	—	255	—	—	—	—
1999	59	258	317	67	—	250	67	—	—	—	—	—	—	—	250	—	—	—	—
2000	74	141	215	104	2	109	106	—	—	—	—	—	—	—	109	—	—	—	—
2001	101	237	338	159	2	177	161	—	—	—	—	—	—	—	177	—	—	—	—
2002	167	139	306	167	4	135	171	—	—	—	—	—	—	—	135	—	—	—	—
2003	121	159	280	108	4	168	112	—	—	—	—	—	—	—	168	—	—	—	—
2004	129	137	266	92	—	174	92	—	—	—	—	—	—	—	174	—	—	—	—
2005	78	127	205	110	—	95	110	—	—	—	—	—	—	—	95	—	—	—	—
2006	73	98	171	59	—	112	59	—	—	—	—	—	—	—	112	—	—	—	—
2007	111	137	248	82	—	166	82	—	—	—	—	—	—	—	166	—	—	—	—
2008	43	110	153	110	—	43	153	—	—	—	—	—	—	—	—	—	—	—	—
合计	1574	2927	4501	1734	19	2748	1796	0	0	0	0	0	0	0	2705	0	0	0	0

第八节 审判委员会

1981 年 5 月 17 日，县人大常委会批准法院设立审判委员会，并任命马二、廖运宣、姚明光、李玉开、杨勇为首届审判委员会委员。1981 年—1982 年，讨论 14 件，平均每年 7 件；1983 年—1987 年，讨论 31 件，平均每年 6.2 件；1988 年—1993 年，讨论 38 件，平均每年 6.33 件；1994 年—1998 年，讨论 42 件，平均每年 8.4 件；1999 年，讨论 34 件；2000 年，讨论 19 件；2001 年—2008 年，讨论 63 件，平均每年 7.87 件。

至 2008 年，共讨论各类案件 241 件，平均每年 8.31 件（讨论案件中，刑事案件 232 件，民事案件 2 件，行政案件 7 件）。

第九节 法官等级

1998 年 11 月 30 日，根据《中华人民共和国法官法》的规定，首次进行法官等级评定，评定法官 23 人，其中，四级高级法官 3 人，一级法官 4 人，二级法官 6 人，三级法官 1 人，四级法官 6 人，五级法官 3 人。

2008 年，西盟县法院具有法官等级的法官有 16 人，其中，四级高级法官 6 人，一级法官 5 人，二级法官 5 人。

第十节 机 构

1978 年，县人民法院有行政编制 8 人，实有 8 人。1981 年 5 月 18 日，法院党组和经济审判庭成立。1986 年 11 月 24 日，县人民法院升格为副处级单位。1988 年 10 月，设新厂乡人民法庭，负责处理新厂乡、锡矿厂、中课乡部分案件，设庭长、审判员、助理审判员、书记各 1 人。1990 年 7 月 20 日，行政审判庭成立。1992 年 3 月 19 日，新厂乡人民法庭正式挂牌开展工作；5 月，增设政工科。1995 年 7 月，增设执行庭，正式实行审执分立，执行庭与行政庭合署办公，实行一块牌子、两套人员。1996 年，机构改革，新厂乡人民法庭撤销。10 月，增设立案庭、告诉申诉审判庭、司法警察大队。2002 年 6 月 3 日，县委批复法院机构设置、人员编制三定方案，有 13 个职能部门：政工科升格为政治处、办公室、监察室、纪检组、立案庭、刑事审判庭、民事审判庭更名为民事审判第一庭、经济审判庭更名为民事审判第二庭、行政审判庭、审判监督庭、执行庭升格为执行局、司法警察大队、书记员管理科。编制由 30 人减为 28 人，领导职数 3 人，其中，院长 1 人，副院长 2 人（非党副院长不占领导职数），内设机构正职按副科级配备，其中，政治处主任、纪检组组长、执行局局长按副院长（正科级）配备。2003 年 8 月 19 日，增加事业编制 3 人。2005 年 5 月，增设人民陪审员办公室，领导职级副科级。2007 年 10 月 16 日，市编委下达增加政法专项编制 3 人，取消事业编制，事业干部转为行政干部。2008 年 12 月，内设机构 14 个，有政法专项编制 33 人，实有 28 人，其中，副处级 2 人、正科级 5 人、主任科员 5 人、副科级 5 人、副主任科员 2 人、科员 3 人、一般干部 4 人、工人 2 人；设院党组、机关党支部、工会、共青团组织。

历任县人民法院院长（正科）：马二（佤族，1981 年 5 月至 1984 年 5 月）、岩兴（佤族，1984 年 5 月至 1986 年 11 月）。

历任县人民法院院长（副处）：岩兴（佤族，1986 年 11 月至 1997 年 5 月）、岩盆（佤族，1998 年 3 月至 2000 年 8 月）、郭明德（代理 2000 年 8 月至 2001 年 2 月、2001 年 3 月至 2004 年 7 月）、廖新挺（2005 年 1 月至 2005 年 1 月）、吴江涛（哈尼族，代理 2007 年 11 月至 2008 年 1 月、2008 年 2 月至 2008 年 12 月）。

历任县人民法院副院长：杨勇（1985 年 11 月至 1993 年 3 月）、岩盆（1991 年 2 月至 1994 年 8 月、1997 年 8 月至 1998 年 2 月）、赵利国（1993 年 9 月至 2006 年 2 月）、郝玉朝（1996 年 5 月至 2002 年 5 月）、尼京（佤族，2001 年 5 月至 2006 年 8 月）、赵晓玲（女，佤族，2006 年 8 月至 2008 年 12 月）、高会春（哈尼族，2006 年 12 月至 2008 年 12 月）。

历任县人民法院党组书记：马二（佤族，1981 年 5 月至 1984 年 5 月）、岩兴（佤族，1984 年 5 月至 1997 年 5 月）、岩盆（1998 年 3 月至 2000 年 8 月）、郭明德（2000 年 8 月至 2004 年 8 月）、廖新挺（2004 年 8 月至 2007 年 11 月）、吴江涛（哈尼族，2007 年 11 月至 2008 年 12 月）。

历任县人民法院政治处主任（正科）：郝玉朝（2002 年 5 月至 2006 年 5 月）、高会春（2006 年 5 月至 2008 年 3 月）、李军（2008 年 3 月至 2008 年 12 月）。

历任县人民法院纪检组组长（正科）：刘德元（2001 年 5 月至 2008 年 3 月）、杨忠（2008 年 3 月至 2008 年 12 月）。

历任县人民法院执行局局长（正科）：黄兴平（2002 年 6 月至 2008 年 12 月）。

第五章 司法行政

第一节 依法治县

1999年3月，县人大常委会作出《关于在司法机关、部分行政执法机关中实行执法责任制的意见》，决定在法院、检察院、公安、司法、卫生、水电、城建、土地等10个县级部门中实行执法责任制，以依法治县办公室起草《西盟县依法治县五年规划（第一个）》，规划时段为1999年—2003年。2000年6月，经县九届人大常委会会议审议通过，并付诸实施；11月，县委在新县城会堂召开县级机关副科级以上领导干部参加的推行执法责任制动员大会。

2001年，开展加入WTO不相应的法规、规章及其他规范性文件的清理工作，列出清理目录189件、行政审批事项113项、行政事业性收费187项。经清理、审核，应部分修改内容的有2件，废止16件（12月29日进行公告废止）。

2002年4月，县九届人大常委会第二十八次会议听取和审议县政府《关于贯彻推行执法责任制情况的报告》，并提出审议意见。各执法部门制定出执法责任制、评议考核制度、冤案错案（执政执法过错）责任追究制度等。

2004年，县委下发《关于印发西盟县依法治理五年规划（第二个）的通知》，规划时段为2004年—2005年，规划的总体目标是：社会主义法制更加完备，依法治国方略得到进一步落实。通过五年的努力基本做到：民族立法进一步加强，依法行政水平明显提高，公民法律素质明显提高，法律服务体系更加完备，全面推行政务公开和司法公开，依法治理活动全面开展，各种违法犯罪行为得到及时查处。

2007年7月1日,《云南省西盟佤族自治县自治条例》正式施行。

第二节 普 法

一、“一五”普法

1986年—1990年，实施第一个五年普法规划，普及内容为“十法一条例”，普及对象为全县机关和农村广大干部职工、人民群众。

1986年，县委普法领导小组成立，普法办公室设在司法局。同时，县人大常委会第28次会议审议通过了《关于在全县公民中基本普及法律常识的决议》。此次普法教育活动分为宣传、发动和准备，机关学校、企事业单位普法，农村普法，五年工作总结四个阶段，主要采取由机关到农村。先骨干后领导，先职工后群众的方法，在全县公民中学习普及和宣传《中华人民共和国宪法》《中华人民共和国刑法》《中华人民共和国刑事诉讼法》《中华人民共和国民事诉讼法》《中华人民共和国经济合同法》《中华人民共和国婚姻法》《中华人民共和国继承法》《中华人民共和国民族区域自治法》《中华人民共和国兵役法》《中华人民共和国土地管理法》《中华人民共和国森林法》《中华人民共和国社会治安管理处罚条例》等与人民群众生产生活密切相关的法律法规。在“一五”普法期间，全县有3657名干部职工参加普法学习，2402名取得普法合格证书，发证率65.68%；各乡（镇）有33931名农村人口参加普法学习，经考核，有21911名达到基本合格，合格率64.58%。

1990年，“一五”普法工作顺利通过思茅地委、行署的验收。

二、“二五”普法

1991年—1995年，实施第二个五年普法规划，普及的主要内容以宪法为核心、专业法为重点，普及对象主要是农村有接受能力的36195名群众。

1991年，县人大常委会第36次会议审议通过了《关于认真实施在全县公民中开展法制宣传教育的第二个五年规划的决议》。同年，县委重新调整普法领导小组及成员，“二五”普法全面启动，结合农村社会主义教育活动的开展，县普法办、司法局编写了《农村普法读本》，发至全县36195名农村普法对象中，其中，有27147名参加学习，参学率75%。在“二五”普法期间，全县有3456名干部职工参加普法学习，经考核，有3100名取得合格证，合格率89.7%，其中，县处级、乡科级领导干部合格率100%。

1995年年底，“二五”普法工作顺利通过思茅地委、行署的验收。

三、“三五”普法

1996年—2000年，实施第三个五年普法规划，普及的主要内容为专业法和重点法，普及的对象主要是各级领导干部、执法人员、企业管理人员和青少年。

1996年8月，县委重新调整普法领导小组，并召开领导小组会议，部署“三五”普法工作，县委、县政府批转下发《关于在全县公民中开展法制宣传教育的第三个五年规划》；11月，县八届人大常委会第34次会议审议做出了决议，“三五”普法全面启动。其间，对县内干部职工进行《邓小平民主与法制建设》3个单元内容的学习考试；组织全县265名企业法人、负责人和营销人员对《中华人民共和国公司法》《中华人民共和国反不正当竞争法》等13部法律法规的培训考核；对157户个体工商业主进行了《中华人民共和国劳动法》《中华人民共和国城乡个体工商户管理暂行条例》等9部法律法规的培训考试；对农村有接受能力的34686名进行了系统的法律常识宣传教育。

2000年，再次对全县普法教育进行查缺补漏，对3477名干部职工进行普法考试，并全部取得普法合格证书。年底，“三五”普法工作顺利通过思茅地委、行署的验收。

四、“四五”普法

2001年—2005年，实施第四个五年普法规划，普及的主要内容为相关的法律法规，普及的对象为全体公民。

2001年8月，县委成立法制宣传教育与依法治理工作领导小组，召开全县“四五”普法动员大会；9月，县人大常委会第38次会议审议通过《关于在全县公民中深入开展法制宣传教育的第四个五年普法规划的决议》，“四五”普法全面启动。其间，县普法办组织广大干部职工、农村群众、教师、工商企业管理人员，结合各层次人员实际，多形式开展《中华人民共和国预防未成年人犯罪法》《中华人民共和国未成年人保护法》《中华人民共和国传染病防治法》《中华人民共和国食品卫生法》《中华人民共和国价格法》《中华人民共和国行政许可法》《中华人民共和国民族区域自治法》《中华人民共和国道路交通安全法》《中华人民共和国森林法》《中华人民共和国人口与计划生育法》《中华人民共和国烟草专卖法》《云南省供用电条例》《云南省村民委员会自治章程》等法律法规的学习、宣传和培训考试。

2005 年，全县有 3308 名干部职工参加了普法统一考试，参考率 98.8%；12 月，“四五”普法工作顺利通过思茅市委、市政府的验收。

五、“五五”普法

2006 年—2010 年，实施第五个五年普法规划，普及的主要内容为《中华人民共和国宪法》等法律法规，普及的对象为领导干部、公务员、青少年、村民、企业经营管理人员。

2006 年 10 月，县委重新调整普法领导小组及成员、县人大常委会第 28 次会议审议通过《关于在全县公民中深入开展法制宣传教育的第五个五年普法规划的决议》，“五五”普法全面启动。普法办结合“法律六进”，组织全县干部、职工、农民群众、师生、企业干部、职工开展宪法和新颁布的法律法规的学习，并在每个村创建一个法制中心示范户，每家每户选出一个法律明白人，设置法制宣传橱窗和法律图书角，组建法制文艺宣传队进行巡回演出，设立普法讲师团，为全县中心学校配备法制副校长，组建法律宣传志愿队伍，开办电视法制栏目。

第三节 法制宣传

1986 年—2008 年，每年“12·4”的法制宣传活动，共发放宣传资料 59840 余份，张贴宣传标语 636 条，悬挂横幅布标 119 条，开展法律咨询 1237 件，出黑板报 238 期，宣传有关法律法规上百部，开展法制宣传教育 1946 次，受教育人数 185432 人次。全县建立普法讲师团 1 个，法律培训中心 1 个；共发放普法书籍 31007 本；放映录像 365 场次，观众 49450 人次；召开专题会议 62 次；法制副校长为在校学生讲授法制课 362 次，有 39683 人次接受法制教育课。

“一五”普法至“五五”普法期间西盟县宣传情况表

表 17-22

名称	发放宣传资料（份）	粘贴宣传标语（条）	开展法律咨询（次）	出黑板报（期）	发放普法书籍（本）	放映录像		授法制课	
						（场次）	（人次）	（场次）	（人次）
“一五”普法	7000	—	—	38	—	3	150	—	—
“二五”普法	2400	—	—	25	—	—	—	—	—
“三五”普法	2100	160	326	60	5954	230	28400	616	34686
“四五”普法	16340	256	151	115	3330	132	20900	911	32452
“五五”普法	32000	220	760	—	21723	—	—	419	118294
合计	59840	636	1237	238	31007	365	49450	1946	185432

第四节 公证业务

1985 年 12 月，县司法公证处成立，属行政管理体制。

2003 年，县编制委员会《关于成立西盟佤族自治县司法局政工科和佤山律师事务所、公证处级别待遇的通知》，县公证处级格为副科（局）级待遇。

至 2008 年年底，有注册执业公证员 1 人，有公证员助理 1 人。有 5 人先后担任过公证员。

1985 年—2008 年底，共办理各类公证案件 651 件，其中，民事类案件 409 件，经济类案件 242 件。

1985 年—2008 年西盟县公证处办理公证情况表

表 17-23

单位：件

年度\名称	经济	民事	年份\名称	经济	民事
1985—1987	4	14	1998	26	15
1988	5	13	1999	—	—
1989	4	1	2000	10	5
1990	4	6	2001	4	5
1991	2	2	2002	6	9
1992	8	28	2003	10	14
1993	1	10	2004	10	24
1994	3	76	2005	18	20
1995	25	22	2006	20	34
1996	15	22	2007	42	50
1997	2	4	2008	23	35

第五节　律师事务

1981 年 5 月至 1985 年 11 月，律师事务工作由县司法局（科）行政领导兼办。1985 年 12 月，县法律顾问处成立，设专职律师 2 人。1993 年 8 月，县法律顾问处更名为云南佤山律师事务所。

至 2008 年 12 月，共承担完成刑事辩护案件 170 件，民事经济诉讼案件 103 件，行政诉讼案件 14 件，担任法律顾问工作 3 家，解答法律咨询 1603 人次。

1981 年—2008 年西盟县律师事务所业务办理情况表

表 17-24

单位：件、次

年度\名称	合计	其中		解答咨询	年度\名称	合计	其中		解答咨询
		刑事辩护	民事诉讼				刑事辩护	民事诉讼	
1981—1987	9	3	6	119	1998	9	3	6	70
1988	12	7	5	97	1999	9	5	4	40
1989	9	6	3	135	2000	8	6	2	82
1990	17	11	6	110	2001	15	11	4	41
1991	10	7	3	68	2002	13	10	3	50
1992	8	6	2	70	2003	9	7	2	58
1993	13	9	4	110	2004	11	6	5	47

续表 17-24

年度＼名称	合计	其中		解答咨询	年度＼名称	合计	其中		解答咨询
		刑事辩护	民事诉讼				刑事辩护	民事诉讼	
1994	17	12	5	80	2005	16	10	6	61
1995	14	11	3	71	2006	13	5	8	50
1996	16	9	7	64	2007	13	8	5	57
1997	17	12	5	61	2008	15	6	9	62

第六节　法律援助

2002 年，县法律援助中心成立，无专职办理人员，由兼职人员负责办理法律援助事务。2005 年，选配人员专门从事法律援助工作。至 2008 年年底，共受理各类法律援助案件 425 件，办结 425 件，其中，民事 372 件，刑事 53 件。

第七节　基层司法工作

一、人民调解

1980 年，全县 7 个公社、33 个大队均建立调解委员会，县城居民区成立了 3 个调解小组，全县有调解员 257 人。

1981 年 5 月，调解工作由县人民法院移交司法科管理，其业务指导仍由法院负责。1984 年，司法局成立后，设立调解股专门负责人民调解工作。1992 年后，更名为基层工作管理股。

2008 年，全县有调解委员会 53 个，其中，乡（镇）7 个，村（社区）36 个。共有调解员 620 人，形成县、乡、村（社区）及村民小组的调解网络。

至 2008 年年底，各级人民调解组织共受理矛盾纠纷 8868 件，调解成功 8189 件，调解成功率 92.34%；防止民间纠纷引起自杀案件 4 件 4 人；防止民间纠纷转化为刑事案件 70 件 1468 人；配合有关部门参与调解县内重大纠纷 8 件；制止群众性械斗 13 件；防止群体性上访 2 件 10 人。

二、基层法律服务

1998 年，经县编制委员会批准，分别在中课、力所、岳宋、勐梭、西盟镇挂牌成立乡（镇）法律服务所，与乡镇司法所实行“一个机构、两块牌子”的管理体制，负责人由乡（镇）司法助理员担任，工作人员由乡（镇）民政、土地、林业等站所工作人员兼任。

2003 年，勐梭镇司法所列入全省第一批 30 个规范化司法所建设。2004 年 5 月，勐梭镇司法所开工建设，于年底建成。2006 年，建设中课乡司法所。2007 年，建设勐卡镇司法所。2008 年，新厂乡、力所乡、岳宋乡、翁嘎科乡列入建设计划。

至 2008 年，乡（镇）法律服务所共协办公证 44 件，办理见证 33 次，代书 114 件，担任法律顾问 10 家，代理诉讼事务 25 件，代理非诉讼 130 件，调解纠纷 318 件，解答法律咨询 800 人次，办理农民工事项 5 件，办理土地承包事项 3 件，处理家庭邻里纠纷 25 件，办理法律援助 191 件，参与司法行政工作 60 件，其他工作 8 件，避免和挽回经济损失 12.57 万元，业务收费 2.97 万元。各乡（镇）

司法所共参与调解疑难复杂纠纷72起，组织法律宣传1231场次，受教育人数306921人次，为乡（镇）政府提供司法建议27条，被采纳22条，制定规范性文件57件，制定村规民约27件，协助乡（镇）政府处理社会矛盾纠纷435件，处理成功430件，开展矛盾纠纷大排查160件，防治群众性上访21件，制止群众性械斗18件，参与严打专项治理43人次，受表彰先进集体10个、先进个人13个。有乡（镇）司法助理员11人，其中，大学本科3人，专科8人；法律专业8人，其他专业3人；30岁以下8人，31岁～40岁有3人。

第八节　安置帮教

1998年起，为了防止释解人员重新犯罪，让他们生活有着落，县政府、乡镇政府出台安置政策，为他们落实责任田地，按有关政策帮他们贷款发展产业，对自救能力差的给予社会救助，帮助他们寻找致富路子。

1998年—2008年西盟县安置帮教基本情况表

表17-25　　单位：人

名称 年份	刑满释放人数	安置帮教情况				
		落实责任田	个体经营	社会救助	外出打工	托管
1998	6	4	2	—	—	—
1999	14	13	—	—	—	1
2000	6	4	—	—	—	2
2001	21	20		1	—	—
2002	15	13	2	—	—	—
2003	33	31	1	—	—	2
2004	36	29	7	—	—	—
2005	53	43	6	4	—	—
2006	19	17	2	—	—	—
2007	42	33	4	5	—	—
2008	19	17	—	—	—	2

第九节　机　构

1979年前，西盟县的司法业务由民政、法院、公安机关分别办理。1981年3月，司法科成立，有人员2人，属县政府办内设科室。1984年，西盟县司法局成立，先后设有办公室、法律顾问处、调解科、宣传科、公证处、律师事务所、“148”法律咨询及法律援助中心等科室。1998年7月，县法律培训中心成立。2003年，司法体制改革实行双重管理体制后，各乡（镇）司法所收编司法局统一管理，有编制31人，其中，行政编制24人，事业编制7人；局机关13人，司法所18人。2008年年底，县司法局有人员24人，其中，局机关13人，司法所11人；公务员18人，事业人员和工人各1人，工勤4人。设局长、副局长、公证处主任各1人。

历任县司法局局长：罗玉成（副局长主持工作，1981年5月至1984年8月）、王勤科（1984年9月至1993年2月）、袁学康（1993年2月至1996年8月）、熊正清（1996年8月至1997年9月）、陈云峰（佤族，1997年9月至2006年2月）、赵利国（2006年2月至2008年4月）、徐应成（拉祜族，2008年4月至2008年12月）。

第十八编　教育　科技

第一章 教 育

第一节 学前教育

一、县幼儿园

1981年9月，西盟县幼儿园建园，是全县设立最早的公办全日制幼儿园。初建时，办园规模较小，仅有216平方米砖木结构的教室1幢和146平方米砖混结构的职工宿舍1幢。

2000年3月，搬迁至新县城。2003年9月，开始招收学前班。2004年，晋升为“二级一等幼儿园”。

2008年，全园占地面积5410平方米，校舍建筑面积2356平方米（教室1178平方米，宿舍1178平方米），总投资304万元。园内设有沙地、戏水池、饲养角、种植园地、操场及大型玩具室；室外活动场地面积1270平方米，学生人均面积5.24平方米，绿化面积1250平方米；有8个班级，在园幼儿242人，其中，大大班2个班，大班2个班，中班2个班，小班2个班；教职工32人，其中，大专学历13人，中专学历13人；小学高级教师10人，一级教师16人，二级教师2人，工勤人员4人。

二、乡镇幼儿园

（一）勐卡镇幼儿园

1983年9月建园，建园初为西盟镇向阳大队一队、二队两个队民办公助的农村幼儿园，园址在西盟镇小学下方。

1984年9月，西盟镇中心幼儿园（西盟镇幼儿园）成立。1985年9月，改民办公助为公办，学制以幼儿年龄分为一年制、二年制、三年制。1988年，学制改为三年制。

2000年9月，迁至原县幼儿园校址。

2006年1月，西盟镇与莫窝乡合并，改称为勐卡镇幼儿园。

2008年，有小、中、大、大大班4个班级，在园幼儿113人；有教职工12人；占地面积1344.11平方米；校舍建筑面积575.66平方米。

（二）勐梭镇幼儿园

2006年9月，勐梭镇幼儿园建园，隶属勐梭镇中心校，有3个班级。

2008年，有小、中、大3个班级，在园幼儿83人；教职工6人，学历合格率100%，小学高级教师4人，小学一级教师2人；有价值8000余元的蹦蹦床、鞍马等玩具；有60平方米的活动室，有活动场地450平方米；教学用房面积150平方米。

（三）锡矿厂幼儿园

1990年9月，县教育局派2名教师，创办锡矿厂幼儿园，当年，招收幼儿39人。该幼儿园属企业开办的幼儿园，所需的设备、经费全部由锡矿厂承担，教师的工资由县教育局负责，后因锡矿资源的减少，工人大量流动，幼儿越来越少。2001 年，锡矿厂幼儿园停办。

三、私立幼儿园

（一）“六一”幼儿园

2006 年 8 月，“六一”幼儿园建园，校址在勐卡镇政府驻地老城区计生委，是西盟县第一所民办幼儿园。2008 年，占地面积 5000 平方米，校舍建筑面积 2000 平方米；有 4 个班级，在园幼儿 110 人；有教职工 12 人，其中，专任教师 5 人，工勤人员 3 人，其他 4 人。

（二）朝阳小博士幼儿园

2007 年 3 月，朝阳小博士幼儿园建园，校址在新县城勐梭路 52 号租用的民房。全园占地面积 1880 平方米，校舍建筑面积 620 平方米；有教职工 9 人，专任教师 7 人，工勤 2 人；在园幼儿 57 人。2008 年，有 4 个班级，在园幼儿 70 人；教职工 10 人，其中，专任教师 6 人，工勤人员 1 人，其他人员 3 人

四、农村幼儿园

1980 年，全县各乡（镇）分别开办农村幼儿园。教学以教幼儿学说汉话为主，音乐、舞蹈占较大比重，识字、计算、体育等课程与城镇幼儿园相同。由于教师、经费和生源等因素的影响，许多幼儿园都处于办办停停的状况。

1982 年 9 月，莫窝公社小马散创办农村幼儿园，当年招收幼儿 40 人。

1983 年 9 月，莫窝一社、二社创办幼儿园，共招收幼儿 40 人。

1984 年 9 月，莫窝二社幼儿园停办。

1985 年 9 月，恢复莫窝二社幼儿园，创办莫窝三社、四社、五社、六社、茶场和中课大寨幼儿园，共招收幼儿 197 人。

1986 年 9 月，创办中课区中课小寨幼儿园，莫窝区小马散、莫窝五社、六社、茶场 4 所幼儿园停办。1989 年 9 月，中课大寨幼儿园停办。

1990 年，全县农村幼儿园有 5 所，在园幼儿 72 人，教师 5 人。

1991 年—2006 年（1995 年、2001 年、2002 年、2004 年、2005 年全县无农村幼儿园）每年仅有 1 所。

2007 年，农村幼儿园全部停办。

五、学前班

1979 年 9 月，县小学开办学前班。

1980 年 9 月，勐梭、岳宋、新厂、莫窝、傈傈 5 个区小，开办学前班，共招收幼儿 134 人。

1981 年 9 月，翁嘎科区小开办学前班，招收幼儿 22 人。1982 年 9 月，中课区小开办学前班，招收幼儿 45 人。

1985 年 9 月，除中课区小外，其余学前班停办。

1986 年 9 月，翁嘎科、新厂、傈傈恢复学前班，招收幼儿 90 人。全县在校幼儿 152 人。

1987 年 9 月，岳宋乡小恢复学前班，招收幼儿 32 人。

1990 年，全县有 4 个学前班。在校幼儿 160 人，教师 4 人。1991 年，在各乡（镇）完小招收学前班，当年，全县有 20 个班，在校幼儿 604 人，教职员工 28 人。1992 年—2005 年，全县共招收学前班 368 个班 8945 人。2003 年 8 月，县小学学前班划归县幼儿园。同年 9 月，县幼儿园招收学前班。2008 年，全县有 28 个班，在校幼儿 581 人，教职员工 70 人。

1979 年—2008 年间部分年份西盟县幼儿园（学前班）情况表

表 18-1

名称 年份	公办幼儿园						私立幼儿园		
	幼儿园数（所）		学前班校数（所）	班级数（个）	在园幼儿数（人）	教职工数（人）	班级数（个）	幼儿数（人）	教职工（人）
	城镇	农村							
1979	—	—	1	2	80	2	—	—	—
1980	—	—	6	7	235	8	—	—	—
1981	1	—	6	8	345	14	—	—	—
1982	1	1	1	7	334	14	—	—	—
1983	1	5	8	16	466	22	—	—	—
1984	2	5	7	17	667	25	—	—	—
1985	2	9	1	16	352	18	—	—	—
1986	2	5	4	17	685	25	—	—	—
1987	2	6	4	19	568	27	—	—	—
1988	2	6	4	19	539	29	—	—	—
1989	2	5	4	19	543	33	—	—	—
1990	3	5	4	20	636	36	—	—	—
1991	2	1	8	20	604	28	—	—	—
1992	2	1	5	25	710	37	—	—	—
1993	2	1	7	27	653	35	—	—	—
1994	1	1	7	20	518	31	—	—	—
1995	1	—	11	25	574	31	—	—	—
1996	2	1	11	25	613	32	—		—
1997	2	1	—	20	508	29	—	—	—
1998 年—2000 年	—	—	—	—	—	—	—	—	—
2001	2	—	13	25	564	44	—	—	—
2002	2	—	10	25	459	44	—	—	—
2003	2	2	6	15	450	36	—	—	—
2004	2	—	7	17	437	40	—	—	—
2005	2	—	7	17	467	41	—	—	—
2006	3	1	3	15	369	37	4	85	10
2007	4	—	3	13	312	43	8	205	22
2008	5	—	3	16	401	48	8	180	22

第二节　小学教育

一、县属小学

（一）县小学

1978 年，县小学有 14 个班级，学生 632 人，入学率 100%，教职工 24 人。

1990 年，有教职工 45 人，有 14 个班级，学生 720 人。

1994 年，县小学被县委、县政府授予“文明单位”称号。

1996 年，县小学少先队被地区少工委授予“优秀少先队大队”称号。1997 年，县小学被地委行署命名为地级“文明单位”。

1998 年来，县小学少先队大队部被地区少工委授予“优秀少先队大队”称号。

2000 年，搬迁至新县城，有 12 个班级，学生 518 人，教职工 36 人，学校占地面积 1.2 万平方米，建筑面积 2946.2 平方米。

2001 年，校党支部被科技教育局党委评为“优秀党支部”；县小学被云南省少工委授予“雏鹰大队”称号；县小学被评为地区级“安全文明社区”。

2002 年，被评为省级“文明单位”，并一直通过省级复评，保持省级文明单位称号。

2003 年 9 月，教育局把学前班划归县幼儿园招收，县小学学前班停招。

2008 年 2 月，被评为市级“绿色学校”。是西盟县小学教育示范性学校。8 月，有教职工 42 人，专任教师 39 人，其中，本科学历 12 人，占专任教师 30.77%；专科学历 27 人，占专任教师 69.23%。有 13 个班级，学生 568 人。同年 9 月，与民族小学合并，校名改称为“西盟佤族自治县民族小学”，把该校园统称为民族小学一校区。

（二）县民族小学

1981 年 9 月 5 日创建，校址在县城德化路，当年，招收四年级班级 1 个班，学生 37 人，学制为三三制。教职工 10 人，校舍建筑面积 450 平方米，其中，砖木结构教学楼 1 幢 231 平方米，教职工宿舍 219 平方米。

1987 年，被评为省级“文明单位”，并多年保持此殊荣。1988 年，被云南省评为“民族团结进步先进集体”。

1992 年—1998 年 7 月，实行“四二”学制。

1995 年，被思茅行署评为“民族团结进步先进集体”。

1998 年 9 月，恢复“三三”学制。

1999 年，被评为省级创建文明单位的“先进单位”。

2000 年 3 月，搬迁至新县城，学校占地面积 1.19 万平方米，建筑面积 6825.5 平方米。

2001 年，学校荣获思茅地区“雏鹰大队”称号、被县政府命名为“绿色学校”。

2002 年，学校荣获云南省“红旗大队”称号、荣获思茅地区“校园民族舞蹈比赛二等奖”。

2001 年—2003 年，连续三年荣获县教育局“教育目标管理考评一等奖”。

2005 年，定为县级“平安校园试点学校”。

2008 年 8 月，有教职工 54 人，其中，专任教师 41 人，后勤人员 13 人；小学高级教师 21 人，小学一级教师 20 人；本科 2 人，专科 38 人，中专 1 人；有四、五、六年级 12 个教学班，有学生 548 人。

2008 年 9 月，与县小学合并，该校名不变，把该校园统称为民族小学二校区。西盟县民族小学是省定 17 所全寄宿制民族小学之一。

二、乡（镇）小学

（一）勐梭镇小学

1983 年—1986 年，勐梭区中心小学先后创办富母乃、博航老寨、南梭、里拉 K46、上依冷、下依冷、爬街拉祜寨、小街伞和博夺小学，共有 31 个校点。在校学生 143 人，入学率 89.5%。

1986 年 7 月—9 月，先后撤并上依冷、下依冷、洋窝、富母乃、南梭、小街伞、博夺、里拉 K46、罗列、爬街拉祜寨校点。

1990 年 9 月，乡中心校创办半寄宿制高小；12 月，全乡共有小学 21 所（完小 1 所），在校学生 1042 人；乡中心校被省教委评为“优级”半寄宿制高小点。同年，他朗村永哈小学被评为县级“文明单位”，是全县乡（镇）小学中第一所荣获县级“文明单位”的村级小学。

2001 年，镇小学被评为县级“文明单位”“绿色学校”“平安学校”。2003 年，镇小学被评为地级“文明学校”。

2005 年，全镇有 9 所学校，其中，完小 6 所，初级 2 所，一师一校 1 所，有 56 个班级，在校生 1551 人；教职工 123 人（代课教师 23 人）；全镇适龄儿童入学率 98%，巩固率 99.6%，毕业率 100%，升学率 85%；校舍面积 9163 平方米，生均 5.9 平方米。

2008 年，镇小学有学生 491 人（住校生 273 人），教职工 56 人，学校占地面积 4669 平方米，校舍建筑面积 3000 平方米；全镇共有 7 所学校，有 50 个班级，在校生 1355 人，入学率 99.73%，有教职工 104 人（专任教师 99 人）。

（二）西盟镇小学

1983 年 9 月创建，校址在原部队家属住宿区下方。

2000 年 3 月，县小学搬迁到新县城后，镇小随之搬迁到原县小校址。

2005 年 7 月，荣获西盟县“勤工俭学先进集体”。

2006 年 2 月，西盟镇小学与莫窝乡小学合并，更名为勐卡镇中心小学，学校搬迁至原县政府办公楼。

（三）莫窝乡小学

1978 年，莫窝公社有学校 17 所。1980 年，有学校 20 所。1983 年，创办小学 1 所，共有小学 21 所，同年 9 月，莫窝公社小学创办半寄宿制高小班级。

1988 年，莫窝乡的小学入学率、巩固率、毕业率 98%，教学质量名列全县乡级小学前茅，同年，莫窝乡中心校被省教委评为“良级”半寄宿制高小。1989 年，被省教委评为“优级”半寄宿制高小；同年 9 月，马散村小学创办半寄宿制高小班级。

1990 年 12 月，全乡共有小学 21 所 61 个班级 1230 名学生；教职工 92 人，其中，公办教师 53 人，代课教师和临时工 39 人。

1995 年 8 月，莫窝乡中心小学校恢复附中。

2000 年，莫窝乡有学校 21 所，有教职员工 113 人，其中，公办教师 80 人（初中 10 人），代课教师 33 人（初中 1 人）；有学生 1815 人（初中 153 人）；有校舍面积 8586 平方米（初中 103 平方米）。莫窝乡中心小学有教职员工 33 人（初中 10 人），代课教师 1 人，有校舍面积 1823 平方米。

2006 年 1 月 13 日，莫窝乡与西盟镇合并，合并时莫窝乡有教职工 115 人，其中，公办教师 69 人（初中 26 人），代课教师 46 人（初中 1 人）；有学生 1784 人（初中 517 人）；有校舍面积 8793 平方米（初中 1023 平方米）。莫窝乡中心小学校园改为莫窝村小学。

（四）勐卡镇小学

2006 年 2 月，西盟镇小学与莫窝乡小学合并，更名为勐卡镇中心小学，学校搬迁至原县政府办公楼。

2006 年 12 月，勐卡镇小学荣获云南省中小学“民族团结教育示范学校”称号。

2007 年 4 月，勐卡镇小学荣获云南省中小学“乡（镇）成人文化技术学校”称号。

2008 年，全镇有小学 12 所，其中，镇中心完小 1 所，村完小 5 所（含镇中 1 所），初级小学 4 所，一师一校 2 所；有 65 个教学班，在校学生 1749 人；教职工 166 人，其中，专任教师 128 人，后勤人员 8 人，代课教师 25 人，大学生志愿者 5 人；校舍面积 10311 平方米，生均 5.9 平方米；有图书 24187 册，生均 13.83 册。镇中心小学有教职工 54 人，14 个班级，在校生 489 人。镇中心小学占地面积 8000 平方米，校舍建筑面积 2072 平方米。有远程教育设备、小学Ⅰ类数学、自然教学仪器各 1 套，有 30 台计算机教室和多媒体教室各 1 间；12 月，镇中心小学荣获普洱市“文明学校”称号。

（五）中课乡小学

1981 年 3 月，中课公社中心校从中课大寨迁至现址。

1984 年 9 月，中心校创办半寄宿制高小班级。1989 年，乡中心校被省教委评为“良级”半寄宿制高小点。

1990 年 12 月，全乡有小学 20 所（完小 1 所），36 个班级，在校生 800 人，教职工 57 人，其中，公办教职工 50 人，代课教师和临时工 7 人。

2004 年，全乡有 16 所学校，其中，完小 5 所，初级小学 6 所，一师一校 5 所。学校占地面积 38829 平方米，校舍建筑面积 7479 平方米，生均 4.2 平方米。

2008 年，全乡有学校 5 所，41 个教学班，在校生 1197 人；教职工 96 人，其中，公办教职工 84 人，代课教师 12 人；专任教师 82 人；小学高级教师 11 人；大专学历 30 人。5 所学校各有 1 套远程教育设备，乡小有多媒体教学设备 1 套，有Ⅰ类自然实验仪器教学设备；4 所村完小有Ⅱ类自然实验仪器。

（六）新厂乡小学

1984 年，新厂区小学开设半寄宿制高小班。

1990 年，全乡有小学 15 所（完小 1 所），29 个班级，在校学生 673 人，入学率 68%；教职工 46 人（代课教师及临时工 17 人）。

2003 年，乡中心校被市、县教育局、县社会治安综合治理委员会评为“安全文明社区”，被乡禁毒委员会授予“禁毒预防教育示范学校”的称号。

2008 年，全乡有 10 所学校，乡完小 1 所，村完小 4 所，社小学 5 所。有 45 个班级，在校学生 1290 人，入学率 99%。乡中心校有 6 个班级，学生 174 人，专任教师 27 人，工勤人员 3 人；学校占地面积 14500 平方米，校舍建筑面积 2508 平方米。全乡有 8 所学校，有 42 个班级，在校生 1415 人，入学率 99.4%。有教师 104 人，其中，公办教师 84 人。

（七）力所乡小学

1978 年，创办南下嘎、南上嘎、茨米竹、竹鲁、王拱、中图地小学。

1984 年 9 月，区中心校创办半寄宿制高小班级。

1989 年 9 月，在阿佤来、南亢村小学开办半寄宿制高小班级。1998 年，全乡“普六”工作通过市级验收。

2000 年，全乡“扫盲”工作通过市级验收。2003 年，全乡“普九”工作通过市级验收。

2006 年，乡中心校被评为市级“文明学校”。

2007 年，乡中心校在全县小学办学中被评为“二级一等”学校；12 月，勤工俭学示范基地被评为省级“示范基地”。

2008 年，全乡有 6 所小学，占地 33505 平方米，校舍建筑面积 6054 平方米；有图书 17737 册；有 39 个班级，在校生 1051 人，学前班 2 个 48 人；有教职工 116 人，其中，公办教职工 94 人，志愿者 6 人，代课教师 16 人。公办教师学历合格率 100%。“普九”工作通过省级评估验收。

（八）翁嘎科乡小学

1979 年—1987 年，翁嘎科公社小学先后创建班寒、英布龙、南莫、永灭列、莫美老寨小学。

1988 年，乡中心校被省教委评为“优级”半寄宿制高小点（一直保持“优级”办学标准）。

2005 年 9 月，英落小学撤并至英候村小学；同年 12 月，全乡普及九年义务教育通过市级评估验收。

2006 年 3 月，橡胶八队小学撤并龙坎村小。

2007 年，班弄村小学被授予县级“文明学校”。

2008 年，全乡有小学 9 所，学校占地面积 13340 平方米，校舍建筑面积 1224 平方米；有 34 个班级，在校学生 859 人；教职工 82 人，公办教师 66 人。

（九）岳宋乡小学

1984 年 9 月，区中心校由岳宋村迁至区政府驻地。

1985 年 9 月，恢复班帅村 12 社小学，全乡有 13 所学校，在校生 636 人，入学率 80%，教职工 42 人。

1986 年 9 月，班帅 1 社、9 社、12 社，岳宋 7 社、曼亨小寨小学停办，学校数量降至 8 所，在校学生 450 人，教职工 34 人。

2006 年，全乡有 6 所学校，30 个班级，在校学生 813 人；教职工 60 人，其中，公办教职工 43 人，临时工、代课 17 人。

2008 年，全乡有 4 所学校，其中，完全小学 2 所，初级小学 2 所，27 个班级，在校学生 707 人（住校生 531 人）；教职工 60 人，其中，公办教职工 52 人，临时工、代课 8 人。

第三节 中学教育

一、县第一中学

1978 年 8 月，西盟一中应届高中毕业生参加高考，有 3 名学生考入高等院校。

1982 年 8 月，在县一中设民族班，招收少数民族学生 29 名。

1988 年 9 月，经云南省教委批准，民族班升格为民族部，招收县内农村少数民族学生。

1990 年，全校有 19 个班级，学生 867 人（高中 227 人）。已毕业初中生 1984 人；教职工 98 人，其中，本科 14 人，专科 36 人，中师 12 人，高中 8 人，初中以下 28 人；校舍面积 7716 平方米。

2000 年 3 月至 2001 年 8 月，分两批搬迁至新县城，学校占地面积 18533.4 平方米，校舍建筑面积 14111 平方米，总投资 753 万元，建有高中、初中教学楼、多功能报告厅、男女生宿舍楼、办公楼、实验楼、食堂。配备了各种实验室教室及实验设备设施，新建 4 个篮球场、1 个足球场。

2003 年，升为“二级一等”完全中学。2006 年，被云南省教育厅、省民委授予“云南省中小学民族团结教育示范学校”称号。

2006 年—2008 年，被省委、省政府授予省级“文明单位”荣誉称号。

2008 年，全校有 34 个班级，在校生 1531 人（高中 632 人）。已毕业初中生 168 个班 6889 名学生。教职工 126 人，其中，专任教师 110 人，后勤人员 16 人。特级教师 1 人、中学高级教师 21 人、中学一级教师 32 人。县级学科带头人 4 人、骨干教师 3 人。

二、县第二中学

1978 年，县二中在行政上，隶属教育局和勐梭公社双重管理。有 3 个班级，在校生 137 人；有教职工 19 人，其中，专任教师 16 人，工勤人员 3 人。

1990 年，有 6 个班级，在校生 214 人；有教职工 36 人，其中，教师 28 人（代课教师 8 人），工勤人员 8 人。

2000 年 2 月，有 6 个班级，在校学生 232 人；校园占地面积 25346 平方米，建筑面积 4811 平方米；同年 3 月，因县城搬迁，县政府把县二中校园划给县职业中学，学生划给县一中，教职员工分别分配到县一中和县职业中学；8 月，县政府把老县城原一中校园划给县二中，学校称为“西盟县第二中学”。

2000 年 9 月—2008 年 8 月，共招收 192 个教学班，毕业学生 9600 人。

2008 年 7 月，有教职工 74 人，专任教师 63 人，工勤人员 11 人；学校占地面积 10000 平方米，建筑面积 2225 平方米；同年 9 月 2 日，经县政府决定，撤销“西盟县第二中学”，成立“西盟县民族中学”，西盟县人民政府于当日上午在新校址（勐梭）举行庆祝大会。

三、县民族中学

2006 年 11 月 30 日，按照县委、县政府《关于成立西盟佤族自治县民族中学的决定》的通知精神，成立了以县长为组长，分管教育的副县长及相关领导为副组长，教育局、国土局、建设局、财政局、改革与发展局、勐梭镇主要领导为成员的建设县民族中学建设领导小组，建设实施项目指挥部设在职业中学校园内，经过 2 年的征地和建设，各项设置已具备办学要求。

2008 年 9 月 2 日，县委、县政府在县民族中学新校址（勐梭）举行成立庆典，县长魏艺红宣布：“西盟佤族自治县民族中学成立”。并把县二中、县职业中学、县教师进修学校合并在一起，实行“一个机构、三块牌子”，学校晋升为正科级单位。

2008 年，学校有教职工 143 人，其中，专职教师 118 人，工勤人员 25 人。有 58 个教学班，在校生 2481 人。校园占地面积 124.2 亩，建筑面积 9098 平方米；投资 4850 万元，建教学楼 5 幢、教室 70 个；建有学生食堂、报告厅、实验室、微机室、会议室等；有图书 4.06 万册；有水泥球场 4 个、足球场 1 个。

四、勐卡镇中学

2006 年 1 月 13 日，西盟镇与莫窝乡合并成立勐卡镇后，9 月，莫窝中学更名为勐卡镇中学。

2007 年，勐卡镇中学设为寄宿制初级中学，进行单独建制。

2008 年，学校占地面积 3335 平方米，建筑面积 1023 平方米；教学用房 427 平方米；图书 6000 册（电子图书 100 册）；固定资产 68 万元；教学仪器 4.4 万元；专任教师 29 人；有 9 个教学班，412 名学生。

五、莫窝乡中学

1970 年 9 月，莫窝公社中心校创办附设初中班。

1972 年 9 月，马散大队小学创办附设初中班。

1978 年 7 月，马散大队小学附设初中班停办。

1976 年 9 月，永业、永帮、班哲、莫美 4 个大队创办附设初中班。

1978 年 7 月—1980 年 7 月，永业、永帮、班哲、莫美 4 个大队创办附设初中班相继停办。

1978 年 9 月—1983 年 7 月，莫窝公社附中分别招收初 7 班至初 11 班四届初中班，学制 3 年。其中，初 7 班、初 8 班为同届。

1983 年 8 月，莫窝公社附设初中停办，累计招收 10 届、11 个班、377 名学生。

1993 年 8 月，恢复莫窝乡附中，当年招收 1 个班，学生 45 人，有教师 5 人。

2006 年 1 月 13 日，莫窝乡与西盟镇合并成立勐卡镇；至 2006 年 7 月，共招收 13 届、30 个班、1350 名学生，编号为初 12 班至初 40 班。9 月，莫窝中学更名为勐卡镇中学。合并时，有校舍面积 457 平方米，有教职工 33 人，学生 561 人。

六、中课乡中学

1970 年 9 月，中课公社中心校创办附设初中班，招收学生 18 名。

1975 年 9 月，中课公社中心校在班箐、窝笼两所小学创办附设初中班，班箐招生 1 个班、6 名学生，窝笼招收 1 个班、27 名学生。

1976 年 3 月，因生源少，班箐附中合并到中课公社附中。

1977 年 9 月，中课公社中心校创办永布落附中，招收 17 名学生。

1978 年 7 月，窝笼、永布落两所附中撤销，学生合并到中课公社附中。

1983 年 8 月，中课公社附中停办。

2007 年 9 月，恢复中课乡中学，招收七年级学生 126 人，从县一中、县职中转入八年级学生 33 人、九年级学生 57 人，在校生共 216 人。

2008 年，中课乡中学校舍建筑面积 4869 平方米；有 5 个教学班，在校生 256 人；专任教师 20 人，中学二级教师 4 人，中学三级教师 16 人，教师合格率 100%；有生物、化学、物理实验、图书、舞蹈、多媒体教室各 1 间；篮球场 3 个；教学、办公、宿舍楼各 1 幢。

七、傈傈（力所）乡中学

1969 年 9 月，傈傈公社小学在南亢创办西盟县第一个（大队级）小学附设初中班，招收 27 名学生。

1971 年 9 月，傈傈公社中心校创办附设初中班，招收学生 29 名。

1976 年 9 月，傈傈公社在王布龙小学创办附设初中班，招收 21 名学生。

1978 年 7 月，南亢附中撤销。

1979 年 7 月，王布龙附中撤销。

1980 年后，傈傈公社中心校附中师资、设备等条件不断得到改善，教师学历逐年提高，生源扩大到翁嘎科等公社，成为西盟县的一所公社级重点初级中学。

1986 年 9 月，区小学毕业生源较少，根据初中教育的改革和要求，傈傈附中停招新生，学校规模由 3 个班，降为 2 个班。1987 年 7 月，毕业 1 个班、35 名学生，剩下 1 个班、36 名学生，于 8 月并入县二中，傈傈区附中停办。

1993 年 8 月，恢复傈傈附中，招收 1 个班、44 名学生，有 6 名教师。

2007 年，设为寄宿制初级中学，进行单独建制，改称为力所乡中学。

2008 年，力所乡中学有 7 个班，在校生 396 人；专任教师 28 人，本科学历 11 人，专科 17 人，学历合格率 100%。

八、新厂乡中学

1974 年 9 月，新厂公社中心校创办附设初中班。

1979 年 7 月，新厂公社附中停办。

2001 年 9 月，恢复新厂乡附中，招收 1 个班级，学生 55 人，命为初七班，教师 5 人。

2007 年，新厂乡附中改称为新厂乡中学。

2008 年，有 9 个班级，学生 420 人；专任教师 27 人（二级教师 18 人，三级教师 7 人）；学校占地面积 7600 平方米；建筑面积 2000 平方米；有教学楼、学生宿舍楼、计算机室、物理实验室、生物实验室、化学实验室、多媒体教室和 2 个标准篮球场。

九、翁嘎科乡中学

1973 年 9 月，翁嘎科公社中心校在龙坎小学创办附设初中班，招收学生 20 多名。1974 年 9 月，龙坎小学附设初中班撤销，学生合并到翁嘎科公社中心校附中。

1983 年 7 月，翁嘎科公社附中停办，共毕业 8 个班 205 名学生。

2001 年 9 月，恢复翁嘎科乡附中，招收 2 个班级，学生 74 人，有教师 5 人。

2007 年，翁嘎科乡附中改称为翁嘎科乡中学。

2008 年，翁嘎科乡中学有 9 个教学班级，在校学生 473 人，教师 28 人；校舍建筑面积 1317 平方米。

十、岳宋附中

1974 年 9 月，岳宋公社创办附设初中班，校址在岳宋大队五队，首届学生 30 人。

1981 年 8 月，由于生源少，岳宋公社附中停办，共毕业 4 个班 111 名学生。

1978 年—2008 年西盟县中学教育情况表

表 18-2

单位：所、个、人

名称 年份	学校数		班数		在校生数		招生人数		毕业生数		教职工数
	合计	小学附中	高中	初中	高中	初中	高中	初中	高中	初中	
1978	8	6	6	35	254	1289	139	469	81	530	110
1979	8	6	6	31	203	1160	73	374	80	215	95
1980	8	6	4	25	139	881	80	246	113	275	100
1981	8	6	4	20	156	712	85	215	56	276	90
1982	7	5	4	16	173	637	100	212	71	253	90
1983	3	1	6	16	256	614	100	209	50	218	85
1984	4	1	7	17	306	619	123	230	67	217	109
1985	4	1	8	17	336	672	123	220	86	169	147
1986	4	1	8	15	310	632	83	171	74	132	151
1987	4	1	8	17	287	749	110	332	109	122	154
1988	4	1	7	18	255	804	113	301	140	191	126
1989	4	1	8	20	276	871	108	270	65	145	153
1990	3	—	8	19	142	922	109	285	98	167	164

续表 18-2

年份＼名称	学校数		班数		在校生数		招生人数		毕业生数		教职工数
	合计	小学附中	高中	初中	高中	初中	高中	初中	高中	初中	
1991	3	—	6	21	217	1002	78	381	131	301	158
1992	3	—	7	23	267	1010	125	395	67	285	173
1993	5	2	9	24	306	993	108	397	73	290	172
1994	5	2	8	24	259	1010	93	430	127	263	184
1995	5	2	5	27	140	1142	59	448	112	282	178
1996	5	2	5	29	130	1258	70	442	61	326	179
1997	5	2	6	30	160	1192	82	422	23	396	180
1998	5	2	6	30	155	1252	73	457	70	387	181
1999	5	2	6	32	128	1302	43	543	53	392	186
2000	5	2	5	35	109	1406	53	596	53	343	186
2001	7	—	6	46	145	1962	84	974	34	339	223
2002	7	—	7	62	219	2561	132	1204	31	440	260
2003	7	—	4	84	341	3418	158	1576	28	365	303
2004	7	—	12	89	493	4431	261	1897	75	777	322
2005	7	—	15	96	631	4897	256	1846	97	1010	361
2006	7	—	18	108	690	5296	229	1794	128	1256	355
2007	8	—	18	95	680	4962	288	1522	236	1678	403
2008	8	—	19	108	821	5041	364	1686	129	1418	428

第四节　高中教育

一、县第一中学高中部

1978 年 8 月，县一中 3 名往届的高中毕业生经过一年的补习后，考入高等院校（本科院校 1 名、专科学校 2 名）。

1979 年 8 月，9 名毕业生考入高等院校，其中，佤族学生 5 名（本科 2 名、专科 3 名），从此西盟县有了第一批通过考试升学的本县佤族大学生。

至 1990 年 7 月，累计已毕业高中生 954 人。

1981 年 8 月至 2000 年，县一中为各类高等院校输送大学生 200 余人。

2007 年 7 月，有 186 人参加高考，上线 76 人，上线率 40.86%。

2008 年，县一中高中部有教师 43 人；教学班级 12 个，在校生 527 人；有 176 名普通高中毕业生参加高考，上线 90 人，上线率 51.14%；有 22 名职高学生参加“三校生”考试，上线 17 人，上线率 77.27%。累计已毕业高中班 61 个班、2438 名学生。

二、县第二中学高中部

1976 年 9 月，县二中招收高中班，学制为 2 年，当年招收 1 个班级 35 名学生。

1977 年 9 月，招收 1 个班 32 名学生。

1978 年 9 月，招收 1 个班 30 名学生。

至 1980 年 7 月，共招收 3 个班 97 名学生；8 月停止招收高中班。

三、莫窝公社附中高中班

1977 年 9 月，莫窝公社中心校附中招收高中班，学制为 2 年。是年，招收 1 个班、21 名学生。第一届学生毕业后，于 1979 年 7 月停止招收高中班。

1978—2008 年西盟县高中毕业生升学情况表

表 18-3

单位：人

名称 年份	升学数	大专院校				民　族					性别	
		本科	预科	专科	中专	佤族	拉祜	傣族	汉族	其他	男	女
1978	21	1	—	6	14	9	1	2	5	4	14	7
1979	22	2	—	3	17	7	2	8	4	1	13	9
1980	20	5	1	6	8	6	4	6	3	1	11	9
1981	25	—	1	2	22	10	3	4	8	—	14	11
1982	35	10	—	2	23	10	2	7	15	1	20	15
1983	16	5	—	1	10	8	1	3	4	—	11	5
1984	30	2	1	2	25	3	10	1	16	—	15	15
1985	54	2	2	6	44	12	11	10	20	1	29	25
1986	62	4	2	6	50	10	10	6	34	2	35	27
1987	89	2	1	13	73	20	15	2	34	18	53	36
1988	91	7	—	9	75	15	16	14	37	9	44	47
1989	96	7	—	11	78	23	7	24	36	6	56	40
1990	95	7	8	4	76	26	7	4	52	6	46	49
1991	70	10	4	15	41	25	9	15	21	0	41	29
1992	107	8	2	27	70	28	21	19	35	4	59	48
1993	112	9	6	14	83	33	23	21	30	5	52	60
1994	121	6	3	20	92	30	24	28	32	7	57	64
1995	120	5	1	17	97	32	20	22	40	6	61	59
1996	116	11	—	14	91	34	23	20	33	6	60	56
1997	132	13	2	20	97	35	34	24	28	11	70	62
1998	154	10	—	26	118	41	47	42	20	4	82	72
1999	122	14	—	13	95	47	25	28	20	2	67	55
2000	113	12	2	15	84	46	23	20	19	5	63	50
2001	125	18	3	21	83	49	20	23	26	7	69	56
2002	144	21	4	25	94	48	28	35	30	3	70	74
2003	162	26	—	19	117	44	31	36	41	10	89	73
2004	167	20	6	25	116	55	40	34	36	2	91	76
2005	179	27	4	30	118	62	25	40	52	0	82	97
2006	182	25	3	23	131	73	30	32	40	7	109	73
2007	173	36	3	42	92	68	32	46	27	0	86	87
2008	206	28	4	56	118	65	40	43	46	12	124	82

第五节 职业教育

一、职业高级中学

1984 年 9 月，西盟县农职业中学创建，校址设在县城德化路末端。

1985 年—1999 年，先后开办了热作、畜牧兽医、茶叶、橡胶、糖业、林业、水利、卫生、教育、财会、计算机等专业，为社会输送了 3000 多名人才。学校走联合办学的路子，先后与县农牧局、财政局、县农广校、县企业局、县烟草办、县林业局、昆明官渡区职业中学、云南省林业技术学院、思茅电大、普洱农业学校联合办班。

1993 年—1997 年，连续 5 年被省、地教育主管部门评为“3+1”合格校点，并获一等奖。

1996 年，被评为县级“文明单位”。

1999 年 2 月，学校在孟景公路 4 千米左下方开垦水果基地 80 亩，并于当年 6 月中旬开始种植，树种有李子、石榴、芒果、甘蔗、香蕉等共 8000 多株。同年 8 月底，招收 115 名职业初中学生。

2000 年 3 月，随县城搬迁到勐梭二中校园，学校距新县城 3 千米，占地 2.53 万平方米，建筑面积 7860 平方米，有实习基地 80 亩，有教学楼、实验楼、学生住宿楼、运动场地及较为齐全的音、体、美教学器材，有图书 8500 册，能满足日常教学需要。

2001 年 9 月，学校更名为“西盟佤族自治县职业中学”。

2003 年，被县综治委评为“安全文明社区”。

2004 年，被县委、县政府评为“县级文明学校”、校党支部被县委组织部确立为“实施云岭先锋工程”示范单位、校团总支获思茅市“红领巾助残活动”先进集体称号。同年，开办旅游特长班。

2005 年，学校升格为“云南省西盟县职业高级中学”。校党支部被县委组织部、县先教办确立为开展“先进性教育活动”示范单位，列为“市党建工作会议的参观点”。

1998 年、2000 年、2002 年和 2005 年，学校团总支被团县委评为“先进团总支”。

2006 年，成功申报“云南省贫困地区劳动力转移培训基地”；同年 12 月，学校党支部被确定为市“边疆党建长廊示范点”。

2008 年，全校有教职工 13 人，其中，专任教师 13 人。本科学历 13 人。毕业学生 39 人，招收 85 人，在校生 189 人，其中，少数民族学生 181 人，占 95.77%。同年 9 月 2 日，西盟二中与职业高级中学合并，是一所集职业技术教育、教师教育、义务教育为一体的学校，学校实行“一个机构、三块牌子”的管理模式。

二、教师进修学校

1979 年 6 月，在县第二中学附设教师培训班，业务上由教育局主管，行政属县二中管理。1981 年 5 月，县二中教师培训班搬迁至县城，改称教师进修学校，同教育局在一起。

1985 年 4 月，经省教育厅师训处、师范教育处考核验收为云南省首批合格级师资培训学校，获得举办中师达标办学和颁发中师毕业证学历的资格。

1985 年 9 月至 1987 年 7 月，招收第一届学历达标班，学员 36 人（澜沧 17 人）。

1987 年 9 月至 1989 年 7 月，招收第二届学历达标班，学员 29 人。

1989 年 9 月，合并到县农职业中学，实行“一个机构、三块牌子”（农职业中学、教师进修学校、农技培训中心）。

1990 年，有教学楼 1 幢、280 平方米，学生宿舍 1 幢、132 平方米；有电视机、录像机各 1 台，收录机2台，其他教学设施价值4万元；专任教师6人，兼职教师4人，其中，本科、专科学历8人，中师学历2人。

1992年1月，经思茅地区教育主管部门考核验收，被评定为“三级教师进修学校”。

1993年9月—1995年7月，招收第三届学历达标班，学员40人。

1998年11月10日，经省教委师范处考核、验收，被评定为“二级教师进修学校”，获得举办继续教育、履职考核的培训资格。

2000年3月，搬迁到勐梭镇（原二中校址）。

2008年9月2日，经教育资源整合，教师进修学校、职业高级中学、县二中合并，实行“一个机构、三块牌子”的管理模式。教师进修学校有教职员工13人，其中，专任教师8人，后勤人员5人。

第六节　成人教育

一、扫盲教育

1980年，根据国务院颁发的《关于扫除文盲的通知》要求，县政府扫盲办公室成立，设在文教科内，各公社在中心完小设扫盲专干1名。至1983年，全县共动员5000余名农村青壮年文盲参加扫盲教育。由于措施不力，教师待遇低，除勐梭公社用傣文扫除9名文盲外，其他公社无人脱盲。

1984年，采取脱盲数与扫盲教师奖惩挂钩，当年扫除文盲15人。

1985年后，在用汉文扫盲的基础上，从勐海、澜沧、孟连、沧源等地购进少数民族文字扫盲教材，进行民族文字（民文）扫盲试点，把扫盲任务分解到各区。将扫盲教师的补助由每晚0.5元提高到0.7元，每脱盲1人奖励5元；各区也相继采取了一些惩罚措施（罚款、扣除化肥供应数等），保证青壮年文盲参加扫盲学习，脱盲人数逐年上升。

至1990年，全县已扫出文盲1054人，其中，用佤文扫除62人，拉祜文扫除194人，傣文扫除121人，汉文扫除677人。全县文盲仍有27946人，占总人口77646人的35.99%。

1991年，西盟县把扫盲工作纳入教育事业发展的总体规划中，普及与扫盲同步规划，全县脱盲238人。1994年，全县脱盲1304人。

1996年，按照共青团中央，国家教委联合发出的《关于推进实施96年中国大中专生志愿者扫盲与科技文化服务行动的通知精神》。由思茅师专、思茅财校、澜沧师范组成39名大中专生志愿扫盲与科技文化服务行动，志愿者分为7个服务队，与当地教师配合，开办了19个扫盲班，学员811人，验收13个班，脱盲456人。在服务队的支持下，全县共脱盲1600人。

2000年，完成力所乡、莫窝乡扫盲任务。

2001年，完成西盟镇和勐梭乡、岳宋乡、翁嘎科乡扫盲任务。

2002年，完成新厂乡、中课乡扫盲任务，全县扫盲工作通过思茅地区验收。

2003年上半年，文盲率下降到5%以下；8月，全县扫盲工作通过省级验收。

2008年，全县举办扫盲培训班43个，扫除青壮年文盲986人，非文盲率98.7%，文盲率1.3%；共投入扫盲经费1.8万元。

二、农村实用技术培训

1984年9月，在县农职业中学技术培训中心，对农民进行种植、养殖培训。至1990年，培训中心共举办种植、养殖短期培训班7期，学员255名。

1991年—2007年，全县共举办各种培训3920期192928人次。

2008年，教育局与农业局、林业局、项目办等县乡两级工作站合作，以乡（镇）成人技校为龙头，村成人技校为辐射点，结合农村生产、生活实际，开展橡胶、茶叶、蚕桑、小米荞、玉米、水稻、蔬菜种植等实用技术培训563期、30500人次，完成计划任务的100%，其中，勐卡镇4500人次，勐梭镇4500人次，中课乡4500人次，力所乡4500人次，翁嘎科乡4500人次，岳宋乡4000人次，新厂乡4000人次。至2008年年底，共计培训4483期、223428人次。

1991年—2008年西盟县农村实用技术培训情况表

表18-4 单位：期、人次

名称／年份	期数	人次
1991	10	407
1992	10	336
1993	82	3952
1994	86	3558
1995	153	6854
1996	80	3800
1997	300	15000
1998	350	17000
1999	182	9000
2000	272	13517
2001	275	13540
2002	293	14672
2003	268	13355
2004	274	13563
2005	294	14753
2006	551	27613
2007	440	22008
2008	563	30500
合计	4483	223428

三、农村成人技术学校

（一）乡（镇）成人技术学校

1991年—1995年，力所乡、勐梭乡、莫窝乡、中课乡、新厂乡、翁嘎科乡、岳宋乡和西盟镇先后成立成人技术学校，其中，力所乡、西盟镇、中课乡和新厂乡成人技校被定为“市级合格成技校”。

（二）村级成技校

1991年，新厂乡永光村成技校成立。至2001年，全县36个村全部成立了村级成人技术学校。由村两委主任或党支部书记兼任校长，负责日常事务工作。

第七节　教育经费

1984年，根据中共中央作出《关于教育体制改革的决定》要求，多渠道筹集资金。在国家财政预算教育支出不断增加的同时，县委、县政府采取上面争取一点、县上出一点、社会各界筹集一点的办法增加教育的投入。

1978年，教育经费投入42.89万元。

1983年，教育经费投入114.8万元，突破百万大关。

2001年，学校杂费收入纳入学校预算外收入进行管理。

2004年，根据省、市相关要求，教育行政部门不再统筹。

2006年起，国家对义务教育阶段学生免交杂费、免交课本费，提高学校生均公用经费，“两免一补”所需经费由国家财政按年报学生数，全额下拨到学校，学校重点项目建设费用有国家财政拨款专项列支。

1978年—1990年西盟县各项教育经费（预算）支出情况表

表18-5　单位：万元

名称/年份	合计	各项支出									
		工资	补助工资	福利	助学金	公务费	购置费	修缮费	业务费	扫盲费	其他
1978	42.89	17.65	4.81	0.45	5.59	9.47	1.38	3.04	—	—	0.50
1979	48.89	18.51	5.33	0.56	4.70	8.34	6.14	4.85	—	—	0.46
1980	57.77	23.68	9.28	0.61	7.41	3.37	5.44	4.14	0.40	0.05	3.39
1981	63.81	29.32	12.11	1.19	4.41	4.37	4.38	6.10	0.64	0.82	0.47
1982	96.02	33.32	16.16	1.44	3.63	3.72	5.93	26.95	0.83	1.44	2.60
1983	114.9	34.96	13.65	2.03	4.10	5.08	16.65	30.68	1.23	1.10	5.42
1984	124.89	40.70	13.77	2.76	4.90	14.67	15.21	28.27	1.99	1.01	1.61
1985	164.05	41.40	44.80	2.90	9.10	12.00	6.40	14.30	5.20	—	27.95
1986	187.40	50.70	33.70	6.00	12.30	9.40	7.80	51.80	7.50	1.20	7.00
1987	221.04	57.84	39.01	7.76	13.04	11.91	6.68	12.37	4.22	1.80	66.41
1988	214.90	72.20	46.50	8.30	16.00	13.6	11.40	5.60	2.50	1.90	36.90
1989	201.38	72.10	51.20	8.50	21.00	16.88	3.10	5.10	10.20	2.00	11.30
1990	227.00	88.60	66.00	5.80	21.70	20.40	7.00	4.20	3.60	2.10	7.60

1991年—2008年西盟县各项教育经费（预算）支出情况表

表18-6　单位：万元

名称/年份	合计	各项支出						
		工资	人助金	专款	生活补助	希望工程款	购置费	扫盲费
1991	371.80	185.10	21.80	164.90	—	—	—	—
1992	343.80	228.10	20.70	95.00	—	—	—	—

续表 18-6

名称 年份	合计	各项支出						
		工资	人助金	专款	生活补助	希望工程款	购置费	扫盲费
1993	346.50	256.90	36.70	52.90	—	—	—	—
1994	487.22	397.70	36.90	52.62	—	—	—	—
1995	609.20	395.10	36.30	177.80	—	—	—	—
1996	1002.70	524.90	55.00	422.80	—	—	—	—
1997	1716.70	591.20	66.00	752.50	—	307.00	—	—
1998	946.57	611.50	67.60	195.50	—	71.97	—	—
1999	901.70	694.50	77.30	30.90	—	99.00	—	—
2000	1441.20	721.30	40.80	620.50	23.40	35.20	—	—
2001	1405.65	782.90	45.25	473.00	—	90.00	7.50	7.00
2002	2298.53	1502.00	142.80	527.43	47.10	71.00	—	8.20
2003	2809.76	1739.60	187.30	804.76	37.10	31.00	—	10.00
2004	2987.71	2163.40	275.94	495.97	44.40	5.00	—	3.00
2005	2944.04	2004.50	298.25	512.49	51.60	74.00	—	3.20
2006	5123.85	2625.00	295.90	2115.56	5.99	76.00	—	5.40
2007	4857.89	2756.00	292.30	1196.65	236.94	348.00	25.00	3.00
2008	5901.18	2842.00	293.20	2029.99	475.19	234.00	25.00	1.80

一、免费教育经费

（一）寄宿包干制

1981 年 9 月，对县民族小学农村学生实行寄宿包干制，免收一切费用，国家发给被褥、生活用品和寒衣等，按城镇居民供给粮油，学生人均每月补助生活费 10 元。

1983 年 9 月，各公社中心校办半寄宿制班级，实为寄宿半包干制，农村学生免收一切费用，学生自带粮食（国家适当用返销粮补助），学生人均每月补助生活 10 元（省补 7 元，县补 3 元），较为困难的，适当补助被褥、寒衣等，其他学生享受免费教育。

1987 年，随着财政体制的改革实施，教育开始取消对学生的“全免费高补贴”政策，对部分小学生及中学生收取书费、杂费，高中阶段学生增收学费；对寄宿制、半寄宿制学校的学生实行定额人员助学金制度。乡小半寄宿制农村学生生均每月 10 元；县一中、民小生均每月 27 元；职中、二中、附中生均每月 22 元。

1988 年 9 月，开始在寄宿制小学生中试收课本费。

1990 年，享受免费教育的学生 1147 人，免费金额 19.43 万元。

1990 年 9 月，对包干制进行调整：国家不拨课本费，直接向学生收取，如有困难交不起或交不足的部分由学校用勤工俭学收入支付；寄宿制学生的生活用品（含被褥）供给，由学生自理，确有困难的适当补助；寄宿制高小学生，学生人均每月补助生活费 20 元。

1991 年起，对享受包干制的农村学生开始收取书本费和学杂费。

1997 年，半寄宿制农村小学生助学金生均每月 20 元、初中生和民族小学学生生均每月 37 元。

2008 年，全县免除义务教育阶段学生杂费，补助公用经费 394.25 万元；免除课本费 155.06 万元；补助困难学生生活费 342.3 万元。

（二）“三免”经费

1997 年，根据省委、省政府《关于对全省边境沿线行政村以下小学学生实行免费教育的决定》，西盟县实施“三免”教育。

2000 年，上报享受“三免”经费的有 5 个乡、1 个镇、13 个边境村完小、55 个教学点、6767 名学生，批准享受的学生 4767 名，享受资金 686030 元，学生人均 143.93 元。

2001 年，享受“三免”经费有 14 个村、58 个教学点、7040 名学生，享受资金 686081 元，学生人均 47.45 元。

2002 年，享受“三免”教育经费有 14 个村、53 个教学点（减少 5 个校点）、5909 名学生（民小 155 名）。

2003 年，享受“三免”教育经费有 6 个乡、2 个镇、29 个教学点；上报小学 10489 名，批准享受 9033 名，上报初中 3405 名，批准享受 822 名。享受资金 156.3 万元。

2004 年，有 76 个教学点 10078 名，其中，小学 72 所，受益学生 8329 名，初中 4 所，受益学生 1749 名。

（三）“两免一补”

2006 年，国家实行实施免杂费、免课本费、补助学生生活费的“两免一补”政策。小学免教科书每学年度生均 70 元、免杂费每学年度生均 40 元，补生活费每学年度生均 130 元；初中免教科书每学年度生均 140 元、免杂费生均 60 元，补生活费生均 250 元。

2000 年—2008 年西盟县教育“三免”经费投入情况表

表 18-7　　单位：人、万元

名称 年份	在校生数		三免指标数		“两免一补”指标数		下拨经费
	小学	初中	小学	初中	小学	初中	
2000	14213	1422	4767	—	—	—	68.605
2001	14080	1962	4767	—	—	—	68.605
2002	13536	2561	10000	1800	—	—	195
2003	11368	4227	9033	832	—	—	156.300
2004	12742	4787	8329	1749	—	—	168.660
2005	11268	4733	—	—	8722	2964	181.040
2006	10708	4897	—	—	10708	4897	720.390
2007	9252	5296	—	—	9252	5296	926.510
2008	8726	4962	—	—	8726	4962	1307.730

（四）群众集资经费

1987 年 10 月，全县三级干部教育工作会议召开，制定下发《西盟县关于筹措教育经费的决定（试行）》，自 1988 年 1 月起，开征农村教育费附加，把村、社两级学校的建盖、修缮任务交给群众，国家实行对乡镇以上学校重点补助。

1990 年 11 月，修改完善《西盟县关于筹措教育经费的决定》，除继续开征农村教育附加费外，在城镇干部、职工中开征城镇教育附加费和建筑工程承包费中征收教育附加费，走“依靠人民办教育、办好教育为人民”的道路。至年底，全县农村群众投工 2 万余个，集资 11.8 万元，献料折资 8000 余元，修缮、建盖校舍面积 3000 余平方米，其中，新厂乡阿莫村 3 年内集资 7.7 万元，投工 2300 个，献料折资 0.13 万元，修缮校舍面积 1211 平方米，村内各小学校舍基本改为石棉瓦顶。县委、县政府授予阿莫村“集资办学先进村”称号。

二、项目经费

（一）国债项目

2002年4月28日，勐梭镇里拉村小教学楼开工，建筑面积700平方米，同年8月30日竣工。配课桌110套，教师办公桌19套，总投资62万元。

2004年4月13日，县职业中学教学楼开工建设，同年9月30日竣工，投资93万元。

2007年6月6日，勐卡镇永业村小教学楼开工，建筑面积283平方米，2008年3月4日竣工，配课桌椅50套。

（二）边境中学项目建设

2003年1月16日，县第一中学新建项目开工，同年5月10日竣工，建筑面积2202平方米，投资195万元。

2003年5月30日，力所中学新建项目开工，建筑面积1200平方米，投资102万元（中央财政补助60万元，省预算内补助42万元），2004年1月30日竣工。

（三）贫义工程

1995年—2000年，西盟县被列为“国家第一期贫困地区义务教育试点工程”，总投资128.7万元。

2001年—2005年，贫义工程被列为“国家第二期贫困地区义务教育工程”，投入320.5万元。

西盟县第一期贫义工程建设情况表

表18-8　　单位：平方米、万元

名称 学校	建筑物用途	建筑面积	投入资金
勐梭镇王莫村小学	教学楼	456	30.5
岳宋乡木古坝小学	教学楼	230	17.5
中课乡嘎娄村小学	教学楼	515	38.9
莫窝乡永业村小学	教学楼	303	24.3
力所乡佐扩村小学	教学楼	305	17.5

西盟县第二期贫义工程建设情况表

表18-9　　单位：平方米、万元

名称 学校	建筑物用途	建筑面积	投入资金	开工日期	竣工日期
勐梭镇小学	学生宿舍	391	31	2002.2	2002.6
新厂乡中学	学生宿舍	391	32	2002.3	2002.7
莫窝乡永布落小学	教室、宿舍	276	16	2002.4	2002.7
中课乡窝龙村小学	教学楼	347	30	2002.6	2002.10
翁嘎科乡龙坎村小学	教学楼	427	35	2002.10	2003.2
翁嘎科乡班弄村小学	教学楼	347	30	2002.11	2003.2
中课乡来石妙小学	教室、宿舍	276	22.5	2002.12	2003.2
岳宋乡班帅村小学	学生宿舍	391	29	2003.3	2003.8
莫窝乡小学	学生宿舍	430	26	2003.6	2003.9
新厂乡永光村小学	教室、宿舍	340	18	2004.3	2004.5

续表 18-9

学校 \ 名称	建筑物用途	建筑面积	投入资金	开工日期	竣工日期
翁嘎科乡中学	教学楼	420	30	2004.5	2004.10
中课乡永布落村小学	学生宿舍	240	21	2004.12	2005.4

（四）希望工程

1993 年起，在社会各界人士的资助下，开始建盖希望小学。

至 1997 年，共收到建盖希望小学资助金 143.37 万元，捐赠物资 4 万元，已建希望小学 4 所和开办西盟班、思电班、春蕾班希望工程班。至 2000 年，共收到捐资办学金 114 万元。

2004 年—2005 年，共收到自助贫困学生资助金 499307 元，自助学生 759 人。

2006 年 5 月，云电莫美彩虹希望小学开建，建设面积 531 平方米，总投资 60 万元；同日中课乡嘎娄村利明希望小学开建，建设面积 736 平方米，总投资 68.8 万元。

2007 年 12 月，普洱市天碧永光希望小学开建，建设面积 775.85 平方米，总投资 135 万元。

1997 年—2007 年西盟县社会捐资建希望小学情况表

表 18-10 单位：平方米、万元

学 校 \ 名 称	原校名	建设情况		
		竣工时间	面积	总投资
莫窝乡班哲村福和希望小学	莫窝乡班哲村小	1997.1	347	20
上海进出口税希望小学	勐梭镇秧洛村戈约小学	1998.2	355	27.11
勐梭镇秧洛村永年希望小学	勐梭镇秧洛村四组小学	1998.4	72	4.60
力所村竹鲁上海基金会希望小学	力所村竹鲁小学	1998.12	150	2.30
娜妥坝上海杨浦区新华希望小学	西盟镇娜妥坝小学	1998.12	437	25
勐梭镇他朗村上海祥龙希望小学	勐梭镇他朗村永哈组小学	1999.1	229	10
永帮村四组上海祥龙希望小学	莫窝乡永帮四组小学	1999.1	152	5
勐梭镇班母村育忠小学	勐梭镇班母村小	1999.2	306	15
班哲村五组上海祥龙希望小学	莫窝乡班哲村五组小学	1999.2	199	4.40
大班弄村中图第二希望小学	大班弄村小班弄小学	1999.8	200	4.50
勐梭镇里拉村上海长宁绿叶希望小学	勐梭镇里拉村班勒小学	1999.10	153	3.50
班箐五组中图第一希望小学	中课乡班箐五组小学	1999.11	147	2.70
力所乡王布龙光彩希望小学	力所乡王布龙小学	2000	394	20
阿莫村六组上海市电话局希望小学	阿莫村永土六组小学	2000.9	192	5.70
班帅村上海金山绿叶希望小学	班帅村十三组小学	2000.9	188	5.20
永布落村上海青普绿叶希望小学	中课乡永布落村那卡坝小学	2000.9	90	4.30
勐梭镇他朗村海军希望小学	勐梭镇他朗村小学	2001	347	33
班帅村六组上海静安绿叶希望小学	岳宋乡班帅村六组小学	2002.5	188	8.50
窝羊村上海长宁房地公司希望小学	新厂乡窝羊村陇马果小学	2002.9	192	4.80
大班弄村飞利浦照明希望小学	翁嘎科乡大班弄村小学	2003.8	347	31

续表 18-10

学校 \ 名称	原校名	建设情况		
		竣工时间	面积	总投资
云电莫美彩虹希望小学	勐卡镇莫美村小学	2006.5	531	60
中课乡嘎娄村利明希望小学	中课乡嘎娄村小	2006.5	736	68.80
普洱天碧永光希望小学	新厂乡阿莫村小学	2007.12	775.85	135

（五）对口援助

1993 年 12 月，上海市杨浦区教育局与西盟县结成帮扶对子。

1994 年，上海市杨浦区师生捐款 14.73 万元。

1995 年，在上海市杨浦区区教育局专门建立西盟教育基金 60 万元，利息用于奖励教师。

1996 年起，上海市杨浦区派出骨干教师到西盟支教和帮助培训教师。

1998 年，上海市杨浦区教育局捐赠计算机 20 台。2001 年 4 月，投入资金 20 万元，帮助县一中装备完中Ⅱ类物理、生物、化学实验设备。

至 2005 年，上海市杨浦区教育局已派出 4 批 13 人到西盟支教，帮助培训教师 230 人次，兴建 22 所希望小学。

2008 年，兴建新厂乡窝羊村小教学楼和勐卡镇班哲村小学生宿舍楼，各扶持 20 万元。

第八节　校舍设备

一、校舍建设

1980 年秋，为筹建教师进修学校，建盖了 2 幢钢筋混凝土结构的校舍，建筑面积 555.8 平方米。

1981 年—1988 年，国家投入校舍改造经费 196.07 万元，对县属学校、各区（乡）中心小学及部分村、社小学也建盖了钢筋混凝土校舍。但砖木、土木结构的校舍在村以上小学还占多数。

1988 年“11·6”澜沧—耿马大地震，波及西盟县境内，146 所中小学、幼儿园的校舍遭到不同程度的破坏，校舍倒塌面积 15498 平方米，严重损坏面积 42751 平方米，部分中小学被迫停课，中课乡和县属中小学受灾最为严重。西盟县校舍改造修缮和局部建设转向大规模的恢复重建。至 1990 年 12 月，国家下拨教育部门重建项目经费 465.34 万元，已完成重建面积 8466 平方米；修复、加固 3444 平方米；建盖简易校舍 3084 平方米。全县校舍总面积 51929 平方米，师生人均有校舍面积 5.12 平方米，其中，钢筋混凝土结构 26049 平方米，砖木结构 7659 平方米，土木结构 10773 平方米，危房、简易房 7448 平方米。

2003 年，全县校舍总面积 99919 平方米，其中，普通中学校舍 19321 平方米；职业中学 3918 平方米；小学 73523 平方米；幼儿园 3157 平方米。总校舍中土木结构 10936 平方米，占校舍总面积的 10.9%；有危房 20533 平方米，占校舍总面积的 20.55%。

2008 年，全县学校占地面积 484506 平方米，其中，中学 208393 平方米，小学 261859 平方米，幼儿园 14254 平方米。有校舍建筑面积 108376 平方米，其中，中学 35560 平方米，生均 6.07 平方米，有危房面积 1023 平方米，占 2.88%；小学 66803 平方米，生均 7.66 平方米，有危房面积 13956 平方米，占 20.89%；幼儿园 6013 平方米，生均 10.35 平方米，有危房面积 450 平方米，占 7.48%；另外，成人文化技术学校占地面积 29916 平方米，校舍建筑面积 3097 平方米。

二、教学设备

1978 年—1984 年，教学设备购置的经费年均 7.88 万元，电视机、收录机、录像机、幻灯机、投影仪等现代化教学工具已开始进入课堂辅助教学，球场、器械等教学设备逐年改善。

1985 年—1990 年，国家平均每年投入教学设施购置费 7.06 万元，群众年均献料 20 立方米，县教育局基建队年加工课桌椅 80 余套、学生床 20 多张和部分教师办公桌，修建了部分中小学的水泥球场，采用“拼盘式”（省补一点、地补一点、县上出一点）购置了部分成套教具。

2003 年，全县中小学藏书共有 133832 册，其中，中学藏书 28528 册，生均 9 册；小学藏书 105304 册，生均 8.3 册。全县 10 所乡以上完小配备小学Ⅰ类常规教学仪器；23 所村级完小配备小学Ⅲ类常规教学仪器；96 所初级小学和一师一校点配备教具箱；一中配备完中Ⅰ类教学仪器；二中、力所乡中学配备初中Ⅰ类教学仪器；莫窝乡中学、新厂乡中学配备初中Ⅱ类教学仪器；翁嘎科乡中学的教学仪器已购置。

2004 年，全县中小学藏书 151031 册，其中，中学藏书 40394 册，生均 8.2 册；小学藏书 110637 册，生均 9.52 册。配备远程教育设备 40 套、多媒体设备 3 套。

2008 年，西盟县启动农村中小学现代远程教育项目建设工程，总投资 104.38 万元，其中，中央投资 66.2 万元，省政府拨款 26.48 万元，县配套 11.7 万元。建设“模式一”学校 31 所、“模式三”学校 6 所，实现了光盘播放教学，35 所村完小及以上学校能接收远教 IP 资源，并应用到教育教学中，该项目 6 月通过检查验收。教育局机关、一中、民中、县小、勐卡镇小、勐梭镇小、新厂乡小和力所乡小完成局域网建设，10 所学校连接互联网。全县建成并投入使用远程教育地面卫星接收设备 65 套，多媒体设备 11 套，计算机 320 台，实验室及多功能教室 41 间，基本形成一个覆盖全县城乡中小学的卫星宽带接收网络和信息教育体系。

第九节　学校布局

1980 年年末，全县小学有 99 所，在校生 6484 名。

1981 年—1985 年，全县共有 166 所小学，在校生 9511 名，教职工 358 名。

1986 年 8 月，根据“撤、并、改、停”的方针，对小学进行大规模调整，一次性撤并小学 34 所。

1991 年起，西盟县教育局根据需增则增，宜并则并的原则，逐步撤并办学条件差、生源少的社（组）小学。1991 年，全县有小学 131 所。1999 年，全县有小学 150 所。2005 年，全县有小学 77 所。2008 年，全县有小学 66 所。

第十节　教育队伍

2008 年，全县有教职工 1320 人，其中，专任教师 1081 人，工勤及其他 139 人，代课教师及临时工 100 人。高中教师 57 人（一中 44 人、职中 13 人），本科学历 50 人，专科学历 7 人，学历达标率 87.72%；初中教师 317 人，研究生学历 3 人，本科学历 163 人，专科学历 150 人，高中学历 1 人，学历达标率 99.68%；小学教师 809 人，本科学历 126 人，专科学历 597 人，高中（中师）学历 75 人，高中以下学历 11 人，学历达标率 98.15%；幼儿教师 55 人，本科学历 3 人，专科学历 33 人，高中（中师）学历 18 人，高中以下学历 1 人，学历达标率 98.18%。

一、社会招聘

1980年8月，根据教育部的相关文件精神，思茅行署教育局、人事局下达西盟县90名民办教师转为公办教师的指标。通过文化、德、能、勤、绩等方面考核，有90名民办、代课教师转为公办教师，其中，48名转为学校工勤人员（含7名基建工）。民办教师取消。

1982年起，随着国家政治体制改革的不断深入，党政干部实行知识化、年轻化，50名教师先后调离教育部门。同时，调回内地的教师增多，教师队伍的稳定受到影响。为满足教学工作的需求，开始招收合同制教师、代课教师，并从内地引进部分教师。

1988年，全县招用合同制教师29名，从内地引进中学教师19名，代课教师和临时工有238名。

1990年，29名合同制教师转为公办教师。

2000年，向社会招聘中专以上非师范类24名。

2001年，向社会招聘中专以上非师范类18名，同时，转代课20年以上的合同制工人15名。由于普及九年义务教育的实施，相继恢复力所、莫窝、翁嘎科、新厂中学，新建中课乡中学，从其他市、县引进师范类的本科生、专科生充实到初中教师队伍，当年，招聘教师25名。

2002年，招聘教师40名。2003年，招聘教师50名。2005年，招聘教师32名。

2008年，招聘特岗教师66名，其中，人事部门分配16名。

二、教师待遇

（一）政治待遇

1985年9月10日，县委、县政府隆重举行第一个中国教师节庆祝活动，并给全县教职工配发西装制服1套。全县表彰了42名优秀教师和优秀教育工作者。之后，每年教师节，县委、县政府都表彰优秀教职工，县五套班子领导亲临到部分教师家中慰问。

至1990年，全县共有44名教职工受到地区级以上表彰，其中，国家级5名，省级10名，地区级29名。

2008年，全县教职工中有市级党代表、人大代表各1名；县级党代表10名、人大代表6名、政协委员5名。

1978年—2008年，全县先后有128名教职工加入中国共产党；35人次当选为县人大代表；22人次当选为县政协委员；全县共有68名教职工受到地（市）级以上表彰，其中，国家级6名，省级21名，地（市）级41名。

（二）经济待遇

1977年，1979年，给部分教职工增加工资，增资面50%。

1984年，边疆补贴按人均每月10元计发。同时，增加奖励工资，年终一次性评比兑现。

1985年，代课教师和临时工，高中学历的月工资50元；初中、小学学历的月工资45元。

1988年1月1日起，给362名已评定专业技术职称的教师兑现职称工资（有1名教师拒聘未兑现）。给1988年12月至1989年12月参加工作的教师晋升一级工资，奖金由每月10元提高到30元。

1990年，全国工资改革，全体教职工都得以增资一级或二级。中学教职工月平均工资200.96元，最高295.7元，最低172.2元；小学、幼儿教职工月平均工资189.93元，最高318.7元，最低149.7元。

1990年，中学代课教师，大专、中专学历的月工资90.1元；高中学历的月工资82.6元；初中学历的月工资74.2元。小学、幼儿园代课教师，大专、中专学历的月工资88.7元；高中学历的月工资75.2元；初中学历的月工资68元；小学学历的月工资63.2元。临时工高中学历的月工资71.50元，初中学历的月工资64.40元。

1999 年起，代课教师月工资增加到 150 元，每年补助粮食补贴 250 元。

1997 年，全县教师工资进行调整，教职工的工资待遇有了提高。另外，还根据“大轮调”“小轮调”的方法正常提升工资档次。

2003 年，县教研室主任李群昌，在教育教学、教育科研、教学改革等方面做出了突出贡献，享受市政府补贴。

2004 年，随着正式教职工工资的提高，临时工、代课教师的待遇也得到了相应的提高。

2007 年，代课教师月工资增加至 420 元。

2008 年，代课教师月工资增加至 580 元。

1991 年—2008 年西盟县教职员工年工资情况表

表 18-11

名称 年份	教职工数（人）	年工资总额（万元）	人年均工资（元）
1991	604	185.1	3064.57
1992	620	228.1	3679.03
1993	615	256.9	4177.24
1994	637	397.7	6243.33
1995	628	398.1	6339.17
1996	625	524.9	8398.40
1997	648	591.2	9123.46
1998	668	611.5	9154.19
1999	710	694.6	9783.10
2000	755	721.3	9553.64
2001	741	782.9	10565.45
2002	954	1359.6	14251.57
2003	955	1552.3	16254.45
2004	1016	1782	17539.37
2005	1043	1889.4	18115.05
2006	1241	2625	21152.30
2007	1253	2756	21995.21
2008	1290	2862	22186.05

三、教师业务培训

（一）脱产进修

1983 年 9 月，有 3 名中学教师参加全国成人高校招生考试，并分别录取到云南教育学院、云南电大和云南民族学院进修学习（进修本科学历 2 人，专科学历 1 人）。随着各类成人高校招生制度的完善，每年都有部分中小学、幼儿园教师考入高等学校脱产进修。至 1990 年，全县有 64 名在职教师参加脱产进修，其中，取得本科学历 10 名，专科学历 24 名，专科结业 3 名，中师学历 27 名。对参加脱产进修的教师，单位支付学杂费，每年报销 1 次往返差旅费，除停发奖金、浮动工资外，其他待遇不变；在校学习期间，单位每天补助 0.3 元；并对被评为“三好学生”“优秀学生干部”的教师给予奖励；学习成绩各科在及格分（60 分）以上的，平均分每增加 1 分奖励 0.5 元。

1990 年—2005 年，有 25 名教师参加脱产进修，全获得了相应的学历证书。后无脱产进修人员。

（二）函授进修

1977 年 9 月，第一次全国成人高校招生考试制度恢复考试，有 6 名中学教师考入云南大学中文系进修本科学历（函授教育）。随着国家成人教育事业的不断发展，参加函授教育的中小学、幼儿园教师逐年增多，除公办教师外，还有少数代课教师也考入大学进修学历。

1987 年，根据县委宣传部的统一安排，有 3 名学校领导参加了辽宁省委函授党校党建专业学习，2 人取得了西盟县内承认学历的大学专科毕业证书。

1990 年，全县参加函授进修的教师 49 人，其中，进修本科学历 12 名，专科学历 37 名。对参加函授进修的教师，单位支付学费、杂费，报销参加面授时的往返车票、住宿票（差旅费）及在校面授的住宿票，工资、奖金照发。

2008 年，全县中小学教师参加函授的人数 48 人。

1990 年—2008 年西盟县教师参加函授学习情况表

表 18-12　　单位：人

年份＼名称	研究生	本科生	专科	中专
1990	—	12	37	—
1991	—	4	21	6
1992	—	2	16	4
1993	—	4	11	11
1994	—	3	7	—
1995	—	5	2	2
1996	—	2	7	2
1997	—	1	7	4
1998	—	5	9	2
1999	—	1	14	3
2000	—	4	10	—
2001	—	3	22	3
2002	—	3	36	3
2003	—	4	24	—
2004	—	10	103	—
2005	3	61	127	—
2006	—	13	124	—
2007	—	18	44	—
2008	—	49	36	—

（三）中师自学考试

1985 年 4 月，开办云南省第一轮中师自学考试业务后，每年都有教师（主要是代课教师）报考，最多年 87 人。

1990 年 8 月，已有 3 名代课教师获得中师毕业证书。

1991 年—2005 年，已有 35 名代课教师获得中师自学考试毕业证书。

（四）双学考试

1983 年，根据省教育厅关于中小学教师教材教法过关考核的精神，文教局于 9 月制定了《西盟县中小学教师教材教法过关考核办法》，规定 50 岁以下的男教师和 45 岁以下的女教师均为过关考核对象。小学教师由思茅行署教育局制卷，中学教师由云南省教育厅制卷，内容包括学段知识、教学大纲，80 分以上算过关（总分 100 分）。为使大多数教师能过关，教研室、教师进修学校集中办辅导班 8 期，培训小学教师 247 人次；巡回培训、辅导 280 人次。

1985 年年末，高中教师过关 12 名，过关率 48%；初中教师过关 10 名，过关率 41.7%；小学教师过关 118 名，过关率 41.7%。

1987 年后，开始对中小学、幼儿园教师专业合格证进行考核，凡高中教师学历不是本科的，初中教师学历不是专科的，小学、幼儿园教师学历在中师以下者，均为不合格学历教师，必须参加专业合格证考试。

1991 年—2008 年，专业分配和社会招聘的教师基本上是专业学校毕业的，代课教师具有高中学历的参加教育学、心理学合格证考试。

第十一节　研究成果

一、教研队伍

1978 年起，县小及各公社中心完小先后恢复教研组，县一中以学科分组，小学以学科或者学年段分组。

1982 年，县教育局制订《县教研室工作暂行条例》。1983 年，县教研室帮助 9 所小学建立教研辅导站。

1990 年，县教研室有教研员 6 人，其中，小学语文、数学各 2 人，自然 1 人，刊物编辑 1 人。全县有教研组 46 个。

1993 年，县教研室有教研员 5 人。

1995 年、1998 年，分别增设小学数学和中学地理教研员 1 人，有教研员 7 人。

1999 年，县教研室有教研员 5 人。

2000 年 11 月，教育局单独设立师训办。

2002 年，县教研室有教研员 6 人。

2008 年，县教研室有教研员 5 人，其中，中学学科 2 人，小学学科 3 人。

二、教研刊物

1982 年 12 月，为及时传递县内外先进的教育教学改革信息，为全县教育工作者提供撰写、发表、交流教育教学管理和教育教学论文及经验的园地，教研室创办了内部交流刊物《佤山教育》，其宗旨是：立足于佤山教育，为教师的教育教学服务，宣传倡导先进的教育教学方法，展示佤山教育教学及教研成果，促进佤山教育事业的发展。《佤山教育》的内容栏目分为：佤山教育教学动态、教研活动、学校管理及经验交流、教育简讯、小学生优秀作文、外地教改信息转载等。文章内容包括论文、散文、诗歌、报道、经验交流、小学生作文、教育简讯等。为双月刊，每期 200 份。

1990 年，《佤山教育》在地区教研室的刊物评比中获二等奖。

1999 年 4 月，县教研室编辑出版《西盟县教育教学论文选（第一集）》，编入教师论文 61 篇，共 200 千字，印刷 2000 册。

至 2001 年，《佤山教育》共出刊 100 期。

2002 年，开始由油印改为胶印，栏目设置“本期话题”“本刊专稿”“班主任工作”“德育工作”“教学探讨”“教改探索”“他山之石”“教育文艺”“教育文摘”“学生园地”等。改为季刊。

2003 年 3 月，县教研室编辑出版《西盟县教育教学论文选（第二集）》，编入教师论文 82 篇，共 250 千字，印刷 1000 册。

2008 年，《佤山教育》共出刊 4 期。

2002 年—2008 年，《佤山教育》共出刊 24 期。

三、乡土教材编写

（一）语言基础

1985 年，县教研室根据县民族小学招收的“三三”制学生，相互间交流存在着语言障碍，给教学带来困难，组织人员编写了《语言基础》。其原则是易教、易学、易懂，扫除少数民族学生语言障碍，提高会话、写作、阅读、正字正音、学习普通话的能力。全套教材共分 6 册，每册 30 课，每课分词语、句子和段落短文三部分，按五年制小学语文教材 1 册 ~ 10 册内容，将常用词语、句式进行归纳分类。再用词造句，写成短文、儿歌、绕口令和谜语等，并把汉语与民族语的词汇、句式相比较。

1986 年，《语言基础》教材编写完成，并正式列为课堂教学内容。1989 年，《语言基础》教材被云南省教育厅评为“三等奖”。

（二）“三三”制补课教材

1983 年，全县 7 个公社中心小学开办寄宿制“三三”制班级。1985 年，县教研室开始编写《三三制补课教材》，供“三三”制班新生第一学期补课使用。语文、算术各分上下册。语文内容包括阅读、写作两大部分。算术内容包括基本概念、文字题、应用题三部分。1986 年，《三三制补课教材》编写完成，共打印下发 1000 册。

（三）西盟地理

1991 年 5 月，《西盟地理》由县一中地理教研组负责编写。1995 年 3 月，《西盟地理》印刷成书，全书共分为“佤族为主的边疆县”“独具特色的地理环境”“丰富的自然资源”“发展中的佤山经济”。1998 年，《西盟地理》荣获云南省教研室和省教育学会“乡土教材评选二等奖”。

（四）农村实用技术培训教材

2008 年 3 月，教育局组织编写《西盟县农村实用技术培训材料》，内容包括：种植篇、养殖篇和生活小百科。

四、教育教研成果

1982 年，根据毕业班教学质量偏低的情况，组织教导主任、毕业班教师进行对五年制小学教材 9 册 ~ 10 册进行分析，对如何搞好毕业班的教学工作进行研讨。

1985 年，小学升初中考试，县小、民小、勐梭区小学的“双科合格率”超过教育局下达的指标，受到教育局的奖励。当年第一次进行识字率验收，全县有 7 个班达标。

1986 年，组织全县教导主任和骨干教师研讨会 2 次，对识字教学、作文教学、阅读教学、应用题教学进行研讨，与会教师根据所定专题每人写一份教案，并通过集体讨论后选出较好的教案到课堂上试讲，然后进行评课。是年，识字率达标班级增加到 11 个班。全县有学校教研组 20 个。

1989 年，小学教师参加地区优质课评选，获得四等奖。

1990 年后，推荐到地区参加优质课评选的中、小学教师，都获得二、三等奖。

2000 年—2001 年，有 6 名中小学、幼儿教师，在地区组织的学科竞赛中获一、二等奖。

2008 年，全县有教研组 25 个，村完小以上学校都能正常地开展教研活动。

至 2008 年，小学生、幼儿参加全国、省、地（市）组织的各类竞赛活动中，有 140 名学生获奖。

第十二节　教育三干会

1984 年 5 月 25 日—29 日，西盟县委、县人民政府召开西盟县第一次教育三干会议。

1987 年 10 月 9 日，西盟县委、县人民政府向全县各区（镇）、县属单位发出《关于召开全县教育工作会议的通知》；10 月 23 日—25 日，西盟县委、县人民政府召开西盟县第二次教育三干会议，参加会议的人员有县五套领导班子成员，各区（镇）党委书记，各乡党支部书记，各区（镇）中心小学校长，县属中小学校长以及县委办、县政府办、县委宣传部、县民委、县劳动人事局、县计经委、县委组织部、县文化局、县财政局、县科技局领导各 1 人，县教育局 5 人。会议内容主要有：学习贯彻中共中央《关于教育体制改革决定》《中华人民共和国义务教育法》等文件；落实教育分组管理、教育经费筹措；研究教育发展规划等问题。县长张岩松代表县委、县人民政府作重要讲话。会议讨论通过《西盟县关于筹措教育经费的决定（试行）》，并于 1988 年 1 月起开始征收教育附加费。把村、社两级学校的建盖任务交给群众，国家实行对乡镇以上小学校重点补助。

1995 年 6 月 5 日—9 日，西盟县委、县人民政府在县工人俱乐部召开西盟教育工作三级干部会议。参会的人员有县五套领导班子成员，各乡（镇）党委书记和乡（镇）长，各村（办事处）支部书记和村主任（办事处主任）、各乡（镇）中心完小校长，县属中小学校长和幼儿园园长，县属各部委办局、锡矿厂、群众团体负责人和县教育局领导及各股室负责人参加。会议内容主要有：传达省地教育工作会议精神；研究西盟县民族教育工作；讨论西盟教育工作的规划、措施等事宜。

2003 年 4 月 22 日—24 日，西盟县委、县人民政府召开教育三级干部会议。参加会议的人员有县五套领导班子成员，县属各部委办局及企事业单位负责人，各乡（镇）党委书记和乡（镇）长，各乡（镇）中心完小校长，县属学校校长和幼儿园园长，各村（办事处）主任，县教育局领导和各股室负责人。共计参加会议人员 222 人，其中，县委领导 11 人，县委委员 12 人，县纪委委员 14 人，县人大 6 人，县政府 4 人，县政府办 6 人，县属各部委办局 36 人，中央省地驻西盟单位 12 人，县属学校和卫生部门 6 人，驻西盟军警部队 5 人，国有企业 7 人，各乡（镇）长及人大主席 14 人，各村委会（办事处）73 人，退休干部 9 人，列席（党外干部）7 人。4 月 22 日，县委书记张善强代表县委、县人民政府作报告；与会人员分 4 个组进行讨论；会上各乡镇政府和县属学校分别交流发言。4 月 24 日，副县长马恒荣作《真抓实干，明确责任，确保我县教育工作目标的实现》讲话。

第十三节　机　构

一、县教育局

1978 年，称西盟县文教科。1981 年 5 月，文教科改为文教局，增设招生办公室。1984 年 3 月，文教局分为教育局和文化广播电视局。1985 年，增设教育股、体育股、人事股，扫盲办公室改称业教托幼股。有行政编制 8 人，领导职数 1 正 2 副。1986 年，县体育运动委员会恢复建制，体育股改为文体股。1988 年 12 月，增设基建股。1989 年 6 月，进修学校、教研室划归教育局，不改变科研机构性质；招生办公室改称招生考试办公室；同年 12 月，中共西盟县教育局委员会成立，增行政编制 1 人，局长兼任党委书记，设专职副书记 1 人（负责党委的日常工作）。1990 年 2 月，增设督导室；同年 4 月，西盟教育工会委员会成立，增加行政编制 1 人。1996 年 8 月，教育局改称为教育与科学技术委员会，有行政编制 5 人，设领导职数 1 正 4 副。1997 年 8 月，改称为教育委员会，设领导职数 1 正 3 副。2000 年 6 月，正式设立党委办公室，局长不再兼任党委书记，由县委任命书记负责党委工作。2002 年，根据县委、县政府机构改革实施意见，教委与科委合并，改称为科技教育局，内设 13 个股室。2004 年 1 月，科技教育局分为教育局和科技局，增设德育股。2006 年 12 月，电教室成立。2008 年，内设德育股、办公室、督导室、人事股、教研师训办、基础教育股、招生考试办公室、计财股、职成教股、电教室。设领导职数 1 正 2 副，党委书记、副书记、纪委书记各 1 人；有行政编制 12 人，有事业编制 40 人。

历任县文教科科长：王跃（1978 年 6 月至 1981 年 5 月）。

历任县文教局局长：王跃（1981 年 5 月至 1984 年 1 月）。

历任县教育局局长：苏太勇（1984 年 3 月至 1988 年 2 月）、周丕勇（1988 年 2 月至 1990 年 4 月）、周建平（1990 年 4 月至 1993 年 2 月）、陶明冶（1993 年 2 月至 1996 年 8 月）。

历任县科技教育委员会主任：陶明冶（1996 年 8 月至 1997 年 8 月）。

历任县教育委员会主任：陶明冶（1997 年 8 月至 2000 年 7 月）、王焕友（2000 年 7 月至 2002 年 3 月）。

历任县教育科技局局长：王焕友（2002 年 3 月至 2004 年 1 月）。

历任县教育局局长：王焕友（2004 年 1 月至 2006 年 2 月）、王建华（2006 年 2 月至 2008 年 12 月）。

历任教育局党委书记：周丕勇（1989 年 12 月至 1990 年 4 月）、周建平（1990 年 4 月至 1993 年 2 月）、陶明冶（1993 年 2 月至 2000 年 6 月）、陈岩翁（佤族，2000 年 6 月至 2006 年 2 月）、王焕友（2006 年 2 月至 2006 年 9 月）、熊发坤（傣族，2006 年 9 月至 2008 年 12 月）。

二、教育督导室

1989 年，督导室成立，教育局配备督导专干 1 人。1991 年—2000 年，督导专干空缺。2001 年，配备督导专干 1 人。2007 年 5 月，西盟县编制委员会正式发文通知成立西盟佤族自治县人民政府教育督导室，领导职数 1 正（副科级）1 副（正股级），人员编制 5 人。

第二章　科学技术

第一节　科技队伍

1978年，中共十一届三中全会后，经过拨乱反正，开始落实知识分子政策。至1990年，共落实知识分子和科技人员政策694人。

1992年12月，全县有专业技术人员1126人。

2005年，全县有专业技术人员1687人。

2008年12月，全县有专业技术人员1619人，其中，本科学历217人，大专学历938人，其他学历464人；有副高职称43人，中级职称467人，初级职称937人，其他职称172人。各乡（镇）农业（畜牧）、林业、水利、教育、卫生、计生等科技推广服务体系健全，各村民委员会设有农科员、兽医员、林业员、计生员、科技辅导员等基层科技服务机构。

第二节　科技项目实施

一、科技培训

2005年，开展“科技‘春风’大行动”，培训农民16095人。

2007年，实施“野生刺竹人工种植试验示范”、“三高母猪养殖示范”、边疆“解五难”惠民工程科技培训。

2008年，为加快县、乡（镇）科技基础平台建设，给各乡（镇）科技助理员配备了电脑，为36个村民委员会建立了科技活动室和配备了科技书籍和科普光碟。经过培训，有1000人获得“农民技术资格证书”。

二、示范基地建设

1991年，在勐梭乡里拉村48千米处建橘子、奈李水果科技示范园，面积120亩。

1999年，在力所乡建水果、陆稻科技示范基地。

2001年11月，甘蔗良种种植示范项目被列为“云南省民族贫困地区科技试验示范”项目，试种甘蔗良种320吨，面积680亩，覆盖3个乡（镇）、7个行政村、14个村民小组，培养了一批种植甘蔗的乡土人才。

2005年，在勐梭镇里拉村48千米处，建立组培香蕉示范基地15亩。

2007年—2008年两年间，在全县实施种桑、养蚕示范800亩；引入“云引10号”甘蔗200亩良种进行示范种植；定植茶叶良种“佛香”系列无性系扦插1000亩；开展“濒危中药材植物土沉香人工种植技术研究”；在勐梭班母村建立优质茶叶高产种植示范点1400亩；在翁嘎科乡罗阳社建立科学养猪示范点。

三、引进试种

1996年，引种奈李、勐板橘、金橘、芒果、芝麻、香蕉。

2001年，引种青枣、东试早、甜绿子、泰国甜角、金柚木、团花树。甘蔗良种新台糖10号、16号、20号、22号、陇垦6号、桂糖17号共320吨。

2003年，引种东魁杨梅、阿丁峰、肉桂、红花木莲、南酸枣、红豆杉、印度紫檀。

2004年，引种罗夫木、八角、顶果木。引进种植品种都适应西盟土壤及气候，尤其是甘蔗、香蕉、奈李、芒果等品种经济效益较好，甘蔗已成为西盟主要经济产业。

第三节　科技成果

1992年—2001年，县科技局共获省、市、科技成果奖13项。

2007年，县科技局荣获市级“科技信息工作先进集体奖三等奖”。

2008年，县科技局荣获市级“科技信息工作先进集体奖三等奖”、县级“文明单位”称号，被县政府评为2007年度“社会主义新农村建设指导员先进派出单位”。

1992年—2001年部分年份西盟县荣获省、地（市）科技成果奖情况表

表18-13

名称 年份	获奖项目	获奖单位	获奖人员	颁奖机关	奖励等级
1992	茶叶密植速生丰产	县民政局	魏应昌、胡连贵、杨永昌	思茅地区行政公署	三
1995	滇南热带亚热带山区旱地改制研究与推广	县政府	何品珍、刘义舜、沈继华 刘仕清、杨德生	中国科学院 昆明生态所	二
1995	滇南热带亚热带山区旱地改制研究与推广	县政府	—	云南省政府	三
1995	滇南热带亚热带山区旱地改制研究与推广	县政府	—	思茅地区行政公署	一
1996	滇南热带亚热带山区旱地改制研究与推广	县政府	何品珍、刘文舜、沈继华 刘仕清、杨德生	思茅地区行政公署	一
1996	紫茎泽兰综合防除	紫茎泽兰综合防除协作单位	段江平、张乔明、李惠	思茅地区行政公署	三
1997	《西盟土壤》专著	县政府办 农牧局	何品珍、罗岩祖、赵平云、魏岩本、车立群、谭文彪、张林福、岩太、曹晓玲、魏萍、岩水、杨德生、王长青、石凤兴、罗凤生	思茅地区农牧局	二
1998	优质稻开发应用	县推广中心	—	思茅地区行政公署	三
1998	科学养猪配套技术推广，四乡（镇）三年增收734.5万元	县畜牧兽医服务中心	—	思茅地区行政公署	三
1998	《西盟土壤》专著	县政府、科委、农牧局	—	思茅地区行政公署	三

续表 18-13

名称 年份	获奖项目	获奖单位	获奖人员	颁奖机关	奖励等级
2001	《西盟陆稻》专著	县委、县政府	—	思茅地区行政公署	三
2001	《西盟陆稻》专著	—	何品珍、魏红、赵平云 刘文舜、岩采	思茅地区行政公署	三

第四节　科技考核

2006年，科技局建立了《乡（镇）党政一把手科技进步目标责任制考核制度》，考核内容有：科技工作领导情况；建立健全科技工作领导机构；制定乡（镇）科技计划和措施；乡（镇）科技管理机构与职能履行情况；科普宣传及农函大科技培训工作；建立多渠道的科技投入机制；乡（镇）科委科协制度建设；促进经济社会人口生态可持续发展。具体的考核措施：建立考核内容及评分标准；制定细化指标；采取自评及考核分相结合。

2001年—2008年西盟县科技进步贡献率情况表

表 18-14

名称 年份	对农业贡献率（%）	对工业贡献率（%）	对经济增长贡献率（%）	资金投入对农业带动率（%）
2001	20.75	15.20	20.95	—
2002	23.05	15.76	23.91	—
2003	24.28	16.06	24.46	57.57
2004	27.08	17.30	25.90	63.39
2005	29.08	18.02	27.05	56.95
2006	30.34	19.60	28.90	58.32
2007	33.68	22.40	31.44	49.99
2008	35.83	25.10	33.05	47.96

第五节　知识产权

2003年，知识产权局成立，与科技局“一个机构、两块牌子”开展工作。每年“4·26”世界知识产权宣传日、“3·15”全国消费者协会日，知识产权局协调相关部门，利用广播电视、发放宣传册等形式开展“全国知识产权宣传周”活动，加大知识产权宣传、保护、执法力度。

至2008年，全县共申请外包装设计专利5件：茶叶包装盒、茶叶包装筒（黑山毛峰）、茶叶包装筒（黑山碧螺春）、外包装生态菜籽油、小米荞外包装，全获准授权使用。

第六节 机 构

1984年前，设科技办公室。1984年1月，改为县科学技术委员会。1996年7月，科委与教育局合并，教育与科学技术委员会成立。1997年8月，教委与科委分设。2002年3月，教委与科委合并为科技教育局。2003年4月，科学技术委员会更名为科学技术局。2008年，内设办公室、科技计划股、科技管理股、科技普及股。有人员8人，其中，行政6人，事业2人。全县5个乡、2个镇有7个科技助理员，36个村委会均有1名科技辅导员。

历任县科学技术委员会主任：何品珍（1984年1月至1991年2月）、杨德生（哈尼族，1991年2月至1994年12月）、李绍光（1994年12月至2002年3月）。

历任县科技局局长：李绍光（2002年3月至2003年7月）、段江平（拉祜族，2003年7月至2004年10月）、刀云川（哈尼族，2004年11月至2008年12月）。

第三章　气象服务

第一节　公众气象服务

1988年7月1日，开始向省气象台和地区气象台编发气象旬月报。县内的公众气象服务每天经广播电台向公众发送。服务内容主要有未来24小时天气预报、节假日天气预报等。

1990年—2008年，天气加密报发报时次改为8时、14时、20时。

第二节　决策气象服务

2002年—2008年，为1届至3届中国佤族木鼓节提供气象保障服务，得到县委、县政府的表彰。2006年4月，思茅市首届少数民族传统体育运动会在西盟召开，在筹备与活动举办期间，准确地预报出西盟县天气。

第三节　专业与专项气象服务

一、人工增雨作业

1999年，在思茅行署资助下，购置2架火箭发射架，并正式开展人工影响天气工作。2008年，西盟县橡胶林地白粉病和虫害严重，为橡胶林地实施人工增雨作业。

二、防雷减灾

1997年，防雷中心成立，按照气象法律法规，开展防雷安全检测、防雷图纸审核、防雷工程设计施工等工作。

2000年—2008年，防雷中心对全县新建筑物进行了检测、验收。

第四节　机　构

1978年，县气象站有职工5人。1981年，县气象站实行气象部门与地方政府双重领导，以气象部门为主的管理体制。1982年4月，县气象站更名为云南省西盟佤族自治县气象站。1990年8月8日，根据西盟县人民政府《关于更改县气象局部门名称的通知》，县气象站改为西盟佤族自治县气象局。在对外发布天气预报等事宜仍可称气象站，实行局站合一，“一个机构、两块牌子”。2000年，县气象观测站站址搬迁到新县城。2008年，有职工8人，其中，本科1人、大专5人、中专1人、高中1人；少数民族1人；中共党员6人；助理工程师7人。

历任县气象站站长：黄文龙（1984年8月至1990年7月）。

历任县气象局局长：黄文龙（1990年8月至1990年12月）、李华（拉祜族，1991年8月至1993年9月）、杨忠枢（哈尼族，1993年9月至1996年12月）、魏忠明（佤族，1997年10月至2008年12月）。

第四章 防震减灾

第一节 地震监测

1992年年初，建立地震观测站；8月，地下流体观测站（北纬22° 44′，东经98° 27′）正式投入水位观测。

2001年4月，由于观测井点处于西盟镇滑坡带上，县地震局与云南省地震局决定在西盟新县城北郊建立一个新的地震观测站，地理位置介于澜沧—勐遮裂带西边，勐梭向斜盆地三叠—侏罗系碎屑岩地带上，北纬22° 39′，东经98° 35′，海拔1122米。2002年8月竣工，并投入使用。

至2008年，县境内未直接发生过破坏性地震，受周边及境外地震波及8次，共造成5人死亡、13人重伤、41人轻伤。造成经济损失33419.36万元，

第二节 震害防御

2006年，为规范防震减灾震害防御工作，县政府出台《西盟佤族自治县破坏性地震应急预案》《西盟县建设工程场地地震安全性评价管理规定》，并成立抗震救灾指挥部。依法加大对各类建设工程抗震设防要求监督检查。

2007年，建立防震减灾网、地震测报网、地震灾情速报网和防震减灾宏观联络员（三网一员）群测群防工作机制，完成地震应急救灾基础数据库信息资料收集，配备防震应急救援车一辆，无线电台1台。

2008年，启动实施农村民居地震安全工程。

第三节 机 构

1989年5月，地震办公室成立，归县政府办管理。1992年4月10日，改名为西盟佤族自治县人民政府地震局，正科级单位，有编制6人，其中，行政3人，事业3人。内设办公室、监测预报股、安评股。2008年12月，编制数改为4人，其中，局长、副局长各1人，事业2人（参照公务员管理）。

历任县地震局局长：张岩龙（佤族，1994年12月—1996年7月）、董春（1996年8月—2006年10月）、李东（拉祜族，2006年10月—2008年12月）。

第十九编　文化　体育

第一章 文 化

第一节 群众文化

一、基础设施

1984年，县文化局在县政府办公大楼内办公。图书馆、文化馆两馆合署办公，面积439.5平方米。歌舞团有工作室、宿舍面积550平方米。

1991年，县文化局搬到文化馆内办公。

1996年，图书馆、文化馆分设，资产图书等物也同时划分，原有两馆的房屋面积1000余平方米，为两馆分用。

2000年3月，县文化局搬迁至新县城会堂内办公；同年8月，在新县城建成总投资130.28万元，面积1157.46平方米的图书馆，并竣工验收投入使用。

2002年8月，在新县城建成总投资165万元，面积1235.5平方米的文化馆（歌舞团）。有摄影机1台、数码相机2台、录音机2台、笔记本电脑2台、台式电脑6台、音箱1套等设施。

2008年，国家投资68万元，新建“共享工程”计算机网络设备。

二、培训辅导

1980年—1986年，辅导农村业余文艺队101个、3589人次。

1987年—1992年，辅导农村业余文艺队88个、2900人次，举办舞蹈美术写作摄影培训6期176人次。

1993年—2000年，辅导农村业余文艺队164个、2118人次。

2001年—2003年，辅导农村业余文艺队3900人次，节目54个，举办少儿舞蹈美术培训班15期456人次。

2004年，辅导农村业余文艺队7600人次，节目40个，为佤邦468师文艺队培训1期40人60天，节目20个。

2005年，辅导机关、农村业余文艺队3000人次，节目10个，辅导老年文艺队2个，节目18个，人数1200人次，举办少儿舞蹈美术培训班1期、57人。

2006年，举办普洱市首届民运会舞蹈辅导节目8个、800人次。

2007年，辅导农村业余文艺队1000人次，节目8个，老年人业余文艺队3个、300人次，节目8个。

2008年，辅导木鼓节农村文艺演出2000人次，节目10个，辅导农村及老年文艺队3个、2500人次。全县有16支、400人的音乐、舞蹈、美术、摄影、文学、戏剧等文艺创作队伍。

三、文艺挖掘

1981年，组织完成全县民族民间文艺普查，查清了县内文艺的分布、艺术源流、重大节庆活动及民间艺人、歌手等情况。其间，收集整理和录制具有代表性的民歌97首，记录译出53首。

1987年5月至1988年3月，组织民间舞蹈调查，整理编写《西盟佤族民间舞蹈集成》，收集整理民间舞蹈254个，其中，佤族舞蹈207个，拉祜族舞蹈34个，傣族舞蹈12个，汉族舞蹈1个；文字记录15万余字；拍摄照片660张，其中，彩色图片108张，黑白图片552张；录制舞曲323首；画舞台场地图76幅。

1998年，根据云南省文化厅《关于民族民间美术及民族民间艺人调查通知》的要求，调查民族民间美术艺人6人，推荐上报省级民族民间艺人1人（翁嘎科岩孔）。

1999年，翁嘎科岩孔被省文化厅命名为“省级民族民间艺人”。

2000年2月—6月，对全县民族民间传统文化调查摸底，调查乡（镇）8个，村寨46个，登记民族民间艺人81人，填写艺人小传30份，录制民歌5盒，拍摄民族舞2组。

2001年3月，岩冲、尼短、娜焕3人，被省文化厅命名为“省级民族民间艺人”。

2003年，推荐上报第三批民族民间音乐、舞蹈艺人6人，其中，翁嘎科乡3人（岩在、岩来、岩孔），勐梭镇1人（岩义罕），力所乡2人（小林八、扎发）。

2004年6月—11月，根据《云南省民族民间传统文化普查实施方案》的要求，组织对各乡（镇）进行民族民间传统文化普查，共收集拍摄图片100余张，摄像资料5盒，制图20张，录像资料200余分钟，完成了传统文化保护区、传统文化之乡各2个、6个传统文化传承人、1个濒危项目的调查报告的撰写及调查表的填写。

2005年，组织完成第一批民族民间传统文化保护名录的申报工作，保护名录分为9大类80项，其中，文学类2项、音乐类33项、舞蹈类5项、美术类2项、工艺类6项、建筑类1项、习俗类8项、区域类4项、民间艺人类19项。申报市级保护名录80项、省级保护名录15项。

2006年5月，《西盟县木鼓舞之乡》《西盟县岳宋乡岳宋村永老寨佤族传统文化保护区》，被省政府命名公布为“云南省第一批非物质文化遗产保护名录”。

2007年，申报国家非物质文化遗产保护名录2项（《木鼓崇拜》《剽牛》）。同年，岩果、岩桑、岩汉格林3人被省文化厅、省民委命名为“省级非物质文化遗产项目传承人”。

四、陈列展出

1981年，举办春节美术、摄影、书法业余作品展览，展出作品78件，其中，美术25件，摄影36件，书法17件。

1982年，举办春节美术、摄影、书法业余作品展览，展出作品101件，其中，美术52件，摄影8件，书法39件，木雕1件。

1984年，举办春节美术、摄影、书法业余作品展览，展出作品106件，其中，美术36件，摄影17件，书法53件。

1985年9月，举办纪念抗战胜利40周年图片展1期，展出图片89幅；为庆祝县庆20周年，举办“越纪的记录·腾飞的起点”图片展1期，展出图片116幅。

1986年6月，举办青少年美术书法展览，展出作品162件，当年，还举办首届花卉盆景展览，参展单位18个140盆。

1987年，举办第二届花卉等展览，参加单位28个，展出花卉295盆、鸟36只。

1988年，举办国庆“可爱的佤山”文学作品展（小说、散文、诗歌），展出作品74篇。

1998年—2000年，举办三届“新蕾杯”中小学生作文、美术、书法大赛展览活动，展出作品1107篇（件）。

2000年，举办县庆35周年成就展，展出图片142幅；举办中小学生美术、书法、摄影大赛展览，展出作品126件。

2003年，举办“西盟县体育事业发展成就展”，展出图片120余张，奖杯4个，各类奖牌29块。

2005年4月，举办“西盟县民族民间生产生活用品展”，展出作品180余件。

2006年，举办“少儿美术、书法作品展”，展出作品185件。

2008年，在第二个“文化遗产日”期间，举办非物质文化遗产宣传图片展览，展出图片120余幅。

第二节　演出活动

一、对外文化交流演出

1982年5月，县民族歌舞队参加思茅地区文艺会演,《木鼓舞》被评为优秀节目;《蚂蚁舞》获二等奖;《舂米舞》《射日舞》获三等奖。

1985年，县民族歌舞队应邀参加云南省在大理举行的民族传统运动会进行文艺表演,《跳木鼓》《跳竹竿》《射日》获一等奖;《甩发》《跳竹筒》获二等奖。

1986年，马散农村业余演出队，赴北京、广州、珠海等地演出。县民族歌舞队参加在新疆乌鲁木齐举办的全国第三届少数民族传统体育运动会，表演的《跳木鼓》《射日》《甩发》荣获体育优秀奖;《跳竹筒》《跳竹竿》获二等奖。

1990年，县民族歌舞队应邀到北京、南宁等地演出；尼早参加云南省歌舞团到法国、西班牙、泰国、新加坡、日本等地演出。

1991年，县民族歌舞队参加云南省庆祝中国共产党成立七十周年音乐会演出,《剽牛舞》荣获二等奖;《佤族民间乐器演奏》荣获优秀演奏奖。

1992年1月，县民族歌舞队参加全国少数民族在北京举行的纪念毛泽东主席《在延安文艺座谈会上讲话》发表50周年活动，演出节目有《赛木鼓》《舂米》《佤山之春》《剽牛舞》；3月，参加第三届中国艺术节民族民间歌舞演出，演出节目有《舂米舞》《佤族器乐合奏》。

1993年，县民族歌舞团参加中国普洱茶叶节演出5场，到思茅港演出1场，到个旧市大屯选厂建厂40周年演出5场，到上海演出130场。

1994年7月，县民族歌舞团参加哈尔滨中华民族风情艺术节文艺演出；11月，参加第五届全国少数民族传统体育运动会开幕式《高原民族之歌》的大型文艺表演。

1995年，县民族歌舞团参加第五届滇中南歌舞戏剧节演出，演出节目有《木鼓舞》《剽牛舞》《甩发舞》、《竹竿舞》《纺线舞》等。《剽牛舞》编导荣获一等奖;《木鼓舞》荣获特等奖。同时，还参加云南省第六届少数民族运动会《赛木鼓》《霸王鞭》《蹬窝乐》节目等表演。

2001年9月，县民族歌舞团应邀参加第二届全国少数民族文艺会演，荣获创作、表演、舞美三大金奖。

2002年，县民族歌舞团到西双版纳州景洪参加中央电视台拍摄录制的春节联欢晚会《民族欢歌》节目表演；参加在昆明举行的首届中国舞蹈节《佤族舞蹈》专场演出；参加在红河州蒙自举行的云南省第七届少数民族传统运动会和《独绳秋》《绿海云涛》《寨光》节目演出；参加第九届滇中南歌舞戏剧节演出；参加中国昆明国际旅游节孟连、思茅两地分会场的文艺晚会和中缅边境民族文化交流文艺表演；参加思茅地区“三节一会”文艺演出及篝火联欢；有8名演员参加思茅地区民族歌舞团编排的大型现代民族舞剧《云海丰碑》到北京及西双版纳演出；为增进中、缅边民的友谊和文化交流，在缅甸佤邦龙潭特区建区10周年进行专场演出。

2003年9月，县民族歌舞团参加全国第七届少数民族传统体育运动会《擒牛》《寨光》《抱柚子》《嘟达达》节目的演出；11月，参加云南省民族民间歌舞、乐展演《佤山瑶》《木鼓歌》节目的演出。

2004年，县民族歌舞团参加思茅市撤地设市开幕式文艺展演；参加昆明卷烟厂联欢宴会；参加楚雄州彝族“火把节”开幕式晚会；参加澜沧县举办的中国健美操“金光杯”比赛。

2005年8月，县民族歌舞团参加思茅市茶叶节大型文艺展演；参加广州“首届民族健美操比赛”，并荣获一等奖；部分演员参加杭州茶艺表演和昆明春米节展演。

2006年，县民族歌舞团参加思茅市民族运动会文艺演出和比赛；参加孟连“神鱼节”迎宾晚会演出；代表思茅市人行演出“反假币、佤山续传篇”拍摄；参加浙江省舟山市中国锣鼓赛“东方鼓韵”的比赛，并荣获铜奖；参加北京奥运宣传活动；参加思茅市首届民族艺术节比赛，并荣获14个奖项。

2007年，县民族歌舞团应邀到市接待全国政协原主席李瑞环，国务院副总理回良玉等一行人员到普洱考察；参加了“第八届中国普洱茶、第二届全球普洱茶嘉年会、云南省第二届普洱茶交易会暨思茅市更名为普洱市庆典活动”；参加迎“百年贡茶祭茶大典”的演出、游行、篝火等活动及全省林改会议普洱会场迎宾文艺晚会的演出；有15名演员参加《2007年云南省青年歌手电视大奖赛普洱区赛》的比赛；参加市“倾国倾城魅力普洱演出活动”；参加在“广州市举行的第八届全国民族运动会”；参加深圳“东部华侨城开业典礼”的演出活动；参加上海“普洱市文化宣传周”的活动演出。

2008年，县民族歌舞团参加“首届中国农民文艺会演”“中国国际旅游交易会”“中国·昆明国际旅游节”“首届云南省新农村文艺会演”等演出。

二、县内大型演出

1980年—1990年，西盟县举办县级农村会演和调演6次，参加人数1500人次，共演出节目168个。

1993年，举办佤族新米节文艺晚会、迎接中缅联邦代表文艺演出；参加邮电程控电话成立文艺演出。

1996年2月，举办职工文艺会演，参加单位10个，演出节目21个。

1998年，举办首届职工文艺会演。

2001年，举办春节拜年歌舞联欢及民族文化传统风情活动；为全省和思茅地区春荒救济城市低保工作座谈会、救灾理论研讨会在西盟召开举行演出和篝火联欢；举办建党80周年文艺联欢晚会；举办中央电视台体育人间栏目摄制组在中课窝笼村拍摄的《佤山拉木鼓》节目。

2003年4月，举办在西盟首届中国佤族木鼓节农村文艺会演。

2004年，举办“走进佤山、走进司岗里”全国摄影大赛；参与中央电视台、贵州电视台、台湾电视台等，到西盟拍摄佤族文化、民俗、风情等活动；举办第二届中国佤族木鼓节迎宾晚会及大型文艺展演和农村文艺会演。

2005年，举办第三届中国佤族木鼓节暨县庆40周年的各项大型文艺演出及活动；举办马来西亚游客、驻缅甸大使、云南省省长、景谷考察团、云南省文学作家笔会的领导、来宾的接待和迎宾晚会、篝火联欢会等。

2006年4月，举办第四届中国佤族木鼓节暨思茅市首届少数民族体育运动会开幕式的展演和歌舞迎宾晚会；举办省台“快乐大篷车”及“宣传西盟形象纪录片”在西盟的拍摄活动；举办“十一”

黄金周及首届中国云南省佤族研讨会会员代表大会和迎马来西亚旅游团举行的“木鼓之乡”歌舞迎宾晚会等活动。

2007 年，举办中央电视台“东西南北中各民族向全国人民大拜年”演出拍摄；举办“五一”黄金周期间的演出活动；协助中国移动西盟分公司举办“绿色环保计划真情回馈”演出活动。

2008 年，举办中国佤族木鼓节系列民俗、篝火联欢及重大节庆的文艺表演活动；举办元旦、春节、“三八”、“五一”、“五四”、“十一”等文艺演出活动。

三、民间文艺活动

1980 年起，西盟县城乡业余文艺队伍逐渐发展，业余文艺演出队始终坚持自愿、多样、具有特色的原则，利用农闲自编自演，寓教于乐。

2003 年—2008 年，举办了 3 届中国佤族木鼓节、新米节，在举办的大型广场舞演出中，参加演出的有农村、学校和单位的人员，每个方队演员少则百人，多则 800 余人。

至 2008 年，36 个村共有 16 个业余文艺队，演员和演奏员 400 人，年均举办文艺活动 36 次。

第三节 电 影

1979 年，开始建盖县电影院。

1982 年，县电影院建盖完成。

1983 年，县电影院开始营业，正厅座位 927 个，楼厅座位 120 个，有“502”座机一套，并一律实行购票入座。农村继续实行免费看电影。是年，还建盖了新厂、傈僳电影院。

1985 年，放映队成立，实施电影“2131”工程，到农村放映电影，解决农民看电影难的问题，为让每个村一年能看上 12 场电影的目标，年均放映 600 余场（科教片 300 余场），观众 18 万人次。

1990 年，全县有电影院 5 个（县城 1 个、乡级 4 个），放映单位 29 个，年均放映 3770 场次，观众 70 万人次。

2000 年，在新县城，建成电影院 1 座（西盟公堂），面积 1240.9 平方米，投资 420 万元，座位 600 个。

第四节 图书馆 书店 文化馆

一、县图书馆

1984 年，西盟县图书馆有馆舍面积 439.5 平方米，内设采编室、资料室、图书借阅室、报纸杂志阅览室。

1989 年，被评为“云南省先进图书馆”。

1996 年，馆藏图书 24890 册。

2002 年—2005 年，中央电视台、文明办、文化部、财政部、国家图书馆、新闻出版总署先后向县图书馆捐赠图书 1.21 万册，价值 20.59 万元。

2005 年，通过评估定级，县图书馆达国家标准三级馆。

2008 年，馆藏图书 5.1 万册；联络网点 12 个；建成“农村书屋”23 个，每个建筑面积 60 平方米，配备图书 5 万册。

2007年—2008年，建成县中心1个，安装信息点25个，基层服务站点8个，投资108万元。该工程的实施，为全县及城区居民提供了文化信息资源共享服务。

二、县新华书店

1987年—1990年，西盟县新华书店主要是承租经营，联销计酬。

2002年，在新县城建成投资125万元，面积280平方米的综合办公楼。

1991年—1999年，新华书店转制为企业，称为思茅地区新华书店有限公司西盟分公司。

2001年—2007年，公司的主要经营范围有：教材、教辅、图书、文化办公用品等，共销售书籍219万册，总收入1184.55万元，其中，教材销售收入754.45万元，占总收入的63.6%，实现利润75.16万元。2007年，被普洱市政府授予“市级文明单位”称号。

2008年，销售书籍26万册，总收入123.35万元，其中，教材销售收入101.55万元，占总收入的82.3%，实现利润11.75万元。

三、县文化馆

1980年，西盟县文化馆创办《佤山》刊物。同时，恢复城乡群众辅导和文化活动。

1985年—1990年，建成1700平方米的馆舍。

1994年8月,《佤山》杂志划归县文联；12月，文化馆被县委、县政府评为“县级文明单位”。

1998年4月，文化馆被县综治办授予“安全文明社区”称号。

2000年8月，文化馆（歌舞团）综合楼竣工验收，面积1235.5平方米，总造价165万元，其中，文化馆890平方米，造价120万元。

2008年，文化馆有在职人员13人，管内设有文艺辅导、文物管理、图书管理、图书借阅、报刊阅览、游艺、录像、舞厅等办公室。

第五节　文化市场管理

1992年，县政府设立社会文化管理委员会，下设办公室在文体局，主任由主管文化副县长担任，副主任由宣传部部长担任，成员由公安局、工商局、电信局、教育局、广播电视局、文化局等部门组成。同年，组建文化市场管理股，负责办理文化经营许可证和开展文化市场管理工作。

1998年，文化稽查队成立，主要对文化市场进行检查，查处无证及非法经营，配合有关部门开展“扫黄打非工作”，清理收缴非法图书、音像制品等。

2005年，全县有文化市场经营57户。2006年，全县有文化市场经营52户，其中，音像制品21户，卡拉OK15户，电子游戏2户，网吧7户，书刊1户，印刷1户，打字复印5户。到户检查84人次，接受举报2次，罚款300元。

2007年，全县有文化市场经营44户，户检查74人次。

2008年，全县有文化市场经营53户，其中，音像制品19户，卡拉OK16户，电子游戏2户，网吧7户，书刊1户，印刷1户，打字复印5户，其他2户。到户检查86人次，接受举报2次。按照《互联网上网服务营业场所管理条例》、音像市场管理相关条例及配套规定、娱乐场所管理条例及相关法规，清查收缴盗版音像制品1000余盘，盗版书刊60余册，已全部销毁；整顿互联网上网服务营业场所7户。

第六节 文 物

一、文物保护

1994 年 9 月，县文物管理委员会成立，办公室设在文化馆。

1998 年 11 月，县级文物保护单位“佛殿山佛房遗址”，被省文化厅命名为“第五批省级文物保护单位”。同年，维修了“南规缅寺”“南约藤索桥”。

2002 年，根据省文化厅《加强省级保护文物单位管理》的有关文件精神，文化馆配合有关单位绘制“佛殿山佛房遗址”平面图上报主管部门，并对界桩及标志说明牌进行调整。

2003 年，根据群众举报，协助县公安局及有关部门查处毁坏“佛殿山佛房遗址”保护带森林案件 1 起，并对“南规佛寺”进行维修。

2005 年 3 月，由勐梭镇南规村民集资，并投工投劳，在县文化馆文物专干的指导下，对“南规佛寺”进行修复，此次修复群众集资（投工投劳）折合人民币 7000 余元，文化馆补助 1000 元，共投资 8000 余元。

2006 年—2007 年，对馆藏文物进行技术维护。

二、文物普查

1983 年，文化馆对全县文物进行普查登记，并收集了一批文物，有新石器时期的箭镞、石器、骨器 7 件；明代时期的铜壶、铜碗、铁器 39 件；清代的铜铸佛像 4 件；三佛祖官印 3 件；兵器 2 件。经专家考察鉴定，铜佛像和佛祖官印被列为国家三级文物。

1984 年，思茅行署文化局和澜沧县文物管理所到西盟协助文物普查工作，由县文化馆组成三个文物普查小组，对县内的文物进行第二次普查，共登记文物 64 件，征集收回石斧 4 件。

1984 年至 1987 年 12 月，全县普查登记文物 108 件，征集登记馆藏文物 54 件。

2008 年，为贯彻落实国家、省、市关于组织开展第三次全国文物普查的通知精神，结合实际，制定了《西盟县开展全国第三次文物普查实施方案》，组织人员对全县文物进行普查，征集文物 1 件，登记文物 8 件。复查登记省级、县级文物保护单位 5 处，消失文物保护单位 1 处（南约藤索桥）。并把拉勐纪念碑列为县级保护单位。

西盟县文化馆馆藏文物情况表

表 19-1

名称 文物	级别	年代	件数
青铜大印	国家级	清代	1
青铜大印	国家级	清代	1
青铜佛像	国家级	清代	1
青铜佛像	国家级	清代	1
铜鼓	县级	清代	1
铓锣	县级	唐代	6
三尖叉梭镖	县级	清代	1
三尖叉梭镖	县级	清代	1
香炉	县级	清代	1

续表 19-1

文物＼名称	级别	年代	件数
佛像	县级	清代	1
铜币	县级	道光	10
铜币	县级	光绪	5
铜币	县级	咸丰	4
铜币	县级	嘉庆	2
铜币	县级	乾隆	1
石斧	县级	新石器时代	2
石斧	县级	新石器时代	4
土陶碗	县级	明代	2
土陶壶	县级	明代	1
烟盒	县级	近代	1
土锅	县级	近代	1
得	县级	近代	1
独弦胡	县级	近代	1
木拉	县级	近代	1
水酒杯	县级	近代	1
菜板	县级	近代	1
饭勺	县级	近代	1
茶壶	县级	近代	1
铜炮手枪	县级	清代	1

第七节　机　构

一、县文化体育局

1978 年，恢复县文教科，负责全县教育、文化、体育工作。1981 年 5 月，改称县文教局。1984 年 1 月，教育与文化分设，县文化局成立。1988 年，文化与广播电视合并，称为县文化广播电视局。1991 年 12 月，文化与广播电视分设，称为县文化局。1996 年 7 月，文化与广播电视合并，称为县文化广播电视局。2002 年 3 月，文化与广播电视分设，文化与体育合并，称为县文化体育局，内设办公室、财务室、“会堂”管理所、群体股、竞训股、民族体育中心、艺术股、文化市场管理股。2008 年，县文化体育局领导职数 1 正 3 副，有干部职工 56 人。

历任县文教科科长：王跃（1978 年 6 月—1981 年 5 月）。

历任县文教局局长：王跃（1981 年 5 月—1984 年 1 月）。

历任县文化广播电视局局长：张正文（佤族，1984 年 1 月—1991 年 10 月）。

历任县文化局局长：钟成学（彝族，1991 年 10—1996 年 7 月）。

历任县文化广播电视局局长：古云川（1996 年 8 月—2002 年 3 月）。

历任县文化体育局局长：陶明治（2002 年 3 月—2003 年 12 月）、李华新（佤族，2004 年 1 月—2008 年 12 月）。

历任党支部书记（正科）：李学彰（2007 年 10 月—2008 年 12 月）。

二、文化单位

（一）县文化馆

1978 年，恢复县文化馆。1985 年—1990 年，县文化馆有职工 16 人。1996 年 2 月，根据县编制委员会《关于西盟佤族自治县文化、图书馆分设的通知》，两馆正式分设，编制 11 人。2000 年 8 月，搬迁到新县城正式办公，内设办公室、辅导室、美影室、文物室、档案室、财务室。有展览厅和排练厅场地。2008 年，县文化馆有职工 13 人，其中，本科 1 人，大专 3 人，中专 7 人，高中 2 人。

（二）县图书馆

1984 年，县图书馆有职工 4 人，内设采编室、资料室、图书室、报纸杂志阅览室。有图书 24890 册。2008 年，县图书馆内设办公室、财务室、采编室、资料室、综合阅览室、多功能室、书库、外借室、中控室。有职工 6 人。

（三）县民族歌舞团

1981 年 9 月，恢复县民族歌舞队。1992 年 10 月，县民族歌舞队改称为县民族歌舞团。2008 年，县民族歌舞团设有练功房、服装室、道具房、办公室。有职工 40 人（男演员 20 人，女演员 20 人）；专业技术人员 24 人（3 级演员 9 人，4 级演员 5 人，5 级演员 10 人）；临时演员 16 人。

（四）电影公司

1985 年，西盟县电影公司成立，改为自收自支的事业单位。乡（镇）国办电影队有 7 个。1990 年后，全县电影队由原来的 32 个队缩减为 4 个队。2008 年，县电影公司有职工 15 人，在职 12 人，其中，助理技工 4 人，技术员 6 人，财会人员 2 人。

（五）新华书店

1990 年，县新华书店属事业企管性质。1992 年，转为企业性质。1999 年，改制为公司，称思茅地区新华书店有限公司西盟分公司。2004 年 4 月，改称为思茅市新华书店有限公司西盟分公司。2007 年 4 月，改为普洱市新华书店有限公司西盟分公司。2008 年，新华书店西盟分公司有职工 5 人，其中，经理 1 人，营业员 4 人。

第二章 体 育

第一节 群众体育

一、职工体育

1983 年 1 月，西盟县教育系统举办第一届教职员工篮球运动会。

1986 年 1 月，西盟县教育系统举办第一届教职员工排球球运动会。

1987 年 1 月，西盟县教育系统举办第二届教职员工篮球运动会。

1991 年 1 月，西盟县教育系统举办第二届教职员工排球运动会，有 14 个队；2 月 27 日至 3 月 6 日，县体委和县妇联联合举办县第六届篮球流动杯比赛，共有 24 个队；3 月，县体委和县工商银行联合举办第二届工商流动杯排球赛，有 16 个队；4 月 23 日至 5 月 1 日，县总工会和县体委联合举办“五一”国际劳动节城区篮球运动会，有男子 12 个队，女子 10 个队；5 月，县足球协会举办第四届足协流动杯赛，有 8 个队；9 月 10 日—19 日，县政府和县体委联合举办纪念世界篮球一百周年“百岁杯”篮球运动会，有男子 21 个队，女子 10 个队；10 月 14 日，县三干会宣传组、县体委、团县委联合举办拔河比赛，有 8 个队。

1992 年 1 月，西盟县教育系统举办第三届教职员工篮球运动会；1 月 9 日—14 日，县体委举办县城区男子篮球乙级联赛，有 16 个队；2 月 23 日—27 日，县体委举办县城区男子篮球甲级联赛，有 8 个队；3 月，县体委和县工商银行联合举办第三届工行杯排球赛，有 11 个队；3 月 1 日—7 日，县妇联和县体委联合举办“三八”杯篮球赛，有 16 个队；4 月，县足球协会和县体委联合举办第五届足协流动杯赛，有 10 个队；4 月 23 日—26 日，县体委和县总工会联合举办中老年人“五一”篮球运动会，有中年组 5 个队、老年组 3 个队；4 月 30 日至 5 月 9 日，县体委和团县委联合举办第六届“五四”篮球运动会，有男子 14 个队、女子 9 个队；9 月 25 日—29 日，县民委和县体委联合举办国庆篮球比赛和首届少数民族射弩比赛，有男子 25 个队、女子 9 个队。

1993 年 1 月，县体委举办县城区男子篮球联赛，有 6 个队；3 月 1 日—10 日，县妇联和县体委支持北京申办奥运会联合举办“三八”杯篮球运动会，有 17 个队；4 月 17 日至 5 月 2 日，县体委和团县委联合举办第六届“五四”杯篮球运动会，有男子 18 个队、女子 9 个队；5 月，县足球协会举办开放的中国迎奥运足球赛，有 8 个队；9 月，县体委举办县第八届迎国庆篮球运动会。

1994 年 1 月，县体委举办迎春篮球运动会，有男子 12 个队、女子 4 个队；9 月 11 日—30 日，县体委举办第九届“国庆杯”篮球运动会，有男女各 22 个队。

1995 年 5 月 16 日—24 日，县政府、县妇联和县体委联合举办迎接世界妇女第四次大会在北京召开城区女子篮球运动会，有 10 个队；9 月 28 日至 10 月 1 日，县足协举办第七届足球杯比赛，有 13 个队；12 月 16 日—31 日，县体委举办全民健身活动篮球比赛，有男子队 18 个、女子 10 个队。

1996年1月14日—20日，县教育局举办第四届教职员工篮球运动会，有男子15个队、女子13个队。

1999年4月20日至5月2日，县体委和县农村信用社联合举办“信用杯”足球赛，有7个队。

2000年12月，县体委和县足协联合举办孟连和西盟男职工足球和篮球比赛。

2001年1月，西盟县教育系统举办第五届教职员工篮球运动会；4月17日—25日，县总工会、县农业银行、县农村信用社、县移动公司和县体委联合举办“五一”篮球运动会，有男子22个队、女子13个队。

2003年4月4日，县总工会、县文体局和科教局联合举办庆木鼓节，迎“五一”职工篮球运动会，有男子队18个、女队15个；5月8日—30日，县文体局和团县委联合举办首届“木鼓杯”足球比赛，有12个队。

2005年4月，县建政40周年暨第三届木鼓节筹备办公室和县全民健身指导协调委员会主办，县总工会、县工商联合会、团县委协会，县文体局承办，澜沧江啤酒集团、县电信局、县邮政局赞助，举办城区迎县庆暨第三届中国佤族木鼓节澜沧江啤酒阿秀杯篮球运动会，有男队16个、女队11个。

2006年1月10日—16日，县教育系统第六届教职工篮球运动会召开，有男队14个、女队15个；2月20日至3月5日，县政府和县体育局联合举办迎思茅市首届少数民族运动会传统体育暨第四届木鼓节篮球运动会，有男队20个，女队7个。

2007年1月15日—25日，县文体局举办城区第一届职工气排球比赛，有17个队130人；9月20日至10月7日，县文体局在县城区举行“迎奥运、庆丰收”篮球、陀螺、舂米、射弩比赛，共有来自乡镇和城区干部职工、居民1000余人参加比赛。

2008年1月，县文体局和县第十届第一次代表主席团联合举办男子篮球比赛；3月8日，县妇联和县文体局联合举办跳绳、拔河比赛；4月8日，县文体局举行“体育全民健身与奥运同行”启动仪式，步行环城2.2千米，有438人参加；4月18日，举办“迎奥运、庆五一”篮球比赛及陀螺比赛，参加人数410人次，场次97场。

二、农民体育

1981年，西盟县举办农民运动会。岩坦、岩冲在“倒爬竿”竞技表演（8米高度）中，被石少华拍摄载入中国摄影家协会民族体育史册。

1983年，按照中央《关于关心人民群众生活的通知》和国务院批转《全国农村体育工作会议纪要》精神，及省体委、省文化厅、团省委、省农民协会联合召开的全省农村体育工作会议精神，全县7区1镇35个乡和1个办事处都成立了体育工作领导小组和文化体育工作站，均有篮球代表队。

1990年，北京第十一届亚运会期间，佤族木鼓被收藏于中国博物馆体育史展部，并列为民族传统体育器械。

1990年—2005年，全县乡（镇）召开各类运动会80余次，参加人数1.2万余人次。

至2008年，每届的中国佤族木鼓节，均组织农民民间体育竞赛，竞赛项目有抱头摔跤、抱腰摔跤、射弩、剽牛、拉木鼓、舂米等比赛，参加人数3600人次。

三、老年人体育

1989年，西盟县老年人体育协会成立，活动项目主要有门球、乒乓球、地掷球、气排球、棋类、老年迪斯科、健身舞等。

2001年起，县老年人体育协会派队参加“边三县（澜沧县、孟连县、西盟县）一司（澜沧铅矿）”和市老年人运动会。

2002年，县老年人门球代表队参加思茅地区第一届少数民族门球运动会，荣获冠、亚军；参加丽江少数民族门球运动会，荣获第八名。

2004年，县老年人陀螺代表队参加首届“无量山杯”老年人运动会，获精神文明奖，有四名队员被评为优秀运动员。

2005年，夕阳红艺术团参加全省“老来寿杯”金秋风彩舞蹈大赛,《木鼓舞》荣获二等奖；门球代表队参加在西盟举办的思茅市第三届少数民族门球运动会，荣获第一名、第二名。

2006年，夕阳红艺术团参加思茅市九九重阳节舞蹈比赛,《敬酒舞》荣获第二名，优秀奖2个，组织奖1个；参加思茅市“三八”杯门球运动会，荣获亚军；参加云南省举办的“丽江旅游杯”妇女门球运动会；参加全市在江城县举办的第三届老年人门球运动，荣获第五名。

2007年，县老年人门球队参加中国门球冠军赛普洱赛区选拔赛，荣获冠军；夕阳红艺术团参加“红云杯”云南分赛区比赛和云南省第二届“金秋风采”舞蹈大赛，荣获彩霞金奖节目1个。

2008年3月，县老年人陀螺代表队参加普洱市在宁洱县举办的第二届陀螺锦标赛，参加人数6人；“九九重阳节”期间，在城区组织老年人步行3千米，参加人数330人。

至2008年，全县有老年人协会组织8个（气排球、陀螺、象棋、地掷球、舞蹈、乒乓球、门球、棋牌），共有会员408人，占老年人数的6.5%。共派队参加“边三县一司”老年人运动会八届。

第二节　竞技体育

一、参加地（市）级运动会

1978年、1979年、1981年，西盟县分别组织代表队参加思茅地区第二、三、四届职工篮球运动会及各系统的职工篮球运动会50余次，参加人数1400余人次。同时，还参加了地区组织的田径、乒乓球等项目的比赛。

1981年10月20日—30日，西盟县民族职工代表队，被评为“优秀体育道德风尚奖”。

1983年10月1日—6日，西盟县农民代表队参加思茅地区第一届少数民族（农民）运动会。在射弩、摔跤、拔河等项目的比赛中，荣获男子射弩团体跪姿第二名（岩冲、岩难50环）；男子射弩立姿团体第一名（岩冲、岩难58环）；男、女混合拔河第一名；独弦琴演奏（岩详），荣获优秀节目奖。

1987年9月29日至10月4日，组织30人参加思茅地区第二届少数民族（农民）运动会。在射弩、打陀螺、摔跤、中长跑4个项目的比赛中，岩莫歪荣获男子射弩全能第四名、射弩立姿第三名、射弩跪姿第四名；陶德元（傣族）荣获男子陀螺第六名；扎克（拉祜族）荣获男子3000米赛跑第四名、5000米赛跑第二名;《射日舞》《跳竹竿》《抱头摔跤》、傣族《大人物》荣获节目表演奖；团体总分第五名。

1989年11月10日—20日，参加在澜沧县举办的思茅地区少数民族篮球运动会，男队被评为“优秀道德风尚奖”。

1997年7月，西盟县运动员陈子忠参加思茅地区青少年田径运动会，分别荣获800米、1500米、3000米赛跑第三名。

2006年2月20日至3月5日，西盟县承办了思茅市首届少数民族传统体育运动会，取得金牌10块、银牌8块、铜牌2块。

二、参加省级运动会

1985年5月4日—9日，西盟县组织10人代表思茅地区参加云南省第三届少数民族传统体育运动会，岩满荣获男子3000米赛跑第6名;《跳木鼓》获得优秀节目表演奖;《射日舞》获得集体节目表演奖。

1999年2月，西盟县运动员陈子忠代表思茅地区到玉溪新平县参加全省青少年田径运动会，荣获400米第二名，800米、1500米第一名，团体赛4×1200米第二名。

2000年8月，西盟县运动员陈子忠代表思茅地区参加全省青少年田径运动会，荣获800米第一名、1500米第二名、400米第三名。

2001年2月，西盟县运动员陈子忠代表思茅地区到思茅参加全省青少年田径运动会，荣获400米、800米、1500米第一名，团体赛4×1200米第二名。

2002年2月，西盟县运动员陈子忠代表思茅地区到玉溪易门县参加全省青少年田径运动会，荣获800米第一名、1500米第二名；8月，代表思茅地区到楚雄参加云南省第十一届省运会，荣获800米第三名、1500米第四名。

2006年3月，西盟县吹枪运动员张国芳，荣获省第十二届少数民族传统体育运动会银牌和个人全能第四名。

三、参加国家级运动会

1984年，西盟县田径运动员李学彰到北京参加北京举行的国际马拉松邀请赛。

1986年8月，全国第三届少数民族传统体育运动会在新疆乌鲁木齐市举行，西盟县有10名（男6名，女4名）佤族运动员，被选拔到云南省少数民族体育代表团参加运动会。在大会上表演《佤族木鼓舞》《佤族射日舞》《佤族跳竹竿舞》3个传统体育文艺节目，荣获全国优秀节目表演奖。

1990年，西盟县选送的中长跑运动员马杰钢，荣获全国马拉松赛第三名。同时，还获得了运动健将级称号。

1999年5月23日，西盟县运动员陈子忠代表云南省到新疆参加国际马拉松比赛，荣获第十四名。

第三节 学校体育

一、体育教学

（一）师资队伍

1979年—1995年年间，县体委举办过5次学校体育教师培训班。至2008年，除一师一校的小学没有配备专职体育教师外，全县7所中学配备了16名专职体育教师，77所小学配备了13名专职体育教师 。

（二）教材与教法

1978年后，全县中学普遍使用省编教材《初中体育》《高中体育》课本进行体育教学。根据《教学大纲》和西盟的实际情况，全县各级学校各班每周上体育课2节，课程设置有队列、队形、体操、田径、球类等内容，有的学校还开设民族传统体育项目。

1984年以后，采用男、女生分组教学，把一个班的男女生各分为一大组，采用轮换教学法，由教师带领一个大组教授新课；另一个大组由学生组长带领复习旧课，然后进行交换。为了能使学生在一节体育课内能参加较多项目的活动，有时一个大组还分为2个～3个小组，相互交换项目和场地。

1999 年—2008 年，中学推行《国家体育锻炼标准》的项目进行锻炼，小学推行课间操及游戏，开展篮球、排球、小足球、田径、体操、跳绳、爬山、游戏、乒乓球、羽毛球等活动；开展各种项目的业余训练；开展班级之间、校际之间的比赛活动。

二、课外体育活动

1981 年—1998 年，县教育局与县体委、县文化局利用假期联合举办城区中小学和幼儿园广播操比赛 16 次，参赛人数 12800 余人次。

1990 年，在县一中、县小、民小三所学校中分别进行篮球、乒乓球、田径等专项业余训练，先后向地（市）体校输送运动员 20 名。

三、体育达标

1980 年，省教育厅、省体委确定在思茅地区的西盟、孟连、澜沧 3 个边疆县中学、小学各 5 所，参加全国修改《国家体育锻炼标准条例（草案）》的试行修改工作，西盟县一中、西盟县小参加了试行，并完成了试行任务，受到省教育厅、省体委的表彰。

1981 年起，在全县开展体育达标活动。

1983 年，在全地区中小学体育达标评比测检中，县民族小学荣获一等奖。

2005 年，西盟县各级学校全面实施学校学生体质监测，停止原《国家体育锻炼标准》活动。

1990 年—2005 年西盟县中小学实施体育达标情况表

表 19-2　　单位：%

名称 / 年份	小学达标率	中学达标率
1990	40.2	70.4
1991	43.3	71.4
1992	49.2	76.1
1993	52.1	80
1994	56.0	81.3
1995	59.3	84.7
1996	61.1	88.0
1997	61.4	89.2
1998	62.0	91.0
1999	62.5	91.3
2000	63.8	92.6
2001	65.1	94.2
2002	65.4	96.8
2004	66.8	97.4
2005	67.3	98.6

四、体育运动会

1978 年—2008 年，共参加地（市）教育局和体委联合举办的中、小学生、幼儿各种单项运动会 31 次，参加人数 764 人次，其中，篮球 10 次，乒乓球 3 次，排球 3 次，中学生足球 2 次，田径 12 次，幼儿体操 1 次。

1991 年—2008 年，全县各级各类学校共举办学生运动会 210 次，参加人数 91500 人次。

第四节　体育设施

1979 年，全县有篮球场 68 个；乒乓球桌 16 张。

1990 年，全县有篮球场 146 个；乒乓球桌 24 张，足球场 3 个；排球场 3 个；台球桌 16 张；网球场 1 个；门球场 1 个；跳远场地 1 个；乒乓球和棋类活动室 26 间；儿童专用体操房 1 幢。

2003 年，建设小龙潭综合体育运动场，运动场内设有足球场 1 个、跑道 4 条、铅球场 1 个、跳远场 1 个和看台。

2008 年，全县共有体育运动场地 464 个，其中，篮球场 417 个（标准 213 个，非标准 204 个）。有固定看台设置灯光篮球场 8 个；标准陀螺场 11 个；门球场 8 个；地掷球场 2 个；足球场 2 个；健身房 1 间；秋千场 2 个；网球场 1 个；乒乓球室 10 间；小龙潭建有 1 个既能举行县内重大节庆，又能举行田径、足球比赛的场地。

第五节　机　构

一、县文化体育局

1979 年 7 月，县体育运动委员会成立，设副主任 1 名人，专职干部 2 人。1984 年 1 月，撤销县体育运动委员会，同年 11 月，经西盟佤族自治县第四届人大常委第四次会议决定，恢复体育运动委员会机构的设置。1990 年，有专职干部 3 人。1996 年 7 月，机构改革时并入教育委员会，设体育股。1997 年 8 月，体育运动委员会从教育委员会分出。2002 年，体育运动委员会与文化合并，称为文化体育局，内设办公室、财务室、“会堂”管理所、群体股、竞训股、民族体育中心、艺术股、文化市场管理股。2008 年，文化体育局领导职数 1 正 3 副，有干部职工 56 人。

历任县体委副主任（主持工作）：李志清（1979 年 7 月—1984 年 1 月，1987 年 4 月—1991 年 10 月）；

历任县体委主任：李志清（1991 年 11 月—1996 年 7 月）。

历任县文化体育局局长：陶明冶（2002 年 3 月—2003 年 12 月）、李华新（佤族，2004 年 1 月—2008 年 12 月）。

历任县文化体育局党支部书记（正科）：李学彰（2007 年 10 月—2008 年 12 月）。

二、体育协会

1984 年，西盟县公检法、武警前卫体育协会成立。设主席、副主席各 1 名，委员 7 名。

1986 年，西盟县足球协会成立。2006 年，西盟县足球协会再次成立。

1987 年，县商业局老年人体育协会成立。设主席 1 名，副主席 4 名，委员 4 名。2006 年，因商业体制改革，协会停止活动，会员分别加入当地老年人协会。

1988 年，西盟县象棋协会成立。设主席、副主席各 1 名，委员 3 名。

1989 年 2 月 25 日，西盟县老年人体育协会成立。设主席 1 名，副主席 2 名，委员 3 名。至 2008 年，已换届 4 届。

1989年10月10日，西盟县老年人体育协会门球分会成立。设会长1名，副会长1名，委员3名。至2008年，已换届6届。

2000年4月，西盟县老年人体育协会陀螺分会成立。设会长1名，副会长1名，委员3名。至2008年，已换届3届。

2003年10月20日，西盟县老年人体育协会气排球分会成立。设会长1名，副会长1名，委员3名。至2008年，已换届2届。

2006年8月，西盟县老年人体育协会舞蹈体操分会成立。设会长1名，副会长1名，委员3名。

2008年10月20日，西盟县老年人体育协会象棋分会成立。设会长1名，副会长1名，委员3名。

第三章　档案　史志

第一节　档　案

一、馆藏档案及资料

至2008年年底，全县已经发展到82个全宗，已接收进馆档案42个全宗、14621卷（盒），声像档案13盒，地图482幅，照片802张，资料1055册（本）。其种类有：文书、科技、会计、专业、印章、照片、声像、地图等档案。所存资料有：政治、经济、历史、文化等方面的内容，包括图书、报纸杂志、内部刊物、文件汇编、政策法令汇编、党史资料、文史资料、民族与社会经济概况、县志简史及组织人事、财政税收、对外关系、工矿企业、农业、林业、商业和各种统计资料。

二、档案管理及开发利用

1978年后，按照“恢复、整顿、总结、提高”的档案工作方针，重点加强对机关、企事业单位和团体档案的业务指导。同时，抓好零散文件和零散档案资料的收集、整理、编目、装订与保管工作，使全县的档案得到了恢复。

1987年，《中华人民共和国档案法》等相关法律法规的颁布实施，西盟县的档案组织机构得到落实，人员得到充实和加强。按照法律赋予权限，档案局紧紧围绕“依法治档、科技兴档、强化服务、发挥效益”的工作思路，认真落实档案管理及利用的各项工作。

（一）法治宣传及督查

1996年—2005年，采取以会代训的方式，召开机关档案工作会议共20次，重点抓档案法律法规的宣传、档案新规则等档案专业性的培训学习。采取广播电视媒体宣传，发放学习材料，张贴宣传挂图、宣传标语，累计宣传法律法规47次。举办档案法律法规和业务知识培训班，组织全县档案专（兼）职人员学习和考试。并对主办单位在活动中形成的文字材料、音像资料、照片等进行整理。对重点工程项目建设，按照《重大项目档案验收办法》的要求及时将档案资料收集、整理、保管，确保重点建设项目（工程）档案的完整、准确、系统、安全。

至2008年，开展机关档案年度检查工作15次，重点检查单位领导对档案工作的重视情况、收集整理保管利用情况、专兼职档案员配置情况、制度建设和执行情况等工作。

（二）档案服务

1978年起，县档案局重点收集“三农”、林改、科教兴县、特色经济、特色文化、旅游开发、城乡规划、重点项目、重大活动等方面的档案。重视和支持征集散存在民间的反映民俗文化风情和知名人物的档案。做好县内、外保存的西盟历史档案征集工作。履行文件材料收集、归档职责，加强专业档案、新型载体档案、产权档案、项目档案和职工档案管理。

1978 年—2008 年，共提供利用档案 6471 卷、991 人次。

（三）档案信息化建设

2007 年，建立了局馆互联网，有电脑 8 台，服务器 1 台，南天档案信息化管理软件 1 套，复印机 2 台，打印机 2 台，摄像机 1 台，照相机 1 台，电脑桌椅 7 套，办公桌椅 11 套等设备。

2008 年，馆藏档案条目录入 27908 条，案卷级条目录入 1632 卷（盒）。利用互联网和政府信息公开网站建立档案局（馆）网页。

（四）“档案六项工程”建设

2004 年，按照全省开展县级以下“档案六项工程”建设的要求，即县（市、区）有一个标准化的档案馆；党政机关有一个规范化的档案室；企事业单位有一个档案信息中心；乡（镇）有一个综合档案室；村办社区有一组档案柜；家庭有一套完整的家庭档案。

至 2008 年，全县已达星级档案室有 24 家，其中，已转换三星级党政机关档案室 14 家，转换二星级党政机关档案室 9 家，转换一星级县综合档案馆 1 家。晋升三星级档案室 2 家。

（五）农村档案

2008 年，县档案局（馆）帮助 5 个乡、2 个镇、36 个村民委员会，拟定《乡镇机关文件材料归档范围》《乡镇机关文件材料保管期限表》和《村级文件材料归档范围》《村级文件材料保管期限表》等基础业务工作；帮助乡（镇）、村解决部分档案箱柜和档案用品。

（六）培训与立档

2002 年，举办《归档文件整理规则》培训班，参培人员 45 人；选派 8 名档案人员参加省、市档案部门举办的培训班。

2003 年，组织全县档案专（兼）职人员培训《归档文件整理规则》，参培人员 112 人；指导 23 家机关、企事业单位按照新规则进行立卷归档；组织参加“全省档案专（兼）职干部岗位资格考试”，参考人员 106 人，并取得岗位资格证书。

2004 年，组织参加“云南省档案系统档案人员法制教育学习考试”，参考人员 78 人，并取得合格证书。

2008 年，全县应有立档单位 119 个，已立档单位 88 个，已设立档案室 36 个，有专（兼）职人员 119 人，其中，专职人员 34 人，兼职人员 85 人。

（七）县档案库（馆）建设及规划

1983 年，首次建设档案馆库，面积 350 平方米。

1993 年 3 月 25 日，再次建设档案馆库，面积 459 平方米，其中，库房面积 210 平方米，业务用房 249 平方米。总投资额 25 万元。

2000 年，为加强档案馆建设规划，提高项目投资决策科学化与管理规范化水平。合理确定档案馆建设用地、建设规模，做到馆库功能齐全、设施完善、经济实用，满足档案的收集、整理、保管、利用等工作。县政府决定将县政府综合办公楼北侧的地块规划新建县级国家综合档案馆，规划建设占地 5.5 亩，建设规划定为二类档案馆，建筑面积 3000 平方米，其中，馆库用房 1600 平方米，对外服务用房 500 平方米，档案业务和技术用房 450 平方米，办公用房 250 平方米，附属用房 200 平方米（至 2008 年年底，未开工建设）。

2006 年 7 月 18 日至 2008 年 12 月底，租用在新县城县电信局的房屋，为临时档案馆库及办公室。

第二节 党史征编

1990 年，县委党史研究室参与编纂出版《中国共产党西盟佤族自治县组织史资料、云南省西盟佤族自治县政权、军事、统战、群团组织史资料（1942 年 7 月—1987 年 10 月）》（第一集）。

2006 年，县委党史研究室参与编纂出版《中国共产党西盟佤族自治县组织史资料、云南省西盟佤族自治县政权、军事、统战、群团组织史资料（1987 年 10 月—2003 年 12 月）》（第二集），总字数 39 万字。同年，县委党史研究室组织撰写了“捐躯异国”、“血洒区政府”等 6 篇革命英烈小传，其中，有部分内容已编入中央党史研究室编辑的《革命英雄大典》和省委党史研究室编纂的《云南地方英雄大典》；为《中国共产党思茅地区历史大事记》一书提供资料；撰写的《佤山抗日游击队—佤山抗日游击队的产生与解散》等 3 篇历史体裁文章被市委党史研究室编辑录入《思茅革命老区》一书。

2007年，县委党史研究室编辑出版了《中国共产党西盟佤族自治县历史大事记》（1938年—2005年）。

第三节 地方志书

一、县志编纂

1988 年 6 月 27 日，《西盟佤族自治县志》编纂委员会成立，县长张岩松任主任，县委副书记魏岩广、县人大常委会副主任普荣光任副主任，县属各部、委、办、局领导 46 人组成委员，杨德生为主编，李永安为副主编；7 月，开始进行首轮县志初稿资料的收集和撰稿编辑。

1994 年 11 月，《西盟佤族自治县志》初稿基本完成，打印成征求意见稿分送地区、县属单位、各乡镇和有关知名人士，广泛征求意见；12 月 24 日—27 日，《西盟佤族自治县志》评稿会召开。之后，根据评稿会上提出的意见和建议，进行了修改。

1996 年 4 月，正式报送思茅地区地方志办公室和云南省地方志办公室审查和终审；9 月 3 日，县委、县政府批准出版《西盟佤族自治县志》。

1997 年 11 月，《西盟佤族自治县志》第一轮县志出版，并公开发行。

二、部门志编纂

1985 年 5 月，《西盟佤族自治县概况》由民族出版社出版发行，32 开本，18 万字，印数 1000 册。由《西盟佤族自治县概况》修订编委会编写，主编张岩松。是国家民委民族问题五种丛书编辑委员会主持编纂的民族问题五种丛书之一。

1997 年 4 月，《西盟佤族自治县人民代表大会志（1956 年—1993 年）》由云南省人大办公厅印刷厂印装，32 开本，14.8 万字，印数 1000 册。由西盟佤族自治县人大常委会办公室编写，主编文清风。

1997 年 11 月，《西盟佤族自治县志》由云南人民出版社出版发行，16 开本，67.6 万字，印数 1500 册。西盟佤族自治县志编撰委员会编撰。

2005 年 4 月，《勐梭村志》由思茅市地大印刷厂印刷装印，32 开本，14 万字，印数 500 册。主编刀学清。

2008 年 3 月，《西盟佤族自治县概况》由民族出版社出版发行，32 开本，20 万字，印数 1800 册。《西盟佤族自治县概况》修订编委会编写，主编岩采。是国家民委民族问题五种丛书编辑委员会主持编辑的民族问题五种丛书之一。

2008 年 12 月，《西盟佤族自治县宣传志》由普洱市方华印刷有限公司印刷装订，32 开本精装，10.9 万字，印数 500 册。中共西盟县委宣传部编写，主编谢丕汉。收集的时限从 1931 年—2005 年年底，该书真实地记述了党在西盟的宣传、文化、教育、广播、电视、体育、党校、图书等各方面工作的历史概貌和发展变化。

三、年鉴编写

1990 年，西盟县地方志办公室，按照要求，每年为《云南年鉴》编纂委员会办公室提供稿件，入编《云南年鉴》。

2002 年的《西盟佤族自治县统计年鉴》，县委书记张善强为顾问，县长岩采为主审，副县长岩再为主编，统计局局长雷云河为副主编，自明芳、徐东、熊芳为责任编辑。2003 年 6 月，由思茅地区方华印刷有限公司印装，印刷 120 册。

2003 年的《西盟佤族自治县统计年鉴》，县长岩采为顾问，副县长刘桂铭为主审，统计局局长雷云河为主编，自明芳为责任编辑。2004 年 8 月，由思茅地区方华印刷有限公司印装，印刷 120 册。

2004 年的《西盟佤族自治县统计年鉴》，县长岩采为顾问，副县长刘桂铭为主审，统计局局长雷云河为主编，伍贤元为责任编辑。2005 年 12 月，由思茅地区方华印刷有限公司印装，印刷 60 册。

2005 年的《西盟佤族自治县统计年鉴》，县长岩采为顾问，副县长刘桂铭为主审，统计局局长雷云河为主编，伍贤元为责任编辑。2006 年 9 月，由思茅地区方华印刷有限公司印装，印刷 60 册。

2006 年的《西盟佤族自治县统计年鉴》，县委书记高建林、县长魏艺红为主审，副县长杨国华、统计局局长梁新琼为主编，副局长伍贤元为副主编，熊芳为责任编辑。2008 年 11 月，由普洱市方华印刷有限公司印装，印刷 100 册。

2007 年的《西盟佤族自治县统计年鉴》，县委书记高建林、县长魏艺红为主审，副县长杨国华、统计局局长梁新琼为主编，副局长伍贤元为副主编，熊芳为责任编辑。2008 年 11 月，由普洱市方华印刷有限公司印装，印刷 100 册。

2008 年的《西盟佤族自治县统计年鉴》，县委书记高建林、县长魏艺红为主审，副县长杨国华、统计局局长梁新琼为主编，副局长李亚琼为副主编，熊芳为责任编辑。2010 年 2 月，由普洱市方华印刷有限公司印装，印刷 100 册。

2008 年，西盟县入编《云南小康年鉴》的概述项目，被《云南小康年鉴》编纂委员会评为“优秀条目”奖。

至 2008 年，为《云南小康年鉴》《普洱年鉴》提供西盟特色条目稿件，共 4.8 万字，图片 145 幅，入编《云南年鉴》《云南小康年鉴》《普洱年鉴》。

第四节　县文史资料

2005 年 4 月，《几位“老边疆”回忆在佤山西盟那段经历》由思茅市地大印刷厂印刷出版，共选编文稿 15 篇，约 15 万字，主编袁学仁。该书着重记述 1956 年来，几位老边疆在“直接过渡”的西盟，搞边防、改革、生产、建设的亲身经历及难忘的事。使之让更多的人了解西盟那段历史，为研究当代西盟、编修史志提供参考的资料。

2006 年 12 月，《西盟佤族自治县文史资料》由思茅方华印刷有限公司印刷出版，西盟文史资料第一辑编纂委员会编写的，共选编文稿 36 篇，16 万余字。主编魏岩本。该书重点记述 1958 年以前，佤山解放前后一些作者的亲身经历，所见所闻，包括风土人情、部落战争、解放战争、社会变革等。是一部佤山发展的见证史。

第五节 机 构

一、县档案局

1980 年，县委档案科成立，任命 1 名副科长主持工作，有 3 名专职人员。1984 年 7 月 4 日，建立县档案馆，由县委直接领导，有 3 名专职人员。1988 年 9 月 14 日，县委档案科改为县档案局。1990 年 4 月，县档案馆与县档案局合署办公，实行“一个机构、两块牌子”的管理体制，有编制 7 人，实有 4 人。2002 年，机构改革，县档案局为事业单位，有编制 2 人，实有 4 人，领导职数 1 正 1 副，级格为正科。内设办公室、法规宣教科、收集整理保护利用科。2004 年 1 月，县档案局（馆）荣获“全省档案工作先进集体”称号。2008 年 3 月 12 日，县档案局（馆）被授予“全省档案工作先进集体三等功”。2008 年，有人员 11 人（本科 4 人，专科 3 人，中专 2 人，高中 1 人，初中 1 人）。

历任县委档案科科长：陈关厚（1980 年 2 月—1984 年 3 月）。

历任县档案馆馆长：魏林（佤族，1984 年 4 月—1990 年 1 月）。

历任县档案局局长：魏林（佤族，1988 年 9 月—2001 年 5 月）、杨恒斌（2001 年 10 月—2005 年 5 月）、苏荣（2005 年 5 月—2008 年 12 月）。

二、县党史研究室

1983 年 1 月，中共西盟县委党史资料征集委员会成立，设党史资料征集办公室，为常设机构，级格为正科（归县委办公室管理），事业单位，有编制 3 人。1994 年 6 月，县委党史编纂领导小组成立。1997 年，为贯彻落实中央对党史工作提出的“健全机构、稳定队伍、充实力量、提高素质”16 字方针，县委再次健全充实了党史工作机构，并将党史资料征集办公室，改称为中共西盟佤族自治县党史研究室，规定为财政全额拨款的事业单位。机构单列，有编制 3 人，设领导职数 1 人。2008 年，有人员 4 人。

历任县委党史研究室主任：李庭芳（1993 年 3 月—1997 年 8 月）、王世昌（1997 年 8 月—2006 年 1 月）、李文亮（2006 年 1 月—2008 年 12 月）。

三、县地方志办公室

1988 年 6 月 27 日，西盟佤族自治县志编纂委员会及办公室成立。1991 年 4 月 2 日，重新调整编委会及办公室人员，县志办挂靠县政府办公室，级格为正科级，事业单位，人员编制 2 人，设主任、工作人员各 1 人。1997 年 11 月，第一轮县志出版后，志办人员调离或退休，仅有 1 人兼志办主任，负责日常工作。

历任县地方志办公室主任：杨德生（1988 年 6 月—1991 年 2 月）、李永安（1991 年 2 月—1993 年 3 月）、杨恒斌（1993 年 3 月—2001 年 10 月）、蒋学平（2001 年 10 月—2008 年 12 月）。

第四章　艺　文

第一节　地方著述书目

一、小说集

《佧佤部落的火把》为短篇小说集，1956年12月，由中国青年出版社出版。内收录描述佤族、景颇族、傣族生活的6篇短篇小说，反映解放初期边地人民对新事物的感触。

《在昂美纳部落里》为长篇小说，郭国甫著，1958年1月，由作家出版社出版。1983年6月，由人民文学出版社、解放军出版社再版。小说描写解放初期，解放军在阿佤山团结佤族人民，剿灭土匪的故事。

《金色的群山》为长篇小说，吴源植著，1961年2月，由中国青年出版社出版。小说描写解放初期，中国共产党民族武装工作队到云南阿佤地区剿灭土匪，开展民族工作的故事。

《蛮帅部落的后代》为中篇小说，彭荆风著，1979年3月，由少年儿童出版社出版。小说描述了两个佤族部落解放前后从械斗仇杀转为和睦相处的故事，刻画了一个佤族少年的成长过程。

《木鼓声声》，1985年2月，由云南人民出版社出版。内收录《佤山》文艺季刊发表过的短篇小说12篇、散文7篇、诗歌50余首。

《部落木鼓声》为中篇小说，刘祖培著，1986年，被改编成同名电影。2004年6月，该小说由云南民族出版社结集出版，系滇池文丛之一。故事讲述了佤山解放前夕，解放军文艺兵海兰、小文误入了一个非常原始的佤族寨子，酋长在他人的挑拨下，要将她们砍头。接受进步思想的大王子艾山，出于对军人曾救助过他的感激，营救了她们，并提出与海兰成婚，海兰为了民族团结和边疆领土的完整，毅然嫁给了大王子，但在她护送小文等回部队的路上，不幸中了暗箭，一腔青春热血洒在就要解放的佤山上。

《拉木鼓》为小说集，李冬春著，系《金蕉雨文学丛书》之一，1999年9月，由延边大学出版社出版。收录《旧墙》《断层》《裸树》《峡谷里的最后一个族长》等11篇短篇小说。

二、诗歌集

（一）诗集

《阿佤山和澜沧江的歌》，刘祖培著，1980年，由云南人民出版社出版。多数诗歌写于20世纪50年代和60年代初期，是诗人青年时代的产物。

《绿色天堂》，何品珍编，2002年12月，由云南民族出版社出版。该书收录作者诗歌68首、风景及人物合影照片118幅。

《梦里追云》，文清风著，2005年6月，由云南人民出版社出版。收录有关佤山风情的诗词43首，另有 12 首属“志思蓄愤，吟咏情性”之作。该书集诗、书、画于一体，纳真、善、美于一身，篇幅短、内容多、形式美、品位高，全面提升佤族文化底蕴，充分展示西盟佤山的自然景观、人文景观和发展变化，能让读者欣赏和领略到博大精深的佤族文化和原生态的自然风光。

《司岗里》，毕登程、隋嘎著，2009 年 3 月，由云南人民出版社出版。是佤族最古老的创世史诗，也是佤族历史文化之根和百科全书。

《边关情》，诗歌散文集，李阿之著，2009 年 6 月，由大众文艺出版社出版，收录诗歌 80 首、散文随笔 80 篇，为作者在戍边岁月里真情的记载和在寂寞边关里的心灵之声。《佤山随笔》《边寨烛光》《云海深处回荡着一首不老的歌》为其名篇。

（二）民歌集

《迎春花开遍佤山》，刘允禔收集整理，1974 年 5 月，由云南人民出版社出版。该书分 4 辑，收录佤族民歌 50 首，内容多数为“文化大革命”期间的民歌。

《西盟佤族民歌》，《佤山》编辑部编，1985 年 10 月，由云南民族出版社出版，收录西盟各村寨民间歌曲 76 首。书中有钱康宁《西盟佤族民歌概述》及岩松、艾荻（李正新）《西盟佤族民歌浅析》。

《佤山歌声》（上、下册），高立旗执编，1995 年 3 月，由云南人民出版社出版。上册收录具有古朴美感的佤族歌谣 147 首，下册收录以佤山音乐为素材创作的歌曲 63 首。

三、文学故事集

（一）文学集

《阿佤姐妹》，苏策、陈希平、彭荆风合著。1980 年 2 月，由红岩出版社出版。描述阿佤头人两个女儿各受所爱的人（一个是解放军，一个是国民党）的影响而产生的矛盾冲突。

《世纪木鼓》，黄尧著，1998 年 12 月，由云南人民出版社出版，除引子外，全书分圣土篇、解放篇、新歌篇、纪元篇。该书具有民族理论、文化人类学等多学科的价值。2000 年，该书荣获“‘五个一工程·一本好书’奖”和“国家图书奖”。

《从部落王子到佤山赤子》为传记文学，隋嘎口述，毕登程记录、整理。2005 年 4 月，由云南美术出版社 2005 年 4 月出版。该书荣获思茅市（今普洱市）首届哲学社会科学优秀成果政府奖著作类二等奖。

（二）故事集

《司岗里》为佤语创作，在民间也以佤语来传唱。作品采用多种形式描述了利吉神和路安神开天辟地，人类从司岗出来后发生的各种神话故事。隋嘎、艾荻（李正新）、张开达等人搜集整理，荣获云南省文学艺术创作奖励基金会授予的云南省首届文学艺术创作三等奖。

《七进阿佤山》，徐恒瑜、吴寿石著，1983 年，由四川人民出版社出版。故事内容主要讲述 1950 年年初，一支解放军民族工作队进入阿佤山，开辟帮嘎部落。他们紧密依靠群众，团结一致，及时揭穿国民党残匪的欺骗宣传和叛国阴谋，最后一举将残匪歼灭。

《佤族民间故事》为民间故事集，艾荻、诗恩选编，1990 年，由云南人民出版社出版。是云南民族民间故事丛书之一，收集了 87 篇佤族民间文学作品。

（三）散文集（纪实文学集）

《走出阿佤山》为纪实文学，刘祖培著，1992 年 9 月，由云南人民出版社出版，是“普洱茶香——思茅丛书之一”。作者以五次上阿佤山的亲身感受和丰富翔实的材料勾画出了一幅幅佤山生动画卷及佤族淳朴的民风。

《阿佤山的孩子们》为纪实文学，黄雁著，1997 年 4 月，由广西民族出版社出版。该书以积极光明的视角抒写阿佤山的昨天、今天和明天，全面反映了阿佤山区的教师和孩子们战胜生存压力、恶劣自然环境等重重困难奋发求学的真实故事，同时讴歌了为阿佤山美好明天而无私奉献的人们。

《阿佤山：司岗里的木鼓》，李冬春执编，2002 年 12 月，由中国文联出版社出版。是《彩云南文丛》之一，既有反映解放初期西盟佤山的《初进佤族部落》，反映木鼓文化的《部落女神》以及民俗风情的《剽牛》，也有反映新时期佤山变化的《佤山的童话》和纪实文章《奴隶毛岩特和他的儿女们》等。

《原始村落的变迁》为散文随笔集，苏新民著，2004 年 11 月，由民族出版社出版，内容收录作者在西盟佤山工作 13 年间的所见所闻。

《解密佤山》，朱飞云、梁荔、刘军著，2005 年 12 月，由云南美术出版社出版。该书图文并茂，对佤族文化作了全面记述，为读者打开了一道解读佤山、认识佤族的窗口，并为读者解开了关于佤族许多鲜为人知的秘密。

《情系佤山》，侯中贤著，2006 年 6 月，由云南民族出版社出版发行。

《阿佤人，阿佤理》为文化散文，刘军、梁荔著，2008 年 4 月，由云南民族出版社出版。探索了自母系社会以来，以“阿佤理”为主要框架的佤族文化和自秦汉以来佤族的社会之谜，如“司岗里”之谜、“木鼓”之谜、猎头祭祀之谜等，反映了佤族人的民族性格。

（四）剧本

《佤山抗日游击队》为文学剧本，刘志强、谷青、李平合著。1992 年 3 月，由深圳影业公司摄制。讲述云南佤山地区各族人民抗日武装斗争的故事。

四、地情集

《西盟土壤》，何品珍著，1996 年 8 月，由云南民族出版社出版发行。1997 年，荣获思茅地区农业局 1996 年度科技成果二等奖。

《西盟佤族自治县志》，西盟佤族自治县志编纂委员会编纂（主编张开达，副主编周代夫、杨恒斌），1997 年 11 月，由云南人民出版社出版。该书是西盟置县后首部县志，系统地记述了西盟的自然环境、经济社会发展的历史和现状，上限根据能收集到的资料溯至事物发端，下限截至 1990 年年底。

《佤山旅游》（地方民俗简介），聂勒、伊琴编著，1999 年 5 月，由云南民族出版社出版发行，1/32 开本，6 万字，印数 5000 册。

《西盟陆稻》，何品珍主编，1999 年 7 月，由云南民族出版社出版发行，1/32 开本，5 万字，印数 3000 册。

《中国少数民族现状与发展调查研究丛书·西盟县佤族卷》（专题调查报告），中国社会科学院民族研究所编，罗之基、石茂明、张冠梓、周勇、王丽芝撰著，2001 年 6 月，由民族出版社出版。该书分综合篇、典型篇和专题篇。

《云南西盟佤山风光》（摄影文集），西盟县人民政府编，钟成学撰稿，谢海燕翻译，钟成学、高立旗、苏云等摄影，2003 年 4 月，由云南民族出版社出版。该书包括自然风光、人文景观、旅游交通 3 个部分。

《走近佤山》，摄影文集，郑显文、郑映德合著，2004 年 3 月，由中国文史出版社出版。该书集中反映佤族人民在历史进程中与大自然和社会的斗争，以及从中形成的民风民俗及民族个性，把远古的历史及民族传统文化以图文并茂的形式向读者一一展现。

《求真务实　铸造辉煌》（西盟佤族自治县县小学五十年历程简史），西盟佤族自治县县小学编，2004 年 8 月，由思茅地区永丰印刷厂印刷，1/32 开本，100 千字，印数 500 册。

《本色佤山》（摄影文集），高立旗著，2005 年 1 月，由云南民族出版社出版。全书分佤山风姿、家园秀色、身上彩梦、乐舞狂情、婚恋风俗、欢乐节日、古老信仰 7 个部分，8000 多字，191 幅照片。该书从侧面展示了佤山秀丽的自然景观，多彩的民族风情，悠久的民族历史，古老的民族文化。

《西盟佤族自治县概况（修订本）》，《西盟佤族自治县概况》编写组编写，李群昌统稿，2008 年 3 月，由民族出版社出版，为国家民委《民族问题五种丛书》之三，中国少数民族自治地方概况丛书（修订本）之一，印数 1800 册。

五、论文集

《西盟县第一中学论文选（第二辑）》（以下简称《论文选》），李群昌主编，1997 年 8 月，由思茅地区教育局永丰印刷厂印刷，《论文选》选编 36 篇文章，是西盟一中教师 1996 年 1 月至 1997 年 5 月的部分教育教学论文。

《西盟县第一中学教育教学论文集（第三辑）》，西盟县第一中学编，1999 年 6 月，由思茅地区永丰印刷厂印刷，共选编 36 篇教育教学论文。

《西盟科技》（科协专辑 6），西盟县科学技术协会编，何品珍主编，1992 年，由新华社云南信息社印刷，有科学种植、养殖、新农村建设、发展教育、卫生、林业、工业等 51 篇论文。

《西盟民族教育的实践与思考》，李群昌著，2003 年 2 月，由中央民族大学出版社出版，该书把西盟的发展放在一个比较特殊的视角中予以审视，热情赞扬了西盟县各族人民为保卫边疆所作的奉献，并提出西盟在新世纪中存在的问题和遇到的困难等。

《西盟民族教育》，李群昌著，2003 年 2 月，由中央民族大学出版社出版，32 开本，12 万字，印数 500 册。

《西盟县教育教学论文选》，西盟县科技教育局编，2003 年 3 月，由思茅新华印刷厂印刷，32 开本，25 万字，印数 1000 册。

《中国佤族文化》（佤族文化专著），赵富荣著，2004 年 3 月，由民族出版社出版，共分 9 章、44 节，约 30 万字。该书全面、系统地论述了佤族的广义文化，具有民族性、资料性和可读性的特点。

《情洒佤山》（西盟县小教室教育教学论文选），西盟佤族自治县县小学编，2004 年 8 月，由思茅地区永丰印刷厂印刷，32 开本，129 千字，印数 500 册，共收录 47 篇教育教学论文。

《芳草铸忠诚》，西盟县教师进修学校、职业中学编，杨廷明主编，2004 年 11 月，由思茅市教育局永丰印刷厂印刷，32 开本，200 千字，印数 500 册，分 9 篇，共收录 58 篇教育教学论文。

《司岗里文化新探》（佤族文化专著），毕登程、隋嘎编著，2008 年 4 月，云南大学出版社出版，收录作者论文 23 篇，约 8 万字。主张在创新中拯救和发展司岗里文化。

《用心灵诉说教育的美丽》（西盟一中 50 周年校庆论文集），西盟县第一中学编（伍雍主编），2009 年 3 月，由普洱市教育局永丰印刷厂印刷，32 开本，340 千字，印数 1000 册，分 4 篇，共收录 70 篇教育教学论文。

六、学生习作

《佤山春苗》，西盟县小学编，2004 年 8 月，由西盟市教育局永丰印刷厂印刷，西盟县小学学生习作选，149 千字，印数 500 册，共收录 153 篇学生习作。

第二节 艺文辑存

一、散文

初进佤山（摘要）

彭荆风

那是1953年2月初，我去到马散部落，民族工作组的老潘说："今天是马散街的逢街天，我们去看看。"

他带上手枪，我背上卡宾枪、手榴弹出发了。

虽然路不远，但这是在边防线上，要防止敌特的袭击，以及当时对我们还不友好的中课、班箐部落的佤族人砍人头。我们随时都得小心戒备……

沿途不断见到三三两两用藤背篓背着谷子、小红米、野芭蕉、鸡、红薯、甘蔗……农副产品去赶街的佤族人、拉祜人。

山区贫困，这些人所携带的产品也少，衣衫更是褴褛，有的男子还赤裸着上身。佤族妇女爱嚼槟榔，边走边嚼，把紫红的唾沫吐在山路上。刚来佤山的人常会被吓得以为是砍杀人时淌下的血。

走着走着，老潘指着前边一片荒草丛生，已有人在那里走动的山坡说"马散街到了！"

这是位于马散部落、阿莫部落、永别烈部落之间的一个交界地。街子选在这四无人烟的山头，大约是便于这些部落的人来往吧！

赶街的人还没有完全到来。先来的人多是从西盟、马散来卖酒、卖凉粉、米线的汉族人、拉祜族。西盟贸易小组的人也背着步枪，挑着布匹、盐巴、丝线等货物来摆摊子了。

"街"上空荡荡的，只有几座用3块大石头简单垒成的灶，卖米线的汉族女人已在那上面支起铁锅，燃着了柴火。

我茫然四顾，问老潘："一间草棚也没有，下雨天怎么办？"

他笑着说："下雨天就不赶街了。山里人的购买力很低，多数人只是来买几块盐巴，雨季前早把需要的盐巴买走了。"

我站在贸易小组的摊子前，看他们做生意。果然佤族人多数是用谷子、小米来换盐巴，其他的布匹、丝线就没有多少人敢问津了……

我们人民解放军和民族工作队进驻佤山后带来了人民币，他们却不习惯使用，说："你们的纸（人民币），容易烧坏，又容易撕坏，我们用不来。"还问："你们为什么不用银钱？银钱好，不怕潮湿，也不怕火烧、老鼠咬……"

所以，在1956年以前，西盟佤山民间的货币流通，还是以半开为主，每块半开折合人民币4角钱。人民解放军和贸易小组没有进佤山以前，这马散街主要是被马散、西盟的几个汉族商人控制……

贸易小组来了后，3公斤谷子能换9两盐巴，或者5小盒火柴。这使佤族人很是感叹，贸易小组太好了。只是他们太穷困了，一年的收获还不够自己半年吃（解放前，佤族人年平均粮食不过稻谷100公斤左右，缺粮食户达百分之80以上），有时想换盐巴、火柴，却连几斤谷子都拿不出来。

贸易小组除了街子天外，平日还扛着枪，挑着货物深入到附近一些村寨去交换。

佤族人很喜欢贸易小组进村寨，说："'贸易大哥'来了后，方便得多了……"

有一次驻力索寨的战士小何随小分队去附近佤族寨子巡逻，正遇见贸易小组在那里摆摊子，一个老人却来向小何讨几根火柴。他很奇怪，问她："贸易小组在，你怎么不去买？"她痛苦地摇头："买不起。"一盒火柴当时的市价不过2分钱，用谷子换也不过半市斤。怎么会买不起呢？

他走上她那摇摇晃晃的破竹楼看了看，锅清灶冷，四壁萧条。装粮食的竹筒里一颗谷子也没有，火塘前只有几把野菜。他看了很是难过。吃的没有，谷种呢？也没有。那明年怎么过？

小何掏出自己积存的全部津贴费（那时候，每个战士每月的津贴费不过两三元），去贸易小组买了两斗米（每斗约16.5公斤），给这老人作谷种、口粮，还多次来帮助栽种、收割，使这家人渡过了饥荒，第二年也有了收获。

拉祜人、佤族人都爱喝酒，贸易小组又暂时没有酒卖，可以任由他们要价。那天在马散街上，一个佤族汉子抱着一只鸡走到一个汉族商人的面前，把鸡递过去换酒。

这商人是个50多岁的干瘦老头，在佤山做了几十年生意，会说流畅的佤族话，也精明得格外狠毒、冷漠。他接过鸡去看了看，冷冷地说："太瘦了。"佤族汉子大概是酒瘾上来了，用佤话乞求地说："随便给几碗吧！"

商人还是摇头。佤族汉子不断地央求。

商人见这佤族汉子的酒瘾已被引向高潮，才冷漠地伸出了两个指头，意思为只能给两碗。佤族汉子只好点头同意。

当汉族商人从酒罐子舀酒时，佤族汉子全神贯注地盯着，还不断咕哝着："莫给少了，莫给少了！"

一土碗烈性白酒被这佤族人一仰脖子喝了下去……他又接过了第二碗，"咕噜咕噜"喝着，喝完了伸过碗去还要。

商人不肯给了，说："说好了只给两碗，怎么还能给？"

佤族汉子固执地还在要。他眼睛瞪得大大的，满脸怒色地说："你刚才斟浅了。"商人还是吝啬地不肯给酒。

我坐在那里休息时，一个系着红包头巾，挎着长刀的佤族汉子走过来，摸了摸我脚上那双军用胶鞋，说了句佤语，我没有听明白，问老潘："他说什么？"

"他说，把你的胶鞋脱给他。"

"怎么哪！"

"他说，他喜欢。"然后，他又用佤语问了几句，对我说："他是中棵部落来的，第一次见到解放军。他听人说，解放军经常送东西给一些寨子的人所以他才问你要。"

叫他回去告诉他们头人，"快欢迎我们进去，我们会多多的送东西给他们……"

这中课来的汉子只好怏怏地走开了。

人们在街子上转来转去，有的换到了自己所需要的东西，高高兴兴地走了，有的失望地转来转去，因为这天他们带来的野菜、野芭蕉没有换到东西……

赶街的佤族人早走远了，山路上很寂静，只是多了一些佤族妇人边走边嚼吐下的槟榔渣，仍然是血红得怕人。

走进一片密荫的松树林时，我听到了惊慌的呼喊声。

"是不是抢人了？"我们端起枪赶过去。

只见那个还处于醉态中的佤族汉子手举长刀追得那卖酒的商人乱跑。

他醉后无力，脚步踉跄。不然那卖酒商人早没有命了！

我们冲过去大喝了一声，才镇住了这佤族汉子，问他是哪个寨子的？为什么乱砍人？

他横眉怒眼气势汹汹地说："他坏，说好了一只鸡换两碗酒。他不给我斟满。叫他加一点，他也不给……"

我笑了，“给你斟浅了你都醉成这样，再斟满些，你受得了？”

那商人见有我们在，才心神略定，说：“太吓人了！哪里能这样不讲道理！”

我批评他，“你也太小气了，多给他一点又怎么样？你还嫌没赚够吗？一碗酒多少钱？这钱我代他付了。你快给他补上一碗！”

那装在背篓里的酒坛子里还剩有一些没有卖完的酒，他忙倒出一碗给那佤族汉子。

佤族汉子见是我付钱，很高兴，双手抓住我的手，感动地说：“大军好！”又不胜酒力地躺下了。

我对那个卖酒人说：“还不快走！”

他背上装酒坛子的藤背篓仓皇跑出了松树林。

（选自《佤山》文艺 2008 年第 4 期、总第 45 期）

歌舞着的佤山（摘要）

郭笑笙

西盟，歌舞着的土地！

在这里，歌声和舞蹈像森林一样长满了山岭村寨，村村寨寨，随处都能听到看到感受到从这片土地上生长出来的歌声和舞蹈……

不久前在岳宋乡五组，我们告别这个村子时，几个佤族妇女来相送，没走几步她们就唱起歌来，没唱几句，泪水就真实的挂在了她们的笑容上。她们就这样难舍难离地唱着，依着旋律，她们的手上还带着轻舒自然的舞动。她们伸出手来握别时，也立刻会通过她们的手，让两个字闪电般传达到心头——劳动。

在西盟歌舞密得像佤山上老林子里的树。不论是吃饭、喝酒、盖新房、劳动、收获的时候，还是生儿育女祭送亡灵的时候，只要是阿佤人生活的地方，在所有的时候，都会响起歌声……我在西盟的6 天里，每一天都会在不同的地方不止一次听到，不同的只是，我听到的歌是原味而本真的，它来自一群群劳动的佤族男女，歌声中充满了狂放的力量和情感。我也是在这里才知道“江三木落”是一位佤族英雄的名字，阿佤人就世世代代歌唱着这位英雄。这个英雄的事迹我还不知道，但知道了在阿佤人的心中，英雄的最基本的要求是能剽牛的汉子。我们在它朗村，就见到一场佤族传统的剽牛。歌声中岩克姆把梭镖举向天空，佤族的美女向他敬上水酒，透过这扣人心弦的歌舞，可以依稀看见，江三木落让一种能搏善战、剽悍威猛、英武不屈的精神穿越了时空。

就在这歌舞着的它朗村，歌声比说的话多，喝酒比喝的水多，跳舞比走的路多……刚才在剽牛场上拎着酒桶四处敬酒忙得团团转的小姑娘娜送，此时稍稍得闲，这个爱笑爱说的古铜色的佤族美少女，竟然唱着跳着到深圳去表演自己民族的歌舞。问她：“你跟谁去的？”“跟我叔叔。”原来她的叔叔岩乐，好几年前就组织人去外地表演佤族歌舞，现在已经算是有些实力的佤族歌舞经纪人，在深圳正准备买房买车啦！“那么你为什么要回来呢？”“我的一个手指头不好动，跳不成舞啦”。说着她就伸出了左手的食指让大家看。“还去不去呢？”“去呀，等我的手医好了，要去深圳多待一些日子。”说话间一口雪白的牙齿在古铜色的笑容中闪亮。还见一个在村里走动的佤族汉子，脚上穿着一双晃眼的皮鞋，一问，好家伙，四百多元！也是他在深圳唱歌跳舞的女儿给买的！其实在全国，只要有表演佤族歌舞的地方，就有来自西盟的姑娘，她们的名字不用问，十有八九叫娜罕、娜美、娜代、娜共……都是佤族女子的常用名。西盟县的老文化局长钟成学介绍，1965 年，西盟就有岩农、赛松、叶拐、叶翡、拉龚 5 人到北京参加全国少数民族文艺会演，此后成立了县宣传队（歌舞团的前身）。后来的佤族女县长魏红（现思茅地区副专员）就曾是第一批宣传队成员。从20世纪80年代起，他们演出的《贺新房》《木鼓舞》《舂米》《竹竿舞》《射日舞》《摔跤舞》《佤乐》《甩发舞》等多次获得全国全省的多种大奖。用佤族特有的乐器演奏的《佤乐》，仅是佤笛就有两孔、三孔的非常特别的笛子，另外还有刀杆笛、芦苇笛等，还有“拜”“独弦琴”等都是佤族独有的乐器……上面提到过的那位叶拐，她的女儿彭琴如今就在深圳跳舞，而她的妹妹徐娥赫娜（汉名张晓玲）就是现任歌舞团的团长，他的弟弟尼早，是歌舞团的编导，也是一位出色的歌手。4月的一个晚上，在西盟县城的一片空地上，我们亲耳听到他连续数小时的歌唱，他抒情的歌声没有因为长时间的歌唱而有半点的枯涩，反而随着舞蹈的欢快更加嘹亮动人。而他唱的歌词，许多都是即兴创作。尼早的歌曾唱到过法国等欧洲4个国家，出版过磁带。著名作家彭荆风感叹：“这样长时间的演唱，怕是帕罗蒂也不敢和他比试！”作家存文学说：“尼早之于佤族，就如有腾格尔之于蒙古族一样，他真的非常出色！”如果刚才的歌舞是一种表演，那么此时的歌舞就完全是他们的一种生活，是他们内心的倾泻，这时没有观众，他们真的是为自己而歌舞！远远的我听着这歌声无法入睡，直到凌晨三点多钟，歌声才渐渐消散，而木鼓还在一路地响着，这时的星空，是昆明无法看到的明亮，木鼓的鼓点，一声声都非常清晰辽远。木鼓在佤族的心中一直是可以通天的神器，只能用红毛树来做，它已经响了几千年，今后还会敲出不同的新声；西盟，这充满了诱惑的歌舞着的土地，也会在木鼓声中变得更加富裕美丽。

（选自《阿佤山司岗里的木鼓》）

绿满阿佤群山（摘要）

存文学

一丛丛火苗，在山腰上飞快窜动，好似一群醉酒的狂徒，舞动着火把疯狂地奔跑，有的跨过山涧，有的攀过陡岩。不一阵，这些火苗就连成了一条赤色的火龙，燃成腾腾火势，随着呼啸而起的山风，有时昂首向天，有时滚动在地，天被烧红了，大山仿佛就要熔化，处处流淌起了溪水般的火流。

这是十几年前的一个夜晚，我站在高高的阿佤山上，亲眼看见的一个荒火焚烧的惊心动魄的场景，至今仍使我常常忆起。

……

1987年，我到北京鲁迅文学院进修，碰上刚从德国访问归来的公刘先生。这位曾到过佤山，并写诗歌颂佤山的著名作家，知道我是从思茅去的，问我的第一句话就是阿佤山还有云海吗，山还那么绿吧。

我稍一迟疑，他便敏感地意识到了，长叹一声说：“本来我还想找个机会再上佤山走走，但还是不去为好，让佤山在我心中仍保留当年云雾缭绕的记忆吧。”

以后，我又上阿佤山，看着莽莽群山上的绿色迅速褪去和仍在四起的峰烟，心里总是沉甸甸的。

2002年，我又随其他作家上佤山了。走近佤山时，我的心欢快地跳了起来。

我们的汽车沿勐梭河谷进行，车窗外，一片新绿。以往遍长芦苇、荒草的半坡，已辟成了橡胶园，有的胶园已经开割。

在中缅边境的那妥口岸，我们见到了一片人工种植的数千亩的杉树林，这些杉树，已有碗口粗、几丈高，葱葱郁郁，长势喜人。

县委宣传部的同志告诉我们，像这样的人工林已造了不少，而且在逐年扩大。

层层叠叠的茶园，像道道碧玉带环绕在山峦上。身挎背箩的佤族妇女，正在采摘春茶，她们生产的云雾茶，已香飘万里。

由于退耕还林（草）那些躲过刀斧之灾的原始森林生机勃发，不停地向四周扩张，撒播着树籽，各种小苗在大树的庇护下迅速成长起来。

我们在大黑山保护区的森林边，采摘到了一粒粒饱满莹亮的羊奶果、黄泡果，与阿佤人分享着大自然无私的馈赠。

那天，在它朗寨浓荫如盖的大榕树下，当一群佤族姑娘为我们唱起山歌的时候，我发觉她们的歌声是多么甜美。

看四周大山，处处笼罩着朦朦胧胧的岚气，仿佛这些大山都变得格外有精神。想必佤族姑娘们的歌声也是被这清凉凉的岚气所滋润的吧！

老作家彭荆风看到短短几年内佤山就发生了如此巨变，不禁发出了连连赞叹。一个刀耕火种的民族，居然也在植树造林了，要是推广开来，让这种行动变为整个民族的自觉行动，那多好啊！它不但对中国，对整个世界都有着十分重要的意义。

佤族，是一个愿意改变自己生存状态的民族。

他们中，已有不少人意识到，森林不仅仅是飞禽走兽的家园，也是人类赖以生存的基础。森林消失了，人们所创造的一切，连同文化也会被狂风席卷而去。

当人们在渐渐提升旅游品位，寻找新的景点的时候，加快佤山的绿化就显得尤为重要了。

佤山独特的民俗，奇异的文化，苍翠的群山，金色的村落，会给旅游者带来耳目一新的感觉。

何况，佤山还有漂亮的勐梭龙潭呢。若是冬天，还能欣赏到那填满千沟万壑、翻卷涌动的云海。

我想，要是再次碰上公刘先生，我一定会代表佤山，向他发出邀请，让他再来看看——被他赞美过的带着谷地潮湿的云，又飘上了阿佤山。

（选自《阿佤山司岗里的木鼓》）

性灵之湖

李冬春

阿佤山是远近高低的山的世界。仅有几脉水，也被厚实的山逼仄着。

缘此，坐落于新县城一隅的一池碧泓——勐梭龙潭湖，便格外让人喜欢起来。

当地人生性耿介，行事散淡，鲜有称水为湖的。不就一潭水么！水盈满而不知出处，虽幽远却无法亲探，玄虚迷惑之余，疑蛟龙在水，顺势叫作"龙潭"。更可靠也更盛行的说法，则是一双龙族兄妹不耐深海寂寞，化作仙子出游凡间，龙兄迷恋此地景色，流连忘返，被人捉杀分吃。天怨地怯，一寨陷落，汪水成潭。已到境外佤邦地段的龙妹，久候不至，也就地化潭，谓为"母龙潭"。这个传说有多种，虽不太动人，但扬善惩恶的主题，一直流传下来，是事民间训诫后世的现成教材。

这是湖的渊源，姑妄听之。

龙潭湖依山傍城，自成一统。沿城边一条小路走数十米，就到了。湖不大，小巧玲珑，大可一掬在手。以湖为圆心，方圆五平方公里，都是自然保护区范围。若从空中鸟瞰，郁郁葱葱的林子中央，湖是一块碧透的玉，赏心悦目。微澜泛起，涟漪闪烁，整个湖面洒满散金碎银，绚丽之极。湖边倒伏着不少枯朽的巨树，根落在岸边，树梢却浸在水中，钢蓝色的蜻蜓、五彩斑斓的蝴蝶蹁跹其间，忽上忽下，或隐或遁，交织出一幅恬静的画面。傣历新年前后，常见艳装少女来坐竹筏戏水湖面，蓝天白云、碧水绿树，一向静寂的湖，忽然生动起来，热闹起来。

如此一池水，仅靠林间涓流，显然不足为蓄。便又有地底涌泉之说。因为即使天降暴雨，山洪泛滥，湖水也不会浑浊，仍旧愈发灵性和神秘。据闻不少孟连及境外傣家人，不辞辛苦来湖边顶礼膜拜，求得一壶水回去，驱邪祛病，颇为虔诚。

龙潭湖凭依半壁山，叫南磨山，既高且陡。山脚有藤蔓缠树的危崖，水声潺潺，是苍鹭、黑颈鹤、鸟类等水鸟栖息捕食之地。隆冬也避寒的各种鸟类汇聚于此，啁啾啼鸣，为龙潭湖带来无限生机与活力。从湖的对岸远眺，但见青云缭绕，层层堆叠是栗树、山毛榉高低有别、错落有致。湖这头，也是密密实实的树林，树干挺拔修直，叶片繁盛洁净，散发着阵阵清香。各种不知名野花绽开朵朵小花，在林间寂寞而随意地繁茂着。

由于湖中有鱼，且体肥味鲜，甜美有加，为寻常鱼所不能比。更绝的是持弩鸟伏在树上的傣家人，距水面丈余，一俟鱼脊浮现“嗖”的一支飞矢下去，少有落空。而昏黄时分拎着鱼朝城里酒家送卖的，也多是这些身手不凡的猎鱼人。至于城里人，湖边垂钓一日，其收获一半是塑料桶里蹦跳的小鱼，另一半，当属垂钓带来的闲情逸致。秋冬时节禁渔，往湖边走一走，间或有不知大小的鱼“扑通”一声，把平坦的湖面砸出一束银亮的水花。清冽的湖边，水草间，残荷下，成群的小鱼游来蹿去，其数之多，何止万千。

智者乐水，仁者乐山。静卧佤山的龙潭湖，让人领略到的，不仅仅是湖光山色。湖的静谧，湖的淡薄，湖的温婉，是上苍的造化之美，而与湖为伴，相濡以沫，人与湖的和谐之美，才是湖让人神往的魅力所在。

（选自《阿佤山司岗里的木鼓》）

二、诗歌

（一）古体诗词

赞勐梭龙潭

杨润新

一潭挂岭间，古树岸边淹。
白鹭逐轻浪，青鱼嬉浅湾。
径幽闻鸟语，岩秀绕藤编。
我欲掬圣水，恐惊龙摩仙。

（原载《云南人大》2006 年第 12 期）

观里坎瀑布

李文学

溢彩白练林中舞，惊起万千碧玉珠。
紫烟升腾彩虹现，嬉笑声中雨朦朦。

（选自《佤山》杂志 2007 年第 1 期）

志者赋

李士昌

窗前荫浓冬日长，楼台倒影入龙潭。
碧波帘动微风起，遍地红花分外香。
春秋战国启编史，今逢盛世兴修志。

千载难逢有几何？人生得遇知欣慰。
纵观世间多少事，敲打健盘传千年。
今朝人才如春笋，中华文化更悠长。

（选自《佤山》杂志 2008 年第 4 期）

（二）新体诗

佤族木鼓

文清风

一根不朽的神木
一个凝固的传说
一代又一代
附在剽悍的灵魂上
远古的黑森林中走来了你
历史的风风雨雨洗涤过你
想起“司岗里”及猎人头剽牛的往事
你的记忆如岩石般沉重
那久远的木鼓声
那伴随着“江山木落”的木鼓声
似乎又震动巍巍的阿佤山
于是 血液为你沸腾
歌喉为你放开
我们以虔诚的目光
再次审视你的形象

（选自《思茅报》1995 年）

新的光点

王勤科

告别萧瑟的寒秋
载着隆冬的孕育 你
再度复出 姗姗而来之际
已是山花烂漫的阳春 和
县庆而立之年的盛典

翻开陈旧的日历
掸去岁月的尘埃
你的轨迹
仍然鲜亮 鲜亮
你的容颜

依旧可爱 可爱
哦 佤山
让呼唤的心灵轻轻道声
久违了

而今 你
红装素裹 分外妖娆
古老佤山的神韵
浩瀚云海的雄魄
司岗里民族的史诗
香醇水酒的文化
部落木鼓的丰碑
都化为跨世纪飞越的彩虹
相伴你
在开拓、奋进、团结、发展的座标上
燃起新光点的
再度辉煌

（选自《佤山》1995 年第 1 期）

篝 火

聂 勒

在太阳下山时候
我突然感到了孤独
在黑夜布撒的密网里
漏掉的星星在闪烁

曾烘烤历史的篝火
在我民族的黑夜里闪烁
那些展示传统的舞步
围着篝火翩翩起落

夜网越收越紧
漏网之星闪闪烁烁 篝火明明灭灭
我的亲人们
在火的明灭中安详和沉醉
这无比强大的夜里
一堆篝火烧到天亮
我在一群欢乐的亲人中间
看到了旺盛的未来

（选自《佤山》杂志 2007 年第 1 期）

（三）楹联选辑

佤山天池四角亭门联

悠悠天池绿水染透佤山春；

浩浩云海青波翻腾远陲志。

（李玉书作于 1987 年）

看西盟发展今非昔比；

观佤山变化日新月异。

（张善强作于 2002 年）

一上佤山二目生光三道水酒四季如春眼福口福来得好；

十分粗犷百年沧桑千种特色万般风韵自乐民乐去之安。

（文清风作于 2005 年）

西盟佤山风情长联

上联：夸西盟，新县城，两头弯坡，多处通车，民风实在好，城中无拐贼。小童提雀叫卖，县城几多娱乐，擂佤鼓，唱佤歌，开轿车骑摩托。吾久闻听：干群团结，人勤地广，上下同心，共创出色旅游地。建县城，看发展，推挖填砌，地面扩宽，荒坡换新，多处新，城锦绣，千家万户繁荣安定，六畜兴旺，五谷丰登，讲风景，实美观。多处青山全沿壁陡，百般显眼，城山锦绣。佤山无风也觉清凉，城中鲜花遍地争秀，昼夜城中闹歌舞，鼓声阵阵振下界。如果领导来视察，点着表彰县政府。

下联：说勐梭，龙潭美，首尾连山，一渠放水，天气正温和，潭边有行道，老叟钓鱼休闲，龙潭第一快活，踩铁舟，踏铁桥，入深谷寻野肴。汝常看见：藤树纠缠，鸟语花香，男女携手，合舞相迎远方客。游龙潭，观云海，步走攀爬，人们公认，山林显美，一片美，潭澄清。九晴十雨长期洁净，三伏不热，四季如春，论气候，正适宜，一湖碧水总是掌平，长期暴雨，潭水澄清。湖水有浪正起微浪，潭边古树撑天遮荫，早晚潭边取圣泉，云雾层层绕上空。若是信徒去礼拜，鞠躬敬仰龙摩爷。

（文锡祝作于 2007 年）

三、论文选辑

流血的红土地（摘要）

李群昌

索取，不停地索取。

佤山，这块 1 353.57 平方千米的土地，以她博大的胸怀和慈母般的温情，为我们储藏了丰富的“乳汁”。

于是，我们的祖先一代又一代的向大自然不停地索取。大自然奉献了一切，只把“病体”留给了自己。

……

大自然在报复我们

……

佤山，这方神奇的土地，生态环境也是十分脆弱的，下面请看大自然报复我们的事例：

——1983年，那个难忘的雨季，13场暴雨铺天盖地，浪声滔滔。15 260元人民币被泥石流冲垮的乡村公路掠走。7个邮电线路的电杆卧地不起，新厂河电站沟塌水走，近3个月的时间，人们只好同蜡烛相依相伴。

——1987年那个多雨的季节，工人俱乐部西北山坡，56 160立方米的山体已经离开了原来的位置，120米长的石阶道路抱着3万元人民币搬了家，周围建筑物也没有过上好日子，身上又损失了230万元。由有关单位组成的“西盟县城滑坡考察评审小组”，带着省委书记普朝柱和省长和志强的关怀，口袋里揣着45万元来到了西盟。1988年3月5日，浇灌钢筋混凝土固桩的机器开始轰鸣。6月3日，终于用48.05万元堆成了10棵抗滑桩。

——1988年8月4日，勐梭乡傣家人休养生息的这块风水宝地，顷刻间洪流滚滚。645亩水稻无影无踪，162吨粮食随东梭河去了萨尔温江，17.275万元人民币白白流走。时隔一年，滔滔洪水又席卷而来，90吨粮食又颗粒无收。面对田园肥水，面对人勤粮丰的“西盟小江南”，人人都会心疼。

——1988年11月30日至1989年2月12日连续无降水日数长达75天，且气温偏高，导致19起森林火灾和19起民房失火。18.14万元血汗钱就这样损失掉了。许多单位的水管变成了“干管”。牲畜受到威胁，农田干裂。

——1991年10月3日晚上，全县唯一的一个足球运动场地，由于排水不畅，毁于一旦，呈现给人们的是3 155立方米的大窟窿，县一中花费了大量人力物力准备召开的第九届田径运动会被迫取消。修复之后，县体委的账上又少了4.7万元。

——1992年4月17日，继“11·6”大地震后，又雪上加霜，长达50分钟的8至11级的强风暴雨，又使70 656人受灾，2 250米高压线遭受破坏，两个乡的通信线路中断14小时，造成经济直接损失45万元之多。古语说，五月初五（即端午节），木棒也能栽活。然而，1992年的端午节前后，农民们在盼雨。

……

明天我们也应该拥有朝阳

人类，将对自己的生存环境绞尽脑汁。

……

面对这片流血的土地，有识之士在呐喊。云南人民广播电台的记者马建宇同志和西盟作者雪冰分别在1989年、1990年的《佤山》杂志上发表文章——《哭泣的森林》《治水要治本》，呼吁保护生态环境。

提出问题，并不是说我们就没有希望了，主要的是找出问题，抓住主要矛盾，创造一个美好的生态环境。

——固定耕地，退耕还林还牧。县委六届四次全委扩大会议每年新开水田5千亩、十年实现5万亩、同时每年新开水平台地1千亩的决定是一个英明的决策。而对那些坡度较大的耕地应采取切实有效的办法退耕还林还牧。

——坚持不懈地植树造林。近几年来，西盟县委、县政府遵照中央“为官一任，绿化一方”和“一级带着一级干，一级做给一级看”的要求，落实了一片又一片样板林，光是1991年就定植杉木350亩，为全县绿化工作做出了榜样。

——开发水电，一举多得。由于西盟地形为山地，所以，水流湍急，落差大，水能资源丰富，可开发建设水电站，目前的开发利用率极低。

水电站除发电供给能源外，为水电修建的水库，大多还有防洪、灌溉、养殖水产、改善自然环境、旅游等综合效益。通过提高科学技术水平保证供电，降低电价，吸引人们使用电炉做能源，以减少对森林的砍伐。

——发展新能源——沼气。西盟发展沼气的原料是十分丰富的，秸秆、杂草、树叶、人畜粪便等通过集中发酵，可以合理经济有效地利用生物能。利用沼气可以缓解对森林的压力。同时可以实现秸秆还田还地，增加土壤有机质的含量，稳定和提高土壤肥力，促进农业增产，保护林木生长，这对保护植被，减少水土流失，使农业生态系统向良性循环方面发展具有重要的作用。

——推广省柴灶，节约能源。要通过宣传教育，改变那些不适应现代社会的生活方式，推广省柴灶，提高热量的利用率。

——控制人口增长。要给那些响应计划生育政策的人得到实实在在的好处，而对那些违反政策的人要给予严厉的制裁，更要制定一系列的措施保护计划生育干部的合法权益不受侵犯。独生子女在接受教育期间，国家应给予教育补贴，升学考试中也可以实行照顾政策。独生子女在就医就业中，国家应给予倾斜政策。只有控制人口增长，提高人口素质，才能从根本上制止乱砍滥伐，切实保护森林。

（选自《西盟科技》科协专辑）

佤族木鼓起源与祭祀木鼓活动之我见（摘要）

赵富荣

近年来，关于佤族木鼓起源与祭祀木鼓活动之说，有许多学者纷纷发表专论、观点，各抒己见，但最终没有得出明确而令人信服的结论。2005 年初春，笔者赴故乡——西盟佤山深入佤寨“达夸”（老大爷）中间，调查关于木鼓起源的传说及祭祀活动，在此，根据佤族迁徙到阿佤山区和所处的自然环境的分析，谈点拙见，以求教于方家。

一

木鼓，在民族学文献中，称为“木槽鼓”，佤语叫“克罗”。它是佤族先民早期用来驱邪除病的祭祀工具，后来又是报警、巡夜的工具和娱乐的工具。木鼓身长约 150 ~ 200 厘米，直径约有 50 ~ 80 厘米，用整筒圆木抠制而成，音色深沉而清脆浑厚，传音可达数十公里。一年四季，佤族人的种种喜、怒、哀、乐的文化场面，都有木鼓演奏声反映。战争报警、喜庆丰收、结婚仪式、宗教活动、农事天象等都离不开木鼓。木鼓体现了佤族人对生命的渴求，当遇到了灾年，风不调，雨不顺，粮食歉收，家畜生病，疾病瘟疫流行，或有人做了伤风败俗的事，人们就会认为旧的木鼓已丧失了强大的生命力，需要重新凿制一个具有生命力的木鼓，才能将所有不顺，所有灾难埋入旧历。木鼓声一响，佤寨人的血液就沸腾起来了；在它的召唤之下，阿佤人的行动才统一起来。因此，木鼓是佤族的图腾物。

木鼓到了它一定的年限，村寨就得更换木鼓和修建木鼓房……

聚居在阿佤山的佤族民众认为，佤族的先祖从“司岗里”（石洞）出来后不久便有了木鼓。可以推测，佤族木鼓起源，是最初进入原始农业经济的佤族先民在第一次社会大分工后，在生产力水平极低的条件下，对民族英雄首领的寄托；是这种寄托心理支配下创造的一种神化的特殊器物……

佤族源于汉朝时期“滇濮”。在汉文历史文献上称之为：望蛮、茫蛮、蒲蛮等总称为云南濮人。濮人是指“永昌濮”。春秋战国时期，佤族先民曾在滇中、滇南部地区有分布。古时候佤族主要聚居永昌郡，故称为“永昌濮”。唐朝初期，佤族先民的分布相当广阔，上到铁桥（中甸一带）、下到开南（今景东一带）都有佤族先民部落。据樊绰《蛮书》载：“扑子蛮开南、银生、永昌、寻传（怒江上游及西一带）有，铁桥西边延澜沧江亦有部落”。又《蛮书》卷六载：“银生城（在今景东境内）……（管）朴子、长鬃等数十种”。南诏兴起后，在唐皇朝的支持下，用军事和政治的力量，先后吞并其他五诏。侵占两爨，建立了一个强大的奴隶制国家——南诏国。南诏国以强大的政治力量把周围社会发展程度不一致的各个民族、部落和部族统一在一个国家范围内，当时南诏国所统治、控制的主要民族之一就是今天的佤族、布朗族、德昂族；对云南的民族采取掠夺，实行统治，强迫永昌府居民迁往内地。在南诏国的政治压迫下，北部地区居住的佤族不断往南迁徙。公元13世纪至17世纪中叶，佤族的势力也有发展，南以车里，北以麓川平缅为中心逐渐强盛起来。中央皇朝的统治势力已经扩大和发展到了佤族所居住的整个分布区域，又引起分布在这些地区佤族的迁徙和变动。到清朝中叶，汉民族便迁居双江、耿马、澜沧等地，并成为当地居民的重要构成部分。总之，由于汉民族等其他民族不断向佤族分布区域的迁徙，又再引起了佤族在小黑江以外的不断迁徙。

佤族古时候虽然居住的区域很宽阔，但由于战争频繁，民族的压迫，自然被强者所占领了。社会发展阶段处于狩猎、采集和迁徙农业的佤族不可能长久定居在某个地方，经常迁徙是他们当时的生活所必须。经过长期的迁徙和自然民族融合，佤族一部分留在（今天的）保山、德宏和思茅、西双版纳等地区；一部分自北云集（今天的）佤山。

二

……

由于历史久远，加上佤族无文字记载木鼓起源的年代，使许多专家学者很难得出结论。因此，只有参考佤族一代代人的口述来分析研究木鼓的起源线索。那么，木鼓起源传说的内容是怎样口述的呢？为此，笔者请一位佤族老毕哉（祭司）来讲述这个问题。

毕哉老人讲道，人们从远方来到佤山定居生活后，人们的性命和种出来的庄稼经常遭到毒蛇猛兽袭击。一天夜里，达董一家人遭到猛兽袭击，情况非常紧急，就在这时候达董的妻子急中生智，拿起石头敲响了身边一段空心树桩，巨大的响声吓跑了猛兽，达董一家得救了。此后，人们为了保护庄稼和性命的安全，夜间常用敲树桩的办法镇邪除害，防止野兽侵袭和糟蹋庄稼。此前，达董没有想到一段空心干树竟能有如此之大的消灾避难的神功，真是天神赋予的神物。为了使这个神物永久存在，达董决定抠凿一支像空树桩很响的大木桩。为了完成创设木鼓，达董不辞辛苦，昼夜抠凿出一只声音宏大的木鼓。达董为此绞尽了脑汁，索性去询问妻子，妻子告诉他：“你看我的下腹照着去抠凿，才能抠出声音好听的木鼓。”于是，达董照妻子的指点去凿木鼓，达董终于抠凿出一只声音宏大的木鼓了。

木鼓是母体和人类母体生殖门的象征体，是造就宇宙生命与人类生命之玄门的形象信息的比喻，“孔”“圣洞”“葫芦”“石洞”“洞天”等这些具形物，在中国古代南方民族及大洋洲的土著中它们都与母体和女性生殖器有关。从木鼓制作的造型就可以看到这一象征。

……

根据佤族老人叙述的这个传说，笔者分析推断，木鼓是起源于佤族母系氏族社会后期，是父系社会的标志。当时佤族先民们已进入了农耕阶段初期，生产力水平极为低下，为了生存，为了旱稻丰收，为了战胜十分恶劣的自然环境，免除灾难，佤族先民们便向神灵祈求。于是产生了原始宗教祭祀活动。这一活动以木鼓为中心，其内涵包括艺术、宗教、历史、文学、音乐、舞蹈等内容……佤族先民中供养木鼓是为祭祀木鼓中的女英雄——司欧布。司欧布是佤族先民中的母系氏族长，她曾是带领氏族人种植谷物有功的女首领，佤族部落人把这个先祖奉为神灵尊奉……佤族人认为，木鼓是通天的神器，木鼓一响，司欧布和木依吉（天神）就知道人们在向他们祈求，于是就会给人们降临丰收与欢乐，免除灾祸与痛苦。这时，供奉木鼓和供奉司欧布、天神木依吉两者就有机地结合在一起了。由此，佤族先民不仅给木鼓加盖了木鼓房，而且还有专人（窝朗）进行管理保护。并且，每年举行盛大的礼仪时，由“毕哉”主持祭祀木鼓，剽杀数头牛为贡品。届时，整个村寨男女老少都踊跃参加这个隆重的祭祀活动。此时以木鼓为中心，围绕着木鼓展开了一连串的宗教文化活动，随之佤族社会中一连串的原始政治、原始宗教、礼仪习俗便产生了。

（选自《佤山》杂志 2007 年第 2 期总第 39 期）

第二十编　卫生　医药

第一章 医 疗

第一节 专业技术人员

1978年，全县有卫生专业技术人员127人（少数民族62人），其中，中医士4人，西医士44人，西药士3人，中药士3人，检验士1人，技士1人，护士24人，助产士5人，西医师9人，其他初级人员24人，护理员9人。

1990年，全县有卫生专业技术人员161人，其中，中级职称14人，初级职称143人，无职称4人。

2008年，全县有卫生专业技术人员187人，其中，本科2人，专科68人，中专以下117人；副高职称1人，中级职称31人，初级职称116人，未定级39人；有执业医师45人，助理医师22人，医士40人，中医师4人，中医士4人，护理师26人，护士20人，西药10人，中药2人，检验士13人，技师1人。

第二节 医疗设备

一、县人民医院

1985年，有200毫安X光机、显微镜、万能手术床、综合产床、12孔无影灯、电动吸引器、电动洗胃机、高频电刀、麻醉机、心电图机、心脏起搏器、分析天平、分光光度计、超声雾化器、电冰箱、婴儿培养箱、锅炉、救护车等设备。

1990年，有200毫安X线机、日本产B超、进口心电监护仪2台、进口输液泵、万能手术床、12孔无影灯、电动洗胃机、电动吸引器、高频电刀、空气麻醉机、尿十项分析仪、婴儿培养箱、超声雾化器显微镜、电烤箱、普通制剂生产设备、检验器各1套、有日本丰田中巴救护车1辆。

2002年，购置1台多普勒彩色B超，心电监护仪等设备。

2004年，抗击“非典”疫情时，上级配置呼吸机1台。

2008年，有500毫安X及300毫安X线机各1台、彩色B超1台、尿十项分析仪1台、全自动生化分析仪1台、全自动血球分析仪1台、心电图机1台、微波治疗仪1台、血疑分析仪1台、多功能监护仪3台、胎心监护仪1台、麻醉机1台、万能手术床2张、洗胃机1台、电动吸引器4台、呼吸机1台等。

二、县疾控中心

1984 年，有国产日产显微镜各 5 台、电冰箱 6 台、低温冰动机 2 台、烤箱 3 台、培养箱 4 台、分光光度计 1 台、分析天秤 1 台、水浴锅 1 台、干燥箱 1 台、照相机 3 部、防疫车 1 辆、吉普车 1 辆、摩托 2 辆。

2007 年 11 月，引进中西部实验室设备装备项目 1/ 万电子天平、酶标仪、721 分光光度计等价值 36 万元的设备。

2008 年，有 200 毫安 X 线机 1 台、超低温保存箱 1 台、传真机 1 台、台式计算机 9 台、显微镜 4 台、普通冰箱 11 台、台式高速离心机 2 台。设备基本配齐。

三、县妇幼保健院

1999 年，有波姆光治疗仪 1 台、综合手术床 3 张、器械柜 1 个、人工流产电动吸引器 1 台、医用冰箱 1 台、电视机 1 台、录像机 1 台、儿童保健电脑 1 台、多普勒胎心仪 1 台、显微镜 1 台、高压消毒锅 1 个等。

2008 年，增置彩色、黑白 B 超各 1 台、电子阴道镜 2 个、红外线乳腺诊断仪 1 台、红外线乳腺治疗仪 1 台、产后康复治疗仪 1 台、半自动生化分析仪 1 台、胎儿 / 母亲监护仪 1 台、妇科治疗仪 1 台、儿童听力筛查仪 1 台、儿童弱视治疗仪 1 台、经皮测胆红素仪 1 台、微量元素分析仪 1 台、波姆光治疗仪 1 台、综合手术床 3 张、器械柜 1 个、人工流产电动吸引器 2 台、医用冰箱 2 台、电视机 5 台、录像机 1 台、儿童保健电脑 1 台、多普勒胎心仪 1 台、显微镜 1 台、高压消毒锅 1 个等。

四、乡（镇）卫生院

1978 年以后，随着卫生事业体制改革的不断深入，各级党委、政府先后出台加强乡（镇）卫生事业建设，逐年改善医疗设施、条件，设备从无到有，从一般到先进。至 2008 年，各乡（镇）卫生院的医疗设备基本配齐。

2008 年西盟县乡（镇）卫生院医疗设备情况表

表 20-1

设备 \ 名称	勐梭卫生院	勐卡卫生院	中课卫生院	力所卫生院	岳宋卫生院	新厂卫生院	翁嘎科卫生院	合计
普外科器械（套）	1	1	1	1	1	1	1	7
妇产科手术器械（套）	1	1	1	1	1	1	1	7
牙科器械（套）	1	1	1	1	1	1	1	7
计划生育器械（套）	1	1	1	1	1	1	1	7
半自动生化分析仪（台）	1	1	1	1	1	1	1	7
黑白 B 超（台）	1	1	1	1	1	1	1	7
心电图机（台）	1	1	1	1	1	1	1	7
尿液分析仪（台）	1	1	1	1	1	1	1	7
血球计数仪（台）	—	—	—	—	—	—	—	—
医用一次性器具毁形器（台）	1	1	1	1	1	1	1	7
柜式高压消毒锅（80 升）（台）	1	1	1	1	1	1	1	7
立式无影灯（台）	1	1	1	1	1	1	1	7

续表 20-1

设备＼名称	勐梭卫生院	勐卡卫生院	中课卫生院	力所卫生院	岳宋卫生院	新厂卫生院	翁嘎科卫生院	合计
200 毫安 X 线机（台）	—	—	—	—	—	—	—	—
流产包（个）	2	2	2	2	2	2	2	14
心电图机（台）	—	—	—	—	—	—	—	—
台式呼吸机（个）	1	1	1	1	1	1	1	7
显微镜（个）	2	2	2	2	2	2	2	14
多普勒离心机（个）	—	—	—	—	—	—	—	—
台式超声诊断仪（个）	1	1	1	1	1	1	1	7
制氧机（台）	1	1	1	1	1	1	1	7
超声雾化器械包（个）	—	—	—	—	—	—	—	—
铝合金折叠单架（个）	2	2	2	2	2	2	2	14
电脑（台）	2	2	3	2	2	2	2	15

五、村级卫生室

2008 年，全县村级卫生室共配有观察床 64 张、检查床 29 张、产床 16 张、产包 25 套、高压消毒锅 20 个、血压计 46 台、听诊器 46 个、体温表 73 个、出诊箱 10 个、药柜 40 套等设备。

第三节 机 构

一、县属机构

（一）县卫生局

1981 年 12 月，县卫生科改为县卫生局，领导职数 1 正 1 副，有会计、出纳、办事员各 1 人。1990 年 12 月，卫生局辖县医院、卫生防疫站、妇幼保健站、医药检验所及 8 个乡（镇）卫生院。1996 年 8 月，卫生局与计划生育委员会、爱委会合并，称卫生与计划生育委员会，有人员 15 人，设主任 1 人，副主任 3 人。1997 年 9 月，卫生局与计生委分设，内设办公室、财务室、药检所、爱卫办。2002 年，增设医政股和红会办；3 月，卫生局与计生委合并；5 月，卫生局与计划生育局分设。同时，成立卫生、计生党总支委员会。2003 年，编制 7 人，实有 12 人，内设办公室、财务股、医政股、防保股、红会办、爱卫办。2004 年 11 月，卫生局党总支成立，设书记 1 人。2006 年，防艾办成立，编制 11 人，实有 19 人。2007 年，增设新农合管理办公室。2008 年，编制 11 人，实有 21 人。内设办公室、财务股、医政股、防保股、红会办、爱卫办、防艾办、新农合办。

历任县卫生局局长：郭金祥（佤族，1981 年 5 月—1987 年 10 月）、王文灿（1988 年 1 月—1993 年 2 月）、吕红疆（1993 年 12 月—1994 年 11 月）、岩帅（傣族，1994 年 12 月—1996 年 8 月）。

历任县卫生与计划生育委员会主任：岩帅（1996 年 8 月—1997 年 9 月）。

历任县卫生局局长：岩帅（1997 年 9 月—1998 年 3 月）、赵文生（1998 年 3 月—2001 年 10 月）、陈异罡（佤族，2001 年 10 月—2002 年 3 月）。

历任县卫生与计划生育局局长：陈异罡（2002 年 3 月—2002 年 5 月）。

历任县卫生局局长：陈异罡（2002 年 5 月—2004 年 10 月）、左永祥（拉祜族，2004 年 10 月—2008 年 4 月）、杨荣（2008 年 4 月—2008 年 11 月）、赵有平（2008 年 11 月—2008 年 12 月）。

历任防艾办主任：邓建明（瑶族，2006 年 1 月—2008 年 12 月）。

历任县卫生局党总支书记：陈异罡（2002 年 3 月—2004 年 10 月）、张为国（2004 年 11 月—2008 年 12 月）。

（二）县人民医院

1978 年 8 月，撤销县医院革命委员会，恢复院长制。1984 年，机构改革，县医院设内儿、外产、传染科、护理部。设院领导 1 正 3 副，全院职工 76 人（卫技人员 60 人）。1990 年，有房屋 13 幢 5064 平方米，内设办公室、门诊部、医疗技术科、住院部、后勤科、增设 B 超室、普通制剂室。有病床 100 张。职工 96 人，其中，卫技人员 75 人，后勤 21 人。2001 年 9 月，随县城搬迁，新建县医院办公、门诊部、住院部、医技综合楼，建筑面积 4369.85 平方米。有病床 100 张。固定资产 452 万元。临床科室设外科、妇产科、内科、儿科、传染科、门诊部（急诊科、五官科、口腔科、中医科）、医技科（检验科、放射科、心电图室、B 超室）及消毒供应室等。2003 年，深化分配和人事制度改革，实行科主任竞聘上岗。2007 年 3 月，县医院升格为正科级事业单位。2008 年，设院领导 1 正 1 副，编制 120 人，实有 92 人，其中，医技人员 81 人。医生 31 人（从事临床工作 24 人），护理人员 35 人，卫技人员 15 人；有副高职称 1 人，中职 21 人，初职 33 人，士级 19 人，未定级 7 人。有执业医师 23 人，助理医师 3 人，执业护士 36 人，未取得执业资格 30 人。

历任县医院院长：高若玺（1980 年 11 月—1987 年 10 月）、罗景仁（1987 年 10 月—1993 年 10 月）、杨镜华（1993 年 10 月—2008 年 10 月）、李元荣（副院长主持工作，2008 年 10 月—2008 年 12 月）

二、基层医疗机构

（一）乡（镇）卫生院

1. 勐梭镇中心卫生院

1978 年，称勐梭公社卫生所。1982 年，更名为勐梭公社卫生院，有职工 30 人，其中，医护人员 24 人。1984 年，更名为勐梭区卫生院。1986 年，勐梭区卫生院迁到南规对面山包上，建筑面积 945 平方米，业务用房 420 平方米，有职工 16 人，病床 25 张。1988 年 2 月，更名为勐梭乡卫生院，有职工 30 人，其中，医生 19 人，护士 6 人，后勤 5 人。1990 年，被评为地级“文明单位”。1998 年，被思茅地区行署评为“八五”期间发展医疗卫生事业“先进集体”和县级“文明单位”。1999 年，改乡设镇，更名为勐梭镇中心卫生院，有职工 26 人，其中，医生 19 人，护士 4 人，后勤 3 人。有病床 15 张；固定资产 55 万元。2000 年，自筹资金在勐梭桥头建设门诊楼 230 平方米，固定资产 78 万元。2002 年，被评为省级“文明单位”。

2008 年，有编制 20 人，实有 18 人（设院领导 1 正 2 副），其中，医生 12 人，护士 3 人，主治医师 3 人；有病床 15 张；占地面积 9394.6 平方米，建筑面积 2316 平方米，其中，业务用房 1140 平方米，职工用房 1176 平方米；固定资产 183 万元。

2. 勐卡镇中心卫生院

2006 年 2 月，根据《西盟佤族自治县人民政府关于撤并乡镇的意见》，西盟镇中心卫生院与莫窝乡卫生院合并；3 月 19 日，勐卡镇中心卫生院成立。有编制 25 人，实有 18 人（设院领导 1 正 2 副），其中，医生 11 人，检验士 3 人，药剂士 1 人，后勤 3 人。有病床 7 张。

2008 年，有编制 23 人，实有 17 人（设院领导 1 正 2 副），其中，医生 10 人，护士 1 人，检验士 2 人，药剂士 1 人，其他 3 人。有病床 20 张；占地面积 8760 平方米；业务用房 1461 平方米。

3. 西盟镇中心卫生院

2000 年 12 月，西盟镇中心卫生院成立，因医务人员较少、无医疗设施和办公地点等原因，卫生院未正式挂牌。辖区内卫生工作分别由县人民医院、县疾病预防控制中心、县保健院按其职责暂时履行。

4. 中课乡卫生院

1978年，称中课公社卫生所。1982年，更名为中课公社卫生院，有职工10人，有小发电机1台，建起水流泵发电站。1984年，更名为中课区卫生院。1988年2月，更名为中课乡卫生院，有职工8人；占地8694平方米；建筑面积4192平方米（业务用房589.18平方米，职工住房3602.82平方米）；固定资产15万元。1991年，有编制10人，实有8人，医生8人，其中，助理医师1人，执业医师1人。

2008年，有编制8人，实有12人（设院领导1正2副），其中，医生8人，护士1人，检验士1人，药剂士1人，后勤1人。有病床8张；占地面积8694平方米；建筑面积4192平方米；业务用房589.18平方米；固定资产57万元。

5. 新厂乡卫生院

1978年，称新厂公社卫生所。1982年，更名为新厂公社卫生院。1984年，更名为新厂区卫生院，有职工7人，其中，医生5人，护士2人；有病床15张。1988年2月，更名为新厂乡卫生院。

2008年，有编制7人，实有9人（设院领导1正1副），其中，医生7人，护士2人；有病床8张；占地面积3900平方米；业务用房面积528.18平方米。

6. 莫窝乡卫生院

1978年，称莫窝公社卫生所。1982年，更名为莫窝公社卫生院，有职工8人，其中，医士5人，卫生员2人，清洁员1人。1984年，更名为莫窝区卫生院，有职工7人，其中，医护人员3人，卫生员2人，会计1人，清洁工1人。有病床15张。1988年2月，更名为莫窝乡卫生院。

2006年3月19日，莫窝乡卫生院与西盟镇中心卫生院合并，勐卡镇中心卫生院成立。

7. 力所乡卫生院

1978年，称傈僳公社卫生所。1982年，更名为傈僳公社卫生院。1984年，更名为傈僳区卫生院。1988年2月，更名为傈僳乡卫生院，有职工8人。1992年，有编制11人，有职工11人；占地3987平方米；业务用房646.31平方米。

2008年，有编制7人，实有7人（设院领导1正1副），其中，医生5人，护士1人，工勤1人；占地面积9870.4平方米；业务用房725.25平方米。

8. 翁嘎科乡卫生院

1978年，称翁嘎科公社卫生所，有职工2人。1982年，更名为翁嘎科公社卫生院。1984年，更名为翁嘎科区卫生院。1988年2月，更名为翁嘎科乡卫生院，有职工7人，其中，有医士1人，卫生员5人，清洁员1人。

2008年，有编制8人，实有10人（设院领导1正2副），其中，医生8人，检验1人，财务1人；有病床7张；占地面积3000平方米；业务用房面积628.4平方米。

9. 岳宋乡卫生院

1978年，称岳宋公社卫生所。1982年，更名为岳宋公社卫生院。1984年，更名为岳宋区卫生院，有职工7人，其中，医护人员3人，卫生员4人。有病床10张。1988年2月，更名为岳宋乡卫生院。2000年，有编制7人，实有6人（设院领导1正1副）；有病床10张。

2008年，有编制7人，实有7人（设院领导1正1副）；有病床5张；占地面积900平方米；房屋建筑面积670平方米。

（二）村卫生室

1980年，全县有“赤脚医生”100人。

1981年，由100人消减为66人，被消减的分别按20元、30元、45元三个等级一次性发给补助；留用的每人每月报酬提高15元～20元，由乡（镇）提留250千克～350千克谷子，作为口粮。

1982年9月21日，“赤脚医生”改名为“乡村医生”，经过考核，有20人获得《乡村医生合格证》。

1986年5月，卫生局作出调整、充实、提高乡村医生报酬的决定，经考核由乡（镇）卫生院对村医生实行聘用制，每村配1名乡村医生，共37人。报酬每人每月增加到30元，有合格证的乡村医生每人每月加5元，由乡（镇）提留100千克谷子作为口粮，看病实行自收自支的办法。

1990年—1995年，村卫生室建设投资218万元，建筑面积6000平方米。新建娜妥坝医疗卫生点，修复、建盖了11个村卫生室，验收达标6个。医疗器械投资累计39万元。

1996年—2007年，实施“卫七”“6268”“农村卫生”三项建设，共投资329.32万元，建筑面积2674.33平方米；设备投资2万元；上海杨浦区投资30万元，建成村卫生室8个，总面积323.2平方米；省扶贫援建项目投资24万元，建成村卫生室7个，总面积524.8平方米；完成11个村卫生室建设项目，投资33万元，总面积771.2平方米。

2008年，建成上海杨浦区援建班哲村、中课村卫生室2个，共计9万元；完成易地扶贫搬迁试点工程永业村卫生室建设，面积60平方米，投资3万元。年末，全县36个行政村，都建有卫生室，有乡村医生75人，其中，持有乡村医生资格证51人，卫生员24人。

（三）医疗网点

1. 县建委会医务室（建筑工程队）

1978年建立，有医务人员1人。1979年，因单位经济困难而停办。

2. 县伐木厂医务室

1978年建立，有医务人员1人。1983年，因转厂合并锡矿厂而停办。

3. 新厂河电站医务室

1978年建立，有医务人员2人。1986年，因电站工程完工而停办。

4. 县一中医务室

1978年建立，有医务人员1人。2003年，有执业医师1人，护士1人。2008年，因无执业医师，被县卫生行政部门取缔。

5. 县二中医务室

1980年建立，有医务人员1人。1983年，因无医务人员而停办。

6. 县锡矿厂医务室

1982年10月建立，建筑面积474.98平方米，有医务人员5人。2004年12月，因县锡矿厂改革，与企业分离，医务室和医务人员划归新厂乡卫生院，固定资产9.6万元。

7. 县边防大队卫生所

1983年12月建立，有医务人员1人。2008年，有医务人员5人，其中，医师2人，卫生员3人。建筑面积98.5平方米，有门诊、病房、配药室各1间。有病床5张。

8. 县民族小学医务室

1984年建立，有医务人员1人。2008年，因无执业医师，被县卫生行政部门取缔。

9. 双龙中医诊所

2001年1月建立，属于个体户。地址在县城勐梭路小龙潭旁公路右方。2008年，有中医师1人。

10. 济民诊所

2003年3月建立，属于个体户。地址在勐卡镇农贸市场。2008年，有医生、护士各1人。

11. 便民诊所

2005年5月建立，属于个体户。地址在县城粮食局门面，有医务人员2人。2006年5月19日停业。

12. 陈娜嘎诊所

2006年12月建立，属于个体户。2008年，有医生、护士各1人。2009年2月13日停业。

第二章 药材 药品

第一节 中药材资源

一、中草药

1986年，西盟县开展中草药资源普查，基本查实有中草药419种，其中，苔藓类1种，蕨类植物16种，裸子植物2种，被子植物380种，动物药材20种，珍稀药材有野三七、穿山甲、熊胆、豹骨、猴骨、刺猬皮、水赖、鹿茸、灯芯草等10余种。中草药分布在全县总面积的80%。草药有134种，蕴藏量4790吨，其中，有一定开发价值的有20种，即：灯台树、粽粑叶、红岩七、真金叶、大叶紫株、山红稗、小黄散、大麻药、马蹄香、羊奶果、锅铲叶、红草扣、多花野牡丹、血满草、鸡矢藤、金花果、荷包山桂花、老贯藤、黑皮跌打、鱼子兰。野生中药材有115种，蕴藏量2459吨，其中，植物药95种，动物药20种，主要品种有34种，即麦冬、土茯苓、木瓜、苡仁米、千张纸、天门冬、青箱子、重楼、龙胆草、草决明、龟板、郁金、百部、女贞子、黄精、钩藤、苦楝子、木贼、稀莶草、乌梅、金银花、千年健、砂仁、虎杖、白头翁、白芨、伸筋划、苏木、葛根、苍耳子、马尾黄连、海金沙、翻白叶、南五味子。

1991年—2004年，在勐梭乡（镇）南规组，傈僳（力所）乡南亢村，莫窝乡莫窝村群众试种草果、砂仁、石斛等中药材。因气候、技术等原因，均未取得明显收效，仅有砂仁有所收获。

2004年，引进外资和技术，在岳宋乡木古坝种植石斛28亩。2005年，石斛开始采卖。

二、药品生产

1985年—1987年，县医院投资7万元筹建制剂室，生产普通制剂和灭菌制剂。1990年，县医院按国家药典标准的规定及制剂规范生产棕色合剂、颠茄合剂、复合B溶液、硫黄软膏、氧化铅软膏等28种普通制剂和葡萄糖（10%、5%）注射液、葡萄糖氯化钠、复方氯化钠、生理盐水、灭菌注射用水6种，供全县卫生部门使用。

第二节 药材 药品经营

1978年—1995年，药材药品主要由县卫生部门从外直购并进行批、零销售。

1996年—2003年，由县商业民贸公司内设的医药公司履行全县药品购销储职能。县医药公司负责经营成药、西药、中药及医疗器械批零兼营的国有企业，属药品批发三级企业。

2004年—2008年，全县有10个零售药材药品点，其中，规模较大的有东俊大药房、济安堂、宏恩堂。

1978 年—2008 年西盟县中西药品经营情况表

表 20-2

单位：万元

名称 年份	购进总额	其中		销售总额	其中		销售税金	经营利润
		中药	西药		中药	西药		
1978	60.60	9.00	51.60	63.90	1.20	62.70	1.92	1.38
1979	62.80	11.00	51.80	77.90	14.50	63.40	2.34	12.76
1980	72.80	10.00	62.80	85.20	13.20	72.00	2.56	9.84
1981	73.90	10.00	63.90	75.40	1.30	74.10	2.26	-0.76
1982	76.00	10.00	66.00	94.80	14.50	80.30	2.84	15.96
1983	75.00	11.00	64.00	92.80	15.80	77.00	2.78	15.02
1984	77.20	11.00	66.20	103.00	14.50	88.50	3.09	22.71
1985	88.10	12.00	76.10	105.30	15.80	89.50	3.16	14.04
1986	85.90	12.00	73.90	110.00	15.80	94.20	3.30	20.80
1987	93.70	11.00	82.70	99.40	1.30	98.10	2.98	2.72
1988	94.60	12.00	82.60	114.00	14.50	99.50	3.42	15.98
1989	94.00	12.00	82.00	113.90	14.50	99.40	3.42	16.48
1990	99.80	12.00	87.80	112.50	1.30	111.20	3.38	9.33
1991	134.70	13.50	121.20	157.70	17.00	140.70	4.73	18.27
1992	135.10	14.00	121.10	157.10	17.50	139.60	4.71	17.29
1993	135.00	15.00	120.00	145.60	6.20	139.40	4.37	6.23
1994	150.42	18.37	132.05	170.70	21.76	148.94	6.57	13.71
1995	159.10	17.32	141.78	181.49	20.75	160.74	6.98	15.41
1996	151.40	17.46	133.94	176.47	22.04	154.43	6.79	18.28
1997	167.17	19.88	147.29	184.80	23.43	161.37	7.11	10.52
1998	169.59	19.87	149.72	190.45	23.59	166.86	7.33	13.54
1999	184.40	20.40	164.00	206.73	23.81	182.92	7.95	14.38
2000	184.08	21.26	162.82	206.85	24.57	182.28	7.96	14.81
2001	209.29	23.12	186.17	234.90	26.99	207.91	9.03	16.58
2002	222.08	27.65	194.43	231.08	31.24	199.84	8.89	0.11
2003	232.26	28.41	203.85	297.18	32.04	265.14	11.43	53.49
2004	369.02	29.23	339.79	342.78	31.56	311.22	13.18	-39.42
2005	517.20	34.41	483.79	568.80	37.83	530.97	21.88	29.72
2006	604.79	30.46	574.33	681.23	36.41	644.82	26.20	50.24
2007	698.13	43.84	654.29	774.90	46.63	728.27	29.80	46.97
2008	675.09	47.16	627.93	944.36	50.86	893.50	36.32	187.95

第三章 卫生保健

第一节 卫生监督监测

一、食品卫生监督监测

2002年，办理食品生产经营单位及公共场所卫生许可证534户，从业人员健康体检791人，体检合格772人，卫生知识培训合格772人，“五病”调离19人，调离率100%。

2003年—2007年，办理食品生产经营单位及公共场所卫生许可证2728户，从业人员健康体检4313人，体检合格4189人，卫生知识培训合格4189人，“五病”调离124人，调离率100%。

2008年，共办理食品生产经营单位公共场所卫生许可证611户，从业人员体检952人，发放健康证938人，卫生知识培训合格938人，“五病”调离14人，调离率100%。

2002年—2008年，对560户次餐饮单位（包括学校食堂）进行抽检，共抽检1680个样，其中，合格1050个样，不合格630个样，合格率为62.5%。顺利完成56次重要贵宾接待和12次重大活动监督任务，保障了节日和重大活动期间食品卫生安全，杜绝食物中毒及食源性疾病的发生。共进行《农村餐饮业消费安全专项整治》《打击违法添加非食用物质和滥用食品添加剂专项整治》等153个专项整治；共查处食品卫生案件106起（立案18起），现场处罚88起，共处罚金额2.07万元，全部上缴国库。

二、医疗市场监督

2001年—2008年，开展对各级医疗机构监督60次，其中，县级40次，乡级20次。对县医院、县妇幼保健站、勐梭镇中心卫生院进行手术室等空气监测，共采样206份，合格146份，合格率70.87%；对手术室及治疗室进行空气抽检63份，合格63份，合格率100%；对外产科医护人员消毒手监测，采样94份，合格94份，合格率100%；对消毒处理后的医疗污水进行监测，采样17份，合格7份，合格率41%；对使用中的消毒液（器械浸泡消毒液、处理废弃废物消毒液），采样30份，合格15份，合格率50%；对灭菌口腔手机机头，采样2份，合格2份，合格率100%。完成16家医疗诊疗服务机构申请许可项目的受理、初审、报批、发证和日常监督工作；完成医疗机构执业许可证的年度校验、审核发证工作；开展“非法采供血专项整治工作”；年均对县属学校、卫生机构进行4次监督检查、对（乡）镇级学校、卫生机构进行2次以上监督检查，监督率100%；共进行《医疗机构专项整治》《关于打击无证行医和非法采供血》等专项检查78项，查处医疗机构及个体诊所11起，打击非法行医专项整治29起，共罚款1.1万元，没收的医疗器械及药品价值2万元，并当场销毁。

三、职业、放射卫生监督

2008 年，县辖区内有金属矿山、建筑、建材、林产品加工、电力、汽车、摩托车修理、加油站等 31 家，共有职工 3433 人（接触有害因素 152 人）。有 2 户放射卫生单位，有人员 4 人，4 人均持证，持证率 100%。

四、其他卫生监督监测

（一）饮用水卫生监督

2008 年，全县共有三家供水单位（一家集中式供水，两家桶装水）。发放卫生许可证 3 份，持证率 100%，从业人员 10 人，健康体检培训 10 人，持证率 100%。

至 2008 年，对一家集中式供水单位进行 136 次抽检，共 408 个样；对两家桶装水进行 8 次抽检，共 24 个样。通过抽查均符合国家生活饮用水标准。

（二）学校卫生监督

2002 年—2008 年，共出动 900 人次卫生监督员，车辆 300 台次，对全县 17 所学校、20 家食堂及学校周边地带的食品生产经营单位进行卫生许可证换发、从业人员健康体检，开展食品卫生和饮用水安全监督检查。

第二节　食品综合监督

1981 年，县防疫站设立公共卫生组，对食品卫生进行监督。

1984 年，实施《中华人民共和国食品卫生法》，对全县食品生产、经营、销售、食堂从业人员等进行规范管理，经检查合格者发给食品卫生许可证。

1990 年，全县有食品从业人员 293 人，体验率 97.9%；检查饮食生产经营单位 370 户次，销毁不合格食品 2 批 4 种，价值 0.27 万元。

2001 年 10 月，县食品卫生监督所成立。

2004 年 9 月，召开全县食品安全工作会议，由县政府与各乡（镇）政府和县属有关职能部门签订《食品安全工作目标责任书》，乡（镇）政府与各村委会层层签订落实。组织食品安全委员会成员单位不定期开展食品、药品安全联合执法检查，制定印发《西盟县重大食品安全事件应急预案》和《西盟县重大食品安全事件应急预案操作手册》。

2006 年，食品安全工作受到市人民政府表彰。

2008 年，全县食品生产加工业（作坊）有 61 家，餐饮 186 家，食堂 48 家（学校及单位），农贸市场 4 个。获得食品卫生量化分级评定的餐饮、食堂单位有 18 家，占总数的 7.26%。持有效食品卫生许可证 192 家。

第三节　药品监管

1985 年，药品监督管理所对辖区的药品、医疗器械的研制、生产、经营及使用全过程进行行政监督和技术监督。

1990 年，全县核发药品经营许可证 38 户，制剂许可证 1 户，对 22 个单位使用的药品进行依法管理。

2002年起，药品监督管理由食品药品监督管理局负责。以年检、换发、新申办药店初审核查为重点，签订了《药品监督管理工作责任书》。完成15家药品零售企业换证；给9家企业颁发医疗器械经营许可证；给5家企业换发麻醉药品、一类精神药品购用印签卡。

2003年—2005年，举办GSP认证培训班6期，参训130人，取得上岗证的有30人，取得药师协理技术职称的14人。

至2008年，抽验药品200余批，合格率90%；共查处涉药案件93起，金额1.78万元，罚款6.46万元辖区药品经营企业GSP认证率100%。

2003年—2008年西盟县药品（医疗器械）违法行为查处情况表

表20-3

名称 年份	出动人数	检查单位（户）	受理举报（件）	查处案（件）	结案（件）	涉案金额（万元）	罚款（万元）
2003	92	89	2	8	8	0.16	0.38
2004	207	187	2	14	14	0.62	0.91
2005	259	225	1	21	21	0.31	1.13
2006	364	263	1	11	11	0.37	1.08
2007	369	254	—	23	23	0.16	1.78
2008	419	267	—	16	1	0.16	1.63
合计	1710	1285	6	93	79	1.78	6.91

第四节　医疗器械监督

2000年前，购买的医疗器械占总数的75%，大部分仪器设备无产品注册证、合格证以及供货方的资质证明。

2001年后，购进的医疗器械设备占25%，包括部分高科技设备、医用电子、光学、超声、X射线仪器等设备。经检查所购进的医疗器械有合法资料，建有台账，一次性医疗器械、部分仪器设备有使用和维修记录，各项管理制度基本建立，管理意识逐步增强，医疗器械不良事件报告制度不断完善。

2001年—2008年，主要采取：把好医疗器械经营管理关口，规范医疗器械经营企业的购销行为；抓好监督检查，督促医疗机构建立健全医疗器械购进、储存、使用、跟踪等质量管理档案；建立健全不良事件、质量事故信息收集、传递、报告和处理的工作体系，对不良事件按照“可疑即报”的原则，及时上报，完善突发事件的应急措施；强化医疗器械广告监管，发现违法广告及时移交查处。

第五节　妇幼保健

2002年10月，配置了“降消”项目救助车辆。2003年，妇幼保健院开始实施“HU”项目。2006年，发卡86张，补救人数37人，补助金额3.9万元。2007年，发卡354张，补救人数270人，补助金额22万元。

2008 年，发卡 480 张，补救人数 360 人，补助金额 14.8 万元。

至 2008 年，自实施的“HU”项目后，年均抢救 30 例 ~ 50 例，成功率 97%。降低了传染性疾病的发病率、孕产妇死亡率和婴儿死亡率，改善了妇女、儿童的健康状况。县、乡级产科、儿科设备得到补充和配置。

1978 年—2008 年西盟县妇女保健情况表

表 20-4 单位：人

名称 / 年份	妇女病普查数	孕产妇死亡率 / 十万（%）	新法接生率（%）	住院分娩率（%）	产前检查率（%）	系统管理率（%）
1978	—	—	68.90	—	—	—
1979	—	—	68.50	—	—	—
1980	—	—	71.20	—	—	—
1981	—	—	58.75	—	—	—
1982	—	—	54.45	—	—	—
1983	—	184.84	58.09	—	—	—
1984	—	43.20	68.38	—	—	—
1985	—	—	73.00	—	—	—
1986	—	—	75.75	—	—	—
1987	326	92.42	73.99	—	—	—
1988	303	—	87.41	—	—	—
1989	81	—	89.58	—	—	—
1990	—	49.72	91.50	6.91	—	—
1991	301	—	92.19	10.05	—	—
1992	—	72.56	40.85	10.66	—	—
1993	—	305.34	81.45	10.08	—	—
1994	—	459.77	12.06	10.05	—	—
1995	—	162.86	54.41	13.44	—	—
1996	700	212.71	15.90	13.43	13.43	5.80
1997	413	429.18	14.92	11.49	17.25	6.61
1998	654	71.15	18.80	10.62	13.98	5.49
1999	767	516.35	20.83	13.08	23.67	9.98
2000	460	443.26	29.96	26.15	41.22	16.13
2001	1387	87.57	28.81	19.96	56.04	23.64
2002	1050	183.15	46.61	21.42	79.96	35.71
2003	820	—	64.10	18.52	83.74	48.40
2004	742	—	71.56	24.64	87.57	57.67
2005	1338	—	69.95	23.75	86.58	55.23
2006	2959	—	90.70	27.46	92.89	64.33
2007	850	—	94.05	39.28	87.32	65.66
2008	2373	—	95.91	53.89	91.10	68.10

1988 年—2008 年西盟县儿童保健情况表

表 20-5

名称 年份	儿童保健覆盖率（%）	儿童系统管理率（%）	5 岁以下儿童死亡率（‰）	婴儿死亡率（‰）	母乳喂养率（%）
1988	8.90	—	—	—	—
1989	10.43	—	—	—	—
1990	10.82	—	—	—	—
1991	13.25	15.76	—	—	—
1992	17.72	15.51	55.15	—	—
1993	13.82	16.38	111.10	—	—
1994	13.42	13.43	7.49	—	—
1995	18.37	9.05	198.85	—	—
1996	29.17	11.51	84.10	62.90	—
1997	26.25	11.99	117.50	66.04	—
1998	22.21	6.64	69.92	46.62	—
1999	22.16	8.34	76.59	56.80	—
2000	22.83	6.48	101.06	73.85	—
2001	33.37	6.43	95.45	70.93	—
2002	45.97	28.70	70.51	49.45	—
2003	47.22	40.60	67.67	55.45	100.00
2004	57.65	37.03	57.11	44.79	99.66
2005	56.97	50.39	41.57	32.07	97.50
2006	60.74	57.97	40.48	36.11	100.00
2007	63.17	66.91	38.16	28.06	99.16
2008	75.52	69.45	34.76	27.61	100.00

第六节　机　构

一、县卫生监督所

2001 年 12 月 24 日，县卫生监督所成立，属事业单位，为二级局，编制 11 人，实有 9 人。在疾控中心 2 楼办公，内设办公室、医疗卫生监督科、公共卫生综合监督科。2004 年 9 月，人员实行参公管理。2008 年，有职工 9 人（参公管理 6 人），其中，高级工 2 人，初级工 1 人；本科 4 人，专科 5 人；有车辆等设备 36.7 万元。

二、食品药品监督管理局

1985 年 5 月，县药品检验所成立，隶属卫生局，有专职 2 人，兼职 5 人。1990 年，有专职 1 人，兼职 2 人，各乡配兼职药品检查员 1 人。2001 年 12 月 13 日，根据省药监局《关于县级机构设置的通知》和地区药监局党组会议精神，药品监督办公室（正科级）成立，为思茅地区药品监督管理局的直属机构。2002 年 10 月，租电信局大楼办公，有东南福利卡小汽车 1 辆。2004 年 10 月，落实了办公楼建设用地及国债专项资金。2005 年 4 月，根据省编委、省食品药品监督管理局和思茅市食品药品监督管理局文件精神，在原药品监督办公室基础上组建食品药品监督管理局。2006 年 7 月 18 日，办公楼竣工验收，面积 510.29 平方米，投资 81 万元，并投入使用。2008 年，内设办公室、药械监督管理科、食品安全与监督管理科。有行政编制 8 人，工勤 1 人，实有 8 人。有小车 2 辆；药品快速鉴别工具 1 台；电脑、摄像机（照相机）等 10 余台。

历任县药品监督办公室主任：张文平（哈尼族，2001 年 12 月—2005 年 4 月）。

历任县食品药品监督局局长：张文平（哈尼族，2005 年 4 月—2008 年 12 月）。

历任食品药品监督局纪检组长：陈佳兴（哈尼族，2005 年 4 月—2008 年 12 月）。

三、县食品安全委员会

2005 年 4 月，县食品安全委员会成立，县政府分管食品安全工作的副县长任主任，县政府办公室主任、食品药品监督管理局局长任副主任，成员由 16 个部门负责人组成，下设办公室在食品药品监督管理局，负责组织、协调各成员单位共同履行食品安全工作的职责，负责食品安全委员会的日常工作，具体承办各项计划、决议、决定、简报等各类文件撰写和会务及督促检查等工作。

四、县妇幼保健院

1988 年，县妇幼保健站与县防疫站合并，实行“一个机构、两块牌子”。1990 年，恢复县保健站，设站长 1 人，有职工 4 人（临时工 1 人），设妇保科和儿保科。2000 年 3 月，随县城搬迁，新建综合办公楼，占地面积 800 平方米，建筑面积 744 平方米（业务用房 680 平方米）；使用国债项目建设业务用房 638.17 平方米，总投资 120 万元；有病床 10 张；固定资产 157 万元。2007 年 9 月，更名为西盟县妇幼保健院，事业单位。2008 年，编制 15 人，实有 14 人，设院长 1 人，副院长 2 人。内设妇女、儿童保健、临床治疗、药剂影像检验、信息统计、基层健康教育宣传和财务后勤 7 个科室。

第四章　卫生防疫

第一节　传染病防治

一、肺结核

1978年—1996年，结核病未纳入疫情报告。1997年，全县诊断出结核病人16人，发病率19.81/10万。2003年，西盟县开始实施结核病项目，经宣传，疑似病例就诊率逐年提高，发现和管理的病人也逐年增加。2008年，全县诊断出结核病人81人，发病率92.21/10万。

1997年—2008年西盟县肺结核发病情况表

表20-6

年份＼名称	人口数（万人）	发病人数（人）	发病率（/10万人）	死亡人数（人）	死亡率（/10万人）
1997	8.08	16	19.81	—	—
1998	8.12	2	2.46	—	—
1999	8.16	—	—	—	—
2000	8.13	3	3.68	—	—
2001	8.10	15	18.52		—
2002	8.13	58	63.97	—	—
2003	8.29	96	115.76	—	—
2004	8.31	92	110.71	—	—
2005	8.40	74	88.09	—	—
2006	8.74	76	86.93	—	—
2007	8.79	109	123.99	—	—
2008	8.88	81	92.21	1	1.12

二、疟疾

1978年，全县疟疾病疫情报告456例，发病率786.75/10万，死亡1例，死亡率1.73/10万。1979年，报告1691例，发病率28480.96/10万，死亡18例，死亡率30.32/10万。

1995年，报告486例，发病率603.88/10万。1998年，报告1374例，发病率1692.03/10万。

2002年，报告354例，发病率435.52/10万。2003年，报告552例，发病率665.63/10万。2004年，报告515例，发病率619.75/10万，死亡1例，死亡率1.20/10万。

2008 年，报告 56 例，发病率 63.06/10 万。发病人数比 1978 年少 400 人，发病率下降 91.86%。

三、鼠疫

1978 年—2008 年，全县无鼠疫疫情发生。每年春、秋季开展灭鼠活动，每月开展一次鼠疫监测，内容为动物菌检培养、血清学检验、蚤类细菌培养等。

四、病毒性肝炎

1978 年，全县病毒性肝炎发病 67 例，发病率 126.44/10 万，死亡 1 人，死亡率 1.89/10 万。

1989 年起，对全县居民开展乙肝疫苗有偿接种。

2003 年 4 月起，乙肝疫苗接种纳入计划免疫管理。

至 2008 年，全县肝炎发病 1495 例，发病率 66.79/10 万，死亡 3 例，死亡率 2.83/10 万。

1978 年—2008 年西盟县病毒性肝炎发病情况表

表 20-7

名称 年份	人口数（万人）	发病人数（人）	发病率（/10 万人）	死亡人数（人）	死亡率（/10 万人）
1978	5.80	67	126.44	1	1.89
1979	5.94	11	18.53	—	—
1980	6.13	20	32.63	—	—
1981	6.31	7	11.43	—	—
1982	6.55	18	28.54	—	—
1983	6.74	44	65.27	—	—
1984	6.88	71	104.07	—	—
1985	7.02	34	48.57	—	—
1986	7.21	29	40.24	—	—
1987	7.31	25	34.19	—	—
1988	7.44	33	44.35	—	—
1989	7.59	26	34.26	1	1.32
1990	7.76	23	29.64	—	—
1991	7.84	52	70.78	1	1.36
1992	7.94	22	27.53	—	—
1993	8.99	10	12.47	—	—
1994	8.00	3	3.75	—	—
1995	8.05	16	19.88	—	—
1996	8.06	9	11.09	—	—
1997	8.08	33	40.86	—	—
1998	8.12	17	20.93	—	—
1999	8.16	8	9.80	—	—
2000	8.13	3	3.69	—	—
2001	8.10	15	18.52	—	—
2002	8.13	54	66.44	—	—

续表 20-7

年份＼名称	人口数（万人）	发病人数（人）	发病率（/10 万人）	死亡人数（人）	死亡率（/10 万人）
2003	8.29	174	209.82	—	—
2004	8.31	135	162.45	—	—
2005	8.40	143	170.23	—	—
2006	8.74	137	156.70	—	—
2007	8.79	129	146.74	—	—
2008	8.88	156	178.43	—	—

五、痢疾、伤寒

1978 年，全县痢疾发病 590 例，发病率 1113.39/10 万，死亡 1 人，死亡率 1.89/10 万。

1995 年 6 月 8 日，在翁嘎科乡龙坎、英候，力所乡图地、南锡，莫窝乡马散发现疑似病例的报告，共有伤寒和痢疾发病 1029 例，发病率 1278.85/10 万，其中，伤寒死亡 11 例，死亡率 13.67/10 万。

1998 年 3 月 26 日，在中课乡窝龙村 12 社发现 34 例疑似伤寒病例。全年共发现伤寒发病 511 例，发病率 629.28/10 万。经采取综合性防治措施，无死亡病例。

2002 年，全县发生伤寒、痢疾暴发流行，共发病 309 例，发病率 380.16/10 万。无死亡病例，疫情未发生蔓延扩散。

2008 年，全县痢疾发病 7 例，发病率 8/10 万，无死亡病例。

1978 年—2008 年西盟县痢疾发病情况表

表 20-8

年份＼名称	人口数（万人）	发病人数（人）	发病率（/10 万人）	死亡人数（人）	死亡率（/10 万人）
1978	5.80	590	1113.39	1	1.89
1979	5.94	1007	1696.06	4	6.74
1980	6.12	1028	1678.50	2	3.27
1981	6.31	1091	1781.37	4	6.05
1982	6.55	777	1232.02	1	1.59
1983	6.74	910	1349.87	4	5.93
1984	6.88	939	1376.37	2	2.93
1985	7.02	680	971.33	9	12.86
1986	7.21	592	821.54	2	2.77
1987	7.31	64	87.55	3	4.10
1988	7.44	621	834.68	—	—
1989	7.59	232	305.67	2	2.64
1990	7.76	92	118.56	—	—
1991	7.84	214	291.29	—	—
1992	7.94	45	56.31	1	1.25
1993	7.99	60	74.83	—	—
1994	8.00	351	438.75	5	6.26

续表 20-8

年份＼名称	人口数（万人）	发病人数（人）	发病率（/10 万人）	死亡人数（人）	死亡率（/10 万人）
1995	8.05	947	1176.94	—	—
1996	8.06	304	374.79	—	—
1997	8.08	685	848.22	—	—
1998	8.12	115	141.62	—	—
1999	8.16	92	112.75	—	—
2000	8.13	93	114.34	2	2.46
2001	8.10	83	102.46	—	—
2002	8.13	271	333.41	—	—
2003	8.29	155	186.91	—	—
2004	8.31	74	89.05	—	—
2005	8.40	47	55.95	—	—
2006	8.74	8	9.15	—	—
2007	8.79	5	5.69	—	—
2008	8.88	7	8.00	—	—

1990 年—2008 年西盟县伤寒发病情况表

表 20-9

年份＼名称	人口数（万人）	发病人数（人）	发病率（/10 万人）	死亡人数（人）	死亡率（/10 万人）
1990	7.76	241	310.57	10	12.89
1991	7.84	—	—	—	—
1992	7.94	317	399.24	14	17.63
1993	7.99	194	242.80	4	5.01
1994	8.00	340	425.00	15	18.75
1995	8.05	82	101.86	11	12.43
1996	8.06	—	—	—	—
1997	8.08	28	34.53	—	—
1998	8.12	511	629.31	—	—
1999	8.16	—	—	—	—
2000	8.13	—	—	—	—
2001	8.10	131	161.73	—	—
2002	8.13	38	46.74	—	—
2003	8.29	—	—	—	—
2004	8.31	—	—	—	—
2005	8.40	5	5.95	—	—
2006	8.74	4	4.76	—	—
2007	8.79	2	2.25	—	—
2008	8.88	—	—	—	—

六、麻疹

1982 年—1986 年，在县境内推行麻疹疫苗接种，病例逐渐减少。

1997 年，莫窝乡永业村麻疹暴发，发病 398 例，发病率 492.87/10 万，死亡 15 人，死亡率 18.57/10 万。是新中国成立以来西盟县麻疹发病率和死亡率最高年。

2006 年—2008 年，全县未发现麻疹发病病例。

1978 年—2005 年部分年份西盟县麻疹发病情况表

表 20-10

名称 年份	人口数（万人）	发病人数（人）	发病率（/10 万人）	死亡人数（人）	死亡率（/10 万人）
1978	5.80	9	16.98	—	—
1979	5.94	39	65.69	—	—
1980	6.13	535	872.76	—	—
1981	6.31	225	367.38	—	—
1982	6.55	1	1.59	—	—
1983	6.74	1	1.48	—	—
1984	6.88	30	43.97	—	—
1985	7.02	34	48.57	—	—
1986	7.21	1	1.39	—	—
1987	7.31	—	—	—	—
1988	7.44	120	161.29	—	—
1997	8.08	398	492.84	15	18.57
1998	8.12	21	25.86	—	—
1999	8.16	1	1.23	—	—
2000	8.13	1	1.23	—	—
2001	8.10	2	2.47	—	—
2002	8.13	2	2.46	—	—
2003	8.29	1	1.21	—	—
2004	8.31	—	—	—	—
2005	8.40	5	5.95	—	—

七、流行性脑脊髓膜炎

1978 年，全县流行性脑脊髓膜炎发病 1 例，发病率 1.89/10 万。

1980 年—1981 年，莫窝公社莫美大队、中课公社窝笼大队发生流行性脑脊髓膜炎，两年共报告发病 117 例，死亡 27 例。是西盟县报告发病率和死亡率最高年。

1990 年—2001 年，西盟县连续 12 年无流行性脑脊髓膜炎病例发生。

2008 年，全县流行性脑脊髓膜炎疫苗接种纳入计划免疫管理。

1978 年—2002 年部分年份西盟县流行性脑脊髓膜炎发病情况表

表 20-11

名称 年份	人口数（万人）	发病人数（人）	发病率（/10 万人）	死亡人数（人）	死亡率（/10 万人）
1978	5.80	1	1.89	—	—
1979	5.94	3	5.05	1	1.68
1980	6.13	44	71.78	12	19.58
1981	6.31	73	119.19	15	24.49
1982	6.55	15	23.78	3	4.76
1987	7.31	4	5.47	1	1.37
1988	7.44	1	1.34	—	—
1989	7.59	1	1.32	—	—
2002	8.13	1	1.23	—	—

第二节　地方病防治

1978 年—2008 年，每年对全县乡镇用滴定法对食用盐开展碘盐监测，均达到要求，全县无碘缺乏病例。

第三节　食物中毒

一、毒蕈中毒

2003 年 8 月 17 日下午，勐梭镇银丰汽车修理铺一家 12 人误食毒蕈中毒（学生 2 人），7 人出现流涎、腹痛、腹泻、头昏、眼花等中毒症状。经及时抢救治疗，无死亡病例。

2006 年 6 月 6 日，中课乡永布落村永更组一家发生 5 人误食毒蕈中毒。经抢救 2 人脱险痊愈，3 人因抢救无效死亡。

2008 年 5 月 31 日，勐卡镇马散水库施工人员采食野生菌，有 9 人中毒，2 人病情严重，经送县医院治疗后康复。

二、细菌性食物中毒

2003 年 12 月 29 日，8 名伐木工人从翁嘎科乡班弄村八一组，购买 34 千克的一头猪宰杀，用瘦肉（大约 0.6 千克）、姜、大蒜、芭蕉花拌成“剁生”，与猪血混合食用，有 11 人食用；12 月 30 日上午，1 人出现腹痛、腹泻，当晚出现全身肌肉疼痛（以腓肠肌最明显）、乏力、高热等症状。随后，食用过“剁生”的人员相继开始发病。经调查确诊，确定因食用生猪肉而引发旋毛虫病，经医治痊愈。

2005 年 4 月 3 日，中课乡窝龙村九组有 11 人食用 6 天腌制的生猪肉（用生猪肥肉、玉米面、食盐、辣子腌制），食用约两小时后，有 7 人先后出现腹痛、腹泻、恶心、呕吐等症状（呕吐物为进食之物）。经调查确诊，是误食腌制的生猪肉而引起亚硝酸盐中毒。经抢救治疗，中毒病人均脱离生命危险。

三、食用死畜肉中毒

2005 年 5 月 27 日晚，勐梭镇秧洛村河边寨一农户，一头水牛病死，因舍不得丢弃，当晚煮食；5 月 28 日，煮一锅牛肉稀饭，并邀请全寨子的人来吃；5 月 29 日，相继有 32 人发病，经过确诊 9 人发生食物中毒（男 6 人、女 3 人）。经及时治疗，无死亡病例。

2006 年 9 月 5 日下午，岳宋乡曼亨村五组 4 个村民在勐卡镇购买一头死猪（重 10 千克左右），回家后将死猪肉煮成稀饭，有 53 人食用；9 月 6 日上午，先后有 41 人出现腹痛、腹泻、发热、呕吐等症状。经确诊，确定为食用死猪肉而引发的食物中毒，无死亡病例。

第四节 爱国卫生运动

一、环境卫生

1978 年起，西盟县逐步推广建盖“无害厕所”。

1979 年—1981 年，全县共组织卫生大扫除 6 次，参加扫除 16042 人次，清除垃圾杂草 700 吨，填平污水塘 102 平方米，修通污水沟 2017 米。

1985 年，元旦、春节、“五一”、“十一”、县庆 20 周年，对县城、区公所驻地、农村进行 7 次卫生大检查，参加扫除 2.07 万人次，清除垃圾 604 吨，建垃圾坑 17 个。

1986 年年底，全县有“无害厕所”74 个，农村有土石坑、土基墙、草木竹顶厕所 61 个，私厕 182 个。

1994 年，是西盟县创建“卫生城市”竞赛检查评比活动第一年，全县大力开展爱国卫生运动，年内进行扫除 4 次，参加人员 4.5 万余人次。

2004 年，西盟县城被市委、市政府命名为“文明县城”。

2005 年，全县开展 8 次群众性大清扫活动，改厕 720 座，改水受益 4000 余人。

2006 年，西盟顺利通过省、市乙级卫生县城验收；勐梭镇申报创建“卫生文明小城镇”；县客运站申报创建“卫生车站”；完成 680 户、3350 座农村卫生改厕任务。同时，与水利部门配合创建“云南省农村先进水站”，提高农村饮用水安全卫生，改水受益 2224 人。

2007 年，清除乱贴乱画小广告 227 张、违章占道 7 处、清理污水沟 150 米、垃圾 15 吨、卫生死角 5 处；改水受益 1795 人；新增无害化卫生厕所 280 户。

2008 年，县城经省级验收评为“云南省乙级卫生城市”；改水受益 6.68 万人；改厕 1.45 万户，占农村总户数的 66.88%；开展第二十个“爱国卫生月”活动，共组织 8 次卫生大扫除；清除乱贴乱画小广告 150 张、违章占道 2 处、清理卫生死角 7 处。

二、除害灭病

1979 年，县财政每年拨专款开展灭鼠、灭蚊、灭苍、灭跳蚤、灭“四害”活动。以灭鼠为重点，年均开展灭鼠活动 4 次。

1981 年，县政府规定，每交 1 条鼠尾，补助 0.05 元。其次，每年在城乡开展 3 次灭“四害”活动。

2008 年，全县开展以灭鼠为中心的除“四害”活动，当年，开展灭鼠活动 6 次，投放灭鼠药配制的谷子 1500 千克，投放灭蟑螂药 47 千克。

第五节 艾滋病防治

一、疫情管理

（一）监测检测

1991 年，因条件限制，只能采集血样送检市疾控中心检验。

至 2003 年前，每年监测任务 100 人。2007 年，西盟县初筛实验室通过省级资质认证，有人员 2 人；取得艾滋病检验省级培训合格证 4 人；艾滋病自愿咨询省级培训合格证 8 人；成立了高危人群行为干预队。同时，开展了 HIV 初筛实验、高危人群行为干预、艾滋病自愿咨询检测、HIV 感染者随访管理、CD4 细胞检测、HIV 感染者关怀、健康促进等综合防控措施。

至 2008 年，根据网络直报系统显示，全县共做 HIV 抗体筛查 7623 人份，其中，性病门诊 55 人，吸毒者 418 人，婴幼儿（儿童）1 人，公共场所从业人员 1779 人，婚检 1632 人，孕产妇 2054 人，职业暴露 1 人，VCT 1018 人，羁押人员 510 人，HIV 阳性配偶 8 人份，其他人员 147 人。确认 HIV/AIDS 59 例。

（二）艾滋病预防

2006 年，西盟县预防艾滋病母婴传播（PMTCT）项目开始实施，制订《西盟县预防艾滋病母婴传播工作实施方案》。县、乡成立项目领导小组、办公室、专家技术指导组。指定县医院作为实施艾滋病母婴传播阻断的定点医院。县妇幼保健院设立信息统计室和保密性良好的咨询室，配专职咨询员 1 人，并开通咨询电话。

至 2008 年，检出阳性孕产妇 2 名，实施母婴阻断，管理孕产妇所生婴儿 2 名，2 名婴儿皆小于 12 月龄，已进行人工喂养。

2006 年—2008 年西盟县预防艾滋病母婴传播情况表

表 20-12　　单位：人

年份＼名称	孕产妇检测	婚姻登记	检出阳性	产妇阻断	儿童阻断
2006	500	385	1	—	—
2007	627	729	—	—	—
2008	671	898	4	2	2

（三）组织措施

2004 年 8 月 10 日，下发《西盟佤族自治县人民政府卫生局关于成立艾滋病治疗专家组的通知》。

2005 年 3 月 17 日，下发《关于成立推广使用安全套预防艾滋病工程领导小组的通知》；7 月 25 日，县委办、县政府办下发《中共西盟佤族自治县委员会 西盟佤族自治县人民政府关于印发〈西盟佤族自治县防治艾滋病工作实施方案（2005 年—2007 年）〉的通知》和《西盟佤族自治县人民政府办公室关于成立禁毒和防治艾滋病工作领导小组的通知》。2006 年 2 月 20 日，下发《西盟佤族自治县委员会关于成立防治艾滋病办公室的通知》。

2008 年 4 月 28 日，下发《西盟佤族自治县人民政府关于印发〈西盟佤族自治县艾滋病防治战略规划（2006 年—2010 年）〉的通知》；10 月 15 日，下发《中共西盟佤族自治县委员会办公室 西盟佤族自治县人民政府办公室关于印发〈西盟新一轮三年防治艾滋病人民战争实施方案（2008 年—2010 年）〉的通知》；10 月 24 日，印发《中共西盟佤族自治县委员会 西盟佤族自治县人民政府关于表彰三年防治艾滋病人民战争成绩突出先进集体和先进个人的决定》。

（四）监体治疗

1991年起，开始对艾滋病病人抗病毒诊断和治疗。

2006年，正式开展艾滋病病人抗病毒治疗。

2008年6月23日，开展第一例抗病毒治疗。督促患者每月一次到医院进行肝功能、肾功能、血常规、血清淀粉酶检测。

至2008年年底，共诊断出患有HIV/AIDS100例，其中，死亡17例；查无此人20例；随访53例；失访10例（随访率84.19%）。CD4细胞检测32例，检测率50.8%；CD4<350有9例，转介到县医院7例，自行到外地治疗2例，在县医院的7例中，新入组治疗1例。每年为患者集中抽血检测CD4细胞4次。

（五）关怀救助

2006年—2008年，县民政部门将生活困难的艾滋病患者及其家庭纳入政府救助范围，先后向6人按每年1200元/人标准实施救助，并为首例收治患者减免5000元医疗费。

二、宣传教育

2005年年初，西盟县艾滋病宣传教育工程领导小组成立，下发《西盟佤族自治县防治艾滋病工作宣传教育方案（2005年—2007年）》。同时，采取开设专栏、制作专题和播放宣传片等方式，对防治艾滋病知识进行宣传，各村委会举办防治艾滋病知识讲座。把艾滋病预防知识纳入学校教学计划。以宣传活动日为契机，悬挂标语、播放广播、发放资料、提供咨询、手机短信、网络平台、文艺表演等方式，开展防治艾滋病宣传教育。

第六节 机 构

一、县疾控中心

1978年，称县防疫站，有职工9人，先后在县医院、保健站办公。1981年，内设防疫、寄防、公卫、后勤组，为股所级。1984年6月，体制改革后，内设地方病、寄防、食品卫生、皮防、后勤科、办公室，有职工22人，设站长1人，副站长2人。2001年12月24日，县防疫站更名为西盟县疾病预防控制中心。2004年，升格为二级局。2006年2月，性病、艾滋病防治科成立。2008年，编制30人，实有27人。内设办公室、计免科、地病科、卫生与检验科、性艾科、慢传科、后勤科、财务科。

二、县防治艾滋病办公室

2006年，县政府防治艾滋病办公室成立，编制3人其中行政1人、事业2人，实有3人。2008年，编制3人，设办公室主任1人，职工2人（卫生局借调1人）。

第五章　红十字会

第一节　主要工作开展

1994 年，开展募捐援灾活动，共募捐资金 5000 余元，衣物 3000 多件，组织医疗队支援灾区 3 批次、15 人，诊治 400 余人次。预防口服大锅中草药汤 677 人次，耗用药品 3000 余元。

1996 年，组织医疗队支援灾区 10 次，免费为灾区人民诊治 700 余人次，资金投入 3 万余元。

2002 年 7 月，为莫窝乡山体滑坡受灾和 6 个乡、2 个镇的贫困学生，发救灾大米 2 吨，受益 67 户、300 人。

2003 年，开展博爱工程，向扶贫点和灾区捐衣、被 324 件（床），价值 2182 元；大米 8.1 吨，价值 1.65 万元；水泥 10 吨，价值 4000 元；石棉瓦 120 张，价值 1800 元；杀猪 7 头慰问灾民，价值 2823 元。是年，西盟县开始展开志愿者献血活动。

2004 年，协助地区红十字会，发放物资衣裤 294 件和 54 件棉衣，价值 10800 元。对县属学校和勐梭镇小学 720 名学生进行突发事件现场救护演练。

2005 年，印度洋发生海啸，组织群众为灾民捐款 11998.7 元；8 月 21 日—31 日，县内发生洪灾，组织募捐活动，共募捐 3462.30 元。下发思茅市红十字会的救助物资衣裤 1100 件（条）和 200 床棉被、5 箱消毒灵、价值 5 万余元。

2006 年，开展春节送温暖活动，将市红十字会下发的价值 3000 元的救助物资，送给翁嘎科乡英腊村和勐卡镇班哲村 90 个困难村民；以纪念“5・8”世界红十字日为契机，为贫困群众募捐 1561 元，衣物 177 件。同时，组织会员单位，到农村进行卫生防病知识宣传，受益人数 472 人；“六一”前夕，对勐梭镇小的特困生物资救助，价值 800 元；10 月，受省市红十字会委托，下发 3 吨大米、80 床棉被、120 件棉衣、18 顶帐篷、20 箱消毒灵，有 350 户 1230 个灾民得到受益。

2007 年 3 月，在西盟县正式启动“第五轮云南省红十字会全球基金疟疾项目”，共发放长效防疟蚊帐 1.45 万顶、宣传品 2 万份，使全县 5 个乡、2 个镇、34 个行政村、5 万余人受益。

至 2008 年，共开展无偿献血活动 6 次，有 915 人次志愿者献血，献血量 237450 毫升。当年，5 月 8 日—14 日，为贫困群众募捐 1400 元，共有 213 名志愿者献血，献血量 52900 毫升，完成市下达的任务。

第二节 机 构

1992年2月，县红十字会成立，选举产生县红十字会第一届理事会理事，会长由分管社会团体工作的副县长担任，红十字会办公室挂靠卫生局，未单独设人员编制。2003年，根据《关于西盟佤族自治县人民政府卫生和计划生育局分设的通知》，设办公室，有专职人员1人。2004年，全县有14个会员单位227名会员。2008年，办公室设在卫生局，有专职人员1人。全县有14个团体会员单位216名会员，县级组织每人每年收取会费10元，基层组织每人每年收取会费2元。

第二十一编　人事　民政

第一章 人 事

第一节 人事管理

一、公务员管理

（一）过渡及招录

至1978年，全县招录用干部286人。

1997年，全县推行国家公务员制度，当年，共有行政干部432人，过渡为公务员430人。

2008年，全县新招录公务员29人。其中，中专1人，专科17人，本科11人；少数民族23人，占79.31%。

1997年—2008年，全县共录用公务员158人。其中，中专以上毕业生中考试录用106人，优秀村干部中考试录用5人，军队转业干部中考试录用5人，选拔副科级以上领导干部办理公务员录用手续42人。

（二）培训及面试考官

1978年—1990年，共选派360名机关干部到省、地各类院校学习培训，共结业、毕业290人。

1996年，分5批对637名干部职工，进行国家公务员（过渡）培训考试；举办8期340人参加的推行国家公务员制度骨干培训班；组织340人参加公务员知识竞赛。

1998年—2000年，在县一中分6期对233名公务员进行计算机初级知识培训。

2001年，对467名公务员进行WTO知识培训考试。

2002年，开始派人参加省地公务员面试考官资格培训。

2004年，组织500名公务员参加依法行政、行政许可法培训考试；举办信息化与电子政务培训3期439人。

2005年，组织643名公务员参加《中华人民共和国公务员法》知识培训、考试。

至2008年，全县共有27人参加省、地（市）组织的公务员面试考官资格培训，共有公务员面试考官20人。其中，三级考官5人，初级考官15人。

（三）考核

1994年，为正确评价各级机关干部德才表现、工作实绩，按照《国家公务员考核暂行规定》，全县有833名机关干部参加考核，有292名被评为优秀等次。

1995年，全县有920名机关干部参加考核，有145名被评为优秀等次。

1996年，全县有621名机关干部参加考核，有36名被评为优秀等次。

1997年，全县有582名机关干部参加考核，有102名被评为优秀等次。

1998年—2008年，全县有6837名机关干部参加考核，有949名被评为优秀等次。其中，2008年，全县有 408 名机关干部参加考核，有 64 名被评为优秀等次。

（四）任免

2001 年—2008 年，全县任命国家公务员一般行政职务 46 人、比照国家公务员一般行政职务 112 人，共计 158 人。其中，2008 年，任命国家公务员一般行政职务 13 人、比照国家公务员一般行政职务 5 人。共计 18 人。

（五）奖惩

1996 年，全县表彰奖励县乡干部 49 人。1997 年，全县开除公职留单位察看 2 人；记过处分 11 人；辞退 9 人。

1998 年—2008 年，全县记过处分 3 人；撤职 7 人；辞职 18 人。

二、专业技术人员管理

（一）职称评聘

1978 年—1984 年，未开展专业技术职称评聘工作。1985 年 11 月，按照国务院《关于实行专业技术职务聘任制的规定》。县人事部门开始启动专业技术职称评聘工作。

1986 年起，全县开始建立专业技术职务聘任制。

1987 年 6 月，县初级职称评审委员会成立，负责全县初级专业技术职务资格的评审和中级专业技术职务资格的评议、推荐工作。

至 1989 年，全县共引进各类专业技术人员 67 人，有副高级职称 8 人，中级职称 133 人，初级 931 人。

1999 年，西盟县教育、卫生、农牧、工程系列初评委成立。

2000 年，全县有副高级职称 13 人，中级职称 200 人，初级职称 891 人。

2008 年，全县有副高级职称 43 人，中级职称 441 人，初级职称 1048 人。其中，副高级职称教育 40 人、卫生 1 人、农牧 2 人；中级职称教育 329 人、卫生 41 人、农牧 33 人、工程 22 人、艺术 13 人、其他 3 人。

1989—2008 年西盟县专业技术人员情况表

表 21-1　　单位：人

名称 \ 年份		1989	1999	2000	2001	2002	2003	2004	2005	2006	2007	2008
女		517	520	531	549	537	569	581	576	693	625	847
少数民族		769	791	821	846	809	1078	914	826	865	856	904
职称	副高	8	9	13	18	17	12	21	26	34	35	43
	中级	133	162	200	220	254	266	301	313	324	346	441
	初级	796	876	891	951	942	1129	1014	1011	1108	1094	1048
	未定	125	104	142	132	123	319	163	87	97	123	132
学历	本科	—	—	—	—	—	—	—	65	101	180	161
	专科	—	—	—	—	—	—	—	502	614	771	861
	中专	—	—	—	—	—	—	—	783	751	524	510
	高中	—	—	—	—	—	—	—	87	97	123	132

续表21-1

名称 \ 年份		1989	1999	2000	2001	2002	2003	2004	2005	2006	2007	2008
年龄	35岁以下	—	—	—	—	—	—	1098	991	1115	1000	1105
	36岁～45岁	—	—	—	—	—	—	274	312	353	435	427
	46岁～55岁	—	—	—	—	—	—	127	132	92	163	132
	56岁以上	—	—	—	—	—	—	—	2	3	—	—

（二）培训

1978年—1990年，按照中共中央《关于加强在职专业技术干部培养教育工作意见》和省委干部教育委员会“培训具有高中文化程度的专业技术干部、业务管理干部”的规定。西盟县共选派360名专业技术人员到省、地各类院校学习培训，共结业、毕业290人。

1991年—2006年，全县举办各类专业继续教育培训班，参加人员13856人次。

2006年—2008年，为贯彻落实全国干部教育培训工作会议和省人事厅编制工作会议精神，全县组织专业技术人员和企事业单位管理人员，共有20379人次参加学习培训，其中,《素质教育》培训1503人次;《成功学》培训1496人次;《突发事件应对法》培训1665人次;《危机管理》培训1676人次；省院省校合作培训33人次；滇沪合作培训75人次；少数民族特殊培训23人次；各类专业培训13406人次；学历教育培训502人次。

（三）考核

1994年，为正确评价全县事业单位工作人员的德才表现、工作实绩，根据人事部《事业单位工作人员考核暂行规定》《关于印发机关、事业单位工人技术等级岗位考核暂行办法》，按照德、能、勤、绩，对事业单位工作人员进行考核，全县参加考核875人，其中，优秀292人，合格567人，不合格16人。

1995年—1997年，全县参加考核2663人，其中，优秀385人，合格2274人，不合格4人。

1998年—2003年，全县参加考核8565人，其中，优秀1235人，合格7321人，不合格9人。

2004年—2007年，全县参加考核10192人，其中，优秀1089人，合格9086人，基本合格15人，不合格2人。

2008年，全县参加考核2024人，其中，优秀291人，合格1731人，基本合格2人。

第二节　工资福利

一、工资调整

1979年，西盟县国家机关、企事业单位工作人员实行1956年以来的职务等级工资制改为结构工资制，属第11类工资区，人均年工资518元。全县给各行业40%的人员晋级，一般晋一级，有突出贡献的晋两级。

1981年，省委、省政府决定调整中小学教职工、医疗卫生单位部分职工工资，全县有624人调整工资，其中，教职工晋级477人，卫生系统调靠晋级147人。

1983年1月—5月，按照《国务院关于调整国家机关、科学文教卫生等部门部分工作人员工资的决定》及劳动人事厅、省人事部、省调资办公室有关文件规定，对在西盟县国家机关、科学文教、卫生等部门1979年年底以前参加工作的固定职工696人调整工资，其中，有673人调整晋资，月增资6159.99元，人均月增资9.15元。其中，党政部门调资晋级448人，金额4204.85元；文教卫生、财贸等事业单位调资晋级225人，金额1955.14元；因各种原因缓调晋级23人。同年，根据劳动人事部批准“云南省边疆县和条件比较艰苦的38个县增加10%的升级”的指标，对在西盟工作多年，而工资偏低的部分干部职工给予晋升一级工资的照顾，全县有1158人得以晋升。

1984年，对全县企业单位进行调资，批准586名知识分子享受一级浮动工资；批准360名技术人员享受技术津贴；边疆补贴每人每月增至10元。

1987年，根据中共中央、国务院办公厅《关于国家机关和事业单位工作人员职务变动后确定职务工资问题的通知》，为9名干部办理了重新确定职务工资手续，其中，晋级7名，月增51元；降级2名（工资作出相应降级调整）。根据省政府办公厅《转发国务院办公厅、中央军委办公厅关于志愿兵、义务兵退出现役到地方工作后工资待遇问题的通知》精神，对国家机关、事业单位行政人员重新确定职务，全县确定为科员的315名、办事员23名，并为符合晋级条件的42名干部升工资，月增资324元，人均月增资7.7元；为4名退伍军人办理了提高工资手续，月增资25元，人均月增资6.25元。

1988年，全县干部职工每人每月边补增至20元。并按思茅行署劳动人事处规定，为解决国有企业部分工人工资，从1986年10月1日起，按1986年9月末，关于国营企业职工人数以1.8元计算下达增加工资指标，办理提高工资晋级手续274人，月增资1532元；办理退休工人工资晋级手续29人。同时，根据有关政策规定，全县用1984年、1985年、1986年三年3%的企业奖励晋级指标进行晋级75人。根据思茅行署劳动人事处转发《关于适当解决全省国营企业职工工资、奖金问题》的通知要求，对企业的负担能力进行浮动晋级，全县有686人进行了浮动晋级，月增资3746元，人均月增资5.46元。

1989年，对全县机关、事业单位9月30日止，给在册的正式职工调整工资，共晋级1798人，月增资26081.5元，人均月增资14.51元（国家机关正式职工655人，月增资9841元，人均月增资15元；事业单位正式职工1143人，月增资16240.5元，人均月增资14.7元；升一级119人，升两级1679人）；提高离退休干部、职工待遇153人，月增资1897.09，人均月增资12.4元；提高在职不在编村干部工资137人，月增资1840.50元，人均月增资13.43元；提高民办教师生活补贴150人，月增资1200元，人均月增资8元。同年，全县有2178名干部职工套改增资。其中，机关755名，事业单位1279名，村干部144名。

1990年，全县干部职工人均年工资2256元。

2001年1月1日，按照人事部、财政部《关于实施艰苦边远地区津贴的方案》，西盟属于三类艰苦边远地区，津贴标准平均172元，按不同职务适当拉开差距，每月160元～320元。

二、职工福利

1980年起，全县实行奖金制度，项目有综合奖、利润超额奖。当年，参加评奖职工2324人，发放奖金9.23万元。县属实行奖金制度的有商业、粮食、卫生、农机系统，总规定全年奖金不超过职工两个月的工资。

1981年，全县有42户国营企业实行奖金制度，发放奖金7.93万元，共有861名职工获得奖金。

1986年起，按照云南省劳动人事厅、财政厅“国家机关、事业单位职工福利费标准按工资总额的2.5%提取”的规定，每月增发干部职工洗理费4元，书刊费4元（工人3元），女职工每月发给卫生费2元。

至2008年，国家机关、企事业单位职工，除保障基本的工资外，还按照标准享受休假、优抚及其他福利待遇。即：职工休假包括节假日、年休假（2008 年 10 月 14 日起在全县实施机关事业单位范围内实施带薪年休假制度）、探亲假（凡按规定时内探亲的，假期内工资、奖金照发）、生育假（产假期间基本工资和各项津贴、补贴全额计发）、婚（丧）假、病事假等；优抚包括职工伤残、死亡抚恤费、丧葬费、遗属困难补助费等；其他福利待遇指单位提供职工上下班交通服务及娱乐设施、卫生设施等集体福利。

第三节 离退休管理

一、离退休

1980 年起，全县国家机关、事业单位的离、退休干部由县委组织部管理。

1985 年 5 月 5 日，云南省人民政府转发《国务院关于发给离退休人员生活补贴费的通知》规定，从 5 月 1 日起，给离、退休人员每人每月发给生活补贴费 17 元。

1986 年 4 月 3 日起，凡按国家现行规定条件退休的职工，在办理退休时，工作年限或连续工龄满 25 年的补贴本人现行工资额的 10%；工作年限或连续工龄满 30 年的补贴 15%；工作年限或连续工龄满 35 年的补贴 20%；因公致残完全丧失劳动能力、饮食起居是否需人扶助的，均再补贴本人现行工资额的 5%；因公致残完全丧失劳动能力、饮食起居需人扶助的，其护理费标准每人每月发给 45 元。

1988 年，退休干部转由县委老干部局和主管局共管；企业离、退休人员由县劳动人事局和主管局共管；对离、退休干部和工人的政治、经济待遇按照国家统一规定执行。同年 7 月，云南省人民政府规定国家机关、企事业单位的退休人员增资发生活补贴标准是：未参加 1981 年—1983 年工资普调的退休人员，每人每月增资发 15 元；参加工资普调的，但未参加 1985 年工资改革的退休人员，每人每月增资发 7 元；参加过国家机关、事业单位工资改革的退休人员，每人每月增资发 5 元；退休时连续工龄不满 25 年的，未享受到按标准工资增加的生活补贴 10%、15%、20% 的，再增发本人原标准工资额的 5% 的退休生活补贴；职工退休费不满 35 元的，提高到 35 元；因公致残退休费不满 45 元的，提高到 45 元。

至 1990 年，全县已办理离、退休干部、职工 111 人。

2001 年 11 月，机关机构改革，全县机关单位有 4 人提前退休，享受优惠政策，工龄工资、三项补贴、知识分子补贴，艰苦地区津贴按照原标准享受到法定退休年龄。

至 2008 年，全县共有离退休人员 690 人。其中，行政人员 194 人，事业人员 325 人，企业人员 171 人。

1983 年—2008 年西盟县退休人员情况表

表 21-2　　单位：人

年份＼名称	合计	退休干部			退休工人		
		行政	事业	企业	行政	事业	企业
1983	4	3	1	—	—	—	—
1984	12	2	5	—	3	2	—
1985	10	8	—	—	2		—
1986	14	8	3	—	2	1	—

续表21-2

年份＼名称	合计	退休干部			退休工人		
		行政	事业	企业	行政	事业	企业
1987	21	10	6	1	2	1	1
1988	15	5	4	1	—	2	3
1989	31	18	4	2	—	2	5
1990	4	3	1	—	—	—	—
1991	25	4	4	4	2	—	11
1992	32	6	9	4	1	2	10
1993	30	5	5	6	2	4	8
1994	21	4	5	2	1	4	5
1995	23	4	5	2	1	4	7
1996	69	9	7	4	4	8	37
1997	35	7	8	3	2	3	12
1998	36	6	6	1	1	6	16
1999	56	12	26	11	—	3	4
2000	50	9	19	9	2	5	6
2001	27	3	7	—	1	4	12
2002	33	3	12	—	1	13	4
2003	44	1	34	—	2	7	—
2004	25	10	10	—	3	2	—
2005	22	9	8	—	—	5	—
2006	25	2	14	—	2	7	—
2007	17	5	7	—	—	5	—
2008	29	3	15	—	1	10	—

二、辞职辞退

2001年—2008年，县劳动人事局按照人事部1992年《关于印发〈全民所有制事业单位辞退专业技术人员和管理人员暂行规定〉的通知》及1996年7月印发的《国家公务员被辞退后有关问题的暂行办法》规定，对连续两年考核不合格、连续旷工超过规定时间、不履行国家公务员义务，不遵守国家公务员纪律，经多次教育仍无转变的15名干部职工批准辞职，并发给他们“辞退证书”和辞退费。

第四节　机构编制管理

1981年，西盟县编制委员会成立，并设立办公室。同年，根据中央和省有关编制工作的文件精神，重新审定行政编制。

1984年，全县行政机关编制人数481人，事业单位编制人数964人。

1990年年末，全县有行政机构60个，编制人数509人，实有在职817人；有事业机构114个，编制人数 1834 人，实有在职 1415 人。

2000 年，全县有行政机构 58 个，编制人数 758 人，实有在职 765 人；有事业机构 184 个，编制人数 1930 人，实有在职 2179 人。

2008 年，全县有党政群机构 51 个，编制人数 786 人，实有在职 1082 人；有事业单位机构 175 个，编制人数 2500 人，实有在职 1992 人。

1981 年—2008 年西盟县机构人员编制情况表

表 21-3　　单位：个、人

名称 年份	党群机关			事业单位		
	机构数	编制人数	实有人数	机构数	编制人数	实有人数
1981	—	481	—	—	964	—
1982	—	481	—	—	964	—
1983	—	481	—	—	964	—
1984	—	481	—	—	964	—
1985	—	509	—	—	1234	—
1986	—	509	—	—	1234	—
1987	—	509	—	—	1456	—
1988	—	509	—	—	1456	—
1989	—	509	—	—	1654	—
1990	60	509	817	114	1834	1415
1991	60	—	—	114	1834	—
1992	60	—	—	114	1834	—
1993	60	—	—	—	—	—
1994	60	—	—	—	—	—
1995	60	—	—	—	—	—
1996	60	—	—	—	—	—
1997	58	—	—	—	—	—
1998	58	—	—	—	—	—
1999	58	—	—	—	—	—
2000	58	758	765	184	1930	2179
2001	59	758	1027	178	1942	1634
2002	60	678	1035	150	2572	1734
2003	63	678	988	170	2541	1717
2004	62	679	1009	159	2500	1871
2005	53	691	1024	168	2500	1890
2006	51	691	1062	171	2500	1890
2007	51	769	1062	173	2500	1951
2008	51	786	1082	175	2500	1992

第五节　机　构

1979 年 11 月，恢复县人事科。1981 年，从县委组织部分出单独办公，同年 2 月，县劳动工资科成立。1983 年 12 月，机构改革，人事科、劳动工资科合并为西盟县劳动人事局。1984 年 9 月，县劳动服务公司成立，隶属劳动人事局，管理城镇待业人员就业前培训合同制工人的管理等。1988 年 2 月，县劳动保险事业管理所成立，隶属劳动人事局，负责国营企业离、退休费统筹工作。1996 年 7 月，在党政机构改革中，县机构编制委员会办公室为机构编制委员会的办事机构（副科级），挂靠劳动人事局。2002 年 3 月，县劳动人事局改为西盟佤族自治县人事和劳动社会保障局，有编制 34 人，其中，行政 15 人，事业 19 人。2007 年 9 月，县人事局与劳动和社会保障局分立，改称西盟县人事局。2008 年，有人员编制（含编办）15 人（行政 13 人，事业 2 人）；局长 1 人，副局长 2 人，编办副主任 1 人；本科 3 人，专科 9 人，中专 3 人。

历任县人事科科长：李大钦（1979 年 11 月—1983 年 12 月）。

历任县劳动人事局局长：罗应福（1984 年 1 月—1986 年 7 月）、罗恒昌（1987 年 4 月—1991 年 2 月）、尼桑（佤族，1991 年 2 月—1993 年 1 月）、刀锋（傣族，1993 年 2 月—1994 年 12 月）、杨美玲（女，佤族，1994 年 12 月—1998 年 3 月）、向以庄（1998 年 3 月—2002 年 3 月）。

历任县人事和劳动社会保障局局长：赵振华（佤族，2002 年 3 月—2003 年 4 月）、范贵荣（2003 年 4 月—2007 年 9 月）、岩生（佤族，2007 年 9 月—2007 年 9 月）。

历任县人事局局长：岩生（佤族，2007 年 9 月—2008 年 12 月）。

第二章 劳动和社会保障

第一节 就 业

一、就业登记

2002年起，凡属城镇非农业户口的待业青年，年龄在16周岁~25周岁，具有劳动能力的待业青年；男性年龄在25周岁~50周岁，女性年龄在25周岁~45周岁，具有劳动能力并要求就业的其他社会待业人员；终止和解除劳动合同的职工、被辞退的违纪职工，都由县就业服务所负责登记，提供职业介绍、职业指导、职业技能培训。

至2008年，全县从业人员有10863人；城镇累计新增就业1563人；城镇登记失业率控制在4.4%以内；下岗失业人员再就业748人次；转移农村劳动力5973人次；发放下岗失业人员小额担保贷款1659万元；筹集再就业资金，支付各种补贴470万元。

二、再就业经费

2003年，全县有再就业资金8万元，公益性岗位补助费5万元，合计13万元。2004年，全县有再就业资金40万元，乡（镇）社区劳动保障平台建设补助费2.21万元，公益性岗位补助费3万元，合计45.21万元。

2005年，全县有再就业资金50万元，乡（镇）社区劳动保障平台建设补助费2.48万元，公益性岗位补助费1万元，合计53.48万元。

2006年，全县有再就业资金46万元，乡（镇）社区劳动保障平台建设补助费1.67万元，公益性岗位补助费0.7万元，合计48.37万元。

2007年，全县有再就业资金93万元，乡（镇）社区劳动保障平台建设补助费2.6万元，公益性岗位补助费1万元，合计96.6万元。

2007年，启动小额担保贷款工作，累积发放贷款88笔264万元，共有88人创业和再就业。

2008年，全县有再就业资金108万元，公益性岗位补助费1.5万元，劳动力市场网络费2万元，小额信贷担保基金10万元，合计121.5万元。

至2008年，共筹集就业资金406.28万元，就业再就业资金支出402.30万元。

2003年—2008年，中央和省级转移支付西盟县下岗职工基本生活保障和再就业资金378万元，全部用于就业、再就业工作支出。

第二节 培 训

一、就业培训

2006年起，开始对下岗失业人员和农村劳动力转移进行培训。当年，共培训下岗失业人员217人次，农村劳动力转移培训4766人次。

二、职工技术等级培训

至2008年，组织全县机关事业单位工人参加各级各类技术培训345人次，其中，初级工80人次，中级工126人次，高级工124人次，技师15人次。

第三节 劳动监察

至2008年，县人事局和劳动社会保障局共接到来信来访197人次，立案14起，结案率100%；共检查用人单位165家，督促办理各类合同书668份；帮助劳动者追回工资128万余元。有10家企业，共存入保障金25.8万元。

第四节 机 构

1981年2月，县劳动工资科成立。1983年12月，机构改革，人事科、劳动工资科合并为西盟县劳动人事局。1984年，县劳动服务公司成立，隶属劳动人事局，管理城镇待业人员就业前培训合同制工人的管理等。1988年2月，县劳动保险事业管理所成立，隶属劳动人事局，负责国营企业离、退休费统筹工作。2002年3月，县劳动人事局更名为西盟佤族自治县人事和劳动社会保障局，编制34人，其中，行政15人，事业19人。2007年7月，县人事局和劳动社会保障局分设，县劳动和社会保障局成立，有职工25人。2008年，有职工30人。

历任县劳动和社会保障局局长：岩孟（佤族，2007年9月—2008年12月）。

第三章　民　政

第一节　基层组织

一、村民委员会

1978年，全县由231个生产队调整为361个生产队。

1984年3月，农村体制改革，把大队改为乡。同时，新设班哲乡、嘎娄乡、左扩拉祜族乡和娜妥坝办事处。全县有35个乡、1个村级办事处。

1988年2月，把乡改为村，全县有35个行政村公所、1个村级办事处。

1996年1月1日，娜妥坝办事处撤销，娜妥坝经济贸易区成立。

2000年8月，根据思茅地委、行署村级体制改革工作的安排部署，进行农村体制改革，全县改为36个村民委员会、1个办事处。

2008年，全县有36个村委会，1个办事处。即：新厂、窝羊、阿莫、代格拉、永广、莫窝、永业、永帮、班哲、莫美、马散、西盟、岳宋、曼亨、班帅、力所、图地、佐扩、南亢、王雅、英腊、班弄、班岳、龙坎、英侯、勐梭、他朗、王莫、里拉、秧洛、班母、中课、班箐、窝笼、嘎娄、永布落村委会，娜妥坝办事处。

二、社区居民委员会

（一）勐卡社区

2003年1月9日，西盟镇社区居民委员会成立，设主任、副主任各一名，委员3名。并同时成立党总支（5个支部）和妇委会，有党员143名（预备党员4名）。主要以老县城为主，城区建筑面积14.27平方千米。社区设在原民政局办公楼，分为商业片区、建筑片区、财税片区和街道片区。有居民小组21个。

2006年1月13日，改称勐卡社区居民委员会。辖区面积1.2平方千米。社区党总支委员有6人（总支书记1人，主任1人，副主任3人，武装干事1人），总户数1682户，总人口5042人。

2008年，有2376户、5210人，辖5个片区（建筑片区、财税片区、商业片区、街道片区、西盟村民委员会区）。有200多家个体工商户和一个中心集贸市场。

（二）勐梭社区

2002年12月，勐梭社区成立，设主任1名，副主任2名。同时成立党总支部，下设5个党支部。由县城及勐梭镇组成，辖区面积27.65平方千米，社区设在兴盟路550号。

2008年，勐梭社区有2241户、5203人，居住机关单位64个，服务行业341家，有13个居民小组。

（三）娜妥坝社区

2009 年 5 月 5 日，娜妥坝社区成立，属勐卡镇管辖，距镇政府 17 千米，与佤邦龙潭特区接壤，有界桩 2 棵（180 副桩、181）。共有 298 户、1011 人。分为新街组、新村组、茶厂组 3 个片区，辖区面积 6.7 平方千米。辖区内除居民外，还有娜妥坝边防检查站、娜妥坝小学等单位。

第二节　优抚与安置

一、优抚

（一）拥军

1978 年—2008 年，每年“八一”建军节和春节，县四套班子领导带领双拥领导小组成员单位和群众团体负责人分别到驻西军（警）部队慰问，已形成长效机制和优良的传统。全县共组织召开军民座谈会、茶话会 205 次，走访慰问部队 261 次，并对拥军优属、拥政爱民工作成绩显著的先进个人和先进集体给予表彰。制作了 3 块永久性双拥宣传标牌。西盟县连续 5 次被省委、省政府、省军区政治部命名为“双拥模范县”。

（二）优待烈军属

1981 年，根据中共云南省委文件精神，县政府规定新的优待标准，困难大的优待粮食 250 千克以上或现金 50 元以上；一般困难的优待粮食 100 千克 ~ 200 千克或现金 30 元 ~ 50 元；不困难的优待粮食不低于 100 千克或现金 30 元。优待粮食或现金由生产队或大队统一提起兑现。

1986 年，开始执行省人民政府办公厅文件规定，增加对立功军人家属的奖励条款，军人在服役期荣获英雄称号和荣立一、二、三等功的按立功等级分别发给 300 元、240 元、160 元、80 元的奖金。

1980 年—1990 年，优抚对象享受定期定量补贴 27 户 35 人，累计金额 8.25 万元。

2004 年，农村税费改革后，义务兵家属优待金由过去集体统筹，改为地方政府财政统一拨款。优待标准由每人每年 50 元（1981 年）提高到 1326 元。

2005 年，根据《西盟县双拥工作若干规定》，提高军人在服役期间荣获英雄称号和荣立一、二、三等功的，按立功等级分别发给 2000 元、1500 元、1000 元、500 元的奖金。

至 2008 年，优待烈军属共有 1056 户，累计发放金额 86.4 万元。优待后，仍有困难的，由国家给予补助。

（三）国家抚恤补助

1979 年，抚恤标准进行调整，在对越作战中牺牲的 2 名烈士，按新标准每人一次性发给抚恤金 500 元。1984 年 10 月，民政部、财政部通知提高革命烈士一次性抚恤标准，规定班长、战士每人 2000 元；连排级或 21 级以下干部 2100 元；营级或 19 级 ~ 20 级干部 2200 元；团级或 15 级 ~ 18 级干部 2300 元。1986 年 3 月以后，按新规定执行，因公牺牲的按牺牲时的 20 个月工资计发，病故的按病故时的 10 个月工资计发。

2000 年，全县共有优抚对象 1741 人。其中，重点优抚对象 53 人（烈属 18 人，伤残军人 12 人，农村老复员军人 2 人，带病回乡军人 21 人）。

2004 年 10 月 1 日起，机关工作人员及离退休人员死亡抚恤：烈士为本人生前 80 个月基本工资或基本离退休费；因公牺牲为本人生前 40 个月基本工资或基本离退休费；病故为本人生前 20 个月基本工资或基本离退休费。

2007 年，对 1954 年 11 月 1 日以来，参战退役人员及参加核试验退役人员的农村和城镇无工作单位人员进行身份核查认定（称“两参”人员）。

至2008年，共核查认定“两参”人员81人，每人每月发放生活补助130元。同年10月1日，规定烈属、因公牺牲军人、病故军人遗属居住在农村的，每人每年抚恤补助分别为4140元、3960元、3780元；居住在城镇的每人每年抚恤补助分别为6900元、6180元、5820元。共发放各类抚恤补助金324.5万元。帮助56户困难优抚对象进行民房改造，补助资金28万元。

（四）伤残抚恤

1980年，全县伤残抚恤16人2344元。

1988年，全县伤残抚恤16人2696元。

2005年，为全县享受伤残抚恤人员进行换证，并对伤残人员等级属性重新分类。

2008年，全县共有享受伤残抚恤金12人，其中，六级因战伤残3人，每人每年抚恤金9000元；七级因战伤残2人、因公伤残3人，分别每人每年抚恤金6840元、6120元；八级因战伤残3人、因公伤残1人，分别每人每年抚恤金4320元、3960元。

（五）烈士褒扬及陵园

1981年，开始编写革命烈士英名录。1984年，为烈士直系亲属换发或补发革命烈士证明书。

1986年，县政府拨款2.1万元，修建革命烈士纪念塔和陵园门。

1989年3月，烈士陵园被县政府列为“文物保护单位”。

1996年4月，烈士陵园被县政府命名为“西盟县革命传统教育基地”。

2001年1月，烈士陵园被思茅地区行署命名为“地区爱国主义教育基地”。

二、复退军人安置

1981年，安排2名对越作战负伤的残疾军人就业。至2008年，先后安排28名农村退伍军人的工作。就业安置城镇复退军人132人，自谋职业13人。共接收军队离退休干部4人，其中，离休1人，退休3人。

三、移民安置

（一）巧家移民

1973年，巧家县包谷垴公社燕麦沟大队包谷垴小队2户、13名农民，由于所在地土地贫瘠，生存环境差，缺粮等原因。经向西盟县人民政府提出入迁西盟的申请，经西盟县人民政府研究，同意接收到西盟县中课公社中课大队10队安家落户，并划给土地。1974年，迁到西盟5户、23人。1975年，迁到西盟4户、8人，其中，四川籍1户1人。1980年，迁到西盟1户1人。主要种植旱谷、玉米、荞子、麦子等农作物。经过两年的辛勤耕种，粮食自给有余，并饲养猪、鸡卖给国家，户均卖粮1万余千克。

1984年，西盟县城蔬菜队成立，有13户迁入蔬菜队，2户迁入娜妥坝，岳宋、西盟村各迁入1户，中课留下2户。

1990年，迁到西盟3户7人。

2008年，巧家县迁至西盟县的移民以国家扶持民房建设为契机，少部分家庭新建平顶房，其他为砖墙石棉瓦房。

（二）云县移民

1974年，云县茶房公社桥街大队田边生产队10户、43人，经西盟县人民政府同意，持有迁移证，从云县迁移到西盟县中课公社班箐大队12队安家落户（随后有2户迁回云县，2户迁移到孟连）。主要种植旱谷、玉米等农作物。

1980年，县政府为表彰其典型，奖给生产队饲料加工机器1套。

1982年，为解决县城居民的吃菜难问题，县政府将2户迁移到募西公路79千米右下方种植蔬菜。之后，留在中课大队12队、4户也陆续搬迁到募西公路沿线种植蔬菜、茶叶、经济林和水果，也有的搞运输、餐饮、烤酒、开矿等。

2008年来，西盟县加大民房建设，有的农户住上了宽敞明亮的水泥平顶房，也有的住上砖瓦房，水泥路家家相通，户户均有围墙。

（三）澜沧移民（马散茶厂）

1979年，西盟县莫窝公社马散大队创办茶厂。经西盟县人民政府批准，同意接收澜沧县东河公社班干大队一队11户、60人到莫窝公社马散大队开办茶厂，名为“马散大队第六生产队”。1980年，因不适应环境，迁回原地5户、19人。1981年，迁入3户、12人。共计9户、53人，住房为泥巴挂墙茅草房；9月，在茶厂开办学校。1984年8月，由于生源少，学校并入马散乡小学。

2002年—2003年，实施民房改造，国家支持建房材料，农户出工出力，每户新建了60平方米的石墙水泥瓦房。由于气温较低、管理不善等原因，茶厂发展缓慢，经济效益不佳，先后有6户搬到娜妥坝、老县城居住谋生，但户口仍在茶厂。现有的10户主要以种茶、种水稻、种玉米等农作物和经济林为生。

（四）墨江移民（勐梭龙潭茶农）

1991年，勐梭乡计划在勐梭龙潭旁种植500余亩茶地，需引进懂茶叶种植、管理的技术人员。县人民政府和勐梭乡政府同意接受墨江县景星乡各者村9户、25人到茶厂经营茶园。茶厂员工还有西盟县内和勐梭乡的人员，初来3个月，茶厂发给每人每月生活费80元，后靠劳动自收自支维持生活，住房是茶厂建盖的油毛毡房。

1996年3月5日，由于县城搬迁规划，选址占用茶地、茶厂，并破土开工。同月，西盟县内的茶农各自回乡，墨江籍人员搬迁到澜西公路57千米处上方居住。同时，有1户墨江籍人员搬回原籍。后因公路上方划为龙潭自然保护区，又搬到公路下方划地居住，主要从事蔬菜种植。

2008年，共有14户、34人，全部享受农村低保，低保费从50元增到130元。现居住水泥平顶房的有3户，其他11户为砖瓦房。归属勐梭镇勐梭社区管辖，名为“墨江寨”。

（五）墨江移民（班帅胶农）

1989年12月，经西盟县人民政府、岳宋乡政府同意，引进墨江县坝溜乡14户、59人，到岳宋乡班帅村种植橡胶，属乡镇企业局橡胶公司，也属班帅村民，名为“班帅村橡胶队”。居住在距班帅村9组1千米下方，距南锡河1千米上方的半坡上，来时住的是油毛毡房。当时，人均管理橡胶26亩~28亩，每人每月发45元的橡胶扶管费（直到橡胶开割）。同时，靠养猪、鸡及其他收入维持生计。后有1户3人，迁回原籍。经十几年的创业发展，生产、生活、风俗人情已融入当地，有的与当地人结婚成家，也有的家庭迁到班帅橡胶二队、三队、岳宋村橡胶队。

2008年，墨江籍农户增到21户、89人，有3户、8人享受低保，从50元到150元不等。人均管理公司的橡胶地30亩，农户有自己的橡胶地少则30亩，多则70亩。经济效益逐年凸现，居住条件不断改善，8户建住平顶房，13户为砖瓦房。共有二轮摩托车21辆、三轮摩托车21辆、微型车1辆、皮卡车2辆、大货车2辆、小型装载机1辆。隶属鑫元橡胶公司管理，更名为“鑫元班帅村橡胶一队”。同属于班帅村民。

（六）澜沧移民（翁嘎科乡罗阳组）

1981年2月，澜沧县文东乡邦佑村、小寨村、邦崴村15户、66人，因所在地人多地少，生活困难，在罗小培、罗发贵、周金生、杨双强等的带领下坐6辆解放牌汽车，到达南通桥后，行李靠人背牛驮，一路到达驻地。隶属翁嘎科公社英腊大队第四生产队，距公社驻地3千米，俗称“罗阳队”。安居后，自行开发种植谷子、玉米等。自建住房，住的是茅草房，饮用水用竹槽。后因其他因素，先后搬离 3 户。

2008年，有17户、66人，有土基墙石棉瓦房2家，手扶拖拉机3辆，水田130余亩，茶地128亩。

（七）澜沧移民（勐梭镇老缅寨）

1959 年，澜沧县拉巴区小拉巴村 5 户、21 人，因人多地少，在扎母的带领下，从小拉巴走路，到达勐梭区里拉大队居住。因是缅族，所以称之为“老缅寨”。居住生活稳定后，已正式登记为西盟户口，民族为拉祜族。2005 年，享受当地民房建设，住的是砖墙石棉瓦房。

2008 年，有 20 户、60 余人，属于勐梭镇里拉村 12 组，一直沿袭叫“老缅寨”。有二轮摩托车 5 辆，手扶拖拉机 4 辆，橡胶 60 余亩，甘蔗 80 余亩，牛 50 余头。

第三节　救灾救济

一、自然灾害救济

1991 年起，按照“政府主导、分级管理、社会互助、生产自救”的灾害救济方针，建立健全《春荒、冬令灾民救助工作规程》《灾害应急救助工作规程》《灾区民房恢复重建管理工作规程》，开展救济工作。

1991 年—2008 年，全县发放灾害救济 395.1 万元；粮食款 482.2 万元；衣被款 88.42 万元；民房修复 1772 户；重建 80 户；投入资金 556.4 万元；其他救济 68.37 万元。

1991 年—2008 年部分年份西盟县自然灾害救济情况表

表 21-4

年份＼名称	灾害救济（万元）	口粮救济（万元）	衣被救济（万元）	民房恢复重建			接收捐款（万元）	其他救济（万元）
				恢复（户）	重建（户）	投入资金（万元）		
1991	20	15	2.12	—	—	—	—	0.50
1994	31	36	2	35	—	10.5	—	5.50
1998	26	27.5	8	10	—	3	—	7.12
1999	58.6	30	7.50	25	—	7.5	—	2
2000	35	40	10	—	—	—	—	5.50
2001	60	45.5	10	—	—	—	—	1
2002	11	41.3	10	20	—	10	—	4.36
2004	11	43.3	6.30	160	—	56	—	10.50
2005	17.2	65	20	422	—	31.4	—	3.80
2006	15	62	1.50	—	—	—	—	25
2007	80	34	1	1100	80	438	—	3
2008	30.3	42.6	10	—	—	—	32.05	0.09
合计	395.1	482.2	88.42	1772	80	556.4	32.05	68.37

二、火灾救济

1987年3月30日6时25分，翁嘎科区龙坎乡戈斗发生火灾，烧毁民房53幢，烧毁粮食1万千克。为缓解灾情，发放救济款 1.85 万元，粮食 13250 千克。

1988 年 2 月 19 日 21 时，勐梭乡他朗村永埃社因用火不慎引起火灾，烧毁 26 户民房及物资，毁粮 3500 千克。为帮助灾民走出困境，县民政局发放救济款 1.17 万元，粮食 6500 千克，重建民房 26 户。

1994 年 3 月 5 日，勐梭乡他朗村大寨不慎失火，有 97 户民房被烧毁，528 人无房可宿、无食物可吃。县委、县政府发动全县党政军民捐款捐物救助灾民，组织干部和民兵帮助灾民重建家园。

2006 年 1 月 29 日 23 时 25 分，县供销社勐卡镇出租门面发生火灾，烧毁出租房 12 间，面积 432 平方米，受灾 10 户、31 人。经过调查核实，县民政局给予适当的经济救济。

三、医疗救济

2006 年，全县医疗救助农村户口 43 人，支出资金 9.5 万元。

2007 年，全县医疗救助 30079 人，支出资金 317960 元，其中，资助农村参合人数 30000 人，支出资金 255000 元；大病、常见病救助 79 人，支出资金 62960 元。

2008 年 1 月，全县医疗救助 41959 人，支出资金 972530.65 元，其中，资助农村参合人数 41101 人，支出资金 822020 元；大病、常见病救助 852 人，支出资金 146348.65 元；城市医疗救助 6 人，支出资金 4162 元。是年，城乡临时救助 536 人，支出资金 8 万元。

四、孤儿救济

2008 年，全县孤儿救济 181 人，其中，父母双亡孤儿 92 人；父母一方死亡，一方失踪孤儿 63 人；无人抚养孤儿 25 人；艾滋病家庭孤儿 1 人。

五、贫困救济

（一）城市居民最低生活保障

1999 年 1 月，开始实施城市低保制度，最低生活保障标准 100 元；7 月起，标准从 100 元提高到 130 元。当年，全县享受低保有 421 户、1263 人，支出保障金 5.2 万元。

2004 年，全县享受低保有 11144 户、22789 人，支出保障金 159.79 万元；10 月起，标准从 130 元提高到 140 元。

2005 年，全县享受低保有 13453 户、24044 人，支出保障金 204.7 万元；8 月 1 日起，标准由 140 元提高到 145 元。

2006 年，全县享受低保有 14647 户、26593 人，支出保障金 226.05 万元；7 月 1 日起，标准从 145 元提高到 157 元。

2008 年，全县享受低保有 15817 户、30917 人，支出保障金 481.7 万元。

（二）农村低保

2006 年，全县农村特困户有 3679 人，支出保障金 220740 元。

2007 年 1 月起，执行农村低保（一类 60 元、二类 39 元、三类 24 元）。全县低保对象 2.1 万人，支出低保资金 755.98 万元。

2008 年 1 月起，农村低保调整为（一类 60 元、二类 46 元、三类 36 元）；7 月起，又调整为（一类 60 元、二类 54 元、三类 48 元）。

2008 年，全县低保对象 27300 人，支出低保资金 1638.1 万元。

第四节 社会福利

一、社会福利院（西盟镇敬老院）

2004年8月，西盟镇敬老院成立，占地面积2231.41平方米，建筑面积1100平方米，是西盟县唯一一所敬老院，临时工1人，最初入住五保户有10人。

2007年12月，敬老院集中供养五保户有19人，管理人员2人（属临时工）。

2008年12月，敬老院供养五保户、孤寡老人和丧失生活自理能力的人共有30人，管理人员3人（属临时工）。

二、五保户供养

1978年—1979年，五保户供养实行生产队集体供养为主，每年秋收分配，按政策规定分给基本口粮（每人每年不低于150千克），生产队有困难的，国家救助（每人每月不低于15千克）。

1981年起，随着农村实行家庭联产承包责任制，改为由大队与生产队、乡与生产队、村与社提取粮食和公益金，国家给予适当的补助。

2005年，农村税费改革后，农村大部分五保户对象由民政部门进行定期救助。

2005年—2007年，已纳入财政转移支付补助的农村五保户有562人，每人每月补助60元，年均财政支出补助保障金40.46万元。

2008年，全县有五保户736人，纳入低保（含一类人员）管理，每人每月80元，累计发放70.66万元。

三、有奖募捐

2002年，成立由分管民政的副县长任组长，县民政、宣传、计划、公安、工商税务、银行等部门主要领导为成员的西盟县社会福利有奖募捐领导小组及办公室。当年，共销售45万元的福利彩票。2003年起，福利彩票销售点逐步向乡镇延伸，销售收入逐年增加。2008年，在西盟县境内设置电脑福利彩票销售机8台，销售额300万元。

第五节 地名勘界

一、地名管理

1981年，遵照国务院《地名管理条例》，县委、县政府组织力量，对全县地名进行普查、更正命名，这次普查，全县对照1∶50000地形图，全县总计地名791条。

1988年2月，撤区设乡时，把7个区变更为乡。

1990年12月，县民政局对老县城（现勐卡镇）街、路进行了命名，即：民胜街、团结路、前哨路、德化路、政教路、环卫路、西镇路、陵园路、建设巷、荣兴巷、民生巷，设立了地名标志30块。

1991年，对全县地名进行第二次普查，并编纂出版了《西盟县地名志》。

2002年年底，新县城以街、路巷为界，命名街路9条：勐卡路、龙潭路、兴盟路、疆宁路、木鼓路、云海路、龙须路、文化路、勐梭路；命名街巷4条：利民巷、园丁巷、农广巷、文星巷。

二、县界勘定

1998 年 1 月—2000 年 12 月，对 2 条邻县边界线（西盟－澜沧、孟连）进行全面勘定。经勘定确认，邻县 2 条边界线全长 153.48 千米，2 条边界线共埋设界桩 3 个（含 1 个“三交点”）。边界线勘定结果：西盟—孟连线，呈西向东走向，全长 17.48 千米。边界线从西盟、孟连、澜沧三县边界线交汇处止（包括起止点），共埋设 1 个界桩。西盟—澜沧线。呈西向北走向，全长 136 千米。边界线从西盟、孟连、澜沧三县边界线交汇处起—中缅边界的土邦美山止（包括三交点），共埋设 3 个界桩。

第六节　婚姻　殡葬

一、婚姻

1978 年—1980 年，对干部、职工按 1950 年公布的《中华人民共和国婚姻法》执行；对农村虽然有政策规定，但大部分仍按各民族自己的传统习俗结婚，早婚早育比较普遍。1981 年 1 月 1 日，国家第二部《中华人民共和国婚姻法》颁布后，利用各种形式，从城镇到农村广泛深入地宣传新的《中华人民共和国婚姻法》。

2001 年起，贯彻执行第九届全国人大常委会第二十一次会议《关于修改〈中华人民共和国婚姻法〉的决定》。

2008 年，全县共有 7 个婚姻登记处，有人员 8 名，其中，本科 1 人，专科 1 人，中专 6 人。

1978 年—2008 年，全县准予结婚登记 11327 对，不予办理 225 对，准予离婚 430 对，准予复婚 44 对。

1980 年—2008 年部分年份西盟县婚姻情况表

表 21-5　　单位：对

名称 年份	申请结婚		复婚	离婚
	准予登记	不予登记		
1980	403	—	—	2
1985	393	—	—	—
1990	613	3	15	21
1991	357	11	—	9
1992	389	9	1	14
1993	402	8	—	5
1994	610	24	5	33
1995	706	2	1	21
1996	622	3	2	17
1997	537	5	7	22
1998	586	11	4	13
1999	797	12	—	—
2000	1279	8	—	34
2001	652	15	—	19

续表 21-5

名称 年份	申请结婚		复婚	离婚
	准予登记	不予登记		
2002	443	18	1	41
2003	439	28	—	13
2004	396	18	—	42
2005	389	15	2	32
2007	467	13	4	58
2008	847	22	2	34

二、殡葬

1990 年 11 月 20 日，县政府批转县民政局《关于认真做好县、乡、镇殡葬改革工作的请示》推行火葬，改革土葬，统一把募西路 85 千米处上方一片荒地划为集体殡葬公墓场地，废除封建迷信殡葬习俗，提倡节俭办丧事。

1994 年，省民政厅批准西盟县建立经营性佛山公墓。

2000 年，县城搬迁后，把从西盟至孟连公路 5 千米处上方一片荒地划为集体殡葬公墓场地。如需火化须到澜沧县火化厂或就地用木柴焚烧。

2007 年 4 月 5 日，中课乡班箐村为纪念 1951 年 1 月 1 日普洱区民族团结大会上剽牛手拉勐，在中课乡班箐村建立拉勐纪念碑。

第七节　老龄工作

一、贯彻实施《老年法》

2001 年起，西盟县老龄委贯彻落实《中华人民共和国老年人权益保障法》《云南省老年人权益保障条例》。把《中华人民共和国老年人权益保障法》《云南省老年人权益保障条例》，列入“三五”、“四五”普法内容，并进行宣传和考核。

1990 年—2008 年，县老龄委抓好以“老有所养、老有所医、老有所教、老有所学、老有所为、老有所乐”的六个老有工作。每年的“九九重阳节”召开座谈会，并对老有工作做出成绩的单位和个人进行表彰。

至 2008 年，县老龄办（委）印发宣传材料 8542 份，粘贴大型标语 560 条，利用广播、电影放映宣传 1452 场次，召开村民大会、农村老龄协会 1564 场次，宣传面 90%。

二、老龄人调查登记

2007 年，西盟县首次开展全县老年人口调查。调查结果：全县 60 周岁以上老年人有 6010 人，占全县总人口的 6.84%；80 周岁以上老年人有 224 人，占总人口的 0.25%。

2008 年，全县 60 周岁 ~ 69 周岁老年人有 5811 人，占全县总人口的 6.54%，其中，男 2862 人，女 2949 人；70 周岁 ~ 79 周岁老年人有 654 人，占全县总人口的 0.74%，其中，男 327 人，女 327 人；80 周岁 ~ 99 周岁老年人有 348 人，占全县总人口的 0.39%，其中，男 156 人，女 192 人；100 周岁以上老年人有 3 人。

三、老年优待证办理

2007 年，对户口在本县且年满 60 周岁（以身份证为准）的离退休及农村老年人办理老年人优待证，协调、监督有关部门单位，对持有老年人优待证的老人给予优先就医、免费办理挂号费、免费使用公共厕所、免费接受法律援助和免除义务工、村提留、乡统筹、其他各种社会性集资等优待。并为已满 70 岁以上的 30 名高龄老人办理优待证。

四、社会救助

2008 年开始，对年满 70 周岁以上的高龄老人给予人均每月 8 元的补助；满 100 周岁以上的高龄老人给予每人每月 300 元的补助。

第八节　机　构

一、县民政局

1978 年，设县民政科。1984 年，改称县民政局，内设办公室、财务室、优抚安置股、社会救灾救济股、婚姻登记管理股、社会福利企业管理股。1986 年，西盟县聋哑协会成立。1989 年，增设地名办公室，设民政助理员各 1 人。1990 年，西盟县残疾人联合会、农村社会养老保险所和殡葬管理所成立（撤销聋哑协会）。2002 年 7 月，西盟县社会福利院成立。民政局有行政编制 8 人、事业编制 3 人，设民政助理员 8 人。2008 年，县民政局设领导职数 1 正 2 副，内设办公室、救济救灾股、最低生活保障股、优抚安置股、婚姻登记管理股、社会福利企业管理股、基层政权建设股、县老龄工作委员会办公室。有编制 17 人，实有 18 人。

历任县民政科科长：石分的（1978 年 1 月—1980 年 4 月）、熊正武（1980 年 4 月—1984 年 1 月）。

历任县民政局局长：段明瑞（1984 年 1 月—1986 年 9 月）、胡连贵（1987 年 4 月—1989 年 8 月、1991 年 7 月—1993 年 2 月）、杨永昌（1990 年 2 月—1991 年 6 月）、岩孔（佤族，1993 年 2 月—1996 年 7 月）、李娅（女、彝族，1996 年 8 月—1999 年 10 月）、李富强（1999 年 12 月— 2008 年 4 月）、周云（拉祜族，2008 年 4 月—2008 年 12 月）。

二、县老龄工作委员会

2001 年，县老龄委成立，设置专职副主任 1 人。2008 年，全县有老年协会 13 个，会员有 942 人，其中，城镇、社区协会 4 个，会员 213 人；农村协会 9 个，会员 729 人。

历任县老龄委主任：陈忠美（女、佤族，2001 年 6 月—2008 年 11 月）、张丽（女，2008 年 11 月—2008 年 12 月）。

第二十二编　人　物

一、人物传

江枕石（1909 年—1943 年） 原名潮源，字百川，曾用名述而，男，江苏省常州市人。读中学时，受到青年运动的影响，逐渐接受了马克思列宁主义，于民国 15 年（1926 年）在常州加入中国共产党，次年“4·12”反革命政变后，转入地下活动，在上海华南大学读书。抗日战争爆发后，与其他几名地下党员以经商作掩护，先后活动于长沙、汉口、重庆、贵阳、昆明等地。民国 31 年秋（1942 年），受中共党组织派遣，扮作商贩从贵阳到澜沧考察边疆地区情况，准备开辟抗日革命根据地。

江枕石到澜沧后，结识了进步青年尹溯涛和与党组织失去联系的共产党员李晓村，接着并在爱国人士张石奄的帮助下，与尹溯涛一起到西盟阿佤山地区考察，为建立抗日根据地选择适当地点。民国 32 年（1943 年）2 月，因与党组织联系的信件被澜沧县长聂晶品发觉而被捕入狱。在狱中受尽酷刑逼供，但他始终坚贞不屈，保持了共产党人的气节。2 月 19 日，被国民党澜沧县政府的刽子手杀害于佛房。牺牲时年仅 34 岁。

黄定国（1913 年—1951 年） 男，汉族，出生于景东县蒙化区的一个农民家庭。1945 年，不堪忍受地主压迫剥削的他，背井离乡，到西盟勐梭做生意。1947 年年初，勐梭爬街寨的伪保长肖建生聘请黄定国当教师。当教师后，黄定国关心照顾穷人的孩子和进步上层人士子女，救济贫苦人家的孩子读书。边教书、边寻求革命真理。1948 年，黄定国与肖建生的女儿肖小莲结婚后，在妻子肖小莲的帮助下，与进步人士肖子祥、代炳全等人一起，团结民众，团结上层进步土司头人和一切可以团结的力量，反对国民党和反动头人的统治。

1949 年，全国的解放接近尾声。但是，国民党反动派和反动头人在西盟境内外互相勾结，仍然把西盟置于黑暗的统治之下。黄定国暗里侦察了解敌人的活动情况，然后自动步行到澜沧竹塘，向中国人民解放军报告西盟敌情。从解放军那里拿回毛主席、朱总司令的画像，让学生瞻仰，教育学生听共产党的话，跟共产党走。

1950 年年初，中国人民解放军驻澜沧竹塘部队准备进军勐梭，固守勐梭的国民党残匪和反动头人闻讯大惊失色，仓皇向西盟方向逃窜，慌乱中丢下了两匹马，黄定国和肖子祥把马赶到竹塘，交给了解放军。部队为感谢对方的支援，赠给一驮盐巴，要黄定国和肖子祥把盐巴驮回寨子，分给群众。

解放军进驻勐梭后，黄定国多次当解放军的向导，向解放军报告敌情，为解放军解放西盟提供便利。

1951 年 5 月 13 日，匪首屈洪斋与境内恶霸舒炳忠勾结，攻陷西盟区政府。西盟新的人民政权遭受挫折，白色笼罩在西盟的恶劣环境中，黄定国没有畏缩，积极串联群众抵抗反动势力。黄定国的行动，引起了国民党残匪和反动上层头人的注意；8 月 17 日，当地反动头人大云昌经过精心策划，勾结国民党匪部中队长黄道武，扑向勐梭爬街寨，黄定国不幸被捕，并被残匪押到西盟，关入牢房，受尽严刑拷打。在生死关头，黄定国始终不屈服；9 月 2 日凌晨，黄定国牺牲，年仅 38 岁。

肖子祥（1923 年—1951 年） 男，汉族，生于玉溪地区峨山县一个普通的农民家庭。1945 年，肖子祥跟随进步人士张国军到西盟勐梭爬街寨。

肖子祥到西盟时，全国的革命形势发展很快，分田地、斗地主的斗争如火如荼，给肖子祥的思想产生了深刻的影响。肖子祥与黄定国、代炳全等进步人士经常议论国家大事，在群众中宣传革命道理，帮助群众修理火药枪，带领群众拿起武器跟国民党反动派、反动土司头人做斗争。

1949 年 10 月，在全国欢庆解放的锣鼓声中，中国人民解放军开进澜沧竹塘。肖子祥和黄定国、代炳全把这一喜讯传给当地各族群众，在群众中筹集粮食，支援解放军。

1950 年年初，解放军进驻勐梭。勐梭国民党匪军和反动土司头人逃向西盟。肖子祥和黄定国多次给解放军带路，追剿敌人。1951 年 5 月 13 日，西盟区政府失守，环境突然恶化，但是肖子祥没有丧失信心，继续秘密组织群众与国民党残匪、反动头人做斗争，肖子祥的革命行动引起了敌人的注意；8 月 17 日，当地反动头人大云昌经过精心策划，勾结国民党匪部中队长黄道武，扑向爬街寨，肖子祥不幸被捕。并被押到缅甸营盘，关进了土牢。

在土牢里，敌人用各种残酷的刑具折磨肖子祥，但肖子祥不屈服、不低头。敌人在肖子祥身上一无所获，于 1951 年 9 月 2 日，将这位爱国人士目不忍睹，惨无人道的活埋了。牺牲时年仅 28 岁。

罗扎袜（1927 年—1952 年） 男，拉祜族，澜沧县西盟区勐梭乡班母体武人。1952 年 11 月，参加民兵，并任体武民兵班副班长。

1952 年 11 月 1 日，人民解放军武装解放了西盟。但是，流窜在国境线一带的国民党残匪不甘心失败，经常窜入境内进行武装挑衅；12 月 5 日，两名残匪又窜入勐梭大寨进行破坏活动。公安特派员张德富闻讯后，带领四名解放军和一个民兵前往阻击。到班母小街散寨子口，遇到体武民兵副班长罗扎袜。罗扎袜听说张德富一行要执行的任务后，坚决要求参加行动。

当天下午，解放军到勐梭大寨，张德富带领罗扎袜和一名解放军战士进寨子侦察，其余同志在寨外面严密监视。决定活捉这两名匪兵。但是，解放军的行踪被匪兵发现，两名匪兵拼命往外冲，边往外冲边向张德富三人开枪射击，罗扎袜看到两名匪兵已经逃出寨子，便奋起直追，击毙了一名匪兵，另一名匪兵侥幸逃脱。这时，时间已到晚上八点多，经过急行军和追剿匪兵，大家已经感到疲劳。决定到上寨岩糯家做饭吃，刚生火，逃逸的那个匪兵便引着一股匪兵包围了寨子。霎时间，枪声大作，残匪扑向岩糯家。张德富与另一名战士冲出了敌人的包围。罗扎袜一人坚持战斗，未能冲出敌包围圈，被匪兵用枪射杀，年仅 25 岁。

李相珍（1932 年—1958 年） 男，哈尼族，墨江县通关区田户村人。1951 年 5 月，参加中国人民解放军。1956 年 3 月，调入西盟民警队。李相珍在部队里曾先后荣立二等功一次、三等功一次。

1958 年 9 月 8 日，莫美工作队被叛匪重重包围。敌人割断了工作队向外联系的电话线，切断了工作队跟上级的电话联系。

县工委知道情况后，决定从民警中队派两人护送邮电局 3 名电线工前往查修。李相珍和另一名民警接受了护送邮电局电线工任务。到了离莫美不远的地方，两人发现被敌人切断的电话线段，便急忙赶去抢修。没有料想到叛匪早已在那里设下埋伏，李相珍等五名同志陷入敌人的伏击圈。敌人一开火，李相珍的手就中弹负伤。其他同志听到枪声，就边打边退。为了掩护其他同志撤退，李相珍一个翻滚，跃到有利地形后面，凭借有利地形，只身和叛匪展开了战斗，击退了敌人一次又一次的攻击。

战斗持续了两个多小时，直到李相珍身上配的四枚手榴弹和两百发子弹就要打光，最后只剩下一发子弹的时候，李相珍因失血过多，失去继续抗击敌人的能力。看到李相珍倒在地下，叛匪张牙舞爪地冲向山包，其中一个叛匪迫不及待地去夺李相珍的枪，李相珍在昏迷中击发了最后一粒子弹，把夺枪的叛匪打死。

李相珍只身战群匪，掩护同志撤退，在两个多小时的战斗中顽强抵抗，一直坚持到只剩下最后一口气，把宝贵的生命献给了祖国边疆，献给了人民。牺牲时年仅 26 岁。

刘正友（1922 年—1958 年） 男，汉族，普洱县（宁洱县）凤阳区新民人。1950 年 9 月入党。1950 年 12 月，参加土改工作队，并任队长。先后任区委会宣传干事、宣传委员、副书记等职务。

1956 年，上级决定从内地抽调一批有工作经验的干部支援边疆，刘正友被抽调参加了这支队伍。到西盟后，被分配到中课区任区委副书记。

1958 年是中课解放两周年。同年 9 月 9 日，刘正友接到上级关于“国内反动的土司、头人勾结国民党残匪在西盟进行暴乱”的通报。为掌握敌情和社会动态，刘正友带领区政府的陶从保等三位同志到各个村寨去调查了解情况。当他们去到班箐乡永龙寨的时候，看到小头人岩掌带着一伙人进行军事训练。刘正友把小头人岩掌叫到面前，严肃地问：“上级有规定，叫你们交枪，你们为什么不交？”岩掌既不回答，也不交枪。脸上露出想要抗拒的情绪。区政府的两个同志根据情况用枪逼住了岩掌，迫使岩掌不得不把枪交了出来。接着刘正友叫岩掌交出子弹。岩掌不仅拒交子弹，还用佤语煽动手下人说：“我都被他们抓了，你们还不动手，还等什么？”随即一颗子弹从敌群中射过来，打中了刘正友。与刘正友一道去的同志立刻还击，当场把反动头人岩掌击毙。陶从保边打边对刘正友说：“刘书记，我背你走。”刘正友说：“你们不要管我，赶快突围出去汇报情况。”说完，刘正友因伤势过重，牺牲在永龙寨。刘正友为了边疆稳定，民族团结，保卫边疆，巩固边防，把一腔热血洒到了祖国这块边疆土地上，像一面鲜红的旗帜永远飘扬在佤山。牺牲时年仅 36 岁。

娜启荣（1931 年—1958 年） 男，哈尼族，镇沅县新抚区建民乡人。1953 年，参加工作。1955 年入党。

1956 年 6 月，党组织把娜启荣从镇沅县调到西盟参加开辟边疆工作。到西盟报到的第二天，就分配到新厂区任区贸易小组组长。到职后，娜启荣积极开展购销业务，面向生产，服务群众，团结同志一道把新厂区商业贸易工作开展起来。

1958 年 9 月，西盟反动上层头人与境外国民党残匪相勾结，暴发全县性的反革命武装叛乱。驻新厂解放军及区政府全体工作人员，紧急进入备战。为集中力量守卫区政府，区贸易小组的物资需要全部集中到区政府。9 月 9 日，娜启荣带领贸易小组的全体同志不分昼夜地搬运物资，经过一天的备战，于 9 月 10 日把贸易小组屯集的贵重物资全部搬到了指定的地点。刚搬完贸易小组的物资，敌人就开始向区政府发起进攻。解放军指战员和区政府全体地方工作人员严阵以待，给予反击。11 日早晨，敌人用十倍的力量，气焰嚣张地向区政府压来。枪声、呼叫声连成一片。但一次次的进攻，没有一次能够得逞，都被解放军和区政府地方工作人员协同作战，英勇击退。经过多次攻击，敌人未能从正面攻击突破解放军阵地，就派人迂回到阵地后面，企图截断阵地用水。解放军和地方政府领导当即果断决定：由部队坚守区政府阵地。地方的 20 个同志由区长熊正武指挥，占领区政府后面的水源阵地。12 日，熊正武指挥 20 名地方干部打退了 200 多名残匪的多次进攻，坚守了阵地。下午二时，坚守区政府阵地的解放军打退了敌人的正面进攻，分出力量支援水源阵地，向敌人发起反攻，娜启荣冲锋在前，英勇战斗，不幸中弹负伤，经抢救无效牺牲。牺牲时年仅 27 岁。

岩掌（1931 年—1958 年） 男，佤族，西盟县马散区莫窝乡人。新中国成立前给竹米当奴隶，新中国成立后成为民兵。

1958 年，盘踞境外的国民党残匪与西盟境内反动上层头人相勾结，策动了全县性的反革命叛乱。岩掌从叛匪作乱开始，就和民兵们一起紧密配合中国人民解放军投入平息叛乱的战斗，直到取得胜利。同年 10 月，境外缅甸人民反对国民党残匪的斗争情绪高涨，残匪粮草奇缺，军事上又四面挨打，处于惶惶不可终日的没落状况，内部开始出现思想分化，动荡不安的局面。根据这一情况，上级指示开展政治瓦解攻势。10 月 29 日，岩掌带着传单，化装深入敌穴，向敌人展开政治宣传。为使传单发挥更大的作用，争取更多的匪兵脱离匪部。岩掌机警地摸到残匪的碉堡里，把全部传单散发了出去，在返回的路上，不幸被残匪岗哨发现后而被俘遇害。牺牲时年仅 27 岁。

岩掌光荣牺牲了，但岩掌散发出去的传单在匪军内部发生了作用，匪兵们看了传单，有的自动脱离了匪部，有的起义投诚。动摇了残匪军心，有力地打击了国民党残匪反动气焰。岩掌的大智大勇、不怕牺牲的崇高精神，永远留在阿佤人民的心中。

麻哈允（官名，意为大头人）（？—1960 年） 原名岩响，佤族，西盟县傈傈区傈傈乡阿佤来人，是阿佤来部落的大头人。民国年间，曾到缅甸学习傣文，学成归来，在阿佤来、土地、打洛传播小乘佛教，担任佛爷。通晓佤、傣、拉祜、汉四种语言，能写傣、汉文字。

1950 年 8 月，麻哈允应邀参加中共澜宁源（澜沧、沧源）中心县委组织的国庆观礼团赴京观礼；9 月 30 日，代表团到达北京，当天出席周恩来总理主持的国庆宴会，受到毛泽东主席接见；10 月 1 日，参加了天安门国庆大典，目睹 40 万游行群众对毛主席的敬仰。国庆观礼后，参观天津、上海、武汉等大城市，亲眼看到祖国内地的繁荣景象和人民解放军武装力量的强大，加深了对伟大祖国的认识；12 月 26 日，麻哈允同代表团回到宁洱，出席普洱专区第一届民族兄弟代表大会，会上，麻哈允支持李保的提议，用佤族重大盛典喝咒水、剽牛方式表示各民族大团结，支持把咒语（誓词）刻在一块大石头上，表示各民族永不变心。1951 年元旦，麻哈允同全区 26 个民族的代表在宁洱红场庄重举行“剽牛”仪式，立下了标志各民族大团结的民族团结誓词碑，麻哈允用傣文签下了自己的名字。

1951 年 1 月 21 日，麻哈允出席西盟各民族团结保家卫国大会，麻哈允在 3000 余人的大会上宣传了赴京观感，热情歌颂祖国的强大、各民族的团结和睦。2 月 22 日，西盟各族团结保家卫国委员会成立，麻哈允当选为常委。至 1954 年，在西盟区政府工作。1955 年—1956 年 6 月，在西盟县筹备委员会工作。1956 年 6 月—1960 年 6 月，任西盟县筹备委员会文教科科长。1960 年 6 月，因病逝世。

岩嘎（1936 年—1969 年） 男，佤族，西盟县新厂公社新厂大队大寨人。1956 年 8 月，参加工作，在县公安局任政保股侦查员。

1969 年年初，国民党残匪在国境线上频频对境内进行长途奔袭，小股窜扰和暗杀、爆炸活动，严重威胁着边疆人民生产生活安全。中国人民解放军、公安、民兵紧密配合，实行军民联防，有效地打击国民党残匪的破坏活动。同年 3 月 9 日，国民党残部派出 6 个匪兵窜到国境线边界，进行试探侦察。国民党越界入境，落入岩嘎带领的小分队伏击圈。随着岩嘎“出击”一声令下，战士们朝匪兵猛烈射击，五名匪兵被当场击毙，剩下一名匪兵转身逃命。为了得到活情报，岩嘎命令其他战士打扫战场，自己只身去追击逃跑的匪兵。山路拐弯多，路边树木草丛茂密，岩嘎追了一段路后失去了目标，停下脚步准备观察，就在这时，躲在草丛中的匪兵向岩嘎背上开了枪。岩嘎同志为了保卫边疆、巩固边防献出了自己宝贵的生命。牺牲时年仅 33 岁。

岩给松（1929 年—1969 年） 男，佤族，西盟县新厂公社阿莫大队人。1959 年，参加民兵。

1969年年初，国民党残匪经常派出小股匪兵到西盟边境一线进行骚扰破坏活动，扰乱边疆各族人民群众的生产生活秩序。为了打击残匪的嚣张气焰，使人民群众生产生活得到安宁。1969年4月的一天，岩给松所在的阿莫民兵排接受了攻打小班岳国民党残匪据点的任务。国民党残匪小班岳据点地形高，周围是峡谷，易守难攻。

战斗打响后，民兵排主攻据点大门。残匪集中了两个排的火力向民兵排压过来。民兵们奋不顾身，英勇冲杀，迅速突破了据点大门，向敌纵深穿插，突然敌人从民兵冲锋路线左侧的暗堡中射击雨点般的子弹，压得民兵抬不起头来。这时，一名民兵提起步枪，在战友们的火力掩护下，冲向敌人暗堡，但在冲到距暗堡十几步远的地方中弹倒下，英勇牺牲。这时敌人的援兵已到，从后面包围了民兵排。民兵陷入了四面受敌的险恶境况。前后土包被敌人密集的子弹掀起一层层土浪。民兵的伤亡不断增加，情况非常危急。为了保存兵力，大队武装干事岩老果断下达突围撤退的命令。碉堡里的残匪看到民兵被增援残匪包围，便向民兵发动反击，民兵进入到进退两难的紧要关头，岩给松一个箭步冲出战壕，抢占制高点后向敌人开枪猛烈扫射，敌人被打得抱头鼠窜。包围的口子被打开了，民兵们冲出了包围圈，但岩给松却在掩护民兵撤退的激烈战斗中光荣牺牲。牺牲时年仅40岁。

岩老（1944年—1969年） 男，佤族，西盟县新厂公社阿莫大队人。1965年，参加民兵，担任阿莫大队武装干事。

1969年年初，盘踞在小班岳据点里的国民党残匪，经常小股出没在西盟边境一线，抢粮食、偷耕牛，造谣破坏，严重威胁着边境线群众的安全。岩老决定给小班岳据点里的残匪一次严厉教训。1969年4月的一天午夜，岩老率阿莫全部民兵猛烈扫射，阵地顿时变成一片火海。敌人的子弹像雨点一样落向民兵阵地，部分民兵中弹倒下，岩老指挥民兵冒着敌人的弹雨奋勇冲杀，突破了敌人据点大门，向敌碉堡冲击。这时，向前冲击的民兵左侧暗堡中吐出了几条火舌，挡住了民兵前进的道路，情况变得险象环生。在这危急时刻，岩老沉着冷静地指挥队伍，和几个枪法好的民兵边阻击敌人，边指挥队伍撤退。大部分民兵迅速冲出了敌人的包围圈。但是，有两个民兵因为掩护队伍撤退而仍在敌人包围圈内，岩老不顾个人安危，带领两个民兵冲入敌阵地，找到两个民兵后，准备突围时，敌人像疯狗一样向他们扑来。岩老不幸中弹，负了重伤。在一起的四个民兵准备把他背出去，可岩老为了四个民兵的安全，果断下命令："我来掩护，你们赶快突围出去。"说完，岩老挣脱其他民兵的手，翻身跃出战壕，把敌人引到自己撤退的方向，四位民兵安全脱险，岩老则在解除战斗之后因失血过多光荣牺牲。牺牲时年仅25岁。

尼梗（1957年—1979年） 男，佤族，西盟县中课公社中课大队人。1977年1月入伍，任分队班长。

1979年2月17日，在对越自卫反击战（攻打越南孟康地区）的战斗中，尼梗带领全班战士奋勇杀敌，在向敌人阵地冲击中光荣牺牲。牺牲时年仅22岁。战后，部队党委给尼梗追记三等功。

岩吓（1958年—1979年） 男，佤族，西盟县岳宋公社人。1979年1月入伍。1977年10月入团。中国人民解放军某部61分队战士。

1979年3月1日，在对越自卫反击战（攻打越南为麻地区）的战斗中，英勇牺牲。牺牲时年仅21岁。战后，部队党委给他追记三等功。

罗正明（1907年—1982年） 字光亮，男，汉族，原籍四川。民国9年（1920年）父亲去世，仅读三年的小学并辍学，帮母亲推磨、砍柴糊口。民国11年（1922年），年仅15岁帮富商陶家赶马、抬枪，往返于澜沧、缅甸经商。民国 18 年（1929 年），景谷县团防大队长李希哲出榜招兵，应征入伍。

民国 31 年（1942 年）5 月，日本侵略军侵入腾冲、龙陵，伺机入侵西盟、孟连，罗正明到普洱向国民党专员胡道文请缨抗日，得到认可后，组成 500 余人的抗日武装，以澜沧县保安大队名义，驻防南卡江以东孟连、勐马、西盟国防前线。同年秋，中共党员江枕石深入澜沧发动抗日斗争，在江枕石的影响下，决心在阿佤山建立抗日根据地。同年，国民党驻滇西部队看重罗正明的实力和胆略，委其担任阿佤山区抗日守备第二支队长。后委任“阿佤山人民自卫队总队长”，守卫中缅南段未定界线。罗正明自筹资金购买枪炮，并动员地方实力人物出人出枪，团结抗日。同时，深入佤族山寨，同大、小头人“剽牛”“喝咒水”，结成抗日联盟，率队奋勇出击，夺回允恩、班阳等日军前哨据点。民国 34 年（1945 年）部队改称“佧佤山区抗日游击支队”，罗正明任司令官。

1950 年 2 月，在配合人民解放军阻击国民党军残部战斗中，受到野战军司令部的通报表扬。1951 年，参加西南革命大学云南分校学习，被停止候补党员资格。1952 年，学习结束后，在省人民政府招待所等待分工。1956 年，到省人民政府参事室任参事。1961 年，调省政协任行政科长。“文化大革命”中，罗正明惨遭无端迫害，身心受到摧残，但对党始终忠心耿耿。并经常教育家属子女，努力工作，听党的话，永远跟着党走。1979 年，增选为省政协第四届委员。1981 年 7 月 6 日，中共云南省人民政府参事室党组织经过复查，并征得省委统战部同意，省委组织部批准，给罗正明恢复政治名誉，恢复副专员待遇。罗正明在病中一直感谢党和人民，写道：“我今天由于年老病危，不能再为党为人民做更多工作而深感遗憾，但我要教育和要求子女加倍努力工作，紧紧依靠党，在四化建设中多做贡献，为实现共产主义的伟大理想而奋斗终生”。1982 年 5 月，因患脑溢血长期医治无效，在昆明病逝，享年 75 岁。

李晓村（1909 年—1992 年） 原名李得春，男，汉族，普洱（宁洱）县勐先乡人。少年时在勐先两级小学读书。民国 13 年（1924 年）考入普洱省立第四师范学校，在四师期间，受到民主革命思想的影响，于民国 17 年（1928 年）加入共青团，次年转为中共党员，并改名李时。同年秋，师范毕业后回到勐先小学任教，曾在当地手工业工人中组织“互济会”，传播革命思想。民国 19 年（1930 年）春，受组织安排，入云南陆军讲武堂二十期学习。不久，被校方以“赤化嫌疑”开除学籍，被迫转移到普洱一带进行革命活动。民国 20 年（1931 年）5 月，因叛徒出卖，在勐先被捕。后被父亲劫狱救出，先后辗转于老挝、缅甸和西双版纳等地，与党组织失去联系。

民国 21 年（1932 年）5 月，李晓村从境外进入澜沧，被澜沧爱国人士、县教育局长傅晓楼安排到岩帅等地登记户口，同时，为躲避国民党的通缉，改名吕筱邨（后为李晓村）。同年秋，受澜沧县教育委派，到糯福基督教会学校任教。在此期间，李晓村曾向县政府报告了美国传教士永享乐偷运银矿到国外化验的行径。

民国 25 年—31 年（1936 年—1942 年），李晓村在澜沧简易乡村师范学校任教，把革命的圣火点燃到了澜沧、孟连、西盟一带的广大山区。由于李晓村多年与边疆少数民族相处，故精通拉祜语、傣语和佤语。民国 25 年（1936 年）中英会勘滇缅南段未定界时，为中国委员办事处担任拉祜语和傣语翻译，并参与了组织各族各界人士抗议英国人企图通过勘界，侵占西盟勐梭等地的斗争，捍卫了边疆领土的完整。

民国 30 年（1941 年），李晓村进佤山，为佤山抗日做准备，对头人做疏通宣传，取得了佤族、拉祜族头人的信任。民国 32 年—34 年（1943 年—1945 年），李晓村与罗正明等人在阿佤山建立抗日游击支队，公开打出了“佤山抗日游击队”的旗帜，开展抗日斗争，并任支队司令部军需、翻译室主任。民国 37 年（1948 年）年底，李晓村参加地下党在谦糯开办的干训班，并任队长。

1949年秋—1950年春，在平息叛乱中，他奉命率队先后在田坝、班利、孟连、拉巴等地多次与敌作战，将敌人击败，为澜沧、孟连、西盟的解放和平叛斗争做出了贡献。在各族群众中树立了很高的威望，和他们有了鱼水之情，人们把他看做了“红汉人”的代表，不论到佤寨，还是到拉祜寨、布朗寨、傣寨，只要一提到李晓村的名字，人民就会伸出大拇指说：“李大队长是位了不起的英雄”。1950年8月，从部队转业到澜沧县政府从事民族事务工作，期间，李晓村亲自到西盟说服动员头人到北京参加国庆观礼的思想工作。并随同澜沧、沧源的民族代表团赴北京参加国庆观礼，受到毛泽东、周恩来、朱德等党和国家领导人接见。

1951年，调云南省民委政策研究室工作。1953年，参加全省拉祜语普查。1956年后，在云南省少数民族语文指导工作会任职，为少数民族语文的翻译、推广与研究做出了显著贡献。“文化大革命”中，李晓村遭到打击迫害，曾被送到农场、农村劳动。中共十一届三中全会后，党组织为其落实政策，并恢复了李晓村的党籍，党龄从1929年6月起计算。李晓村离休后，仍孜孜不倦地笔耕，写了大量宝贵的史料，不顾年迈体弱，多次到普洱、澜沧等地作革命传统报告。1992年10月9日，因病医治无效，在昆明逝世，享年83岁。

李光华（1931年6月—1993年5月） 原名李福保，男，拉祜族，民国20年（1931年）6月出生于西盟世袭土司家庭。父母早亡，由其兄李扎体承袭土司位。民国30年—34年（1941年—1948年），李光华读小学时，正值景谷县爱国人士罗正明和与党组织失去联系的李晓村、进步青年尹溯涛等人在阿佤山建立抗日游击队，使李光华受到了一些革命思想的影响。民国36年（1947年）其兄病故，李光华继承土司职位，并任保长，与李晓村、尹溯涛交往更密，支持协助其做了一些工作。

1949年2月，在中共地下党领导的游击队解放澜沧时，李光华积极组织西盟各族群众配合围堵逃往西盟的残敌。同年，建立人民政权后，任西盟村村长。1949年年底至1950年年初，逃往境外的反动武装与境内反革命势力相勾结，向西盟人民政权反扑，李光华组织各族群众在中课一带堵截和打击敌人。1951年—1952年，李光华被送到西南民族学院、中央民族学院学习。1953年4月，被选为澜沧拉祜族自治区人民政府主席（后改为自治县县长）和县第一届政协主席。

20世纪50年代，边疆情况复杂，境内外敌人经常骚扰破坏，历史上遗留下来的民族隔阂较深，各项工作较难开展。李光华任县长后，经常深入情况复杂的西盟宣传党的民族政策，做争取民族上层人士的工作，并采用喝鸡血酒、喝“咒水”、剽牛等民族传统仪式与他们盟誓交友，为民族团结、稳定边疆做出了贡献。1953年7月，茨竹河的拉祜人与中课的佤族发生了相互枪杀和砍头的流血事件，中课大寨砍死解放军测量队员的事件，李光华受边工委委托，不顾自己的安危，带着盐、布、酒等进入敌特活动十分频繁的中课地区，做佤族头人岩顶、岩枪等人的工作，经过耐心说服和谈判，争取了中课头人，并动员岩顶、岩枪等人到北京参观。同年10月，李光华参加中央慰问团赴朝鲜慰问中国人民志愿军。1954年起，被选为全国一、二、三届代表大会代表、全国人大民族事务委员会委员。1956年3月，敌特在中课一带造谣破坏，部分群众受到煽动，使工作极难开展。李光华受边工委委派，与其他领导干部一起进入中课与头人反复谈判，耐心宣传党的政策，并与他们喝了鸡血酒，争取了头人和群众。同年，李光华加入了中国共产党。

1987年，任思茅地区政协工委主任。1988年，任省第六、七届政协委员和全国第七、八届政协委员。1993年5月初，李光华带病参加云南省七地区政协工作联席会议，中途病情恶化，经多方抢救无效，于5月15日逝世于澜沧，享年62岁。

王诗伦（1933年—1994年） 男，拉祜族，澜沧县人，高中文化。1954年3月，王诗伦受澜沧县教育科派遣，到西盟从事教育工作，接管由部队和民族工作队创办的西盟县老寨识字班，并在识字班基础上成立了西盟小学。当时，学校只有两名教师，另一名教师是杨德安，他们带领学生挖土建校，白天从事教育教学工作，夜晚为学生站岗放哨。在自然环境恶劣，敌特活动频繁，生活条件异常艰苦的条件下，创办了西盟佤山的第一所小学（西盟县小学）。

1994年，王诗伦病故，享年61岁。生前先后担任过县小工会小组长、团支部书记、教导主任等职。

李学文（1936年2月—1999年8月） 曾用名扎安，男，拉祜族，澜沧县上允镇人，初中文化，中共党员。

1953年9月—1954年6月，在澜沧县民族工作队二队工作。1954年6月—1955年6月，在云南省民族学院读书。1955年6月—11月，在省公安学校学习。1955年11月—1956年5月，在西盟县公安局工作。1956年6月—1963年6月，任傈傈区委委员、公安特派员。1964年7月—1969年10月，任县公安局治安股股长。1969年10月—1973年6月，参加莫窝公社小马散农业学大寨工作队，任工作组组长。1974年6月—1975年6月，在云南省民族学院干训部学习。1975年6月—1980年6月，任县公安局局长。1980年6月—1981年6月，在中央民族学院干训部法律班学习。1981年5月—1984年1月，任县公安局局长，兼县武警大队教导员、党委第一书记。1984年6月—1993年2月，任县人大常委会副主任。1995年退休。1999年8月病逝，享年63岁。

娜海（1938年10月1日—2004年6月20日） 女，佤族，西盟县莫窝乡马散村人。

娜海出生贫苦，父亲被"珠米"（头人）活活打死，娜海七、八岁时就当了奴隶，受尽剥削和压迫。新中国成立后，娜海在党的教育下，思想觉悟不断提高。1958年，建立民兵联防队，20岁的娜海因各方面表现突出，毅然决然成为马散区第一个佤族女民兵。

在联防队里，娜海同男民兵一样，站岗放哨，监视反动头人和破坏分子。一天，几家地主叫喊："外面好，样样都自由"。煽动群众外逃，娜海马上报告了区政府，并与几名联防队员深夜潜伏在地主的屋檐下侦听动静，抓获策反分子一名，粉碎了敌人策反的阴谋。敌人看到一个小小弱女也敢与他们作对，深为恼火，就派遣她的舅舅（叛匪）来诱骗她外逃，娜海痛斥了其舅背叛祖国与人民为敌的可耻行为。其舅舅威胁说："你不往境外跑，我以后回来杀你。"娜海斩钉截铁地回答："我死也要跟共产党走。"1958年9月8日，境内外敌人相勾结，胁迫部分群众暴乱，围攻区政府，娜海与5个民兵赶到大马散，参加保卫区政府的战斗。匪徒们趁机杀害了娜海的母亲，并割下她的头，以威胁群众，吓唬娜海。然而，敌人的毒辣手段，更加激起娜海对敌人的仇恨。

当娜海与其他5名民兵来到大马散时，400余名叛匪已把30多个民兵及区政府工作人员团团围在区政府。残匪吼叫着："你们被包围了，快投降吧！"情况十分危急。娜海她们经过商量，决定从敌人兵力薄弱的山后箐沟悄悄插进去，与区政府汇合。制高点上敌人架着两挺机枪，叛匪哨兵亮着手电晃来晃去。男民兵都劝娜海留下，躲在群众家里，娜海坚决地说："我当民兵就是要消灭敌人，为了保卫区政府，今天与敌人拼了"。说着拿着长刀就走。男民兵无法，只好带着娜海顺着箐沟爬了500多米，越过封锁线来到了区政府。为了打退敌人进攻，民兵们都在区政府后山制高点上修工事，娜海不顾疲劳，水没喝一口，就参加抢修工事。工事修好后，为了让男民兵多休息一会儿，娜海站了四个小时的岗。天亮后，激烈的战斗开始了，敌人一次又一次地扑上来，被民兵们一次又一次地打下去，娜海来回在阵地上给民兵送弹药。中午大家口渴得很，但水源较远，又在叛匪的火力控制之内，娜海想到应尽快设法找来水，娜海毫不犹豫地背上几个水壶，抱上两个竹筒就走，水快接满时被叛匪发现了，叛匪用佤语叫喊："娜海'解放'给你糖吃，今天我们要给你吃辣子、吃子弹"。一发发子弹向她射来，娜海随即卧倒，滚了几米。叛匪狂叫："娜海跟汉人走，被我们打死了，看你们还跟不跟汉人和'解放'走"。妄图挑拨坚守在区政府的佤族民兵和群众。就在匪徒们高兴的时候，娜海又爬回水沟，将水壶和竹筒全部接满了水。然后利用草丛掩护，摸了回来，手磨破了，脸刺破了，清清泉水终于送到战友手中。

14 时许，叛匪向区政府发动了猛烈的进攻。区政府到处是一片火海，区政府干部和群众都转移到民兵控制的制高点上。突然有人说："忘了带电话机。"娜海听了后，心想：电话机是区政府同上级联系用的通信工具，决不能落入叛匪手中，一定要把电话机拿回来。同志们都劝娜海不要去了，但娜海把自己的生死置之度外，独自冲进区政府。敌人逼近了，子弹横飞，娜海抱着电话机，时而滚进，时而爬行，在同志们的火力掩护下，将电话机和一个卫生箱带回了制高点。

在当时敌众我寡的情况下，为保存力量，区政府决定暂时撤离大马散。在撤离中，娜海同另一名同志承担了护送重伤员的任务。娜海到大马散近两天的时间，只睡了两三个小时的觉，感到筋疲力尽了，可娜海想到党和人民政府给阿佤人民带来的幸福生活，想到伤员的痛苦，想到对敌人的深仇大恨……娜海咬着牙挂着电话机和卫生箱，以惊人的毅力与另一位同志一起抬着伤员，冲出敌人包围圈。

十月初，叛乱平息了，娜海回到小马散，积极带领群众保卫秋收，重建家园。但暗藏下来的匪特不甘心他们的失败，千方百计造谣策反。叛匪岩桑、岩攻、岩召等人引诱娜海说："外面好，不劳动，外面汉子多。"企图叫娜海跟他们一起逃到国外。娜海及时地向区政府汇报了情况，逮捕了岩桑等匪特。娜海还积极地向群众宣传党的政策，做好外逃人员家属、亲友的工作，先后争取外逃群众 300 余名回归。1959 年 11 月，娜海加入了中国共产党，在打击入窜的蒋残匪和平叛战斗中，立场坚定，英勇顽强，被誉为"阿佤山上的巾帼英雄"。1960 年，娜海光荣地出席了在北京召开的全国民兵代表会议，中央军委授予她"全国民兵英雄"荣誉称号，并奖励半自动步枪 1 支，子弹 50 发。娜海为保卫红色政权，建设家乡，改变落后贫困面貌，做出了贡献。2004 年 6 月 20 日病逝，享年 66 岁。

张正文（1949 年 8 月—2005 年 2 月） 曾用名岩扩捋，男，佤族，西盟县翁嘎科乡班岳村干浪寨人，本科学历，中共党员。

1962 年 1 月—1964 年 2 月，在翁嘎科区政府工作。1964 年 3 月—1969 年 3 月，在西盟"7639"部队服役，并任班长。1969 年 4 月—1970 年 8 月，在翁嘎科公社干浪生产队务农。1970 年 9 月—1971 年 4 月，在景洪学习杂交玉米种植技术。1971 年 5 月—1971 年 12 月，在干浪生产队务农。1972 年 1 月—1977 年 7 月，在翁嘎科公社英候大队小学任教。1977 年 8 月—1978 年 3 月，在县委清查"四人帮"办公室工作。1978 年 4 月—1982 年 1 月，在云南民族学院读书。1982 年 2 月—1983 年 12 月，在县委政策调研室工作。1983 年—1992 年，任政协云南省第五、六届委员会少数民族委员。1984 年 1 月—1990 年 1 月，任县文化广播电视局局长。1990 年 2 月—1993 年 2 月，任县第六届人大常委会副主任。1993 年 2 月—2003 年 3 月，任县第七、八届人民政府副县长。2003 年 3 月—2005 年 2 月，任正处级调研员。2005 年 2 月病逝，享年 56 岁。

孔寿益（1965 年—2005 年 8 月 24 日） 男，汉族，思茅市翠云区六顺乡官房村人。高中学历，中共党员。

1981 年—1987 年，先后在西盟、江城边防部队服役。退伍后在莫窝乡莫美茶厂小学、班哲村小任代课教师。2005 年，任班哲村文书、村委会副主任。

在班哲村工作的 13 年里，孔寿益负重前行，任劳任怨，全心全意为人民服务，老百姓有目共睹，记在心里，也是孔寿益用实际行动谱写了亲民爱民曲的 13 年。1996 年，孔寿益担任班哲村甘蔗和热作开发种植辅导员，带头组织全村群众发展经济作物。当年，承担 350 亩甘蔗栽培试种任务，在孔寿益的带领下，班哲村群众创收 4 万多元。群众看到实惠，纷纷种植甘蔗，全村种植面积 1200

亩，农民人均收入从1996年的365元上升到2004年的647元，一跃成为莫窝乡经济大村。2003年，孔寿益负责班哲村94户民房改造任务，为了按时按质完成，孔寿益不分白天黑夜挨家挨户地宣传党的政策，与各户商议建房的事宜，并严格按照扶贫安居温饱工程的规定，把建筑材料、经费如数分发到每户，在孔寿益的精心组织下，94户（栋）宽敞明亮、具有民族风貌的砖瓦房终于建成，并验收达标。组织群众开渠引水，疏沟清淤，大搞农田水利建设，经过2年多的艰辛努力，与群众用汗水浇铸了一条宽1米、深0.8米的全新主干渠—班哲大沟，并辐射延伸了“阿不拉东沟”等十多条支渠，总长1.8千米，使班哲村上千亩“雷响田”变成了高稳产农田，村民们把这条水沟称为班哲人的“生命补给线”。

为了说服群众，孔寿益带头领取独生子女证，敢为人先的事迹传为佳话后，班哲有17户群众先后领取了独生子女证。孔寿益教给群众科学养猪，提高了班哲村生猪存栏、出栏和养殖业的经济收入。每当群众有困难时，孔寿益都毫不犹豫地把自己微薄的工资为有病群众捐款、买药，并看望；为困难的群众购买种子；为儿童捐款购书；为贫困的群众购买锅碗瓢盆及生活用品等。

2005年8月23日夜晚，连续不断的暴雨在莫窝大地肆虐。孔寿益估计特大山洪可能暴发，惠及班哲村群众生产生活用水的“生命补给线”—班哲大沟可能受损，作为村干部的孔寿益整夜未眠。8月24日，天刚亮，孔寿益扛上锄头，撑起伞，火速赶到了班哲大沟，置身投入到了护沟排险中。上午9时，风更狂，雨更暴，在孔寿益作业的附近出现多次滑坡险情，但孔寿益不顾个人安危，想到的是老百姓的切身利益，全然忘记了自己身边的潜在危险。就在险情刚排除的那一瞬间，不幸发生了，一堵大墙般突兀而至的山洪夹杂着巨石无情的向孔寿益袭来，一名深受老百姓爱戴的村干部孔寿益被山洪卷走了、吞噬了，孔寿益不幸因公殉职。年仅40岁。中共西盟县委追授孔寿益为“优秀共产党员”，并号召全县人民向他学习。

牛贵成（1923年—2005年） 男，汉族，山西省长治县人，初小学历，中共党员。

1939年1月，参加革命。1941年1月—12月，在山西省长治县县大队任通讯员。1942年1月—1943年8月，在分区“二七”师电话班任班长、副排长。1943年—1949年12月，在解放军“386”旅二团，任副排长。1950年1月—10月，在思茅征粮队。1950年10月—1956年5月，在普洱县（今宁洱县）黎明区、德化区任特派员。1956年6月—1963年7月，任西盟县公安局政保股副股长、股长。1963年8月—1965年12月，任西盟县人民检察院副检察长。1981年1月离休。2005年病逝，享年82岁。

牛贵成曾参加过抗日战争、解放战争和思普地区的解放，并在著名的淮海战役中，立大功一次。

新中国成立后，牛贵成脱下军装，下地方，来到条件极为艰苦的西盟工作，为西盟的“平息暴乱”、歼灭残匪、巩固边疆、建立佤山红色政权，做出了贡献。1958年，被思茅行署表彰为“先进工作者”。

李树德（1938年—2007年） 男，汉族，昆明市安宁县人，本科学历，中共党员。

1958年9月—1962年7月，在昆明师范学院化学系读书。1962年7月—1970年7月，在西盟县第一中学任教。1970年8月，到莫窝公社创办莫窝附中。1971年8月—1983年12月，任县一中化学教研组长、教导副主任。1983年10月，选为县第二届人大代表和人大常委会委员。1983年12月—1990年2月，任县第四、五届人民政府副县长，县政府党组成员，县政协第三、四届委员会委员。1990年2月—1998年3月，任县政协第五、六届委员会副主席、常务副主席、党组副书记、政协机关党支部书记。1995年2月，享受正处级待遇。1998年7月退休。2007年11月8日，因病医治无效，在昆明病逝，享年69岁。

岩水（1964 年 1 月—2008 年 12 月） 男，佤族，西盟县勐卡镇莫窝村人，大学学历，中共党员。

1981 年 10 月—1993 年 12 月，在 14 军 31 师 91 团无后坐力炮兵连当兵。1985 年 5 月，任排长，同年，在对越自卫还击战斗中，表现突出，被中央军委授予“神枪手”称号。1987 年 7 月，任 2 营 6 连排长。1988 年 4 月，任 5 连排长。1989 年 7 月—1993 年 12 月，任副连长。1993 年 12 月—1994 月 3 月，在 14 军任司令部管理股管理员（正连级）。1994 年 3 月，任炮兵股参谋。1996 年 6 月，任炮兵股副营职参谋。1999 年 3 月—2003 年 4 月，任 14 军 31 师装甲团副参谋长。2003 年 4 月，任装甲团副团长。2006 年 4 月—2008 年 3 月，任大理白族自治州洱源县人民武装部部长。2008 年 3 月—12 月，任大理州漾濞县人民武装部部长。同年 12 月，当选漾濞县人大代表。月底，因病逝世，享年 44 岁。

钟成学（1944 年—2009 年） 男，彝族，景东县大街乡勺么村人。中师学历，中共党员。

1966年7月，毕业于思茅师范学校。1967年8月，分配到西盟县莫窝公社马散小学任教。1971年—1979 年，任县委委员，兼县委办公室秘书。1980 年—1990 年，任县文化馆馆长。1991 年—1996 年，任县文化局局长。1994 年，被中国少数民族文化展演部聘任为导演。1997 年，任副县级调研员。2004 年退休，任县文联、民族民间文学、书画根雕艺术、音乐舞蹈协会等顾问。2009 年 10 月 4 日病故，享年 65 岁。

钟成学在任文化馆长期间，为弘扬阿佤文化，主持创办了《佤山》刊物，既当馆长，又当编辑、作者和装帧设计。为丰富和活跃佤山各族人民的文化生活，走访全县村村寨寨，先后采访民间艺人 170 人。挖掘整理了许多丰富多彩而富有价值的民族舞曲及舞蹈，并编排成剧本。率领文化骨干到乡下指导农村业余宣传队演出，多次成功组织筹备县农村业余文艺会演。为展现阿佤文化、扩大佤山的知名度，钟成学与编导人员精心编排，带领县民族歌舞团到地、省、国家进行演出，享誉大江南北。钟成学的作品《春米舞》，荣获 1995 年滇中歌舞戏剧二等奖；《佤山之春》荣获文化部、广电部民族艺术繁荣奖；参加创作的《木鼓舞》，荣获云南省文学艺术创作基金会一等奖和全国艺术精品评选提名奖；《西盟民间舞蹈》荣获省艺术理论研究二等奖。此外，还完成了西盟县《民间音乐》和《民间舞蹈》集成两书的工作。

钟成学的文学作品分别在《人民日报》《云南日报》《思茅报》《民族画报》《大众电影》《中国广播电视报》《云岭歌》等杂志上发表或被国际文化出版社、上海民间文学出版社、云南人民出版社、云南民族出版社刊用。多年来，在国家、省、地、县刊物上发表过反映边疆民族生活的美术、摄影、歌曲和文学作品上百件，展出过的也有上百件。是《云南西盟佤山风光》的撰稿人，是多次建政庆典和木鼓节的撰文者。留下了不少佤族历史、佤族风情等文著。

陈易夫（1916 年 1 月 16 日—2010 年 10 月 17 日） 男，汉族，湖南省耒阳县人，中共党员，离休干部。

1936 年 7 月—1938 年，在黄浦军官学校十四期受训，在这期间的抗日战争中，参加过 1937 年 8 月的淞沪会战和 1938 年 6 月—10 月的武汉会战。后被编入中国入缅甸远征军国民革命军第六军 93 师。1938 年至 1945 年年初，在国民革命军历任特种部队防毒排排长、防化连长、少校总务科长。1945 年年初，因目睹当时国民党军队腐败，毅然脱离国民党军队，从其部队所在地车佛南（现在的西双版纳）来到西盟佤山，办起了西盟佤山的第一所学校，名称叫“西盟保国民小学”。开学当天，学校升起了中国国旗，招收了 16 名青年学生（有曾任过澜沧县长的李光华和思茅地区人大工委主任的张光明），亲自任老师。1949 年 3 月，参加中国人民解放军迤南人民自卫军一支队，任中队长、大队长、滇桂黔边区纵队九支队 43 团云南军区基干二团营长、教导员、13 军 39 师教导大队教导员。在李晓村、尹溯涛的影响下，于 1949 年 7 月加入中国共产党。

1956 年—1957 年，历任江边林业局、南盘江林业局科长、场长。1957 年，被错划为右派。1980 年 3 月，经中共云南省委组织部复查改正，并恢复政治名誉。1980 年 3 月，在云南省盘江林业局退休。1982 年 5 月，经云南省林业厅批准，改为离休。

1982 年—1997 年，陈易夫曾多次当选为西盟县政协委员、常委，县党代表、县人大代表。1991 年、1996 年，分别被西盟县委授予“优秀共产党员”。2010 年 10 月 17 日病逝，享年 94 岁。

二、人物简介

刀老六（别名：岩罗、布给罗） 男，傣族，1924年生（傣历1286年），西盟县勐梭镇勐梭村大寨人。从小跟父母亲务农，8岁进入佛寺当和尚，还俗后跟随家臣到周边佤族、拉祜族等村寨做小生意。兼通佤、拉祜、汉语言。

1952年（傣历1314年），到普洱专区（今宁洱）培训、学习半年。1956年（傣历1318年），参加西盟佤族自治县成立筹备工作。1959年，被选举为勐梭寨“布给罗”（勐梭大寨头人）。1960年（傣历1322年），潜逃境外的扎课（赵呆），在西盟边境一带进行封建迷信活动，蛊惑中课、勐梭居民出境朝拜，严重影响生产。刀老六积极配合工作组，亲临边境村寨揭露扎课谎言，并以傣文的书信宣传党的政策和民族政策，动员受骗外出群众回归。

1982年11月5日（傣历1344年2月），受西盟县委、县政府的委托，带领佛寺里的和尚（卡朗三、卡朗衣）几位同志赴思茅、昆明参观学习，回来后，走村串寨，把看到听到的所见所闻进行宣传。为修复佛塔，刀老六积极争取资金，组织群众投工献料，建盖（复修）佛寺庙和重建佛塔（白塔），完善了傣文经书，建立了经庙基地，使傣文得以传承弘扬。

1984年3月（傣历1346年），刀老六被选为西盟县第三届人大代表和政协代表，曾任县第五届人大常务委员会和县政协第三、四、五、六、七、八届副主席。组织成立了勐梭村佛教协会和老年人协会。

平富昌 男，汉族，1928年2月22日生，云南省陆良县小百户乡北山村邵庄子人，中专学历，中共党员。

1948年，参加中国民主青年同盟。1949年7月，加入中国共产党。接着，受党组织的派遣到思普区工作，先在思普区行政委员会、普洱专署任出纳、秘书、人事股长。1952年，参加地委开办的党训班整党后，被调到思普区弥宁公路任党委委员、总务处副处长。1954年—1956年6月，任思茅专署党组秘书、地委宣传部干部科科长。1956年6月—1956年10月，任西盟县工委副书记。1956年10月—1958年7月，任西盟县工委书记。1958年7月—1960年4月，任西盟县书记处书记。1960年5月—1961年3月，任西盟县工委第二书记。1961年4月—1962年7月，任西盟县委第二书记。1962年7月—1962年10月，任西盟县委第一书记。1962年10月—1965年8月，任西盟县委书记。1965年9月—1971年，任澜沧县委书记。1972年，任思茅地区革委会生产指挥组农业组副组长、边疆组副组长。1973年8月，任镇沅县委书记、县革委主任。1977年年初，任思茅地区革委计委副主任。1979年4月，任思茅地委委员、常委和省民委委员，任思茅专署副专员（兼计委主任）；8月25日，被选为云南省第三次党代表大会代表。1983年，任思茅地区纪律检查委员会书记、省纪委委员。1988年8月离休。

1992年，思茅地委、行署颁发给平富昌“在边疆民族地区工作35年以上做出贡献”荣誉证书。1995年，被思茅地委、行署特邀为“思茅地区第三次民族团结进步表彰会代表”。2001年12月12日，被选为云南省第七次党代表大会代表。2002年6月，被选为中共十六大代表。

张光明　男，拉祜族，1929年11月出生，小学学历，是西盟“三佛祖”世袭传人。

1949年3月，参加工作。1956年6月—1965年3月，任西盟县人民政府筹备委员会副主任。1965年3月—1967年3月，任西盟县人民政府副县长。1967年—1969年，在云南省民委民族语言工作组从事拉祜语翻译工作。“文化大革命”期间，受到迫害，在镇沅县里崴劳动改造。1979年，平反恢复工作，先后任镇沅县革委会副主任、思茅地区民委副主任、思茅地区人大工委联络处处长、思茅地区人大工委副主任。离休以前，一直担任云南省人大、政协常委委员。被省人民政府授予“民族团结模范”等称号。1999年7月离休。

隋嘎　男，佤族，1931年1月生，西盟县力所乡图地村打洛人，大专学历，中共党员。

1952年12月，在西盟部队民族工作队和民族训练班担任翻译工作。1954年1月—1955年6月，在云南民族学院培训班学习。1954年12月，加入中国共产主义青年团。1956年10月，任西盟县人民政府筹备委员会副主任、民政科科长、兼马散区区长。1957年4月，任县委委员。1957年5月—10月，参加云南省民族参观团到北京等地参观学习，受到毛泽东、周恩来、刘少奇、朱德、邓小平等中央领导的接见，并与毛泽东主席握手。1958年8月—1960年8月，在中央民族学院政治系学习，获得大专学历。1960年8月—1966年8月，任中课区区长。1965年3月5日，任西盟县副县长。1966年12月—1969年8月，参加“抓革命，促生产”工作队。1969年9月—12月，抽调到西盟中学举办的缅共学习班工作。1970年1月—1972年2月，在县“五七”干校。1973年1月—1978年2月，在昆明负责西盟县政府的物资采购。1980年12月—1983年12月，人民政府任县长。1984年4月—1990年2月，任县政协第三、四届政协主席。1990年2月—12月，任县政府调研员。

1991年1月退休后，参加云南民族文化传习馆工作，“西盟佤山司岗里民间艺术团”成立，并任团长，率团到北京、四川、东北、上海、深圳、香港等地演出。进行民族文化的民间收集和研究工作，与毕登程合著、出版《从部落王子到佤族赤子》《司岗里文化新探》《司岗里》（佤族创世史诗）、《司岗里史诗原始资料选集》等著作。其中,《司岗里》（佤族创世史诗）成为西盟县申报司岗里神话史诗省级、国家级非物质文化遗产保护名录依靠资料。

魏应昌　男，佤族，1937年8月出生，澜沧县东河乡南岱村人，中专学历，中共党员。

1955年2月，参加工作；9月，加入中国共产党。1956年—1958年7月，在中央团校读书，毕业后分配到西盟县团县委工作。1959年，被推举出席全国社会主义建设青年积极分子代表大会，被团中央表彰为全国“青年积极分子”。1961年，被团省委、团地委表彰为优秀团干部。1963年7月—1966年1月，任西盟团县委副书记。1966年1月—1967年3月，任西盟县委副书记（主持县委工作）。1969年—1970年5月，任西盟县革命委员会核心小组成员。1971年5月—1975年1月，任西盟县委副书记。1971年11月—1976年1月，任西盟县革命委员会副主任。1975年1月—1975年12月，任西盟县委代理书记。1976年1月—1990年3月，任西盟县委书记，在此期间，被省委、地委表彰为“优秀县委书记”，曾到北京出席国务院、中央军委主持召开的陆地边防重要会议。1983年，被云南省军区表彰为“民族工作先进工作者”。

1990年3月—1993年7月，任思茅地委委员、常委、组织部长，在这期间，被省委、省委组织部表彰为“优秀领导干部”和“优秀党务工作者”。1993年3月—1995年7月，任思茅地委委员、地委副书记。1995 年 7 月—1997 年 9 月，任思茅地区人大工委主任。1997 年 9 月退休，任思茅地区关心下一代工作委员会主任。

何品珍　男，汉族，1940 年 12 月 27 日生，玉溪新平县人，大专学历，中共党员。

1961 年 11 月—1984 年 1 月，任县农业局工会主席、种子站站长、县农校副校长。1984 年 1 月—1991 年 2 月，任县科委主任。1984 年 10 月—1991 年 1 月，先后任中共西盟县委第四届委员、人才预测办主任、落实知识分子政策办副主任、引进人才领导小组成员、职称评委副主任、职评办主任。1990 年 11 月—2000 年 12 月，任县科协副主席、主席、县政府副县级调研员。1992 年 1 月—1993 年 12 月，就读辽宁大专刊授党校，学经济理论。2001 年 1 月退休后，任县委关心下一代工作委员会科技组组长、县文学艺术界联合会副主席、县楹联主席、市诗词楹联理事。

1996 年、1999 年，何品珍分别撰写了《西盟土壤》《西盟陆稻》等论文和书籍。1997 年,《西盟陆稻》荣获思茅地区农业局 996 年度科技成果二等奖。

何品珍 22 次被县委、县政府、县政协、县组织部等表彰为“先进个人”“劳动模范”“优秀教师”“优秀共产党员”等荣誉称号；9 次受到地（市）级表彰。1983 年 7 月，被国家民委、劳动人事部、中国科协授予“先进个人”。1994 年 10 月 29 日，被云南省农村致富技术函授大学授予“先进工作者”。1995 年 1 月，被云南省政府授予“科技进步三等奖”。

高立旗　男，白族，1940 年生，元江县人，中师学历，中共党员。

1963 年 9 月—1966 年 7 月，在思茅师范学校读书，毕业后分配到西盟县任教，曾先后在县小、县一中任教。1969 年后，任县民族歌舞队队长、文化广播电视局副局长、县总工会主席、县委机关党支部书记、县委副处级调研员等职以及中国民族学会会员、云南省舞蹈家协会会员、县首届文联副主席、舞蹈家协会主席。1999 年退休后，任普洱市老年摄影协会副主席、普洱市茶城艺术团副团长、西盟县老干部局党总支第四支部宣传委员。

高立旗创作上演了《战斗新村》《铜墙铁壁》《岩勐参军》等 12 部歌舞剧和《木鼓舞》《甩发舞》《舂碓舞》等 20 个舞蹈，以及《拉木鼓》《播种歌》《拉祜歌唱新生活》等 30 余首歌曲和 15 个曲艺节目，其中,《木鼓舞》《甩发舞》获国家级、省级优秀节目奖;《拉木鼓》《拉祜歌唱新生活》《阿佤生活多快乐》等歌曲获省、地优秀节目奖。搜集整理和主编出版了《西盟佤族民间舞蹈》《佤山歌声》《本色佤山》画册等书籍；47 首佤族歌谣被选入《中国歌谣集成 · 云南卷》和《佤族文学简史》；20 多首佤族民歌被选入《佤族民歌集成》；19 篇佤族民间故事、传说被选入故事大系《佤族民间故事选》和其他选集；参与编撰《云南民族文化艺术词典》佤族部类条目；有 300 余幅摄影作品被国家、省地（市）画报、《民族画报》《云南西盟佤山风光》《木鼓之乡——西盟》《中国茶城 · 思茅》《流淌的太阳——普洱水电》《风韵普洱》等 16 种画册和刊物采用，并参加展出。《西盟佤族民间舞蹈》著作和多幅摄影作品获全国优秀奖及省级二等奖。20 余篇佤族风情文章在《普洱政协》和《风韵普洱》刊物上发表。传略被入编《中国文艺家传集》《中国当代艺术界名人录》《中国当代著作家大辞典》《中国人才库》《中华魂 · 中国百业领导英才大典》。

1985 年以来，先后 18 次被授予“先进工作者”“优秀共产党员”“优秀党务工作者”“老有所为先进个人”称号和“德艺双馨奖”等。1988 年 10 月，在《中国民族民间舞蹈集成 · 云南卷》工作中，被评为“先进个人”，受到云南省文化厅、省民委、省舞蹈家协会的联合表彰。1994 年 4 月，被省总工会表彰为“全省优秀工会工作者”。2007 年，被西盟县政府推荐为“普洱市百位名人”之一。

张岩松　男，佤族，1941 年 9 月生，西盟县翁嘎科乡龙坎村人，中专学历，中共党员。

1957年2月9日—1958年5月，在翁嘎科区工作队工作。1958年5月—1958年11月，在傈僳区工作队工作。1958年11月—1961年12月，在思茅政治学校工作。1961年12月—1963年8月，在西南民族学院学习。1966年8月—1978年2月，任西盟县农林局副局长。1980年12月—1983年12月，任西盟县副县长。1983年12月—1990年2月，任西盟县第四、五届县长。1990年2月—1998年2月，任西盟县政协第五、六届主席。

张岩松先后被县委、县政府表彰为“模范共产党员”、颁发中华人民共和国居民身份证工作“优秀先进工作者”“四清工作先进个人”“第三届中国佤族木鼓节筹办工作先进个人”。2005年3月，被云南省关心下一代工作委员会评为“关心下一代先进工作者”，2007年，被普洱市体育局表彰为“体育先进工作者”。2008年，被普洱市老年人体育协会表彰为“老年人迎奥运健步走活动先进个人”。

陈洪文　男，汉族，1942年5月4日生，墨江县景星乡人，中专学历。

1963年8月，毕业于思茅卫生学校，分配到西盟县勐梭公社卫生院工作。

1984年—2000年，任勐梭乡（镇）卫生院院长。1981年起，卫生院先后被评为“县级文明单位”“地区级文明单位”“省级文明单位”。

1985年，陈洪文在“为边陲优秀儿女挂奖章活动”中，被全国边陲优秀儿女评选委员会授予“铜质奖章”。1992年1月，被表彰为“全国卫生系统模范工作者”。1994年，被中华人民共和国人事部表彰为“云南省有突出贡献的优秀专业技术人才”。2000年12月退休。

杨正仁　男，白族，1940年12月生，昆明市碧鸡镇观音山人，成都军区一级作曲家，中共党员。

1961年8月—1970年，在西盟县服兵役，任通信员。1971年，从西盟部队调到昆明军区国防文工团从事音乐创作。1985年，调到成都战旗歌舞团。2001年退休。

杨正仁在佤山当通信兵时，用佤族“江三木罗”民歌的曲调给《阿佤解放是一家》的词谱了曲，此歌成了西盟部队1964年参加昆明战士文艺会演曲目。之后，被国防文工团推荐，作为全军文艺会演曲目，并获得奖。中央人民电台也作为《每周一歌》播放。歌曲被文化部出版的《战地新歌》收录，也被中国唱片公司制成唱片。

1964年，杨正仁在莫窝公社班哲寨架线时，被那热情奔放的佤族民歌《白鹇鸟》优美的旋律而感染，1965年10月，谱写了一首脍炙人口的《阿佤人民唱新歌》。1972年，中央人民广播电台向全国播放了此歌，被入选《战地新歌》第一集。1973年，此歌排成节目参加全军文艺演出，获得好评。1991年，此歌选入《红太阳》音像制品。1992年，在《红太阳》磁带发行300万盘。歌声传遍了祖国的大江南北及缅甸、菲律宾、美国等国家和地区。从此，全国人民通过这首歌知道了阿佤山和佤族。

杨正仁在昆明军区国防文工团期间，和同事一起创作了大型舞剧《含泪的缅桂花》《景颇姑娘上大学》《大学毕业回雪山》等优秀舞剧及曲目。1982年，创作了《草原之夜》和器乐曲《阿佤舞曲》，并获奖。1983年，创作了《草原牧歌》，获得第一届“晨钟奖”。1985年，在成都战旗歌舞团参加创作了歌舞《西藏之光》，获得文化部第三届文化新节目。杨正仁发表、上演、广播和制成的唱片音像带各类作品200余件次。1995年，杨正仁把上海唱片公司给他的第一笔稿费770元和《阿佤人民唱新歌》2000元稿费，捐给了岳宋村希望工程。

2002年，西盟佤族自治县把《阿佤人民唱新歌》定为县歌。2003年，西盟县人民政府把他聘为西盟县佤文化顾问。2004年，西盟县在新县城木鼓园建成了《阿佤人民唱新歌》纪念碑，杨正仁亲自提笔书写了“阿佤人民唱新歌”碑名。2006年，在云南省“四个一批”人才表彰会上，荣获云南省文学艺术成就奖。曾先后荣立三等功二次，二等功一次，享受政府特殊津贴。

岩帅 男，佤族，1944年6月生，西盟县岳宋乡岳宋村小新寨人，中共党员。

1963年—1965年，在西盟“7639”部队服兵役。1965年，加入中国共产党。1965年—1969年，任岳宋公社小新寨生产队队长。1969年—1972年，任岳宋公社岳宋大队党支部书记。1972年5月—1976年10月，任西盟县第二届县委副书记。1976年11月—1979年8月，在省民委挂职，任省委委员、省民委副主任、第四届全国人大代表。1979年9月—1980年11月，在思茅地区民族干校学习。1980年12月—1984年6月，任西盟县第三届人大常委会副主任。1984年6月—1993年2月，任西盟县政协第三、四、五届副主席。1993年12月—1994年4月，任西盟县政协第五、六届副县级调研员。1994年4月退休。

张正福 男，哈尼族，1945年2月16日生，墨江县龙坝乡石头村阿拉坝下寨人，大专学历，中共党员。

1964年10月—1965年2月，在思茅财校学习。1965年2月—1968年7月，在西盟县莫窝乡蹲点。1968年8月—1969年3月，在县农水科会辅站工作，驻马散区任会辅员。1969年4月—1971年3月，任莫窝公社会辅员。1971年4月—1977年8月，任莫窝公社青年干事。1975年9月—1976年8月，在云南民族学院学习。1977年9月—1979年，任莫窝公社党委副书记。1980年1月—1983年11月，任莫窝公社党委书记。1983年12月—1987年5月，任莫窝区委书记、县委委员。1987年6月—1991年8月，任西盟镇党委书记、县委委员。1989年9月—1991年7月，在思茅地委党校读书。1991年7月—1993年3月，任县委常委、组织部长。1993年3月—1998年3月，任县委副书记。1998年3月—2003年3月，任县政协主席。2003年3月—2005年3月，任县政协正县级调研员。2005年3月退休，任地委组织部西盟县干部监督员、县政府县长事务咨询服务处人员、老干部局六支部书记。

张正福曾当选为西盟县第三、四、五、六、七、八、九届党代表和第四、五、六、七、八、九届县人大代表。先后6次被县委表彰为“优秀党务工作者”。2002年，被思茅地委表彰为“扶贫模范”。

周金贵 男，拉祜族，1945年12月生，西盟县力所乡南亢村人，初中文化，中共党员。

1963年—1980年，在南亢大队务农，任科技员、记分员。1980年—1985年，任南亢老寨队长。1981年，出席思茅地区科学技术协会第一次代表大会。1982年，出席思茅地区科技表彰大会。1983年，出席省先进表彰大会，并被省妇联表彰为“五好家庭”。1984年7月，被思茅行署授予“民族团结模范”。1985—1988年，任力所乡科技干事。1987年3月，被省绿化委员会表彰为“绿化先进工作者”。1988年3月，被县委、县政府表彰为“双文明建设工作者”。1988年—1993年，任力所南亢商烟街开发茶园厂长。1991年9月，被县委表彰为“优秀党员”。1993年，被思茅行署表彰为“商品经济基地有突出贡献称号”和“农民学科学用科学积极分子”。

至1994年，周金贵开发茶叶基地750亩，建有一个500平方米的茶叶产业加工厂，总资产500余万元。机器设备价值20万元。1994年4月18日，被省政府表彰为“农民劳动模范”。至2008年，商烟街茶厂有20户、45名茶工，职工住宿700余平方米，产茶37500千克，产值113.25万元。

魏岩刀 男，佤族，1948年10月3日生，西盟县勐梭镇他朗村大寨人，中专学历，中共党员。

1964年10月—1969年9月，在云南省边防民族二支队炮连7688部队服兵役，任司号员、通信员、班长。1969年10月—1970年1月，在54军0183部队服兵役，任班长。1970年11月，任勐梭公社他朗大队武装干事、党支部副书记。1974年7月，任勐梭公社党委副书记。1979年9月—1980年7月，在中央民族学院干训部行政管理学习，获得中专文凭。1980年12月—2003年3月，任县第三、四、

五、六、七、八届人大常务委员会主任、党组书记。1981 年—1982 年，任县委常委。1983 年—2003 年，任县委委员。1981 年—1990 年，当选为云南省第六、七届人大代表。2008 年 10 月退休，享受副厅级待遇，任县关心下一代青少年工作委员会副主任和司岗里民间艺术、县文学界联合会顾问。

魏岩刀在部队服役时，曾 2 次被评为“五好战士”；16 次被县委、县政府表彰为“先进工作者”“优秀共产党员”“民族团结进步模范”“优秀人大代表”“优秀党务工作者”等荣誉称号。1998 年 12 月，被云南省民政厅和云南军区政治部评为“优秀退伍军人”。1999 年 9 月，被思茅地委、行署评为“全国人民满意的公务员称号”。

赵富荣　男，佤族，1951 年 8 月生，西盟县翁嘎科乡班岳村干浪寨人，本科学历，中共党员。

1968 年 4 月—1971 年 5 月在部队服役，任班长、代理排长。1971 年 6 月—1971 年 9 月，任西盟县革命委员会外事科代理科长。1971 年 10 月—1974 年 7 月，在中央民族大学（原）政治系读书。1982 年 9 月—1984 年 6 月，在中国人民大学政治经济学系读书，毕业后，留任中央民族大学（原）艺术系政治教员。1989 年 10 月，专门从事中央民族大学孟高棉语族语言文化教学与科研工作。先后任中央民族大学助教、讲师、副教授、教授，云南佤族学会名誉副会长、北京市民族联谊会理事、中央民族大学少数民族语言文学院南岛南亚语言文化教研室主任、博士研究生导师、教授。

赵富荣的主要著作有《中国佤族文化》《佤族风俗志》《佤族布朗族德昂族文化志》《佤语基础教程》《佤语话语材料集》《中国节日志・拉木鼓》（佤族）等；发表学术论文有“论推广使用佤文与促进经济文化发展关系”“佤族文字与书法宝典”“汉语对孟高棉语的影响”“最早驯化栽培茶的中国孟高棉诸民族”“阿佤山佤族中的汉族姓氏探源”“佤语中的傣语和汉语借词”“‘司岗里’神话在佤族民间文学中的重要位置”“佤语‘洗’‘砍’小议”“佤族教育研究”“缅甸自治特区佤邦历史及其禁毒情况”“我愿化作绿色与佤山同在”等 40 篇。百卷巨著《中华文化通志》撰稿者之一;《中国语文大辞典》撰稿者之一；国家“八五”重点课题《中国民族文字与书法宝典》一书的编委和撰稿者；承担“211”工程项目及“985”工程项目者之一。其传略被载入《中国当代教育家辞典》《科学中国人・中国专家人才库》等书中。

魏红　女，佤族，1950 年 3 月 3 日生，西盟县岳宋乡岳宋村人。研究生学历，中共党员。

1965 年 10 月—1972 年 3 月，在西盟县民族歌舞队工作。1972 年 3 月—1974 年 3 月，在县人保组工作。1974 年 3 月—1980 年 11 月，任县人民法院民庭副庭长。1983 年 12 月—1993 年 2 月，任西盟副县长、常务副县长。1993 年 2 月—1998 年 2 月，任西盟县委副书记、县长、地委委员。1996 年 9 月—1999 年 7 月，在中央党校研究生班学习。

1998 年 2 月至 2002 年 11 月，任思茅地区行政公署副专员、党组成员。2002 年 11 月—2004 年 3 月，任思茅地区人大工委主任、党组书记、省委七届候补委员。2004 年 3 月—2007 年 4 月，任思茅市人大常委会主任、党组书记。2007 年 4 月—2009 年 4 月，任普洱市人大常委会主任、党组书记。

1995 年 9 月，魏红参加了在北京举行的世界大会非政府组织论坛，面对 100 对个国家 3 万名妇女作了《少数民族妇女同胞要自强不息》的演讲，以自己的成长经历和智慧，为祖国的改革发展变化喝彩，全场掌声雷动，震撼了外国记者。曾被评为“云南省三八红旗手”“优秀县长”。1997 年 10 月 21 日，被人事部评为“全国十佳人民满意的公务员”。1998 年，被全国妇联评为“全国三八红旗手及全国双学双比先进个人”。当选为中共十四、十五、十六大党代表和十、十一届全国政协委员。

岩秒　男，佤族，1955 年生，西盟县翁嘎科乡班岳村干浪寨人，本科学历，中共党员。

1973 年 8 月—1975 年 7 月，在云南省民族学院读书。1975 年 8 月—1979 年 12 月，任新厂公社青年干事、团委副书记。1979年12月—1980年10月，任县人民检察院批捕科副科长。1980年10月，当选为西盟县第三届党代会代表、县委委员、常委、县委副书记。1986年，主管县委整党工作，任整党领导小组副组长和办公室主任。1987年3月—1990年2月，任县委常委、副县长。1990年2月—1992年11月，任西盟县委副书记、县长。

1992年，任思茅地区行署民族事务委员会主任、党组书记。1983年—1992年，当选为第六、七届全国人民代表大会代表，在出席第七届第四次人代会期间，与国务院总理李鹏合影留念，总书记江泽民、总理李鹏、宣传部部长丁关根、中央顾问委员会常委刘澜涛、全国人大常委会副委员长阿沛阿旺晋美·赛福鼎艾则孜都为岩秒签名留念。1996年，任思茅行署民族宗教事务局局长、党组书记。

2003年，任省民委副主任、党组成员、直属机关党委书记。同年，在国家开发银行挂职，任全局副局长。2006年，当选为云南省第八次党代会代表，并被选为中共云南省委第八届委员会委员。

1989年，被云南省政府授予“1988.11.6”抗震救灾先进个人。1995年，代表云南省带队参加第五届全国民族传统运动会，四人成绩优异，受到省政府的表彰和奖励。1999年9月30日，被国务院授予“民族团结进步模范个人”称号，观看了建国50周年的大阅兵和天安门广场文艺联欢晚会。2000年，当选为思茅市（现思茅区）第二届人民代表大会代表。2001年，被云南省教育厅、财政厅、发展计划委员会授予“全省两基工作先进个人”。

赵平云　男，彝族，1957年5月生，普洱县宁洱镇曼连办事处人，研究生学历，中共党员。

1975年9月—1978年9月，在勐梭公社里拉大队插队（知识青年）。1978年10月—1981年9月，任县农林局种子站副站长。1981年10月—1984年8月，任县人事科、劳动人事局副局长。1984年9月—1986年7月，在云南省委党校大专培训班读书。1986年8月—1987年9月，任西盟县委组织部副部长（主持工作）。1987年4月—1990年3月，任西盟县委常委、组织部部长。1990年3月—1993年3月，任西盟县委副书记。1993年3月—1999年8月，任西盟县委书记。1999年9月—2004年2月，任思茅地委组织部副部长、地区人事局党组书记、局长、编办主任。2004年3月—2006年3月，任思茅市人大常委会副主任。2006年4月—2008年12月，任普洱市人大常委会副主任、市总工会主席。

李云昌　艺名司岗龙，男，汉族，1957年5月生，云南省大理白族自治州弥渡县密祉乡巡捕村人，词曲作家，雕刻大师，大专学历。

1980年—1992年，任西盟县文工队副队长、文化馆文辅专干、工会主席、县民族歌舞团团长。创作了《阿佤人的号角》《人头桩上有支歌》《赛木鼓》《民舞集成》《织彩包》等词曲，编成舞蹈到省、地演出，多次获得省地国家级创作表演奖，其中，李云昌用板胡独奏的《织彩包》旋律在县人民广播电台“佤山走廊”节目作前奏曲播放至今。

2007年起，任昆明合虚文化传播公司创作室主任，创作了茶魂颂《天地普洱》、大爱无疆《中华魂》、百年圆梦《奥运魂》、大型组歌和《春城之恋》《春城之恋舞曲》《彩云化身甲天下》大型旅游组歌，在“中国昆明国际文化旅游节”“昆明市花·云南山茶花节”作开幕式的主题歌，有35首自创的歌曲先后在云南省电台播放，直播互动专题5个。《芦重新姿》《故乡二炊烟》等舞蹈、歌曲多次获得市、省、国家级奖。

1998年—2006年，开发青龙峡风景区，任艺术总监。在此期间策划创意设计的开发项目，生态鱼、生态书法、民族歌舞、民族服饰等多次参加中国昆明国际文化旅游节、昆明狂欢节等大赛，并获得金奖。亲手创作雕刻了两条重12吨的巨龙，作为青龙峡的灵魂品牌、镇峡之宝。他创作的“佤山根艺”在市级、省级、国家级举办个人根艺展，其中，有的作品先后到中国香港、台湾等地及新加坡、日本、美国西北部展出，受到海内外专家的赞誉，并获得国际级奖。在第三届中国艺术节期间，代表思茅地区举办个人根艺大展，把大型根艺《龙的传人》捐献给中国艺术节，组委会给西盟县政府赠送了“佤山根艺给国艺添彩的锦旗”，开发建设了民族饮食餐厅《阿佤山庄》。著名男高音歌唱家胡松华光临后对根雕题下“山魂根魄”四个大字；对山庄留下“神美山庄醉忘归”的墨宝。舞蹈家杨丽萍、著名作曲家田丰光临山庄后赞不绝口，称“《阿佤山庄》是代表民族饮食文化的领导精品山庄”。

张善强　男，汉族，1960年10月29日生，景东县人，本科学历，中共党员。

1978年3月—1984年2月，在景东县林街公社丁帕附中和林街区中学任教。1984年3月—1990年3月，任景东县林街乡副乡长、乡长。1990年4月—1992年11月，任景东县教育局局长。1992年12月—1993年3月，任景东县人民政府办公室主任。1993年4月—1994年11月，任景东县委常委、两办主任。1994年12月—1999年7月，任景东县委副书记。1999年8月—2001年11月，任镇沅县委副书记。2001年12月—2004年5月，任西盟县委书记。2004年5月—2006年8月，任翠云区委副书记、区长。2006年8月—2008年12月，任思茅市委常委、翠云区委书记。

魏艺红　女，佤族，1966年1月生，西盟县中课乡中课村小寨人，本科学历，中共党员。

1984年11月—1992年8月，任西盟县中课乡妇女干事。1992年9月至1995年7月，在云南省委党校政治管理大专班读书。1995年8月—1996年1月，任岳宋乡副乡长、代理乡长。1996年2月—1998年2月，任岳宋乡党委副书记、乡长。1998年2月—1999年2月，任县委常委、宣传部部长（其间1998年6月—1998年10月，在省财政厅商贸处挂职学习，任处长助理）。1999年3月至2005年1月，任共青团思茅地（市）委副书记、书记。2005年1月—2007年11月，任景谷县委任副书记（其间2006年4月2日—9月28日在北京市昌平区委挂职学习，任书记助理）。2007年11月—2008年4月，任西盟县委副书记、代理县长、县长。

1996年5月，当选为云南省青年联合会第七届委员。1999年4月，当选为思茅地区青年联合会常委。2003年，当选为共青团全国第十五次代表大会代表。2004年，当选为思茅地区青年联合会常委、青联主席，2月，当选为思茅市第一届人民代表大会代表；4月，在当选为思茅市第一次人民代表大会常务委员会委员。2005年，当选为共青团云南省十一届代表、委员会委员。2006年7月，经思茅市委批准为第二次党代表大会代表。2007年11月15日，在普洱市第一届人民代表大会第五次会议上，当选为云南省第十一届人民代表大会代表。

1990年，被思茅地区“双比双学”协调领导小组评为“优秀妇女干部”。1994年，被中共云南省委党校、云南行政学院评为“优秀学员”。1998年，被西盟县人民政府评为“1997年度抓民兵工作预备役工作先进乡长”。1999年，被共青团中央、国家民委、全国青联授予“全国各族团结进步模范个人奖”。2004年，被市人民政府残疾人工作协调委员会授予“护残助残先进个人”。2006年，被云南省妇女联合会评为“云南省关心支持妇女儿童事业好领导”。

李会宾　男，哈尼族，1973年10月27日出生，普洱市思茅区人，大专学历，中共党员。

1995年8月，毕业于云南省交通学校，分配到西盟县公安局交通警察大队工作。1998年7月，加入中国共产党。2008年7月，毕业于云南省委党校法律专业，先后任秩序科长、副大队长、教导员。曾任县第六、第七届政协委员。

1997年1月2日晚19时，李会宾在巡逻途中，发现县城市区停着一辆正在燃着烈火的东风牌大货车，天干物燥，风助火势，越燃越烈。顷刻间，街上的行人惊慌失措，周围的商贩居民更是心急如焚，惊叫声、哭喊声和3只装满汽油的铁通被烈焰烤得嘶嘶作响的声音混杂在一起。看到这样的场景，再看看车辆右边的邮电大楼和左边的佤山百货大楼近在咫尺，上空是纵横交错的光缆通信和高压线。李会宾闪电般地冲向熊熊燃烧的汽车，透过未关闭的车窗，看到钥匙还插在电门上，立即扭动滚烫的车门手柄，但车门已因损坏不能打开，于是李会宾连爬带跃钻进驾驶室，迅速启动车子向600米外的足球场开去，这不是用数字就能表达的600米啊，这600米每一米都在用生命来诠释，车轮每滚动一米，时针每走动一秒，死神就向他逼近一步。李会宾左手握紧方向盘，右手抄起坐垫扑打窜进驾驶室的火苗，顽强地向预定目标开去。终于到达足球场，李会宾将车停稳后从车窗跳出，刚跑出几米后就听到“轰”的一声巨响，油桶爆炸了，整个车子被烈火吞噬，一团巨大的火球腾空而起，把足球场的上空照得如同白昼。李会宾英勇无畏、奋不顾身排除险情，保护国家和人民生命财产的事迹感动了佤山群众，大家都称李会宾为“佤山雄鹰”。

1997年11月14日，被云南省公安厅记“一等功”。1997年11月，被共青团中央授予“全国优秀青年卫士称号”。1997年12月10日，被西盟县政府表彰为“优秀人民警察”。1998年3月5日，被共青团西盟县委授予“模范共青团员称号”。1999年10月1日，被云南省精神文明建设指导委员会表彰为“先进个人”。2002年12月，被西盟县公安局表彰为“先进工作者”。2008年2月2日，被普洱市公安局表彰为“三基工程先进个人”。曾4次被云南省交警察总队授予“优秀交通警察称号”。

三、先进人物名录

1978—2008年西盟县各行业受省厅级以上表彰先进人物名录

表22-1

类别	姓名	性别	工作单位	授予称号	授予机关	授予时间
一 党政群团	张信卫	男	县统计局	第三次全国人口普查省级先进个人	省政府第三次全国人口普查领导小组	1983
				第二次工业普查全省先进个人	省政府第二次工业普查领导小组	1986
				第四次全国人口普查国家级先进个人	国务院第四次全国人口普查领导小组	1991
				第三产业普查先进工作者	省政府第三产业普查协调小组	1994
				第三次工业普查全国先进个人	全国工业普查领导小组	1995
				第一次农业普查全国先进个人	国务院第一次农业普查领导小组	1997
				第四次人口普查全国先进个人	国家人口普查领导小组	2000
				全省统计系统先进个人	省统计局、省人事厅	2001
				第五次全国人口普查国家级先进个人	国务院第五次全国人口普查领导小组	2002
	马兆强	男	县统计局	第二次工业普查全国先进个人	国务院工业普查领导小组	1986
				第四次全国人口普查省级先进个人	省第四次全国人口普查领导小组	1991
				第三产业普查省级先进个人	省第三产业普查领导小组	1994
				统计工作国家级先进个人	国家统计局	1995
				第三次全省统计系统先进个人	省人事厅、省统计局	1996
				第三次工业普查国家级先进工作者	国务院第三次工业普查领导小组	1997
				第一次全国基本单位普查省级先进个人	省第一次全国基本单位普查领导小组	
	岩　秒	男	县政府	88.11.6抗震救灾先进个人	省政府	1989
	娜　颇	女	县质监局	省级先进计量工作者	省质量技术监督局	1991
	岩　翁	男	县政协	全省政协系统民族散杂居地区扶贫先进工作者	省政协	1992
				先进提案工作者	省政协	2007.6
	魏　林	男	县档案局	全省档案工作先进个人	省档案局	1991
						1996
						1999
	唐定敏	男	县审计局	先进工作者	省审计厅、省人事厅	1993
	郭玉华	女	县统计局	统计制度方法改革先进工作者	省统计局	1994
				统计年报先进工作者		1995
	郭　峰	男	县直属机关工委	统计制度改革数据录入先进个人	省统计局	1994
				全国第一次农业普查先进个人	云南省农业普查领导小组	1997

续表 22-1

<table>
<tr><th>类别</th><th>姓名</th><th>性别</th><th>工作单位</th><th>授予称号</th><th>授予机关</th><th>授予时间</th></tr>
<tr><td rowspan="45">一
党政群团</td><td rowspan="3">徐 东</td><td rowspan="3">男</td><td rowspan="3">县政府办</td><td>第三产业普查省级先进工作者</td><td>省政府第三产业普查协调小组</td><td>1994</td></tr>
<tr><td>第一次基本单位普查先进个人</td><td>全国基本单位普查领导小组</td><td>1997</td></tr>
<tr><td>第二次全国基本单位普查省级先进个人</td><td>省第二次基本单位普查领导小组</td><td>2003</td></tr>
<tr><td>李家贵</td><td>男</td><td>县总工会</td><td>全国职监先进工作者</td><td>国家计委、全国总工会</td><td>1995</td></tr>
<tr><td rowspan="2">魏 红</td><td rowspan="2">女</td><td rowspan="2">县政府</td><td>全国十佳人民满意的公务员</td><td>人事部</td><td>1997</td></tr>
<tr><td>全国“双学双比”先进个人</td><td>全国妇联</td><td>1998</td></tr>
<tr><td rowspan="2">魏岩刀</td><td rowspan="2">男</td><td rowspan="2">县人大</td><td>优秀退伍军人</td><td>省民政厅、省军区</td><td>1998</td></tr>
<tr><td>全国人民满意的公务员</td><td>思茅地委、行署</td><td>1999.9</td></tr>
<tr><td>叶巴拉</td><td>女</td><td>县妇联</td><td>省级先进工作者</td><td>省妇联</td><td>1999</td></tr>
<tr><td>魏艺红</td><td>女</td><td>县委宣传部</td><td>第二次全国各族青年团结进步模范个人称号</td><td>团中央、国家民委、全国青联</td><td>1999</td></tr>
<tr><td rowspan="3">毛莲英</td><td rowspan="3">女</td><td rowspan="3">县妇联</td><td>全国民族团结进步模范</td><td>全国妇联</td><td rowspan="2">1999</td></tr>
<tr><td>“五好”文明家庭</td><td>省妇联</td></tr>
<tr><td>“三八”红旗手</td><td>省妇联</td><td>2002</td></tr>
<tr><td rowspan="2">李定有</td><td rowspan="2">男</td><td rowspan="2">县老干部局</td><td>老干部工作先进个人</td><td>思茅地委</td><td>1999.9</td></tr>
<tr><td>全省先进老干部工作者</td><td>省委组织部、省人事厅、
省委老干部局</td><td>2007.1</td></tr>
<tr><td>谢 文</td><td>男</td><td>县民政局</td><td>勘界工作省级先进个人</td><td>省政府</td><td>2001</td></tr>
<tr><td>李富强</td><td>男</td><td>县民政局</td><td>改革村级体制、实行村民自治先进个人</td><td>省委、省政府</td><td>2001</td></tr>
<tr><td>李廷方</td><td>男</td><td>党史研究室</td><td>1996 年至 2000 年度全省党史系统先进工作者</td><td>省委办公厅</td><td>2001</td></tr>
<tr><td rowspan="4">李美芳</td><td rowspan="4">女</td><td rowspan="4">县计生局</td><td>全国婚育新风进万家活动先进个人</td><td>中共中央宣传部
国家计划生育委员会</td><td>2001.10</td></tr>
<tr><td>思茅市“巾帼建功标兵”</td><td>思茅市城镇妇女“巾帼建功”活动领导小组</td><td>2004.7</td></tr>
<tr><td>“十五”期间人口与计划生育工作先进个人</td><td>思茅市人民政府</td><td>2006.3</td></tr>
<tr><td>2007 年度云南省人口和计划生育先进工作者</td><td>省人事厅
省人口和计划生育委员会</td><td>2008.11</td></tr>
<tr><td>汤保琼</td><td>女</td><td>县交通局</td><td>第二次全国公路普查先进个人</td><td>省交通厅、省统计局</td><td>2002</td></tr>
<tr><td>张正福</td><td>男</td><td>县政协</td><td>扶贫模范</td><td>思茅地委</td><td>2002</td></tr>
<tr><td rowspan="2">杨发兴</td><td rowspan="2">男</td><td rowspan="2">县信访局</td><td>先进工作者</td><td>省人事厅、省信访局</td><td>2002</td></tr>
<tr><td>先进工作者</td><td>省委、省政府</td><td>2007</td></tr>
<tr><td rowspan="2">自明芳</td><td rowspan="2">女</td><td rowspan="2">县统计局</td><td>第五次全国人口普查省级先进个人</td><td>省第五次人口普查领导小组办公室</td><td>2002</td></tr>
<tr><td>第一次全国经济普查省级先进个人</td><td>省政府第一次全国经济普查领导小组</td><td>2005</td></tr>
<tr><td rowspan="4">熊 芳</td><td rowspan="4">女</td><td rowspan="4">县统计局</td><td>第二次全国基本单位普查省级先进个人</td><td>省第二次基本单位普查领导小组</td><td>2003</td></tr>
<tr><td>第一次全国经济普查省级先进个人</td><td>省政府第一次全国经济普查领导小组</td><td>2005</td></tr>
<tr><td>2004-2008 云南省统计系统先进个人</td><td>省人力资源和社会保障厅、省统计局</td><td>2008</td></tr>
<tr><td>第二次全国农业普查省级先进个人</td><td>省第二次全国农业普查领导小组</td><td>2008</td></tr>
<tr><td>魏玉兰</td><td>女</td><td>县委办</td><td>全国党政系统机要密码工作一等功</td><td>中共中央办公厅</td><td>2005.12</td></tr>
<tr><td>李兴勇</td><td>男</td><td>县统计局</td><td>农村贫困监测省级先进个人</td><td>省政府扶贫开发领导小组</td><td>2005</td></tr>
<tr><td>李向红</td><td>女</td><td>县统计局</td><td>第一次全国经济普查省级先进个人</td><td>省政府第一次全国经济普查领导小组</td><td>2005</td></tr>
<tr><td rowspan="3">李亚琼</td><td rowspan="3">女</td><td rowspan="3">县统计局</td><td>第一次全国经济普查省级先进个人</td><td>省政府第一次全国经济普查领导小组</td><td>2005</td></tr>
<tr><td>1% 人口抽样省级先进个人</td><td>省政府 1% 人口抽样调查领导小组</td><td>2006</td></tr>
<tr><td>第二次农业普查先进个人</td><td>全国农业普查领导小组</td><td>2008</td></tr>
<tr><td>雷云河</td><td>男</td><td>县统计局</td><td>经济普查国家级先进个人</td><td>国务院第一次经济普查领导小组</td><td>2005</td></tr>
</table>

续表 22-1

类别	姓名	性别	工作单位	授予称号	授予机关	授予时间
一 党政群团	娜　荣	女	县妇联	省级五好文明家庭	省妇联	2005
	马应启	男	县统计局	第一次全国经济普查省级先进个人	省政府第一次全国经济普查领导小组	2005
				第二次全国农业普查省级先进个人	省第二次全国农业普查领导小组	2008
	范贵荣	男	县劳动保障局	先进工作者	省人事厅	2006
				人民满意的公务员	省委、省政府	
	李真秀	女	县财政局	省级先进会计工作者	省财政厅	2006
	梁新琼	女	县统计局	1% 人口抽样省级先进个人	省政府 1% 人口抽样调查领导小组	2006
	赵文娟	女	县旅游局	旅游系统省级先进个人	省旅游局	2006
				省级百佳廉内助	省妇联	2007
	高建林	男	西盟县委	边防工作先进个人	省边防委员会	2007.12
	刘桂铭	男	县政府	第一次经济普查先进个人	全国经济普查领导小组	2008
	扎　努	男	团县委	第二次农业普查先进个人	全国农业普查领导小组	2008
二 工商税务	岩伯勒	男	县工商局	工商管理系统省级劳动模范	省工商行政管理局	1991
				全国工商行政管理先进工作者	国家工商行政管理局、人事部	1992
	陈志红	男	县地税局	工商户税法宣传先进工作者	省地税局、团省委	1991
	吴　斌		县地税局	税务系统省级先进工作者	省地方税务局	1992
	陈　勇	男	县国税局	廉政建设先进个人	云南省税务局	1995
	郭玉华	女	县国税局	省第一次全国基本单位普查先进工作者	省政府第一次全国基本单位普查领导小组	1997
	刘子城	男	县国税局	纪检监察先进工作者	省国家税务局	1997
	孙学仙	女	县国税局	金税工程先进个人	省国家税务局	2002
	娜　农	女	县工商局	先进个人	省工商行政管理局	2004
	赵明友	男	县国税局	推综先进个人	省国税局	2005
				国税系统特殊贡献奖		
	岩　京	男	县国税局	推综先进个人	省国税局	2005
				国税系统特殊贡献奖		
	刘崇云	男	县国税局	推综先进个人	省国税局	2005
				国税系统特殊贡献奖		
				优秀税务工作者		2006
	杨　洪	男	县国税局	国税征管信息系统先进个人	省国税局	2005
	张永明	男	县国税局	国税征管信息系统先进个人	省国税局	2005
	自铁军	男	县国税局	国税征管信息系统先进个人	省国税局	2005
	伍祖培	男	县国税局	国税征管信息系统先进个人	省国税局	2005
	李庆海	男	县国税局	国税征管信息系统先进个人	省国税局	2005
	彭有清	男	县国税局	国税征管信息系统先进个人	省国税局	2005
	罗国忠	男	县国税局	国税征管信息系统先进个人	省国税局	2005
	袁啟祥	男	县国税局	推综先进个人	省国家税务局	2005

续表22-1

类别	姓名	性别	工作单位	授予称号	授予机关	授予时间
二 工商税务	车秀兰	女	县工商局	先进个人	省政府第一次全国经济普查领导小组	2006
	周桂翔	男	县地税局	2006年地税系统优秀税收科研成果三等奖	省地方税务研究会	2007
	高尚宏	男	县地税局	地税纪念改革开放暨党的纪检机关恢复重建30周年知识竞赛优秀奖	省地方税务局	2008
三 农林水气	李安清	男	县气象局	先进工作者	省气象局	1978
	金伟明	男	县气象局	先进工作者	省气象局	1978
	何品珍	男	县农牧局	先进个人	国家民委、中国科协、劳动人事部	1983.7
				科技进步三等奖	省政府	1995.1
				科技进步一等奖	思茅行署	1996.6
				先进个人	思茅地委、思茅行署	1987.1
	杨中枢	男	县气象局	双文明建设先进个人	省气象局	1988
	李　华	男	县气象局	抗震救灾先进个人	省气象局	1989
	刘思泉	男	县气象局	抗震救灾先进个人	省气象局	1989
	魏岩本	男	县农牧局	全国民族团结进步个人	国家民委	1990
	张建华	男	县畜牧局	边境牲畜五号病‘三道防线’建设成绩突出三等奖	省畜牧局	1990
				科技兴牧先进个人奖	省畜牧局	1994
				云南省畜牧局	省畜牧局	1996
	李　会	女	县畜牧局	科技兴牧先进个人	省畜牧局	1991
				畜牧丰产项目获三等奖		1993
				畜牧兽医科技推广获三等奖		1996
	扎　袜	男	县畜牧局	畜牧疫病普查三等奖	省畜牧局	1991
				全国基层畜牧兽医三站先进个人	农业部畜牧兽医司	1992
				先进个人奖	省畜牧局	1995
	雷玉英	女	县农业局	先进个人	省农业厅	1992
				培育人才突出贡献奖		2000
				农经宣传先进个人	农业部	2001
						2003
	王宗俊	男	县畜牧局	省农业系统先进工作者	省农业厅	1994
				年度科技推广三等奖	省畜牧局	1995
	杨成才	男	县畜牧局	科技兴牧先进个人	省畜牧局	1996
	刘明辉	男	县农业局	青年星火带头人标兵	团省委、省科委	1997
	张　桦	男	县畜牧局	科技兴牧先进个人	省畜牧局	1998
	付开琴	女	县畜牧局	科技兴牧先进个人奖	省畜牧局	1998
	刁文春	男	县农业局	陆稻科技扶贫工程二等奖	省科教兴农领导小组	1994.4
				推广水稻旱育稀植技术一等奖	省农业厅	1998.2
				推广陆稻丰产栽培技术二等奖		
				陆稻丰产增产一等奖		1999.4

续表 22-1

类别	姓名	性别	工作单位	授予称号	授予机关	授予时间
三 农林水气	曾新荣	女	县农业局	农业技术推广二等奖	省农业厅	1998
				陆稻旱育旱植技术推广二等奖		2002
				西盟米荞种植技术推广三等奖		2004
				农业技术推广二等奖		2008
	李文华	男	县农业局	农业技术推广二等奖	省农业厅	1998
				陆稻旱育旱植技术推广二等奖	省农业厅	2002
				西盟米荞种植技术推广三等奖		2004
	张有光	男	县农业局	农业技术推广先进个人	省农业厅	2000
				西盟米荞产业开发三等奖		2004
				杂交玉米推广二等奖		2007
	李有仙	女	县农业局	先进个人	省农业厅	2000
						2008
	马景明	男	县农业局	全国农牧渔业丰收奖三等奖	农业部	2001
				全省农业科技推广二等奖	省农业厅	2002
	李劲松	男	县畜牧局	省农业技术推广先进工作者	省农业厅	2001
	司宏光	男	县农业局	全国农牧业丰收三等奖	农业部	2001
				科学技术进步三等奖	省人民政府	2002
				西盟米荞产业化开发三等奖	省农业厅	2004
	陈跃洪	男	县农业局	农机安全监理先进工作者	省农业厅	2006
	陈晓明	男	县农业局	先进农机推广工作者	省农业厅	2006
	魏忠平	男	县农业局	农业技术推广先进个人	省农业厅	2008
	岩 考	男	县农业局	2008 创业之星	国务院发展研究中心 中国扶贫基金会	2008.10
	陈德毅	男	县林业局	全省森林防火先进个人	省森林防火指挥部	1998.11
四 公检法司	苏光明	男	县公安局	全省公安战线先进个人	省公安厅	1990
	陈疆森	男	县公安局	颁发居民身份证先进个人	省政府办公厅	1990
	张石军	男	县公安局	颁发居民身份证先进个人	省政府办公厅	1990
	傅发清	男	县公安局	颁发居民身份证先进个人	省政府办公厅	1990
	戴 军	男	县检察院	严打先进工作者	省检察院	1991
				先进个人	省检察院	1997
	李有祥	男	县检察院	严打先进工作者	省检察院	1991
	李会宾	男	县交警大队	一等功	省公安厅	1997
				全国优秀青年卫士	共青团中央	1997
				先进个人	省精神文明建设委员会	1999
				优秀交通警察	省交警总队	1997.4
						1998.3
						1999.2
						2000.2

续表 22-1

类别	姓名	性别	工作单位	授予称号	授予机关	授予时间
四 公检法司	赵志荣	男	县检察院	人民满意检察干警	省检察院	1999
	罗　源	男	县检察院	人民满意检察干警	省检察院	2000
	陈云峰	男	县司法局	优秀共产党员	省司法厅党委	2001
	解学明	男	县公安局	全省优秀国保信息员	省公安厅	2002
	黄秀珍	女	县检察院	工作努力成绩突出通报表彰	省检察院	2002
	赛　里	男	县司法局	省百佳司法助理	省司法厅	2002
	罗振天	男	县司法办	全省百佳司法助理称号	省司法厅	2003
	赵　忠	男	县公安局	严打整治斗争先进工作者	省委办公厅	2003
	赵体钧	男	县检察院	严打先进工作者	省检察院	2003
	罗东林	男	县公安局	省级优秀人民警察	省公安厅	2003
				全省“三基”工程建设标兵		2008
	杨春芳	女	县公安局	2001 年—2003 年严打先进个人	省委办公厅	2003
	张海荣	男	县检察院	先进个人	省检察院	2004
	李文建	男	县公安局	专项行动省级先进个人	省公安厅	2005
	郝玉朝	男	县法院	全国法院政治工作先进个人	最高人民法院	2005
	罗云超	男	县公安局	全省“三基”工程建设标兵	省公安厅	2006
	周希玲	女	县司法局	省法制宣传教育先进个人	省委、省政府	2006
	李　军	男	县法院	全国法院优秀法官	最高人民法院	2006
				全省优秀法官	省高级人民法院	2007
				全国模范法官	最高人民法院	2008
				省级先进工作者	省委、省政府	
	李应明	男	县检察院	先进个人	省检察院	2007
	邱祖龙	男	县公安局	全省“三基”工程建设标兵	省公安厅	2007
	陈景安	男	县公安局	全省“三基”工程建设标兵	省公安厅	2007
	者中伟	男	县公安局	禁毒人民战争先进个人	省委办公厅	2008
	王文斌	男	县公安局	全省“三基”工程建设标兵	省公安厅	2008
	王　础	男	县公安局	全省“三基”工程建设标兵	省公安厅	2008
	王文斌	男	县公安局	先进个人	省公安厅	2008
	陈顺芳	女	县公安局	先进个人	省公安厅	2008
	王建强	男	县公安局	全省“三基”工程建设标兵	省公安厅	2008
	李　飞	男	县公安局	全省“三基”工程建设标兵	省公安厅	2008
五 企业	周金贵	男	南亢茶厂	五好家庭	省妇联	1983
				民族团结模范	思茅行署	1984.7
				绿化先进工作者	省绿化委员会	1987.3
				商品经济基地有突出贡献	思茅行署	1993
				农民学科学用科学积极分子	思茅行署	1993
				农民劳模	省政府	1994

续表 22-1

类别	姓名	性别	工作单位	授予称号	授予机关	授予时间
五企业	王振雄	男	西盟锡矿	技术先进三等奖	省政府	1988
	胡剑超	男	西盟锡矿	技术先进三等奖	省政府	1988
	黄林昌	男	县烟草专卖局	省级优秀共产党员	省委	1996
	陈子明	男	县电影公司	“为云南边疆的解放和建设做出贡献”的人	省委、省政府	1993
				电影放映先进工作者	文化部、广电总局	2005
	罗 斌	男	县邮政局	邮政系统省级先进个人	省邮政局	2003
	李 祥	男	县电影公司	文化“三下乡”先进个人	省文化厅	2005
	刘金峰	女	佤山服饰有限公司	省级“双学双比”女能手	省妇联	2006
	刘金峰	女	佤山服饰有限公司	“双学双比”女能手	全国妇联	2008
六文教卫生	杨正昌	男	县防疫站	先进个人	国家民委、中国科协、劳动人事部	1983.7
	游根祥	男	县一中	先进教师	省委	1986
	李卫华	男	县一中	新长征突击手	省委	1987
	岩 革	男	县文体局	先进工作者	省文化厅	1987
	钟成学	男	县文体局	群众文化先进工作者	省文化厅、省民委舞蹈协会	1988
	高立旗	男	县文体局	先进工作者	省文化厅	1988
			县总工会	全国优秀工会工作者	省总工会	1994
	刘 红	女	县一中	省级优秀教师	省教育厅	1990
	潘宗琼	女	县教育局	优秀教育工作者	省教育厅	1993
	伍 雍	男	县一中	优秀教师	省教育厅	1994
			县职业中学	优秀教师		2004
				中学特级教师	省政府	2006
	黄兴强	男	县一中	中小学实验建设先进个人	省教委	1996
	李扎俄	男	县文体局	民族民间艺人调查先进工作者	省文化厅、省民委	1996
						1999
	郭守富	男	县一中	省“百优班主任”	省教委	1996
	李群昌	男	县一中	学校德育先进工作者	省委	1997
	何 兴	男	县一中	全省优秀中小学美术教师	省教委	1998
				中小学艺术教育优秀美术教师	省政府	2006
	王焕友	男	县一中	优秀教育工作者	省委	1998
	陈安落	女	县民小（学生）	全国十佳春雷女童	全国妇联	1998
	吕仕兰	女	县卫生局	优质服务先进个人	省卫生厅	1999
	杨廷明	男	县进修学校	项目先进个人	省教育厅	2000
			县职业中学	省级德育先进工作者		2001
	张学周	男	县职业中学	电化教育省级先进工作者	省教育厅	2001
	潭大美	女	县卫生局	先进个人	省卫生厅、省教育厅	2001
				先进个人	省卫生厅	2005

续表 22-1

类别	姓名	性别	工作单位	授予称号	授予机关	授予时间
六 文教卫生	王自会	女	县人民医院	优秀护士	省卫生厅	2001
	杜建华	男	县教育局	云南省两基先进个人	省教育厅、省财政厅、省发改委	2001
	陈忠礼	男	县一中	优秀教师	省委	2002
	李卫萍	女	县文体局	民族民间艺人调查先进工作者	省文化厅、省民委	2002
	白晶娅	女	县人民医院	先进个人	省卫生厅	2002
					卫生部、财政部	2004
	李萍惠	女	县一中	省级五好文明家庭	省妇联	2003
	刘 晖	女	县职业中学	省优秀共青团员	共青团云南省委	2003
	王建新	女	县一中	“三八”红旗手	省省妇联	2004
	李 祥	男	县文体局	云南省科技文化三下乡先进个人	省文化厅	2005
七 乡镇	商 鹭	女	县小学	优秀教师	团省委、省教育厅	2006
	李华新	男	县文体局	文化先进工作者	省文化厅	2006
	李春华	男	县文化馆	民族传统文化普查先进个人	省文化厅	2006
	郑 红	女	县人民医院	优秀护士	省卫生厅	2006
	鲍正英	女	县疾控中心	先进个人	省卫生厅	2006
	陶 红	女	县疾控中心	结核病防治工作先进个人	省卫生厅	2006.1
	杨文玉	女	县疾控中心	全球基金云南省疟疾项目2005年度项目执行先进个人	全球基金项目办公室	2006.4
				第一轮云南省全球基金疟疾控制项目先进个人	云南省全球基金疟疾项目办公室	2008.7
	刘埃神	男	县教育局	“十五”期间教育系统人士工作先进工作者	省教育厅	2006
	李 萍	女	县教育局	先进个人	省教育厅、人事厅	2007
	余升龙	男	县一中	优秀教师	省委	2007
	余建华	男	妇幼保健院	HU—云南综合初级卫生保健项目先进个人	省妇幼卫生项目办公室	2007.3
	胡海霞	女	妇幼保健院	HU—云南综合初级卫生保健项目先进个人	省妇幼卫生项目办公室	2007.3
	李元荣	男	县人民医院	先进个人	省卫生厅	2008
	江 红	女	县疾控中心	先进工作者	省卫生厅	2008
	谢 剑	女	县人民医院	优秀护士	省卫生厅	2008
	陈文忠	男	县疾控中心	全省GAVI项目先进个人	省疾控中心	2008.2
	李加洪	男	县疾控中心	防治艾滋病工作先进个人	省政府	2008
	娜 夏	女	新厂公社	“三八”红旗手	全国妇联	1979
	娜嘎嘎	女	新厂公社	“三八”红旗手	省妇联	1979
	娜不龙	女	莫窝公社永帮大队	“三八”红旗手	省妇联	1979
	叶仕林	女	中课乡中课村	省级女能手	省妇联	1990
	白秀玲	女	岳宋乡政府	第四次全国人口普查工作省级先进个人	省第四次人口普查领导小组	1990.12
	娜 吓	女	中课班箐村	全国三八红旗手	全国妇联	1991
				省级“双学双比”女能手	省妇联	
	叶 莫	女	中课乡中课村	省级“双学双比”女能手	省妇联	1991

续表 22-1

类别	姓名	性别	工作单位	授予称号	授予机关	授予时间
七 乡镇	陈洪文	男	勐梭卫生院	全国卫生系统模范工作者	卫生部	1992
				突出贡献的优秀专业技术人才	省政府	1992
						1994
	娜 汉	女	莫窝村	“三八”红旗手	省妇联	1993
	岩 孔	男	岳宋乡政府	云南省第三次民族团结进步个人	云南省政府	1994.10
	王美英	女	西盟镇一村	省级“双学双比”女能手	省妇联	1997
				“三八”红旗手		1998
	季 英	女	西盟镇一村	省级“双学双比”女能手	省妇联	1997
	娜 拉	女	中课乡中课村	省级“双学双比”女能手	省妇联	1997
	陈异罡	男	中课乡政府	人民满意的公务员	省政府	2000
	胡良波	男	中课乡党委	优秀基层干部	省委组织部	2002
	娜 松	女	力所乡南亢村	省级“双学双比”女能手	省妇联	2002
	叶 伦	女	中课乡窝笼村	省级“三八”绿色奖章	省妇联	2002
	娜 拉	女	力所乡	先进个人	省卫生厅	2003
	魏岩斋	男	莫窝乡政府	第四届各族青年团结进步优秀奖	团中央、国家民委、全国青联	2004
	安木下	女	中课乡中课村	省级女能手	省妇联	2004
	伍贤元	男	新厂乡政府	全省统计系统先进个人	省统计局、省人事厅	2004
				统计“四五”法制宣传教育省级先进个人	省统计局	2006
				1% 人口抽样调查省级先进个人	省政府 1% 人口抽样调查领导小组	
				第二次全国农业普查省级优秀组织者	省第二次全国农业普查领导小组	2008
	杨树明	男	翁嘎科乡政府	全省第三批百佳司法助理员	省司法厅	2004
	娜布伦	女	翁嘎科乡	全省民族团结进步模范个人	省政府	2005
	杨 巍	男	岳宋乡政府	全省人民调解优秀个人	省司法厅	2005
	魏 乱	男	中课乡窝龙村	农村退伍士兵创业先进个人	省政府、省军区	2005
	白建华	男	岳宋乡小学	省级优秀教师	省教育厅、省人事厅	2007
	娜 安	女	中课乡卫生院	HU—云南综合初级卫生保健项目先进个人	省妇幼卫生项目办公室	2007.3
	扎 体	男	勐梭镇里拉村	HU—云南综合初级卫生保健项目先进个人	省妇幼卫生项目办公室	2007.3
	许忠放	男	勐卡镇医院	省级科技兴乡贡献奖	省政府	2008

四、专业技术职称人物名录

1978年—2008年西盟县获副高级以上专业技术职称人物表

表22-2

分类	姓名	性别	民族	出生年月	学历	职称	授予时间	技术职称工作单位
教育	周丕勇	男	汉族	1943	本科	中学高级教师	1988.1	县一中
	李纪常	女	汉族	1947	本科	中学高级教师	1988.5	县一中
	罗汝钧	男	汉族	1947	本科	中学高级教师	1988.6	县一中
	张守涛	男	汉族	1936	专科	中学高级教师	1992.12	县一中
	郭书云	女	汉族	1936	本科	中学高级教师	1992.12	县一中
	王瑞宇	男	汉族	1939	本科	中学高级教师	1992.12	县一中
	普爱武	女	彝族	1945.1	中师	小高高级教师	1992.12	县一中
	陈忠礼	男	汉族	1949.5	专科	中学高级教师	1998.7	县一中
	李群昌	男	汉族	1962.1	专科	中学高级教师	1999.7	县教育局
	周华荣	男	汉族	1954.6	专科	中学高级教师	1999.8	县一中
	赵智东	男	汉族	1966.7	专科	中学高级教师	1999.9	县一中
	武功晓	男	汉族	1962.1	本科	中学高级教师	2000.7	县一中
	吕　萍	女	汉族	1963.3	本科	中学高级教师	2000.7	县一中
	伍　雍	男	汉族	1961.3	本科	中学高级教师	2000.7	县一中
	余国喜	男	汉族	1944.5	专科	中学高级教师	2001.7	县职业中学
	解道全	男	汉族	1957.3	专科	中学高级教师	2001.7	县一中
	段　琼	女	汉族	1960.11	本科	中学高级教师	2001.7	县一中
	郭守富	男	汉族	1964.5	本科	中学高级教师	2001.7	县一中
	余开龙	男	汉族	1964.5	专科	中学高级教师	2001.7	县一中
	黄兴强	男	汉族	1952.9	专科	中学高级教师	2003.7	县一中
	丁　健	女	汉族	1950.12	专科	中学高级教师	2003.7	县一中
	周灿贤	男	汉族	1962.12	本科	中学高级教师	2003.7	县职业中学
	付开荣	男	汉族	1965.7	专科	中学高级教师	2003.7	县一中
	付开英	女	汉族	1963.1	专科	中学高级教师	2003.7	县一中
	陈绍昆	男	汉族	1957.1	专科	中学高级教师	2003.7	县一中
	刀　兵	男	汉族	1966.3	本科	中学高级教师	2003.7	县一中

续表22-2

分类	姓名	性别	民族	出生年月	学历	职称	授予时间	技术职称工作单位
教育	程先美	男	汉族	1963.12	本科	中学高级教师	2004.7	县一中
	陈丽华	女	汉族	1966.11	本科	中学高级教师	2005.7	县一中
	李艳芳	女	拉祜	1965.12	本科	中学高级教师	2005.7	县一中
	朱跃宏	男	彝族	1970.6	本科	中学高级教师	2005.7	县一中
	王勇祥	男	汉族	1962.12	专科	中学高级教师	2005.7	县一中
	杨玉荣	男	彝族	1968.12	本科	中学高级教师	2005.7	县二中
	杨中伟	男	汉族	1966.5	本科	中学高级教师	2005.7	县职业中学
	陶　燕	女	汉族	1969.1	本科	中学高级教师	2006.7	县一中
	冯娜倮	女	拉祜	1965	本科	中学高级教师	2006.7	县一中
	娜　嘎	女	汉族	1970.6	本科	中学高级教师	2006.7	县一中
	赵竖昌	男	汉族	1970.7	本科	中学高级教师	2006.7	县一中
	白　云	女	拉祜	1969.4	专科	中学高级教师	2006.7	县一中
	杨国兰	女	彝族	1965.7	本科	中学高级教师	2006.7	县一中
	杨　红	女	汉族	1969.8	本科	中学高级教师	2006.7	县一中
	李文海	男	彝族	1969.8	本科	中学高级教师	2006.7	县一中
	徐昌荣	男	汉族	1966.12	本科	中学高级教师	2006.7	县一中
	郑长勇	男	汉族	1959.4	专科	中学高级教师	2006.7	县一中
	陈红兰	女	汉族	1961.1	专科	中学高级教师	2007.7	县一中
	唐定勇	男	汉族	1965.7	本科	中学高级教师	2007.7	县一中
	周学联	女	彝族	1970.7	本科	中学高级教师	2007.7	县一中
	黄兴明	男	汉族	1968.4	本科	中学高级教师	2007.7	县职业中学
	王军民	男	汉族	1957.8	专科	中学高级教师	2008.6	县教育局人事股
	耿忠祥	男	汉族	1950.3	专科	中学高级教师	2008.6	县民族中学
	欧阳琨	男	汉族	1964.9	本科	中学高级教师	2008.6	县一中
	罗凤森	男	哈尼	1956.1	专科	中学高级教师	2008.6	县职业中学
卫生	潘会田	女	彝族	1939.12	中专	外科副主任医师	1993.8	县人民医院
	江仕云	男	汉族	1943.4	中专	内科副主任医师	1996.9	县人民医院
	兰　斌	男	汉族	1945.11	中专	内科副主任医师	1996.9	县人民医院
	赵文生	男	汉族	1945.5	大专	内科副主任医师	1999.1	县人民医院
	段祥兴	男	汉族	1948.2	中专	流病副主任医师	1989.8	县疾控中心
	陈进国	男	汉族	1948.5	大专	内科副主任医师	2001.8	县人民医院
	马桃生	男	汉族	1950.1	大专	内科副主任医师	2001.8	县人民医院
	罗景恩	男	彝族	1956.12	大专	中医副主任医师	2003.6	县人民医院
	杨镜华	男	汉族	1959.1	大专	外科副主任医师	2004.1	县人民医院
	陈洪文	男	汉族	1942.4	中专	外科副主任医师	1989.8	勐梭镇卫生院
农业	张林福	男	汉族	1957.11	大专	副高级农艺师	2001.1	县农业局
	李　会	女	汉族	1958.4	中专	副高级畜牧师	2007.10	县畜牧兽医局

五、离休干部名录

西盟县佤族自治县离休干部名录表

表 22-3

姓 名	性别	民族	籍 贯	出生时间	工作时间	离休单位	职 务	备 注
李宗寿	男	哈尼	云南墨江	1920.8	1949.9	西盟农场糖厂	支部书记	1933 年 3 月去世
梁 彪	男	汉族	广西平南	1920.10	1949.5	县财政局	副局长	1990 年 10 月 23 日去世
牛贵成	男	汉族	山西长治	1923	1939.1	县人民法院	副院长	2005 年去世
汤正全	男	汉族	湖南醴陵	1924	1948.2	县政府招待所	所长	1996 年 4 月去世
龙 兴	男	汉族	云南思茅	1924	1949	县农业局	局长	2010 年 11 月去世
谢志发	男	汉族	河南内乡	1924.7	1948.5	县粮食局	所长	2000 年 4 月去世
左自友	男	彝族	云南宁洱	1926.5	1949.2	勐梭公社	干部	2008 年 8 月 10 日去世
黄保亚	男	汉族	云南澜沧	1927.4	1948.10	县国营运输队	出纳员	1993 年 5 月去世
王 跃	男	汉族	四川理县	1927.11	1949.5	县教育局	局长	1999 年 4 月去世
熊正武	男	汉族	云南宁洱	1927	1949	县民政局	局长	—
李朝元	男	汉族	云南墨江	1927	1949	县计经委	副主任	2012 年 1 月 18 日去世
陈兴云	男	汉族	山东东明	1929.4	1949.4	县公安局看守所	所长	2015 年 9 月 17 日去世
王德雨	男	汉族	河南	1929	1948	县商业局	保管员	2015 年 9 月 21 日去世
周德明	男	汉族	云南景谷	1929	1949	力所乡供销社	主任	2010 年去世
赵志安	男	汉族	河南伊川	1929	1949	县统战部	干事	—
陈兴卫	男	汉族	云南宁洱	1930.12	1948	县公安局	干部	2010 年 10 月去世
张庆政	男	白族	云南元江	1930.12	1949.1	县委党史办	科员	已去世
陈 元	男	汉族	云南昆明	1931	1949	县人大	副主任	—
纪 英	女	汉族	云南宁洱	1933	1949	县防疫站	统计员	2016 年 6 月 1 日去世
鲍学德	男	佤族	云南澜沧	1935	1949	县统战部	部长	—

专　记

一、佤山奇观—云海

西盟佤山，耸立在云南西南边陲，与缅甸接壤，受印度洋气流的影响，雨量充沛，空气湿润，群山间，山谷下，一年四季可观赏到宛如仙境，如梦如幻的云海，秋冬两季气势颇为壮观。

佤山云海，随着时间和气温的变化而形态各异。日出前，她像身姿婀娜的少女躺在山谷，纹丝不动，静若一汪清澈的湖水。清晨，旭日东升，静谧的云雾渐渐起伏涌动，像少女舒缓伸展的手臂，任清风舞弄长裙。随着太阳的缓缓升高，翻腾的云海失去了恬静轻柔的美，犹如万马奔腾，海浪滔滔。中午时分，腾空而起，化为云絮，像盈盈飞起的仙女，飘过山腰，飞过山顶，飘上天空，在天地之间构成了一幅迤逦无比的天然画卷。

佤山云海与众不同，在于他的广阔浩瀚，起伏涌动，气象恢宏。四季的云海为佤山增添了更加神秘的色彩，与秀丽的阿佤群山相映成趣。

二、中课天生桥

中课天生桥位于中课乡中课村大寨村与小寨村之间，距乡政府约 2 千米。自然生成的石崖墩壁立相峙。

据说从前两崖桥石墩顶部是相连着的，行人可以从中过往，故名天生桥。后来，有兄妹俩在桥上乱伦，激怒了天神，天神往天生桥打下一个炸雷，把天生桥打断，警示人们不可乱伦。从此，天生桥就名不副实了，人们只好在原来的天生桥处架木桥，后铺设钢筋混凝土板桥，仍称之为天生桥。桥离河面约 20 米，站在桥上往下俯视，令人目眩。河中碧水悠悠，从河中仰视，天生桥若天上鹊桥，横在云朵间。

三、西盟佤族木鼓

木鼓，佤语称“克罗”，享有阿佤人“通天神器”之称。诞生于司岗里之后，阿佤人开始脱离母系社会，创建新兴政治体制即父权制度的初期，按佤族家谱推算已有 800 余年的历史。西盟佤族木鼓制作分为砍木鼓、拉木鼓、祭木鼓三个步骤。

砍木鼓，从古至今佤族砍木鼓，都认为有很大的风险，需要免责的神谕和各种免责的手段。在砍木鼓前，必先请示寨子里最有权威的魔巴同意，方可杀鸡看卦，占卜上山选砍木鼓树木的吉日，意为天时地利，人心所向。到选定的良日，魔巴再次杀一只鸡看卦，要占卜在哪个方向选做木鼓树。并一行 5 人在山林里搜寻对比，挑定一颗红毛树。砍树前，魔巴口念咒语，撒米献祭，砍树时要放数枪，有的寨子则用梭镖剽树，迫使鬼神离开，树倒的时候，现场沸腾、欢呼雀跃。

拉木鼓，寨子里的女人们穿着最美的服饰，男人们互相在对方赤裸的上身画上牛头和太阳的图案，男女阵容壮观，气势浩大，簇拥在砍倒断后的木鼓树周围，魔巴在木鼓树前撒米和水酒等祭品，祈求路上可能伤害的小树、小草们的灵魂让道，分两行的人群各拉一条捆在木鼓树上的藤绳，以拉木鼓歌为号子，步伐整齐地往前拉。木鼓树拉到寨子门口，魔巴在树上打下一个鸡蛋，表明木鼓完全离开了原来的树灵。

祭木鼓，木鼓树被拉到木鼓房外，开始由技艺高超的木匠雕琢木鼓，此后的每个晚上，阿佤人都会聚集在木鼓房外，燃起篝火唱歌跳舞，新木鼓雕琢好抬进木鼓房，寨子剽牛、泡水酒、煮稀饭，歌舞欢庆。

西盟佤族木鼓制作，浓缩了佤族先祖从利用自然工具到创造工具的发展演进，有了木鼓，山寨孤寂的生活就生动起来，对美好生活的愿望，就有了新的依附。

四、商烟街

商烟街位于力所乡南亢村西部山头，盛有“难以忘记的神山”之意，从古至今，不少商人赶街时，总是从家里背着米、肉，祭拜这座保佑他们的神山。街面大约45度斜坡，满地绵绵密密地青草，没有围墙及任何设施，四通八达，街中心耸立着一棵上百年的大青树，早晨白色的烟雾从树根升腾。据说，最初主要卖大烟、粮食布匹、食盐之类东西。在二十世纪三四十年代，西盟的物产较为单一，且量少，经济属自给自足的自然形态，街天仅是物物交换。原有内地商人，本地各民族，也有缅甸、泰国的商人，街天为每年的农历十月十五日。迄今，赶街人最多的时候有3000人~4000人，拉祜族较多，其次是佤族、傣族、汉族和其他少数民族，主要销售锅碗瓢盆、各式服装、凉拌黄花菜、海带、豌豆凉粉、米凉粉、卤猪肉、猪肉、牛肉、洋芋、韭菜、烧烤、各类酒、饮料、小孩玩具等。被誉为佤山“丛林中的盛会”。

五、佛殿山三佛祖遗址

佛殿山“三佛祖”遗址位于勐卡镇西面，距镇政府2000余米，海拔2132米。遗址呈圆形，占地2500平方米，周围砌有围墙，全用石头砌成，外高1米~3米，内高1米左右，墙顶厚度1米。内有四合院式遗址，遗址正北方向一侧，有一座高5米，占地16平方米，分二台用片石砌成的佛塔，佛塔面南，有四座高4米，相距2米的花台。

站在佛山顶，放眼眺望，山峦起伏，古木参天，12座大小不同的山峰相连，环抱佤山天池。在林荫中，有佛庙遗址11处，佛塔11座，形成了佛塔群。因年代久远，已残缺不全。仅有两座佛塔保持完整，塔顶上长着缅树，塔树相融。

清同治十三年（1874），澜沧拉祜族广明三佛祖朱阿霞进入西盟创建佛房，广纳信徒，传播佛教，对西盟实行政教合一的统治，长达百年之久。曾在历史上对西盟的政治、经济、文化、军事、宗教产生重大影响。清光绪二十七年（1901），扎谢（人名）代办（职务）执政后，重武轻教，香火渐寥，教事衰落。1958年后，正常的佛教活动逐渐消失。

1978年后，三佛祖遗址拜佛活动（赕佛节）主要集中在每年农历正月初九，以拉祜族为主，其他民族也参加。正月初九一早拜佛的人群，带着香烛、糍粑、钱文、芦笙，从四面八方赶来，聚居在三佛祖遗址，点香烛、供糍粑、献钱文，虔诚祭祀。祭祀过后，吹响芦笙，人们围成里三层外三层的大圈，跳起欢快的芦笙舞，热闹非凡。这一拜佛习俗活动至今仍在流传。

三佛祖遗址居高临下，可尽观佤山云海、佤山天池、烈士陵园.1998年11月13日，被云南省人民政府列为“第五批省级文物保护单位”。

六、烈士陵园

烈士陵园建于1960年，位于西盟镇佛殿山城子水库旁，占地面积7300平方米，园内有墓冢68座。正前方一泓佤山天池，清澈见底，碧波荡漾；四周远山，森林茂密，绿荫覆盖，静谧而深幽；陵园内，松彬柏柳簇拥，鲜花满地。

1986年，在烈士陵园内建烈士纪念碑一座，先后共投资2.1万元。纪念碑为正方体，整碑高7.4米，分为碑座、碑身两部分。碑座高0.8米，设5台为金字塔状，每台高0.16米；碑身高5.8米，底宽0.85米；顶宽0.5米，碑顶上用一颗24＃约1米长的钢筋，垂直连焊钢板制作的1个五角星。纪念碑面向东方，用佤山自产的大理石镶嵌而成，正面上刻着“革命烈士永垂不朽”八个镏金大字和西盟县人民政府以“壮怀激烈，浩气长存”为题的碑文；背面上刻着“生的伟大，死的光荣”和九十三位烈士的英名；左侧刻着“为有牺牲多壮志，敢教日月换新天”；右侧刻着“人生自古谁无死，留取丹心照汗青”的名句。

七、世界佤文化保护区（标志碑）

世界佤文化保护区（标志碑）位于西盟县募西路32千米＋700米处，于2003年建立。标志碑分为碑柱、佤族寨心桩石标杆、斗形标杆，三个建筑物并排而立。碑高4.7米，底宽2.8米，顶宽1.1米，厚0.9米，混凝土结构，左、右侧及背面用鹅蛋石镶嵌，形体原始古朴，粗中显细腻，向公路的正前方纵刻“世界佤文化保护区”八个大字和“思茅市人民政府”；佤族寨心桩石标杆，高6米，由12节鼓状青石墩，从大到小对接而立，历经风雨，坚实挺拔；右边为斗状钢筋混凝土标杆，高4.6米，杆斗对称，与寨心桩、碑柱形成完美结合。

站在标志碑旁，可尽观佤山锦绣河山和美不胜收的云海，是“绿三角”旅游的重要景区。此保护区，可称为世界佤文化的聚焦和缩影。

八、拉勐纪念碑

拉勐，属官名（1886—1952），原名岩所，也叫岩松之说，西盟解放前拉勐是中课班箐部落的头人。1950年10月1日，特邀参加国庆盛典时，受到毛主席的接见，亲眼目睹了新中国的欣欣向荣。懂得了要团结，不要分裂的道理，坚定了拥护共产党的决心，率领部落族人勇敢向国民党反动势力、陈规陋习宣战，捍卫了自己的信念。

1951年元旦，普洱专区26个民族的代表在宁洱红场庄重举行“剽牛”仪式，由拉勐剽牛，大家共同喝下了“咒水”，在普洱民族团结誓词碑立下“一心一德，团结到底，在中国共产党的领导下，誓为建设平等、自由、幸福的大家庭而奋斗”的誓言。1951年1月21日，拉勐在西盟各民族团结保家卫国大会上宣传了赴京参观的盛况和祖国的强大；2月22日，西盟各族团结保家卫国委员会成立，拉勐选为常委；3月，拉勐被选为宁洱专区联合政府委员。1952年病故。

拉勐是佤山人民的代表和骄傲，为佤山的解放事业和民族团结做出了卓越的贡献，拉勐的功绩，永远铭记在普洱各族兄弟和佤山人民的心中。为深怀拉勐，展望未来。2007年清明节，中课班箐全体村民捐款建拉勐纪念碑。

拉勐纪念碑位于班箐村二组，为正方体，底到顶高有6.16米，分碑座、碑体、镖枪三部分，碑座底宽3.1米，高1.33米，用毛石混凝浇筑，上部四周张贴白色瓷砖，下部正前方大理石刻有拉勐简介（第一轮县志已载）；碑体宽0.6米，高2.03米，钢筋水泥结构，正前方镶嵌西盟自产的白色大理石，竖刻干劲有力的“拉勐纪念碑”字；碑顶有约长2.8米用钢筋混凝土浇制的一杆镖枪，银光闪烁。

拉勐纪念碑左、右侧及后面长着粗大而挺拔的数蓬龙竹，山花满地，竹波荡漾。每逢清明节，佤山各族人民满怀着对拉勐的敬仰前来祭奠。

九、中课小寨

中课小寨位于中课乡政府西面2.5千米处，共有140户、442人。至2000年底，农户居住的是风雨飘摇的茅草竹笆房，且人畜同房，上住人，下关牲畜。贯穿寨中的道路凹凸不平，雨天泥深路滑，晴天尘土飞扬。风调雨顺的年时粮食能勉强糊口度日，遇受灾害年时，须靠救济。面对贫困，全寨人痛定思痛，立志寻找一条脱贫致富的路子。

2001年年初，中课小寨，开始感受到冬后温馨的阳光，在上海援建的“白玉兰安居＋温饱工程”项目建设中，全寨人抢抓机遇，齐心协力，共同谱写住房、水、电、路建设的新篇章。

坚持统筹规划，着眼于村庄绿化，村容整洁。对新建和改扩建房屋实行统一规划，做到畜厩、沼气池和厕所三配套。在国家有限的资金帮扶下，树立“等不是办法，干才有希望”的理念，自己打砖、备石、备沙，自己建房。几分汗水，几分收获，全寨共建成砖木结构的石棉瓦房140幢，率先在西盟实现人畜分居，为新农村建设开了一个先河；同期建成公共厕所，建成沼气池100口；家家户户通水、通电、通电视；水泥路贯穿全寨。工程的有力实施，彻底改变了中课小寨的村容村貌，环境改善了，群众的精神饱满了。

坚持以促进发展经济为主题，产业调整为主线，增加农民收入为突破口，树立“苦熬不如苦干”的思想观念，积极开展“致富思源，富而思进”的教育活动。在立足寨情的基础上，积极响应乡党委、政府提出的打基础、调结构、兴科教、抓扶贫、重发展、从大处着眼、小处着手的精神。坚持稳粮调结构，在抓好固定耕地的同时，加大培训力度，普及农业农村使用技术的推广和应用，普及良种方法推广，提高复种指数，提高科技含量，科学种田、种地逐步成为群众的自觉行动。2008年，人均拥有固定耕地2.2亩，农民人均纯收入1332元，人均有粮326千克。

中课小寨群众积极宣传党的路线方针政策，弘扬爱国主义、集体主义、社会主义精神。加强思想道德教育，培养“四有”公民。深入持久地开展“文明家庭户”“双文明户”“十星级文明户”创建活动，到2008年，已创建命名挂牌表彰星级文明户98%，其中，95%的家庭被评为“十星级文明户”。定期不定期地抓科技培训，2008年，共举办培训班18场次，培训群众1760人次，不少群众掌握了2门～3门农村实用技术，组成业余文艺演出队一支，自编自演文艺节目，改善和丰富了群众的业余文化生活，展示了小寨人民的精神风貌，群众性的精神文明建设丰富多彩，大力弘扬社会主义精神文明建设，倡导文明健康的生活方式，做到了人有厕、猪有圈、牛有栏、肥料到田地，坚持每月4次环境卫生大扫除，定期喷药消毒，杜绝和防止了重大疫情的发生。

2008年，中课小寨在校生有98人，其中，中学生38人，小学生60人。全组适龄儿童入学率、巩固率、升学率均100%，完学率99%。人口与计划生育工作在巩固计生“三为主”，积极推广“三结合”的基础上，实行晚婚晚育、优生优育，提高了计划生育管理水平，人口自然增长率控制在9.22‰的指标内。充分发挥工青妇等群众组织在精神文明建设中的重要作用。几年来，无各种重大的违纪违法和民事纠纷发生，保持社会和谐稳定，三个文明建设不断加强。

中课小寨解决温饱后，在保证人均拥有0.8亩的高稳产农田地的基础上，提出了“远抓经济林果，近抓种养植（殖）业”的产业发展思路，群众对部分固定耕地进行了调整。一是拿出部分好田好地种植甘蔗。全组种植高品种甘蔗400余亩，亩产6吨以上，实现产值35万元，人均790元；二是大力实施畜牧养殖，实行引进优良品种，大力实施科学养殖，进一步加大兽医防疫工作，做到家家户户都有一间安全适用的仔猪繁育圈，以加大繁仔母猪培育为重点。2008年，全寨有母猪113头，年底肥猪出栏118头，实现产值9万元，人均200元；三是加大蚕桑产业培植，推进经济不断发展。2007年—2008年，全寨种植桑树32亩，实现产值8万元，人均200元；四是进一步扩大辣椒的种植面积；五是把大春作物和小春作物有机地结合起来，在抓好大春生产的同时，小春生产仍不放松，冬农开发中，在冬玉米种植上下功夫，确保了全组的粮食生产稳中有增的大好局面。2008年，全组种植辣椒60亩，实现产值5万元。

经过不懈的努力，中课小寨的村容村貌和生活习俗发生了翻天覆地的变化，走进小寨，可感受到一个具有浓厚民族风情而又充满现代气息的佤族村庄，可品味到香喷喷的鸡肉稀饭和浓而甜的阿佤水酒。1990年5月12日，被县委、县政府评为“精神文明建设先进集体”；1992年6月12日，被县委、县政府评为“拥军优属先进单位”；1999年5月4日，被共青团县委评为“青年文明村寨”；2002年

12月30日，被思茅地区妇联授予“妇女之家”；2003年12月，被云南省委、省政府评为“文明单位”；2006年—2008年，被云南省委、省政府评为“文明村”。被誉为“西盟佤山第一村”，为西盟县建设社会主义新农村奠定了基础。

十、傣族手工造纸技艺

在西盟佤族自治县勐梭镇勐梭村，至今还尚存着一项古老的傣族手工造纸技艺，这种纸略显粗糙，却有着淡淡的植物清香，主要用于傣族缅寺抄写经文，傣家人叫“洁沙”。在西盟，现仅有3名傣族老人在坚守着这项传统的技艺，他们一直用简单、原始的工具，制造着这种纯天然的纸。老人们年事已高，而造出的纸张因用途不广，没有经济效益，年轻人都不愿学习这项造纸技艺，这项传统技艺面临消亡。

造纸的原料叫构树（当地人叫格皮叶树），此树适宜在西盟生长，长势较快，树干较为柔软，而且树皮与树心易于分离，树汁为白色。

造纸首先是采料，采料一般选择树龄纤维较好、较细腻的构树皮，一年四季都可以采料，但最佳时机是七八月份，冬季采料对构树生长不利，而且很难把皮剥下来。采来后，把剥下来的构树皮在烈日下暴晒1天~2天（造出的纸才不会黑）；之后把构树皮用清水浸泡变软后，加上火灰一起放进锅里煮3小时左右（构树皮得到碱化）；再把构树皮从锅中捞起，用清水冲洗干净后，用木棒或者铁锤使劲敲打已经腐蚀的树皮，打的越细越好，直至皮汁流出；然后把皮汁放进水槽中，搅拌均匀后，一般用一个长70厘米、宽50厘米、高3厘米的纸模，把飘在槽中的浓汁按照所需厚度盛在纸模中；最后把纸模放在阳光下晒，待纸晒干后进行揭开。揭时先用手撕个角，用光滑的揭纸木刀轻轻地揭下整张纸。

十一、佤山抗日游击队

1942年—1946年，在西盟佤山这片热土上，活跃着这样一支抗日队伍，他们在中国共产党员李晓村、尹溯涛、刘亚南等人的领导下，号召佤山边疆各族人民团结起来共同抗日，抗日的革命斗争有力地打击了日寇的嚣张气焰，歼灭了大量的日军，收复了十七王地南段未定界阿佤山区，保卫了祖国领土完整，对云南乃至全国的抗日救亡运动起到了积极的作用，在祖国抗日战争史上写下了光辉的一页。他就是“佤山抗日游击队”。

1942年，日军占领缅甸后，又凶猛地压向中缅边境，企图沿滇缅公路东进，占领昆明、贵阳，进而占领整个中国的大西南。为了阻止日军东进，中国已先期炸毁了滇缅公路上必经的惠通桥，使日军东进受阻。中国远征军撤回云南后，国民党所辖的第6军甘丽初部49、55、93师驻防西双版纳车、佛、南（今景洪、勐海、勐遮）一带。

在严酷的抗日战争中，上级党组织始终关注着基层党的建设，给基层党的工作指出工作方针和原则。1942年1月，周恩来在中共南方局会议上提出建设坚强的战斗的党组织，要求国民党统治区的党员做到勤业、勤学、勤交友，实现职业化、社会化、合法化。尽管中共南方局派到澜沧、西盟佤山进行社会考察的共产党员江枕石结束了对佤山的社会考察，与张南屏、李晓村筹划团结民族头人，发动各方进步力量，组织佤山抗日游击队，建立佤山抗日根据地时不幸遇难，但是江枕石烈士未竟的事业仍在继续进行着。张南屏、李晓村、尹溯涛商议，由尹溯涛以缅甸华侨抗日救国会的身份，与景谷爱国志士刘亚南联系，二人一起出面动员罗正明组建佤山抗日游击队。罗正明是当时思普地区声望较高的开明人士，而且家财资本殷实，还有几百条枪，曾参加义勇军抗英打班洪。罗正明爱国上进，为人正直。一经尹溯涛、刘亚南说明，便欣然赞允。以罗正明的社会关系和个人的声誉威望，加之尹、刘宣传动员串联，从普洱、景谷、澜沧等地聚集了300余名自愿参加抗日的爱国人士。为了避免被国民党当局视为“土匪流寇，妄为不法”，使抗日队伍出师名正言顺，他们向普洱国民党专员胡道文申报：不要国民党当局供给枪支弹药粮饷，自行组织武装抗日，请缨杀敌。在国共合作，抗日民族统一战线主张以及全国团结抗日呼声高涨的形势下，不用政府操心，出了这么一支抗日武装队伍，正好是可以向上司彰显自己统辖思普地区有能力和功劳的极好机会，国民党普洱地区专员胡道文便毫不犹豫地表示同意，并指令普洱专署备了案。

1942 年 8 月，佤山抗日游击队的前身“澜沧县保安大队”的牌子就在澜沧佛房挂出。保安大队由一个直属分队、三个中队组成。由罗正明任大队长，刘亚南任副大队长。大队部设在东岗，直属分队随大队部进行活动；1 中队驻防东岗；2 中队驻防西盟、孟连；3 中队驻防木戛、雪林、岩帅。在南卡江以东形成与日军对峙态势，打起了建立佤山抗日游击队的基础。1943 年，卡佤山区人民自卫总队，扩大队伍，准备进一步深入阿佤山区，开展对日游击战争，驱赶日寇，收复失地。罗正明、尹溯涛、刘亚南、李晓村等，通过各方面的关系，动员同乡同学、家乡青年、地方势力、各阶层爱国人士、有钱出钱、有力出力、有枪出枪，只要爱国抗日，不分何人，不分是何阶级阶层，都欢迎参加抗日队伍进行抗战，同时宣传贯彻中国共产党关于“实行全国人民总动员，开放民主，改善民生，广泛发动群众，进行人民战争”的全面抗战路线。与阿佤山区的民族土司、头人李扎体、张嘉约、李保、舒炳忠等人在西盟佛殿山三佛祖佛殿喝咒水盟誓：“抗击日寇，同甘共苦，有福同享，有难同当。”发动西盟各族人民支援抗日游击队，保证做好后勤供给，守护南康河、南锡河藤索桥。尔后，尹溯涛到昆明找到云南资深知名人士李根源。李根源早期曾参加过孙中山先生组织的同盟会，是孙中山先生“三民主义”的忠实追随者，时任云南、贵州两省的监察史。尹溯涛与他有亲戚关系。尹溯涛向他说明关于请他帮助佤山抗日游击队取得合法地位的来意之后，李根源对他们的抗日壮举大为赞赏，愿意尽力帮助，通过李根源的关系，1944 年夏，国民党驻防滇西第 20 集团军总司令霍揆彰任命罗正明为卡佤山守备第 2 支队支队长，第 20 集团军奉命撤销后，接替第 20 集团军防务的中印公路东段警备司令部警备司令委任罗正明为卡佤山区人民自卫总队长。

人员扩充，壮大队伍力量方面的工作，傅晓楼为总负责。由李建文、石炳钧、刘绍鸿、彭季谦各建一个大队。武器弹药装备，除了原有的之外，由大家共同筹集资金进行购买。还向澜沧县的张石金、张鸿兴、杨金榜、罗恒尧以及勐主商绅借款，向卢汉的部属、国民党军师长陇体耀买了两挺马克辛重机枪，两门八二炮，60 余挺轻机枪，300 余支步枪。向各地商绅借了一些枪弹。一共有 3700 余支步枪，近百挺轻机枪，二挺重机枪，三门大炮。

当时，日军在阿佤山区及临近阿佤山区的兵力分布是在滚弄江以西，缅甸境内城市、铁路沿线以及靠近中缅边境一线的军事要地设为主要据点，驻守十七王地。南部以丹阳为指挥中心，分守中弄、南亢武、八莫、满象、允恩；北部以新地方为指挥中心，分守蛮国、弄跨、莫列、永和和班洪。佤山抗日游击队计划一鼓作气，把日寇赶过滚弄江，在滚弄江以东这块地高林密、河谷纵横、地域广阔的土地上，以滚弄江为屏障，建立佤山抗日根据地。

1944 年 12 月，罗正明率部队挺进佤山，刘亚南带领先头部队 200 余人渡过南卡江，奇袭八莫，击毙日伪军八人，缴获步枪五支、子弹 300 余发，收复了八莫。接着部队又攻打允恩取得胜利。佤山抗日游击队首战攻下了日寇的两个据点，振奋了民心，鼓舞了士气。

1945 年 2 月，部队集中到允恩进行整编，正式打出了阿佤山抗日游击支队的番号。整编之后，部队的组织系列为：支队司令罗正明、秘书长李开运、参谋长顾绍麟、政治部主任尹溯涛、政治部副主任王光表、军需主任李晓村、军医主任罗有汉。下辖五个大队、两个独立中队。第一大队大队长刘亚南，大队人数 800 人；第二大队大队长李建文，大队人数 200 余人；第三大队大队长石炳钧，人数 200 余人；第四大队大队长刘绍鸿，人数 150 余人；第五大队大队长彭季谦，人数 500 余人。独立一中队中队长朱宝元，人数 50 余人；独立二中队中队长杨德尊，人数 50 余人。佤山抗日游击支队发展的高峰期，人数达到2000多人。加之发动地方武装约1200人，共3200人形成了佤山抗日武装力量。

部队整编过后，游击支队政治部组织力量，深入佤山各部落，向民族头人和群众宣传中国共产党的抗日救国主张和政策，发动民族头人组织群众支援游击队抗日。支队司令罗正明拿出自己的金银首饰、枪支弹药、盐巴及布匹赠送给支持抗战的民族头人。加之部队纪律严明，尊重民族头人和群众，对民族头人和群众的利益秋毫不犯，与当地民族头人和群众的关系水乳交融。佤山人民看到敌占区同胞遭日寇残酷蹂躏，在水深火热中挣扎，胸中燃烧起了满腔仇恨的怒火。抗日游击队与当地民族头人召开了万人大会，泡酒、剽牛盟誓，团结一致，决心抗战到底。

1945年3月，佤山抗日游击支队分三路向日寇设在佤山的各据点发起全面进攻。支队司令员罗正明亲自率领中路主力攻打满象；南路部队从孟连渡过南卡江攻打班禅；朱宝元、杨德尊两个独立中队协同攻打中弄、南亢武。日军驻守据点的兵力少则几十人，多的到百余人，主力部队只作巡逻督察，不常驻。抗日游击队到达后几乎未发生激烈战斗，敌人就闻风仓皇逃回丹阳。刘亚南指挥北路第五大队，从勐董出发，攻打永和，尔后指向蛮国、班洪、班弄，守敌不战而退，抗日游击队收复了永和、蛮国、班洪和班弄。北路军继而集中兵力攻打敌人的指挥中心新地方。石炳钧大队、李建文大队协同从允镇北上，攻下莫列、弄跨、踏田，截击新地方的后方据点，直逼新地方，配合北路部队作战。经过激烈战斗，攻下了日寇设在阿佤山区北部的指挥中心新地方。侵占佤山北部的日军被全部驱逐过滚弄江。佤山抗日游击支队收复了滚弄江以东阿佤山区大片土地。

然而，英帝国主义对阿佤山这块土地早有图谋。20世纪30年代，英国就派地质队到西盟佤山勘探矿藏，掠夺矿产。在新厂开采铅矿提取白银。日本侵略军处于强弩之末，趋于失败之时，英帝国的魔爪便悄悄地伸向阿佤山。

1944年12月，一名叫伯特的英国少校，从澜沧糯福教会带着澜沧地霸头目石炳麟的胞弟石琦筹一行五人到西盟佛殿山顶东侧建立所谓的抗日情报站。建站后，每天用电台与英盟军总部联系。几天后，英方飞机在佛殿山空投武器弹药和食品，还有七名全副武装的英国士兵。空投下来的英军官兵与原情报站的人员合在一起，在佛殿山东面垭口建了一栋用木板围起来的草房作为营地，终日戒备森严，不许外人出入。英国设在西盟的所谓抗日情报站力量得到加强后，不谈抗日，而在频繁地进行各种诡秘的活动。佤山抗日游击队和当地头人看这些英国人到西盟佤山的势头不对，便向澜沧县当局反映情况，要求县里向上请示，让英国人撤离西盟。澜沧县国民党政府回复：盟军没有通报我方要在西盟建情报站，我方不知这支英军来历，令英军情报站限期撤离西盟。英军遭驱逐，撤出西盟佛殿山营地，经大石马山烟街、力所、打洛、南锡，欲进入中缅未定界地区继续活动。佤山抗日游击队拒绝英军进入抗日游击区，动员南锡河、南卡江两岸各民族部落群众进行堵截。英军只好按原路返回到力所阿佤来，从王贡过南康河到南约。另一支20余人的英军从翁嘎科方向来接应他们。进驻南约后，英军发报机向总部联系，总部从印度新德里派了两架大型运输机给他们空投物资。1945年4月中旬的一天，美军总部派来的两架空投运输机到达西盟，在佛殿山上空盘旋几圈后往南，经发报机导航，飞向南约上空，南约属低河谷地带，地形复杂，飞机空投，难于找到准确目标，把空投物资投到距南约有10多公里以外的衣冷。1945年6月上旬，中方再次跟英军交涉，劝其撤离佤山，西盟佤山各部落民族头人联合给英军送去象征要兵刃相见的子弹、木炭和辣椒，英军不得不拔营撤走。但是，英国要强占西盟佤山的贼心不死。英军情报站人员刚撤出西盟佤山，英国就照会蒋介石国民党政府，把未定界的阿佤山区归属英国，国民党蒋介石政府担心受中国共产党影响很深的佤山抗日游击队的存在，成为他们的心腹后患，下令将佤山抗日游击队支队就地解散。1946年2月，国民党云南省政府下令解散“佤山抗日游击支队”和解除罗正明抗日游击支队司令职务，部队集中到西盟翁嘎科后解散。

中国共产党筹划指导下成立的佤山抗日游击队，英勇抗击日本侵略军，锻炼了边疆阿佤山区的各民族群众，培养了各族人民之间的爱国主义精神，原参加过佤山抗日游击队的爱国志士，后来都成为民主革命、解放阿佤山的骨干力量。

——选自《中共西盟地方史（第一卷）》

十二、西盟区人民政府遗址简介

1951 年 1 月中旬，西盟赴京参加国庆观礼的民族代表回到澜沧，中央边疆民族访问团也随之到达。中共澜（沧）、宁（江）沧（源）中心县委抓住这一机会，率领 200 余名解放军官兵，与西盟赴京国庆观礼民族代表和中央访问团一道，用马帮驮着盐巴布匹等救济物资进入西盟。1 月 21 日，在西盟佛殿山垭口草坪子举行了“阿佤山区各族团结保家卫国大会”，当地头人和民族群众约 3000 人参加大会，宣布正式成立西盟区政府，任命唐煌为西盟区区长。

西盟区政府成立后，留下唐煌和所带领的 10 名区政府工作人员驻扎西盟，解放军退回澜沧竹塘整训。唐煌带领西盟区政府工作人员在佛殿山东侧建盖草房，以此为区人民政府驻地开展西盟区工作。1951 年 5 月 12 日，盘踞在缅甸允恩（营盘）的国民党军残部和逃往国外的地主恶霸武装共 200 余人，得知西盟区的驻守情况后，连夜出发奔袭西盟区人民政府。此时，驻守西盟区政府驻地的只有区长唐煌等 9 名同志。5 月 13 日凌晨，敌人围攻区政府，喊话诱降无效便向区政府发起了疯狂进攻。在区政府驻守人员的顽强反击下，敌人的多次进攻遭到失败，匪首提出要与区长唐煌进行谈判。当唐煌走到门口时，敌人向他开了枪。唐煌负伤迅速转回屋中，继续组织反击，战斗一直持续到下午。后来敌人用弩箭点燃火种射到区政府的草房上，草房顿时燃起大火，驻守区政府的全体工作人员壮烈牺牲，区政府失守。西盟区政府失守后，中共澜沧县工委于 1952 年 7 月恢复中共西盟区委、区政府建制。1952 年 12 月 9 日，中国人民解放军三十九师一一五团奉命进驻佤山，16 日，从部队抽调一批指导员，与澜沧县人民政府派出的部分干部共同组成民族武装工作队，开展民族工作，重建政权。1955 年 1 月 13 日，经国务院批准，将西盟区从澜沧拉祜族自治县划出，设立西盟佤族自治县。

2015 年 1 月，中共普洱市委党史研究室、中共西盟县委、县人民政府，共同在原西盟区人民政府遗址地立了一块大理石碑。

附 录

一、条例选录

云南省西盟佤族自治县自治条例

（1989 年 2 月 23 日云南省西盟佤族自治县第五届人民代表大会第四次会议通过，1989 年 7 月 15 日云南省第七届人民代表大会常务委员会第六次会议批准，2007 年 1 月 30 日云南省西盟佤族自治县第九届人民代表大会第五次会议修订，2007 年 3 月 30 日云南省第十届人民代表大会常务委员会第二十八次会议批准，2007 年 4 月 26 日西盟佤族自治县人民代表大会常务委员会公告公布，自 2007 年 7 月 1 日起施行）

第一章 总 则

第一条 根据《中华人民共和国宪法》和《中华人民共和国民族区域自治法》，结合西盟佤族自治县（以下简称自治县）政治、经济、文化的特点，制定本条例。

第二条 自治县是佤族实行区域自治的地方，属普洱市管辖。自治县内还居住着拉祜族、汉族、傣族、傈僳族等民族。

第三条 自治县的自治机关是自治县的人民代表大会和人民政府。自治县的自治机关行使县级地方国家机关的职权，同时依法行使自治权。

自治县的自治机关驻勐梭镇。

第四条 自治县的自治机关维护国家的统一，保证宪法和法律在自治县的遵守和执行，坚持把国家的整体利益放在首位，积极完成上级国家机关交给的各项任务。

自治县的自治机关在不违背宪法和法律的原则下，从实际出发，采取特殊政策和灵活措施，加快自治县经济和社会事业的发展。

上级国家机关的决议、决定、命令和指示，如有不适合自治县实际情况的，自治县的自治机关可以报经该上级国家机关批准，变通执行或者停止执行。

第五条 自治县的自治机关团结和带领全县各族人民，在中国共产党的领导下，以马克思列宁主义、毛泽东思想、邓小平理论和“三个代表”重要思想为指导，坚持科学发展观，以经济建设为中心，坚持人民民主专政，坚持社会主义道路，坚持改革开放，自力更生、艰苦奋斗，在上级国家机关的扶持帮助下，发展社会主义市场经济，促进社会主义物质文明、政治文明和精神文明协调发展，努力构建和谐社会，把自治县建成民族团结、边疆稳定、经济发展、文化繁荣、人民富裕的民族自治地方。

第六条 自治县的自治机关加强社会主义精神文明建设，发展教育、科学技术、文化、卫生、体育等事业。对各族人民进行爱国主义、社会主义、集体主义和民族政策的教育。发扬各族人民爱祖国、爱人民、勤劳勇敢、团结互助、尊老爱幼的优良传统。增强各族人民的自信心和自立、自强精神。提倡科学、文明、健康的生活方式，引导和支持各民族自觉改革妨碍民族兴旺和人民致富的陈规陋习。培养有理想、有道德、有文化、有纪律的公民，不断提高各族人民的思想道德素质和科学文化素质。

第七条 自治县的自治机关发展社会主义民主，健全社会主义法制。加强基层政权建设，完善村民、居民自治制度和社区民主管理制度。对各族人民加强民主、法制和纪律教育，依法打击一切违法犯罪活动。

第八条 自治县的自治机关保障各民族公民在法律面前一律平等，维护各民族公民的合法权益。各民族公民都享有宪法和法律规定的权利，同时必须履行宪法和法律规定的义务。

自治县的自治机关维护和发展平等、团结、互助、和谐的社会主义民族关系，促进各民族间的交流与合作。禁止对任何民族的歧视，禁止破坏民族团结和制造民族分裂的行为。

自治县内的各民族都有使用和发展自己语言文字的自由，都有保持或者改革自己风俗习惯的自由。

第九条 自治县的自治机关保障各民族公民有宗教信仰自由。

任何国家机关、社会团体和个人不得强制公民信仰宗教或者不信仰宗教，不得歧视信仰宗教的公民和不信仰宗教的公民。信仰宗教的公民和不信仰宗教的公民以及信仰不同宗教的公民都应当互相尊重，和睦相处，共同为社会主义现代化建设做贡献。

自治县的自治机关依法保护正常的宗教活动，任何人不得利用宗教进行破坏社会秩序、损害公民身体健康、妨碍国家教育制度的活动。

自治县内的宗教团体和宗教事务不受外国势力的支配。

第十条 自治县内的一切单位和个人都必须遵守和执行本条例。

第二章 自治县的自治机关

第十一条 自治县人民代表大会是自治县的地方国家权力机关，自治县人民代表大会的代表依照法律规定选举产生。

自治县人民代表大会常务委员会是自治县人民代表大会的常设机关，对自治县人民代表大会负责并报告工作。

自治县人民代表大会常务委员会由主任、副主任和委员组成，并且应当有佤族公民担任主任或者副主任。常务委员会组成人员中，佤族成员不少于百分之五十，其他少数民族也应当有适当的名额。

自治县人民代表大会常务委员会根据工作需要，设立工作机构或办事机构。

第十二条 自治县人民政府是自治县人民代表大会的执行机关，是自治县的地方国家行政机关，对自治县人民代表大会和上一级国家行政机关负责并报告工作。自治县人民代表大会闭会期间，对自治县人民代表大会常务委员会负责并报告工作。

自治县人民政府由县长、副县长、局长、主任等组成。

自治县县长由佤族公民担任。政府组成人员中，佤族公民不少于百分之五十。

第十三条 自治县的自治机关所属工作部门的正职或者副职领导成员中，至少配备一名当地佤族或者其他少数民族干部。其他工作人员中，也应当有佤族和其他少数民族人员。

第三章 自治县的人民法院和人民检察院

第十四条 自治县人民法院和人民检察院的组织、职能和工作，依照法律的有关规定执行。

自治县的人民法院和人民检察院应当有佤族公民担任院长或者副院长、检察长或者副检察长。其他工作人员中应当有佤族和其他少数民族人员。

第十五条 自治县的人民法院和人民检察院使用汉语言审理和检察案件。保障各民族公民有使用本民族语言文字进行诉讼的权利，对于不通晓汉语言文字的诉讼参与人，应当为他们提供翻译。

制作法律文书使用汉字。

第四章 自治县的经济建设和财政管理

第十六条 自治县的自治机关以市场为导向，结合实际制定经济建设方针、政策和规划，自主地安排和管理本地方的经济建设事业。

自治县的自治机关充分发挥自然资源和民族文化资源优势，大力发展林业、矿业、水利、水电、旅游和边境贸易等产业，提高各族人民的物质文化水平。

第十七条 自治县的自治机关坚持以农业为基础，在稳定粮食生产的前提下，依靠科技，调整和优化产业结构，发展特色农业和优势产业。

自治县的自治机关坚持和完善以家庭承包经营为基础、统分结合的双层经营体制。鼓励农民依法进行土地使用权流转，保护农村集体经济组织和生产经营者的合法权益。

自治县的自治机关实行基本农田保护制度，改善农业生产条件，逐步退耕轮歇地，固定耕地，培肥地力，提高单位面积产量。

第十八条 自治县的自治机关依法加强对土地资源的管理，实行土地有偿使用制度，规范土地市场，合理利用土地资源，征用土地应当进行补偿。保护土地所有者和使用者的合法权益。

城镇土地的使用应当严格审批制度。农村房屋建设应当合理规划，严格控制占用耕地，实行就地改造，尽量使用原有的宅基地和村内空闲地。

第十九条 自治县的自治机关坚持以营林为基础，普遍护林，大力造林，采育结合，永续利用的方针，制定林业发展规划，实行森林资源分类经营管理，合理开发利用森林资源，提高森林覆盖率。

自治县的自治机关重视天然林、水源林保护和生态公益林建设，设立勐梭龙潭自然保护区和佛殿山自然保护区。做好护林防火工作，严禁盗伐林木和毁林开垦，禁止非法猎捕野生动物、采集野生植物。

自治县的自治机关鼓励各种经济组织和个人采取多种形式，投资开发林业，大力发展商品林和经济林，推进林业产业化。坚持谁投资、谁受益的原则，保护投资者、经营者的合法权益。林地使用权、林木所有权和经营权可以依法流转。

自治县的自治机关加强能源建设，推广节柴改灶，实施以电、煤、气等能源代柴，降低森林资源低价值消耗。

自治县的自治机关自主地安排使用育林基金，专项用于林业发展。

第二十条 自治县的自治机关发展畜牧业，提高畜禽产品的商品率，建立畜牧养殖重点村、示范户，发挥其示范带头作用，推动畜牧业规模化和产业化。

自治县的自治机关加强草场建设，实行科学饲养，建立健全疫病防治、良种培育、饲料生产加工、产品营销的服务体系，加强畜禽检疫工作。

第二十一条 自治县的自治机关重视水资源的保护和合理开发利用，加强对河流、湖泊、水库、坝塘的管理，改善生产生活用水条件，发展水产养殖业。

自治县的自治机关鼓励各种经济组织和个人开发利用水资源，建设各类水利水电工程。水利设施可以依法租赁、转让、拍卖和承包。

自治县的自治机关对水资源实行有偿使用和取水许可制度。水资源费由自治县征收，留成比例享受省、市的照顾，专项用于水资源的保护和开发。

第二十二条 自治县的自治机关制定优惠政策，引进资金、人才、技术和设备，采取多种形式开发利用矿产资源。

自治县的自治机关支持各种经济组织和个人在自治县兴办企业，开发资源。在开发利用资源时，应当照顾自治县的利益和当地人民的生产生活。

矿产资源补偿费由自治县人民政府按国家规定征收，除上缴中央外，享受省、市对自治县的照顾，专项用于矿业资源的保护和开发利用。

第二十三条 自治县的自治机关大力扶持和发展非公有制经济，制定优惠政策，鼓励各种经济组织和个人开办合资、合作、独资企业，充分发挥个体私营企业的作用，保护其合法利益。

自治县的自治机关设立招商引资奖励资金，对招商引资有贡献的人员给予表彰和奖励。

第二十四条 自治县的自治机关保护和改善生态环境和生活环境，发展循环经济，实行人口、资源、环境的协调发展。

任何组织和个人在自治县开发资源或者进行建设时，应当采取有效措施，防治污染、水土流失和其他公害。

第二十五条 自治县的自治机关发展交通运输业和邮政、通信事业。在上级国家机关的扶持下，增加投入，加强对乡村公路的管理和养护，提高公路等级。加强山区驿道和通信网络的建设和管理。

第二十六条 自治县的自治机关制定旅游发展规划，保护和开发民族文化、自然景观和边境口岸等旅游资源。加大旅游基础设施建设的投入，发展具有民族特色的旅游产品，加快旅游业的发展。

第二十七条 自治县的自治机关发展对外贸易，开展边境贸易和边民互市，加强边境通道基础设施建设，改善投资环境，鼓励和支持企业发展出口优势产品。

自治县的自治机关加强对边境通道的管理，简化出入境办理手续，提高服务质量。

自治县的边境贸易，享受国家和省在税收等方面的优惠政策。

第二十八条 自治县的自治机关重视佤族以及其他少数民族特需商品和传统手工商品的生产，投资者、经营者享受国家民族贸易政策的照顾。

第二十九条 自治县的自治机关发展农村集贸市场，多渠道增加资金投入，加强集贸市场的基础设施建设，鼓励和支持农民到集贸市场摆摊设点、投资经商。

第三十条 自治县的自治机关重视气象和防震减灾工作，完善防震、防洪、抗旱减灾措施，减少自然灾害造成的损失。

第三十一条 自治县的自治机关依照国家财政管理体制，自主地安排使用自治县的财政收入。

自治县的自治机关享受国家和省、市一般性财政转移支付、专项财政转移支付、民族优惠政策财政转移支付和其他方式的照顾。

自治县的财政收入在不能保证正常支出时，报请上级财政增加对自治县的财政转移支付。上级国家机关下拨的各项扶持专项资金和补助资金，任何部门不得扣减、截留、挪用。

自治县的自治机关执行上级国家机关调整工资、津贴等政策，增加的财政支出，享受上级财政给予补助的照顾。

自治县享受国家和省、市规定的各项补贴，并按照国家、省的规定，可以实行自治县特殊津贴。

第三十二条 自治县的人民代表大会批准的财政预算，如需调整或者变更，须经自治县人民代表大会常务委员会审查和批准。

每年的财政预算执行情况必须通过审计，并向自治县人民代表大会常务委员会报告。

第五章 自治县的社会事业

第三十三条 自治县的自治机关把教育放在优先发展的战略地位，根据国家教育方针和有关法律法规的规定，制定教育发展规划，决定各级各类学校的设置、办学形式、教学内容和招生办法。

自治县的自治机关大力推进素质教育，实行普通教育和职业教育、成人教育相结合。巩固小学教育，发展初中教育，办好高中教育，提高入学率、巩固率和完善率，推进普及九年义务教育，促进民办教育发展。

自治县的自治机关重点办好寄宿制、半寄宿制民族小学、民族中学和职业中学。

自治县的自治机关对农村学生采取免收课本费、学杂费和给予生活补助的办法，保证义务教育阶段的学生完成学业。对考入重点院校的学生给予适当奖励。

第三十四条 自治县的自治机关用于教育的经费应当逐年增加，并且使按在校学生人数计算的平均教育费用逐步增长，保证教师工资和学生人均公用经费逐步增长。

自治县的自治机关鼓励社会力量和个人捐资助学、办学，提倡勤工俭学，改善办学条件。

第三十五条 自治县的自治机关依法实施教师资格制度。办好教师进修学校，鼓励教师在职学习和进修，有计划地选送教师到大专院校学习和深造。重视佤族和其他少数民族教师的培养，建设一支在质量、数量上适应需要的稳定的教师队伍。对在贫困山区从事教育工作的教师给予优待，改善教师的工作和生活条件。

第三十六条 自治县的自治机关发展科学技术事业，加大科技经费的投入。办好科学技术培训中心，普及科学技术知识，加强农民专业技术协会工作，完善农村科技网。扶持农村科技示范户，建立农业科技示范基地，实验、推广农业先进适用技术。

自治县的自治机关对在科学研究、科技推广等方面作出显著成绩的单位和个人给予表彰和奖励。

第三十七条 自治县的自治机关发展具有民族特点的文学、艺术、广播、电影、电视等文化事业。加强文化队伍和文化设施建设，开展群众喜闻乐见、健康向上的文化娱乐活动。重视档案工作，收集、整理和研究民族文化遗产，保护革命文物、历史文物和名胜古迹。

自治县的自治机关保护和挖掘民族文化资源，打造以《阿佤人民唱新歌》为主的佤族文化品牌，繁荣民族文化事业，培育和发展民族文化产业。

第三十八条 自治县的自治机关发展医疗卫生事业。坚持预防为主的方针，加强对地方病、常见病、多发病的防治，重视妇幼和老年保健工作。开展爱国卫生运动，普及卫生常识，改善城乡卫生条件。

自治县的自治机关大力培养少数民族医务人员，重视民间医药的研究和应用。加强药品、食品卫生监督管理，禁止和取缔伪劣医疗用品和药品。

第三十九条 自治县的自治机关做好人口与计划生育工作，提倡晚婚晚育，鼓励少生优生，控制人口增长，提高人口素质。

第四十条 自治县的自治机关要加强体育工作，积极开展民族体育运动，开展全民健身运动，做好竞技体育工作，增强各族人民的体质。

第四十一条 自治县的自治机关逐步增加对养老、失业、医疗、工伤、生育等社会保险的投入，建立和完善农村养老保险和城镇居民最低生活保障等社会保障制度。

第六章 自治县的干部队伍建设

第四十二条 自治县的自治机关重视干部职工队伍建设，采取特殊措施，积极培养当地佤族和其他民族干部、妇女干部和专业技术人员。

自治县内的国家机关和事业单位在招考录用工作人员时，应当合理确定当地佤族和其他少数民族的名额和比例，并适当放宽录用条件。

自治县的自治机关自主的安排补充编制内的自然减员缺额。

第四十三条 自治县的自治机关加强干部培训工作，办好民族干部学校和各种培训班，有计划地选送干部到经济发达地区学习进修。

第四十四条 自治县的自治机关鼓励在自治县工作的职工安心边疆建设，并在生活上给予优待。对在工作中作出显著成绩的干部职工，给予表彰和奖励。

第七章 自治县的民族关系

第四十五条 自治县的自治机关重视民族团结教育，提倡各民族干部群众互相尊重、互相信任、互相帮助。增进汉族干部和少数民族干部之间，外来干部和本地干部之间的团结，共同建设民族自治地方。

自治县的自治机关提倡各民族干部互相学习语言文字，积极推广普通话。

第四十六条 自治县的自治机关维护自治县内民族乡和散居少数民族的权益，照顾他们的特点和需要，培养和任用他们的干部，积极帮助他们发展经济社会事业，促进各民族共同繁荣进步。

自治县的自治机关在处理涉及各民族的特殊问题时，必须与他们的代表充分协商，尊重他们的意见。

第四十七条 每年3月5日为自治县成立纪念日，放假1天。每年的木鼓节、新米节各放假3天。各民族的传统节日应当受到尊重。

第八章 附 则

第四十八条 本条例经自治县人民代表大会通过，报经云南省人民代表大会常务委员会批准后生效。

自治县人民政府应当根据本条例制定实施方法。

第四十九条 本条例由县人民代表大会常务委员会负责解释。

云南省西盟佤族自治县林业管理条例

（1995年4月5日云南省西盟佤族自治县第七届人民代表大会第三次会议通过，1995年9月27日云南省第八届人民代表大会常务委员会第十六次会议批准）

第一条 为保护、培育和合理利用森林资源，根据《中华人民共和国民族区域自治法》、《中华人民共和国森林法》及有关法律法规，结合西盟佤族自治县（以下简称自治县）实际，制定本条例。

第二条 自治县的林业，实行以营林为基础，普遍护林，大力造林，采育结合，永续利用的方针；坚持生态效益、经济效益、社会效益相统一的原则，营造水源林、用材林、经济林、薪炭林，管好防护林、特种用途林，建立林业和林副产品基地。

第三条 自治县林业局是自治县人民政府的林业主管部门，依法行使本辖区内的林业管理和监督职能。

乡（镇）林业站，由乡（镇）人民政府领导，接受自治县林业主管部门的工作指导。

村公所（办事处）设立护林员（林业助理员）。

第四条 自治县积极开展全民义务植树活动，凡居住在本辖区的公民，除丧失劳动能力者外，每人每年植树不得少于5株。不履行义务者，由林业主管部门收取绿化费。

每年6月6日至6月12日定为自治县“植树周”。

第五条 自治县人民政府应制定优惠政策，鼓励国内外经济组织和个人投资发展林业。

第六条 凡经过林业三定核权发证划定的山林界线，不得随意变更，确需变更的，须经自治县人民政府批准，并办理变更手续。

第七条 在土地权属不变的情况下，国有、集体荒山使用权可以有偿出让。

承包人经营的责任山，2 年内没有营造林木的由集体收回有偿出让。

已经营造林木的自留山、责任山，经营者和承包人因搬迁、死亡或转为非农业人口的，自留山的使用权允许转让，责任山由集体收回并处理好与承包人的经济关系。

第八条 列为自治县发展经济林木规划范围内农户承包的集体土地，在协调处理好各种关系的前提下，采取多种形式开展规模经营。

严禁毁林开荒，陡坡耕地应逐步退耕还林。

鼓励轮歇地的承包户联合连片营造林木。

轮歇地恢复为林地的，不再作为轮歇地耕种，林木收益归经营者所有。

第九条 自治县建立健全县、乡（镇）、村公所（办事处）三级护林防火组织机构，划定护林防火责任区，建立奖惩责任制。

每年 12 月 1 日至翌年 6 月 10 日为森林防火期。每年 3 月 1 日至 5 月 30 日为森林防火戒严期。

第十条 勐梭龙潭、城子水库为县级自然保护区，四至界线由自治县人民政府划定并公告，设置永久性标志；自然保护区由自治县林业主管部门和有关单位管理。

第十一条 加强对中幼林的抚育和管理，禁止在封山育林区内放牧和其他毁坏林木的活动。

第十二条 对下列范围的林木，只准进行抚育和更新性质的采伐：

（一）水源涵养林；

（二）新厂河、库杏河、勐梭河、南亢河两岸 50 米以内的林木。南锡河和南卡江靠中方一侧 100 米以内的林木；

（三）新厂河电站和库杏河电站大沟两侧 50 米以内的林木；

（四）中小型水库周围山脊以内或者平地 100 米以内的林木；

（五）县、乡、村公路沿线两侧 30 米以内的林木；

（六）沿国境线中方一侧 100 米以内的林木。

第十三条 严格控制烧柴消耗量，积极推广节柴灶，以煤、电、沼气等燃料代柴。

鼓励农户发展薪炭林，烧柴由乡（镇）人民政府或村公所（办事处）实行限额管理。

第十四条 自治县实行凭证采伐制度。凡需要采伐国有林的单位或个人，必须提出书面申请，经乡（镇）人民政府提出意见，报自治县林业主管部门批准发给采伐许可证。

采伐集体林木的，木材 10 立方米以下，由村公所（办事处）提出意见，报乡（镇）人民政府批准，由林业站发给采伐许可证；木材 10 立方米以上，由乡（镇）人民政府提出意见，报自治县林业主管部门批准发给采伐许可证。

采伐许可证不得重复使用、买卖和转让。

第十五条 从事木材及其他林产品经营、加工的单位和个人，必须持有经营许可证。

凡到林区收购木材的单位和个人，须经自治县林业主管部门批准。

经营进口木材的单位或个人应按自治县人民政府的有关规定办理手续。

第十六条 自治县实行木材运输证制度。在县内流通的木材、竹材、商品薪材等，由林业站核发运输许可证；运输出县的，由自治县林业主管部门核发运输许可证。

第十七条 自治县建立林业基金制度。实行分级筹集，分级管理，专款专用，任何单位和个人不得挪用和占用。

林业基金的主要来源：

（一）上级国家机关拨款；

（二）县、乡（镇）财政预算拨款；

（三）育林基金；

（四）林区保护建设费；

（五）用于以煤、电、沼气代柴和改灶节柴的基金；

（六）植物检疫费；

（七）占用国有林地收取的林地、林木补偿费和森林植被恢复费；

（八）国有荒山有偿出让留成部分；

（九）社会赞助和其他收入。

第十八条 有下列显著成绩之一的单位或个人，由各级人民政府给予奖励：

（一）完成当年保护和发展林业各项指标的；

（二）乡（镇）连续两年未发生森林火灾和毁林案件的；村公所（办事处）连续三年未发生森林火灾和毁林案件的；

（三）扑救森林火灾的；

（四）退耕还林、封山育林或迹地更新的；

（五）推广林业实用技术和优良种苗，防治森林病虫害的；

（六）改灶节柴，推广煤、电、沼气等燃料代柴的；

（七）保护野生动物、植物的；

（八）检举制止毁坏林木、非法经营木材和林产品等违法行为以及查处林业案件的。

第十九条 各级人民政府未完成年度林业保护和发展规划各项指标的，应由县长、乡（镇）长向同级人民代表大会报告，提出整改措施。

对所辖行政区内乱砍滥伐、毁林开荒，不加制止和制止不力，致使森林受到严重破坏的；对不履行森林防火职责，以致发生森林火灾造成损失的，由自治县人民政府或者林业主管部门对有关单位负责人和直接责任人员给予行政处分。

第二十条 违反本条例有下列行为之一的单位或个人，由林业行政主管部门给予处罚。构成犯罪的，由司法机关依法追究刑事责任：

（一）毁林开荒的，责令其退耕还林，赔偿林木损失，并处以每亩50元的罚款；

（二）未经批准在林区采石、采沙等毁坏林木的，责令其赔偿损失，并补种2至3倍的林木；

（三）在封山育林区、新造林区和中幼林区放牧或砍伐林木的，给予警告制止，造成苗木损失的，责令其赔偿损失，并补种1至5倍的苗木；

（四）无证加工、经营木材或林产品的，木材或林产品一律没收，并对经营者处以木材和林产品总价值10% ~ 15%的罚款。

第二十一条 林业管理人员玩忽职守，滥用职权，徇私舞弊的，由其所在单位或者上级行政部门给予行政处分和经济处罚；构成犯罪的依法追究刑事责任。

第二十二条 当事人对处罚决定不服的，依照《行政复议条例》和《中华人民共和国行政诉讼法》的规定办理。

第二十三条 本条例应用中的具体问题由自治县人民政府林业主管部门负责解释。

第二十四条 本条例报云南省人民代表大会常务委员会批准后公布施行。

云南省西盟佤族自治县矿产资源管理条例

（1995 年 4 月 5 日云南省西盟佤族自治县第七届人民代表大会第三次会议通过，1995 年 9 月 27 日云南省第八届人民代表大会常务委员会第十六次会议批准）

第一条 为了加强对矿产资源的勘查、开发利用与保护工作，根据《中华人民共和国民族区域自治法》、《中华人民共和国矿产资源法》及有关法律、法规，结合西盟佤族自治县（以下简称自治县）的实际，制定本条例。

第二条 凡在自治县行政区域内勘查、开采、加工或经营矿产品的单位和个人必须遵守本条例。

第三条 自治县人民政府应创造良好的投资环境，鼓励国内外经济组织和个人勘查、开发利用矿产资源。

自治县对可以由本地方开发利用的矿产资源优先合理开发利用。

第四条 自治县矿产资源行政主管部门（以下简称矿管部门）负责本行政区域内矿产资源勘查、开发利用的监督管理工作，依法履行下列职责：

（一）贯彻执行国家有关矿产资源的法律、法规和政策；

（二）组织编制矿产资源勘查、开发规划；

（三）对勘查、开采矿产资源和加工、经营、运销矿产品实施监督管理；

（四）登记、核发矿产资源勘查许可证、采矿许可证、矿产品经营许可证及征收矿产资源补偿费；

（五）调解处理探矿权和采矿权属纠纷；

（六）对违反矿产资源法规的行为实施行政处罚。

第五条 地质勘探单位在进入勘查作业区施工前，应持勘查许可证到县矿管部门备案，勘查项目完成后，应向自治县矿管部门提交必要的勘查资料。

地质勘探单位应按勘查许可证批准的范围勘查施工，不得以探矿为名进行生产性采矿。

第六条 自治县鼓励个人找矿、报矿。经申报批准，找矿报矿者可优先开发利用矿产资源。

第七条 国有矿山企业应当照顾自治县的利益和当地群众的生产生活，并在招工时优先录用当地符合条件的人员。

第八条 国有矿山企业应在其矿区范围内划出一定的边缘零星矿床，给当地集体、私营矿山企业和个体采矿者开采。

集体、私营矿山企业和个体采矿者的矿区范围，由县矿管部门具体划定，并设置地面标志，同时书面通知其所在地的乡（镇）人民政府予以公告。

禁止越界采矿。

第九条 集体、私营矿山企业和个体采矿者的采矿许可证有效期为一至四年，需延长采矿年限的，在有效期满前三个月内向原发证机关申请办理延期手续，未批准延期的，期满后必须停止采矿活动。

第十条 国有、集体、私营矿山企业和个体采矿者应按期接受自治县矿管部门的年度检查，并办理年检手续。

第十一条 开采矿产资源，必须依法缴纳资源税、矿产资源补偿费和排污费。

矿产资源补偿费的留成部分，作为自治县人民政府发展矿业的专项基金；排污费由县环境保护部门用于治理环境污染。

第十二条 自治县实行矿产品加工、经营许可制度。加工、经营矿产品的单位和个人，应到县矿管部门办理矿产品加工、经营许可证，并持证办理营业执照和税务登记手续。

经营进口矿产品的，必须按有关规定办理手续。

第十三条 无完税完费证明的矿产品，任何单位和个人不得承运。

第十四条 在矿产资源的勘查、合理开发利用和监督管理中作出显著成绩的单位和个人，由自治县人民政府给予表彰和奖励。

第十五条 违反本条例有下列行为之一的，由县矿管部门视其情节进行处罚；构成犯罪的，由司法机关依法追究刑事责任：

（一）无证采矿的，越界采矿的，擅自进入国家规划区和开采国家实行保护性开采的特定矿种的，除封闭矿山、没收违法所得外，处以违法所得 10% 至 50% 的罚款；

（二）非法买卖、出租采矿权或者将采矿权作抵押的，除没收违法所得、吊销采矿许可证外，处以违法所得 30% 至 50% 的罚款；

（三）不按批准设计要求进行采矿，采富矿弃贫矿造成矿产资源严重破坏的，处以矿石损失量（按销售价折款）30% 至 50% 的罚款。

第十六条 违反本条例有下列行为之一的，由工商行政管理部门进行处罚：

（一）无证加工矿产品的，除没收矿产品外，处以矿产品折款 10% 以内的罚款；

（二）无证销售或收购矿产品的，除没收矿产品外，处以矿产品折款 20% 以内的罚款；

（三）没有完税完费证明，擅自运输矿产品的，除没收矿产品外，处以承运方运费两倍的罚款；

（四）擅自收购、销售应由国家统一收购的矿产品的，除没收矿产品外，处以违法所得一倍以下的罚款。

第十七条 依照本条例进行处罚的罚没收入全部上缴县财政。

第十八条 当事人对处罚决定不服的，依照《行政复议条例》和《中华人民共和国行政诉讼法》的规定办理。

第十九条 矿产资源行政主管部门的工作人员越权办理采矿许可证、矿产品准运证及其他证件的，或者滥用职权、玩忽职守的，由其所在单位或上级行政部门给予行政处分；构成犯罪的，由司法机关依法追究刑事责任。

第二十条 本条例应用中的具体问题由自治县人民政府矿产资源行政主管部门负责解释。

第二十一条 本条例报云南省人民代表大会常务委员会批准后公布施行。

云南省西盟佤族自治县勐梭龙潭保护区管理条例

（2000 年 3 月 16 日西盟佤族自治县第八届人民代表大会第三次会议通过，2000 年 5 月 26 日云南省第九届人民代表大会常务委员会第十六次会议批准）

第一条 为加强勐梭龙潭自然生态环境的保护与管理，根据《中华人民共和国民族区域自治法》《中华人民共和国环境保护法》《中华人民共和国水法》及有关法律法规，结合勐梭龙潭实际，制定本条例。

第二条 勐梭龙潭保护区（以下简称龙潭保护区）的范围是：以龙潭为中心，东至南磨山分水岭、南规河、勐梭河，西至糯扩山分水岭，南至富母乃后山分水岭，北至羊窝箐。

龙潭保护区的具体界限由自治县人民政府划定，并设置永久性标志。

第三条 凡在龙潭保护区内活动的单位和个人，必须遵守本条例。

第四条 勐梭龙潭水质的保护按国家地面水环境质量Ⅱ类标准执行。

第五条 龙潭保护区管理机构是自治县人民政府统一管理龙潭保护区的职能机构，归口环境保护行政主管部门。其主要职责是：

（一）宣传、贯彻执行有关法律、法规和本条例；

（二）按照自治县人民政府批准的保护管理和建设规划，组织有关部门实施；

（三）制定并组织实施年度龙潭水量控制计划；

（四）行使本条例赋予的行政处罚权。

第六条 自治县人民政府应当组织协调各有关部门和龙潭保护区所在地的镇人民政府，按照各自的职责，做好龙潭保护区的有关管理工作。

第七条 龙潭保护区内除建设统一规划的管理和游览设施外，不得建设其他设施。原有的设施，必须严格管理，不得污染生态环境，不得扩建和改建为有污染的项目设施。

禁止在龙潭水面以东和以南的径流区内及龙潭水面以西和以北距水岸线80米以内新建任何项目设施。

第八条 在龙潭保护区内禁止下列行为：

（一）在龙潭水源地取水；

（二）在龙潭网箱养鱼、围潭养殖、围潭造田及其他污染水质和缩小龙潭水面的行为；

（三）在龙潭炸鱼、毒鱼、电力捕鱼和捕杀候鸟、水禽、蛙类及其他破坏水生动植物的行为；

（四）在龙潭集水区内排放工业废水、生活污水，倾倒或者掩埋工业废渣、生活垃圾和其他有毒有害的物质；

（五）向龙潭内抛弃瓶（罐）、食品包装物及其他废弃物；

（六）在龙潭游泳、洗澡、洗衣服和使用机动船；

（七）砍伐林木、毁林开荒、野外用火及猎捕野生动物；

（八）开山炸石、取土、采砂。

第九条 进入龙潭保护区内从事科研考察、影视拍摄等活动的组织和个人，必须经龙潭保护区管理机构同意，办理有关手续。

第十条 对保护管理龙潭保护区做出突出贡献的单位和个人，由自治县人民政府给予表彰和奖励。

第十一条 有下列行为的单位和个人，由龙潭保护区管理机构按下列规定给予处罚：

（一）违反本条例第七条规定的，限期拆除违章建筑物，并处1000元以上5000元以下罚款；

（二）违反本条例第八条第（一）（五）（六）项规定的，给予警告，责令改正，并视情节处50元以上200元以下罚款；

（三）违反本条例第八条第（二）（三）（四）（七）（八）项规定的，责令改正或赔偿损失，并视情节处500元以上3000元以下罚款；

（四）违反本条例第九条规定的，处100元以上300元以下罚款。

第十二条 当事人对行政处罚决定不服的，根据《中华人民共和国行政复议法》和《中华人民共和国行政诉讼法》及有关法规的规定办理。

第十三条 龙潭保护区管理机构和有关部门的工作人员玩忽职守、滥用职权、徇私舞弊的，由其所在单位或上级行政主管部门给予行政处分；构成犯罪的，由司法机关追究刑事责任。

第十四条 本条例由自治县人民代表大会常务委员会负责解释。

第十五条 本条例由自治县人民代表大会通过，并报经云南省人民代表大会常务委员会批准后公布施行。

二、文件选录

西盟佤族自治县人民政府文件

西政发〔1994〕第37号

西盟佤族自治县人民政府
关于请求搬迁县城的报告

思茅地区行政公署：

西盟佤族自治县（以下简称西盟县）所处地理位置和地质条件决定了城市发展存在的严重问题，县城的发展前景甚忧，地质灾害严重威胁着城区居民的生命财产安全，县城及早搬迁新址既是西盟县当前急待解决的实际问题，也是今后市镇建设、经济建设长足发展的需要。为此，特向思茅地区行政公署报告，请求搬迁西盟县城。

一、西盟县概况

1. 西盟县基本情况

西盟县是我省最偏僻、最边远和集“边、少、山、穷”四位一体的国家级特困县之一，位于云南省西南部，思茅地区西部，介于北纬22°25′～22°57′、东经99°18′～99°43′之间，东、东北、东南与澜沧拉祜族自治县环接，南与孟连傣族拉祜族佤族自治县相连，西、西北与缅甸联邦接壤，国境线长89.33千米，县辖七乡一镇，一个乡级办事处，面积1353.57平方千米，全县除勐梭乡的勐梭小坝子为3000余亩的河谷冲积地外，其余均是山区，现有人口79932人，少数民族人口占全县总人口的92.18%，其中佤族占71.3%，县城驻地西盟镇，距省会昆明853千米，距思茅行署283千米，全县人口密度为每平方千米58人。

2. 西盟县城区基本情况

西盟县城区西盟镇位于县境西偏北部，坐落于南贯穿全县的勐坎山（西盟山）向东南倾斜的山麓坡上，被云蒸雾蔚的阿佤群山所环抱，海拔1950米，是座独具特色的“云海山城”，县城总规划面积6.5平方千米，已建成区面积0.75平方千米，城区共驻75个党、政、警机关和28个企事业单位，县城居住人口7480人，是全县政治、经济、文化中心。

3. 西盟县城区住址沿革

西盟在很早以前就与内地有联系，特别经过元、明、清几个朝代，已成为我们伟大祖国版图不可分割的一部分，有时属孟连管辖，有时属澜沧管辖，与祖国内地的联系越来越密切。

元至元十三年（1726年）属镇康路。

明万历年十三年（1585年）属孟连长官司。

清光绪十四年（1888年）属澜沧镇边直隶厅。

民国二十二年（1933年）设西盟区、属澜沧县。

民国二十七年（1938年）增设西盟乡、并设五个保、一个镇，属澜沧县。

1951年2月成立西盟区政府，属澜沧县人民政府。

1956年6月17日，成立西盟佤族自治县筹备委员会。

1965年3月5日，正式成立西盟佤族自治县人民政府，驻西盟镇。

西盟县城在历史传教，军事战略和对敌斗争的需要中从几间破草房逐步建起而成的，由于历史原因和对敌斗争的需要，当时只从战略上考虑，而对县城住地的地质结构、地理环境等不利因素及对后来城市建设的影响，尚未进行过科学的勘测和论证，县城就坐落在海拔1800米至2100米的山坡上（政府大楼所在地海拔1950米）。六十年代末，七十年代初，县委、县政府已经觉察到县城住址坐落在高山丘陵切割地带，多处有滑坡下陷痕迹，曾经设想过搬迁县城，但是，当时的财力甚微，人民生活贫困，加之正处在动乱年代，为了稳定边疆、稳定民心，加强民族团结，巩固国防，对县城搬迁问题就未进行全面实施和具体规划，使之一直延迟至今。

二、搬迁西盟县城的依据和理由

1. 西盟县城住址工程地质条件

西盟县城坐落在向东南倾斜的山麓斜坡上，海拔1800米至2100米，相对高差250米，呈放射状的20余条溪沟切割强烈，地形破碎，城区规划总面积6.5平方千米，东部是老城区，西部是新城区。城区已有建筑物的1/2是建筑在陡斜坡和溪沟泥沼上，其中近几年的建筑物又多在滑坡体和冲沟边，开挖边坡与基坑时又常引起新的滑坡、坍塌，建筑时不但有地质灾害体的危害与潜在威胁，而且需花费40%的资金构筑挡土墙和处理地基，工程地质条件差，城区已无发展前途。

2. 西盟县城区滑坡情况及严重性

整个县城为斜坡地形，地震烈度8度区（强震区），地形变化较大，形态多为阶梯台坎，山地、沟谷地貌以侵蚀性堆积物类型为主，典型的构造侵蚀中高山区，山体破碎，泥石流严重，沼泽地分布较广，县城地面上遭滑坡、塌山，地下水渗出，地表陷落下塌。云南地质第二勘察院勘察表明，城区现有滑坡群体30个，面积共0.91平方千米，同时还有坍塌、崩塌、泥石流灾害，这些滑坡都发生在斜坡上各种成因残坡积层中，多为推动式堆积土滑坡，其中新滑坡群体21个、老滑坡群体9个、浅层滑坡19个、中层滑坡11个、小型滑坡17个、中型滑坡11个、大型滑坡2个，而且有地下水渗溢。目前有28个单位就地取用地下渗水饮用，还有25个单位的办公楼及职工宿舍内有地下水渗出，滑坡、塌山、地下渗水从四面包围着城区，现还有1/2的单位和部门仍在滑坡体上面及周围工作和住宿，地质灾害越来越严重地威胁着县城。

1993年至1994年初，经云南地质第二勘察院对城区滑坡体进一步钻探勘察结论：在团结路到电力公司职工住宅区西侧一带均是滑坡体，滑坡前缘活动在团结路东侧，属中型滑坡，滑坡总面积14653平方米，总土石方量9.93万立方米。因地表水渗入和冲刷形成一条顺路东侧延伸宽5至10米，长40多米的裂缝，直接威胁东城区与西城区道路的通行，北侧斜坡坍塌较为严重，推倒公路挡墙250米，而且由于路边出现裂缝，迫使道路两侧输电线杆，通信电缆线杆发生倾斜，一旦电杆倒塌，后果将不堪设想，裂缝的出现导致地表水下渗，直接影响潜在的滑坡稳定性，东、西城区的主要通道至今仍处于瘫痪状况。在县城的30个滑坡群体中，不稳定和较不稳定的滑坡体5个，其中对县城危害较大的5个。

（1）工人俱乐部滑坡群体，位于县城中心，属大型中层牵引推移复合式泥石流滑坡，1987年明显滑动，错断水泥路及挡墙。拉裂民房，威胁滑坡体上及周围单位，职工的安全，滑坡总面积8640平方米，总土石方量6.048万立方米，一旦继续下滑，县城中心的文工团、电影院、糕点厂、勐坎饭店、县医院、防疫站、文化馆、县小学、县一中等单位和部门将全部被损坏，同时县人大常委会办公楼、县农机公司、县民政局职工宿舍、县政府办公楼和部分职工宿舍等将不同程度的坍塌，后果将难以估计。

（2）县民族小学滑坡群体，位于东城区北部，向北东倾斜，中部坐落着校舍，南北周围冲沟有坍塌，滑坡总面积23752平方米，总土石方量11.098万立方米，滑坡上裂缝较多，一旦下滑，校舍将随之全部坍塌，同时将威胁县粮食局办公楼及职工住宅，县审计局职工住宅，会辅站办公楼及职工住宅。

（3）县城老寨滑坡群体，位于东城区西北部，通往烈士陵园石阶路北侧山坡下，向南东倾斜，属于小型滑坡，滑坡总面积1800平方米，总土石方量0.54万立方米，上缓下陡，1992年4月明显下滑4米，将石阶路和引水渠错断，一旦继续下滑，整个城子水库的水将自上而下涌向县城。

（4）募西公路K83滑坡群体，位于西城区北部，募西公路K83处北侧，向南倾斜，属于中型滑坡，滑坡总面积11250平方米，总土石方量4.5万立方米，前缘已抵达公路，该滑坡体年年滑动，年年掩埋公路，直接威胁公路下方的建筑物。

（5）石油公司滑坡和物资局大修厂滑坡群体，位于西城区西部，这两个滑坡是相连的两个土质滑坡，并各自又由两个滑坡组成，向南倾斜，石油公司属大型滑坡，滑坡总面积91800平方米，总土石方量66.73万立方米。物资局大修厂属大中型滑坡体，滑坡总面积34235平方米，总土石方量为54.34万立方米，1992年以来，滑坡前沿公路呈弧形下陷，长40米，下陷2米，拉裂砖木结构房屋一栋，直接威胁公路下方建筑物，大修厂及民用资产420多万元的投资，一旦下滑，将造成严重的经济损失。

除以上不稳定和较不稳定的5个滑坡体外，在城区四周目前已暴露出来的还有电视台、广播站、商业局、县商业综合厂、公安局看守所、计生委、镇政府、地震局、公安交警大队等二十五个滑坡点布满整个城区，地质灾害严重地威胁着县城。

3. 治理滑坡投资过大且治理后不能利用

西盟县城区滑坡群体点多面广，治理滑坡投资过大，过来的几年，在上级的关心和支持下，先后投入资金100多万元，用于工人俱乐部所在地滑坡和县委西侧冲沟坍塌治理，经过治理，目前保持着稳定，但不能建盖永久性建筑物，整个城区还有29个滑坡群体尚无资金治理，根据最近几年来城市建设投资分析结果，西盟城区1.56亿元的固定资产，就有6300万元的资金治理滑坡和基础工程的加固，投资总额中用于挡墙加固，超深处理等附属工程的高达40%，且人为的基础加固已无法抗拒地质灾害的威胁，而西盟又是民族聚居的边疆贫困县，1993年地方财政收入仅有400万元，根本无法投入资金对城区的滑坡进行治理，无疑给国家带来更大的负担，治理后滑坡体仅仅是能够固定一段时间或几年，根本无法利用，有的地方甚至是年年加固，年年坍塌，投入资金付诸东流，根本的问题得不到彻底地解决。

4. 再扩大城镇建设、增加负荷、县城已无发展用地，地质灾害的危险性就更大

西盟县城处在陡高、倾斜的山坡上，县城规划总面积6.5平方千米，减去坡度大（坡度＞25°以上），冲沟、陡坡等部分，坡度小于25°的面积2.34平方千米，可供县城使用（坡度＜10°）的用地仅有1.7平方千米，占总用地面积的26.2%。

县城区现有人口7480人，建城区面积0.75平方千米，占可使用面积（1.7平方千米）的45.2%，人均占地面积仅102平方米，与县城规划人均占地面积140平方米相比，容量已超负荷。

县城尚有空地的西城区，面积0.9318平方千米，占县城可使用面积（1.7平方千米）的54.8%，据云南地质工程第二勘察院提供的西盟县城滑坡勘察报告，对县城区环境地质的评价，西城区处于环境地质分区中的不适宜区（面积0.74平方千米）和适宜区（面积0.1918平方千米）之上，减去部队军事用地0.66平方千米（包括适宜区0.1918平方千米和不适宜区0.74平方千米），占西城区（面积0.9318平方千米）的70.8%，仅有0.2718平方千米的空地，作为县城规划区的发展用地，但该地处于县城环境地质不适宜区的滑坡块段上，分布有9个新滑坡体，面积13715平方米，占该地块面积的48.5%，有两条泥石流冲沟，淤积面积7768平方米，地形较为复杂，滑坡体发育，冲沟切割强烈，不适宜建筑。

由于县城区面积有限，特别是东城原有建筑物拥挤，原县城规划发展区（西城区）处于滑坡地

段，使得县城新的发展地点难以选择，如在滑坡体上进行建设，就需要投入较大的资金进行治理和改造，且潜在滑坡的危险。因此，再扩大城镇建设，调整各方面布局，人口容量进一步超负荷，将进一步促使地质灾害诸多因素的活跃，县城就更加危险。

5. 环境艰苦、气候条件差、严重影响城区居民的身体健康

由于县城受恶劣的高山气候和季风气候的影响，一年近 7 个月时间阴雨绵绵，年平均降雨量 2758 毫米，最高年为 3466.6 毫米，属全省之冠，潮湿大，一年四季被湿漉漉的雾气所困扰，在此地工作不到两、三年的时间，均患风湿性关节炎和风湿性心脏病等多种疾病，据卫生部门提供，城区居民 90% 都患有风湿性关节炎和风湿性心脏病，广大干部、职工不安心工作，不抱长期扎根边疆，建设边疆的决心。近五年来，干部调入调出的比例为 1∶7，加之交通闭塞，仅有一条募西公路是外地通往西盟的唯一公路，而这条唯一的公路又是五十年代修建的低等级公路，路面差，弯道大，坡度陡，且在雨季天经常塌方断路，车辆无法通行，从澜沧进入西盟的班车都要两边接送。由于所处的环境，致使人才难以引进，技术难以引进，项目、资金更是难以引进，严重地制约了西盟县经济的发展，无法摆脱贫穷落后的困境，给国家增加越来越重的负担。

三、县城搬迁新址的选择及基本情况

1. 选址的基本情况

西盟县对县城搬迁的选址进行了认真的研究和分析，并在省民政厅、省建设厅、省交通厅等部门的有关专家、领导的协助下，对县城内较为平缓的娜妥坝、大黑山、勐梭乡进行了实地踏勘，经过反复比较，认为勐梭乡是西盟县唯一的一块小坝子，地势平坦开阔，海拔低，雨量偏少，气候温和，地理环境优越，西盟县确定在此建新县城。

2. 勐梭乡基本情况

（1）勐梭乡概况

勐梭乡位于县境内东南部，介于北纬 22º 33′ ~ 22º 43′，东经 99º 30′ ~ 99º 43′ 之间，总面积 251 平方千米，全乡辖 6 个行政村公所 12995 人，乡政府所在地，地面开阔，县城搬迁新址——勐梭，西南面为 3.8 平方千米的勐梭坝子，东面坡度平缓，北面是天然的勐梭湖，县城新址依山傍水，可建设面积 3.2 平方千米，其中，2.8 平方千米属荒山荒坡，适宜于城镇规划和开发建设。

（2）工程地质条件适宜城镇建设

据省民政厅、省建设厅、省交通厅、省地质勘查二院等有关专家、领导对勐梭的实地踏勘，在勐梭西面和南面似海星状的勐梭坝子，平坦开阔，乡政府和勐梭大寨置立中间，北面是天然的勐梭湖，东面坡度平缓狭长，均属国有土地区，利用条件方便，节约投资，预计工程地质条件较好，适宜作建设场地。

（3）勐梭是西盟县粮食、蔬菜的主产区及旅游业开发区

勐梭乡土地总面积 37.65 万亩，其中，耕地 4.17 万亩，人均占有耕地 3.3 亩。1993 年产粮 482.79 万千克，产蔬菜 20 余万千克。勐梭牧地面积大，草木四季常青，畜牧业兴旺。勐梭有丰富的森林资源和竹林资源，森林覆盖面积大。目前已利用竹林资源建起符合食品卫生标准的竹筷厂、竹筒厂、红砖厂、陶瓷厂。勐梭有天然的勐梭湖、里坎瀑布，独具民族特色的傣家竹楼、佤族建筑，县城搬迁勐梭，将使旅游业得到充分开发，集农、工、贸、游一条龙，使经济发展较快的勐梭乡更加充满勃勃生机。

（4）勐梭环境条件优越

新县城址地形较为平缓，海拔 1100 至 1200 米之间，垂直高差 100 米左右，年平均气温 18.5℃，自然条件优越，森林植被分布较好，雨量适中，气候温和，是西盟的中心地区，农、副、渔业、蔬菜发展较快，是我县七乡一镇中人均收入最高的一个乡，人均收入达 338.00 元，也是经济发展速度较快的一个乡。

（5）勐梭乡交通条件优越，通信条件正在改善

1991 年开始投资修建的勐景公路贯穿勐梭，募西公路通过勐梭边缘，距邻县澜沧 92 千米，孟连仅 64 千米，通信条件正在改善，已开通勐梭至县城的程控电话。

（6）勐梭土地面积宽，建设用地调整余地大

搬迁县城新址，规划总面积 6.6 平方千米，勐梭乡有 4.17 万亩的耕地，人均占有耕地 3.3 亩，粮食产量高，建设用地调整余地大，天然形成的勐梭湖，可灌溉勐梭坝子 5700 亩的高产、稳产农田，环绕勐梭湖畔，丰富的水资源，完全可以满足城镇的生产生活用水。

四、搬迁后的经济和社会发展效应

县城搬迁勐梭，有利于加强行政管理，稳定边疆；有利于社会安定、政治安定、巩固国防；有利于加强民族团结，使佤族、拉祜族、傣族三大民族能够彼此互相取长补短，共同进步，发展经济；有利于发展商品生产，利用勐梭丰富的资源和尚待开发的旅游业，妥善安排剩余劳动力，促进第三产业的发展。同时，勐梭地处西盟县交通要道，自然环境优越，有利于广大干部、职工物质文化生活的改善和提高；有利于稳定广大干部、职工扎根边疆、建设边疆的思想；有利于更好地内外交往，促进改革开放，吸引更多的人才，引进技术、引进资金。推动全县社会和经济的发展。

五、估算投资

县城搬迁勐梭实行统一规划，分年实施的原则，县城的规划请省建设厅给予规划和设计，全县需搬迁 5100 人，近期建设面积 1 平方公里，加其他公共设施，初步概算投资 12662.39 万元，由于西盟县是国家级特困县，当地财政的自给率仅为 17%，所需投资请上级给予分年拨款补助。

分年实施中，第一年考虑各项前期工作，规划设计、征用土地、场地平整、道路、供水、排水等各项基础设施的配套建设，先地下、后地上、再建筑。第二年开始建筑办公、住宅、商业网点、医疗、卫生防疫、文化教育等。第三年基本搬迁结束。

综上所述，因地质灾害、气候等环境条件，搬迁县城势在必行，勐梭已具备搬迁新县城的建设条件。为此，特报告请求搬迁西盟县城。若无不妥，恳请转报云南省人民政府。

注：以上所需搬迁经费只包括地县级财政负担的单位和部门，不包括中央、省驻西盟单位。

附件：一、西盟县概况

二、勐梭乡概况

三、西盟县城滑坡勘察报告

四、西盟县城新址（勐梭）地质环境概况

五、搬迁勐梭初期建设投资估算表

六、西盟县城滑坡情况反映录音带一盒

思茅地区行政公署文件

思行发〔1994〕87号

思茅地区行政公署关于转报
西盟县政府请求搬迁县城报告的请示

省人民政府：

现将西盟佤族自治县人民政府《关于请求搬迁县城的报告》转报于后。

行署同意西盟县将县城由西盟镇搬迁至勐梭乡。其原因主要是：西盟县城现址西盟镇处于勐坎山的斜坡上，地形坡度为20—30度，区域上属构造剥蚀高中山地貌类型、剥蚀切割作用强烈，在地震、降雨、人类活动等因素诱发下，特别容易发生滑坡、崩塌灾害。云南地质第二勘察院勘察表明，城区现有滑坡群体30个，呈放射状切割强烈的冲沟20余条，较大的泥石流沟3条，治理难度大，严重威胁着县城人民的生命财产安全，制约着西盟县社会经济和小城建设的进一步发展。因此，西盟县城搬迁势在必行。拟迁往县城新址勐梭，依山傍水，坡度平缓，地质条件较好，适宜城镇建设。

搬迁县城初步概算投资17600万元，鉴于地、县财政十分困难，所需投资绝大部分请国家和省给予解决。

请复。

附：西盟县政府《关于请求搬迁县城的报告》

云南省人民政府文件

云政发〔1994〕257 号　　　　签发人：牛绍尧

关于请求将西盟佤族自治县县城由西盟镇迁移至勐梭乡的请示

国务院：

我省思茅地区西盟佤族自治县（以下简称“西盟县”），位于云南省西南部（北纬 22º25′～22º57′，东经 99º18′～99º43′），现辖七乡一镇，一个乡级办事处。国境线长 89.33 千米，辖区面积 1353.37 平方千米，其中河谷面积占总面积的 0.15%，山区占 99.85%。1993 年全县总人口 79932 人，其中少数民族占全县总人口的 92.18%，佤族占全县总人口的 71.3%。人口密度为每平方千米 58 人。1993 年全县财政收入 400 万元，支出 2000 万元，是云南省国家级特困县之一。

西盟县从 1965 年成立县建制以来，经过多年建设县城驻地西盟镇的面貌发生了很大的变化，经济建设和市政基础设施建设有了较大的发展和改善。但是，由于自然地理条件的限制和恶劣的气候影响及破坏，不仅给县城的进一步发展带来了严重的困难，而且直接威胁着当地人民群众的生命财产安全。经省有关部门及专家、工程技术人员多次实地调查论证，西盟镇已不宜作为西盟县机关驻地。经研究，拟将西盟县城由西盟镇迁移至勐梭乡。现将有关情况报告如下：

一、县城搬迁的主要原因

1. 地貌情况

西盟县城地貌属于构造剥蚀高中山类型，剥蚀切割作用强烈，海拔 1800 米至 2100 米，整个地势向东南倾斜，自然坡度 7º 至 45º，相对高差 250 米。在 6.5 平方千米的县城规划区范围内，山体破碎，沼泽地分布面广，呈放射状的冲沟 20 余条，直接威胁着县城的建设发展。

2. 地质情况

西盟县城处于沧源至西盟褶皱东南段元古界西盟群变质岩出露区，易风化剥蚀，泥石流堆积、滑坡堆积、残坡堆积及残积物分布面广，治理难度大，并且易形成滑坡、崩塌等不良地质现象。在县城 6.5 平方千米的规划区范围内，有新、老滑坡群体 30 个，多属浅层中型堆积土推移式滑坡，滑坡面积在 80 平方米至 39 万平方米之内，滑坡体积在 50 立方米至 393 万立方米之内。

3. 治理难度大，县城用地紧

西盟县城分布着 30 个滑坡群体，20 余条切割强烈的冲沟，点多面广，治理难度很大，投资太多，并且治理后也不宜使用。在 6.5 平方千米的规划区用地内，除去地形坡度大于 25º 以上的用地及冲沟、滑坡等不能利用的土地外，可供县城发展建设的用地甚少，极大地制约着县城经济建设及各项事业的发展。

二、县城新址勐梭乡现状

经省有关部门和专家工程技术人员多次实地考察论证和多方案比较。从地理位置、区位优势、地质、地貌、水文、气象、经济发展等情况看，勐梭乡有适宜建设新县城的先决条件。

1. 勐梭乡地理位置

勐梭乡地处北纬 22º 33′ ～ 22º 43′，东经 99º 30′ ～ 99º 43′，距昆明市 802 千米，距中缅国境线 51 千米。

2. 勐梭乡地质地貌

勐梭乡处于山岳丘陵地区，属构造侵蚀中切割中山峡谷地形；海拔 1000 米至 1230 米；地形平缓开阔，地形坡度 5° 至 15° ；岩体结构较为完整，稳定性好，不易产生滑坡、崩塌等不良物理地质现象。

3. 勐梭发展前景

（1）勐梭乡年平均气温 18.5℃，气候温和，雨量适中，植被茂盛，风景绿化优美，是西盟县的粮食、蔬菜、畜牧业基地。（2）勐梭乡位于勐景公路及募西公路干线上，距澜沧县 92 千米，孟连县 64 千米，交通方便，有利于地方城乡经济和发展。（3）可建设的用地面积大，能容纳搬迁现有人员，在今后相当一段时间内，也能满足县城发展所需的用地。（4）水资源丰富，除勐梭龙潭水外，还有地下泉水，能满足县城生产、生活用水的需要。

三、投资估算

根据现场初步规划、调查测算，以搬迁后基本能保证生产、满足生活为原则，以县城共需搬迁 5100 人计，所需资金为 16677 万元。

基础设施部分：需资金 5911 万元，其中，征地 764 万元；土地平整费 382 万元；道路广场 534 万元；公共绿地 76 万元；给水 35 万元；排水 500 万元；电力 800 万元；电讯 2500 万元；其他公用设施 120 万元；规划、勘察、设计费 200 万元。

生活用房部分：需资金 4281 万元，建 61157 平方米住宅。

行政办公、文教卫生部分：需资金 4085 万元。其中，行政办公 1485 万元，建党政机关办公楼 17796 平方米；科研教育 2000 万元，拟建 30 个班中学一所，24 个班小学一所，12 个班幼儿园一所及教职工住宅；医疗卫生 600 万元，拟建县医院、保健站、防疫站、计生服务站。

对外交通部分：需资金 120 万元，建 1500 平方米客运站。

公用设施部分：需资金 880 万元。其中文化娱乐 500 万元，拟建电影院、工人文化宫、图书馆、体育场等；商业 380 万元，拟建 4750 平方米商业用房。

金融税务包括农行、工商行、人行、建行、税务等，需资金 1100 万元。

不可预见费 300 万元。

四、请求国家帮助解决的问题

根据西盟县城所处的不良地理、地质环境及西盟县城的搬迁势在必行，为了给西盟县城的建设发展创造一个良好的外部条件，使当地人民尽快脱贫致富，减少国家不必要的损失，请求国务院尽快批准西盟县城搬迁至勐梭乡新址。

该县城搬迁共需投资 16677 万元。虽然我省面临在今后 7 年里要解决 700 万贫困人口温饱的繁重任务，我们仍尽力由省、地、县自筹解决 8677 万元；恳请国务院分年度给予拨款补助 8000 万元。对于西盟镇的治理改造投资，请求国家对口主管部门帮助解决。

以上特报，如无不妥，请予审批。

云南省人民政府

一九九四年十一月二十日

中华人民共和国国务院办公厅

国办函〔1995〕53号

国务院办公厅关于云南省西盟佤族自治县人民政府驻地迁移问题的复函

云南省人民政府：

你省《关于请求将西盟佤族自治县县城由西盟镇迁移至勐梭乡的请示》（云政发〔1994〕257号）及有关补充说明收悉。经征求有关部门的意见并报经国务院领导同志批准，现函复如下：

一、同意西盟佤族自治县人民政府驻地由西盟镇迁至勐梭乡。为避免因搬迁时间过长造成不应有的损失，请你们抓紧做好搬迁和各项准备工作，尽量缩短搬迁时间。搬迁时，要掌握好轻重缓急，最危险的地段先搬，学校和医院可适当优先安排。

二、考虑到西盟佤族自治县属少数民族贫困地区，搬迁经费全部由地方自筹确有困难，同意中央财政给予补助1000万元，由财政部分年度下拨，其中：1995年400万元、1996年300万元、1997年300万元。另外，对搬迁新址的城市供水和排水建设，建设部给予一定的补助，具体数额将在年度计划中商国家计委和你省建设厅确定。其余所需经费，可按省政府的决定，采用省财政投资和地、县自筹的办法解决。

一九九五年十一月三日

西盟佤族自治县人民政府文件

西政发〔2002〕63号

西盟佤族自治县人民政府关于将《阿佤人民唱新歌》定为县歌的决定

各乡（镇）人民政府，县属各委、办、局：

《阿佤人民唱新歌》源于西盟佤山，出自西盟这片热土。此歌自诞生以来唱响大江南北，蜚声海外，鼓舞激励了一代又一代的西盟人，它对宣传西盟佤山，促进我县经济社会发展起到巨大的作用，长期以来，一直是西盟各族群众的骄傲。为进一步使之成为激励各族群众共同进步的精神动力，县人民政府拟写了《关于提请将〈阿佤人民唱新歌〉定为县歌的议案》，提请县人大常务委员会审议；经2002年10月11日八届人大常务会第74次主任会议审议同意，2002年11月25日第二十九次县长办公会议研究，决定将《阿佤人民唱新歌》定为西盟县县歌;《阿佤人民唱新歌》词曲作者杨正仁同志也签字同意将此歌定为西盟县县歌；因此，县人民政府决定将《阿佤人民唱新歌》定为我县县歌，在重大活动中除歌唱《中华人民共和国国歌》外，还要歌唱县歌——《阿佤人民唱新歌》。

西盟佤族自治县人民政府

2002年11月25日

审查验收意见

2014 年 12 月，普洱市地方志编纂委员会办公室组成审稿组，按志书有关规定及要求对《西盟佤族自治县志（1978—2008）》进行终审，具体意见如下：

一、志稿坚持马列主义、毛泽东思想邓小平理论和“三个代表”重要思想为指导，坚持科学发展观，严格执行党的路线方针政策和国家法律法规；

二、志稿资料翔实、准确可靠，无重大缺漏，志稿突出民族区域自治的专业特色和时代特色，主线清晰；

三、志稿符合《云南省第二轮地方志续修规划》的要求，述、志、记、传、图、表、录使用得当，篇目设置结构严谨，层次分明；

四、志书编纂符合党和国家有关保密、涉密、民族、宗教、统战的法律政策；

五、志稿文风严谨、简洁，文字采用规范的语体文，表达清楚明白。

审稿组认为，《西盟佤族自治县志（1978—2008）》已具备审查验收的条件，同意验收，请按有关规定报批出版。

普洱市地方志编纂委员会办公室

2014 年 12 月 15 日

西盟佤族自治县人民政府文件

西政复〔2017〕188 号

西盟佤族自治县人民政府关于《西盟佤族自治县志（1978—2008）》（终审稿）出版发行的批复

县志办：

《西盟佤族自治县地方志编纂委员会办公室关于给予批准〈西盟佤族自治县志（1978—2008）〉（终审稿）出版发行的请示》（西志办请〔2017〕04 号）收悉，经县人民政府研究，现批复如下：同意出版发行，请你办做好发行工作。

西盟县人民政府

2017 年 12 月 26 日

编纂始末

西盟县自建县至1983年以前，未编修过县情概况及县志。1983年年初，根据国家民委民族问题五种丛书编委会的统一规划和要求，西盟佤族自治县编写《西盟佤族自治县概况》领导小组和办公室成立。1985年7月,《西盟佤族自治县概况》出版，为西盟编写第一轮《西盟佤族自治县志》提供了翔实的资料。

1988年6月,《西盟佤族自治县志》编纂委员会及办公室成立。同时，成立独立的地方志机构，启动首轮县志编修工作。1997年11月，第一轮《西盟佤族自治县志》正式出版发行，下限为1990年，共67.6万字。填补了西盟历史以来无县志的历史空白。同时，县地方志办公室也随之撤销。

2006年10月，恢复县地方志编纂委员会办公室，挂靠县政府办公室，设一名政府办副主任兼任县志办主任，负责日常工作。2007年9月，再次修订编写出版发行《西盟佤族自治县概况》。首部《西盟佤族自治县志》和《西盟佤族自治县概况》修订出版，为续修第二轮西盟县志打下了坚实的资料基础。

为使西盟县地方志编修工作“伴随民，随历史，代代相济，永不断章”。2009年2月，县人民政府从县便民服务中心调李士昌到县政府办公室秘书科，专门负责续修《西盟佤族自治县志》筹备工作；7月8日，西盟县地方志编纂顾问委员会和地方志编纂委员会成立。由县委书记高建林、县人大常委会主任鲁斌、县政协主席魏岩本任顾问；县长赵振华任编纂委员会主任，县委副书记沐中华、县人大常委会副主任李美芳、县人民政府副县长武咏健、县人民政协副主席古云川、县人民政府办公室主任岩克姆任副主任；李士昌任地方志编纂委员会办公室主任并任主编。领导机构成立后，县地方志办公室正式启动了第二轮《西盟佤族自治县志》修编工作。并先后从教育系统调入陈建华、陈艾林；返聘退休干部张学明、郝玉朝、杨廷明；聘用青年志愿者李霞、杨剑、罗云锦、李强参加修志工作。

2009年9月16日，西盟县人民政府和地方志编纂委员会在党政综合楼召开由全县各部门、乡镇领导和撰写人员，共164人参加的西盟县第二轮修志工作启动会议。会上，县人民政府副县长武咏健作了动员讲话，并代表县人民政府与各部门、各乡镇签订了《西盟佤族自治县志编纂工作责任书》；普洱市地方志办公室主任付旭东和副编审施约峰分别对有关业务作辅导；县地方志编纂委员会办公室主任李士昌就有关续修中应该注意的问题作了强调，并布置了资料征集工作任务。

续修县志工作会议后，县地方志办公室印发了《西盟佤族自治县志（1978年—2008年）》编纂质量标准。实行编纂人员挂钩联系承编单位制，定期或不定期深入到部门、乡镇或采用电话方式督促指导志稿编纂工作，及时帮助解决篇目拟定、资料收集、志稿编写中遇到的困难和问题。同时，组织县地方志办公室人员到省市培训和到编写志书有成果的省外、省内、市内、县区同行部门考察学习。在此期间，县地方志办公室着手编写概述、大事记、人物传、传记和专文等资料。至2010年12月27日，共收集到83个单位的稿件，占承编单位的85%，并初步通过县地方志办公室审查验收。2011年3月，全县90多个承编单位完成了资料征集和志稿初纂任务。

2011年7月15日，县地方志编纂办公室将全县承编单位的编审稿呈送给承编单位，征求承编单位的意见和建议，承编单位领导签署意见和加盖单位公章后，返回县志办，由县志办根据各部门的意见和建议，在内容上进行了补充和删减。

2011年11月18日，西盟县委、县人民政府重新调整了县地方志编纂委员会领导及成员。由县委书记杨宇任顾问；县长魏文生任编纂委员会主任；邵建波任县志办副主任（主持工作），并继任主编。并按照编纂、核校、录入的顺序流水作业，对所有的稿件进行核实审定，把部门不够完整的材料与第一轮《县志》《县情概况》《统计年鉴》和部门中记载相互矛盾的稿件进行整改补充后，返回各相关单位进一步加以核实和补充完善。

2012 年 10 月 10 日，总纂完成了《西盟佤族自治县志（1978 年—2008 年）》征求意见稿，共 28 篇、70 余万字，并把征求意见稿呈报给县编纂委员会进行审议；并分别呈送县委常委、县四大机构办公室、县四班子分管领导、保密局、档案局、宣传部、组织部、统战部、外事办、党史办等部门和曾在西盟任过正处级职务，现已退休在县内外的老领导、曾在西盟工作现任副厅级以上的领导、熟悉西盟历史的离退休干部和现在西盟写作能力较强的人士进行审评。同时，呈报了普洱市地方志办公室和呈送给普洱市管辖的九县一区志办同行，敬请他们提出宝贵的意见和建议。经过初审，县地方志办公室分类整理出了各承编单位审评人员的反馈意见。2013 年 3 月 13 日，西盟县委、县人民政府办公室成立了《西盟佤族自治县志（1978 年—2008 年）》审稿委员会，由常务副县长魏贵成任主任；县人大常委会副主任李美芳、县人民政协副主席苏其宁、县志办副主任邵建波任副主任。

2013 年 11 月 5 日，苏然继任志办主任。2014 年 11 月 10 日，将修改后的志稿呈报普洱市地方志办公室复审；12 月 15 日，普洱市地方志编纂委员会办公室审查并验收。县志办根据市地方志办公室提出的修改意见，组织编纂人员再次对志稿部分内容进行了修改，对志稿资料进行规范行文、拾遗补阙、去粗取精、核准数据，横排纵述等方面的工作。

2016 年 3 月 17 日，张学周继任县志办主任。2017 年 2 月，完成第八稿修改和县志样稿的第一次排印工作，通过自审，基本形成送审稿；3 月，分送县委、县人大、县人民政府、县政协、县委组织部、县委宣传部、县保密局、县档案局、县民族宗教事务局、县文联、县党史研究室等部门和离退休干部、各行业专家、县地方志编纂委员会成员进行审稿；4 月 20 日，召开《西盟佤族自治县志》评审会议，县地方志编辑人员根据评审会议中提出的意见和建议，认真进行了修改。2017 年 12 月 18 日，县地方志办公室将《关于请求出版发行〈西盟佤族自治县志（1978 年—2008 年）〉的请示》送交县人民政府。12 月 26 日，西盟县人民政府批准同意《西盟佤族自治县志（1978 年—2008 年）》公开出版发行。

盛世修志，众襄其成。《西盟佤族自治县志（1978 年—2008 年）》从筹备到出版，在编修出版过程中，历届县委、县人民政府从人力、财力、物力等方面给以强有力的支持。在续修过程中，得到省市地方志办公室的关心和支持；县编纂委员会成员和县领导经常深入县地方志办公室，了解志书编纂情况，积极帮助解决工作中遇到的困难和落实经费；县领导班子、县属各部门领导和退休老领导张岩松、张正福、魏岩刀等亲自参加志稿的评审；各部门主要撰稿人和志稿评审员一丝不苟地反复核校志稿的数据、史料；县档案局、县统计局、县委组织部、县委党史研究室等部门人员热情服务，为查阅、订正资料提供了诸多方便；县残疾人联合会和县审计局腾出房屋，为志办安排办公用房；居住在普洱市的高立旗不辞辛苦为志办联系、落实在此地居住载入志书的人和事。县地方志人员艰辛编修，伏案笔耕，历时 9 个春秋，数易其稿，完成了《西盟佤族自治县志（1978 年—2008 年）》编纂任务。值此，谨向为《西盟佤族自治县志（1978 年—2008 年）》编纂出版倾注过心血和汗水的各位领导、社会各界人士、撰稿编校评审人员，表示深深的谢意！

《西盟佤族自治县志（1978 年—2008 年）》是一项牵涉百业、纵贯西盟改革 30 年历史的庞大文化建设工程。因志书编纂要求高、难度大，加之编者学识浅薄、修志经验不足，不足之处在所难免，敬请专家、学者和广大读者给予指正。

西盟佤族自治县地方志编纂委员会办公室

2017 年 10 月

出版说明

根据国务院办公厅颁发的《全国地方志事业发展规划纲要（2015—2020年）》规定，到2020年必须全面完成第二轮地方志书规划任务。为确保这一目标顺利实现，针对当前部分民族地区与贫困地区志书出版经费困难的情况，在中国地方志指导小组组长王伟光、常务副组长李培林的亲自倡议和领导下，自2015年8月起中国地方志指导小组办公室启动民族地区与贫困地区志书出版资助工程，对经国务院扶贫开发领导小组办公室认定的国家级贫困县（区、旗、县级市），中西部地区、少数民族边疆地区、经济欠发达地区存在出版经费困难的省市县三级综合志书进行出版资助。

民族地区与贫困地区志书出版资助工程既是地方志系统的政治工程，又是全国地方志事业协调发展的促进工程，对于推进第二轮地方志书规划任务按期完成，实现地方志事业区域发展平衡，促进民族地区与贫困地区基础文化建设，具有重要的政治意义和文化意义。2016年4月，该工程入选国家新闻出版广电总局实施的"十三五"国家重点图书、音像、电子出版物出版规划项目。

本书经民族地区与贫困地区志书出版资助工程领导小组批准，入选民族地区与贫困地区志书出版资助工程。

民族地区与贫困地区志书出版
资助工程领导小组办公室
2015年9月